国家卫生和计划生育委员会“十二五”规划教材
全国高等医药教材建设研究会“十二五”规划教材

全国高等学校器官-系统整合教材

Organ-systems-based Curriculum

供临床医学及相关专业用

呼吸系统疾病

主　　审　钱桂生

主　　编　杨　岚　沈华浩

副 主 编　王长征　郭述良　朱文珍

编　　者（以姓氏笔画为序）

王长征（第三军医大学新桥医院）
王　俊（北京大学人民医院）
石志红（西安交通大学第一附属医院）
朱文珍（华中科技大学同济医学院附属同济医院）
孙忠民（西安交通大学第一附属医院）
杨　岚（西安交通大学第一附属医院）
李　雯（浙江大学医学院附属第二医院）
李惠萍（同济大学附属肺科医院）
肖　毅（北京协和医院）
何建行（广州医科大学第一附属医院）
沈华浩（浙江大学医学院）
宋元林（复旦大学附属中山医院）
陈荣昌（广州医科大学第一附属医院广州呼吸疾病研究所）
郑劲平（广州医科大学第一附属医院广州呼吸疾病研究所）
郭述良（重庆医科大学附属第一医院）
郭雪君（上海交通大学医学院上海新华医院）
梁宗安（四川大学华西医院）
翟振国（首都医科大学附属北京朝阳医院-北京呼吸疾病研究所）

学术秘书　李　宏（西安交通大学第一附属医院）

器官-系统
整合教材
OSBC

图书在版编目（CIP）数据

呼吸系统疾病 / 杨岚，沈华浩主编 . —北京：人民卫生出版社，2015

ISBN 978-7-117-21086-7

Ⅰ. ①呼… Ⅱ. ①杨… ②沈… Ⅲ. ①呼吸系统疾病 - 诊疗 - 医学院校 - 教材 Ⅳ. ①R56

中国版本图书馆 CIP 数据核字（2015）第 178512 号

呼吸系统疾病

主　　编：杨　岚　沈华浩
出版发行：人民卫生出版社（中继线 010-59780011）
地　　址：北京市朝阳区潘家园南里 19 号
邮　　编：100021
E - mail：pmph @ pmph.com
购书热线：010-59787592　010-59787584　010-65264830
印　　刷：北京汇林印务有限公司
经　　销：新华书店
开　　本：850 × 1168　1/16　　印张：30　　插页：4
字　　数：826 千字
版　　次：2015 年 11 月第 1 版　2022 年 1 月第 1 版第 5 次印刷
标准书号：ISBN 978-7-117-21086-7/R · 21087
定　　价：76.00 元

出版说明

20世纪50年代，美国凯斯西储大学（Case Western Reserve University）率先开展以器官-系统为基础的多学科综合性课程（organ-systems-based curriculum，OSBC）改革，继而遍及世界许多国家和地区，如加拿大、澳大利亚和日本等国家和地区的医学院校。1969年，加拿大麦克马斯特大学（McMaster University）首次将“以问题为导向”的教学方法（problem-based learning，PBL）应用于医学课程教学实践，且取得了巨大的成功。随后的医学教育改革不断将OSBC与PBL紧密结合，出现了不同形式的整合课程与PBL结合的典范，如1985年哈佛大学建立的“新途径（New pathway）”课程计划、2003年约翰·霍普金斯大学医学院开始的“Gene to society curriculum”新课程体系等。世界卫生组织资料显示，目前全世界约有1700所医药院校在开展PBL教学。

20世纪50年代起，我国部分医药院校即开始OSBC教学实践。20世纪80年代，原西安医科大学（现西安交通大学医学部）和原上海第二医科大学（现上海交通大学医学院）开始PBL教学。随后，北京大学医学部、复旦大学上海医学院、浙江大学医学院、四川大学华西医学院、中国医科大学、哈尔滨医科大学、汕头大学医学院、辽宁医学院等一大批医药院校开始尝试不同模式的OSBC和PBL教学。但长期以来，缺乏一套根据OSBC要求重新整合的国家级规划教材一直是制约我国OSBC和PBL教育发展的瓶颈。2011年，教育部、原卫生部联合召开了全国医学教育改革工作会议，对医学教育综合改革进行了系统推动，提出深化以岗位胜任力为导向的教育教学改革，把医学生职业素养和临床能力培养作为改革关键点，积极推进基础医学与临床课程整合，优化课程体系；积极推进以问题为导向的启发式、研讨式教学方法改革；积极推进以能力为导向的学生评价方式；强化临床实践教学，严格临床实习实训管理，着力提升医学生临床思维能力和解决临床实际问题的能力。

2013年6月，全国高等医药教材建设研究会、人民卫生出版社和教育部临床医学改革西安交通大学项目组共同对国内主要开展OSBC和PBL教学的医药院校进行了调研，并于同年10月在西安组织全国医学教育专家，对我国医学教育中OSBC和PBL教学现状、教材使用等方面进行了全面分析，确定编写一套适合我国医学教育发展的OSBC和PBL国家级规划教材。会议组建了“全国高等学校临床医学及相关专业器官-系统整合规划教材评审委员会”，讨论并确定了教材的编写思想和原则、教材门类、主编遴选原则及时间安排等。2014年3月，本套教材主编人会议在西安召开，教材编写正式启动。

本套教材旨在适应现代医学教育改革模式，加强学生自主学习能力，服务医疗卫生改革，培养创新卓越医生。教材编写仍然遵循“三基”“五性”“三特定”的特点，同时坚持“淡化学科，注重整合”的原则，不仅注重学科间知识内容的整合，同时也注重了基础医学与临床医学的整合，以及临床医学与人文社会科学、预防医学的整合。

整套教材体现五个特点。①纵横对接:基础与临床纵向贯通,实现早临床、多临床、反复临床;预防、人文和社会科学等学科横向有机融合,实现职业素养、道德和专业素质的综合培养。②“双循环”与“单循环”的对接:根据我国医学教育目前存在的 OSBC 和 PBL 师资不足以及传统教学机构设置等实际情况,此次教材编写中,各系统基础课程教材与临床课程教材暂时分开编写,即实现所谓“双循环”。器官 - 系统整合教材编写和课程实施最终将实现各系统基础与临床课程的全面整合,即所谓“单循环”打通。③点与面的对接:基础或临床的每个知识点都考虑与整个系统的对接与整合,同时做到知识、创新、岗位胜任力统一。④基础与临床的对接:教材编写和教学虽然按各器官 - 系统的基础课程和临床课程体系进行,但基础课程教材前瞻临床问题,临床课程教材回顾基础知识,相互对接,解决临床问题。组织一个共同的编委会进行基础与相应临床课程的教材编写,基础课程教材有相应领域的临床专家参与编写,临床课程教材也有相关的基础医学专家参与编写,以解决整合与交叉重复问题。⑤教与学的对接:变教材为学材,促进学生主动学习、自主学习和创新学习。

本套教材分为三类共 27 种,分别是导论与技能类 4 种,基础医学与临床医学整合教材类 21 种,PBL 案例教材类 2 种。

导论与技能类教材包括《器官 - 系统整合课程 PBL 教程》《基础医学导论》《临床医学导论》和《临床技能培训与实践》。

基础医学与临床医学整合类教材包括《运动系统》《运动系统损伤与疾病》《血液与肿瘤》《血液与肿瘤疾病》《中枢神经系统与感觉器官》《神经与精神疾病》《内分泌系统》《内分泌与代谢系统疾病》《病原与宿主防御系统》《感染性疾病》《心血管系统》《心血管系统疾病》《呼吸系统》《呼吸系统疾病》《消化系统》《消化系统疾病》《泌尿系统》《泌尿系统疾病》《生殖系统》《女性生殖系统疾病》和《儿童疾病与生长发育》。

PBL 案例类教材包括《生物医学 PBL 教学案例集》和《临床医学 PBL 教学案例集》。

为便于学生同步掌握重点内容,并兼顾准备国家执业医师资格考试复习,除 2 种 PBL 案例集、PBL 教程和《临床技能培训与实践》外,每种教材均编写了与之配套的学习指导及习题集。

本套教材主要用于长学制和五年制临床医学及相关专业教学,也可作为国家卓越医生培养计划及“5+3”住院医师规范化培训教材使用。

目　录

序号	书名	主审/主编	副主编
1	基础医学导论	主审　樊小力 主编　俞小瑞	副主编　秦晓群　郑立红
2	基础医学导论学习指导及习题集	主编　俞小瑞	副主编　秦晓群　郑立红
3	临床医学导论	主编　和水祥　黄　钢	副主编　陶晓南　赵　光　张　明　董　健
4	临床医学导论学习指导及习题集	主编　黄　钢　和水祥	副主编　张　明　赵　光　陶晓南　董　健
5	临床技能培训与实践	主编　刘　原　曾学军	副主编　刘成玉　刘　平　鲍红光
6	运动系统	主编　刘　勇　谭德炎	副主编　蔡道章　刘仁刚
7	运动系统学习指导及习题集	主编　谭德炎　刘　勇	副主编　蔡道章　刘仁刚
8	运动系统损伤与疾病	主审　陈仲强 主编　贺西京　裴福兴　田　伟	副主编　陈安民　邹利光　姜林娣
9	运动系统损伤与疾病学习指导及习题集	主编　贺西京　裴福兴　田　伟	副主编　陈安民　邹利光　姜林娣
10	血液与肿瘤	主审　文继舫 主编　苏　敏　陈建斌	副主编　马春蕾　金捷萍
11	血液与肿瘤学习指导及习题集	主编　陈建斌　苏　敏	副主编　韩安家　马春蕾
12	血液与肿瘤疾病	主审　黄晓军 主编　张　梅　胡翊群	副主编　邵宗鸿　胡　豫　陈正堂
13	血液与肿瘤疾病学习指导及习题集	主编　胡翊群　张　梅	副主编　邵宗鸿　胡　豫　陈正堂　贺鹏程
14	中枢神经系统与感觉器官	主审　鞠　躬 主编　闫剑群	副主编　王唯析　罗本燕　安美霞
15	中枢神经系统与感觉器官学习指导及习题集	主编　闫剑群	副主编　王唯析　罗本燕　安美霞
16	神经与精神疾病	主审　李春岩 主编　陈生弟　高成阁	副主编　庄明华　王丽华　陈　炜
17	神经与精神疾病学习指导及习题集	主编　高成阁　陈生弟	副主编　庄明华　王丽华　陈　炜
18	内分泌系统	主编　吕社民　刘学政	副主编　乔　虹　侯　琳
19	内分泌系统学习指导及习题集	主编　吕社民　刘学政	副主编　乔　虹　侯　琳
20	内分泌与代谢系统疾病	主审　宁　光 主编　施秉银　陈璐璐	副主编　童南伟　沈　洁
21	内分泌与代谢系统疾病学习指导及习题集	主编　陈璐璐　施秉银	副主编　童南伟　沈　洁
22	病原与宿主防御系统	主审　曹雪涛 主编　徐纪茹　吕昌龙	副主编　程彦斌　吴雄文
23	病原与宿主防御系统学习指导及习题集	主编　吕昌龙　徐纪茹	副主编　程彦斌　吴雄文

序号	书名	主审/主编	副主编
24	感染性疾病	主审 李兰娟 翁心华 主编 杨东亮 唐 红	副主编 毛 青 蔺淑梅
25	感染性疾病学习指导及习题集	主编 唐 红 杨东亮	副主编 毛 青 蔺淑梅
26	心血管系统	主审 杨宝峰 主编 臧伟进 吴立玲	副主编 王国平 黄 岚
27	心血管系统学习指导及习题集	主编 吴立玲 臧伟进	副主编 王国平 黄 岚 裴建明
28	心血管系统疾病	主审 葛均波 主编 马爱群 王建安	副主编 肖颖彬 刘锦纷 陈晓平 夏黎明
29	心血管系统疾病学习指导及习题集	主编 郑小璞 马爱群	副主编 孙彦隽 刘志军 黄 莹
30	呼吸系统	主编 郑 煜 陈 霞	副主编 艾 静 罗自强 郭雪君
31	呼吸系统学习指导及习题集	主编 陈 霞 郑 煜	副主编 艾 静 罗自强 郭雪君
32	呼吸系统疾病	主审 钱桂生 主编 杨 岚 沈华浩	副主编 王长征 郭述良 朱文珍
33	呼吸系统疾病学习指导及习题集	主编 沈华浩 杨 岚	副主编 王长征 郭述良 朱文珍
34	消化系统	主编 董卫国	副主编 魏云巍 富冀枫
35	消化系统学习指导及习题集	主编 董卫国	副主编 富冀枫 魏云巍
36	消化系统疾病	主编 赵玉沛 吕 毅	副主编 姜洪池 唐承薇 府伟灵
37	消化系统疾病学习指导及习题集	主编 吕 毅 赵玉沛	副主编 张太平 胡 兵 刘连新
38	泌尿系统	主审 郭应禄 唐孝达 主编 徐长福 魏 强	副主编 张 宁 赵成海 陈 斌
39	泌尿系统学习指导及习题集	主编 徐长福 魏 强	副主编 张 宁 赵成海 陈 斌 任淑婷
40	泌尿系统疾病	主审 刘志红 孙颖浩 主编 陈江华 王子明	副主编 陈 楠 邹和群 安瑞华
41	泌尿系统疾病学习指导及习题集	主编 王子明 陈江华	副主编 陈 楠 邹和群 安瑞华
42	生殖系统	主编 李 和 黄 辰	副主编 谭文华 谢遵江
43	生殖系统学习指导及习题集	主编 黄 辰 谢遵江	副主编 徐锡金 周劲松 郝爱军 李宏莲
44	女性生殖系统疾病	主编 李 旭 徐丛剑	副主编 刘彩霞 李雪兰 漆洪波
45	女性生殖系统疾病学习指导及习题集	主编 徐丛剑 李 旭	副主编 刘彩霞 李雪兰 漆洪波 鹿 欣
46	儿童疾病与生长发育	主审 许积德 主编 孙 锟 母得志	副主编 高 亚 武军驻 黄松明 祝益民
47	儿童疾病与生长发育学习指导及习题集	主编 母得志 孙 锟	副主编 高 亚 黄松明 祝益民 罗小平
48	生物医学 PBL 教学案例集	主编 夏 强 钱睿哲	副主编 李庆平 潘爱华
49	临床医学 PBL 教学案例集	主审 刘允怡 主编 李宗芳 狄 文	副主编 侯晓华 陈世耀 武宇明
50	器官-系统整合课程 PBL 教程	主审 陈震寰 主编 曹永孝	副主编 梅文瀚 黄亚玲

OSBC

全国高等学校临床医学及相关专业器官-系统整合规划教材
评审委员会

主审简介

钱桂生

博士生导师、教授、主任医师，技术一级。现任第三军医大学新桥医院野战内科研究所所长兼内科学及物理诊断学教研室主任。兼任全国医学专业学位教育指导委员会委员、中华医学会呼吸病分会常委、中华医学会呼吸病分会肺癌学组组长、第三军医大学学报副主编，中华肺脏疾病杂志（电子版）主编等职务。曾获国家科学技术进步二、三等奖各1项，军队及省部级科学技术进步二等奖18项，军队医疗成果一、二等奖各2项，军队教学成果一、二等奖各1项。

从事教学工作36年，主编专著《内科学与野战内科学》、《野战内科学》、《野战内科学培训教程》、《呼吸衰竭》、《现代临床血气分析》等11部。负责的《内科学与野战内科学》被评为国家级精品课程及军队优质课程，《野战内科学》被评为总后勤部优质课程，内科学与野战内科学教研室被评为总后勤部及重庆市优秀教学团队。已招收培养硕士生23名、博士生69名、博士后10名。其中获全国优博论文提名奖1篇，军队及重庆市优博论文5篇。曾被评为全国优秀科技工作者、国家级有突出贡献中青年专家、全军优秀教师、全军院校教书育人"优秀教师"、军队院校育才奖金奖、总后优秀基层主官、总后勤部科技金星、总后伯乐奖，享受政府特殊津贴。

杨岚

教授、主任医师，享受国务院政府特殊津贴。1982 年从西安医科大学毕业留校后，一直在西安交通大学第一附属医院（原西安医科大学第一附属医院）内科及呼吸科从事临床、教学及临床科研工作。

现任中华医学会呼吸学分会常委、陕西省医学会常务理事、陕西省结核和呼吸分会主任委员、西安交通大学第一附属医院内科学系主任，呼吸内科主任。主持及参加国家自然科学基金及省级科研课题 7 项，对慢性阻塞性肺病的发病机制进行了较为系统的研究，有 3 项研究成果获得陕西省政府及陕西省教委科技进步奖，发表科研论文 40 余篇，主编、副主编及编委参编书籍 13 部，发表教学文章 6 篇，并获省教学成果和校教学成果 4 项。参加国际多中心临床研究 25 项，参加国际学术会议多次。享受政府特殊津贴。

沈华浩

教育部"长江学者"特聘教授、浙江大学求是特聘教授、主任医师、博士生导师，国家"杰青"和"吴杨奖"获得者。浙江大学医学院副院长，浙江大学呼吸病研究所所长，浙江大学医学院附属第二医院呼吸与危重症医学中心主任。中华医学会呼吸病学分会副主任委员、哮喘学组组长，中国医师协会呼吸医师分会副会长。

从事教学工作至今 26 年。长期致力于慢性气道疾病防治研究，在国际上首次发现并命名了一种全新的哮喘类型——胸闷变异性哮喘；率先揭示了嗜酸粒细胞与哮喘发病之间存在直接因果关系，首先提出哮喘发病的骨髓祖细胞 -Eotaxin-CCR_3 调控新机制，这是自 1879 年发现哮喘患者存在嗜酸粒细胞增高现象 100 多年来，国际上第一次有关嗜酸粒细胞可以直接引起哮喘发病的研究报道，开辟了哮喘靶向治疗研究新领域；创造性将疫苗接种预防传染性疾病的思路引入到哮喘预防研究，在国际上首次发现生命早期多次、小剂量接种卡介苗可达到长期预防哮喘发生的作用，为制订哮喘预防策略提供新思路。以第一完成人获国家科技进步二等奖 1 项、省部级科学技术一等奖 2 项。在国内外权威、核心期刊发表论文 250 余篇，其中 SCI 收录论文 80 余篇，影响因子总和超过 300 分。以主编、副主编及编委参编包括国家规划教材在内的书籍 30 余本，培养博士后、博士和硕士研究近 100 名。

副主编简介

王长征

第三军医大学新桥医院呼吸内科主任、教授、主任医师，博士生导师。中华医学会呼吸分会常务委员、专家会员、全军呼吸专委会主任委员、中国医师协会呼吸分会常委、中华医学会呼吸分会哮喘学组副组长、解放军医学杂志副主编，中国呼吸与危重监护杂志编委会副主任委员等。美国胸科协会会员、欧洲呼吸协会会员、国家自然科学基金二审专家，享受国家政府特殊津贴。

从事临床医学教学25年，先后获国家自然科学基金资助项目7项、科技部支撑课题、全军重点课题多项。发表研究论文、述评、综述200余篇。获重庆市科技进步一等奖2项，军队科技进步二等奖2项。

郭述良

主任医师、教授。现任重庆医科大学附属第一医院呼吸与危重症医学科主任，重庆市呼吸病临床质量控制中心主任。中华医学会结核病分会常务委员，呼吸病分会介入呼吸病学组委员。中华结核和呼吸杂志等10余家杂志编委或特约审稿人。

从事呼吸病临床、教学与科研工作21年，专长于呼吸危重病救治、介入呼吸病学及结核病基础与临床研究，先后在法国Grenoble大学中心医院和德国海德堡大学胸科医院研修。承担国家"十一五"、"十二五"重大科技专项、国家自然科学基金等科研课题多项，发表论文110余篇(SCI收录18篇)，参编专著8部，参编国家规划教材《医患沟通》及其数字化教材。曾获第四届中国医师奖、重庆市科技进步二等奖、重庆医科大学优秀教师。

朱文珍

教授、主任医师，博士生导师。华中科技大学同济医学院附属同济医院科研处处长、放射科副主任。中华放射学会质控学组副组长、神经学组委员、湖北省数字医学分会副主任委员、武汉市放射学分会副主任委员、湖北省放射学分会委员、中华放射学分会第十二届及第十三届青年委员。国际放射学权威期刊 *Radiology* 的中国青年审稿专家，《中华放射学杂志》青年审稿专家，《中华核医学与分子影像学杂志》《临床放射学杂志》《放射学实践》及《神经损伤与功能重建》4 本专业杂志编委。湖北省医疗事故技术鉴定及省职业病鉴定专家、国家自然科学基金及教育部博士点基金评审专家。曾两次留学德国。

研究方向为分子成像和功能成像在神经系统、疾病、肿瘤的实验及临床研究。主持科技部“十二五”科技支撑计划 1 项、国家自然科学基金项目 4 项、国家 863 计划项目子课题 1 项，参与省部级课题 10 余项。在国际放射学著名期刊发表 SCI 论文 20 余篇，11 篇论文在北美放射学年会（RSNA）及国际医学磁共振年会（ISMRM）上交流。获湖北省科技进步二等奖 2 项。主编专著《功能性磁共振诊断》，参编专著及教材 10 部。

器官-系统

整合教材

O S B C

前　言

中国高等医学教育的课程模式长期以来是以学科为中心，为适应医学科学自身的快速发展，整合课程已成为医学课程模式改革的主要方向。“以器官 - 系统为中心”的课程模式是整合课程模式的典型代表，通过实现基础与临床的结合，培养学生的综合能力，为其进入临床打下坚实的基础。为适应我国高层次医学教育新模式的发展需要，全国高等医药教材建设研究会、人民卫生出版社和教育部临床医学专业综合改革西安交通大学项目组共同组织了这套全国高等学校器官 - 系统整合课程规划教材。器官 - 系统整合教材是国家卫生和计划生育委员会“十二五”规划教材，也是全国高等学校第一套以器官 - 系统整合为教学模式的通用教材，共 27 种，《呼吸系统疾病》是其中之一。本套教材不仅适合长学制、五年制医学本科教学，更可适用于国家卓越医生计划“5+3”培养模式，强化临床技能培训和实践，紧密对接国家执业医师资格考试实践技能大纲，是可以用于评估临床技能水平的一部规划教材。《呼吸系统疾病》突破了既往学科划分的限制，整合基础与临床、生理与病理、理论与实践等内容，将成为我国医学教育新模式的重要载体。本教材强调淡化学科意识，重视系统整合，以“学生好学、教师好讲”为编写出发点，面对学生，量体裁衣，既大胆改革引入新的教学模式，又慎重选择新的编写内容。器官 - 系统整合教材将有力地促进我国医学教学改革，全面提升医学人才培养水平。

为了加强学生的自学能力，本书配套有习题集，方便学生巩固知识，并为准备国家临床执业医师、助理医师等考试提供参考。

在临床上，由于患者个体差异和现代医药的迅速发展，治疗方法和药物剂量不断变化。因此，本书提供的资料仅供参考，不负法律责任。

本书的编委来自全国 18 所院校，他们均工作在医、教、研第一线，有着丰富的临床和教学经验，为本书编写花费了大量的心血。分篇负责人分别在各篇章内容的书写及审稿中做了大量的工作，钱桂生教授担任主审，为本书把握方向，感谢林稚雅医师、谢燕清医师、刘冬冬医师、张容医师、席寅医师、张洁医师、徐永昊医师、农凌波医师、桑岭医师、庞晓清医师、黎毅敏教授、姜冠潮教授、谢万木教授、王辰院士对本书编写给予的帮助，在此一并表示衷心感谢。

由于编写时间短促，加之编者水平有限，书中难免有不尽完善之处，希望广大读者批评指正。

杨　岚　沈华浩

2015 年 6 月

器官-系统

整合教材

OSBC

OSBC

目录

第一章 呼吸系统常见症状及胸部物理检查 1

第一节 呼吸系统常见症状 1

一、咳嗽 1

二、咳痰 4

三、咯血 4

四、胸痛 6

五、呼吸困难 9

第二节 胸部检查 10

一、胸部体表标志 11

二、胸壁、胸廓与乳房 14

三、肺和胸膜 18

四、呼吸系统常见疾病的主要症状和体征 32

第二章 呼吸系统常用诊查技术、诊断与治疗技术 35

第一节 血气分析与酸碱平衡失调 35

一、动脉血气分析 35

二、酸碱平衡失调 37

第二节 氧疗 40

一、氧疗的目的 40

二、氧疗的副作用及其预防 40

三、供氧方式 41

四、氧疗常用方法 42

五、特殊类型的氧疗 43

第三节 痰液检测 44

一、标本采集 44

二、检测项目 45

三、临床应用 46

第四节 胸腔积液检查 47

一、胸腔积液的检查方法 47

二、胸腔积液的临床诊断及其意义 49

第五节 肺功能检查 50

一、肺容量检查 50
二、肺量计检查 51
三、支气管激发试验 53
四、支气管舒张试验 53
五、肺弥散功能检查 54
第六节 雾化吸入治疗 54
一、适应证 55
二、禁忌证 55
三、雾化治疗影响因素 55
四、雾化器的临床应用 55
五、雾化治疗的副反应 57
第七节 支气管镜术 57
一、适应证 57
二、禁忌证 58
三、术前准备与麻醉 58
四、操作程序 59
五、并发症及其预防 60
六、经支气管肺活检术 60
第八节 胸腔镜技术 62
第九节 肺动脉造影术 63
第十节 支气管动脉造影术及栓塞术 64
第三章 呼吸系统疾病的影像诊断 68
第一节 正常影像学表现 68
一、X线胸片 68
二、CT表现 71
三、MRI表现 73
四、核素显像表现 74
第二节 胸部基本病变的影像表现 74
一、气管、支气管病变 74
二、肺部病变 75
三、胸膜病变 82
四、纵隔病变 85
五、膈肌病变 87
第三节 先天性疾病 87
一、先天性支气管囊肿 87
二、肺发育不全 89

三、肺隔离症　90
四、肺动静脉瘘　92
第四节　胸部外伤　93
一、骨折　94
二、气胸及血气胸　95
三、肺挫伤　96
四、肺撕裂伤　96
五、气管及支气管裂伤　97
第五节　肺部炎症　97
一、大叶性肺炎　97
二、支气管肺炎　99
三、支原体肺炎　100
四、间质性肺炎　101
五、肺脓肿　102
六、支气管扩张　103
七、慢性支气管炎　105
第六节　肺结核　105
一、概述　105
二、原发型肺结核　106
三、血行播散型肺结核　108
四、继发型肺结核　109
五、结核性胸膜炎　112
六、AIDZ或糖尿病合并TB(特殊人群和不典型肺结核)　113
七、肺结核的诊断与鉴别诊断　114
第七节　病因不明性肺疾病　115
一、特发性肺间质纤维化　115
二、结节病　116
三、韦格纳肉芽肿　117
第八节　肿瘤性病变　118
一、肺肿瘤　118
二、纵隔肿瘤　128
三、胸膜肿瘤　134
第九节　肺血液循环障碍性疾病　135
一、肺水肿　135
二、肺栓塞剂肺梗死　137

第四章 急性上呼吸道感染及急性气管 - 支气管炎 141

第一节 急性上呼吸道感染 141
一、流行病学 141
二、病因和发病机制 141
三、病理 141
四、临床表现 141
五、实验室检查 142
六、并发症 142
七、诊断和鉴别诊断 142
八、治疗 142
九、预后和预防 143
第二节 急性气管 - 支气管炎 146
一、病因和发病机制 146
二、病理 146
三、临床表现 146
四、实验室检查 146
五、诊断和鉴别诊断 147
六、治疗 147
七、预后 147
八、预防 147

第五章 肺炎 149

第一节 肺炎概述 149
一、病因、发病机制和病理 149
二、分类 149
三、临床表现 150
四、诊断和鉴别诊断 150
五、治疗 151
六、并发症 152
七、预防 152
第二节 细菌性肺炎 153
一、肺炎链球菌肺炎 153
二、葡萄球菌肺炎 154
三、其他细菌性肺炎 155
第三节 其他病原体所致肺炎 157
一、肺炎支原体肺炎 157

二、军团菌肺炎 158
三、病毒性肺炎 160
四、肺真菌病 165
第四节 肺炎小结 170

第六章 肺脓肿 173

一、病因和发病机制 173
二、病理 173
三、临床表现 174
四、辅助检查 174
五、诊断与鉴别诊断 175
六、治疗 175

第七章 支气管扩张症 177

第一节 支气管扩张症的概念 177
第二节 病因与发病机制 177
一、感染因素 177
二、异物吸入 177
三、免疫功能缺陷 178
四、纤毛功能异常 178
五、先天性结构缺损 178
六、其他疾病 178
第三节 病理与病理生理 178
一、支气管扩张的发生部位 178
二、形态学改变 179
三、病理生理 179
第四节 临床表现 179
一、临床症状 179
二、体征 180
第五节 辅助检查 180
一、影像学检查 180
二、其他检查 180
第六节 诊断与鉴别诊断 181
一、诊断 181
二、鉴别诊断 181
第七节 治疗 182

一、基础疾病治疗　182
二、抗菌药物治疗　182
三、促进痰液引流　183
四、改善气流受限　183
五、咯血的处理　183
六、非抗菌药物治疗　184
七、外科治疗　184
第八节　患者教育及管理、预防、预后　184
一、患者教育及管理　184
二、预防　185
三、预后　185

第八章　慢性阻塞性肺疾病　186

第一节　慢性支气管炎　186
一、定义　186
二、病因与发病机制　186
三、病理和病理生理　187
四、临床表现　187
五、实验室和辅助检查　188
六、诊断与鉴别诊断　188
七、治疗　189
八、预后及预防　189
第二节　慢性肺源性心脏病　189
一、定义与分类　189
二、病因及发病机制　190
三、临床表现　192
四、实验室和辅助检查　192
五、诊断和鉴别诊断　194
六、治疗　195
七、预后与预防　197

第九章　支气管哮喘　199

第一节　支气管哮喘的定义及流行病学概况　199
第二节　支气管哮喘的病因及发病机制　199
一、病因　199
二、发病机制　201

第三节　支气管哮喘的病理　203
第四节　支气管哮喘的典型临床表现,不典型临床表现的识别　204
一、症状　204
二、体征　205
第五节　肺功检查在哮喘中的应用及意义,其他辅助检查　205
一、肺功能检查　205
二、痰液检查　206
三、血嗜酸性粒细胞计数　206
四、特异性过敏原检测　206
五、动脉血气分析　206
六、呼出气-氧化氮(FeNO)检测　206
七、胸部X线或CT检查　206
第六节　哮喘的诊断标准、分期及控制分级,发作期的严重度分级　206
一、诊断标准　206
二、哮喘的分期及控制水平分级　207
三、哮喘病情评估工具及气道炎症监测　208
四、哮喘的分型　209
第七节　支气管哮喘的鉴别诊断　209
一、左心衰竭引起的呼吸困难　209
二、慢性阻塞性肺疾病(COPD)　209
三、上气道阻塞　209
四、变态反应性肺浸润　209
五、变态反应性支气管肺曲菌病　210
六、胃食道反流(GER)　210
七、肺栓塞　210
八、高通气综合征　210
第八节　常见并发症　210
第九节　治疗　210
一、确定并减少危险因素接触　210
二、药物治疗　211
三、急性发作期的治疗　214
四、非急性发作期的治疗　216
五、哮喘合并症的治疗　217
六、哮喘合并妊娠的治疗　217
七、哮喘教育与管理　218
第十节　预后及转归　218

第十章 急慢性呼吸衰竭 220

第一节 呼吸衰竭的定义，流行病学和病因 220

一、病因 220

二、慢性呼衰病因 221

三、呼衰分型 221

第二节 慢性呼衰的病理，发病机制和病理生理 221

一、病理 221

二、病理生理与发病机制 222

第三节 慢性呼衰的临床表现和血气分析的临床意义 224

一、临床表现 224

二、血气分析的临床意义 226

第四节 慢性呼衰的诊断，治疗原则和具体措施 227

一、诊断 227

二、处理原则和具体措施 228

第五节 急性呼吸窘迫综合征的定义，流行病学和危险因素 231

第六节 急性呼吸窘迫综合征的发病机制和病理、生理病理 232

一、发病机制 232

二、病理改变 233

三、病理生理 233

第七节 急性呼吸窘迫综合征的临床表现及诊断 234

一、临床表现 234

二、实验室和其他检查 234

三、诊断和鉴别诊断 235

第八节 急性呼吸窘迫综合征的治疗 236

第十一章 肺动脉高压 240

第一节 概述 240

第二节 肺动脉高压的概念和临床分类 240

第三节 肺动脉高压的病因和流行病学 241

第四节 病理 242

一、肺动脉病变 242

二、肺静脉病变 242

三、肺微血管病变 242

第五节 病理生理和发病机制 243

第六节 临床表现和诊断 243

一、结合临床表现和危险因素，进行初步检查识别可疑的肺动脉高压的

患者　243
二、对高危或疑诊患者行血流动力学检查,明确是否存在肺动脉高压　244
三、对证实肺动脉高压患者进行病因学分析和临床归类　245
四、对肺动脉高压患者进行病情严重程度的评估和动能评价　246
第七节　治疗　247
一、一般治疗　247
二、药物治疗　248
三、急性血管扩张试验(acute vasodilator testing)与药物策略选择　250
四、联合用药　250
五、介入及手术治疗　251
第八节　前景与展望　251

第十二章　肺血栓栓塞症　253

第一节　概述　253
第二节　流行病学与危险因素　253
一、流行病学　253
二、危险因素　254
第三节　病理生理学　255
一、DVT 的病理生理学　255
二、PTE 的病理生理学　255
三、血栓后综合征和慢性血栓栓塞性肺动脉高压　256
第四节　临床表现和诊断　256
一、疑诊——根据临床情况疑诊 PTE　257
二、确诊——对疑诊 PTE 合理安排确诊检查　259
三、求因——寻找 PTE 的成因和危险因素　260
四、PTE-DVT 诊断中的相关问题　260
五、鉴别诊断　261
第五节　治疗　261
一、支持治疗　261
二、抗凝治疗　261
三、溶栓治疗　265
四、手术与介入治疗　266
五、CTEPH 的治疗　266
第六节　静脉血栓栓塞症的预防　267
一、健康教育　267
二、早期下床活动　267
三、机械预防　267

四、药物预防 268

第十三章 肺结核 270

第一节 概述 270
第二节 结核病的流行病学 270
第三节 病因和发病机制 271
一、病因 271
二、发病机制 274
第四节 结核病的病理表现 276
一、结核病的基本病理变化 276
二、结核病的转归 276
第五节 结核病的分类及各型特点 277
一、根据2002年卫生部颁布的肺结核分型标准,共分为五类 277
二、根据治疗经过,将肺结核分为初治肺结核病及复治肺结核 278
三、根据是否排菌将结核病分为菌阴肺结核及菌阳肺结核 278
四、根据所感染结核分枝杆菌对药物的敏感性将结核病分为敏感肺结核和耐药肺结核 279
第六节 肺结核的诊断 279
一、临床表现 279
二、影像学诊断 280
三、细菌学诊断 282
四、免疫学诊断 282
五、纤维支气管镜检查 285
六、活体组织检查 285
七、诊断性治疗 285
第七节 肺结核的鉴别诊断 285
一、肺炎 286
二、肺癌 286
三、非结核分枝杆菌肺病 286
四、肺脓肿 286
五、慢性支气管炎 286
六、支气管扩张 287
七、其他发热性疾病 287
八、并发症 287
第八节 肺结核的化学治疗 287
一、常用抗结核药物 287
二、抗结核化学治疗的细菌学基础及原则 291

三、常用抗结核治疗方案及剂量 293
四、耐药结核病的治疗 293
五、特殊人群的抗结核治疗 294
六、肺结核化学治疗过程中的监测 296
七、对症治疗 297
八、外科治疗 297
第九节 肺结核的预防 297
一、控制和消灭传染源 297
二、卡介苗接种 298

第十四章 原发性支气管肺癌 300

一、肺癌的流行病学、病因和发病机制 300
二、病理和分类 303
三、临床表现 305
四、实验室和特殊检查 307
五、诊断和鉴别诊断 312
六、肺癌的临床分期 313
七、肺癌的治疗原则、手术治疗、化疗、放疗、介入性治疗、生物缓解调节剂治疗、靶向治疗的适应证、禁忌证和临床应用 315
八、随访 326

第十五章 间质性肺疾病 328

第一节 间质性肺疾病的概念和分类 328
一、概述 328
二、间质性肺疾病的概念 328
第二节 肺间质疾病的发病机制及病理改变 330
一、病因与发病机制 330
二、病理 330
第三节 间质性肺疾病的诊断方法 331
第四节 特发性肺纤维化 332
一、概念 332
二、流行病学 332
三、病因与发病机制 333
四、病理改变 333
五、临床表现 334
六、实验室和特殊检查 334

七、诊断与鉴别诊断 336
八、特发性肺纤维化的治疗 338
九、特发性肺纤维化的预后 339
第五节 肉芽肿性疾病 339
一、结节病的定义 339
二、流行病学 340
三、病因和发病机制 340
四、病理 340
五、临床表现 340
六、辅助检查 341
七、诊断 343
八、鉴别诊断 343
九、治疗 344
十、预后 345
第十六章 胸膜疾病 347
第一节 胸腔积液 347
一、概述 347
二、病因与发病机制 347
三、临床表现 348
四、实验室和特殊检查 348
五、诊断与鉴别诊断 349
六、治疗 350
第二节 气胸 351
一、概述 351
二、病因和发病机制 351
三、临床类型 352
四、临床表现 352
五、影像学检查 353
六、诊断和鉴别诊断 353
七、治疗 354
第三节 胸膜间皮瘤 356
一、概述 356
二、局限型胸膜间皮瘤 356
三、弥漫型恶性胸膜间皮瘤 357

第十七章 阻塞性睡眠呼吸暂停低通气综合征 361

第一节 概述 361
第二节 发病机制和危险因素 361
一、解剖因素 361
二、神经调节 362
三、病理生理 362
四、危险因素 362
第三节 临床表现 363
第四节 睡眠呼吸暂停综合征的并发症 363
一、OSAHS 对神经认知的影响 363
二、OSAHS 对心血管的影响 363
三、内分泌疾病 364
第五节 诊断和鉴别诊断 364
一、病史和体格检查 364
二、实验室检查 365
三、嗜睡的评估 365
四、OSAHS 的诊断 365
五、鉴别诊断 365
第六节 治疗 366
一、教育 366
二、一般治疗措施 366
三、特异的治疗措施 366

第十八章 职业因素肺疾病 368

第一节 总论 368
一、职业和环境所致肺疾病的分类及名称 368
二、肺尘埃沉着病的病因及发病机制 369
三、肺尘埃沉着病的病理改变 370
四、临床表现 371
五、影像学表现 371
六、诊断与鉴别诊断 372
七、治疗 373
八、预防和劳动能力鉴定 375
第二节 硅沉着病 375
一、病因及发病机制 375
二、病理改变 376

三、临床表现 376
四、实验室检查 377
五、诊断与鉴别诊断 377
六、预防和治疗 377

第十九章 纵隔疾病 379

第一节 概述 379
一、纵隔 379
二、纵隔的分区及内容 379
三、纵隔疾病概述 379
第二节 胸腺瘤 379
一、概述 379
二、病理 380
三、临床表现 380
四、检查及分期 380
五、治疗 381
第三节 胸内甲状腺肿 382
一、概述 382
二、检查 382
三、治疗 383
第四节 纵隔畸胎瘤 383
一、概述 383
二、临床表现 383
三、检查 384
四、治疗 384
第五节 纵隔神经源性肿瘤 385
一、概述 385
二、病理 385
三、临床表现 385
四、检查 385
五、治疗 385
六、预后 386
第六节 纵隔炎 386
一、急性纵隔炎 386
二、慢性纵隔炎 387
第七节 纵隔气肿 388
一、病因和发病机制 388

二、临床表现　389
三、检查　389
四、诊断　390
五、治疗　390

第二十章 胸部损伤　391

第一节　概述　391
一、分类　391
二、伤情评估　391
三、紧急处理　391
第二节　肋骨骨折　392
一、临床表现　392
二、治疗　393
第三节　气胸　393
一、闭合性气胸(closed pneumothorax)　393
二、开放性气胸(open pneumothorax)　394
三、张力性气胸(tension pneumothorax)　394
第四节　血胸　395
一、临床表现　395
二、治疗　396
第五节　肺损伤　396
第六节　气管与主支气管损伤　396
一、主支气管损伤　397
二、气管损伤　397
第七节　心脏损伤　397
一、钝性心脏损伤　397
二、穿透性心脏损伤　398
第八节　膈肌损伤　399
一、穿透性膈肌损伤　399
二、钝性膈肌损伤　399
第九节　创伤性窒息　400

第二十一章 肺移植　401

第一节　概论　401
第二节　肺移植的适应证及禁忌证　402
一、肺气肿　404

二、肺纤维化疾病 404
三、肺感染性疾病 405
四、原发或继发性肺动脉高压 405
五、其他 406
第三节 手术及围术期处理 406
一、供体评估 406
二、手术 406
三、围术期处理 410
四、术后效果 419

第二十二章 呼吸危重医学概论与器官功能支持技术 421

第一节 SIRS、MODS 的概念 421
第二节 SIRS、MODS 的发病机制及病理生理 421
一、发病机制 421
二、病理生理 423
第三节 主要的诊断方法 424
一、病史询问要点 424
二、临床症状 424
三、重要的体征 424
四、辅助检查 424
五、诊断标准及严重程度评估 426
第四节 常用器官功能支持技术 429
一、呼吸支持 429
二、体外膜式氧合 435
三、循环支持 436
四、肾脏替代治疗 439
第五节 危重患者的急救和治疗原则 441
一、危重患者病情严重程度评估 441
二、常见危重患者重症医学科诊疗原则 442
三、危重患者的监测 445

中英文名词对照索引 449

第一章　呼吸系统常见症状及胸部物理检查

第一节　呼吸系统常见症状

一、咳嗽

咳嗽(cough)是临床上最常见的症状之一。是人体的一种保护性呼吸反射动作。通过咳嗽反射能有效清除呼吸道内的分泌物或进入气道的异物。但咳嗽也有不利的一面,长期、频繁、剧烈咳嗽不仅影响人们工作、休息,而且可引起喉痛、声音嘶哑和呼吸肌痛等病理现象;甚至可导致呼吸道出血,诱发自发性气胸等。

咳嗽的动作:咳嗽是一种神经反射过程,感觉神经末梢(咳嗽感受器)受到刺激后,神经冲动沿迷走神经等传到脑干咳嗽中枢,信号整合后经传出神经传递至效应器(膈肌、喉、胸部和腹肌群等),引起咳嗽。咳嗽动作首先是快速、短促吸气,膈下降,声门迅速关闭,随即腹肌、肋间肌快速收缩,横膈迅速收缩上移,声门下的气道内压力急剧上升,与外界形成巨大的压力差,而后声门迅速开放,呼吸肌持续收缩,声门下的高压空气迅速排出,并振动声带发出典型的咳嗽音。

(一) 引起咳嗽的常见疾病

1. 上呼吸道感染　也就是感冒,是由于病毒经过鼻腔和咽喉进入到人体,引起上呼吸道黏膜发炎。婴幼儿患上感冒时,一般都会出现咳嗽的症状。

2. 支气管炎　大多是由于上呼吸道感染蔓延而来,发病较急,初期多为干咳,随之逐渐出现咳嗽、咳痰等不适,严重时因呼吸困难而出现缺氧现象,嘴唇变为青紫色。

3. 肺炎　2 岁以内的婴幼儿大多是支气管肺炎,多由上呼吸道感染或支气管炎而引起。一般会有干咳,还会出现气促、口唇发绀、鼻翼扇动等现象。

4. 急性喉炎　当病毒或细菌通过喉部时,也会引起喉部感染。急性喉炎除了干咳和喉部疼痛外,最典型的症状是声音嘶哑,甚至发不出声音来。在吸入空气时发出像犬样的咳嗽声,严重时发生喉鸣。

(二) 分类

咳嗽主要分为急性咳嗽、亚急性咳嗽和慢性咳嗽。

1. 急性咳嗽　是指 3 周以内的咳嗽,是呼吸科门诊最常见的症状。病因包括病毒、支原体或细菌导致的急性支气管炎、肺炎、呼吸道感染、肺结核、气管异物等。

2. 亚急性咳嗽　持续时间超过 3 周,在 8 周以内的咳嗽称为亚急性咳嗽,原因较为复杂。

3. 慢性咳嗽　持续时间超过 8 周,可持续数年甚至数十年。慢性咳嗽的原因较为复杂,包括咳嗽变异性哮喘、上气道咳嗽综合征、胃食道反流、嗜酸性粒细胞增多性支气管炎、慢性支气管炎等。其中以咳嗽变异性哮喘和上气道咳嗽综合征最为常见。

(三) 病因

咳嗽是呼吸系统疾病的主要症状,如咳嗽无痰或痰量很少为干咳,常见于急性咽喉炎、支气

管炎的初期；急性骤然发生的咳嗽，多见于支气管内异物；长期慢性咳嗽，多见于慢性支气管炎、肺结核等。咳嗽的不利作用，是可把气管病变扩散到邻近的小支气管，使病情加重。另外，持久剧烈的咳嗽可影响休息，还易消耗体力，并可引起肺泡壁弹性组织的破坏，诱发肺气肿。咳嗽的形成和反复发病，常是许多复杂因素综合作用的结果。

1. 吸入物 吸入物分为特异性和非特异性两种。前者如尘螨、花粉、真菌、动物毛屑等；非特异性吸入物如硫酸、二氧化硫、氯氨等。职业性咳嗽的特异性吸入物如甲苯二异氰酸酯、邻苯二甲酸酐、乙二胺、青霉素、蛋白酶、淀粉酶、蚕丝、动物皮屑或排泄物等，此外，非特异性的吸入物尚有甲醛、甲酸等。

2. 感染 咳嗽的形成和发作与反复呼吸道感染有关。在咳嗽患者中，存在有细菌、病毒、支原体等的特异性 IgE，如果吸入相应的抗原则可激发咳嗽。在病毒感染后，可直接损害呼吸道上皮，致使呼吸道反应性增高。有学者认为病毒感染所产生的干扰素、IL-1 使嗜碱性粒细胞释放的组胺增多。在乳儿期，呼吸道病毒（尤其是呼吸道合胞病毒）感染后，表现咳嗽症状者也甚多。由寄生虫如蛔虫、钩虫引起的咳嗽，在农村仍可见到。

3. 食物 由于饮食关系而引起咳嗽发作的现象在咳嗽患者中常可见到，尤其是婴幼儿容易对食物过敏，但随年龄的增长而逐渐减少。引起过敏的最常见食物为鱼类、虾、蟹、蛋类、牛奶等。

4. 气候改变 当气温、气压和（或）空气中离子等改变时可诱发咳嗽，故在寒冷季节或秋冬气候转变时较多发病。

5. 精神因素 患者情绪激动、紧张不安、怨怒等，都会促使咳嗽发作，一般认为它是通过大脑皮层和迷走神经反射或过度换气所致。

6. 运动 约有 70%~80% 的咳嗽患者在剧烈运动后诱发咳嗽，称为运动诱发性咳嗽，或称运动性咳嗽。临床表现有咳嗽、胸闷、气急、喘鸣，听诊可闻及哮鸣音。有些患者运动后虽无典型的哮喘表现，但运动前后的肺功能测定能发现有支气管痉挛。

7. 咳嗽与药物 有些药物可引起咳嗽发作，如普萘洛尔等因阻断 β_2 肾上腺素能受体而引起咳嗽。

（四）临床表现

1. 咳嗽的性质 咳嗽无痰或痰量极少，称为干性咳嗽。干咳或刺激性咳嗽常见于急性或慢性咽喉炎、喉癌、急性支气管炎初期、气管受压、支气管异物、支气管肿瘤、胸膜疾病、原发性肺动脉高压以及二尖瓣狭窄等。咳嗽伴有咳痰称为湿性咳嗽，常见于慢性支气管炎、支气管扩张、肺炎、肺脓肿和空洞性肺结核等。

2. 咳嗽的时间与规律 突发性咳嗽常由于吸入刺激性气体或异物、淋巴结或肿瘤压迫气管或支气管分叉处所引起的。发作性咳嗽可见于百日咳、支气管内膜结核以及以咳嗽为主要症状的支气管哮喘（变异性哮喘）等。长期慢性咳嗽，多见于慢性支气管炎、支气管扩张、肺脓肿及肺结核。夜间咳嗽常见于左心衰竭和肺结核患者，引起夜间咳嗽的原因，可能与夜间肺淤血加重及迷走神经兴奋性增高有关。

3. 咳嗽的音色 指咳嗽声音的特点。如：①咳嗽声音嘶哑，多为声带的炎症或肿瘤压迫喉返神经所致；②鸡鸣样咳嗽，表现为连续阵发性剧咳伴有高调吸气回声，多见于百日咳、会厌、喉部疾患或气管受压；③金属音咳嗽，常见于因纵隔肿瘤、主动脉瘤或支气管癌直接压迫气管所致的咳嗽；④咳嗽声音低微或无力，见于严重肺气肿、声带麻痹及极度衰弱者。

（五）伴随症状

1. 咳嗽伴发热多见于急性上、下呼吸道感染、肺结核、胸膜炎等。

2. 咳嗽伴胸痛常见于肺炎、胸膜炎、肺癌、肺栓塞和自发性气胸等。

3. 咳嗽伴呼吸困难多见于喉水肿、喉肿瘤、支气管哮喘、慢性阻塞性肺疾病、重症肺炎、肺结核、大量胸腔积液、气胸、肺淤血及气管或支气管异物等。

4. 咳嗽伴咯血常见于支气管扩张、肺结核、肺脓肿、肺癌、二尖瓣狭窄、支气管结石、肺含铁血黄素沉着症等。

5. 咳嗽伴大量脓痰常见于支气管扩张、肺脓肿、肺囊肿合并感染和支气管胸膜瘘等。

6. 咳嗽伴有哮鸣音多见于支气管哮喘、慢性喘息性支气管炎、心源性哮喘、弥漫性泛细支气管炎、气管与支气管异物等。当肺癌引起气管与支气管不完全阻塞时可出现呈局限性分布的吸气性哮鸣音。

7. 咳嗽伴有杵状指(趾)常见于支气管扩张、慢性肺脓肿、肺癌和脓胸等。

(六) 诊断

引起咳嗽的疾病。按解剖部位,呼吸道从上至下依次为:额窦炎、鼻窦炎、鼻炎、咽炎、喉炎、气管炎、支气管炎,毛细支气管炎、肺炎。按疾病谱分:有百日咳、上呼吸道感染、过敏性咳嗽、支气管哮喘、心源性咳嗽等。按咳嗽类型分为:外周性咳嗽、中枢性咳嗽。按照中医理论可分为:湿热咳嗽、寒喘咳嗽、发热咳嗽、伤风咳嗽等。要针对这些疾病加以治疗,咳嗽治疗只是辅佐治疗,不能把止咳治疗的砝码重重加在止咳药上。

1. 额窦炎、鼻窦炎、鼻炎、咽炎等都是比较难治的疾病,属于耳鼻科范畴,而婴幼儿看病大都在儿科内科门诊,容易误诊,家长要想到去耳鼻喉科就诊,及时去除引起咳嗽的病因。即使是气管炎、肺炎引起的咳嗽,也不一定都有活动感染;对于经久不愈的咳嗽,不要长期使用抗生素,更没有必要长期使用抗病毒药物。没有细菌、病毒感染,还长期使用抗生素只能增加药物的副作用,使白细胞下降、菌群失调、胃功能受损、婴幼儿食欲下降,利少弊多,是不可取的行为。这时的治疗,应该把重点放在对呼吸道黏膜的保护、修复以及功能的恢复上面,如服用维生素 AD 胶丸,有利于内膜的修复;多喝水;将室内空气湿度调整适宜,使纤毛运动功能改善,痰液变稀薄,有利于排出;减少室内灰尘,使空气新鲜,减少理化因素刺激,帮助呼吸道内膜功能的恢复。

2. 过敏性咳嗽　过敏性咳嗽是机体对抗原性或非抗原性刺激引起的一种持续性炎性反应,患儿常出现持续性或反复发作的剧烈咳嗽。如不及时诊断和积极治疗这种咳嗽,大约有 42.9% 患儿就可出现哮喘症状,甚至发展为支气管哮喘。

(七) 鉴别诊断

由于咳嗽是许多疾病引起的一种非特异性症状,临床上进行确诊时必须详细询问病史、全面查体、做胸部 X 线或 CT、肺功能、心电图、纤维支气管镜及一些特殊检查,以排除一些可以引起慢性、顽固性咳嗽的其他疾病。

许多疾病伴有咳嗽症状,需要与咳嗽变异性哮喘鉴别的疾病包括 COPD、胃食道反流诱发的咳嗽、反复呼吸道感染、支气管哮喘、鼻后滴漏综合征(PNDS)、支气管内膜结核和血管紧张素转换酶抑制剂诱发的咳嗽等,这些疾病是慢性咳嗽常见病因,在诊断咳嗽变异性哮喘时需要仔细排除这些疾病。此外,慢性心功能不全、食道裂孔疝、高血压病、气道炎症、肿瘤、异物、以及烟雾刺激、焦虑等都可导致慢性咳嗽。

(八) 治疗

针对病因治疗。咳嗽由各种病毒、细菌及其他微生物感染引起的呼吸道感染,如果感染局限在环状软骨以上(咽部以上),就是上呼吸道感染,如果感染发展至环状软骨以下(咽部以下),就是下呼吸道感染,就是气管、支气管、毛细支气管、肺泡、肺间质感染,整个呼吸道都可遭受各种外来因素侵袭而发生病理变化,这些外来因素,并不单纯是病毒、细菌,还可以是各种微生物,也可以是各种理化因素、环境因素等,或者是由于病毒、细菌和各种因素导致呼吸道黏膜发生的病变,不能随着病毒、细菌和各种微生物的消亡而改善,导致呼吸道黏膜自身功能的损伤,就形成了经久不愈的咳嗽。这就是即使使用很高级的抗生素也难以治疗咳嗽的症结,必须改善呼吸道黏膜本身的功能,才能根治咳嗽。

二、咳痰

咳痰是呼吸系统疾病的重要症状。正常支气管黏膜腺体和杯状细胞只分泌少量黏液，以保持呼吸道黏膜的湿润。当呼吸道发生炎症时，黏膜充血、水肿、黏液分泌增多，毛细血管壁通透性增加，浆液渗出。此时含红细胞、白细胞、巨噬细胞、纤维蛋白等渗出物与黏液、吸入的尘埃和某些组织破坏物等混合而形成痰，随咳嗽动作排出。

(一) 咳痰的原因及引起的疾病

1. 支气管疾患　急慢性气管支气管炎、支气管哮喘、支气管内膜结核、支气管扩张、肺癌、肝脓肿向胸腔破溃形成支气管瘘等。

2. 肺部疾患　各种原因的肺炎（细菌性、病毒性、支原体性、真菌性等）、肺结核、肺脓肿、肺栓塞、肺水肿、弥漫性肺间质纤维化、结节病、肺尘埃沉着病等。

3. 其他血液病　白血病、霍奇金病、恶性组织细胞病等；胶原性疾病如类风湿关节炎、进行性系统性硬化症、系统性红斑狼疮、结节性多动脉炎、Wegener 坏死性肉芽肿等均可累及肺脏，还有胸膜、横膈、纵隔病变（如纵隔肿瘤、膈疝等）。由于压迫支气管或通过反射引起的咳嗽，可产生少量黏液或浆液痰。

(二) 咳痰的颜色与疾病鉴别

1. 无色或白色泡沫黏液痰　单纯性支气管炎（缓解期）、支气管哮喘、肺炎早期、肺泡细胞癌。
2. 浆液性痰　气道过敏性疾病、弥漫性肺泡癌。
3. 大量脓性痰　支气管扩张症、肺脓肿、支气管胸膜瘘。
4. 脓痰伴恶臭　厌氧菌感染。
5. 黏液脓性痰　慢性支气管炎急性加重期、肺结核伴感染、哮喘合并感染。
6. 血性痰　支气管扩张症、支气管结核、肺癌。
7. 脓血痰　肺脓肿、金黄色葡萄球菌肺炎、支气管扩张症。
8. 铁锈色痰　肺炎链球菌肺炎、肺血栓栓塞症。
9. 灰黄色黏痰　烟曲霉菌感染。
10. 果酱样痰　肺吸虫病。
11. 黄绿色痰　铜绿假单胞菌感染。
12. 巧克力色痰　阿米巴原虫感染。
13. 砖红色胶冻样痰　克雷伯杆菌感染。
14. 痰中硫磺颗粒　肺放线菌感染。
15. 粉红色浆液泡沫痰　急性左心衰竭。
16. 白色黏液牵拉成丝　白假丝酵母菌感染。
17. 暗黄绿色稠厚痰团粒　空洞性肺结核。
18. 灰色或黑色痰　肺尘埃沉着病、硅沉着病、煤沉着病。
19. 棕色痰　肺含铁血黄素沉着症、左心衰竭。
20. 痰中结石　支气管结石症。
21. 痰中支气管管型　纤维素性支气管炎。
22. 大量稀薄浆液性痰含粉皮样物　棘球蚴病。

三、咯血

咯血是指喉部以下的呼吸器官（气管、支气管或肺组织）出血，并经咳嗽动作从口腔排出的过程。咯血不仅可由呼吸系统疾病引起，也可由循环系统疾病、外伤以及其他系统疾病或全身性因素引起。应与口腔、咽、鼻出血、呕血相鉴别。

(一) 病因

虽然咯血以呼吸系统疾病为多见,但是引起咯血的疾病并非只局限于呼吸系统疾病。下面将列出引起咯血的各种疾病。

1. 呼吸系统疾病　如肺结核、支气管扩张、支气管炎、肺脓肿、肺癌、肺炎、肺吸虫病、肺阿米巴病、肺包虫病、肺真菌病、肺囊虫病、支气管结石、硅沉着病等。这些均可导致支气管黏膜或病灶毛细血管渗透性增高,或黏膜下血管壁溃破,从而引起出血。

2. 循环系统疾病　常见的有风湿性心脏病、二尖瓣狭窄、高血压性心脏病、肺动脉高压、主动脉瘤等。

3. 外伤　胸部外伤、挫伤、肋骨骨折、枪弹伤、爆炸伤和医疗操作(如胸腔或肺穿刺、活检、支气管镜检查等)也偶可引起咯血。

4. 全身出血性倾向疾病　常见的有白血病、血友病、再生障碍性贫血、肺出血型钩端螺旋体病、流行性出血热、肺型鼠疫、血小板减少性紫癜、弥散性血管内凝血、慢性肾衰竭、尿毒症等。

5. 其他较少见的疾病或异常情况　如替代性月经(不从阴道出血)、氧中毒、肺出血肾炎综合征、支气管扩张、鼻窦炎、内脏易位综合征等。

(二) 临床表现

1. 咯血伴有发热,多见于肺结核、肺炎、肺脓肿、肺出血型钩端螺旋体病、流行性出血热、肺癌等。

2. 咯血伴胸痛,常见于大叶性肺炎、肺栓塞、肺结核、肺癌等。

3. 咯血伴呛咳,可见于肺癌、支原体肺炎等。

4. 咯血伴皮肤黏膜出血,可见于血液病(如白血病、血小板减少性紫癜)、钩端螺旋体病、流行性出血热等。

5. 咯血伴黄疸,多见于钩端螺旋体病、大叶性肺炎、肺栓塞等。

(三) 检查

1. 病史询问　出血为初次或多次。如为多次,与以往有无不同。青壮年咳嗽咯血伴有低热者应考虑肺结核。中年以上的人,尤其是男性吸烟者应注意肺癌的可能性;需细致询问和观察咯血量色泽,有无带痰,询问个人史时需注意结核病接触史、吸烟史、月经史、职业性粉尘接触史、生食螃蟹史等。

咯血伴胸痛者多见于肺栓塞、肺炎球菌性肺炎;咯血伴呛咳者多见于肺癌,血痰见于肺脓肿。大量咯血者多见于空洞性肺结核,支气管扩张动脉瘤破裂等。国内文献报道,无黄疸型钩端螺旋体病也有引起致病的大咯血。

2. 体格检查　对咯血患者均应做胸部细致、反复的检查。有些慢性心、肺疾病可合并杵状指(趾),肺结核与肺癌患者常有明显的体重减轻。有些血液系统疾病患者有全身出血性倾向。

3. 实验室检查　痰检查有助于发现结核分枝杆菌、真菌、细菌、癌细胞、寄生虫卵、心力衰竭细胞等;出血时间、凝血时间、凝血酶原时间、血小板计数等检查有助于出血性疾病的诊断;红细胞计数与血红蛋白测定有助于推断出血程度,嗜酸性粒细胞增多提示寄生虫病的可能性。

4. 影像学检查

(1) X线检查:咯血患者均应做X线检查、胸部透视、胸部平片体层摄片,有必要时可做支气管造影协助诊断。

(2) CT检查:有助于发现细小的出血病灶。

(3) 支气管镜检查:原因不明的咯血或支气管阻塞肺不张的患者应考虑支气管镜检查,如肿瘤、结核异物等,同时取活体组织病理检查。

(4) 放射性核素检查:有助于肺癌与肺部其他肿物的鉴别诊断。

(四) 诊断

根据病史、临床表现及相关检查即可确诊。

(五) 鉴别诊断

咯血需与呕血相鉴别(表 1-1)。

表 1-1 咯血与呕血的鉴别

	咯血	呕血
出血方式	咳出	呕出,可为喷射状
血中混有物	常混有痰	常混有食物及胃液混杂
出血的血色	泡沫状、色鲜红	无泡沫、呈暗红色或棕色
酸碱反应	碱性	酸性
常见疾病	有肺或心脏疾病史	有胃病(溃疡)或肝硬化病史
出血前症状	咯血前喉部瘙痒、胸闷、咳嗽	呕血前常上腹不适或恶心、并有咳晕感
黑便	如果不下咽,粪便无改变	粪便常黑色或柏油状
出血后痰的性状	咯血后常继发有少量血痰	常无血痰

(六) 治疗

1. 一般治疗 进行吸氧、监护、止血、输血、输液及对症和病因治疗。

2. 大咯血的抢救 大咯血要及时抢救,否则患者生命会受到威胁。

大咯血标准:一般来说,咯血 500ml 以上为大咯血。大咯血对人体的影响,除咯血量和出血速度外,还和患者的一般状况有关,如为久病体弱,即使出血小于 500ml 也可能是致命的。

大咯血造成的直接危险主要是窒息和失血性休克,间接危险是继发肺部感染或血块堵塞支气管引起肺不张,如为肺结核患者还可通过血行播散。

(1) 体位:保持镇静,不要惊慌,令患者取卧位,头偏向一侧,鼓励患者轻轻将血液咯出,以避免血液滞留于呼吸道内。如已知病灶部位则取患侧卧位,以避免血液流入健侧肺内。如不明出血部位时则取平卧位,头偏向一侧,防止窒息。

(2) 镇静:避免精神紧张,给予精神安慰,必要时可给少量镇静药,如口服地西泮。

(3) 咳嗽剧烈者:咳嗽剧烈的大咯血患者,可适量给予镇咳药,但一定要慎重,禁用剧烈的镇静止咳药,以免过度抑制咳嗽中枢,使血液淤积气道,引起窒息。

(4) 观察病情:密切观察患者的咯血量、呼吸、脉搏等情况,防止休克的发生。

(5) 勿用力排便:防止用力大便而加重咯血。

(6) 保持呼吸道通畅:如患者感胸闷、气短、喘憋,要帮助患者清除口鼻分泌物,保持室内空气流通,有条件时给予吸氧。

(7) 窒息患者的抢救:如若发生大咯血窒息,立即体位引流,取头低足高位(可将床尾抬高 45°左右),或侧头拍背。经初步处理,咯血稍有缓和,患者的血压、脉搏、呼吸相对平稳时,应尽快护送患者到附近医院,以便进一步救治;如出血不止,请急救中心急救医师进行就地抢救,一旦病情稍微平稳,允许转运时,仍需送医院进行吸氧、监护、止血、输血、输液及对症和病因治疗。

四、胸痛

胸痛是临床上常见的症状,原因多,且胸痛的部位和严重程度,并不一定与病变的部位和严重程度相一致。外伤、炎症、肿瘤及某些理化因素所致组织损伤刺激肋间神经、膈神经、脊神经后根和迷走神经分布在食管、支气管、肺脏、胸膜、心脏及主动脉的神经末梢,均可引起胸痛。

(一) 原因

1. **炎症**　皮炎、非化脓性肋软骨炎、带状疱疹、肌炎、流行性肌痛(epidemic myalgia)、胸膜炎、心包炎、纵隔炎、食管炎等。

2. **内脏缺血**　心绞痛、急性心肌梗死、心肌病、肺栓塞等。

3. **肿瘤**　肺癌、纵隔肿瘤、骨髓瘤、白血病等恶性肿瘤的压迫或浸润。

4. **其他原因**　自发性气胸、胸主动脉瘤、夹层动脉瘤、过度换气综合征、外伤等。

(二) 胸痛诱因

1. **胸壁病变**　是各类胸痛中最常见的一种,如胸壁的外伤、细菌感染、病毒感染、肿瘤等引起的局部皮肤、肌肉、骨骼及神经病变。常见的急性皮炎、皮下蜂窝组炎、带状疱疹、痛性肥胖症、肌炎、皮肌炎、流行性肌痛、颈椎痛、肋软骨炎、骨肿瘤、肋间神经炎、神经痛等。

其中共同特征:①疼痛的部位固定于病变处,且局部有明显压痛。②深呼吸、咳嗽、举臂、弯腰等动作使胸廓活动疼痛加剧。

2. **肺及胸膜病变**　肺和脏层胸膜对疼痛觉不敏感,肺炎、肺结核、肺脓肿、肺栓塞等,由于病变累及壁层而发生胸痛。肺癌累及支气管壁或壁层胸膜都可产生胸痛。自发性气胸时,由于粘连撕裂产生突然剧痛。干性胸膜炎由于炎症波及脏层和壁层胸膜发生摩擦而致胸痛。大量胸腔积液与张力性气胸可由壁层胸膜受压发生胸痛。

其共同特点为:①多伴咳嗽或咳痰;②常因咳嗽、深呼吸而胸痛加重,其他胸壁活动并不引起疼痛;③胸壁局部无压痛;常伴有原发疾病之症,X 线检查可发现病变。

3. **心血管系统疾病**　常见原因心绞痛、心肌梗死及心包炎。心绞痛、心肌梗死、主动脉瓣疾病及心肌病引胸痛是由于心肌缺血所致。心包炎是由于病变累及第 5 肋水平以下的心包壁层和邻近胸膜而出现疼痛。

其共同特征为:①疼痛多位于胸骨后或心前区,少数在剑突下,可向左肩放射;②疼痛常因体力活动诱发加重,休息后好转。

4. **纵隔及食管病变**　较少见,常见原因有纵隔肿瘤、纵隔气肿、急性食管炎、食管癌等。纵隔疾病是因纵隔内组织受压,神经或骨质受累等因素引起胸痛。食管疾病主要由于炎症或化学刺激物作用于食管黏膜而引起。其共同特征为:胸痛位于胸骨后,呈持续进行性隐痛或钻痛,常放射至其他部位。吞咽时疼痛加剧,伴有吞咽困难。

(三) 临床症状

1. **胸痛的部位**　胸壁皮肤炎症在罹患处皮肤出现红、肿、热、痛等改变。带状疱疹呈多数小水疱群,沿神经分布,不越过中线,有明显的痛感。在流行性肌痛时可出现胸、腹部肌肉剧烈疼痛,可向肩部、颈部放射。非化脓性肌软骨炎多侵犯第 1、2 肋软骨,患部隆起、疼痛剧烈,但皮肤多无红肿。心绞痛与急性心肌梗死的疼痛常位于胸骨后或心前区。食管疾患、膈疝、纵隔肿瘤的疼痛也位于胸骨后。自发性气胸、急性胸膜炎、肺栓塞等常呈患侧的剧烈胸痛。评价胸痛的首要任务是区别呼吸系统的胸痛还是和其他系统有关的胸痛,并不容易。

2. **胸痛的性质**　肋间神经痛呈阵发性的灼痛或刺痛。肌痛则常呈酸痛。骨痛呈酸痛或锥痛。食管炎、膈疝常呈灼痛或灼热感。心绞痛常呈压榨样痛,可伴有窒息感。主动脉瘤侵蚀胸壁时呈锥痛。肺癌、纵隔肿瘤可有胸部闷痛。

3. **影响胸痛的因素**　心绞痛常于用力或精神紧张时诱发,呈阵发性,含服亚硝酸甘油后迅速缓解。心肌梗死常呈持续性剧痛,虽含服亚硝酸甘油但仍不缓解。心脏神经官能症所致胸痛则常因运动反而好转。胸膜炎、自发性气胸、心包炎的胸痛常因咳嗽或深呼吸而加剧。过度换气综合征(hyperventilation syndrome)则用纸袋回吸呼气后胸痛可缓解。

4. **胸痛伴随下列症状,提示有诊断的意义**

(1) 伴咳嗽,常见于气管、支气管胸膜疾病。

(2) 伴吞咽困难，常见于食管疾病。

(3) 伴咯血，常见于肺结核、肺栓塞、肺癌。

(4) 伴呼吸困难，常见于大叶性肺炎、自发性气胸、渗出性胸膜炎、过度换气综合征等。

(5) 心绞痛、心肌梗死常发病于高血压、动脉硬化的基础上。

(四) 鉴别诊断

急性胸痛患者是急诊内科最常见的患病人群，约占急诊内科患者的5%~20%，三级医院约占20%~30%。国外报道3%急诊诊断为非心源性胸痛患者在30天内发生恶性心脏事件；而把预后良好的非心源性胸痛误诊为严重的心源性胸痛，则会造成不必要的心理压力和经济损失。在各种胸痛中需要格外关注并迅速作出判断的是高危的胸痛患者，包括急性冠脉综合征、主动脉夹层、肺栓塞和张力性气胸等患者。

1. 急性冠脉综合征(ACS) 是以冠状动脉粥样硬化斑块不稳定为基本病理生理特点，以急性心肌缺血为共同特征的一组综合征，包括不稳定心绞痛(UA)、非ST段抬高心肌梗死和ST段抬高心肌梗死。对于怀疑ACS的患者，应该在患者到达急诊室10分钟内完成初步评价。20分钟确立诊断：首先获取病史、体格检查、12导联心电图和初次心脏标记物检测，并将这些结果结合起来，判断患者是否确定有ACS。对于怀疑ACS，而其最初12导联心电图和心脏标记物水平正常的患者，15分钟复查心电图(ECG)。症状发作后6小时，可再次做心脏标记物检查。

2. 主动脉夹层CT扫描可确诊 主动脉夹层是指主动脉内膜撕裂，血液经裂口入主动脉壁，使中层从外膜剥离，其死亡率很高。临床上常表现为撕裂样疼痛，且有血管迷走样反应、休克。有时夹层撕裂的症状与急性闭塞的动脉相关如脑卒中、心肌梗死或小肠梗死，到脊髓的血供受影响引起下肢轻瘫或截瘫、肢体缺血，这些表现类似动脉栓塞。主动脉CT扫描等影像学检查可以确立诊断。

3. 肺栓塞 首发表现为低氧血症。较大面积肺栓塞常见的临床表现有严重的呼吸困难、呼吸增快、胸痛、发绀、低氧血症甚至出现晕厥。肺栓塞急性期发病率、误诊率及病死率颇高，发病1小时内猝死11%，总死亡率为32%。当怀疑急性肺栓塞时要及时做心电图(其形态为S_1QⅢTⅢ倒置型)，特征性改变为急性右心室负荷，抽血查D-二聚体，做超声心动图和CTPA等检查。大块肺栓塞，有血流动力学不稳定者可以考虑溶栓、外科手术取栓或者介入导管碎栓。对进行了抗凝治疗仍反复出现栓塞或有抗凝禁忌的患者，可以考虑安装下腔静脉滤器。

4. 张力性气胸 张力性气胸则指受伤组织形成活瓣，空气“只进不出”，可严重危及心肺功能。临床上通常患者首先出现突发而剧烈的胸痛、呼吸困难，偶尔有干咳。疼痛可放射至同侧肩部，对侧胸部或腹部，可类似于急性冠脉综合征或急腹症。体征可以出现叩诊鼓音，语颤减弱或消失，患侧运动减弱。纵隔移位可表现为心脏浊音及心尖搏动移向健侧，呼吸音明显减低或消失。胸部X线显示肺外周部分空气、无肺纹理可以确诊。治疗上迅速排出空气是挽救生命的措施。

除此之外，还有很多疾病也能引起胸痛，包括心包炎、大叶性肺炎、反流性食管炎、胸膜炎、纵隔肿瘤、膈疝、颈椎病、肋软骨炎、肋间神经痛、带状疱疹等。相对于前述疾病，它们属于低危胸痛。准确识别这些患者，把他们分流到门诊处理，可以节约有限的医疗资源，同时也避免对这些患者造成不必要的心理压力。

(五) 应急处理

1. 卧床休息，采取自由体位，如为胸膜炎所致者，朝患侧卧可减轻疼痛。
2. 局部热敷。
3. 口服止痛药物。
4. 若疑为心绞痛者，可舌下含服硝酸甘油。
5. 经上述紧急处理后疼痛仍未缓解时，应速送医院急救。

五、呼吸困难

呼吸困难是呼吸功能不全的一个重要症状，是患者主观上有空气不足或呼吸费力的感觉；而客观上表现为呼吸频率、深度和节律的改变。重则出现鼻翼扇动、发绀、端坐呼吸，并可有呼吸频率、深度与节律的改变。

（一）发病原因

由于呼吸系统病症引起的，包括：

1. **上呼吸道疾病**　咽后壁脓肿、扁桃体肿大、喉异物、喉水肿、喉癌等。

2. **支气管疾病**　支气管炎、支气管哮喘、支气管扩张、支气管异物和肿瘤等所致的狭窄与梗阻。

3. **肺部疾病**　慢性阻塞性肺疾病（COPD）、各型肺炎、肺结核、肺淤血、肺不张、肺囊肿、肺栓塞、肺癌、结节病、肺纤维化、急性呼吸窘迫综合征（ARDS）等。

4. **胸膜疾病**　自发性气胸、大量胸腔积液、严重胸膜粘连增厚、胸膜间质瘤等。

5. **胸壁疾病**　胸廓畸形、胸壁炎症、结核、外伤、肋骨骨折、类风湿性脊柱炎、胸壁呼吸肌麻痹、硬皮病、重症肌无力、过度肥胖症等。

6. **纵隔疾病**　纵隔炎症、气肿、疝、主动脉瘤、淋巴瘤、畸胎瘤、胸内甲状腺瘤、胸腺瘤等。

（二）主要类型

根据主要的发病机制，可将呼吸困难分为下列六种类型。

1. **肺源性呼吸困难**　由呼吸器官病变所致，主要表现为下面三种形式：

（1）吸气性呼吸困难：表现为喘鸣、吸气时胸骨、锁骨上窝及肋间隙凹陷——三凹征。常见于喉、气管狭窄，如炎症、水肿、异物和肿瘤等。

（2）呼气性呼吸困难：呼气相延长，伴有哮鸣音，见于支气管哮喘和慢性阻塞性肺疾病。

（3）混合性呼吸困难：见于肺炎、肺纤维化、大量胸腔积液、气胸等。

2. **心源性呼吸困难**　常见于左心功能不全所致心源性肺水肿，其临床特点：①有严重的心脏病史；②呈混合性呼吸困难，卧位及夜间明显；③肺底部可出现中、小湿啰音，并随体位而变化；④X线检查，心影有异常改变；肺门及其附近充血或兼有肺水肿症状。

3. **中毒性呼吸困难**　各种原因所致的酸中毒，均可使血中二氧化碳升高、pH降低，刺激外周化学感受器或直接兴奋呼吸中枢，增加呼吸通气量，表现为深而大的呼吸困难；呼吸抑制剂如吗啡、巴比妥类等中毒时，也可抑制呼吸中枢，使呼吸浅而慢。

4. **血源性呼吸困难**　重症贫血可因红细胞减少，血氧不足而致气促，尤以活动后显著；大出血或休克时因缺血及血压下降，刺激呼吸中枢而引起呼吸困难。

5. **神经精神性与肌病性呼吸困难**　重症脑部疾病如脑炎、脑血管意外、脑肿瘤等直接累及呼吸中枢，出现异常的呼吸节律，导致呼吸困难；重症肌无力危象引起呼吸肌麻痹，导致严重的呼吸困难；另外，癔症也可有呼吸困难发作，其特点是呼吸显著频速、表浅，因呼吸性碱中毒常伴有手足抽搐症。

6. **胃胀气**　由于胃膨大顶住膈肌，使胸腔变小使呼吸困难的胸闷，是一种主观感觉，即呼吸费力或气不够用。轻者若无其事，重者则觉得难受，似乎被石头压住胸膛，甚至发生呼吸困难。它可能是身体器官的功能性表现，也可能是人体发生疾病的最早症状之一。不同年龄的人胸闷，其病因不一样，治疗不一样，后果也不一样。

（三）检查

1. **实验室检查**　血常规检查在感染时有白细胞计数升高、中性粒细胞升高，过敏性疾患时嗜酸性粒细胞计数升高。支气管-肺疾病应注意痰量、性质、气味，并做细菌培养、真菌培养，痰中找结核菌等都有一定诊断价值。

2. 器械检查 X线检查对因心肺疾患引起的呼吸困难均有明显的心肺X线征象。心脏病患者可做心电图、超声心动图等检查。对慢性肺疾病，如慢性阻塞性肺疾病、支气管哮喘等做肺功能测定，诊断肺功能损害的性质和程度。纤维支气管镜检查用于支气管肿瘤、狭窄、异物的诊断和治疗；肺穿刺活检对肿瘤等意义重大。

(四) 诊断

1. 吸入性呼吸困难 主要表现为吸气运动加强，吸气深而费力，重者吸气时头后仰。即吸气时呼吸肌非常用力，吸气时胸骨上窝、肋间隙、肋下及剑突下凹陷。时间稍久，体内缺氧，面色青紫，烦躁不安，需要紧急处理(如气管切开)；否则会危及生命。

当发现有呼吸困难，特别是较严重的呼吸困难时，要注意是吸气性呼吸困难还是呼气性呼吸困难。肺部和支气管疾病及心脏病是引起呼吸困难的最多见病因。这些患者出现症状时应保持半坐体位，使呼吸道通畅，服用氨茶碱及祛痰药，但不要用镇静剂以免发生危险，有条件时可吸氧，呼吸困难一般可以改善。

2. 伴随症状

(1) 发作性呼吸困难伴哮鸣音 多见于支气管哮喘、心源性哮喘；突发性重度呼吸困难见于急性喉水肿、气管异物、大面积肺栓塞、自发性气胸等。

(2) 呼吸困难伴发热 多见于肺炎、肺脓肿、肺结核、胸膜炎、急性心包炎等。

(3) 呼吸困难伴一侧胸痛 常见于大叶性肺炎、胸膜炎、肺栓塞、自发性气胸、急性心肌梗死、肺癌等。

(4) 呼吸困难伴咳嗽、咳痰 见于慢性支气管炎继发肺部感染、支气管扩张、肺脓肿等；伴大量泡沫痰可见于有机磷中毒；伴粉红色泡沫痰可见于急性左心衰竭。

(5) 呼吸困难伴意识障碍 见于脑出血、脑膜炎、糖尿病酮症酸中毒、尿毒症、肺性脑病、急性中毒、休克型肺炎等。

第二节 胸部检查

胸部指颈部以下和腹部以上的区域。胸廓由12个胸椎、12对肋骨、锁骨及胸骨组成，其骨性结构如图1-1所示。其前部较短，背部稍长。胸部检查的内容很多，包括胸部外形、胸壁、乳房、胸壁血管、纵隔、支气管、肺、胸膜、心脏和淋巴结等(图1-1、图1-2)。传统的胸部物理检查包括视诊、触诊、叩诊和听诊四个部分。检查应在温度合适和光线充足的环境中进行。尽可能暴露全部胸廓，患者视病情或检查需要采取坐位或卧位，全面系统地按照视、触、叩、听的顺序进行检查。一般先检查前胸部及两侧胸部，然后再检查背部。

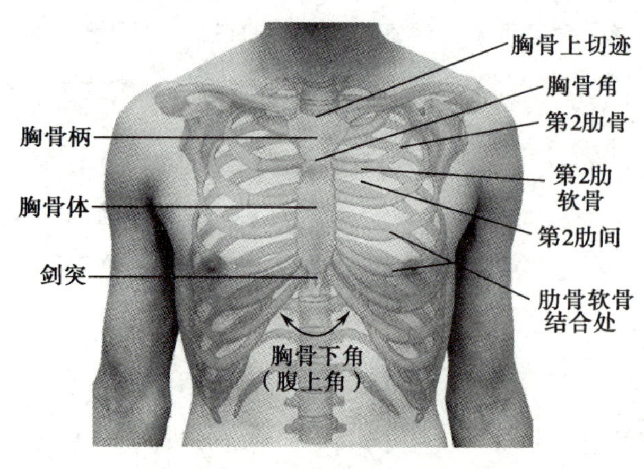

图1-1 胸廓的骨骼结构(正面观)

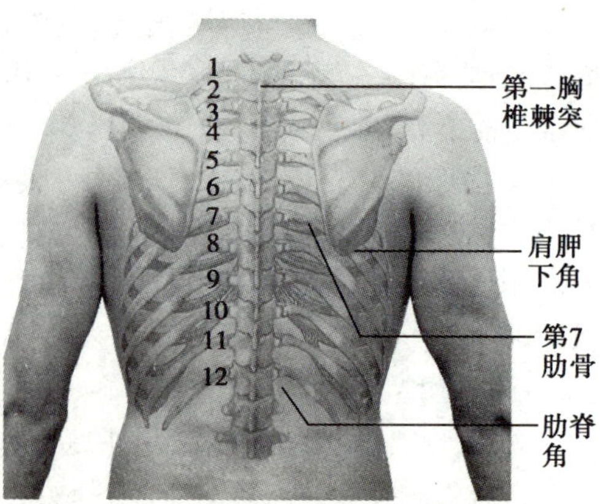

图1-2 胸廓的骨骼结构(背面观)

一、胸部体表标志

胸廓内包含心、肺等重要脏器，胸部检查的目的就是判断这些脏器的生理、病理状态。胸廓内各脏器的位置可通过体表检查并参照体表标志予以确定。体表标志包括胸廓上的骨骼标志、自然陷窝和一些人为划线及分区。为准确标记正常胸廓内部脏器的轮廓、位置，以及异常体征等部位和范围，熟识胸廓上的体表标志具有十分重要的意义。可明确地反映和记录脏器各部分的异常变化在体表上的投影(图 1-3~1-5)。

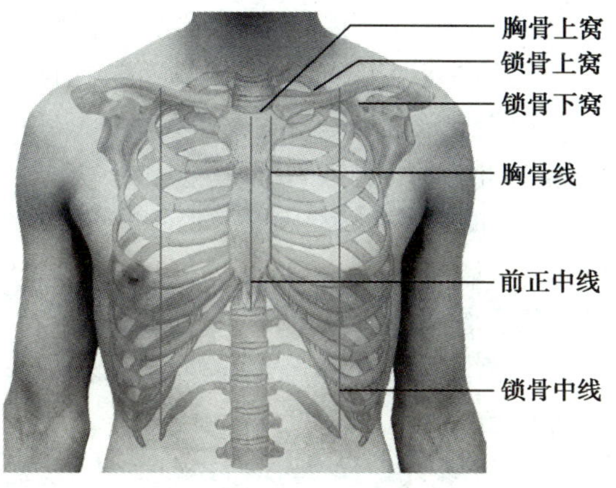

图 1-3 胸部体表标线与分区正面观

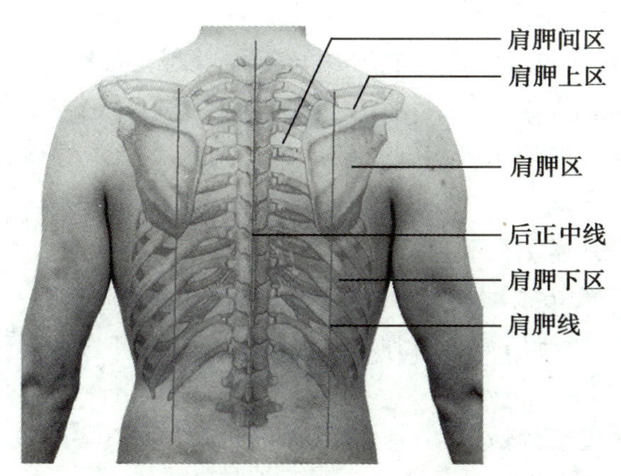

图 1-4 胸部体表标线与分区背面观

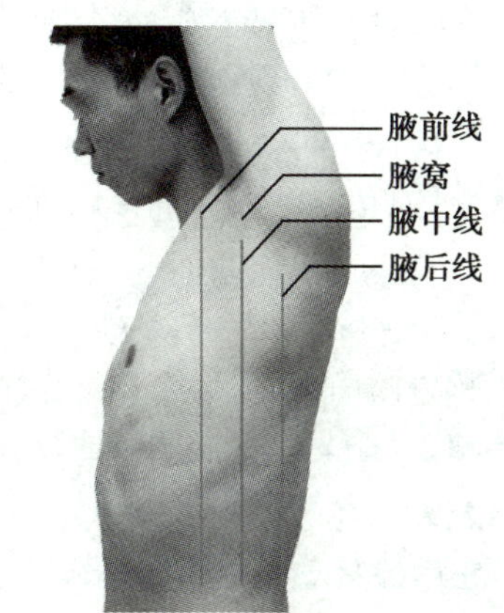

图 1-5 胸部体表标线与分区侧面观

(一) 骨骼标志

1. 胸骨上切迹(suprasternal notch) 位于胸骨柄的上方。正常情况下气管位于切迹正中。

2. 胸骨柄(manubrium sterni) 是胸骨上端略呈六角形的骨块。其上部两侧与左右锁骨的胸骨端相连接，下方与胸骨体相连。

3. 胸骨角(sternal angle) 由胸骨柄与胸骨体连接处向前突起而成。其两侧与左右第二肋软骨相连接，是前胸部计数肋骨和肋间隙的主要标志。胸骨角还有许多标记意义：主动脉弓的起止端、气管分叉、第四胸椎的下缘、上下纵隔的分界、心房上缘、奇静脉弓由后向前汇入上腔静脉处、胸导管由右向左跨过椎体处。

4. 腹上角(epigastric angle) 又称胸骨下角，是左右肋弓在胸骨下端会合所形成的夹角，是判断体形的标志之一，正常人 70°~110°，体形瘦长者夹角较小，矮胖者较大。其深面为肝左叶、胃、胰腺所在区域。

5. 剑突(xiphoid process) 是胸骨体下端的突出部分，呈三角形。

6. 肋骨(rib) 共有 12 对。第 1 对 ~7 对肋骨直接与胸骨相连称为真肋，第 8 对 ~12 对称为假肋，其中第 8 对 ~10 对肋软骨依次连接上位的肋软骨构成肋弓，第 11、12 对肋骨前端游离，称为浮肋。大多数肋骨可以在前胸部触到，只有第 1 对肋骨因有锁骨遮挡，不易触及。

7. 肋间隙(intercostal space) 为两个肋骨之间的间隙，用于标记病变的水平位置。第 1 肋与第 2 肋之间是第 1 肋间隙，第 2 肋骨下面是第 2 肋间隙，其余依此类推。

8. 肩胛骨(scapula) 位于后胸壁第 2 肋骨 ~8 肋骨之间，肩胛下角是肩胛骨的最下端，在直立位双上肢自然下垂时位于第 7 肋骨水平或第 8 肋骨水平，或相当于第 8 胸椎的水平，是后

胸部计数肋骨的重要标志。触诊肩胛下角时可沿肩胛骨的内侧缘向下触摸直至肩胛骨的最下端，触诊不清时可让患者小范围活动上臂，肩胛骨随之活动，便于触诊。但应注意的是，在利用肩胛下角定位时，患者的上肢必须保持在自然下垂的位置。

9. 脊柱棘突(spinous process) 是后正中线的标志。位于颈根部的第7颈椎棘突最为突出，常以此为标记计数胸椎。

10. 肋脊角(costalspinal angle) 为第12肋骨与脊柱构成的夹角。其前面是肾和输尿管所在的区域。

(二) 垂直线标志

1. 前正中线(anterior midline) 是通过胸骨正中的垂直线，也称胸骨中线。其上端位于胸骨柄上缘的中点，向下过剑突中央。

2. 锁骨中线(midclavicular line) 是通过锁骨的肩峰端与胸骨端两者中点的垂直线，左右各一。

3. 胸骨线(sternal line) 是沿胸骨边缘与前正中线平行的垂直线，左右各一。

4. 胸骨旁线(parasternal line) 是通过胸骨线和锁骨中线中间的垂直线，左右各一。

5. 腋前线(anterior axillary line) 是通过腋窝前皱襞沿前侧胸壁向下的垂直线，左右各一。

6. 腋中线(midaxillary line) 是过腋窝顶端于腋前线和腋后线之间向下的垂直线，左右各一。

7. 腋后线(posterior axillary line) 是通过腋窝后皱襞沿后侧胸壁向下的垂直线，左右各一。

其中，确定腋前线、腋中线、腋后线时应嘱患者上臂外展90°。

8. 肩胛线(scapular line) 是双臂自然下垂时通过肩胛下角与脊柱平行的垂直线，故亦称肩胛下角线，左右各一。

9. 后正中线(posterior midline) 是通过椎骨棘突，沿脊柱正中下行的垂直线。

(三) 自然陷窝和解剖区域

1. 腋窝(axillary fossa) 是上肢内侧与胸壁相连的凹陷部，左右各一。

2. 胸骨上窝(suprasternal fossa) 是胸骨柄上方的凹陷部，正常气管位于其后。

3. 锁骨上窝(supraclavicular fossa) 是锁骨上方的凹陷部，相当于两肺肺尖的上部，左右各一。

4. 锁骨下窝(infraclavicular fossa) 是锁骨下方的凹陷部，下界是第三肋骨下缘，相当于双肺肺尖的下部，左右各一。

5. 前胸部(anterior part of chest) 两侧腋前线之间的胸部。

6. 侧胸部(side part of chest) 腋前线与腋后线之间的胸部，左右各一。

7. 后胸部(dorsal part of chest) 也称胸背部，两侧腋后线之间的胸部，与前胸部前后相对。

8. 肩胛上区(suprascapular region) 是肩胛冈以上的区域，斜方肌上缘是其外上界，相当于上叶肺尖的下部。

9. 肩胛下区(infrascapular region) 是肩胛下角线与第12胸椎水平线之间的区域，后正中线将此区分为左右两部。

10. 肩胛间区(interscapular region) 两肩胛骨内缘之间的区域，后正中线将此区分为左右两部。

(四) 肺和胸膜的界限

1. 气管、支气管的解剖 气管是上呼吸道的直接延续，起始于环状软骨水平至第4、5胸椎前方，分为左、右主支气管分别进入左、右肺，再继续分为叶、段、亚段，直至呼吸性细支气管，与肺泡管、肺泡囊、肺泡相连。

2. 肺在体表上的投影 左右两侧肺外形相似，仅左胸前内部由心脏占据。了解各个肺叶在

胸壁上的投影部位，对肺部疾病的定位诊断有重要的意义。肺尖突出于锁骨之上，达第1胸椎水平，距锁骨上缘约3cm。肺上界呈一向上凸起的弧线，内侧起于胸锁关节向上至第1胸椎水平，再转向外下至锁骨内、中1/3交界处。肺的外侧界由肺上界向外下沿侧胸壁内部表面延伸。肺的内侧界自胸锁关节处下行，在胸骨角水平两肺前内界几乎相遇，然后分别沿前正中线两旁下行，在第4肋软骨处右侧继续向下至第6肋软骨水平转向右方，下行与右肺下界连接。左侧由于心脏的影响，在第4肋软骨水平向左至第4肋骨前端，沿第4~6肋骨的前端向下，再向左下行与左下肺连接。两肺的肺下界基本相似。前胸部位于第6肋骨，向两侧斜行向下，至腋中线处达第8肋间隙，后胸部的肺下界几乎呈一水平线，在肩胛线处位于第10肋骨水平。肺脏的上、下两叶分界线以背部的第3胸椎棘突为起点，向前下方经腋后线与第4肋骨交叉处至第6肋骨与胸骨附着处。右肺上、中叶的分界线从腋后线与第4肋骨交叉处开始沿第4肋软骨向前至胸骨附着处（图1-6、图1-7、图1-8、图1-9）。

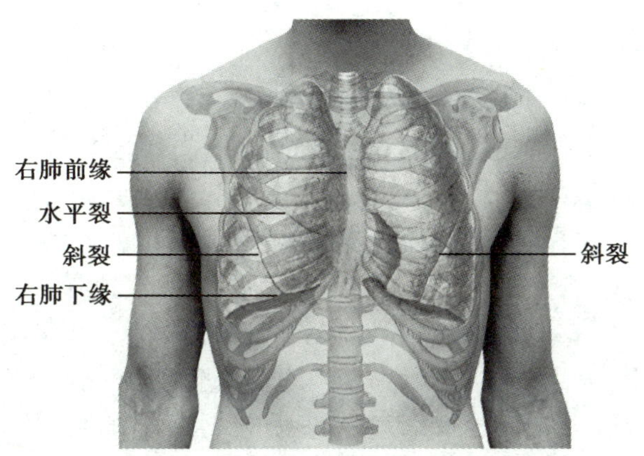

图1-6 肺叶及叶间裂在胸壁上的投影位置（正面观）

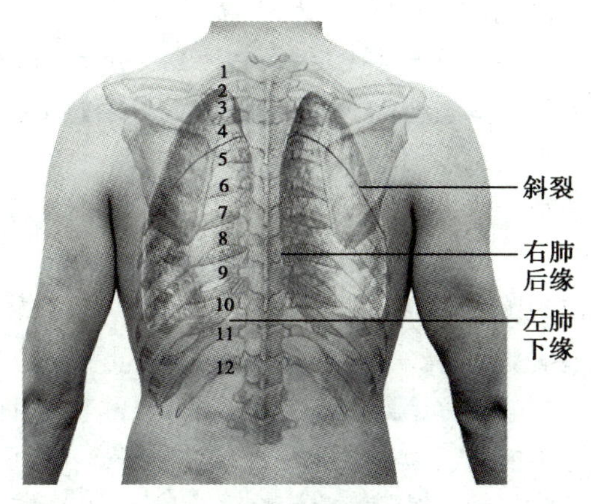

图1-7 肺叶及叶间裂在胸壁上的投影位置（背面观）

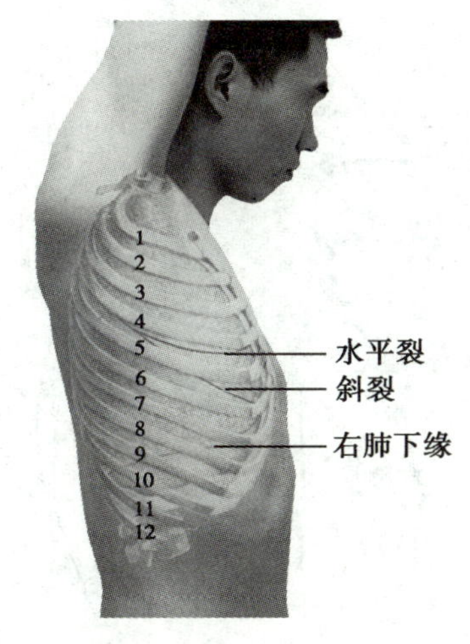

图1-8 肺叶及叶间裂在胸壁上的投影位置（右侧面观）

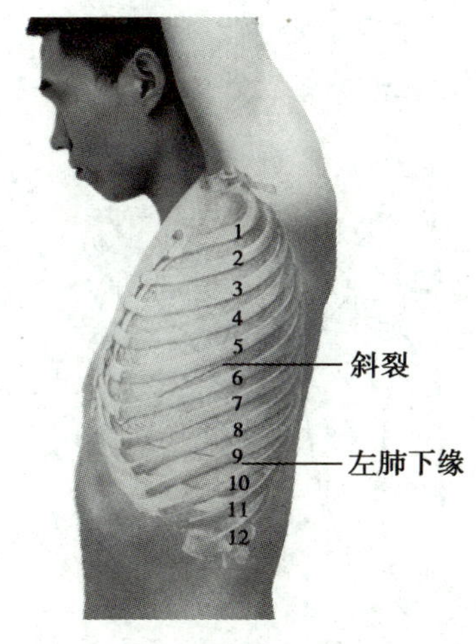

图1-9 肺叶及叶间裂在胸壁上的投影位置（左侧面观）

3. 胸膜 分为脏、壁两层。覆盖在肺脏表面的为脏层胸膜（visceral pleura），覆盖在胸廓内面、膈肌及纵隔表面的称为壁层胸膜（parietal pleura）。脏、壁两层胸膜在肺根部互相折返延续，形成左右两个完全封闭、潜在、无气的胸膜腔。胸膜腔内有少量浆液，呼吸时起润滑和吸附作用。每侧的肋胸膜与膈胸膜在肺下界以下的转折处称为肋膈窦，约有2~3个肋间的深度，由于其位置最低，在深吸气时也不能被扩张的肺所充满。

二、胸壁、胸廓与乳房

(一) 胸壁

检查胸壁(chest wall)时,除了注意营养、皮肤、淋巴结、骨骼肌发育等情况外,还应重点检查以下项目。

1. **静脉** 应注意有无胸壁静脉曲张(varicose vein of chest wall)。正常胸壁无明显静脉可见。如胸部望诊时发现胸前壁、侧壁有扩张迂曲的静脉突出并显露,即为胸壁静脉曲张,是胸壁静脉回流受阻的临床征象之一。发现静脉曲张后,应判断曲张静脉的血流方向。曲张的静脉出现于前胸壁上部,并伴有颈部静脉曲张且血流方向向下,见于上腔静脉回流受阻;前胸壁及上腹部均见曲张静脉且血流方向向上者,见于下腔静脉回流受阻;胸骨柄部位的小静脉曲张,提示胸骨后甲状腺肿大。胸部视诊可发现胸部前外侧壁皮肤有条索状突起,触诊时呈条索状肿物,可有压痛,提示浅静脉炎,可见于 Mondor 病。

2. **皮下气肿(subcutaneous emphysema)** 胸部皮下组织有气体积存时称为皮下气肿,多见于气胸患者,偶见于局部产气杆菌感染。检查时以手指按压皮下气肿的部位,可引起气体在皮下组织内移动而产生捻发感或握雪感,用听诊器按压皮下气肿部位时,可出现类似搓捻头发的声音,称为捻发音。严重的皮下气肿可蔓延至颈、面、腹部以及四肢的皮下组织。

3. **胸壁压痛(chest wall tenderness)** 正常胸壁无压痛。白血病患者由于骨髓异常增生可出现胸骨压痛和叩击痛。肋间神经炎、肋软骨炎、胸壁软组织炎、肋骨骨折时,病变局部可有压痛。肋间神经炎与胸膜炎都可引起胸痛。

4. **肋间隙(intercostal space)** 注意肋间隙有无凹陷和膨隆。大气道阻塞患者吸气时,气体不能通畅地进入肺脏,而出现吸气时肋间回缩。肋间膨隆见于大量胸腔积液、张力性气胸、严重肺气肿。局限的肋间隙膨隆见于胸壁肿瘤、主动脉瘤、心脏明显肿大者。

(二) 胸廓

正常胸廓应两侧对称、呈略扁的椭圆形,双肩基本在同一水平上。成年人胸廓的前后径较左右径短,两者的比例约为 1∶1.5。婴幼儿和老年人胸廓的前后径略小于左右径或几乎相等而呈圆柱形。常见胸廓外形改变如图 1-10 所示。

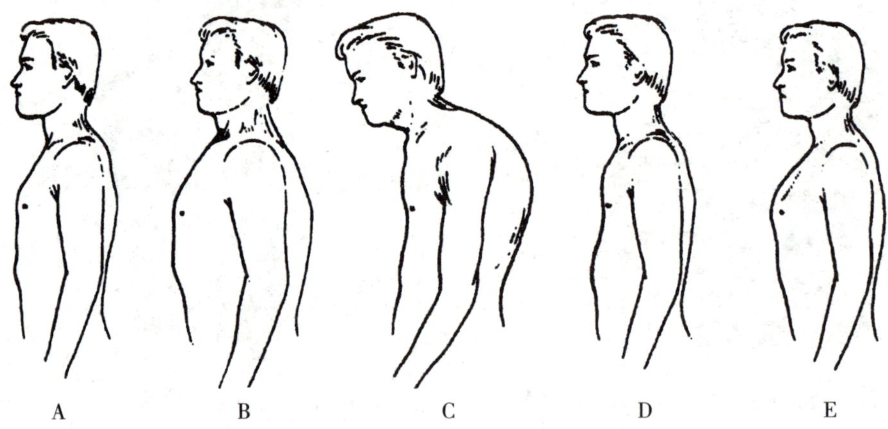

图 1-10 正常胸廓及常见胸廓外形的改变

A. 正常胸;B. 桶状胸;C. 脊柱后突;D. 漏斗胸;E. 鸡胸

1. **扁平胸(flat chest)** 胸廓的前后径明显缩小,常短于左右径的 1/2,患者颈细长,肌肉脂肪不发达,锁骨和肩胛骨突出,锁骨上、下窝明显,肋骨显露,腹上角小于 90°。多见于慢性消耗性疾病如肺结核等,也见于少数正常瘦长体型者。

2. **桶状胸(barrel chest)** 胸廓的前后径增大,有时与左右径大致相等,甚至超过左右径。

肋弓的前下斜度上抬,肋间隙增宽饱满,腹上角多大于 90°,胸廓外形呈圆桶状。见于各种原因所致的肺气肿,也见于少数肥胖者。

3. 佝偻病胸(rachitic chest) 有多种表现形式,主要见于佝偻病。

(1) 鸡胸(pigeon chest):患儿胸廓前后径增大,横径缩小,胸骨(尤其是胸骨下部)显著前突,与鸡的胸廓类似,故称鸡胸。除小儿佝偻病外,还见于遗传性骨软骨营养障碍、先天性成骨不全等。

(2) 漏斗胸(funnel chest):胸骨自胸骨角以下的胸骨体向内、后凹陷,以剑突部凹陷最深,前胸下部呈漏斗状,严重者胸内脏器直接受压,影响功能。多见于佝偻病,还见于先天性成骨不全、遗传性骨软骨营养障碍和少儿时期即从事修鞋的工作者。

(3) 串珠肋(rachitic rosary):前胸部肋骨与肋软骨的交界处触到或看到隆起的圆珠状物,上下观看如同串珠,即为串珠肋。见于佝偻病、软骨营养障碍、坏血病等。

(4) 肋膈沟(harrison groove):前下胸肋骨常外翻,而沿膈肌附着部位的胸壁向内凹陷形成沟带状,患儿的胸廓下缘可以看到或触到一向内凹陷的横沟即肋膈沟。见于佝偻病和软骨营养障碍。

4. 胸廓一侧变形(thoracic deformity of a side) 许多疾病可以引起一侧胸廓的外形或局部发生形态改变。如一侧胸廓隆起可见于气胸、胸腔积液、胸内巨大肿瘤等;局部隆起见于大心脏、心包积液、主动脉瘤、胸内或胸壁肿瘤。胸廓一侧或局限性凹陷可见于肺不张、肺纤维化、广泛的肺结核和胸膜粘连等。还见于胸壁软组织肿块、肋骨和肋软骨肿块(如肋软骨炎、肋骨骨折)、胸骨后甲状腺、肺与纵隔的肿瘤以及脊柱弯曲造成的胸廓变形。脊柱的前凸、后凸或侧凸可导致胸部两侧不对称,肋间隙增宽或变窄,胸腔内的脏器与体表标志的关系发生变化,严重脊柱畸形所造成的胸廓外形改变可引起呼吸、循环功能障碍。

(三) 乳房

乳房(breast)在正常儿童及男性一般不明显,乳头位置约在锁骨中线第 4 肋间隙。正常女性乳房在青春期逐渐增大,呈半球形,乳头也逐渐增大呈圆柱形。做乳房检查时应充分暴露检查部位,检查室光线良好,患者取坐位或仰卧位,先视诊再触诊,按一定的顺序检查所有的内容,包括引流乳房部位的淋巴结。

1. 视诊

(1) 对称性(symmetry):正常女性坐位时两侧乳房基本对称,有时可一侧略大,是发育程度不同的结果。如一侧乳房明显增大提示先天发育异常、乳腺囊肿、炎症、肿瘤等;一侧乳房明显缩小则多系发育不全。

(2) 乳房大小:正常乳房大小因遗传、营养、发育情况而异,并无一定尺度衡量,一般位置和范围是上界约为第 2 或第 3 肋骨,下界是第 6 或第 7 肋骨,内界是胸骨缘,外界达腋前线,如过大或过小则为异常。双侧乳房异常肥大见于各种乳房肥大症或先天性发育异常;单侧乳房异常肥大见于乳房象皮肿,也可见于先天性发育异常。盔甲状癌性乳房(armour-like carcinomatous breast)是晚期乳腺癌的特殊征象,患者乳房变平坦,紧缩于胸廓呈盔甲状,表面为暗红色,触诊发现乳腺融合成弥漫的坚硬小节或小索,无压痛。孕妇和哺乳期妇女的乳房明显增大,有时乳房增生可扩展至腋下,乳晕扩大,色素加深,乳房皮肤可以见到浅表静脉扩张,这是生理性的肥大以供哺乳。

(3) 乳房数目:正常人只有一对乳房。多乳房症的患者,在正常乳房与脐水平之间或正常乳房的外上方近腋窝处,可以见到乳头样的隆起,或触到扁而不规则的肿块;月经期、妊娠和哺乳期可有肿胀感或疼痛感,肿块可有压痛。本病是先天性异常,有遗传倾向。在胚胎发育的第 6 周,从腋窝至腹股沟出现一对增厚带(称为乳房线)。在此线的上皮组织发生 6~8 对乳房始基,正常情况下,除前胸部的一对乳房外其余均在出生前退化、消失,如未退化则形成多乳房症。

表观情况(superficial appearance)重点观察乳房的皮肤。

(1) 乳房皮肤红肿(erythroswelling of mammary skin):是常见的乳房病变临床征象,有时伴皮肤温度升高和压痛,检查时可两侧对照。乳房红、肿的主要原因有炎症性和肿瘤性两种。炎症性乳房皮肤红肿常伴局部皮温增高和疼痛,见于急性乳腺炎、乳头炎、乳晕炎、慢性纤维性乳腺炎、外伤性脂肪坏死早期、乳房结核混合感染、新生儿乳房炎、青春期乳腺炎、闭经期乳腺炎、浆细胞性乳腺炎、流行性腮腺炎性乳腺炎等。肿瘤性皮肤红肿见于乳腺癌及其累及浅表淋巴管引起的癌性淋巴管炎,此时皮肤多呈深红色,不伴热痛。

(2) 乳房橘皮征(mammary orange-peel sign):指乳房皮肤水肿,毛囊处呈点状凹陷,外观如同"猪皮样"或"桔皮样"。此征主要见于乳腺癌。癌肿的生长使局部皮肤表面出现淋巴水肿,由于皮肤在毛囊处与皮下组织连接紧密,不能随水肿的形成而肿胀,呈现为水肿皮肤上的点状凹陷,就形成所谓的"桔皮样"外观。炎性水肿时局部皮肤也可呈现"桔皮样"改变,但同时伴有皮肤发红,应注意鉴别;此外,乳房的象皮肿可出现乳房皮肤弥漫性的"桔皮样"改变。

(3) 乳房局限性凹陷(mammary localized pitting):又称乳房皮肤靥窝(mammary skin fossa)。患者坐位站立,上臂抬高并尽力外展,上身前倾,检查者用手抬高整个乳房,可以见到乳房局限性的凹陷或小窝,即为乳房皮肤靥窝。如用手将靥窝周围的皮肤轻轻向前提起,靥窝更明显,见于癌肿或脂肪坏死。此征的发生是由于乳腺小叶之间的库柏(Cooper)韧带受侵所致。该韧带垂直走行于乳腺小叶之间并与皮肤相连,如受侵犯而收缩,就会向内牵拉皮肤导致靥窝形成。

(4) 乳房瘘管(breast fistula):是患者体表通向乳腺导管的异常通道。瘘管局部常有红、肿、痛等炎症征象,挤压瘘管可有混有乳汁的脓液流出。见于乳腺感染或外伤。

(5) 乳房窦道(breast sinus):是乳房表面通向深部组织的异常盲道。多由乳腺感染经久不愈造成。乳头也是重点观察的内容之一。正常成年女性的乳头为圆柱状,伸出乳房平面约1.5~2cm,检查时应先观察乳头有无形态方面的异常,如乳头过小、乳头内翻、横裂乳头(乳头中央有一横行裂口)、多乳头(在乳晕处有两个或两个以上的乳头)、乳头内陷(乳头向乳房内退缩或陷于乳房内,轻揉乳晕不能使其恢复正常的突起状态;牵拉也不能使之高出乳房皮肤平面则为真性乳头内陷)等,多见于先天发育异常或乳腺炎症、肿瘤或外伤。乳头内陷(crater nipple)是乳房病变的重要征象,应仔细观察分析。初产妇的哺乳期出现两侧或一侧乳头内陷,是发育不良所致。近期出现的乳头内陷伴乳房内肿块,多见于乳癌,是由于肿瘤侵及乳头附近或深面的乳腺管,牵拉乳头所致。

此外还要注意乳头的以下变化:

(1) 乳头溢液(nipple discharge):指乳头有异常液体溢出。检查时轻轻挤压乳晕或肿块,观察乳头有无溢液和溢液的量、颜色、性质等,必要时送细胞学检查。乳头溢液可见于乳房囊性增生病、乳管炎、乳管内乳头状瘤、乳腺癌。

(2) 乳头皲裂(cracked nipple):指乳头表面有小裂口或溃疡即为乳头皲裂。见于初产妇哺乳期、疹样癌、乳头湿疹等。

(3) 乳头抬高或偏斜(nipple elevation or skewness):患者坐位,观察双侧乳头,一侧乳头较对侧高即为乳头抬高,乳头失去正常方向而发生偏斜为乳头偏斜。二者见于乳癌、乳房外伤性脂肪坏死、慢性乳腺炎、乳腺结核等,是由于病灶邻近乳头,乳管受侵而收缩,乳头被牵拉向病灶侧而发生方向改变。腋窝和锁骨上淋巴结是乳房淋巴引流最重要的区域,应详细观察局部有无皮肤改变、包块、溃疡、瘘管等。

2. 触诊 患者一般取坐位,医生分别于患者两臂下垂、双臂高举过头、双手叉腰等位置进行触诊。为便于检查,可以仰卧位检查时在肩部垫以小枕抬高肩部,使乳房对称。为便于记录病变部位,可以乳头为中心,人为地将乳房分为4个象限(图1-11)。

先检查健侧乳房,由外上象限开始,左侧按顺时针方向、右侧按逆时针方向依次检查各个象

限，最后触诊乳头。触诊时检查者的手指和手掌应平放在乳房上，运用指腹轻施压力，以旋转或来回滑动进行触诊。切忌用手指捏抓乳房触诊。触诊时应注意乳房的硬度、弹性，有无红肿、热痛和包块，乳头有无硬结、弹性消失和分泌物。

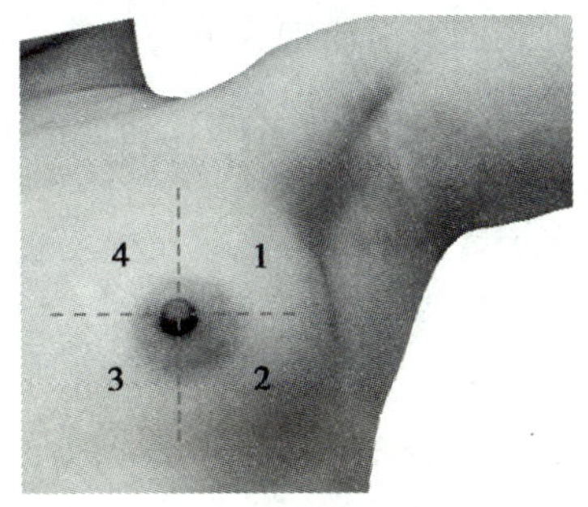

图 1-11　乳房病变的定位与划区

正常乳房有模糊的颗粒感和柔韧感，皮下脂肪的多少、不同的年龄阶段会影响触诊的感觉。青年人乳房柔软，质地均匀一致，而老年人则呈纤维和结节感。乳房是由多个乳腺小叶组成，不能将乳腺小叶误认为是肿块。月经期乳腺小叶充血，乳房有紧张感，月经后充血即消退。妊娠期乳房增大并有柔韧感，哺乳期则呈结节感。触诊乳房应注意下列内容。

(1) 硬度和弹性(consistency and elasticity)：硬度增加和弹性消失，提示皮下组织被炎症或新生物所浸润。乳晕下有癌肿存在时，局部皮肤弹性常消失。

(2) 压痛(tenderness)：提示炎症，而恶性病变少有压痛。

(3) 包块(masses)：乳房内肿块是乳房疾病的常见体征。触及肿块时应注意肿块的部位、数目、大小、硬度、外形、边缘是否清晰、表面是否光滑、有否粘连和波动等。

1) 部位(location)：包块的定位方法是以乳头为中心，按时钟钟点的方位和轴向予以记录；同时要记录包块与乳头之间的距离，使包块的定位确切无误。

2) 大小(size)：应描写包块的长、宽、厚度，以厘米(cm)为单位记录，以便动态观察包块的大小变化。

3) 外形(contour)：注意包块的外形是否规则，边缘是否清楚，与周围组织有否粘连。光滑的囊性肿块伴有波动，见于乳房囊肿和积液囊肿；卵圆形、光滑、质硬韧且活动度大的肿块多为乳房纤维腺瘤；多个结节样或索条样、质地韧、与周围界限不清的肿块见于乳腺囊性增生病；肿块单发或多发、质软、可活动，轻轻挤压乳头可溢出血性液体，见于乳腺导管乳头状瘤；肿块不规则、质地硬、边界不清、活动度小，多见于乳癌；乳房囊肿的肿块可单发或多发，大小不一，呈圆形或椭圆形，边界清楚，穿刺有液体；单个或多个蚕豆大、橡皮硬度的皮下结节，见于乳房丝虫性结节。

4) 硬度(consistency)：应注意包块的软硬度，可描写为柔软、囊性、韧、中等硬度或硬等。良性肿瘤多为柔软或囊性感，质地坚硬、表面不规则的肿块多提示为恶性，有时炎性病变肿块也可质硬而不规则，要注意鉴别。

5) 压痛(tenderness)：应查明包块有无压痛及程度。炎性病变有明显的压痛，而大多数恶性病变压痛不明显。

6) 活动度(mobility)：多数良性包块的活动范围大，炎性病变则较固定，乳腺癌早期包块可活动，但侵犯周围组织后则固定度明显增加。胸大肌试验(greater pectoral muscle test)是用于判断乳房内肿块与胸大肌有无粘连的方法。其原理是当肿块与胸大肌粘连后，胸大肌的紧张和松弛可以影响到肿块的活动度，可在患者胸大肌紧张和松弛的状态下，分别检查包块的活动度。如松弛时的活动度大于紧张时的活动度，则提示包块与胸大肌有粘连。使患者胸大肌紧张和松弛的方法有多种，较简单的方法是嘱患者双手叉腰，两肘向前，此时胸大肌处于松弛状态，肌肉有一定的活动度，检查者用手指按水平方向和垂直方向分别检查包块的活动度，然后再嘱患者两肘向后，此时胸大肌处于紧张状态，再检查包块的活动度，如较两肘向前时明显减小，即为试验阳性，提示肿块为恶性，并与胸大肌粘连。

乳房肿块跳动感(mammary tumor subsultory sensation)是乳房纤维腺瘤的特异征象。纤维腺瘤表面平滑，体积多不大，与周围组织分界清晰且无粘连，在乳房内易被推动，由于乳腺组织和乳房内的脂肪弹性较好，触诊时有肿块跳动的感觉。检查时患者仰卧，上肢自然下垂，检查者触

到表面平滑质地较硬的肿块后可同时用双手轻轻推移，如感到肿块在双手之间有跳来跳去的滑动感觉，即为乳房肿块跳动感，借此可与其他肿块进行鉴别。

乳房触诊后，应常规触诊腋窝、锁骨上及颈部的淋巴结有否肿大或其他异常，这些部位是乳房炎症或恶性肿瘤扩展和转移的部位。

3. 乳房的常见病变

(1) 急性乳腺炎：常发生于哺乳期的妇女，也见于青年女性和男子。可见乳房红、肿、热、痛，常局限于一侧乳房的某一象限，可触及硬结或包块，伴有寒战、发热、多汗等感染中毒症状。

(2) 乳腺肿瘤：是常见病、多发病，应区别良性或恶性。乳腺癌一般无炎症表现，肿块多为单发并与皮下组织粘连，局部皮肤呈“桔皮样”改变，乳头常回缩，晚期多伴有腋窝淋巴结转移，中年以上的妇女好发。良性肿瘤质地较软，与周围组织界限清楚且无粘连，多为乳腺囊性增生、乳腺纤维腺瘤。

(3) 男性乳房增生：常见于内分泌紊乱，如雌激素的使用、肾上腺皮质功能亢进、肝硬化等。

三、肺和胸膜

做肺和胸膜的检查时，如患者病情和身体情况允许，一般取坐位，如病情重可取仰卧位和侧卧位。检查的顺序应按视、触、叩、听的内容进行。但如病情重，可按先前胸、再侧胸和后背的顺序，将视、触、叩、听的内容穿插进行，避免过多翻动患者。患者应充分暴露胸部，病室要舒适温暖，光线要充足合理，不能背光检查。

(一) 视诊

1. 正常呼吸运动的方式、频率和节律 一般成人静息呼吸时潮气容积约为500ml，呼吸过程平静、均匀而自然，节律规整。在呼吸运动过程中，可观察到胸廓的运动以及膈肌上下移动带来的前腹壁的起伏。吸气时肋间肌的收缩使胸廓前部肋骨向上外方移动，胸廓扩张，膈肌收缩使前腹壁向前隆起，呼气时胸廓前部肋骨向下内方移动，胸廓缩小，膈肌松弛，腹部回缩。正常男性和儿童的呼吸以膈肌运动为主，胸廓下部及上腹部的动度较大，这种方式称之为腹式呼吸(abdominal breathing)；女性的呼吸则以肋间肌的运动为主，呼吸时胸廓起伏明显大于上腹部的动度，称之为胸式呼吸(thoracic breathing)。正常时这两种呼吸方式都存在，只是主次不同而已。

正常成人在安静时为平静呼吸，呼吸频率为12~20次/分，呼吸节律基本是平稳、均匀、整齐。呼吸与脉搏之比为1∶4。新生儿呼吸约为44次/分，随年龄增长而逐渐减慢。调节通气量的外周化学感受器是主动脉窦、颈动脉体。血液中的氧分压下降、二氧化碳分压升高、氢离子浓度升高是刺激化学感受器的主要化学因素。氢离子还可以刺激中枢的化学感受器。无论外周还是中枢化学感受器在受到上述因素刺激后，产生的效应都是加强呼吸运动，通气量增加，以提高血氧分压、排出二氧化碳、降低氢离子浓度。

2. 异常呼吸运动(图1-12)

(1) 呼吸过速(tachypnea)：指呼吸频率超过24次/分。见于发热、疼痛刺激、贫血、心力衰竭、甲状腺功能亢进等。一般体温升高1℃，呼吸大约增加4次/分。科里根呼吸(Corrigan's respiration)又称大脑性呼吸，见于消耗性、衰弱性、发热、体质虚弱如伤寒、斑疹伤寒等，表现为呼吸幅度浅、频率快，节律无改变。

(2) 呼吸过缓(bradypnea)：指呼吸频率低于12次/分。见于麻醉剂或镇静剂过量和颅内压增高等。

(3) 呼吸暂停(apnea)：指呼吸周期中出现的呼吸停顿。见于麻醉意外、新生儿肺不张等危重情况。正常人在吞咽、排便时可有呼吸暂停。

(4) 浅呼吸(shallow breathing)：呼吸深度变浅。见于呼吸肌麻痹、肺炎、胸腔积液、气胸、肺气

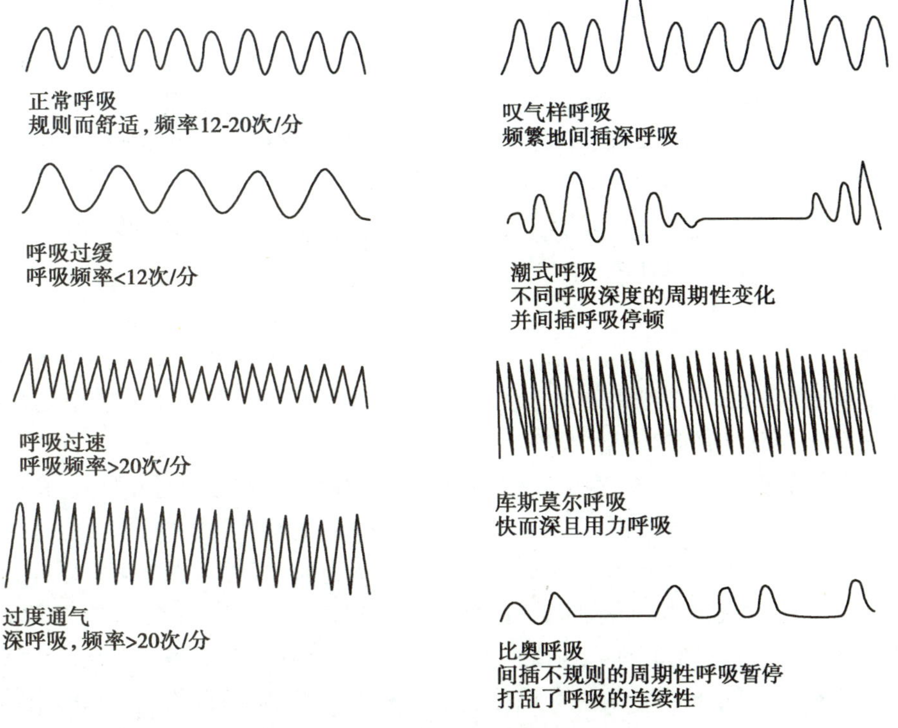
正常呼吸
规则而舒适，频率12-20次/分
呼吸过缓
呼吸频率<12次/分
呼吸过速
呼吸频率>20次/分
过度通气
深呼吸，频率>20次/分
叹气样呼吸
频繁地间插深呼吸
潮式呼吸
不同呼吸深度的周期性变化
并间插呼吸停顿
库斯莫尔呼吸
快而深且用力呼吸
比奥呼吸
间插不规则的周期性呼吸暂停
打乱了呼吸的连续性

图 1-12　常见的呼吸类型及其特点

肿、肋骨骨折、应用呼吸中枢抑制剂、碱中毒、严重的腹胀气、腹水、肥胖等。除应用呼吸中枢抑制剂外，其他病因引起的呼吸幅度变浅常伴呼吸频率加快，形成浅快呼吸。

(5) 呼吸深快(hyperpnea)：指呼吸频率增加、幅度加深的异常呼吸，见于正常人剧烈运动后、严重的代谢性酸中毒、糖尿病酮症酸中毒、尿毒症等。Kussmaul 呼吸又称酸中毒大呼吸，表现为患者呼吸变快、幅度加深，但节律规整，患者并无呼吸困难的感觉。见于各种原因引起的严重的代谢性酸中毒。深大呼吸(deep respiration)也见于严重的代谢性酸中毒，吸气深长，呼气呈叹气样，呼吸节律、频率正常，患者无呼吸困难的感觉。肝性脑病、颅内疾患、酒精中毒也可出现此种呼吸。

(6) 吸气性呼吸困难(inspiratory dyspnea)：患者表现为吸气时极度费力，吸气时间延长，吸气时出现胸骨上窝、锁骨上窝、肋间隙明显凹陷(又称三凹征 three depressions sign)，患者呼吸肌紧张，吸气时头向后仰。见于喉、气管、大支气管因炎症、水肿、肿瘤、异物等造成的狭窄，也见于迷走神经、喉上神经、喉返神经麻痹等。声带附近发生阻塞如喉头水肿或痉挛、咽后壁脓肿、喉头肿瘤或异物时，空气进入发生困难，吸气时出现高调的喘鸣音，称为气喘样喘鸣(asthmatoid wheeze)。有时声音性质类似蝉鸣，称为蝉鸣样呼吸(stridulous respiration)。

(7) 呼气性呼吸困难(expiratory dyspnea)：患者表现为呼气费力、呼气时间延长，肋间隙膨隆。是肺组织弹性减弱、小支气管狭窄，呼气时气流呼出不畅所致。见于支气管哮喘、喘息性支气管炎、阻塞性肺气肿。

(8) 混合性呼吸困难(mixed dyspnea)：表现为呼气与吸气都困难，常伴呼吸频率增加。多为广泛的肺部病变或肺组织受压，呼吸面积减少，影响换气功能所致。见于大片肺不张、肺栓塞、大量胸腔积液或气胸、大面积肺炎、肺间质纤维化、纵隔肿瘤、左心衰引起的肺淤血等。严重的心功能不全尤其是左心功能不全引起的呼吸困难常表现为端坐呼吸(orthopnea)。患者被迫采取坐位或半卧位，多坐于床边上，双腿下垂，两手置于膝盖上或扶在床边，因呼吸辅助肌亦参与呼吸运动，患者常因尽全力呼吸而不能说话、进食和饮水。这种体位可以使膈肌下降、肺通气量增

Note

加，下肢回心血流量减少，从而减轻心脏负担和肺淤血，减轻呼吸困难。

(9) 叹气样呼吸（sighing respiration）：在正常呼吸的基础上，患者每间隔一段时间就会因感到胸闷而进行一次深大呼吸，类似叹气样，而后胸闷减轻或消退。多在安静时出现，转移其注意力如工作、运动时胸闷和叹气样呼吸消失，见于神经衰弱、抑郁症或精神紧张者。

(10) 鼾声呼吸（stertorous respiration）：呼吸时喉中发出粗大的鼾声。是由于气管、支气管内有较多的黏稠分泌物所致。常见于昏迷、濒死的患者。

(11) 点头呼吸（nodding respiration）：患者吸气深长且头后仰，呼气时头恢复原位，表现为头部随呼吸而出现有节奏的后仰和前俯，犹如点头状，即为点头呼吸。患者多呈昏迷状，极度衰竭，是濒死的表现。

(12) 潮式呼吸（tidal respiration）：又称 Cheyne-Stokes 呼吸，呼吸由浅慢逐渐变为深快，再由深快变为浅慢，随后出现一段呼吸暂停后，然后重复上述周期性呼吸。潮式呼吸的周期可以长达 30 秒至 2 分钟，暂停时间可长达 5~30 秒，因此要较长时间仔细观察才能了解周期性节律变化的全过程。潮式呼吸的出现是呼吸中枢兴奋性降低的表现。在呼吸暂停阶段，缺氧加重，二氧化碳潴留，达一定程度时可刺激颈动脉窦和主动脉体的化学感受器和呼吸中枢，使呼吸恢复和加强；随着呼吸频率的增加和幅度的加深，二氧化碳大量排出，呼吸中枢又失去有效的兴奋，呼吸再次变慢、变浅，直至暂停，二氧化碳重新积累，如此周而复始。潮式呼吸是病情危重、预后不良的表现，见于多种疾病的晚期和病情危重时；中枢神经系统疾病如脑炎、脑膜炎、脑出血、脑栓塞、脑栓塞、脑肿瘤、脑外伤等；慢性充血性心力衰竭、尿毒症、某些药物中毒如巴比妥中毒、糖尿病昏迷等。轻度潮式呼吸可见于正常老年人睡眠时，在高空空气稀薄时也会出现。

(13) 间停呼吸（intermittent respiration）：又称比奥（Biots）呼吸，表现为在一段幅度相等的呼吸后，出现一段呼吸暂停，然后又开始深度相同的呼吸，如此周而复始，形成间停呼吸。它与潮式呼吸不同，每次的呼吸深度相等，而不是逐渐加深和变浅，呼吸暂停的时间比潮式呼吸的时间长，呼吸次数也明显减少。间停呼吸的间歇期长短不定，呼吸频率和幅度大致整齐，有时也不规则。它的发生机制与潮式呼吸大致相同，所见疾病也大致相同，但患者呼吸中枢的兴奋性比出现潮式呼吸时更低，功能更差，病情更重，预后更坏，常为临终前表现。

(14) 抽泣式呼吸（sobbing respiration）：又称双吸气（double inspiration），在呼吸过程中连续两次吸气动作后再呼气，类似抽泣。见于颅内压增高或脑疝早期的患者。

(15) 长吸式呼吸（apneusis）：吸气相相对较长，并与呼吸暂停交替出现；见于脑血管意外、颅内肿瘤。

(16) 喘式呼吸（asthmoid respiration）：呼气时间延长，吸气突然发生又突然终止，有一定的节律性，但不很规则。

(17) 延髓性呼吸（bulbar respiration）：呼吸次数减少，节律不规则，呼吸深浅不等，间有呼吸暂停。这是延髓呼吸中枢衰竭的表现，也是中枢性呼吸衰竭的晚期表现。见于枕骨大孔疝，小脑或脑桥出血，延髓外伤或出血等颅后窝的病变。

(18) 下颌呼吸（mandibular respiration）：也称下颌运动样呼吸，患者的呼吸缓慢而表浅，往往仅出现下颌的张口运动，犹如鱼离水之后的张口。下颌呼吸是呼吸中枢功能衰竭的表现，患者同时有生命垂危的各种表现，一旦发生则预示呼吸停止即将来临。

(19) 中枢神经元性过度呼吸（central neuronic overrespiration）：是中枢性呼吸衰竭的表现。患者多昏迷，瞳孔散大并固定，眼球调节迟钝或消失，可有运动功能障碍。呼吸的频率可达 30~40 次 / 分，幅度深大，节律规则，可持续数小时，但较少整天连续发作。见于重症脑炎、脑膜脑炎、脑膜炎、颅底动脉血栓、脑桥出血、脑干损伤等。病变部位常位于间脑中脑下部及脑桥上 2/3，相当于中脑导水管及第四脑室腹侧网状结构处。小脑幕上一侧病变发生脑疝前可有间停呼吸或潮式呼吸，一旦变为中枢神经元性呼吸，则预示小脑幕切迹疝形成并压迫脑干。

(20) Seerwald 征:是膈胸膜炎的征象。表现为深吸气时腹直肌上段收缩甚至整个腹壁紧张。

(二) 触诊

1. 胸廓扩张度(thoracic expansion) 即呼吸时的胸廓动度。一般在前下胸部检查,因该处胸廓呼吸时动度较大。检查者双手虎口分开,分置于左右前下胸壁的胸廓上,两拇指尖应在前正中线两侧的对称部位,拇指分别沿两侧肋缘指向剑突,余四指与手掌分别置于左右前侧胸壁对应部位的肋骨上面,嘱患者做深呼吸,感受胸廓的起伏幅度,并比较两手的起伏动度是否一致(图 1-13)。

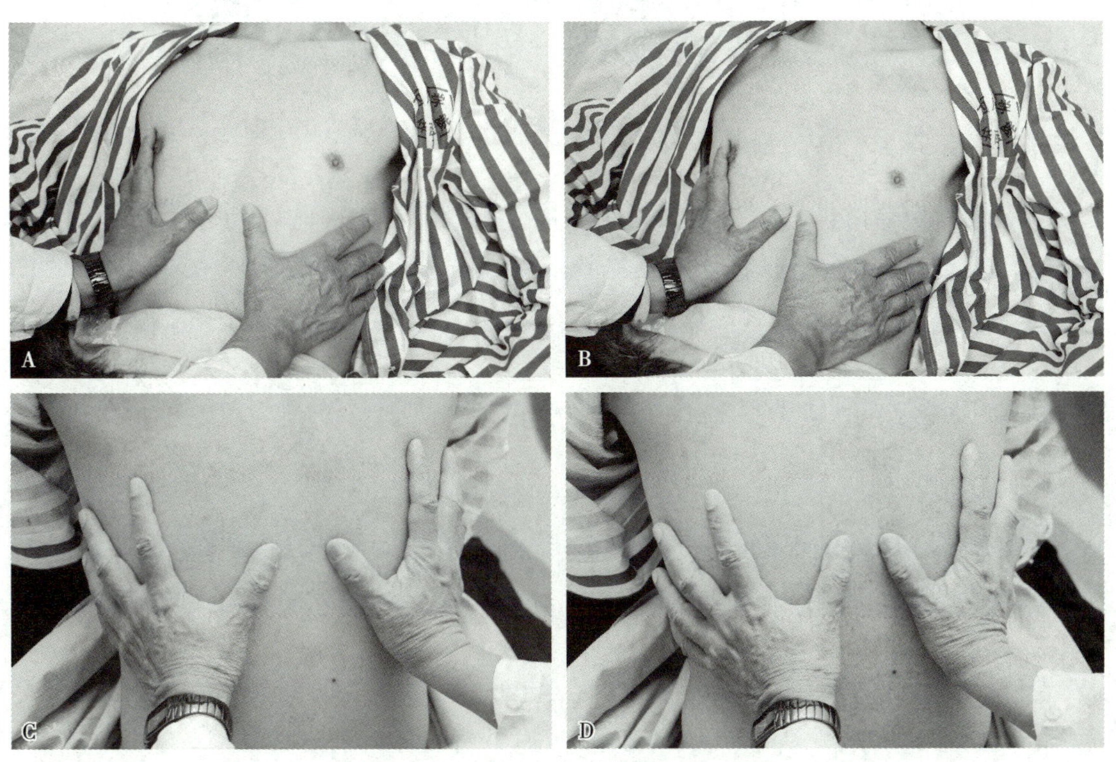

图 1-13 检查胸廓呼吸动度的方法

A. 前胸部呼气相;B. 前胸部吸气相;C. 后胸部呼气相;D. 后胸部吸气相

胸廓扩张幅度与肺组织的弹性、胸膜尤其是脏层胸膜的伸缩性、胸膜腔的压力、肋骨和胸壁软组织的状况等密切相关。

(1) 胸廓扩张的幅度减小即为胸廓扩张度减弱,双侧的胸廓扩张度减弱见于肺纤维化、肺气肿、双侧胸膜肥厚粘连、双肺慢性纤维空洞性肺结核等。

(2) 一侧胸廓扩张度减弱见于一侧肺炎、肺不张、肺癌、肺大疱、胸膜炎、胸腔积液、气胸、胸膜肿瘤、胸膜肥厚粘连、肋骨骨折、肋软骨钙化等肋骨病变、胸壁软组织病变、一侧膈肌麻痹等。

(3) 胸廓扩张度增强见于呼吸运动增强时,也见于大量腹水、腹腔内巨大肿瘤、急性腹膜炎、膈下脓肿等,这是由于上述病变的存在,使膈肌在吸气时向下运动发生障碍所致。

2. 语音震颤(vocal fremitus) 也称触觉语颤(tactile fremitus)。被检查者发出的声音,声波可以沿气管、支气管和肺泡传导至胸壁,胸壁因共鸣而产生振动,这种振动波可以由检查者的手掌在胸壁触到,就是语音震颤。语音震颤存在的先决条件是气管支气管的通畅、肺组织的传导和胸壁的共鸣,其增强、减弱或消失就提示上述各组织器官发生病变(图 1-14、图 1-15)。

(1) 触觉语颤的检查方法是:将左右手掌的尺侧缘或指背轻放于两侧胸壁的对称部位,嘱被检查者用同等的音调和声音强度拉长音重复发"yi----",随着被检查者的不断重复发音,检查者

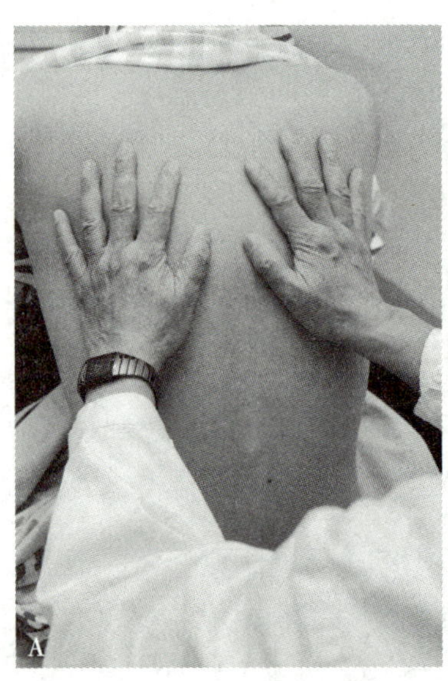

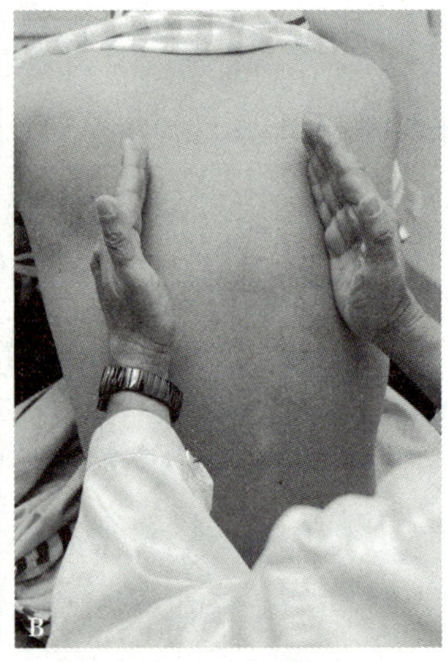

图 1-14 语音震颤检查手法

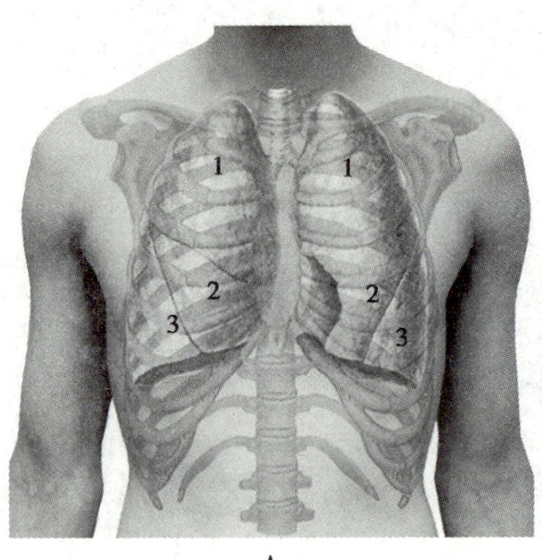

A

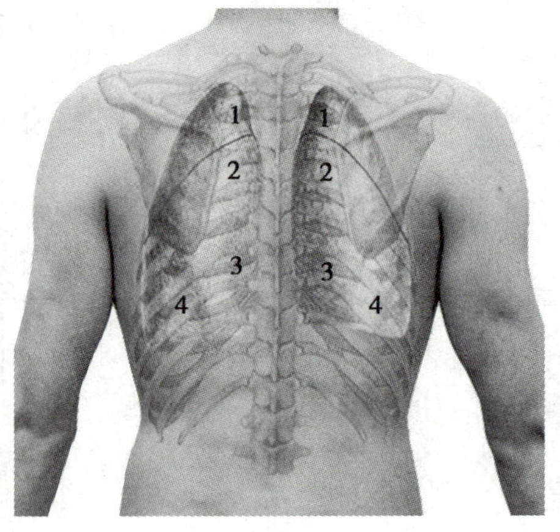

B

图 1-15 语音震颤检查的部位及顺序
A. 前胸部;B. 后胸部

从上到下、由内向外、先前胸再后背逐一部位检查比较两侧对称部位语音震颤的异同,注意有无增强或减弱。

(2) 语音震颤的强弱:与声音的强弱、音调的高低、胸壁的厚薄、大气道与胸壁的距离以及局部肺组织的密度有关。声音强、音调低、胸壁薄者、胸壁与大气道的距离近、肺组织密度增高时语颤增强,反之则弱。正常人前胸上部的语颤较下部强,因前胸上部距大气道近;背部下部较肩背部强,因肩背部胸壁较厚;肩胛间区较肺底强,因此区距大气道较近;左右两侧对称部位的语颤基本相同,但右胸上部较左胸上部稍强。因为在生理情况下存在影响语颤的许多因素,所以在检查语颤时必须注意以下几点:必须两侧对称部位进行对比来判断语颤的强弱;患者的发音力度、语调应保持一致,不能高一声、低一声、强一声、弱一声;检查者以双手的小鱼际以适当的力度贴附于胸壁的表面,用力过大可抑制胸壁的振动,用力太小则不易感受到语颤。

(3) 触觉语颤减弱或消失见于:①肺组织含气量增多如肺气肿、支气管哮喘;②支气管的阻塞如阻塞性肺不张;③胸腔积液、气胸、胸膜肥厚粘连、胸壁皮下气肿、胸壁水肿等。

(4) 触觉语颤增强见于:①肺组织炎性浸润或实变而相应的支气管通畅如大叶肺炎、肺栓塞、重症肺结核,因实变的肺组织传音良好;②肺组织内有贴近胸壁的大空洞或空腔,且与支气

管相通，声波在空腔中得到放大而使语颤增强，如肺结核空洞、肺脓肿咳出痰液后；③压迫性肺不张如邻近胸水的肺组织因有胸水压迫而膨胀不全，肺组织变得致密，而相应的支气管无阻塞，有利于声音的传导，语颤增强。

3. 胸膜摩擦感（pleural friction fremitus） 急性胸膜炎时，因纤维蛋白沉积于两层胸膜，使其表面变得粗糙，呼吸时脏、壁两层胸膜发生摩擦，由检查者的手感觉到，即为胸膜摩擦感。该体征常出现于呼吸时，肺脏移动范围较大的部位，如腋中线下部附近的胸壁。胸膜摩擦感一般在呼气、吸气均可触及，但有时仅出现在吸气时，如两层皮革相互摩擦的感觉。当呼吸道内有黏稠的分泌物或气管、支气管狭窄，空气流过也可产生震动传到胸壁，应注意与胸膜摩擦感鉴别。一般前者在咳嗽后即消失，而胸膜摩擦感则不变。

（三）叩诊

1. 间接叩诊（mediate percussion） 也称指指叩诊。检查者左手的中指的第二指节作为扳指，置于欲叩诊的部位上，右手的中指指端垂直叩击扳指，判断由胸壁及其下面结构发出的声音，该法是胸部查体最常用的方法。叩诊时除特殊部位如肺尖、背部的肩胛间区外，扳指应平贴于肋间隙并与肋骨平行，做肩胛间区叩诊时扳指应与脊柱平行。注意只有作为扳指的第二指节可以贴附于皮肤上，其他手指及指节都应抬起。右手中指指端的叩击力量要均匀、轻度应适宜，以稍快的速度重复叩击扳指第二指骨的前端，每个部位叩击 2~3 下，叩击完毕右手中指应迅速抬起，不能停留在扳指上。叩击动作主要由腕关节的运动完成，前臂应尽量保持不动。叩诊时应做左右两侧对称部位的对比，并注意叩诊音的变化（图 1-16）。

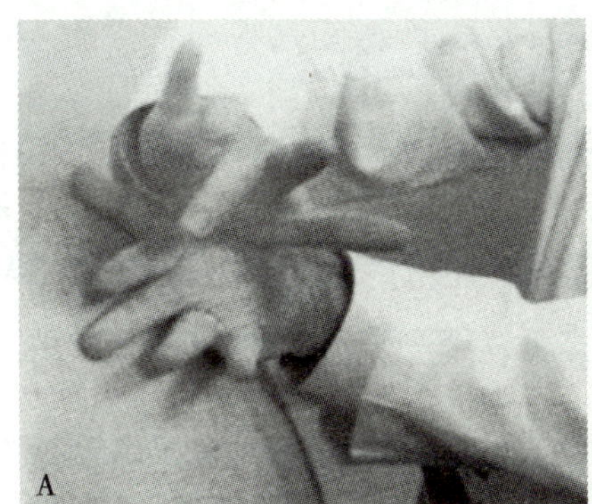

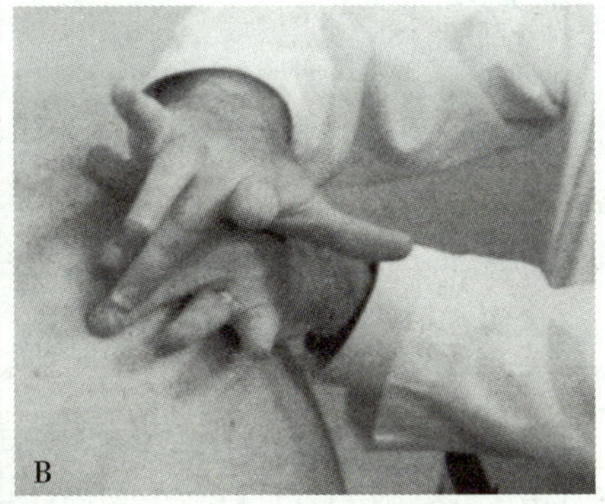

图 1-16　间接叩诊

2. 直接叩诊（immediate percussion） 检查者右手手指并拢，以食、中、无名三指的指腹对胸壁进行叩击，判断叩诊音的变化并体验指腹叩击胸壁时的感觉。此法用于判断大面积病变如胸水、气胸、大片的肺炎、肺不张等。

胸部叩诊时患者可取坐位或仰卧位，肌肉放松，两臂自然下垂，呼吸均匀。按先前胸、再侧胸、再后背、从上而下的顺序。检查前胸时，患者胸部稍向前挺，由锁骨上窝开始，自第 1 肋间从上而下逐一肋间进行叩诊。其次检查侧胸壁，嘱患者双臂上举，自腋窝向下检查至肋缘。最后检查背部，患者头稍低，双手抱于后枕部，两肘向前，尽可能将肩胛骨移至上外侧方，并避免两手交叉抱肘于胸前影响呼吸时胸廓的扩张。叩诊自肺尖开始，叩得肺尖宽度后再向下检查直至肺底。

3. 影响胸部叩诊音的因素 胸壁组织增厚，如肥胖、肌肉发达、乳房较大、胸壁水肿等可使叩诊音变浊。肋软骨钙化、胸廓变硬可加强共鸣的作用，使叩诊的震动向周围传播的范围增大，使定界叩诊较难得出准确的结果，如肺气肿时心界的叩诊。胸水也影响震动及声音的传播；肺内含气量、肺泡的张力和弹性等，均可影响叩诊音。如肺气肿时叩诊反响增强。

4. 叩诊音分类

(1) 清音(resonance):为正常肺部的叩诊音。呈中低音调,频率约为100~128次/分,振动持续时间较长,不很响亮,但易听到。

(2) 过清音(hyperresonance):声音性质介于清音与鼓音之间,较清音的音调低,持续时间较长,有较深的回响,声音相对较强,易听到。见于肺气肿的患者。正常儿童可叩得相对过清音。

(3) 鼓音(tympany):是一种和谐的乐音,类似击鼓声,比清音强,持续时间也较清音长。由于左侧膈顶下胃肠腔含气脏器的影响,正常人可于左胸下侧方叩得鼓音。

(4) 浊音(dullness):浊音的音调较高,音响较弱、振动持续时间较短的非乐性叩诊音。正常见于被少量含气组织覆盖的实质性脏器的区域,如叩击心脏或肝脏被肺边缘所覆盖的部分,所发出的叩诊音就是浊音,同时扳指所感觉到的振动也较弱。

(5) 实音(flatness):也称重浊音或绝对浊音。叩击实质性脏器时由于缺乏共鸣,所得的叩诊音音调较浊音更高、音响更弱、振动持续时间更短,如叩击肝脏或心脏表面所产生的声音。病理情况下见于大量胸腔积液或肺实变时。

5. 胸部正常叩诊音

(1) 正常胸部叩诊音:正常胸部叩诊为清音。其音响的强弱和高低与肺组织的含气量的多少、胸壁的厚薄以及邻近脏器的影响有关。胸壁厚者、肺组织含气量少者、贴近实质性脏器的区域反响弱。正常人肺上叶的体积较下叶小,含气量较少,且上胸部的肌肉较厚,因此前胸上部较下部的叩诊音相对稍浊;右肺上叶较左肺上叶体积小,右利者右侧胸大肌比左侧发达,故右肺上部叩诊音较左侧为浊;背部的肌肉骨骼层较前胸部厚,其叩诊音也相对稍浊;右腋下因肝脏影响叩诊音稍浊,而左腋前线下方因胃泡的存在叩诊呈鼓音,又称鼓音区,Traube区(图1-17)。

(2) 肺界的叩诊:

1) 肺上界:又称肺尖清音峡(Kronig gorge),即肺尖的宽度。其内侧是颈部肌肉,外侧为肩胛带。叩诊方法是:从斜方肌前缘中点以指指叩诊法开始叩诊,正常应叩得清音,逐渐叩向外侧,当清音变为浊音时,即为肺上界的外侧边界;然后再叩向内侧,当清音变为浊音时即为肺上界的内侧边界。这个清音带的宽度就是肺尖的宽度,正常为5cm,右侧较左侧略窄,因右肺尖位置较低,右肩胛带的肌肉较发达。肺尖变窄或清音带消失,常见于肺结核所致的肺尖浸润、纤维性变及萎缩,也见于肺尖部的肿瘤、胸膜肥厚、胸膜顶包裹性积液、肺上叶切除术后等。肺尖清音峡增宽见于肺气肿、气胸、肺尖部的肺大疱(图1-18)。

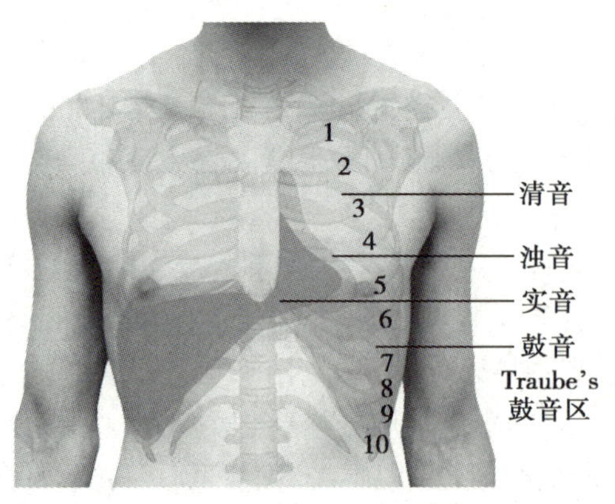

图1-17 正常胸部叩诊音

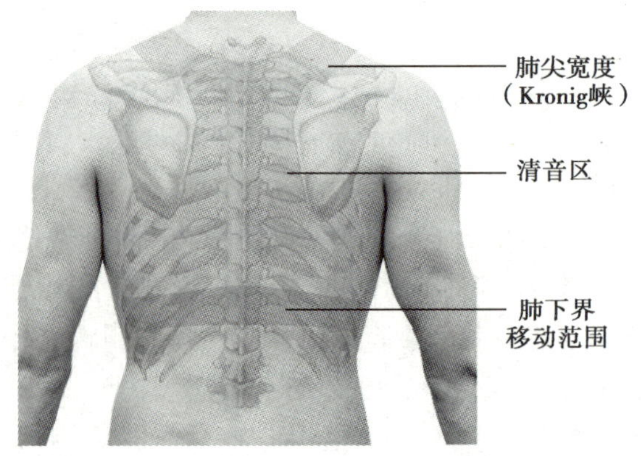

图1-18 正常肺尖宽度与肺下界移动范围

2) 肺前界:正常的肺前界相当于心脏的绝对浊音界。右肺前界约位于胸骨线的位置,左肺前界则相当于胸骨旁线自第4肋间~第6肋间隙的位置。当心脏扩大、心包积液、主动脉瘤、肺门淋巴结明显肿大时,可使左、右两肺前界之间的浊音区扩大,反之,肺气肿时该浊音区缩小。

3）肺下界：正常两侧肺下界大致相同，平静呼吸时位于锁骨中线第6肋间隙，腋中线第8肋间隙，肩胛线第10肋间隙上。体型和发育情况可以影响肺下界，矮胖者的肺下界上升1个肋间隙，瘦长者可以下降1个肋间隙。肺下界的叩诊方法是：嘱患者坐位，平静呼吸检查者分别在锁骨中线、腋中线、肩胛线上以指指叩诊法自肺区逐个肋间向下叩诊，当叩诊音由清音变为浊音时，即为该部位的肺下界。双侧肺下界下降见于肺气肿、腹腔内脏下垂。双侧肺下界上升见于肺纤维化、腹内压升高使膈肌上升，如腹水、腹腔内巨大肿瘤、膈麻痹、麻痹性肠梗阻、肝脾肿大、肠胀气等。单侧肺下界下移见于一侧气胸、肺大疱；单侧肺下界上移见于一侧肺不张、胸腔积液、胸膜肥厚。

4）肺下界移动范围（inferior boundary mobility）：患者坐位平静呼吸，在双侧的锁骨中线、腋中线、肩胛线处叩得肺下界并标记，然后嘱患者深吸气后屏气，重新叩得肺下界并做一记号，再让患者深呼气后屏气再次叩得肺下界后并标记，测得深吸气与深呼气时肺下界的距离，即为肺下界的移动度。正常双肺的肺下界上下移动范围，距平静呼吸时肺下界上下各为3~4cm，即肺下界的移动度为6~8cm。肺下界移动范围小于6~8cm则为肺下界移动度减小。见于肺气肿、肺不张、肺水肿、肺部炎症、肺部肿瘤、肺结核、胸膜炎、胸膜粘连、胸腔积液、气胸等（图1-19）。

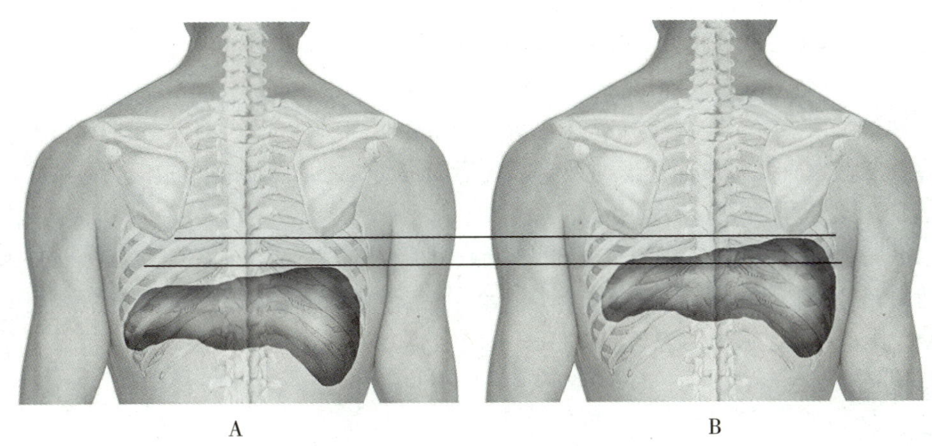

图1-19　肺下界移动度的测定
A. 吸气；B. 呼气

5）侧卧位叩诊音：侧卧时近床面的胸部可以叩得一条相对浊音带；由于侧卧后腹腔内脏的影响，近床侧的膈肌略升高，在上述浊音带的上方可叩得一底朝向床面、尖指向脊柱的浊音三角区；侧卧时脊柱会出现突向床面侧的轻度侧弯，使朝上侧胸廓的肋间隙变窄，因而在该侧的肩胛下角尖端处，可叩得一相对浊音区。可嘱患者另侧卧位后再行叩诊以证实体位对叩诊音的影响（图1-20）。

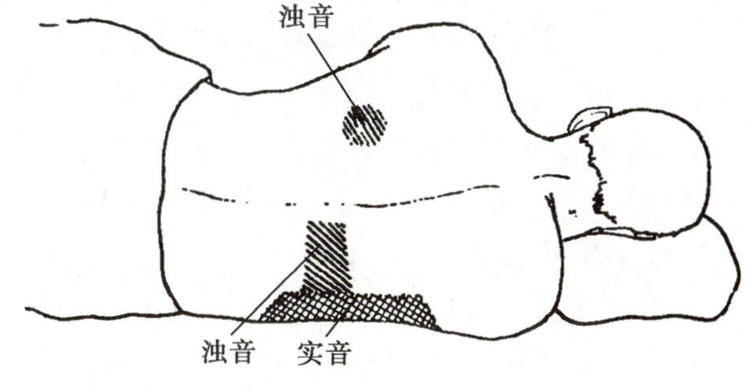

图1-20　侧卧位的叩诊音

6. 胸部异常叩诊音　指在正常肺的清音区范围内出现浊音、实音、过清音、鼓音即为异常叩诊音。异常叩诊音的出现提示肺、胸膜、膈肌、胸壁发生了某种病变，其类型取决于病变的性质、范围和部位。如病变范围小于3cm、距体表5cm以上的深部病变或少量的胸水，常不能发现叩诊音的改变。

（1）肺部异常浊音或实音：在正常肺部叩诊的清音区内出现浊音或实音。其发生机制是病

变部位肺组织含气量减少、肺实变、胸膜病变、胸壁增厚等。见于肺炎、肺结核、肺水肿、肺部广泛的纤维化、肺栓塞、肺脓肿、肺肿瘤、肺包囊虫病、胸腔积液、胸膜肥厚、胸壁水肿、胸壁肿瘤等。

(2) 肺部异常鼓音:指在正常肺部叩诊的清音区内出现的鼓音。产生机制是肺内含气量显著增加或有大空洞,见于严重的肺气肿、肺大疱、膈疝、肺内大空洞等,空洞性病变见于肺结核、肺脓肿、肺囊肿、肺癌。一般在空洞直径大于3~4cm,且靠近胸壁时易叩得鼓音。胸膜腔内积气时肺部亦可叩得异常鼓音如果空洞巨大且表浅,内壁光滑,可使鼓音带有金属性的回响,称为空瓮音(amphorophony),也见于张力性气胸时。

(3) 过清音:见于肺气肿,此时肺部叩诊呈弥漫的过清音。

(4) 浊鼓音:在肺泡壁松弛、肺泡含气量减少时,如肺不张、肺炎的充血期或吸收消散期、肺水肿等疾病,局部叩诊可出现一种兼有浊音和鼓音特点的混合性叩诊音,即为浊鼓音。

(5) Ellis线:即胸腔积液曲线,也称 Damoiseau curve、Ellis-Garland curve。检查时患者坐位,于患侧胸部可以叩出上缘呈弧状的浊音区,浊音区上界的顶点在腋部,分别沿腋部前、后向下倾斜,呈外高内低的弧状曲线,为艾利斯氏曲线。该线是胸腔积液的上缘。中等量以上的积液时,由于胸腔外侧的补充腔较大,离肺门较远,液体所遇到的阻力最小,胸水就沿胸腔外侧向上蔓延形成弧形上界,叩诊时就得到弧形的浊音区的上界,就是艾利斯氏线。

(6) 加兰德三角(Garlands triangle):即浊鼓音三角,是胸腔积液时胸水上缘上方靠近脊柱的倒三角形浊鼓音区。其下角由脊柱和艾利斯氏线相交而成,其上界约相当于过艾利斯氏线最高点引向脊柱的假想直线。该三角形浊鼓音区的形成是因为胸水将肺挤向肺门,肺组织变得松弛以及叩诊音在支气管内共鸣所致。

(7) 格罗科征(Grocco's sign):即脊柱旁浊音三角征,(也称 Rauchfuss-Grocco triangle、Koranyis sign)。指患者健侧胸部下段胸椎旁、艾利斯氏线的延长线与肺底所形成的三角形区域叩诊呈浊音,多见于中等量以上胸水的患者。胸腔积液较多时,胸内压增高,挤压纵隔向健侧移位,因而在健侧形成三角形浊音区。

(四) 听诊

肺部听诊时,室内应保持安静、温暖,一般要充分暴露听诊部位,以避免衣物所致的附加音干扰听诊。医生在听诊前应向患者说明听诊部位,要求患者给予合作,患者应安静,不要紧张,避免因肌肉紧张收缩而产生附加音。听诊器的胸具应直接贴于胸壁,对恶病质、儿童以使用钟式胸具为宜,因膜式胸具面积大,不易与皮肤紧密接触,随呼吸动作可能出现摩擦音或其他附加音。患者应坐位或立位,双手自然下垂,肌肉放松,平静呼吸或按要求做张口较深的呼吸运动。极度衰竭的患者可取仰卧和侧卧,但要注意侧卧位时,由于双侧胸廓不对称地扩张和膈肌运动的影响,可使听诊音发生某些变化,必要时可变换体位听诊以对照。听诊一般自肺尖开始,自上而下,先前胸再侧胸,最后听后背,并应双侧对称部位进行对照听诊。每一个部位至少听1~2个呼吸周期再移动听诊器,不能一侧听吸气期、另一侧听呼气期(图1-21)。

1. 正常呼吸音

(1) 肺泡呼吸音(vesicular breath sound):呼吸时气体进出细支气管和肺泡,冲击肺泡壁,使肺泡由松弛变为紧张,呼气时肺泡由紧张变为松弛,这种肺泡弹性的变化和气流的振动是肺泡呼吸音产生的主要因素。肺泡呼吸音有吸气和呼气两个时相。因为吸气是主动的动作,单位时间内吸入肺泡的气体流量大,气流速度较快,肺泡维持紧张的时间较长,因而肺泡吸气音的音响较强,音调较高,时相较长,在吸气初始音响较弱,而后逐渐增强,在吸气顶点最强;呼气是被动运动,呼出的气体流量逐渐减少,气流速度减慢,肺泡随之变得松弛,所以肺泡的呼气音音响较弱,音调较低,时相较短,在呼气初始音响最强,以后逐渐减弱,在呼出气残留1/3时音响就完全消失。肺泡呼吸音的声音性质是柔和的吹风样,很像上齿咬下唇发"夫 ----"的声音,在大部分肺

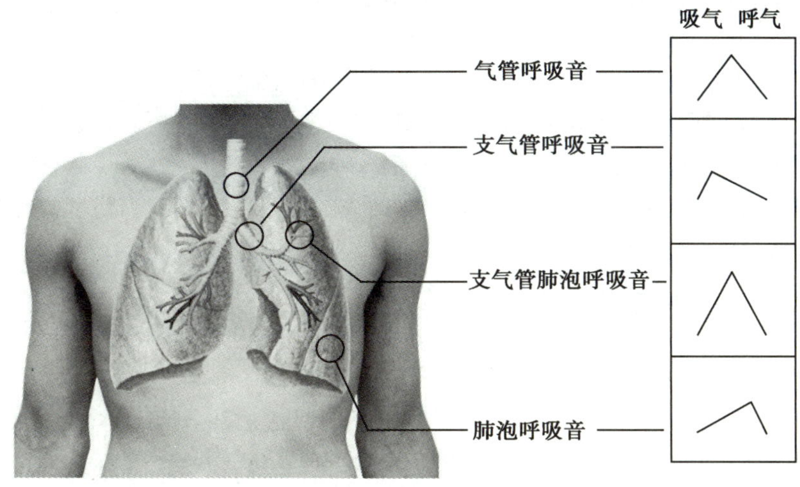

图 1-21 正常情况下呼吸音的分布及特点

野内都可听到。正常人除了下面讲到的支气管呼吸音和支气管肺泡呼吸音的听诊部位之外，其余的部位均应听到肺泡呼吸音。

肺泡呼吸音的强弱与呼吸运动的深浅、肺组织的弹性、胸壁的厚薄以及年龄和性别有关。男性呼吸音较女性强，这是因为男性呼吸运动的力量较强，胸壁的皮下脂肪较少之故；儿童的呼吸音较老年人强，这是因为儿童的胸壁薄，肺泡富于弹性，而老年人的肺泡弹性差；胸壁肌肉较薄的部位，如乳房下部和肩胛下部的肺泡呼吸音最强，其次是腋窝下部，而肺尖和肺底则较弱，矮胖体型者的肺泡呼吸音较瘦长者为弱。由于存在这些生理差异，在判断一个人的肺泡呼吸音有无增强或减弱时，没有绝对的尺度，只有相对的差别，应两侧对称部位进行对比来判断。

(2) 支气管呼吸音(bronchial breath sound)：为气体进出呼吸道时在声门、气管或主支气管形成湍流所产生的声音。该音的音响强，音调高，性质类似舌面抬高后经口腔呼气所发出的“哈 ----”音。支气管呼吸音的吸气相较呼气相短，声音也较弱，因为吸气是主动动作，声门增宽，气管、支气管扩张，气体进入较快；而呼气是被动运动，声门变窄，气管、支气管的管径也相对变窄，故支气管呼吸音的呼气相时间较长，音响强，音调高。正常人在喉部、胸骨上窝、背部第 6、7 颈椎及第 1、2 胸椎附近可以听到支气管呼吸音，越靠近气管，音响越强，音调越低。

(3) 支气管肺泡呼吸音(bronchovesicular breath sound)：是兼有支气管呼吸音和肺泡呼吸音特点的混合性呼吸音。其吸气音的性质与正常的肺泡呼吸音相似，但音调较高且响亮。其呼气音的性质与支气管呼吸音相似，但音响略弱，音调稍低，时相略短。支气管肺泡呼吸音的吸气、呼气时相大致相等。

2. 异常呼吸音

(1) 异常肺泡呼吸音(abnormal vesicular breath sounds)：

1) 肺泡呼吸音减弱或消失(weakening or disappearing of alveolus respiratory sound)：指双肺、一侧或局部肺泡呼吸音减弱或消失，必要时可嘱患者做强度不同的呼吸运动进行对比。其发生与病变部位的气流量减少、流速减慢及呼吸音传导障碍有关。常见的病因有：①生理因素，如过度肥胖；②肺实质病变，如大叶肺炎初期、肺结核、肺大疱、肺脓肿、肺肿瘤、各种原因的肺不张等可以引起病变局部的肺泡呼吸音减低或消失；肺水肿、肺气肿、肺纤维化等常是双肺弥漫性病变，因而引起的是双肺肺泡呼吸音减低；③气道狭窄或阻塞，如喉水肿、痉挛、慢性支气管炎、支气管哮喘、阻塞性肺气肿等；④胸廓活动受限，如胸痛(肋骨骨折、胸外伤、胸壁的炎症)、肋骨切除、全身极度衰竭等；⑤呼吸肌疾病，如重症肌无力、膈瘫痪、膈肌升高、呼吸肌麻痹等；

⑥胸膜腔的疾病，如胸腔积液、气胸、胸膜肥厚粘连等；⑦腹部疾病，如大量腹水、腹腔巨大肿瘤、晚期妊娠等。

上述疾病引起肺泡呼吸音减弱或消失的机制是多方面的，如阻塞性肺气肿引起的双肺肺泡呼吸音减低，既有气道阻塞的因素，又有肺泡弹性改变的成分。为了便于理解和记忆，此处将上述疾病分类讲解，但在临床工作中切不可将其片面、单纯的理解。

2）肺泡呼吸音增强（strengthening of alveolus respiratory sound）：听诊时发现肺泡呼吸音较正常增强，即为肺泡呼吸音增强。主要由于生理或病理因素引起的呼吸运动增强。见于以下情况：①生理性肺泡呼吸音增强：见于婴幼儿及胸壁较薄的成年人、运动或体力劳动后。②病理性肺泡呼吸音增强：见于发热、贫血、酸中毒、代谢亢进时，当一侧肺部或胸膜病变时，健侧肺脏因代偿会出现肺泡呼吸音增强。

3）呼气音延长（lengthening expiration）：是由于下呼吸道的部分阻塞、痉挛或狭窄使呼气的阻力增加，或肺组织弹性减退，使呼气的驱动力减弱所致。急、慢性支气管炎、支气管哮喘可以出现呼气延长，主要是小气道狭窄所致。而慢性阻塞性肺气肿的呼气延长，则是呼气阻力增加、肺组织弹性减退双重因素所致。听诊时肺的正常呼吸周期是吸气、呼气、短暂间歇三个阶段周而复始，正常肺泡呼吸音的吸气音长于呼气音，两者的比值约为3∶1。如为3∶2或3∶3则为呼气延长；若听诊时发现呼气时间等于吸气时间，则表示轻度呼气延长；如呼气时间大于吸气时间，表示中度延长；如呼气时间大于吸气时间的2倍或以上，表示重度延长，分别提示气道阻力增加的轻、中、重的程度。

4）呼吸音粗糙（coarse breath sound）：是由于支气管黏膜轻度水肿或炎症浸润造成不光滑或狭窄，使气流进出不畅所形成粗糙的呼吸音，见于支气管炎、支气管肺炎、肺结核、肺脓肿等肺部炎症的早期。正常幼儿及儿童的左侧背部可以听到呼吸音增强及粗糙，这种现象被称为Lowenburgs征。当小儿患左侧胸膜炎时此征消失。

5）断续性呼吸音（cogwheel breathing sound）：听诊时发现呼吸音不连贯，尤其是吸气时，即为断续性呼吸音，也称齿轮状呼吸音。这是由于肺部有小的炎性病灶或小支气管狭窄，气体不能均匀地进入肺泡，以致出现断续不连贯的呼吸音。常见于肺结核或肺炎。寒冷、疼痛或精神紧张时，可以听到断断续续肌肉收缩的附加音，应注意鉴别。可让患者屏住呼吸，此时呼吸音消失，而肌束颤动的声音仍然存在。

(2) 异常支气管呼吸音（abnormal bronchial breath sounds）：又称病理性支气管呼吸音，也称管呼吸音（tubular sound）。指在正常肺泡呼吸音的部位听到的支气管呼吸音。管呼吸音可因病因、部位、病变范围不同呈现不同的音色。常出现管呼吸音的疾病有：

1）肺组织实变：实变的肺组织传音良好，支气管呼吸音可以通过实变的肺，传至体表而易于听到。实变的范围越大、越接近体表，其声音就越强；反之则较弱。常见于大叶肺炎的实变期、肺梗死、重度结核肺浸润或干酪性肺炎。

2）肺内大空腔：当肺内有大空腔并与支气管相通，且周围的肺组织致密时，支气管呼吸音可以在空洞内共鸣，并通过致密的肺组织传到胸壁，可以听到清晰的管呼吸音，常见于肺脓肿、空洞性肺结核。如空洞的直径不小于5cm，且内壁光滑并与较大的支气管相通时，空气可以在空洞内产生旋涡振动而共鸣，听诊类似用嘴吹小口瓶样低音调的声音，称为空洞性支气管呼吸音。当内壁光滑、位置表浅的大空洞内含气体，空洞周围肺组织致密时，其产生的管呼吸音音调高，带有响亮的金属音色，称为金属性支气管呼吸音。管呼吸音也见于胸膜破口未闭合的气胸，且胸膜腔内压力相当高时。

3）压迫性肺不张：胸腔积液时肺脏受压，因局部肺膨胀不全，形成压迫性肺不张，多位于积液区上方肺被压迫的边缘部位。受压的肺含气量少，肺组织较致密，有利于支气管呼吸音的传导，因而在积液区上方听到管呼吸音，但音响弱且显得遥远。肺底积液、大量心包积液也会在肺

受压的部位听到管呼吸音。

(3) 异常支气管肺泡呼吸音(abnormal bronchovesicular breath sounds):也称病理性混合呼吸音(pathologic mixed breath sounds),指在正常肺泡呼吸音区域内听到的支气管肺泡呼吸音。其发生是肺部实变范围较小且与正常含气的肺组织混合存在,或肺实变位置较深并被正常肺组织覆盖所致。常见于支气管肺炎、肺结核、大叶肺炎初期、细支气管肺泡癌或胸腔积液上方肺膨胀不全的区域也可听到。

3. 啰音　啰音(rale)是呼吸音以外的附加音(adventitious sound),除捻发音有时见于老年人或长期卧床者外,一般在正常情况下并不存在,只有在支气管肺发生病变时才出现。啰音按性质不同分为湿啰音和干啰音两种(图 1-22)。

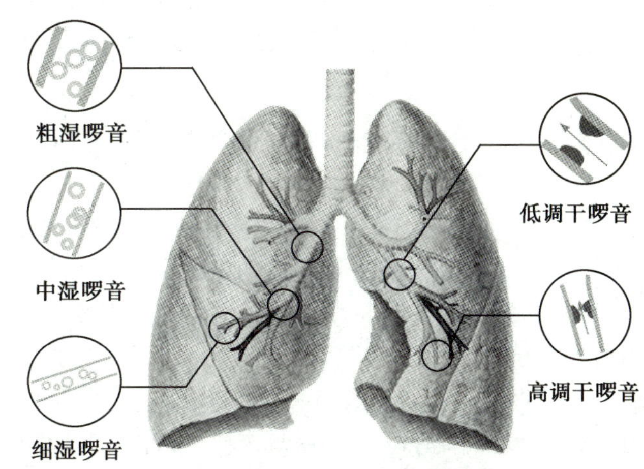

图 1-22　啰音发生的机制

(1) 湿啰音(moist rale):是一种水泡样的音响,类似水沸腾冒出水泡时的声音,或用小管插入水中吹气时的水泡声。湿啰音是当气道内有稀薄液体(如渗出物、黏液、脓液、血液等)时,气体通过形成水泡且立即破裂或液体振动所产生的音响,也称水泡音(bobble sound)。也有人认为是由于小支气管壁因分泌物黏着而陷闭,当吸气时突然张开重新充气而产生的爆裂音(crackles)。湿啰音是呼吸音之外的附加音,出现于吸气期,吸气初和吸气终末较明显,有时也出现于呼气早期;是断续短暂的声音,常连续多个出现,如同一串水泡,部位较恒定,性质不易变,中、小水泡音可以同时存在,咳嗽后可减少或消失。根据其声音的性质强度分为大、中、小水泡音或响亮、非响亮水泡音(图 1-23、图 1-24)。

1) 大水泡音(big bubbles):也称粗湿啰音(coarse rales)。发生于气管、主支气管或空洞部位,声音较强,音调较低,多出现于吸气早期。昏迷、溺水、濒死患者咳嗽反射消失或无力咳嗽而不能或无力排痰,分泌物聚集于大气道,于气管处可以听到大水泡音,有时不用听诊器也能听到,称之为痰鸣音。支气管扩张、严重肺水肿、咯血、肺结核或肺脓肿的空洞等患者可以在病变部位闻及大水泡音。

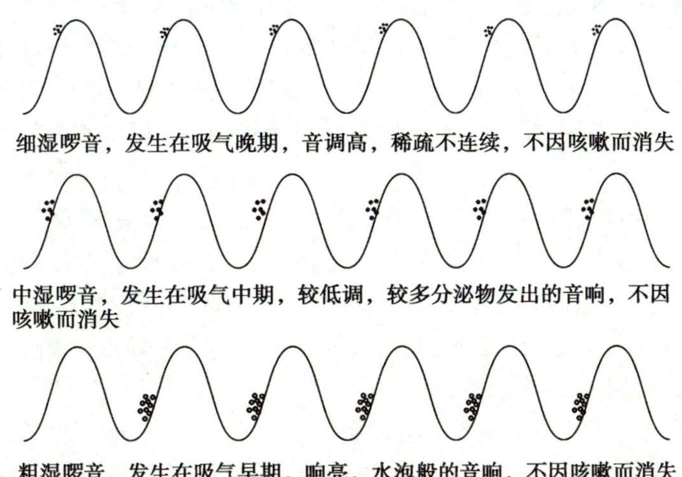

细湿啰音，发生在吸气晚期，音调高，稀疏不连续，不因咳嗽而消失
中湿啰音，发生在吸气中期，较低调，较多分泌物发出的音响，不因咳嗽而消失
粗湿啰音，发生在吸气早期，响亮，水泡般的音响，不因咳嗽而消失

图 1-23　湿啰音示意图

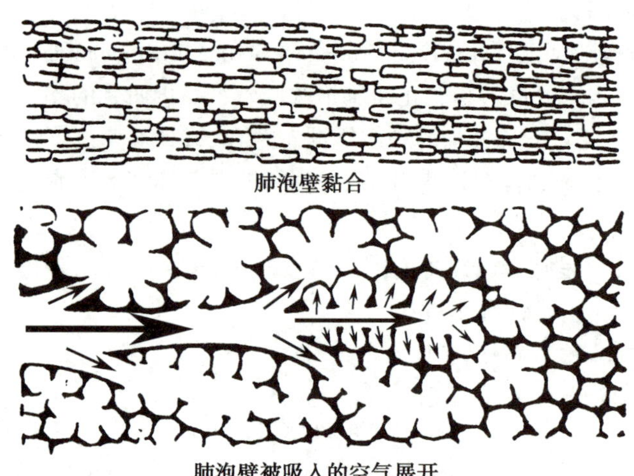

图 1-24 捻发音的发生机制

2) 中水泡音(middle bubbles):也称中湿啰音(medium rales)。发生于中等大小的支气管,声音性质介于大、小水泡音之间。多出现于吸气中期,见于支气管炎、支气管肺炎等。

3) 小水泡音(small bubbles):又叫细湿啰音(fine rales)。产生于细支气管,常带有一种爆裂性质,音响细小而清脆,多在吸气末出现,持续时间很短。见于细支气管炎、支气管肺炎、肺淤血、肺梗死等。

4) 响亮湿啰音(intensive rales):啰音响亮,犹如发生在耳边。这是由于病灶周围有实变的肺组织,传音良好或因空洞产生共鸣所致。见于肺炎、肺脓肿、空洞性肺结核等。如空洞直径大,内壁光滑,响亮的湿啰音还可带有金属音调。

5)非响亮湿啰音(nonintensive rales):声音较低,似从远处传来。由于病变周围有较多正常肺泡组织,传导过程中声波逐渐减弱,故听诊时感觉遥远。

6) 捻发音(crepitus):发生于吸气末,是一种极细小的爆裂音,声音性质与用手在耳边搓捻头发时发出的声音相似。临床常见于:①生理性:老年人和长期卧床者深吸气时,肺底部出现捻发音,数次深呼吸或咳嗽后可消失,这是由于长期未参加呼吸运动的肺泡,处于关闭或轻度淤血状态,深呼吸时肺泡突然展开而出现捻发音。②病理性:见于细支气管和肺泡炎症或充血,如肺淤血、肺炎早期、肺泡炎等。其机制是在上述疾病时,细支气管和肺泡壁因分泌物存在而相互黏着陷闭,吸气时被气流冲开而重新充气,发出高音调、高频率的细小爆裂音。

听到湿啰音后,还要注意其发生部位,是局限性的还是弥漫性的,仅见于单侧肺还是双肺都有。如湿啰音局限于某部位,提示该处的局部病变如肺炎、肺结核、支气管扩张等;如出现于双侧肺底,多见于心力衰竭所致的肺淤血、支气管肺炎等;如遍布两肺,则多见于急性肺水肿或严重的支气管肺炎。

(2) 干啰音(rhonchi):是气管、支气管或细支气管狭窄或部分阻塞,空气吸入或呼出时发生湍流,而发出的声音,是呼吸音以外的附加音。造成呼吸道狭窄或不全阻塞的病理基础,有气道炎症引起的黏膜充血水肿和分泌物增加;支气管平滑肌痉挛、管腔内肿瘤或异物阻塞,以及管壁被管外肿大的淋巴结或纵隔肿瘤压迫引起的管腔狭窄等。干啰音是一种持续时间较长的带乐性的呼吸附加音,音调较高,基音频率为300~500Hz;持续时间较长,吸气和呼气都可听到,以呼气最明显,有时仅在呼气期出现。干啰音的性质易改变,部位也容易变换,在瞬间内数量可以明显增减。有时局限于小范围,有时可双肺都可听到。干啰音产生的部位不同,其性质也不同。发生在较大的支气管时音调较低;发生在较小的支气管时音调较高。根据音调的高低可将干啰音分为低调和高调两种(图 1-25、图 1-26)。

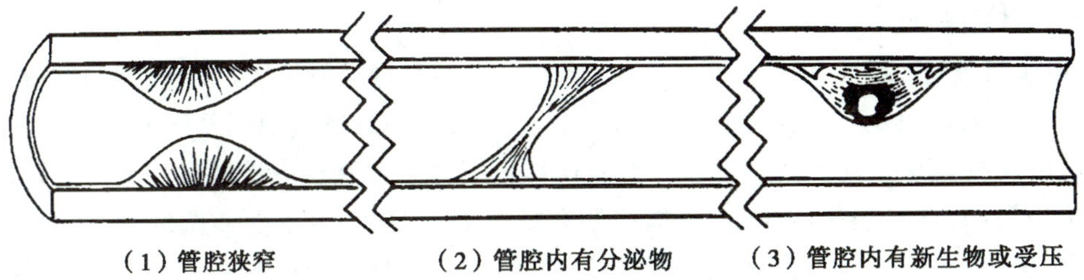

图 1-25　干啰音的发生机制

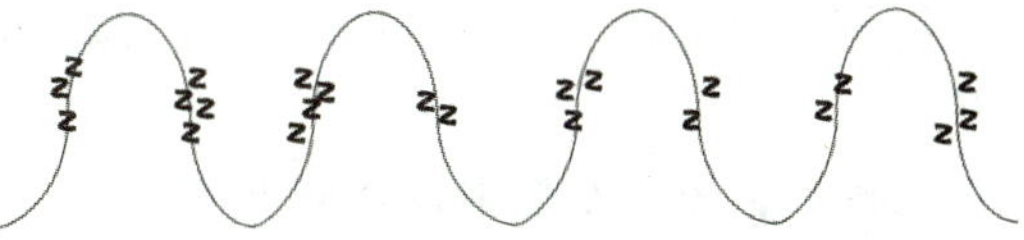

低调干啰音：响亮、低调，粗糙的响声，犹如鼾声，最常于吸气相或呼吸相连续听及；可因咳嗽后消失常因黏液积聚于气管或大的支气管中所致

高调干啰音：乐性的响声，犹如短促的尖声，最常于吸气相或呼气相连续听及，通常于呼气时较响亮

胸膜摩擦音：干性，摩擦性或刺声的声音，常因胸膜面炎症引起；于吸气相或呼气相听及，在前侧胸膜面最响亮

图 1-26　干啰音与胸膜摩擦音示意图

1）低调干啰音(sonorous rhonchi)：是较大的支气管内发生的粗且很强的低音调声音，很像人在睡眠时发出的鼾声，也称鼾音；多发生于气管或主支气管。

2）高调干啰音(sibilant rhonchi)：也称哨笛音(sibilant)。音调高，基音频率可达 500Hz 以上，呈“Zhi----Zhi----”声或带有乐音性。用力呼气时其音调常呈上升性。高调干啰音的性质，因气道狭窄的程度以及病变累及支气管管径不同，可以表现得多种多样，同时也由于医生的实用习惯不同，常被描述为哮鸣音(wheezing sound)、飞箭音(sibilismus)、咝咝音(sibilant rale)等。飞箭音的音调更加高、尖，如同箭离弦后在空中发出的咝咝声，见于细小支气管狭窄。

干啰音是呼吸系统的常见体征，听诊时要仔细分析其性质、发生部位、出现时相。双肺广泛的干啰音见于支气管哮喘、支气管炎、心源性哮喘、花粉症、棉肺尘埃沉着病、热带嗜酸性粒细胞增多症、霉草肺尘埃沉着病等。局限性、经常存在的干啰音见于支气管内膜结核、支气管肺炎、早期肺癌等。

4. 语音共振　也称听觉语音(vocal audible resonance)。发生机制与触觉语颤相同。检查时嘱患者按平时说话的声音拉长音说“yi----”，医生用听诊器听取患者发音后，声波音响传导到胸部的强度和性质。正常情况下可以听到柔和而不清楚的弱音，在气管和大支气管附近听到的声音最强，在肺底部较弱。注意事项与触觉语颤相同，也要在胸部两侧对称部位比较。听觉语音的改变的意义与触觉语颤相同，在肺实变、压迫性肺不张、肺内空腔与支气管相同时语音传导增强而响亮；当支气管阻塞、肺气肿、胸腔积液、气胸、胸膜增厚、肥胖、胸壁水肿时则减弱。病变性质不同，语音共振的听诊音性质也略有不同，据此将语音共振分为：

(1) 支气管语音(bronchophony)：听觉语音强度和清晰度都增加，声音清楚、响亮，见于肺实变、肺空洞。

(2) 胸语音(pectoriloquy)：是一种更强、更响亮、较近耳的支气管语音，言辞清晰可辨，容易听到；见于大范围的肺实变区域。

(3) 羊鸣音(egophony)：语音的强度增加，声音带有鼻音的性质，呈“咩 ---- 咩 ----”样，类似“羊叫声”。常在中等量胸腔积液上方肺的受压区域听到，也可在肺实变伴少量胸水的部位听到。

(4) 耳语音(whispered)：嘱患者用耳语声调发“yi、yi、yi”音，在胸壁上听诊时，正常人在能听到肺泡呼吸音的部位，只能听到极微弱的声音；当肺实变时，则可清楚地听到增强了的音调较高

的耳语音。对诊断肺实变有一定价值。

5. 胸膜摩擦音 正常胸膜表面光滑，胸膜腔内有微量液体存在，使得呼吸时脏、壁两层胸膜相互滑动并无音响发生。当胸膜表面由于炎症纤维素渗出或其他因素而变得粗糙时，随着呼吸就可出现胸膜摩擦音。其声音性质类似在耳边用两手背互相摩擦时发出的声音。摩擦音可以在短时间内出现、消失或再现，也能持续数日或更长时间，可以随体位的变动而消失或复现。有时声音柔和纤细，如同丝织物的摩擦声；有时则很粗糙，如搔抓声、沙沙声。声音断断续续接近体表，呼气与吸气均可听到，一般于吸气末或呼气初较为明显，屏住呼吸即消失，深呼吸或听诊器的体件在胸壁上加压时增强，借此可与心包摩擦音鉴别。胸膜摩擦音可发生于胸膜的任何部位，但最常听到的部位是前下侧胸壁，因呼吸时该区域的呼吸动度最大，肺尖则较少闻及。

胸膜摩擦音常发生于纤维素性胸膜炎、肺梗死、胸膜肿瘤及尿毒症患者。胸膜摩擦音是脏层、壁层胸膜在呼吸运动过程中发生摩擦所致，因此其出现于胸水较少时，如纤维素性胸膜炎的早期或胸水接近完全吸收时。而胸水较多的患者，积液将两层胸膜分开，是听不到胸膜摩擦音的。当纵隔胸膜发炎时，在呼吸和心脏搏动时都可听到胸膜摩擦音。

四、呼吸系统常见疾病的主要症状和体征

(一) 大叶性肺炎

大叶性肺炎是病灶范围呈大叶性分布的肺炎性病变。其主要病原体是肺炎链球菌。本病的病理过程可分为四期：充血期、红色肝样变期、灰色肝样变期、吸收消散期。病期不同，其临床表现不同，但有时分期不明显。

1. 症状 患者多为身体健康的青壮年，在某种诱因（受凉、过度疲劳、酗酒）的作用下发病，发病急骤，先有寒战，继之高热，体温在数小时达到高峰，一般 39~40℃，多为稽留热，患者咳嗽、咳痰、胸痛、呼吸增快，有时痰呈铁锈色。如治疗得当，体温可在数日内急骤下降，大量出汗，症状好转。

2. 体征 可见急性热病容，颜面潮红，鼻翼扇动，呼吸困难，脉搏加快，常有口唇疱疹。重者有发绀。充血期病变局部呼吸动度减弱，语音震颤略增强，叩诊呈浊音，可闻及捻发音。实变期语音震颤和语音共振明显增强，叩诊为浊音或实音，可听到支气管呼吸音；当病变累及胸膜时可闻及胸膜摩擦音。消散期病变局部叩诊渐变为清音，支气管呼吸音逐渐减弱，湿啰音出现。炎症完全吸收时，湿啰音消失，呼吸音恢复正常。

(二) 慢性阻塞性肺疾病

主要病理改变为支气管黏膜充血、水肿、腺体分泌增多，后期支气管黏膜萎缩，支气管平滑肌断裂破坏，管周纤维组织增生，细支气管和肺泡过度膨胀并过度充气，发展为慢性阻塞性肺气肿。

1. 症状 主要表现为慢性咳嗽、咳痰。晨起和晚上入睡时明显，冬季加剧，每年常持续 3 个月以上。一般痰为白色黏液或浆液泡沫样，合并感染时可呈脓性。发展为肺气肿后，患者时感胸闷、气短、喘憋，活动时明显，并随病情进展而逐渐加重。

2. 体征 早期无明显体征。急性发作时常可闻及散在的干、湿啰音，多见于肺底，咳嗽后可减少或消失。啰音的量和部位多不恒定，喘息型慢性支气管炎的患者可听到较多的干啰音，并伴呼气延长。当阻塞性肺气肿形成时，可见桶状胸，肋间隙增宽，双肺呼吸动度减弱，语颤和语音共振较弱，双肺叩诊呈过清音，肺下界下降、移动度减小。心脏浊音界减小或消失，肝浊音界下移，肺泡呼吸音普遍减低，呼气延长，双肺底可闻及湿啰音。

(三) 支气管哮喘

简称哮喘，是以变态反应为主的气道慢性炎症和气道高反应性为特征的疾病，发病时有不

同程度、广泛、可逆的气道阻塞，出现支气管平滑肌痉挛，黏膜充血水肿，腺体分泌增加。

1. 症状 大多数患者在幼年或青年期发病，反复发作，常有明显的季节性，多因接触过敏原而诱发。患者可有呼吸道感染或过敏性鼻炎的症状，如鼻痒、喷嚏、流涕、干咳等，继之出现呼吸困难，发作可持续数小时至数日，发作将要停止时常咳出较多稀薄的痰液，呼吸困难减轻，发作渐缓解。

2. 体征 发作时呈呼气性呼吸困难，严重时患者可出现端坐呼吸，呼吸辅助肌也参与呼吸运动，大汗淋漓，口唇发绀，胸廓涨满呈吸气位，呼吸动度减弱，语颤和听觉语音减弱，双肺叩过清音。听诊双肺满布干啰音和哮鸣音。病程较长、反复发作、病情较重的患者易并发阻塞性肺气肿，出现肺气肿的症状和体征。

(四) 胸腔积液

正常情况下，胸膜腔内有微量的润滑液体，其产生和吸收处于动态平衡，液体量保持恒定。任何病理原因使产生过多和(或)吸收减少时，都会使胸膜腔内的液体积聚，形成胸腔积液。

1. 症状 与积液量、积液性质、基础疾病和产生速度有关。积液量少于 300ml 时症状多不明显，但少量的以纤维素性渗出为主的炎性积液患者可有患侧胸痛，于深吸气时加重，常取患侧卧位以减少呼吸动度，减轻疼痛。当积液增多使脏、壁两层胸膜分开时疼痛即消失。积液量大于 500ml 的患者多有明显的症状，如胸闷、气短等，大量积液时常出现心悸、呼吸困难甚至端坐呼吸、发绀等。此外，患者还有其基础疾病的症状。

2. 体征 少量胸水无明显体征，或仅出现患侧胸廓呼吸动度减退。中等量以上积液时可见呼吸浅快，患侧呼吸运动受限，肋间隙饱满，心尖搏动和气管向健侧移位，语颤和听觉语音减弱或消失，积液区叩浊音或实音。

(五) 气胸

胸膜腔是不含空气的密闭潜在性腔隙。任何原因使胸膜破损，空气进入胸膜腔，即称为气胸。

1. 症状 症状的多少和轻重与引起气胸的原因、有无基础疾病、气胸类型有关。患者常在持重、屏气、剧烈运动或咳嗽的过程中突然感一侧胸痛，进行性呼吸困难，不能平卧，可有刺激性干咳。气体量小的闭合性气胸可仅有轻度气急，数小时后可逐渐平稳。大量张力性气胸者或基础肺功能差者可出现严重的呼吸困难、精神紧张、烦躁不安、大汗淋漓、脉搏加快、虚脱、发绀甚至呼吸衰竭。

2. 体征 少量胸腔积气常无明显体征。积气量多时，患侧胸廓饱满、肋间隙增宽、呼吸动度减弱、语颤和语音共振减弱或消失、气管心脏向健侧移位、患侧叩诊呈鼓音。右侧气胸时肝浊音界下移。患侧听诊呼吸音减弱或消失。

（石志红）

思考题

1. 呼吸系统常见的症状包括哪些？
2. 咯血与呕血的鉴别？
3. 呼吸困难的主要类型？
4. 胸腔积液时胸部查体的表现？

参考文献

1. 钟南山，刘又宁．呼吸病学．第 2 版．北京：人民卫生出版社，2012

2. Irwin RS.Chronic cough due to gastroesophageal reflux disease：ACCP evidence-based clinical practice guidelines.Chest，2006，129：80S-94S

3. Gibson PG, Fujimura M, Niimi A. Eosinophilic bronchitis: clinical manifestations and implications for treatment. Thorax, 2002, 57: 178-182

4. Pratter MR. Overview of common causes of chronic cough: ACCP evidence-based clinical practice guidelines. Chest, 2006, 129: 59S-62S

5. 陈文彬, 潘祥林. 诊断学. 第8版. 北京: 人民卫生出版社, 2013

第二章　呼吸系统常用诊查技术、诊断与治疗技术

第一节　血气分析与酸碱平衡失调

一、动脉血气分析

体液气体分析是指对各种体液中所含不同类型的气体成分和含量，以及酸、碱性物质进行分析的技术过程。其送检标本可以是血液、尿液、脑脊液等，临床应用较多的样本是血液，包括动脉血、静脉血和混合静脉血等，其中又以动脉血液气体分析（简称血气分析）的应用最为普遍。

动脉血气（arterial blood gas，ABG）分析是一个测定动脉血中氧分压（PaO_2）、二氧化碳分压（$PaCO_2$）、酸碱度（pH）、血氧饱和度（SaO_2）和碳酸氢根（HCO_3^-）浓度等的检查。以上指标对于评估呼吸系统疾病患者的病情和指导制订诊疗计划非常重要。

以下是动脉血气分析的主要指标和临床意义。

（一）动脉氧分压

动脉血氧分压（PaO_2）是指血液中物理溶解的氧分子所产生的压力。参考值：95~100mmHg（12.6~13.3kPa）。

临床意义：

(1) 判断有无低氧血症：低氧血症是指血液中含氧不足，动脉血氧分压（PaO_2）低于同龄人的正常下限，主要表现为血氧分压与血氧饱和度下降。

(2) 判断有无呼吸衰竭：若在海平面、安静状态下呼吸空气时 PaO_2 测定值 <60mmHg（8kPa），并可除外其他因素（如心内分流等）所致的低氧血症，即可诊断为呼吸衰竭。呼吸衰竭根据血气分析分为Ⅰ型和Ⅱ型。Ⅰ型是指低氧血症但不伴有 CO_2 潴留（PaO_2<60mmHg，$PaCO_2$ 降低或正常）；Ⅱ型是指低氧血症氧伴有 CO_2 潴留（PaO_2<60mmHg，$PaCO_2$>50mmHg）。

（二）动脉氧饱和度

动脉血氧饱和度（SaO_2）是指动脉血氧和血红蛋白（Hb）结合的程度，是单位 Hb 含氧百分数。参考值：95%~98%。

临床意义：

(1) 判断机体是否缺氧的指标之一：SaO_2 反映缺氧并不敏感，主要因为血红蛋白离解曲线（ODC）呈 S 形的特性，即 PaO_2 在 60mmHg 以上，曲线平坦，在此段即使 PaO_2 有大幅度的变化，SaO_2 的增减变化很小，即使 PaO_2 降低至 57mmHg，SaO_2 仍可接近 90%；只有当 PaO_2 在 57mmHg 以下，曲线呈陡直，PaO_2 稍降低，SaO_2 即明显下降。

(2) SaO_2 不能准确反映组织缺氧情况：血红蛋白离解曲线（ODC）受 pH、$PaCO_2$、温度和红细胞内 2,3 二磷酸甘油酸（2,3-DPG）含量等多个因素影响而左右移动，并进而影响 Hb 与氧结合的速度、数量；ODC 位置受 pH 影响时发生的移动，称为 Bohr 效应。pH 降低，曲线右移，虽 SaO_2 略降低，但氧合血红蛋白容易释放氧，有利于提高组织氧分压；相反，pH 升高，曲线左移，会加重

组织缺氧。

（三）动脉二氧化碳分压

动脉血二氧化碳分压($PaCO_2$)是指物理溶解在动脉血中的CO_2(正常时每100ml中溶解2.7ml)分子所产生的张力。参考值:35~45mmHg(4.7~6.0kPa),平均值40mmHg(5.33kPa)。

临床意义:

(1) 判断呼吸衰竭类型:Ⅰ型呼吸衰竭,$PaCO_2$可正常或略降低;Ⅱ型呼吸衰竭,$PaCO_2$>50mmHg(4.7kPa);肺性脑病时,$PaCO_2$一般>70mmHg(9.93kPa)。

(2) 判断呼吸性酸碱失衡:$PaCO_2$>45mmHg(6.0kPa)提示呼吸性酸中毒;$PaCO_2$<35mmHg(4.7kPa)提示呼吸性碱中毒。

(3) 判断代谢性酸碱失衡的代偿反应:代谢性酸中毒时经肺代偿后$PaCO_2$降低,最大代偿极限为$PaCO_2$降至10mmHg。代谢性碱中毒时经肺代偿后$PaCO_2$升高,其最大代偿极限为$PaCO_2$升至55mmHg(7.33kPa)。

（四）血浆二氧化碳总量

血浆二氧化碳总量(total plasma CO_2,T-CO_2)是指血浆中结合的和物理溶解的CO_2总含量,代表血中CO_2和HCO_3^-之和,其中HCO_3^-占总量的95%以上,故T-CO_2基本反映HCO_3^-的含量。参考值:25.2mmol/L。

临床意义:在体内受呼吸和代谢两方面的影响。过度通气和代谢性酸中毒时T-CO_2下降,二氧化碳潴留和代谢性碱中毒时T-CO_2上升。

（五）酸碱度

酸碱度(pH)表示体液氢离子的浓度的指标。血液pH实际上是未分离血细胞的动脉血浆中氢离子浓度[H^+]的负对数值。pH取决于血液中碳酸氢盐缓冲对($BHCO_3/H_2CO_3$)。参考值:7.35~7.45,平均为7.40。

临床意义:pH可作为判断酸碱失衡中机体代偿程度的重要指标。pH<7.35为失代偿性酸中毒,酸血症;pH>7.45为失代偿性碱中毒,碱血症。

（六）标准碳酸氢盐

标准碳酸氢盐(standard bicarbonate,SB)是指在38℃,血红蛋白完全饱和,经$PaCO_2$为40mmHg的气体平衡后的标准状态下所测得的血浆HCO_3^-浓度。参考值:22~27mmol/L,平均24mmol/L。

临床意义:SB可准确反映代谢性酸碱平衡的指标,一般不受呼吸影响。

（七）实际碳酸氢盐

实际碳酸氢盐(actual bicarbonate,AB)是指在实际$PaCO_2$和血氧饱和度条件下所测得血浆[HCO_3^-]含量。参考值:22~27mmol/L。

临床意义:①AB增高可见于代谢性碱中毒,亦可见于呼吸性酸中毒经肾脏代偿时的反应,慢性呼吸性酸中毒时,AB最大代偿可升高至45mmol/L。AB降低见于代谢性酸中毒,亦见于呼吸性碱中毒经肾脏代偿后。②AB与SB的差数,反映呼吸因素对血浆HCO_3^-影响的程度。呼吸性酸中毒时,AB>SB;呼吸性碱中毒时,AB<SB;相反,代谢性酸中毒时,AB=SB<正常值;代谢性碱中毒时,AB=SB>正常值。

（八）缓冲碱

缓冲碱(buffer base,BB)是指血液(全血或血浆)中一切具有缓冲作用的碱性物质(负离子)的总和,包括HCO_3^-、Hb^-和血浆蛋白(Pr^-)和HPO_4^{2-}。HCO_3^-是BB的主要成分,约占50%(24/50)。参考值:45~55mmol/L,平均50mmol/L。

临床意义:①反映机体对酸碱平衡失调时的总的缓冲能力,不受呼吸因素、CO_2改变的影响。②BB减少提示代谢性酸中毒,BB增加提示代谢性碱中毒。

（九）剩余碱

剩余碱（base excess，BE）是指在 38℃，血红蛋白完全饱和，经 $PaCO_2$ 为 40mmHg 的气体平衡后的标准状态下，将血液标本滴定至 pH 等于 7.40 所需要的酸或碱的量，表示全血或血浆中碱储备增加或减少的情况。需加酸者表示血中有多余的碱，BE 为正值；相反，需加碱者表明血中碱缺失，BE 为负值。参考值：-2.3~+2.3mmol/L。

临床意义：BE 只反映代谢性因素的指标，与 SB 的意义大致相同。

（十）肺泡 - 动脉血氧分压差

肺泡 - 动脉血氧分压差是指肺泡氧分压（P_AO_2）与动脉血氧分压（PaO_2）之差［$P_{(A-a)}O_2$］。$P_{(A-a)}O_2=P_AO_2-PaO_2$，是反映肺换气功能的指标，有时较 PaO_2 更为敏感，能较早地反映肺部氧摄取状况。P_AO_2 不能直接测取，是通过简化肺泡方程式计算得出：$P_AO_2=(FiO_2\times[Patm-PH_2O])-(PaCO_2/RQ)$；$FiO_2$ 是吸入氧浓度（空气为 0.21）；Patm 是大气压（海平面为 760mmHg，即 101.3kPa）；PH_2O 为水蒸气压（37℃时为 47mmHg，即 6.3kPa）；$PaCO_2$ 为动脉血 CO_2 分压；RQ（respiratory quotient，RQ）为呼吸系数，也称呼吸商或气体交换率，是呼吸作用所呼出的 CO_2 与吸入 O_2 之容积比，在稳定状态下 RQ 为 0.8，但它会随人体对糖、蛋白、脂肪的利用而改变。应用此计算公式得出的可能和实际值相差 10mmHg。参考值：正常青年人约为 15~20mmHg（2~2.7kPa），随年龄增加而增大，但最大不超过 30mmHg（4.0kPa）。

临床意义：

（1）$P_{(A-a)}O_2$ 增大伴有 PaO_2 降低：提示肺本身病变所致氧合障碍。主要见于：①右向左分流或肺血管病变使肺内动 - 静脉分流增加致静脉血掺杂；②弥漫性间质性肺疾病、肺水肿、急性呼吸窘迫综合征等所致肺部弥散功能障碍；③通气 / 血流比例严重失调，如肺栓塞、阻塞性肺气肿、肺不张。

（2）$P_{(A-a)}O_2$ 增大无 PaO_2 降低：见于肺泡通气量明显增加，而大气压、吸入氧浓度与机体耗氧量不变时。

（十一）阴离子隙

阴离子隙（anion gap，AG）是指血浆中的未测定阴离子（UA）与未测定阳离子（UC）的差值（即 AG=UA-UC）。AG 计算公式：$AG=Na^+-(Cl^-+HCO_3^-)$。AG 升高数值 =HCO_3^- 下降数值。AG 是早期发现混合性酸碱中毒重要指标。参考值：8~16mmol/L。

临床意义：①高 AG 代谢性酸中毒以产生过多酸为特征，常见于乳酸酸中毒、尿毒症、酮症酸中毒。②正常 AG 代谢性酸中毒（高氯型酸中毒），可由减少（如腹泻）、酸排泄不良（如肾小管酸中毒）或过多摄入含氯的酸（如盐酸精氨酸）引起。③判断三重酸碱失衡中 AG 增大的代谢性酸中毒。AG>30mmol/L 肯定酸中毒；20~30mmol/L 时酸中毒可能性大；17~19mmol/L 只有 20% 有酸中毒。

二、酸碱平衡失调

机体通过酸碱平衡调节机制，调节体内酸碱物质含量及其比例，维持血液 pH 值在正常范围内的过程，称为酸碱平衡。酸碱平衡的维持主要有以下三种方式：①肺脏排出二氧化碳；②代谢分解有机酸；③肾脏排泄不挥发性酸。体内无论是酸性物质还是碱性物质过多，超出机体的代偿能力，或者肺和肾脏功能障碍使调节酸碱平衡功能发生障碍，均可导致酸碱平衡的失调，使血浆中 HCO_3^- 与 H_2CO_3 的浓度及其比值的变化超出正常范围。

以下是常见的酸碱平衡失调的类型：

（一）代谢性酸中毒

代谢性酸中毒（metabolic acidosis）是由 HCO_3^- 下降为原发改变引起的一系列病理生理过程。引起代谢性酸中毒的原因主要是机体产酸过多，排酸障碍和碱性物质丢失过多。在代谢性酸中

毒的临床判断中，阴离子间隙（AG）有重要的临床价值。按不同的AG值可分为高AG正常氯型及正常AG高氯型代谢性酸中毒。

1. 分类及病因

（1）高AG正常氯型代谢性酸中毒：乳酸性酸中毒常见，由组织灌注不足或急性缺氧、肝脏疾病、药物（如双胍类降糖药物）、遗传性疾病等所致；其他还包括酮症酸中毒、尿毒症等。

（2）正常AG高氯型代谢性酸中毒：主要因HCO_3^-从肾脏或肾外丢失，或者肾小管泌氢减少，但肾小球滤过功能相对正常引起。

2. 代谢性酸中毒的血气分析特点 AB、SB、BB均下降，可代偿时pH接近或达到正常，BE负值增大，$PaCO_2$下降。失代偿时$PaCO_2$正常或增高，pH下降。

（二）呼吸性酸中毒

呼吸性酸中毒（respiratory acidosis）是由CO_2升高为原发改变引起的一系列病理生理过程，指因呼吸功能障碍导致原发的血浆$PaCO_2$升高所致H^+浓度增加，pH下降。

1. 病因 呼吸性酸中毒常见于呼吸系统疾病，如呼吸中枢抑制、呼吸神经、呼吸肌肉功能障碍、胸廓异常、大气道阻塞、慢性肺部疾病等。

2. 呼吸性酸中毒的血气分析特点

（1）急性呼吸性酸中毒：$PaCO_2$升高，pH降低，AB正常或略升高，BE基本正常。肾脏参加代偿时，$PaCO_2$每升高1.0mmHg（0.133kPa），HCO_3^-约增加0.07mmol/L；肾脏代偿限度为HCO_3^-不超过32mmol/L。

（2）慢性呼吸性酸中毒：$PaCO_2$增高，pH正常或降低，AB升高，AB>SB，BE正值增加。$PaCO_2$每升高1.0mmHg（0.133kPa），HCO_3^-经代偿后约增加0.3~0.4mmol/L（平均0.35mmol/L）；肾脏代偿限度为HCO_3^-不超过45mmol/L。

（三）代谢性碱中毒

代谢性碱中毒（metabolic alkalosis）是由HCO_3^-升高为原发改变引起的一系列病理生理过程，指体内酸丢失过多或者碱摄入过多所致，主要表现为血HCO_3^-升高（>27mmol/L），$PaCO_2$升高。pH值多高于7.45，但按呼吸代偿情况而异，可以明显升高；也可以仅轻度升高甚至正常。临床上常伴有血钾过低。

1. 病因 胃液丢失、缺钾、细胞外液Cl^-减少（如使用利尿剂等）、碳酸氢盐蓄积、盐皮质激素过多等。

2. 代谢性碱中毒的血气分析特点 AB、SB、BB增高，可代偿时pH接近或达到正常，BE正值增大，$PaCO_2$上升。失代偿时$PaCO_2$正常或降低，pH上升。

（四）呼吸性碱中毒

呼吸性碱中毒（respiratory alkalosis）是指由CO_2降低为原发改变引起的一系列病理生理过程，指由于肺通气过度使血浆H_2CO_3浓度或$PaCO_2$原发性减少，而导致pH值升高（>7.45）。

1. 病因 精神性过度通气，代谢性过程异常（如甲状腺功能亢进、发热），中枢神经系统疾病、水杨酸中毒、革兰阴性杆菌败血症、代谢性酸中毒（使用$NaHCO_3$过快纠正时）。

2. 呼吸性碱中毒的血气分析特点

（1）急性呼吸性碱中毒：$PaCO_2$下降，pH正常或升高，AB正常或轻度下降，AB<SB，BE负值增大。肾脏参加代偿时，$PaCO_2$每下降1.0mmHg（0.133kPa），HCO_3^-约减少0.2mmol/L。

（2）慢性呼吸性碱中毒：$PaCO_2$下降，pH正常或升高，AB明显下降，AB<SB，BE负值增大。肾脏参加代偿时，$PaCO_2$每下降1.0mmHg（0.133kPa），HCO_3^-约减少0.5mmol/L，Cl^-内移，血清Ca^{2+}降低。

（五）呼吸性酸中毒合并代谢性酸中毒

呼吸性酸中毒合并代谢性酸中毒是指急、慢性呼吸性酸中毒合并不适当的HCO_3^-下降；或者

代谢性酸中毒合并不适当的 $PaCO_2$ 增加。

1. 病因

(1) 慢性呼吸性酸中毒，如慢性阻塞性肺疾病，同时发生中毒性休克伴有乳酸酸中毒。

(2) 心跳呼吸骤停发生急性呼吸性酸中毒和因缺氧发生乳酸酸中毒。

2. 呼吸性酸中毒合并代谢性酸中毒的血气分析特点　血浆 pH 值显著下降，$PaCO_2$ 上升、正常或轻度下降，AB、SB、BB 减少、正常或轻度升高，BE 负值增大。

(六) 呼吸性酸中毒合并代谢性碱中毒

呼吸性酸中毒合并代谢性碱中毒是指急、慢性呼吸性酸中毒合并不适当的 HCO_3^- 上升；或者代谢性碱中毒合并不适当的 $PaCO_2$ 增加。

1. 病因　见于慢性阻塞性肺疾病患者发生高碳酸血症，又因肺源性心脏病、心力衰竭使用利尿剂但利尿不当，合并低钾血症、低氯血症而引起代谢性碱中毒。

2. 呼吸性酸中毒合并代谢性碱中毒的血气分析特点　血浆 pH 值升高、正常或下降，$PaCO_2$ 上升，AB 明显增加至超过预计代偿的限度(表 2-1)；急性呼吸性酸中毒时 HCO_3^- 的增加不超过 3~4mmol/L，BE 正值增大。

表 2-1　酸碱平衡失调预计代偿公式

原发失衡	预计代偿公式	代偿极限
呼吸性酸中毒	急性：$\Delta HCO_3^-=\Delta PaCO_2\times0.07\pm1.5$	30mmol/L
	慢性：$\Delta HCO_3^-=\Delta PaCO_2\times0.35\pm5.58$	45mmol/L
呼吸性碱中毒	急性：$\Delta HCO_3^-=\Delta PaCO_2\times0.2\pm2.5$	18mmol/L
	慢性：$\Delta HCO_3^-=\Delta PaCO_2\times0.5\pm2.5$	12mmol/L
代谢性酸中毒	$PaCO_2=HCO_3^-\times1.5+8\pm2$	10mmol/L
代谢性碱中毒	$\Delta PaCO_2=\Delta HCO_3^-\times0.9\pm1.5$	55mmol/L

(七) 呼吸性碱中毒合并代谢性酸中毒

呼吸性碱中毒合并代谢性酸中毒是呼吸性碱中毒合并不适当的 HCO_3^- 下降；或者代谢性酸中毒合并不适当的 $PaCO_2$ 减少。

1. 病因　可见于各种引起肺泡通气量增加的疾病如肺炎、间质性肺疾病、感染性发热等可导致呼吸性碱中毒，同时因肾功能不全、机体排酸减少而产生代谢性酸中毒。

2. 呼吸性碱中毒合并代谢性酸中毒的血气分析特点　其血浆 pH 值升高或大致正常，$PaCO_2$ 下降，AB、SB、BB 减少，BE 负值增大。慢性呼碱代偿最大范围为 12~15mmol/L；急性呼碱代偿最大范围为 18mmol/L。若 HCO_3^- 的减少量在上述范围内属机体代偿功能，若超出上述范围则有代谢性酸中毒同时存在。

(八) 呼吸性碱中毒合并代谢性碱中毒

呼吸性碱中毒合并代谢性碱中毒是指血浆 HCO_3^- 增加同时合并 $PaCO_2$ 减少。

1. 病因　有过度通气引起的呼吸性碱中毒和呕吐、利尿引起的代谢性碱中毒。

2. 呼吸性碱中毒合并代谢性碱中毒的血气分析特点　其血浆 pH 值明显升高，$PaCO_2$ 下降、正常或轻度升高，AB 增加、正常或轻度下降，BE 正值增大。

(九) 代谢性酸中毒合并代谢性碱中毒

呼吸性酸碱中毒不能同时存在，但代谢性酸碱中毒却可并存。例如急性肾功衰患者有呕吐或行胃引流术时，可既有代谢性酸中毒又有代谢性碱中毒的病理过程存在。但血浆 pH 值、$PaCO_2$、AB 都可在正常范围内或偏高、偏低。

(十)三重酸碱失衡

三重酸碱失衡是指在代谢性酸中毒合并代谢性碱中毒的基础上同时伴有呼吸性酸中毒或呼吸性碱中毒。三重酸碱失衡有两种类型:

1. 呼吸性酸中毒合并高AG型代谢性酸中毒和代谢性碱中毒 如慢性呼吸衰竭患者存在二氧化碳潴留发生呼吸性酸中毒,因缺氧致代谢性酸中毒,又因输入碱性液体和利尿等致代谢性碱中毒。其血气变化特点是:血浆pH值多下降,$PaCO_2$升高,AB、SB、BB增加,BE正值增大,$[Cl^-]$降低,AG增高。

2. 呼吸性碱中毒合并高AG型代谢性酸中毒和代谢性碱中毒 可见于呼吸性碱中毒伴代谢性碱中毒的基础上,再合并高AG代谢性酸中毒,也可见于呼吸性碱中毒伴高AG代谢性酸中毒的基础上,由于补碱过多而合并代谢性碱中毒。其血气特点是:血浆pH值多下降,$PaCO_2$下降,AB、SB、BB增加,AG增高。

第二节 氧 疗

氧疗指吸入氧气治疗。对于缺氧的机体,除了应消除引起缺氧的原因外,吸氧治疗是主要的治疗方法之一。

一、氧疗的目的

(一)提高血氧,改善氧供

提高肺泡氧分压和动脉血氧分压,纠正低氧血症,确保对机体组织的氧供应,达到缓解组织缺氧,从而改善人体的内环境,促进代谢过程的良性循环。

(二)降低呼吸功

低氧血症或缺氧可刺激呼吸中枢。作为代偿性反应,呼吸频率加快、通气量增加,引起呼吸肌做功增加,导致呼吸氧耗增加,可能形成恶性循环,导致低氧血症进一步加重。提高吸入氧浓度,可降低机体通气的需要,从而降低呼吸功。

(三)减少心肌做功

低氧血症或缺氧可引起心血管系统发生代偿性反应,心率增快、心输出量增加、外周血管收缩、血压升高,其结果是心肌做功增加,心肌氧耗增加,可能加重心肌的氧供和氧耗的失衡。提高吸入氧浓度,纠正低氧血症,可缓解心血管系统的代偿性反应,减少心肌做功。

二、氧疗的副作用及其预防

(一)氧中毒

1. 主要症状 胸闷、胸痛、胸部灼热感,继而出现呼吸增快、干咳、恶心、呕吐、烦躁。

2. 氧中毒的分型

(1)肺型氧中毒:发生在吸入氧之后,出现胸骨后疼痛、咳嗽、呼吸困难,肺活量减少、氧分压下降,肺部呈炎性渗出性改变,有炎性细胞浸润、充血、水肿、出血及肺不张,如不及时降低吸氧浓度,可最终导致肺纤维化的发生。

(2)脑型氧中毒:吸氧的短时内出现视觉障碍、听觉障碍、恶心、抽搐、晕厥等神经症状,严重者可昏迷乃至死亡。

3. 预防措施 氧疗时应控制吸氧的浓度和时间,定期监测血气分析,动态观察氧疗的治疗效果,严防氧中毒的发生。目前认为吸入60%~70%的氧在大气压为760mmHg(101.325kPa)下可安全使用24小时;40%~50%的氧则能安全使用48小时;如吸氧浓度大于40%,2~3天后氧中毒的可能性大为增加。

(二) 呼吸抑制

1. **主要症状**　呼吸抑制，呼吸频率下降并失去规律性，呼吸深度降低。多见于Ⅱ型呼吸衰竭者（PaO_2降低、$PaCO_2$增高），由于$PaCO_2$长期处于高水平，呼吸中枢失去了对CO_2的敏感性，呼吸的调节主要依靠缺氧对周围化学感受器的刺激来维持，吸入高浓度氧，解除缺氧对呼吸的刺激作用，使呼吸中枢抑制加重，甚至呼吸停止。

2. **预防措施**　对Ⅱ型呼吸衰竭患者应给予控制性氧疗：低浓度、低流量（1~2L/min）给氧，维持PaO_2在60~65mmHg（7.98~8.65kPa），SpO_2在90%~92%即可。

(三) 肺不张

吸入高浓度氧气后，肺泡内氮气被大量置换，一旦支气管有阻塞时，其所属肺泡内的氧气被肺循环血液迅速吸收，引起肺不张。

1. **主要症状**　烦躁、呼吸急促、心率增快、血压上升，继而出现呼吸困难、发绀、昏迷。

2. **预防措施**　鼓励患者做深呼吸，多咳嗽、咳痰及经常改变体位，防止分泌物阻塞气道。

(四) 呼吸道干燥

氧气是一种干燥气体，吸入后可导致呼吸道黏膜干燥。

1. **主要症状**　呼吸道分泌物黏稠，不易咳出，且有损气道黏膜纤毛运动。

2. **预防措施**　氧气吸入前先湿化再吸入，以此减轻干燥刺激作用。

(五) 晶状体后纤维组织增生

仅见于新生儿，以早产儿多见。

1. **主要症状**　视网膜血管收缩、视网膜纤维化，最后出现不可逆转的失明。

2. **预防措施**　应控制氧浓度和吸氧时间，避免长时间高浓度吸氧。

三、供氧方式

(一) 医院供氧方式的选择

现代医院供氧采取集中供氧为主，氧气瓶直接进病房或手术室的方式，因难以保证供氧时间的持续性和供氧压力的稳定性而被逐渐替代。集中供氧基本分为以下三种方式：

1. 由瓶氧经氧气汇流排减压集中供氧。
2. 由液氧贮槽经液氧汽化器汽化、减压、稳压后集中供氧。
3. 由变压吸附制氧设备生产医用氧气，连续供氧。

无论以上何种方式都要求保证供氧时间的持续性和压力的达标性，并注意防止管道泄漏，做好防火工作。

(二) 家庭供氧方式的选择

家庭供氧方式主要包括氧气瓶、氧气袋和家用制氧机，其中家用制氧机根据工作原理不同，可以分为物理制氧和化学制氧两大类。化学制氧机结构简单，操作方便；物理制氧（如膜分离、变压吸附）不需要化学物质，以空气为原料，是理想的供氧方式。家庭供氧装置须向小型、节氧方向发展，方可满足患者日常进行呼吸康复锻炼的需要，并减少患者的经济负担。

1. **氧气瓶、氧气袋供氧**　所贮存的氧气纯度高，氧气袋与氧气瓶结合使用，可以方便携带，扩大了吸氧区域，便于患者于运动过程中吸氧。但这种供氧方式存在氧源供应的问题，必须至医院或专门机构频繁补充氧气；于家庭储存须防泄漏、防火、防震，有一定的家居安全风险。

2. **化学制氧机**　主要包括以下三种形式：

(1) 化学制剂制氧：过碳酸钠（又称过氧碳酸钠，$2Na_2CO_3·3H_2O_2$）和二氧化锰；主要用于急救，因维护费用高、容器清洗频繁、产氧量不均匀不适用于长期氧疗。

(2) 电解水制氧：指电解槽在直流电的作用下使水发生分解，在阴极表面产生氢，阳极表面产生氧。耗电能较大，存在燃爆危险。

(3) 电子双极式制氧：制氧机寿命低，产氧量小，产生的氧气中含有酸性、碱性气体，对环境污染严重。

3. 医用分子筛制氧机 是指由分子筛吸附装置、过滤装置、流量计、湿化瓶等部分组成，主要供家庭使用的小型便携式医用分子筛制氧机。产氧原理是变压吸附，利用不同压力下吸附剂对空气中氧、氮的吸附容量和选择性不同，进行氮、氧分离。变压吸附式制氧机产氧浓度可以达到95%，并且能够通过调整流量实现对氧浓度的控制，即使在大气稀薄的地区也能实现高浓度供氧。国内家用制氧机市场以变压吸附式制氧机占主要优势。

四、氧疗常用方法

(一) 鼻导管吸氧法

此种吸氧方法设备简单，使用方便。鼻导管法有单腔和双腔两种：单腔法选用适宜的型号塞于一侧鼻前庭内，并与鼻腔紧密接触(另一侧鼻孔开放)，吸气时只进氧气，故吸氧浓度较稳定。双腔法为两个较细小的鼻塞同时置于双侧鼻孔，鼻塞周围尚留有空隙，能同时呼吸空气，患者较舒适，但吸氧浓度不够稳定。鼻导管吸氧法一般只适宜低流量供氧，若流量比较大就会因流速和冲击力很大使人无法耐受，同时容易导致气道黏膜干燥。氧浓度的计算方法：海平面条件下，吸氧浓度(%)=21+4× 氧流量(L/min)，例如吸氧 2L/min，吸氧浓度(%)=21+4×2(L/min)=29%。

(二) 面罩吸氧法

可分为开放式和密闭面罩法。开放式是将面罩置于距患者口鼻 1~3 厘米处，适宜小儿，可无任何不适感。密闭面罩法是将面罩紧密罩于口鼻部并用松紧带固定，适宜较严重缺氧者，吸氧浓度可达 40%~50%，感觉较舒适，无黏膜刺激及和干吹感觉。但氧耗量较大，存在进食和排痰不便的缺点。面罩又分为普通面罩、部分重复呼吸面罩及非重复呼吸面罩(表 2-2)。

表 2-2 供氧方式的比较

供氧方式	氧气浓度	适应证	备注
鼻导管吸氧(nasal catheter oxygen inhalation)	25%~40%	需低流量氧、有自主呼吸的患者	供氧浓度受患者的呼吸频率、潮气量、张口呼吸度影响
开放式面罩法(Open the mask method)	低于 30%	适用于有自主呼吸、需氧流量低、不能配合面罩吸氧的儿童	须监测血氧饱和度
普通面罩吸氧(simple mask)	35%~50%	需低流量氧、有自主呼吸的患者	供氧浓度受患者的呼吸频率、面罩贴合度影响
部分重复呼吸面罩(partial rebreather mask)	50%~60%	保存氧气	
非重复呼吸面罩(non-rebreather mask)	65%~95%	需高流量氧、有自主呼吸的患者	贴合好的面罩可提供较高吸入氧浓度
氧气头罩(hood)	30%~90%	小于 1 岁的婴儿	有较大噪音
氧气帐篷(tent)	25%~50%	需氧流量低于 30% 的儿童	有较大噪音，帐篷内视野不清晰

(三) 贮氧鼻导管吸氧法

贮氧鼻导管在患者呼气时贮存氧气，当患者下次吸气时把已贮存的氧气吸入肺内。此过程可以节约氧气，减少浪费。贮氧鼻导管建议用于需要吸氧浓度≥4L/min 的患者。

(四) 文丘里面罩

文丘里面罩(Venturi mask)的原理是氧气经狭窄的孔道进入面罩时在喷射气流的周围产生负压，携带一定量的空气从开放的边缘流入面罩，由面罩边缝的大小决定空气与氧的比率，吸氧

浓度恒定，基本无重复呼吸。治疗Ⅱ型呼吸衰竭患者时使用文丘里面罩，能准确地控制好氧浓度。

(五) 经气管导管氧疗法

使用细导管经鼻腔或经颈部小切口置入气管内的供氧方法，称气管内氧疗(transtracheal oxygen therapy)。主要适用于慢性阻塞性肺疾病、间质性肺疾病等所致慢性呼吸衰竭，需长期吸氧的患者。由于是经导管直接向气管内供氧，故可显著提高疗效，只需较低流量的供氧即可达到较高的效果，且耗氧量小(图 2-1)。

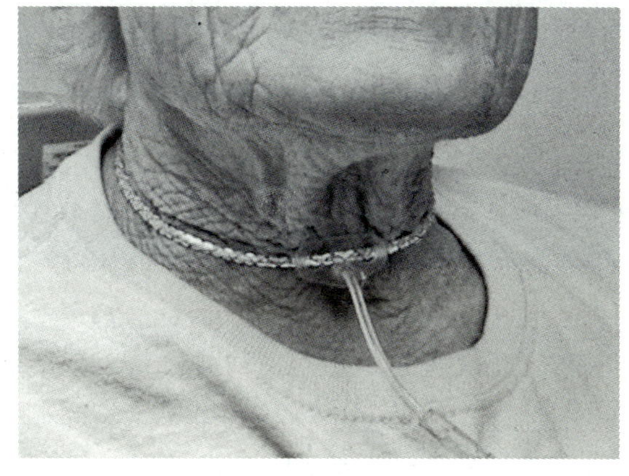

图 2-1 经气管导管氧疗法

(六) 电子脉冲氧疗法

通过电子脉冲装置可控制在吸气期自动送氧，而呼气期则自动停止送氧。较切合呼吸的生理状态，并节约氧气。适宜配合鼻导管、气管内氧疗。

(七) 机械通气给氧法

使用各种呼吸机进行机械通气时，利用呼吸机上的供氧装置进行氧疗。可根据病情需要调节供氧浓度(21%~100%)。

(八) 高压氧舱治疗

进入高压氧舱，在高于大气压的氧气压力下吸氧。

五、特殊类型的氧疗

(一) 长期氧疗

长期氧疗(long-term supplemental oxygen therapy，LTOT)被认为是最能改善慢性阻塞性肺疾病(chronic obstructive pulmonary disease，CODP)预后的主要因素之一。可通过家庭制氧机获得。

长期氧疗的目的是纠正低氧血症，有利于延长 COPD 患者的生存期，降低病死率，改善患者生活质量、精神状态，减轻红细胞增多症，预防夜间低氧血症，预防肺源性心脏病和右心衰竭的发生，以及减少医疗费用，包括住院次数和住院天数。长期氧疗的指征：

1. 慢性呼吸衰竭稳定期　经过戒烟、药物治疗后处于稳定期的 COPD 患者，静息状态下存在动脉低氧血症，即呼吸空气时，其动脉血氧分压(PaO_2)≤55mmHg(7.3kPa)或动脉血氧饱和度(SaO_2)≤88%。这是长期氧疗最主要的适应证。

COPD 患者的 PaO_2 为 55~65mmHg(7.3~8.7kPa)，伴有以下情况之一者，也应进行长期氧疗：①继发性红细胞增多症(血细胞比容 >0.55)；②具有肺心病的临床表现；③肺动脉高压。

2. 睡眠性低氧血症　清醒时已有低氧血症的患者睡眠时可加重，主要发生于睡眠的快速眼动相(REM)，可伴有肺动脉压升高、心律失常、精神改变及睡眠异常。

许多 COPD 患者日间 PaO_2>60mmHg(8.0kPa)，而夜间睡眠时可出现严重的低氧血症，特别是合并阻塞性睡眠呼吸暂停的患者，其缺氧更为明显。

(二) 运动性低氧血症

运动可以促进患者的功能康复，但部分患者在运动中却可发生低氧血症或低氧血症加重，运动时动脉血氧分压(PaO_2)≤55mmHg(7.3kPa)或动脉血氧饱和度(SaO_2)≤88%，运动反过来缺氧又限制活动。对于这些患者，建议使用可携氧装置在运动时给予氧疗(吸入氧浓度大于 50%或氧流量大于 6L/min)。

第三节　痰 液 检 测

痰液是气管、支气管和肺泡所产生的分泌物。正常人呼吸道分泌物很少，所以痰液也很少。当呼吸道黏膜和肺泡受刺激时，分泌物增多，痰也增多；唾液和鼻咽分泌物虽可混入痰内，但并非痰的组成部分。在病理情况下，如肺部炎症、肿瘤时，痰量增多，痰液性状改变，炎症细胞增多、并可在痰中出现红细胞、肿瘤细胞、细菌、寄生虫等异常改变。因此，可以通过痰液检测辅助某些呼吸系统疾病的诊断、也可辅助对疾病进展或治疗效果的评估。

一、标本采集

（一）痰标本的采集时间

应在抗生素使用前，一般以晨痰为好。

（二）痰标本的采集方法

1. 自然咳痰法　患者自行采集。告知患者在留痰前先用凉开水或无菌生理盐水反复口咽部洗漱（有义齿的患者应先取下义齿），以减少常居菌的污染，然后用力咳出气管深处痰液（可轻拍背部），吐入无菌痰杯中送检。

2. 支气管镜下采集法　患者采取仰卧位，吸入麻醉药，由医护人员操作经鼻插入气管镜：①如需取气管刷洗物，则将毛刷插入双套管毛刷管道，将毛刷从管道中推出并采集刷取物，然后将刷子拉回鞘内，并将整个细胞刷装置退出双腔镜管道，拿出刷子，放置于装有生理盐水的无菌环中送检。②如需取支气管肺泡灌洗液，则将痰液收集器连于气管镜，缓慢地注入10ml无菌生理盐水于管腔中，经过3~4次灌洗后，将痰液收集器中的标本送检。③如取肺组织活检（主要是针对结核分枝杆菌和真菌培养），由医护人员在X线引导下操作，将活检镊子缓慢推进到管腔末端，并推出管腔进入肺组织，开启监视屏幕，将活检镊子移入胸膜内2.5cm处，张开镊子推入肺组织采集标本，一般需采集3份标本，放入含1~2ml无菌生理盐水的无菌杯中送检。

3. 气管穿刺法　当培养结果很关键、非侵入性检测没有效果的重症感染，且怀疑需做厌氧培养时，通过气管穿刺或在环甲膜水平以下，直接穿刺取肺分泌物，先麻醉、消毒穿刺部位，将针头刺进甲状软骨表面的皮肤并刺入气管，用注射器或抽取装置抽吸尽可能多的液体，如分泌物很少，则注入2~4ml无菌生理盐水以诱导咳嗽以便获取足量的标本，标本采集后立即排出空气，插入无菌的橡皮塞或注入厌氧运送培养基内送检。

4. 诱导咳痰　对无痰、少痰或痰浓不易咳出者，可雾化吸入已消毒的高渗盐水，可选择单一浓度（3%或4.5%）或梯度浓度（3%~4%~5%），流量为1ml/min，吸入时间控制在20分钟内，以使痰液易于咳出；对于婴幼儿可采取轻压胸骨柄的方法。

5. 位体引流　支气管扩张症患者，清晨起床后进行，可采集大量痰标本。

6. 结核分枝杆菌标本收集法　收集24小时痰液以提高阳性检出率。

（三）收集痰标本的注意事项

1. 常规细菌培养标本须在2小时内送至微生物实验室，疑为嗜血杆菌、肺炎链球菌感染时，标本采集后应立即送检。

2. 标本内切勿混入唾液及鼻咽分泌物。

3. 气管冲洗液中麻醉液，可抑制细菌生长导致检出率下降。气管刷采集的标本量很少，需先在无菌环中加入生理盐水再放标本。

4. 气管镜标本和痰标本一般不适合做厌氧培养，痰标本不理想时可考虑采集支气管肺泡灌洗液标本。

二、检测项目

(一) 一般性状

1. 痰量 正常人一般不咯痰或仅有少量泡沫样痰或黏液样痰。当呼吸道有病变时,痰量可增加,大量痰液提示肺内有慢性炎症或空腔性化脓性病变,如支气管扩张症、肺脓肿、肺结核等。在病程中如痰量逐渐减少,表示病情好转;反之表示病情有所发展。在肺脓肿或脓胸向支气管破溃时,痰量可突然增加并呈脓性,因此观察痰量可了解病情的变化。

2. 颜色 正常人可咯出少量无色或灰白色痰,在病理情况下痰色有以下改变:

(1) 红色或棕红色:可由混有血液或血红蛋白所致,见于肺癌、肺结核、支气管扩张症、急性肺水肿等。鲜红血丝痰常见于早期肺结核或病灶播散时;粉红色泡沫样痰为急性肺水肿特征;铁锈色痰多由于血红蛋白变性所致,见于大叶性肺炎、肺梗死等。

(2) 黄色或黄绿色:由于含有大量脓细胞所致,见于呼吸道化脓性感染,如化脓性支气管炎、肺结核、金黄色葡萄球菌肺炎、支气管扩张及肺脓肿等。铜绿假单胞菌感染或干酪性肺炎时痰液常呈黄绿色。

(3) 棕褐色:见于阿米巴肺脓肿和慢性充血性心力衰竭肺淤血时。

(4) 烂桃样灰黄色:由于肺的坏死组织分解所致,见于肺吸虫病。

(5) 黑色:由于吸入大量尘埃或长期吸烟所致,见于煤矿工人、锅炉工人或大量吸烟者的痰液。

3. 气味 正常人痰液无特殊气味。血性痰液呈血腥味,见于肺结核、肺癌等;脓性痰液呈恶臭味,见于肺脓肿、支气管扩张症、晚期肺癌等。

4. 性状

(1) 黏液性痰:黏稠、无色透明或略呈灰色,见于支气管炎、支气管哮喘、早期肺炎等。

(2) 浆液性痰:稀薄而有泡沫,由于肺部淤血,毛细血管内液体渗入肺泡所致,痰液略带淡红色,见于肺水肿等。

(3) 脓性痰:黄色或黄绿色、黄褐色的脓状,主要由大量脓细胞构成,可见于各种化脓性感染。大量脓痰静置后可分为三层,上层为泡沫和黏液,中层为浆液,下层为脓细胞及坏死组织,见于支气管扩张症、肺脓肿或脓胸向肺内破溃等。

(4) 血性痰:痰内带血丝或大量鲜红色带泡沫样血痰,陈旧性痰呈暗红色凝块。如咳出纯粹的血液或血块称为咯血。为喉部以下的呼吸器官出血所致,见于肺结核、支气管扩张症、肺癌、肺吸虫病等。

(5) 混合性痰:由上述二种或三种痰混合而成,如黏液脓性、浆液黏液性痰等。

(6) 支气管管型:是由纤维蛋白、黏液等在支气管内形成的灰白色树枝状体,如混有血红蛋白则呈红色或红棕色。在新咯出的痰内常卷曲或呈球形或块状,如将其浮于盐水中则迅速展开成树枝状,见于慢性支气管炎、肺炎等。

(二) 显微镜检查

1. 生理盐水涂片检测 在玻片上滴加生理盐水一滴,挑取少许新鲜痰液混合制成厚薄适宜的涂片,在显微镜下观察有形成分的种类、数量和形态变化。

(1) 白细胞:正常人痰液中可见少量白细胞,一般无临床意义。呼吸道炎症时常增多:支气管哮喘、过敏性支气管炎、嗜酸性粒细胞支气管炎患者可见嗜酸性粒细胞明显增多;呼吸道化脓性炎症或有混合感染患者可见中性粒细胞(或脓细胞)增多;淋巴细胞增多见于肺结核患者。

(2) 红细胞:正常人痰中一般查不到红细胞,脓性或黏液脓性痰中可见少量红细胞,血性痰中可多量出现。疑有出血而痰中无红细胞时,可作隐血试验证实。

(3) 上皮细胞:多来自口腔的鳞状上皮细胞或来自呼吸道的柱状上皮细胞。如痰液检查时

鳞状上皮细胞>20%，提示采集标本主要来源于口腔而非来自气管支气管，采集标本不及格。

(4) 肺泡巨噬细胞：具有强有力的吞噬功能。吞噬炭粒者称为炭末细胞，见于吸入大量烟尘者和炭末沉着症等。吞噬含铁血黄素者称为含铁血黄素细胞，又称心力衰竭细胞，见于心衰引起的肺淤血、肺梗死及肺出血患者。

(5) 硫磺样颗粒：肉眼可见的黄色小颗粒，显微镜下可见中心部位仍有放线状排列呈菊花形的霉菌颗粒，见于放线菌病等。

(6) 寄生虫及虫卵：在患者痰中可查到寄生虫卵甚至成虫。如发现肺吸虫卵可诊断为肺吸虫病；找到溶组织阿米巴滋养体时，可诊断为阿米巴肺脓肿或阿米巴肝脓肿穿破入肺等；偶可见钩虫蚴、蛔虫蚴及肺包囊虫病的棘球蚴等。

(7) 结晶：Charcot-Leyden 结晶，为无色透明两端尖长的八面体状结晶，可能来自嗜酸性粒细胞。见于支气管哮喘及肺吸虫病。

(8) Curschmann 螺旋体：由黏液丝扭转而成，中心有一无色发亮的纤维，周围包以一层柔细纤维。见于支气管哮喘等。

2. 染色涂片检查

(1) Wright 染色：主要用于细胞分类及查找肿瘤细胞。细胞学检查主要用于呼吸系统恶性肿瘤的普查和诊断。若找到肿瘤细胞，说明是肺癌。痰液中找到的癌细胞大多数来自肺部原发性肿瘤，转移性肿瘤较少见。肺癌以鳞状上皮细胞癌（简称鳞癌）多见，可分为高分化鳞癌、低分化鳞癌。腺癌和未分化癌较少见。腺癌又可分为高分化腺癌、低分化腺癌和肺泡细胞癌。未分化癌又可分为小细胞未分化癌、大细胞未分化癌。转移性肿瘤也以鳞癌多见，腺癌和未分化癌较少，其原发肿瘤部位必须结合临床诊断。肺癌患者痰中可带有脱落的癌细胞，如取材适当，检查方法正确，阳性率较高，对肺癌有较大的诊断价值。

(2) Gram 染色：多用于一般细菌涂片检查，检出肺炎链球菌、葡萄球菌、肺炎杆菌时较有意义。

(3) 抗酸染色：标本中检出抗酸杆菌可辅助诊断肺结核；观察抗酸杆菌的数量可为隔离治疗和判断疗效提供依据。

(三) 痰培养和药物敏感试验

根据所患疾病有目的地进行细菌、真菌和支原体的培养。一般用无菌生理盐水将痰液洗涤3次，去除痰中的常居菌后，将痰液接种于血平板、巧克力平板和麦康凯平板，置5%~10%CO_2环境，35℃培养18~24小时，观察菌落生长情况，选不同单个菌落作涂片染色镜检，根据形态特点，作出初步判断；然后选择相应的鉴定板做生化鉴定和药敏试验。痰培养和药物敏感试验应争取在应用抗生素之前进行。

(四) 其他检查

随着检测技术的发展，针对不同疾病的特殊检查技术，如痰液中的炎症指标和细胞因子如白介素、白细胞三烯、前列腺素的检查等已逐步应用于临床。

三、临床应用

1. 肺部感染性疾病的病原学诊断 呼吸道化脓性感染时，痰液呈黄色或黄绿色；厌氧菌感染则痰液有恶臭；取痰液涂片革兰染色大致识别为何种细菌感染；如能严格取材进行痰液培养，则可鉴定菌种；通过药物敏感试验将可指导临床用药。

2. 开放性肺结核的诊断 肺部病变不典型的病例，通过影像学诊断有困难时，借助痰涂片抗酸染色，若发现结核分枝杆菌，则可诊断为开放性肺结核。如果用集菌法进行结核分枝杆菌培养，除了能了解结核分枝杆菌有无生长繁殖能力，还可以作药物敏感试验和菌型鉴定。此项检查对控制传染源，减少结核病的传播有十分重要的意义。

3. 肺癌的诊断　肺癌的早期诊断科依据早期临床症状、胸部 X 线检查、痰液涂片查找癌细胞和纤维支气管镜等方面配合进行。纤支镜直接吸取支气管分泌物做细胞学检查，或将冲洗液沉淀涂片检查。痰脱落细胞学检查时，确诊肺癌的组织学依据，是当前诊断肺癌的主要方法之一。

4. 肺部寄生虫病的诊断　痰涂片发现虫体或虫卵可确诊肺部寄生虫病，如肺吸虫、卡氏肺孢子虫病等。

5. 气道慢性炎症性疾病的诊断　痰涂片嗜酸性粒细胞比例增高，是嗜酸性粒细胞性支气管炎诊断的必要条件之一，同时也可见于支气管哮喘、过敏性支气管炎、嗜酸性粒细胞性肺炎等疾病。

第四节　胸腔积液检查

胸膜腔是位于肺和胸壁之间的一个潜在的腔隙。正常情况下，脏层胸膜和壁层胸膜表面上有一层很薄的液体，在呼吸运动时起润滑作用。胸膜腔和其中的液体并非处于静止状态，在每一个呼吸周期胸膜腔的形状和压力均有很大变化，使胸膜腔内液体持续滤出和吸收并处于动态平衡。任何因素使胸膜腔内液体形成过快或吸收过缓，即产生胸腔积液（pleural effusions），简称胸水。在临床上常按照胸腔积液的特点，将之区分为漏出液和渗出液，对指导临床诊断和治疗有重要意义。

一、胸腔积液的检查方法

（一）外观

漏出液通常呈清晰、透明的液体，多为无色或淡黄色，比重 <1.016~1.018，静置不凝固。渗出液可因病因不同颜色有所不同，多为混浊，比重 >1.018，可自行凝固。血性胸腔积液可因出血（含红细胞）呈淡红色、洗肉水样、肉眼全血性（静脉血样）。结核性胸腔积液可有草绿色、淡黄或深黄色、淡红色等。脓性胸腔积液则呈黄脓性，厌氧菌感染所致胸腔积液有恶臭味。阿米巴肝脓肿破入胸腔引起积液呈巧克力色。曲霉菌或铜绿假单胞菌感染的胸液分别呈黑色和绿色。乳糜胸液呈乳白色。

（二）细胞计数和分类

漏出液的细胞数较少，有核细胞数常少于 100×10^6/L，以淋巴细胞和间皮细胞为主。渗出液的细胞数较多，有核细胞数常多于 500×10^6/L，以白细胞为主。肺炎并胸腔积液、脓胸时细胞数可达 10×10^9/L 以上。胸腔积液中红细胞数超过 5×10^9/L 时，胸腔积液可呈淡红色，红细胞数在 10×10^{10}/L 以上，呈肉眼血性胸腔积液，主要见于外伤、肿瘤、肺栓塞，但需与胸穿损伤所致的血性胸腔积液相鉴别。

胸腔积液细胞成分以中性粒细胞为主，提示细菌性肺炎等急性胸膜炎症；结核性胸膜炎或肿瘤所致胸腔积液，则以淋巴细胞为主；嗜酸性粒细胞增多，主要见于寄生虫感染、真菌感染等。恶性胸膜间皮瘤或恶性肿瘤累及胸膜时，胸腔积液的间皮细胞增多，常可超过 5%。非肿瘤性胸腔积液间皮细胞 <1%。系统性红斑狼疮（systemic lupus erythematosus，SLE）伴胸腔积液时胸腔积液中可找到狼疮细胞。

（三）生化检查

1. 蛋白　多数漏出液的蛋白浓度小于 30g/L，以白蛋白为主，黏蛋白试验（Rivalta 试验）阴性。但心力衰竭引起的胸腔积液虽为漏出液，受使用利尿剂的影响蛋白浓度可大于 30g/L，不过血清 - 胸腔积液白蛋白梯度仍然存在（<12g/L），故仍可提示为漏出液。结核性胸腔积液的蛋白浓度多大于 40g/L。当蛋白浓度为 70~80g/L 时，应考虑巨球蛋白血症和多发性骨髓瘤诊断。

2. 乳酸脱氢酶(lactic dehydrogenase，LDH) 胸腔积液 LDH 对判断胸腔积液是漏出液还是渗出液有重要的作用。当 LDH>1000IU/L(血清最高值为 200IU/L)，应考虑脓胸、类风湿性胸膜炎、寄生虫病、恶性胸腔积液。

3. 类脂 乳糜胸时胸腔积液的中性脂肪、甘油三酯含量较高(甘油三酯 >4.52mmol/L)，呈乳状混浊，苏丹Ⅲ染成红色，但胆固醇含量不高。胆固醇性胸腔积液(假性乳糜胸)，胆固醇 >2.59mmol/L，与陈旧性积液胆固醇积聚有关，可见于陈旧性结核性胸膜炎，恶性胸液、肝硬化、类风湿等。胆固醇性胸液所含胆固醇量高，甘油三酯则正常，呈淡黄或暗褐色，含有胆固醇结晶、脂肪颗粒、大量退变细胞。

4. 葡萄糖 正常人胸液中葡萄糖含量与血中葡萄糖含量相近，随血葡萄糖的升降而改变。测定胸液葡萄糖含量，有助于鉴别胸腔积液的病因。漏出液与大多数渗出液的葡萄糖含量正常；而结核性、恶性、类风湿性及化脓性胸腔积液中葡萄糖含量可 <3.35mmol/L。若胸膜病变范围较广，使葡萄糖和酸性代谢物难以透过胸膜，可使胸腔积液葡萄糖含量较低，提示肿瘤广泛浸润。

5. pH 值 在动脉血 pH 值正常的条件下，漏出液 pH 值 7.40~7.55，渗出液 pH 值 7.30~7.45。结核性胸腔积液 pH 常 <7.30；pH<7.00 者仅见于脓胸和食管破裂所致胸腔积液。急性胰腺炎所致胸腔积液的 pH<7.30。

6. 淀粉酶 胸腔积液淀粉酶升高可见于急、慢性胰腺炎，食管破裂，恶性肿瘤等。急、慢性胰腺炎伴胸腔积液时，淀粉酶溢漏致使该酶在胸腔积液中含量高于血清中含量。

7. 腺苷脱氨酶(adenosine deaminase，ADA) 在淋巴细胞内含量较高。结核性胸膜炎时，因细胞免疫受刺激，淋巴细胞明显增多，故胸腔积液中 ADA 可升高(35~50U/L)，ADA>50U/L 意义更大。ADA 诊断结核性胸膜炎的敏感度较高，但可能存在假阳性。

(四) 免疫学检查

系统性红斑狼疮(SLE)和类风湿性关节炎(rheumatic arthritis，RA)引起的胸腔积液中补体 C_3、C_4 成分降低，且免疫复合物的含量增高。SLE 胸腔积液中抗核抗体(ANA)滴度可达 1∶160 以上。RA 胸腔积液中类风湿因子 >1∶320。

(五) 脱落细胞学检查

在胸腔积液中检查恶性肿瘤细胞，是诊断原发性或继发性肿瘤的重要依据，可使用离心沉淀技术以提高检查阳性率。

(六) 微生物检查

查找胸腔积液的病原学证据，可行胸腔积液的细菌涂片、细菌培养，真菌涂片、真菌培养，抗酸染色涂片找结核菌、结核菌培养。

(七) 寄生虫检测

肉眼观察和显微镜下检查，乳糜性胸液离心沉淀后检查有无微丝蚴。阿米巴性胸液中可以找到阿米巴滋养体。

(八) 其他检查

1. 抗 PPD-IgG PPD(purified protein derivative)为结核菌素纯化蛋白，机体感染结核分枝杆菌后可产生抗体，即抗 PPD-IgG。结核病患者血清和胸腔积液中，均可测得较高滴度抗体，有助于结核诊断。

2. N 末端前脑利钠肽 心力衰竭引起的胸腔积液为漏出液，但受使用利尿剂的影响可表现为渗出液。N 末端前脑利钠肽(NT-proBNP)升高对心力衰竭所致胸腔积液有诊断价值，血液检查比胸腔积液检验的意义更大。

3. 肿瘤标志物 暂时未发现，某单个肿瘤标志物能对恶性胸腔积液的诊断，有足够特异性和敏感性，故目前对怀疑恶性胸腔积液，均行多个肿瘤标志物检查：如癌胚抗原(carcinoembryonic antigen，CEA)、糖类抗原 CA_{125}、CA_{15}-3、CA_{19}-9 及细胞角蛋白片段 $CYFRA_{21}$-1。另外，间皮素

(mesothelin)在间皮瘤细胞有高表达,其裂解的和未结合的肽类片段:可溶性间皮素相关肽(soluble mesothelin-related peptides,SMRP)在恶性间皮瘤、卵巢癌、胰腺癌所致的胸腔积液中可见升高,有辅助诊断意义。

二、胸腔积液的临床诊断及其意义

(一)鉴别渗出液或漏出液

在临床上区分渗出液和漏出液,需结合胸腔积液的外观、细胞数、生化等进行综合分析。

目前多根据 Light 标准区别渗出液和漏出液,符合以下任何 1 项可诊断为渗出液:①胸腔积液 / 血清蛋白比例 >0.5;②胸腔积液 / 血清 LDH 比例 >0.6;③胸腔积液 LDH 水平大于血清正常值高限的三分之二。此外,诊断渗出液的指标还有胸腔积液胆固醇浓度 >1.56mmol/L,胸腔积液 / 血清胆红素比例 >0.6,血清 - 胸腔积液白蛋白梯度 <12g/L。有些积液难以确切地划分渗出液或漏出液,系由于多种机制参与积液形成,见于恶性胸腔积液。

(二)胸腔积液的病因

多种疾病均可引起胸腔积液,故应结合患者病史、症状、胸腔积液检查结果详细分析病因,具有疾病确诊意义的胸腔积液检查见表 2-3。

表 2-3　有确诊意义的胸腔积液检查

疾病	胸腔积液确诊意义检查
结核性胸膜炎	胸腔积液抗酸染色阳性、结核菌培养阳性
脓胸	外观(脓性、臭味);细菌培养阳性
真菌感染性胸腔积液	胸腔积液真菌涂片阳性;真菌培养阳性
寄生虫性胸腔积液	肉眼或显微镜下发现寄生虫
恶性胸腔积液	细胞学检查可见肿瘤细胞
血胸	胸腔积液血细胞比容 / 血液血细胞比容 >0.5
乳糜胸	甘油三酯 >110mg/dl;脂蛋白电泳见乳糜微粒
胆固醇性胸腔积液(假性乳糜胸)	胆固醇 >200mg/dl;胆固醇 / 甘油三酯 >1;偏光镜下可见胆固醇结晶
类风湿性胸腔积液	细胞学检查可见伸长的巨噬细胞和多核巨细胞(蝌蚪细胞 tadpole cells),背景为不定形的细胞碎片
腹膜透析	蛋白 <0.5mg/dl,胸腔积液葡萄糖 / 血清葡萄糖 >1
尿胸	胸腔积液肌酐 / 血清肌酐 >1,如 >1.7 有确诊意义
食管破裂	pH 值降低(通常 pH<6);胸腔积液淀粉酶(唾液型)升高

漏出液常见病因是心力衰竭,多为双侧胸腔积液,积液量右侧多于左侧。如为单侧胸腔积液,则以右侧多见;当使用利尿治疗后胸腔积液,可呈渗出液样改变。低蛋白血症的胸腔积液多伴有全身水肿。漏出液其他常见的病因,包括心包疾病、肝硬化、肾病综合征、腹膜透析患者。

渗出液多因感染所致。我国胸腔积液的渗出液最常见的病因,是结核性胸膜炎,胸腔积液检查的细胞分类以淋巴细胞为主,间皮细胞 <5%,蛋白质 >40g/L,胸腔积液和血清 ADA 均升高,胸腔积液沉渣抗酸染色涂片和培养可见结核分枝杆菌。

类肺炎性胸腔积液(parapneumonic effusions)指肺炎、肺脓肿和支气管扩张感染引起的胸腔积液,临床亦较常见,呈渗出液。胸腔积液外观可为草黄色或脓性,白细胞明显升高,且以中性粒细胞为主,pH 和葡萄糖降低。常见细菌为金黄色葡萄球菌、肺炎链球菌、肺炎克雷伯杆菌等,可合并厌氧菌或结核分枝杆菌等其他感染。胸腔积液涂片革兰染色可找到细菌,胸腔积液细菌

培养可呈阳性。

恶性肿瘤侵犯胸膜引起恶性胸腔积液，常由肺癌、乳腺癌及淋巴瘤等直接侵犯或转移至胸膜所致，亦可由胸膜恶性间皮瘤引起。胸腔积液可能难以划分渗出液或漏出液，可呈血性，胸腔积液量大、增长较快，胸腔积液和血清肿瘤标志物有所升高，LDH 多 >500U/L，胸腔积液脱落细胞学检查可见核异型肿瘤细胞。

（三）胸腔积液部位和积液量的分类

胸腔积液根据积液部位，可分为游离性胸腔积液、局限性（包裹性）胸腔积液。少量游离性胸腔积液首先积聚于后肋膈角，大量游离性胸腔积液时 X 线下见胸腔积液上缘可达第 2 肋间。少量胸腔积液（胸液量 <100ml），患者可无临床异常症状或仅有胸痛。积液量达 300~500ml 以上时，患者感胸闷或轻度气促。大量胸腔积液（胸液量 >500ml），患者气促明显，而胸痛反而缓解或消失。

第五节 肺功能检查

肺功能检查是运用呼吸生理知识和现代检查技术，来了解和探索人体呼吸系统功能状态的检查，对于早期检出肺、气道病变，诊断气道病变的部位、鉴别呼吸困难的原因、评估疾病的病情严重程度及预后、评定药物或其他治疗方法的疗效、评估胸、肺手术的耐受力、评估劳动强度及耐受力，以及对危重患者的监护等，肺功能检查均是必不可少的内容。肺功能检查方法众多，主要包括肺容量检查、肺量计检查、支气管激发试验、支气管舒张试验、肺弥散功能、气道阻力、运动心肺功能、呼吸肌肉功能测定等。以下为临床最常用的检查方法。

一、肺容量检查

肺容量是指肺内气体的含量，即呼吸道与肺泡的总容量，反映了外呼吸的空间。

（一）检查方法

用肺量计可直接检测部分呼吸容量，但用力呼气后残余在肺内的容量，需通过体积描记或气体稀释等方法检查。

（二）常用指标

肺所能容纳的总气量可分为 4 个基础容积：潮气容积、补吸气容积、补呼气容积与残气容积。

1. 潮气容积（VT） 在平静呼吸时，每次吸入或呼出的气量。

2. 补吸气容积（IRV） 在平静吸气后，用力吸气所能吸入的最大气量；反映肺胸的弹性和吸气肌的力量。

3. 补呼气容积（ERV） 在平静呼气后，用力呼出的最大气量；反映肺胸的弹性和胸腹肌的力量。

4. 残气容积（RV） 呼气后肺内不能呼出的残留气量。

以上 4 种为基础容积，彼此互不重叠。由 2 个或 2 个以上的基础容积可组成另外 4 种容积：深吸气量、肺活量、功能残气量与肺总量。

5. 深吸气量（IC） 平静呼气后能吸入的最大气量，IC=VT+IRV。

6. 功能残气量（FRC） 平静呼气末，肺内所含的气量，FRC=ERV+RV。

7. 肺活量（VC） 最大吸气后能呼出的最大气量。VC=IRV+VT+ERV，或 VC=IC+ERV。

8. 肺总量（TLC） 深吸气后肺内所含有的总气量，TLC=IRV+VT+ERV+RV，或 TLC=IC+FRC，或 TLC=VC+RV。

肺容量及其各构成部分如图 2-2 所示。

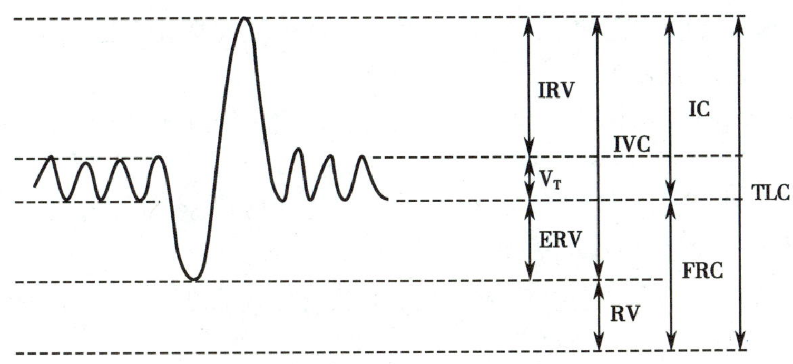

图 2-2 肺容量及其各构成部分

(三) 结果判断

正常人肺容量随年龄、身高、体重和性别等变化，超出正常预计值的上下限为异常。临床上常用实测值占预计值百分比，来表示肺容量是否正常，增加或减少 20% 以上为异常。

(四) 临床意义

潮气容积与呼吸频率决定了分钟通气量，潮气容积愈小，要求较高的呼吸频率才能保证足够的分钟通气量。在限制性肺疾病患者，潮气容积降低，呼吸频率加快。深吸气量降低，见于阻塞性和限制性通气功能障碍。

肺活量是临床常用的肺容积指标。引起肺活量降低的常见疾病有：①肺实质疾病：弥漫性肺间质纤维化、肺炎、肺充血、肺水肿、肺不张、肺肿瘤以及肺叶切除术后等。②肺外疾病但限制肺扩张：胸廓畸形、脊髓前角灰白质炎、膈神经麻痹、胸廓改形术后、广泛胸膜增厚、渗出性胸膜炎、气胸、膈疝、气腹、腹水、腹部巨大肿瘤等。③气道疾病：支气管哮喘、慢性阻塞性肺疾病、支气管扩张、气管或支气管恶性肿瘤，肿大淋巴结压迫支气管等。

功能残气量在生理上起着稳定肺泡内气体分压的作用，减少了通气间歇对肺泡内气体交换的影响。功能残气量增加见于下列情况：①肺弹性降低，如肺气肿。②气道阻塞，如支气管哮喘、慢性阻塞性肺疾病。功能残气量减少见于下列情况：①肺实质疾病，如肺炎、肺不张、肺间质纤维化、肺部巨大占位性病变、肺水肿、肺叶切除等。②肺外疾病但限制肺扩张，如胸廓畸形、腹腔病变（大量腹水、腹部巨大肿瘤）、肥胖、气胸、胸腔积液、广泛胸膜增厚等。残气容积的生理意义与功能残气量相似。限制性疾病导致残气量减少，阻塞性疾病导致残气量增高。

肺内或肺外限制性疾病，如肺实质病变、肺不张、肺水肿、肺间质纤维化、气胸、胸腔积液以及神经肌肉疾病都可导致肺总量减少。阻塞性疾病如支气管哮喘、肺气肿等可引起肺总量增加。

二、肺量计检查

肺通气功能是指单位时间随呼吸运动进出肺的气体容积，是一个较好地反映肺通气能力的动态指标。肺量计检查（spirometry）则是临床上最常用的肺通气功能检查方法。

(一) 检查方法

受试者口含咬口器、夹鼻夹，避免漏气。呼吸动作（见文末彩图 2-3）包括：①均匀平静地呼吸；②平静呼气末深吸气至肺总量（TLC）位；③用力暴发呼气并持续至残气量（RV）位；④再次快速深吸气至 TLC 位。

(二) 常用指标

1. 用力肺活量（FVC） 指完全吸气至 TLC 位后以最大的努力、最快的速度作呼气，直至 RV 位的全部肺容积；是肺容量最常用的指标之一，可反映通气功能障碍，特别是限制性通气功能障碍。

2. t 秒用力呼气容积（FEVt） 指完全吸气至 TLC 位后在 t 秒以内的快速用力呼气量。以

第1秒用力呼气容积(FEV_1)最常用,是判断肺通气功能的最重要指标之一,阻塞性或限制性通气功能障碍均可致 FEV_1 的降低。

3. 1秒率(FEV_1/FVC) 是 FEV_1 与 FVC 的比值,常用百分数(%)表示,是判断气流阻塞的主要指标。

4. 最大呼气中期流量(MMEF) 指用力呼出气量为25%~75%肺活量间的平均呼气流量,亦可表示为 $FEF_{25\%\sim75\%}$,是评价小气道功能的主要指标。

5. 呼气峰值流量(PEF) 是指用力呼气时的最高气体流量,是反映气道通畅性及呼吸肌肉力量的一个重要指标。

6. 用力呼出x%肺活量时的瞬间呼气流量(FEFx%) 根据呼出肺活量的百分率不同,可衍生出用力呼气25%、50%和75%时的呼气流量($FEF_{25\%}$、$FEF_{50\%}$、$FEF_{75\%}$),后两者为常用评价小气道功能的指标。

(三) 质量控制

良好的质量控制是肺量计检查结果准确的重要保证。在进行肺量计检查前,应先对仪器进行环境和流量校准。在肺量计检查时,应满足相应的质量控制标准(如呼气起始标准、呼气结束标准、可接受的呼气标准和可重复性标准等),以保证结果可靠。

(四) 结果评价

肺量计检查的指标众多,应结合受试者的临床资料进行综合评价,不仅要判断肺通气功能是否障碍,还应判断障碍的部位、性质及程度等。

1. 肺通气功能障碍的类型 依通气功能损害的性质可分为阻塞性、限制性及混合性通气障碍,其时间—容积(T-V)曲线和流量—容积(F-V)曲线如文末彩图2-4所示。

(1) 阻塞性通气障碍:指气道阻塞引起的通气障碍,以 FEV_1/FVC 的下降低于正常预计值下限(LLN)为标准。曲线的特征性改变为呼气相降支向容量轴的凹陷,凹陷愈明显者气流受限愈重。此外,还有一些特殊类型:

1) 小气道功能障碍:是气道阻塞的早期表现,$FEF_{25\%\sim75\%}$、$FEF_{50\%}$、$FEF_{75\%}$ 可显著下降,说明其对通气功能的影响主要为呼气中、后期的流量受限。当该3项指标中有2项低于LLN,可判断为小气道功能障碍。

2) 上气道阻塞(UAO):为特殊类型阻塞性通气障碍,其F-V曲线特征如图2-5。

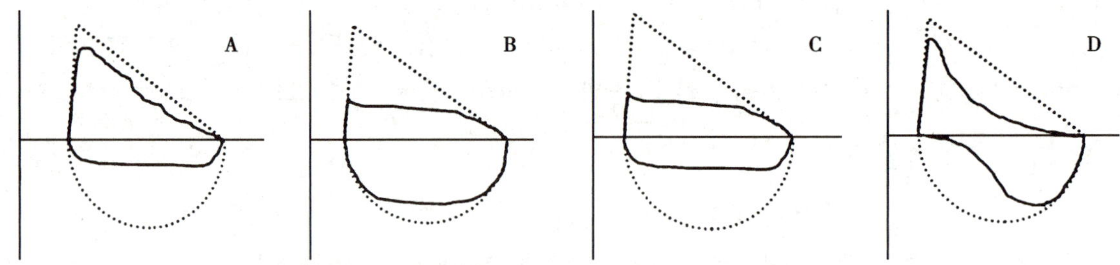

图2-5 特殊类型阻塞性通气障碍的F-V曲线

特殊类型阻塞性通气障碍的F-V曲线特征:虚线为正常的F-V曲线。A图显示可变胸外型UAO,以吸气流量受限为特征,吸气相流量呈平台样改变;B图显示可变胸内型UAO,以呼气流量受限为特征,呼气相流量呈平台样改变;C图显示固定型UAO,呼吸双相流量均显著受限,呼吸双相流量均呈平台样改变;D图显示单侧主支气管不完全性阻塞,F-V曲线呈双蝶型改变,流量的受限主要表现在呼吸时相的后期。

(2) 限制性通气障碍:指胸、肺扩张受限引起的通气障碍,主要表现为FVC明显下降。气流明显受限者FVC也可下降,FVC的判断效能受影响,故肺容量指标如TLC、RV及RV/TLC对限

制性通气障碍的判断更为精确。

(3) 混合性通气障碍：兼有阻塞及限制两种表现，主要为 TLC、VC 及 FEV_1/FVC 的下降，而 FEV_1 降低更明显。F-V 曲线显示肺容量减少及呼气相降支向容量轴的凹陷。

2. 肺通气功能障碍的程度

通气功能障碍程度的判断应结合临床资料，其划分目的是协助临床医师判断疾病的严重程度(表 2-4)。

表 2-4 肺通气功能障碍的程度分级

严重程度	FEV_1% 预计值
轻度	≥70%，但 <LLN 或 FEV_1/FVC 比值 <LLN
中度	60%~69%
中重度	50%~59%
重度	35%~49%
极重度	<35%

三、支气管激发试验

支气管激发试验是通过吸入某些刺激物诱发气道收缩反应，以肺功能指标判定支气管收缩的程度，从而测定气道高反应性。磷酸组织胺或乙酰甲胆碱现为临床上最为常用的激发剂，可根据需要配制成梯度浓度稀释液。受试者在试验前应停用可能干扰检查结果的药物或其他刺激。

(一) 检查方法

在进行基础肺通气功能检查后，吸入稀释液(常用生理盐水)重复检测肺功能；接着从低浓度(剂量)开始渐次吸入激发剂，吸入后重复检测肺功能，直至肺功能指标下降达到阳性标准(如 FEV_1 较基础值下降≥20%)，或出现明显不适及临床症状，或吸入最高浓度(剂量)为止；最后吸入支气管舒张剂以缓解受试者症状，待肺功能恢复后终止试验。

(二) 常用指标及结果判断

FEV_1、PEF 较基础值下降≥20%，或比气道传导率(sGaw)下降≥35% 可判断为支气管激发试验阳性，即气道反应性增高，反之阴性。对于激发试验阳性者，还可依据使肺功能指标下降达到一定程度，累及激发物剂量进行气道反应性的严重程度判断。

(三) 临床意义

支气管激发试验有助于对支气管哮喘的诊断及鉴别诊断、病情严重度的判断和治疗效果的分析；并可用于对气道疾病发病机制的研究。

四、支气管舒张试验

支气管舒张试验是通过给予支气管舒张药物的治疗，观察阻塞气道的舒缓反应，以用于评价气道可逆性。同样，受试者在试验前，应停用可能干扰检查结果的药物或其他刺激。

(一) 检查方法

受试者先测定基础肺功能，然后吸入支气管舒张剂。如吸入的是速效 β_2- 肾上腺素受体激动剂如沙丁胺醇，应在吸入药物 15~30 分钟内重复肺功能检查；如吸入的是短效胆碱能受体拮抗剂，如异丙托溴铵，则在吸入 30~60 分钟内重复肺功能检查。

(二) 常用指标及结果判断

若用药后 FEV_1 或用力肺活量(FVC)变化率较用药前增加 12% 或以上，且 FEV_1 绝对值增

加 200ml 或以上，则判断支气管舒张试验为阳性，反之阴性。

(三) 临床意义

支气管舒张试验可辅助支气管哮喘、COPD 等气道阻塞性疾病的诊断、鉴别诊断和用药疗效判断，并可作为判断气道可逆性的客观指标。

五、肺弥散功能检查

肺弥散功能是指某种肺泡气通过肺泡—毛细血管膜，从肺泡向毛细血管扩散到达血液内，并与红细胞中的血红蛋白（Hb）结合的能力。

(一) 检查方法

受试者夹上鼻夹、口含咬嘴后平静呼吸 4~5 个周期，待潮气末基线平稳后；指导其呼气完全至残气量位，然后令受试者快速均匀吸气完全至肺总量位，接着屏气（10 秒），最后均匀持续中速呼气完全至残气量位，建议在 2~4 秒内完成呼气。

(二) 常用指标

1. 肺一氧化碳弥散量（DL_{CO}） 是指 CO 在单位时间（1 分钟）及单位压力差（1mmHg 或 0.133kPa）条件下，从肺泡转移至肺泡毛细血管内并与 Hb 结合的量（ml 或 mmol），是反映肺弥散功能的主要指标。

2. 肺泡容量（V_A） 吸入气量中能达到肺泡并进行气体交换的容量，用于估算肺内一氧化碳能够扩散，并通过肺泡毛细血管膜的肺容积。正常受试者 V_A 近似等于 TLC 减去死腔气量。

3. 肺一氧化碳弥散量与肺泡容量比值（DL_{CO}/V_A） 也称单位肺泡容积的弥散量或比弥散量，由于弥散量受肺泡容量影响，肺泡容量减少可导致 DL_{CO} 减少，临床上常用 DL_{CO}/V_A 作矫正。DL_{CO}/V_A 更容易区分肺部与肺外的病理生理改变。

(三) 结果判断

肺弥散功能检查结果是否正常，需与正常预计值进行比较，判断是否在正常范围。若 DL_{CO}、DL_{CO}/V_A 等指标低于预计值的 80% 则为异常。肺弥散功能损害严重程度分级见表 2-5。

表 2-5　肺弥散功能损害程度分级

损害程度	DL_{CO} 占预计值百分率（%）	损害程度	DL_{CO} 占预计值百分率（%）
正常	DL_{CO}≥80% 或 LLN	中度障碍	40%≤DL_{CO}<60%
轻度障碍	60%≤DL_{CO}<80% 或 LLN	重度障碍	DL_{CO}<40%

(四) 临床意义

1. DL_{CO} 增加的病理生理状态或疾病 能使肺毛细血管流量增加，使正常情况下很少开放的肺毛细血管开放的生理或病理状态，均能使弥散量增加。如世居高原、运动、平卧体位、肥胖、部分左向右分流的先天心脏病变、部分早期的左心衰竭、早期的红细胞增多症，及部分弥漫性肺泡出血等，均可引起 DL_{CO} 增加。

2. DL_{CO} 减少的病理生理状态或疾病 弥散距离增加如间质性肺疾病、肺水肿；肺泡破坏引起的肺毛细血管床减少，导致弥散面积减少，如肺气肿、肺叶切除术后等；肺血管病如肺动脉高压、肺血管炎、肺栓塞等；贫血等引起血红蛋白水平下降；少数过度肥胖、右心衰竭、红细胞增多症及弥漫性肺泡出血等均可引起 DL_{CO} 下降。此外一些肺外疾病，如糖尿病、肾功能不全、甲亢、化疗药物及抗心律失常药物的长期使用也会造成 DL_{CO} 的降低。

第六节　雾化吸入治疗

药物雾化治疗的目的，是输送治疗剂量的药物到达靶向部位。对于肺部病变患者，雾化给

药与其他给药方式相比，可达到较高的局部药物浓度，减少全身副作用。应根据各种雾化器的性能特点，选择合适的患者、药物、治疗时间、给药途径和剂量，指导患者正确使用，才能达到雾化治疗的效果。

一、适应证

1. 支气管哮喘。
2. 慢性阻塞性肺疾病。
3. 急性毛细支气管炎。
4. 过敏性肺炎。
5. 其他：结节病、急性咽喉炎、急性支气管炎等。

二、禁忌证

1. 痰菌阳性肺结核。
2. 严重呼吸衰竭患者需要在机械通气治疗下行雾化治疗。

三、雾化治疗影响因素

药物在呼吸道沉积的影响因素包括气溶胶大小、气溶胶的形成和运动方式，以及患者的气道结构和呼吸形式。

肺内沉积的气溶胶大小最佳范围成人为 1μm~5μm。选择雾化器时，必须清楚雾化装置产生的气溶胶大小。根据患者的配合程度选择雾化器。如患者无法配合雾化治疗，建议选择小容量雾化器（Small-Volume Nebulizer，SVN）或加压定量吸入器（Pressure Meter Dose Inhaler，pMDI）加储雾罐；如患者吸气无力，建议不要选择干粉吸入器（Dry Power Inhaler，DPI）。雾化治疗前，应排除痰液阻塞和肺不张等因素，以提高药物肺内沉积。pMDI 需要患者缓慢深吸气（4~5 秒），而 DPI 需要快速深吸气（吸气流量≥30~60L/min）；吸气末屏气 5~10 秒可以增加气溶胶沉积。雾化器连接首选咬嘴，当无法配合咬嘴时，可选择面罩，指导患者经口吸入药物。持续雾化治疗可选用面罩以改善患者的依从性。使用面罩时，注意面罩的密闭性，以减少药物对面部及眼睛的刺激。

四、雾化器的临床应用

1. 小容量雾化器（SVN） SVN 是临床常用的雾化装置，主要用于危重症监护治疗室和急诊科，现在更广泛用于临床和家庭治疗，特别适用于婴幼儿和无法进行呼吸配合的患者。SVN 主要包括喷射雾化器、超声雾化器和振动筛孔雾化器。

喷射雾化器驱动力为压缩空气或氧气，根据文丘里效应，高速气流通过细孔喷嘴时，在其周围产生负压而将雾化器内的液体卷入，并粉碎成大小不等的气溶胶。影响其性能及药物输送的因素包括：

（1）驱动的气流和压力：不同设计的喷射雾化器都有其特定的最佳气流，通常为 2~8L/min（气源压力 50psi），如果驱动气流或气源压力低，产生气溶胶的直径易较大。

（2）罐内药量：SVN 罐内药物溶液过满，会减少药物输出，一般推荐 4~5ml。建议根据装置说明加入合适药量。

（3）驱动气体的密度：驱动气体的密度低，气流输送呈层流，易于气溶胶输送。氦氧混合气因其密度低，可被选择用于危重症哮喘患者雾化治疗的驱动气源。

（4）湿度和温度：随着雾化治疗时水分的蒸发，气溶胶温度下降，会增加溶液的黏滞度，从而减少药物输出。

(5) 呼吸形式：指导患者进行平静呼吸即可，能配合的患者间歇进行深呼吸。当患者呼吸浅快时，吸入气溶胶剂量下降，建议增加药物剂量。

(6) 有的雾化器持续产生气溶胶，在呼气相容易丢失浪费，建议接上延长管或储雾袋；吸气驱动型或手动型喷射雾化器，可以有效减少甚至避免雾化药物在呼气相的丢失。

超声雾化器使用传感器，将电能转换为超声高速震荡波，并传导至溶液表面产生气溶胶。超声雾化产生的气溶胶大小与超声频率成反比。早期超声雾化器是大容量雾化器，用来化痰或诱发痰液。目前市场上已有小容量的超声雾化器，主要用于支气管扩张剂的输送。超声雾化器有加热药物的倾向，有可能破坏蛋白质，因此不能用于含蛋白质的药物，如激素等。

振动筛孔雾化器通过电流作为动力，震动液体穿过细小的筛孔产生气溶胶。筛孔的直径决定了气溶胶大小。振动筛孔雾化器雾化效能高，残余量少(0.1~0.5ml)。振动筛孔雾化器每次使用后需及时清洗，以防阻塞。

2. 加压定量吸入器(pMDI) pMDI 为便携式雾化器，通过按压阀门，将一定量的药物与液态推进剂混合的气溶胶喷出。

pMDI 的吸入技术通常包括两种：闭口技术和张口技术。闭口技术方法是患者将咬嘴放在嘴唇间，按压阀门的同时深吸气。张口技术方法是将 pMDI 放置在离口前方近 4cm(约两指宽度)处，按压阀门的同时深吸气。研究显示张口技术与闭口技术相比，成人下呼吸道药物沉积从 7%~10% 增加到 14%~20%；原因是 pMDI 喷射出来的气溶胶由药物、推进剂、表面活性剂混合物组成，直径较大，随着喷射距离的增加，表面活性剂和推进剂挥发使气溶胶直径减小；另外，气流速度随喷射距离的增加而降低，使气溶胶在口腔内的撞击减少。但是其他研究结果未显示出张口技术的优势，如果患者配合不佳，张口技术会造成药物喷到眼睛等其他部位。因此，通常在 pMDI 治疗时，建议加用辅助装置，如腔体状储雾罐(spacer)、单向阀储雾罐(valved holding chamber，VHC)，使气溶胶直径减小、速度减慢，可增加气溶胶肺内沉积量 2~4 倍；同时也可以解决患者手控按压装置和吸气的协调性问题。塑料材质的储雾罐易产生静电，吸附气溶胶，每次使用后用洗涤剂清洗可减少静电发生，金属材质的储雾罐则无此问题。

pMDI 与带咬嘴的储雾罐联用的操作步骤：将瓶体在掌心温热一下后，再摇动 4~5 下。取掉 pMDI 的盖子，接于储雾罐尾部开口，使之密闭。患者缓慢呼气后，将储雾罐头端的咬嘴放于嘴中，并用唇密闭包裹住。揿压 pMDI 至储雾罐的同时患者做深慢的吸气，吸气后屏气 5~10 秒。当使用 VHC 时，可通过观察活瓣的活动监测患者是否经口呼吸。

影响 pMDI 性能及药物输送的其他因素包括：

(1) 喷嘴的清洁：pMDI 需要及时清洁、避免异物堵塞喷嘴口，避免将其浸入水中。

(2) 使用前充分混合药物：由于 pMDI 在静止时，有效药物成分和推进剂会分开，所以在静止后第一次使用前需要摇晃装置使药物混合，否则会减少输出剂量。

(3) 驱动间隔时间：频繁按压 pMDI 易导致气溶胶形成湍流而聚集，减少药物输送，因此在两次按压之间间隔 15 秒 ~1 分。

3. 干粉吸入器(DPI) DPI 不含推进剂，以干粉形式输送，由患者吸气驱动，其气溶胶大小不会因为时间和距离的变化而发生变化，因此较 pMDI 更稳定。大多 DPI 需要使用载体(乳糖或葡萄糖)，与药物混合，使干粉易于分散并从装置中涌出。DPI 主要用于哮喘和慢阻肺患者的治疗，目前也用于某些蛋白质、多肽类药物和疫苗的吸入。由于气流速度和气流方式不同，药雾在口腔的沉积会有差异。研究显示 DPI 治疗时，其肺内沉积率和药物治疗反应与 pMDI 相似。DPI 包括单剂量 DPI 和多剂量 DPI 等，不同 DPI 具体操作步骤不同，临床医生和(或)护士必须学会操作并教会患者使用。

影响 DPI 性能及药物输送的因素包括：①不同 DPI 的内在阻力不同，阻力越高需要患者产生的吸气流量越大。②DPI 暴露于潮湿环境，易导致粉末结块，因此患者不易将呼出的潮湿

气体吹入。

五、雾化治疗的副反应

1. 药物的副反应　某些药物可以产生肺部或全身副反应，如肾上腺素类药物可能出现头痛、失眠、心动过速、颤抖、焦虑；抗胆碱能药物吸入易导致口干、皮肤干燥、尿潴留等；持续吸入皮质类固醇激素导致口腔白假丝酵母菌感染，肺部继发感染。乙酰半胱氨酸、抗生素、类固醇激素、色甘酸钠、利巴韦林和蒸馏水，雾化治疗期间可能导致气道阻力增加，出现哮鸣音。抗胆碱能药物可加重眼部症状，如青光眼。如治疗期间发现任何不良反应，应立即停止治疗。

2. 气溶胶相关的副反应

(1) 感染：气溶胶相关的感染包括雾化器和吸入药物的污染，以及病原菌在患者间的传播。雾化器可通过空气传播细菌而导致院内感染。感染源包括患者气道分泌物、残存的溶液和治疗者的手。主要病原菌为革兰阴性菌，如铜绿假单胞菌、军团菌等。为减少感染的发生和传播，雾化器需要及时消毒、每位患者之间更换。并且建议使用后冲洗、干燥。多剂量药物开瓶后的储存及使用均存在污染的风险，因此建议使用单一剂量药物。进行雾化治疗时，操作者需接触患者、治疗前后洗手，减少患者间病原菌的传播。

(2) 气道高反应：SVN 产生的气溶胶通常是冷的或高浓度的，易导致反应性的气道痉挛，特别是有肺部疾病史的患者。雾化治疗过程中，药物蒸发、加温、残留药物浓度的增加，可能引起或加重药物副作用。由于 pMDI 气溶胶含有的推进剂或表面活性物质，DPI 含有的药物载体（乳糖或葡萄糖），均易诱导患者出现气道高反应，因此治疗过程中需密切观察患者，防止气道痉挛的发生，如治疗前后听诊呼吸音、测定峰流量或一秒用力呼出容积、观察患者的呼吸形式是否改变。

(3) 雾化药物的二次暴露：患者治疗所用的雾化药物，在旁观者和提供治疗者血浆中监测到一定的药物浓度，即工作场所雾化药物二次暴露。旁观者因反复受支气管扩张剂二次暴露，而增加了发生哮喘风险。因此为减少治疗者及旁观者的药物二次暴露风险，治疗时需要采取一定的安全措施，如尽量选择 pMDI 加 VHC、DPI 等由呼吸驱动的雾化器等。机械通气的患者进行雾化治疗时，40% 气溶胶通过呼吸机呼气端排到外界环境中，建议机械通气雾化治疗时在呼气端连接过滤器。

第七节　支气管镜术

支气管镜术是呼吸系统疾病重要的诊断和治疗技术，是呼吸与危重症专科医师必须掌握的临床技术。电子支气管镜操作简便，图像清晰，易于储存，便于临床应用，已经逐渐取代传统的纤维支气管镜。

一、适应证

1. 诊断方面

(1) 原因不明的咯血或痰中带血，需要明确出血部位和咯血原因，在大咯血时一般不宜进行检查，痰中带血时易获阳性结果。

(2) 任何肺部肿块阴影，因胸部影像学检查难以对良、恶性病变作出鉴别，需要病理组织学检查时。

(3) 原因不明的持续刺激性咳嗽、局部喘鸣，怀疑气管、支气管病变而需进一步明确病因者。

(4) 反复出现同一部位阻塞性肺炎或肺不张，抗生素治疗无效，临床怀疑肺癌者。

(5) 痰中找到癌细胞而胸部 X 线胸片、CT 等检查无异常发现（隐性肺癌）、喉返神经麻痹、膈

肌麻痹、上腔静脉阻塞综合征等原因待查者。

(6) 原因不明的胸腔积液或通过实验室检查对良、恶性胸液难以确定，怀疑肺内肿瘤胸膜转移者。

(7) 肺或支气管感染性疾病的病因学诊断。如通过气管吸引，保护性标本刷或支气管肺泡灌洗获取标本进行培养，或用于肺化脓症、支气管扩张、机械辅助通气患者，伴有大量分泌物不能充分引流者。

(8) 弥漫性肺疾病通过支气管镜，进行支气管肺泡灌洗和经支气管肺活检检查。

(9) 选择性支气管碘油造影。

(10) 临床已确诊肺癌，决定手术方式的术前检查，指导手术范围和估计预后。

(11) 胸部外伤，怀疑有气管支气管裂伤或断裂，明确诊断。

(12) 食管—气管瘘的确诊。

2. 治疗方面

(1) 取出气管支气管内异物，较大异物宜用硬质气管镜。

(2) 清除气道内异常分泌物，包括痰液、脓液、血块等；去除痰栓、脓栓、血栓等。

(3) 咯血患者，局部给予药物止血。

(4) 肺癌患者局部给予后装放疗或局部注射化学药物。

(5) 困难气道患者引导气管插管。

(6) 气道疾病的相关治疗包括电刀、微波、激光、冷冻等治疗。

二、禁忌证

无绝对禁忌证。下列情况患者行支气管镜检查发生并发症或严重并发症的风险显著高于一般人群，应慎重对待，权衡利弊，决定是否进行检查和(或)治疗。

1. 一般状态极度衰弱，如严重贫血及肝肾功能不全，不能承受检查者。

2. 严重高血压、心脏病、心功能不全、心绞痛，支气管镜检查可能促使心脏病的发作甚至心搏骤停者。

3. 新近有支气管哮喘发作，宜待哮喘症状控制再行。

4. 活动性大咯血，由于支气管镜检查时麻醉不充分引起咳嗽导致咯血加剧，咯血停止一周后再行支气管镜检查。

5. 近期急性支气管肺部感染、高热，支气管镜检查可使炎症扩散，宜在炎症控制后再进行支气管镜检查。

6. 肺功能有严重损害、呼吸困难、低氧血症患者支气管镜，可进一步加重呼吸困难和低氧血症，可能出现意外者。

7. 主动脉瘤支气管镜检查有破裂危险者。

8. 对麻醉药物过敏不能用其他药物所代替者。

9. 精神高度紧张，不能配合者；患者拒绝者。

10. 有明显出血倾向者、肺动脉高压、上腔静脉阻塞或尿毒症是活检的禁忌证。

三、术前准备与麻醉

1. 术前准备

(1) 签署支气管镜术同意书：向患者及家属详细说明支气管镜术的目的、意义、大致过程、常规并发症和配合检查的方法，询问药物过敏史，患者本人同意并签名，和(或)患者家属或委托代理人同意并签名。

(2) 操作者术前必须详细了解病史、体格检查、实验室各项辅助检查情况，认真阅读患者近

期X线胸片、CT以便明确病变的部位和性质。

(3) 仔细检查支气管镜各部件是否完好可用，各种附件是否齐备，以防检查途中出现故障。

(4) 严格掌握各种适应证，心肺功能差者须做动脉血气和心电图检查，对有出血倾向或需要做肺活检者，应有血小板计数和出凝血时间检查结果。

(5) 术前禁食水4~6小时。

2. 麻醉　麻醉的效果直接影响支气管镜检查成功与否，麻醉好，患者痛苦较少。常用麻醉药物2%利多卡因，该药穿透性强，作用迅速，维持时间长(20~40分钟)。麻醉方法，鼻咽部常用2%利多卡因喷雾麻醉或超声雾化吸入。气管内麻醉采用支气管镜直接滴入或环甲膜穿刺，注入2%利多卡因5ml，后者麻醉效果准确可靠，但穿刺的针眼难免有少量血液流入气管、支气管内，易与病理性出血混淆。采用通过支气管镜活检孔插入一硅胶管直达声门处，待声门呈现开放状态时，将2%利多卡因3~5ml注入气管，可获得良好效果。2%利多卡因麻醉药总量不超过400mg。

四、操作程序

1. 患者体位　目前国内多采用仰卧位，患者舒适，全身肌肉放松，适宜老年体弱、精神紧张患者检查。如患者有呼吸困难或颈、胸部、脊柱畸形等情况不能平卧可采取坐位，但注意镜检所见标志与仰卧位相反。

2. 插入途径　支气管镜一般采用经鼻或经口腔插入，也可经气管套管或气管切开处插入。插入途径根据患者病情及检查目的要求选择。经鼻腔插入其操作方便，患者痛苦小，能自行咳出痰液，检查中还可以全面了解鼻咽部病变，是最常使用的方法。由于各种原因(如鼻甲肥大、鼻息肉)不能从鼻腔插入者，可选用经口插入，其缺点是容易引起恶心反射及舌翻动，使支气管镜不易固定而导致插入困难，呼吸道分泌物不便自行咳出，需放置咬口器，以免咬损插入部。经气管套管或气管切开处插入，仅用于已行气管插管或气管切开的危重患者气道管理。

3. 检查顺序　术者左手握支气管镜的操作部，用右手将镜前端送入鼻腔，此时边插入镜体边调节角度调节钮，使镜端沿咽后壁进入喉部。窥见会厌与声门，观察声带活动情况，在充分气管麻醉后，通过声门将支气管镜送入气管，在徐徐送镜时注意观察气管黏膜及软骨环情况，直至隆突，观察其是否锐利、增宽及活动情况。确认两侧主支气管管口，一般先检查健侧后患侧，病灶不明确时先右侧后左侧，自上而下依次检查各叶、段支气管，注意黏膜外观、通畅情况，有无狭窄及堵塞，有无肿物及分泌物等。健侧支气管检查完毕后，将镜退回到气管分叉(隆突)处，再依次检查患侧各支，如发现病变根据情况决定做刷检或钳检。在支气管镜检查时，应始终保持视野位于支气管管腔中央，避免碰撞管壁，以免刺激管壁引起支气管痉挛，或造成黏膜损伤。

4. 标本采集　在支气管镜检查过程中，管腔病变肉眼观察虽有一定特征，但为了进一步明确诊断，还有赖于取得组织学、细胞学或细菌学的证据。可按肉眼所观察到的病变情况，利用不同的器械采取标本。

常用的标本采集方法：

(1) 钳检：钳检是获得病理标本的重要手段，取材是否得当是镜检成败的关键。对镜下所见的黏膜病变或肿物的钳检阳性率可达90%以上。对有苔的病变，应先将苔吸出或钳出，暴露病变后，活检钳深入肿物中间或基部钳取为好。在肿物不同部位钳取3~4块。若活检前病灶有渗血或钳检后出血过多，可局部滴入稀释肾上腺素止血。

(2) 刷检：细胞刷刷检常常在钳检后进行，分标准刷和保护套管刷两种。前者一般在直视下，将细胞刷缓慢插入病变部位，刷擦数次后将其退至支气管镜末端内与支气管镜一起拔出，立即涂片2~3张送检。此法操作简单，对镜下可见肿物刷检阳性率一般低于钳检，但对于管壁浸润型，钳检不能定位，而刷擦时刷子与肿物接触面积大，获得的细胞阳性率高。为避免或减少上呼吸

道细菌污染，采用保护性套管细胞刷，包括有单套管、双套管，加塞或不加塞毛刷等方法。主要用于下呼吸道细菌学检查。

(3) 经支气管针吸活检。

(4) 经支气管肺活检。

(5) 支气管肺泡灌洗。

5. 术后一般在2小时之后才可能饮水、进食，以免因咽喉仍处于麻醉状态而导致误吸。

五、并发症及其预防

虽然支气管镜术被认为是一种安全的检查治疗方法，但随着检查范围不断扩大，其并发症亦在增多。其发生率约为0.3%，严重并发症为0.1%，死亡率为0.01%。

常见的并发症及预防处理措施

1. 麻醉药物过敏　特别是利多卡因过敏机会相对较多，临床基本不再使用利多卡因作为支气管镜术麻醉药物。即使使用利多卡因，喷药前也应注意询问患者有无过敏史或先喷少许药液，观察有无过敏反应。麻醉时不要超过常规用量，一旦出现过敏中毒反应，应立即抢救。

2. 喉、气管或支气管痉挛　大多数发生在支气管镜先端通过声门时。预防方法除做好局部表面麻醉外，必要时环甲膜穿刺麻醉，操作轻巧熟练，可减少刺激。

3. 出血　支气管镜检查后可能偶有短暂鼻出血，少数痰中带血或咯血，一般无需特殊处理。当出现致命性大咯血时，立即行支气管镜吸引，患者可取侧卧位，及时采取止血措施，必要时行气管插管吸引。

4. 发热　少数情况下，患者术后发热、肺部浸润或肺炎，可适当口服或静脉给予抗菌药物。

5. 气胸　个别病例由于活检位置过深，损伤胸膜发生气胸。预防方法，活检时不要靠近胸膜部位，钳夹时如患者感到相应部位疼痛，表示触及胸膜，应立即松钳，后退少许在试夹。一旦并发气胸，按自发性气胸处理。

6. 低氧血症　支气管镜检查时平均PaO_2降低15~20mmHg(2~2.66kPa)，原有肺功能差者可出现明显发绀。故应严格掌握适应证，PaO_2低于70mmHg(8.33kPa)时应慎重，术中应给予吸氧。

7. 心跳呼吸骤停　在支气管镜检查过程中出现意识丧失，心跳停止，其原因可能有原有心脏病基础，情绪不稳定，麻醉不充分，操作手法不当。特别是支气管镜通过隆突时，易出现室颤，死亡发生率为0.7/万人。因此，详细问病史，术前做心电图，支气管镜室需要配备电除颤仪，术中心脏监护观察，如遇有意外情况发生，则立即施以心肺复苏措施，可避免致死结果发生。

六、经支气管肺活检术

在完成支气管镜常规检查基础上，经支气管肺活检术(transbronchial lung biopsy，TBLB)可在X线引导和无X线引导下进行，前者准确性强，气胸并发症少，但需X线设备和人员配合。

1. X线引导下对周边型肺病变活检　支气管镜可直接插入到病变区的段支气管，在X线引导下，活检钳、刮匙或毛刷分别循所选择的亚段支气管插入。转动体位，多轴电透，认真核对活检器械位置对准病灶无误后，张开活检钳，推进少许，在呼气末关闭活检钳，缓慢退出。如无明显出血倾向时，同样方法取活组织4~6块。X线引导的TBLB是标准方法，获取标本阳性率高，并发症少。

2. 无X线引导下对周边型肺病变活检　术前对X线胸部正侧位像、肺CT病灶作出准确定位，并需估计出肺段支气管分叉部至病灶中心的距离，作为活检钳进入的深度。在常规插镜至病灶所在段或亚段支气管口时，伸出活检钳，按事先估计的距离，掌握活检钳离开活检孔前端的

长度。缓慢向前推进，如遇到阻力，且进钳的深度已够，估计钳顶端已达到病灶边缘。如进钳深度不够而遇到阻力时，很可能触及亚段或亚亚段的分支间隔上，可稍后退活检钳轻轻旋转，并稍加压力穿破间隔再继续推进，遇到阻力时可能接触到病灶。此时稍后退，并在吸气中张开活检钳，在向前推进遇到阻力钳取肺组织，一般重复取 3~4 块。

3. 对弥漫性肺病变，一般无需 X 线引导下进行肺活检 活检部位选择以病变较多的一侧下叶，如两侧病变大致相同，则取右肺下叶基底段。当支气管镜达到下叶支气管管口时，经活检孔插入活检钳，通过支气管镜前端至事先选择段支气管，缓慢向前推进，当操作者有活检钳穿破细支气管壁的感觉时，估计钳端已达到肺组织。此时嘱患者作深呼吸，在深吸气末将活检钳张开并向前推进 1cm 左右，于呼气末将活检钳关闭并缓慢撤出。操作者可感到对肺组织的牵拉感。当活检钳向前推进过程中患者感到胸痛时，可能活检钳触及胸膜，此时可后退 1~2cm，再重复上述步骤。一般在不同的段或亚段支气管取肺组织 3~5 块，将钳取的标本置于 10% 甲醛液的小瓶中，如为肺组织则呈黑褐色绒毛状，并漂浮于固定液中。

TBLB 是支气管镜术获取病理学标本重要的方法，检查过程中需要根据直视下病变情况进行判断，尽可能获得病理标本以明确诊断。但需要注意，若病变不能除外血管畸形、不能除外肺包虫囊肿，不能进行 TBLB。慢阻肺患者肺功能差，不能耐受发生气胸的风险者也不宜行 TBLB。

4. 经支气管针吸活检术 对肺周围病灶的经支气管针吸活检术（transbronchial needle aspiration，TBNA）检查，一般需在 X 线（CT）引导下进行，操作方法基本与 TBLB 相仿，穿刺针循所选择的支气管段、亚段、亚亚段推进，通过透视观察，使穿刺针逐渐接近病灶。经过正侧面透视下观察，确认穿刺针位于病灶边缘时，将穿刺针推出进入病灶。将 30~50ml 空注射器与穿刺针尾相连，抽吸 30ml 位置时持续 20 秒，同时不断从不同方向及适当前后抽动穿刺针。在拔出穿刺针前，将注射器与穿刺针分离，以除去负压，避免吸入气道内的分泌物。将穿刺针内抽吸物置于固定液中，或直接喷涂于载玻片上，进行组织学或细胞学检查。

对纵隔肿大的淋巴结 TBNA 检查，术前必须经 CT 扫描，以明确纵隔肿大淋巴结，按着 Wang 氏法初步确定穿刺针位置及进针的角度和深度。在穿刺针插入支气管镜活检之前，必须将针尖退入保护套内。当支气管镜到达穿刺部位附近时，将穿刺针循活检孔进入，当看到穿刺针前端金属环时，将穿刺针推出 5mm 左右，然后将镜体连同穿刺针前送至目标位，镜体前端尽可能弯曲朝向穿刺点，让助手在患者鼻部固定支气管镜，操作者在支气管镜活检孔上方 1~2cm 处，捏住穿刺针导管，用一较大力度快速将穿刺针前送，反复此动作，直至穿刺针透过软骨环间壁，如遇到阻力，不能进针，则可能碰到软骨环，宜另选择一穿刺点进针。上述为进针的突刺技术，在用突刺技术有困难时，操作者将穿刺针前推并固定，嘱患者做咳嗽动作，使穿刺针较易透过支气管管壁。在穿刺针达到预定目标内在抽吸前，应行 CT 扫描，检查以明确穿刺针的准确位置，如果穿刺针在目标内，则可进行抽吸，如果穿刺针不在目标内，则可根据 CT 扫描的结果重新调整深度、角度或新的穿刺点，直至肯定穿刺针进入了目标内。抽吸和留取活组织标本方法如前所述。

超声引导下行 TBNA（EBUS-TBNA）需要超声支气管镜才能完成 TBNA。EBUS-TBNA 较经验性 TBNA 更容易获得阳性标本，也更安全、简便。

对于纵隔淋巴结肿大，肺癌转移者 TBNA 阳性率可达 90% 左右，恶性淋巴瘤 60%~70%，结节病 50%~60%。

5. 支气管肺泡灌洗术 支气管肺泡灌洗术（bronchial alveolar lavage，BAL）是用生理盐水通过支气管镜做肺段或亚段灌洗，对支气管肺泡灌洗液（bronchial alveolar lavage fluid，BALF）进行分析，用于诊断某些呼吸系统疾病如弥漫性肺疾病或肺癌等，或观察治疗效果。

灌洗部位选择：对弥漫性间质性肺疾病选择右肺中叶（B_4 或 B_5）或左肺舌叶，局限性肺病变

则在相应支气管肺段进行BAL。

操作步骤:①在灌洗的肺段经活检孔,通过一细硅胶管注入2%利多卡因1~2ml,行灌洗肺段局部麻醉。②将支气管镜顶端紧密楔入段或亚段支气管开口处,再经活检孔通过硅胶管,快速注入37℃灭菌生理盐水;每次25~50ml,总量100~250ml,一般不超过300ml。③立即用50~100mmHg负压吸引回收灌洗液,通常回收率为40%~60%。④将回收液体立即用双层无菌纱布过滤除去黏液,并记录总量。⑤装入硅塑瓶或涂硅灭菌玻璃容器中(减少细胞黏附),置于含有冰块的保温瓶中,立即送往实验室检查。

需要注意,灌洗过程中咳嗽反射必须充分抑制,否则影响回收量;支气管镜是否紧密楔入灌洗部位支气管口,防止大气道分泌物混入和防止灌洗液外溢也是保证BAL是否成功的关键步骤。合格的BALF应该是没有大气道分泌物,回收率大于40%,存活细胞大于95%,红细胞小于10%,上皮细胞小于3%~5%,涂片细胞形态完整,无变形,发布均匀。

全肺灌洗术是一种特殊的BAL,用于治疗以外源性或内源性物质,沉积在肺泡或气道为特征的疾病的一种方法,主要是用于肺泡蛋白沉积症的治疗,通常需要在手术室,由呼吸与危重症医学专科医师、麻醉医师、手术护士等共同完成。

支气管镜术是临床上重要的诊断与治疗手段,由于其至多只能进入亚段支气管,活检标本较小,观察范围有限,加之操作具有一定风险,因而有其局限性。但是,基于临床需要,根据患者病情个体化地用好支气管镜术,有助于正确诊断并能够尽早针对性治疗。

第八节 胸腔镜技术

(一) 适应证

1. 不能明确病因的胸腔积液。
2. 肺癌或胸膜间皮瘤的分期。
3. 恶性胸腔积液或复发性良性胸液,行胸膜固定治疗。
4. 自发性气胸中的Ⅰ期和Ⅱ期的局部治疗。
5. 需要在膈肌、纵隔和心包进行活检的病例。

(二) 禁忌证

1. 出血性疾病或凝血功能异常。
2. 低氧血症。
3. 严重心血管疾病。
4. 持续的不能控制的咳嗽。
5. 极度虚弱者。
6. 对麻醉药过敏不能用其他药物代替者。

(三) 术前准备

1. 操作者术前必须详细了解病史、体格检查、实验室各项辅助检查情况,认真阅读患者近期胸部CT以便明确病变的部位和性质。

2. 术前向患者及家属说明检查的目的、必要性和安全性,取得患者的良好配合,签署手术同意单。

3. 仔细检查胸腔镜各部件是否完好可用,各种附件是否齐备,以防检查途中出现故障。

4. 严格掌握各种适应证,核查血小板计数和出凝血时间检查结果,疑有心肺功能差者须做动脉血气、肺功能和心电图检查。

5. 术前禁饮食4~6小时。

(四) 操作程序

1. 选择穿刺点　通常患者取健侧卧位。切口选择在患侧腋中线第4肋间～第8肋间，常用第6肋间～第7肋间。胸膜粘连时，需最大胸腔空间允许手术操作并能观察胸膜病变，可根据胸部CT选择穿刺进镜点。一般通过单个开口即可全面观察胸膜，同时经胸腔镜的活检孔行胸膜活检。必要时可做2个开口，一个用于胸腔镜观察，一个用于活检或手术操作。

2. 局部麻醉　消毒铺巾，穿刺点处给予2%利多卡因10~20ml局部麻醉，疼痛明显者可静脉给予咪达唑仑和芬太尼镇静，并进行心电、血压、血氧饱和度监测，保持患者自主呼吸良好。

3. 切口、置入胸腔镜和观察胸膜腔　在穿刺点行1~2cm的切口，钝性剥离皮下各层至胸膜，置入穿刺套管，将胸腔镜经套管送入胸膜腔，连接负压吸引，吸出胸液，全面观察胸膜腔。如有蜘蛛网样的粘连影响观察，可予机械分离。按照内、前、上、后、侧、下的顺序观察脏层、壁层、膈胸膜和切口周围胸膜。仔细观察病灶的形态和分布，判定病灶的部位、分布、大小、质地、颜色、表面情况、有无血管扩张或搏动，以及病灶有无融合、基底部的大小、活动度和与周围组织的关系，并在直视下根据病变进行胸膜活检和(或)肺活检及某些治疗。

4. 术后　术毕拔出胸腔镜和套管，放置胸腔引流管并缝合皮肤。

(五) 并发症及其预防

1. 胸膜反应　为减少胸腔镜胸膜活检时出现胸膜反应，应在术前进行充分的局部麻醉，必要时辅以肋间神经阻滞麻醉。对于精神紧张或疼痛明显的患者，应进行必要的镇静。

2. 出血　活检后出血多数可以自行止血，对于相对微小持续出血，可以适当使用止血药物。

3. 活检后气胸、支气管胸膜瘘　罕见。选择安全的穿刺点和小心地活检可以避免这一并发症。

4. 切口局部感染或胸腔感染　少见。术中严格无菌操作，术后作好切口护理，术后1~3天拔除胸腔引流管。置管时间延长可能导致感染风险增加。

第九节　肺动脉造影术

(一) 适应证

1. 怀疑肺动脉所致大咯血。
2. 肺动脉瘤。
3. 肺动-静脉瘘或其他先天性肺动、静脉畸形。
4. 肺栓塞。
5. 特发性肺动脉高压。

(二) 禁忌证

1. 对造影剂和麻醉剂过敏。
2. 严重心、肝、肾功能不全及其他严重的全身性疾病。
3. 极度衰弱和严重凝血功能障碍者。
4. 急性感染性疾病或风湿病活动期。
5. 急性心脏疾患，如急性心肌梗死、心律失常等。

(三) 术前准备与麻醉

1. 患者准备

(1) 向患者及家属交代造影目的及可能出现的并发症和意外，签订造影协议书。

(2) 询问病史，必要的影像学检查，如胸片、CT、纤维支气管镜检查等。

(3) 检查心、肝、肾功能，以及血常规和出凝血时间，注意维持电解质平衡。

(4) 碘剂及麻醉剂按药典规定进行必要的处理。

(5) 术前4小时禁饮食，术前0.5小时肌注地西泮(安定)10mg镇静。

(6) 穿刺部位常规备皮。

(7) 必要时测定动脉血氧分压或血氧饱和度。

(8) 建立静脉通道，便于术中用药及抢救。

2. 器械准备

(1) 心血管X线机及其附属设备。

(2) 造影手术器械消毒包。

(3) 穿刺插管器材，如穿刺针、导管鞘、猪尾导管和导丝等。

(4) 压力注射器及其针筒、连接管。

(5) 支气管镜、气管插管器械、吸引器及人工呼吸器等。

(6) 心电监护仪、心脏除颤器和其他心肺复苏仪器。

3. 药品准备

(1) 非离子型碘造影剂。

(2) 麻醉剂、抗凝剂及各种抢救药物。

(四) 操作程序

1. 局麻下行股静脉穿刺并放置血管鞘，引入猪尾导管，经右心房、室将导管顶端放入肺动脉主干。

2. 注射参数，对比剂用量20~40ml/次，注射速率13~16ml/s。

3. 造影体位为正位、侧位，必要时加摄斜位。

4. 造影程序为15~50帧/秒，注射延迟0.5秒。每次造影应包括动脉期、微血管期、静脉期影像。

5. 造影完毕拔出导管，局部压迫10~15分钟后加压包扎。

6. 由摄影技师认真填写检查申请单的相关项目和技术参数，并签名。

(五) 并发症及其预防

1. 穿刺和插管并发症 暂时性动脉痉挛、局部血肿、假性动脉瘤和动静脉瘘、导管动脉内折断、动脉内膜夹层、动脉粥样硬化斑块脱落、血管破裂、血栓和气栓等。

2. 造影剂并发症 休克、惊厥、横断性脊髓损伤、癫痫和脑水肿、喉头水肿、喉头和(或)支气管痉挛、肺水肿、急性肾衰竭等。

3. 导管通过右心室所致心律失常 并发症预防：掌握适应证和禁忌证，做好术前准备工作；肺动静脉畸形伴血流黏滞度高者，导管操作注意肝素化，预防血栓形成。密切观察患者反应，做好急救准备。操作中一旦出现心律失常，应立即撤出导管。术后卧床24小时，静脉给予抗生素，留观一定时间，注意观察患者可能出现的造影并发症。出现并发症及时抢救。

第十节 支气管动脉造影术及栓塞术

(一) 适应证

1. 大咯血或反复中量咯血。

2. 咯血量逐渐增多和频繁的小到中量咯血内科治疗无效者。

3. 不明原因咯血需要明确诊断者。

4. 咯血经手术治疗后复发者。

(二) 禁忌证

1. 碘、造影剂过敏。

2. 严重心、肺、肝、肾功能障碍或凝血功能障碍。

3. 靶动脉与脊髓动脉交通，栓塞无法避免导致脊髓损伤者。

4. 导管不能深入支气管动脉，栓塞时可能发生栓子反流入主动脉，造成异位栓塞者。

（三）操作方法及临床意义

1. 一般经股动脉穿刺插入导管，将导管送至胸4水平~胸6水平，寻找支气管动脉开口。当导管头有嵌顿感时，表明可能已插入支气管动脉，可试注2~3ml造影剂证实。当上述方法未能找见支气管动脉时，应扩大寻找范围，以防遗漏变异起源的支气管动脉。

2. 当导管确实插入支气管动脉后，即可进行造影，以进一步了解病变性质、范围、血供及血管解剖情况。造影剂用量一般不超过10ml，流速2~3ml/s，摄片2张/秒×3，1张/秒×2。

3. 栓塞时，尽可能将导管深入病变支气管动脉，颗粒样栓塞物如吸收性明胶海绵、PVA等与造影剂混合，置于5ml注射器内，在透视监视下经导管慢慢推注，并观察血流阻断情况。当血流减缓时，应停止注射栓塞物，可用造影剂将导管内剩余栓塞物缓慢注入。不常规使用弹簧圈近端栓塞，除非合并较大的肺静脉瘘，或是在紧急情况下，否则栓塞后病变血管，可能形成广泛侧支循环而不利于再次栓塞。

4. 栓塞后重复血管造影，了解栓塞情况，满意后拔管，穿刺部位压迫止血，加压包扎。

（四）并发症及预防

1. 穿刺和插管并发症　暂时性动脉痉挛、局部血肿、假性动脉瘤和动静脉瘘、导管动脉内折断、动脉内膜夹层、动脉粥样硬化斑块脱落、血管破裂、血栓和气栓等。

2. 造影剂并发症　休克、惊厥、横断性脊髓损伤、癫痫和脑水肿、喉头水肿、喉头和（或）支气管痉挛、肺水肿、急性肾衰竭等。

3. 异位栓塞　栓塞颗粒或弹簧圈等栓塞材料，可能误流入心、脑、四肢等全身各处，导致缺血梗死。

4. 脊髓横断损伤或瘫痪　右侧支气管动脉常和肋间动脉共干，一部分肋间动脉发出脊髓前动脉。如栓塞颗粒或液体栓塞剂（包括离子造影剂和化疗药）进入脊髓前动脉，可致相应节段脊髓横断损伤，严重者可致瘫痪。

5. 支气管梗死，特别使用液体栓塞剂或较小的栓塞颗粒　并发症预防：术前仔细评估，尽量从已有的影像学资料（如胸部CT血管三维重建）中，评估有无异位起源的支气管动脉或体－肺侧支循环，评估有无支气管动脉和脊髓动脉共干可能性。术中密切监护，被栓塞血管必须准确无误。如导管不能深入血管，试注造影剂当出现反流时即禁止栓塞。咯血病灶可能有多个供血动脉，故在栓塞一支主要供血动脉后，对其他参与供血的动脉亦应经造影证实后逐一栓塞。栓塞后咯血又复发者，应经血管造影查明原因，如属栓塞物未能完全堵塞靶血管或血管再通，可再行栓塞治疗。栓塞时导管尽可能超选择病变血管，使用颗粒样栓塞物作远端栓塞，以防侧支血管建立，而致咯血复发。术后密切观察，如发现感觉障碍、尿潴留、偏瘫甚至截瘫等，多为脊髓损伤所致，多数经对症治疗在数天或数月内恢复，少数成为不可逆损伤。使用非离子型造影剂、导管尖端超过脊髓动脉分支起始部，或采用同轴导管技术进行栓塞，则能大大减少脊髓损害的发生率。

（郑劲平　梁宗安）

思考题

1. 请简述痰液检测的主要临床应用。
2. 请简述渗出液与漏出液的鉴别要点及主要病因。
3. 请简述支气管激发试验和支气管舒张试验的常用指标、结果判断及其临床意义。
4. 支气管镜检查的适应证和禁忌证。

参考文献

1. Jarvis MA, Jarvis CL, Jones PR, et al. Reliability of Allen's test in selection of patients for radial artery harvest. Ann Thorac Surg, 2000, 70: 1362

2. Malatesha G, Singh NK, Bharija A, et al. Comparison of arterial and venous pH, bicarbonate, PCO_2 and PO_2 in initial emergency department assessment. Emerg Med, 2007, 24: 569

3. Walkey AJ, Farber HW, O'Donnell C, et al. The accuracy of the central venous blood gas for acid-base monitoring. J Intensive Care Med, 2010, 25: 104

4. Winslow RM. Oxygen: the poison is in the dose. Transfusion, 2013, 53: 424

5. Tseliou E, Loukides S, Kostikas K, et al. Noninvasive evaluation of airway inflammation in patients with severe asthma. Allergy Asthma Immunol, 2013, 110(5): 316-321. PMID: 23622000

6. Pensotti C, Scapellato P, Caberlotto O, et al. Inter-society consensus for the management of respiratory infections: acute bronchitis and chronic obstructive pulmonary disease. Medicina (B Aires), 2013, 73(2): 163-173. PMID: 23570768

7. O'Brien KL, Driscoll AJ, Karron RA, et al. Pneumonia Methods Working Group; PERCH Core Team. Laboratory methods for determining pneumonia etiology in children. Clin Infect Dis, 2012, 54 Suppl 2: S146-152. PMID: 22403229

8. Murdoch DR, Scott JA, Driscoll A, et al. Pneumonia Methods Working Group. Specimen collection for the diagnosis of pediatric pneumonia. Clin Infect Dis, 2012, 54 Suppl 2: S132-139. PMID: 22403227

9. Das A, Saha SK, Biswas S, et al. Diagnostic yield of broncho-alveolar lavage fluid and postbronchoscopic sputum cytology in endoscopically non-visible lung cancers. J Indian Med Assoc, 2011, 109(10): 730-732, 741. PMID: 22482319

10. 中华医学会呼吸病学分会哮喘学组. 咳嗽的诊断与治疗指南(2009 版). 中华结核和呼吸杂志, 2009, 32(6): 407-413

11. Kummerfeldt CE, Chiuzan CC, Huggins JT, et al. Improving the predictive accuracy of identifying exudative effusions. Chest, 2014, 145: 586

12. Liu YC, Shin-Jung Lee S, Chen YS, et al. Differential diagnosis of tuberculous and malignant pleurisy using pleural fluid adenosine deaminase and interferon gamma in Taiwan. Microbiol Immunol Infect, 2011, 44: 88

13. Ferreiro L, Alvarez-Dobaño JM, Valdés L. Systemic diseases and the pleura. Arch Bronconeumol, 2011, 47: 361

14. 中华医学会呼吸病学分会肺功能专业组, 肺功能检查指南(第一部分)——概述及一般要求. 中华结核和呼吸杂志, 2014, 37(6): 402-405

15. 中华医学会呼吸病学分会肺功能专业组, 肺功能检查指南(第二部分)——肺量计检查. 中华结核和呼吸杂志, 2014, 37(7): 481-486

16. 中华医学会呼吸病学分会肺功能专业组, 肺功能检查指南(第三部分)——组织胺和乙酰甲胆碱支气管激发试验. 中华结核和呼吸杂志, 2014, 37(8): 566-571

17. 中华医学会呼吸病学分会肺功能专业组, 肺功能检查指南(第四部分)——支气管舒张试验. 中华结核和呼吸杂志, 2014, 37(9): 655-658

18. Jim Fink. Aerosol Therapy. In: Robert M. Kacmarek, James K, et al. Egan Fundamentals of Respiratory Care. 10th Edition. St. Louis: ELSEVIER Mosby, 2013, 844-886

19. Anne L. Fuhlbrigge, Augustine M.K. Choi. Diagnostic Procedures in Respiratory Disease.

In:Dan L. Longo, Anthony S. Fauci, et al. Harrison's Principles of Internal Medicine. 18th Edition. New York:The McGraw-Hill companies, 2012, 2094-2101

20. 中华医学会．临床技术操作规范·呼吸病学分册．北京:人民军医出版社,2008

21. Aalpen A. Patel, Scott O. Trerotola. Interventional Radiology in the Thorax:Nonvascular and Vascular Applications. In:Alfred P.Fishman's Pulmonary Diseases and Disorders. 4th Edition. New York:The McGraw-Hill companies, 2008, 533-545

第三章 呼吸系统疾病的影像诊断

第一节 正常影像学表现

一、X 线胸片

(一) 胸廓

1. 骨骼

(1) 肋:

1) 肋骨(ribs):12 对,位于胸椎两侧,由后上向前下斜行,分为后肋、腋段及前肋三部分,后肋圆厚而密度较高,前肋扁薄而密度较淡(图 3-1)。

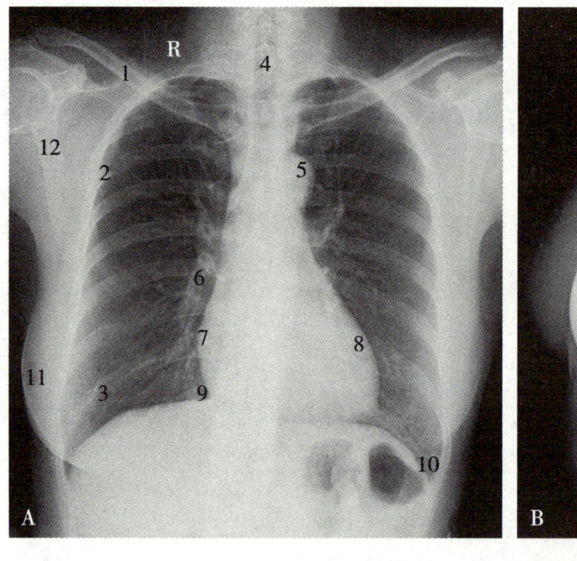

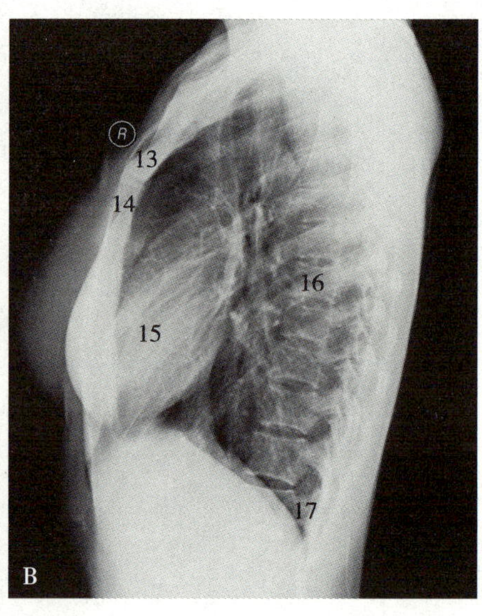

图 3-1 正常胸像

提示:A. 正位胸像;B. 侧位胸像

1. 锁骨,2. 肋骨,3. 乳头,4. 气管,5. 主动脉结,6. 右下肺动脉,7. 右心缘,8. 左心缘,9. 心膈角,10. 肋膈角,11. 乳腺,12. 肩胛骨,13. 胸骨柄,14. 胸骨体,15. 心影,16. 胸椎,17. 后肋膈角

2) 肋软骨(costal cartilage):肋软骨未钙化时不显影,20 岁后第一肋软骨首先出现钙化,其余肋软骨随着年龄增长右下而上依次发生钙化。肋软骨钙化(costal cartilage calcification)表现为沿类软骨边缘的斑点状或条状高密度影,应与肺内病变区别。

3) 肋骨先天变异(congenital rib anomalies):①颈肋(cervical rib):颈肋发生于第 7 颈椎旁,单或双侧,短而小。②叉状肋(bifid rib):肋骨前端增宽并分叉。③肋骨联合(fused rib):指相邻肋骨局部融合或形成假关节,多发生于后肋。

(2) 锁骨(clavicle)及肩胛骨(scapula):锁骨内侧端与胸骨柄构成胸锁关节(sternoclavicular joint)。锁骨内侧端下缘呈半圆形凹陷,为菱形韧带的附着处,称为"菱形窝"(rhomboid fossa)。

肩胛骨在发育过程中其下角可出现二次骨化中心，勿误认为骨折（图 3-1）。

(3) 胸骨（sternum）：后前位胸片上，胸骨大部分重叠于纵隔影内，仅可见胸骨柄的两侧缘突出于纵隔之外，应区别于肺内病变。第 1~4 胸椎清楚可见（图 3-1）。

(4) 胸椎（thoracic vertebrae）：标准后前位胸片上，胸椎重叠于纵隔影内，仅第 1~4 胸椎清楚可见（图 3-1）。

2. 软组织

(1) 胸锁乳突肌及锁骨上皮肤皱褶：胸锁乳突肌阴影表现为自胸骨柄斜向后上的带状阴影，密度均匀，边界清晰。锁骨上皮肤皱褶为锁骨上缘平行于锁骨的厚约 3~5mm 的窄条状软组织阴影密度。

(2) 胸大肌：多见于肌肉发达的男性，表现为双肺中野外侧斜向腋窝的扇形高密度阴影。

(3) 女性乳房与乳头：女性乳房影位于双肺下野，由上到下密度逐渐增高的半圆形阴影，边界清晰。乳头影多为于第 5 前肋间双侧对称的小圆形阴影，单侧出现时易误认为肺内结节(图 3-1)。

(4) 伴随阴影：胸膜在肺尖的返折处及胸膜外的软组织沿第 1、2 肋下缘形成 1~2mm 宽的线条状阴影。

（二）气管（trachea）与支气管（bronchi）

1. 气管上缘起自第 6~7 颈椎水平，至第 5~6 胸椎水平分为左、右主支气管，其下壁交界处形成隆突（carina），夹角约为 60°~80°，一般不大于 90°（图 3-1）。

2. 支气管及其分支　后前位胸片上能显示左、右主支气管，叶以下支气管难以显示。

（三）肺

1. 肺野（lung fields）　含气的肺组织在胸片上表现为透亮区域，称为肺野。为了便于病变定位，沿第 2、4 前肋下缘将肺野分为上、中、下肺野，从肺门向外纵行均分为内、中、外带（图 3-2）。

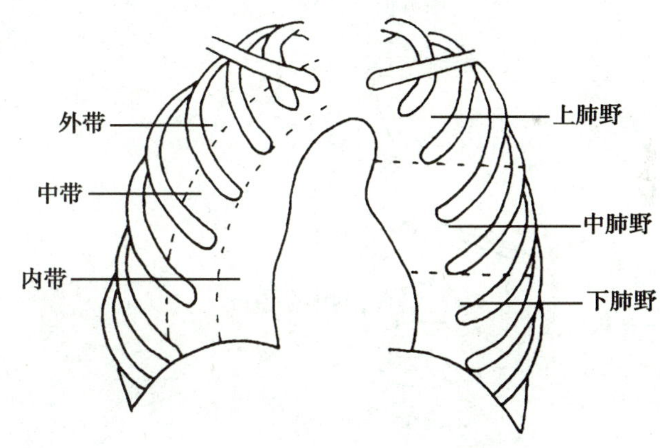

图 3-2　肺野分区

2. 肺门（hila）　肺门影由肺动脉、肺静脉、支气管及淋巴组织的总体投影形成，肺动、静脉为其主体构成成分。

右肺门的上部由右上肺动脉及肺静脉分支构成，下部由右下肺动脉构成，正常成人右下肺动脉干宽度不超过 15mm。右肺门上、下部的夹角称为右肺门角。左肺门由左肺动脉及上肺静脉的分支构成。后前位胸像上，左肺门高于右肺门约 1~2cm，侧位胸像上，右肺门多位于左肺门的前方。

3. 肺纹理（lung markings）　由肺门向外呈放射状分布的树枝状阴影，由肺动、静脉及支气管形成。正常时，下肺野肺纹理比上肺野多而粗，而右下肺野肺纹理比左下肺野多而粗。

4. 肺叶（pulmonary lobe）与肺段（pulmonary segment）

1）水平裂（horizontal fissure）与斜裂（oblique fissure）将右肺分为上叶、中叶、下叶，斜裂将左肺分为上、下叶，左肺上叶又分为固有上叶及舌叶。

2）副叶（accessory lobe）：由额外的副裂深入肺叶内而形成，为先天变异。包括奇叶（azygos lobe）和下副叶（inferior accessory lobe），奇叶较常见，位于右肺上叶内侧纵隔旁，由奇静脉与周围胸膜返折形成的奇副裂分割上叶形成。

5. 肺段　右肺分为 10 个肺段，左肺分为 8 个肺段，每个肺段有与其名称一致的肺段支气管。肺段呈尖端指向肺门，底部朝向肺外围的圆锥形，各段之间无明确的边界（图 3-3）。

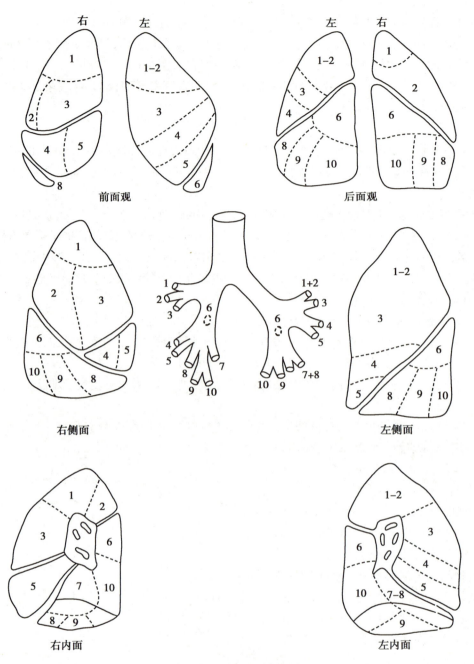

图 3-3 肺段的 X 线解剖
（图中数字 1~10 表示肺段的序号）

（四）纵隔（mediastinum）

纵隔位于胸骨之后，胸椎之前，介于两肺之间，上方为胸廓入口，下至膈面。

在标准侧位胸片上，将纵隔纵向划分为前、中、后纵隔，前纵隔位于胸骨后，气管、升主动脉和心脏之前的区域。中纵隔相当于心脏、主动脉弓、气管和肺门所占据的区域。后纵隔为食管及其后方和胸椎旁的区域。纵隔横向划分为上、中、下纵隔，胸骨柄下缘至第 4 胸椎体下缘连线与第 4 前肋端至第 8 胸椎体下缘的连线将纵隔分为上、中、下纵隔（图 3-4）。

（五）横膈（diaphragm）

横膈由薄层肌腱组织构成，介于胸、腹腔之间，呈圆顶状，一般右膈较左膈高 1~2cm。在胸部正位片上，横膈内侧与心脏形成心膈角（cardiophrenic angle），心膈角区常可见心包脂肪垫（fat pads），勿误为病变，外侧与胸壁形成清晰锐利的肋膈角（costophrenic angle）。侧位片上横膈与前、

后胸壁分别形成前、后肋膈角，后者位置低而深。

（六）胸膜（pleura）

正常胸膜菲薄，一般不显影。斜裂胸膜在侧位胸片上显示为由后上斜向前下走行的呈线状致密影，水平叶裂在正位片上显示为由肺外缘至肺门外侧走行的近水平的致密线状影。

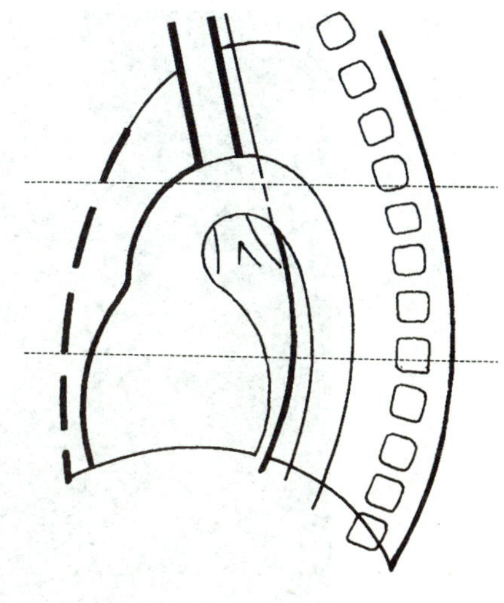

图 3-4　纵隔分区

二、CT 表现

（一）胸壁

CT 纵隔窗不仅能够清晰显示胸壁软组织（包括肌肉、脂肪、女性乳房等），还可以清楚显示胸骨、锁骨、肩胛骨、双侧肋骨、胸椎（椎体及附件）。螺旋 CT 三维重建可以清楚的显示肋骨（图 3-5）。

（二）胸膜

常规胸部 CT 层厚 10mm 扫面，肺裂常呈横行的或弧形的无纹理带。HRCT 扫描时斜裂可呈致密线状影（图 3-6）。

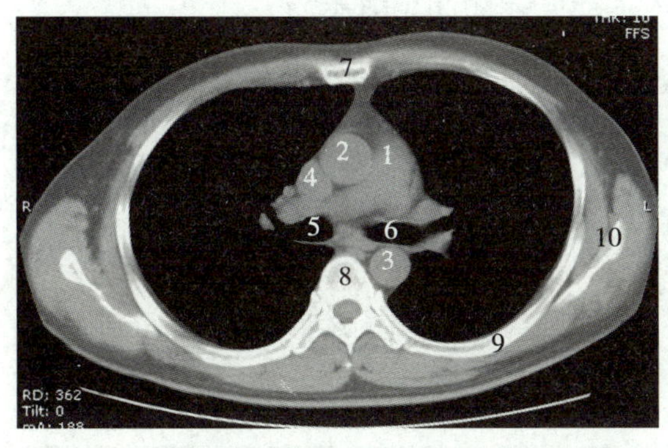

图 3-5　胸部 CT 纵隔窗

1. 主肺动脉，2. 升主动脉，3. 降主动脉，4. 上腔静脉，5. 右主支气管，6. 左主支气管，7. 胸骨，8. 胸椎，9. 肋骨，10. 肩胛骨

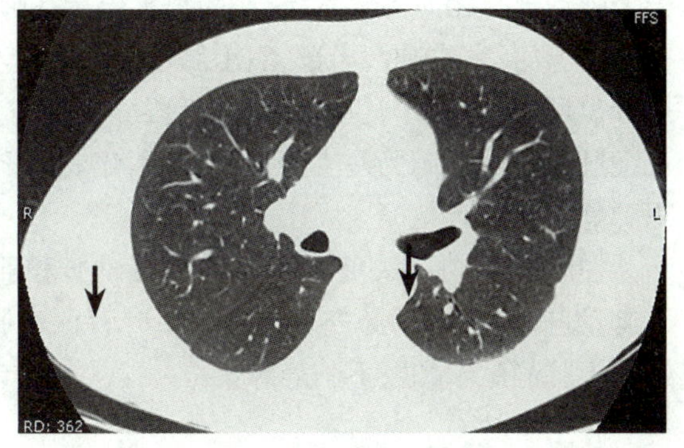

图 3-6　双侧斜裂（黑箭）

（三）气管、支气管

常规 CT 扫描可以显示气管及肺段以上支气管，薄层扫描可以显示亚段支气管，CT 仿真内窥技术可直接显示支气管内壁（图 3-7）。

（四）肺叶、肺段、肺小叶

胸部 CT 对肺叶及肺段的定位更精准，可根据支气管及伴随血管的分布及一般解剖位置来进行判断。CT 薄层扫描加后处理（VR 像）可直观、立体的显示各个肺叶（文末彩图 3-8）。

次级肺小叶（secondary pulmonary lobule）由小叶核心（lobule core）、小叶实质（lobule parenchyma）和小叶间隔（interlobular septa）组成，是肺组织的微小解剖结构单位，呈圆锥形，尖端指向肺门，底朝向胸膜。每个次级肺小叶包含 3~20 个腺泡，HRCT 亦难以显示腺泡结构。

小叶核心位于肺小叶中央，主要由细支气管及其伴行的小叶肺动脉构成。小叶实质为小叶核心的外围结构，主要为含呼吸性细支气管及其伴行小血管和肺泡，是功能性肺实质。小叶间隔是包绕肺小叶的纤维结缔组织，内含肺静脉和淋巴管分支。HRCT 偶可显示小叶间隔，呈与胸膜垂直的长约 1~2cm 的均匀细线状影，无分支。

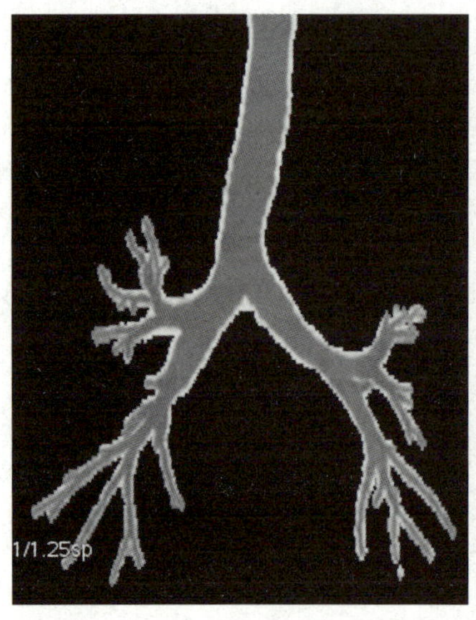

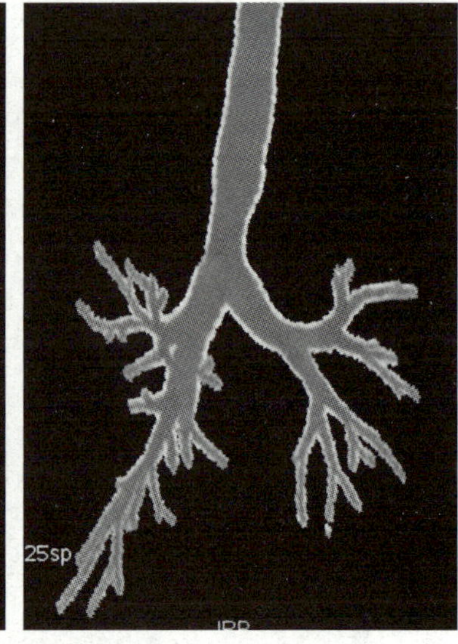

图 3-7 气管、支气管树 Min IP 图

(五) 肺动、静脉及肺门(图 3-9)

肺动脉与相应支气管伴行,肺静脉走行在肺段间,变异较多,识别困难。

右肺门:在右肺门上部,右上肺动脉的分支分别伴行于右上叶的尖、后、前段支气管,下肺动脉分出回归动脉参与供应右上叶后段。右肺门下部有右中叶动脉、右下叶背段动脉及 2~4 支基底动脉。右肺静脉为两支静脉干,即引流右肺上叶和中叶的右上肺静脉干和引流右肺下叶的右下肺静脉干。

左肺门:左上肺动脉通常分为尖后动脉和前动脉。左肺动脉跨过左主支气管后即延续为左下肺动脉,左下肺动脉先分出左肺下叶背段动脉和舌动脉,然后分出多支基底动脉。左肺静脉有左上肺静脉干和左下肺静脉干。

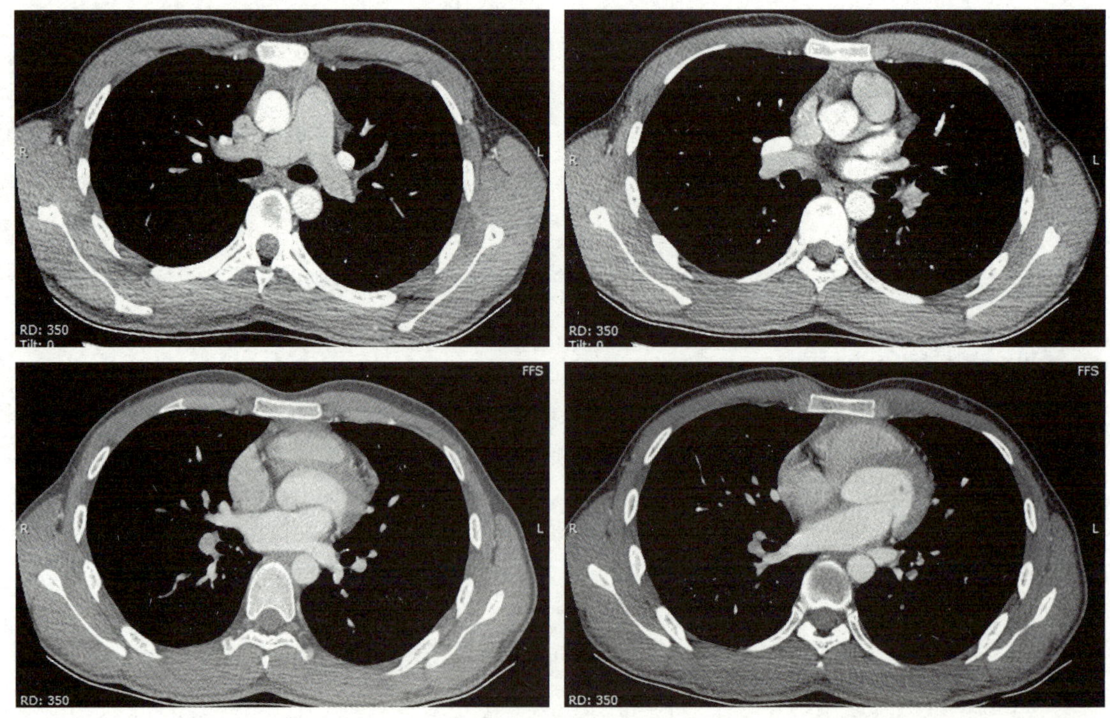

图 3-9 肺动、静脉

(六) 纵隔

胸部 CT 的纵隔窗能够显示纵隔内的胸腺、心脏、大血管、食管、淋巴结等结构。

1. 胸腺(thymus)　位于上纵隔血管前间隙,正常胸腺边缘光滑,10 岁以下儿童胸腺外缘常隆起,10 岁以上外缘常凹陷,且随年龄增长密度逐渐下降,60 岁以上胸腺几乎全部为脂肪组织代替(图 3-10)。

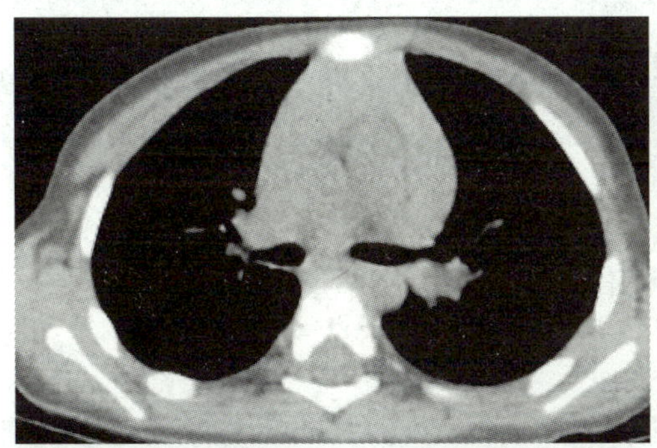

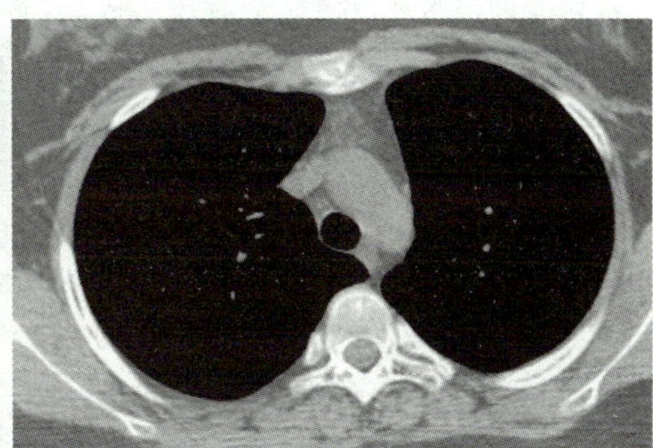

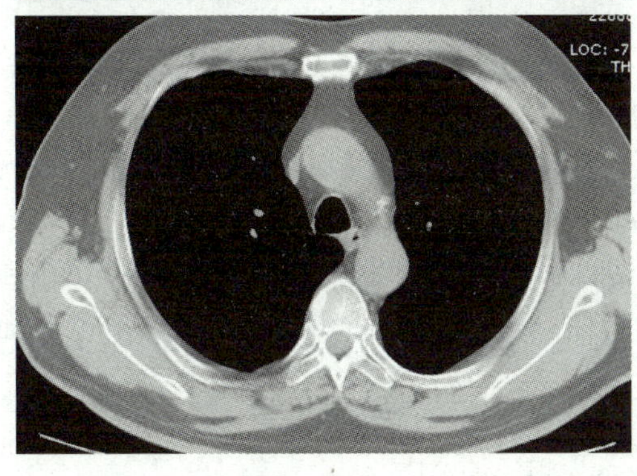

图 3-10　胸腺(小儿、青春期、老年)

2. 心脏　心腔内血液与心肌密度相等,心包呈线状致密影。

3. 食管(esophagus)　位于后纵隔,管壁厚度不超过 3mm。

4. 淋巴结(lymph node)　表现为圆形或类圆形软组织密度影,直径多小于 10mm,增强 CT 能够很好地区分淋巴结与血管断面。

(七) 横膈

膈肌前部表现为波浪状或弧形的软组织密度线影。

膈脚显示为椎体两旁、主动脉前方的弧形软组织密度影,膈脚前方是腹腔,后方是胸腔,有利于鉴别胸、腹腔积液。

三、MRI 表现

(一) 胸壁

磁共振具有很高的软组织分辨率,且具有多序列、多参数成像的优势,可以很好地显示并区分胸壁肌肉、脂肪及骨骼。

(二) 肺

肺实质是含气组织,因气体的氢质子含量极低,故肺实质在 MRI 上呈极低信号,难以显示肺纹理及小叶间隔。

(三) 胸膜

MRI 难以显示正常胸膜,但对胸膜病变很敏感,如胸膜结节、胸膜腔积液等。

(四) 纵隔

MRI 在显示纵隔解剖结构及病变方面明显优于 CT(图 3-11)。

1. 胸腺 MRI可以清楚的显示各个年龄段胸腺的形态、大小及信号的变化。

2. 心脏及大血管 MRI可以显示心肌及血管壁的解剖形态及信号异常,MRI电影技术还可以评价心室运动功能及射血分数。利用三维后处理技术还可以显示冠状动脉。

3. 食管 食管壁呈中等信号。

4. 气管及主支气管 气管腔呈低信号,气管壁显示困难。

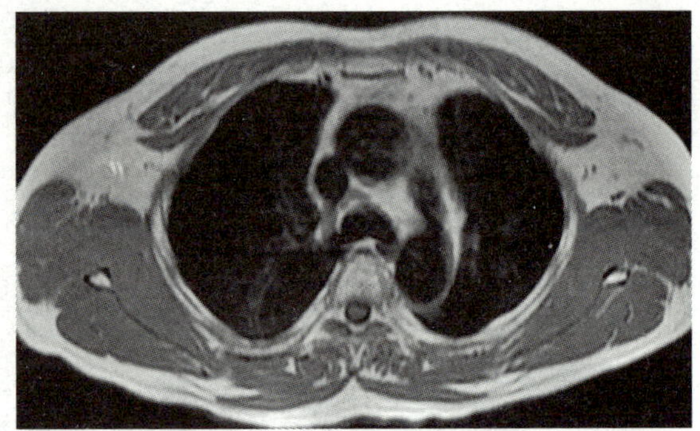

图3-11 主肺动脉窗水平

5. 淋巴结 由于心脏大血管的留空效应和脂肪组织特有的信号强度,纵隔内淋巴结多易于显示,表现为类圆形中等信号。

(五) 横膈

膈肌在MRI上显示为2~3mm宽的弧形低信号影。

四、核素显像表现

(一) 肺灌注显像(pulmonary perfusion imaging)

经静脉注射大于肺毛细血管直径(9~60μm)的显像剂后,与肺动脉血混合均匀并随血流随机地一过性嵌顿在肺毛细血管或肺小动脉内,肺灌注显像剂在肺内的分布与局部肺血流量成正比,通过体外探测肺内放射性分布并进行肺显像即可反映局部肺血流灌注情况。常用的肺血流灌注显像剂为^{99m}Tc标记的大颗粒聚合人血清白蛋白(macroaggregated albumin,MAA)和人血清白蛋白微球(human albumin microspheres,HAM)。

平面影像上可见双肺轮廓完整,右肺影较左肺影为大,两肺中间空白区为纵隔和心影。双肺内放射性分布,除肺尖、周边和肋膈角除略显稀疏,其余部分放射分布均匀。

(二) 肺通气显像(pulmonary ventilation imaging)

经呼吸道吸入一定量的微米或纳米级放射性显像剂后,采用γ照相机或SPECT探测反射性显像剂在呼吸道及肺内的沉降情况,来判断气道通畅情况及病变状态,以达到诊断目的。常用的显像剂为放射性气溶胶和锝气体(Technegas)。

正常肺通气影像显示双肺内放射性分布基本均匀,周边略低。气溶胶受气道内气流的影响较大,有时在较大气道内沉积较多,以气道分叉处明显,但无明显放射性稀疏缺损区。有时喉头与胃显影。

正常肺通气显像的影像与肺灌注显像的影像基本一致,即通气和灌注匹配(matched ventilation and perfusion)显像。

第二节 胸部基本病变的影像表现

一、气管、支气管病变

(一) 气管、支气管异物

X线平片仅可直接显示气管或支气管内的高密度异物,薄层CT扫描结合三维重建技术可以很好的显示不透X线及透X线的气管、支气管异物,现已成为疑诊气管、支气管异物的首选检查(图3-12)。

(二) 气管、支气管狭窄与闭塞

腔内肿块、异物、腔外病变、外压等都可以引起气管、支气管局限性狭窄(stenosis)或闭塞

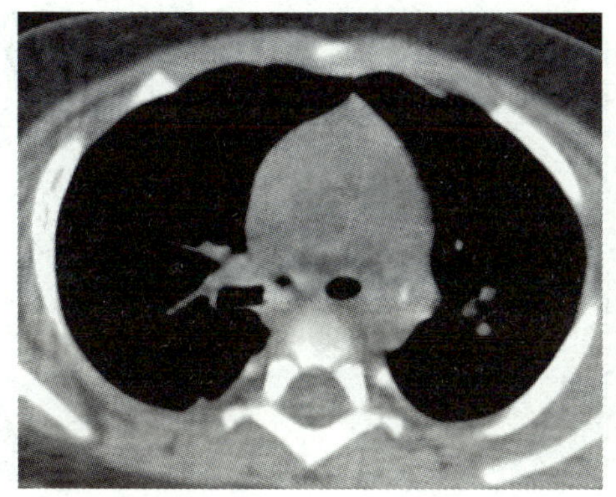
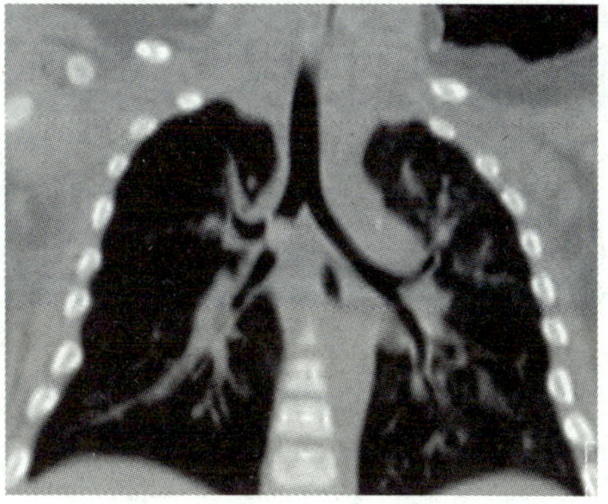

图 3-12　右主支气管异物

(obstruction)。

X 线平片发现气管、支气管病变困难，但可以显示阻塞性肺气肿、肺不张等间接征象。

CT 扫描可以直接显示管腔内的新生物、管壁局限性增厚、管腔内异物以及支气管周围病变等，可用于评估气管支气管病变的范围及深度(图 3-13)。

(三) 支气管扩张(bronchiectasis)

1. X 线平片可以显示较严重的支气管扩张，表现为粗细不均的管状或囊状透亮影，可伴有气液平(图 3-14)。

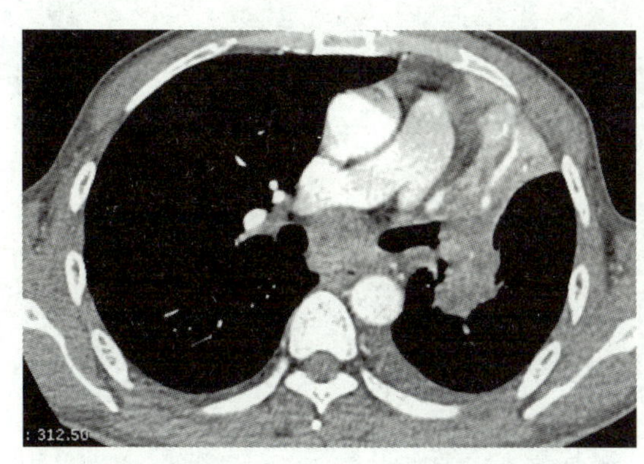

图 3-13　左上叶支气管截断，周围见软组织肿块影，隆突下淋巴结肿大

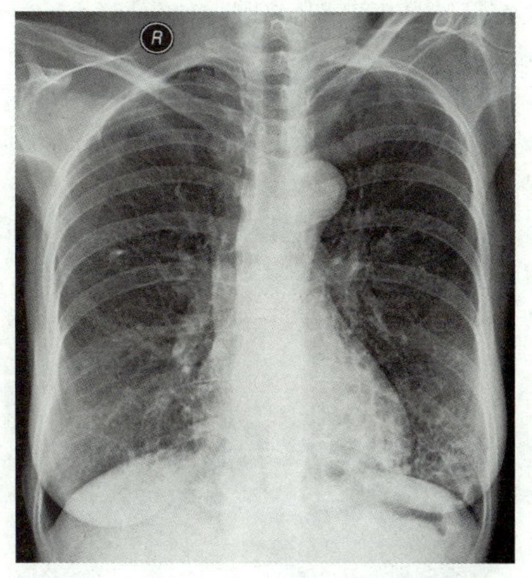

图 3-14　双下肺纹理紊乱，见多发透亮囊腔影

2. CT 可以更直观的显示支气管壁增厚，管腔扩张，当合并感染时，可显示扩张的支气管内的黏液栓(图 3-15、3-16)。

二、肺部病变

(一) 肺气肿(emphysema)

1. X 线表现　分为弥漫性、局限性。

(1) 弥漫性肺气肿：常表现为肺过度充气(图 3-17)。

① 双肺野透亮度增加，肺纹理稀疏；

② 胸廓膨大，肋间隙增宽，可形成桶状胸(barrel chest)；

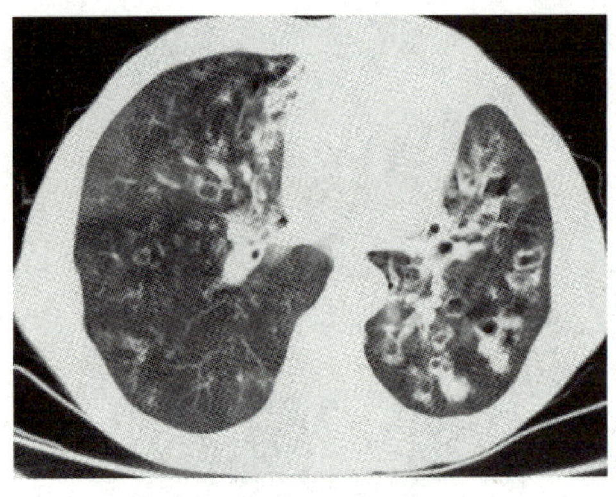

图 3-15 囊状支气管扩张

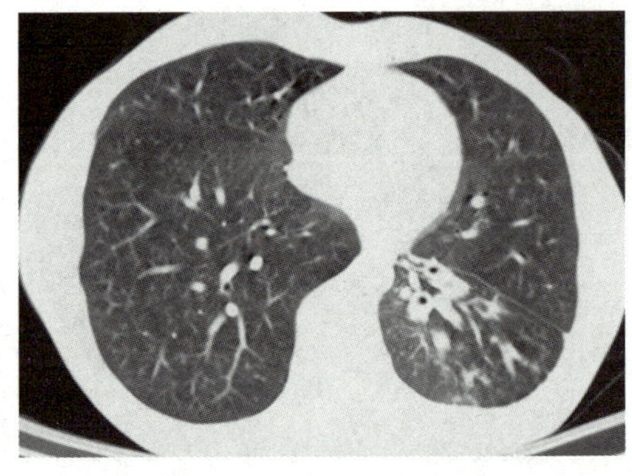

图 3-16 支气管扩张伴黏液栓

③ 心影狭长，膈肌低平；

④ 侧位胸像上胸骨后透亮区增宽。

(2) 局限性肺气肿：常表现为肺野局限性透亮度增加。

(3) 肺大疱：局限的薄壁含气囊状阴影。

2. CT 表现 肺气肿病理上分为小叶中央型、全小叶型、间隔旁型。

(1) 小叶中央型肺气肿(centrilobular emphysema)：病变累及肺小叶中央部分(腺泡中央的呼吸性细支气管)，常分布在上叶。CT 表现为肺内小圆形低密度区，无壁，周围是相对正常的肺实质，二者无明显分界。病变严重时，肺纹理稀少(图 3-18)。

(2) 全小叶型肺气肿(panlobular emphysema)：病变累及全部肺小叶(整个腺泡)，以下叶分布为主。CT 表现为广泛分布的低密度区，肺纹理稀疏(图 3-19)。

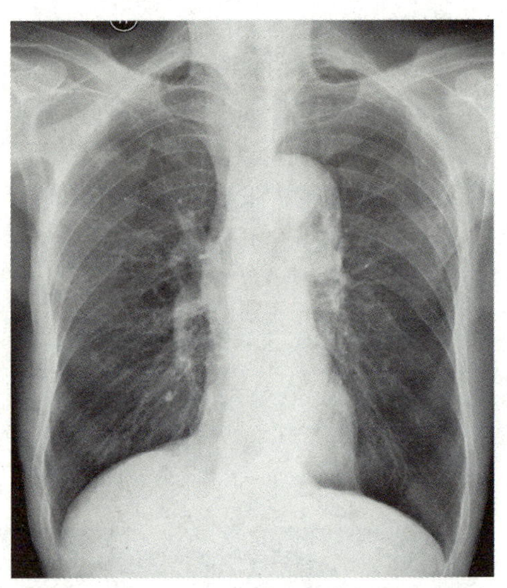

图 3-17 肺气肿

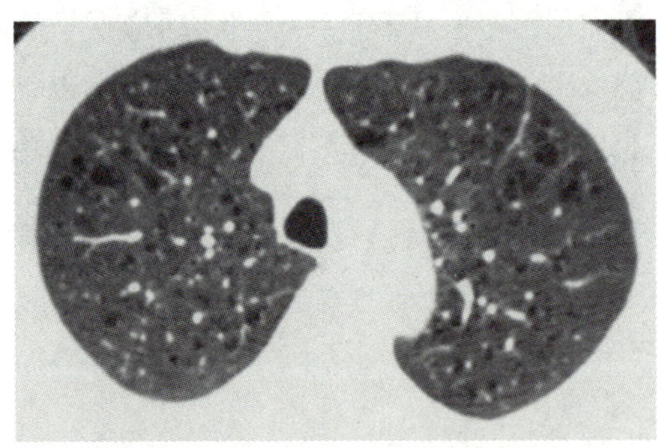

图 3-18 小叶中央型肺气肿

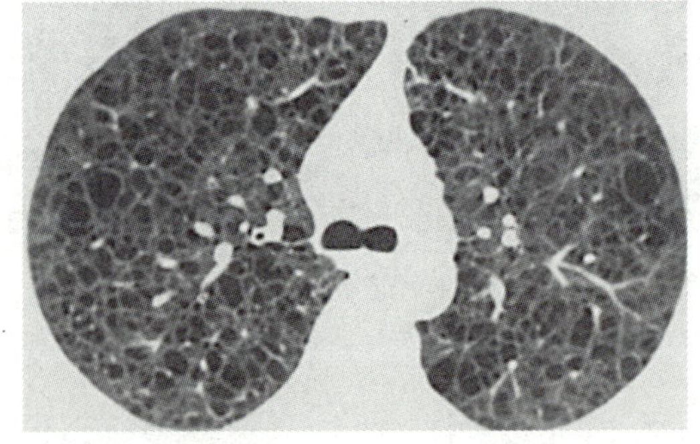

图 3-19 全小叶型肺气肿

(3) 间隔旁型肺气肿(paraseptal emphysema)：病变累及肺小叶边缘(肺泡管和肺泡囊)，多位于胸膜下或沿小叶间隔周围。CT 表现为胸膜下小气囊、肺大疱。肺大疱好发于奇静脉食管隐窝、左心室及前联合线附近，CT 表现为肺内局限性薄壁气囊，无肺实质结构。

3. 核素显像表现 肺血流灌注显像可见斑片状放射性缺损区，范围小于肺通气显像缺损。肺通气显像可见放射性分布不均匀，表现为片状缺损区。

(二) 肺不张(atelectasis)

指肺组织内因气体减少不能膨胀而导致肺体积缩小。

1. X 线表现

(1) 一侧全肺不张:患侧肺野致密不透光,胸廓塌陷,肋间隙变窄,纵隔向患侧移位,对侧正常肺组织代偿性通气过度并气肿。

(2) 肺叶不张:直接征象为患侧肺通气减低,叶间裂移位,血管、支气管聚拢;间接征象为患侧膈肌抬高,纵隔向患侧移位,肺门移位,邻近肺叶代偿性通气过度(图 3-20、图 3-21)。

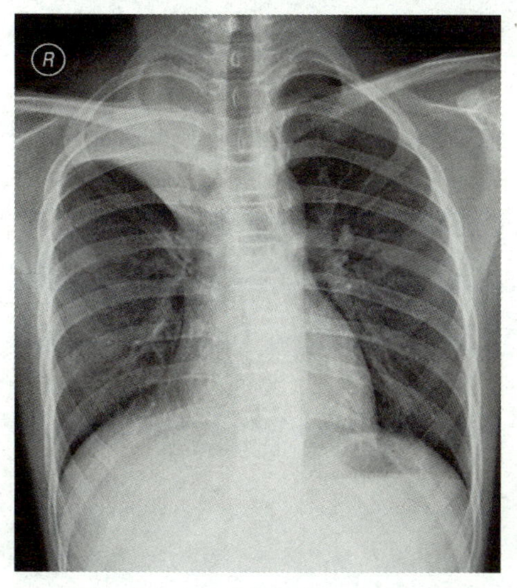

图 3-20　右肺上叶不张

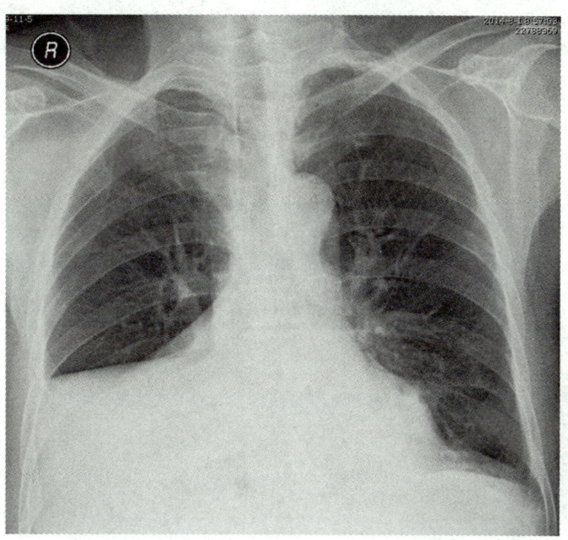

图 3-21　右肺中、下叶不张

2. CT 表现　与 X 线征象相似,但 CT 显示叶间裂移位、血管和支气管聚拢等征象优于 X 线(图 3-22~3-24)。

3. MRI 表现　可见肺叶或肺段体积缩小,呈条片状长 T_1 稍长 T_2 信号影。

(三) 肺实变(consolidation)

肺泡腔内的气体被渗出液体及细胞成分取代后形成实变。多见于急性炎症、肺结核、肺出血、肺水肿及细支气管肺泡癌。

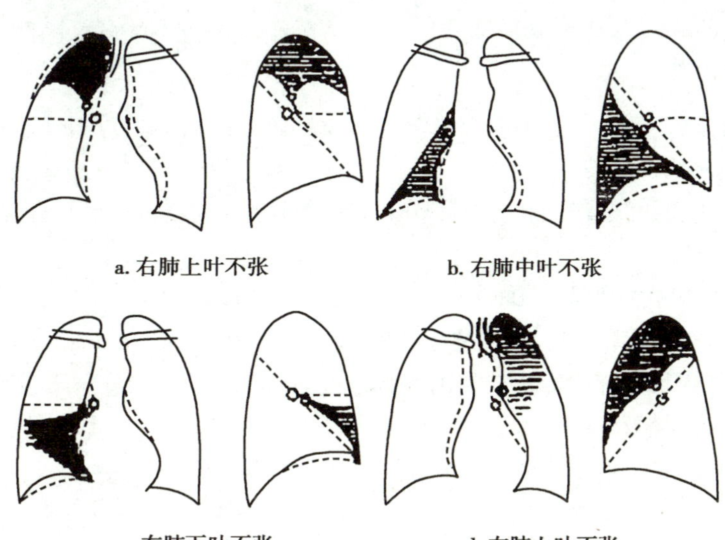

图 3-22　肺叶不张示意图

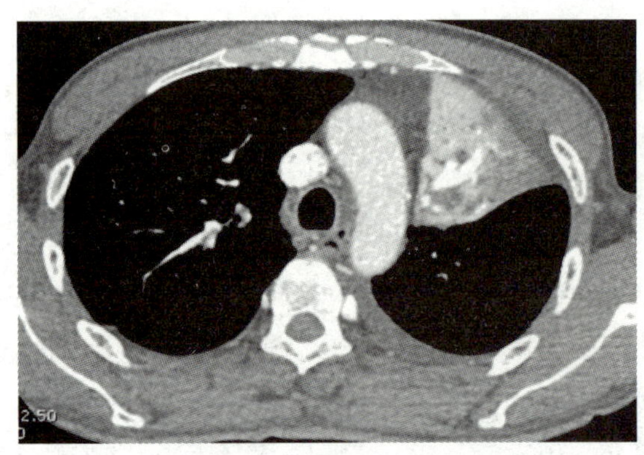

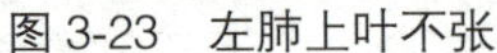
图 3-23 左肺上叶不张

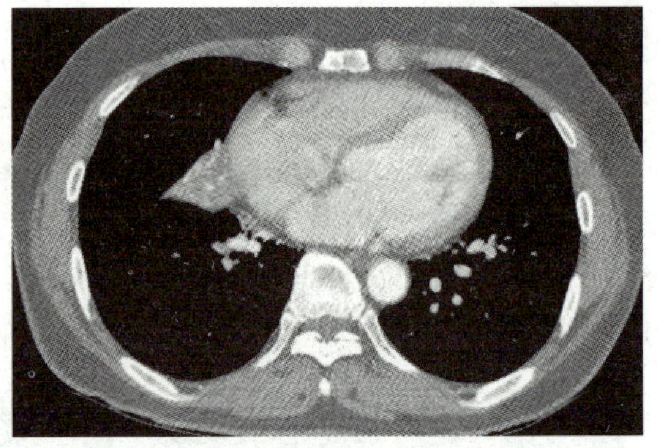

图 3-24 右肺中叶不张

1. X 线及 CT 表现

(1) 肺泡、肺小叶实变：可见边缘模糊的斑点状、斑片状密度增高阴影(图 3-25)。

(2) 肺段或肺叶实变：可见大片状密度增高阴影，部分病变内可见含气的支气管分支影即支气管充气征(air bronchogram)，又称支气管气象(图 3-26)。实变的肺体积一般无变化。

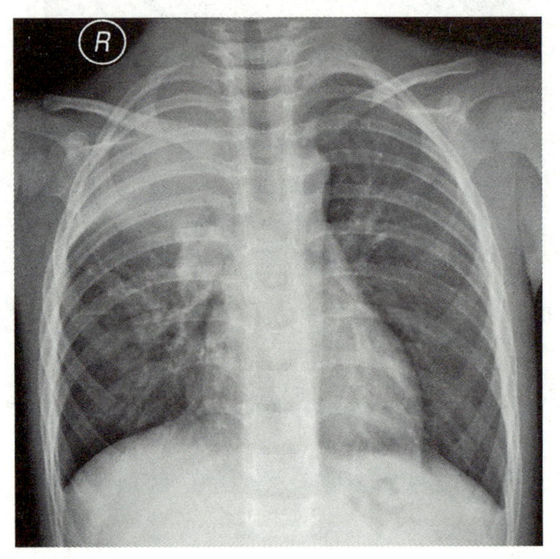

图 3-25 右肺上叶实变

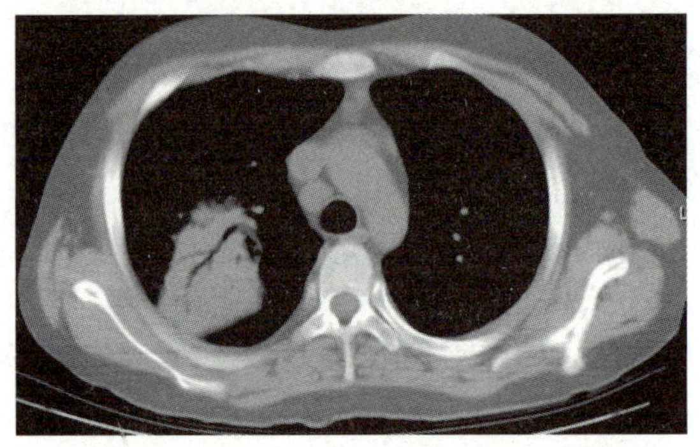

图 3-26 右肺上叶实变伴空气支气管征

2. MRI 表现 小片状或大片状异常信号影，T_1WI 上呈中低信号，T_2WI 上呈高信号。

(四) 钙化(calcification)

X 线与 CT 表现为边缘清楚的致密影，MRI 对钙化不敏感常难以显示。可见于肺结核、肺错构瘤及部分肺癌。

(五) 结节(nodule)与肿块(mass)

肺内良、恶性肿瘤均以形成软组织结节或肿块为特征，直径小于 3cm 的病变称为结节。

1. X 线及 CT 表现 肺内圆形或类圆形软组织结节或肿块。良性者生长缓慢，密度均匀，多有包膜，故边缘光滑锐利(图 3-27、图 3-28)；恶性者生长迅速，边缘多不规则或有毛刺，肿块密度不均匀。常可见下列征象。

(1) 分叶征(lobulation)：为肿块边缘见细小深分叶或呈锯齿状。其病理基础为肿瘤自身生长速度不均等及生长过程中遇到的阻力不同，小叶间隔纤维性增生限制肿瘤生长(图 3-29)。

(2) 毛刺征(spiculation sign)：为肿块边缘呈浓密的细短毛刺，僵硬，状如绒球。其病理基础

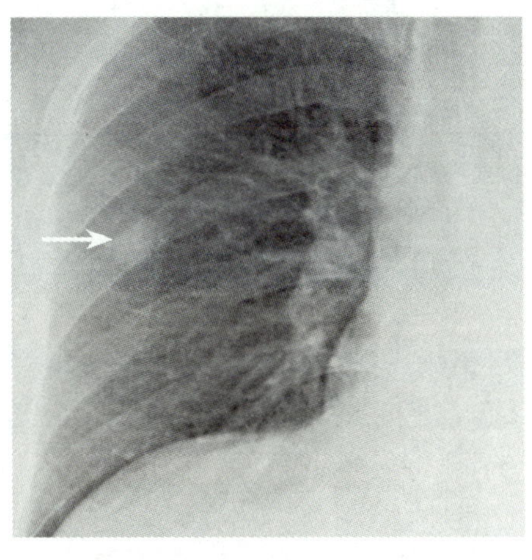

图 3-27　右肺良性结节，边界光整(白箭)

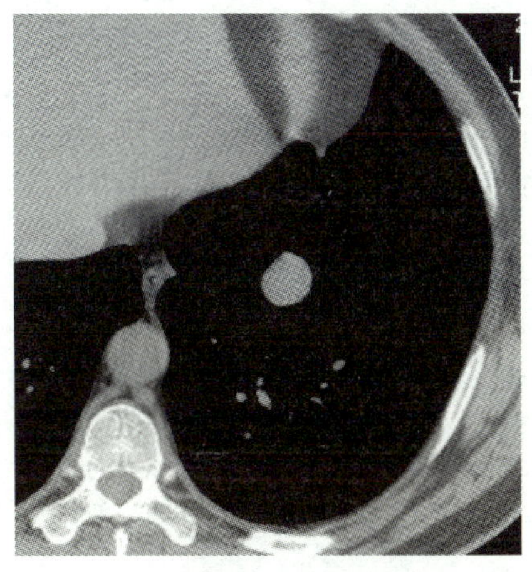

图 3-28　左下肺基底段良性结节

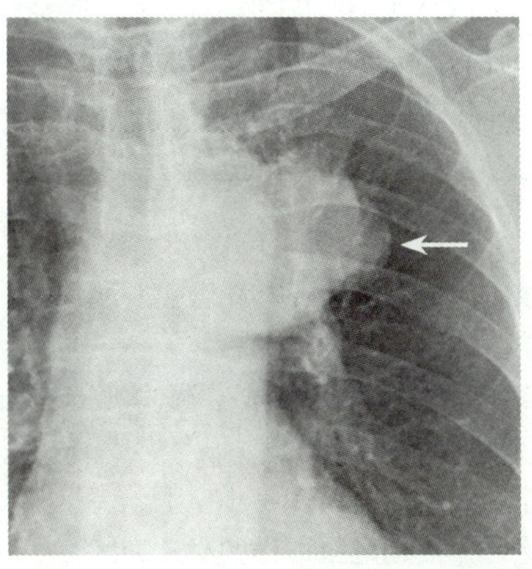

图 3-29　左上肺见分叶状肿块影(白箭)

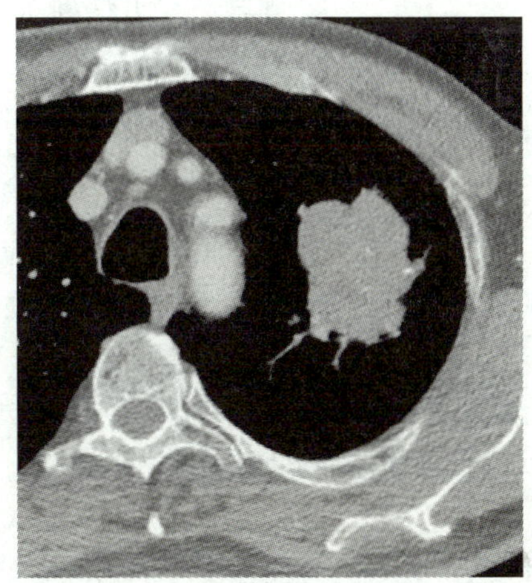

图 3-30　左肺上叶恶性肿块，见分叶征

为肿瘤的恶性生长方式及肿瘤周围间质反应(图 3-30)。

(3) 支气管充气征(air-bronchogram bulb sign)：多见于 CT，表现为肿块内连续数个层面上的直径 1 毫米至数毫米的小泡状或轨道状气体密度影。其病理基础为肿瘤内残存的肺泡或小支气管。

(4) 血管集束征(convergence of bronchovascular structures)：CT 表现为一支或数支肺小血管受牵拉向病灶聚拢移位，在病灶处中断或贯穿病灶，累及的血管可为肺动脉或肺静脉。

(5) 病灶的胸壁侧小片状浸润：CT 表现为肿块胸壁侧小斑片状淡薄阴影，病理基础为小支气管阻塞引起的炎症或肺不张。

(6) 增强后结节或肿块呈轻、中度均匀或不均匀强化。

2. MRI 表现　肿块在 MRI 上表现为稍长 T_1 及常 T_2 信号，磁共振具有较高的组织分辨率，可以更好地显示肿块内的囊变坏死灶、脂肪成分及血管性成分，但对肿块内的钙化、空泡征及细支气管充气征的显示效果远不如 CT。

3. 核素显像　采用氟脱氧葡萄糖(^{18}F-FDG)作为正电子示踪剂的 PET 显像，通过观察肿瘤组织对 ^{18}F-FDG 的摄取量确定肿瘤组织的性质，恶性肿瘤的摄取明显高于良性病变和正常组织。还可通过观察淋巴结的放射性浓聚，辅助肿瘤的分期。

4. 良、恶性肺结节的鉴别要点(表 3-1)。

表 3-1 良、恶性肺结节的影像特点

	良性	恶性
形态	圆形或类圆形	类圆形,形态多不规则
边缘	清楚,光滑锐利	不规则,可见毛刺征、分叶征
密度	均匀或不均匀,中等偏高	均匀或不均匀,中等偏低
钙化	多见,呈层状、斑点状或斑片状,弥漫分布或中心分布	少见,呈细点状或沙粒状,偏心分布
空洞	新月形或裂隙状小空洞	偏心性空洞,内壁多不规则,可见壁结节
支气管充气征	可见	可见
血管集束征	少见	常见
周围结构	周围肺野清晰或有卫星灶	无卫星灶,部分结节的胸膜侧可见小片状浸润
邻近胸膜	增厚粘连,肺窗和纵隔窗均能显示	胸膜皱缩,牵拉凹陷,肺窗显示而纵隔窗不显示
强化	多种形式	轻、中度均匀或不均匀强化
淋巴结肿大	极少	多合并肺门、纵隔淋巴结肿大
生长速度	缓慢	生长快速,倍增时间短

(六) 空洞(cavity)与空腔(intrapulmonary air containing space)

1. 空腔 是肺内生理腔隙的病理性扩张,如肺大疱、含气的支气管囊肿、囊状支气管扩张等。X 线与 CT 表现为边缘清晰光滑的类圆形透亮区。

2. 空洞 是肺内病变发生坏死,坏死组织经支气管排出后形成空洞,多见于肺结核,肺脓肿、肺癌。分为以下三种类型:

(1) 虫蚀样空洞(worm-eaten cavities):是大片坏死组织内的多发小空洞,多见于结核干酪性肺炎,X 线及 CT 表现为大片密度增高影内多发边缘不规则的虫蚀样的小透亮区。

(2) 薄壁空洞(thin-walled cavities):指洞壁厚度小于 3mm 的空洞,多见于肺结核,X 线与 CT 表现为边界清楚,内壁光滑的类圆形透亮区(图 3-31)。

(3) 厚壁空洞(thick-walled cavities):指洞壁厚度在 3mm 以上的空洞,多见于肺脓肿、肺癌、肺结核。肺脓肿的空洞内多有液平面,肺癌的空洞内壁常不规则,可见壁结节(图 3-32)。

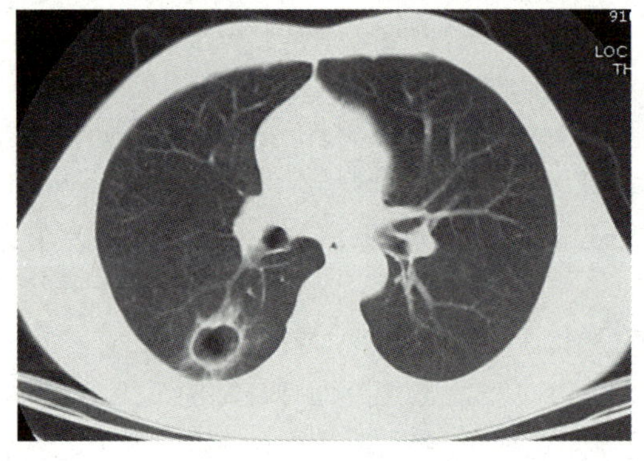

图 3-31 炎性薄壁空洞

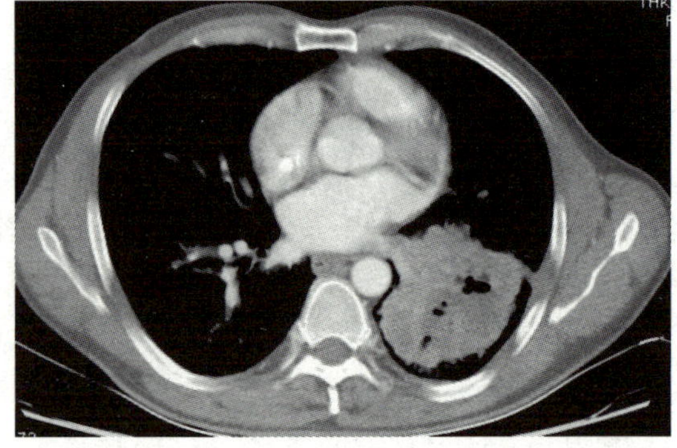

图 3-32 恶性厚壁空洞

(七) 肺间质病变(interstitial abnormalities)

弥漫性肺间质病变分为肺间质纤维化和无肺间质纤维化两类。常见的肺间质纤维化病变有特发性肺间质纤维化、慢性支气管炎、弥漫性肉芽肿疾病、结缔组织疾病、肺尘埃沉着病等,无纤维化的肺间质疾病主要有间质性肺水肿和癌性淋巴管炎等。弥漫性肺间质病变需要 HRCT 检查。

1. X 线表现

(1) 肺纹理增粗、模糊。

(2) 不同于正常肺纹理的、僵直的、索条状密度增高影。

(3) 肺内弥漫分布的网状、线状及蜂窝状影，在弥漫性网状纤维化影的背景上可见多数弥漫的颗粒状或小结节状影，称为网状结节病变。

(4) 间隔线(Kerley's lines)：多见于肺间质水肿、肺静脉高压，肺小叶间隔内有液体或组织增生，可表现为 A、B、C 间隔线。

1) A 间隔线(Kerley's A lines)：位于肺野中带，自外周引向肺门，长约 4cm 的细线，与肺纹理走行不一致。

2) B 间隔线(Kerley's B lines)：位于肋膈角附近，垂直于胸膜水平走行的细线，长约 2cm。

3) C 间隔线(Kerley's C lines)：网状细线，位于下肺野。

2. HRCT 表现

(1) 支气管血管束周围的间质增厚：表现为粗细不均、形态不规则的索条影。

(2) 小叶核心结构增大：小叶内支气管血管束的间质异常，HRCT 显示小叶中心血管束增粗，直径大于 2~3mm；表现为点状或分支状高密度影。当细支气管内充填分泌物或炎性渗出时，HRCT 显示为胸膜下树枝样小细线伴 3mm 左右的小结节，称为树芽征(tree-budded sign)(图 3-33)，常见于弥漫性全细支气管炎、肺结核的支气管播散等。

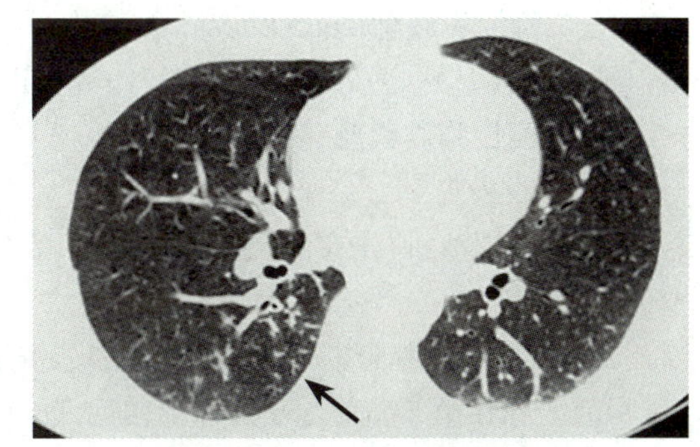

图 3-33　树芽征

(3) 小叶间隔增厚：表现为垂直于胸膜的长约 1~2cm 的僵直细线影(图 3-34)。

(4) 胸膜下线：位于胸膜下 1cm 以内，与胸膜平行的弧形细线，其病理基础是多个相邻增厚的小叶间隔相连形成(图 3-35)。

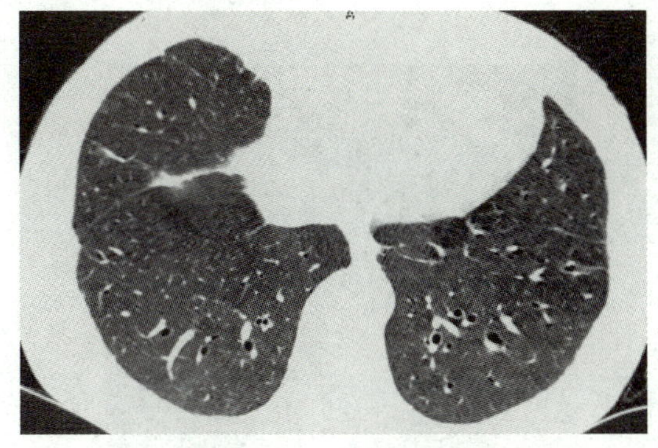

图 3-34　小叶间隔增厚

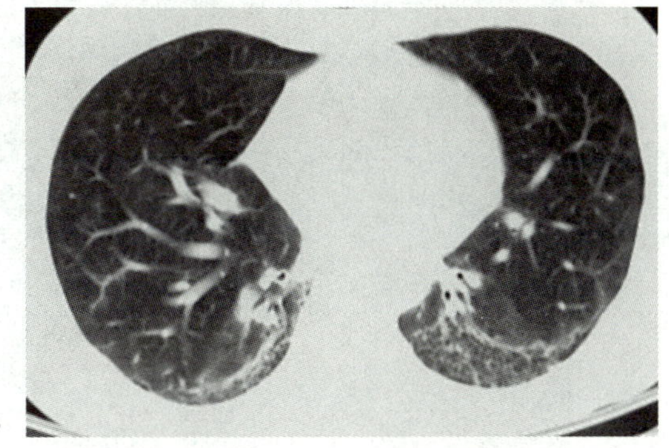

图 3-35　胸膜下线

(5) 蜂窝征：多个聚集、大小不等、壁厚且清晰的囊腔，多分布于胸膜下，由弥漫性纤维化合并肺组织破坏所致(图 3-36)。蜂窝征是肺间质纤维化的诊断依据。

(6) 牵拉性支气管扩张：支气管扩张呈柱状、囊状或串珠状，由严重的肺间质纤维化使肺组织扭曲变形所致。

(7) 磨玻璃密度影(ground-glass opacity)：肺内片状密度增高的模糊影，肺纹理可见，病理基础为肺泡腔内渗出、肺泡壁肿胀或肺泡间隔的炎症。多见于肺水肿、肺泡炎、间质性肺炎或特发性肺间质纤维化(图 3-37)。

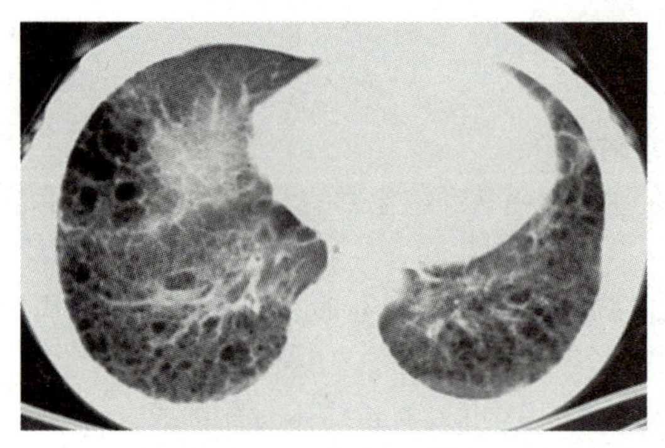

图 3-36　蜂窝肺

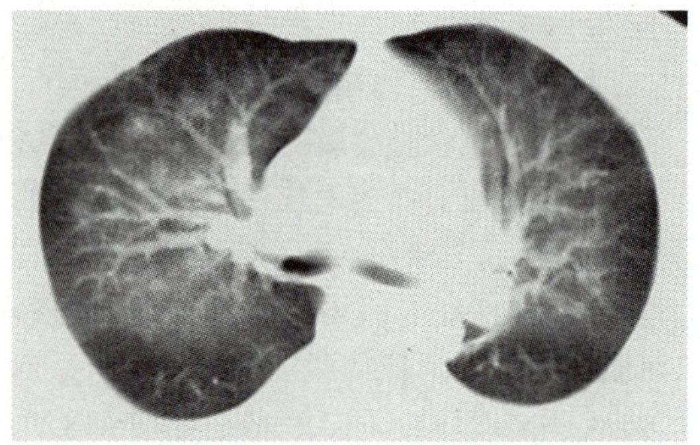

图 3-37　磨玻璃样改变

三、胸膜病变

(一) 胸腔积液(pleural effusion)

结核、炎症、肿瘤、外伤、结缔组织病等可以引起胸腔积液。

1. 游离性胸腔积液

(1) X 线表现

1) 少量积液:首先在侧位胸像上显示后肋膈角变钝,继之在正位胸像上显示患侧外肋膈角变钝(图 3-38)。

2) 中量积液:肺野内外高内低的边缘模糊的弧形致密影,肺纹理淹没,患侧膈肌及肋膈角淹没,积液上缘在第 4 肋前端平面以上,第 2 肋前端平面以下。

3) 大量积液:指积液上缘超过第 2 肋前端平面以上,肺野大部分呈均匀致密阴影,患侧肋间隙增宽,纵隔向健侧移位。

(2) CT 表现:与胸壁平行的弧形水样密度影,可随体位变化而变化(图 3-39)。

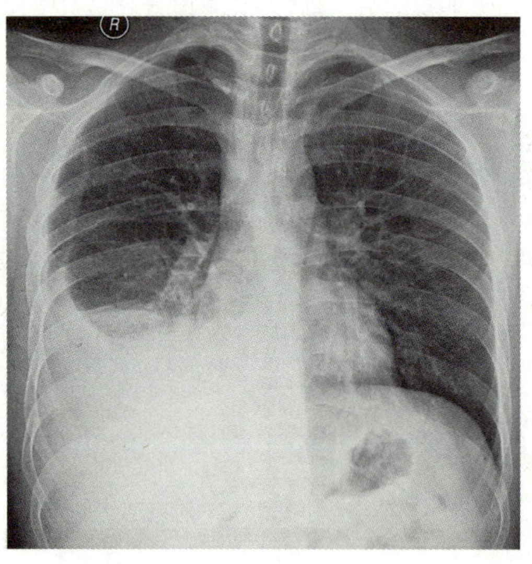

图 3-38　游离胸腔积液 X 线表现

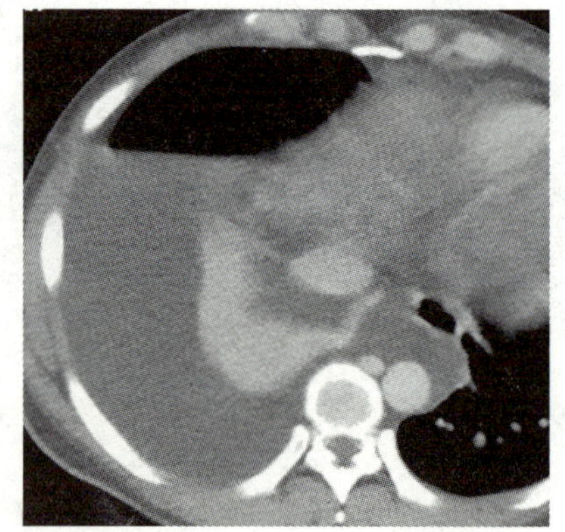

图 3-39　游离胸腔积液 CT 表现

(3) MRI 表现:MRI 对液体敏感,可以检出极少量的胸腔积液,为胸壁下新月形长 T_1 长 T_2 信号影。

2. 局限性胸腔积液

(1) 包裹性积液:指胸膜的脏层、壁层粘连,使液体局限于胸膜腔某一局部。X 线切线位显示为自胸壁突向肺野的边界清晰的半圆形致密阴影(图 3-40)。CT 及 MRI 可以直观地显示胸膜

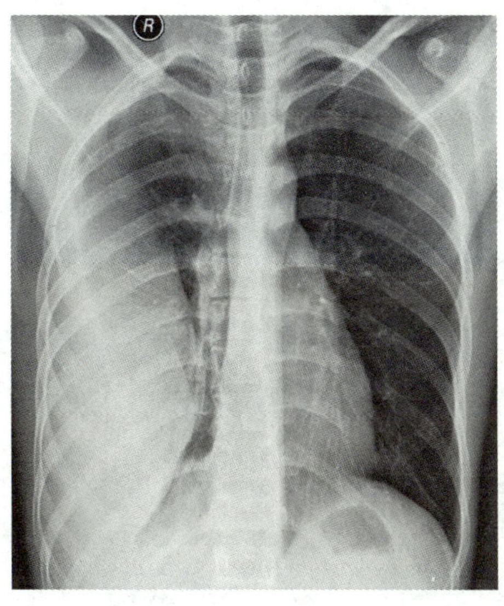

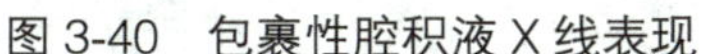

图 3-40　包裹性腔积液 X 线表现

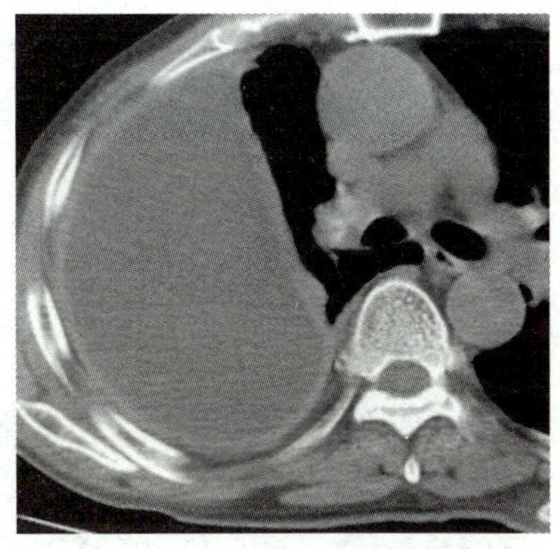

图 3-41　包裹性腔积液 CT 表现

腔某一位置的局限性水样密度（信号）影（图 3-41）。

(2) 叶间积液：指积液局限于叶间裂。X 线侧位胸像上表现为密度均匀的梭形致密阴影，边界锐利。CT、MRI 表现为叶间裂走行区梭形的水样密度（信号）影。

(3) 肺底积液：指积液局限于肺底与横膈之间。X 线表现为患侧膈面抬高。CT、MRI 可以直观地显示肺底、横膈上方的水样密度（信号）影。

（二）气胸（pneumothorax）

各种原因导致脏层或壁层胸膜破裂使气体进入胸膜腔内，即形成气胸。

1. X 线表现　肺野外带线状或带状的无纹理透亮区，可见压缩肺的边缘呈线状致密影，大量气胸时，气胸区可占据肺野的中外带，内带为压缩的肺，呈均匀软组织密度影。可见患侧肋间隙增宽，横膈下降，纵隔向健侧移位（图 3-42）。

2. CT 表现　肺窗上见肺外侧带状无纹理的异常透亮区，其内侧见弧形的脏层胸膜呈细线状软组织密度影。纵隔窗难以观察气胸（图 3-43）。

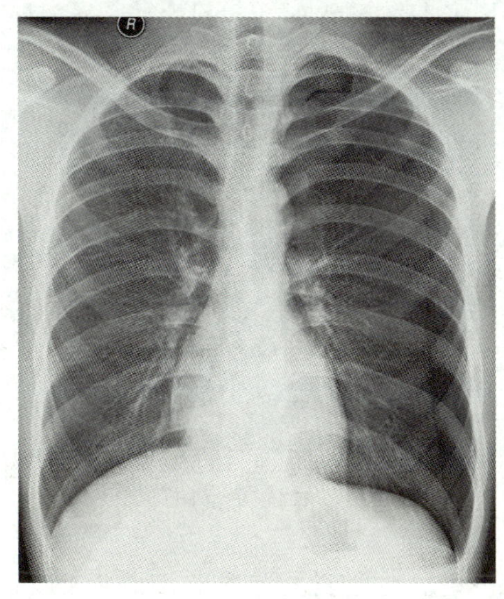

图 3-42　气胸 X 线表现

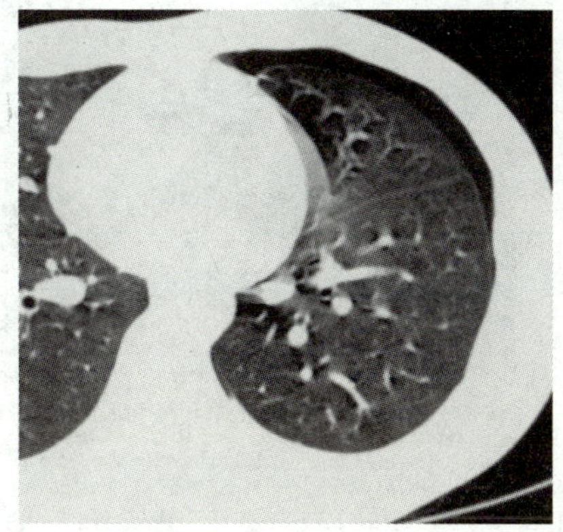

图 3-43　气胸 CT 表现

(三) 液气胸(hydropneumothorax)

指胸膜腔内同时有气体和液体。X 线及 CT 表现为横贯胸腔的气液平面伴肺组织压缩萎陷(图 3-44、图 3-45),MRI 更容易显示液平。

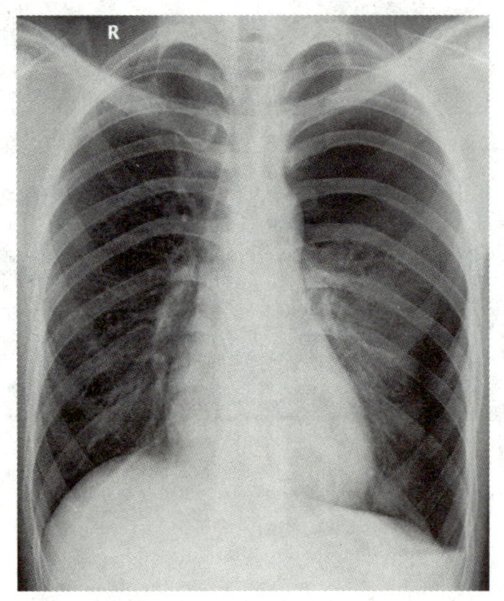

图 3-44 液气胸 X 线表现

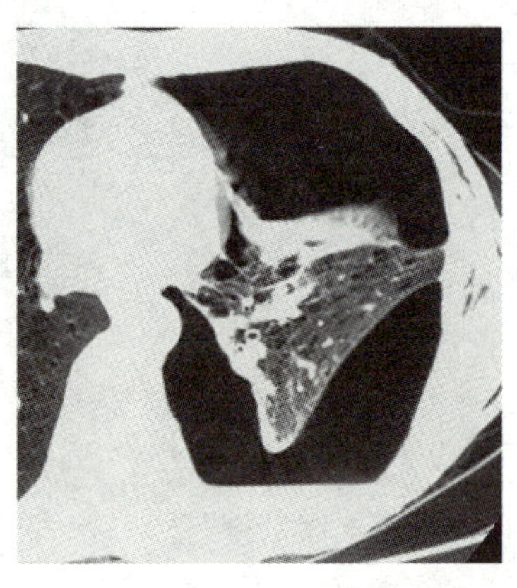

图 3-45 液气胸 CT 表现

(四) 胸膜肥厚、粘连和钙化

炎症性纤维素渗出、肉芽组织增生、外伤性出血机化均可引起胸膜增厚、粘连及钙化。

1. X 线表现 轻度局限性胸膜增厚粘连多发生在肋膈角区,表现为肋膈角变浅、变平,膈肌运动轻度受限;广泛胸膜增厚粘连时,可见患侧胸廓塌陷,肋间隙变窄,肺野密度增高,沿肺野外侧及后缘可见带状密度增高影,肋膈角变钝或消失,膈面抬高或变平,纵隔可向患侧移位。胸膜钙化时在肺野边缘可见不规则点状、条状或片状致密高密度影。

2. CT 表现 胸膜增厚常伴随胸膜粘连,肥厚的胸膜多表现为研胸壁的带状软组织影,厚薄不均,表面不光整,胸膜的广泛粘连导致胸廓塌陷或肺被牵拉(图 3-46)。胸膜钙化多呈点状、片状或条带状致密影,其 CT 值接近骨骼(图 3-47)。胸膜增厚达 2cm 及纵隔胸膜增厚均提示恶性。

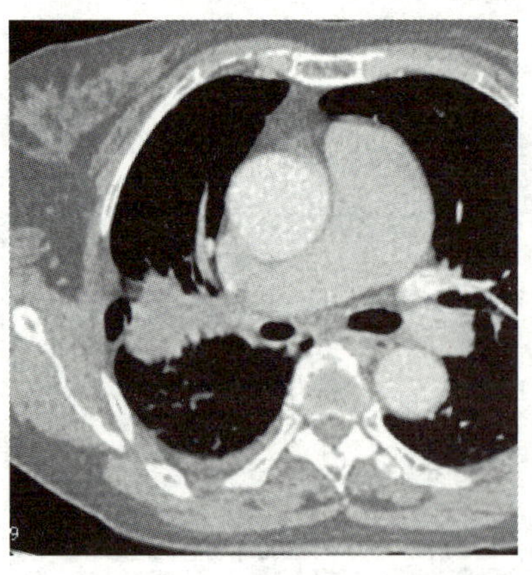

图 3-46 胸膜"凹陷征"

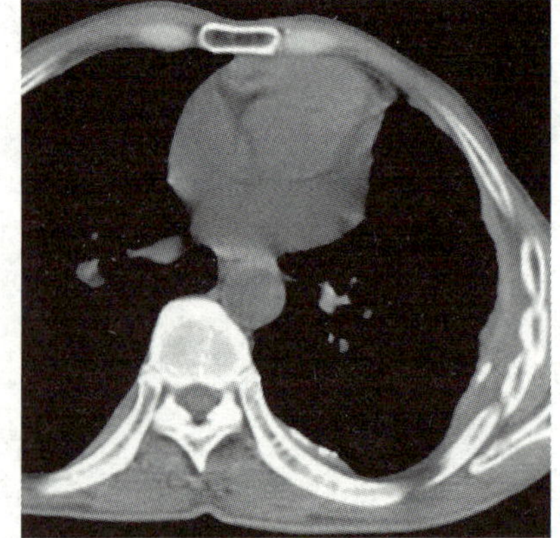

图 3-47 胸膜增厚伴钙化

3. MRI 表现 可以显示增厚的胸膜呈带状的稍长 T_1 稍长 T_2 信号影,钙化常难以显示。

(五) 胸膜肿瘤

常见的胸膜原发肿瘤为胸膜间皮瘤,少数为来自结缔组织的纤维瘤、平滑肌瘤、神经纤维瘤

等,转移瘤为常见的恶性肿瘤。

1. X 线表现 半球形、扁丘状或不规则形肿块,密度均匀,边缘清楚。弥漫性间皮瘤可伴胸腔积液,转移瘤常伴肋骨破坏。

2. CT 表现 多为结节状或肿块状与胸膜相连的软组织密度影,可单发或多发(图 3-48)。

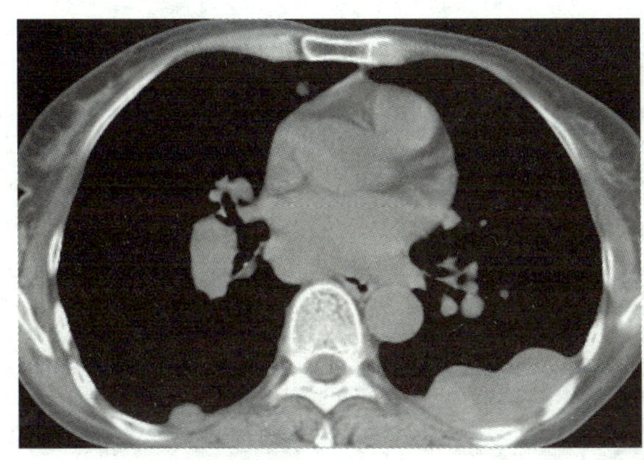

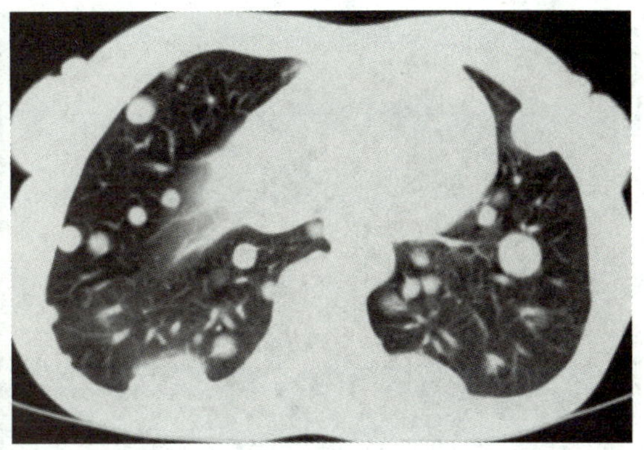

图 3-48 胸膜及双肺多发转移性结节及肿块

3. MRI 表现 局限性的胸膜间皮瘤表现为紧贴胸壁的半球形软组织影。弥漫型胸膜间皮瘤为恶性,表现为胸膜上广泛的实性结节或肿块,常伴有中等量以上的胸腔积液。胸膜转移瘤可见于单侧或双侧,表现多样可仅有游离胸腔积液或轻度胸膜增厚,也可表现为胸膜显著增厚与结节状突起及胸腔积液。胸膜结节在 T_1WI 上呈中等信号,T_2WI 上呈高信号。

四、纵隔病变

纵隔病变及肺内病变均可引起纵隔形态、密度和位置的改变。

(一) X 线表现

1. 形态改变 纵隔的形态改变最常见的是纵隔增宽,X 线胸像上近可表现为局限性或弥漫性增宽,对称性或非对称性增宽,以局限性及非对称性增宽最多见。

颈部脓肿向下蔓延或因食管穿孔引起的纵隔脓肿,X 线上多表现为上纵隔局限性增宽。冲击伤、挤压伤、胸壁穿通伤及手术等引起的纵隔血肿,表现为上纵隔两侧增宽,增宽的上纵隔边缘多较平直清楚。纵隔内肿瘤、囊肿、淋巴结增大或动脉瘤均可表现为纵隔相应部位的形态改变。脂肪组织增加、异位脏器、腹腔组织或脏器疝入胸腔也可使纵隔增宽、变形。

2. 密度改变 软组织病变与正常纵隔密度多无差异而难于分辨。气管支气管损伤等发生的纵隔气肿,可见纵隔内低密度的气带影,纵隔气肿常与气胸及皮下气肿并存。腹腔空腔脏器疝入纵隔时,可见其内有不规则的低密度空气影。畸胎瘤所含牙齿、动脉瘤壁钙化、淋巴结钙化均表现为纵隔内高密影。

3. 位置改变 胸腔、肺内及纵隔病变均可使纵隔移位。肺不张、肺硬化及广泛胸膜增厚等引起肺容积缩小的病变可牵拉纵隔向患侧移位。一侧肺气肿时,纵隔向健侧移位。一侧主支气管内异物引起不完全阻塞时,两侧胸腔压力失去平衡,呼气时患侧胸腔内压升高,纵隔向健侧移位,吸气时纵隔恢复原位,称为纵隔摆动。

(二) CT 及 MRI 表现

CT 及 MRI 除可显示纵隔的形态及位置改变,还可以明确病变的原因。纵隔内病变大致分为四类,即囊性、实性、脂肪性及血管性病变。

1. 囊性病变 CT 上表现为圆形或类圆形液体样密度影,MRI 上因囊内成分不同结果可不同,单纯性囊肿呈长 T_1 长 T_2 信号,黏液性囊肿或囊液富含蛋白时,在 T_1WI 和 T_2WI 均呈高信号,

囊内含胆固醇结晶或出血时，T_1WI 上也呈高信号。

心包囊肿多位于右心膈角区，支气管囊肿好发于气管、食管旁或邻近肺门部。

2. 实性病变 可见于良、恶性肿瘤、淋巴结增大等，CT 上呈软组织密度，T_1WI 上信号强度略高于正常肌肉组织，T_2WI 上信号强度较高。恶性肿瘤内常发生囊变坏死，在 T_1WI 上呈低信号，T_2WI 上呈高信号（图 3-49）。

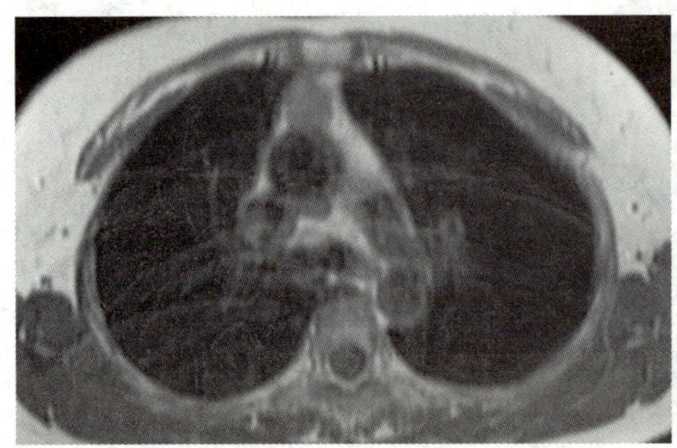
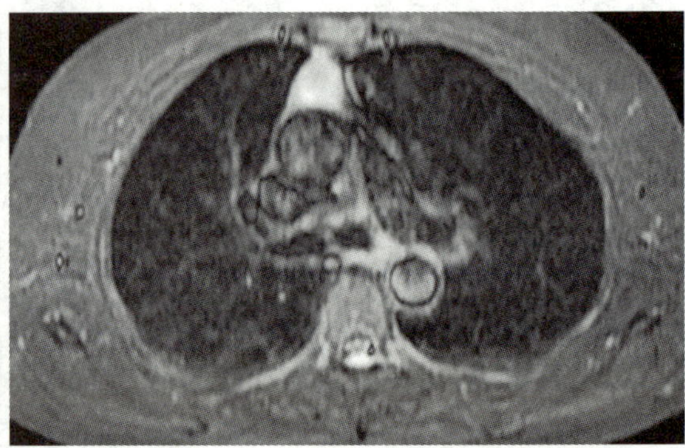

图 3-49 胸腺瘤

3. 脂肪性病变 可见于脂肪瘤或畸胎瘤，脂肪在 CT 上为低密度，可参照皮下脂肪（图 3-50）。磁共振 T_1WI 及 T_2WI 上均为高信号，应用脂肪抑制技术，脂肪性病变呈低信号。

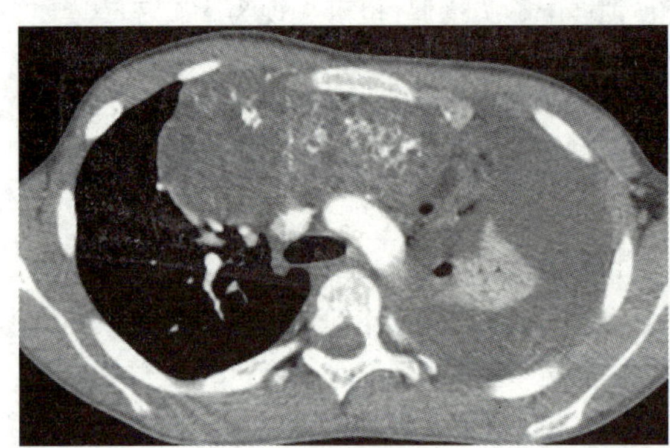
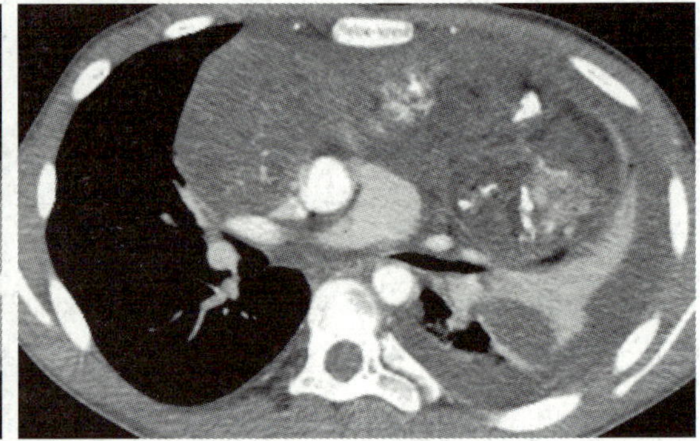

图 3-50 前纵隔畸胎瘤

4. 血管性病变 CT 平扫多只能显示血管形态的改变及血管壁的钙化，增强 CT 对鉴别血管性与非血管性病变很有价值，可明确识别主动脉瘤、主动脉夹层及附壁血栓。不同性质和速度的血流产生的磁共振信号不同，动脉瘤的瘤壁弹性差，血流在该处流速减慢或形成涡流，故而产生的信号多不均匀；动脉夹层依其血流速度不同，易于分辨真假腔，通常假腔大于真腔，假腔的血流较缓呈较高信号，且常有附壁血栓形成，而真腔的血流快，通常为流空信号。

（三）肺内肿块与纵隔肿块的鉴别诊断（表 3-2）

表 3-2 肺内及纵隔肿块的鉴别要点

	肺内肿块	纵隔肿块
位置	位于纵隔一侧	位于纵隔一侧或两侧
肿块中心	在肺内	在纵隔内
与肺的夹角	锐角	钝角
空气支气管征	可有	无
运动	随呼吸而动	随吞咽而动

五、膈肌病变

引起横膈改变的原因有膈肌本身的病变、肺内病变及膈下腹腔内的病变等。主要引起膈肌形态、位置及运动的改变。肺气肿可引起膈低平；胸膜增厚、粘连可引起膈平直、升高；膈麻痹、腹水、腹部肿物等可引起膈膨升。这些疾病同时可引起膈肌运动减弱或消失。

第三节　先天性疾病

一、先天性支气管囊肿

先天性支气管囊肿（congenital bronchial cyst，CBC）是胚胎发育时期气管支气管树分支异常的罕见畸形，分为纵隔囊肿、食道壁内囊肿和支气管囊肿。可为单发或多发大小可从数毫米至占据一侧胸廓的 1/3~1/2。

（一）临床表现

支气管囊肿多见于青少年，10 岁以下较多见，男性发病率高。临床主要表现为压迫症状和感染症状。压迫症状：压迫支气管可出现干咳、气急、呼吸困难等。如为张力性囊肿，可因囊肿快速、极度的膨胀，出现类似张力性气胸的症状。压迫食管可致梗噎。而在婴幼儿，巨大的囊肿可能压迫循环系统，造成极度呼吸困难和发绀。囊肿感染及囊内出血可使囊肿短期内迅速增大，并伴有压迫及疼痛等症状。感染症状：囊肿感染多因其与支气管相通所致。可出现咳嗽、咳痰、咯血、发热等，严重者，可出现高热、寒战、排大量脓痰。

（二）病理生理基础

支气管的发育是从索状组织演变成中空的管状结构，由于胚胎发育的停滞，不能使索状结构成为贯通的管状结构，远端的原始支气管组织与近端组织脱离，逐渐形成盲管，管腔内的分泌物不能排出，即逐渐积聚膨胀，形成囊肿。镜检见囊壁为假复层纤毛上皮，属正常支气管壁成分，部分呈鳞状化生或柱状上皮。囊壁含软骨，平滑肌索，弹力纤维，以及腺体成分。

（三）影像学表现

1. X 线　孤立的肺囊肿下叶较上叶多见，含液囊肿表现为圆形或椭圆形，密度均匀的阴影，边缘锐利。含气囊肿表现为薄壁环状透亮阴影，囊肿越大壁越薄，张力性肺囊肿体积可以很大，压迫正常肺组织，使肺纹理只表现在肺尖或肋膈角区，甚至将纵隔推向健侧。可见到囊肿周围浸润性炎症阴影，囊壁增厚，炎症吸收后囊肿与周围组织形成粘连，X 线形态不规则，胸膜肥厚粘连影，失去典型的圆形或椭圆形阴影。支气管囊肿在 X 线胸片上呈现为圆形或椭圆形，轮廓清晰，边缘光滑，密度均匀，没有分叶形状，没有钙化的阴影。附着在气管、主支气管壁的一侧边界，可因气管、主支气管壁的挤压而略平直，具有一定的诊断意义。附着在气管壁上的囊肿可随吞咽动作而上下移动（图 3-51）。

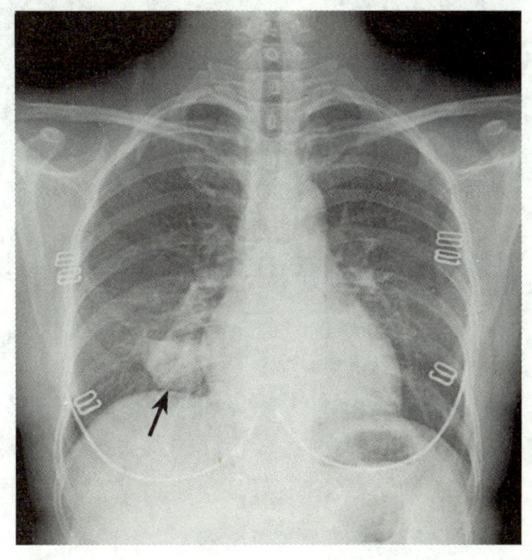

图 3-51　先天性支气管囊肿 X 线表现
提示：右下肺可见类圆形结节灶（黑色箭头所示），边界不清，其内可见液气平面

2. CT 表现

（1）孤立性囊肿：多见于下叶，含液囊肿多表现为圆形或椭圆形水样密度影，密度均匀，边缘

光滑锐利，CT 值一般在 0~20HU 可高达 30HU 以上，静脉注入造影剂后无强化。囊肿有时有分叶，因含黏液其 CT 值较高呈软组织密度，如位于肺野外周，可误诊为周围型肺癌，如囊肿和支气管相通，有空气进入，则成含气囊肿或液气囊肿。

(2) 多发性囊肿：根据发育障碍的产生情况，多发性肺囊肿一般为气囊肿，在一侧或两侧肺野内呈弥漫性多数薄壁环形透光影，有些含有小的液平面，气囊影大小不等，边缘锐利，若囊肿并发感染则在其边缘出现浸润性炎症影，囊壁增厚。肺窗上含液囊肿表现为圆形高密度影，边界清楚锐利。纵隔窗上囊肿密度均匀，CT 值为 0~20HU。如合并出血或囊内蛋白质含量较高，则 CT 值相应增高，易于肺实质性肿瘤混淆。含气囊肿在肺窗上表现为边界清楚的圆形无肺纹理透亮区，纵隔窗上多能显示其薄壁。液气囊肿在肺窗及纵隔窗上均可见液气平面征象(图 3-52)。

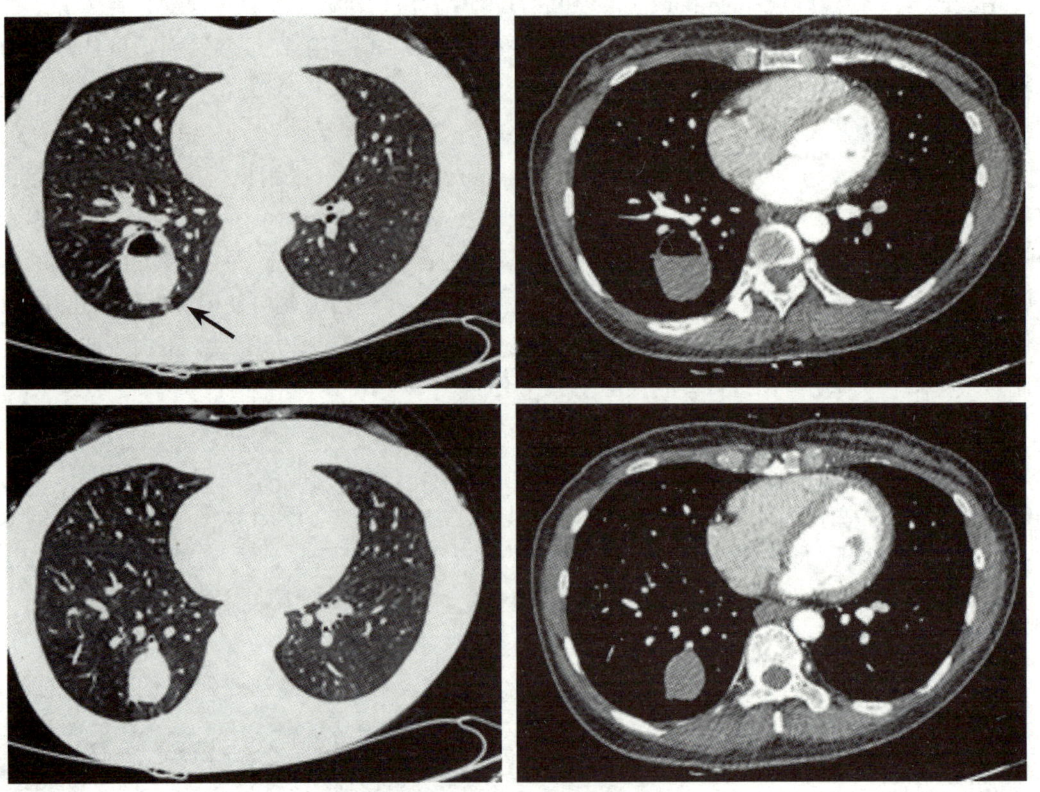

图 3-52 先天性支气管囊肿 CT 表现

提示：右下肺囊性结节灶，增强扫描未见明显强化，其内可见液气平(黑箭头所示)

3. MRI MRI 信号强度特点取决于囊肿成分，如为浆液性成分，则具有水样信号特点，即 T_1WI 为低信号，T_2WI 上为高信号。如液体内蛋白成分多或有胆固醇类结晶，T_1WI 上表现为高信号。

(四) 诊断与鉴别诊断

肺囊性病变种类较多，需与支气管囊肿鉴别的常见病有：

(1) 肺隔离症：有较特征的发病部位，异常的主动脉血供可资鉴别。

(2) 肺结核空洞：好发于上叶尖后段及下叶背段，周围有卫星灶和粘连带，可见钙化及引流支气管影等有助于鉴别。

(3) 肺包虫囊肿：可有囊壁钙化及内囊分离的典型表现，结合疫区居住史鉴别多不难。

(4) 急性肺脓肿：可与合并感染而囊壁增厚的液气囊肿类似。但其起病急，经抗感染治疗病灶可逐渐缩小，动态观察不难鉴别。

二、肺发育不全

肺发育不全(pulmonary hypoplasia,PH)是胚胎发育过程中肺芽发育产生障碍所致的一种先天性缺陷疾病,患者肺组织可有正常支气管、血管、肺泡结构,但数量和容积减少。该病发病率较低,严重者出生后即死亡,多在尸检时发现,近年来因放射、CT、MRI等技术出现,对本病确诊率明显提高。

(一)临床表现

肺发育不全临床主要表现为呼吸困难,甚至呼吸窘迫,以及长期反复呼吸道感染,体检可见患侧胸廓塌陷,活动度减弱,叩诊呈浊音,听诊呼吸音减低或消失。

(二)病理生理基础

正常情况下胚胎气管末端分为左右两支,增长膨大为肺芽,进一步发育增长成支气管及分支,反复分支发育成支气管树,最终形成肺泡。胚胎发育过程中,某个阶段肺芽发育产生障碍导致肺不发育和肺发育不全,大多数同时并发其他发育缺陷,较常见的有气管、支气管及肺动脉的发育不全和缺如,脊椎发育异常。以及腹内脏器经过胸腹膜疝入胸膜腔,这些畸形都是与肺争夺胸膜腔空间;先天性膈疝的婴儿50%~80%死于肺功能衰竭,主要是由于先天性肺发育不全。

肺发育不全可分为以下病理类型:

1. 肺发育不良　即肺实质发育障碍,常见类型有肺组织未发育伴先天性膈疝肺动脉缺如,球形肺伴支气管畸形。

2. 肺叶缺如　一叶或多叶缺如;常见为右中叶和右下叶缺如,纵隔向患侧移位,患侧余肺多合并其他畸形。

3. 单侧肺缺如　由于一侧肺芽发育障碍可以是支气管闭锁,远端没有肺组织及肺血管;另有一部分表现为支气管狭窄和远端肺组织肺气肿,这是由于气体经侧支气管进入缺乏肺血管的肺组织而形成的主支气管缺如,继发肺缺如,左侧明显多于右侧。由于残肺换气不能代偿,患儿多在婴儿期死亡,但有报道仍有少数能活到60岁以上且无明显临床症状的患者。

4. 双肺缺如　胚胎期肺芽不发育,发病罕见,胎儿多合并心脏等脏器畸形大多在宫腔内死亡、流产,少数出生后可有呼吸挣扎,不能维持生命。

反复出现的呼吸道感染是就诊的主要原因。单侧肺发育不全患者常有轻微呼吸困难,体力及耐力较差;部分患者可因来自体循环的侧支循环而咯血,合并呼吸道感染的患者有呼吸困难加重、发绀、呼吸音,粗生长发育迟缓;伴有心脏、骨骼或其他脏器畸形的患者,可有相应的症状。患者的胸廓常无畸形,双侧对称或近乎对称,患侧呼吸运动弱,呼吸音减弱或消失。叩诊可以是实音或是过轻音,无特异性伴发胸廓畸形的患者常有相应的体征。肺叶缺如患者临床症状较少,病情隐匿查体仅有患侧呼吸音减低,不做X线等检查极易漏诊。上述类型如伴有肺部感染,患侧可出现呼吸音粗糙并啰音。

(三)影像学表现

1. X线检查　一侧肺不发育在X线胸片上见患侧胸腔密度均匀致密,其内缺乏充气的肺组织、支气管影以及血管纹理的痕迹,心脏和纵隔结构均移向患侧,患侧的横膈面显示不清,对侧正常肺呈不同程度的代偿性肺气肿,以致横膈下降,膈面变平,过度膨胀的肺可形成纵隔疝。如果同时见到脊椎有半椎体畸形则很有助于诊断。另一部分肺发育不全,可在X线胸片上显示肺组织充气,但肺纹理稀少,相比之下有时会被误认为是健侧支气管炎症或支气管扩张,须特别注意。

2. 肺动脉灌注扫描　患侧显示肺血流减少或明显减少。

(四)诊断与鉴别诊断

1. 支气管扩张　在X线胸片上显示肺组织充气透明度增加,肺纹理稀少,与肺叶发育不全

易混淆，支气管造影检查可明确诊断。

2. 普通支气管炎症与肺发育不全合并肺部感染鉴别 X 线检查不易鉴别，可行肺动脉造影检查。

三、肺隔离症

肺隔离症（pulmonary sequestration，PS）是指一种少见的先天性肺发育畸形，由异常体循环动脉供血的部分肺组织形成囊性肿块，这部分肺组织可与支气管相通，造成反复发作的局限性感染，不相通时则不会出现任何呼吸道症状，又称为支气管肺隔离症。

（一）临床表现

多数患者为青年，多数患者无症状，感染则可发热、咳嗽、咳痰、胸痛等。临床上主要表现为呼吸道症状、无症状、心血管症状。

1. 呼吸道症状 临床表现为反复发作的肺部感染，咳嗽、咳痰，甚至咯血。

2. 无症状 主要在叶外型隔离症，仅在胸片上表现为肺内肿块影。

3. 心血管症状 这种表现极少见，主要是为隔离症供血的血管对血液分流，导致的心力衰竭。

（二）病理生理基础

肺隔离症为先天性疾病（非遗传性疾病），在肺发育过程中，连接原始主动脉与原始肺的血管未退化，高压血流压迫部分肺，影响其发育，使其发生囊性变和纤维性变，形成隔离症。本病可分为叶内型和叶外型。肺叶内型：与邻近正常肺为同一脏层胸膜所包裹，隔离的肺组织与正常肺组织分界不清、大小不等的囊样结构，部分为实性块，囊内充满黏液，多不与正常支气管相通。供血动脉来自降主动脉甚或腹主动脉，静脉回流经肺静脉、腔静脉或奇静脉。多见于左侧下叶后段，位于脊柱旁沟。 肺叶外型：隔离的肺有其独立的脏层胸膜所包裹，病变组织多为实性块，少数呈囊样变。供血动脉来自腹主动脉而非降主动脉，静脉回流经腔静脉、门静脉、奇静脉。多见于左下叶后段，可于膈下或纵隔。

（三）影像学表现

1. X 线

（1）肺叶内型：圆形或椭圆形，密度均匀一致，边缘较为清楚，下缘与膈相连，合并感染时可见含气的囊腔，其大小可随病理演变而改变。

（2）肺叶外型：软组织密度影，病灶密度均匀，可合并横膈疝。

2. CT

（1）肺叶内型：病灶密度不均，可呈蜂窝状，多个大小不等的囊样透光区，可见液-气面或液-液面影，伴发感染者可见脓肿样改变，病灶边缘模糊不清，周围见轻度肺气肿，多数呈不规则强化，HCT 可示供养动脉（图 3-53）。

（2）肺叶外型：边缘清楚的软组织密度，多数患者病灶密度均匀，少数可见多发小囊状影，少数病变区不规则强化，HCT 多可显示供养动脉。

3. MRI 边界清楚的三角形或肺叶状影，囊性区 T_1WI 低，T_2WI 呈高信号；实性区 T_1WI 中，T_2WI 呈高信号，信号可较均匀，也可以不均匀，可显示病灶供血动脉的起源处，显示其内血管结构及静脉引流，有助区别肺叶内型和肺叶外型（图 3-54）。

（四）诊断与鉴别诊断

肺隔离症：好发于后基底段，尤以左下多见，位于脊柱旁沟，三角形或类圆形，病灶内可见囊性结构，边缘清楚，CT 增强检查可见实质部分有强化，可见来自体循环系统的供养血管。需与下述疾病鉴别：

1. 脓肿 多见于上叶后段或下叶背段，很少呈囊状。

2. 多房性肺囊肿

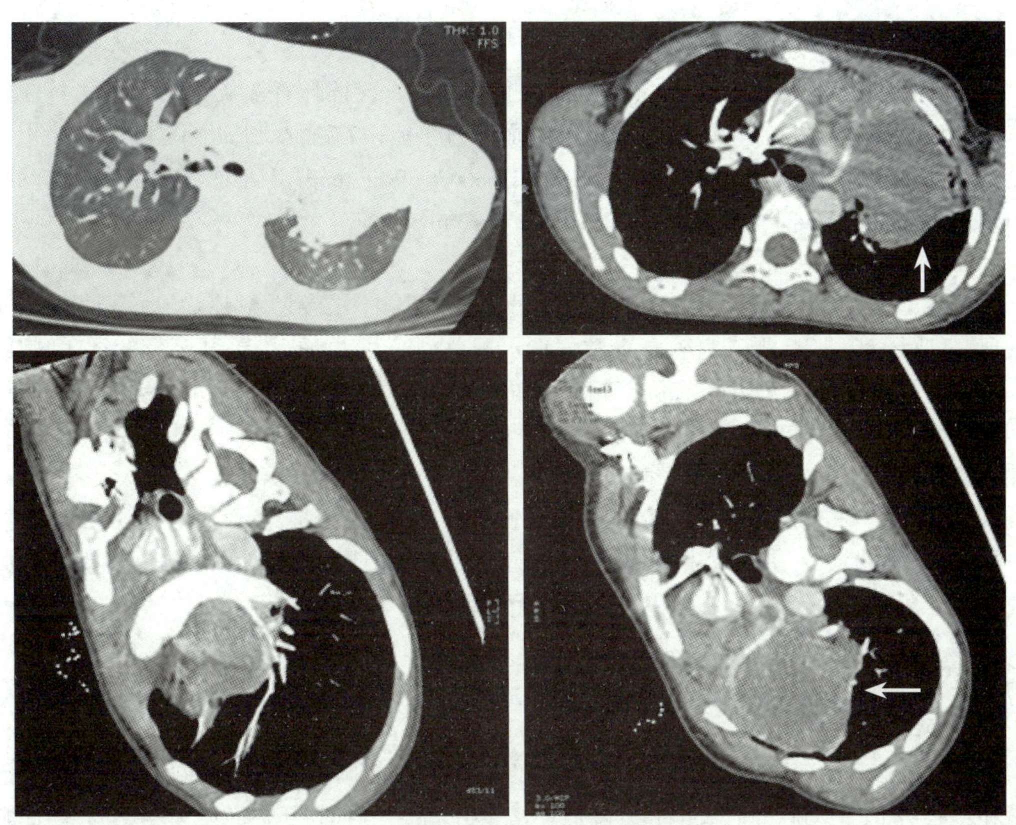

图 3-53 左上肺叶内型隔离肺

提示：增强扫描可见轻度强化软组织结节影，由降主动脉供血（白箭头所示）

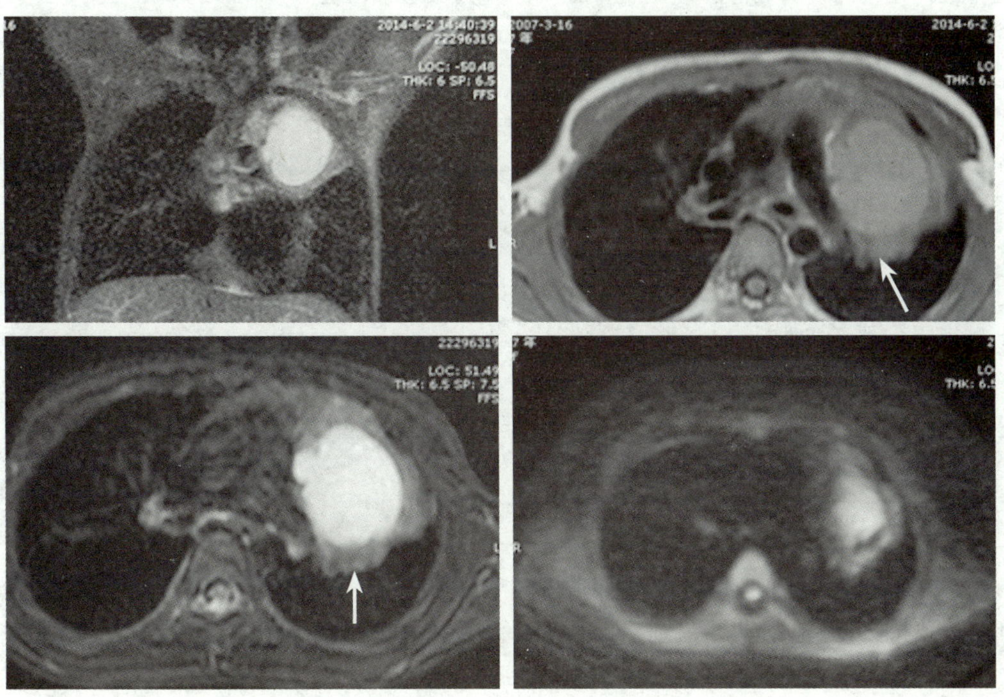

图 3-54 肺隔离症 MRI 表现

提示：左上肺叶可见类圆形等 T_1、长 T_2 信号灶（白箭头所示），周边可见流空血管影，DWI 成像中心区呈高信号

四、肺动静脉瘘

肺动静脉瘘(pulmonary arteriovenous fistula,PAVF)为先天性肺血管畸形,血管扩大纡曲或形成海绵状血管瘤,肺动脉血液不经过肺泡毛细血管直接流入肺静脉,肺动脉与静脉直接相通形成短路,又称肺动静脉瘤、肺血管扩张症(haemagiectasis of the lung),毛细血管扩张症伴肺动脉瘤(haemonreac telangiectasia with pulmonary artery aneurysm)等。

(一) 临床表现

本病多见于青年,症状轻重取决于动静脉分流量大小。多数无明显症状,瘘管大时,患儿可有气促、呼吸困难、头晕、眼花、咯血;少数病例出现典型的发绀、杵状指,甚至晕厥;红细胞可增多。若肺动静脉瘘位置表浅,可在胸壁相应位置听到连续性收缩期杂音。部分患者伴有遗传性毛细血管扩张症,可有口腔、鼻、口唇黏膜出血和四肢皮肤细小毛细血管瘘。同时肺内也可有多发性小的肺动静脉瘘。主要分为三型:

1. **Ⅰ型多发性毛细血管扩张** 为弥漫、多发性,由毛细血管末梢吻合形成,其短路分流量大。

2. **Ⅱ型肺动脉瘤** 由较近中枢的较大血管吻合形成,因压力因素呈瘤样扩张,短路分流量更大。

3. **Ⅲ型肺动脉与左房交通** 肺动脉显著扩大,短路分流量极大,右至左分流量可占肺血流量的80%,常伴肺叶、支气管异常。

(二) 病理生理基础

肺动静脉瘘的主要病理生理是:肺动脉内的静脉血未经肺泡氧合。即通过瘘管直接进入肺静脉和左心房,使主动脉的血氧饱和度降低。由于分流经瘘管时,压力和阻力均不高,因而肺动脉压正常,心脏一般不大,心衰很少发生。各种不同大小和不等数目的肺动脉和静脉直接连接,二者之间不存在毛细血管床,病变血管壁肌层发育不良,缺乏弹力纤维,又因肺动脉压力促使病变血管进行性扩张。肺动静脉瘘是一种肺动静脉分支直接沟通类型,表现为血管扭曲、扩张,动脉壁薄,静脉壁厚,交通血管呈囊样扩大,囊瘘可见分隔及血栓。病变可位于肺的任何部位,囊瘘壁增厚,但某区内皮层减少,变性或钙化,为导致破裂的原因。另有右肺动脉与左房直接交通,为少见特殊类型。病变分布于一侧或两侧肺,单个或多个,大小可在1mm或累及全肺,常见右侧和二侧下叶的胸膜下区及右肺中叶。本病约6%伴有Rendu-Osler-Weber综合征(多发性动静脉瘘,支气管扩张或其他畸形,右肺下叶缺如和先天性心脏病)。

(三) 影像学表现

1. **X线表现** 心影大小正常,但分流量大的肺动静脉瘘则有心脏扩大。约50%病例在胸片上显示单个或多个肿块状、球状、结节状、斑点状阴影,大小不一,位于1个或多个肺野(图3-55)。病变血管呈绳索样不透光阴影,从瘘处向肺门延伸,钙化少见。肋骨侵蚀可因肋间动脉扩大所致,但不常见。

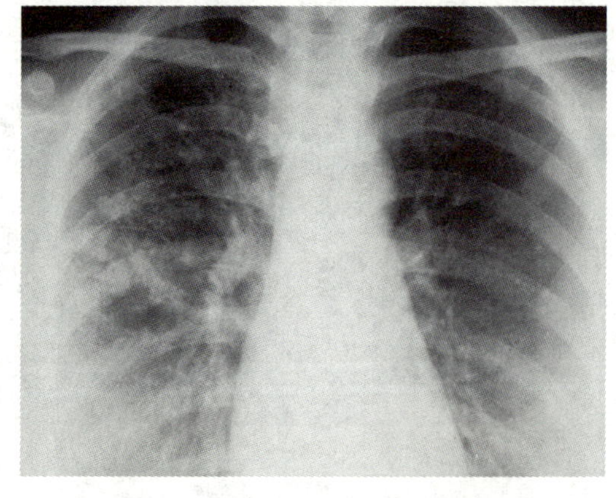

图3-55 肺动静脉瘘X线表现

提示:胸片显示病变呈团块状,周围可见血管影与之相连

2. **CT** 肺动静脉瘘在CT上表现为圆形或轻度分叶的致密影,多位于肺门附近的肺内带。在不少病例中可见输入动脉的血管,而引流静脉注入左心房。增强CT病变区强化明显,供应动脉及引流静脉亦更加清楚,多层螺旋CT增强VRT三位重建可以清晰显示供血动脉、囊状扩张的畸形血管团及引流的静脉(图3-56)。

3. **MRI** 由于流空效应,肺动静脉瘘内的血

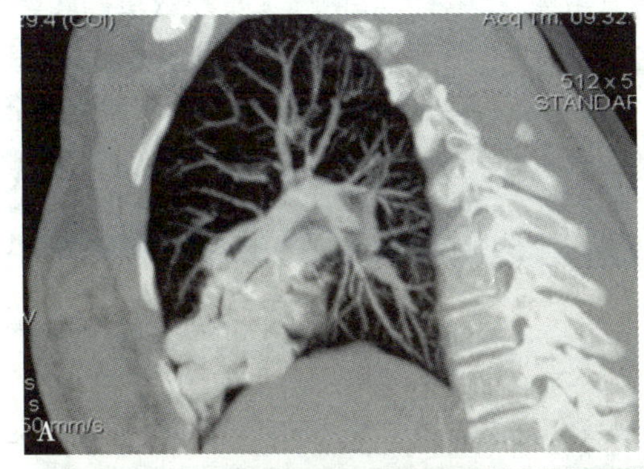

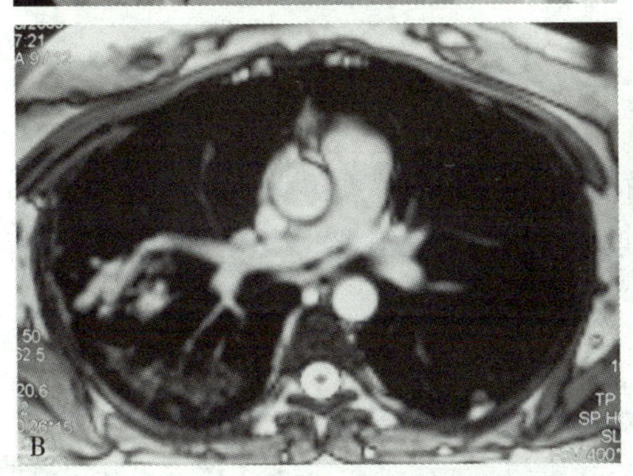

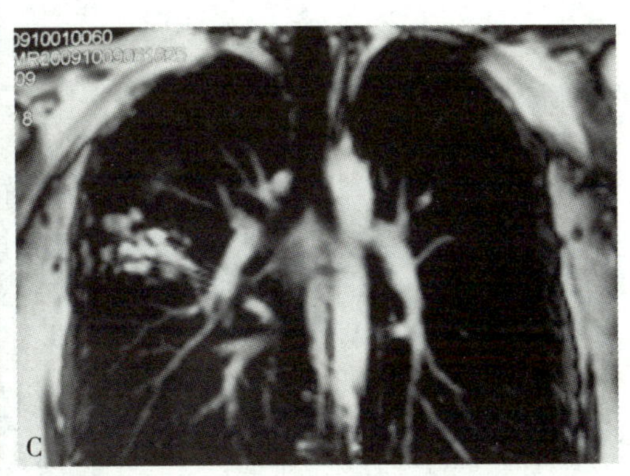

图 3-56　肺动静脉瘘 CT 表现

提示：A. CT 增强 MPR 显示"瘤囊"及供血动脉和引流静脉；B、C. MR 轴位及冠状位增强显示瘤囊及供血动脉

液表现为低信号，梯度回波快速成像技术，其内的血液可表现为高信号。如动静脉瘘内血流较慢，T_1WI 上呈中等信号，信号不均匀，T_2WI 上呈高信号。

4. 心导管检查和心血管造影　动脉血氧饱和度下降。心搏出量和心腔压力正常也无心内分流存在。颜料稀释试验可用于测试分流量和部位，注意避免导管进入瘘内，警惕破裂危险。在肺动脉注射造影剂可显示动静脉瘘的部位和大小，可见扩张、伸长、扭曲的血管。

（四）诊断与鉴别诊断

1. 肺内转移瘤　肺动静脉瘘尤其是多发性的肺动静脉瘘，其胸部 CT 显示肺部有多处的占位病变，极易误诊为肺内转移瘤，应根据其病历还有血气分析等资料进行辨别，尤其要分清楚两者在 CT 上的区别。

2. 肺结核　PAVF 与其他类型肺结核的主要鉴别要点有：肺结核患者在 X 线胸片上的病灶多位于肺上叶尖、后段或下叶背段，而 PAVF 常位于两下肺叶及中叶近胸膜脏层；给予抗结核治疗后，肺结核患者的症状很快好转，复查 X 线胸片（或胸部 CT）亦可见病灶有吸收，但 PAVF 患者的症状及肺部病灶则无明显变化。

3. 支气管扩张　支气管扩张及肺动静脉瘘在临床症状上有许多相同之处，如反复地咳嗽、咯血，因此临床诊断时应对两者进行鉴别。一般来说，如果有以下几个特点时，都应考虑肺动静脉瘘：①胸片上可见一个或多个圆形或卵圆形密度均匀的肿块，边界清楚，可有分叶征象，有时在肿块的近心端可见两个条索状阴影与肺门相连，这就是肺动静脉瘘的流入和流出血管。②透视下可见肺门血管搏动，作 Valsalva 操作法（紧闭声门的持续而用力地呼气）由于胸内压升高，流入胸腔的血液减少，可见圆形阴影显著缩小。③患者可有发绀、杵状指（趾）及红细胞增多征，确诊可行肺动脉造影，可以看到瘘的大小、部位及血管数等特征。

第四节　胸 部 外 伤

胸部外伤是胸部受到直接暴力或间接冲击力作用，而造成的胸廓、胸膜、肺、纵隔、横膈等的

损伤,可分为急性外伤和慢性外伤。临床上以急性胸部外伤常见。根据是否穿破全层胸壁(包括胸膜),胸部损伤可分为闭合性和开放性两类。闭合性外伤主要由暴力挤压、冲撞、钝器打击所致。开放性外伤主要为锐器损伤、枪弹伤。影像学检查能有效及时地了解胸部外伤所致的各种病变,为临床治疗方案的制订提供影像依据。常见的胸部外伤包括骨折、气胸、液(血)气胸、肺挫伤、胸部异物等。

一、骨折

(一) 肋骨骨折

肋骨骨折常见,多发生于第4~第10肋骨的腋段和后段,一般多发,也可单发。临床上还可看到单一肋骨双骨折甚至多处骨折的情况。肋骨骨折常伴有皮下气肿、气胸、纵隔气肿和肺出血等。

1. 临床与病理 肋骨骨折的临床症状与肋骨骨折的数量、部位及是否移位相关。局部疼痛是肋骨骨折最明显的症状,随咳嗽、呼吸及身体转动等运动而加重,患者有时可听到或感觉到骨折处的骨摩擦感。骨折局部肿胀,有明显压痛。肋骨骨折多发于第4~第10肋骨的腋部和背部,多根肋骨多处骨折时还可引起胸廓变形塌陷。

2. 影像学表现

(1) X线:胸部正位片和右前斜位及左前斜位片,可较好显示肋骨骨折的存在及形状,同时判断骨折的对合情况。根据肋骨有无骨皮质断裂及断端移位,诊断不难。但是不全骨折及膈下肋骨骨折易漏诊,应注意对肋骨逐条观察。X线胸片还可观察到肋骨骨折的继发征象,如气胸、血气胸、皮下气肿、纵隔气肿等(图3-57)。

(2) CT:CT扫描骨窗上可见透亮骨折线,骨质断裂及断端错位等。通过薄层CT肋骨三维成像技术,可以更清晰显示骨折部位及形态。同时,CT扫描可更好显示肺、胸膜及软组织外伤性改变(图3-58)。

3. 诊断与鉴别诊断 肋骨骨折依靠影像学典型表现,结合明确外伤史,不难诊断。对于不全骨折或无明显移位的骨折,X线及CT检查易漏诊,可通过薄层CT肋骨三维成像技术观察,避免漏诊。

图3-57 肋骨骨折X线示意图

提示:X线显示右侧肋骨骨折(箭头),右侧气胸(白箭),右下肺挫伤,右侧少量胸腔积液

(二) 胸骨骨折

胸骨骨折主要由于强大暴力的直接作用或挤压所致,易合并胸内脏器、血管损伤,甚至肝、脾破裂。

1. 临床与病理 患者有明确的外伤史,胸骨部位疼痛,可伴呼吸困难。体检胸骨部有明显肿胀,胸前区压痛明显,可触及骨摩擦感。

2. 影像学表现

(1) X线:胸部侧位或斜位片较易发现胸骨骨折。常表现为胸骨体横行或斜行骨折。

(2) CT:对胸骨骨折的检出率较X线高,但难以显示有无裂隙骨折及胸骨骨折全貌。薄层CT三维重建技术可帮助诊断(图3-59)。

3. 诊断与鉴别诊断

典型的影像学表现结合明确的外伤史,可以明确诊断。CT检查的检出率较X线高。薄层CT三维重建技术可更好显示胸骨的骨折部位及形态。

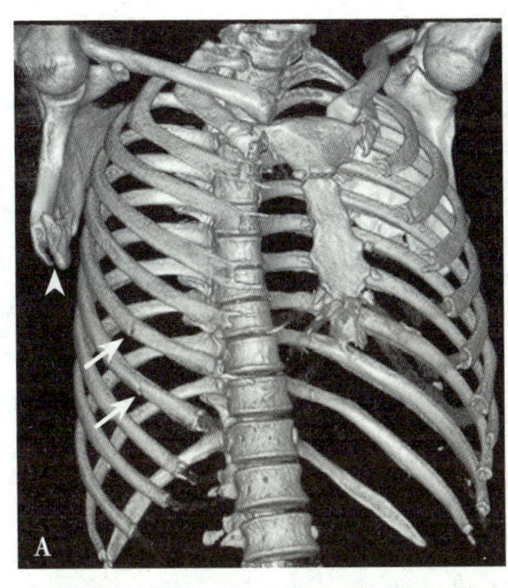

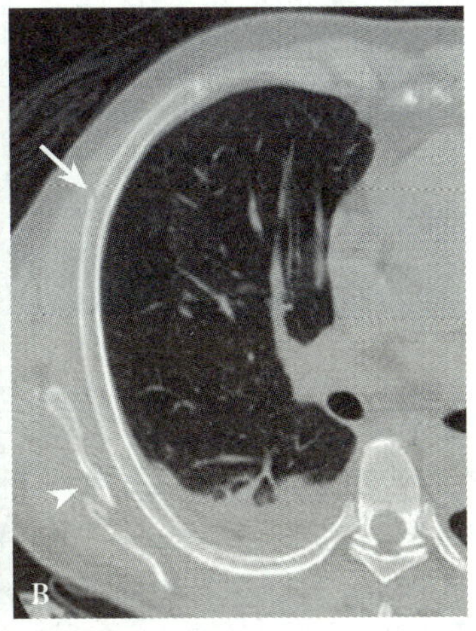

图 3-58　肋骨骨折 CT 示意图

提示：CT（A. 三维重建 VR 像，B. MRP 二维重建）显示右侧肋骨骨折（白箭），合并右侧肩胛骨骨折（白箭头），右侧第 1、2 腰椎横突骨折，右侧胸腔积液

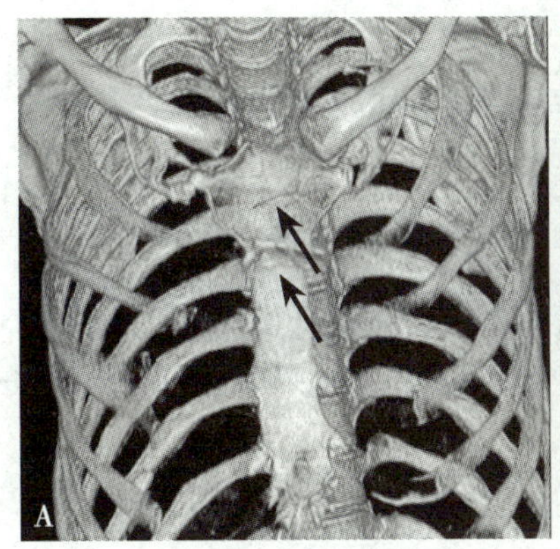

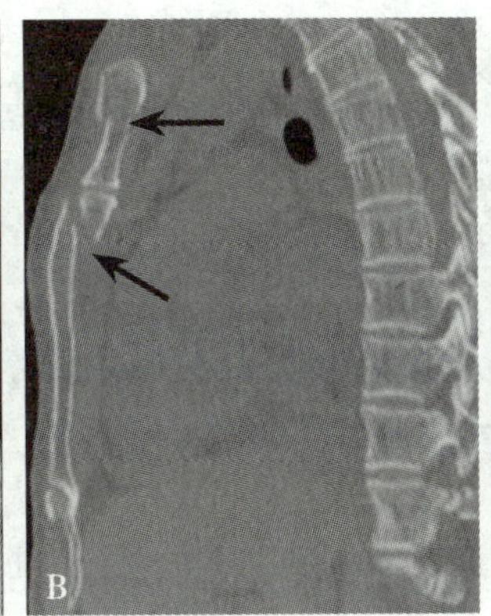

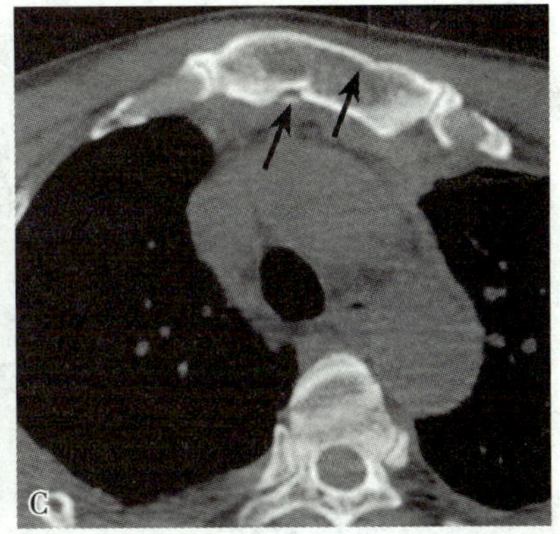

图 3-59　胸骨骨折 CT 示意图

提示：CT（A. 三维重建 VR 像，B. 矢状位 MRP 二维重建，C. 轴位）显示胸骨柄及胸骨体骨折（黑箭）

二、气胸及血气胸

胸部外伤累及胸膜，导致气体进入胸膜腔而形成气胸。若同时伴有胸腔出血，则可形成血气胸。气胸和血气胸的形成，可导致不同程度的呼吸循环功能紊乱。根据空气通道状态，胸膜腔压力改变及对呼吸回流影响的程度，可将外伤性气胸分为三类：闭合性气胸，开放性气胸和张力性气胸。

（一）临床与病理

气胸及血气胸的临床表现与气胸与血气胸的量相关。小量气胸和血气胸，肺压缩小于30%，可无明显症状。当肺压缩大于 30%，患者可出现胸闷、气短、或呼吸困难等症状。严重者，可出现发绀或休克。

（二）影像学表现

1. X 线　胸部后前位片上单纯气胸，表现为肺野外带或中外带弧形的一致性空气密度影，其内无肺纹理。血气胸者，在肺的压缩边缘可见气液平面。纵隔可向对侧偏移。

2. CT　单纯气胸在肺窗上，表现为肺外侧无肺纹理的高度透亮区，内侧可见由脏层胸膜形成的呈弧形的细线状软组织密度影。肺组织不同程度的受压萎陷。血气胸者，除可见气胸表现外，尚可见后胸腔新月形或半月形液体密度影及气液平面。大量气胸或血气胸者，肺组织压向

肺门,呈半圆形或不规则形软组织密度影,纵隔向对侧移位。

(三)诊断与鉴别诊断

外伤性气胸和血气胸影像学表现典型,结合有明确外伤史,诊断即可明确。

三、肺挫伤

肺挫伤为常见的肺实质损伤,多由迅猛的钝性损伤所致,如车祸、撞击、挤压或坠落等。可见于外伤的着力部位,也可见于对冲部位。

(一)临床与病理

肺挫伤的严重程度和范围大小不同,临床表现各异。轻者仅有胸痛、胸闷、气促、咳嗽和血痰等;重者可出现明显的呼吸困难、发绀、血性泡沫痰、心动过速和血压下降等。由于肺挫伤多为胸部复合伤的一部分,其临床表现常被掩盖,从而易被忽视或漏诊。

肺挫伤的主要病理改变为肺泡和血管损伤,导致间质及肺泡内血液渗出和间质水肿。病理改变在12~24小时内呈进行性改变,24~48小时开始吸收,一般3~4天可完全恢复。

(二)影像学表现

1. X线　肺纹理模糊不清,可见粟粒样或斑片状淡薄致密影,不按肺叶(段)分布,边缘模糊。

2. CT　肺挫伤表现为肺纹理增多、增粗、模糊,伴有斑点状或边缘模糊的片絮状致密影。与X线相比,CT敏感性高,可帮助早期明确损伤部位、性质及程度。应用CT肺部三维重建技术还可准确判断肺挫伤的体积,据此用于判断患者的病情变化和预后,帮助制订治疗方案。

(三)诊断与鉴别诊断

外伤着力部位或对冲部位形态不规则、边缘模糊的淡薄致密影,结合明确外伤史,可明确诊断。肺挫伤有时需与肺部感染性病变相鉴别,明确的外伤史,动态观察病变吸收速度快,有助于帮助鉴别。

四、肺撕裂伤

肺撕裂伤多由胸部钝性损伤及震荡损伤所致,重于肺挫伤。临床上,肺撕裂伤和肺挫伤常同时存在。

(一)临床与病理

肺裂伤患者常有严重胸痛,可出现咯血和呼吸困难。当合并血气胸或张力性气胸时,患者可有严重呼吸困难、烦躁、发绀、休克等。

胸部钝性损伤或震荡损伤时,肺实质深部和肺血管发生撕裂,导致肺实质内出血、积气,形成肺内血肿或创伤性肺内囊肿。肺撕裂伤常见于下肺,严重者可伴有支气管断裂、膈肌破裂。如损伤波及肺表现,还可形成血气胸。

(二)影像学表现

1. X线　胸片检查可见撕裂部位不规则致密影。如有肺内血肿形成,可表现为类圆形高密度影,边缘不清。部分患者形成外伤性肺内囊肿,表现为含气薄壁空腔,其内可见液平面。

2. CT　CT发现肺撕裂伤较X线胸片敏感。肺撕裂伤特征性CT表现为肺气囊肿、气液囊肿和血肿。三者可以单独存在,也可同时存在。肺气囊肿内有时可见线状分隔,或大囊腔周边多个小囊腔聚集。肺野内尚可出现单发或多发斑片状致密影,或毛玻璃样改变。根据肺撕裂伤的位置、形态、大小、数目、囊壁厚度、囊内有无液体及肺挫伤情况,将肺撕裂伤分为四型。①Ⅰ型:肺实质周围含气或气液囊腔;②Ⅱ型:脊椎旁肺组织内的含气或气液囊腔;③Ⅲ型:肋骨骨折处胸壁下肺实质内小囊腔或裂隙;④Ⅳ型:胸膜增厚粘连引起的肺撕裂。肺撕裂伤患者常合并肋骨骨折、气胸、血气胸等。

(三) 诊断与鉴别诊断

肺撕裂伤特征性改变,结合胸部明确的外伤史及其他外伤性改变,肺撕裂伤一般较易诊断。外伤性肺气囊肿有时需与先天性肺囊肿、囊状支气管扩张等鉴别。气液囊肿尚需与肺肿瘤性空洞、肺脓肿相鉴别。肺内球形血肿需与肺肿瘤、球形肺炎、包裹性积液鉴别。有明确的严重胸部外伤史,常伴有其他外伤性改变,短期复查病变可明显吸收,是肺撕裂伤与其他疾病相鉴别的要点。

五、气管及支气管裂伤

气管及支气管裂伤是临床比较少见的外伤类型,可由穿透伤(刀割伤、枪弹伤)、钝性伤(交通事故或坠落伤)、吸入性损伤(高温、腐蚀性气体吸入)等引起。

(一) 临床与病理

临床症状可不明显或仅有少量刺激性咳嗽及咯血。如出现支气管血块堵塞,可出现气急、呼吸困难、发绀等。气管及支气管裂伤多为胸部复合伤的一部分,因此患者常合并有其他胸部损伤的症状及体征。气管及支气管裂伤可分为两型:①Ⅰ型:损伤裂口与胸膜腔相通,症状明显;Ⅱ型:损伤裂口小,不与胸膜腔相通,症状不明显。多数气管及支气管裂伤属于Ⅰ型。

(二) 影像学表现

1. X 线　气管及支气管裂伤常无明显异常征象。部分患者可出现气管、支气管周围透亮气体影,或出现透亮支气管断端移位及成角变形,甚至可出现明显的支气管中断。在一侧支气管断裂时,立卧位胸片上,因伤侧肺失去支气管的悬吊作用,而坠入胸腔底心膈角处或胸腔低位处,称为“肺坠落征”,具有鉴别诊断价值。X 线胸片还可显示气胸、颈部及纵隔气肿等间接征象。

2. CT　CT 可显示肺不张、肺挫伤、血气胸或纵隔血肿等间接征象。三维重组支气管树成像,可显示气管或支气管管壁连续性中断,管腔变窄甚至中断。

(三) 诊断与鉴别诊断

气管及支气管裂伤的 CT 表现,尤其是三维重组支气管树成像,可直观地显示裂伤部位、范围及形态,结合外伤史,多可确定诊断。

第五节　肺 部 炎 症

一、大叶性肺炎

大叶性肺炎(lobar pneumonia)是发生于肺段以上解剖单元的急性纤维蛋白渗出性炎症。

(一) 临床表现

多见于年长儿童和青壮年,一般急性起病,表现有寒战、高热,呼吸道症状包括咳嗽、咳痰、呼吸困难和胸痛,铁锈色痰现已少见。实验室检查白细胞及中性粒细胞明显升高。

(二) 影像学检查方法的选择

X 线正侧位胸片是大叶肺炎最常用的影像学检查方法,多数可确诊,若病变显示不明确时,可行胸部 CT 明确诊断。

(三) 病理生理基础

常见致病菌为肺炎双球菌,病变始于肺泡,迅速扩展至肺叶段的纤维素性炎。典型的病理变化分为充血期、红色肝变期、灰色肝变期、消散期病变一般在 2 周内吸收。近年来,因抗生素的广泛应用,典型的大叶型肺炎少见。

(四) 影像学征象

1. 充血期

(1) X 线胸片可表现正常,或仅表现为局部肺纹理增多、增粗或透亮度减低。

(2) CT 表现为边缘模糊的磨玻璃样阴影,密度不均。

2. 红色肝变期和灰色肝变期(实变期) X 线与 CT 表现为大片肺实变影,内见支气管充气征。肺叶实变以叶间裂为界,边缘清晰(图 3-60、图 3-61)。

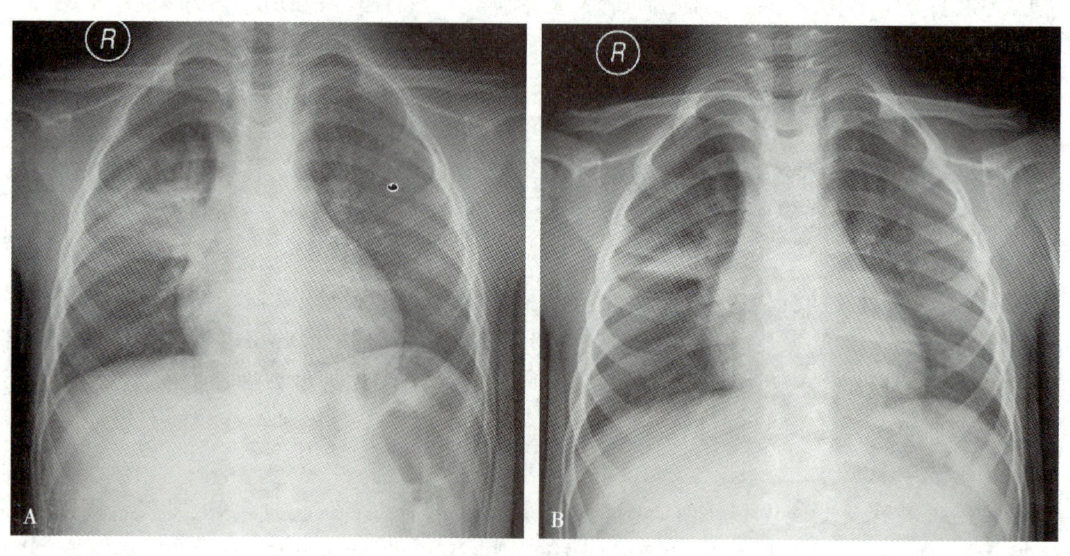

图 3-60 右肺上叶大叶性肺炎

提示:A. 右肺上叶大片状肺实变,以叶间裂为界,边缘清楚;B. 治疗后复查,炎症部分吸收

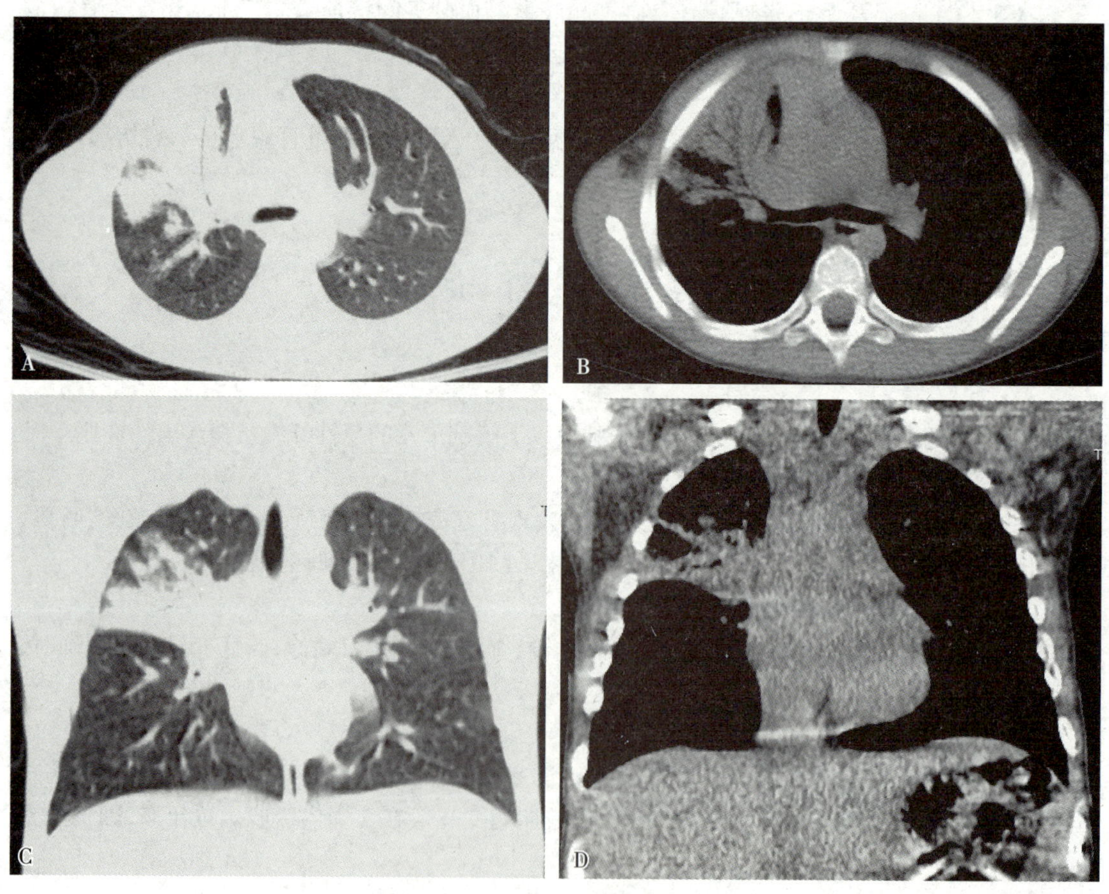

图 3-61 右肺上叶大叶性肺炎

提示:A. 平扫 CT 肺窗,示右肺上叶大片状实变炎,以右侧叶间裂为界限;B. 平扫 CT 纵隔窗,可见支气管充气征;C. 三维重建冠状位肺窗;D. 三维重建冠状位纵隔窗

3. 消散期　X线与CT表现为肺实变密度减低，呈散在的斑片状阴影，病变区恢复充气，最后实变消失。影像中阴影的消散往往晚于临床症状的改善。

每个肺叶的大叶性肺炎在X线胸片上各有特点(图3-62)。

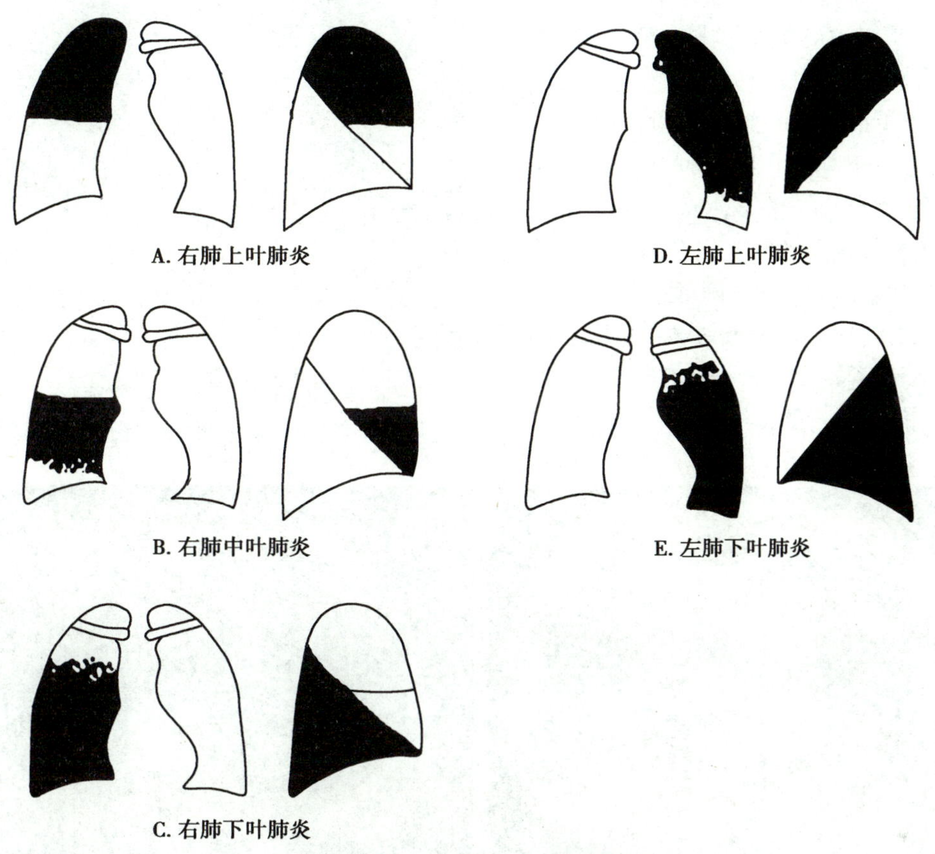

图3-62　大叶性肺炎示意图

(五) 诊断与鉴别诊断

大叶性肺炎表现为局限性片状阴影时，需与浸润型肺结核鉴别，肺炎一般两周内病变吸收，肺结核变化较缓慢。肝变期需与中央型肺癌、肺结核引起的肺不张鉴别，鉴别点在于大叶性肺炎无肺门肿块，支气管畅通。肺结核通常密度不均匀，有卫星灶。

二、支气管肺炎

支气管肺炎又称为小叶性肺炎(lobular pneumonia)，是以肺小叶为单位的灶状急性化脓性炎症。

(一) 临床表现

多见于婴幼儿和老年人，是小儿肺炎中最常见的一种。常表现为高热，咳嗽，咳泡沫痰或脓痰，呼吸困难等症状。实验室检查白细胞多升高。

(二) 影像学检查方法的选择

X线胸片是肺炎最常用的影像学检查方法，CT扫描更容易显示早期或隐匿性病灶，对细支气管病变显示比平片更清楚直观。

(三) 病理生理基础

常见的致病菌为肺炎双球菌、金黄色葡萄球菌和链球菌，病变常始于细支气管，形成以细支气管为中心、灶状散布的化脓性炎症，多见于肺下叶。病变一般在2周内吸收。

（四）影像学征象

1. X 线表现

(1) 肺纹理增强、模糊。

(2) 常可见散在、密度不均匀、大小 1~2cm 的斑片状实变，沿着增厚的肺纹理分布，斑片能够融合成大片（图 3-63）。

(3) 邻近的肺野可见代偿性肺气肿。

(4) 好发于双肺中下肺野的中内带。

(5) 空洞与肺气囊（pneumatocele）：常见于金黄色葡萄球菌所致的支气管肺炎。肺气囊表现为斑片影内的薄壁类圆形透亮阴影。

2. CT 表现　与 X 线表现相似，斑片状实变内常可见支气管充气征，CT 可更清晰地显示病变区内走行的肺纹理（图 3-64）。

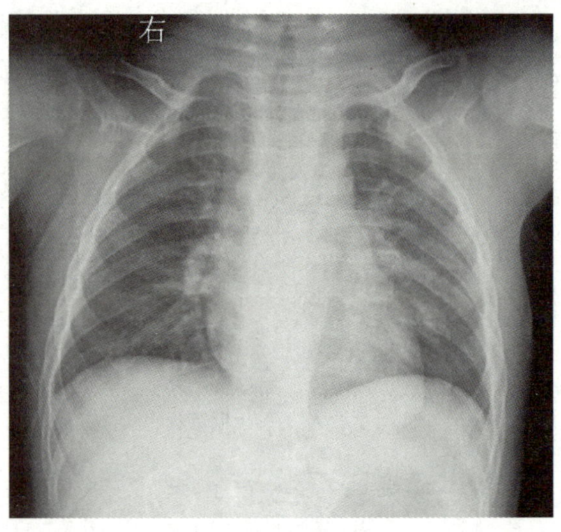

图 3-63　左肺支气管肺炎

提示：正位胸片所示，左肺散在模糊斑片影，边界不清

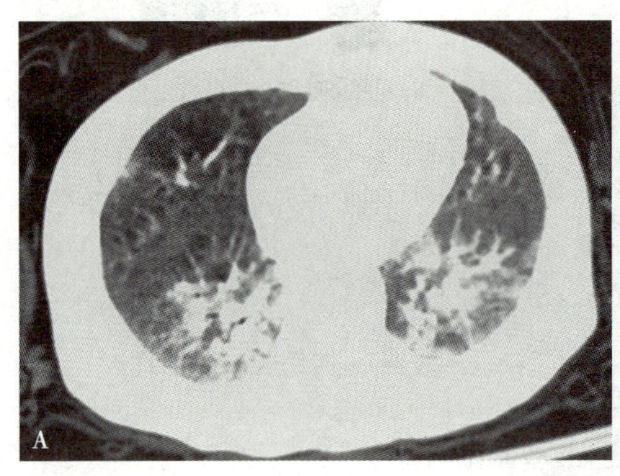

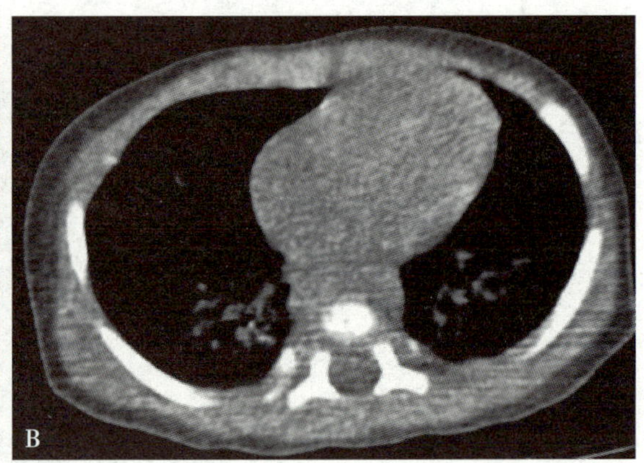

图 3-64　双下肺支气管肺炎

提示：A. CT 平扫肺窗双下肺见斑片状阴影，边缘模糊；B. CT 平扫纵隔窗，双下肺可见斑片影

（五）诊断与鉴别诊断

支气管肺炎诊断不难，有时呈结节状或分支状改变，需与部分早期浸润型结核和肿瘤鉴别。

三、支原体肺炎

支原体肺炎（mycoplasmal pneumonia）是肺炎支原体引起的急性呼吸道感染伴肺炎。

（一）临床表现

支原体肺炎好发于青壮年，临床症状轻，常表现为发热，咳嗽。白细胞总数正常或略低。痰、鼻和咽拭子培养可获得支原体。血清学检查：红细胞冷凝集试验≥1∶32，补体结合试验≥1∶16，间接凝血试验≥1∶32，间接荧光试验≥1∶16。

（二）影像学检查方法的选择

X 线胸像是肺炎最常用的影像学检查方法，胸部 CT 用于鉴别诊断。

（三）病理生理基础

肺炎支原体感染引起急性间质性肺炎及支气管炎。多数病变呈自限性，1~2 周吸收。

（四）影像学征象

1. 早期病变 X 线与 CT 表现为肺纹理增强，细网状或小结节阴影。

2. 病变发展后 X 线与 CT 表现为节段性或小斑片状肺实变，单发或多发，常分布在双肺

中下部。

3. 胸腔积液、肺门及纵隔淋巴结肿大少见。

(五) 诊断与鉴别诊断

支原体肺炎与下列疾病的影像学征象相似，进行鉴别诊断时，需要结合临床表现、实验室检查，有时要依靠病原学检查(表 3-3)。

表 3-3　支原体肺炎的鉴别诊断

	相似征象	鉴别要点
支原体肺炎	肺纹理增强，网状或网状小结节阴影，小斑片或大片肺实变	临床表现轻，白细胞总数正常或略低，红细胞冷凝集试验≥1∶32。病变为自限性。
间质性肺炎	肺纹理增强，网状阴影或网状小结节阴影，肺气肿	临床表现重，白细胞总数变化不明显。确诊需病原学检查
大叶性肺炎	大片肺实变	临床表现重，白细胞计数及中性粒细胞分类明显增高。抗感染治疗有效
支气管肺炎	小斑片肺实变	临床表现重，白细胞计数及中性粒细胞分类明显增高。抗感染治疗有效
原发综合征	小斑片或大片肺实变	结核病的临床表现，结核菌素试验、痰检结核菌阳性。抗结核治疗有效。肺门、纵隔淋巴结肿大常见
浸润型肺结核	小斑片或大片肺实变	结核病的临床表现，结核菌素试验、痰检结核菌阳性。抗结核治疗有效。肺实变内可见虫蚀样空洞

四、间质性肺炎

间质性肺炎(interstitial pneumonia)是各种病原体所致的以肺间质为主的炎症，多见于抵抗力低下或免疫抑制的宿主。

(一) 临床表现

间质性肺炎主要累及肺间质，肺泡很少受累，因此呼吸道症状较轻。常见症状为咳嗽和发热，但少痰，重者可出现胸闷、呼吸困难、发绀或呼吸窘迫等。

(二) 影像学检查方法的选择

X 线胸片多数可以诊断明确，但胸部 CT 可以清晰显示间质性肺炎的各种病变表现。

(三) 病理生理基础

间质性肺炎主要累及支气管壁及周围组织，有肺泡壁增生及间质水肿，肺泡较少受累。慢性间质性肺炎易导致间质纤维化或牵拉性支气管扩张等。

(四) 影像学征象

1. X 线　通常表现为双肺纹理增多紊乱；支气管周围间质增厚，表现为沿气道分布的不规则条索状和网格状阴影，较僵直，好发于双肺内带和下肺野。肺泡壁及小叶间隔的间质水肿和增厚则呈短线条状影，交织成网状或呈弥漫性磨玻璃状。双肺野透亮度增高，形成局限性或广泛肺气肿(图 3-65)。

2. CT　支气管壁轮廓模糊，可见沿血管支气管周围间质，分布的纤维条索状或网格状密度增高影；小叶间隔增厚呈网格样改变，多呈对称性分布，从肺门向外伸展；累及肺小叶时可呈小片状磨玻璃影或实变区，位于腺泡的病变则显示为小结节状增高影；可形成弥漫性肺气肿或间质性肺气肿(图 3-65)。

(五) 诊断与鉴别诊断

间质性肺炎需与大叶性肺炎吸收期、肺泡细胞癌肺炎型及部分间质性肺病，如结节病等相

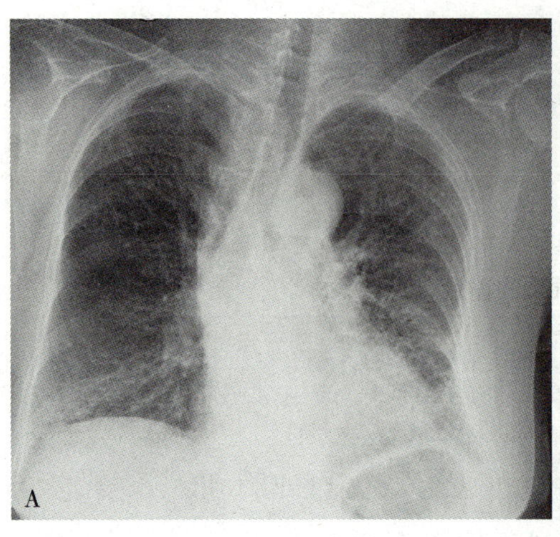

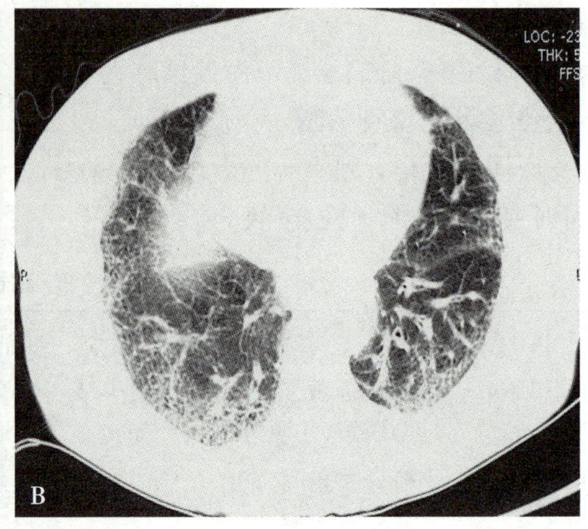

图 3-65 间质性肺炎

提示：A. 胸部正位片示双下肺纹理增强紊乱，左下肺呈网格状改变；B. CT 平扫肺窗示双肺沿支气管走形的纤维条索影，外带呈网格状改变

鉴别。大叶性肺炎病史较明确，肺泡细胞癌肺炎型及间质性肺病一般抗感染治疗无好转。

五、肺脓肿

肺脓肿（pulmonary abscess）是由一种或多种病原体引起的肺组织化脓性病变，早期为化脓性肺炎，继而坏死、液化、脓肿形成。分为急性、慢性。

（一）临床表现

起病急，临床表现为高热、寒战、咳嗽、胸痛。1 周后常有大量脓痰咳出。白细胞计数及中性粒细胞分类明显增高。

（二）影像学检查方法的选择

X 线胸片是肺脓肿最常用的影像学检查方法，胸部 CT 能准确定位，发现较小病变，有助于与其他疾病鉴别。

（三）病理生理基础

化脓性细菌感染引起肺组织炎症，导致细支气管阻塞、邻近肺血管炎症和栓塞，肺组织坏死。1 周后坏死组织液化，经支气管咳出后形成脓腔。若感染未能及时控制，脓肿周围纤维组织增生，形成厚壁的慢性肺脓肿空洞。

（四）影像学征象

1. X 线　急性化脓性炎症阶段，可见大片状致密影，密度较均匀，边缘模糊，坏死物排出后形成空洞。空洞内壁光滑或高低不平，其内可见液平面（图 3-66）。病变好转后空洞内容物及液平面逐渐减少消失。急性肺脓肿可出现，邻近胸膜增厚或可见胸腔积液，也可因脓肿破入胸腔而引起脓胸或脓气胸，常呈局限性。当急性肺脓肿转为慢性时，空洞外围的炎症被吸收，纤维组织增生，外缘及内壁界限变得更清楚。慢性肺脓肿可以为边界清楚的厚壁空洞，也可表现为实性肿块内多

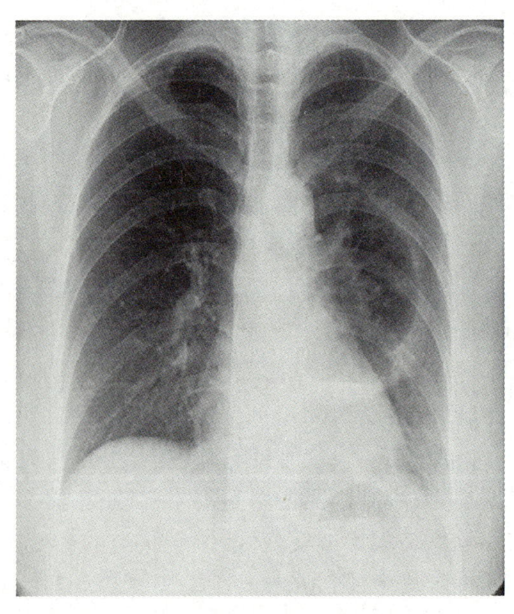

图 3-66 左肺肺脓肿

提示：左肺门旁空洞，其内可见液平面，洞外缘模糊

发的小空洞，可有液平面，周围肺纹理增强，胸膜增厚。

2. CT　吸入性肺脓肿为厚壁空洞，空洞壁厚度较均匀，洞壁外缘模糊，有片状浸润影，空洞内有液平面，增强扫描时空洞壁强化。血源性肺脓肿多为两肺多发性结节状或片状密度增高影，边缘模糊，其内若液化坏死则呈低密度或出现空洞（图 3-67）。

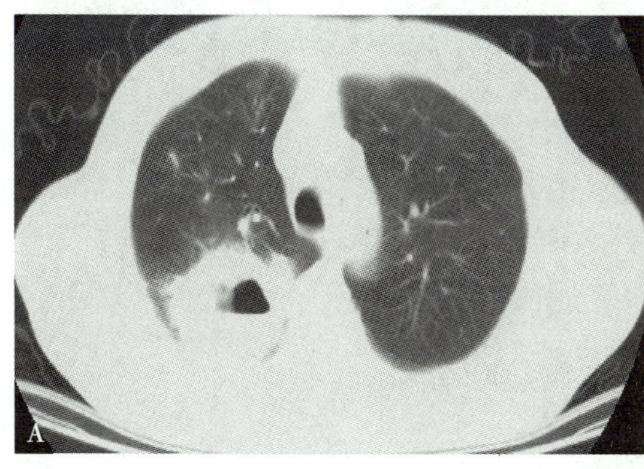

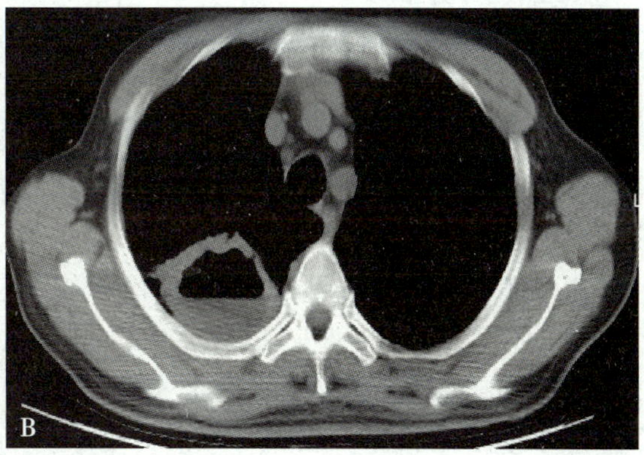

图 3-67　右上肺肺脓肿

提示：A. CT 平扫肺窗右上肺见一空洞，其内可见液平面；B. CT 平扫纵隔窗，右上肺厚壁空洞，洞内壁光滑，外缘界限清晰，其内可见液平面

（五）诊断与鉴别诊断

肺脓肿与结核空洞及肺癌空洞的影像学征象相似，应进行鉴别诊断（表 3-4）。

表 3-4　肺脓肿、结核空洞及肺癌空洞的鉴别要点

	肺脓肿	结核空洞	肺癌空洞
好发年龄	中青年	儿童或老年人	40 岁以上
临床表现	高热，寒战，咳脓痰，胸痛	低热，盗汗，乏力，咳嗽咯血，胸痛	咳嗽，咳痰，咯血，胸痛
实验室检查	白细胞计数增高	PPD，T-spot 阳性，痰检结核菌阳性	痰检发现癌细胞
空洞壁	厚	薄	厚，偏心性
空洞内缘	较光整	较光整	结节状
空洞外缘	模糊	较清晰	分叶征、毛刺征
气液平面	常有	多无	多无
卫星灶	多无	常有	多无

六、支气管扩张

支气管扩张（bronchiectasis）是由于支气管及其周围肺组织慢性化脓性炎症和纤维化，使支气管壁的肌肉和弹性组织破坏，导致支气管变形及持久扩张。

（一）临床表现

典型的症状有慢性咳嗽、咳大量脓痰和反复咯血。其他症状包括乏力、胸痛、气短，部分患者出现杵状指。

（二）影像学检查方法的选择

主要检查方法是 X 线胸片及 CT 检查，主要依靠 CT 表现诊断。

（三）病理生理基础

发病机制是支气管壁的炎性损伤和支气管阻塞。支气管壁平滑肌、弹性纤维、软骨出现不

同程度的破坏，纤维组织增生，逐渐纤维化、瘢痕化，导致支气管腔扩张。

按形态可分为：①柱状支气管扩张；②囊状支气管扩张；③曲张型支气管扩张。

（四）影像学征象

1. X 线 可见肺纹理增强、紊乱，支气管壁增厚，多见于双下肺野。囊状支气管扩张可见多发囊状或蜂窝状阴影，部分囊内可见气液平面，病变通常呈局限性分布。其他表现包括肺容积减少，血管聚拢以及叶间裂移位（图 3-68）。

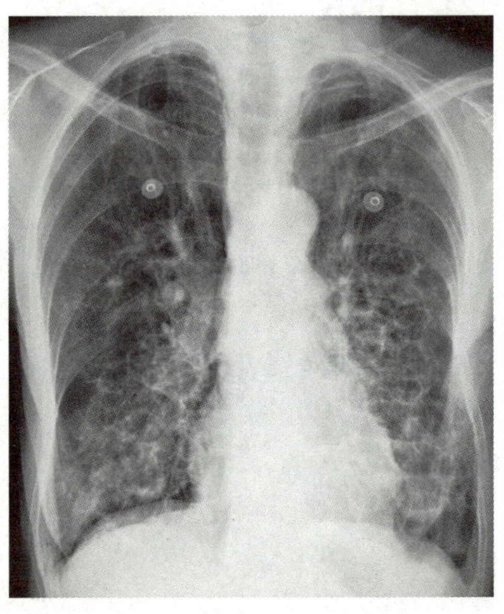

图 3-68 双肺支气管扩张

提示：双肺多发囊腔影，呈蜂窝状，部分腔内可见液平

2. CT 表现

(1) 柱状支气管扩张（cylindrical bronchiectasis）：多发生于 3~5 级支气管，表现为支气管内径大于伴随动脉的直径。当扫描层面与扩张支气管平行时，呈"轨道征"（tram-track sign），垂直时，则呈"印戒征"（signet-ring sign）。

(2) 囊状支气管扩张（cystic bronchiectasis）：多发生于 5~6 级以下或末端支气管，表现为囊腔。合并感染时，其内可见气液平面，多个囊腔通常呈簇状分布，形成葡萄串征（clusters of grapes sign）（图 3-69A）。

(3) 曲张型支气管扩张（varicose bronchiectasis）：多见于 4~5 级支气管，表现为支气管壁增厚并呈不规则状或串珠状，支气管管腔扩张与缩窄交替出现。扩张的支气管平行扫描层面时呈串珠样，垂直时呈粗细不均的囊柱状扩张。

(4) 常见的伴发征象包括：

① 指套征（gloved finger sign）：即分泌物潴留于支气管内形成支气管内黏液栓呈 Y 形或 V 形高密度影（图 3-69B）。

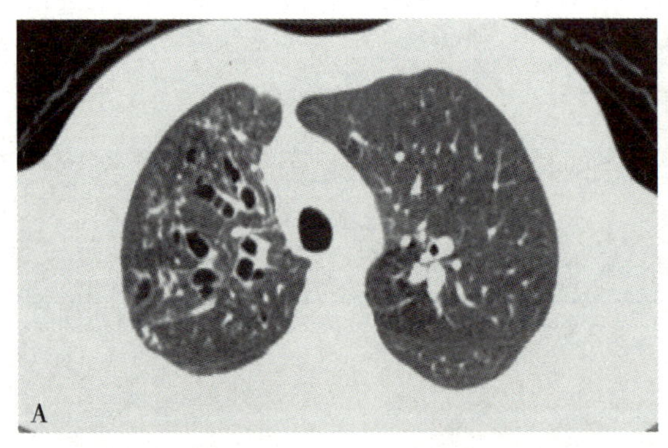

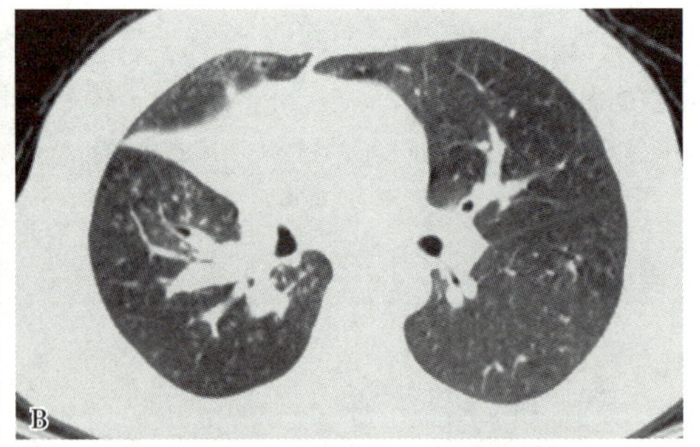

图 3-69 支气管扩张

提示：A. CT 平扫示右上肺多发囊状透亮影，支气管壁增厚；B. 右下肺见沿支气管分布的指套状阴影

② 肺实变：支气管感染波及周围肺泡，及呼吸性细支气管时可伴发。

③ 肺叶或肺段萎缩：继发于支气管周围纤维化而形成的肺膨胀不全。

④ 区域性肺密度减低：小气道闭塞所致，CT 上表现为马赛克征。

（五）诊断与鉴别诊断

X 线胸片中出现杵状、囊状或蜂窝状影，结合临床咳嗽、咳痰、咯血等症状，则考虑支气管扩张。CT 诊断支气管扩张特异性高。囊状支气管扩张需与多发性肺囊肿及肺气囊鉴别，多发性

肺囊肿通常较大，较少有液平面。肺气囊呈多个类圆形薄壁空腔，并伴有肺内浸润病灶或脓肿。CT 上偶尔需与运动呼吸伪影鉴别。

七、慢性支气管炎

慢性支气管炎(chronic bronchitis)是指气管、支气管黏膜及周围组织的慢性非特异性炎症。

(一) 临床表现

冬季发病较多，临床主要表现为长期慢性咳嗽、咳痰，严重时可出现气短。临床诊断标准是患者每年慢性咳嗽、咳痰三个月以上，并连续两年。

(二) 影像学检查方法的选择

本病诊断主要依据病史和临床表现，X 线及 CT 辅助诊断，并排除其他疾病。

(三) 病理生理基础

病理改变主要是支气管黏液腺的肥大增生，分泌大量黏液潴留，支气管上皮杯状细胞增生和鳞状上皮化生，并伴有慢性炎性细胞浸润。

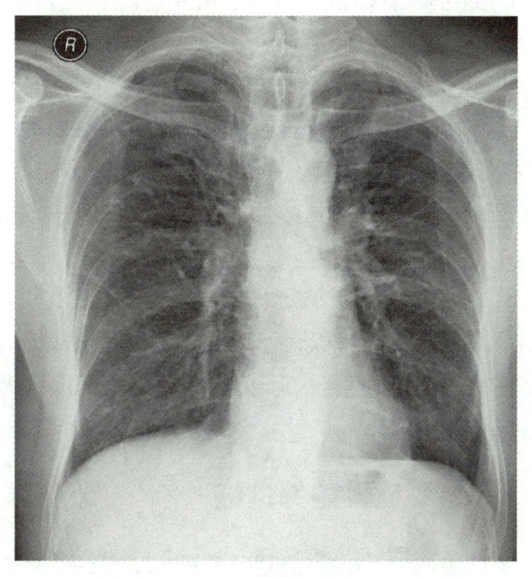

图 3-70　慢性支气管炎

提示：肺纹理增强、紊乱，伴轻度肺气肿

(四) 影像学征象

1. X 线　多数胸片为阴性，或可见肺纹理增多、增粗、扭曲，肺纹理伸展至肺野外带。病情较重者合并肺气肿(图 3-70)。

2. CT　显示肺纹理改变同 X 线表现相似。CT 能显示支气管壁的增厚，并可表现有局灶性空气潴留，伴有不同程度的小叶中心型肺气肿。

(五) 诊断与鉴别诊断

慢性支气管炎主要依靠临床诊断，X 线平片与单纯的柱状支气管扩张鉴别较困难。CT 上表现的支气管壁增厚及小叶中心型肺气肿，需与急性支气管炎及哮喘相鉴别，需结合病史及临床表现。

第六节　肺　结　核

一、概述

肺结核(pulmonary tuberculosis)是由人型或牛型结核分枝杆菌引起的肺部慢性传染病。

(一) 临床表现

肺结核常见的呼吸系统症状有咳嗽、咯血及胸痛。常见的全身性症状有午后低热、盗汗、乏力、食欲减退及消瘦等，急性血行播散型肺结核还可见全身中毒症状，如高热、寒战、咳嗽、神志不清等。痰中找到结核菌、痰培养阳性及纤维支气管镜检查发现结核性病变，是诊断肺结核可靠的根据。

(二) 病理生理基础

渗出性、增殖性及变质性病变，是肺结核的基本病理改变。渗出性病变表现为浆液性或纤维素性肺泡炎，增殖性病变为结核性肉芽肿，变质性病变为干酪样坏死，可为发生在小叶、肺段或肺叶的范围的干酪性肺炎；若干酪样坏死被纤维组织包裹，形成的球形病灶大于 2cm 时，称为结核球或结核瘤。这三种病理改变往往同时存在，但常以其中一种为主。

在机体抵抗力低下或未适当治疗时，结核病变可以恶化，出现以下情况：①干酪样坏死

(caseous necrosis),为结核病变坏死的特征性改变,病变在渗出的基础上呈凝固性坏死,变为灰黄色似奶酪,故称干酪样坏死;②液化及空洞(liquification and cavitation),干酪样坏死发生液化,坏死物经支气管排出后即形成空洞;③播散(dissemination),结核病变中的结核分枝杆菌可以通过淋巴管经胸导管进入血流,经右心、肺动脉造成肺内血行播散;直接进入肺静脉造成全身性血行播散;通过支气管播散到其他肺部;病变局部浸润至邻近肺组织。机体抵抗力强和经适当治疗时,结核病变可通过吸收、纤维化和钙化方式愈合。

(三)结核病分类(2004年制定)

1. 原发型肺结核(primary pulmonary tuberculosis) Ⅰ型,包括原发综合征及胸内淋巴结结核。

2. 血行播散型肺结核(hemo-disseminated pulmonary tuberculosis) Ⅱ型,包括急性血行播散型肺结核(急性粟粒性)、亚急性及慢性血行播散型肺结核;

3. 继发型肺结核(secondary pulmonary tuberculosis) Ⅲ型,是肺结核病中的一个主要类型,包括浸润型肺结核与纤维空洞性肺结核等;

4. 结核性胸膜炎(tuberculosis pleuritis) Ⅳ型,临床上已排除其他原因引起的胸膜炎。包括结核性干性胸膜炎、渗出性胸膜炎和结核性脓胸;

5. 其他肺外结核 Ⅴ型,按部位及脏器命名,如骨结核,结核性脑膜炎,肾结核等。

(四)影像学检查方法选择

X线平片是诊断肺结核的主要方法,用于发现病变、动态观察病变的变化及治疗效果。CT,尤其是HRCT可以显示肺结核的更多细微征象,常用于诊断与鉴别诊断。MRI一般不作为肺结核的常规检查手段,但由于其组织分辨率高,对于胸内淋巴结结核和肺内肿块、结节的鉴别诊断有一定价值。

二、原发型肺结核

原发型肺结核(primary pulmonary tuberculosis)为初次感染所发生的结核,多见于儿童,也见于青年。影像表现可为原发综合征及胸内淋巴结结核两型。

(一)原发综合征

1. X线 原发综合征典型者表现为“哑铃”征,包括:①原发病灶:多位于上叶下部或下叶上部临近胸膜处,边缘模糊成云絮状影。病理基础为结核分枝杆菌侵入肺部后,引起的急性渗出性病变。病灶可大可小,大者可占据数个肺段甚至一个肺叶,婴幼儿以大叶型及肺段型多见。②结核性淋巴管炎:自原发病灶向肺门走行的数条索条状致密影。③结核性淋巴结炎:肺门与纵隔淋巴结增大,呈突出于正常组织轮廓的结节影。上述三者合称为原发综合征(primary complex)。当原发病灶范围较大时,常可掩盖淋巴管炎及淋巴结炎。

2. CT 可清楚显示原发病灶、引流的淋巴管炎及肿大的肺门淋巴结,尤其对后两者的显示较X线更优。还能显示肿大的淋巴结压迫支气管,引起的肺叶或肺段的不张,以及原发病灶邻近的胸膜改变(图3-71)。

(二)胸内淋巴结结核

1. X线 肺门及纵隔淋巴结增大。可分为炎症型与结节型。炎症型为淋巴结肿大伴周围组织渗出性炎性浸润,表现为肺门影增大,边缘模糊。结节型为淋巴结周围炎吸收后,在淋巴结周围有一层结缔组织包绕而成,表现为圆形或椭圆形结节状影,内缘与肺门及纵隔相连,外缘呈半圆形或分叶状突出,边界清楚。

2. CT 对于纵隔及肺门增大淋巴结的显示优于X线。可以清楚显示增大淋巴结的形态、大小、数目、边缘和密度,由于增大淋巴结的中心常为干酪样坏死物质,CT增强时中心不强化,周边强化,呈环形强化表现(图3-72)。

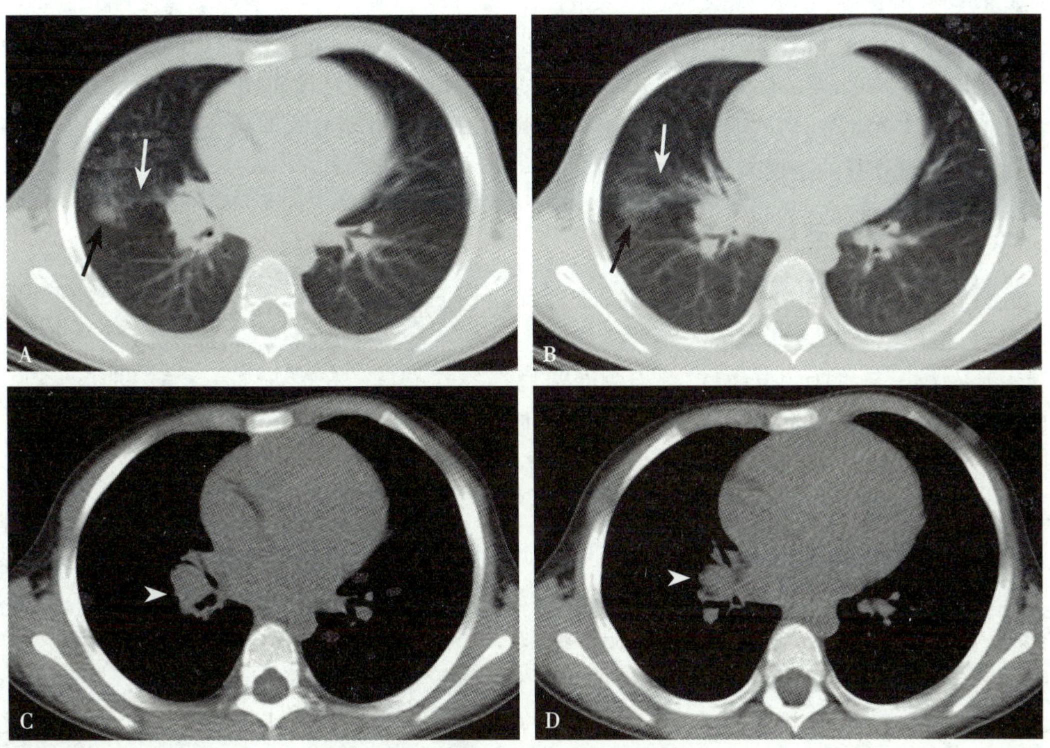

图 3-71　原发综合征

提示：CT（A，B. 肺窗；C，D. 纵隔窗）呈典型“哑铃”状表现，可见右肺中叶斑片状原发浸润灶（黑箭），条索状的淋巴管炎（白箭），右肺门淋巴结增大（白箭头）

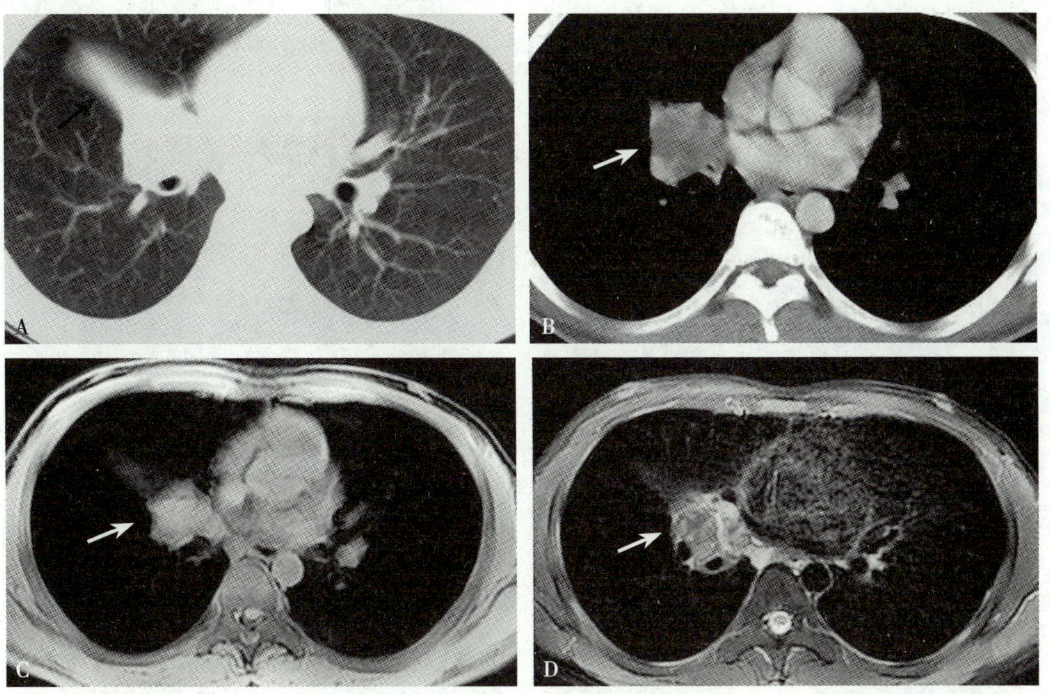

图 3-72　胸内淋巴结结核（肿块型）

提示：CT（A. 肺窗，B. 纵隔窗）显示右肺门多发淋巴结肿大并融合（白箭），中心密度较低，为干酪样坏死，并右肺中叶节段性不张（黑箭）；MRI（C. SE T_1WI；D. FSE T_2WI）显示右侧肺门肿大淋巴结 T_1WI 呈等信号，T_2WI 呈等稍高信号，肿大淋巴结的边缘在 T_2WI 上呈低信号，为周围包绕的纤维组织影像

3. MRI 能良好显示纵隔及肺门增大淋巴结，呈中等信号，增强后呈环形强化（图 3-72）。

4. PET/CT ^{18}F-FDG PET/CT 代谢显像可显示肺门及纵隔淋巴结 ^{18}F-FDG 的浓聚，^{18}F-FDG 标准化摄取值（standard uptake value，SUV）增高。SUV 值大小与结核病灶的活动程度相关，活动性结核病灶 ^{18}F-FDG 的摄取明显增多，SUV 值明显升高；稳定期或陈旧病灶则不摄取或少摄取 ^{18}F-FDG，无明显核素的浓聚表现（图 3-71）。

三、血行播散型肺结核

血行播散型肺结核为结核分枝杆菌经血行播散所致，根据结核分枝杆菌进入血液循环的途径、数量、次数以及机体的反应，可分为急性粟粒性肺结核（acute military pulmonary tuberculosis）、亚急性或慢性血行播散型肺结核（subacute or chronic disseminated pulmonary tuberculosis）。

（一）急性粟粒性肺结核

1. X 线 急性粟粒性肺结核系大量结核分枝杆菌一次或短时间内，多次进入血液循环播散至肺部所致。发病初期 X 线仅见肺纹理增多，约 10 日后出现两肺弥漫分布的边缘，较清晰的粟粒样（1~3mm）结节，呈典型的“三均匀”表现：分布均匀、大小均匀、密度均匀。两肺野呈磨玻璃样改变，正常肺纹理被遮盖而不易辨认（图 3-73）。

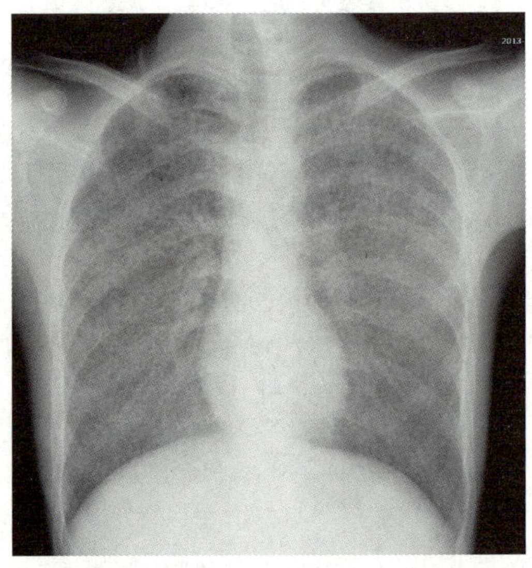

图 3-73 急性粟粒性肺结核 X 线图

提示：X 线显示双肺弥漫分布的粟粒结节影，呈“三均匀”表现，两肺野呈磨玻璃样改变，正常肺纹理被遮盖而难以辨认

2. CT CT，尤其是高分辨率 CT，可清晰地显示弥漫性的粟粒样病灶。对急性粟粒性肺结核的早期诊断优于胸片（图 3-74）。

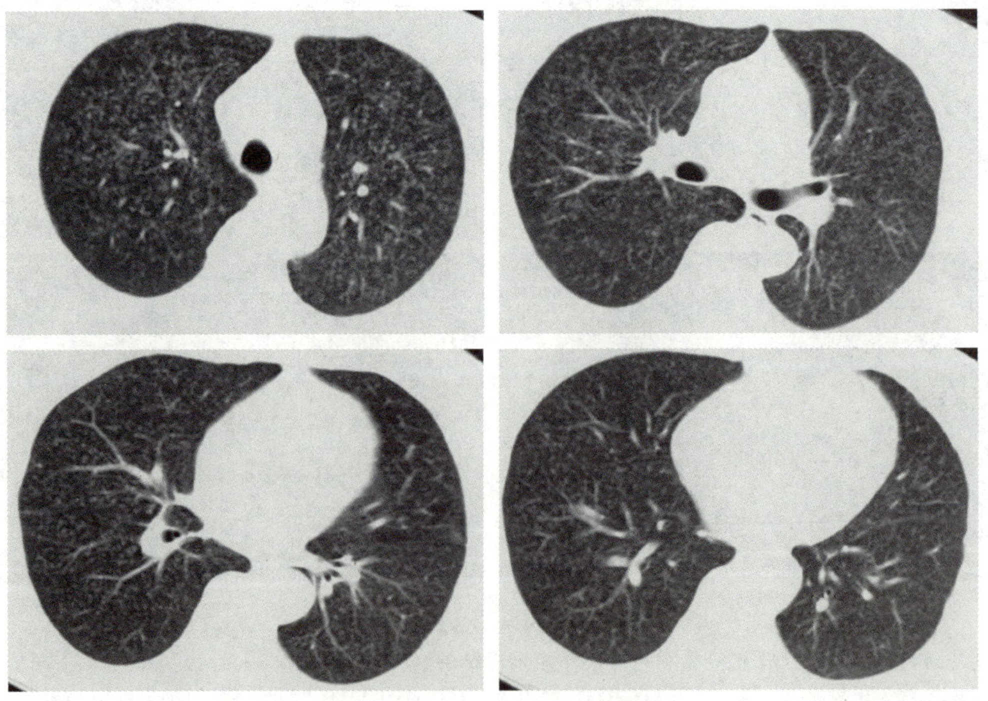

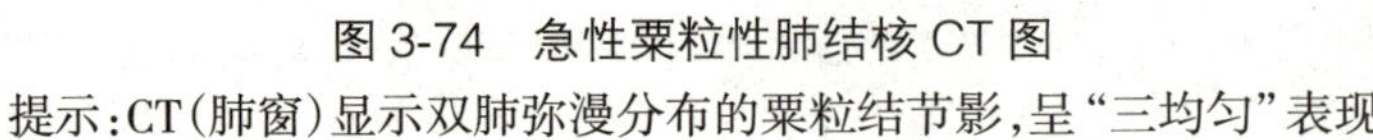

图 3-74 急性粟粒性肺结核 CT 图

提示：CT（肺窗）显示双肺弥漫分布的粟粒结节影，呈“三均匀”表现

(二) 亚急性或慢性血行播散型肺结核

1. X线　亚急性或慢性血行播散型肺结核，系少数结核分枝杆菌在较长时间内多次进入血流播散至肺部所致。X线表现为双肺多发结节，呈典型的“三不均匀”表现：分布不均、大小不一、密度不同。结节主要分布于两肺上、中野，下野较少。病灶大小不一，从粟粒样至直径1cm左右。结节的密度不同，渗出增殖性病灶密度较高，边缘较清楚，钙化灶密度更高，边缘锐利。早期播散的病灶多为硬结、钙化及纤维化，多位于肺尖及锁骨下区，而近期播散的病灶仍为增殖或渗出性病灶。本型结核发展较慢，经治疗新鲜病灶可以吸收，陈旧病灶多以纤维钙化而愈合。病变进展时病灶可融合并形成空洞，发展为慢性纤维空洞性肺结核（图3-75）。

2. CT　显示病灶的分布、大小、密度比X线敏感（图3-75）。

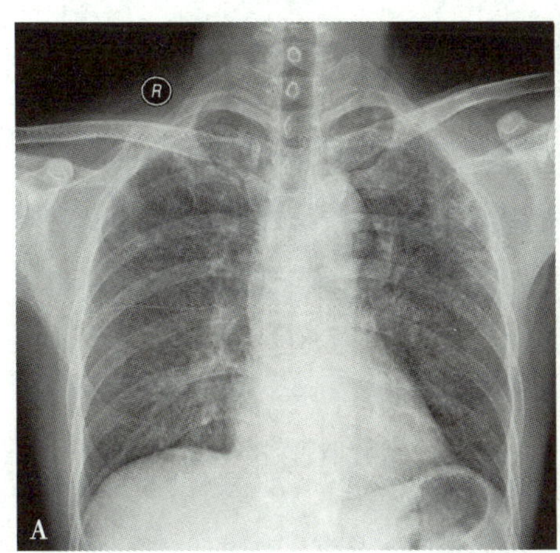

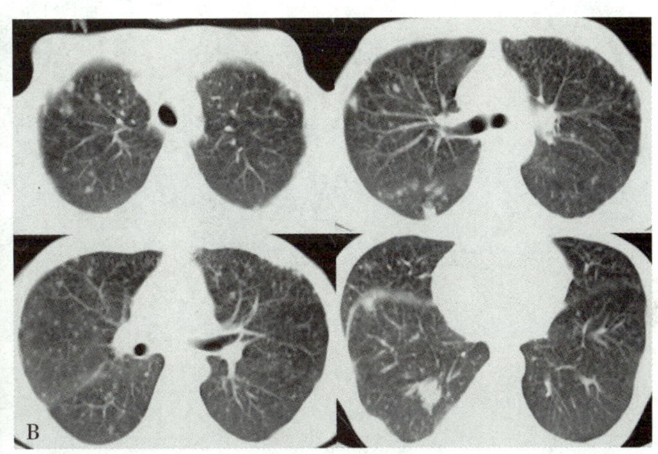

图3-75　亚急性血行播散型肺结核

提示：X线（A）和CT（B，肺窗）显示双肺弥漫分布的结节影，呈“三不均匀”表现

四、继发型肺结核

(一) 浸润型肺结核

浸润型肺结核（infiltrative pulmonary tuberculosis）为成年人结核中最常见的类型，小儿极少。多为已静止的原发病灶的重新活动，偶为外源性再感染。

1. X线与CT　浸润型肺结核影像表现多种多样，可以一种征象为主或多种征象并存。根据影像学表现可以初步判定浸润型结核是否具有活动性。

(1) 活动的浸润型肺结核常见征象：

1) 局限性斑片影：边缘模糊，好发于两肺上叶尖后段和下叶背段（图3-76）。

2) 大叶性干酪性肺炎：为一个肺叶或肺段的实变，呈大片致密影，边缘模糊，密度不均，其内可见支气管气象和（或）不规则的“虫蚀样”空洞（图3-77）。

3) 结核性空洞：薄壁空洞，壁内、外缘较光滑，可见引流支气管呈索条轨道影与空洞相连，周围常见散在的纤维增殖病灶，称“卫星灶”（图3-78）。

4) 支气管播散病变：沿支气管分布的斑片状影或“树芽征”，为干酪样物质经支气管引流时沿支气管播散所致（图3-79）。

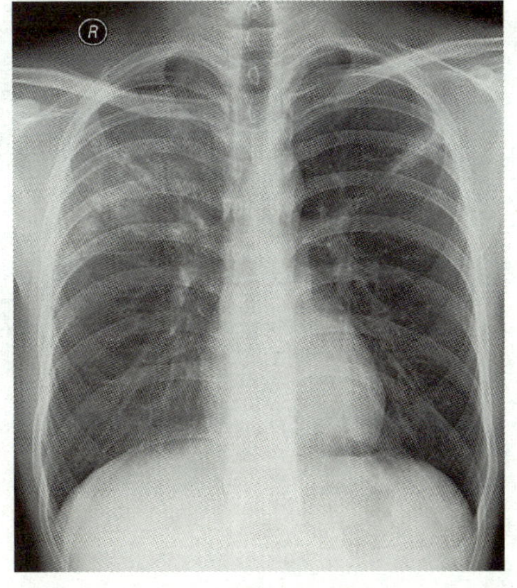

图3-76　浸润型肺结核X线图

提示：X线显示右上肺可见增殖病灶和边界不清的渗出病灶，左上肺可见增殖病灶

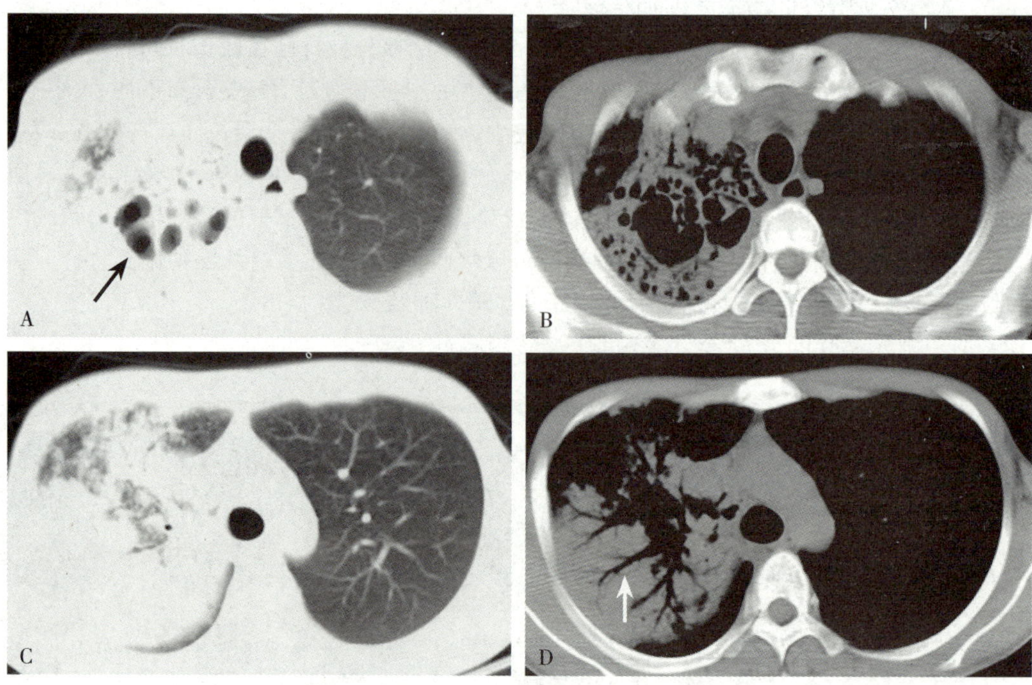

图 3-77 干酪性肺炎

提示：CT（A，C. 肺窗；B，D. 纵隔窗）显示右上肺大叶性实变，其内可见多发虫蚀状空洞（黑箭）及支气管气象（白箭）

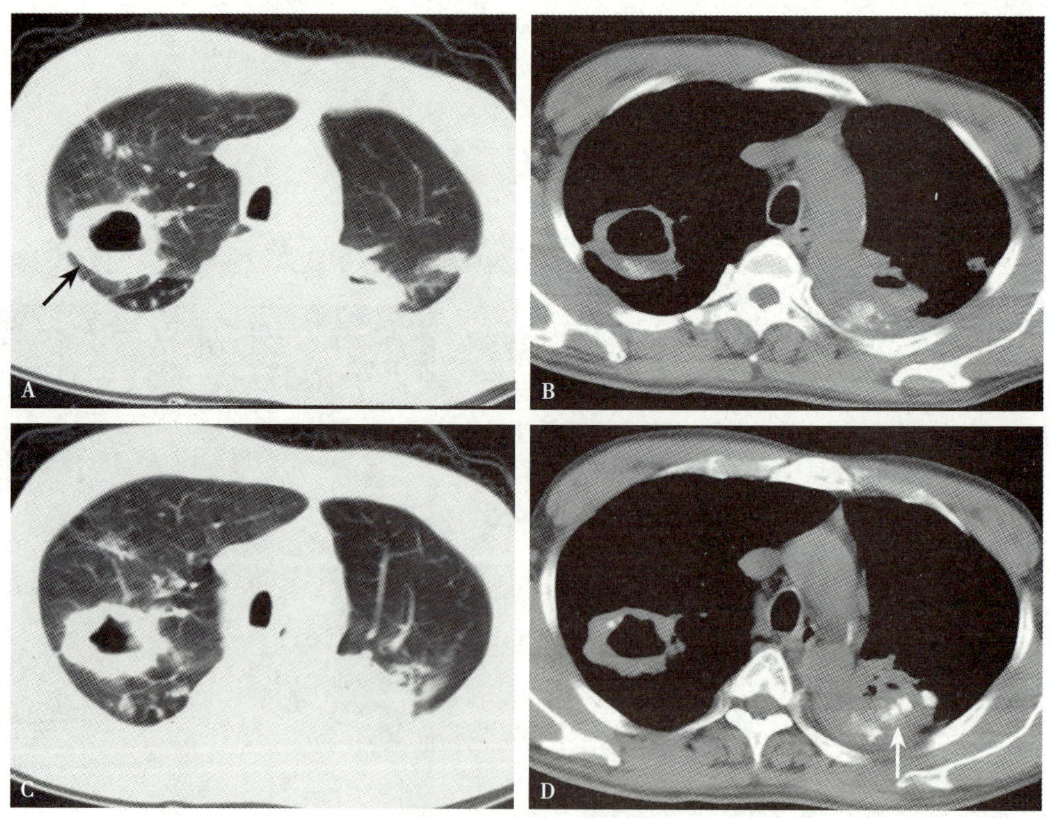

图 3-78 结核性空洞

提示：CT（A，C. 肺窗；B，D. 纵隔窗）显示右上肺空洞（黑箭），壁内、外缘较光滑，洞壁可见钙化影，周围见卫星灶，左上肺可见干酪性肺炎、虫蚀状空洞及钙化灶（白箭）

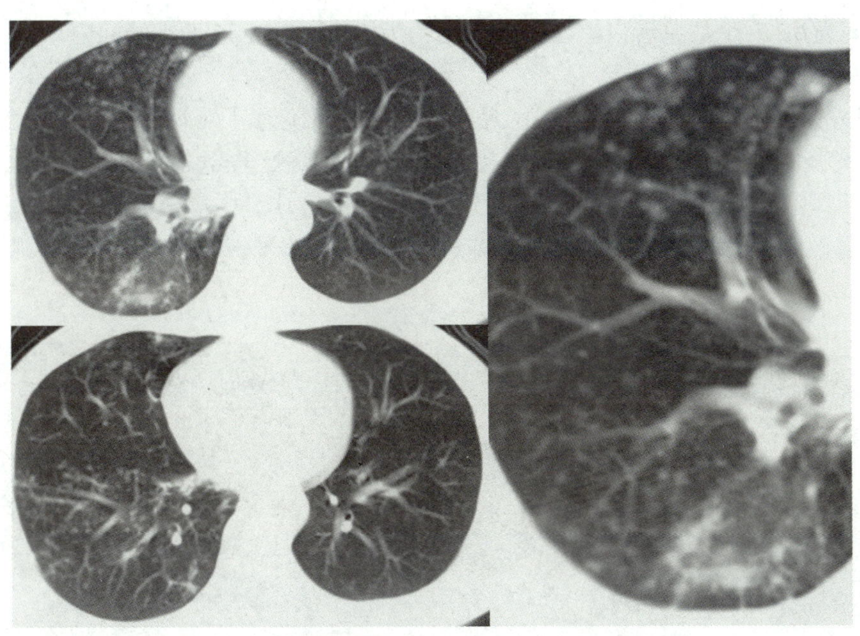

图 3-79 支气管播散病灶

提示：CT(肺窗)上可见典型的“树芽征”

(2) 稳定的浸润型肺结核常见征象：

1) 增殖性病变：边缘较清晰的斑点状影，常排列成“花瓣样”或“树芽征”，是肺结核的典型表现(图 3-76)。

2) 结核球(tuberculoma)：多为直径 2~3cm 边界清晰的单发结节，也可多发。呈圆形、椭圆形，偶有分叶。密度较高，内常有钙化，中心可有小空洞，周围常见卫星灶。增强 CT 上结核球常不强化或呈边缘轻度环形强化(图 3-80)。

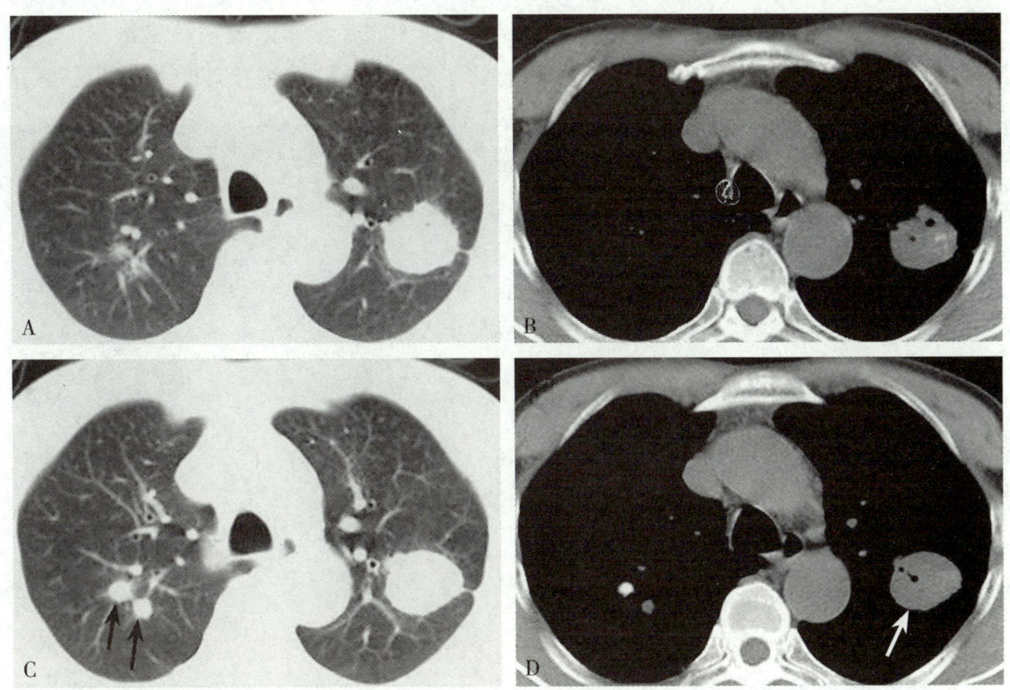

图 3-80 结核球

提示：CT(A，C. 肺窗；B，D. 纵隔窗)显示左上肺结节(白箭)，圆形，边界较光滑，其内可见少许钙化及小空洞，右上肺可见增殖钙化灶(黑箭)

3）肺间质病变：少数患者以累及肺间质结构为主，HRCT 上可见小叶间隔增厚，气道壁增厚，磨玻璃样密度影等。

若上述病灶在随访中出现形态、大小、密度的变化，从影像学上可视病灶为活动性。

(3) 结核病灶愈合的常见征象：硬结钙化或条索影提示病灶愈合。

2. MRI 渗出及干酪性病变一般呈较高信号，增殖病灶呈中等信号，纤维化病灶呈低信号，钙化呈很低信号。结核球在 T_1WI 和 T_2WI 上多为中等信号，若中心出现空洞，则为低信号（图 3-81）。

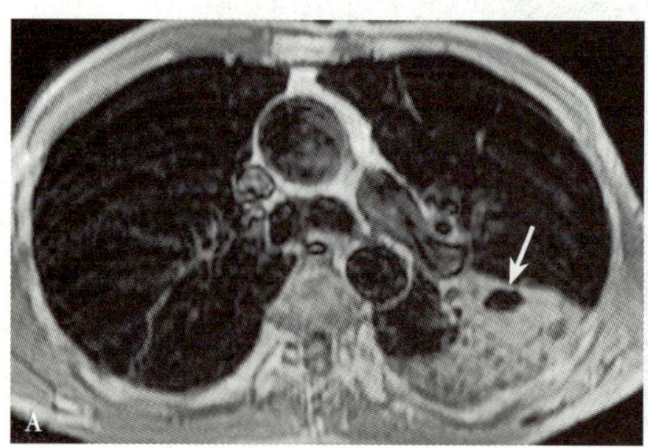

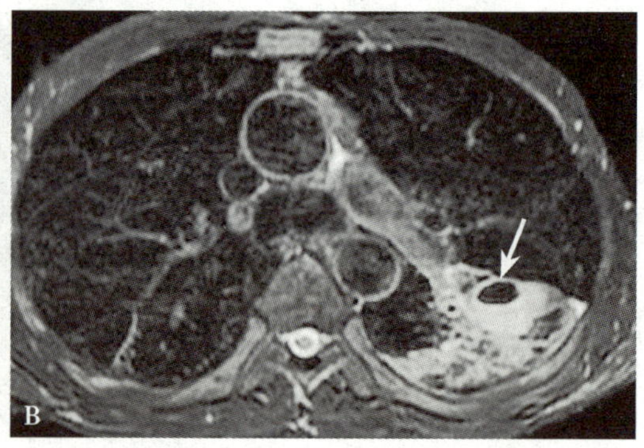

图 3-81 干酪性肺炎

提示：MRI（A. SE T_1WI，B. FSE T_2WI）显示左上肺实变影，T_1WI 呈等信号，T_2WI 呈稍高信号，其内可见多发虫蚀状空洞，在 T_1WI，T_2WI 上均为低信号（白箭）

3. PET/CT ^{18}F-FDG PET/CT 代谢显像，可较好的判断结核病灶的活动情况，尤其对于判断稳定或陈旧性结核病灶是否存在残余活动性病灶优于 CT 和 MRI，可用于监测和评价抗结核治疗的疗效。活动性病灶多表现为斑片状或团块状边缘，较模糊的核素浓聚区，放射性分布欠均匀，周边浓聚，中心区较稀疏。活动性结核空洞表现为空洞周边的核素浓聚。稳定性或陈旧性病灶，或经抗结核治疗有效的活动性病灶，则无明显核素浓聚或核素浓聚明显减少。^{18}F-FDG PET/CT 还可用于结核球与肺恶性肿瘤的鉴别，但活动性结核球也可出现核素浓聚，有时与肺肿瘤鉴别困难。近年来，有文献报道采用双核素 PET/CT，可帮助鉴别结核球和肺内恶性肿瘤。

（二）纤维空洞性肺结核

纤维空洞性肺结核（fibro-cavitary pulmonary tuberculosis）为浸润型肺结核长期迁延不愈，形成以空洞伴明显纤维病变为主的肺结核晚期类型。

X 线和 CT：①纤维空洞：多位于中上肺野。空洞内壁较光整，周围可见大量纤维条索、不同程度钙化、大片渗出和干酪样病变。②病变肺叶容积缩小，患侧肺门上提，肺纹理呈“垂柳状”。③临近胸廓塌陷，肋间隙变窄。④患侧胸膜增厚粘连。⑤健肺代偿性气肿（图 3-82）。

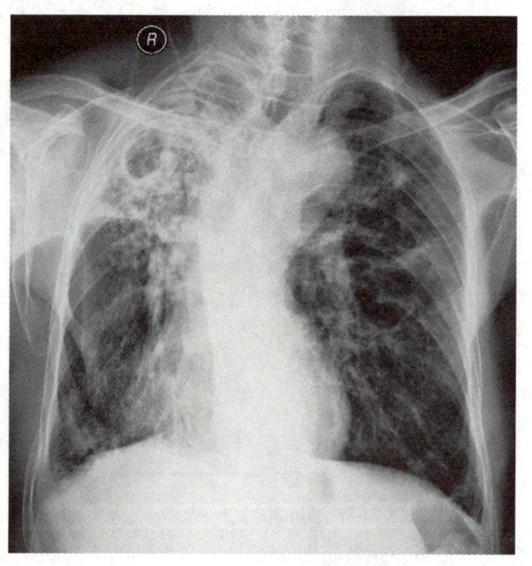

图 3-82 纤维空洞性肺结核

提示：X 线显示双上肺不规则形致密影，以右上肺为主，内见空洞，右上肺容积缩小，右肺门上提，上纵隔及气管向右侧移位，左肺代偿性肺气肿

五、结核性胸膜炎

结核性胸膜炎可单独发生，或与肺部结核病灶同时出现，前者多为淋巴结中结核菌经淋巴管

逆流至胸膜所致，后者多为临近胸膜的肺内结核灶直接侵及胸膜所致。可分为干性胸膜炎（dry pleurisy）和渗出性胸膜炎（exudative pleurisy），后者常见。多为单侧胸腔渗液，一般为浆液性，偶为血性。

1. X线和CT　①干性胸膜炎：一般无异常表现，或仅见肋膈角变钝，膈肌活动受限。②渗出性胸膜炎：表现为不同程度的游离胸腔积液，还可表现为叶间、肺底和包裹性积液。慢性者可见胸膜广泛性或局限性增厚或钙化。

2. MRI　积液在 T_1WI 上可呈低、中等或高信号，这与积液内蛋白含量或有无出血相关。蛋白含量越高，T_1WI 信号就越高。各种性质的积液在 T_2WI 上均呈高信号。

3. PET/CT　表现为胸膜弥漫性 ^{18}F-FDG 浓聚，与胸膜间皮瘤的表现类似，需结合其他影像学检查手段相鉴别。

六、AIDZ或糖尿病合并TB（特殊人群和不典型肺结核）

免疫功能低下患者感染结核较为常见，在症状、体征和影像学表现及临床症状方面，与一般肺结核患者有所不同，称为“不典型肺结核”。不典型肺结核的临床症状常隐匿或轻微，可缺少呼吸道症状，易被忽视。部分严重免疫功能低下患者，则以突发高热起病，病程进展迅速呈暴发性经过。

（一）HIV感染合并肺结核

1. 肺结核是HIV感染者常见的机会性感染性疾病，也是HIV感染者常见的死因之一。结核病可加速HIV感染的病情发展；另一方面，HIV感染也加重肺结核的病理发展过程。两者关系密切，并互相影响加重病情。

2. 影像学表现　HIV感染合并肺结核的影像学表现，呈现出多样性和不典型的特点。HIV感染早期，CD_4^+ T细胞无明显减少，肺结核的影像学表现，与无免疫功能抑制患者相似。在HIV感染中期与后期，CD_4^+ T细胞数量明显减少，细胞免疫处于中、重度抑制状态时，肺结核呈现出与免疫功能正常患者不同的影像学表现。具体表现为：①肺门和（或）纵隔淋巴结肿大；②肺内浸润灶增多，通常出现于非结核好发部位，以下叶、中叶为多，可同时出现多段多叶病变；③易出现浸润性病变与粟粒、小结节等多种病灶混合；④常见小叶中心结节和树芽征等支气管播散征象；⑤合并胸膜炎和肺外结核改变的发生率高。

（二）糖尿病合并肺结核

1. 肺结核与糖尿病关系密切，是糖尿病的严重合并症。糖尿病患者并发肺结核是，多数为原有肺结核病灶的复发，病理改变常为渗出和干酪性病灶，很少纤维化和胸膜反应，易形成空洞及播散。

2. 影像学表现　糖尿病并发肺结核的影像学表现多呈不典型改变，病变广泛，发病部位常为非肺结核好发部位，如中叶、舌叶、下叶及肺门等，病灶以大片干酪和渗出性病变为主，易形成空洞，以多发性空洞和下肺野空洞常见。病灶多见小叶中心结节和树芽征等支气管播散征象，纤维状与增殖灶少见。

（三）其他免疫抑制宿主合并结核

1. 长期应用激素治疗、恶性肿瘤进行放疗和化疗、长期使用免疫抑制剂等患者，由于机体免疫功能抑制或损害，在一定条件下可并发肺结核。此类患者合并肺结核时，往往起病急，呼吸道症状少，肺外感染表现多见，易出现肺部混合感染。

2. 影像学表现　与无免疫功能抑制的患者相比，免疫抑制患者合并结核时，常以中下叶为好发部位，病灶往往以渗出性病变和干酪性病灶为主，呈大片或巨块状实变影，增殖灶和空洞少见，常伴发胸腔积液、心包积液、肺门或纵隔淋巴结肿大等。病情进展迅速，血行播散性肺结核的发病率明显增加，表现为不均匀性粟粒状阴影和融合性斑片等。

七、肺结核的诊断与鉴别诊断

肺结核的影像学表现复杂繁多，结合病史，影像学表现特点以及实验室检查结果，一般不难作出诊断。但不同性质的病变须与其他疾病进行鉴别。

（一）胸内淋巴结结核须与其他引起胸内淋巴结肿大的常见疾病进行鉴别（表 3-5）

表 3-5 淋巴结结核、淋巴瘤及淋巴结转移癌的鉴别要点

	淋巴结结核	淋巴瘤	淋巴结转移癌
好发年龄	儿童、青少年	青少年、老年	中老年
肺门淋巴结肿大	单侧	双侧	原发灶侧为主
纵隔淋巴结肿大	多位于气管旁	多位于血管前间隙，主动脉弓上	多位于气管旁、隆突下
淋巴结钙化	多见	少见	少见
淋巴结内低密度	多见	少见	少见
CT 增强扫描	周边环状强化	肿瘤包绕血管	均匀强化
肝脾大	一般无	多见	可同时伴有
结核菌素试验	阳性	阴性	阴性

（二）急性血行播散型肺结核须与其他常见肺内弥漫性小结节性疾病进行鉴别（表 3-6）

表 3-6 肺结核与肺转移癌的鉴别要点

	肺结核	肺转移癌
病灶分布	均匀	不均匀，肺外周带和中下肺野多见
病灶密度	均匀	均匀
病灶大小	一致	不一致
病灶边缘	清楚，也可较模糊	较清楚
肺门及纵隔淋巴结肿大	无	可有
心包、胸腔积液	少见	常见
原发肿瘤	无	有

（三）结核瘤须与周围型肺癌进行鉴别（表 3-7）

表 3-7 结核瘤与周围型肺癌的鉴别要点

	结核瘤	周围型肺癌
好发部位	上叶尖、后段、下叶背段	肺任何部位
病灶大小	2~4cm	>4cm
病灶形态	圆、椭圆形，偶有分叶	分叶常见
病灶边缘	清楚	毛刺
病灶密度	不均，钙化常见，呈高密度，空洞呈低密度	较均匀，呈等密度软组织肿块或结节，内可见空泡征
MRI 信号强度	不均匀、混杂信号	均匀、等信号
卫星病灶	多见	一般无
病灶强化	不强化或仅轻度强化	均匀或不均匀强化

(四) 肺结核空洞须与肺癌、肺脓肿进行鉴别(表 3-8)

表 3-8　结核性空洞、癌性空洞及肺脓肿的鉴别要点

	肺结核	肺癌	肺脓肿
空洞特点	壁厚薄不均,常有卫星灶	壁厚、凸凹不平、多个附壁结节	壁厚薄不均,边缘模糊,周围有片状浸润灶
引流支气管	多见	少见	可见
播散病灶	常见	少见	较常见
支气管改变	支气管扭曲、变形	支气管狭窄阻塞	多支引流、多叶蔓延、多房相通
液平面	无或浅小液平面	无或浅小液平面	大液平面

第七节　病因不明性肺疾病

一、特发性肺间质纤维化

本病为原因不明的非感染性肺部炎性疾病,其基础病变为弥漫性肺泡炎,近年来认为属于过敏性或自身免疫性疾病。

(一) 临床表现

本病好发于中年患者,男性较女性多见。多数患者起病隐匿,呈亚急性或慢性发病。典型表现为进行性呼吸困难和干咳,伴发呼吸道感染时可有发热及咳痰。肺功能检查呈限制性通气障碍,及程度不同的低氧血症。反复感染可加快肺纤维化的发展,最终进展为呼吸衰竭及肺心病。

(二) 病理生理基础

急性期肺泡内皮细胞和基底膜受损,肺泡腔和间质内纤维蛋白渗出,继而单核细胞、肺泡巨噬细胞及中性粒细胞聚集,导致间质水肿。成纤维细胞增生,肺泡壁增厚,胶原纤维扭曲、紊乱而逐渐机化。随着病变发展,肺纤维化逐渐加重。晚期肺泡壁、小叶间隔广泛纤维化使肺组织结构严重破坏。肺泡腔及间质内炎性细胞持续浸润,肺泡腔闭塞。肺毛细血管被纤维组织所侵蚀破坏,部分闭塞。细支气管代偿性扩张,形成直径数毫米至 2 厘米不等的囊样气腔。

(三) 影像学表现

1. X 线　病变早期可表现正常,或仅见两肺中下肺野细小网织状影。病变进展时,可出现弥漫性网状、条索状及结节状影。病灶不对称,可扩展至上肺野。晚期结节影增大,并出现广泛直径 3~10mm 的厚壁囊状影,形似蜂窝状,故称为蜂窝肺。并发阻塞性肺气肿时,肺野透亮度增加。若囊肿破裂可并发自发性气胸。当纤维化严重时,可发生肺动脉高压和肺源性心脏病。

2. CT(图 3-83)

(1) 磨玻璃样密度影及实变影:病变早期,两下肺后基底段及外基地段外周部,可见小叶状轻度密度增高影,可逐渐相互融合成肺段甚至肺叶实变,以肺段实变多见。其内可见含气支气管影,支气管血管束增粗。

(2) 条索影:呈与胸膜面垂直的僵直条索影,长 1~2cm,宽约 1mm,为纤维间隔增厚及支气管血管束周围的纤维化所致。多见于两肺下叶,也

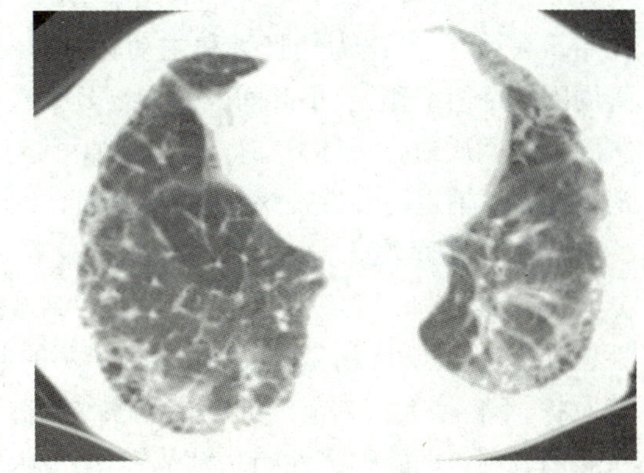

图 3-83　特发性肺间质纤维化

可见于其他部位。

(3) 胸膜下线:胸膜下小叶间隔增厚,表现为胸膜下1cm以内的,与胸膜平行走形的弧线状影,长5~10cm,边缘较清楚或略模糊,多见于两下肺后外部。

(4) 蜂窝状影:病变后期,出现数毫米至2厘米大小不等的圆形或椭圆形含气囊腔,壁较薄而清楚,与正常肺交界面清楚。主要分布于两下肺胸膜下区。

(5) 小结节影:在蜂窝、网、线影基础上,可见少数小结节影,边缘较清楚,大小4~8mm。病理基础为纤维条索病变的轴位像,或相互交叉而形成,并非真正的间质内结节。

(6) 肺气肿:主要为小叶中心性肺气肿,多见于肺外围部。有时胸膜下可见直径1~2cm大小的圆形或类圆形肺气囊。

(7) 支气管扩张:支气管扩张主要发生在肺间质纤维化较严重部位,多为肺段及肺段以下的中小支气管扩张,常为柱状扩张,可伴支气管扭曲、并拢。

(四) 诊断与鉴别诊断

特发性肺纤维化的诊断必须结合临床、影像学检查和病理学资料综合分析。但其临床表现缺乏特异性,影像学表现与其他疾病所致的肺纤维化相似。如病变的分布主要在两肺下叶近胸膜区域,且有病变从胸膜下至肺门逐渐减轻的规律,应提示本病可能。需与本病鉴别的主要有:

(1) 结缔组织病:硬皮病、系统性红斑狼疮和类风湿性关节炎等结缔组织病,肺部的纤维化病灶不易与特发性肺纤维化区分。但这些疾病系全身性疾病,肺外病变如有皮肤损害、关节疼痛等,凝集反应、狼疮细胞学检查对诊断有帮助。

(2) 结节病:本病为全身性疾病,发生于淋巴结,肺和皮肤等部位。呼吸困难症状不明显。肺部影像征象有肺门淋巴结肿大,肺部可有弥漫性网状、结节状影。常在肺中部发生纤维组织收缩,肺尖及肺底部出现肺气肿。Kveim试验呈阳性。淋巴结、皮肤病变或肺部活检可确诊。

二、结节病

结节病(sarcoidosis)为原因不明的全身性非干酪性肉芽肿性疾病,一般呈良性经过,常侵犯双侧肺门,纵隔淋巴结;其次是肺、胸膜、皮肤、骨骼、眼、脾、肝、腮腺及扁桃体等器官。

(一) 临床表现

结节病可发生于任何年龄,但多见于20~40岁,女性略多于男性。急性起病者以结节性红斑、皮疹、发热、多发性关节炎、血沉加快为主要表现,预示病程可自限。亚急性与慢性起病者症状一般有乏力、倦怠、低热、咳嗽、呼吸困难、视力障碍。Kveim试验阳性对本病诊断有重要意义,血管紧张素转化酶(ACE)升高,血、尿钙值升高可作为辅助诊断方法。

(二) 病理生理基础

结节病的病理学特征为多个器官的非干酪性肉芽肿,显微镜下观察病变组织内部,多发均匀分布、大小形态一致的上皮细胞结节,并无干酪样坏死,结节内可见朗格汉斯细胞。两肺门淋巴结最易受累,其次为气管旁和主动脉弓旁淋巴结。肺内肉芽肿主要分布在间质,沿支气管血管周围结缔组织鞘,及小叶间隔发展蔓延。肉芽肿一般很小,单个直径均在0.4mm以下,多位于胸膜下肺间质或弥漫性分布。小肉芽肿可相互融合成大结节。急性发病者肉芽肿大,多经治疗消退或自行消退。慢性发病者常导致进行性肺纤维化。

(三) 影像学表现

1. X线 肺门和纵隔淋巴结肿大为结节病最常见的表现,约占75%~90%。多为双侧对称性,密度较高且边缘清楚,状如土豆为本病的典型表现。淋巴结肿大可自行消退,恢复正常或维持原状,不再增大。结节病的肺部受累,常滞后于肺门纵隔淋巴结病变,主要为肺间质浸润。多数病例表现为两肺弥漫性网状结节影,结节大小不等,直径多为1~3mm,为肺内肉芽肿所致。也可表现为多发大结节或团块状影,直径可达3~5cm,密度均匀,边界多清楚;或呈节段性或小叶

性浸润，类似肺部炎性病变。通常还伴有灶性肺气肿，支气管扩张，肺大疱等。肿大的肺门淋巴结有时压迫支气管引起肺叶性、肺段性不张。胸膜受侵犯时，可出现少量胸腔积液及胸膜增厚。

2. CT　肺门、纵隔淋巴结肿大一般不超过3cm，密度均匀，边界清楚，增强扫描均匀强化，很少侵犯周围脂肪间隙或支气管。少数肿大的淋巴结可出现蛋壳样钙化。肺部小结节性病变多位于双下肺外周或胸膜下，病变进展可逐渐累及全肺而呈弥漫性分布。呈斑片或块状影病例者，病灶约2~3cm，可逐渐相互融合成更大块，并可见支气管气象。肺间质纤维化表现为小叶间隔增厚和细小蜂窝影，主要位于胸膜下区。HRCT上见支气管血管束显著变粗，呈网状结节影。晚期病例可见支气管血管束扭曲、聚拢或变形，支气管扩张和不同程度代偿性肺气肿表现。胸腔积液一般为少量，少数可发展为胸膜增厚（图3-84）。

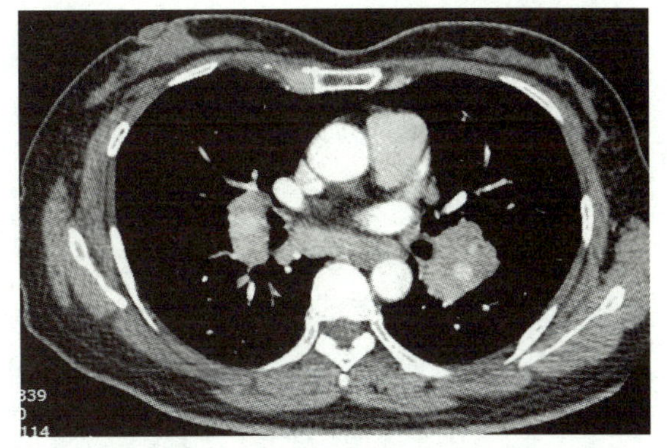

图3-84　结节病，两肺门淋巴结增大

3. MRI　肿大淋巴结在T_1WI上呈中等或略低信号，T_2WI上呈中等或略高信号，信号较均匀，在流空的血管和低信号的气管、支气管的衬托下很易于区别。

（四）诊断与鉴别诊断

结节病典型表现为肺门、纵隔淋巴结对称性肿大，其中肺门淋巴结肿大的程度更显著。如肺内出现结节性病变或肺间质性纤维化常提示本病。多见于20~40岁青年人，病程进展缓慢，部分病例可自然消退或病变发展到一定阶段后即静止，Kveim试验阳性，诊断多不难。但应与胸内淋巴结结核、肺门淋巴结转移，纵隔淋巴瘤及中央型肺癌等鉴别。病变发展至纤维化期则需与癌性淋巴结炎、间质性肺炎、嗜酸性肉芽肿等鉴别。

三、韦格纳肉芽肿

韦格纳肉芽肿（Wegener's granulomatosis，WG）又称韦氏肉芽肿，是一种少见的全身性疾病，主要累及呼吸道、肾脏和皮肤等脏器和组织，以坏死性肉芽肿和坏死性血管炎为特征。发病机制不明，一般认为过敏反应为本病的重要发病因素。

（一）临床表现

本病好发于男性，以40~50岁多见。发病可为急性或隐匿性，上呼吸道最先受累，尤以鼻部症状常见，表现为鼻窦炎、鼻溃疡、鼻出血等。肺部病变常引起咳嗽、咯血、胸痛等。全身症状有发热、贫血和体重减轻。累及肾脏时出现蛋白尿、血尿和管型尿。

（二）病理生理基础

韦格纳肉芽肿的主要病理特征，为呼吸道的坏死性肉芽肿和坏死性血管炎，累及肾脏时出现坏死性肾小球肾炎。坏死性肉芽肿是由炎性细胞组成的慢性肉芽组织，易发生坏死，位于肺部的肉芽肿可形成空洞。坏死性血管炎主要累及小动脉，也可累及小静脉。主要位于坏死灶周围，以白细胞碎裂性血管炎多见，血管壁发生纤维素样变性，肌层及弹力纤维被破坏，并有炎性细胞浸润。

（三）影像学表现

1. X线　本病的胸部表现多样，以肺部结节或结块影最多见。病灶平均2~4cm，单发或多发，以双侧中下肺野多发结节或结块为典型表现。部分病灶内可，出现厚壁或薄壁空洞。呈节段性浸润时，可为小叶性或节段性，为肺部血管炎引起的肺出血和肺梗死所致。少数病例呈广泛性粟粒病灶。病灶可在1~2周内缩小消失或又出现新病灶。在晚期肺内变化较复杂，心力衰竭时可出现肺水肿和（或）肺梗死等。

2. CT 双侧中下肺野单发或多发结节或结块影，大小不等，边缘可模糊（病变新鲜或恶化）或清楚（病变趋向好转）。部分病灶临近胸膜面可见放射状索条影。增强检查多可见一支供养血管进入结节病灶。约 50% 患者的结节或结块病灶，可出现坏死而形成空洞，空洞壁厚薄不一，是本病的重要特征。少数患者表现为小叶性、节段性甚至肺叶高密度影，出现肺段梗死时，表现为底部靠近胸膜，尖端指向肺门的楔形高密度影。当病变累及气管、支气管时，则表现为管壁增厚，腔内可见息肉样或乳头状软组织密度结节影，可致气道狭窄。少数患者可伴有少量胸腔积液及肺门、纵隔淋巴结肿大。

3. MRI 在 SE 序列的 T_1WI 和 T_2WI 上，可清楚显示两肺散在的结节和结块病变；若出现空洞，则厚薄不等的空洞壁呈中等信号，空洞无信号。如发生肺梗死，则呈软组织信号或混杂信号。

（四）诊断与鉴别诊断

本病表现为两肺单发或多发结节、结块影，主要分布于中下肺野，其内易形成壁厚薄不一的空洞，动态观察病灶可增大、相互融合或出现新病灶。CT 可见病灶边缘模糊或清楚，增强检查可见供养血管进入结节内，如伴有肺梗死，则提示本病的诊断。本病用免疫抑制剂及激素治疗过程中，病灶可缩小消退。如同时伴有鼻部症状或肾脏病变时，诊断一般不难。诊断时应注意与细菌感染、结核瘤、真菌病、周围型肺癌及转移瘤等鉴别。

第八节 肿瘤性病变

一、肺肿瘤

肺肿瘤（pulmonary tumors）可分为良性、恶性两大类，良性肿瘤以错构瘤多见，原发恶性肿瘤以支气管肺癌多见。肺转移瘤是常见的继发性恶性肿瘤。

（一）肺错构瘤

肺错构瘤（pulmonary hamartoma）依发生部位，分为周围型和中央型，前者多见，后者非常少见。

1. 临床表现 周围型错构瘤较小时可无任何症状，多在体检时偶然发现。较大的肿瘤可引起气短等症状。中央型错构瘤引起的阻塞性肺炎可有咳嗽、发热、咳痰及胸痛。

2. 病理生理基础 错构瘤是内胚层与间胚层发育异常，而形成的肿瘤样病变。在组织结构上主要由纤维组织、平滑肌、软骨和脂肪等成分构成。发生于肺段及肺段以上支气管的错构瘤称为中央型错构瘤，位于肺段以下支气管及肺内的称为周围型错构瘤，以周围型错构瘤较为多见。中央型错构瘤在支气管内形成肿块，阻塞支气管，引起阻塞性肺炎和肺不张。周围型错构瘤在肺内形成结节及肿块。

3. 影像学检查方法的选择 X 线胸像用于初步筛查肿瘤，初步明确肿瘤位置及大小。CT 扫描尤其是高分辨率 CT，对瘤内少量钙化与脂肪成分检出率高，故定性价值较高。MRI 检查显示瘤内脂肪较理想，而显示钙化不如 CT，其能检查直径小于 1cm 的结节，故可作为一种补充检查手段。

4. 影像学征象

（1）X 线表现：周围型错构瘤表现为肺内孤立结节或肿块影，以直径 2~3cm 多见，边缘光滑清楚，也可呈波浪状，可见爆米花样钙化（图 3-85）。

（2）CT 表现：周围型常见于肺的周边部近胸膜处，或肺叶裂处。呈肺内孤立性结节，圆形或椭圆形，可有轻度分叶，或呈脐凹状。病灶一般直径小于 3cm，少数错构瘤亦可很大。依据错构瘤内组织成分及其比例的不同，表现为密度均匀的软组织肿块，无明显钙化及脂肪；肿瘤内含有

或多或少脂肪成分，呈低密度区，CT 值为 -50~-120HU；肿块内也可含钙化灶，典型表现为爆米花状，也可呈斑点状；肿块内既含低密度的脂肪去又含高密度的钙化灶较常见，也最具特征性（图 3-86）。增强扫描病灶大多无强化。中央型则多表现为支气管腔内肿瘤结节影，边缘光滑清晰，结节附着处支气管壁无增厚。

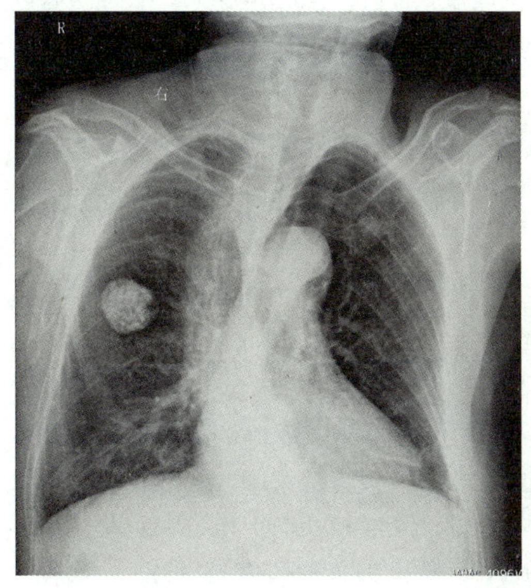

图 3-85　左上肺错构瘤
提示：可见爆米花样钙化

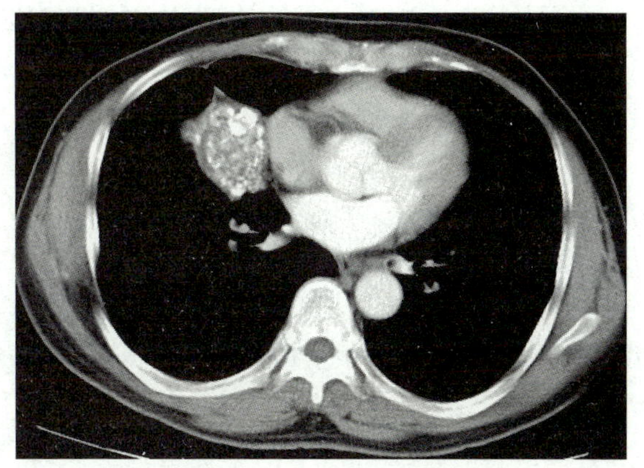

图 3-86　CT 显示左上肺错构瘤
提示：可见爆米花样钙化

(3) MRI 表现：MRI 上表现为 T_1、T_2 中等信号孤立结节影，边缘光滑整齐，有脂肪成分则表现为结节内 T_1、T_2 高信号影，钙化在 MRI 呈低信号。

5. 诊断与鉴别诊断　周围型错构瘤边缘光滑，有钙化及脂肪密度，可与周围型肺癌鉴别，尤其是脂肪密度有重要诊断意义。中央型错构瘤需与中央型肺癌鉴别，错构瘤不引起支气管壁增厚，无肺门肿块及淋巴结转移，有助于鉴别。

(二) 支气管肺癌

原发性支气管肺泡癌（primary bronchogenic carcinoma）是肺部最常见的恶性肿瘤，近 10 年来发病率有逐渐增多的趋势。可能与吸烟、工业化污染以及雾霾等因素有关。影像学检查是肺癌重要的检查方法，肺癌好发于 40 岁以上，男性多发。

1. 临床表现　临床症状、体征与肺癌的发生部位、病理组织类型、分期密切相关。

(1) 早期肺癌无症状，往往在 X 线胸像体检时偶然被发现。中央型肺癌出现临床症状稍早于周围型肺癌。

(2) 呛咳、无痰或偶有少量白色黏液痰是最常见的症状。间断性出现的痰中带有少量血丝为早期肺癌的常见表现。

(3) 内分泌紊乱症状（endocrine disturbance）（如库欣综合征、甲状腺功能亢进等）；神经系统副肿瘤综合征（paraneoplastic neurological syndromes）多由肺小细胞癌引起；肺性骨关节病（pulmonary osteoarthropathy）等多见于肺鳞癌。

(4) 肿瘤累及周围组织、器官出现多种症状和体征：①肿瘤累及胸膜、胸壁、肋骨、肋间神经等，可引起憋气、呼吸困难和胸痛；累及心包，可引起心悸、胸闷。②肿瘤累及上腔静脉，可引起上腔静脉阻塞综合征（superior vena cava syndrome），出现气短、头颈部浮肿和颈静脉怒张等。③肿瘤累及喉返神经、臂丛神经、迷走神经等，出现相应的症状；肿瘤累及颈交感神经，可出现 Horner 综合征（Horner syndrome），表现为同侧眼睛不能闭合，眼睑下垂与面部无汗。

(5) 肿瘤出现远处转移时,可出现相应症状和体征,如伴胸膜、骨、脑转移时可出现呼吸困难,剧烈骨痛、头痛、呕吐甚至截瘫等相应症状。

2. 病理生理基础

(1) 组织学类型:①大多数支气管肺癌起源于各级支气管黏膜上皮,少数起源于肺泡上皮及支气管腺体。②鳞状细胞癌(squamous-cell carcinoma)、小细胞癌(small-cell carcinoma)、腺癌(adenocarcinoma)、大细胞癌(large-cell anaplastic carcinoma)是4种常见的组织性类型,细支气管肺泡癌(alveolar-cell carcinoma)是腺癌的特殊类型。鳞状细胞癌最常见,腺癌、小细胞癌次之,大细胞癌较少。

(2) 大体病理类型:分为中央型、周围型和弥漫型。

1) 中央型肺癌(central primary bronchogenic carcinoma):指发生于肺段或肺段以上的支气管,主要为鳞状细胞癌、小细胞癌和大细胞癌。

2) 周围型肺癌(peripheral bronchogenic carcinoma):指发生于肺段以下的支气管,见于各种组织学类型的肺癌。由于小支气管为薄的膜管状结构,肺癌的生长不受其限制,故该型肺癌的大体病理形态,为肺内结节或肿块。其结节或肿块的病理形态及影像学表现,均与其生长方式有关。大致包括以下三种不同的生长方式:①堆集式生长:癌细胞增殖堆集充满肺泡,并沿肺泡孔向周围肺泡蔓延,形成实体性肿块,推压周围肺组织形成假性包膜,故瘤体与周围肺组织境界清楚,边缘较完整。②蟹足式生长:癌组织也呈实体性生长,但与正常肺组织交界处,呈伪足样向周围肺组织内浸润性生长。③伏壁式生长:癌细胞沿肺泡壁等肺支架结构蔓延生长,而肺泡腔仍保持充气,肺泡间隔等支架组织不受破坏。

需要指出的是肺癌可能同时混合多种生长方式,而且不同时期生长方式有所不同,堆集式生长多见于瘤体直径3cm以下者,一旦瘤体直径超过3cm,肿瘤生长速度明显加快,浸润型强,而多表现为蟹足式生长。

肺上钩瘤(肺尖癌,pancoast's tumor or superior sulcus tumor):发生于肺尖部的周围型肺癌(图3-87)。

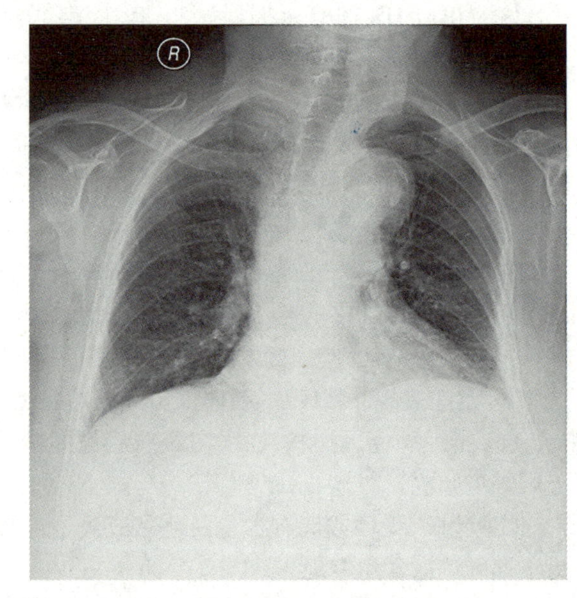

图3-87 右肺上钩瘤X线表现

3) 弥漫型肺癌(diffuse bronchogenic carcinoma):指癌组织沿肺泡管、肺泡弥漫性生长,主要为细支气管肺泡癌及腺癌。大体病理形态可为多发结节、斑片,或为单叶、数叶及两肺多发的肺实变。

(3) 肿瘤的生长方式:早期癌组织局限于支气管壁或腔内,且无淋巴结或远处转移。病理上分为结节型、浸润型和结节—浸润型。肿瘤进一步沿支气管壁向中央侧和末梢侧蔓延、生长或穿过管壁,向外生长形成肺门肿块,病灶生长至局部支气管部分或完全梗阻时,则伴有不同程度的支气管阻塞。

(4) 气道阻塞性改变(airway obstruction):①阻塞性肺气肿(obstructive emphysema)为支气管活瓣性阻塞的结果。②阻塞性肺炎(obstructive pneumonia)是因为支气管狭窄而继发的肺感染。③阻塞性支气管扩张(obstructive bronchiectasis)为肿瘤远端支气管内黏液潴留所致内径增宽。④阻塞性肺不张(obstructive atelectasis)为支气管阻塞后肺内气体吸收而致。

(5) 肺癌的扩散途径:

1) 淋巴转移(lymphatic metastasis):最常见,先转移到支气管肺淋巴结,再至肺门、纵隔淋巴

结等，常引起淋巴结肿大。

2）血行转移（blood-borne metastasis）：常转移至脑、肾上腺、骨、肝等。肺癌转移到肺内形成单发或多发结节。

3）直接蔓延（direct spread）：肺癌侵犯纵隔、血管、胸膜、胸壁等。

3. 影像学检查方法的选择

（1）筛查肺癌（lung cancer screening）：可选用正侧位X线胸片，2013ACCP肺癌诊疗指南指出目前没有充分证据认为低计量CT（LDCT）可降低肺癌死亡率，考虑到性价比，暂不推荐LDCT作为肺癌的早期筛查。

（2）胸部CT是诊断肺癌的首选影像检查方法：应用薄层CT观察肺癌的细微结构，多层螺旋CT的MPR，可用于多方位观察肺癌；CTVE用于初步观察中央型肺癌的气管、支气管病变；CT引导肺穿刺活检，可用于周围型肺癌的定性诊断。增强CT用于鉴别肺门周围的肺结节与血管断面、判断淋巴结转移及大血管受累情况。CTA也用于判断大血管受累情况。目前动态增强CT多用于难以定性肺结节的鉴别诊断。另外随着双能量技术的发展，双源CT和宝石能谱CT利用能谱后处理软件分析肺结节、肿块，对鉴别诊断也可以提供一定的帮助。

（3）胸部MRI一般不用于筛查、诊断肺癌。其优势在于评估纵隔、血管以及胸壁受累情况，以对肺癌进行准确的TNM分期，另外其可以将肿块和不张的肺组织进行区分，从而较准确地对肿瘤范围进行界定。

（4）PET应用较少，可用于肺癌的鉴别诊断、疗效评估和复发判断。

（5）DSA目前应用于原发性肺癌的支气管动脉灌注化疗。

4. 影像学征象

（1）中央型肺癌的影像学表现：

1）X线：

① 直接征象：癌灶小时胸片可无任何异常表现，或有肺门轻度增大或结构模糊。肿瘤增大后，显示病侧肺门不规则高密度肿块影，为肺癌瘤体的直接征象，肿块边缘较清楚。有时，肿块为原发灶与肺门转移淋巴结的融合影。

② 间接征象：当癌灶局限于支气管内，或仅有支气管管壁轻度增厚时，阻塞性肺气肿可为最早的间接征象。肺气肿发生于一个肺叶，表现为肺叶体积增大，透明度增加，肺纹理稀疏，纵隔、横膈及叶间裂推压移位。阻塞性肺炎为局限性斑片状影或肺段、肺叶实变影。支气管完全阻塞时，发生肺不张。肺不张可发生于一个肺段、肺叶或一侧肺，其体积缩小、密度增高，周围结构向病变处移位。右上叶不张时，肺叶体积缩小并向上移位，水平叶间裂随之上移，呈凹面向下，其与肺门肿块向下隆起的下缘相连，故形成反置的或横置的S状，称为反S征或横S征（图3-88）。阻塞性支气管扩张，表现为带状或条状致密影；当相邻的支气管扩张呈手套状表现时，称为手套征（图3-89）。

③ 转移征象：中央型肺癌转移到邻近的肺门淋巴结引起肺门影增大。纵隔淋巴结转移引起纵隔影增宽。膈神经受侵导致横膈矛盾运动。其他转移表现为肺内结节，胸腔积液，肋骨破坏及心包积液等。

2）CT：

① 直接征象：当肿瘤局限于支气管内，或仅有支气管管壁轻度增厚及管外小结节时，薄层或HRCT可见支气管管壁增厚及腔内、外结节，引起支气管狭窄，甚至截断（图3-90）。支气管壁增厚形态不规则，支气管狭窄范围较局限，管腔形态不规则，狭窄段常呈楔形。当病变进展时可见肺门肿块，螺旋CT多平面重组（MPR）及三维（3D）容积重组，能够更清楚地显示肿瘤的部位、范围及狭窄远端的情况（图3-91）。支气管仿真内镜可显示支气管内病变的表现。

② 间接征象：阻塞性肺气肿，表现为肺叶范围的密度减低区，此征象常不易发现。阻塞性肺

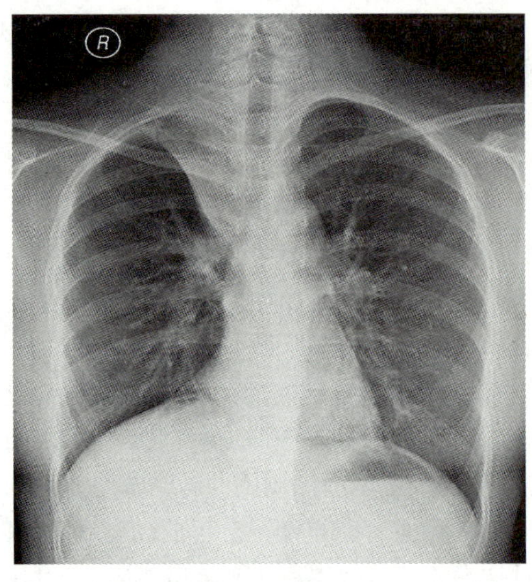

图 3-88 右上肺中央型肺癌

提示：正位胸片上，右上叶肺不张与肺门肿块的下缘相连，呈反 S 征

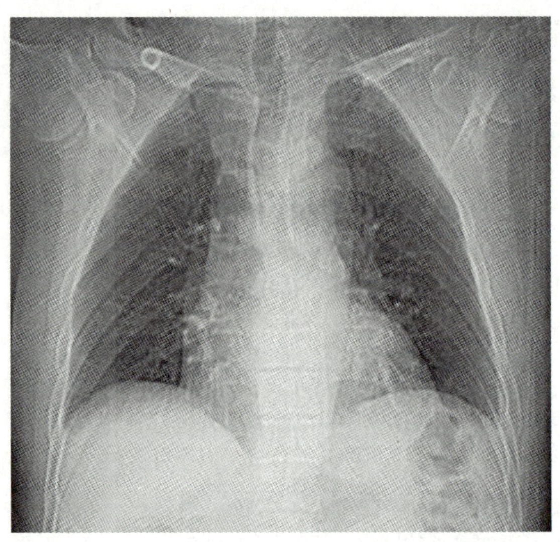

图 3-89 左下肺肿瘤并支气管黏液栓

提示：正位胸片上，左下肺心影后区可见条索致密影，呈指套样改变

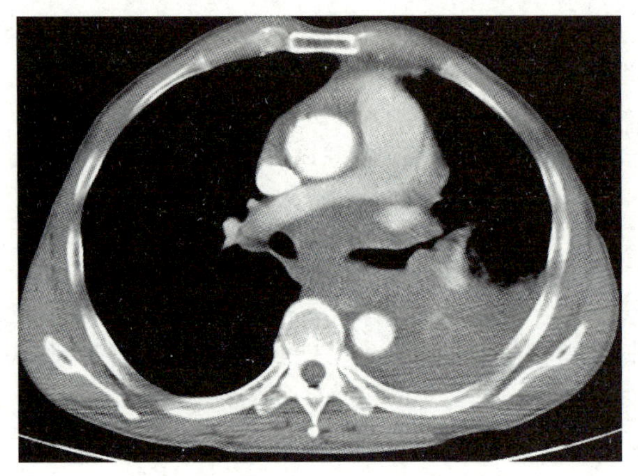

图 3-90 CT 表现

提示：右主支气管内结节并支气管狭窄

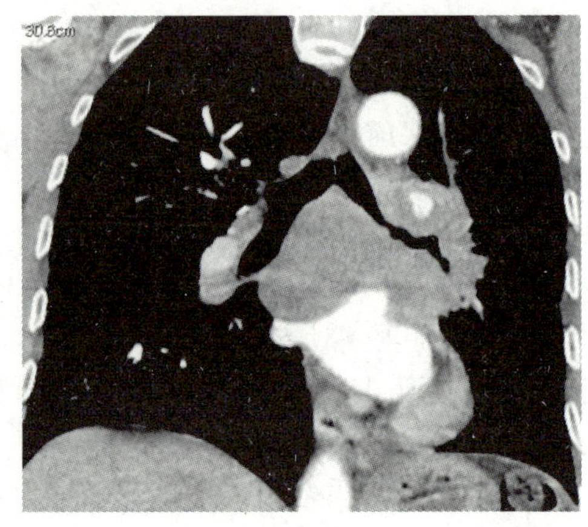

图 3-91 MPR 冠位表现

提示：右主支气管“鼠尾征”

炎表现为小片状、肺段或肺叶实变影，肺体积常缩小。常合并支气管血管束增粗、模糊。阻塞性肺不张可见肺门部，有肿块影突出肺不张的外缘(图 3-92)。增强扫描可见肺不张内的肿块轮廓，且可显示肺不张内有条状或结节状低密度影，为支气管内潴留黏液，因不强化而呈低密度，及黏液支气管征。阻塞性支气管扩张，表现为柱状或带状高密度的手套征影(图 3-93)。

③ 转移征象：胸内淋巴结转移，引起肺门及纵隔淋巴结肿大(图 3-94)。以气管分叉下、主动脉弓旁、上腔静脉后、主肺动脉窗、气管旁及两肺门组淋巴结多见，增强检查显示更明显，并可显示肿瘤对邻近结构的侵犯，如肺静脉内瘤栓(图 3-95)。

3) MRI：中央型肺癌的癌灶达到一定的大小，MRI 平扫即可显示。MRI 不仅可显示肿块形态、大小及信号，显示支气管狭窄等征象，还可显示肿块对邻近支气管、血管的侵袭及纵隔淋巴结肿大等征象，有助于临床上肺癌的分期。

① DSA 表现：肺癌的血供主要来自支气管动脉。各种组织类型的肺癌支气管动脉 DSA 与肺动脉 DSA 的征象，无明显差异。

② PET/CT：除少数的肺癌(如部分分化良好的肺癌、肺泡细胞癌和部分类癌等)以外，大多数肺癌的代谢活性明显增高。中央型肺癌，除肿瘤部位放射性浓聚外，肺炎或肺不张区域也表

Note

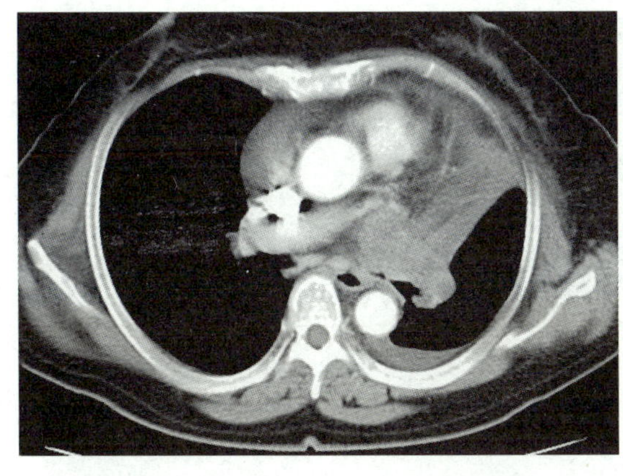

图 3-92　CT 显示左上叶中央型肺癌
提示：左肺门肿块并左肺上叶不张

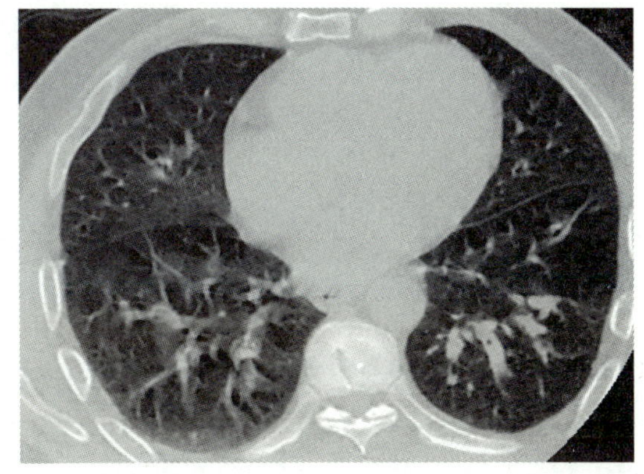

图 3-93　阻塞性支气管扩张呈“手套征”

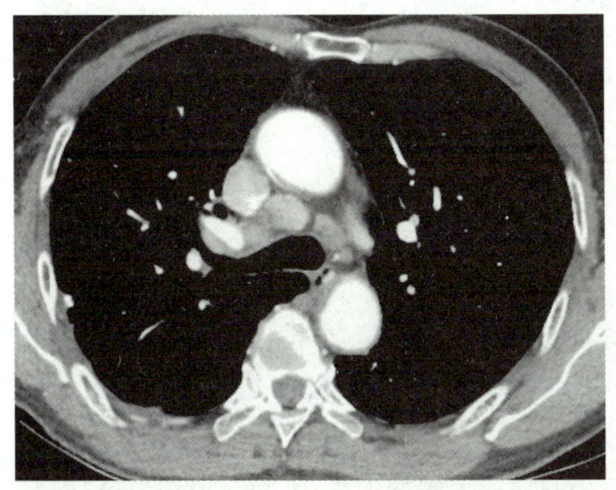

图 3-94　增强 CT 显示纵隔淋巴结转移

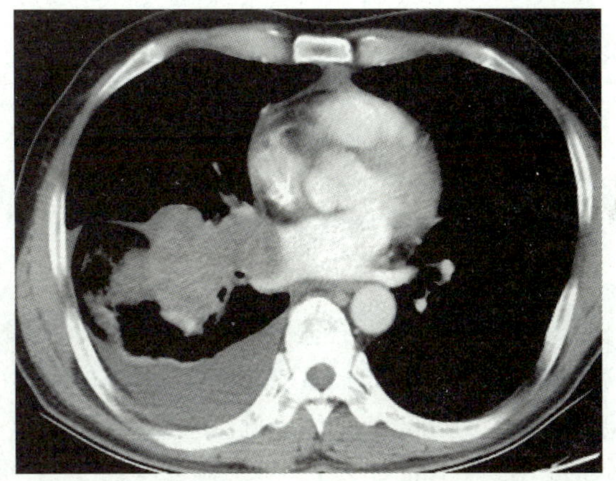

图 3-95　增强 CT 显示右下肺静脉瘤栓

现为放射性摄取增高，但其放射性摄取一般都明显低于肿瘤。

a. 供血血管主干增粗。

b. 分支增多，包绕肿瘤并有细小分支伸入肿瘤边缘，瘤内血管少见，实质期染色不明显。也可表现为瘤内血管分支明显增多，实质期肿瘤染色。

c. 粗细不均的肿瘤，血管分布紊乱呈簇状或网状。

d. 支气管动脉向肺动脉分流。

e. 部分血管分支狭窄、截断、闭塞或被推移。

f. 肺门、纵隔淋巴结转移，则在相应部位可能出现肿瘤血管、肿瘤染色。

(2) 周围型肺癌的影像学表现：

1) X 线：

① 肿瘤的形态与密度：2cm 以下的小肺癌多为结节状影，也可为小片状磨玻璃样密度影。较大的肿瘤多呈分叶状(图 3-96)，一般密度较均匀，但也可形成空洞，多为厚壁，且厚薄不均，内壁不规则。

② 肿瘤的边缘与邻近结构：多数癌灶边缘毛糙，但有的边缘光滑无分叶。肺癌常具有胸膜凹陷征，表现为肿瘤与胸膜间的线形或幕状影(图 3-97)。肿瘤侵犯支气管引起阻塞性肺炎，表现为在肿瘤周围的斑片状阴影。有时可见血管向肿瘤集中。肿瘤侵犯邻近的胸膜可引起局部胸膜增厚。肿瘤的侵袭与转移：肺尖癌易侵袭邻近结构，常引起 1~3 胸椎及肋骨的破坏。转移常表现为肺内多发结节或弥漫粟粒样结节影。癌性淋巴管炎为局部的网状及小结节状影。其

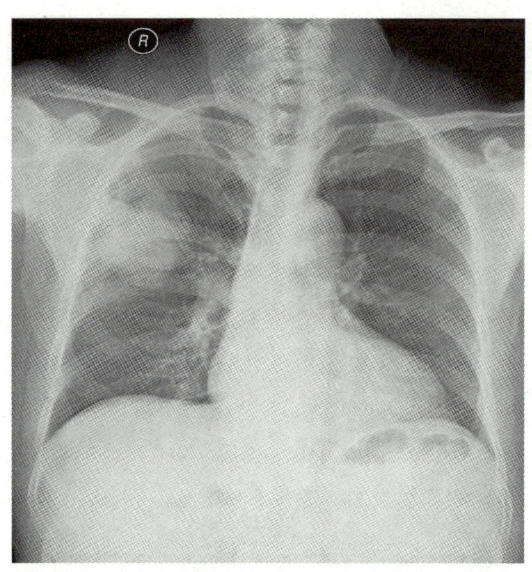

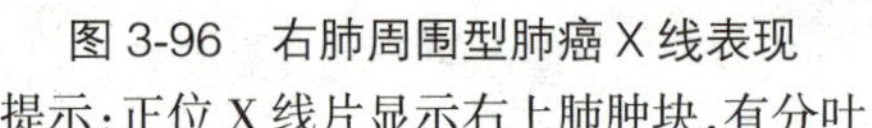

图 3-96 右肺周围型肺癌 X 线表现
提示：正位 X 线片显示右上肺肿块，有分叶

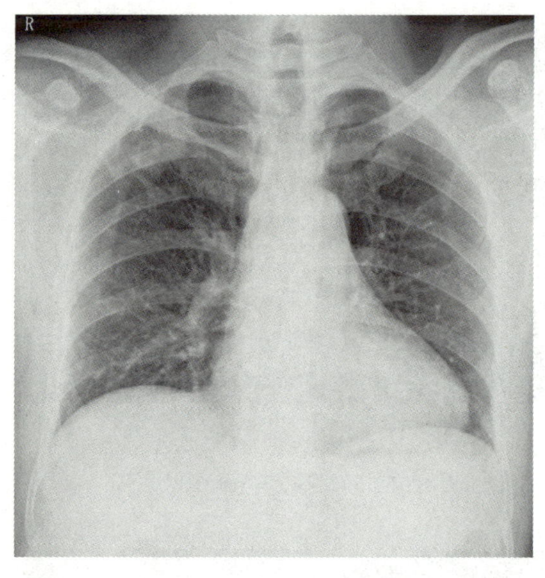

图 3-97 正位 X 线显示右上肺肺癌伴右上胸膜凹陷

他 X 线所见为肺门和纵隔淋巴结肿大、胸腔积液、胸膜结节及心包积液等。骨转移可引起胸椎及肋骨破坏。

2) CT：

① 瘤体的形态与密度：肿瘤分叶征较常见(图 3-98)。周围型肺癌病灶分为实性结节(图 3-99)、磨玻璃样密度结节(图 3-100)、磨玻璃样与实性的混合密度结节(图 3-101)。磨玻璃样密度是指病变的密度较低，病变内可见血管影，在 2cm 以下肺癌较多见。结节内的空泡征与支气管气象，多见于体积小的细支气管肺泡癌和腺癌。CT 易显示肿瘤的空洞及钙化，空洞多不规则，钙化多为斑片状或结节状。肺癌增强后的 CT 值比平扫增加 15~80HU，呈均匀或不均匀强化，动态增强的时间—密度曲线呈逐渐上升的形态。

② 肿瘤的边缘与邻近结构：多数肿瘤边缘毛糙有毛刺。胸膜凹陷征是肿瘤与胸膜之间的线形或三角形影，在胸膜陷入的部位，结节可形成明显的凹陷(图 3-102)。有的肿瘤周围的肺动脉或肺静脉分支向肿瘤集中，可到达肿瘤边缘或与肿瘤相连(图 3-103)。肿瘤周围环以磨玻璃样影，病理为出血性肺梗死、肿瘤细胞浸润，此征象称为月晕征(halo sign)。

③ 肿瘤的侵袭与转移：肺上沟瘤易引起邻近胸椎及肋骨破坏。肿瘤直接侵及胸膜引起胸膜增厚。肿瘤在肺内血行转移，形成多发结节或粟粒状。肿瘤侵犯淋巴道，形成癌性淋巴管炎，表

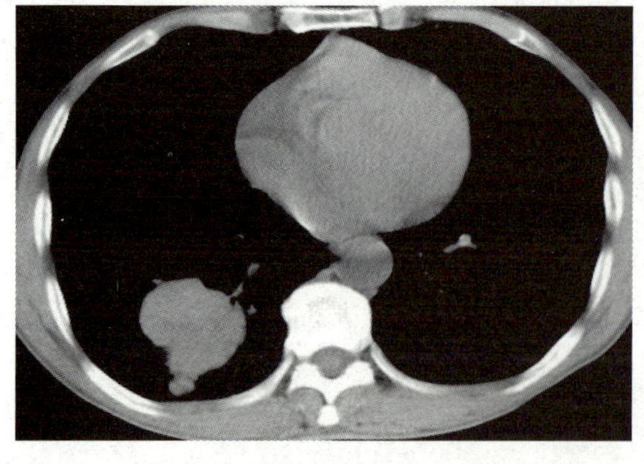

图 3-98 周围型肺癌 CT 表现
提示：右下肺肿块，有分叶

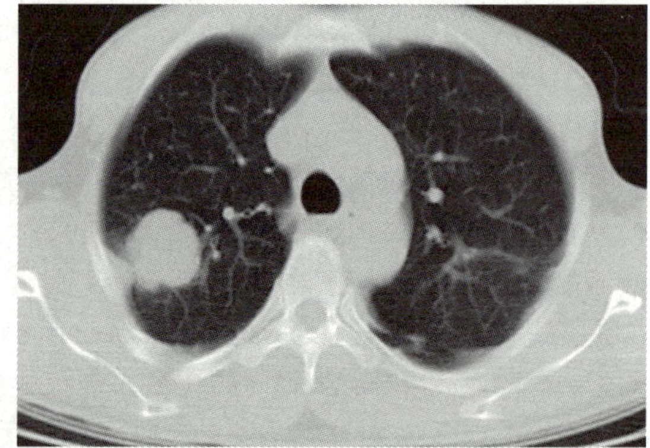

图 3-99 右肺周围型肺癌 CT 表现
提示：右肺实性结节

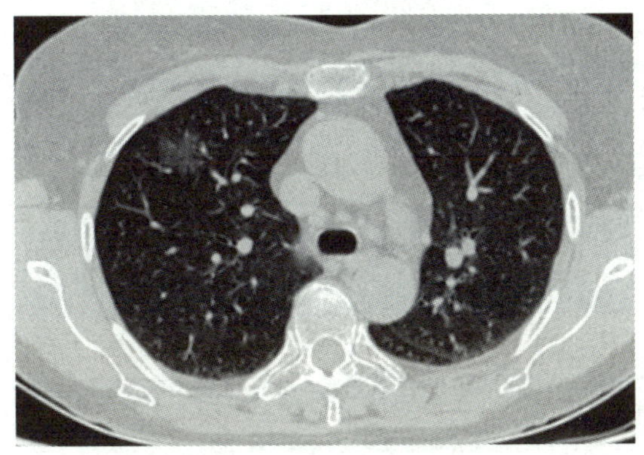

图 3-100 右肺周围型肺癌 CT 表现
提示：右肺磨玻璃结节

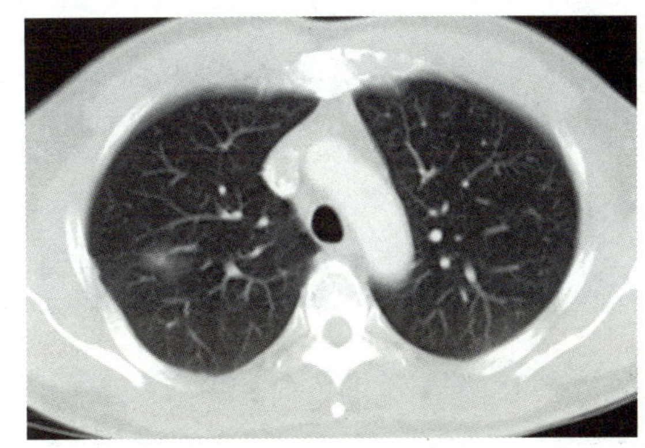

图 3-101 右肺周围型肺癌 CT 表现
提示：右肺混合密度结节

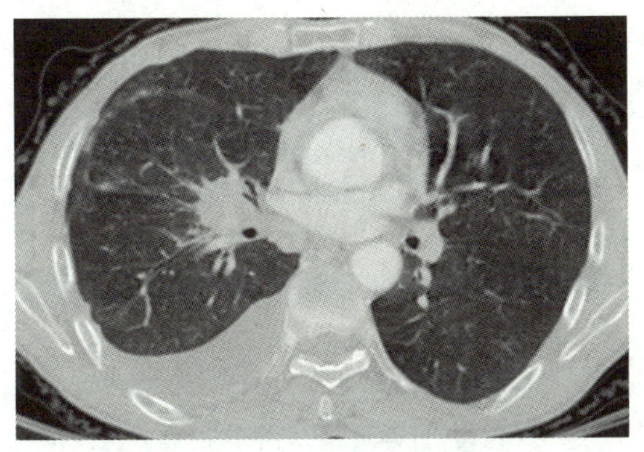

图 3-102 右肺肺癌 CT 表现
提示：肿块周边可见血管集中

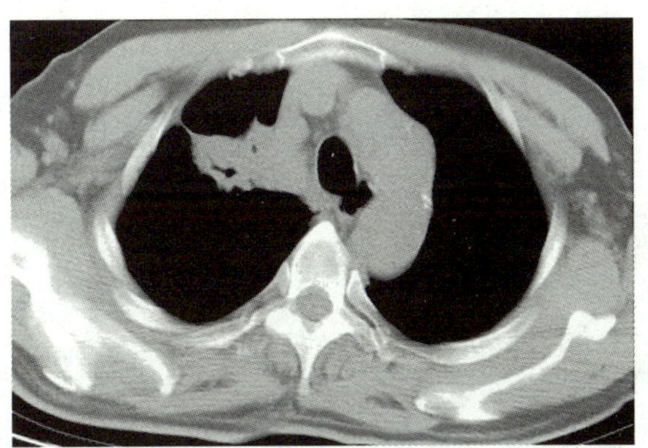

图 3-103 右上肺肺癌 CT 表现
提示：肿块邻近胸膜凹陷，与肿块相连

现为支气管血管束增粗，有小结节及不规则细线、网状影。转移到胸内淋巴结引起肺门及纵隔淋巴结肿大。胸膜转移表现为胸膜结节和胸腔积液。

3) MRI：肺上沟瘤的冠状及矢状面成像，可用于判定臂丛神经受侵；横断面则用于检查脊椎受侵，及肿瘤向椎间孔延伸的形态。MRI 有助于判断肺门及纵隔淋巴结肿大和肺血管受侵。

4) DSA：与中央型肺癌类似。

5) PET/CT：表现为结节状或团块状放射性明显增高、浓聚，SUV>2.5。

另外要提到的一种影像征象，就是肿瘤的倍增时间。肿瘤体积倍增的简略算法是直径增加 1.25 倍，则体积增大 1 倍，所需的时间为倍增时间。当肿瘤较小时生长缓慢，当直径大于 3cm 时就可能发展迅速，绝大多数肺癌倍增时间常在 6 个月内。

(3) 细支气管肺泡癌：分为孤立结节型和弥漫型。

1) 孤立结节型：轮廓清晰的类圆形或星状肺结节，密度不均匀，常可见毛刺征、支气管充气征、胸膜凹陷征。

2) 弥漫型：①密度较低或呈磨玻璃样的肺叶、段实变，内可见不规则的、似枯树枝样的支气管充气征。增强后，在实变内可见血管分支影（图 3-104）。②网状结节影，蜂窝征（图 3-105）。③多发结节或斑片。

5. 诊断与鉴别诊断

(1) 良、恶性肺结节的 CT 鉴别诊断：请参照第三章，第二节内容。

(2) 中央型肺癌的鉴别诊断：中央型肺癌与下列疾病具有相似的影像学征象，需进行鉴别诊断，必要时行支气管镜活检以确诊（表 3-9）。

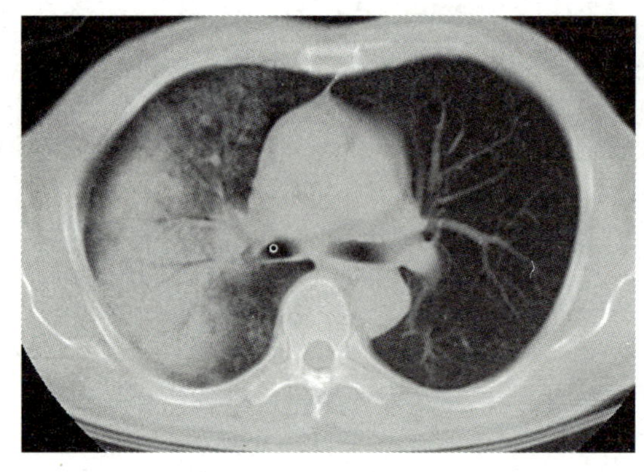

图 3-104 右肺支气管肺泡癌 CT 表现
提示：右肺实变，其内可见支气管充气征

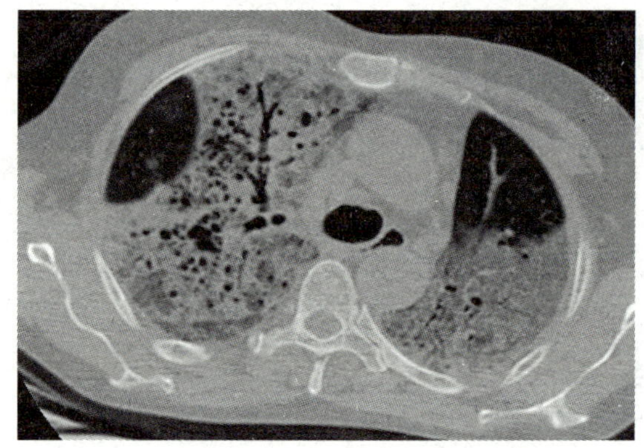

图 3-105 双肺支气管肺泡癌
提示：双肺呈蜂窝样改变

表 3-9 中央型肺癌的鉴别诊断

	相似征象	鉴别要点
中央型肺癌	支气管内壁不光滑，管腔狭窄或闭塞，可引起支气管阻塞性改变等	病变累及范围局限，常有管腔外壁肿块，常有肺门、纵隔淋巴结肿大。抗感染效果不佳
支气管结核	支气管内壁不光滑，管腔狭窄或闭塞，可引起支气管阻塞性改变等	病变累及范围大，无管腔外壁肿块，无肺门、纵隔淋巴结肿大
浸润型肺结核	大片肺实变	常合并空洞、索条、钙化、卫星灶，肺段支气管通畅，无肺门、纵隔淋巴结肿大。常规抗感染治疗无效
肺段肺炎	大片肺实变	肺段支气管通畅，无肺门、纵隔淋巴结肿大。抗感染治疗有效
支气管腺瘤	支气管腔内息肉样肿块，管腔狭窄或闭塞，可引起支气管阻塞性改变	肿块边缘光滑，管壁增厚与壁外肿块较少见

（3）周围型肺癌的鉴别诊断：周围型肺癌与下列疾病均可表现为肺内结节，需进行鉴别诊断，病理检查为确诊的“金标准”（表 3-10）。

表 3-10 周围型肺癌的鉴别诊断

	肺癌	结核球	炎性假瘤	肺错构瘤	局灶性机化性肺炎
形态	类圆形	类圆形	类圆形	类圆形	多边形或楔形
边缘	不规则	边缘整齐	边缘光滑	边缘光滑	锯齿状
分叶征	有	少	无	无	无
毛刺	细短毛刺	长毛刺	无	无	粗长毛刺
密度	均匀	不均匀	均匀	不均匀，有脂肪样低密度	不均匀，支气管充气征
钙化	少	斑块状或弧形	少	斑点状、爆米花状	少
结节周围	胸壁侧小片状浸润	卫星灶	清晰	清晰	条索
胸膜病变	胸膜皱缩征	胸膜皱缩征	无	无	增厚粘连
肺门、纵隔淋巴结肿大	有	无	无	无	无
增强 CT	轻度强化	无强化	均匀强化	强化	不均匀强化
随诊观察	增长较快	很少变化	缓慢增长	很少变化	很少变化

6. 肺癌 TNM 分期

(1) 非小细胞肺癌：目前非小细胞肺癌的 TNM 分期采用国际肺癌研究协会（IASLC）2009 年第 7 版分期标准（IASLC 2009）。

1) 肺癌 TNM 分期中 T、N、M 的定义：

① 原发肿瘤（T）：

T_X：原发肿瘤不能评估，或痰、支气管冲洗液找到癌细胞，但影像学或支气管镜没有可见的肿瘤。

T_0：没有原发肿瘤的证据。

Tis：原位癌。

T_1：肿瘤最大径≤3cm，周围被肺或脏层胸膜所包绕，支气管镜下肿瘤侵犯没有超出叶支气管（即没有累及主支气管）。

T_{1a}：肿瘤最大径≤2cm。

T_{1b}：肿瘤最大径 >2cm 且≤3cm。

T_2：肿瘤大小或范围符合以下任何一项：肿瘤最大径 >3cm，但不超过 7cm；累及主支气管，但距隆突≥2cm；累及脏层胸膜；扩展到肺门的肺不张或阻塞性肺炎，但不累及全肺。

T_{2a}：肿瘤最大径≤5cm，且符合以下任何一点：肿瘤最大径 >3cm；累及主支气管，但距隆突≥2cm；累及脏层胸膜；扩展到肺门的肺不张或阻塞性肺炎，但不累及全肺。

T_{2b}：肿瘤最大径 >5cm 且≤7cm。

T_3：任何大小的肿瘤已直接侵犯了下述结构之一者：胸壁（包括肺上沟瘤）、膈肌、纵隔胸膜、心包；或肿瘤位于距隆突 2cm 以内的主支气管，但尚未累及隆突；或全肺的肺不张或阻塞性肺炎。肿瘤最大径 >7cm；与原发灶同叶的单个或多个的卫星灶。

T_4：任何大小的肿瘤已直接侵犯了下述结构之一者：纵隔、心脏、大血管、气管、食管、喉返神经、椎体、隆突；或与原发灶不同叶的单发或多发病灶。

② 区域淋巴结（N）：

N_X：区域淋巴结不能评估。

N_0：无区域淋巴结转移。

N_1：转移至同侧支气管旁淋巴结和（或）同侧肺门淋巴结，和肺内淋巴结，包括原发肿瘤直接侵犯。

N_2：转移至同侧纵隔和（或）隆突下淋巴结。

N_3：转移至对侧纵隔、对侧肺门淋巴结、同侧或对侧斜角肌或锁骨上淋巴结。

③ 远处转移（M）：

M_X：远处转移不能评估。

M_0：无远处转移。

M_1：有远处转移。

M_{1a}：胸膜播散（包括恶性胸膜积液、恶性心包积液、胸膜转移结节）；对侧肺叶的转移性结节。

M_{1b}：胸腔外远处转移。

大部分肺癌患者的胸腔积液（或心包积液）是由肿瘤所引起的。但如果胸腔积液（或心包积液）的多次细胞学检查未能找到癌细胞，胸腔积液（或心包积液）又是非血性或非渗出性的，临床判断该胸腔积液（或心包积液）与肿瘤无关，这种类型的胸腔积液（或心包积液）不影响分期。

2) 肺癌 TNM 分期（表 3-11）。

(2) 小细胞肺癌：小细胞肺癌分期：对于接受非手术的患者，采用局限期和广泛期分期方法；对于接受外科手术的患者，采用国际肺癌研究协会（IASLC）2009 年第 7 版分期标准。

表 3-11 肺癌 TNM 分期(IASLC 2009)

分期	TNM	分期	TNM
隐匿期	T_x,N_0,M_0	ⅢA 期	T_1,N_2,M_0
0 期	T_{is},N_0,M_0		T_2,N_2,M_0
ⅠA 期	$T_{1a,b},N_0,M_0$		T_3,N_1,M_0
ⅠB 期	T_{2a},N_0,M_0		T_3,N_2,M_0
ⅡA 期	$T_{1a,b},N_1,M_0$		T_4,N_0,M_0
	T_{2a},N_1,M_0		T_4,N_1,M_0
	T_{2b},N_0,M_0	ⅢB 期	T_4,N_2,M_0
ⅡB 期	T_2,N_1,M_0		任何 T,N_3,M_0
	T_3,N_0,M_0	Ⅳ期	任何 T,任何 N,$M_{1a,b}$

(三) 肺转移性肿瘤

1. 临床表现 多数患者表现为原发肿瘤症状,少数表现为咳嗽、胸痛、咯血等呼吸道症状。恶性肿瘤可通过血行、淋巴、直接蔓延等途径转移到肺。

2. 影像学检查方法的选择 X 线胸片常用,但容易漏诊 5mm 以下的转移结节;胸部 CT 最佳。

(1) X 线:血行性转移,表现为两肺多发大小不等的结节及肿块影,以两肺中下肺野常见,病变边缘清楚(图 3-106)。少数为单发的结节和肿块,有的表现为多发空洞影。小结节及粟粒病变,多见于甲状腺癌、肝癌、胰腺癌及绒毛膜上皮癌转移;多发及单发的较大结节及肿块,见于肾癌、结肠癌、骨肉瘤及精原细胞瘤等的转移。成骨肉瘤的肺转移可有钙化。淋巴道转移表现为网状及多发细小结节影。

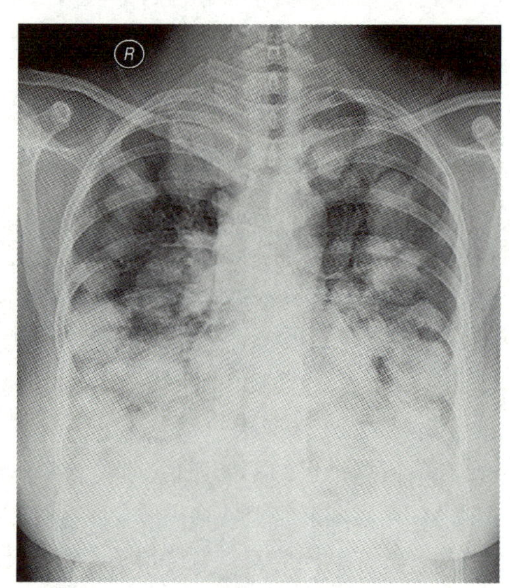

图 3-106 绒毛膜癌双肺转移 X 线表现

(2) CT:

1) 血行转移:为多发或单发结节,大小不一,多为球形,边缘清楚光滑,以中下肺野多见,具有随机分布的特点(图 3-107)。结节伴出血时,出血晕轮征,即有略高密度影环绕结节,病变边缘模糊。

2) 淋巴道转移:HRCT 表现为沿淋巴管分布的结节,显示支气管血管束增粗,常并有结节,小叶间隔呈串珠状改变或不规则增粗,小叶中心有结节灶,并有胸膜下结节(图 3-108)。常合并胸腔积液,约半数患者有纵隔及肺门淋巴结肿大。

3. 诊断与鉴别诊断

具有原发恶性肿瘤的患者肺内出现结节影或间质病变时,诊断肺转移瘤不难。结节状肺转移瘤,需与肺结核、肺炎、霉菌病、胶原病、肺尘埃沉着病、结节病等鉴别;淋巴道转移的支气管血管束均匀增粗,需与间质性肺水肿鉴别;支气管血管束及小叶间隔结节状增粗,需与结节病、肺尘埃沉着病鉴别。

二、纵隔肿瘤

纵隔肿瘤(mediastinal tumor)指原发于纵隔的肿瘤,除血管瘤、纤维瘤、淋巴瘤、黄色瘤和迷

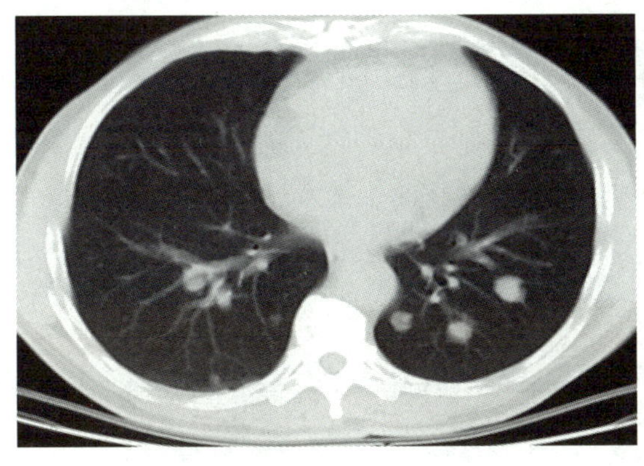

图 3-107　肾癌双下肺转移 CT 表现

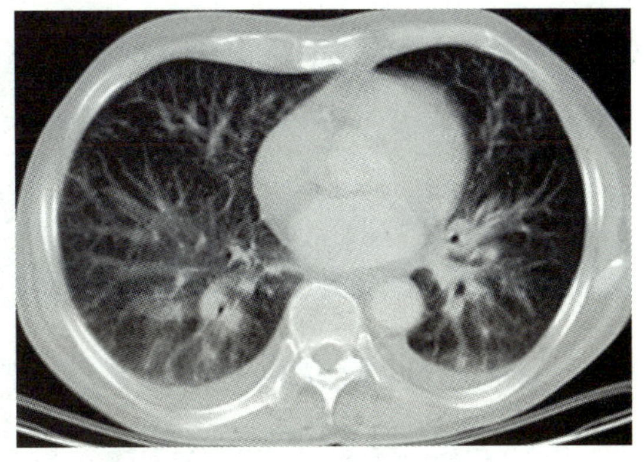

图 3-108　淋巴道转移 CT 表现
提示：支气管血管束增粗

走组织在纵隔内形成的肿瘤，可发生于纵隔的任何部位外，其他肿瘤的好发部位常有一定的规律性。在纵隔肿瘤中，比较常见的有神经源性肿瘤、淋巴瘤、生殖细胞肿瘤、胸腺瘤等。此外，纵隔内还可发生某些瘤样病变，如胸内甲状腺肿和各种类型囊肿等。

（一）前纵隔肿瘤（anterior mediastinal tumor）

前纵隔位于胸骨之后，心脏、升主动脉和气管之前的狭长三角形区域。常见的肿瘤有胸内甲状腺肿、胸腺瘤、畸胎类肿瘤和淋巴管囊肿。

1. 胸内甲状腺肿　胸内甲状腺肿（intrathoracic goiter）分两类：一类是胸骨后甲状腺肿，较多见，常为颈部甲状腺肿向胸骨后的延伸，与颈部甲状腺相连（直接相连或以纤维索条相连）；另一类为迷走甲状腺肿，与颈部甲状腺无任何联系，少见。

(1) 临床表现：临床上可无症状，较大时可出现邻近结构受压的症状。体检可感知颈部肿物随吞咽而上下移动。

(2) 病理生理基础：病理上为甲状腺增生肿大，可并有甲状腺囊肿、甲状腺瘤等，多为良性，仅少数为恶性。

(3) 影像学检查方法的选择：X 线用于初步筛查该病，但容易漏诊。平扫及增强胸部 CT、胸部 MRI，能清楚显示胸内甲状腺及其所致的纵隔内大血管、胸膜、心包受累；胸部 CT 冠状位与矢状位重建图像、胸部 MRI 的冠状位与矢状位图像，能清晰显示肿块与颈部甲状腺的关系。

(4) 影像学征象：

1) X 线：胸内甲状腺肿位于前纵隔上部，在纵隔的一侧，可向两侧凸出。通常上端较宽大与颈部的软组织影相连续，上缘轮廓不清楚，气管受压向对侧移位，侧位于气管前有软组织肿块影，气管受压向后。可有斑点状钙化。患者吞咽动作时，透视可见肿块上下轻微移动。

2) CT：CT 检查可从几方面显示病变：①位置及毗邻：肿瘤大多位于气管前方和侧方，邻近结构受压移位（图 3-109）。②与颈部甲状腺的关系：CT 冠、矢状面重组，可显示其与颈部甲状腺组织直接或间接相连（图 3-110）。③病变的密度：病变多为稍高密度，常可见囊变、出血、钙化等。④强化的特点：CT 增强肿块实质部分，呈持续性明显强化。

3) MRI：肿块呈长 T_1、长 T_2 信号，信号不均匀，注射 Gd-DTPA 后明显强化，囊变与钙化区不强化。

(5) 诊断与鉴别诊断：胸内甲状腺肿，通常位于气管的前方或侧方，大多与颈部甲状腺相连，CT 和 MRI 增强检查其实质部分呈持续明显强化，多数病灶可随吞咽上下移动，一般诊断不难。诊断时，需注意并存的囊性变、甲状腺腺瘤，特别是甲状腺癌的可能性。

2. 胸腺瘤　胸腺瘤（thymoma）被认为是起源于未退化的胸腺组织，是前纵隔最常见的肿瘤，多数为成年人。

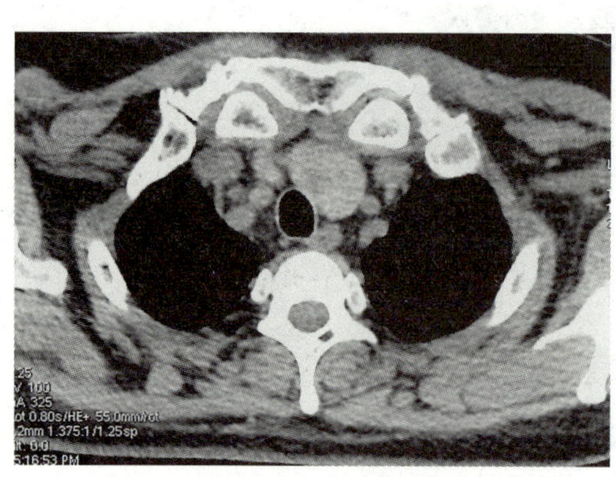

图 3-109 胸内甲状腺肿 CT 表现
提示：气管左前方结节

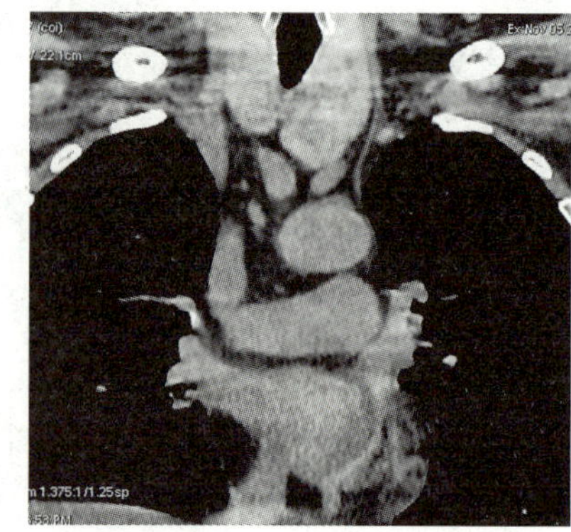

图 3-110 MPR 重组表现
提示：冠位可见气管旁结节与左侧甲状腺相连

(1) 临床表现：多无明显症状，在体检时被发现。约 30%~50% 胸腺瘤患者出现重症肌无力，而重症肌无力患者中约 15% 有胸腺瘤。

(2) 病理生理基础：组织学上胸腺瘤分为上皮细胞型、淋巴细胞型及混合型；又分为侵袭性与非侵袭性。近期，WHO 依据胸腺瘤的上皮细胞形态及其与淋巴细胞比例，将其分为 A 型、AB 型、B 型和 C 型，该分型可作为独立预后因素，并与肿瘤侵袭性、复发性等密切相关。胸腺瘤呈良性特征（非侵袭性）时包膜光整；呈恶性特征（侵袭性）时则包膜不完整，向邻近结构侵犯。如侵及胸膜可以引起胸腔积液，侵及心包可引起心包积液。

(3) 影像学检查方法的选择：X 线用于初步筛查肿瘤，但易漏诊。平扫及增强胸部 CT、胸部 MRI，能清晰显示胸腺瘤及其所致的纵隔内大血管、胸膜、心包受累。

(4) 影像学征象：

1) X 线：X 线后前位胸片可见纵隔增宽，侧位可见前纵隔内肿块影。

2) CT：CT 见肿瘤呈类圆形，可有分叶，多位于前纵隔中部，少数位置较高或发生于后纵隔甚至纵隔外，如颈部、胸膜或肺。小的胸腺瘤多位于中线一侧，大的胸腺瘤可位于中线两侧。部分胸腺瘤可有囊变。增强检查肿瘤实性部分，呈较均匀性强化。侵袭性胸腺瘤呈浸润性生长，边缘不规则（图 3-111），侵及胸膜可见胸膜结节及胸腔积液。

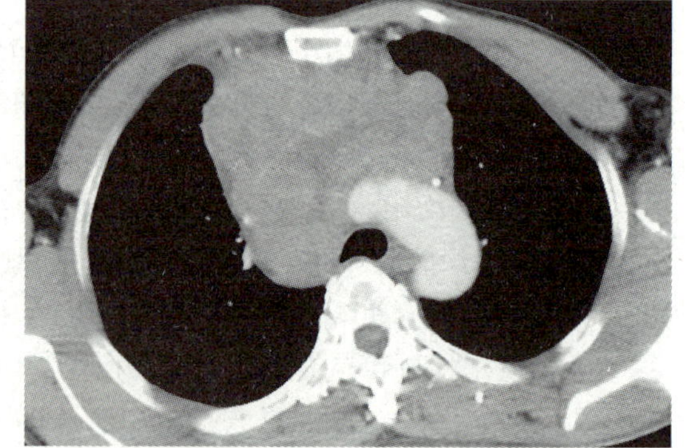

图 3-111 侵袭性胸腺瘤 CT 表现

(5) 诊断与鉴别诊断：主要应注意与胸腺增生进行鉴别；鉴别要点为后者胸腺虽然增大，但其正常形态仍然存在。

3. 畸胎瘤 畸胎瘤（teratoma）属于生殖细胞肿瘤（germ cell tumors，GCT）。生殖细胞肿瘤分良性和恶性；良性肿瘤包括畸胎瘤，恶性肿瘤包括精原细胞瘤和非精原细胞性生殖细胞瘤（包括胚胎癌、绒毛膜癌、畸胎癌、内胚窦瘤及未分化癌）。

畸胎瘤为纵隔内常见的肿瘤，一般认为是由于胚胎时期第 3、4 对鳃弓发育异常，主要为部分多潜能组织、细胞迷走脱落，并随心血管的发育进入纵隔所致。

(1) 临床表现：多无明显症状，常在体检时被发现。部分畸胎瘤患者发生支气管瘘时，可出现咳嗽、咯血；典型时可咳出毛发、钙化物等。若在颈部等体表形成瘘管，可从瘘口溢出脂类物质及毛发。肿瘤压迫或侵犯周围组织可出现压迫症状：胸骨后不适、上腔静脉受压症状、食管压

迫症状等;亦可出现胸腔积液、肺性骨关节病,恶性畸胎瘤可发生转移。本肿瘤虽在胎儿期即存在,但多在成年后才被发现。

(2) 病理生理基础:畸胎瘤病理上分两种类型:一类是囊性畸胎瘤,即皮样囊肿(dermoid cyst),含外胚层与中胚层组织,多呈单房囊状,壁的外层为纤维组织,内层为复层鳞状上皮及脂肪、汗腺、毛发、毛囊肌肉组织,亦可有钙化、牙齿及骨骼。另一类为实性畸胎瘤,组织学上含3个胚层,结构复杂,可存在人体各部的组织结构。

(3) 影像学检查方法的选择:X线用于初步筛查肿瘤,容易漏诊。胸部CT是畸胎瘤最佳影像检查方法。胸部MRI因显示钙化、骨化不佳,较少用于检查畸胎瘤。

1) X线:X线胸片可见肿瘤,多位于前纵隔,特别是心脏与大血管交界的前、中纵隔处;个别病例可位于后纵隔,左侧多于右侧。肿瘤常呈类圆形,可有轻度分叶,大小不等。肿瘤继发感染后,周围粘连而呈锯齿状或形成毛刺。其内若发现牙齿、骨骼影则有诊断意义。

2) CT:CT表现如下所示(图3-112):①囊性畸胎瘤多为厚壁囊肿,CT可明确显示其壁的厚度。②畸胎瘤内脂肪成分的CT值多为-50~-25HU。③瘤灶内的钙化或骨骼成分CT值大于100HU。显示畸胎瘤的囊实性成分及瘤灶与周围结构的关系,浸润型生长提示恶性。④增强扫描呈不均匀强化,瘤灶一过性显著强化,常提示恶性。

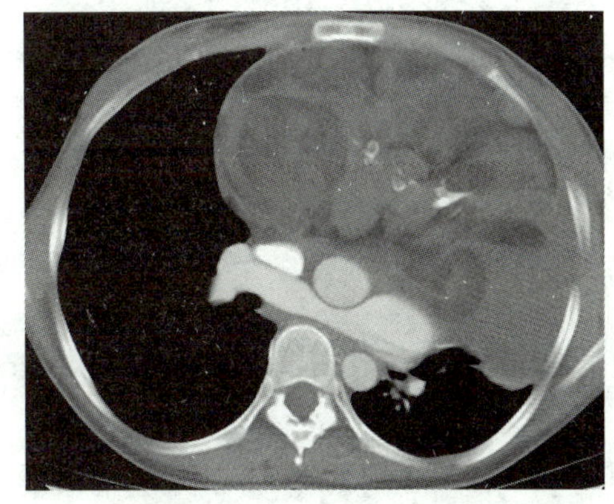

图3-112 畸胎瘤CT表现

3) MRI:瘤灶呈混杂信号,瘤内脂肪在T_1WI和T_2WI上均呈高信号。

(4) 诊断与鉴别诊断:畸胎瘤多见于前纵隔,较大时可突向中后纵隔。密度不均匀,瘤灶内常有钙化、骨骼或牙齿及脂肪等多种组织成分,影像学表现典型,多可明确诊断。少数瘤灶呈均一软组织密度,表现不典型,尤其是位于中、后纵隔者,诊断较困难,应注意与纵隔内其他肿瘤鉴别。瘤灶呈浸润型生长,增强扫描又呈一过性显著强化者,提示为恶性。

(二) 中纵隔肿瘤(middle mediastinal tumor)

中纵隔位于气管、升主动脉、心脏前缘之后,食管前壁之间,相当于心脏、主动脉弓、气管和肺门所占据的区域。常见的肿瘤有淋巴瘤、支气管囊肿和心包囊肿。

淋巴瘤(lymphoma)是发生于淋巴结和淋巴组织的全身性恶性病变。

1. 临床表现 临床上以霍奇金病多见,常见于青年,其次为老年。非霍奇金淋巴瘤多见于青少年,其次为老年。早期常无症状,仅触及表浅淋巴结增大。中晚期常出现发热、疲劳、消瘦等全身症状。气管、食管或上腔静脉受压,则出现相应症状。

2. 病理生理基础 病理上淋巴瘤分霍奇金病(Hodgkin disease,HD)和非霍奇金淋巴瘤(non-Hodgkin's lymphoma,NHL)两大类,还可分为许多亚型。病理学上的区别是在霍奇金病中可以找到R-S细胞,而非霍奇金淋巴瘤中则没有。霍奇金病以侵犯淋巴结为主,结外少见,常从颈部淋巴结开始,向邻近淋巴结扩散。非霍奇金淋巴瘤则常呈跳跃式,病变常广泛,结外器官易受累。

3. 影像学检查方法的选择 X线用于初步筛查肿瘤,易漏诊。平扫、增强胸部CT、胸部MRI,能清楚显示淋巴瘤及其所致的纵隔内大血管、胸膜及心包受累。

4. 影像学征象

(1) X线:X线胸部后前位片主要表现为纵隔影增宽,以上纵隔为主,边缘清楚,呈分叶状。侧位胸片可见肿块但边缘欠清。

(2) CT:纵隔内肿大淋巴结的分布,以前纵隔和支气管旁组最常见,其次是气管与支气管组

和隆突下组。肿大的淋巴结可以融合成块，也可以分散存在。肿块较大时中心可发生坏死，但很少出现钙化。增强检查可见轻度强化。纵隔内结构可受压移位（图 3-113）。淋巴瘤亦可侵犯胸膜、心包及肺组织，可以表现为胸腔积液、胸膜结节、心包积液、肺内浸润病灶。腋窝常可见结节影。

（3）MRI：能明确显示肿大淋巴结的分布，肿大淋巴结在 T_1WI 上呈等信号，在 T_2WI 上呈中高信号。

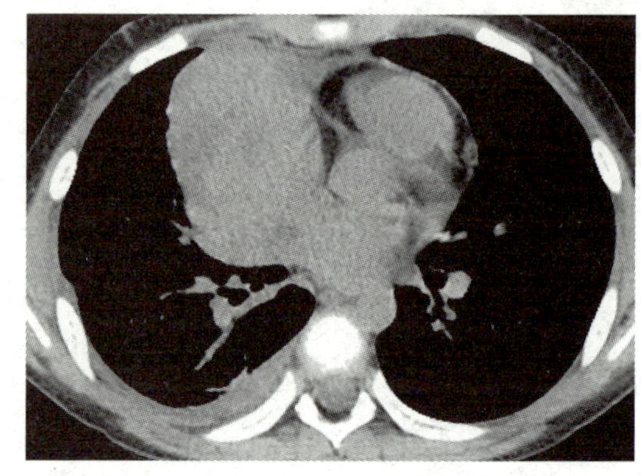

图 3-113　前中纵隔淋巴瘤 CT 表现

5. 诊断与鉴别诊断　纵隔淋巴瘤肿大的淋巴结分布，以前纵隔和支气管旁组最常见，可融合成块，多见于青年或青少年，其次为老年，临床有发热等；其他部位多有淋巴结肿大，一般诊断不难。诊断时应与下述疾病鉴别：①结节病：结节病临床表现轻微，且可自愈。淋巴结肿大具有对称性且以肺门为主。②淋巴结结核：淋巴结肿大多为一侧性，增强检查呈环形强化。肺内多有结核病变，临床上有结核中毒症状。③转移性淋巴结肿大：多有原发病灶、且多为一侧性，同时引流情况与原发病灶对应，多见于老年。

（三）后纵隔肿瘤（posterior mediastinal tumor）

食管及食管以后的区域为后纵隔，常见肿瘤为神经源性肿瘤。

神经源性肿瘤（neurogenic neoplasm）是常见的纵隔肿瘤，约占全部纵隔肿瘤的 14%~25%，其中 90% 位于后纵隔椎旁间隙，少数肿瘤偏前。

1. 临床表现　多无明显症状及体征，常偶然发现，肿瘤较大时可出现压迫症状。此外，从副神经节发生的副神经节瘤，以靠近心脏底部的前上纵隔为多，可以分泌肾上腺素，临床表现为高血压及血压波动。

2. 病理生理基础　后纵隔神经源性肿瘤，主要分交感神经源与周围神经源两大类。其中节细胞神经瘤是交感神经系统最常见的肿瘤，节神经母细胞瘤和交感神经母细胞瘤属恶性，较少见；周围神经源肿瘤中常见的有三种，即神经鞘瘤、神经纤维瘤和恶性神经鞘瘤。

3. 影像学检查方法的选择　X 线用于初步筛查肿瘤，易漏诊。平扫、增强胸部 CT 横轴位、冠状位与矢状位重建图像，能清楚显示纵隔肿瘤及其所致的纵隔内大血管、胸膜、心包受累。平扫及增强胸部 MRI，是后纵隔神经源性肿瘤的最佳影像检查方法。

4. 影像学征象

（1）X 线平片上肿瘤多位于后纵隔脊柱旁，呈类圆形或哑铃状，可见椎间孔扩大，邻近骨质有吸收或破坏。

（2）CT：瘤灶大多位于脊柱旁沟，呈密度较均匀类圆形，多数神经鞘瘤因含较多的黏液基质，总体密度比肌肉低。良性者边缘光滑锐利，可压迫邻近骨质造成骨质吸收，压迹光整。恶性者呈浸润性生长，边界不清，内部密度不均。病变侵及椎管内外时，CT 可清楚显示病变呈哑铃状形态（图 3-114）。

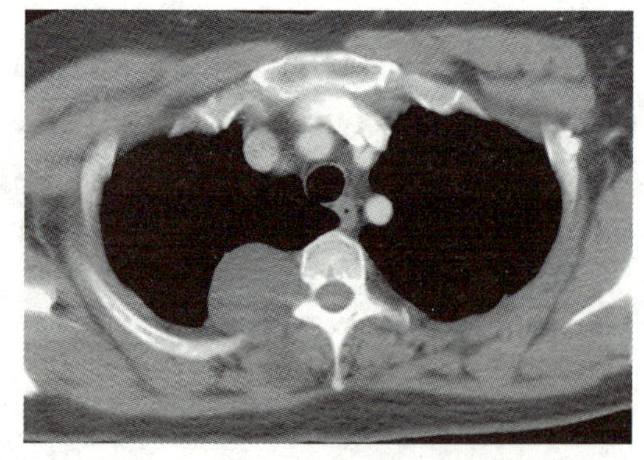

图 3-114　后纵隔神经源性肿瘤 CT 表现
提示：脊柱旁肿块，邻近椎间孔扩大

（3）MRI：后纵隔瘤灶呈长 T_1、长 T_2 信号，瘤内囊变呈更长 T_1、更长 T_2 信号。增强扫描瘤体有明显强化。对骨质破坏的显示不如 CT，但对瘤体与椎管的关系及脊髓是否受压等显示，则明

Note

显优于 CT。

5. 诊断与鉴别诊断 本病发病年龄常较小，瘤灶多见于后纵隔，可见椎间孔扩大，邻近椎体破坏等特点，不难作出诊断。常需与其鉴别的有：①椎旁脓肿：多为梭形，中心为液化区，周围为纤维组织的壁，结合椎体结核的其他特征性表现不难鉴别。②脑脊膜膨出：有先天性脊椎畸形，结合病变与脊柱的关系及其内部密度不难鉴别。

(四) 纵隔囊肿

纵隔内常见的囊肿有淋巴管囊肿、支气管囊肿、心包囊肿和食管囊肿。

1. 临床表现 多无明显症状，常在体检时被发现。肿瘤压迫或侵犯周围组织可出现压迫症状。

2. 病理生理基础 淋巴管囊肿、支气管囊肿、心包囊肿和食管囊肿为先天性疾病。淋巴管囊肿内壁为内皮细胞，可为单房、多房囊肿或海绵状淋巴管瘤。支气管囊肿壁有呼吸道上皮结构，极少与支气管腔相通。心包囊肿内壁是单层间皮细胞，外壁是疏松结缔组织。食管囊肿壁有消化道上皮结构（黏膜层、黏膜下层和肌层）。

3. 影像学检查方法的选择 X 线用于初步筛查肿瘤，易漏诊。平扫、增强胸部 CT、胸部 MRI 能清楚显示，其与纵隔内大血管、胸膜及心包的关系。

4. 影像学征象

(1) 好发部位：淋巴管囊肿多位于前纵隔，中上部多见；支气管囊肿常位于气管分叉以上的气管旁；心包囊肿多位于心膈角区，右侧多见；食管囊肿多位于后纵隔前部或食管旁。

(2) 形态与密度：①多数肿块呈类圆形，边缘清晰光滑，部分边缘模糊。②多数肿块呈均匀水样密度（图 3-115），MRI 表现为 T_1WI 低信号、T_2WI 高信号（图 3-116）。③增强扫描囊肿无强化。

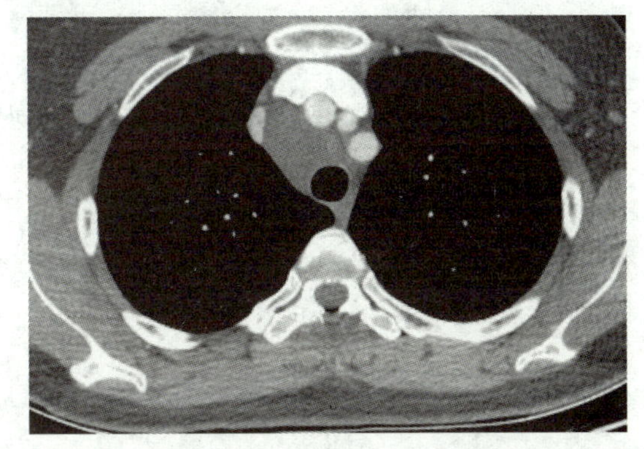

图 3-115　纵隔囊肿 CT 表现

5. 诊断与鉴别诊断 支气管囊肿常可见气管或主支气管管壁轻度受压；食管囊肿位于食管旁；鉴别诊断通常是淋巴管囊肿、支气管囊肿与食管囊肿之间的鉴别，主要鉴别点是相邻器官结构的毗邻关系。心包囊肿需与心包憩室鉴别，鉴别点是其是否与心包相通，但较为困难；如果改变体位病变缩小，则提示心包憩室的可能（图 3-116）。

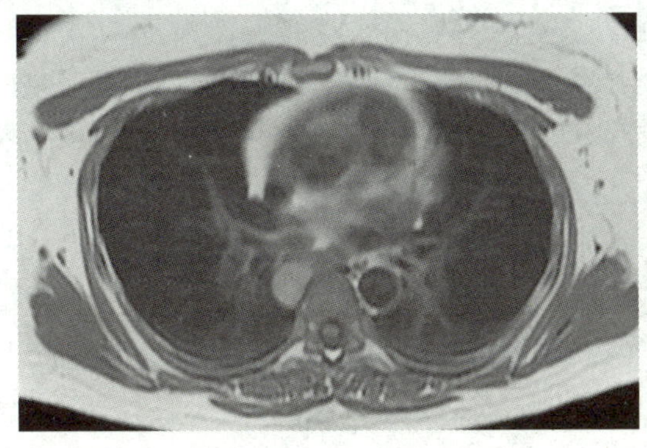
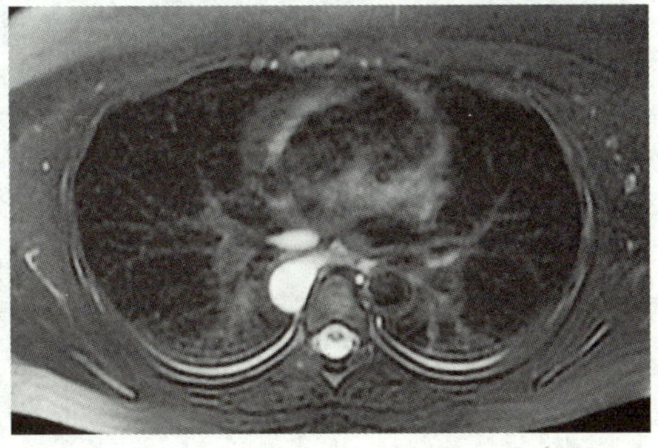

图 3-116　食管囊肿 MRI 表现

提示：T_1WI 呈等信号，T_2WI 呈高信号

三、胸膜肿瘤

胸膜肿瘤(pleural tumor)分为原发性和继发性,原发性胸膜肿瘤主要是间皮瘤和纤维性肿瘤,继发性主要是转移性肿瘤。

(一)原发性胸膜肿瘤

原发性胸膜肿瘤是原发于胸膜的肿瘤,起源于胸膜的间皮细胞与纤维细胞。

1. 临床表现 局限性胸膜纤维性肿瘤可无临床症状,胸膜间皮瘤可表现为胸痛(多为剧痛)、呼吸困难、咳嗽,部分病例可出现肺性肥大性骨关节病。

2. 病理生理基础 胸膜间皮瘤分为局限性纤维性肿瘤(localized fibrous tumor,LET)与弥漫性胸膜间皮瘤(diffuse mesothelioma of pleura,DMP)。局限性纤维性肿瘤起源于胸膜纤维细胞,多为良性,约1/3为恶性。弥漫性胸膜间皮瘤均为恶性。胸膜肿瘤发病原因不明,部分弥漫性胸膜间皮瘤的发生与接触石棉有关。可以起源于脏或壁层胸膜,以前者多见。

3. 影像学检查方法的选择 X线平片检查时基本的检查方法。CT和MRI均可清晰显示病灶及其与胸膜的关系。

4. 影像学征象

(1) X线:X线胸片有时仅见胸腔积液,局限性这病变较大时,可以显示突入肺野的结节或肿块,瘤底部一般较宽平,贴附于胸膜上。

(2) CT:局限性胸膜纤维性肿瘤可见于胸膜的任何部位,多见于肋胸膜,多呈类圆形,密度均匀,偶可见钙化及出血坏死,边缘光滑锐利,与胸膜可呈锐角或钝角相交,少数带蒂。增强检查多呈均匀一致的强化。弥漫型胸膜间皮瘤,表现为胸膜较广泛的结节或不规则状增厚,厚度常超过1cm,甚至达2cm以上;以胸膜腔下部受累多见,常累及纵隔胸膜和叶间胸膜;多伴胸腔积液,有些病例可见纵隔淋巴结肿大、椎体或肋骨破坏征象(图3-117)。

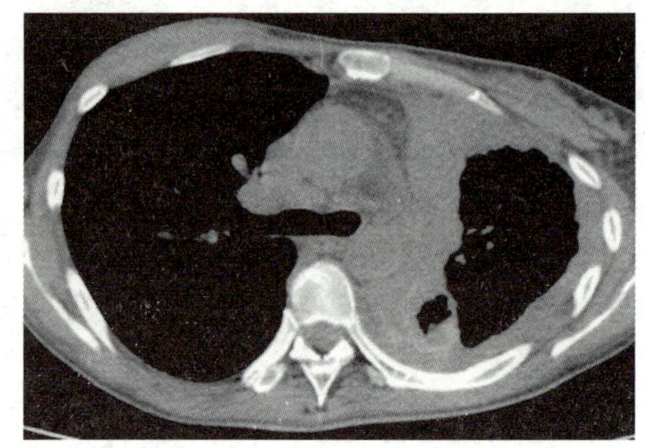

图3-117 胸膜间皮瘤CT表现

(3) MRI:局限性胸膜纤维性肿瘤,形态多规则,信号均匀。弥漫性胸膜间皮瘤,呈不规则大片状或不规则锯齿状,T_1WI上略高信号,T_2WI上高信号。血性胸腔积液呈短T_1长T_2信号。

5. 诊断与鉴别诊断 局限性胸膜纤维性肿瘤,呈光整的结节影,常偶然发现,临床上无症状,动态观察无变化,多不难诊断。瘤灶大时需与肺外周病变及肉瘤鉴别。弥漫性胸膜间皮瘤,多表现为较广泛的不规则结节,伴胸腔积液,结合临床症状重,进展快,也多可诊断,但尚需与转移瘤鉴别。

(二)胸膜转移瘤

胸膜转移瘤(metastatic tumor of pleura)是其他部位肿瘤细胞沿血行或淋巴途径达胸膜而致。全身很多部位的肿瘤可转移到胸膜,常见者为肺癌、乳腺癌和胃肠道肿瘤等。

1. 临床表现 临床主要表现为持续性胸痛,且呈进行性加重。多伴有胸腔积液而感胸闷及呼吸困难。

2. 病理生理基础 主要病理变化为胸膜散在多发的转移性结节,且多伴有血性胸腔积液,积液发展快。

3. 影像学检查方法的选择 X线平片检查时基本的检查方法。CT和MRI均可清晰显示病灶及其与胸膜的关系。

4. 影像学征象

(1) X线：X线胸片难以发现小的转移病灶，若胸腔积液量多，则可掩盖病变。

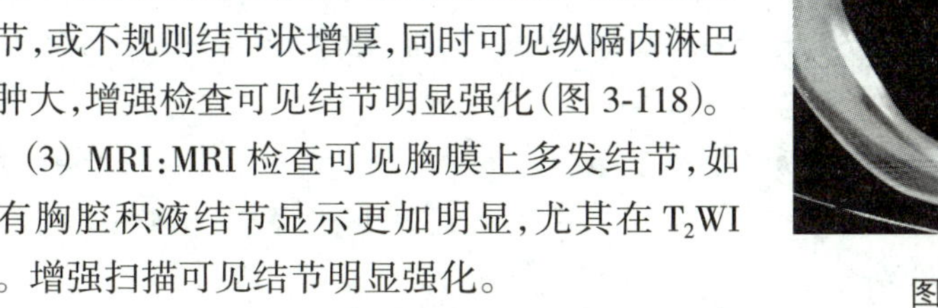

(2) CT：CT检查可仅见大量胸腔积液，而无明显结节性病灶；部分病例可见胸膜处多发散在的结节，或不规则结节状增厚，同时可见纵隔内淋巴结肿大，增强检查可见结节明显强化（图3-118）。

(3) MRI：MRI检查可见胸膜上多发结节，如伴有胸腔积液结节显示更加明显，尤其在T_2WI上。增强扫描可见结节明显强化。

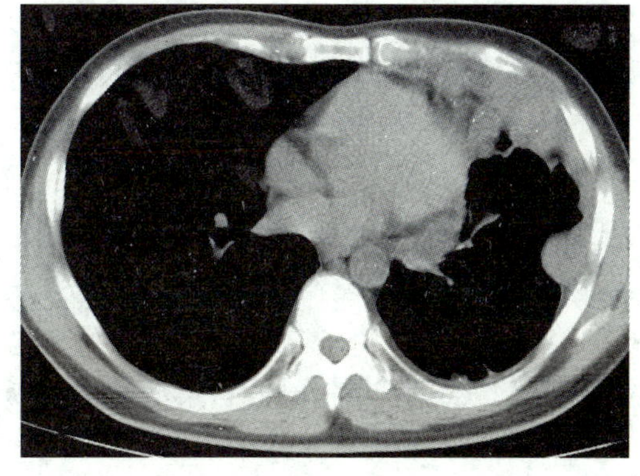

图3-118　胸膜转移瘤CT表现

5. 诊断与鉴别诊断　胸膜转移瘤多见于肺癌等肺部恶性病变，一般同时可见肺部或其他部位的原发瘤灶，诊断不难。必要时可依据胸水细胞学检查和（或）胸膜活检而确诊。本病需与弥漫性胸膜间皮瘤鉴别。

第九节　肺血液循环障碍性疾病

一、肺水肿

肺水肿（pulmonary edema）是指肺脏血管外液体增多的病理状态。过多的液体来自肺血管，积聚在肺间质和终末气腔内。正常时，肺血管与肺间质之间的液体交换处于动态平衡状态，这取决于毛细血管壁的通透性、毛细血管静水压、胶体渗透压及淋巴管的功能。这些因素发生异常，可使毛细血管与组织间隙之间液体交换平衡失调，引起肺水肿。间质性肺水肿是病变的早期阶段，病变进一步发展为肺泡性肺水肿。肺水肿分心源性和非心源性肺水肿。心源性肺水肿，由左心功能不全所致。非心源性肺水肿主要包括：①毛细血管通透性增加引起，以急性呼吸窘迫综合征为常见；②毛细血管内静水压升高引起，主要为肾性肺水肿和静脉输液过量等；③血浆胶体渗透压降低引起，见于严重的低蛋白血症；④其他原因的肺水肿，如复张后肺水肿、高原性肺水肿和神经性肺水肿等。各种原因引起的淋巴管阻塞，也是导致肺水肿的因素。

（一）心源性肺水肿

心源性肺水肿见于左心功能不全，主要原因为急性心肌梗死、心肌病、心肌炎等，其他病因包括左心瓣膜病变、左心房黏液瘤、肺静脉闭塞性疾病和硬化性纵隔炎等。

1. 临床表现　患者可先有心悸、不安，血压升高，失眠等先驱症状，主要症状为呼吸困难。肺泡性肺水肿表现为呼吸困难加重、端坐呼吸、严重咳嗽及大量粉红色泡沫样痰。主要体征为强迫体位、呼吸深快。间质性肺水肿期，听诊双肺底有湿性啰音或哮鸣音。肺泡性肺水肿期两肺有广泛水泡音。

2. 病理生理基础　心源性肺水肿的发病过程，首先为肺静脉高压，使微血管压力增高，血管内液体渗入肺间质内。渗出率取决于血管、间质组织及淋巴管的流体静压和渗透压。水肿液聚积在肺间质内称为间质性肺水肿，主要病理改变为肺的间质结构增宽、淤血、淋巴管水肿、肺泡腔变小，并有部分实变。水肿液聚积在终末气腔内称为肺泡性肺水肿，肺泡腔及呼吸性支气管内有过多的液体。间质性和肺泡性肺水肿往往同时存在，在疾病的一定阶段以某一种改变为主。

3. 影像学检查方法的选择　主要依靠X线和CT平扫进行诊断。

(1) X线：

1) 间质性肺水肿：

肺血重新分布：正常立位胸片上，上肺野的毛细血管静水压和肺泡内压均较低，血流比下肺

野少，因而上肺野的血管阴影比下肺野的细。左心功能不全肺淤血时，上肺野的血管阴影增粗、增多，下肺野血管阴影变细，与正常比呈上下逆转现象，称为肺血重新分布。此为最早期的胸片表现，由肺静脉高压所致。

间隔线影：以 Kerley B 线常见，为不超过 2cm 的短线影，通常位于两下肺野外带，与胸膜相连并与其垂直。B 线是小叶间隔因水肿而增厚的表现。

肺门和肺纹理模糊：因支气管血管外的结缔组织鞘内水肿，而使肺血管失去锐利的边缘(图 3-119)。

支气管袖口征：肺水肿时，支气管壁和周围结缔组织内有液体积存，使支气管环形壁影的厚度增加，称为袖口征。常见于上叶前段支气管，有时也见于上叶后段和下叶背段支气管。

胸膜下水肿：胸膜下水肿使叶间裂增厚。

肺脏透亮度下降：由于肺间质内液体广泛地分布到支气管血管周围，小叶间隔及小叶内支气管血管周围和肺泡间隔，使肺脏弥漫性密度升高，透亮度下降。

2) 肺泡性肺水肿：

漫型片状影：为斑片或大片状磨玻璃样密度及实变影。大片融合影可累及多个肺段，可见空气支气管征。

阴影的分布：多数病变见于肺野的中内带或基底部。蝶翼征(butterfly sign)是中心分布的典型表现，为对称性双侧肺门周围的大片状影(图 3-120)。少数病例为弥漫性分布，病变广泛位于肺野的内、中、外带。偶为单侧或两肺不对称分布。

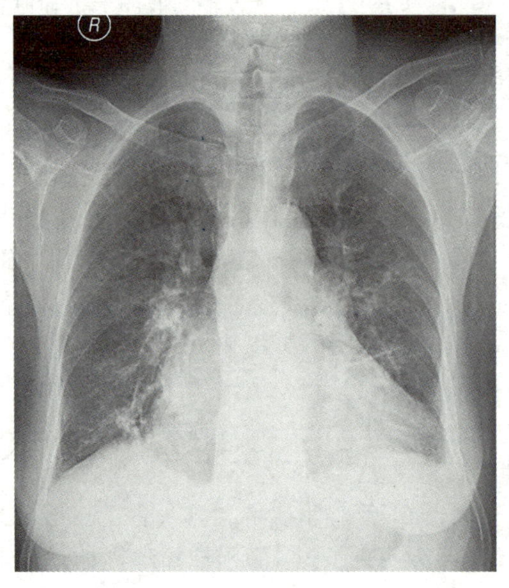

图 3-119　间质性肺水肿 X 线表现
提示：双肺门影增大模糊，双下肺纹理模糊

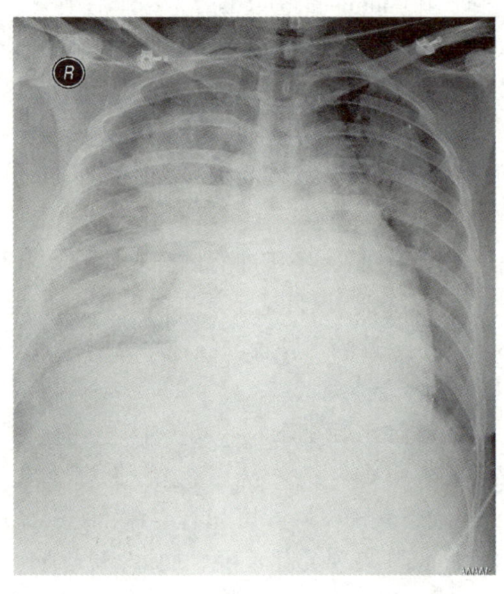

图 3-120　肺泡性肺水肿 X 线表现
提示：双肺内中带阴影，肺门旁对称分布“蝶翼征”

阴影的动态变化：病变动态变化较快，在 1~2 天内即可有显著变化。

胸腔积液：严重的肺水肿经常伴有少量胸腔积液，多为双侧性，其中右侧较多。心影增大。

(2) CT：可见小叶间隔均匀增厚，支气管血管束增粗，磨玻璃样密度影和(或)气腔实变影。

1) 间质性肺水肿：小叶间隔增厚，边缘光滑。肺门及肺血管分支增粗、模糊。多数病例病变以中内肺野较重，上叶肺血管增粗比下叶明显。

2) 肺泡性肺水肿：表现磨玻璃样密度和肺实变影像。病变在中内带及背部多见，少数病例于外带有较多病变(图 3-121)。

4. 诊断与鉴别诊断　心源性肺水肿多见于左心功能不全的患者，根据典型影像表现如

Kerley B 线、蝶翼状影，诊断一般不难。肺水肿需与肺炎鉴别，弥漫分布的片状影也见于病毒性肺炎或支原体肺炎，肺炎患者有发热等肺部感染的症状和体征，心脏大小正常。肺水肿病变发生迅速，动态变化快，无肺炎的临床表现。

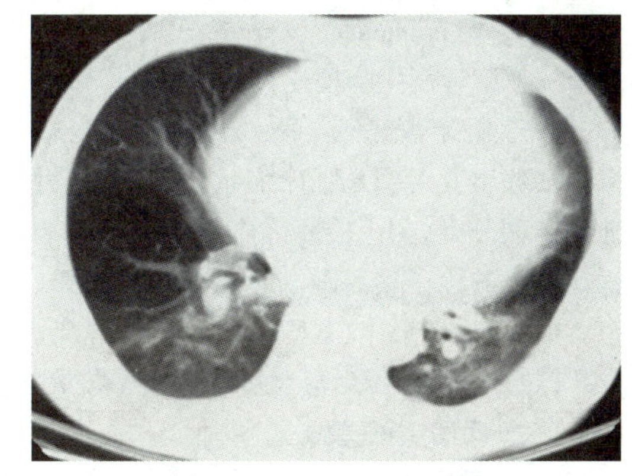

图 3-121 双下肺肺水肿 CT 表现

(二) 急性呼吸窘迫综合征

急性呼吸窘迫综合征(acute respiratory distress syndrome，ARDS)是毛细血管通透性增加引起的非心源性肺水肿。本病是肺毛细血管损失后，而出现的严重临床综合征，主要表现为急性、进行性和缺氧性呼吸衰竭。病因上，任何严重内科或外科疾病均可引发 ARDS。直接肺损失因素为严重肺感染、胃内容物吸入、外伤、有毒气体吸入、氧中毒及淹溺等；间接肺损伤因素为非肺源性败血症、肺外严重创伤、输血、体外循环和重症胰腺炎等。

1. 临床表现　主要临床表现为在原发疾病基础上急性发病，患者有呼吸窘迫，可有烦躁不安，发绀。正常压力及高浓度给氧时，患者仍有严重低血氧。常并发多脏器功能衰竭。

2. 病理生理基础　ARDS 的主要病理改变为肺毛细血管损害，引起毛细血管通透性增高，出现间质水肿和肺泡性肺水肿，肺泡水肿液含有大分子蛋白质成分，透明膜形成是重要的病理特征。后期引起Ⅱ型肺泡上皮细胞过度增生和成纤维细胞浸润，可形成肺间质纤维化。

3. 影像学检查方法的选择　主要依靠 X 线和 CT 平扫进行诊断。

(1) X 线：发病初期见小片状磨玻璃样密度及实变影，或无异常改变。病变发展可见两肺多发片状及融合影，或弥漫性阴影，呈实变密度或较低密度(图 3-122)，有的病例在肺野外围分布较明显。广泛的肺实变使两肺密度普遍明显增高，两肺肺野呈白色，称为白肺。可有少量胸腔积液。病变后期可合并肺炎，可见密度不均及空洞等。

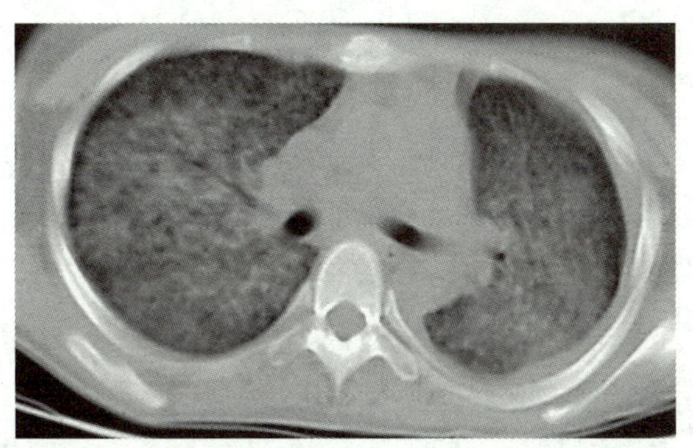

图 3-122 急性呼吸窘迫综合征 CT 表现
提示：双肺弥漫分布磨玻璃样片状影

(2) CT：病变呈弥漫性分布或在肺外围部较多，表现为两肺多发片状及融合影，呈磨玻璃样密度及实变密度。CT 也可发现肺脓肿、脓胸等感染性病变。

4. 诊断与鉴别诊断　ARDS 的诊断标准为：①有发病的高危因素；②急性起病，呼吸窘迫；③低氧血症，$PaO_2/FiO_2 \leq 200mmHg$；④影像学检查两肺浸润影；⑤肺毛细血管楔压(PCWP) ≤18mmHg，或临床能除外心源性肺水肿。ARDS 需与心源性肺水肿鉴别，ARDS 无典型间质性肺水肿表现，病变以肺野外周部肺明显，心脏及大血管正常。一般肺炎可有与 ARDS 相同的影像表现，需结合临床表现与 ARDS 鉴别。肺出血可与 ARDS 有相似的影像表现，患者常有贫血。

二、肺栓塞剂肺梗死

肺栓塞(pulmonary embolism，PE)系由肺动脉分支被血栓或外源性栓子堵塞后，引起的相应肺组织供血障碍疾病。常见的栓子是在下肢和盆腔静脉内形成、随血流进入右心和肺动脉，偶尔也可在右心房内发生。进入血液循环的空气、脂肪、羊水、瘤栓等亦可成为肺栓塞的栓子。

肺梗死(pulmonary infarction)是肺栓塞后因血流阻断而引起的肺组织坏死。约10%~15%的肺栓塞患者发生肺梗死。

(一) 临床表现

多数患者无明显临床症状,或仅有轻微的不适。典型的临床表现为呼吸困难、胸痛、咯血。肺动脉大分支、主干栓塞或广泛的肺动脉小分支栓塞,可出现严重的呼吸困难、发绀、休克或死亡。较大的栓子堵塞肺动脉大分支或主干,可引起急性右心衰竭而死亡。实验室检查,肺栓塞患者血浆D-二聚体(交联纤维蛋白降解产物)明显增高,敏感性达90%以上,但非特异性,心肌梗死、脓毒血症或术后等也可增高。肺梗死的临床表现可类似肺栓塞,可有咯血,但不常见。

(二) 病理生理基础

肺栓塞的病理改变,取决于肺血液循环的状态和栓子的大小。肺有肺动脉和支气管动脉双重供血,正常时两组血管有丰富的吻合支,单个较小的栓塞在正常肺内不致引起肺梗死,因为缺血的肺段能得到适当的支气管动脉血流供应而复原;这类患者中,有时在肺栓塞区有一过性血液外渗和水肿液充填肺泡而产生实变,可于3~10天内完全吸收,并不残留纤维化改变。

肺梗死一般是在肺内已存在慢性淤血基础上,因血管壁坏死而有血性渗出,从而产生肺组织的坏死。肺梗死大多发生于下叶,可单发或多发,偶可累及肺叶。梗死灶的中央部分是坏死区,肺泡和间质内有坏死、出血及炎性改变。病灶的周围部分有水肿和出血。肺梗死病灶在疾病后期形成纤维化及胸膜皱缩。

(三) 影像学检查方法的选择

临床怀疑PE者,首先行胸部X线平片检查,但大多数无阳性征象,目的之一是排除胸部有无其他病变。CT肺动脉造影诊断肺栓塞有较好的效果。MR血管成像可清楚显示肺动脉6~8级分支及其内部的小栓子。放射性核素显像肺通气—灌注扫描是另外一种诊断肺栓塞的影像学检查方法,但近年研究认为该方法特异性不高。

1. 肺栓塞

(1) X线:肺动脉较小分支栓塞X线表现可正常。较大分支栓塞或多发性小分支栓塞可出现异常,主要征象为:①肺缺血:又称韦斯特马克(Westermarck)征。当肺叶或肺段动脉栓塞时,相应区域内肺血灌注量下降,表现纹理减少或消失,透亮度增加。多发性肺小动脉栓塞引起广泛性肺缺血,显示肺纹理普遍减少或肺野透亮度增加。②肺动脉的改变:嵌塞在肺动脉内的血栓使相应部位血管影增宽,阻塞远端因血流减少而变细。③肺体积缩小:肺栓塞多发生在下叶且右下叶多见,表现下叶体积缩小,膈肌升高,叶间裂下移,可合并盘状肺不张。④心影增大:较大肺动脉栓塞或多发性小动脉栓塞可引起心影增大,主要是右心室增大,同时有肺动脉高压表现。

(2) CT:肺栓塞的诊断需行CT肺血管成像(CT pulmonary angiography,CTPA)检查。

1) 急性肺栓塞:

直接征象:为血管腔内有充盈缺损和血管阻塞。a. 血管内充盈缺损:血栓未完全栓塞肺动脉分支时,在血管内高密度对比剂背景中,形成低密度充盈缺损。中心性腔内充盈缺损和凸面向腔内的附壁性充盈缺损,是急性肺栓塞的典型表现。血管内充盈缺损引起管腔狭窄(图3-123)。跨越主肺动脉分叉,同时累及左右肺动脉的血栓,为骑跨式血栓。b. 血管完全阻塞:血栓完全阻塞血管腔,使血管腔截断。阻塞端可呈多种形态,如杯口状或隆起状等。

间接征象:急性肺栓塞间接征象包括肺血减少或韦斯特马克征、肺体积缩小,其他表现有右心房及右心室肥厚、扩张等。

2) 慢性肺栓塞:

直接征象:血管腔充盈缺损及血管完全阻塞,栓子位置为偏心性,与血管壁延续。可见血管狭窄或血管蹼形成、血栓钙化等。

间接征象：血管壁不规则或呈结节状，管径突然狭窄或远侧的肺段及亚段肺动脉突然截断。合并肺动脉高压表现为中心肺动脉增宽、中心肺动脉与外围动脉不相称。

(3) MRI：MRI 可以显示肺动脉内的血栓。肺叶及叶以上的肺栓塞 MRI 较易诊断。血栓在 SE 序列上呈中等—高信号。

2. 肺梗死　X 线和 CT：肺梗死引起肺内密度增高影，通常位于肺周边或下肺野，以右侧多见。肺梗死早期表现为边缘不清的实变影，多累及 1 或 2 个肺段。典型 X 线及 CT 表现为肺段实变，呈楔形，基底部较宽位于胸膜，顶端圆隆指向肺门，病变边缘清楚，可合并少量胸腔积液（图 3-124）。约 50% 的患者在 3 周内病灶可完全消散。病变吸收后梗死部位，可残留条索状纤维化，并引起局限性胸膜增厚及粘连。

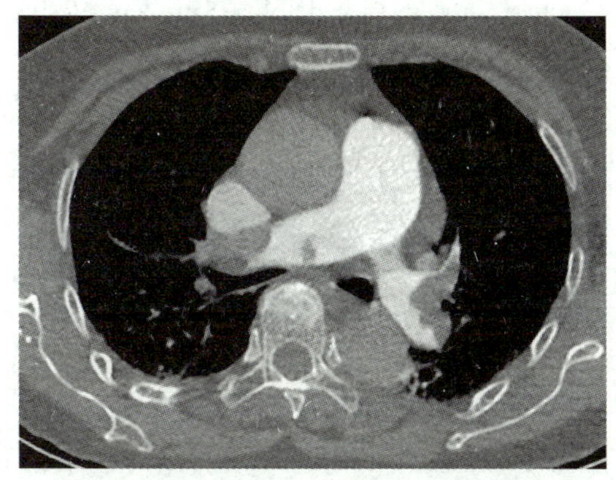

图 3-123　CT 肺动脉血管成像
提示：双肺肺动脉主干内低密度充盈缺损

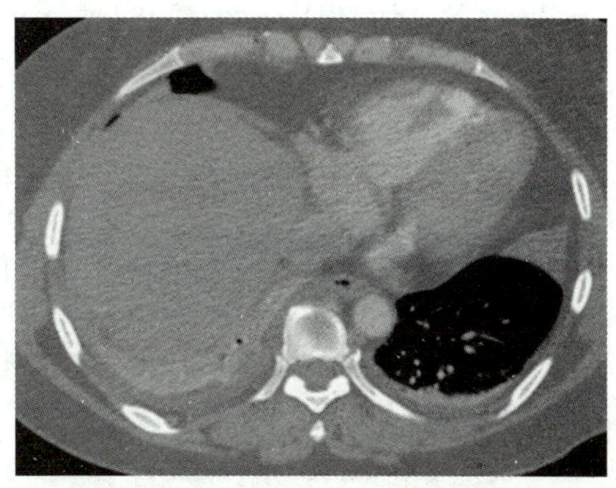

图 3-124　CT 示左上肺肺动脉栓塞后伴左舌叶梗死

(四) 诊断与鉴别诊断

对有下肢静脉栓子脱落可能的患者，临床表现起病急、咯血和剧烈胸痛，CT 肺血管成像显示血管腔内有血栓即可明确诊断。白塞综合征肺血管受累占 5%，表现为肺动脉瘤和血栓，具有典型临床综合征表现，不难鉴别。

肺梗死大多见于心肺疾患的患者，如同时有肺心病、肺淤血以及肺水肿等征象时，肺实变影应考虑有肺梗死的可能。

（朱文珍）

思考题

1. 呼吸系统正常 X 线解剖（肺的分叶与分段，纵隔分区）。
2. 呼吸系统正常 CT 解剖（肺动脉、肺静脉与支气管的 CT 表现）。
3. 重要概念（肺野、肺纹理、肺门、肺小叶、小叶间隔）。
4. 概念（分叶、毛刺、支气管充气征、胸膜凹陷征、血管集束征）。
5. 肺良性、恶性结节的鉴别，肺内肿块与纵隔肿块的鉴别。
6. 肺隔离症的影像诊断要点。
7. 各种肺炎的影像表现。
8. 良性、恶性空洞型病变的鉴别要点。
9. 肺结核的分型及各型的影像表现。
10. 肺癌的病理组织分型与大体分型。
11. 肺癌的 TNM 分期。

参考文献

1. 李铁一 . 中华影像医学·呼吸系统卷 . 北京:人民卫生出版社,2002
2. 白人驹 . 医学影像诊断学 . 第 2 版 . 北京:人民卫生出版社,2004
3. 吴恩惠,冯敢生 . 医学影像学 . 第 6 版 . 北京:人民卫生出版社,2008
4. 金征宇 . 医学影像学 . 第 2 版 . 北京:人民卫生出版社,2010
5. 李少林,王荣福 . 核医学 . 第 8 版 . 北京:人民卫生出版社,2013
6. 何望春 . 比较影像诊断学 . 北京:人民卫生出版社,2005
7. 牛广明,苏秉亮 . 临床比较影像学 . 北京:科学出版社,2007
8. Fraser RS,Pare PD. Diagnosis of Diseases of the chest. 4th ed. Philadelphia:Saunders,1999
9. 中华医学会结核病学分会 . 肺结核诊断和治疗指南 . 中华结核和呼吸杂志 . 2001,24(2):70-74
10. Jeong YJ,Lee KS. Pulmonary tuberculosis:up-to-date imaging and management. AJR,2008,191:834-844
11. Van Dyck P,Vanhoenacker FM,Van den Brande P,et al. Imaging of pulmonary tuberculosis. Eur Radiol,2003 Aug;13(8):1771-1785
12. Curvo-Semedo L,Teixeira L,Caseiro-Alves F. Tuberculosis of the chest. Eur Radiol,2005 Aug,55(2):158-172
13. Chou SH,Prabhu SJ,Crothers K,et al.Thoracic Diseases Associated with HIV Infection in the Era of Antiretroviral Therapy:Clinical and Imaging Findings. Radiographics,2014 Jul-Aug,34(4):895-911
14. Franquet T. High-resolution computed tomography(HRCT)of lung infections in non-AIDS immunocompromised patients. Eur Radiol,2006 Mar;16(3):707-718
15. Franquet T,Gim é nez A,Hidalgo A. Imaging of opportunistic fungal infections in immunocompromised patient. Eur Radiol,2004 Aug,51(2):130-138
16. Vorster M,Sathekge MM,Bomanji J. Advances in imaging of tuberculosis:the role of 18F-FDG PET and PET/CT. Curr Opin Pulm Med,2014 May,20(3):287-293
17. Treglia G,Taralli S,Calcagni ML,et al.Is there a role for fluorine 18 fluorodeoxyglucose-positron emission tomography and positron emission tomography/computed tomography in evaluating patients with mycobacteriosis? A systematic review. Comput Assist Tomogr,2011 May-Jun,35(3):387-393
18. 邱怀明,曾晓华,魏崇健,等 . 先天性肺动静脉瘘的 X 线、CT 及 DSA 诊断 6 例并文献复习,实用医学杂志,2008:24(4)601-603

第四章　急性上呼吸道感染及急性气管-支气管炎

第一节　急性上呼吸道感染

急性上呼吸道感染(acute upper respiratory tract infection,AURTI)简称上感,是鼻腔、咽或喉部急性炎症的总称。常见病原体为病毒,部分由细菌引起。发病不分年龄、性别、职业和地区,免疫功能低下者易感。通常病情较轻、病程较短、可自愈,预后良好,但部分病种具有传染性,有时可引起严重的并发症,应积极防治。

一、流行病学

上感全年均可发病,但多发于冬、春季节,多为散发,在气候突然变化时可引起小规模流行。主要通过含有病毒的飞沫空气传播,也可通过被污染的手和用具接触传播。可引起上感的病原体,大多为自然界中广泛存在的多种类型病毒,同时健康人群亦可携带,机体对其感染后产生的免疫力较弱、短暂,病毒间也无交叉免疫,故可反复发病。

二、病因和发病机制

上感约有70%~80%由病毒引起,包括流感和副流感病毒、鼻病毒、呼吸道合胞病毒、腺病毒、冠状病毒、埃可病毒和柯萨奇病毒等,细菌感染约占20%~30%,以溶血性链球菌多见,其次为流感嗜血杆菌、肺炎链球菌和葡萄球菌等,偶见革兰阴性杆菌。当全身或呼吸道局部防御功能降低时,原先存在于上呼吸道或从外界侵入的病毒和细菌迅速繁殖,引起本病。年老体弱者和儿童是易患人群。

三、病理

组织学上可无明显病理学改变,也可出现上皮细胞损伤和少量单核细胞浸润。继发细菌感染者可有中性粒细胞浸润和脓性分泌物。

四、临床表现

临床表现有以下几种类型:

(一)普通感冒

普通感冒由病毒感染引起,俗称“伤风”,又称急性鼻炎,起病较急,以鼻咽部卡他症状为主要表现,如喷嚏、鼻塞、流清水样鼻涕,也可表现为咳嗽、咽干、咽痒或烧灼感。2~3天后鼻涕变稠,常伴咽痛、流泪、味觉迟钝、声音嘶哑、听力减退、呼吸不畅等。严重者可有发热、轻度畏寒和头痛等。体检时可见鼻黏膜充血、水肿、有分泌物,咽部可为轻度充血。普通感冒大多呈自限性,一般5~7天痊愈,出现并发症者可致病程迁延。

(二)急性病毒性咽炎、喉炎

1. 急性病毒性咽炎　临床主要表现为咽痒和灼热感,咽痛不明显,咳嗽少见,可伴有发热、乏力、眼结膜炎等。

2. 急性病毒性喉炎 临床主要表现为声音嘶哑、说话困难，可有咳嗽、发热或咽痛，体检时可见喉部充血、水肿、局部淋巴结轻度肿大伴触痛，有时可闻及喘鸣音。

(三) 急性疱疹性咽峡炎

主要由柯萨奇病毒引起，临床表现为明显咽痛、发热，体检可见咽部充血，软腭、悬雍垂、咽部和扁桃体表面有灰白色疱疹和浅表溃疡，周围伴有红晕。

(四) 急性咽结膜热

主要由腺病毒和柯萨奇病毒引起，夏季好发，儿童多见，游泳者中易于传播。临床表现为发热、咽痛、畏光、流泪，体检可见咽部和结膜明显充血。

(五) 急性咽扁桃体炎

主要由溶血性链球菌引起，其次为流感嗜血杆菌、肺炎链球菌、葡萄球菌等。起病急，临床表现为明显咽痛、畏寒、发热，体温可达39℃以上，体检可见咽部明显充血，扁桃体充血、肿大、表面有脓性分泌物，可伴有颌下淋巴结肿大、压痛，肺部查体无异常。

五、实验室检查

(一) 外周血常规

病毒感染时白细胞总数正常或偏低，淋巴细胞比例可升高或正常；细菌感染时，白细胞总数和(或)中性粒细胞比例增多，部分可出现核左移现象。

(二) 病原学检查

因引起急性上感的病毒类型繁多，且明确类型对治疗意义不大，一般无需病原学检查。但病情危重或诊断不清时，可使用免疫荧光法、酶联免疫吸附法和血清学检测病毒抗原或抗体，使用PCR法检测特异性病毒核酸，采集咽拭子进行病毒分离培养、鉴定来确定病毒的类型。细菌培养和药物敏感试验，有助于判断细菌类型和指导临床用药。

六、并发症

本病若治疗不及时，可并发急性鼻窦炎、中耳炎、气管-支气管炎、肺炎，少数患者可并发风湿热、肾小球肾炎、病毒性心肌炎等。

七、诊断和鉴别诊断

(一) 诊断

根据患者的鼻咽部症状和体征，结合外周血象和阴性的胸部X线检查可作出临床诊断。特殊情况可借助病毒分离、病毒血清学检查或细菌培养进行病因诊断。

(二) 鉴别诊断

1. 过敏性鼻炎 起病急，多由过敏因素刺激引起，常表现为突发性连续喷嚏、鼻痒、鼻塞和大量清水样鼻涕，脱离过敏因素后很快症状消失。查体见鼻黏膜苍白、水肿，鼻分泌物涂片见较多嗜酸性粒细胞。

2. 流行性感冒 致病原为流感病毒，起病急，鼻部卡他症状较轻，但全身症状较重，常有高热、咽痛、全身酸痛和眼结膜炎，并易继发肺炎。传染性强，常有不同范围流行。

3. 急性传染病前驱症状 麻疹、脊髓灰质炎、脑炎等急性传染病早期常有上呼吸道症状，应予重视，对于在上述传染病流行季节和流行地区有上呼吸道感染症状的患者，应密切观察，进行必要的实验室检查。

八、治疗

上呼吸道感染以对症治疗为主，抗病毒或抗细菌治疗为辅。

(一) 对症治疗

1. 休息　发热、病情较重或年老体弱者应卧床休息、多饮水、保持室内空气流通。

2. 解热镇痛　有头痛、发热、全身肌肉酸痛者可酌情使用解热镇痛药，如对乙酰氨基酚、阿司匹林、布洛芬及其复方制剂等。

3. 抗鼻塞　有鼻塞、鼻后滴漏的患者可予伪麻黄碱治疗以减轻鼻部症状。

4. 抗过敏　有频发咳嗽、流大量清水鼻涕等症状者，可用非选择性抗组胺药，如溴苯那敏、氯苯那敏等。

5. 镇咳　咳嗽症状明显患者可用右美沙芬、喷托维林、可待因等镇咳药。

(二) 病因治疗

1. 抗病毒治疗　对于无发热、免疫功能正常、发病不超过2天的患者不建议使用抗病毒药物。对于有免疫缺陷的患者可早期使用。利巴韦林有较广的抗病毒谱，对流感病毒、副流感病毒、呼吸道合胞病毒等有较强的抑制作用。奥司他韦、扎那米韦抗流感病毒作用强，早期使用可缩短病程。

2. 抗细菌治疗　普通感冒无需使用抗菌药物。对有明确的细菌感染征象者，可酌情选用青霉素类、头孢菌素类、大环内酯类或喹诺酮类药物，疗程在1周左右。

(三) 中医治疗

应用中药治疗有一定疗效，根据辨证施治的原则，可给予清热解毒或辛温解表和有抗病毒作用的中药，有助于改善症状、缩短病程。

九、预后和预防

多数上呼吸道感染患者预后良好，极少数年老体弱、有严重并发症者预后不良。本病重在预防，加强锻炼、增强体质、避免受凉和过度劳累，有助于降低易感性，是预防上呼吸道感染最好的方法。年老体弱者应加强防护，在上呼吸道感染流行时应戴口罩，避免在人多的公共场合出入。经常、反复发生上感的患者可酌情使用免疫调节药物和疫苗。

[附] 流行性感冒

流行性感冒(influenza)简称流感，是由流感病毒引起的急性呼吸道传染病。该病起病急，以高热、头痛、乏力、眼结膜炎和全身肌肉酸痛为主要临床表现。主要通过接触及空气飞沫传播，发病有季节性，由于流感病毒变异率高，人群普遍易感，因此发病率高，在全世界已引起多次暴发流行，对人群和社会影响巨大。

一、病原体

流感病毒属正黏病毒科，为RNA病毒，根据核蛋白抗原性不同，可将流感病毒分为甲、乙、丙三型，再根据血凝素(H)和神经氨酸酶(N)抗原性的差异将甲型流感病毒分为不同亚型，H有15种，N有9种，组合形成不同的亚型。人H_1N_1、H_3N_2以及禽H_5N_1、H_7N_9等甲型流感病毒，近年来都出现过不同程度的暴发流行。甲型流感病毒极易发生变异，主要是H和N的变异。乙型流感病毒也易发生变异，丙型流感病毒一般不发生变异。

二、流行病学

流感病毒呈全球性分布，每年都会发生强度不一的暴发。流感的流行病学特点为突然暴发，迅速扩散，造成不同程度的流行。流感具有一定的季节性(我国北方地区的流行高峰一般在冬季，而南方地区的流行高峰多在夏季和冬季)，一般流行3~4周后会自行停止，但也可以持续更长时间，发病率高但病死率低(除人禽流感外，一般只有0.003%~0.03%)。甲型流感病毒常引起大流

行，病情较重；乙型和丙型流感病毒引起流行和散发，病情相对较轻。由于流感病毒抗原性变异较快，人类无法获得持久的免疫力，病毒变异后人类普遍易感。

三、发病机制和病理

流感病毒主要通过飞沫和气溶胶传播，经与糖蛋白受体结合，而侵入呼吸道的纤毛柱状上皮细胞内进行复制，借神经氨酸酶的作用从细胞释放，再侵入其他柱状上皮细胞引起变性、坏死和脱落。病理变化主要是呼吸道纤毛上皮细胞呈簇状脱落、上皮细胞假化生、固有层的水肿、充血，以及单核细胞浸润等。

四、临床表现

流感的潜伏期一般为1~7天，多数为2~4天，分为单纯型、胃肠型、肺炎型和中毒型。

(一) 单纯型

最常见，突然起病，高热，体温可达39~40℃，可有畏寒、寒战，多伴头痛、全身肌肉及关节酸痛、极度乏力、食欲减退等全身症状，常有咽喉痛及干咳，可有鼻塞、流涕及胸骨后不适等。如未出现并发症，多呈自限性，多于发病后3~4天体温逐渐恢复，全身症状好转，但咳嗽及体力的恢复常需1~2周。轻症者如普通感冒，症状轻，2~3天可恢复。

(二) 胃肠型

除发热外，以腹痛、腹胀、呕吐和腹泻等消化道症状为显著特点，儿童多于成人，一般2~3天可恢复。

(三) 肺炎型

在上述全身症状基础上并发肺炎，部分患者出现呼吸衰竭，胸部影像学检查可见斑片状、多叶段渗出性病灶，进展迅速者可发展为双肺弥漫性渗出性病变或实变。

(四) 中毒型

极少见，表现为高热、休克及弥散性血管内凝血，病死率高。

五、实验室检查

(一) 外周血象

白细胞总数不高或减低，淋巴细胞比例增加。

(二) 病原学检查

1. **病毒核酸检测** 使用聚合酶链反应(polymerase chain reaction，PCR)可快速检测呼吸道分泌物或血清中的病毒，特异性和敏感性高，有助于早期诊断。

2. **病毒分离** 鼻咽分泌物或口腔含漱液可用于分离流感病毒。

3. **病毒抗原检测** 可采用免疫荧光法检测呼吸道病毒标本(咽拭子、鼻拭子、鼻咽或气管抽取物中的黏膜上皮细胞)，使用单克隆抗体区分病毒类型，一般可在数小时内获得结果。

4. **病毒血清学检查** 检测流感病毒特异性IgM和IgG抗体水平。动态检测的IgG抗体恢复期比急性期抗体滴度有4倍或以上升高，有助于回顾性诊断。

六、并发症

部分患者若病情进展可能并发病毒性肺炎或继发细菌性肺炎，少数患者还可能并发脑炎或脑病、脑膜炎、脊髓炎、心肌炎、心包炎、急性肌炎、横纹肌溶解综合征，甚至可出现多脏器功能不全或衰竭等。

七、诊断和鉴别诊断

由于流感的临床表现无特异性，与许多急性发热伴有呼吸道炎症的疾病相似，因此确诊往往依赖于实验室诊断。

（一）临床诊断

本病的典型特点是起病急，有畏寒、高热、头痛、头晕、全身酸痛、乏力等中毒症状。但这些症状与普通感冒和急性咽扁桃体炎有相似之处。

（二）实验室诊断

具有以下 1 种或 1 种以上病原学检测结果阳性的患者，可以确诊为流感：①流感病毒核酸检测阳性；②流感病毒快速抗原检测阳性，需结合流行病学史进行综合判断；③流感病毒分离培养阳性；④急性期和恢复期双份血清的流感病毒特异性 IgG 抗体水平呈 4 倍或 4 倍以上升高。

（三）鉴别诊断

1. 普通感冒　流感的全身症状比普通感冒重，普通感冒的流感病原学检测阴性，追踪流行病学史有助于鉴别。

2. 其他类型上呼吸道感染　包括急性咽炎、扁桃体炎、鼻炎和鼻窦炎，感染与症状主要局限于相应部位，局部分泌物流感病毒检测阴性。

3. 下呼吸道感染　流感有咳嗽症状或合并气管 - 支气管炎时需与急性气管 - 支气管炎相鉴别；并发肺炎时需与其他肺炎（包括细菌性肺炎、支原体肺炎、病毒性肺炎、真菌性肺炎、肺结核等）相鉴别。根据临床特征可作出初步判断，病原学检测可区别。

4. 其他肺部非感染性疾病　流感还应与伴有发热，尤其是伴有肺部阴影的非感染性疾病相鉴别，如结缔组织疾病、血液系统疾病肺浸润等。

八、治疗

（一）隔离

应对疑似和确诊患者进行隔离。

（二）对症治疗

包括休息、合理使用解热镇痛药、缓解鼻黏膜充血药和止咳祛痰药等。

（三）抗病毒治疗

神经氨酸酶抑制剂可缓解流感患者的症状，缩短病程，减少并发症的发生，并有可能降低重症患者的病死率，应在发病 48 小时内早期使用。此类药物毒性低，较少耐药且耐受性好，是目前抗流感病毒最主要的药物。临床上常用的药物有：①奥司他韦：成人剂量每次 75mg，每日 2 次，连服 5 天，重症者可每次 150mg，每日 2 次，疗程可适当延长，对人流感病毒 H_1N_1、H_3N_2 和禽流感病毒 H_5N_1、H_7N_9、H_9N_2 均有抑制作用。②扎那米韦：目前可获得的为吸入粉雾剂，每次 5mg，每日 2 次，连用 5 天，可用于成年人和 12 岁以上青少年患者。③帕拉米韦注射液：成人每次 300mg，重症者 600mg，每日 1 次，静脉滴注。④金刚烷胺：是离子通道 M_2 阻滞剂，仅对甲型流感病毒有抑制作用，且易发生耐药，早期应用可阻止病情发展、减轻病情、改善预后成人剂量每日 100~200mg，分 2 次口服，疗程 5 天，但中枢神经系统和胃肠道副作用较多，有癫痫病史者忌用。

（四）支持治疗和预防并发症

注意休息、多饮水、加强营养。纠正水、电解质紊乱，密切观察、监测并预防并发症。呼吸衰竭时给予呼吸支持治疗，继发细菌感染时给予抗生素治疗。

九、预后

与病毒毒力、自身免疫状况有关。单纯型流感预后较好，年老体弱者易患肺炎，病死率较高。

十、预防

季节性流感在人与人之间的传播能力很强，因此积极防控尤为重要。加强个人卫生知识的宣传教育、积极隔离和治疗流感患者、接种流感疫苗和预防性服用抗病毒药物是主要的预防措施。

第二节 急性气管-支气管炎

急性气管-支气管炎(acute tracheobronchitis)是由生物、理化刺激或过敏等因素引起的急性气管-支气管黏膜炎症。临床症状主要为咳嗽和咳痰，常发生于寒冷季节或气候突然变化时。

一、病因和发病机制

(一) 感染

可以由病毒(如腺病毒、流感和副流感病毒、呼吸道合胞病毒等)、细菌(如流感嗜血杆菌、肺炎链球菌、葡萄球菌等)、支原体或衣原体直接感染引起，也可由上呼吸道感染病毒或细菌蔓延而来。

(二) 理化因素

冷空气、粉尘、刺激性气体或烟雾吸入，可刺激气管-支气管黏膜引发急性炎症。

(三) 过敏反应

包括花粉、有机粉尘、真菌孢子、动物皮毛等多种过敏原均可引起气管和支气管的变态反应。钩虫、蛔虫的幼虫在肺内移行也可引气管-支气管急性炎症反应。

二、病理

病理改变为气管、支气管黏膜充血、水肿，有淋巴细胞和中性粒细胞浸润，可伴纤毛细胞损伤、脱落，黏液腺体增生、肥大。炎症消退后，气道黏膜的结构和功能可恢复正常。

三、临床表现

(一) 症状

起病较急，可先有上呼吸道感染症状，主要表现为干咳或伴少量黏液痰，后期痰量增多、咳嗽加剧，可咳黄脓痰。如伴有支气管痉挛，可出现不同程度的胸闷、气促。全身症状较轻，可有发热，咳嗽和咳痰可延续2~3周。

(二) 体征

胸部体检可发现双肺呼吸音粗，部分患者可闻及散在干、湿性啰音，部位常常不固定，咳嗽后可减少或消失。

四、实验室检查

(一) 外周血象

白细胞总数和分类可正常，细菌感染者白细胞总数和中性粒细胞比例增多。

(二) 痰液检查

痰涂片和痰培养可发现致病菌。

(三) 胸部X线

多数表现为肺纹理增粗，少数患者无异常。

五、诊断和鉴别诊断

(一) 诊断

根据病史、咳嗽和咳痰症状,两肺散在干、湿性啰音的体征,结合外周血象和胸部X线检查结果,可作出临床诊断。病毒和细菌检查有助于病因诊断。

(二) 鉴别诊断

1. 流行性感冒 起病急,全身中毒症状重,呼吸道局部症状较轻。流行病史、病毒分离和血清学检查有助于鉴别。

2. 急性上呼吸道感染 以鼻咽部症状为主,咳嗽、咳痰较轻,胸部X线正常。

3. 其他疾病 支气管肺炎、肺结核、支气管哮喘、肺脓肿、麻疹、百日咳等多种疾病均可能出现类似急性气管-支气管炎的临床症状,应根据其不同的临床特点加以鉴别。

六、治疗

(一) 一般治疗

适当休息、多饮水,避免吸入粉尘和刺激性气体。

(二) 对症治疗

1. 镇咳、祛痰治疗 干咳无痰者可酌情使用右美沙芬、喷托维林等镇咳剂。有痰而不易咳出者可选用盐酸氨溴索、溴己新、桃金娘油化痰,此类患者不宜给予强力镇咳药(如可待因),以免影响痰液排出。兼顾镇咳和祛痰的复方制剂(如复方甘草合剂)在临床应用较为广泛。

2. 解痉、抗过敏 对于发生支气管痉挛患者,可给予解痉平喘和抗过敏药物,如氨茶碱、沙丁胺醇和马来酸氯苯那敏等。

(三) 抗菌药物治疗

有细菌感染证据时可应用抗菌药物治疗,可选用青霉素类、头孢菌素、大环内酯类或呼吸喹诺酮类,疗程在1周左右。

(四) 抗病毒治疗

一般不需要抗病毒治疗,病原学检查确定为流感病毒感染时,可选用奥司他韦75mg,每日2次,治疗5天。

七、预后

多数患者预后良好,治疗及时可痊愈。少数年老体弱或治疗延误者可迁延不愈发展为慢性支气管炎。

八、预防

积极锻炼,增强体质,避免过度劳累、受凉,冬季注意保暖,改善生活环境,防治空气污染。

(郭述良)

思考题

1. 急性上呼吸道感染的主要病原体是什么?
2. 急性上呼吸道感染的临床表现分为哪几种类型?
3. 急性上呼吸道感染的治疗原则是什么?
4. 急性气管-支气管炎的临床表现是什么?
5. 急性气管-支气管炎的治疗原则是什么?

参考文献

1. 葛均波,徐永健. 内科学. 第8版. 北京:人民卫生出版社,2013

2. 卫生部流行性感冒诊断与治疗指南编撰专家组. 流行性感冒诊断与治疗指南(2011年版). 中华结核和呼吸杂志,2011,34(10):1-10

第五章　肺　　炎

第一节　肺炎概述

肺炎(pneumonia)是指终末气道、肺泡和肺间质的炎症。主要临床症状为发热、咳嗽、咳痰，可伴有胸痛或呼吸困难。

一、病因、发病机制和病理

(一) 病因

肺炎可由病原微生物、理化因素、免疫损伤、过敏和药物等因素引起。本章主要讲授病原微生物所致的肺炎。

(二) 发病机制

正常的呼吸道免疫防御机制，使气管隆突以下的呼吸道保持无菌。是否发生肺炎取决于两个因素：病原体和宿主因素。如果病原体数量多、毒力强，而宿主呼吸道局部和(或)全身免疫防御系统受损，即可发生肺炎。

(三) 病理

包括肺泡毛细血管充血、水肿，肺泡内纤维蛋白渗出及细胞浸润。

二、分类

肺炎可按解剖、病因和患病环境加以分类。

(一) 解剖学分类

可分为大叶性(肺泡性)肺炎、小叶性(支气管性)肺炎和间质性肺炎。大叶性肺炎是指发生在肺段、肺叶以上部位的肺实质性炎症，X线影像显示为肺段或肺叶的实变阴影。小叶性肺炎是指累及肺小叶的炎症，X线影像显示为沿着肺纹理分布的不规则斑片状阴影，密度浅而模糊，无实变征象，多发生于肺下野。间质性肺炎是指以肺间质为主的炎症，累及支气管壁和支气管周围组织，有间质水肿，X线影像表现为网格状、线网状、磨玻璃状阴影。解剖学分类主要根据X线影像分类，分类容易，但病因不明确。

(二) 病因分类

可分为细菌性肺炎、病毒性肺炎、非典型病原体所致肺炎、肺真菌病、其他病原体所致肺炎以及理化、过敏、药物因素所致肺炎等，细菌性肺炎是最常见的肺炎。此分类方法病因明确，能针对病因治疗，但在临床实践中常遇困难。

(三) 患病环境分类

可分为社区获得性肺炎和医院获得性肺炎。

1. 社区获得性肺炎(community acquired pneumonia，CAP)　是指在医院外罹患的感染性肺实质炎症，包括具有明确潜伏期的病原体感染，而在入院后平均潜伏期(通常为48小时)内发病的肺炎。病原体以肺炎链球菌、流感嗜血杆菌等细菌以及支原体、衣原体、军团菌等非典型病原体感染多见。

2. 医院获得性肺炎(hospital acquired pneumonia,HAP) 亦称医院内肺炎(nosocomial pneumonia),是指患者入院时不存在,也不处于潜伏期,而于入院48小时后在医院(包括老年护理院、康复院等)内发生的肺炎。HAP还包括呼吸机相关性肺炎(ventilator associated pneumonia,VAP)和卫生保健相关性肺炎(healthcare associated pneumonia,HCAP)。病原体以肺炎克雷伯杆菌、大肠埃希菌、鲍曼不动杆菌、铜绿假单孢菌等革兰阴性杆菌多见,革兰阳性菌中的金黄色葡萄球菌也是较为常见的病原体。

根据患病环境分类能大致判断病原菌类别,有助于指导及时进行经验性治疗。

三、临床表现

(一) 症状

常见症状为咳嗽、咳痰,或原有呼吸道症状加重,并出现脓性痰或血痰,伴或不伴胸痛,多数患者有发热。病灶范围广时可出现呼吸困难。

(二) 体征

早期肺部体征可无明显异常。重症者可有呼吸频率增快、鼻翼扇动、发绀。肺实变时有典型的体征,如触诊语颤增强,叩诊浊音,听诊可闻及支气管呼吸音和湿性啰音。并发胸腔积液者,患侧胸廓饱满,胸部叩诊浊音、语颤减弱、呼吸音减弱或消失。

四、诊断和鉴别诊断

(一) 诊断

包括确定肺炎诊断,对肺炎的严重程度作出评估并确定病原体。

1. 确定肺炎诊断 结合患者的病史、临床表现和胸部影像学表现可作出临床诊断。CAP的诊断标准为:在医院外发病或虽已入院但在致病病原体潜伏期内发病的患者,符合以下1~4项中任何1项加第5项,并除外肺结核、肺部肿瘤、非感染性肺间质性疾病、肺水肿、肺不张、肺栓塞、肺嗜酸性粒细胞浸润症及肺血管炎等后,可建立临床诊断:①新近出现的咳嗽、咳痰或原有呼吸道疾病症状加重,并出现脓性痰,伴或不伴胸痛。②发热。③肺实变体征和(或)闻及湿啰音。④WBC>10×10^9/L或<4×10^9/L,伴或不伴中性粒细胞核左移。⑤胸部X线检查显示片状、斑片状浸润性阴影或间质性改变,伴或不伴胸腔积液。

2. 严重程度的评估 重症肺炎进展迅速,是导致患者死亡的常见原因,因此在诊断时评估肺炎的严重程度非常重要。临床医生应根据患者肺炎严重的程度,确定是在门诊、入院还是收入重症监护室(ICU)治疗。重症肺炎目前还没有普遍认同的诊断标准,各国标准不尽相同,但均注重肺部病变的范围、器官灌注和氧合状态。如果肺炎患者肺部病灶范围广或短期内迅速扩大、需要通气支持(急性呼吸衰竭、持续低氧血症和(或)伴高碳酸血症)、循环支持(血流动力学障碍、外周灌注不足)及需要加强监护与治疗,可认为是重症肺炎。美国感染疾病学会和美国胸科学会2007年发表的成人CAP处理共识指南中重症肺炎的诊断标准如下:主要标准:①需要有创机械通气;②感染性休克需要血管收缩剂治疗。次要标准:①呼吸频率≥30次/分;②氧合指数(PaO_2/FiO_2)≤250;③多肺叶浸润;④意识障碍和定向障碍;⑤氮质血症(BUN≥7mmol/L);⑥白细胞减少(WBC<4.0×10^9/L);⑦血小板减少(血小板<10.0×10^9/L);⑧低体温(T<36℃);⑨低血压,需要强力的液体复苏。符合1项主要标准或3项次要标准以上者可诊断为重症肺炎,考虑收入ICU治疗。

3. 确定病原体

(1) 意义:由于感染因素所致的肺炎,应针对病原体来选择合适的抗感染药物,以达到最好的治疗效果,因此确定病原体尤为重要。

(2) 方法:应尽可能在抗菌药物应用前采集标本,避免污染,及时送检,保证标本的质量以获

得可靠的病原学结果。目前常用的方法包括痰病原学检查，经支气管镜或人工气道抽吸物、防污染毛刷刷检物、支气管肺泡灌洗液、经皮细针抽吸活检物和开胸肺活检标本、血和胸腔积液的培养，以及尿抗原试验（主要是军团菌和肺炎链球菌）和血清学检查等。

(3) 检测结果诊断意义的判断：可认为致病菌的情况：①痰涂片和痰培养的结果一致；②痰标本革兰染色涂片发现有白细胞吞噬现象；③痰定量培养分离的致病菌或条件致病菌浓度≥10^7菌落形成单位（cfu/ml）或半定量培养（4区划线法）为4^+；④痰定量培养分离的致病菌或条件致病菌浓度介于10^4cfu/ml和10^7cfu/ml之间者进行重复痰培养，若连续分离到相同细菌，且浓度在10^5~10^6cfu/ml连续两次以上者；⑤经支气管镜或人工气道吸引的标本培养的病原菌浓度≥10^5cfu/ml或防污染样本毛刷标本细菌浓度≥10^3cfu/ml，或支气管肺泡灌洗标本细菌浓度≥10^4cfu/ml或防污染支气管肺泡灌洗标本细菌浓度≥10^3cfu/ml；⑥活检组织培养到病原菌；⑦血或胸腔积液培养到病原菌；⑧军团菌和肺炎链球菌尿抗原阳性；⑨急性期和恢复期双份血清的支原体、衣原体、嗜肺军团菌和病毒特异性IgG抗体水平呈4倍或4倍以上升高。

（二）鉴别诊断

1. 感染性疾病

1）肺结核：慢性起病，多有全身结核中毒症状，如潮热、盗汗、体重下降等，白细胞正常或仅有轻度升高，X线多表现为双肺上叶的渗出、浸润或空洞病灶同时存在。

2）肺癌：主要是与肺癌伴阻塞性肺炎及与细支气管肺泡癌鉴别。肺癌所致阻塞性肺炎的特点包括：抗菌治疗后不易完全消散吸收；消散后易于同一部位反复再发；消散后原本被肺炎掩盖的肿块影或肿大的肺门淋巴结显露。细支气管肺泡癌有一种类型可呈肺叶或肺段实变和浸润，伴支气管充气征，在影像学上与肺炎十分相似，称为“肺炎型”肺癌，极易被误诊。但细支气管肺泡癌的实变多靠近肺门、纵隔，而外周相对浅淡模糊。肺炎则相反，实变多位于肺外周。结合患者常有咳大量泡沫痰，伴进行性加重的呼吸困难，白细胞不高或仅轻度升高，以及抗菌治疗无效均，有助于细支气管肺泡癌的鉴别诊断，确诊有赖于支气管镜检查和肺活检。

3）肺脓肿：胸部影像学上可见含气带液平的脓腔，易于鉴别。

2. 非感染性疾病 肺炎还需与梗死性肺栓塞（呈马赛克阴影）、间质性肺病、肺水肿、肺不张、肺血管炎、过敏性肺炎及结缔组织疾病和血液系统疾病肺浸润等非感染性肺部疾病相鉴别。

五、治疗

（一）治疗原则

1. 一般治疗 注意休息，多饮水，避免吸烟，加强营养。

2. 对症治疗 祛痰、止咳，有胸痛患者可酌情给予止痛。有发热者给予冰袋冷敷、酒精擦浴、降温毯等物理方式降温，高热者给予对乙酰氨基酚、布洛芬、阿司匹林等药物退热，但应慎重使用以免干扰对病情变化的正确判断，并注意及时补足液量和电解质，防止因大量出汗引起低血容量性休克，有畏寒者给予保暖。

3. 抗感染治疗 包括经验性治疗和针对病原体的目标治疗。经验性治疗主要是根据当地的流行病学资料和发病环境选择，可能覆盖病原体的抗菌药物；目标治疗是根据病原学及药物敏感试验结果选择抗菌药物。此外，还要结合患者的年龄、病情的严重程度、脏器功能、合并症、是否有误吸等情况来选择抗菌药物。若临床考虑诊断病毒性肺炎，则应给予抗病毒药物治疗。

（二）重症肺炎的治疗原则

1. 抗感染治疗

1）抗菌药物治疗原则：重症肺炎进展快，病死率高，抗菌药物治疗策略应采用“重锤猛击”

和“降阶梯”原则进行治疗。在获得病原学结果之前，应早期给予足量的广谱抗菌药物联合治疗，尽可能覆盖可能的致病菌；经过最初经验性“猛击”治疗，待病情稳定后可根据临床反应和病原学结果，修改治疗方案，改用针对性强、相对窄谱的抗菌药物。“猛击”和“降阶梯”实际上是一个整体治疗的两个不同阶段，相当于“经验性治疗”与“目标治疗”。

2）初始抗菌药物的选择：对于无铜绿假单胞菌感染风险者，主要病原体为肺炎链球菌、需氧革兰阴性杆菌、嗜肺军团菌、流感嗜血杆菌、金黄色葡萄球菌等，可选用β-内酰胺类联合大环内酯类、呼吸喹诺酮类联合氨基糖苷类、β-内酰胺类、β-内酰胺酶抑制剂联合大环内酯类、厄他培南联合大环内酯类等。对于有铜绿假单胞菌感染风险者，其病原体为上述病原菌加铜绿假单胞菌，可选用：具有抗铜绿假单胞菌活性的β-内酰胺类（头孢吡肟、头孢他啶、头孢哌酮、舒巴坦、哌拉西林、他唑巴坦等）联合大环内酯类或氨基糖苷类；具有抗铜绿假单胞菌活性的β-内酰胺类联合呼吸喹诺酮类；环丙沙星或左氧氟沙星联合氨基糖苷类；或碳青烯类联合上述各类具有抗铜绿假单胞菌活性的药物。对于有耐甲氧西林金黄色葡萄球菌（MRSA）感染风险的高危人群，还要联用万古霉素或替考拉宁等糖肽类抗菌药物或利奈唑胺。有真菌感染风险的高危人群联用抗真菌药物治疗。

2. 其他治疗

1）机械通气：重症肺炎可出现气体弥散障碍、肺内动静脉分流及通气、血流比例失调，导致严重低氧血症，常常伴有明显的呼吸窘迫症状，需要机械通气支持。对于轻中度低氧血症患者，美国CAP诊治指南建议可试行无创机械通气，但需密切观察；对于严重低氧血症或已出现急性呼吸窘迫综合征（acute respiratory distress syndrome，ARDS）的患者，建议尽快行气管插管或气管切开有创机械通气。

2）感染性休克的治疗：积极补充血容量，以维持收缩压>90~100mmHg，脉压>30mmHg，尿量>30ml/h，中心静脉压4.4~7.4mmHg；应用血管活性药物，如多巴胺、间羟胺、去甲肾上腺素或山莨菪碱。

3）糖皮质激素治疗：糖皮质激素对于重症肺炎的作用，目前还存在一些争议，英国胸科协会认为没有证据证明糖皮质激素能改善通气、降低重症肺炎死亡率，因此重症肺炎并不推荐使用糖皮质激素治疗。而美国的CAP指南指出，对于液体复苏无效的低血压患者，可能存在隐性肾上腺功能不全，可给予氢化可的松100~200mg或地塞米松5~10mg静滴治疗，一旦感染性休克纠正后即停用。

4）脏器保护与支持治疗：适度应用心肌保护药物，纠正心力衰竭。避免使用肾毒性药物，对于有严重肾功能不全患者，给予床旁持续血液滤过或血液透析治疗。纠正低蛋白血症、维持水电解质酸碱平衡、营养支持治疗等。

六、并发症

（一）胸腔积液

胸腔积液称为肺炎性胸腔积液，大部分经抗感染治疗后可消失，X线、CT及超声等检查，有助于胸腔积液的诊断。

（二）呼吸衰竭、脓毒性休克、多器官功能衰竭

七、预防

加强锻炼，增强体质，戒烟、避免酗酒。年龄大于65岁者可注射流感疫苗或肺炎疫苗；年龄不足65岁但合并有心血管疾病、肺疾病、糖尿病、酗酒、肝硬化和免疫抑制者也可注射肺炎疫苗。

第二节 细菌性肺炎

一、肺炎链球菌肺炎

肺炎链球菌肺炎(streptococcus pneumonia)是由肺炎链球菌引起的肺炎,是最常见的细菌性肺炎。通常起病急,以高热、寒战、咳嗽、血痰及胸痛为主要表现,胸部X线表现为肺段或肺叶的急性炎性实变。因抗菌药物的广泛使用,使本病的起病方式、症状及X线表现越来越不典型。

(一) 病因和发病机制

肺炎球菌为革兰阳性球菌,呈双排列或短链状排列,有荚膜,其毒力大小与荚膜中的多糖结构及含量有关。肺炎球菌不产生内毒素和外毒素,其致病力主要是荚膜对组织的侵袭作用,首先引起肺泡炎,肺泡壁水肿,出现白细胞和红细胞渗出,之后含菌的渗出液经Cohn孔向其他肺泡扩散,甚至累及几个肺段或整个肺叶。病变多开始于肺的外周,肺叶间分界清楚,易累及胸膜,引起渗出性胸膜炎、胸腔积液。

(二) 病理

肺炎链球菌肺炎典型的病理变化分为4期:充血期、红肝变期、灰肝变期、消散期。早期表现为肺组织充血水肿,肺泡内有水肿液和浆液渗出;中期主要为红细胞渗出;后期有大量白细胞和吞噬细胞聚集,肺组织实变;最后为肺炎吸收消散期。抗菌药物应用以来,典型的病理分期已不多见。病程中没有肺泡壁和其他肺结构的破坏或坏死,肺炎消散后肺组织可完全恢复正常而不遗留纤维瘢痕。

(三) 临床表现

1. 症状 患者多为原来健康的青壮年或老年与婴幼儿,男性较多见。发病前常有受凉、淋雨、疲劳、醉酒、病毒感染史,多有上呼吸道感染的前驱症状。起病急骤,主要表现为突发寒战、高热,体温在数小时内升至39~40℃,咳脓痰,可带血或呈铁锈色,炎症累及胸膜者可伴有患侧胸痛,可放射至肩部或腹部,咳嗽或深呼吸时加重,病变范围广时可出现呼吸困难。全身症状可有头痛、全身肌肉酸痛、乏力,少数出现恶心、呕吐、腹痛或腹泻等胃肠道症状,严重者可出现感染性休克。老年患者起病相对隐匿,少有肺炎的典型症状,咳嗽、咳痰少,中低热多见,甚至可无发热,仅有疲劳或精神状态的改变。

2. 体征 患者呈急性热病容,面颊绯红,鼻翼扇动,呼吸急促,皮肤灼热、干燥,口角及鼻周可有单纯疱疹,病变广泛时可出现发绀。早期(充血期)肺部体征可无明显异常,可闻及呼吸音增粗或少许湿啰音。肺实变时叩诊呈浊音,病变部位触觉语颤增强并可闻及支气管呼吸音。消散期随炎症吸收,空气重新进入肺泡,可闻及湿啰音,甚或湿啰音较前增多。胸痛和胸腔积液可使患侧呼吸音减低和胸廓扩张度、肺下界移动度减弱。

自然病程一般1~2周,发病5~10天后体温可自行骤降或逐渐下降;使用有效的抗菌药物治疗后,可使体温在1~3天内恢复正常,患者的其他症状和体征也随之逐渐消失。

(四) 并发症

肺炎球菌肺炎的并发症近年来越来越少见。部分严重脓毒症患者可出现急性呼吸窘迫综合征和感染性休克,尤其是老年人;其他并发症包括胸膜炎、脓胸、心包炎、脑膜炎和关节炎等。

(五) 辅助检查

1. 外周血象 多数患者白细胞总数和中性粒细胞比例升高,伴有核左移。年老体弱、酗酒、免疫功能低下者白细胞总数可不高,但中性细胞比例仍增高。

2. 痰液检查 ①痰涂片:痰液涂片作革兰染色和荚膜染色镜检,如发现典型的革兰染色阳性、带荚膜的双球菌或链球菌,即可初步作出病原学诊断。②痰培养:一般24~48小时可以确定

病原体，但需注意肺炎球菌属苛氧菌，标本须在采集后 2 小时内送检，否则会影响检出率。

3. 细菌抗原或抗体检测 PCR、荧光标记抗体检测和尿肺炎球菌抗原检测阳性可协助病原学诊断。

4. 血培养 约 10%~20% 的患者可能合并菌血症，故重症患者应作血培养，若血培养为肺炎球菌可确诊。

5. 胸部 X 线 早期仅见肺纹理增粗，或受累的肺段、肺叶稍模糊。随着病情进展，表现为大片渗出病灶或实变影，在实变影中可见支气管充气征，伴少量胸腔积液时见肋膈角变钝。消散期渗出病灶逐渐吸收，可有片状区域吸收较快而呈现“假空洞”征，绝大多数在发病 3~4 周后炎症病灶完全消散。极少数患者吸收不完全而成为机化性肺炎。

(六) 诊断

根据典型的症状和体征，白细胞总数和中性粒细胞比例增高、X 线表现呈肺段或肺叶实变可作出初步诊断，病原学检测是确诊的主要依据。

(七) 治疗

1. 一般治疗 卧床休息，多饮水，补充足够的蛋白质、热量和维生素；密切监测病情变化，防止休克。

2. 抗菌药物治疗 青霉素 G 是敏感菌株的首选药物，用药途径及剂量视患者病情轻重和有无并发症而定。目前一般推荐剂量为 320 万 U，每 6 小时 1 次。但自 20 世纪 90 年代以来，肺炎链球菌对青霉素、大环内酯类、磺胺的耐药日渐增加，已成为全球性威胁；若感染耐青霉素菌株者，建议选用呼吸喹诺酮类、头孢曲松或头孢噻肟等药物。感染多重耐药菌株者可选用万古霉素、替考拉宁或利奈唑胺。疗程持续到体温正常后 3~5 天。

3. 其他治疗 胸痛剧烈者可酌情使用少量镇痛药；紧张、烦躁不安、失眠或谵妄者可酌情使用少量镇静剂，但禁用抑制呼吸的镇静药；有低氧血症患者给予吸氧；维持水电解质酸碱平衡等。

二、葡萄球菌肺炎

葡萄球菌肺炎（staphylococcal pneumonia）是由葡萄球菌引起的肺部急性化脓性炎症。起病急骤，主要表现为高热、寒战、胸痛、咳脓血痰，可早期出现循环衰竭。X 线表现为坏死性肺炎，如肺脓肿、肺气囊肿和脓胸。病情较重，若治疗不当或不及时，病死率高。

(一) 病因和发病机制

葡萄球菌为革兰染色阳性球菌，可分为凝固酶阳性的葡萄球菌（主要为金黄色葡萄球菌，简称金葡菌）及凝固酶阴性的葡萄球菌（如表皮葡萄球菌和腐生葡萄球菌等），凝固酶阳性者致病力强。致病物质主要是毒素与酶，具有溶血、组织坏死、杀白细胞等作用。

葡萄球菌肺炎常发生于免疫功能低下或缺陷的患者，如糖尿病、血液病（白血病、淋巴瘤等）、艾滋病、肝病、营养不良或原有支气管 - 肺病者（如支气管扩张症、流感后）。近年来医院内获得性葡萄球菌感染呈增多趋势，约占 HAP 的 11%~25%。感染途径主要为经呼吸道吸入感染，另外，静脉吸毒、中心静脉导管置入及皮肤感染灶（疖、痈、蜂窝织炎、伤口感染）中的葡萄球菌可经血液循环（血源性感染）抵达肺部，引起多处肺部感染，形成单个或多发性肺脓肿。

(二) 病理

经呼吸道吸入的感染常呈大叶性肺炎，或广泛的融合性的支气管肺炎分布。病理改变以肺组织广泛的出血坏死、化脓、多发性小脓肿为特点。脓肿压迫或坏死物、脓性分泌物堵塞细支气管，形成单向活瓣样作用，可在细支气管远端形成张力性肺气囊肿。气囊肿压力过高破裂或胸膜下小脓肿破裂，可形成脓胸或脓气胸。与支气管相通胸膜破溃则形成支气管胸膜瘘。

若继发于败血症之后，则除肺脓肿外，常引起其他器官的迁徙性化脓病灶。

(三) 临床表现

1. 症状 起病急骤，寒战、高热，体温常高达39~40℃，呈稽留热型，咳嗽、咳脓痰，量多，带血丝或呈脓血状，常有胸痛、呼吸困难和发绀。毒血症状明显，全身肌肉酸痛、乏力、精神萎靡、衰弱，病情严重者早期可出现呼吸和周围循环衰竭。

老年患者、院内感染者起病较隐匿，症状不典型，可表现为体温逐渐上升、咳脓痰等。血源性感染者较少咳脓性痰。

2. 体征 早期肺部可无阳性体征，常常与严重的毒血症状和呼吸道症状不平行，随着病情进展逐渐出现双肺散在湿性啰音，病变范围较大或融合时可有肺实变体征，出现气胸或脓气胸时有相应体征。血源性葡萄球菌肺炎，应注意肺外迁徙性感染病灶的检查，如心脏瓣膜赘生物性心脏杂音等。

(四) 并发症

葡萄球菌肺炎常可并发脓胸、气胸、脓气胸，少数患者还可并发化脓性心包炎、脑膜炎等。

(五) 辅助检查

1. 外周血象 白细胞总数和中性粒细胞比例显著升高，可高达$(30\sim50)\times10^9/L$，伴核左移，白细胞内可见中毒颗粒。体弱、免疫功能低下者白细胞总数可不高，但中性细胞比例仍增高。

2. 痰液检查 痰涂片镜下见革兰染色阳性的球菌，有时可见白细胞吞噬现象。痰培养可鉴定为葡萄球菌。

3. 血、胸腔积液、肺穿刺组织培养 结果阳性者可确诊为葡萄球菌肺炎。

4. 胸部X线 X线表现具有多形性特征，肺浸润、肺脓肿、肺气囊肿和脓胸或脓气胸为金葡菌肺炎的四大影像征象，在不同类型、不同病期以不同组合表现。血源性肺炎早期双肺的周边部位出现大小不一的斑片状或团块状阴影，边缘模糊，直径1~3cm，类似于转移性肺癌。随病变发展，迅速发展成肺气囊肿、肺脓肿。X线表现的另一特点是多变性，表现为短时间内一处的炎性浸润消失而在另一处出现新的病灶，或很小的单一病灶发展为大片阴影。若治疗有效，可见病变逐渐消散，约2~4周后完全消失，偶可遗留少许纤维条索影或肺纹理增多等。

(六) 诊断

结合典型的临床表现（包括高热、咳嗽、脓血痰和全身毒血症状）、外周血象以及胸部X线的多形性、多变性表现可作出初步诊断，下呼吸道分泌物、胸腔积液、血液和肺组织的细菌培养检查是确诊的依据。注意迁徙性病灶的诊断。

(七) 治疗

1. 治疗原则 加强支持疗法，早期清除和引流原发病灶，选用敏感的抗菌药物。

2. 抗菌药物的选择 金黄色葡萄球菌对青霉素G的耐药率已高达90%左右，故已不推荐常规选用青霉素G，建议选用耐青霉素酶的半合成青霉素或第一、二代头孢菌素或加酶抑制剂的复合制剂，如苯唑西林钠、氯唑西林、头孢呋辛钠、阿莫西林克拉维酸等，也可联合氨基糖苷类使用。近年来已有耐甲氧西林的金黄色葡萄球菌（methicillin-resistant staphylococcus aureus，MRSA）在医院内暴发流行的报道，对于MRSA，可选用万古霉素、替考拉宁或利奈唑胺等。疗程至少4周以上。

三、其他细菌性肺炎

(一) 肺炎克雷伯菌肺炎

肺炎克雷伯菌是革兰阴性杆菌，也是引起CAP和HAP中常见的一种革兰阴性杆菌。肺炎克雷伯菌肺炎多见于年老体弱者，起病急，部分患者有上呼吸道感染前驱症状，主要表现为寒战、发热、咳嗽、咳痰和呼吸困难，全身毒血症状明显。其痰液无臭、黏稠，痰量中等，由血液和黏液混合而呈现砖红色胶冻样，被认为是本病的特征，但临床上较少见。体检见患者呈急性病容，

呼吸急促或伴发绀，严重者可有全身衰竭、休克等，病变范围较大者可有肺实变体征。胸部X线表现包括大叶性实变或小叶浸润和脓肿形成。大叶实变多位于右上叶，重而黏稠的炎性渗出物可使叶间裂呈弧形下坠，此为肺炎克雷伯菌肺炎的典型X线征象；部分患者可伴有胸腔积液和脓胸，有时可见蜂窝状脓肿形成。痰或下呼吸道分泌物涂片和(或)培养找到肺炎克雷伯菌可确诊。抗菌药物可选择第二代或第三代头孢菌素或半合成青霉素，重症患者联合氨基糖苷类或氟喹诺酮类；若为产超广谱β-内酰胺酶(extended-spectrum beta-lactamases，ESBLs)的肺炎克雷伯菌，则需应用碳青霉烯类抗生素。

(二) 铜绿假单胞菌肺炎

铜绿假单胞菌肺炎由铜绿假单胞菌感染所致，多见于医院内感染，病情严重，多发生于有肺部结构性基础疾病(如支气管扩张、囊性纤维化)、免疫功能低下、气管插管或气管切开机械通气的患者，近年来发病率明显增加，病死率高。铜绿假单胞菌肺炎全身毒血症状明显，高热，多呈弛张热型，心率相对缓慢，可伴有神经、精神症状；呼吸道症状有咳嗽、咳翠绿色或黄绿色脓痰，痰量较多，呼吸困难、发绀常见；合并败血症时皮肤可见中央坏死性出血疹；病情严重者可出现呼吸衰竭、肾功能不全、心力衰竭、休克等。肺部查体可闻及湿性啰音，大片实变或肺脓肿形成时可有肺实变体征。胸部X线可表现为支气管肺炎型、肺实变型和肺脓肿等不同类型。因为痰培养铜绿假单胞菌分离率较高，因此痰培养阳性者需结合患者具体情况，来判断是定植还是感染。铜绿假单胞菌肺炎的经验性抗感染治疗药物包括具有抗假单胞菌活性的β-内酰胺类，如替卡西林、哌拉西林、阿洛西林、美洛西林、头孢哌酮、头孢他啶、头孢吡胺、头孢吡肟、氨曲南，或加酶抑制剂的复方制剂如替卡西林、克拉维酸、哌拉西林、他唑巴坦、头孢哌酮、舒巴坦，或碳青霉烯类如亚胺培南、美罗培南，或氨基糖苷类如阿米卡星、依替米星，或喹诺酮类如环丙沙星、左氧氟沙星等。国内多重耐药铜绿假单胞菌的分离率逐年增加，在获得培养和药敏结果后，应及时根据临床治疗反应和药敏结果调整抗菌药物，通常需要联合使用抗生素，疗程2~3周。

(三) 鲍曼不动杆菌肺炎

鲍曼不动杆菌为非发酵革兰阴性杆菌，广泛存在于自然界，属于条件致病菌。该菌容易在医院内环境定植且一旦定植即不易根除，是医院内感染的重要病原菌。感染的患者多是长期住院、危重疾病及机体免疫功能低下患者，以及使用各种侵入性操作和长期使用广谱抗菌药物治疗的患者，特别是重症监护室内患者。主要引起呼吸道感染和肺炎，也可引发菌血症、泌尿系感染、继发性脑膜炎、手术部位感染、呼吸机相关性肺炎等。痰分泌物可能是鲍曼不动杆菌肺炎院内传播的最重要的细菌来源，但消毒不彻底的呼吸道人工管道和雾化器、面罩、湿化瓶、呼吸机管道以及医务人员的手等，也是造成鲍曼不动杆菌呼吸道感染的重要途径。患者常有发热、咳嗽，痰黏稠，黄脓状，量较多。少数患者有血性痰，呼吸困难明显。查体患者衰竭明显，肺部可闻及湿性啰音。肺部影像常呈支气管肺炎的特点，亦可为大叶性或片状浸润阴影，偶有肺脓肿及渗出性胸膜炎表现。鲍曼不动杆菌肺炎的临床和X线表现不具有特异性，与其他革兰阴性菌肺炎鉴别较困难，痰培养分离到鲍曼不动杆菌有助于诊断。

2012年《中国鲍曼不动杆菌感染诊治与防控专家共识》对鲍曼不动杆菌肺炎的治疗推荐如下：对于非多重耐药的鲍曼不动杆菌感染，根据药敏结果选用β-内酰胺类，如头孢噻肟、头孢吡肟等；对于多重耐药鲍曼不动杆菌感染，根据药敏选用头孢哌酮、舒巴坦、氨苄西林、舒巴坦或碳青霉烯类，可联合应用氨基糖苷类或氟喹诺酮类抗菌药物等；对于广泛耐药的鲍曼不动杆菌感染，可有以下几种选择：①含舒巴坦的复合制剂联合以下一种：米诺环素(或多西环素)、多黏菌素E、氨基糖苷类或碳青霉烯类；②多黏菌素E联合以下一种：含舒巴坦的复合制剂或碳青霉烯类；③替加环素联合以下一种：含舒巴坦的复合制剂、碳青霉烯类、多黏菌素E、喹诺酮类或氨基糖苷类；④三药联合方案：舒巴坦的复合制剂＋多西环素＋碳青霉烯类、亚胺培南＋利福平＋多黏菌素或妥布霉素等。

近年来鲍曼不动杆菌引起的院内感染明显增多，仅次于铜绿假单胞菌，且常常对多种甚至全部常用抗菌药物耐药，治疗较困难，病死率较高。注重院内感染防控十分重要，主要预防措施包括积极治疗原发病；对多重耐药和泛耐药患者实行床旁甚或单间隔离；病房要严格进行空气消毒和各种呼吸治疗器械的消毒；严格医务人员的手卫生；对有鲍曼不动杆菌感染或原有感染患者的遗物用品应彻底清洗消毒；医院要建立不动杆菌院内感染流行的监测和报告方法；限制抗菌药物的滥用和长期应用等。

(四) 厌氧菌肺炎

厌氧菌肺炎常由吸入厌氧菌引起，表现为坏死性肺炎，易并发肺脓肿或脓胸。常见病原菌包括消化链球菌、产黑色素拟杆菌、梭形杆菌及产气夹膜梭状芽孢杆菌等，通常与其他需氧菌和兼性厌氧菌在肺部形成混合感染。免疫力低下或者发生吸入性肺炎患者，易发生厌氧菌肺炎，脆弱类杆菌也可由远处感染灶通过血源途径到达肺部引起肺炎。本病易发生于有口咽分泌物吸入条件者，多见于老年人和男性。起病急缓不一，可呈一般急性细菌性肺炎表现，患者常有畏寒、发热、咳嗽、咳黄脓性恶臭痰，部分患者可伴有胸痛、咯血和呼吸困难；也可以呈亚急性、慢性病程，多数肺脓肿和脓胸患者可有体重下降或贫血。肺部体征表现为实变征，可闻及湿性啰音，侵及胸膜者可有胸腔积液体征，慢性肺脓肿常有杵状指(趾)。厌氧菌肺炎患者外周血白细胞总数和中性粒细胞比例增高，并发肺脓肿和脓胸者升高更明显。胸部 X 线表现可见沿肺段和肺叶分布的实变影，多见于上叶后段和下叶背段，其中可见单个或多个脓腔，壁厚，常有液平，空腔大小不一，大者可达 10cm 以上，血行感染者常为双侧、多发的斑片影，可融合，可伴有脓胸或脓气胸改变。痰或胸腔积液培养出厌氧菌有诊断价值。

临床上治疗厌氧菌肺炎可选用硝基咪唑类(如甲硝唑、替硝唑)、林可霉素类(如林可霉素、克林霉素)、碳青霉烯类(如亚胺培南、美罗培南)、β- 内酰胺类(如青霉素 G、头孢西丁、头孢替坦等)以及 β- 内酰胺类、β- 内酰胺酶抑制剂等，用药至胸片病变消散或仅留纤维条索，总疗程约 2~4 周，有脓肿和脓胸形成者疗程更长，同时应积极给予体位引流和胸腔闭式引流。

第三节　其他病原体所致肺炎

一、肺炎支原体肺炎

肺炎支原体肺炎(mycoplasmal pneumonia)是由肺炎支原体(mycoplasma pneumoniae, MP)引起的呼吸道和肺部急性炎症病变。MP 是引起 CAP 的重要病原体，约占所有 CAP 病原体的 15%~20% 或更高，占非细菌性肺炎病原体的 1/3 以上，也可引起咽炎和支气管炎。MP 经飞沫由呼吸道吸入感染，儿童和青少年易感，秋、冬季节易发病，但季节性差异并不显著。

(一) 病因和发病机制

支原体是介于细菌和病毒之间、兼性厌氧、能独立生活的最小微生物。主要通过呼吸道传播，MP 通常存在于纤毛上皮之间，不侵入肺实质，通过细胞膜上的神经氨酸受体吸附于宿主呼吸道上皮细胞表面，抑制纤毛活动和破坏上皮细胞。MP 的致病性可能与患者对病原体或其代谢产物的过敏反应有关。

(二) 病理

主要病理改变为急性气管 - 支气管炎、细支气管炎和间质性肺炎。支气管黏膜充血、水肿，有中性粒细胞浸润，细胞坏死、脱落。肺泡内可含有少量渗出液，可发生灶性肺不张和肺实变。肺泡壁和间隔中有中性粒细胞、单核细胞和浆细胞浸润，胸膜腔可有纤维蛋白渗出和少量渗出液。

(三) 临床表现

1. 症状　潜伏期约 2~3 周，起病较缓慢，主要表现有乏力、头痛、咽痛、咳嗽、发热、肌痛等。

阵发性刺激性干咳为本病最突出的症状，有时可见黏液痰或黏液脓性痰。肺炎支原体肺炎病情一般呈良性经过，但发热可持续2~3周，体温恢复正常后常仍有咳嗽。少数病例呈重症肺炎表现，可引起ARDS。呼吸道以外的症状中，以皮疹、耳痛以及消化道症状（如食欲缺乏、恶心、腹泻等）较常见，极少数患者可伴发心包炎、心肌炎、脑膜脑炎、脊髓炎、溶血性贫血、弥散性血管内凝血、关节炎、肝炎等。

2. 体征　咽部充血、耳鼓膜充血常见，少数人有皮疹和颈部淋巴结肿大。肺部多无阳性体征，有时可闻及湿啰音。

（四）辅助检查

1. 外周血象　白细胞总数正常或略增高，以中性粒细胞为主。

2. 血清学检查　①冷凝集试验：起病2周后，约2/3的患者冷凝集试验阳性，滴度≥1∶32，若滴度逐步升高更有诊断价值。但该试验特异性较低，临床诊断价值有限。②肺炎支原体抗体测定：若血清支原体IgM抗体≥1∶64，或恢复期抗体有4倍或以上增高，可确诊。血清学检查常用于回顾性诊断。

3. 其他病原学检查　单克隆抗体免疫印迹法、核酸杂交技术和PCR检测DNA均有较高的敏感性和特异性，可用于早期诊断。

4. 胸部X线　肺部可呈现为多种形态的浸润影，以下叶多见。早期主要为网格状阴影，以间质病变为主，阴影浅淡，呈节段性分布，也可表现为支气管肺炎改变，少数呈大叶分布，可发生实变。少数合并胸腔积液。

（五）诊断与鉴别诊断

结合流行病学史、临床表现、胸部X线表现和血清学检查结果可作出诊断。本病应注意与病毒性肺炎、军团菌肺炎和肺结核相鉴别。

（六）治疗

肺炎支原体肺炎具有自限性，多数病例不经治疗也可自愈。但早期适当使用抗菌药物可减轻症状和缩短病程。首选药物为大环内酯类，如红霉素、罗红霉素和阿奇霉素。对大环内酯类不敏感者可选择呼吸喹诺酮类（如左氧氟沙星、莫西沙星）和四环素类（如多西环素、米诺环素）。疗程一般2~3周，注意不宜将肺部阴影完全吸收作为停用抗菌药物的指征。

二、军团菌肺炎

军团菌病（legionella pneumonia）是由军团菌引起的一种以肺炎为主要表现的全身性疾病。军团菌属共有40种，临床分离株大多数为嗜肺军团菌（legionella pneumophila）。军团菌肺炎是指由军团杆菌引起的细菌性肺炎。起病急骤，以肺炎为主要表现，常伴多系统损害。军团菌肺炎在非典型肺炎中是病情最重的一种，未经有效治疗者的病死率高达45%。病情轻重不一，轻者能痊愈，重者呈中毒性肺炎表现，病死率高。军团菌通过空气传播，经呼吸道吸入引起呼吸道感染。流行于夏秋季节，亦可常年发病。各年龄人群均可发病，但老年人、有慢性基础疾病和免疫力低下者更易发生。

（一）病因和发病机制

军团菌为革兰阴性杆菌，广泛存在于水和土壤等自然环境中，近年来人工管道供水系统如中央空调冷却塔、冷热水管道也成为军团菌的污染源。人类的军团菌感染主要是吸入了含军团菌的气溶胶和尘土。直径小于5μm的颗粒可直接进入呼吸性细支气管和肺泡，巨噬细胞吞噬这些颗粒后，军团菌在细胞内大量繁殖导致宿主细胞死亡，并释放出大量酶和毒素，导致肺组织的急性损伤。这些酶和毒素还可以由肺泡逆行经支气管、淋巴管及血液播散到其他部位导致肺外多系统的损害。

（二）病理

肺部的主要病理改变为多中心急性纤维素性化脓性肺泡炎，及急性渗出性肺泡损害，肺泡

腔内有纤维蛋白、炎症细胞渗出，肺泡间质炎性细胞浸润、水肿，严重者有肺实质的破坏。免疫力低下者病变严重，可发生广泛的肺泡损害伴透明膜形成。

（三）临床表现

1. 症状　潜伏期为2~10天，起病初感头痛、肌痛、乏力、食欲缺乏等，24~48小时后体温升高至39~40℃，呈稽留热型，伴寒战，咳嗽，咳少量黏痰，有时见脓痰或血痰，部分患者有胸痛、呼吸困难、心动过缓。军团菌肺炎的肺外多系统损害较普通肺炎常见，包括消化道症状（如恶心、呕吐、水样腹泻、消化道出血等）、肾脏损害（如血尿、蛋白尿、氮质血症等）、神经系统症状（如头痛、精神症状、定向力障碍、神志改变等）、心血管系统损害（如心内膜炎、心肌炎、心包炎、低血压、休克、弥散性血管内凝血）等。重症患者可出现呼吸、循环或肾衰竭。

2. 体征　急性热病容、出汗、呼吸急促、发绀，可有相对缓脉，肺部病变部位多有实变体征，可闻及湿性啰音。病程中出现的神经系统体征随病情缓解而消失。

（四）辅助检查

1. 实验室检查　外周血白细胞总数增高，伴核左移，淋巴细胞减少；尿常规检查部分患者有蛋白尿、血尿，少数有颗粒管型；其他改变包括动脉血气 PO_2 降低、尿素氮和肌酐升高、肝功能异常、低血钠、低血磷等。

2. 病原学检测　①呼吸道分泌物涂片：呼吸道分泌物Giemsa染色可见到细胞内外的军团杆菌。因革兰染色军团菌不着色，因此痰涂片革兰染色见较多中性粒细胞而无细菌时要考虑军团菌感染可能。②呼吸道分泌物培养：最佳培养基是BCYE琼脂，生长缓慢，2天后才能见到菌落，多数需要5天，观察10天无生长方可报告培养阴性。应用含军团菌抗体的琼脂培养基及免疫放射自显影技术，或克隆杂交技术，可更好地检测和计数军团菌菌落。③血清学检查：通常抗体需6~9周才能达到有诊断意义水平，仅25%~40%患者病程第一周呈有意义升高。④细菌抗原和核酸检测：尿液ELISA法检测细菌可溶性抗原为阳性或PCR扩增出军团杆菌特异性基因片段可明确诊断。

3. 胸部X线　军团菌肺炎的胸部X线表现与一般细菌性肺炎相似，无特异性。为斑片状影或实变影，偶有空洞形成和胸腔积液。肺部阴影吸收较慢，一般2周左右才开始明显吸收，1~2月才完全消散，少数可延迟至数月。

（五）诊断和鉴别诊断

1. 诊断　军团菌肺炎的症状缺乏特异性，凡肺炎患者呼吸系统症状相对较轻而肺外症状明显、相对缓脉、痰涂片革兰染色见较多中性粒细胞而细菌很少、低钠血症和低磷血症以及对β-内酰胺类药物治疗无效者都应警惕本病。

1992年中华医学会呼吸病学分会制定的诊断标准如下：①临床表现：发热、寒战、咳嗽、胸痛等呼吸道症状；②X线胸片：炎症阴影；③呼吸道分泌物、痰、血或胸腔积液：在活性炭酵母浸液琼脂（BCYE）或其他特殊培养基中培养有军团菌生长；④呼吸道分泌物：直接免疫荧光检测（DFA）阳性；⑤间接免疫荧光检测：前后2次抗体滴度呈4倍或以上增高达1∶128或以上；或微量凝集法（MAT）测前后两次抗体4倍增长达≥1∶64，或试管凝集法（TAT）检测前后两次抗体滴度4倍增长达1∶160。凡具有①②项，同时具有③④⑤项中任何一项者，可诊断为军团菌肺炎。

2. 鉴别诊断

1）其他革兰阴性杆菌肺炎：无流行性，无多系统侵犯，氨基糖苷类、β-内酰胺类及碳青霉烯类抗菌药物有效，军团菌特殊检查阴性。

2）肺结核：起病缓慢，有结核中毒症状，无多系统侵犯，上叶多见，痰中可查到结核分枝杆菌。红霉素治疗无效。

（六）治疗

早期应用有效的抗菌药物是成功治疗军团菌肺炎的关键，红霉素为首选药物，可用1.0g静

脉滴注，每 6~12 小时 1 次，根据病情轻重而定。若治疗反应满意，2 天后改为 0.5g，每 6 小时口服，一般疗程为 3 周，以防吸收延缓或感染复发。严重感染、免疫抑制患者或对单一红霉素效果不佳者可联合利福平或大环内酯类或喹诺酮类。鉴于红霉素的副作用，目前更推荐使用新大环内酯类或氟喹诺酮类，疗效确切，不良反应少。

军团菌肺炎的支持治疗同一般细菌性肺炎，积极纠正低氧血症、维持水电解质酸碱平衡，必要时机械通气。

[附] 庞提阿克热

军团菌病的另一种类型称为庞提阿克热（pontiac fever），又称非肺炎型军团菌病，是接触了污染了军团菌的气溶胶而出现的类流感样症状，潜伏期平均约 36 小时，临床表现为发热，大部分患者伴有头痛、寒战、全身不适、腹泻和神经系统症状，也可有轻度干咳和呼吸困难。无肺炎的 X 线表现和多系统损害症状是本病的特点。血清中军团菌抗体滴度明显升高。庞提阿克热属于自限性疾病，不需抗菌药物治疗，必要时可予对症处理，1 周内完全康复。

三、病毒性肺炎

病毒性肺炎（viral pneumonia）是由病毒侵犯肺实质引起的肺部炎症，常由上呼吸道病毒感染向下蔓延所致。临床表现主要为发热、头痛、全身酸痛、干咳等，严重者出现呼吸衰竭，甚至死亡。好发于冬春季，暴发或散发流行，免疫功能正常或低下者均可患病。近年来，新的变异病毒不断出现，产生暴发流行，如 SARS 冠状病毒、H_1N_1、H_5N_1、H_7N_9 流感病毒等。

（一）病因和发病机制

常见的病毒包括流感病毒、副流感病毒、腺病毒、呼吸道合胞病毒、巨细胞病毒、麻疹病毒、水痘 - 带状疱疹病毒等。病毒性肺炎为吸入性感染，通过人与人的飞沫传播，主要是由上呼吸道病毒感染向下蔓延所致，常伴气管 - 支气管炎。正常呼吸道防御机制的存在使气管隆突以下的呼吸道保持无菌，当呼吸道局部和全身免疫防御系统受损时，如果病毒数量多、毒力强，就会发生病毒性肺炎。

（二）病理

病理改变主要表现为间质性肺炎，肺泡间隔有大量单核细胞浸润、肺泡水肿，表面覆盖含蛋白及纤维素的透明膜，肺泡弥散距离增宽。病变范围可为局灶性或弥漫性，甚至实变。病变吸收后可遗留肺纤维化。

（三）临床表现

1. 症状 病毒性肺炎的临床表现与病毒种类和机体免疫状况有关，多数情况下症状较轻。但大多起病急，全身症状明显，如发热、头痛、全身肌肉酸痛、乏力等。呼吸道症状有咳嗽，以干咳为主，偶有少量黏液痰。婴幼儿、老年人和免疫力低下者易发生重症肺炎，可出现呼吸困难、发绀、嗜睡、精神萎靡，甚至休克、心力衰竭或 ARDS。

2. 体征 多数患者无肺部阳性体征，病情严重者可有呼吸急促、心率增快、发绀、肺部闻及干、湿性啰音。

（四）辅助检查

1. 外周血象 白细胞总数可正常或稍高，也可偏低。

2. 痰液检查 ①痰涂片：白细胞以单核细胞为主。②痰培养：无致病菌生长。

3. 病原学检查 下呼吸道分泌物或肺活检标本培养分离到病毒可确诊，但病毒培养较困难，不易常规开展；病毒抗原或核酸检测阳性有助于诊断；急性期和恢复期双份血清抗体滴度有 4 倍或以上升高有意义，但主要用于回顾性诊断。

4. 胸部 X 线 胸片征象常与症状不相平行，往往症状严重而无明显的 X 线表现。一般以间

质性肺炎为主，可表现为肺纹理增多，磨玻璃状阴影，小片状浸润或广泛浸润、实变，病情严重者可出现双肺弥漫性结节性浸润，或大片致密影如“白肺”。不同的致病原其X线表现有不同的特征。

(五) 诊断和鉴别诊断

临床有急性呼吸系统感染的症状，外周血白细胞正常，胸部X线上有间质性肺炎表现，抗菌治疗无效，排除细菌性或其他病原体感染，需考虑病毒性肺炎的诊断。确诊有赖于病原学检查，包括病毒分离、血清学检查及病毒抗原、核酸的检测等。

病毒性肺炎需与细菌性肺炎、支原体性肺炎，衣原体肺炎、肺结核、卡氏肺孢子菌肺炎、真菌性肺炎等相鉴别。一般根据发病季节、流行病学史及临床表现，结合实验室检查和X线胸片表现，可与其他呼吸系统疾病相鉴别。

(六) 治疗

目前对多数病毒缺乏有效的特异性治疗，但病毒性肺炎首先仍应进行积极的抗病毒治疗。此外，还需采取一系列综合治疗措施，包括一般对症处理和支持疗法等，同时需预防继发细菌、真菌感染和并发症的发生。

1. 一般治疗 卧床休息，房间保持空气流通，注意隔离消毒，预防交叉感染。给予足量维生素及蛋白质，多饮水及少量多次进易消化饮食。

2. 保持呼吸道通畅 及时清除上呼吸道分泌物，可给予雾化或湿化气道，祛痰药物治疗。对有喘息症状者适当给予支气管扩张剂治疗，并早期进行持续氧疗，如出现低氧血症经常规氧疗（鼻导管或鼻面罩）无法纠正，可考虑给予无创或有创机械通气支持治疗。

3. 抗病毒治疗 目前已证实较有效的病毒抑制药物有：①利巴韦林：具有广谱抗病毒活性，包括呼吸道合胞病毒、腺病毒、副流感病毒和流感病毒。②阿昔洛韦：具有广谱、强效和起效快的特点，主要用于疱疹病毒、水痘病毒感染，尤其对免疫缺陷或应用免疫抑制剂者应尽早应用。③更昔洛韦：可抑制DNA合成，主要用于巨细胞病毒感染。④奥司他韦及扎那米韦：为神经氨酸酶抑制剂，对甲、乙型流感病毒有效，耐药发生率低。⑤阿糖腺苷：具有广泛的抗病毒作用，多用于治疗免疫缺陷患者的疱疹病毒与水痘病毒感染。⑥金刚烷胺：为M_2离子通道阻滞剂，有阻止某些病毒进入人体细胞及退热作用，对甲型流感病毒有效，但易产生耐药。

4. 抗菌药物的应用 原则上不宜应用抗菌药物预防继发性细菌感染，一旦明确已合并细菌感染，应及时选用敏感的抗菌药物。

(七) 预后

病毒性肺炎的预后与年龄、机体免疫功能状态有密切关系。正常人获得性感染有自限性，肺内病灶可自行吸收，婴幼儿以及免疫力低下特别是器官移植术后、艾滋病患者以及合并其他病原体感染时预后差。

[附1] 传染性非典型肺炎

传染性典型肺炎（infectious atypical pneumonia）是由SARS冠状病毒（SARS-CoV）引起的一种具有明显传染性、可累及多个器官系统的急性肺炎，又称为严重急性呼吸综合征（severe acute respiratory syndrome，SARS）。2002年首次暴发流行，具有传染性强、群体发病、病死率较高等特点。其主要临床特征为急性起病、发热、干咳、呼吸困难、白细胞不高或降低、有肺部浸润和抗菌药物治疗无效。人群普遍易感，多见于青壮年。

(一) 病因和发病机制

SARS病毒是一种RNA病毒，通过短距离飞沫、气溶胶或接触污染的物品传播。发病机制尚不清楚，推测可能是通过其表面蛋白与肺泡上皮细胞上的相应受体结合，导致肺炎的发生。

(二) 病理

病理改变以弥漫性肺泡损伤和炎症细胞浸润为主，早期有肺水肿、纤维素渗出和透明膜形

成;后期病变逐渐吸收好转,部分病例出现明显的纤维增生,导致肺纤维化。

(三)临床表现

1. 症状 潜伏期一般2~10天,起病急骤,常以发热为首发症状,体温一般高于38℃,可伴有畏寒、寒战、头痛、乏力、肌肉酸痛等全身毒血症状,可有咳嗽,多为干咳,少痰,严重者逐渐出现呼吸急促,甚至呼吸窘迫。部分患者可出现恶心、呕吐、腹泻等消化道症状,但多无上呼吸道卡他症状。

2. 体征 肺部体征常不明显,部分患者可闻及少许湿啰音,或有肺实变体征。偶有胸腔积液的体征。

(四)辅助检查

1. 一般实验室检查

(1)外周血象:白细胞计数正常或降低,常有淋巴细胞减少,部分重症患者可有血小板减少。

(2)外周血T淋巴细胞亚群计数:发病早期可见CD_4^+、CD_8^+细胞计数降低,二者比值正常或降低。

(3)其他检查:包括肝功能、肾功能、心肌酶、血电解质、动脉血气分析等,在重症SARS患者中容易出现异常,需要动态监测。

2. 胸部X线 早期可无异常,一般1周内可逐渐出现肺纹理增粗,不同程度的片状、斑片状磨玻璃影,少数为肺实变影。病变呈进展趋势,可在2~3天内融合成大片阴影,波及一侧肺野或双肺,重症病例发展为ALI或ARDS的表现。至恢复期肺部病变逐渐吸收好转,部分患者有肺纤维化改变。

3. 病原学检测

(1)早期诊断:用PCR方法检测呼吸道分泌物、血、尿、粪便等标本中的SARS病毒RNA,或用ELISA法检测患者血清或血浆标本中的SARS病毒的核衣壳抗原。

(2)确诊相关的检查:平行检测进展期和恢复期双份血清SARS病毒特异性IgM、IgG抗体,抗体阳转或出现4倍及以上升高,有助于诊断和鉴别诊断。此外,病毒培养分离阳性可作为确诊的标准,但由于实验条件要求高,且阳性率低、检测时间长,不作为临床常规诊断的方法。

(五)诊断与鉴别诊断

1. 诊断 诊断的总体原则是综合考虑流行病学史、临床表现、胸部X线变化、一般实验室检查和SARS病原学检测,并注意与其他类似的疾病相鉴别。当前,中华医学会制定的SARS诊疗指南中的诊断标准如下:

(1)临床诊断:对于有SARS流行病学依据,有症状,有肺部X线影像改变,并能排出其他疾病诊断者,可以作出SARS临床诊断。

在临床诊断基础上,若分泌物SARS-CoV RNA检测阳性,或血清SARS-CoV抗体阳转或抗体滴度有4倍及以上增高,可作出确定诊断。

(2)疑似病例:在SARS流行期间,对于缺乏明确流行病学依据,但具备其他SARS支持证据者,可以作为疑似病例,需进一步进行流行病学追访,并安排病原学检查以求印证。

对于有流行病学依据,有临床症状,但尚无肺部X线影像学变化者,也应作为疑似病例。对此类病例,需要进行病原学检查,动态复查X线胸片或胸部CT,通过观察,多数可以明确判断。

(3)医学隔离观察病例:在SARS流行期间,对于近2周内有与SARS患者或疑似SARS患者接触史,但无临床表现者,应自与前者脱离接触之日计,进行医学隔离观察2周。

重症SARS的诊断标准:符合下列标准中的1条即可诊断:①呼吸困难,成人休息状态下呼吸频率≥30次/分,且伴有胸片显示多叶病变,或病灶总面积在正位胸片上占双肺总面积的1/3以上,或病情进展,48小时内病灶面积增大超过50%,且在正位胸片上占双肺总面积的1/4以上。②出现明显的低氧血症,氧合指数小于300mmHg。③出现休克或多器官功能障碍综合征。

2. 鉴别诊断 多种肺部感染性疾病的临床表现和影像学异常与SARS有类似之处。普通

感冒、流感、细菌或真菌性肺炎、军团菌肺炎、支原体肺炎、艾滋病或其他免疫抑制患者合并肺部感染、一般病毒性肺炎、非感染性间质性肺疾病等是需要与SARS鉴别的重点疾病。

(六) 治疗

一般治疗和抗病毒治疗请参阅本节病毒性肺炎。重症患者需密切监护，酌情给予氧疗、无创或有创机械通气，酌情使用糖皮质激素，但需注意剂量和疗程，同时加强器官功能的支持治疗，一旦出现休克或多器官功能障碍综合征应及时给予相应治疗。

(七) 预后

本病预后较好，多数患者可以康复，部分遗留有肺纤维化。

[附2] 高致病性人禽流感病毒性肺炎

人禽流行性感冒(以下简称禽流感)是由禽甲型流感病毒某些亚型中的一些毒株引起的急性呼吸道传染病，可引起肺炎和多器官功能障碍。1997年以来，高致病性禽流感病毒(H_5N_1)跨越物种屏障，引起许多人致病和死亡。近年又获得H_9N_2、H_7N_2、H_7N_3、H_7N_9等亚型禽流感病毒感染人类的证据。尽管目前人禽流感只是在局部地区出现，但是考虑到人类对禽流感病毒普遍缺乏免疫力，人类感染H_5N_1型禽流感病毒后的高病死率，以及可能出现的病毒变异等，WHO警告此疾病可能是人类潜在威胁最大的疾病之一。

(一) 病因和发病机制

禽流感病毒属正粘病毒科甲型流感病毒属。其发病机制尚未完全明确，一般认为病毒感染上气道上皮细胞后，在细胞内复制繁殖，通过细胞受体或细胞因子的作用，引起组织器官的炎症反应。其发病机制正在被逐渐认识，由于病毒在不断变异，其致病性、感染能力、与受体的结合能力、体内复制能力、对靶细胞的破坏能力，以及免疫系统的互动可能处于动态演变过程中。

(二) 病理

病理改变主要为急性弥漫性肺泡损伤，伴急性间质性肺炎。早期以急性渗出为主，肺泡腔内充满纤维蛋白性渗出物、中性粒细胞、红细胞，肺泡壁及小气道表面广泛透明膜形成，部分肺泡塌陷，少数肺泡腔代偿性扩张；晚期以增生和纤维化为主，部分细支气管及肺泡上皮坏死、脱落、增生及鳞状上皮化生。

(三) 临床表现

潜伏期1~7天，大多数在2~4天。许多患者在病初表现为流感样症状，如鼻塞、流涕、咽痛、头痛、肌肉酸痛、全身不适等，部分患者有恶心、呕吐、腹痛、腹泻等消化道症状。主要表现为高热、咳嗽、咳痰、呼吸困难，呼吸困难多呈进行性加重。重症患者可出现高热不退，病情发展迅速，几乎所有患者都有临床表现明显的肺炎，常出现急性肺损伤、急性呼吸窘迫综合征(ARDS)、肺出血、胸腔积液、全血细胞减少、多脏器功能衰竭、休克及瑞氏(Reye)综合征等多种并发症。可继发细菌感染，发生脓毒症。肺部体征主要与肺部受累的部位和范围有关。

(四) 辅助检查

1. 外周血象 白细胞总数不高或降低，重症患者多有白细胞总数及淋巴细胞减少，可有血小板降低。

2. 病原学检查

(1) 病毒抗原检测：取患者呼吸道标本采用免疫荧光法(或酶联免疫法)检测甲型流感病毒核蛋白抗原(NP)或基质蛋白(M)、禽流感病毒H亚型抗原。

(2) 病毒基因检测：可用RT-PCR法检测禽流感病毒亚型特异性H抗原基因。

(3) 病毒分离：从患者呼吸道标本中(如鼻咽分泌物、口腔含漱液、气管吸出物或呼吸道上皮细胞)分离禽流感病毒。

(4) 血清学检查：发病初期和恢复期双份血清禽流感病毒亚型毒株抗体滴度4倍或以上升

高，有助于回顾性诊断。

3. 胸部X线 早期肺内出现局限性片状阴影，可呈实变影或磨玻璃状改变，多局限于一个肺段或肺叶。重症患者肺内病变进展迅速，短期内可发展为大片状或融合斑片状影，累及多个肺叶或肺段，严重时发展为"白肺"样改变。少数患者可合并胸腔积液。

（五）诊断

根据流行病学接触史、临床表现及实验室检查结果可作出诊断。要注意与其他肺炎相鉴别，鉴别诊断主要依靠病原学检查。

（六）治疗

凡疑诊或确诊的患者都需要住院隔离，进行临床观察和抗病毒治疗。除了给予吸氧、解热镇痛、止咳祛痰等对症治疗以外，尽量在发病48小时内给予奥司他韦或扎那米韦。奥司他韦成人剂量75mg，每天2次，连续5天。重症患者150mg，每天2次，疗程7~10天。重症患者需密切监护，常需机械通气支持，积极防治多器官功能衰竭。

［附3］ 巨细胞病毒肺炎

巨细胞病毒（cytomegalovirus，CMV）是以受感染细胞形成巨大的A型嗜酸性核内，及胞质内包涵体为特征的病毒性肺炎。新生儿、婴幼儿发病者多，成人发病常由于合并严重疾病或免疫缺陷者（如白血病、淋巴瘤、肾移植、骨髓移植、艾滋病等，或应用免疫抑制剂、细胞毒性药物）。大多数是无症状隐性感染，但在免疫功能低下和婴儿中可引起严重的肺部感染而导致死亡。

（一）病因和发病机制

CMV属于B族疱疹病毒，CMV的感染具有严格的种特异性，人类只受人巨细胞病毒感染，感染后的病毒在细胞中缓慢生长繁殖（2~3个月呈现明显病变）。被感染的细胞核增大，细胞质增多，形成典型的嗜酸性核内及细胞质内包涵体。CMV通过接触传染，患者以及隐性感染无症状者的唾液、呼吸道分泌物、尿液、子宫颈分泌物等中含有CMV而成为传染源。本病毒感染的发病与机体免疫状态密切相关，在健康人中，CMV在体内呈潜伏状态，机体免疫防御功能减退时，体内巨细胞病毒隐性感染活化且容易重新获得感染。

（二）病理

巨细胞病毒肺炎的病理改变为弥漫性肺间质水肿、纤维化和肺泡肿胀，伴局灶性坏死、出血和增生。

（三）临床表现

机体免疫功能良好的CMV感染者，大多数呈无症状的隐性感染，出现显性感染者通常先有上呼吸道感染症状，继而出现全身症状，如发热、关节肌肉疼痛、腹胀、直立性低血压等。常伴有阵发性干咳，严重时出现进行性呼吸困难和发绀。

器官移植后发生巨细胞病毒性肺炎主要存在以下两种临床表现：①急进型：在移植后1~2月即出现发热、咳嗽、呼吸困难、活动力下降、缺氧和呼吸衰竭；肺部听诊多无体征，合并细菌或真菌感染者可闻及啰音。病情进展快，可迅速恶化和死亡。常见于原发感染，体内无特异性抗体，因而发病急、重，易导致全身病毒血症和继发细菌、真菌感染。②缓进型：移植后3~4月发生，症状与急进型相似，但进展缓慢，症状较轻，死亡率低。常见于CMV再感染或潜伏的病毒激活所致。

艾滋病患者CMV肺炎无特异性，常合并全身CMV感染，如视网膜炎、结肠炎、胆管炎和食管炎。

（四）辅助检查

1. 外周血象 白细胞计数正常或减少。

2. 病原学检查

（1）病毒包涵体检测：下呼吸道分泌物和肺组织活检标本内发现嗜酸性核内包涵体巨细胞，

即可确诊。

(2) 病毒抗原检测：外周血白细胞内检测出 CMV 抗原是 CMV 活动性感染的重要标志；内层基质磷蛋白 PP65（CMV-PP65 抗原）是病毒表达最丰富的晚期抗原，用免疫荧光或是免疫酶标的方法，在周围血白细胞内能检出 CMV-PP65，提示存在 CMV 活动性感染。

(3) 病毒分离：从呼吸道分泌物、唾液、尿液、子宫颈分泌物、肝、肺活检标本接种至人胚成纤维细胞培养基中分离到 CMV 可确诊。

(4) 血清学检查：平行检测急性期和恢复期双份血清病毒特异性抗体，抗体阳转或出现 4 倍及以上升高，有助于诊断。

3. 胸部 X 线 初期可无异常改变，随着病情进展逐渐出现双肺弥漫性间质性或肺泡性浸润，极少数可呈结节状阴影。

（五）诊断

根据临床表现、实验室检查及胸部 X 线表现可作出初步诊断。在免疫功能受损具有双肺弥漫性间质肺炎者应当考虑本病。因人群中有 60% 以上存在 CMV 抗体，仅依据存在 CMV 抗体不能作出诊断，如抗体在急性期和恢复期双份血清中有 4 倍或 4 倍以上增长，有助于诊断。

（六）治疗

目前尚无特效抗病毒药，临床上常用的有阿昔洛韦和更昔洛韦。更昔洛韦是巨细胞病毒 DNA 多聚酶的选择性抑制剂，对巨细胞病毒的活性比阿昔洛韦强 10~100 倍，但单独用于巨细胞病毒肺炎疗效较差，与巨细胞病毒免疫球蛋白联合应用，可显著提高临床有效率。

四、肺真菌病

肺真菌病是最常见的一种深部真菌病。近年来由于造血干细胞移植、实体器官移植的广泛开展、强效免疫抑制剂和大剂量化疗药物的应用以及各种导管的体内植入、留置等，临床上侵袭性肺部真菌感染（invasive pulmonary fungal infections，IPFI）的发病率明显上升。IPFI 也日益成为导致器官移植受者、恶性血液病和恶性肿瘤患者以及其他危重病患者的重要死亡原因之一。

IPFI 是不包括真菌寄生和过敏所致的支气管肺部真菌感染，分为原发性和继发性两种类型。原发性感染是指吸入带有真菌孢子的粉尘，或口咽部寄植的真菌侵入肺部而致病。继发性感染是指体内其他部位的真菌感染，经血行或淋巴系统播散至肺，或邻近脏器的真菌感染蔓延到肺所致。真菌按形态特征可分为五种：①酵母菌，如新型隐球菌；②酵母样菌，如白假丝酵母菌；③双相菌，如组织胞浆菌；④丝状真菌，如曲菌和毛霉菌；⑤细菌样菌，如放线菌和奴卡菌。按致病性分为致病性真菌，如组织胞浆菌、球孢子菌等，可侵袭正常的肺组织；条件致病性真菌，如假丝酵母菌、曲菌、隐球菌、毛霉菌、奴卡菌等，感染多有易患因素，如免疫功能低下、恶性肿瘤、粒细胞降低、应用皮质激素或免疫抑制剂、细胞毒性药物或放射治疗、长期使用广谱抗菌药物、长期放置静脉插管和内脏导管、器官移植、艾滋病、糖尿病、尿毒症、慢性肺部疾病等。在我国，引起 IPFI 常见的真菌主要是假丝酵母菌属、曲霉属、隐球菌属、接合菌（主要指毛霉）和肺孢子菌等。

肺部真菌感染的临床表现多无特异性，症状和影像学可有多种多样的表现，除侵袭性肺曲霉感染和肺孢子菌肺炎，有较为特征性的影像学表现，可作为诊断的重要依据外，其他仅凭临床表现和影像学难以确诊。病原微生物检查，由于正常人体可存在一部分真菌定植，因此一般的痰涂片和培养对真菌诊断作用有限，目前组织病理学检查仍然是确诊肺部真菌感染的“金标准”。但在临床实践中，肺组织标本通常不易获取，过分强调确诊可能导致漏诊和耽误治疗，基于实际，IPFI 的诊断要充分结合宿主因素、临床特征、微生物学检查和组织病理学四部分因素，根据不同情况，参考表 5-1，分别作出拟诊、临床诊断及确诊三个不同级别的诊断，并分别给予经验性、先发（pre-emptive）或靶向治疗。经验性治疗强调选用广谱、有效、安全、性价比高的药物，先发和靶向治疗则分别根据病原微生物和组织病理检查结果所示的真菌种类选择抗真菌药物 。

表 5-1 侵袭性肺真菌病的分级诊断标准

	宿主因素	临床特征[#]	微生物学	组织病理学
确诊	+*	+	+**	+
临床诊断	+	+	+	-
拟诊	+	+	-	-

注:[#]包括影像学特征;* 原发性者可无寄主因素;** 肺组织、胸液、血液真菌培养阳性

(一) 支气管 - 肺假丝酵母菌病

支气管 - 肺假丝酵母菌病(broncho-pulmonary candidiasis)是由白假丝酵母菌或其他假丝酵母菌所引起的急性、亚急性或慢性下呼吸道真菌感染或肺炎。病原体主要为白色假丝酵母菌(C.albicans),其次为热带假丝酵母菌(C.tropicalis)、光滑假丝酵母菌(C.glabrata)和克柔假丝酵母菌(C.krusei),近年来,也有近平滑假丝酵母菌(C.parapsilosis)、高里假丝酵母菌(C.guilliermondii)、葡萄牙假丝酵母菌(C.lusitaniae)及星形假丝酵母菌(C.stellatoidea)病的报道。随着经验性抗白假丝酵母菌药物使用的增加,白假丝酵母菌感染所占比率呈下降趋势,而近平滑假丝酵母菌、热带假丝酵母菌和光滑假丝酵母菌等非白假丝酵母菌感染呈上升趋势。

支气管 - 肺假丝酵母菌病多因定植于口咽、上呼吸道的假丝酵母菌在机体抵抗力降低时吸入至下呼吸道所致。在粒细胞缺乏、静脉导管留置、静脉内高营养、糖尿病、严重营养不良、长期应用广谱抗菌药物致菌群失调,及接受免疫抑制剂治疗的患者易发生血源性假丝酵母菌感染,同时亦可播散至肺部,而发生血源性肺假丝酵母菌病。早期病变以急性化脓性炎症或多发性小脓肿形成为主,其内可找到菌丝和孢子。

支气管 - 肺假丝酵母菌病临床有两种类型:

1. 支气管炎型 全身情况较好,症状轻,一般不发热。主要表现为阵发性剧咳,咳白色黏液痰或脓痰,可出现喘憋、气短。检查发现口腔、咽部及支气管黏膜上被覆散在点状白膜,肺部偶尔可闻及干啰音。X 线检查仅提示双肺中下野纹理增多。

2. 肺炎型 呈急性肺炎或败血症表现,出现畏寒、发热、咳嗽、咳白色黏液胶冻样痰或脓痰,有酵母臭味,甚至有咯血、呼吸困难等症状,大多见于免疫抑制或全身情况极度衰弱的患者。肺部可闻及干、湿啰音。X 线表现见两中、下肺野弥漫性斑片状、小片状或片状阴影,也可呈大片状阴影,波及整个肺叶或双肺,或有小片状阴影的大片融合,甚至脓肿形成。少数可呈间质性改变,或呈粟粒状阴影,偶可并发胸膜炎。

微生物学诊断需要:①合格的痰或支气管抽吸物标本经直接镜检发现酵母样假菌丝或菌丝,真菌培养 2 次阳性,假丝酵母菌生长,且 2 次培养为同一菌种(血行播散者除外)。②支气管肺泡灌洗液经直接镜检发现酵母样假菌丝或菌丝,真菌培养阳性,假丝酵母菌生长。③血清标本真菌细胞壁成分 1,3-β-D 葡聚糖抗原(G 试验)连续 2 次阳性。

确诊仍需组织培养或组织病理学检查。胸腔积液或血液假丝酵母菌培养阳性也能确立诊断。

治疗方面应去除诱因。白假丝酵母菌感染首选氟康唑,静脉滴注 200~400mg/d,首剂加倍,参考病情严重程度确定剂量。亦可选择伊曲康唑、两性霉素 B(或含脂质体制剂)、棘白菌素类(卡泊芬净、米卡芬净或阿尼芬净)、伏立康唑、泊沙康唑。因目前非白假丝酵母菌对氟康唑的耐药率有上升趋势,实验室在培养分离出假丝酵母菌后应鉴定出菌种。各种假丝酵母菌感染的推荐治疗用药参见表 5-2。疗程视治疗反应而定,要求肺部病灶基本吸收方能停药。

(二) 肺曲霉病

肺曲霉病(pulmonary aspergillosis)致病菌主要为烟曲霉,少数为黄曲霉、土曲霉、黑曲霉等。烟曲霉菌常寄生在上呼吸道,空气中到处有曲霉属孢子,吸入曲霉孢子不一定致病,如大量吸入

表 5-2 假丝酵母菌感染的抗真菌药物选择

菌种	推荐药物
白假丝酵母菌	氟康唑,伊曲康唑,两性霉素 B,卡泊芬净
光滑假丝酵母菌	两性霉素 B,伏立康唑,卡泊芬净,伊曲康唑 *,氟康唑 *
近平滑假丝酵母菌	氟康唑,伊曲康唑,两性霉素 B,伏立康唑,卡泊芬净
热带假丝酵母菌	氟康唑,伊曲康唑,两性霉素 B,伏立康唑,卡泊芬净
克柔假丝酵母菌	卡泊芬净,伏立康唑,伊曲康唑 *,两性霉素 B
高里假丝酵母菌	氟康唑,伊曲康唑,伏立康唑,卡泊芬净
葡萄牙假丝酵母菌	氟康唑,伊曲康唑,伏立康唑,卡泊芬净

注:* 剂量依赖性敏感

可能引起急性气管 - 支气管炎或肺炎。肺曲霉病大多数是在原有肺部疾患的基础上发生,或因长期使用抗菌药物、糖皮质激素及免疫抑制剂后继发感染。

肺曲霉病临床表现复杂,主要分为三种类型,患者的免疫力状态对临床曲霉病的类型有明显影响:①寄生型:多见于免疫应答相对正常的患者,主要包括肺曲霉球、寄生性支气管曲霉病,以前者常见;②过敏型:见于免疫应答过高的患者,包括变应性支气管肺曲霉病(allergic broncho pulmonary aspergillosis,ABPA)、外源性过敏性肺泡炎(extrinsic allergic alveolitis);③侵袭型:见于免疫应答极度低下的患者,包括气管支气管曲霉病、侵袭性肺曲霉病、慢性坏死性肺曲霉病(chronic necotizing pulmonary aspergillosis)。本节主要介绍侵袭性肺曲霉病、气管支气管曲霉病、变应性支气管肺曲霉病及肺曲霉球。

1. 侵袭性肺曲霉病(invasive pulmonary aspergillosis,IPA) 是肺曲霉病中最严重的类型,肺组织破坏严重,诊断困难,治疗棘手,病死率高。除肺部病变外,尚可合并曲霉败血症和其他器官受累,也称播散性或系统性曲霉病,多见于中性粒细胞缺乏症等免疫严重受损的患者。病理改变多为局限性肉芽肿或广泛化脓性肺炎,伴脓肿形成。病灶呈急性凝固性坏死,伴坏死性血管炎、血栓及霉栓。IPA 的临床症状主要表现为持续性发热、咳嗽、胸痛等,病变广泛时出现呼吸困难,甚至呼吸衰竭,部分患者可有咯血(与曲菌丝容易侵犯血管,形成局部栓塞和出血有关)。IPA 的胸部 X 线和 CT 影像学表现为,以胸膜为基底的多发的楔形、结节、肿块阴影或空洞,部分患者影像表现具有特征性:早期出现胸膜下密度增高的结节实变影,数天后病灶周围可出现晕轮征(halo sign,结节周围薄雾状渗出影,为凝固性坏死病灶周围出血所致),约 10~15 天后肺实变区液化、坏死,出现空腔阴影或空气新月征(crescent sign)。

组织培养和组织病理学检查是确诊 IPA 的"金标准",但临床实施有困难。胸腔积液或血液曲霉菌培养阳性(需注意结合临床除外标本污染)也有确诊价值,但阳性率不高。由于 IPA 进展快,病死率高,一旦临床高度怀疑,应尽早给予经验性或抢先治疗,因此 IPA 强调分级诊断。合格痰液经直接镜检发现菌丝,曲霉菌培养 2 次阳性,或支气管肺泡灌洗液经直接镜检发现菌丝,曲霉菌培养阳性,或血液标本曲霉菌半乳甘露聚糖抗原(GM)ELISA 检测连续 2 次阳性,均有助于微生物学诊断。

2. 气管 - 支气管曲霉病(tracheobronchial aspergillosis) 病变主要局限于大气道,支气管镜检查可见气道壁假膜、溃疡、结节等改变。常见症状为频繁咳嗽、胸痛、发热和咯血。此病需经支气管镜检查确诊。

3. 变应性支气管肺曲霉病(allergic broncho pulmonary aspergillosis,ABPA) 主要由烟曲霉过敏引起的气道高反应性疾病。临床表现无特异性,可有发热、咳嗽、咯棕黄色脓痰或血痰、体重减轻,胸痛及乏力等。大多数患者有喘息和哮鸣音,易与支气管哮喘混淆而误诊。典型的影像学表现为一过性或游走性肺部浸润,伴中心性支气管扩张和黏液栓形成。痰中易查见大量

嗜酸性粒细胞及曲霉丝，烟曲霉培养阳性。诊断标准包括：①反复哮喘发作，一般解痉平喘治疗难以奏效；②外周血嗜酸性粒细胞增高≥1×10^9/L；③ X 线表现一过性或游走性肺部浸润；④血清总 IgE 浓度≥1000IU/ml；⑤曲霉抗原皮试出现即刻阳性反应（风团及红晕）；⑥血清烟曲霉 IgG 抗体阳性；⑦特异性抗曲霉 IgE 和 IgG 滴度升高；⑧中央性囊状支气管扩张。满足两项以上指标即可诊断。

4. 肺曲霉球 常继发于肺结核空洞、支气管肺囊肿、支气管扩张和肺脓肿，系曲霉在原有慢性肺疾病空腔内繁殖，与纤维蛋白、黏液及细胞碎屑凝聚而成。一般不侵犯组织，但在免疫力低下时可发展成侵袭性肺曲霉病。最常见的症状为咯血，严重者可发生致死性大咯血，伴慢性咳嗽。影像学具有诊断价值，显示在原有慢性空洞内有一团球影，可随体位改变而在空腔内如“钟摆样”移动。

侵袭性肺曲霉病、气管 - 支气管曲霉病和慢性坏死性肺曲霉病治疗药物首选伏立康唑，首日剂量 6mg/kg，随后 4mg/kg，每 12 小时一次；病情好转后可改为口服序贯，200mg，每 12 小时一次。补救治疗药物包括两性霉素 B（含脂质体制剂，肾毒性更小）、泊沙康唑、伊曲康唑、卡泊芬净或米卡芬净。危重患者或补救治疗时可考虑联用 2 种不同种类的抗真菌药物。疗程至少 6~12 周；对于免疫抑制患者，整个免疫抑制期间均应持续治疗，直至病情缓解。对于病情稳定患者，可口服伏立康唑长期治疗。

ABPA 的治疗以糖皮质激素为主，抗曲霉菌治疗为辅。急性期泼尼松推荐剂量为 0.5mg/(kg·d)，2 周后改为隔天 1 次。慢性期 7.5~10mg/d 维持治疗。疗程需持续 3~6 个月。吸入糖皮质激素有助于控制哮喘症状，但不能防止嗜酸性粒细胞浸润和黏液阻塞。既往对抗真菌药物的使用存在争议，近年倾向在糖皮质激素使用基础上联合伊曲康唑口服，有利于清除气道的曲霉菌，并减少激素的用量，200mg/d，病程大于 16 周。也可用伏立康唑和泊沙康唑口服。

曲霉球的处理，无症状的患者可定期随访胸片，无需特殊治疗。严重威胁生命的大咯血患者需手术切除。不能耐受手术者，可行支气管动脉栓塞止血。有症状，不能耐受手术或拒绝手术者，可试用药物治疗，支气管内和空腔内注入抗真菌药或口服伊曲康唑，可能有效。

（三）肺隐球菌病

肺隐球菌病（pulmonary cryptococcosis）为吸入环境中新生隐球菌所引起的亚急性或慢性肺真菌病，主要侵犯肺和中枢神经系统，也可以侵犯骨骼、皮肤、黏膜和其他脏器。以往认为多见于长期应用广谱抗生素、类固醇激素、免疫抑制剂及 AIDS 等免疫缺陷性疾病和慢性消耗性疾病患者，且有鸽粪（含大量富含肌酐的胍类，是新生隐球菌生长的重要营养物质）及潮湿土壤接触史。但近年发现不明原因发病者增多，许多患者无前述病史、用药史及接触史，50% 患者为免疫功能正常的宿主，且临床多无症状。

感染途径为经呼吸道气溶胶吸入。免疫机制健全者，形成无症状的肉芽肿病变为主；伴基础疾病或免疫抑制患者，组织学仅见少数炎症细胞而见大量病原菌。

临床症状轻重不一，与机体免疫状态有关，可毫无症状。轻者可有发热，乏力，体重减轻，干咳少痰，胸痛和轻度气急，偶有少量咯血。重症患者有高热、显著气急和低氧血症。影像学表现病灶多位于胸膜下，具有多形态、多病灶和大小不一的特点，可表现为：①孤立性块影：多见于原发性肺隐球菌病（约占 80%）；②单发或多发性结节影，直径 0.4~4cm，多累及下叶；③单发或多发性大片、斑片状浸润影伴小透亮区；④弥漫性粟粒影；⑤间质性肺炎型（少见）。后二者常见于免疫功能低下者。也可表现为空洞病灶。影像学表现缺乏特异性，易被误诊为肺结核或肺癌。

诊断需要组织学和微生物学证据。合并脑膜炎者脑脊液墨汁染色涂片镜检，以及血液、胸腔积液培养或墨汁染色发现隐球菌有助于确定诊断，但后二者阳性率低。血液、脑脊液、胸腔积液标本隐球菌抗原阳性也有助于诊断。

肺隐球菌病一旦确立诊断，均需评估是否存在隐球菌脑膜炎等肺外播散。对免疫功能缺陷

的肺隐球菌病患者,需常规行腰穿脑脊液及可疑皮肤病变的检查,以排除全身播散的可能。

治疗上,对免疫功能正常的无症状者,可临床观察随访,或口服氟康唑 200~400mg/d,或伊曲康唑口服液 400mg/d,疗程 3~6 个月;有症状的轻症患者可用氟康唑 400mg 静滴,1 次 / 天,持续 8~10 周后改为口服,总疗程 6~12 月。重症、播散型肺隐球菌病(合并隐球菌脑膜炎)或病变虽然局限,但患者存在免疫受损时,推荐两性霉素 B 联合氟胞嘧啶或氟康唑治疗,疗程 8 周 ~6 个月,两性霉素 B 疗程 2 周。

(四) 肺孢子菌肺炎

人肺孢子菌肺炎(pneumocystis pneumonia,PCP)由耶氏肺孢子菌感染引起,主要发生于免疫功能低下,如艾滋病及长期使用免疫抑制剂的患者,是免疫低下患者最常见、最严重的机会感染性疾病。肺孢子菌(PC)广泛寄生于人及鼠、犬、猫、羊、兔、猴等动物,以滋养体、包囊和孢子(囊内体)3 种形态存在。人感染途径为空气传播和体内潜伏状态肺孢子菌的激活。感染后肺孢子菌在肺内繁殖并逐渐充满整个肺泡腔,引起肺泡上皮细胞空泡化、脱落,肺间质充血水肿、肺泡间隔增宽,间质中淋巴细胞、巨噬细胞、浆细胞和中性粒细胞等炎性细胞浸润。

肺孢子菌肺炎的潜伏期一般为 2 周左右,HIV 感染患者潜伏期约 4 周。不同个体临床表现差异较大,主要有以下两种表现形式:

1. 流行型或经典型 主要发生于早产儿及营养不良患儿,年龄多在2~6月之间。起病隐匿,进展缓慢。初期以低热、食欲缺乏、腹泻、体重减轻、拒睡为表现,逐渐出现干咳、气急并进行性加重,发生呼吸困难、鼻翼扇动及发绀。病程持续 3~8 周,如不及时治疗,病死率为 20%~50%。

2. 散发型或现代型 多见于免疫缺陷患者。HIV 感染者并发肺孢子菌肺炎时进展较缓慢,化疗或器官移植术后患者并发肺孢子菌肺炎时病情进展迅速。初期表现为食欲缺乏、体重下降,继而出现高热、干咳、呼吸困难及发绀。发现和治疗不及时的患者病死率高达 70%~100%。

PCP 患者常有症状和体征分离现象,即症状重而体征常缺如。少数患者可有数次复发,尤其是 HIV 感染者。PCP 的胸部 CT 影像学特征为两肺肺门周围出现毛玻璃样肺间质病变征象,呈蝶状阴影分布,肺尖及肺底较少累及。需注意的是约有 10%~39% 的早期 PCP 患者 X 线表现正常或接近正常。

PCP 的确诊有赖于病原体的检出。目前尚无法对肺孢子菌进行培养,主要通过涂片银染色镜检发现。PC 主要在肺泡内繁殖,滋养体附着于肺泡上皮细胞,进入支气管多为包囊。因此,难以检查到滋养体,多仅发现包囊。可以使用痰标本、支气管灌洗液或肺组织切片检测,若发现包囊有利于诊断。临床上,对免疫缺陷患者,如出现发热、干咳、进行性呼吸困难,胸部 X 线检查呈以肺门为中心的间质性肺炎时,应高度怀疑本病,可给予复方磺胺甲噁唑等试疗协助诊断。

治疗 PCP 的首选药物是复方磺胺甲噁唑。对于高度怀疑而未明确者,也是首选的试验性治疗药物。急性重症患者(呼吸空气时 $PaO_2 \leq 70mmHg$)给予 SMZ-TMP(按 SMZ 75mg/(kg·d)+TMP 15mg /(kg·d))静脉滴注,分 2 次给药,或 SMZ-TMP 3~4 片,每 6~8 小时口服 1 次,疗程 21 天。非急性轻中症患者给予 SMZ-TMP 2 片,每 8 小时口服 1 次,连用 21 天;此外,还可以选用喷他脒、克林霉素联合伯氨奎、卡泊芬净、氨苯砜(dapsone)、阿托喹酮(atovaquone)、三甲曲沙(trimetrexate)等作为备选方案。对于中、重症 PCP,在抗 PCP 治疗的 24~72 小时内应开始糖皮质激素治疗,可口服泼尼松 40mg,2 次 /d,连用 5 天,随后 40mg/d 连用 5 天,然后 20mg/d 连用 11 天,或等效剂量静脉激素制剂,可缓解缺氧,改善症状,减轻肺纤维化并降低磺胺药物的不良反应,改善预后。

(五) 肺毛霉菌病

肺毛霉病是由毛霉目(mucorales)中一些致病性真菌引起的肺部严重感染。毛霉好侵犯下呼吸道,而根霉好侵犯上呼吸道鼻和鼻窦。主要感染途径为呼吸道吸入。免疫防御机制损害是本病的主要危险因素。由于此菌在自然界几乎无处不在,亦可在口咽部寄生,故自与外界相通部位标本中分离到毛霉菌不一定有临床意义。

临床表现方面，开始为急性支气管炎症状。突然发病，严重者出现发热、咳嗽、痰中带血、胸闷、气急、呼吸困难、胸痛等，当累及肺动脉时，可引起致命性大咯血。检查两肺有广泛湿性啰音及胸膜摩擦音。一般呈进展性，大多在 3~30 天内死亡。X 线检查大多呈迅速进展的大片肺实变阴影，可形成空洞，或为肺梗死阴影。少数呈小结节状阴影。

病理组织切片中发现血管壁内菌丝即可确诊。痰液直接涂片或培养可找到毛霉，但诊断价值需结合临床。

目前唯一有效的治疗是两性霉素 B 联合氟胞嘧啶或泊沙康唑，两性霉素 B 每日或隔日静滴一次，总量为 3g。控制和治疗基础疾病，特别是糖尿病酸中毒和中性粒细胞减少，对肺毛霉菌病的治疗十分重要。对于肺部局限性病变、毛霉菌球或慢性肺部病灶可做肺叶切除，术前、术后给予两性霉素 B 治疗。

(六) 其他少见肺部真菌病

肺组织胞质菌病，肺马尔尼菲青霉菌病及肺诺卡菌病等较为少见。

第四节 肺 炎 小 结

本章节对肺炎进行了详细的阐述，表 5-3 是对不同病原体所致肺炎的临床要点进行总结：

表 5-3 不同病原体所致肺炎的临床要点

病原体	病史、症状和体征	X 线征象	治疗药物
肺炎链球菌	起病急、寒战、高热、咳铁锈色痰、胸痛、肺实变体征	肺叶或肺段实变，无空洞，可伴胸腔积液	首选青霉素，头孢菌素、呼吸喹诺酮类可选。多重耐药菌株选万古霉素、替考拉宁或利奈唑胺
金黄色葡萄球菌	起病急、寒战、高热、脓血痰、全身毒血症状、休克	多形性、多变性，肺叶或小叶浸润，早期空洞，脓胸，可见液气囊腔	半合成青霉素、头孢菌素、加酶抑制剂的复合制剂，MRSA 选万古霉素或利奈唑胺
肺炎克雷伯菌	起病急、寒战、高热、全身衰竭、咳砖红色胶冻样痰	肺叶或肺段实变，蜂窝状脓肿，叶间隙下坠	第二代或第三代头孢菌素，重症联合氨基糖苷类或喹诺酮类
铜绿假单胞菌	全身毒血症状明显，翠绿色或黄绿色脓痰	弥漫性支气管炎，早期肺脓肿	首选抗假单胞菌的 β- 内酰胺类 + 环丙沙星或左氧氟沙星或氨基糖胺类
鲍曼不动杆菌	起病急、寒战、高热、咳嗽剧烈、咳大量黄脓痰	无特异性，不同程度炎症改变	碳青霉烯类或头孢哌酮 / 舒巴坦 + 米诺环素
流感嗜血杆菌	高热、呼吸困难、衰竭	支气管肺炎、肺叶实变、无空洞	首选阿莫西林，产 β- 内酰胺酶者可选第二或第三代头孢菌素或加酶抑制剂的复合制剂
肠杆菌科	原有慢性病，发热、脓痰、呼吸困难	支气管肺炎、脓胸	首选三代头孢菌素或碳青霉烯类
厌氧菌	吸入病史，高热、脓臭痰	支气管肺炎、脓胸、脓气胸，多发性肺脓肿	硝基咪唑类、林可霉素类、碳青霉烯类、β- 内酰胺类 /β- 内酰胺酶抑制剂
肺炎支原体	起病缓，乏力、头痛、肌痛	下叶间质性支气管肺炎，3~4 周可自行消散	首选大环内酯类，不敏感者可选呼吸喹诺酮类或四环素类
军团菌	高热、肌痛、相对缓脉	下叶斑片浸润，进展迅速，无空洞	首选大环内酯类或氟喹诺酮类

续表

病原体	病史、症状和体征	X线征象	治疗药物
SARS病毒	起病急、高热、寒战、头痛、干咳、呼吸困难	不同程度的片状、斑片状磨玻璃影，进展快，可在短期内波及一侧肺野或双肺	无特异性抗病毒药物
禽流感病毒	高热、咳嗽、咳痰、呼吸困难，病初有流感样症状	早期局限性片状影，短期内可发展为大片状，累及多个肺叶或肺段，甚至“白肺”	奥司他韦、扎那米韦
巨细胞病毒	发热、肌痛、干咳、呼吸困难、发绀	双肺弥漫性间质性或肺泡性浸润	更昔洛韦或阿昔洛韦
假丝酵母菌	慢性、免疫低下、长期广谱抗菌药物病史，畏寒、高热、黏痰	双下肺纹理增多，支气管肺炎或大片浸润，可有空洞	氟康唑、伊曲康唑、伏立康唑
曲霉菌	免疫抑制宿主，发热、干咳或棕黄色痰、胸痛、咯血、喘息	以胸膜为基底的楔形影、结节或团块影，内有空洞，有晕轮征或新月体征	首选伏立康唑，也可选两性霉素B、卡泊芬净、米卡芬净
隐球菌	发热、干咳、乏力、气急	胸膜下结节或团块，常有空洞	首选氟康唑或伊曲康唑，也可选两性霉素B
肺孢子菌	发热、干咳、发绀、呼吸困难	弥漫性肺泡和间质浸润性阴影，呈网状或小结节状	首选复方磺胺甲噁唑，也可选卡泊芬净

（郭述良）

思考题

1. 肺炎如何进行分类？
2. 试述重症肺炎的诊断标准和治疗原则。
3. 请从临床表现、X线征象和治疗药物等方面比较肺炎球菌肺炎、葡萄球菌肺炎、克雷伯杆菌肺炎和支原体肺炎的异同点。
4. 肺曲霉病分为哪几种类型？

参考文献

1. Mandell LA, Wunderink RG, Anzueto A, et al. Infectious Diseases Society of America/American Thoracic Society Consensus Guidelines on the Management of Community-Acquired pneumonia in Adults. Clinical Infectious Diseases, 2007, 44: S27-72

2. 陈佰义，何礼贤，胡必杰，等．中国鲍曼不动杆菌感染诊治与防控专家共识．中华医学杂志，2012，9(2)：76-85

3. 钟南山，刘又宁．呼吸病学．第2版．北京：人民卫生出版社，2012

4. Niederman MS, Sarosi GA, Glassroth J. 呼吸系统感染．第2版．纪霞，张为中，译．北京：人民卫生出版社，2005

5. 中华医学会呼吸病学分会．传染性非典型肺炎临床诊治标准专家共识．中华结核和呼吸

杂志,2003,26(6):1731-1752

6. 中华人民共和国国家卫生和计划生育委员会. 人感染 H_7N_9 禽流感诊疗方案(2014 年版)[EB/OL].[2014-01-26]. http://www.moh.gov.cn/yzygj/s3593g/201401/ 3f69fe196ecb4cfc8a2d6d96182f8b22.shtml

7. A. J. Ullmann, O. A. Cornely, J. P. Donnelly, et.al. ESCMID guideline for the diagnosis and management of Candida diseases 2012: developing European guidelines in clinical microbiology and infectious diseases. Clinical Microbiology and Infection, 2012, 18(7): 1-8

8. Mahboobeh Mahdavinia and Leslie C. Grammer. Management of allergic bronchopulmonary aspergillosis: a review and update. Ther Adv Respir Dis, 2012, 6(3): 173-187

9. John R. Perfect, William E. Dismukes, Francoise Dromer, et.al. Clinical Practice Guidelines for the Management of Cryptococcal Disease: 2010 Update by the Infectious Diseases Society of America. Clinical Infectious Diseases, 2010, 50: 291-322

第六章 肺 脓 肿

肺脓肿(lung abscess)是由多种病原体引起的肺部化脓性炎症,组织坏死、液化继而形成空洞,在影像学上可表现为空洞伴液平。临床特征为高热、咳嗽、咳大量脓臭痰。本病可见于任何年龄,男多于女,自抗菌药物广泛应用以来,肺脓肿的发病率已明显降低。

一、病因和发病机制

病原体常为上呼吸道、口腔的定植菌,包括需氧、厌氧和兼性厌氧菌,多为混合性感染,其中厌氧菌占主要地位。部分真菌和寄生虫也可以引起肺脓肿。

肺脓肿可根据发病机制分为以下三种:

(一) 吸入性肺脓肿

吸入性肺脓肿是最常见的类型,约占60%。病原体经口腔、上呼吸道吸入致病,误吸是常见病因。当有意识障碍,如麻醉状态、醉酒、镇静药物过量、癫痫发作、脑血管意外时,或由于受寒、极度疲劳等诱因下,全身免疫力与气道防御清除功能降低,可吸入病原菌致病。此外,还可由于鼻窦炎、牙槽脓肿等脓性分泌物被吸入致病。吸入性肺脓肿常为单发,其部位与支气管解剖结构和体位有关。由于右主支气管较陡直且管径较粗大,吸入物易进入右肺,故右肺发病多于左肺。仰卧位时好发于上叶后段或下叶背段;坐位时好发于下叶后基底段;右侧卧位时好发于右上叶前段或后段。病原菌多为厌氧菌。

(二) 继发性肺脓肿

多继发于肺部其他疾病,如支气管扩张、支气管囊肿、支气管肺癌、肺结核空洞等。支气管异物阻塞也是导致肺脓肿,尤其是小儿肺脓肿的重要原因。肺部邻近器官化脓性病变,如膈下脓肿、肝脓肿、肾周围脓肿、脊柱旁脓肿、食管穿孔等累及到肺部也可引起肺脓肿。常见病原菌为金黄色葡萄球菌、铜绿假单胞菌、肺炎克雷伯菌、大肠埃希菌等。

(三) 血源性肺脓肿

身体其他部位感染灶,如皮肤创伤、疖、痈、心内膜炎、骨髓炎和腹腔、盆腔感染等引起的菌血症,菌栓经血行播散到肺,导致小血管栓塞、肺组织化脓、坏死而形成肺脓肿。血源性肺脓肿常为多发,多发生于两肺的边缘部。常见病原菌为金黄色葡萄球菌、表皮葡萄球菌和链球菌。

二、病理

细支气管受感染阻塞,小血管炎性栓塞,肺组织化脓性炎症、坏死,形成肺脓肿,继而坏死组织液化破溃到支气管,脓液部分排出,形成有液平的脓腔。如脓肿靠近胸膜,可发生局限性纤维素性胸膜炎。急性肺脓肿经积极治疗病灶可完全吸收或仅剩少量纤维瘢痕。若治疗不充分或支气管引流不畅,导致大量坏死组织留在脓腔内,炎症持续存在则转为慢性,脓腔周围肉芽肿组织和纤维组织增生,腔壁变厚,并可累及周围细支气管,致其变形或扩张。

三、临床表现

(一) 症状

急性肺脓肿起病急骤，有畏寒、高热，体温达 39~40℃，伴咳嗽、咳黏液痰或黏液脓痰，累及胸膜者有胸痛，病变范围较广时可出现气促。同时可有精神不振、乏力、食欲减退等全身症状。如感染不能及时控制，发病后 1~2 周咳嗽加剧，咳出大量脓臭痰及坏死组织，每天可达 300~500ml。约 1/3 患者有不同程度咯血。如治疗及时，一般在咳出大量脓痰后体温下降，全身中毒症状随之减轻，数周后一般情况逐渐恢复正常。若肺脓肿破溃到胸膜腔出现脓气胸，可出现突发性胸痛、气急。

急性肺脓肿若未能及时有效治疗，迁延 3 个月以上即为慢性肺脓肿。患者常有慢性咳嗽、咳脓痰、反复发热、咯血，并常有消瘦、贫血等消耗症状。

血源性肺脓肿常有肺外感染病灶，先有原发病灶引起的畏寒、高热等全身脓毒症的表现，经数日至数周后才出现咳嗽、咳痰，痰量不多，极少咯血。

(二) 体征

肺部体征与肺脓肿的大小和部位有关。疾病早期病变较小或位于肺深部时，多无异常体征；病变较大时，可出现肺实变体征，可闻及支气管呼吸音；肺脓肿脓腔较大时支气管呼吸音更明显，可出现空瓮音；病变累及胸膜时可闻及胸膜摩擦音或胸腔积液的体征。慢性肺脓肿常有杵状指(趾)。血源性肺脓肿多无异常体征。

四、辅助检查

(一) 外周血象

急性肺脓肿白细胞总数达 $(20\sim30)\times10^9/L$，中性粒细胞比例在 90% 以上，核左移明显，常有中毒颗粒。慢性肺脓肿患者的白细胞总数可稍增高或正常，可有轻度贫血。

(二) 细菌性检查

痰涂片革兰染色，痰、胸水和血培养包括需氧菌、厌氧菌培养和细菌药物敏感试验，有助于确定病原体和指导选择有效的抗生素。

(三) 影像学检查

1. 胸部 X 线　吸入性肺脓肿在早期呈大片浓密模糊的浸润阴影，边缘不清，分布在一个或数个肺段，与细菌性肺炎相似。脓肿形成后，大片浓密炎性阴影中出现圆形或不规则透亮区及液平面。经脓液引流和抗菌药物治疗后，脓腔周围炎症逐渐吸收，脓腔缩小直至消失，或残留少许纤维条索影。慢性肺脓肿脓腔壁增厚，内壁不规则，周围炎症略消散，伴纤维组织增生，并有不同程度的肺叶收缩和胸膜增厚，纵隔可向患侧移位。并发脓胸者患侧胸部呈大片外高内低浓密阴影；伴发气胸可见气液平面。

血源性肺脓肿在一侧或两侧肺边缘部，见多发的、散在的小片状炎症阴影，或边缘呈整齐的球形病灶，其中可见脓腔及液平面。炎症吸收后可呈现局灶性纤维化或小气囊。

2. 胸部 CT　表现为浓密球形病灶，其中有液化，或呈类圆形的厚壁脓腔，脓腔内可见液平面，脓腔内壁常呈不规则状，周围有模糊炎性阴影。伴脓胸者有胸腔积液改变。

CT 能更准确地定位及区别肺脓肿和有气液平的局限性脓胸，发现体积较小的脓肿和葡萄球菌肺炎引起的肺气囊，并有助于指导体位引流和外科手术治疗。

3. 支气管镜检查　有助于明确病因、病原学诊断和治疗。如有气道内异物，可取出以解除阻塞使气道恢复通畅；如疑为肿瘤，可取组织活检以明确诊断；可以取下呼吸道分泌物进行需氧和厌氧菌培养以明确病原菌；可以借助支气管镜吸引脓液、冲洗支气管，促进支气管引流和脓腔愈合。

五、诊断与鉴别诊断

(一) 诊断

1. 急性吸入性肺脓肿 诊断依据:①有口腔手术、昏迷、呕吐、异物吸入等病史;②急性发作的畏寒、高热、咳嗽和咳大量脓臭痰;③外周血白细胞总数和中性粒细胞比例显著升高;④胸部X线表现为大片浓密炎性阴影中有脓腔及液平。血、痰培养(包括需氧和厌氧菌培养)有助于病原学诊断。

2. 血源性肺脓肿 诊断依据:①有皮肤创伤感染、疖、痈等化脓性病灶,或静脉吸毒者患心内膜炎,出现发热不退、咳嗽、咳痰等症状;② X线胸片显示两肺多发小脓肿。

(二) 鉴别诊断

1. 细菌性肺炎 早期与细菌性肺炎在症状和X线胸片表现上很相似,但细菌性肺炎一般无病原体吸入病史,无大量脓臭痰,X线胸片以片状淡薄炎性病灶为主,无脓腔形成。如细菌性肺炎经正规的抗菌药物治疗后仍高热不退、咳嗽加剧、并出现大量脓臭痰需考虑肺脓肿。

2. 空洞性肺结核 该病如果并发化脓性感染时,需与肺脓肿鉴别。肺结核起病缓,病程长,常有结核中毒症状,无咳大量脓臭痰,胸片见慢性结核病的多形性变化,痰中找到结核分枝杆菌可明确。

3. 支气管肺癌 支气管肺癌阻塞支气管常引起远端肺化脓性感染,但形成肺脓肿的病程相对较长,毒性症状不明显,脓痰量较少。肺鳞癌可发生液化坏死形成空洞,但癌性空洞常为厚壁偏心空洞、内壁不规则,周围少炎性浸润,肺门可见肿大淋巴结。

4. 肺囊肿继发感染 肺囊肿呈圆形,腔壁薄而光滑,继发感染时可见液平面,周围炎症反应轻,无明显中毒症状和脓痰。如有以往的X线胸片作对照,更易鉴别。

六、治疗

肺脓肿的治疗原则是选择敏感药物抗感染和脓液引流。

(一) 一般治疗

卧床休息,加强营养,高热者给予物理或药物降温,有缺氧表现时给予吸氧。

(二) 抗菌药物治疗

1. 吸入性肺脓肿 多为以厌氧菌感染为主的混合性感染,一般对青霉素敏感(脆弱类杆菌除外),故经验性治疗首选青霉素,根据病情,每日240万~1000万单位分次静脉滴注。如青霉素疗效不佳,可选用或联合使用克林霉素(1.8~3.6g/d静脉滴注)或甲硝唑(1~2g/d静脉滴注)。也可选用其他抗生素如碳青霉烯类、β-内酰胺类或β-内酰胺酶抑制剂。

2. 血源性肺脓肿 多为葡萄球菌和链球菌感染,可选用耐β-内酰胺酶的青霉素或头孢菌素;MRSA感染应选用万古霉素、替考拉宁或利奈唑胺。

3. 其他类型肺脓肿 若为革兰阴性菌感染,可选用第二代或第三代头孢菌素、氟喹诺酮类药物,必要时联合氨基糖苷类;若为阿米巴原虫感染的肺脓肿,选择甲硝唑治疗。

一般初始治疗48~72小时后病情有所改善,大约1周后体温可降至正常。抗生素治疗的疗程为8~12周,直到临床症状完全消失,X线胸片显示脓腔和炎症消失,或仅残留少量纤维条索影。

(三) 脓液引流

有效的痰液引流可提高疗效,缩短病程。主要有以下几种方法:

1. 祛痰 痰液黏稠者可用祛痰药或雾化吸入生理盐水稀释痰液,以利于痰液引流。

2. 体位引流 患者一般状况较好时,可采用体位引流排痰。引流的体位应使脓肿处于高位,轻拍患部,每日2~3次,每次10~15分钟。但要注意对有大量脓痰且体质虚弱者应进行监护,防

止大量脓痰涌出时因咳痰无力导致窒息。

3. 支气管镜冲洗 痰液引流不畅者，可经支气管镜冲洗及吸引，必要时可在病变部位局部注入抗菌药物。

4. 经皮导管引流 不是常规引流方法，但对于难治性肺脓肿，尤其是靠近胸壁的脓肿不失为一种有效、安全的治疗方法。对于抗感染治疗 10~14 天仍无效、中毒症状明显、脓腔大于 6cm、老年患者或免疫抑制、可能有支气管阻塞的肺脓肿可考虑使用。可在 X 线、CT 或超声引导下进行穿刺。

（四）手术治疗

绝大多数患者不需手术治疗。手术适应证为：①慢性肺脓肿经内科治疗 3 个月以上，脓腔仍不缩小，感染不能控制或反复发作；②大咯血经内科治疗无效或危及生命；③并发支气管胸膜瘘或脓胸经抽吸、引流和冲洗疗效不佳者；④支气管阻塞导致引流不畅者，如肺癌。

（郭述良）

思考题

1. 肺脓肿分为哪几种临床类型?
2. 急性肺脓肿的临床特点有哪些?
3. 急性吸入性肺脓肿如何治疗?
4. 肺脓肿的手术适应证有哪些?

参考文献

1. 陈灏珠．实用内科学．第 12 版．北京：人民卫生出版社，2005
2. 钟南山，刘又宁．呼吸病学．第 2 版．北京：人民卫生出版社，2012

Note

第七章　支气管扩张症

第一节　支气管扩张症的概念

支气管扩张症(bronchiectasis)指感染、理化、免疫或遗传等原因引起支气管壁肌肉和弹性组织破坏,导致支气管不可逆性的扩张、变形及反复化脓性感染的气道慢性炎症。临床表现为慢性咳嗽、咳大量脓痰和(或)反复咯血,可伴有气道阻塞,可导致呼吸功能障碍及慢性肺源性心脏病。本病多为获得性,多有童年麻疹、百日咳或支气管肺炎等病史。近年来随着呼吸道感染的恰当治疗,其发病率有减少趋势。

第二节　病因与发病机制

支气管扩张症可分为先天性与继发性两种。先天性支气管扩张症较少见。继发性支气管扩张症发病机制中的关键环节为支气管感染和支气管阻塞,两者相互影响,形成恶性循环,破坏管壁的平滑肌、弹力纤维甚至软骨,削弱支气管管壁的支撑结构,逐渐形成支气管持久性扩张。

一、感染因素

下呼吸道感染是儿童及成人支气管扩张症最常见的病因,是促使病情进展和影响预后的最主要因素,尤其是儿童,因气管和肺组织结构尚未发育完善,下呼吸道感染将会损伤发育不完善的气道组织,并造成持续、不易清除的气道感染,最终导致支气管扩张。导致支气管扩张的下呼吸道感染包括细菌性肺炎、百日咳、支原体及病毒感染(麻疹病毒、腺病毒、流感病毒和呼吸道合胞病毒等)、结核和非结核分枝杆菌引起的支气管和肺结核等。询问病史时应特别关注感染史,尤其是婴幼儿时期呼吸道感染病史。

稳定期支气管扩张症患者气道内,常有潜在致病微生物定植,最常见的气道定植菌是流感嗜血杆菌、铜绿假单胞菌。细菌定植及反复感染可引起气道分泌物增加,气道纤毛上皮受损,加重气道阻塞,导致引流不畅,气道阻塞反过来可进一步加重细菌定植及感染。另外,气道细菌定植也会造成气道壁和管腔内炎症细胞浸润,造成气道破坏。这些炎症细胞释放多种细胞因子,包括 IL-8、IL-10、肿瘤坏死因子 -α(tumor necrosis factor-α,TNF-α)及内皮素 -1 等,进一步引起白细胞,特别是中性粒细胞浸润、聚集,并释放髓过氧化酶、弹性蛋白酶、胶原酶及基质金属蛋白酶等多种蛋白溶解酶和毒性氧自由基,导致支气管黏膜上皮细胞损害,出现脱落和坏死、气道水肿、黏液腺增生和黏液分泌增多,气道纤毛功能受损,黏液排除不畅,气道阻塞,并可造成支气管壁组织破坏,周围相对正常的组织收缩将受损气道牵张拉,导致特征性的气道扩张。

二、异物吸入

儿童下气道异物吸入是最常见的气道阻塞的原因,成人也可因吸入异物导致支气管扩张,但相对少见。

三、免疫功能缺陷

大多数支气管扩张症患者，在儿童时期即存在免疫功能缺陷，成年后发病。病因未明的支气管扩张症患者中6%~48%存在抗体缺陷，最常见的疾病为普通变异性免疫缺陷病（common variable immunodeficiency，CVID），CVID是一种异源性免疫缺陷综合征，以全丙种球蛋白减少血症、反复细菌感染和免疫功能异常为特征。其他尚有X-连锁无丙种球蛋白血症（X-linked agammaglobulinemia，XLA）及IgA缺乏症等，由于气管—支气管分泌物中缺乏IgA和（或）IgG中和抗体，易导致反复发生病毒或细菌感染。除原发性免疫功能缺陷外，已证实获得性免疫缺陷综合征（acquired immune deficiency syndrome，AIDS）、类风湿关节炎等免疫相关性疾病也与支气管扩张症有关。

四、纤毛功能异常

气道黏膜纤毛上皮的清除功能是肺部抵御感染的重要机制。原发性纤毛不动（primary ciliary dyskinesia，PCD）综合征是一种常染色体隐性遗传病，支气管纤毛存在动力臂缺失或变异等结构异常，使纤毛清除黏液的功能障碍，导致化脓性支气管感染、支气管扩张、慢性鼻炎、浆液性中耳炎、男性不育、角膜异常、窦性头痛和嗅觉减退，Kartagenar综合征是其中一个亚型，表现为内脏转位、支气管扩张和鼻窦炎三联症。杨氏综合征（Young's syndrome）患者，由于呼吸道纤毛无节律运动或不运动，常导致支气管廓清功能下降，易出现支气管反复感染而发生支气管扩张。

五、先天性结构缺损

1. 支气管先天发育不全

（1）支气管软骨发育不全（Williams-Campbell综合征）：患者先天性支气管发育不良，表现为有家族倾向的弥漫性支气管扩张。

（2）结缔组织异常、管壁薄弱、气管和主支气管显著扩张。

（3）马凡氏综合征（Marfan's syndrome）：为常染色体显性遗传，表现为结缔组织变性，可出现支气管扩张，常有眼部症状、蜘蛛指（趾）和心脏瓣膜病变。

2. 淋巴管性发育异常 黄甲综合征。

3. 血管性异常 肺隔离症。

六、其他疾病

对于支气管扩张症患者应评估，是否存在变态反应性支气管肺曲菌病（allergic bronchopulmonary aspergillosis，ABPA）。支气管哮喘也可能是加重或诱发成人支气管扩张的原因之一。弥漫性泛细支气管炎多以支气管扩张为主要表现。欧美国家的支气管扩张症患者，尤其是白色人种，囊性纤维化较为多见，此病在我国罕见。支气管扩张也可发生于干燥综合征、Churg-Strauss综合征以及炎症性肠病等疾病，可能的原因是免疫抑制导致慢性气道炎症，继而引起支气管扩张。另外，α_1-抗胰蛋白酶缺乏也可增加支气管扩张发生的风险。

第三节 病理与病理生理

一、支气管扩张的发生部位

支气管扩张可呈双肺弥漫性分布，亦可为局限性病灶。支气管扩张左肺多于右肺，其原因

为左侧支气管与气管分叉角度较右侧为大，加上左侧支气管较右侧细长，并由于受心脏和大血管的压迫，这种解剖学上的差异导致左侧支气管引流效果较差。另外，右中叶支气管开口细长，并有3组淋巴结环绕，引流不畅，容易发生感染并引起支气管扩张。结核引起的支气管扩张，多分布于上肺尖后段及下叶背段。ABPA患者常表现为中心性支气管扩张。

二、形态学改变

根据病理解剖形态不同，支气管扩张症可分为3种类型：①柱状扩张：支气管呈均一管形扩张且突然在一处变细，远处的小气道往往被分泌物阻塞；②囊状扩张：扩张支气管呈囊状改变，支气管末端的盲端也呈无法辨认的囊状结构；③不规则扩张：支气管腔呈不规则改变或串珠样改变。显微镜下可见支气管炎症和纤维化、支气管壁溃疡、鳞状上皮化生和黏液腺增生。病变支气管相邻肺实质也可有纤维化、肺气肿、支气管肺炎和肺萎陷。

三、病理生理

支气管扩张症患者存在阻塞性动脉内膜炎，造成肺动脉血流减少，在支气管动脉和肺动脉之间存在着广泛的血管吻合，支气管循环血流量增加。压力较高的小支气管动脉破裂可造成咯血，多数为少量咯血，少数患者可发生致命性大咯血，出血量可达数百甚至上千毫升。咯血量与病变范围和程度不一定成正比。

因气道炎症和管腔内黏液阻塞，多数支气管扩张症患者肺功能检查提示不同程度气流阻塞，表现为阻塞性通气功能受损，并随病情进展逐渐加重。病程较长的支气管扩张，因支气管和周围肺组织纤维化，可引起限制性通气功能障碍，伴有弥散功能减退。通气不足、弥散障碍、通气-血流失衡和肺内分流的存在，导致部分患者出现低氧血症，引起肺动脉收缩，同时存在的肺部小动脉炎症和血管床毁损，导致肺循环横截面积减少并导致肺动脉高压，少数患者会发展成为肺心病。

第四节　临床表现

一、临床症状

部分患者可有幼年的支气管肺炎病史，以后常有反复发作的呼吸道感染，但大部分患者询问不出特殊病史。患者的症状很大程度取决于病变的范围、部位以及是否合并慢性感染。

（一）呼吸系统症状

1. 咳嗽、咳脓痰　咳嗽是支气管扩张症最常见的症状，且多伴有咳痰，痰液可为黏液性、黏液脓性或脓性。合并感染时咳嗽和咳痰量明显增多，可呈黄绿色脓痰，合并厌氧菌感染时带有臭味，重症患者痰量可达每日数百毫升。收集痰液并于玻璃瓶中静置后可出现分层现象：上层为泡沫，下悬脓性成分。中层为混浊黏液，最下层为坏死沉淀组织。但目前这种典型的痰液分层表现较少见。

2. 反复咯血　50%~70%患者可出现间断咯血，主要由于支气管动脉肥厚、扭曲以及支气管新生血管形成等原因引起。咯血可从痰中带血至大量咯血，咯血量与病情严重程度、病变范围并不完全一致。部分患者可仅表现为咯血而没有大量脓痰，病变多位于引流较好的上叶支气管，称为“干性支气管扩张”。

3. 反复感染　由于支气管结构和功能异常，且免疫力低下，易反复继发肺部感染。特征为同一肺段反复发生肺炎，且治疗效果欠佳。

4. 慢性气道阻塞的症状　重症、长期迁延不愈的患者可出现喘息、呼吸困难等气道阻塞的

症状，甚至并发慢性呼吸衰竭、肺动脉高压及右心衰竭而出现相应症状。

（二）全身症状

长期反复感染可出现全身毒血症症状，如发热、盗汗、消瘦、食欲减退、贫血，甚至气促、发绀等。

二、体征

肺部听诊可闻及湿性啰音，以肺底部最为多见。部分患者可见发绀。晚期合并肺心病的患者可出现右心衰竭的体征。慢性患者由于长期缺氧，可出现杵状指、趾。

第五节 辅助检查

一、影像学检查

（一）胸部 X 线

早期患者可无异常，或仅表现为肺纹理的局部增多、增粗现象。支气管柱状扩张的典型表现为“双轨征”，囊状扩张则表现为“卷发影”或“蜂窝状改变”（图 7-1）。X 线胸片的敏感度及特异度均较差，难以发现轻症或特殊部位的支气管扩张。

（二）胸部高分辨 CT

胸部高分辨 CT（HRCT）是目前诊断支气管扩张的“金标准”，敏感性和特异性可分别高达 96% 和 93%，已基本取代支气管造影（图 7-2）。柱状扩张时，异常增厚的支气管壁在 CT 上表现为“轨道征”，在横断面上，支气管扩张为环状结构，直径比邻近的肺动脉宽，表现出“印戒征”。不规则扩张则在 CT 上表现为“串珠征”。

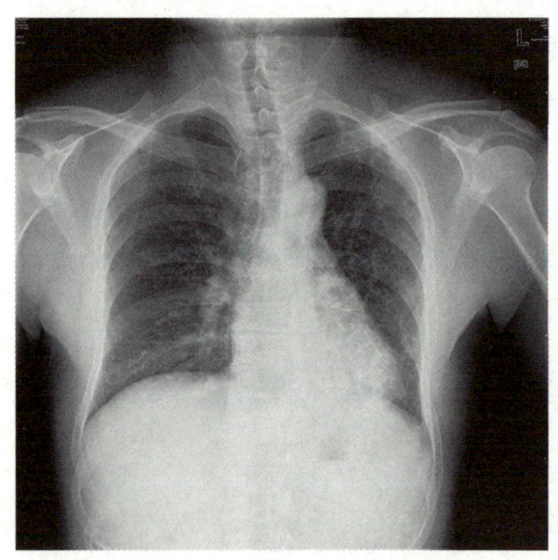

图 7-1 支气管扩张胸部 X 线表现

注：右侧中下肺野多发“卷发影”

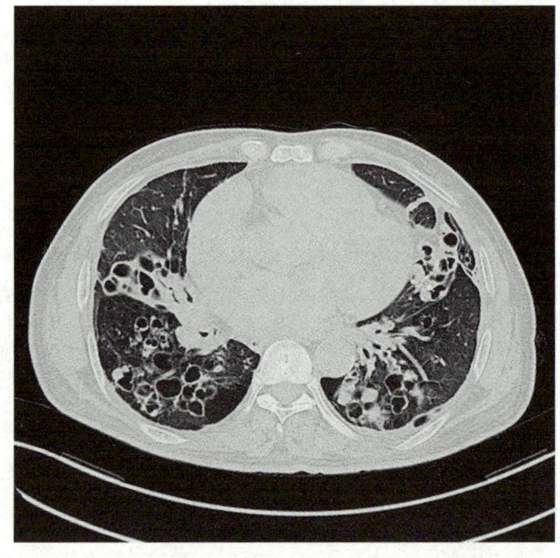

图 7-2 支气管扩张胸部 HRCT 表现

注：双肺可见多发、大小不等囊状支气管扩张

二、其他检查

（一）微生物学检查

支气管扩张症患者均应行下呼吸道微生物学检查，应留取深部痰标本或通过雾化吸入获得痰标本，标本应在留取后 1 小时内送至微生物室，如患者之前的培养结果均阴性，应至少在不同

日留取3次以上的标本，以提高阳性率。急性加重时应在应用抗菌药物前留取痰标本，痰培养及药敏试验对抗菌药物的选择具有重要的指导意义。

(二) 炎性标志物

血常规白细胞和中性粒细胞计数、ESR、C反应蛋白可反映疾病活动性及感染导致的急性加重，当细菌感染所致的急性加重时，白细胞计数和分类升高。

(三) 支气管镜检查

可发现位于段支气管以上的支气管扩张的直接征象，即弹坑样改变，对支气管扩张的诊断意义不大，同时经支气管镜吸痰进行痰培养、痰涂片，一方面可以为抗感染治疗方案提供病原学依据，另一方面也可以帮助咳嗽能力差的老年患者进行痰液引流，并在局部进行冲洗和药物注射。

(四) 肺功能检查

对所有患者均建议行肺通气功能检查(FEV_1、FVC、呼气峰流速)，至少每年复查1次，支气管扩张症患者肺功能表现为阻塞性通气功能障碍较为多见，部分患者气道激发试验证实存在气道高反应性；多数患者弥散功能进行性下降，且与年龄及FEV_1下降相关；对于合并气流阻塞的患者，尤其是年轻患者应行舒张试验，评价用药后肺功能的改善情况，40%患者可出现舒张试验阳性。

(五) 其他

根据临床表现，可选择性进行血清lgE测定、烟曲霉皮试、曲霉沉淀抗体检查，以除外ABPA。血气分析可用于评估患者肺功能受损状态，判断是否合并低氧血症和(或)高碳酸血症。血清免疫球蛋白(IgG、IgA、IgM)和血清蛋白电泳：支气管扩张症患者气道感染时，各种免疫球蛋白均可升高，合并免疫功能缺陷时则可出现免疫球蛋白缺乏。必要时可检测类风湿因子、抗核抗体、抗中性粒细胞胞浆抗体(anti-neutrophil cytoplasmic antibody，ANCA)，以除外结缔组织病及血管炎引起的继发性支气管扩张。

第六节 诊断与鉴别诊断

一、诊断

根据患者反复咳嗽、咳痰和(或)咯血及反复下呼吸道感染的临床表现，体检闻及肺部固定、持久的局限性湿啰音，结合胸部HRCT提示支气管扩张的影像学特征及诱发支气管扩张的常见病因等，即可明确支气管扩张症的诊断。

支气管扩张的患者应尽量积极寻找可能的潜在病因：①继发于下呼吸道感染，如结核、非结核分枝杆菌、百日咳、细菌、病毒及支原体感染等，是我国支气管扩张症最常见的原因，对所有疑诊支气管扩张的患者需仔细询问既往病史；②病变局限的支气管扩张患者，可进行支气管镜检查以确定是否存在局部的气道阻塞，从而导致支气管扩张。③弥漫性支气管扩张的患者，需寻找是否存在先天性结构功能障碍和免疫功能失调。风湿性疾病和炎症性肠病的患者出现慢性咳嗽时，需考虑是否继发支气管扩张。

二、鉴别诊断

(一) 慢性阻塞性肺疾病

中年发病，症状缓慢进展，多有长期吸烟史，活动后气促，肺功能可有不完全可逆的气流受限(吸入支气管舒张剂后$FEV_1/FVC<70\%$)。需要强调的是，典型的支气管扩张症患者，肺功能检查出现不完全可逆气流受限时，不能诊断为COPD。

(二) 肺脓肿

肺脓肿可出现咳嗽、咳大量脓臭痰，一般起病急，全身中毒症状明显。表现为高热、乏力等，影像学检查可见肺空腔液平，周围有炎症浸润影。急性肺脓肿时，炎症经有效抗感染治疗后可吸收消退，慢性肺脓肿则通常有急性肺脓肿的既往史。

(三) 肺结核

肺结核可出现咳嗽、咳痰、咯血，多伴有低热、盗汗、乏力、消瘦等全身中毒症状，影像学检查可发现病灶多位于上叶或下叶背段，痰找抗酸杆菌可帮助明确诊断，慢性肺结核基础上可继发支气管扩张。

(四) 囊性纤维化

囊性纤维化多有家族史，见于年轻患者(<40 岁)，易发于白种人，因囊性纤维化跨膜转运调节因子(CFTR)基因突变，导致多系统病变的遗传性疾病，典型的三联症为：汗液中 Cl^- 和 Na^+ 含量增高、胰腺功能损害和反复肺部感染。支气管扩张的汗液中 Cl^- 和 Na^+ 含量正常，缺乏 CFTR 基因的突变。

(五) 支气管肺癌

肺癌多发生于 40 岁以上的男性吸烟患者，行胸部影像学检查、支气管镜检查、痰细胞学检查等可供鉴别。

(六) 弥漫性泛细支气管炎

有慢性咳嗽、咳痰、活动时呼吸困难及慢性鼻窦炎，胸部 X 线和 CT 上有弥漫分布的边界不太清楚的小结节影，类风湿因子、抗核抗体、冷凝集试验可阳性，确诊需病理学证实。大环内酯类抗生素持续治疗 2 个月以上有效。

第七节 治 疗

支气管扩张的治疗原则包括：确定并治疗潜在病因以阻止疾病进展，维持或改善肺功能，减少急性加重。促进痰液引流，控制感染，尤其是急性发作期。

一、基础疾病治疗

确定支气管扩张的潜在病因至关重要，可治疗的基础疾病包括：常见的免疫缺陷、ABPA、非结核分枝杆菌感染、气道异物或外压引起的气道阻塞、炎症性肠病、风湿关节炎和误吸等。

二、抗菌药物治疗

支气管扩张症患者，出现急性加重合并症状恶化，即咳嗽、痰量增加或性质改变、脓痰增加和(或)喘息、气急、咯血及发热等全身症状时，应考虑应用抗菌药物。仅有黏液脓性、脓性痰液或仅痰培养阳性不是应用抗菌药物的指征。

支气管扩张症急性加重一般是由定植菌群引起，最常分离出的细菌为流感嗜血杆菌和铜绿假单孢菌。其他革兰阳性菌，如肺炎链球菌和金黄色葡萄球菌也可定植患者的下呼吸道。

许多支气管扩张症患者频繁应用抗菌药物，易于造成细菌对抗菌药物耐药，且支气管扩张症患者气道细菌定植部位易于形成生物被膜，阻止药物渗透，因此推荐对患者进行痰培养及药敏试验。急性加重期开始抗菌药物治疗前应送痰培养，在等待培养结果时，即应开始经验性抗菌药物治疗。

急性加重期初始经验性治疗可根据有无铜绿假单胞菌感染的危险因素：①近期住院；②频繁(每年 4 次以上)或近期(3 个月以内)应用抗生素；③重度气流阻塞(FEV_1<30%)；④口服糖皮质激素(最近 2 周每日口服泼尼松 >2 周)，至少符合 4 条中的 2 条，及既往细菌培养结果选择抗

菌药物(表 7-1)。急性加重期抗菌药物治疗的最佳疗程尚不确定,建议所有急性加重治疗疗程均应为 14 天左右。

表 7-1　支气管扩张症急性加重期初始经验性治疗推荐使用的抗菌药物

高危因素	常见病原体	抗菌药物选择
无铜绿假单胞菌感染的高危因素	肺炎链球菌、流感嗜血杆菌、卡他莫拉菌、金黄色葡萄球菌、肠道菌群(肺炎克雷伯菌、大肠埃希菌)	氨苄西林 / 舒巴坦、阿莫西林 / 克拉维酸、第二代、第三代头孢菌素、莫西沙星、左旋氧氟沙星。
有铜绿假单胞菌感染的高危因素	上述病原体 + 铜绿假单胞菌	具有抗假单胞菌活性的 β- 内酰胺类抗生素(如头孢他啶、头孢吡肟、哌拉西林 / 他唑巴坦、头孢哌酮 / 舒巴坦、亚胺培南、美罗培南等)、氨基糖苷类、喹诺酮类(环丙沙星或左氧氟沙星)可单独应用或联合应用

三、促进痰液引流

体位引流、祛痰药物、翻身拍背、支气管镜吸痰等可帮助痰液的排出,在支气管扩张患者急性感染期和稳定期均有重要的作用。

(一) 体位引流

采用适当的体位,依靠重力的作用促进某一肺叶或肺段中分泌物的引流。治疗时可能需要采取多种体位,患者容易疲劳,每日多次治疗一般不易耐受,通常对氧合状态和心率无不良影响。禁忌证包括无法耐受所需的体位、无力排出分泌物、抗凝治疗、胸廓或脊柱骨折、近期大咯血和严重骨质疏松者。

(二) 震动拍击

腕部屈曲,手呈碗形在胸部拍打,或使用机械震动器使聚积的分泌物易于咳出或引流,可与体位引流配合应用。

(三) 药物祛痰

临床常用多糖纤维分解剂,如溴己新,每日口服 8~16mg,每日 3 次;或氨溴索,每次口服 30mg,每日 3 次;或稀化粘素,每次口服 300mg,每日 3 次。

(四) 支气管镜吸痰

经体位引流效果欠佳者,可用支气管镜吸痰,并镜下予以生理盐水冲洗,可使黏稠痰液易于排出。

(五) 辅助排痰技术

包括气道湿化(清水雾化)、雾化吸入盐水、短时雾化吸入高张盐水、雾化吸入特布他林以及无创通气。

四、改善气流受限

支气管扩张时,气道壁的炎症浸润引起小气道的阻塞,而大部分的支气管树都由小气道组成,最终结果引起气道阻塞,气流受限,且大多数支气管扩张患者合并 COPD 或存在气道反应性增高,可应用支气管扩张剂如吸入短效或长效 $β_2$- 受体激动剂或抗胆碱药治疗气流受限。

五、咯血的处理

小量咯血时,休息、镇静、止咳等对症处理即可。大咯血是支气管扩张症致命的并发症,一次咯血量超过 200ml 或 24 小时咯血量超过 500ml 为大咯血,严重时可导致窒息。预防咯血窒

息应视为大咯血治疗的首要措施，大咯血时首先应保证气道通畅，嘱其患侧卧位休息，改善氧合状态，稳定血流动力学状态。出现窒息时采取头低足高45°的俯卧位，用手取出患者口中的血块，轻拍健侧背部促进气管内的血液排出。若采取上述措施无效时，应迅速进行气管插管，必要时行气管切开。

药物治疗：首选垂体后叶素，一般静脉注射后3~5分钟起效，维持20~30分钟。用法：垂体后叶素5~10U加5%葡萄糖注射液20~40ml，稀释后缓慢静脉注射，约15分钟注射完毕。继之以10~20U加生理盐水或5%葡萄糖注射液500ml稀释后静脉滴注0.1U/(kg·h)，出血停止后再继续使用2~3天以巩固疗效。对有高血压、冠心病、心功能不全、妊娠及对本药有严重副反应，而禁用垂体后叶素的患者，可考虑使用血管扩张药物，如普鲁卡因、硝酸甘油等。一般止血药物如氨甲苯酸、酚磺乙胺等，适用于凝血机制障碍引起的咯血，仅作为大咯血的辅助治疗。

介入治疗或外科手术治疗：内科药物保守治疗无效时，支气管动脉栓塞术和(或)手术是大咯血的一线治疗方法：①支气管动脉栓塞术：经支气管动脉造影向病变血管内注入栓塞材料行栓塞治疗，对大咯血的治愈率为90%左右，随访1年未复发的患者可达70%。最常见的并发症为胸痛，脊髓损伤发生率及致死率低。②经气管镜止血：大量咯血不止者，可经气管镜确定出血部位后，用浸有稀释肾上腺素的海绵压迫或填塞于出血部位止血，或在局部应用凝血酶或气囊压迫控制出血。③手术：反复大咯血用上述方法无效、对侧肺无活动性病变且肺功能储备尚佳又无禁忌证者，可在明确出血部位的情况下考虑肺切除术。适合肺段切除的人数极少，绝大部分要行肺叶切除。

六、非抗菌药物治疗

(一) 支气管舒张剂

由于支气管扩张症患者常常合并气流阻塞及气道高反应性，因此经常使用支气管舒张剂。合并气流阻塞的患者，应进行支气管舒张试验评价气道对β_2-受体激动剂或抗胆碱能药物的反应性，以指导治疗。

(二) 增强免疫力

接种流感疫苗和肺炎链球菌疫苗，提高支气管扩张患者的免疫力，减少支气管扩张患者急性感染的发生。

七、外科治疗

目前大多数支气管扩张症患者，应用抗菌药物治疗有效，不需要手术治疗。手术适应证包括：①积极药物治疗仍难以控制症状者；②大咯血危及生命或经药物、介入治疗无效者；③局限性支气管扩张，术后最好能保留10个以上肺段。手术的相对禁忌证为非柱状支气管扩张、痰培养铜绿假单胞菌阳性、切除术后残余病变及非局灶性病变。

第八节 患者教育及管理、预防、预后

一、患者教育及管理

对于支气管扩张症患者，教育的主要内容是使其了解支气管扩张的特征，并及早发现急性加重，应当提供书面材料向患者解释支气管扩张症这一疾病，以及感染在急性加重中的作用；病因明确者应向其解释基础疾病及其治疗方法，还应向其介绍支气管扩张症治疗的主要手段，包括排痰技术、药物治疗及控制感染，帮助其及时识别急性加重并及早就医；不建议患者自行服用抗菌药物；还应向其解释痰检的重要性；制订个性化的随访及监测方案。

二、预防

儿童时期下呼吸道感染及肺结核，是我国支气管扩张症最常见的病因，因此应积极防治儿童时期下呼吸道感染，积极接种麻疹、百日咳疫苗，预防、治疗肺结核，以预防支气管扩张症的发生。支气管扩张症患者应戒烟，可使用一些免疫调节剂，如卡介菌多糖核酸等，以增强抵抗力，有助于减少呼吸道感染和预防支气管扩张症急性发作。

三、预后

取决于支气管扩张的范围和有无并发症。支气管扩张范围局限者，积极治疗可改善生命质量和延长寿命。支气管扩张范围广泛者易损害肺功能，甚至发展至呼吸衰竭而引起死亡。大咯血也可严重影响预后。

（李 雯）

思考题

1. 简述支气管扩张症的定义。
2. 简述支气管扩张症的影像学表现。
3. 简述支气管扩张症的治疗。

参考文献

1. 葛均波，徐永健．内科学．第8版．北京：人民卫生出版社，2013
2. 成人支气管扩张症诊治专家共识编写组．成人支气管扩张症诊治专家共识．中华结核和呼吸杂志，2012，35(7)：485-492

第八章 慢性阻塞性肺疾病

第一节 慢性支气管炎

一、定义

慢性支气管炎(chronic bronchitis,简称慢支炎)是因长期的物理化学性刺激,反复感染等综合因素引起的气管、支气管黏膜及其周围组织的慢性非特异性炎症。临床以咳嗽、咳痰为主要症状以及反复发作的慢性过程为特征,该病多见于老年,疾病晚期可引起阻塞性肺气肿和慢性肺源性心脏病。它是一种严重危害人民健康的常见病,据我国1973年全国部分普查资料统计,慢支炎患病率约为3.82%,并且随年龄增长而增加,50岁以上者可高达15%左右。1992年国内普查的部分统计资料表明,慢支炎的患病率为3.2%。

二、病因与发病机制

本病的病因复杂,迄今尚不完全清楚,可能系以下多种因素长期相互作用的结果。

(一)感染

病毒和细菌感染是慢支炎发生和发展的重要因素。细菌感染前多先有病毒感染,病毒以鼻病毒、流感病毒为最多见,其次是冠状病毒、腺病毒等。常见的细菌有肺炎链球菌、流感嗜血杆菌、卡他莫拉菌等。反复的病毒感染破坏了呼吸道局部黏膜的防御功能,造成黏膜上皮细胞的损伤,为细菌的继发感染创造了条件,而下呼吸道细菌的定植也是引起慢支炎的病因之一。

(二)物理化学性刺激

1. 大气污染 慢支炎的发病率与大气污染的严重程度成正比。污染物有二氧化硫、一氧化碳、氯气、二氧化氮等,可损伤气道上皮细胞,使纤毛运动减弱,巨噬细胞吞噬能力降低,导致气道净化能力下降。同时刺激黏膜下感受器,使副交感神经功能亢进、支气管平滑肌收缩、杯状细胞增生、腺体分泌亢进和气道阻力增加。当大气中的烟尘或二氧化硫超过1000ug/m^3时,慢支炎的急性发作就显著增多。其他粉尘如二氧化硅、煤尘、棉屑、蔗尘等也刺激支气管黏膜,并引起肺纤维组织增生,使肺组织清除功能遭受损害,为细菌入侵创造了条件。

2. 吸烟 吸烟是慢性支气管炎最主要的发病因素,烟叶中的主要成分有尼古丁、焦油、氰氢酸等。吸烟可引起支气管黏膜充血、水肿、支气管痉挛、气道阻力增加;引起支气管黏膜鳞状上皮化生,支气管上皮纤毛变短、不规则、纤毛运动障碍;支气管杯状细胞增生,黏膜腺体增生、肥大,分泌增多、黏液集聚;削弱肺泡吞噬细胞的吞噬灭菌作用,降低呼吸道的防御功能,有利于细菌的繁殖。因此,吸烟和慢性支气管炎的发病关系密切,吸烟年龄越早,吸烟时间越长,吸烟量越大,发病的危险性就越高。研究还发现吸烟者慢支炎的患病率为不吸烟者的2~4倍。

3. 寒冷空气 可刺激腺体分泌黏液增加,反射性地引起支气管局部的小血管痉挛、缺血,使呼吸道防御功能降低,黏膜上皮纤毛的清除功能减弱,为病原体的侵入和繁殖创造条件。所以寒冷地区、高原地区慢支炎的发病率较高,而已患病者,也多在寒冷季节复发和加重。

（三）机体内在因素

1. 过敏因素 变态反应对慢性喘息性支气管炎的发病和发展起着一定作用。过敏原可来自外界，如花粉、皮毛、灰尘等，这些患者血中 IgE 含量可增高。细菌过敏原在慢性喘息性支气管炎的发病中也起重要作用。

2. 自主神经功能失调 大多数患者有自主神经功能失调现象，部分患者的副交感神经功能亢进，气道反应性较正常人增高。

3. 年龄因素 老年人呼吸道防御功能下降，喉头反射减弱，单核 - 吞噬细胞系统功能衰退，可使慢支炎发病增加。

4. 营养因素 维生素 C 缺乏，可引起机体对感染的抵抗力降低，血管通透性增加；维生素 A 缺乏，可使支气管黏膜的柱状上皮细胞及黏膜的修复能力减弱，溶菌酶活力降低，易罹患慢性支气管炎。

三、病理和病理生理

慢性支气管炎的病理基础，是气道及其周围组织的一种慢性非特异性炎症，炎症涉及多种炎性细胞和细胞因子。早期表现为上皮细胞的纤毛发生粘连、倒伏、脱失，上皮细胞空泡变性、坏死、增生和鳞状上皮化生；杯状细胞增多和黏液腺肥大和增生，分泌旺盛，大量黏液潴留；黏膜和黏膜下层充血，浆细胞、淋巴细胞浸润及轻度纤维增生。急性发作时可见大量中性粒细胞浸润，及黏膜上皮细胞坏死、脱落。病情进一步发展，炎症由支气管壁向其周围组织扩散，黏膜下层平滑肌束断裂和萎缩。病变晚期，黏膜萎缩，支气管周围组织增生，支气管壁中的软骨可发生不同程度萎缩变性，造成管腔僵硬或塌陷。当病变蔓延至细支气管和肺泡壁时，形成肺组织结构破坏或纤维组织增生。电镜观察可见Ⅰ型肺泡上皮细胞肿胀，Ⅱ型肺泡上皮细胞增生；毛细血管基底膜增厚，内皮细胞损伤，血栓形成和管腔纤维化、闭塞；肺泡壁纤维组织弥漫性增生。

早期一般无明显病理生理改变，少数患者可检出小气道（直径小于 2mm 的气道）功能异常。随病情进展，逐渐出现气道狭窄、阻力增加和气流受限，如采用常规肺功能仪检出气流受限，则病情已进入慢性阻塞性肺疾病（COPD）阶段。

四、临床表现

（一）症状

本病多见于中年以上，缓慢起病，部分患者可因上呼吸道感染后症状迁延不愈而起病，病程长。开始时症状轻，患者多不重视。主要症状为咳嗽、咳痰，或伴有喘息。

1. 咳嗽 长期、反复、逐渐加重的咳嗽是慢支炎的一个主要特点。初期晨间咳嗽较重，白天较轻，晚期夜间亦明显，睡前常有阵咳发作。早期的咳嗽有力，多为单声咳或间隙咳；病情发展时咳声变重浊、低声无力，多为连声阵咳，夜间多见。病初以冬春季明显，以后咳嗽逐年加重，甚至全年咳嗽不断。

2. 咳痰 痰液一般为白色黏液性或浆液泡沫性，偶可带血，以清晨排痰尤多。其原因为夜间睡眠时咳嗽反射迟钝，气道腔内痰液堆积，加上副交感神经兴奋，支气管分泌物增多，清晨起床后因体位变动引起刺激排痰。当急性发作伴有细菌感染时，痰量增多，且痰液由白色泡沫痰变为黄色黏液脓性痰。晚期患者因支气管黏膜腺体萎缩，咳痰量反可减少，痰液黏稠且不易咳出。

3. 气短与喘息 病程初期多不明显，当病程进展并发 COPD 时则逐渐出现轻重程度不同的气短，且以活动时明显。

（二）体征

早期或病情较轻时，胸部检查多无阳性体征；在急性发作时可在背部或双肺底听到少许哮

鸣音和湿性啰音,咳嗽后可减少或消失。

五、实验室和辅助检查

1. 血常规 在急性感染时白细胞总数和中性粒细胞增高。但年老体衰或免疫功能低下者也可不升高。

2. 痰液检查 急性发作期痰液外观多呈脓性。涂片检查可见大量中性粒细胞,合并哮喘者可见较多的嗜酸性粒细胞。痰培养可见肺炎链球菌、流感嗜血杆菌及卡他莫拉菌等生长。

3. X 线 早期胸部 X 线检查无异常。反复发作者,引起支气管壁增厚,细支气管或肺泡间质炎性细胞浸润或纤维化,表现为肺纹理增多、增粗、紊乱,条索、网状或斑点状阴影,或出现双轨影和袖套征。继发感染时为不规则斑点阴影,重叠在肺纹理之上。

4. 肺功能 早期可无明显异常。随病情进展,当出现气道阻塞时可表现为第一秒用力呼气量(FEV_1)、最大通气量(MVV)等通气功能降低。

六、诊断与鉴别诊断

(一) 诊断

慢性支气管炎的诊断主要依据病史和症状,是一种临床诊断,具有一定的主观性。其诊断标准为:以咳嗽、咯痰为主要症状或伴有喘息,每年发病持续 3 个月,连续 2 年以上;并排除肺结核、肺尘埃沉着病、肺脓肿、支气管哮喘、支气管扩张、心脏病、心功能不全、慢性鼻咽疾病等具有咳嗽、咯痰、喘息症状的其他疾病即可诊断为慢性支气管炎。

慢性阻塞性肺疾病是一种以持续气流受限为特征的肺部疾病,慢性阻塞性肺疾病患者多数有慢支炎病史,当慢支炎患者肺功能达到慢性阻塞性肺疾病的诊断标准时,即可并发慢性阻塞性肺疾病,而部分慢支炎患者并不一定发展至慢性阻塞性肺疾病。

根据 1979 年全国支气管炎临床专业会议制定的标准对慢性支气管炎进一步分型和分期。

(二) 分型

单纯型:符合慢性支气管炎的诊断标准,具有咳嗽、咯痰 2 项症状。

喘息型:符合慢性支气管炎的诊断标准,除具有咳嗽、咳痰外,尚有喘息症状,并经常或多次出现哮鸣音。目前认为,该型可能系慢支炎合并哮喘。

(三) 分期

1. 急性发作期(acute exacerbation) 指 1 周内出现脓性或黏液脓性痰,痰量明显增多或伴有发热、白细胞计数增高等炎症表现;或 1 周内咳、痰、喘症状任何 1 项症状明显加剧。急性发作期按其病情严重程度可分为轻度、中度、重度。①轻度急性发作:指患者具有气短、痰量增多和脓痰 3 项表现中的任意 1 项;②中度急性发作:指患者具有气短、痰量增多和脓痰 3 项表现中的任意 2 项;③重度急性发作:指患者具有气短、痰量增多和脓痰 3 项表现。急性发作可因呼吸道感染、环境条件改变、空气污染诱发,病原体可以是病毒、细菌、支原体、衣原体等。

2. 慢性迁延期 指患者有不同程度咳嗽、咳痰、喘息症状,迁延不愈 1 个月以上,或急性发作期 1 个月后症状仍未恢复至发作前水平。

3. 临床缓解期 指患者经过治疗缓解或自然缓解,症状基本消失,保持 2 个月以上者。

(四) 鉴别诊断

1. 支气管哮喘 发病年龄多在幼年或青年,哮喘呈发作性,喘息重,但咳嗽轻,痰量少,夜间症状明显。发作可自行缓解或用支气管舒张剂后缓解,多有家族史和其他过敏疾病史。外周血和痰中嗜酸性粒细胞可增高。对于以咳嗽为主要表现的咳嗽变异型哮喘,支气管激发试验有助鉴别。

2. 嗜酸性粒细胞性支气管炎 临床以咳嗽为主要表现,X 线检查无明显改变或肺纹理增

加，支气管激发试验阴性，诱导痰检查嗜酸性粒细胞比例增加（≥3%）有助诊断。

3. 肺结核　常有结核中毒症状，如低热、乏力、盗汗、消瘦、食欲缺乏等。一般咳嗽、咳痰较轻，无明显季节性。多见于青少年。X线检查病变多在肺尖，血沉增快，痰液检查结核菌可为阳性。

4. 支气管扩张症　常继发于麻疹肺炎或百日咳后，多在青少年即出现症状，有反复大量咳脓痰和(或)咯血症状。肺部啰音较局限和固定，晚期可出现杵状指。X线检查见中下肺纹理粗乱，少数可见蜂窝状阴影，高分辨螺旋CT可助诊断。

七、治疗

针对慢性支气管炎的病因、病期和反复发作的特点，宜采取防治结合、中西医结合的综合措施。在急性发作期和慢性迁延期应以控制感染和祛痰、镇咳为主；伴发喘息时，应予解痉平喘治疗；对临床缓解期宜加强锻炼，增强体质，提高机体抵抗力，预防复发为主。同时应加强宣传，教育患者自觉戒烟，避免和减少各种诱发因素。

（一）急性发作期的治疗

1. 控制感染　慢支炎急性发作并非均由细菌引起，因此对有细菌感染表现的患者，应根据临床经验和本地区病原菌耐药性流行病学监测结果选择抗生素，同时积极进行痰致病菌培养和药敏实验，为后续抗生素的使用提供依据。轻者可口服，较重患者用肌注或静脉滴注抗生素，常用的有青霉素类、喹诺酮类、大环内酯类、氨基糖苷类及头孢类等抗生素。

2. 祛痰、镇咳　对急性发作期患者在抗感染治疗的同时，应用祛痰药物，以使痰液变稀薄，促进痰液排除，改善症状。常用药物有氨溴索、乙酰半胱氨酸、溴己新等。对老年体弱无力咳痰或痰量较多者，应以祛痰为主，不宜使用强镇咳剂，如可待因等，以免抑制呼吸中枢，加重呼吸道阻塞，导致病情恶化。

3. 解痉、平喘　可选用氨茶碱、β_2受体激动剂特布他林(terbutaline)口服或沙丁胺醇(salbutamol)、抗胆碱能药物溴化异丙托品、皮质激素布地奈德等雾化吸入治疗。

（二）缓解期的治疗

应避免各种致病因素，吸烟者须戒烟。加强锻炼，增强体质，或肌注胸腺肽以提高机体免疫力。联合中药扶正固本，合理膳食，加强营养。

八、预后及预防

（一）预后

慢性支气管炎如无并发症，经消除诱发因素如吸烟、寒冷、粉尘等，并积极治疗和防止复发，预后良好。如病因持续存在，治疗不彻底，疾病迁延不愈或反复发作，将使病情不断发展，易并发COPD，甚至肺心病，危及生命。

（二）预防

主要措施包括戒烟，加强耐寒锻炼，增强体质，提高抗病能力。在气候骤变时及寒冷季节，应注意保暖，避免受凉，预防感冒。改善环境卫生，做好防尘、防大气污染工作。加强个人劳动保护，避免烟雾、粉尘及刺激性气体对呼吸道的影响。

第二节　慢性肺源性心脏病

一、定义与分类

肺源性心脏病(corpulmonale，简称肺心病)是指由支气管-肺组织、胸廓或肺血管病变致肺血管阻力增加、肺动脉高压，继而损害右心室结构和(或)功能的疾病。根据起病缓急和病程的

长短，可分为急性和慢性肺心病两类，临床又以慢性肺心病多见。急性肺心病常见于急性大面积肺栓塞，本节将主要讲述慢性肺心病。

慢性肺源性心脏病（chronic pulmonary heart disease），简称慢性肺心病（chronic corpulmonale），是由支气管、肺组织、肺血管或胸廓的慢性病变引起肺组织结构和（或）功能异常，导致肺血管阻力增加，肺动脉压力增高，右心室扩张和（或）肥厚，伴或不伴右心功能不全的心脏病，并排除先天性心脏病和左心病变引起的病变。

慢性肺心病是我国呼吸系统的一种常见病。20 世纪 70 年代我国抽样调查发现平均患病率为 0.46%。我国 20 世纪 90 年代抽查的平均发病率为 0.44%，其中北京地区为 0.6%，辽宁地区为 0.4%，湖北地区为 0.2%。慢性肺心病通常以气候寒冷地区（如东北、西北、华北）、高原地区、农村地区以及吸烟者患病率较高，且随年龄增大而增加。冬、春季节易发，急性呼吸道感染常为其急性发作的诱因，COPD 是引起慢性肺心病的首要病因。

二、病因及发病机制

（一）病因

按原发病的不同部位，可分为以下几类：

1. 支气管、肺疾病　以 COPD 最常见，约占 80%~90%，其他如支气管扩张症、支气管哮喘、重症肺结核、肺尘埃沉着症、结节病、间质性肺疾病（特发性和继发性）、药物相关性肺疾病等。

2. 胸廓运动障碍性疾病　严重的脊柱后凸、侧凸畸形，脊柱结核、类风湿关节炎、胸膜广泛粘连、胸廓成形术后的严重胸廓或脊柱畸形；以及神经肌肉疾病如脊髓灰质炎，均可引起胸廓活动受限、肺受压、支气管扭曲变形，导致肺功能受损。

3. 肺血管病变　慢性血栓栓塞性肺动脉高压、广泛或反复发生的多发性肺小动脉栓塞及肺小动脉炎、累及肺动脉的过敏性肉芽肿病，血吸虫病引起的坏死性肺动脉内膜炎，以及原因不明的原发性肺动脉高压，均可使肺动脉狭窄、阻塞，引起肺血管阻力增加，肺动脉高压和右心室负荷增加，发展至慢性肺心病。

4. 其他　原发性肺泡通气不足或先天性口咽畸形、睡眠呼吸暂停低通气综合征等均可产生低氧血症，引起血管收缩，导致肺动脉高压，发展成慢性肺心病。

（二）发病机制

引起慢性肺心病的病因较多，发病机制也不尽相同，但其共同点是这些疾病均可导致呼吸系统结构和功能改变，以及反复发生的气道感染和低氧血症，引起多种体液因子的释放，导致肺血管阻力增加，肺血管重塑，产生肺动脉高压（pulmonary arterial hypertension，PAH）。

正常肺循环的特点为低压、低阻力、高容量。采用右心导管测量正常人肺动脉平均压（mean pulmonary artery pressure，MPAP）<20mmHg，肺动脉收缩压（PAPs）<30mmHg。随年龄增加肺动脉压略有升高，但不超过 1mmHg/10 年。肺动脉高压的诊断标准为：静息时 MPAP>25mmHg。根据肺动脉压严重程度分为：轻度：MPAP 26~34mmHg；中度：MPAP 35~44mmHg；重度：MPAP>45mmHg。PAH 使右心室负荷增加，最终造成右心室扩大、肥厚，乃至发生右心功能衰竭。因此，PAH 是肺心病发病机制的中心环节和先决条件，而心脏病变是 PAH 的最终结果。

1. 肺动脉高压　是多种慢性胸肺疾病导致慢性肺心病的共同发病环节。早期 PAH，肺血管的改变以功能性为主，若能及时去除病因，可能逆转或延缓病变的进一步发展；晚期 PAH，肺血管的改变多为器质性，其治疗效果较差。

(1) 肺血管功能性改变：COPD 和其他慢性呼吸系统疾患发展到一定阶段，可出现肺泡低氧血症，肺泡低氧可引起局部肺血管收缩和支气管舒张，以调节通气 / 血流（V/Q）比例，保证肺静脉血的氧合作用，这是机体的一种正常保护性反应，功能性改变。但若长期缺氧则引起肺血管持续收缩和重塑（remodeling），即可导致肺血管器质性改变，形成不易逆转的 PAH。引发 PAH

功能性改变的机制复杂，为多种机制共同参与。

1）体液因素：正常情况下，肺循环在多种缩血管和舒张血管物质共同作用下，维持一个低阻力、低压力、大容量系统。缺氧是肺动脉高压形成的最重要因素，缺氧时多种缩血管的活性物质如内皮素、组胺、5-羟色胺（5-HT），血管紧张素Ⅱ（AT-Ⅱ）、白三烯、血栓素（TXA_2）、前列腺素 F_2（PGF_2）、血小板激活因子（PAF）等释放增多，引起肺血管阻力增加；而具有舒张血管作用的物质，如一氧化氮、前列环素 I_2（PGI_2）及前列腺素 E_1（PGE_1）等相对不足，导致缩血管物质与舒张血管物质比例失衡，缩血管物质占优势，从而导致肺血管收缩，血管阻力增加。

2）神经因素：缺氧和高碳酸血症可刺激颈动脉窦和主动脉体化学感受器，反射性地引起交感神经兴奋，儿茶酚胺释放增加，使肺动脉收缩；缺氧后存在肺血管肾上腺素能受体失衡，使肺血管的收缩占优势，也有助于肺动脉高压的形成。

3）缺氧、二氧化碳潴留对肺血管的直接作用：缺氧可使肺血管平滑肌细胞膜对 Ca^{2+} 的通透性增加，使 Ca^{2+} 内流，细胞内 Ca^{2+} 浓度增高，肌肉兴奋收缩耦联效应增强，引起肺血管平滑肌收缩。低氧阻滞 K^+ 通道，导致肺动脉血管平滑肌去极化，而引起低氧性肺血管收缩。高碳酸血症时，由于 H^+ 产生过多，使血管对缺氧的收缩敏感性增强，导致肺动脉压增高。

（2）肺血管器质性改变：以下多种机制导致不可逆的肺血管器质性病变。

1）肺小动脉炎：长期反复发作的 COPD 及支气管周围炎，可累及邻近肺小动脉，引起血管炎，管壁增厚、管腔狭窄或纤维化，甚至完全闭塞，使肺血管阻力增加，产生 PAH。

2）肺泡壁毛细血管床受压、破坏和减少：随肺气肿的加重，肺泡腔内压增高，压迫肺泡毛细血管使其变形、扭曲，造成毛细血管管腔狭窄或闭塞；肺气肿病变使肺泡隔断裂，肺泡融合，造成毛细血管网的毁损，当肺泡毛细血管床减损超过 70% 时肺循环阻力增大。

3）肺血管重塑：慢性缺氧不仅使肺血管收缩，管壁张力增高，还可引起肺内产生多种生长因子，如血小板衍生生长因子、胰岛素样生长因子、表皮生长因子等，可直接刺激血管平滑肌细胞，导致内膜下出现纵行肌束、弹性纤维和胶原纤维基质增多，使血管变硬，阻力增加，中膜平滑肌细胞增生、肥大，导致中膜肥厚；小于 60μm 的无肌层肺小动脉出现明显的肌层等肺血管重塑的表现。

4）血栓形成：尸检发现，部分慢性肺心病急性发作期患者，存在多发性肺微小动脉原位血栓，可能与缺氧、炎症引起内皮细胞损伤，以及高凝状态等有关，由此引起肺血管阻力增加，加重 PAH。

此外，肺血管性疾病、肺间质疾病、神经肌肉疾病等皆可引起肺血管的病理改变，使血管腔狭窄、闭塞，肺血管阻力增加，发展成 PAH。

（3）血液黏稠度增加和血容量增多：慢性胸肺疾病患者可逐渐出现慢性缺氧，促红细胞生成素分泌增加，导致继发性红细胞生成增多，血液黏滞性增高，肺血管阻力增加；缺氧使肾小动脉收缩，肾血流减少，使醛固酮分泌增加，进一步加重水、钠潴留，血容量增多，上述因素共同促进 PAH 的形成和加重。

2. 右心功能改变　PAH 引起右心后负荷增加，右心发挥其代偿功能，以克服肺动脉压力升高的阻力，而发生右心室肥厚。此外，低氧血症和呼吸道反复感染时，细菌的毒素对心肌的直接损害作用，在上述因素长期作用下，共同造成右心室肥厚、扩大。PAH 早期，右心室尚能代偿，舒张末期压力仍正常。随着疾病的进展，特别是急性加重期，肺动脉压持续升高，超过右心室的代偿能力，右心失代偿，右心排血量下降，右心室收缩末期残留血量增加，舒张末压增高，促使右心室扩大和右心室功能衰竭。

慢性肺心病除引起右心室改变外，尚有少数出现左心室肥厚。当严重缺氧、高碳酸血症、酸中毒、相对血流量增多等因素作用下，可导致左心负荷加重，严重者可发生左心室肥厚，甚至左心衰竭。

3. 其他重要器官的损害 除影响心脏外，慢性肺心病因缺氧、高碳酸血症，还可使其他重要器官如脑、肝、肾、胃肠道、内分泌系统及血液系统等发生病变，导致多器官功能损害。

三、临床表现

本病发展缓慢，从原发病(慢性支气管炎)到形成慢性肺心病的过程约为6~10年。临床上除原有肺、胸疾病的各种临床症状和体征外，主要是逐渐出现呼吸、心脏功能不全以及其他器官损害的表现，按照心、肺功能的代偿情况，分为功能代偿期与失代偿期。

(一) 肺、心功能代偿期

1. 症状 多表现为原发病症状的加重，如咳嗽、咯痰、气促，活动后心悸、呼吸困难、乏力和劳动耐力下降等。

2. 体征 除原有胸肺疾病的体征外，可有不同程度的发绀和肺气肿体征；偶有干、湿啰音；心音遥远，肺动脉瓣区第二心音亢进、分裂、$P_2>A_2$；三尖瓣听诊区可闻及收缩期杂音或剑突下心脏搏动增强，提示右心室肥厚。部分患者因肺气肿使胸内压升高，影响腔静脉回流，可出现颈静脉充盈；此外，因膈肌下降，肝界下移。

(二) 肺、心功能失代偿期

本期的表现多由急性呼吸道感染诱发而使上述症状加重，并相继出现呼吸和心功能不全表现。

1. 呼吸功能不全 其标志是低氧血症和高碳酸血症的产生及其相应的临床表现。

(1) 低氧血症：心率增快、呼吸困难、发绀显著、疲乏以及缺氧所致的头晕、头痛、烦躁不安、甚至昏迷而死亡。动脉血氧分压(PaO_2)常低于8.0kPa(60mmHg)。

(2) 高碳酸血症：其主要表现，头痛、头胀、兴奋、失眠，睡眠倒置，并有幻觉、神志恍惚、精神错乱，最后神志淡漠，进而昏迷以致死亡。

因严重呼吸功能不全引起的低氧血症、高碳酸血症所产生的精神神经症状和体征，临床上称为肺性脑病。

(3) 体征：发绀、球结膜充血、水肿，严重时可有视网膜血管扩张、视盘水肿等颅内压升高的表现。腱反射减弱或消失，出现病理反射，因高碳酸血症可出现周围血管扩张的表现，如皮肤潮红、多汗。

2. 心功能不全 主要为右心功能不全，部分病例也可出现左心功能不全。

(1) 症状：心悸、气喘、食欲缺乏、腹胀、恶心、呕吐、尿少等。

(2) 体征：发绀更明显，颈静脉怒张，心率增快，可出现心律失常，肝大且有压痛，肝颈静脉回流征阳住，下肢水肿。严重者可有腹水，少数患者可出现肺水肿甚至全心衰的体征。

四、实验室和辅助检查

(一) X线检查

除原有胸肺疾病、肺部感染的表现外，尚有肺动脉高压征：①右肺下动脉干扩张，其横径≥15mm，其横径与气管横径的比值≥1.07；②肺动脉段明显凸出或其高度≥3mm；③肺动脉圆锥显著突出或其高度≥7mm；④中央动脉扩张，外周血管纤细，形成“残根”征，⑤右心室增大征。具备上述5项中的1项即可诊断(图8-1)。

(二) 心电图

心电图对肺心病诊断的阳性率约为60.1%~88.2%。主要为右心室肥大表现(图8-2)。包括：

1. 主要条件 ①重度顺钟向转位($V_5R/S≤1$)；②电轴右偏；③额面平均电轴≥+90°；④肺型P波；⑤$Rv_1/Sv_5≥1.05mV$。

2. 次要条件 ①肢导联低电压；②右束支传导阻滞。

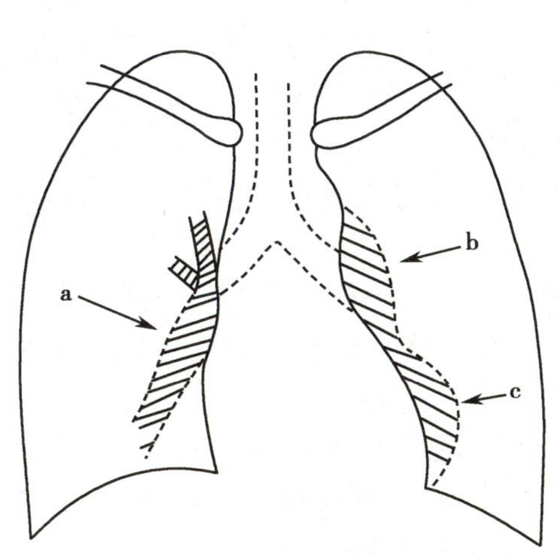

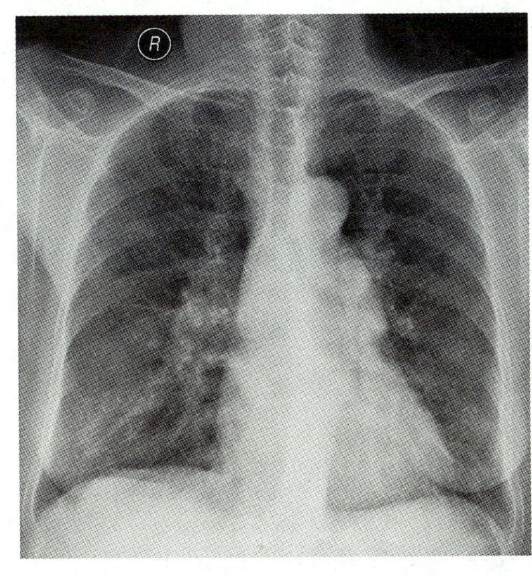

图 8-1　慢性肺心病 X 线胸片表现（左：示意图；右：胸片）

注：a. 右下肺动脉干增宽；b. 肺动脉段凸出；c. 心尖上凸

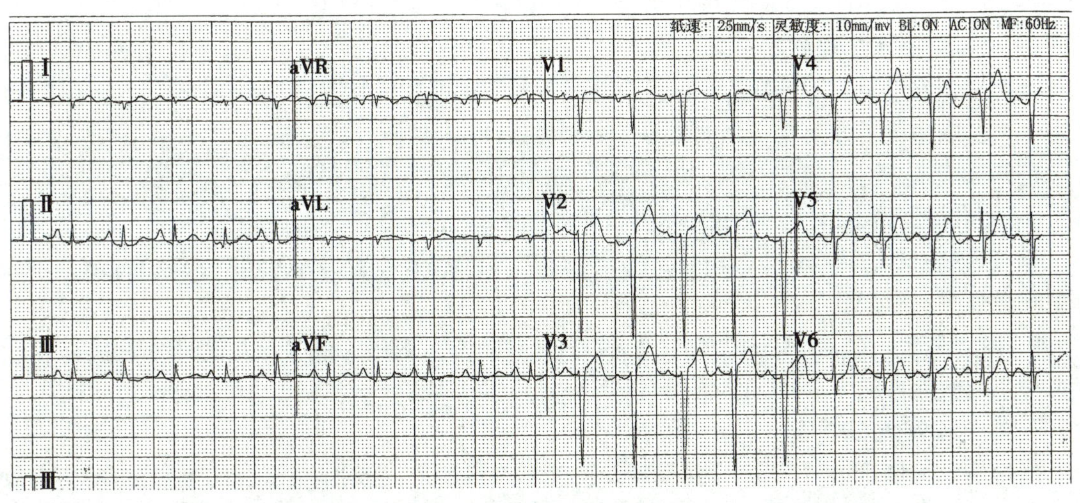

图 8-2　慢性肺心病的心电图表现（电轴右偏，肺型 P 波，顺钟向转位）

具备 1 项主要条件即可诊断，2 条次要条件为可疑肺心病心电图。

（三）超声心动图

诊断符合率为 60.6%~87%。其主要诊断要点是：

1. 主要条件　①右室流出道内径≥30mm；②右心室内径≥20mm；③右心室前壁厚度≥5mm 或有前壁搏动幅度增强；④左 / 右心室内径比值 <2；⑤右肺动脉内径≥18mm 或肺动脉干≥20mm；⑥右室流出道 / 左房内径比值 >1.4；⑦肺动脉瓣曲线出现肺高压征象（a 波低平或 <2mm，或有收缩中期关闭征等）。

2. 参考条件　①室间隔厚度≥12mm，搏幅 <5mm 或呈矛盾运动征象；②右心房增大，≥25mm（剑突下区探查）；③三尖瓣前叶曲线 DF、EF 速度增快，E 峰呈尖高型，或有 AC 间期延长者；④二尖瓣前叶曲线幅度低，CE<18mm，CD 段上升缘慢、延长，呈水平位，或有 EF 下降速度减慢，<90mm/s。

凡有肺胸疾病患者，具有上述 2 项条件（必须具有 1 项主要条件）均可诊断肺心病。

（四）心电向量图

在肺胸疾病基础上，凡心电向量图具有右心室及（或）右心房增大指征者即可诊断肺心病。

诊断阳性率可达69%~92%。

1. 右心室肥厚

(1) 轻度右心室肥厚:①横面QRS环呈狭长型自左前转向右后方,其S/R >1.2;②X轴上(额面或横面)右/左量比值>0.58;③S向量角超过-110°伴S向量电压>0.6mV;④横向QRS环呈逆钟向运行,其后面积占总面积20%以上,伴额面QRS环呈顺钟向运行,最大向量角>+60°;⑤额面右下面积占总面积20%以上;⑥额面右上面积占总面积20%以上。以上6项中具有1项即可诊断。

(2) 中度右心室肥厚:①横面QRS环呈逆钟向运动,其向前和右后面积>总面积70%以上,且右后向量>0.6mV;②横面QRS环呈"8"字形,主体及终末部均向右后方位。以上2项中具有1项即可诊断。

(3) 重度右心室肥厚:横面QRS环呈顺钟向运行,向右向前,T环向左后。

现多选其中四项指标作为右室肥大的诊断标准:即X轴上(额面或横面)R<0.5mV;横面S/R >1.1;X轴上(额面或横面)S/R>0.58;QRS环最大空间向量仰角≥65°。

2. 右心房增大 ①额面或侧面最大P向量电压>0.18mV;②横面P环呈顺钟向运行;③横面向前P向量振幅>0.06mV。以上3项中具有1项即可诊断,额面最大P向量角>+75°作为参考条件。

3. 可疑肺心病 横面QRS环呈"肺气肿图形"(环体向后,最大QRS向量沿+270°轴后伸,环体幅度减低和变窄),其额面最大QRS向量方位>+60°或肺气肿图形其右后面积占总面积15%以上。合并右束支传导阻滞或终末延缓作为参考条件。

(五) 血气分析

用于判断呼吸功能和酸碱失衡。

1. 呼吸功能 PaO_2<8.0kPa(60mmHg)为Ⅰ型呼吸衰竭,伴有$PaCO_2$>6.7kPa(50mmHg)时为Ⅱ型呼吸衰竭。

2. 酸碱失衡 常见的酸碱失衡类型有:呼吸性酸中毒、呼吸性酸中毒并代谢性碱中毒、呼吸性酸中毒并代谢性酸中毒、代谢性酸中毒等。

(六) 血液检查

红细胞及血红蛋白可升高,全血黏度及血浆黏度可增加,红细胞电泳时间延长;合并感染时白细胞总数增高、中性粒细胞增加,部分患者血清学检查可有肝功能或肾功能改变;血清电解质如钾、钠、氯等可有变化。血浆脑利钠肽(brain natriuretic peptide,BNP)在评价肺动脉压和心功能具有一定价值。

五、诊断和鉴别诊断

(一) 诊断

根据患者有慢性胸肺疾病或肺血管病变病史,临床有P_2>A_2、剑突下心音增强、颈静脉怒张、肝大压痛、肝颈静脉回流征阳性、下肢水肿及体静脉压升高等右心室增大或右心功能不全的表现,并结合X线胸片、心电图、超声心动图、心电向量图有肺动脉高压和右心室肥厚、扩大的征象,可作出本病诊断。

(二) 鉴别诊断

本病需与以下疾病进行鉴别。

1. 冠状动脉粥样硬化性心脏病(冠心病) 慢性肺心病与冠心病均多见于老年患者,临床表现有许多相似之处,如肝大、下肢水肿、发绀等,且二者可并存。冠心病有典型的心绞痛、心肌梗死病史,尚有左心衰、高血压、高脂血症、糖尿病史,心电图显示缺血性S-T改变或异常Q波;冠心病的心律失常多为持久性,而肺心病心律失常多为短时性;心脏增大主要表现为左心室,X线

显示心左缘向左下扩大。此外，体检、超声心动图检查呈左心室肥厚的征象，可助鉴别。

2. 风湿性心脏病　风湿性心脏病的三尖瓣患者，应与慢性肺心病三尖瓣相对关闭不全相鉴别。前者有风湿性关节炎和心肌炎病史，还可同时有二尖瓣、主动脉瓣病变，X 线、心电图、超声心动图可资鉴别。

3. 原发性心肌病　该病右心衰竭时引起肝大、肝颈静脉回流征阳性、下肢水肿和腹腔积液等临床表现，与肺心病相似，尤其在合并有呼吸系统疾病或感染时，应注意鉴别。原发性心肌病多见于中青年，无明显慢性呼吸道疾病史、体征和肺动脉高压的表现，心脏多呈普遍性增大，超声心动图可见各心室腔明显增大，室间隔和左室后壁运动幅度减低。

4. 发绀型先天性心脏病　该型患者常有右心增大、肺动脉高压及发绀表现，但该病多见于儿童，无慢性肺部疾病病史，心脏体检可闻及病理性杂音，心脏超声有助于明确诊断，个别诊断困难患者，可采取心导管、心脏造影 CT 检查。

六、治疗

(一) 肺、心功能代偿期

对于肺、心功能代偿期的患者，宜采用中西医结合的综合治疗措施，去除或减少诱发因素，避免肺心病的急性加重，增强患者的免疫功能，合理膳食，适度运动，以延缓肺胸基础疾病的进展，使肺、心功能得到维持或部分恢复。

(二) 肺、心功能失代偿期

治疗原则为积极控制感染，通畅气道，改善呼吸功能，纠正缺氧与二氧化碳潴留，控制呼吸衰竭和心力衰竭，积极处理并发症。

1. 控制感染　参考痰细菌培养及药物敏感试验结果，选择有效抗生素。在痰培养结果报告前，可根据当地病原菌耐药性流行病学监测结果、患者发生感染的场所（社区获得性感染以革兰阳性菌、非典型病原体多见，医院获得性感染以革兰阴性菌多见）以及既往抗生素使用情况经验性选择抗生素。常用抗生素有喹诺酮类、头孢类、青霉素类、氨基糖苷类等，严重感染者甚至需使用碳青霉烯或抗真菌药。

2. 呼吸衰竭的治疗　使用支气管舒张药和祛痰药以及吸痰，通畅呼吸道，改善通气。合理给氧以纠正缺氧，促进二氧化碳排出以纠正二氧化碳潴留，积极纠正酸碱失衡及电解质紊乱。详见第十章急慢性呼吸衰竭。

(1) 氧疗：由于缺氧是肺动脉高压形成的重要因素，而肺动脉高压是引起慢性肺心病的关键，因此纠正缺氧，是延缓肺动脉高压形成，降低肺动脉高压，从而改善右心功能的重要手段。通过吸氧，应使 SaO_2>90%、PaO_2≥8.0kPa（60mmHg），如能长期氧疗（long-term oxygen therapy，LTOT），即每天不少于 15 小时，可望降低 PAH。对 COPD 患者，由于常合并二氧化碳潴留，宜采取持续低流量给氧，即氧流量 1~3L/min，吸氧浓度一般控制在 24%~29% 左右，最高吸氧浓度不超过 33%。

(2) 呼吸兴奋剂：当慢性肺心患者出现明显的 CO_2 潴留、意识模糊甚至肺性脑病等临床表现时，可使用中枢呼吸兴奋剂，以达到清醒患者意识、增加通气的作用，如使用 12~24 小时无效应考虑停用，改以机械通气。

呼吸兴奋剂使用：尼可刹米 0.375×（3~5 支）加入 5% 葡萄糖液 500ml 中静脉滴注。剂量不宜过大，以免增加耗氧。应用呼吸兴奋剂时须注意：①同时给予氧气疗法，可提高疗效；②保持呼吸道通畅；③对有频繁抽搐者，须慎用呼吸兴奋剂。

3. 右心功能衰竭的治疗　慢性肺心病的心力衰竭一般经过氧疗、控制呼吸道感染，改善呼吸功能、纠正低氧和解除二氧化碳潴留后，心力衰竭症状可减轻或消失，患者尿量增多，水肿消退，不需常规使用利尿剂和强心剂。仅对病情较重或上述治疗无效者，可酌情选用利尿剂或强

心剂。

(1) 利尿剂：通过抑制肾脏钠、水重吸收而增加尿量，减少循环血量，减轻右心前负荷，纠正右心功能衰竭，消除水肿，但利尿剂使用过多，利尿过猛对患者也有其不利的一面：①大量利尿后可使痰液变黏稠，不易咳出；②导致低钾、低钠、低氯等电解质紊乱；③增加血液黏滞度。因此，其使用原则为小剂量、短疗程、间歇用药、联合使用排钾和保钾利尿剂。一般可使用氢氯噻嗪(双氢克尿噻)25mg，每日 1~3 次，联合螺内酯 20mg，每日 1~2 次或氨苯蝶啶 25mg，每日 1~2 次。重度而急需利尿的患者可用呋塞米 20mg，肌注或口服。需要强调的是，使用利尿剂过程中应注意补充钾盐和其他电解质。

(2) 强心剂：由于慢性肺心病患者缺氧，而使得心脏对洋地黄的敏感性增加，易致中毒，如出现心律失常，甚至猝死等，因此，肺心病右心功能衰竭时，洋地黄使用应谨慎。在下列情况下方可考虑使用洋地黄：①感染已控制，呼吸功能已改善，经利尿剂治疗后右心功能仍未改善者；②合并室上性快速心律失常，如室上性心动过速，心房颤动(心率 >100 次 / 分)者；③以右心功能衰竭为主要表现，而无明显急性感染的患者；④合并急性左心衰竭者。其用药原则是选用作用快、排泄快的强心剂，小剂量(常规剂量的 1/2~1/3)给药。常用西地兰 0.2~0.4mg 或毒毛旋花子苷 K 0.125~0.25mg，加入葡萄糖液 20ml 内缓慢静脉注射。用药前，应注意纠正缺氧和低钾血症；用药后，不宜以心率快慢作为观察疗效的指标，因为低氧和低钾血症均可引起心率增快。

(3) 血管扩张剂：鉴于血管扩张剂在治疗左心衰，以及原发性肺动脉高压获得的满意疗效及治疗经验，提示在肺心病右心衰治疗中可能获益，目前经过大量基础与临床研究，发现血管扩张剂在肺心病右心衰治疗中具有一定疗效，且发现对主要由肺血管收缩引起的肺动脉高压疗效较好，而由血管重塑引起的慢性肺动脉高压疗效较差。虽然血管扩张剂可使肺动脉扩张，降低肺动脉压，减轻右心负荷，改善右心功能。但也应注意，许多血管扩张剂在降低肺动脉压的同时，也能引起体循环动脉血压下降，严重时造成冠状动脉缺血，使心肌收缩力下降，并使 V/Q 比例失衡，加重低氧血症，甚至有学者对一些血管扩张剂的降低 PAH 作用持否定态度。因此，建议对部分严重 PAH 患者，选用作用快、剂量调整方便的药物、小剂量开始、逐渐加量，并根据血压、心率及疗效等及时调整，同时适当应用支气管扩张剂以改善肺泡通气。

1) α 受体阻滞剂：使用 α 受体阻断剂可增加心排血量，降低肺动脉压，但可降低血氧饱和度。选用的药物有哌唑嗪、酚妥拉明等。乌拉地尔(urapidil)是一种新的选择性节后 α 受体阻断剂，具有较强的肺血管扩张作用，而对心功能影响较小。

2) 钙通道阻滞剂：长期使用可能改善呼吸困难，但对患者生存期无明显影响，有报道硝苯地平对 COPD 肺动脉高压轻、中度病情稳定者的短期疗效较好，而对病情重且不稳定者的疗效较差，尼群地平和非洛地平(Felodipine)的长期疗效可能优于硝苯地平。

3) 血管紧张素转换酶抑制剂在降低肺动脉高压的作用尚需临床资料证实。

4) 硝普钠具有起效快，作用时间短，作用强，直接舒张血管平滑肌降低肺动脉压的特点，但可明显降低 PaO_2。

5) 吸入 NO 不仅可以降低低氧肺动脉高压，而且可以减轻低氧性肺血管重建和右心肥大。吸入 NO 的浓度一般为 20~40ppm。但是，NO 吸收后可与血红蛋白结合生成高铁血红蛋白，并且在有氧环境中可氧化为 NO_2，进而转变为亚硝酸和硝酸，可增加气道的反应性。因此，在使用时应持续监测 NO、NO_2 及高铁血红蛋白浓度。停用 NO 时应逐渐减量，以防反跳。

此外，前列腺素、内皮素受体拮抗剂、磷酸二酯酶抑制剂西地那非(sildenafil)等降低 PAH 也有报道。

4. 并发症的治疗　慢性肺心病除肺和心功能严重损伤外，全身其他器官均可受累，出现多种并发症，须及时发现并积极治疗，方可降低病死率。

(1) 肺性脑病：是由于呼吸功能衰竭所致缺氧、二氧化碳潴留而引起精神障碍、神经系统症

状的一种综合征。但必须除外脑动脉硬化、严重电解质紊乱、单纯碱中毒、感染中毒性脑病等。肺性脑病是慢性肺心病死亡的首要原因，应积极防治。详见第十章急慢性呼吸衰竭。

(2) 酸碱失衡及电解质紊乱：慢性肺心病出现呼吸衰竭时，由于缺氧和二氧化碳潴留，当机体发挥最大限度代偿能力仍不能保持体内酸碱平衡时，可发生各种不同类型的酸碱失衡及电解质紊乱，使呼吸衰竭、心力衰竭、心律失常的病情更加恶化，直接影响治疗及预后。因此，应严密监测，准确判断酸碱失衡类型及电解质紊乱情况，并及时采取治疗措施。详见第十章急慢性呼吸衰竭。

(3) 心律失常：多表现为房性期前收缩及阵发性室上性心动过速，其中以紊乱性房性心动过速最具特征性。也可有心房扑动及心房颤动。少数病例由于急性严重心肌缺氧，可出现心室颤动以致心搏骤停。应注意与洋地黄中毒等引起的心律失常相鉴别。一般的心律失常经过控制呼吸道感染，纠正缺氧、二氧化碳潴留、酸碱失衡及电解质紊乱，可自行消失；如持续存在，应注意合并其他心脏疾病，并根据心律失常的类型选用药物。

(4) 休克：慢性肺心病休克并不多见，一旦发生，预后不良。发生原因有严重感染，失血(多由上消化道出血所致)和严重心力衰竭或心律失常。

(5) 消化道出血：详见第十章急慢性呼吸衰竭。

(6) 抗凝治疗：如果患者的血红蛋白较高、血液黏滞度增加，可考虑加用肝素抗凝。肝素可采用小剂量间断静脉使用，如肝素钠 25~50mg 每 6~8 小时缓慢静脉推注，或肝素钙皮下注射 50mg，每 12 小时 1 次，并严密监测凝血功能。

七、预后与预防

(一) 预后

慢性肺心病常反复急性加重，经积极治疗多数可以缓解，但每次急性发作对患者肺、心功能和全身重要脏器都会造成严重打击，使心、肺功能损害逐渐加重，多数远期预后不良。慢性肺心病的死亡率在 10%~15% 左右，肺动脉高压水平是判断预后的一个较好指标。积极治疗虽然不能从根本上逆转慢性肺心病的自然病程，但可在一定程度上延缓病情进展，从而延长患者的生命，提高患者的生活质量。

(二) 预防

由于慢性肺心病是各种原发肺胸疾病发展至晚期的并发症，病变已很难逆转，故早期积极防治引起本病的支气管、肺和血管等疾病，提倡 LTOT，是降低肺心病死亡率的关键。

(王长征)

思考题

1. 慢性支气管炎的诊断、分型和分期?
2. 慢性肺心病的发病机制。
3. 慢性肺心病的主要检查及其诊断标准。
4. 慢性肺心病肺、心功能失代偿期的治疗原则和方法。

参考文献

1. Forey BA, Thornton AJ, Lee PN.Systematic review with meta-analysis of the epidemiological evidence relating smoking to COPD, chronic bronchitis and emphysema. BMC Pulmonary Medicine 2011, 11:36, http://www.biomedcentral.com/1471-2466/11/36

2. Balter MS, Forge JL, Low DE, et al.the Chronic Bronchitis Working Group on behalf of the Canadian Thoracic Society and the Canadian Infectious Disease Society. Canadian guidelines for the

management of acute exacerbations of chronic bronchitis.Can Respir J,2003,10(Suppl B):3B-32B

3. Weitzenblum E,Chaouat A. Cor pulmonale.Chronic Respiratory Disease,2009,6:177-185

4. Chaouat A,Naeije R,Weitzenblum E.Pulmonary hypertension in COPD. Eur Respir J 2008,32:1371-1385

5. 陆再英,钟南山．内科学．第7版．北京:人民卫生出版社,2008

6. 王吉耀．内科学．北京:人民卫生出版社,2005

第九章　支气管哮喘

第一节　支气管哮喘的定义及流行病学概况

支气管哮喘(bronchial asthma,简称哮喘)是由多种细胞包括气道的炎性细胞(如嗜酸性粒细胞、肥大细胞、T淋巴细胞、中性粒细胞)和结构细胞(如平滑肌细胞、气道上皮细胞等)以及细胞组分参与的气道慢性炎症性疾病。主要特征包括气道慢性炎症,气道对多种刺激因素呈现的高反应性,广泛多变的可逆性气流受限,以及随病程延长而导致的一系列气道结构的改变,即气道重构。临床表现为反复发作的喘息、气急、胸闷或咳嗽等症状,常在夜间及凌晨发作或加重,多数患者可自行缓解或经治疗后缓解。哮喘临床症状在不同时间及发作时的严重程度均表现为多变性。全球哮喘防治创议(Global Initiative for Asthma,GINA)和我国支气管哮喘防治指南是防治哮喘的重要指南。根据全球和我国哮喘防治指南提供的资料,经过长期规范化治疗和管理,80%以上的患者可以达到哮喘的临床控制。

目前全球约有3亿、我国约有3千万哮喘患者。各国哮喘患病率从1%~16%不等,我国约为1.24%,世界卫生组织估计到2025年全球哮喘患者将增加1亿人。一般认为儿童患病率高于青壮年,男性儿童患病率为女性儿童2倍,成人男女患病率大致相同,发达国家高于发展中国家,城市高于农村,但随着发展中国家城市化进程的加快,哮喘患病率近年来显著上升。哮喘病死率在1.6~36.7/10万,目前全世界大约每年由于哮喘死亡250 000人,多与哮喘长期控制不佳、最后一次发作时治疗不及时有关,其中大部分是可预防的。我国已成为全球哮喘病死率最高的国家之一。

第二节　支气管哮喘的病因及发病机制

哮喘是一种复杂的、具有多基因遗传倾向的疾病,其发病呈现家族集聚性,亲缘关系越近,患病率越高。宿主与环境因素的相互作用,是哮喘发病机制的关键。

一、病因

哮喘与多基因遗传有关,同时受宿主因素(遗传、肥胖、性别等)和环境因素的双重影响。常见的哮喘危险因素及促发因素见表9-1。

表9-1　常见的哮喘危险因素及促发因素

危险因素及促发因素	
内源性因素	哮喘易感基因、过敏体质、气道高反应性、性别
环境因素	室内变应原、室外变应原、职业暴露、被动吸烟、呼吸道感染
促发因素	运动、冷空气、二氧化硫、药物(β受体阻断剂、阿司匹林)、精神及心理因素

(一)内源性因素

哮喘具有多基因遗传倾向。所谓的多基因遗传,是指不同染色体上多对致病基因共同作用,

这些基因之间无明显的显隐性区别，各自对表现型的影响较弱，但具有协同或累加效应，发病与否受环境因素的影响较大。多基因遗传使得哮喘具有显著的遗传异质性，即某些群体中发现的遗传易感基因，在另外的群体中不一定能发现，使得哮喘相关基因的寻找和鉴定更为复杂。

目前哮喘易感基因的研究主要针对以下 4 个方面：过敏原特异性 IgE 抗体；气道高反应性；细胞因子、趋化因子等炎症介质；Th_1/Th_2 淋巴细胞的免疫失衡。如通过传统的连锁分析或关联分析方法发现 $5q^{31-33}$ 区域内含有包括细胞因子 IL-3、IL-4、IL-9、IL-13、GM-CSF 等多个与哮喘发病相关的候选基因，这些基因对 IgE 调节以及对炎症的发生发展很重要。近年来，点阵单核苷酸多态性（SNP）基因分型技术，也称为全基因组关联研究（Genome Wide Association Studies，GWAS）的发展给哮喘的易感基因研究，带来了革命性的突破。GWAS 不需要大样本的家系研究，同时又能得到更为有力的统计结果。采用 GWAS 鉴定了多个哮喘易感基因如 HLA-DQB_1，IL-33，IL-$18R_1$，胸腺基质淋巴细胞生成素（Thymic stromal lymphopoietin，TSLP）等。

过敏体质是哮喘的主要危险因素，哮喘患者通常合并其他过敏性疾病如过敏性鼻炎、湿疹等。

（二）环境因素

1. 室内变应原 包括尘螨、家养宠物及蟑螂。尘螨是最常见的室内变应原，常见的包括四种：屋尘螨，粉尘螨，宇尘螨和多毛螨。尘螨主要抗原为 DerpⅠ和 DerpⅡ，主要成分为半胱氨酸蛋白酶或酪氨酸蛋白酶，具有蛋白溶解活性，使它们更易进入具有免疫活性的细胞。家养宠物，如猫、狗、鸟等也是室内变应原的重要来源，它们的皮毛、唾液、尿液与粪便等分泌物中存在大量变应原。

2. 室外变应原 花粉和草粉最常见，其对哮喘的影响随气候和地域条件变化。木本植物(树花粉）常引起春季哮喘，而禾本植物的草类和莠草类花粉常引起秋季哮喘。

3. 职业暴露 可引起职业性哮喘的常见变应原有油漆、饲料、活性染料、谷物粉、木材、异氰酸盐、邻苯二甲酸、过硫酸盐、乙二胺等。

4. 食物 如鱼、虾、蟹、蛋类、牛奶等均是常见的变应原，食物中的添加剂如防腐剂、染色剂也可以引起哮喘急性发作。缺乏维生素 A、维生素 C、镁、硒、ω-3 多不饱和脂肪酸（鱼油）等抗氧化剂的饮食会增加罹患哮喘的风险。

5. 大气污染 空气污染物如二氧化硫、臭氧等可致支气管收缩、一过性气道反应性增高，并能增强对变应原的反应。日常生活中诱发哮喘的常见空气污染有煤气、油烟、杀虫喷雾剂及蚊香等。

6. 吸烟 吸烟对哮喘的影响已有明确的结论，主动吸烟会加重哮喘患者肺功能的下降，加重病情并降低治疗效果。被动吸烟会诱发哮喘，特别是对于那些父母抽烟的哮喘儿童，常因被动吸烟而引起哮喘发作。

7. 呼吸道感染 病毒感染为最常见的哮喘促发因子。与成人哮喘有关的病毒以鼻病毒和流感病毒为主；呼吸道合胞病毒（RSV）、副流感病毒和鼻病毒则与儿童哮喘发作关系较为密切。因急性 RSV 感染住院的儿童，在 10 年后有 42% 发生哮喘。此外，非典型病原体如支原体、衣原体感染也与哮喘尤其是重症哮喘密切相关。

（三）促发因素

1. 药物 阿司匹林和一些非甾体类抗炎药是药物所致哮喘的主要变应原，其他一些药物如普萘洛尔（心得安）、抗生素（青霉素、头孢菌素）、水杨酸酯等也可以引起哮喘发作。

2. 精神和心理因素 部分哮喘的发生和加重与精神和心理因素有关。哮喘患病率在低收入、棚户区等精神压力较高的家庭更高，在婴幼儿阶段受到父母过大教育压力的儿童，会增加其学龄阶段罹患哮喘的风险。

3. 运动 运动诱发支气管哮喘发作是较为常见的问题。跑步、爬山等运动尤其容易促使轻

度哮喘或稳定期哮喘发作。

二、发病机制

哮喘的发病机制非常复杂，目前可概括为气道免疫 - 炎症机制、神经调节机制及其相互作用。T 细胞介导的免疫调节的失衡与慢性气道炎症的发生是最重要的哮喘发生机制。气道重构与慢性炎症和上皮损伤修复相关，并越来越受到重视。气道慢性炎症与气道重构共同导致气道高反应性的发生。

（一）气道炎症机制

气道慢性炎症反应是由多种炎症细胞、结构细胞、炎症介质和细胞因子共同参与、相互作用的结果。

1. 气道炎症产生的途径 当外源性变应原进入机体后被抗原递呈细胞（如树突状细胞、巨噬细胞、嗜酸性粒细胞）内吞并激活 Th 细胞向 Th_2 细胞分化。一方面，活化的辅助性 Th_2 细胞产生白介素（IL）如 IL-4、IL-5 和 IL-13 等激活 B 淋巴细胞，使之合成特异性 IgE，后者结合于肥大细胞和嗜碱性粒细胞等表面的 IgE 受体。若变应原再次进入体内，可与结合在细胞表面的 IgE 交联，使该细胞合成并释放多种活性介质导致气道平滑肌收缩、黏液分泌增加和炎症细胞浸润，产生哮喘的临床症状，这是一个典型的变态反应过程。另一方面，活化的 Th_2 细胞分泌的 IL 等细胞因子可直接激活肥大细胞、嗜酸性粒细胞及肺泡巨噬细胞等，这些细胞进一步分泌多种炎症因子，如组胺、白三烯、前列腺素、活性神经肽、血小板活化因子、嗜酸性粒细胞趋化因子、转化生长因子（TGF）等，构成了一个与炎症细胞相互作用的复杂网络，导致气道慢性炎症。

根据变应原吸入后哮喘发病的时间，可分为早发型哮喘反应、迟发型哮喘反应。早发型哮喘反应几乎在吸入变应原的同时立即发生，15~30 分钟达高峰，2 小时后逐渐恢复正常。迟发型哮喘反应约 6 小时左右发生，持续时间长，可达数天，约半数以上患者出现迟发哮喘反应。

2. 参与气道炎症的免疫细胞、结构细胞、细胞因子、趋化因子及炎症介质

（1）肥大细胞：哮喘患者气道表面、气道平滑肌层存在活化的肥大细胞，但相应的正常人体或嗜酸粒细胞性支气管炎患者却没有。肥大细胞在过敏原或运动诱发的急性支气管收缩反应中起重要作用。肥大细胞可释放多种促支气管收缩的炎症介质，包括组胺、前列腺素 D_2、半胱氨酸白三烯以及多种细胞因子、趋化因子、生长因子等。

（2）巨噬细胞及树突状细胞：来源于哮喘患者外周血单核细胞的巨噬细胞，在受到过敏原攻击后会迁移到气道并活化。树突状细胞为主要的抗原递呈细胞，在摄取过敏原后加工为肽段，而后迁移至局部的淋巴结并将肽段递呈给未分化的 T 淋巴细胞，促进其向 Th_2 淋巴细胞分化。

（3）嗜酸性粒细胞：气道嗜酸性粒细胞（Eos）浸润是哮喘的典型特征，活化的 Eos 通过释放的主碱蛋白、氧自由基等炎症介质参与气道高反应性、气道炎症及气道重构的形成。近年来认识到嗜酸性粒细胞在哮喘发病中，不仅发挥着终末效应细胞的作用，还具有免疫调节作用。

（4）中性粒细胞：在重症哮喘患者及非过敏性哮喘患者中可见气道活化的中性粒细胞浸润增加。目前对中性粒细胞在激素抵抗型哮喘中的作用尚不明确。

（5）T 淋巴细胞：T 细胞在哮喘气道炎症中起非常关键的作用，Th_2 免疫应答占优势的 Th_1/Th_2 免疫失衡是哮喘重要的发病机制之一。活化的 Th_2 细胞分泌的细胞因子，如 IL-4、IL-5、IL-13 等可以直接激活肥大细胞、嗜酸性粒细胞及肺泡巨噬细胞等多种炎症细胞，使之在气道浸润和募集。这些细胞相互作用可以分泌出许多种炎症介质和细胞因子，如组胺、前列腺素（PG）、白三烯（LT）、嗜酸性粒细胞趋化因子（ECF）、中性粒细胞趋化因子（NCF）、TGF、血小板活化因子（PAF）等，构成了一个与炎症细胞相互作用的复杂网络，使气道收缩，黏液分泌增加，血管渗出增多。Th_{17} 细胞是 Th 家族的新成员，主要产生 IL-17A/F 和 IL-22；IL-17 可促进气道成纤维细胞、上皮细胞和平滑肌细胞的活化，使这些细胞高表达 IL-6、IL-8、G-CSF 等因子。其中 IL-8 是中性粒细

胞趋化因子，而IL-6和粒细胞集落刺激因子(G-CSF)可以促进粒细胞增殖，产生中性粒细胞炎症。目前认为 Th_{17} 细胞在部分以中性粒细胞浸润为主的激素耐受型哮喘和重症哮喘中起重要作用。调节性T细胞具有抑制T细胞免疫应答的功能，其在哮喘发病中的作用还有待进一步证实。

(6) 结构细胞：气道结构细胞包括气道上皮细胞、成纤维细胞及气道平滑肌细胞，是哮喘发病中细胞因子、脂质类介质的重要来源。由于结构细胞的数量远远超过炎症细胞，因此有可能成为驱动哮喘慢性气道炎症的炎症介质的主要来源。此外，气道上皮细胞在人体识别吸入的环境因子，进而形成气道炎症反应的过程中起关键作用，可能为吸入激素(ICS)的主要治疗靶标。臭氧暴露、病毒感染、致敏性化学物及过敏原暴露，均可导致气道上皮脱落。气道上皮损伤通过以下机制诱导气道高反应性：屏障功能丧失，过敏原更易穿透气道；降解炎症介质的中性内肽酶(neutral endopeptidase，NEP)缺失；上皮来源的舒张气道因子缺乏，上皮下感觉神经末梢暴露。

(7) 炎症介质、细胞因子、趋化因子：组胺、前列腺素 D_2、半胱氨酸-白三烯等参与哮喘发病的炎症介质可导致气道平滑肌收缩、加剧微血管渗出、促进气道黏液分泌及其他炎症细胞的募集。

Th_2 细胞因子IL-4、IL-5、IL-13介导哮喘气道炎症，促炎症因子肿瘤坏死因子-α(TNF-α)、IL-1β进一步放大炎症，并在重症哮喘中具有重要作用。趋化因子负责将炎症细胞从支气管、肺循环募集到气道局部，如Eotaxin-1(CCL11)通过 CCR_3 受体特异性募集Eos，TARC(CCL17)及MDC(CCL22)则通过 CCR_4 募集 Th_2 淋巴细胞。

(二) 气道重构机制

气道重构与哮喘的病情严重程度相关，表现为气道上皮细胞黏液化生、网状基底膜增厚、平滑肌肥大或增生、上皮下胶原沉积和纤维化、血管增生等，多出现在反复发作、长期没有得到良好控制的哮喘患者。气道重构使得哮喘患者对吸入激素的反应性降低，出现不可逆或部分不可逆的气流受限，气道黏液过度分泌以及持续存在的气道高反应性。气道重构的发生主要与持续存在的气道炎症和反复的气道上皮损伤或修复有关。

1. 气道炎症　参与哮喘发生的多种炎症细胞，包括Eos、肥大细胞、Th_2 细胞等可分泌一系列与气道重构发生相关的炎症因子。多种炎症介质参与哮喘的气道重构过程，其中最主要的有：转化生长因子-β(TGF-β)、血管内皮生长因子(VEGF)、白三烯、基质金属蛋白酶-9(MMP-9)、解聚素和金属蛋白酶-33(ADAM-33)。

2. 气道上皮损伤或修复　除气道炎症外，由环境因素直接导致的气道上皮的损伤及伴随发生的修复过程，在气道重构的发生发展中起了重要作用。气道上皮受环境刺激损伤后，TGF-β、表皮生长因子(EGF)等分泌增加，上皮细胞发生变形，并高分泌基质金属蛋白酶和细胞外基质(ECM)。紧靠上皮的星形成纤维细胞转化为肌成纤维细胞，同时也释放一系列前炎症介质，促进气道重构的发生。

(三) 气道高反应性(airway hyperresponsiveness，AHR)发生机制

AHR是指气道对多种刺激因素，如过敏原、理化因素、运动、药物等呈现高度敏感状态，表现为患者接触这些刺激因子时，气道出现过强或过早的收缩反应，是哮喘的基本病理生理特征。AHR的发生与气道炎症、气道上皮损伤或修复和神经调节的异常相关。

气道炎症是导致AHR的重要机制之一，多种炎症细胞与AHR发生相关，最主要的有Eos，T淋巴细胞(尤其是 Th_2 淋巴细胞)和肥大细胞。组织水肿及结构改变导致的气道壁增厚、气道平滑肌细胞的肥大或增生导致的平滑肌过度收缩也在AHR中发挥重要作用。此外，AHR与β-肾上腺素受体功能低下和迷走神经张力亢进有关，并可能存在有α-肾上腺素能神经的反应性增加。

(四) 气道的神经-受体调节机制

神经因素是哮喘发病的重要环节之一。支气管受复杂的自主神经支配，除肾上腺素能神经、

胆碱能神经外，还有非肾上腺素能非胆碱能（NANC）神经系统。

1. 肾上腺素能神经 - 受体失衡机制　肾上腺素能神经系统包括交感神经、循环儿茶酚胺、α受体和β受体，任何一方面的缺陷或损伤均可导致气道高反应性。从大气道直到终末细支气管，β受体的密度随气道管径变小而逐渐增高，由此可见β受体激动剂是支气管和细支气管的强力扩张剂。β受体功能低下、β_2受体自身抗体的产生是哮喘发病的一个重要环节。

2. 胆碱能神经 - 受体失衡机制　胆碱能神经系统是引起人类支气管痉挛和黏液分泌的主要神经，包括胆碱能神经（迷走神经），神经递质乙酰胆碱（ACh），胆碱受体。从大气道到终末细支气管，胆碱能神经纤维的分布逐渐减少，至肺泡壁则缺如。因此胆碱能神经对大气道的作用显著大于对小气道的作用，同样抗胆碱药物对大、中气道的扩张作用亦明显大于对小气道的作用。哮喘患者对吸入组胺和乙酰甲胆碱反应性显著增高，其刺激阈值明显低于正常人，提示可能存在一种胆碱能神经张力的增加，同时也可能意味着哮喘患者的气道对内源性 ACh 的反应性增高。

3. 非肾上腺素能非胆碱能（NANC）神经功能失调　NANC 神经系统分为抑制性 NANC 神经系统（i-NANC）及兴奋性 NANC 神经系统（e-NANC）。i-NANC 可能是人类唯一的舒张支气管的神经，其神经递质为血管活性肠肽（VIP）和 NO。VIP 具有扩张支气管、扩张肺血管、调节支气管腺体分泌的作用，它是最强烈的内源性支气管扩张物质，这种扩张作用不依赖于肾上腺素能受体，不受肾上腺素能及胆碱能阻滞剂的影响。哮喘时 VIP 合成和释放减少，因哮喘发作而死亡的患者其 VIP 可完全缺如。NO 是体内内皮细胞、中性粒细胞、巨噬细胞、神经组织在一定刺激下所合成，一方面可舒张肺血管和支气管平滑肌，使哮喘症状减轻；另一方面大量 NO 合成使其毒性作用加强，加重哮喘病情。e-NANC 神经则可释放收缩支气管平滑肌的介质如 P 物质(SP)、神经激肽 A（NKA）等。

4. 神经源性炎症　气道的感觉神经末梢受到炎症刺激时，通过传入神经元轴突的其他分支引起感觉神经末梢释放介质 SP、降钙素基因相关肽（CGRP）及 NKA 等导致血管扩张、血管通透性增加和炎症渗出，此即为神经源性炎症。神经源性炎症能通过局部轴突反射释放感觉神经肽而引起哮喘发作。

哮喘发病机制如图 9-1 所示。

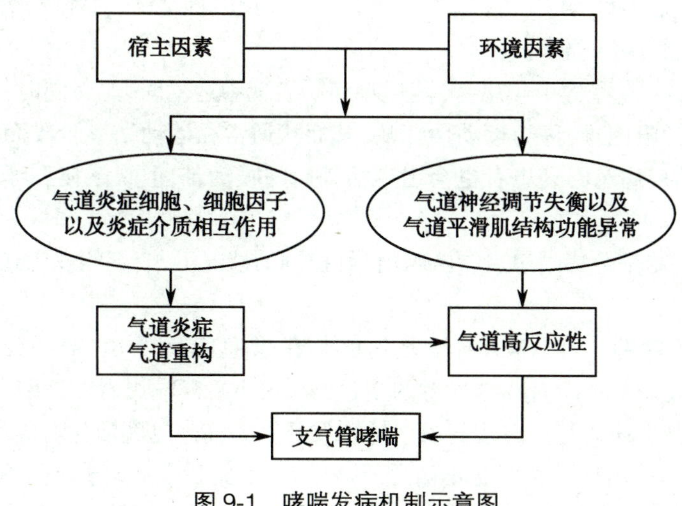

图 9-1　哮喘发病机制示意图

第三节　支气管哮喘的病理

气道慢性炎症作为哮喘的基本特征，存在于所有的哮喘患者，表现为纤毛上皮细胞脱落、杯状细胞增殖及气道分泌物增加、气道上皮下肥大细胞、嗜酸性粒细胞、巨噬细胞、淋巴细胞及中

性粒细胞等的浸润，以及气道黏膜下组织水肿、微血管通透性增加、支气管平滑肌痉挛等病理改变。若哮喘长期反复发作，可见上皮下网状基底膜增厚、支气管平滑肌肥大或增生、气道上皮杯状细胞化生、上皮下胶原沉积和纤维化、血管增生等气道重构的表现。

疾病早期，肉眼观解剖学上很少见器质性改变。随着疾病发展，病理学变化逐渐明显。肉眼可见肺膨胀及肺气肿，肺柔软疏松有弹性，支气管及细支气管内含有主要由糖蛋白组成的黏稠痰液及黏液栓，尤其在致命性的重症哮喘患者，可见大量黏液栓导致气道广泛阻塞。

第四节 支气管哮喘的典型临床表现，不典型临床表现的识别

一、症状

（一）典型表现的哮喘

典型的哮喘表现为发作性的咳嗽、胸闷和呼气性呼吸困难，多与接触变应原、冷空气、物理、化学性刺激、病毒性上呼吸道感染、运动等有关。在夜间及凌晨发作和加重常是哮喘的特征之一。发作时的严重程度和持续时间个体差异很大，轻者仅感呼吸不畅，或胸部紧迫感。重者则可感到极度呼吸困难，被迫采取坐位或呈端坐呼吸，甚至出现发绀等。哮喘症状可在数分钟内发作，经数小时至数天，用支气管舒张药后缓解或自行缓解，也有少部分不缓解而呈持续状态。

（二）不典型哮喘的临床表现

1. 咳嗽变异性哮喘（cough variant asthma，CVA） 咳嗽为唯一的表现，常于夜间及凌晨发作，运动、冷空气等诱发加重，气道反应性测定存在高反应性，抗生素或镇咳、祛痰药治疗无效，使用支气管解痉剂或吸入皮质激素治疗有效。

2. 隐匿性哮喘（potential asthma） 无临床症状但有气道高反应性增高，且部分患者可发展为有症状的典型哮喘，该现象可被吸入糖皮质激素治疗有效阻断。

3. 胸闷变异性哮喘（chest tightness variant asthma，CTVA） 以胸闷作为唯一症状的不典型哮喘类型，患者以中青年多见，起病隐匿，胸闷可以在活动后诱发，部分患者夜间发作较为频繁，可有季节性，但无咳嗽、喘息，亦无痰、无胸痛。气道反应性增高，对哮喘治疗效果明显。

（三）特殊类型哮喘的临床表现

1. 运动性哮喘 有些青少年患者，其哮喘症状表现为运动时，尤其同时伴有遭遇冷空气时出现胸闷、咳嗽和呼吸困难，称为运动性哮喘，其症状通常在运动结束阶段而不是过程中出现。虽然慢性阻塞性肺疾病及心衰患者也会出现活动后呼吸困难，但缺乏典型哮喘所具备的胸闷、咳嗽及喘息症状。

2. 脆性哮喘 有部分哮喘患者，在症状良好控制的情况下，会突然发生致死性的哮喘发作，称为“脆性哮喘”。

3. 阿司匹林性哮喘 阿司匹林哮喘常具备哮喘、鼻息肉及阿司匹林不耐受三联症，也称阿司匹林综合征，其发病率占所有哮喘患者的2%~3%，占重症哮喘患者的20%，其治疗较难，常出现激素治疗抵抗，其发病机制与过多的白三烯生成及肥大细胞过度活化有关。该综合征常以鼻炎为首发表现，数年后出现阿司匹林不耐受及哮喘症状，最后出现鼻息肉。阿司匹林哮喘的诊断，包括阿司匹林不耐受、哮喘病史、鼻窦炎及鼻息肉，阿司匹林激发试验可确诊。

4. 职业性哮喘 是指由职业性致喘物引起的哮喘。我国职业性哮喘致喘物规定为：异氰酸脂类（如甲苯二异氰酸盐等）、苯酐类、多胺类固化剂、铂复合盐、剑麻和青霉素。职业性哮喘的病史特点包括有明确的职业史；既往（从事该职业前）无哮喘史；自开始从事该职业至哮喘首次发作的“哮喘潜伏期”最少半年以上；哮喘发作与致喘物的接触关系非常密切，接触则发病，脱离则缓解，甚至终止。

5. 哮喘-慢性阻塞性肺疾病(COPD)重叠综合征(ACOS) 指存在持续性的气流受限,并同时具备哮喘和COPD的多项临床特征。ACOS临床特征包括:起病年龄常>40岁,但在儿童或青少年时期即存在相关症状,常有哮喘家族史或既往曾诊断为哮喘;存在持续性的活动后呼吸困难,但症状可变性更明显;肺功能检查显示气流受限不完全可逆,但存在显著的可变性。

二、体征

典型的体征是呼气相哮鸣音,呼气音延长。一般哮鸣音的强弱和气道狭窄及气流受阻的程度平行,哮鸣音越强,往往说明支气管痉挛越严重。哮喘症状缓解时,支气管痉挛减轻,哮鸣音也随之减弱或消失。但需注意,不能靠哮鸣音的强弱和范围来作为估计哮喘急性发作严重度的根据。当气道极度收缩加上黏液栓阻塞时,气流反而减弱,这时哮鸣音减弱,甚至完全消失,表现为“沉默肺”,这是病情危笃的表现。哮喘发作时还可以有肺过度充气体征,如桶状胸,叩诊过清音,呼吸音减弱等,呼吸辅助肌和胸锁乳突肌收缩增强,严重时可有发绀、颈静脉怒张、奇脉、胸腹反常运动等。非发作期体征可无异常。

第五节 肺功检查在哮喘中的应用及意义,其他辅助检查

一、肺功能检查

肺功能检查在哮喘诊断、病情严重程度及治疗效果评估方面具有关键作用,主要包括通气功能检测、支气管激发试验、支气管舒张试验、呼气峰流速及其变异率测定。

(一)通气功能检测

在哮喘发作时,呈阻塞性通气功能障碍表现,用力肺活量(FVC)正常或下降,1秒钟用力呼气容积(FEV_1)、1秒率(FEV_1/FVC%)以及最高呼气流量(PEF)均下降;残气量及残气量与肺总量比值增加。其中以FEV_1/FVC<70%或FEV_1低于正常预计值的80%,为判断气流受限的最重要指标。缓解期上述通气功能指标可逐渐恢复。病变迁延、反复发作者,其通气功能可逐渐下降。

(二)支气管激发试验(bronchial provocation test,BPT)

用以测定气道反应性。常用吸入激发剂为乙酰甲胆碱和组胺,其他激发剂包括变应原、单磷酸腺苷、甘露糖醇、高渗盐水等,也有用物理激发因素如运动、冷空气等作为激发剂。观察指标包括FEV_1、PEF等。结果判断与采用的激发剂有关,通常以使FEV_1下降20%所需吸入乙酰甲胆碱或组胺累积剂量(PD_{20}-FEV_1)或浓度(PC_{20}-FEV_1)来表示,如FEV_1下降≥20%,判断结果为阳性,提示存在气道高反应性。BPT适用于非哮喘发作期、FEV_1在正常预计值70%以上患者的检查。有症状的哮喘患者几乎都存在AHR,然而,出现AHR者并非都是哮喘,如长期吸烟、接触臭氧、病毒性上呼吸道感染、慢性阻塞性肺疾病等也可出现AHR,但程度相对较轻。因此,支气管激发试验阴性对未接受过ICS治疗的患者可排除哮喘诊断,但阳性并非一定诊断为哮喘。

(三)支气管舒张试验(bronchial dilation test,BDT)

用以测定气道可逆性。有效的支气管舒张药可使发作时的气道痉挛得到改善,肺功能指标好转。常用吸入型的支气管舒张剂如沙丁胺醇、特布他林。舒张试验阳性诊断标准:①FEV_1较用药前增加12%或以上,且其绝对值增加200ml或以上;②PEF较治疗前增加60L/min或增加≥20%。

(四)呼气峰流速(PEF)及其变异率测定

PEF可反映气道通气功能的变化。哮喘发作时PEF下降。此外,由于哮喘有通气功能随时间节律变化的特点,常见夜间或凌晨发作或加重,使其通气功能下降。若24小时内PEF或昼夜

PEF 波动率≥20%，也符合气道可逆性改变的特点。PEF 可采用微型峰流速仪测定，操作方便，适合于患者自我病情监测与评估。

二、痰液检查

如患者无痰咳出时可通过诱导痰方法进行检查。涂片在显微镜下常可见较多嗜酸性粒细胞。

三、血嗜酸性粒细胞计数

哮喘患者可增高，有助于与慢性支气管炎等疾病鉴别。

四、特异性过敏原检测

哮喘患者大多数伴有过敏体质，对众多的过敏原和刺激物敏感。测定过敏性指标结合病史，有助于对患者的病因诊断和脱离致敏因素的接触。

(一) 血清免疫球蛋白 E(IgE)测定

约有 50% 成年哮喘和 80% 以上儿童哮喘患者增高，外周血变应原特异性 IgE 增高结合病史，有助于病因诊断；血清总 IgE 测定对哮喘诊断价值不大，但其增高的程度，可作为重症哮喘使用抗 IgE 抗体治疗及调整剂量的依据。

(二) 皮肤过敏原测试

用于指导避免过敏原接触和脱敏治疗，临床较为常用。需根据病史和当地生活环境选择可疑的过敏原进行检查，可通过皮肤点刺等方法进行，皮试阳性提示患者对该过敏原过敏。

五、动脉血气分析

哮喘发作时由于气道阻塞且通气分布不均，通气 / 血流比例失衡，可致肺泡 - 动脉血氧分压差($A\text{-}aDO_2$)增大；严重发作时可有缺氧，PaO_2 降低。由于过度通气可使 $PaCO_2$ 下降，pH 上升，表现呼吸性碱中毒。若重症哮喘，病情进一步发展，气道阻塞严重，可有缺氧及 CO_2 滞留，$PaCO_2$ 上升，表现呼吸性酸中毒。当 $PaCO_2$ 较前增高，即使在正常范围内也要警惕严重气道阻塞的发生。若缺氧明显，可合并代谢性酸中毒。

六、呼出气一氧化氮(FeNO)检测

用于评估嗜酸性粒细胞气道炎症的无创检测技术，在哮喘患者其水平会显著升高并随着吸入激素的治疗会下降，因此可用于哮喘治疗效果的监测。

七、胸部 X 线或 CT 检查

早期在哮喘发作时可见两肺透亮度增加，呈过度通气状态；在缓解期多无明显异常。如并发呼吸道感染，可见肺纹理增加及炎性浸润阴影。同时要注意肺不张、气胸或纵隔气肿等并发症的存在。胸部 CT 在部分患者可见支气管壁增厚、黏液阻塞。

第六节 哮喘的诊断标准、分期及控制分级，发作期的严重度分级

一、诊断标准

1. 反复发作喘息、气急、胸闷或咳嗽，多与接触变应原、冷空气、物理、化学性刺激、病毒性上

呼吸道感染、运动等有关。

2. 发作时在双肺可闻及散在或弥漫性、以呼气相为主的哮鸣音，呼气相延长。

3. 上述症状可经平喘药物治疗后缓解或自行缓解。

4. 除外其他疾病所引起的喘息、气急、胸闷或咳嗽。

5. 临床表现不典型者(如无明显喘息或体征)应有下列三项中至少一项阳性：①支气管激发试验或运动试验阳性；②支气管舒张试验阳性；③昼夜 PEF 变异率≥20%。

符合 1~4 条或 4、5 条者，可以诊断为哮喘。

二、哮喘的分期及控制水平分级

哮喘可分为急性发作期、非急性发作期。

(一) 急性发作期

急性发作期指喘息、气急、胸闷或咳嗽等症状突然发生或症状加重，伴有呼气流量降低，常因接触变应原等刺激物或治疗不当所致。哮喘急性发作时，其程度轻重不一，病情加重可在数小时或数天内出现，偶尔可在数分钟内即危及生命，故应对病情作出正确评估并及时治疗。急性发作时严重程度可分为轻度、中度、重度和危重 4 级。

轻度：步行或上楼时气短，可有焦虑，呼吸频率轻度增加，闻及散在哮鸣音，肺通气功能和血气检查正常。

中度：稍事活动感气短，讲话常有中断，时有焦虑，呼吸频率增加，可有三凹征，闻及响亮、弥漫的哮鸣音，心率增快，可出现奇脉，使用支气管舒张剂后 PEF 占预计值 60%~80%，SaO_2 91%~95%。

重度：休息时感气短，端坐呼吸，只能发单字表达，常有焦虑和烦躁，大汗淋漓，呼吸频率 >30 次 / 分，常有三凹征，闻及响亮、弥漫的哮鸣音，心率增快常 >120 次 / 分，奇脉，使用支气管舒张剂后 PEF 占预计值 <60% 或绝对值 <100L/ 分或作用时间 <2 小时，PaO_2<60mmHg，$PaCO_2$>45mmHg，SaO_2≤90%，pH 可降低。

危重：患者不能讲话，嗜睡或意识模糊，胸腹矛盾运动，哮鸣音减弱甚至消失，脉率变慢或不规则，严重低氧血症和高碳酸血症，pH 降低。

(二) 非急性发作期

非急性发作期亦称慢性持续期，指患者虽然没有哮喘急性发作，但在相当长的时间内，仍有不同频度和不同程度的喘息、咳嗽、胸闷等症状，可伴有肺通气功能下降。可根据白天、夜间哮喘症状出现的频率和肺功能检查结果，将慢性持续期哮喘病情严重程度分为间歇性、轻度持续、中度持续和重度持续 4 级，但这种分级方法在日常工作中已少采用，主要用于临床研究。目前，应用最为广泛的非急性发作期哮喘严重性评估方法为哮喘控制水平，这种评估方法包括了目前症状控制评估和未来风险评估，症状控制评估又可分未控制、部分控制和未控制 3 个等级，未来风险评估包括急性发作、形成呼吸道“固定”阻塞(出现不可逆的气流受限)及出现药物不良反应的风险。具体指标见表 9-2。需要指出的是即使目前症状控制良好，也需评估未来风险。导致哮喘症状控制不良与急性发作控制不良的原因不同，需要采取不同的处理措施。肺功能检查在非急性发作期哮喘评估中具有关键作用，不仅在初始哮喘诊断，而且在开始治疗后的每 3~6 月均应行肺功能检查。肺功能恶化是未来哮喘急性发作独立的危险因素。此外，还应评估是否存在哮喘合并症、吸入药物用法是否正确、治疗依从性及药物治疗的不良反应。

表 9-2 非急性发作期哮喘控制水平的分级

<table>
<tr><td colspan="4">A. 目前临床症状控制评估（过去四周内）</td></tr>
<tr><td>临床特征</td><td>控制
（满足以下所有条件）</td><td>部分控制
（出现以下任何 1~2 项临床特征）</td><td>未控制</td></tr>
<tr><td>白天症状</td><td>≤2 次 / 周</td><td>>2 次 / 周</td><td rowspan="4">出现 3~4 项哮喘部分控制的表现 *</td></tr>
<tr><td>活动受限</td><td>无</td><td>有</td></tr>
<tr><td>夜间症状、憋醒</td><td>无</td><td>有</td></tr>
<tr><td>需要使用缓解药或急救治疗</td><td>≤2 次 / 周</td><td>>2 次 / 周</td></tr>
<tr><td colspan="4">B. 未来风险评估（急性发作风险，形成呼吸道“固定”阻塞及药物不良反应风险）
在哮喘诊断初始即应进行未来风险评估，随后予以周期性评估</td></tr>
<tr><td colspan="3">潜在的可修正的引起哮喘急性发作的独立危险因素
临床症状控制不佳；过多使用 SABA（>200 喷 / 月）；ICS 使用不充分（依从性不好，吸入方法错误）；FEV_1 低（尤其 <60% FEV_1 预计值）；存在心理或社会经济问题；吸烟、食物过敏及过敏原暴露；存在肥胖、鼻窦炎等合并症；痰液或外周血 Eos 增高
其他引起哮喘急性发作的独立危险因素
过去一年急性发作≥1 次；曾因严重哮喘行气管插管或入住 ICU 治疗</td><td>具备的危险因素越多，未来急性发作的风险越高</td></tr>
<tr><td colspan="4">未来形成呼吸道“固定”阻塞的危险因素
未使用吸入型糖皮质激素（ICS）治疗；烟草及有毒化学品暴露；职业暴露；初始 FEV_1 值低；慢性黏液高分泌；痰或外周血 Eos 增多</td></tr>
<tr><td colspan="4">未来药物不良反应增加的危险因素
频繁使用口服激素治疗；长期高剂量 ICS 药物治疗；吸入治疗药物用法不正确等</td></tr>
</table>

注：* 患者出现急性发作后都必须对维持治疗方案进行分析回顾，以确保治疗方案的合理性

三、哮喘病情评估工具及气道炎症监测

哮喘控制测试（ACT）（表 9-3）为有效的评估哮喘控制的工具，不需要肺功能检查，与肺功能指标和呼吸专科医生的评估具有很好的一致性。

表 9-3 ACT 问卷及其评分标准

问题	1	2	3	4	5
在过去 4 周内，在工作、学习或家中，有多少时候哮喘妨碍您进行日常活动	所有时间	大多数时间	有些时候	极少时候	没有
在过去 4 周内，您有多少次呼吸困难	每天不止 1 次	1 天一次	每周 3~6 次	每周 1~2 次	完全没有
在过去 4 周内，因为哮喘症状（喘息、咳嗽、呼吸困难、胸闷或疼痛），您有多少次在夜间醒来或早上比平时早醒	每周 4 个晚上或更多	每周 2~3 个晚上	每周 1 次	1~2 次	没有
过去 4 周内，您有多少次使用急救药物治疗（如沙丁胺醇）	每天 3 次以上	每天 1~2 次	每周 2~3 次	每周 1 次或更少	没有
您如何评估过去 4 周内您的哮喘控制情况	没有控制	控制很差	有所控制	控制良好	完全控制

第一步：请准确记录每个问题的得分；第二步：把每一题的分数相加得出总分；第三步：ACT 评分的意义：评分 20~25 分，代表哮喘良好控制；评分≤19 分：哮喘未得到控制，提示需要升级治疗以达到理想控制；评分≤14 分：哮喘非常严重，没有得到控制，应该尽快就诊。

哮喘治疗的根本目的应当是消除气道炎症，而监测、评估气道炎症应作为哮喘管理的重要

内容,多种方法可用于评价哮喘气道炎症,大体上可分为有创技术和无创技术。有创检测技术如经支气管镜黏膜活检、支气管肺泡灌洗术(BAL)以及外科手术标本的病理学研究。无创技术包括气道反应性测定、诱导痰嗜酸性粒细胞计数、呼出气一氧化氮(FeNO)检测。

四、哮喘的分型

哮喘发病机制复杂,临床表现多样,表现出明显的异质性(heterogeneity)。根据人口学特征、临床表现和(或)病理生理学特点,哮喘可被分为多种表型,包括过敏性哮喘、非过敏性哮喘、晚发哮喘、呼吸道阻塞"固定"的哮喘、肥胖型哮喘等。

过敏性哮喘常于儿童时期发病,多有过敏性疾病(如湿疹、过敏性鼻炎等)的既往史和(或)家族史,以嗜酸性粒细胞气道炎症为主,对吸入激素治疗反应良好。非过敏性哮喘与过敏因素无明显相关,气道炎症以中性粒细胞浸润为主,对吸入激素治疗抵抗。晚发哮喘是指到成年(尤其成年女性)才开始出现哮喘发病的一类哮喘,常为非过敏性,需要高剂量吸入激素治疗且对激素治疗容易抵抗。呼吸道阻塞"固定"的哮喘表现为持续性的气流受限,发病机制与出现气道重构相关。肥胖型哮喘患者常具备显著的哮喘呼吸道症状,嗜酸性粒细胞气道炎症很轻。

第七节 支气管哮喘的鉴别诊断

一、左心衰竭引起的呼吸困难

过去称为心源性哮喘,发作时的症状与哮喘相似,但其发病机制与病变本质则与支气管哮喘截然不同,为避免混淆,目前已不再使用"心源性哮喘"一词。该病与重症哮喘症状相似,极易混淆。鉴别要点:患者多有高血压、冠状动脉粥样硬化性心脏病、风湿性心脏病和二尖瓣狭窄等病史和体征。突发气急,端坐呼吸,阵发性咳嗽,常咳出粉红色泡沫痰,两肺可闻及广泛的湿啰音和哮鸣音,左心界扩大,心率增快,心尖部可闻及奔马律。病情许可作胸部X线及心脏超声检查,可见心脏增大,肺淤血征、LVEF降低,有助于鉴别。若一时难以鉴别,可雾化吸入β_2肾上腺素受体激动剂或静脉注射氨茶碱缓解症状后,进一步检查。忌用肾上腺素或吗啡。

二、慢性阻塞性肺疾病(COPD)

多见于中老年人,有慢性咳嗽史,喘息长期存在,有加重期。患者多有长期吸烟或接触有害气体的病史。有肺气肿体征,两肺或可闻及湿啰音。但临床上严格将COPD和哮喘区分有时十分困难,肺功能检查及支气管激发试验或舒张试验有助于鉴别。如患者同时具有哮喘和慢阻肺的特征,可以诊断ACOS。

三、上气道阻塞

可见于中央型支气管肺癌、气管支气管结核、复发性多软骨炎等气道疾病或异物气管吸入,导致支气管狭窄或伴发感染时,可出现喘鸣或类似哮喘样呼吸困难、肺部可闻及哮鸣音。但根据临床病史,特别是出现吸气性呼吸困难,以及痰液细胞学或细菌学检查,胸部X线摄片、CT或MRI检查或支气管镜检查等,常可明确诊断。

四、变态反应性肺浸润

见于热带嗜酸性粒细胞增多症、肺嗜酸性粒细胞增多性浸润、多源性变态反应性肺泡炎等。致病原为寄生虫、原虫、花粉、化学药品、职业粉尘等,多有接触史。X线胸片可见弥漫性肺间质

病变成斑片状浸润,血嗜酸性粒细胞显著增高,有助于鉴别。

五、变态反应性支气管肺曲菌病

变态反应性支气管肺曲菌病(allergic bronchopulmonary aspergillosis,ABPA)常以反复哮喘发作为特征,伴咳嗽,可咳出棕褐色黏稠痰块或树枝状支气管管型,有时伴血丝,痰镜检或培养可查及曲霉菌。常有低热,肺部可闻及哮鸣音或干啰音,胸部 CT 检查可见浸润性阴影,段性肺不张,牙膏征或指套征(支气管黏液栓塞),痰、周围血嗜酸性粒细胞明显增高,曲菌变应原皮肤点刺可出现双向皮肤反应(即刻及迟发型),曲菌抗原特异性沉淀抗体(IgG)测定阳性,血清 IgE 水平通常比正常人高二倍以上。

六、胃食道反流(GER)

夜间哮喘发作需注意与 GER 相鉴别。典型的夜间哮喘发作一般出现在凌晨 4:00 到 6:00 时间段,常在吸入支气管扩张剂后缓解。胃食管反流通常在夜间躺下后出现相似的症状。在严重哮喘患者,其 GER 的发生率可接近 50%,说明 GER 至少是使哮喘患者不断发作、症状难于控制的重要诱因,对 GER 进行针对性治疗,可明显改善哮喘症状。

七、肺栓塞

肺栓塞以各种栓子阻塞肺动脉或其分支为其发病原因的一组疾病或临床综合征,主要症状表现为胸闷、呼吸困难,有时易与哮喘混淆。但肺栓塞患者一般肺部听不到哮鸣音,平喘药治疗无效,血气分析显示明显的低氧血症。进一步的确诊需借助核素肺通气 / 灌注扫描、CT 肺动脉造影及 MRI 检查等。

八、高通气综合征

由于通气过度超过生理代谢所需而引起的病症,通常由焦虑和某种应激反应诱发。临床表现为呼吸性碱中毒,呼吸深或快、气短、胸闷、呼吸困难、憋气、心悸、头昏、视物模糊、手指麻木等症状。严重者可出现手指,甚至上肢强直、口周麻木发紧、晕厥、精神紧张、焦虑、恐惧等症状。各项功能检查一般都正常,无变应原诱发因素,肺部听诊无哮鸣音,支气管激发试验(乙酰甲胆碱或组胺吸入)阴性,过度通气激发试验有助于本病诊断。

第八节 常见并发症

严重发作时可并发气胸、纵隔气肿、肺不张;长期反复发作或感染可致慢性并发症,如慢阻肺、支气管扩张、间质性肺炎和肺源性心脏病。

第九节 治　疗

虽然目前哮喘不能根治,但长期规范化治疗可使大多数患者达到良好或完全的临床控制。哮喘治疗的目标是实现长期临床症状控制,并降低未来急性发作、形成呼吸道“固定”阻塞,及出现药物不良反应的风险。即在使用最小有效剂量药物治疗的基础上或不用药物,能使患者与正常人一样生活、学习和工作。

一、确定并减少危险因素接触

部分患者能找到引起哮喘发作的变应原,或其他非特异刺激因素,应指导患者脱离变应原

的接触和避免危险因素的暴露。尽管对已确诊的哮喘患者应用药物干预，对控制症状和改善生活质量非常有效，但仍应尽可能避免或减少接触危险因素，以预防哮喘发病和症状加重。

许多危险因素可引起哮喘急性加重，被称为“触发因素”，包括变应原、病毒感染、污染物、烟草烟雾、药物、食物。减少患者对危险因素的接触，可改善哮喘控制并减少治疗药物需求量。早期确定职业性致敏因素，并防止患者进一步接触，是职业性哮喘管理的重要组成部分。

二、药物治疗

治疗哮喘的药物可分为控制性药物和缓解性药物。①控制性药物：是指需要长期每天使用的药物。这些药物主要通过抗炎作用使哮喘维持临床控制，其中包括吸入糖皮质激素（简称激素）、全身用激素、白三烯调节剂、长效 β_2- 受体激动剂（LABA，须与吸入激素联合应用）、缓释茶碱、色甘酸钠、抗 IgE 抗体及其他有助于减少全身激素剂量的药物等。②缓解性药物：是指按需使用的药物。这些药物通过迅速解除支气管痉挛从而缓解哮喘症状，其中包括速效吸入 β_2- 受体激动剂、全身用激素、吸入性抗胆碱能药物、短效茶碱及短效口服 β_2- 受体激动剂等。

（一）激素

激素是最有效的控制哮喘气道炎症的药物，给药途径包括吸入、口服和静脉应用等，吸入为首选途径。

1. 吸入给药　吸入激素的局部抗炎作用强，通过吸气过程给药，药物直接作用于呼吸道，所需剂量较小；并且通过消化道和呼吸道进入血液的药物大部分被肝脏灭活，因此全身性不良反应较少。吸入激素可以缓解哮喘症状，改善肺功能及生活质量，降低气道高反应性、哮喘急性发作的频率及严重程度，减少哮喘病死率。当使用不同的吸入装置时，可能产生不同的治疗效果。患者获益最大的治疗方案，为使用相对低剂量的吸入激素达到哮喘控制，过多增加吸入激素剂量对控制哮喘的获益较小而不良反应增加。由于吸烟可以降低激素的效果，故吸烟患者须戒烟并给予较高剂量的吸入激素。

吸入激素在口咽部局部的不良反应包括声音嘶哑、咽部不适和假丝酵母菌感染。吸药后及时用清水含漱口咽部，选用干粉吸入剂或加用储雾器可减少上述不良反应。吸入激素的全身不良反应的大小与药物剂量、药物的生物利用度、肝脏首过代谢率，及全身吸收药物的半衰期等因素有关。已上市的吸入激素中丙酸氟替卡松和布地奈德的全身不良反应较少。目前有证据表明成人哮喘患者每天吸入低至中等剂量激素，不会出现明显的全身不良反应。长期吸入较大剂量 ICS（>1000μg/d）者应注意预防全身性不良反应。为减少吸入大剂量激素的不良反应，可采用低、中剂量 ICS 与长效 β_2- 激动剂、白三烯调节剂或缓释茶碱联合使用。高剂量的吸入激素会增加患结核的风险，但活动性结核没有吸入激素的应用禁忌。对于儿童的身高发育，低剂量的吸入激素（100~200μg/ 天）无影响，中 - 高剂量的吸入激素存在轻度影响。

临床上常用的吸入激素有倍氯米松（beclomethasone）、布地奈德（budesonide）、氟替卡松（fluticasone）、环索奈德（ciclesonide）、莫米松（momethasone）等。通常需规律吸入 1~2 周以上方能起效。一般而言，使用干粉吸入装置比普通定量气雾剂方便，吸入下呼吸道的药物量较多。

溶液给药：布地奈德混悬液经以压缩空气为动力的射流装置雾化吸入，对患者吸气配合的要求不高，起效较快，适用于轻、中度哮喘急性发作时的治疗。

吸入激素是长期治疗哮喘的首选药物。国际上推荐的每天吸入激素剂量，见表 9-4。

2. 口服给药　适用于中度哮喘发作、重度持续性哮喘接受大剂量吸入激素联合治疗无效的患者，和作为静脉应用激素治疗后的序贯治疗。一般使用半衰期较短的激素（如泼尼松、泼尼松龙或甲泼尼龙等）。对于激素依赖型哮喘，可采用每天或隔天清晨顿服给药的方

表 9-4 常用吸入型糖皮质激素的每天剂量与互换关系

药物	低剂量(μg)	中剂量(μg)	高剂量(μg)
二丙酸倍氯米松	200~500	500~1000	>1000
布地奈德	200~400	400~800	>800
丙酸氟替卡松	100~250	250~500	>500
环索奈德	80~160	160~320	>320

式，以减少外源性激素对下丘脑 - 垂体 - 肾上腺轴的抑制作用。泼尼松的维持剂量最好每天≤10mg。

长期口服激素可以引起骨质疏松症、高血压、糖尿病、下丘脑 - 垂体 - 肾上腺轴的抑制、肥胖症、皮肤菲薄导致皮纹和瘀斑、肌无力。对于伴有结核病、寄生虫感染、骨质疏松、青光眼、糖尿病、严重抑郁或消化性溃疡的哮喘患者，全身给予激素治疗时应慎重并应密切随访。长期甚至短期全身使用激素的哮喘患者，可感染致命的疱疹病毒应引起重视。尽管全身使用激素不是一种经常使用的缓解哮喘症状的方法，但是对于严重的急性哮喘发作是需要的，因为它可以预防哮喘的恶化、减少因哮喘而急诊或住院的机会、预防早期复发、降低病死率。推荐用法：泼尼松 40~50mg/d 使用 5~10 天，待症状缓解、肺功能改善后后可直接停用。若使用时间超过 2 周，需逐渐减量至≤10mg/d，然后停用或改用吸入剂。不主张长期口服激素用于维持哮喘控制的治疗。

3. 静脉给药 重度或严重哮喘发作时应及早静脉给予激素。可选择琥珀酸氢化可的松，常用量 100~400mg/d，或甲泼尼龙，常用量 80~160mg/d。地塞米松因在体内半衰期较长、不良反应较多，宜慎用，一般 10~30mg/d。无激素依赖倾向者，可在短期(3~5 天)内停药，有激素依赖倾向者应适当延长给药时间，症状缓解后逐渐减量，然后改口服和吸入剂维持。

(二) $β_2$- 受体激动剂

通过对气道平滑肌和肥大细胞等细胞膜表面的 $β_2$- 受体的作用，舒张气道平滑肌、减少肥大细胞和嗜碱性粒细胞脱颗粒和介质的释放、降低微血管的通透性、增加气道上皮纤毛的摆动等，缓解哮喘症状。此类药物较多，可分为短效(SABA，作用维持 4~6 小时)和长效(LABA，维持 10~12 小时)$β_2$- 受体激动剂。后者又可分为速效(福莫特罗，数分钟起效)和缓慢起效(沙美特罗，30 分钟起效)2 种。

1. 短效 $β_2$- 受体激动剂(SABA) 为治疗哮喘急性发作的首选药物。有吸入、口服和静脉三种制剂，首选吸入给药。常用药物有沙丁胺醇(salbutamol)和特布他林(terbutaline)。吸入剂包括定量气雾剂(MDI)、干粉剂和雾化溶液。SABA 应按需间歇使用，不宜长期、单一使用。主要不良反应有心悸、骨骼肌震颤、低钾血症等。

2. 长效 $β_2$- 受体激动剂(LABA) 当单独中等剂量以上吸入激素不能达到哮喘控制时，需考虑联合 LABA 予以治疗，这两者具有协同的抗炎和平喘作用，减少较大剂量吸入激素引起的不良反应，尤其适合于中至重度持续哮喘患者的长期治疗。不推荐长期单独使用 LABA，应该在医生指导下与吸入激素联合使用。

LABA 的分子结构中具有较长的侧链，舒张支气管平滑肌的作用可维持 12 小时以上。目前常用的吸入型 LABA 有 2 种。沙美特罗(salmeterol)：经气雾剂或碟剂装置给药，给药后 30 分钟起效，平喘作用维持 12 小时以上。推荐剂量 50μg，每天 2 次吸入。福莫特罗(formoterol)：经都保吸入装置给药，给药后 3~5 分钟起效，平喘作用维持 8~12 小时以上。平喘作用具有一定的剂量依赖性，推荐剂量 4.5~9μg，每天 2 次吸入。吸入 LABA 适用于哮喘(尤其是夜间哮喘和运动诱发哮喘)的预防和治疗。福莫特罗因起效相对较快，也可按需用于哮喘急性发作时的早期干预治疗。

(三) 白三烯调节剂

可作为轻度哮喘的替代治疗药物，和中重度哮喘的联合治疗用药。目前在国内应用主要是半胱氨酰白三烯受体拮抗剂，通过对气道平滑肌和其他细胞表面白三烯受体的拮抗抑制肥大细胞，和嗜酸性粒细胞释放出的半胱氨酰白三烯的致喘和致炎作用，产生轻度支气管舒张和减轻变应原、运动和二氧化硫(SO_2)诱发的支气管痉挛等作用，并具有一定程度的抗炎作用。本品可减轻哮喘症状、改善肺功能、减少哮喘的恶化。但其作用不如吸入激素，也不能取代激素。作为联合治疗中的一种药物，本品可减少中至重度哮喘患者每天吸入激素的剂量，并可提高吸入激素治疗的临床疗效，联用本品与吸入激素的疗效比联用吸入 LABA 与吸入激素的疗效稍差。但本品服用方便，尤适用于阿司匹林哮喘、运动性哮喘和伴有过敏性鼻炎哮喘患者的治疗。本品使用较为安全。虽然有文献报道接受这类药物治疗的患者可出现 Churg-Strauss 综合征，但其与白三烯调节剂的因果关系尚未肯定，可能与减少全身应用激素的剂量有关。通常口服给药。白三烯受体拮抗剂扎鲁司特 20mg，每天 2 次；孟鲁司特 10mg，每天 1 次；异丁司特 10mg，每天 2 次。

(四) 茶碱

具有舒张支气管平滑肌作用，并具有强心、利尿、扩张冠状动脉、兴奋呼吸中枢和呼吸肌等作用。有研究资料显示，低浓度茶碱具有抗炎和免疫调节作用。对于经 ICS 或 ICS/LABA 治疗后未控制的哮喘患者，可考虑加用茶碱联合治疗。

1. 口服给药 包括氨茶碱和控(缓)释型茶碱。用于轻至中度哮喘发作和维持治疗。一般剂量为每天 6~10mg/kg。口服控(缓)释型茶碱后昼夜血药浓度平稳，平喘作用可维持 12~24 小时，尤适用于夜间哮喘症状的控制。联合应用茶碱、激素和抗胆碱药物具有协同作用。但本品与 β_2- 受体激动剂联合应用时，易出现心率增快和心律失常，应慎用并适当减少剂量。

2. 静脉给药 氨茶碱加入葡萄糖溶液中，缓慢静脉注射[注射速度不宜超过 0.25mg/(kg·min)]或静脉滴注，适用于哮喘急性发作且近 24 小时内未用过茶碱类药物的患者。负荷剂量为 4~6mg/kg，维持剂量为 0.6~0.8mg/(kg·h)。由于茶碱的“治疗窗”窄，以及茶碱代谢存在较大的个体差异，可引起心律失常、血压下降、甚至死亡，在有条件的情况下应监测其血药浓度，及时调整浓度和滴速。茶碱有效、安全的血药浓度范围应在 6~15mg/L。影响茶碱代谢的因素较多，如发热性疾病、妊娠，抗结核治疗可以降低茶碱的血药浓度；而肝脏疾患、充血性心力衰竭以及合用西咪替丁或喹诺酮类、大环内酯类等药物，均可影响茶碱代谢而使其排泄减慢，增加茶碱的毒性作用，应引起临床医师的重视，并酌情调整剂量。多索茶碱的作用与氨茶碱相同，但不良反应较轻。双羟丙茶碱的作用较弱，口服生物利用度低，不良反应也较少。

(五) 抗胆碱药物

通过阻断节后迷走神经传出支，通过降低迷走神经张力而舒张支气管，减少黏液分泌的作用，但其舒张支气管的作用比 β_2- 受体激动剂弱。分为短效抗胆碱药(SAMA，维持 4~6 小时)和长效抗胆碱药(LAMA，维持 24 小时)。常用的 SAMA 异丙托溴胺(ipratropine bromide)有 MDI 和雾化溶液两种剂型。SAMA 主要用于哮喘急性发作的治疗，多与 β_2- 激动剂联合应用。少数患者可有口苦或口干感等不良反应。常用的 LAMA 噻托溴铵(tiotropium bromide)是选择性 M_1、M_3 受体拮抗剂，作用更强，持续时间更久(可达 24 小时)，目前只有干粉吸入剂。LAMA 主要用于哮喘合并慢阻肺，以及慢阻肺患者的长期治疗，对妊娠早期妇女和患有青光眼或前列腺肥大的患者应慎用。

(六) 抗 IgE 治疗

抗 IgE 单克隆抗体(omalizumab)是一种人源化的重组鼠抗人的抗 IgE 单克隆抗体(rhuMAb-E25)，具有阻断游离 IgE 与 IgE 效应细胞(肥大细胞、嗜碱性粒细胞)表面受体结合的作

用，但不会诱导效应细胞的脱颗粒反应。主要用于经高剂量的ICS联合LABA吸入治疗后症状仍未控制、且血清IgE水平增高的重症哮喘患者，可以显著地改善哮喘症状，减少激素用量，减少哮喘急性加重和住院率。使用方法为每2周皮下注射1次，疗程3~6个月，若开始治疗4个月后症状仍无改善，不推荐继续治疗。

（七）变应原特异性免疫疗法（SIT）

通过皮下给予常见吸入变应原提取液（如尘螨、猫毛、豚草等），可减轻哮喘症状和降低气道高反应性，适用于变应原明确但难以避免的哮喘患者。哮喘患者应用此疗法应严格在医师指导下进行。近十年来进口的皮下注射和舌下含服特异性尘螨"疫苗"，应用于哮喘患者取得了一定的疗效。SIT应该是在严格的环境隔离和药物干预无效(包括吸入激素)情况下考虑的治疗方法。现在还没有证据支持使用复合变应原进行免疫治疗的价值。

（八）其他治疗哮喘药物

1. 抗组胺药物 口服第二代抗组胺药物（H_1受体拮抗剂）如酮替芬、氯雷他定、阿司咪唑、氮革司丁、特非那定等具有抗变态反应作用，但在哮喘治疗中的作用较弱。可用于伴有变应性鼻炎哮喘患者的治疗。这类药物的不良反应主要是嗜睡。阿司咪唑和特非那丁可引起严重的心血管不良反应，应谨慎使用。

2. 其他口服抗变态反应药物 如曲尼司特（tranilast）、瑞吡司特（repirinast）等可应用于轻至中度哮喘的治疗。其主要不良反应是嗜睡。

（九）新的治疗药物和方法

新型的ICS与ICS/LABA复合制剂

(1) 环索奈德（ciclesonide）：该药为前体药，吸入肺内后在酯酶的作用下生，成有活性的去异丁酰基环索奈德，其活性是前体药的100倍。环索奈德气雾剂的颗粒小，可以到达远端细支气管，甚至肺泡，在肺内的沉降率超过50%，可以每日一次使用。该药吸入到肺部后很快被代谢清除，全身性不良反应少。

(2) 新的ICS/LABA复合制剂：这类复合制剂有环索奈德与福莫特罗、氟替卡松与福莫特罗、糠酸莫米松与福莫特罗和糠酸莫米松与茚达特罗等，每日一次的ICS/LABA复合制剂也在研发过程中。

(3) 生物制剂：①抗IL-5治疗：IL-5是促进嗜酸性粒细胞增多、在肺内聚集和活化的重要细胞因子。抗IL-5单抗（menolizumab）治疗哮喘，可以减少患者体内嗜酸性粒细胞浸润，减少哮喘急性加重和改善患者生命质量，对于高嗜酸性粒细胞血症的哮喘患者效果好。该药目前已处于临床研究阶段。②抗IL-4Rα亚基治疗：Dupilumab是一种全人源化单克隆抗体，通过阻断IL-4Rα亚基以调节Th_2免疫应答中驱动子IL-4和IL-13的信号通路。前期临床研究显示该抗体可显著减少中重度持续性哮喘的发作。

(4) 支气管热成形术（bronchial thermoplasty）：主要用于经高剂量ICS联合LABA治疗仍未控制的哮喘患者，对患有慢性鼻窦炎、反复发作的肺部感染或FEV_1<60%预计值的哮喘患者不适用。平滑肌增生肥大是哮喘气道重构的重要组成部分之一，支气管热成形术是经支气管镜射频消融气道平滑肌治疗哮喘的技术。通过支气管热形成术，可以减少哮喘患者的支气管平滑肌数量，降低支气管收缩能力和降低气道高反应性。国外报道支气管热形成术的近期疗效较好，但远期疗效还需要更大样本量的临床研究，国内还没有相关研究。

三、急性发作期的治疗

急性发作的治疗目标是尽快缓解气道痉挛，纠正低氧血症，恢复肺功能，预防进一步恶化或再次发作，防治并发症，处理流程见图9-2所示。

对于具有哮喘相关死亡高危因素的患者，需要给予高度重视，这些患者应当尽早到医疗机

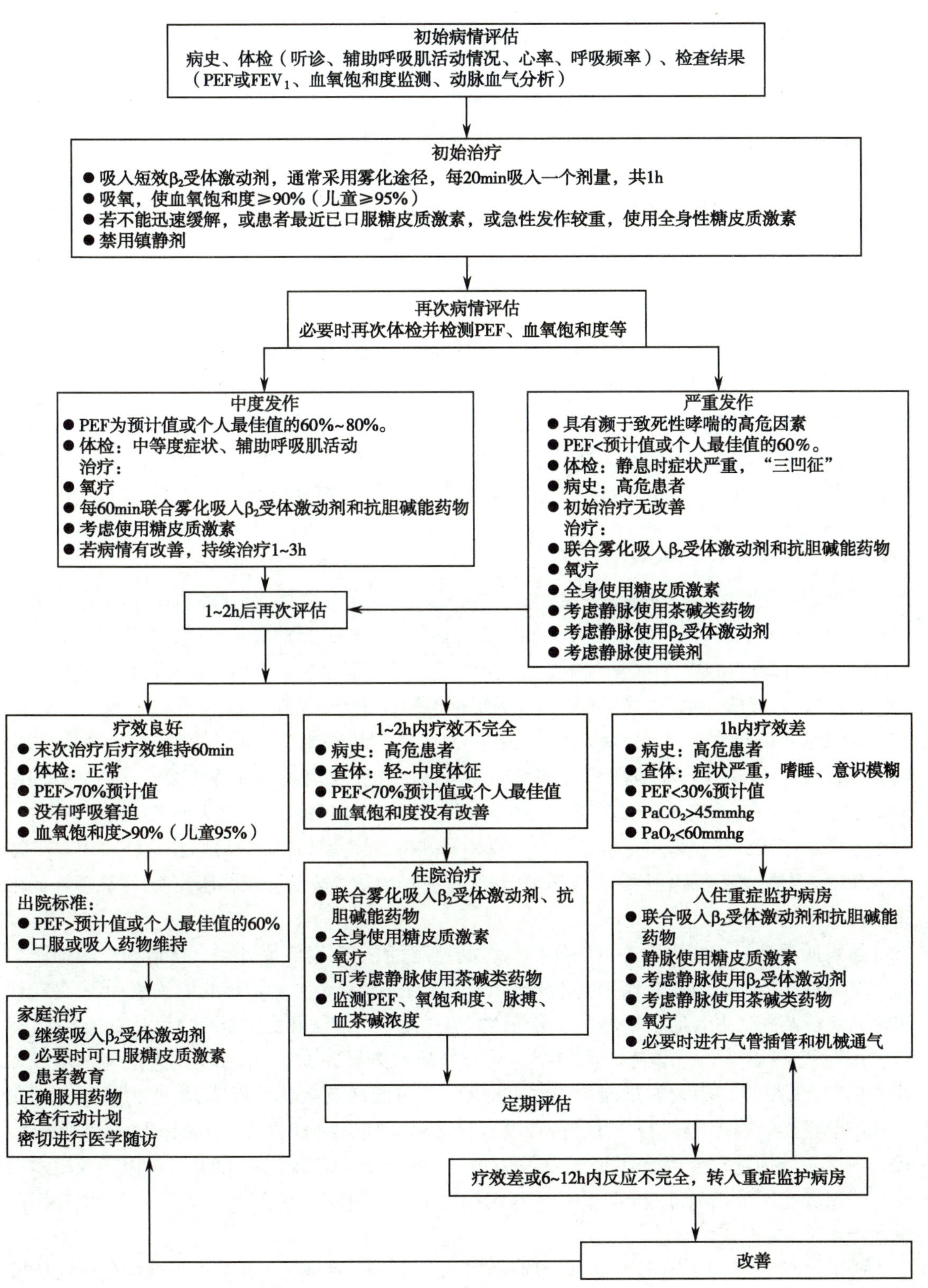

图 9-2 哮喘急性发作医院内处理流程图

构就诊。高危患者包括:①曾经有过气管插管和机械通气的濒于致死性哮喘的病史;②在过去1年中因为哮喘而住院或看急诊;③正在使用或最近刚刚停用口服激素;④目前未使用吸入激素;⑤过分依赖速效 $β_2$- 受体激动剂,特别是每月使用沙丁胺醇(或等效药物)超过 1 支的患者;⑥有心理疾病或社会心理问题,包括使用镇静剂;⑦有对哮喘治疗计划不依从的历史。

(一) 轻度

经 MDI 吸入 SABA,在第 1 小时内每 20 分钟吸入 1~2 喷。随后轻度急性发作可调整为每3~4 小时吸入 1~2 喷。效果不佳时可加缓释茶碱片,或加用短效抗胆碱药气雾剂吸入。

(二) 中度

吸入 SABA(常用雾化吸入),第 1 小时内可持续雾化吸入。联合应用雾化吸入短效抗胆碱药、激素混悬液。也可联合静脉注射茶碱类。如果治疗效果欠佳,尤其是在控制性药物治疗的基础上发生的急性发作,应尽早口服激素,同时吸氧。

(三) 重度至危重度

持续雾化吸入 SABA,联合雾化吸入短效抗胆碱药、激素混悬液以及静脉茶碱类药物。吸氧。尽早静脉应用激素,待病情得到控制和缓解后改为口服给药。注意维持水、电解质平衡,纠正酸碱失衡,当 pH 值 <7.20 时,且合并代谢性酸中毒时,应适当补碱。经过上述治疗,临床症状和肺功能无改善甚至继续恶化,应及时给予机械通气治疗,其指征主要包括:呼吸肌疲劳、$PaCO_2 \geq 45mmHg$,意识改变(需进行有创机械通气)。此外,应预防呼吸道感染等。

四、非急性发作期的治疗

哮喘患者的起始治疗及调整,是以患者的哮喘控制水平为依据,包括评估(哮喘诊断是否正确;临床症状控制及未来风险情况;肺功能;吸入药物使用方法及患者依从性)、治疗以达到控制(药物治疗及非药物治疗;针对增加未来风险的危险因素的治疗),以及监测以维持控制这样一个持续循环过程,评估、治疗和监测哮喘治疗的目标是达到并维持哮喘控制。

哮喘患者长期治疗方案分为 5 级,如表 9-5 所示。对以往未经规范治疗的初诊轻症哮喘患者,可选择第 2 级治疗方案;如哮喘患者症状明显,应直接选择第 3 级治疗方案。从第 2 级到第 5 级的治疗方案中,都有不同的哮喘控制药物可供选择。而在每一级中都应按需使用缓解药物,以迅速缓解哮喘症状。采用布地奈德与福莫特罗维持治疗及按需缓解治疗方案(SMART 方案)较 ICS/LABA 维持及按需使用 SABA 缓解治疗,可更好地达到哮喘症状临床控制,并显著降低未来急性发作的风险。

如果使用该级治疗方案不能够使哮喘得到控制,治疗方案应该升级直至达到哮喘控制为止。升级治疗前要确认患者使用吸入药物方法是否正确,评估患者治疗的依从性,是否存在环境因素暴露及确认患者症状是否由哮喘导致。当达到哮喘控制并维持至少 3 个月后,治疗方案可考虑降级。GINA 和我国哮喘防治指南的建议减量方案如下:①单独使用中至高剂量吸入激素的患者,将吸入激素剂量减少 50%;②单独使用低剂量激素的患者,可改为每日 1 次用药;③联合吸入激素和 LABA 的患者,将吸入激素剂量减少约 50%,仍继续使用 LABA 联合治疗。当达到低剂量联合治疗时,可选择改为每日 1 次联合用药或停用 LABA,单用吸入激素治疗。若患者使用最低剂量控制药物达到哮喘控制 1 年,并且哮喘症状不再发作,可考虑停用药物治疗。

通常情况下,患者在初诊后 2~4 周回访,以后每 1~3 个月随访 1 次。出现哮喘发作时应及时就诊,哮喘发作后 2 周 ~1 个月内进行回访。

贫困地区或低经济收入的哮喘患者,视其病情严重度不同,长期控制哮喘的药物也可推荐使用:①吸入低剂量激素;②口服缓释茶碱;③吸入激素联合口服缓释茶碱;④口服激素和缓释茶碱。这些治疗方案的疗效与安全性需要进一步临床研究,尤其要监测长期口服激素可能引起

表 9-5　根据哮喘控制水平确定和调整治疗方案

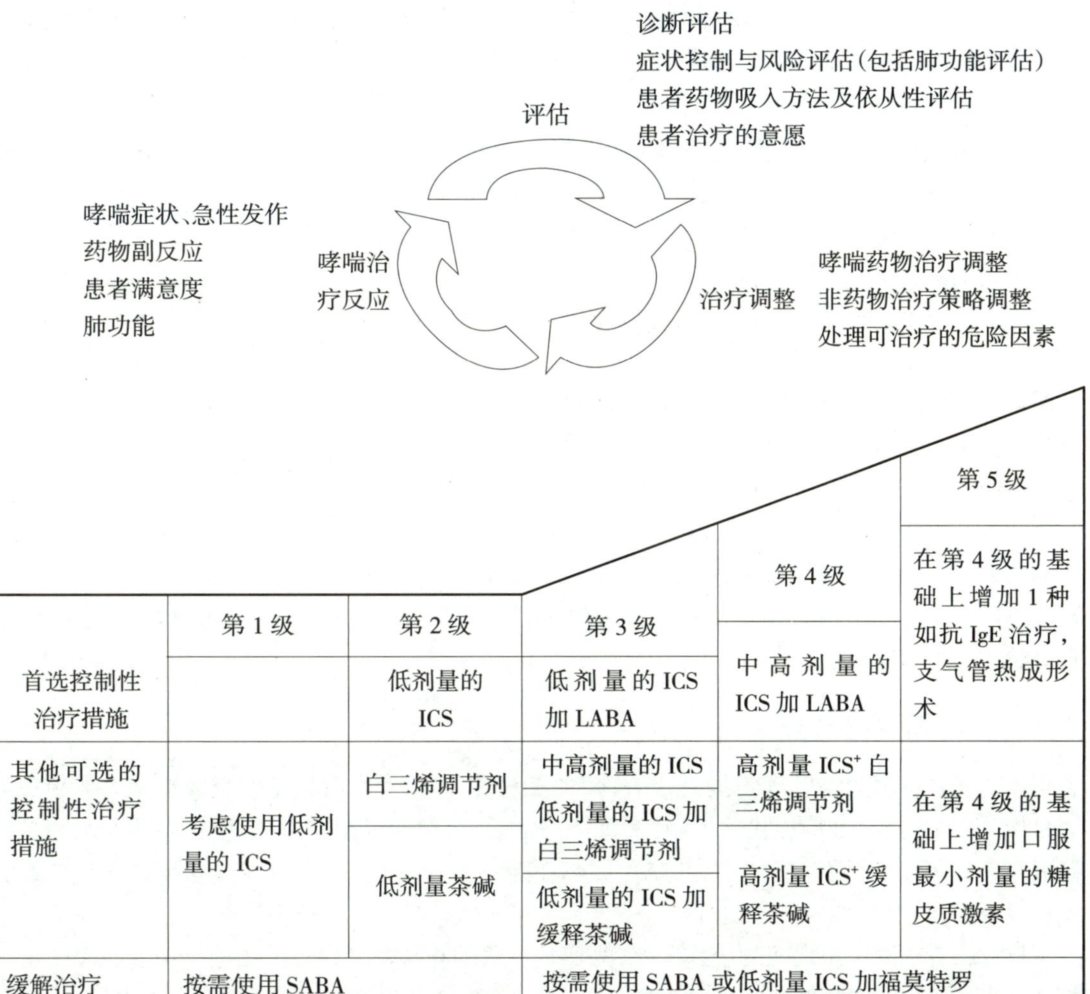

	第 1 级	第 2 级	第 3 级	第 4 级	第 5 级
首选控制性治疗措施		低剂量的 ICS	低剂量的 ICS 加 LABA	中高剂量的 ICS 加 LABA	在第 4 级的基础上增加 1 种如抗 IgE 治疗，支气管热成形术
其他可选的控制性治疗措施	考虑使用低剂量的 ICS	白三烯调节剂 低剂量茶碱	中高剂量的 ICS 低剂量的 ICS 加白三烯调节剂 低剂量的 ICS 加缓释茶碱	高剂量 ICS^{+}白三烯调节剂 高剂量 ICS^{+}缓释茶碱	在第 4 级的基础上增加口服最小剂量的糖皮质激素
缓解治疗	按需使用 SABA		按需使用 SABA 或低剂量 ICS 加福莫特罗		

* 注重哮喘教育及环境控制；处理可治疗的危险因素，治疗合并症(如吸烟、肥胖、焦虑)；建议患者接受非药物治疗措施：身体锻炼、减肥、避免过敏原接触；升级治疗前需要排除：患者药物吸入方法错误，患者治疗依从性差，哮喘诊断错误；当患者症状控制达到 3 个月以上，且未来发作的风险低可考虑降级治疗；不推荐停用 ICS

的全身不良反应。

五、哮喘合并症的治疗

哮喘尤其是难治性哮喘常存在多种合并症，包括肥胖、胃食管反流病、焦虑及抑郁、食物过敏、鼻炎、鼻窦炎及鼻息肉。合并有肥胖的哮喘更难治疗，可能与不同类型的气道炎症(有别于典型哮喘的嗜酸性粒细胞气道炎症)，易并发阻塞性睡眠呼吸暂停低通气综合征及胃食管反流病有关。治疗上仍以吸入激素治疗为主，减肥锻炼甚至减肥手术可改善哮喘控制；胃食管反流病(GERD)常见胃灼热、上腹痛或胸痛症状，对于合并明显的胃食管反流症状的哮喘患者，可予以质子泵抑制剂、胃动力剂治疗。焦虑及抑郁会增加哮喘急性发作，药物及认知—行为疗法可改善哮喘控制。哮喘合并食物过敏的患者常表现为致敏性哮喘发作，该类患者需常备肾上腺素自动注射装置，并注意避免进食过敏的食物。经鼻吸入激素治疗合并过敏性鼻炎、鼻窦炎的哮喘患者，可显著降低哮喘住院率。

六、哮喘合并妊娠的治疗

无论是原有哮喘合并妊娠，还是妊娠期出现哮喘，妊娠对哮喘以及哮喘对孕妇和胎儿均有

一定程度的相互影响。妊娠期哮喘的发生率约为1%~4%,哮喘患者在妊娠期约1/3病情加重、1/3减轻、1/3病情无变化。哮喘反复发作对妊娠可产生不良影响,它对胎儿可致早产、胎儿发育不良、过期产、低体重等,对孕妇可引起先兆子痫、妊娠高血压、难产等,严重者对母亲和婴儿的生命构成威胁。因此,受孕时和整个妊娠期哮喘控制良好对确保母、婴安全至关重要。由于胎儿发生先天性畸形危险性最大的时期,是受孕后7周或停经后9周内,因此哮喘未控制好的妇女,应接受以吸入ICS为主的规范治疗,使哮喘达到临床控制后才受孕,产前咨询非常重要。

为了达到哮喘的控制,妊娠期间哮喘患者可以继续原来吸入的ICS(推荐布地奈德定量气雾剂或干粉剂),以控制症状的最小剂量维持。若出现哮喘症状但没有进行规范化治疗,应给予规则吸入ICS。出现急性发作时应及时吸入速效β_2-激动剂以尽快控制症状,同时吸氧,必要时短期加用全身激素。在适当的监测下使用茶碱、ICS、速效β_2-激动剂以及白三烯调节剂(特别是孟鲁斯特)不会增加胎儿异常的发生率。妊娠期间慎用的药物包括吸入长效β_2-激动剂,肾上腺素,色甘酸钠等。在妊娠或计划受孕期间,不主张开始变应原特异性免疫治疗,如妊娠前已经接受治疗并耐受良好,则不必中断治疗。分娩期哮喘发作较少,对平时规则使用激素或妊娠期经常使用激素者,为了应急之需和防止哮喘发作,可以补充全身激素。与药物产生的不良反应相比,哮喘急性发作造成的缺氧带来的危害更大。因此,在严密的观察和有效的治疗下,哮喘患者生育的风险并不比正常孕妇高。如果哮喘得到良好的控制,不会增加围产期及分娩的危险,也不会对胎儿产生不良后果。

七、哮喘教育与管理

哮喘患者的教育与管理是提高疗效,减少复发,提高患者生活质量的重要措施。哮喘管理的目标是:①达到并维持症状的控制;②维持正常活动,包括运动能力;③维持肺功能水平尽量接近正常;④预防哮喘急性加重;⑤避免因哮喘药物治疗导致的不良反应;⑥预防哮喘导致的死亡。

教育患者建立医患之间的合作关系,是实现有效的哮喘管理的首要措施。患者教育的目标是增加理解、增强技能、增加满意度、增强自信心、增加依从性和自我管理能力,增进健康,减少卫生保健资源使用。教育内容包括:①通过长期规范治疗能够有效控制哮喘;②避免触发、诱发因素的方法;③哮喘的本质、发病机制;④哮喘长期治疗方法;⑤药物吸入装置及使用方法;⑥自我监测:如何测定、记录、解释哮喘日记内容:症状评分、应用药物、PEF,哮喘控制测试(ACT)变化;⑦哮喘先兆、哮喘发作征象和相应自我处理方法,如何、何时就医;⑧哮喘防治药物知识;⑨如何根据自我监测结果,判定控制水平、选择治疗;⑩心理因素在哮喘发病中的作用。哮喘教育是一个长期、持续过程。

第十节 预后及转归

通过长期规范化治疗,儿童哮喘临床控制率可达95%,成人可达80%。轻症患者容易控制;病情重,气道反应性增高明显,出现气道重构,或伴有其他过敏性疾病者则不易控制。若长期反复发作,可并发肺源性心脏病。

(沈华浩)

思考题

1. 简述哮喘的诊断标准及鉴别诊断。
2. 简述哮喘急性发作的严重度分级及治疗。
3. 简述哮喘控制水平的分级。

参考文献

1. 葛均波,徐永健. 内科学. 第8版. 北京:人民卫生出版社,2013

2. 钟南山,刘又宁. 呼吸病学. 第2版. 北京:人民卫生出版社,2012

3. 沈华浩. 哮喘手册. 第2版. 北京:人民卫生出版社,2009

4. FitzGerald JM, Reddel HK. Global strategy for asthma management and prevention, 2014. http://www.ginasthma.org/documents/4

5. Longo DL, Fauci AS, Kasper DL, et al. Harrison's Principles of Internal Medicine, 18th edition, 2012

第十章 急慢性呼吸衰竭

第一节 呼吸衰竭的定义,流行病学和病因

呼吸衰竭(respiratory failure,RF)指的是各种原因导致肺的通气和(或)换气功能障碍,出现缺氧和(或)二氧化碳(CO_2)潴留,引起生理功能和代谢紊乱,临床出现相应的综合征,简称呼衰。呼衰是临床常见的危重病,尤其ICU内。临床许多疾病会伴随或先后出现呼衰,如颅脑、胸部创伤,神经肌肉病变,哮喘,慢阻肺,肺心病,重症肺炎,间质性肺病,左心衰等。从发病时间看可以分为急性呼衰和慢性呼衰以及慢性呼衰急性发作。呼衰的发病率和患病率缺乏全国的统计资料。按照每年慢阻肺死亡人数128万,急性肺损伤(acute lung injury,ALI)和急性呼吸窘迫综合征(acute respiratory distress syndrome,ARDS)发患者数,以及呼吸科临床其他疾病伴随出现的呼衰来看,光呼吸系统疾病导致的呼衰就不少于每年200万例。临床资料统计大约2%~4.5%的ICU患者最终出现ARDS。呼衰是大多数疾病临终的表现形式之一,其发病率、患病率及死亡率高,值得临床关注。我国从20世纪30年代即开始呼衰救治研究,国家"七五"、"八五"无创机械通气的攻关计划,均是围绕呼吸衰竭开展的。目前呼吸衰竭的死亡率,尤其慢性呼吸衰竭的死亡率在应用无创机械通气后明显下降。考虑到呼吸系统疾病死亡占全国人口死亡的1/5以上,而死亡之前几乎均经历呼吸衰竭,ARDS、重症肺炎、新发呼吸道传染病伴发的急性呼衰等仍然有较高的死亡率(40%~70%),因此呼吸衰竭的治疗在现在及未来很长一段时间内仍然是临床危重病救治的主要方向。本章节以慢性呼衰(慢阻肺合并呼衰)和急性呼衰(ARDS)为例阐述各自的病因、病理、发病机制、临床表现及诊治。

一、病因

急性呼吸衰竭多发生于既往无呼吸系统疾患者,短时间内(几分钟到一周内)出现的急性缺氧和(或)CO_2潴留。常见的有:

1. 神经中枢及传导系统和呼吸肌疾患 颅脑外伤,脑水肿,脑炎,脑肿瘤等导致呼吸中枢病变;胸廓外伤,气胸,血胸,大量胸腔积液导致的通气功能障碍;气管内异物阻塞导致的肺不张,急性喉头水肿;急性病毒感染导致的呼吸肌瘫痪(格林-巴利综合征),脊髓损伤等。主要以通气功能障碍为主。胸廓损伤累及肺脏可出现换气功能障碍。

2. 肺的疾患 急性重症肺炎,包括细菌,病毒,真菌,及重症肺结核等;急性肺损伤、ARDS及肺血管疾患(肺动脉栓塞,肺梗死);急性间质性肺病,如快速进展的皮肌炎累及肺脏,系统性红斑狼疮(SLE)累及肺脏等;重症哮喘发作;嗜酸性粒细胞性肺炎;意外及中毒性事件如溺水,误吸,吸入有毒气体等;急性肺水肿如左心衰导致的肺水肿,复张性肺水肿,神经源性肺水肿,高原肺水肿,药物引起的肺水肿等。这些病变主要引起通气与血流比例失调、肺内静脉血分流和弥散功能损害的换气功能障碍,早期发生缺氧和$PaCO_2$降低,严重者因呼吸肌疲劳伴高碳酸血症。

3. 循环系统疾患 循环系统如心衰时出现血压下降,或休克时组织器官灌流不足,或某些理化因素影响了氧的携带如CO中毒等。上述这些因素主要导致组织缺氧。

4. 吸入气氧分压低或氧浓度低,包括到达高原或高海拔地区、人为接入低浓度氧气(麻醉,

机械通气)、低通气等。

发生呼衰的患者可以同时具有上述的一种或多种原因导致,因此临床处理时也需要考虑到原发疾病类型采取相应的措施。

二、慢性呼衰病因

慢性呼吸衰竭指的是动脉血氧分压和(或)二氧化碳分压长期超过正常值,患者出现代偿、部分代偿或失代偿。临床上有多种疾病可导致慢性呼吸衰竭,包括神经肌肉病变,如运动神经元疾病;慢性气道疾病如慢性阻塞性肺病,终末期的支气管扩张,以及缓慢进展的间质性肺病等。慢阻肺患者由于肺功能进行性下降,最后几乎都要经过慢性呼吸衰竭这一病理生理过程。

三、呼衰分型

根据血气分析结果可以明确诊断慢性呼吸衰竭。在吸空气条件下,动脉血氧分压小于60mmHg,和(或)动脉血二氧化碳分压>50mmHg,临床上即存在呼吸衰竭。慢性呼吸衰竭可以分为两种类型:单纯缺氧以及缺氧合并CO_2潴留,分别称为Ⅰ型(PaO_2<60mmHg)、Ⅱ型(PaO_2<60mmHg,$PaCO_2$>50mmHg)。临床上有时候CO_2潴留合并缺氧的患者在吸氧后缺氧得到纠正,只有$PaCO_2$>50mmHg,属于医源性的,也归到Ⅱ型呼衰的范畴(PaO_2<60mmHg,$PaCO_2$>50mmHg)。初步作上述分类的临床意义在于单纯缺氧的呼吸衰竭往往是肺实质和间质的病变,出现CO_2升高则提示通气功能障碍,这对于临床的诊治有初步指导意义。

第二节　慢性呼衰的病理,发病机制和病理生理

一、病理

临床上常见的慢性呼衰是慢性阻塞型肺病(COPD,慢阻肺)导致的呼衰。慢阻肺的病理包括呼吸道和肺实质的改变。呼吸道病理表现为慢性气道炎症,以中性粒细胞核CD_8^+T淋巴细胞为主。正常呼吸道上皮为假复层纤毛柱状上皮,在吸烟,慢性气道炎症时上皮可出现脱落,纤毛减少,排列紊乱,变短,部分出现上皮化生为鳞型上皮。正常上皮细胞表面有一层非薄的液体层,叫呼吸道上皮液体层(airway surface liquid,ASL),大约7微米厚,与纤毛长度类似。纤毛浸浴在ASL中有规律地从肺泡端向气道摆动,清除ASL中的颗粒、微生物、黏液等。该层液体层内有丰富的抗微生物多肽、乳铁蛋白、防御素、可溶性sIgA、溶菌酶等,以及与血浆等渗的钠离子、氯离子。其pH大约较血液pH低0.5个单位。正常ASL的理化特性稳定与呼吸道保持完整的防御功能和天然免疫有关。

慢性气道炎症不仅导致上皮的损害、增生,而且黏膜下腺体肥大增生明显,并存在丰富的淋巴滤泡,有大量T淋巴细胞聚集,及中性粒细胞在黏膜下及黏膜表面分布。

吸烟、环境污染等导致呼吸道出现慢性炎症反应,由于以下几个平衡的破坏,导致气道黏膜重建,黏膜肥厚,支气管壁增厚,黏膜腔内黏液分泌等,导致呼吸道管腔狭窄,气道阻力增加。黏附于支气管壁的肺泡破坏,牵拉支气管的张力减少,进一步加重气道狭窄,导致肺过度充气和残气量、功能残气量增加。在CT上表现为肺气肿和肺大疱,胸廓膨胀,出现桶状胸。在肺功能测定上,表现为FEV_1下降,FEV_1/FVC%下降,IC减少,RV,FRV增加,以及TLC增加。IC减少是患者出现呼吸困难的主要原因。

慢阻肺患者气道慢性炎症产生机制与下列因素的失平衡有关。

1. 氧化抗氧化的失衡　吸氧、雾霾、环境因素、感染因素等可导致呼吸道上皮细胞出现氧化自由基产生过多,引起上皮细胞损伤,通透性增加。

2. 组蛋白乙酰化和组蛋白去乙酰化的失衡 上述气道炎症反应过程中产生的氧自由基可使得组蛋白去乙酰化活性下降，组蛋白乙酰化水平增加，有利于炎症因子的产生。

3. 蛋白酶和抗蛋白酶的失衡 炎症因子的释放和炎症细胞的聚集促进蛋白酶的释放增加，打破蛋白酶和抗蛋白酶的平衡，出现组织的破坏，典型表现是肺泡的破坏，肺气肿的产生。

二、病理生理与发病机制

慢阻肺呼衰缺氧和(或)CO_2潴留的机制：呼吸衰竭的主要变化是缺氧，伴或不伴二氧化碳潴留。缺氧的机制包括肺泡通气不足，通气与血流比例失调，静-动脉分流，弥散障碍，以及患者氧耗增加。CO_2潴留的主要原因是肺泡通气量的不足。

(一) 肺泡通气不足(alveolar hypoventilation)

通气功能障碍主要导致二氧化碳分压升高和氧分压下降。呼衰患者由于呼吸驱动存在问题(患者颅脑损伤、肿瘤、感染、过量安眠、麻醉药物)，或气道阻塞、呼吸肌疲劳、运动神经元疾病导致胸廓运动减少减弱，或大量胸腔积液导致肺受压等，均可导致肺泡通气量降低。肺泡通气量是指肺泡潮气量乘以呼吸频率。需要注意的是生理死腔(dead space)，解剖死腔和肺泡死腔的意义。潮气量大并不表示肺泡通气量大。生理死腔=解剖死腔+肺泡死腔。潮气量减去生理死腔乘以呼吸频率才是肺泡通气量。肺的主要呼吸功能是氧合和排除CO_2，根据肺泡通气量与肺泡氧分压和肺泡二氧化碳分压关系曲线(图 10-1)，通气不足(<4L/min)会引起肺泡氧分压(P_AO_2)下降和肺泡内二氧化碳分压(P_ACO_2)升高，尤在低肺泡通气量时，两者变化更为明显，几乎呈陡直线性关系。根据该曲线的变化规律，在严重通气功能受损的患者(如小于 1~2L/min)，轻度的肺泡通气量的变化可导致P_AO_2和P_ACO_2的明显升高或降低，这在机械通气初期参数设置时需要特别注意。如果设置不合理，很容易由CO_2潴留变成呼吸性碱中毒。临床上常见的肺泡通气不足包括有效肺泡通气量不足(呼吸驱动下降，$P_{0.1}$降低；生理死腔增加)和肺泡通气量不能满足CO_2产生量。在慢阻肺患者，由于肺气肿和肺大疱，小气道病变导致肺的过度充气，吸入的空气与肺内的气体混合后只能部分排除体外，导致生理死腔增加。在患者出现缺氧和CO_2潴留时，体内CO_2增高对呼吸中枢先兴奋后抑制，缺氧对颈动脉窦有刺激作用，但整体呼吸驱动减弱，更进一步导致有效肺泡通气量的降低。通气不足的后果是CO_2分压升高和氧分压下降。在呼衰合并感染的患者，由于缺氧和炎症反应，患者热量摄入不足导致呼吸肌疲劳，这些可以解释慢阻肺呼衰患者未经治疗进一步加重的机制。

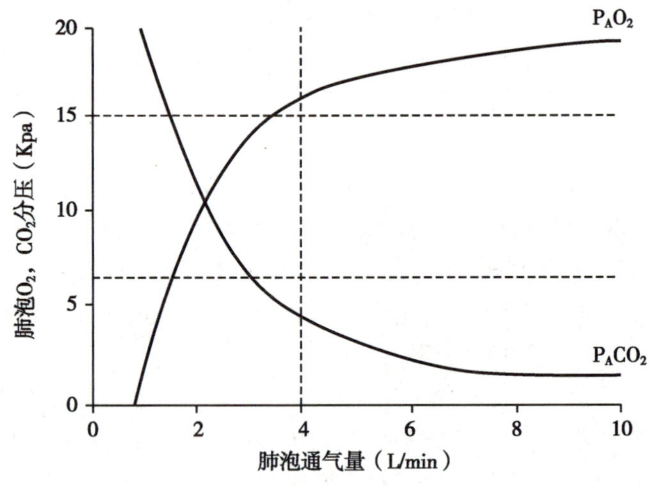

图 10-1 肺泡通气量对肺泡O_2和CO_2分压关系曲线

由于慢阻肺患者存在肺气肿、桶状胸，过度肺充气导致患者胸式呼吸效率很低且氧耗量大，因此在此类患者主张腹式呼吸。膈肌下降 1 厘米，可增加通气量 500ml，因此慢阻肺患者腹式呼吸往往可以改善通气，减低氧耗，是有效的通气方式。

公式：

死腔比：
$$\frac{V_D}{V_T}=\frac{PaCO_2-P_{\bar{E}}CO_2}{PaCO_2}$$

其中 V_D 是死腔，V_T 是潮气量，$PaCO_2$ 是动脉血 CO_2 分压，$P_{\bar{E}}CO_2$ 是平均呼出气 CO_2 分压。VD/VT 正常值 0.28~0.33。

（二）换气功能障碍

换气功能障碍主要导致缺氧。

1. 通气与血流比例失调（ventilation/perfusion mismatch，$\dot{V}_A/\dot{Q}_A$） 从解剖上看，肺泡周围环绕丰富但菲薄的毛细血管，目的是为了从肺泡中获取氧气并及时排出二氧化碳。肺泡通气与其周围灌注毛细血管血流的比例必须协调，才能保证有效的气体交换。正常每分钟肺泡通气量（$\dot{V}_A$）4L，肺毛细血管血流量（$\dot{Q}_A$）5L，两者之比为 0.8。在站立位，把肺水平分为上中下三部分，由于通气和血流分部的差异，上中下三部分肺组织的通气血流比例并不一致，上部通气好，但血流少，而下部通气少但血流多，中间部位通气血流比例接近 0.8。尽管上中下肺部存在通气血流比例有所差异，但差异较小，运动后由于血流重新分布上中下三部分差异进一步减小。病理情况下，如肺泡通气量在比率上大于血流量（>0.8），则生理死腔增加，即无效腔效应（如肺动脉栓塞）；肺泡通气量在比率上小于血流量（<0.8），使肺动脉的混合静脉血未经充分氧合进入肺静脉，则形成肺内静脉血分流（如肺泡内充血水肿）。通气与血流比例失调，主要产生缺氧，而无 CO_2 升高。这是因为混合静脉血与动脉血的氧分压差（60mmHg）要比二氧化碳分压差（6mmHg）大。由于血红蛋白氧离曲线的特性，即使增加肺泡通气量，血氧饱和度上升甚少，因此通气过度的肺泡不能有效代偿通气不足的肺泡所致的摄氧不足，但由于二氧化碳的高脂溶性，使其容易由静脉进入肺泡而被有效排出。在 COPD 中除 $\dot{V}_A/\dot{Q}_A$ 和 DL_{CO} 降低所致低氧血症外，还常常合并通气不足（高碳酸血症），此即Ⅱ型 RF。慢阻肺患者存在肺气肿，尤其上部为主，导致肺组织的破坏上部为重，而血流由于重力作用分布于下肺，进一步促进通气血流比例的失调。同时慢性气道炎症，导致肺泡内过度充气，肺泡的有效气体交换也存在障碍，同时肺组织破坏，肺血管闭塞或栓塞甚至消失，这些都会加重通气血流比例的失调，后果是缺氧。肺动脉栓塞患者部分肺泡存在通气，但无血流或血流明显减少，也存在肺泡死腔，肺泡通气血流比例失调，导致缺氧。这类缺氧在增加吸氧浓度后，会使血液中物理溶解的氧明显增加，组织缺氧可得到一定程度的改善。

2. 右到左的肺内分流（right-to-left shunt） 肺内分流主要导致缺氧。由于肺部病变如肺炎实变、肺水肿、肺不张等，因肺泡无通气所致肺毛细血管混合静脉血未经气体交换，直接流入肺静脉引起右至左的分流增加，或严重肺动脉高压导致卵圆孔开放出现右向左分流，引起严重低氧血症，或先天性疾病如肺动脉导管未闭，法洛四联症等的右向左分流。氧疗不能提高分流的静脉血的氧分压。对这类患者需要进行原发基础肺部疾病的积极治疗，包括必要的机械通气来增高氧分压。

公式：

肺内分流：
$$\frac{\dot{Q}_S}{\dot{Q}_T}=\frac{C_{cap}O_2-C_{art}O_2}{C_{cap}O_2-C_{\overline{ven}}O_2}$$

其中 $\dot{Q}_S$ 为分流血量，$\dot{Q}_T$ 为流经肺循环的总的血量，即心排量，$C_{cap}O_2$ 为毛细血管氧含量，$C_{art}O_2$ 为动脉血氧含量，$C_{\overline{ven}}O_2$ 为混合静脉血氧含量。肺内分流正常值 3%~5%。

肺泡气方程：$P_AO_2=F_IO_2\times(760-47)-PaCO_2/RQ$

其中 P_AO_2 是肺泡氧分压，F_IO_2 是吸入气氧浓度，$PaCO_2$ 是动脉血氧分压，RQ 是呼吸商（通常为 0.8）。760 是大气压（mmHg），47 是饱和水蒸汽压（mmHg）。正常肺泡氧分压 99.7mmHg。

3. 弥散功能障碍 正常肺泡面积 $1.4m^2$，当呼吸面积减少（肺气肿），弥散距离增加（肺水肿，肺间质纤维化），均可影响弥散功能。严重肺气肿和肺大疱患者，存在肺内氧的弥散面积显著减少。因氧的弥散能力仅为二氧化碳的 1/20，故弥散功能障碍只产生单纯缺氧。吸氧可使 P_AO_2 升高，提高肺泡膜两侧的氧分压差，弥散量随之增加，从而一定程度上改善低氧血症。

(三) 氧耗量增加

氧耗量增加是加重缺氧的原因之一，发热、运动，寒战、呼吸困难和抽搐，以及机械通气过程中的人机对抗均将增加氧耗量。寒战耗氧量可达500ml，健康者氧耗量为250ml/min。在严重哮喘和慢阻肺患者，随着呼吸功的增加，氧耗量增加，动脉氧分压进行性下降。随着氧耗量的增加，要维持正常肺泡氧分压所需的肺泡通气量亦随之明显增加，此时肺泡氧分压不提高，缺氧难以缓解。针对这类患者的缺氧需要，及时纠正造成缺氧的基础病因，提高吸氧浓度，改善人机对抗，减少呼吸肌做功，提高肺泡氧分压，从而提高动脉氧分压。

缺氧和高碳酸血症对机体各器官产生一系列影响，如下表(表10-1)所示。

表10-1 缺氧和高碳酸血症对机体的影响

	缺氧	高碳酸血症
神经系统	对缺氧敏感，皮层兴奋，进而抑制脑细胞代谢，严重者脑水肿，导致昏迷甚至脑细胞死亡	脑血管扩张，血流量增加，颅内压增高，神志兴奋或抑制，刺激交感神经作用。可出现头痛，失眠，昏睡。重者肺性脑病。球结膜水肿是特征表现之一
呼吸系统	可刺激颈动脉和主动脉体化学感受器增加通气量；损害肺血管内皮，导致肺水肿；肺动脉收缩，导致肺动脉压力升高	早期兴奋呼吸中枢增加通气，大于80mmHg往往出现昏迷。可刺激肺血管收缩，肺动脉压力增高，$\dot{V}_A/\dot{Q}_A$失调，膈肌，骨骼肌收缩力下降
循环系统	心率增快，血压升高，心排血量增加，肺动脉压上升；严重缺氧心肌收缩力下降，心率减慢，血压下降，尤其酸中毒时	心肌收缩力下降，血管阻力降低，脑、冠脉血管扩张、皮下浅表静脉扩张，严重者出现心律失常
肾脏	肾血管收缩，血流量减少，尿量减少，氮质血症；严重者肾小管坏死，可导致急性肾功能不全；慢性缺氧刺激促红素产生，引起红细胞增多	轻度CO_2增高扩张肾血管，增加肾血流，HCO_3^-重吸收增加，当$PaCO_2$>65mmHg肾血管痉挛，血流量减少，加之缺氧可出现肾功能不全或衰竭
消化系统	黏膜充血水肿，易导致胃肠道出血；肝细胞水肿变性，严重可导致变性，坏死，转氨酶增高	胃酸分泌增加，内脏血管收缩，易出现胃黏膜糜烂出血
血液系统	刺激骨髓造血，红细胞增多	
代谢	无氧酵解，酮体蓄积，乳酸堆积，引起代酸，血钾升高	刺激肾上腺髓质分泌肾上腺素、去甲肾上腺。抗利尿激素分泌增加

第三节 慢性呼衰的临床表现和血气分析的临床意义

一、临床表现

(一) 呼吸困难

呼吸困难是呼衰患者最常见的症状，轻者活动后出现呼吸困难，重者坐位即可出现呼吸困难。常见的呼吸形式为端坐呼吸，双手撑扶桌椅。呼吸形式随呼衰程度和急慢性而不同，患者呼吸时感空气不足，呼吸费力，随着呼衰的加重变得更加明显，表现在呼吸频率、节律和幅度的改变，且与原发病有关。COPD则由慢而较深的呼吸转为浅快呼吸，辅助呼吸肌参与，表现为点头或提肩呼吸，发生二氧化碳麻醉时，出现浅慢呼吸。中枢性呼衰呈潮式(Cheyne-Stokes breathing syndrome，CSBS)、叹气样，间隙或抽泣样呼吸。喉部或气道病变所致的吸气性呼吸困难，出现三凹征(three depression)，表现为胸骨上窝、锁骨上窝、肋间隙吸气时凹陷。常合并吸

气喘鸣，尤其存在哮喘-慢阻肺重叠综合征时。当伴有呼吸肌疲劳时，可表现胸腹部矛盾呼吸。慢阻肺患者呼吸困难的机制是肺气肿或肺大疱及小气道病变（气道重建，气道壁增厚，内径减小，气管壁内有分泌物）导致肺泡过度充气，小气道等压点向肺泡端移动，出现呼气时小气道提前闭合，气体存储于肺泡内不能有效呼出体外，因此患者不仅残气量和功能残气量增加，肺总量增加，其深吸气量减少，因此出现用力吸气但实际的深吸气量减少，尤其是运动时，患者会出现呼吸困难，运动耐力减少，运动时间缩短。慢阻肺患者同时存在呼吸肌疲劳，因此易出现呼吸困难。这些患者会自发出现缩唇样呼吸，深而慢的呼吸，增加呼气阻力，避免小气道提前陷闭，尽量多地增加呼出气量，减少功能残气量。另外腹式呼吸也可以提高呼吸效率，改善呼吸困难。在进行机械通气时，适当应用呼气末正压可抵消部分内源性呼气末正压，减少肺的过度充气。

（二）精神神经症状

缺氧和 CO_2 潴留可以引起精神神经系统的症状，而症状的轻重与缺氧和 CO_2 潴留的程度及持续时间相关，往往均存在早期兴奋，后期抑制的作用。神经系统对缺氧非常敏感，轻度缺氧患者可影响患者注意力，随缺氧加重，可出现精神错乱、躁狂、昏迷、抽搐等症状。慢性缺氧多有智力或定向功能障碍，以及性格改变。

高碳酸血症早期为睡眠习惯改变，夜间失眠，白天嗜睡。二氧化碳持续增高后出现意识淡漠，昏睡，或烦躁、躁动不安，合并缺氧严重时可出现“肺性脑病”，表现为神志淡漠、肌肉震颤、间隙抽搐、昏睡、甚至昏迷等。血液 pH 值对精神症状有重要影响。如果 pH 代偿，即使 $PaCO_2$ 增高甚至超过 80mmHg，患者仍能进行日常个人生活；但 pH<7.3 时，会出现精神症状，当 pH<7.25 时可出现血压的不稳定。严重高碳酸血症可出现腱反射减弱或消失，锥体束征阳性等。注意严重肺泡通气不足的患者，在短期经过机械通气后原先低 pH 值可能出现迅速逆转，大于 7.5 甚至更高，也会诱发惊厥，且根据氧离曲线的特性，组织缺氧加重。对于机体而言，“宁酸勿碱”，因此机械通气时要特别注意血液 pH 的变化。

（三）血液循环系统症状

严重缺氧和高碳酸血症可加快心率，增加心排血量，升高血压。高碳酸血症使外周体表静脉充盈，皮肤红润、温暖多汗、血氧升高、心搏量增多而致脉搏洪大；脑血管扩张，产生搏动性头痛。由于严重缺氧、酸中毒、水电解质紊乱引起心肌损伤，出现周围循环衰竭、血压下降、心律失常、心脏停搏。缺氧和 CO_2 潴留均可导致酸中毒，易诱发高钾血症，往往是心律失常和心脏停搏的诱因之一。慢阻肺患者由于长期缺氧和 CO_2 潴留，会继发肺动脉高压，严重时出现右心功能不全、“肺心病”。此类右心衰主要表现为下腔静脉淤血征，表现为颈静脉怒张，肝颈回流征阳性，肝淤血体征，胃肠道淤血体征包括胃肠蠕动减弱，以及双下肢水肿。长期呼衰也会引起左心功能不全。

（四）消化和泌尿系统症状

缺氧和酸中毒严重可诱发胃酸分泌增多，加之胃肠道黏膜充血、水肿、糜烂渗血或应激性溃疡，导致上消化道出血。此类患者在 ICU 内往往会接受皮质激素治疗，可加重胃肠道的出血。机械通气患者胃肠道出血机会，较无机械通气患者胃肠道出血几率明显增加。呼衰可明显影响肝肾功能，表现为血清转氨酶升高，肾功能受损、小便少，氮质血症和血肌酐升高，尿中出现蛋白尿、红细胞和管型，严重者出现肾衰竭。呼衰患者一旦出现肝肾功能不全和衰竭（大于等于两个脏器-多器官功能不全），死亡率明显上升。以上这些症状均可随缺氧和高碳酸血症的纠正而好转和消失。临床上常预防性使用制酸剂（H-K-ATP 酶抑制剂）和胃黏膜保护剂减少消化系统并发症的发生。

（五）实验室检查

主要包括肺功能、血气分析、血常规、肝肾功能、电解质、CRP、PCT、D-二聚体与 BNP 等。其

他检查包括 X 线，CT 等。做这些检查的目的，是对患者的各个脏器的功能进行初步评估，并判断呼衰的病因。血气分析的结果，有利于指导下一步诊疗计划的制订和预后评估。血常规观察是否存在贫血，中性粒细胞增高，判断携氧能力和有无感染；肝肾功能则判断呼衰（缺氧和（或）CO_2 潴留）对肝肾功能的影响；电解质与酸碱平衡密切相关，有助于判断酸碱平衡及水与电解质紊乱的类型；CRP 与 PCT 则辅助判断是否存在感染及炎症反应的程度。D- 二聚体也是实验室检查的常规，阴性有利于排除血栓性疾病；BNP 则有助于判断是否存在心衰。影像学则可以协助了解肺内、纵隔和胸腔的病变。

肺功能的测定则是诊断 COPD 的必要条件，可以了解气道阻塞的程度，肺功能受损的程度，慢阻肺的临床分型等，有利于选择不同的支气管舒张剂、皮质激素、其他抗炎及抗氧化药物。根据 GOLD 指南，$FEV_1/FVC\%<70\%$ 即可诊断气流受限。

发生呼衰时上述指标将出现不同程度的变化，尤其是血气分析。按照定义，COPD 发生呼衰时动脉氧分压 <60mmHg，和（或）CO_2>50mmHg。电解质及 pH 可出现多种变化，包括单纯的呼吸性酸中毒、呼吸性碱中毒、代谢性酸中毒、代谢性碱中毒以及二重和三重酸碱平衡紊乱。这里面需要了解几个危急值：

1. 动脉氧分压 PaO_2<40mmHg，提示严重缺氧。

2. 动脉血 CO_2 分压 $PaCO_2$ >60mmHg，提示严重通气功能障碍。在慢呼衰患者，尤其是 COPD 患者此危急值的临床价值不大，但在哮喘患者急性发作出现 CO_2 潴留，说明病情危重需要密切观察。

3. pH<7.25 提示严重酸中毒，需要紧急处理。

（六）体征

体格检查，根据呼衰的不同病因可有不同的体征。当动脉血中还原血红蛋白超过 1.5g%，血氧饱和度低于 85% 时，可在血流量较大的口唇黏膜、耳垂，指甲（趾甲）出现发绀；红细胞增多者发绀更明显，而贫血者则发绀不明显或不出现。严重休克末梢循环差的患者，即使动脉血氧分压正常，也可出现发绀。发绀还受皮肤色素及心功能的影响。所以要综合判断患者缺氧和组织灌流是否充分。杵状指是慢性缺氧的体征之一，在慢阻肺、支气管扩张症、间质性肺病患者常见。

发生肺性脑病时患者神志改变，定向力减弱或消失。球结膜水肿在 CO_2 潴留患者中常见。右心功能不全可出现颈静脉怒张。慢阻肺患者肺部听诊可出现过清音，若合并感染肺实变可出现呼吸音减弱。出现气道痉挛时可闻及哮鸣音，出现肺水肿时可闻及湿啰音。心脏听诊可闻及第二心音亢进，叩诊右心扩大。肝颈回流征可出现阳性体征，腹部可出现膨胀，肠鸣音可减弱，双下肢可有凹陷性水肿。

二、血气分析的临床意义

慢性呼衰患者动脉血气，可呈现不同类型的酸碱平衡失调，包括单一形式的呼吸性酸中毒，呼吸性碱中毒，代谢性酸中毒，代谢性碱中毒；混合形式的酸碱平衡紊乱，包括二重或三重酸碱紊乱。

呼衰患者最常见二氧化碳潴留，当 $PaCO_2$>45mmHg，pH<7.35 时，即可诊断呼吸性酸中毒。随 CO_2 的增加，体内为达到酸碱平衡，通过肾脏重吸收 HCO_3^-，保持 HCO_3^-/CO_2 的比值稳定，即 pH 的稳定。但代偿往往不能将 pH 纠正至正常。这个代偿过程往往需要 2~3 天。呼吸性碱中毒的时候往往相反，出现肾脏排出 HCO_3^- 增多；原发代谢性酸中毒，导致 HCO_3^- 浓度下降，动脉血 $PaCO_2$ 也会出现代偿性下降；原发代谢性碱中毒，出现 $PaCO_2$ 代偿性增高。下表中也列出了代偿的极限，超过极限，说明存在二重或三重酸碱平衡失调。

表 10-2 为酸碱平衡紊乱与预计代偿反应，可通过预计代偿能力协助判断酸碱失衡类型：

Note

表 10-2　酸碱平衡紊乱与预计代偿反应

血气分析异常类型	预计代偿反应	代偿极限
急性呼吸性酸中毒	$[HCO_3^-]=24+0.1\times(\Delta PaCO_2)$	30mmol/L
急性呼吸性碱中毒	$[HCO_3^-]=24-0.2\times(\Delta PaCO_2)$	18mmol/L
慢性呼吸性酸中毒	$[HCO_3^-]=24+0.35\times(\Delta PaCO_2)$	42~45mmol/L
慢性呼吸性碱中毒	$[HCO_3^-]=24-0.5\times(\Delta PaCO_2)$	12~15mmol/L
代谢性酸中毒	$[HCO_3^-]=1.5\times[HCO_3^-]+8$	10mmHg
代谢性碱中毒	$[HCO_3^-]=40+0.9\times[HCO_3^-]$	55mmHg

拿到血气分析的报告，需要注意几个问题：

1. 是动脉血还是静脉血？
2. 吸氧后还是吸空气？
3. 机械通气中还是无机械通气？

血气分析可以遵循以下的步骤：

首先判断是酸中毒还是碱中毒，根据 pH 可以马上判别酸碱平衡类型，然后区分是原发病因是呼吸性还是代谢性。pH<7.35 为酸中毒，pH>7.45 为碱中毒，pH 在正常范围内提示血气分析正常，代偿或存在混合型酸碱平衡紊乱。判断呼吸性还是代谢性，主要根据初始因素变化是 CO_2 的变化还是 HCO_3^- 的变化，无论 CO_2 或 HCO_3^- 哪个因素改变，对应的 HCO_3^- 或 CO_2 出现代偿性改变，为伴随现象，其代偿幅度不会超过原始因素的变化。PCO_2 和 HCO_3^- 变化与 pH 方向一致的为原发酸碱紊乱。如 pH<7.35，若 CO_2 升高，推断呼酸；若 pH<7.35，HCO_3^- 下降，提示代酸。

判断出原始病因后，对应的为代偿性变化。若 CO_2 与 HCO_3^- 变化方向一致，为代偿，按预计公式计算代偿范围。若两者变化不一致，提示存在混合型酸碱平衡紊乱。同时结合阴离子间隙（AG）来协助判断二重或多重酸碱平衡紊乱。一般 AG>16mmol/L 提示存在高 AG 代酸。

动脉血气分析提示的酸中毒或碱中毒，不仅指导临床处理，而且提示水电解质紊乱的可能性，如代酸易合并高钾、高氯；代碱易合并低钾、低氯；低氯易合并低钠等。结合尿液中的离子浓度和酸碱度，可以进一步判断肾脏功能，尤其是近端肾小管重吸收 HCO_3^- 的功能。

第四节　慢性呼衰的诊断，治疗原则和具体措施

一、诊断

根据患者呼衰病史及基础疾病，加上缺氧或伴有高碳酸血症的上述临床表现，结合有关体征，及动脉血气分析，诊断并不难。动脉血气分析能客观反映呼衰的性质及其程度，酸碱平衡紊乱的性质，并在指导氧疗、呼吸兴奋剂应用和机械通气参数调节，以及纠正酸碱失衡和电解质紊乱等方面均有重要价值，动脉血气分析为必备检测项目。

急性呼衰患者，只要动脉血气分析证实 PaO_2<60mmHg，伴 $PaCO_2$ 正常或偏低（<35mmHg），则诊断为Ⅰ型呼吸衰竭，若伴 $PaCO_2$>50mmHg 即可诊断为Ⅱ型 RF。吸氧后导致的单纯 $PaCO_2$>50mmHg 亦属于Ⅱ型。

慢性呼衰患者由于机体的多种代偿和适应，组织无明显缺氧，在呼吸空气时，仍能从事日常生活，而不出现高碳酸血症，称为代偿性慢性呼衰。如一旦发生肺部感染或气胸，或慢阻肺急性发作（AECOPD），则会出现严重缺氧和高碳酸血症，则称为失代偿性慢性呼衰急性发作，其诊断的指标稍宽，可以 PaO_2<55mmHg，$PaCO_2$>55mmHg 为缺氧或 CO_2 潴留的界限。

二、处理原则和具体措施

呼衰的处理原则与危重病急救原则类似，以维持生命指征为第一要素，然后治疗原发病。具体包括保持呼吸道通畅，纠正缺氧和（或）高碳酸血症所致酸碱失衡和代谢功能紊乱，维持循环功能稳定，从而为治疗急慢性呼衰的基础疾病和诱发因素争取时间和创造条件。

（一）建立通畅气道

要果断采取多种措施，保持呼吸道通畅。如口腔、咽喉部分泌物或胃内反流物吸引，必要时插胃管作胃肠减压排气，避免呕吐物误吸，同时有利于鼻饲营养。若患者痰黏稠不易咳出，考虑补液量及用溴己新或氨溴索类黏痰溶解药雾化或静脉滴注。支气管痉挛者应用短效 β_2 受体激动剂和胆碱能阻滞剂喷雾或雾化吸入扩张支气管，再吸入糖皮质激素或静脉应用糖皮质激素起抗炎解痉平喘作用。紧急情况下还可用纤维支气管镜吸出分泌物。若上述操作效果差，或患者昏迷，必要时作（经口、鼻）气管插管或气管切开，建立人工气道。建立人工气道的适应证：严重缺氧，昏迷，气道分泌物多，气道阻塞，狭窄，损伤，气管 - 食管瘘等。

（二）氧疗

只要氧分压 <60mmHg，有给氧的指征，而氧疗的目的是使 PaO_2>60mmHg 或 SaO_2>90% 即可。给氧浓度要根据疾病的类型。给氧方式包括通过鼻导管，鼻塞或面罩吸氧，能提高肺泡氧分压（P_AO_2），增加肺泡膜两侧氧分压差，增加氧弥散能力，以提高动脉血氧分压和血氧饱和度，改善组织缺氧。吸入氧浓度以动脉血氧饱和度 >90% 为标准。鼻导管或鼻塞（闭嘴）的吸氧浓度常用公式〔F_iO_2（%）=21%+4%× 吸氧流量（L/min）〕，此公式未考虑吸气与呼吸气时间比和每分钟通气量的因素，由于只有在吸气时氧才会进入肺内，以及通气量占氧流量比值越低，对吸入氧的稀释程度越低，故在长吸气时间和低通气量时，其实际 F_iO_2 比公式计算值要高，反之，实际 F_iO_2 低于计算值。此种给氧方式氧浓度一般不会超过 60%，个别情况下采取双路给氧，以进一步提高吸氧浓度。如果需要更高浓度的氧气，需要接机械通气，包括有创和无创通气。致死性低氧血症病例抢救时，早期要给予纯氧治疗改善重要脏器的缺氧状态。一般情况下不宜长时间给予高纯度氧，即使在 ARDS 患者，尽量将吸氧浓度控制在 60% 以下。长期高浓度吸氧会产生氧中毒。

通气不足缺氧患者，经鼻导管或面罩氧疗，根据肺泡通气和 P_AO_2 的关系曲线（图 10-1），在低肺泡通气量时，只需吸入低浓度氧（<30%），即可大大提高 P_AO_2，由于肺泡 - 动脉氧分压差增大，氧可快速弥散进入肺泡毛细血管，纠正缺氧。气流受限的慢阻肺患者，由于吸入气分布不均，导致通气与血流比例失调性缺氧，通过一定时间（30 分钟）吸氧后，通气不均的肺泡氧分压 P_AO_2 亦随之上升。因此通气与血流比例失调的患者，吸低浓度氧能纠正缺氧。

弥散功能障碍的患者，如肺间质纤维化因氧的弥散能力比二氧化碳弥散差 20 多倍，要提高肺泡膜两侧氧分压差，才能有效增强氧的弥散能力，一般吸入较高氧浓度（>35%~45%）才能改善缺氧。慢阻肺患者存在肺气肿和肺大疱，虽然弥散面积减少，吸入较高浓度氧气后由于氧分压差增高，仍可通过增强氧的弥散提高动脉血氧饱和度和氧分压。

由于肺炎实变、肺水肿和肺不张所致的肺内静脉血分流增加，导致的肺内分流性缺氧，因肺泡充满炎症和液体，或肺泡萎陷不张，尤在肺炎症血流增多的患者，肺内分流增加。若分流量 >30% 以上，吸纯氧亦难以纠正缺氧。在机械通气时增加外源性呼气末正压(PEEP)，使肺泡扩张，减少死腔，改善通气血流比例失调，减少肺内分流，改善气体交换面积，因此可以提高 PaO_2 和 SaO_2，改善缺氧。

慢性呼衰患者长期家庭氧疗，可以明显改善患者的生活质量和延长寿命。氧疗指征是活动时血氧饱和度 <88% 或静息状态 PaO_2<55mmHg。建议吸氧时间至少 12~15 小时 / 每天，时间短则远期预后效果不理想。

(三) 增加有效肺泡通气量，改善高碳酸血症

对于慢性呼衰的治疗目标，既往满足于改善缺氧和动脉血 pH，对于 CO_2 的浓度比较宽容，认为只要 pH 正常，可以允许 CO_2 处于高位。近期的临床观察发现，持续改善 CO_2 分压，患者预后将得到相应的改善，因此我们不能仅满足于 pH 正常，而是尽可能将动脉血 CO_2 水平降至正常范围。

高碳酸血症是由于肺泡通气不足引起，因此只有增加通气量，才能有效排出二氧化碳。现常采用呼吸兴奋剂和机械通气支持，以改善通气功能。

1. 呼吸兴奋剂的合理应用 呼吸兴奋属于中枢兴奋药，可通过刺激延髓呼吸中枢或周围化学感受器，增强呼吸驱动，增加呼吸频率和潮气量，改善通气。常用药物包括尼可刹米、洛贝林、回苏灵、美解眠、多沙普仑等。值得注意的是患者的氧消耗量和二氧化碳产生量在使用兴奋剂后亦相应增加，并与通气量成正相关。故在临床使用呼吸兴奋剂时，应明确掌握其适应证。如服用安眠药、吗啡、巴比妥类药物等导致呼吸抑制，特发性肺泡低通气综合征，慢阻肺高碳酸血症等，系中枢呼吸抑制为主，呼吸兴奋剂疗效较好。但慢性阻塞性肺病呼衰时，因支气管-肺病变、中枢反应性低下或呼吸肌疲劳致低通气，应用呼吸兴奋剂的利弊得失取决于其病理生理基础。而神经传导系统和呼吸肌病变，以及肺炎、肺水肿、ARDS 和肺广泛间质纤维化等，以换气障碍为特点的呼衰，患者本身呼吸急促，呼吸兴奋剂有弊无益，应列为禁忌。在使用呼吸兴奋剂的同时，应保证呼吸道通畅，减轻胸肺和气道的机械负荷，如分泌物的引流、支气管解痉剂的应用、消除肺水肿等因素，否则通气驱动增加反而会加重气急和增加呼吸功。使用呼吸兴奋剂通常应同时增加吸氧浓度。另外，呼吸兴奋剂的使用剂量接近引起惊厥的剂量，故需密切注意患者的神志和精神变化。在有脑水肿，脑缺氧未纠正频繁抽搐的患者慎用或禁用。上述各个药物均有作用时间短、起效快等特点，一般均静脉注射，使用的具体指征稍有差别并需注意各自的副作用。

2. 机械通气 机械通气应根据各种疾病导致呼衰的病理、病理生理和各种通气方式的不同生理效应，合理地调节机械通气各种参数和吸入氧浓度，以达到既能改善通气和换气功能，又能减少或避免机械通气的副作用(呼吸机相关肺损伤、气胸和纵隔气肿，呼吸机相关肺炎，呼吸机对血流动力学的影响和氧中毒等)。

呼吸机参数设置需要参考患者的 P-V 曲线。慢阻肺和危重哮喘患者，主要病变为支气管痉挛阻塞引起的肺气肿和严重肺过度充气，使 P-V 曲线趋向平坦段，且吸气峰压与平台压压差大。初始参数选择潮气量不宜过大，采用低 V_T。在吸气管路串入储雾器或射流喷雾器，吸入 β_2 激动剂、胆碱能阻滞剂和表面作用糖皮质激素解痉平喘。在严重酸中毒者，若 pH<7.2 可适当补充碳酸氢盐，但需要保证通气量以排出生成的 CO_2。待支气管舒张，气道阻力降低，肺过度充气改善后，P-V 曲线移向陡直段，允许较大 V_T，支持压力可逐步增加，采用低吸气流量(有利气体分布)，延长呼气时间，避免肺动态过度充气。这样有利降低 V_D/V_T 比值，增加肺泡通气量($\dot{V}_A$)，尤在 $PaCO_2$>80mmHg 时，与 $\dot{V}_A$ 处于反抛物线陡直段，当 $\dot{V}_A$ 轻微增加，即可致 $PaCO_2$ 明显下降，pH 上升。因此 COPD 慢性呼衰患者发生高碳酸氢盐时，$PaCO_2$ 不要短时间内下降过多，以免导致碱中毒加重组织缺氧。

COPD 和危重哮喘呼衰患者缺氧，主要与通气血流比例失调和通气不足有关。通过机械通气增加 $\dot{V}A$ 后，P_AO_2 明显上升；给予外源性 PEEP3~5cmH_2O 能扩张陷闭气道，改善气体分布和通气血流比例，减少肺内分流，提高 PaO_2，另 PEEP 可降低内源性呼气末正压(PEEPi)，减少吸气肌做功。一般只需吸低浓度氧，除非伴广泛肺炎、肺水肿、肺不张所致的肺内分流增加，才需吸较高氧浓度。在 COPD 伴睡眠呼吸暂停患者，应采用压力支持通气(PSV)+PEEP+ 呼吸兴奋剂，PSV+ 同步间歇正压通气(SIMV)+PEEP，或辅助/控制通气(A/CV)+PEEP 均可有效改善患者的通气功能并提高氧合。

近 20 多年来由于呼吸机通气模式、同步和漏气补偿，以及口鼻面罩密闭性能等不断完善，无创机械通气（NIPPV）氧疗治疗轻中度和一些重度急性呼吸衰竭取得肯定疗效，并为重度呼吸衰竭患者人工气道（气管插管、气管切开）机械通气的序贯治疗创造条件。NIPPV 的应用，有效改善通气和换气功能，避免插管，减少呼吸机相关性肺炎和肺损伤，从而缩短机械通气和住院时间。在心衰患者有效改善氧合，降低回心血量，减少呼吸功，改善左心功能，是 NIPPV 最佳适应证之一。NIPPV 在慢性呼吸衰竭患者长期家庭治疗中亦取得了进展。对限制性通气障碍（如胸壁、神经肌肉疾病）、COPD 及夜间低通气（或伴心脑血管疾病）的慢性高碳酸血症患者长期 NIPPV 治疗，可延长患者生命和改善生活质量。新型通气模式如压力支持通气（PSV）、压力辅助通气（PAV），神经调节机械通气辅助（NAVA）等在改善肺换气，增加人机配合，提高患者机械通气的舒适性等方面均较普通压力和容量控制通气有明显改善，也常常用于撤机过程。

早期使用无创通气在一部分患者会观察到缺氧反而加重，这与患者未能适应面罩通气，人机配合不佳，以及吸入的氧浓度由于潮气量的加大，出现吸入气氧浓度降低所致，但经过调整配合后会出现氧分压上升，CO_2 下降。

对于慢呼衰患者尤其家庭机械通气的患者，通气目标不仅仅是辅助患者的呼吸肌，减少疲劳，改善缺氧和 CO_2 潴留。既往曾认为 CO_2 不必降至正常范围内，只要 pH 在正常范围内即可。目前的研究显示尽量将 CO_2 改善至正常水平，有利于全身脏器功能的恢复，对患者的长期预后有重要意义。

呼吸衰竭的机械通气治疗需要灵活掌握适应证和禁忌证。早期使用无创机械通气，在大多数呼衰患者可取得一定的疗效。无创机械通气禁忌者需及时改为气管插管或切开，进行有创通气。病情危重，常规机械通气治疗无效的患者，可以考虑使用体外膜肺（ECMO）和（或）血液透析治疗。近年来 ECMO 治疗急性呼衰有提前的趋势，而不是等到患者病情极其危重的时候。

在慢阻肺合并感染的患者，短时间内纠正肺部感染后，即使患者的肺功能还没有完全恢复，但患者的主要问题已经解决，没有大量的分泌物，可以考虑早期拔管后序贯无创通气治疗，来避免延时拔管引起的呼吸机相关肺炎或院内感染的发生，而且可以改善患者的死亡率。这个临床上肺部感染已经得到控制，而患者拔管后序贯无创通气的窗口期成为感染控制窗（pulmonary infection control，PIC）。目前已经写入我国危重病救治及加拿大无创通气的指南。

（四）纠正酸碱平衡失调和电解质紊乱

纠正酸碱平衡和电解质紊乱，在改善呼衰患者整体病情及预后上有很重要的意义。酸中毒不纠正低血压往往不能纠正；酸中毒易出现高钾，对心脏有毒性作用；碱中毒易出现低钾，低钾低氯易出现碱中毒，患者出现心律失常，胃肠道胀气等；碱中毒者组织缺氧加重；低钠可导致细胞水肿，尤其脑水肿；高钠血症亦可导致细胞脱水，出现神经精神症状等。动脉血 CO_2 不宜纠正幅度过快过大，容易出现矫枉过正，呼酸变呼碱，患者可出现惊厥。通过调节呼吸机参数，通过胃肠道摄取和补液，维护肾脏功能，合理补液和利尿可以维持体内微环境的稳定，这对促进呼衰的抢救成功有积极作用。临床上患者病情反复的一个原因是只关注了氧和二氧化碳，忽视了 pH，水和电解质紊乱，导致患者出现一系列的多脏器的副作用，延误治疗时机。呼衰患者本身各脏器功能都处于受损或临界状态，任何影响微环境的改变都有可能导致病情的恶化，甚至前功尽弃。

（五）抗感染治疗

呼吸道感染是呼吸衰竭最常见的诱因，建立人工气道机械通气和免疫功能低下的患者易反复发生感染，且不易控制。在 ICU 内插管后每增加一天，呼吸机相关肺炎的发生率增加 1%。原则上应在呼吸道分泌物引流通畅的条件下，参考痰细菌培养和药物敏感试验结果，选择有效的

抗生素。若无阳性发现，需要根据患者是否有基础疾病，既往是否有过细菌定植，既往是否用过抗生素，并参考当地微生物流行病学的资料等进行经验性用药。目前 ICU 内患者死亡的主要原因是耐药菌感染，尤其是革兰阴性菌的感染，包括鲍曼不动杆菌、铜绿假单胞菌、肺炎克雷伯菌、大肠埃希菌、嗜麦芽假单胞菌等。有创机械通气转无创机械通气的序贯治疗方法在允许拔管的前提下，缩短了有创机械通气的时间，可减少院内感染的发生。感染控制窗（PIC）指的是在慢阻肺患者，呼衰如果是由于肺部感染导致，在积极控制感染后，即使患者的呼衰没有完全纠正，但导致呼衰的基础疾病已经得到有效控制，因此可以拔管改为无创通气，而不是经 SBT 方法进行撤机，这种基于 PIC 的序贯通气方法，可以有效减少呼吸机相关肺炎的产生，对生存率亦有改善作用。

（六）合并症的防治

呼衰可合并消化道出血、心功能不全、休克、肝肾功能障碍，应积极防治。消化道出血的预防，主要采用胃酸抑制药物及胃黏膜保护剂。使用激素期间一般主张同期给予胃黏膜保护措施，以预防胃肠道的出血。左心衰主要采用强心利尿扩血管，改善缺氧等治疗，无创机械通气有独特的优势改善左心衰。合并右心衰或肺心病患者，主要是利尿，需要积极纠正缺氧和 CO_2 潴留，在严重缺氧和 CO_2 潴留时，使用强心药物有风险且疗效不佳。若缺氧不能纠正，单纯降低肺动脉压力无临床获益且费用昂贵，并发症多。

（七）休克

引起休克的原因很多，如酸碱平衡失调和电解质紊乱、血容量不足、严重感染、消化道出血、循环衰竭以及机械通气使用压力过高等，应针对病因采取相应措施和合理应用血管活性药物。在机械通气的患者，单纯改善缺氧和二氧化碳潴留，但如果血压偏低，有效氧运输下降，仍然不能保证组织的氧供，所以呼衰患者的机械通气包含了氧合和血液氧运输及组织的氧利用。

（八）营养支持

呼衰患者因摄入热量不足、呼吸功增加、发热等因素，机体处于负代谢，出现低蛋白血症，降低机体免疫功能，感染不易控制，呼吸肌易疲劳不易恢复，以致抢救病程延长。抢救时，应常规给患者鼻饲高蛋白、高脂肪和低碳水化合物，以及多种维生素和微量元素的饮食，必要时给予静脉高营养治疗。严重营养不良患者白蛋白不能短时间内得到改善，在低于 20g/L 时可考虑静脉输注白蛋白。在营养支持上，能够胃肠营养的不要静脉营养，这样不仅可以维护胃肠道功能，还可以减少医源性感染，并减少肠道细菌的移位。

（九）血栓栓塞性疾病

呼衰患者由于缺氧，运动减少，患者易合并血栓栓塞性疾病，包括深静脉血栓，肺动脉栓塞等。D- 二聚体敏感性高，但特异性不高，阴性预测值大于阳性预测值。若无禁忌，住院期间可皮下注射低分子肝素预防血栓形成。

第五节　急性呼吸窘迫综合征的定义，流行病学和危险因素

各种原因导致的急性呼吸窘迫，临床表现为呼吸急促和缺氧，胸部影像学表现为肺内弥漫性渗出性改变，在排除左心衰等导致的肺水肿后，若有机械通气 PEEP 为至少 $5cmH_2O$ 时，$PaO_2/F_iO_2 \leq 300$，即可临床诊断 ARDS（表 10-3）。

对 ARDS 来说，其危险因素包括肺内和肺外，分直接作用于肺还是间接作用于肺而进行分类。最常见的因素为感染、创伤、误吸，占所有 ARDS 发病的 80% 以上。其次药物、胰腺炎、放射性损伤、器官移植等。感染不仅是 ARDS 最重要的危险因素，感染诱发 ARDS 的死亡率也是较高的，需要引起广泛的重视（表 10-4）。

表 10-3 急性呼吸窘迫综合征的柏林定义

	急性呼吸窘迫综合征
时程	已知临床发病或呼吸症状新发或加重后 1 周内
胸部影像学[a]	双肺斑片影——不能完全用渗出、小叶或肺塌陷或结节解释
水肿起源	无法用心力衰竭或体液超负荷完全解释的呼吸衰竭。如果不存在危险因素，则需要进行客观评估（例如超声心动图）以排除流体静力型水肿
氧合[b]	
轻度	200mmHg<PaO_2/FiO_2≤300mmHg 伴 PEEP 或 CPAP≥5cmH_2O[c]
中度	100mmHg<PaO_2/FiO_2≤200mmHg 伴 PEEP≥5cmH_2O
重度	PaO_2/FiO_2≤100mmHg 伴 PEEP≥5cmH_2O

提示：CPAP：持续性气道正压；FiO_2：吸入氧浓度；PaO_2：动脉氧分压；PEEP：呼气末正压

a 胸片或 CT 扫描

b 如果海拔大于 1000m，需通过以下方式校正：[PaO_2/FiO_2（大气压 /760）]

c 在轻度急性呼吸窘迫综合征患者，可通过非侵入性方式传送 PEEP

表 10-4 常见的 ARDS 的危险因素

感染因素：病毒、细菌（革兰阴性为主）导致的肺炎、脓毒血症
误吸：胃内容物、溺水、腐蚀性液体
创伤：肺挫裂伤
吸入：烟雾、有毒气体（氨气、氯气）
胰腺炎
药物：百草枯
间质性肺病或自身免疫疾病：特发性肺纤维化，皮肌炎，系统性红斑狼疮
其他：反复输血、肝移植、羊水栓塞、尿毒症、热射病、弥散性血管内凝血

高龄、酗酒、代谢性酸中毒、病情严重度等情况与 ARDS 易感正相关，而糖尿病患者发生 ARDS 几率相对偏低。

1967 年 Ashbaugh 首次在一组外科患者报道 ARDS，之后其定义受病理生理学研究的限制，曾出现过多种名称，包括湿肺，白肺，婴儿肺，成人呼吸窘迫综合征等。1994 年欧美共识会议首次定义 ARDS/ALI；2011 年柏林会议对 ARDS 定义做了修订，将 ALI 纳入 ARDS 的轻症形式。ARDS 定义的变迁反映了在这一领域内对其病理和病理生理的认识逐步深入，并配合临床研究的需要，规范其诊断条件。ARDS 的流行病学资料多来源于欧美国家，我国目前缺乏全国的资料。在美国，ARDS 发病率 59/10 万，按此比例我国每年 60 万 ~70 万人发生 ARDS。ARDS 的死亡率全球平均在 40%~50% 左右，部分临床医学中心可低至 30%。ARDS 死亡率与其诱发因素和所在的医学中心有关，一般来说感染和脓毒性休克诱发 ARDS。

第六节 急性呼吸窘迫综合征的发病机制和病理、生理病理

ARDS 的病理可以分为几个阶段，包括渗出期，修复期和纤维化期（文末彩图 10-2）。三个阶段没有绝对的分解，是相互重叠的，对应于临床上大约是 1 周内，第二周，及第 3~4 周。不同危险因素导致的病理非常相似，也就是说一旦启动炎症反应和血管内皮 - 肺泡上皮的通透性增高，从病理上很难推断病因。

一、发病机制

各种危险因素，包括直接或间接的因素，诱发肺血管内及肺泡内出现炎症反应。这些危险因素肺泡内通过 Toll 样受体（Toll like receptor）或 PAMP 受体（pathogen associated molecular pattern receptor）启动炎症细胞内信号传导途径，激发巨噬细胞释放 MIP-2，TNF-α，IL-8 等，而释放的炎症因子又可以募集中性粒细胞肺内聚集。中性粒细胞受细胞因子的趋化，通过细胞表面黏附分子贴壁爬行，通过内皮细胞之间的间隙进入间质及肺泡内。中性粒细胞一旦游走出血管，便不能回到血管内，其最终命运是在吞噬外来物或微生物后裂解死亡，释放大量的酶类，包括弹性蛋白酶，氧自由基等，对肺组织有显著的损伤作用。去除中性粒细胞以及应用抗 IL-8 的抗体可以明显改善肺损伤的程度。LPS 或炎症因子等可以作用于内皮细胞诱发组织因子的表达，也可以作用于血液内的炎症细胞，进一步释放炎症和细胞因子，而组织因子的释放可启动外源性凝血途径，网罗血小板最终在微血管内形成血栓。内皮细胞本身可以释放炎症因子，通过细胞内多种信号传导途径，包括 RhoA 激酶的活化，激活细胞内的骨架蛋白，由外周分布变为杂乱无章地分布于胞质中，这些细胞骨架蛋白构象的变化，牵连到内皮细胞与基底膜的整合素蛋白，导致整合素与基底膜的分离，内皮细胞脱离基底膜，内皮通透性增加，血浆甚至血液渗出（文末彩图 10-3）。在肺泡腔内，由于炎症细胞聚集，炎症因子释放，刺激肺泡Ⅰ型上皮细胞，导致细胞受损、死亡，上皮通透性增加，间质的水肿液可进入肺泡。Ⅱ型细胞亦出现损伤，肺泡表面活性物质分泌减少，肺泡内出现水肿，部分肺泡由于表面活性物质的缺失或减少，肺泡出现陷闭。肺泡内的水肿液富含蛋白成分，析出后形成透明膜。尽管肺泡Ⅰ型和Ⅱ型上皮细胞基底膜存在 Na-K-ATP 酶，可将三个钠离子泵出细胞外，两个钾离子泵入细胞内，有利于肺泡的主动液体清除，而且临床研究也发现肺泡液体清除功能保存好的患者预后也较好，说明了肺泡液体清除功能存在，预示着上皮完整性及细胞功能和活性较强。这些在血管内和肺泡内的炎症细胞和炎症因子构成了肺气血屏障损伤的基础，这些炎症、免疫、凝血等作用机制交织在一起，形成了炎症因子的失控性暴发，并损害了肺的组织结构。这是 ARDS 发生发展的主要机制。

二、病理改变

水肿出血期：为病程的第一周，外观肺表面充血水肿，可有局部出血灶。整体肺脏变现为不均一的实变，重量增加，含水量增加，肺的顺应性减低。光镜下可见肺间质水肿，肺泡水肿及肺泡腔内透明膜的形成。可见红细胞游离于血管外。肺间质及肺泡腔内可见大量中性粒细胞聚集，也存在淋巴细胞。这个时期肺血管内皮通透性增加，部分内皮细胞脱落，启动凝血及纤溶途径，主要是血管及肺泡内的高凝状态。临床观察也发现肺泡腔内的高凝状态与预后相关，凝血酶原激活物抑制剂 -1（PAI-1）越高，蛋白 C 越低，患者的预后越差。这一时期最典型的病理改变是肺泡腔内透明膜的形成，以及微血管内血栓的形成。这两个病理改变导致通气血流比例失调和肺内分流增加，弥散功能减退，肺的死腔增加，是临床上表现为难治性低氧血症的病理基础。

机化修复期：大约出现在病程的第二周，或 3~10 天。主要标志性病理改变为肺泡Ⅱ型上皮细胞增生。肺损伤后修复的主要增生细胞包括肺泡Ⅱ型细胞，具有分化增生功能，可以分化为Ⅰ型细胞；小气道内的 Clara 细胞，具有分裂增生活性，及肺内的间充质干细胞。骨髓动员的干细胞也参与肺组织的修复。肺血管内皮细胞具有异质性，部分内皮细胞具有分化增生活性。因此，在肺组织损伤后炎症反应的后期，即开始肺组织的修复，上述细胞均参与这一病理生理过程。

纤维化期：在肺内急性炎症渗出和细胞增生后，肺组织逐步启动吸收肺间质内的纤维蛋白，肺内聚集的细胞逐渐减少，漏出的中性粒细胞死亡后逐渐吸收，大约在病程的 3~4 周，肺脏出现以纤维化为主要表现的病理状态。这个过程可长达 1 年以上。随访 ARDS 存活的患者，部分患者在发病期间出现的渗出和纤维化可最终完全吸收，尤其是创伤导致的肺损伤。即使部分肺纤维化仍然存在，随访肺功能可以无明显改变。

三、病理生理

ARDS 主要病理生理是顽固性低氧。ARDS 病理上表现为不均一的渗出性改变，主要是肺

泡上皮与毛细血管内皮屏障功能的破坏导致渗出增加，早期出现肺间质水肿，随间质水肿加重，出现肺泡水肿甚至出血性改变。由于部分肺泡内存在水肿液，气体不能进入肺泡，而肺泡周围血流存在，导致肺内分流，死腔增加；受重力作用，肺的渗出性病变以下肺为重，而血流大多分布于下肺（仰卧位），而通气较好的部位是上肺，因此存在严重通气血流比例失调。由于毛细血管渗出，间质水肿，甚至出血，导致肺泡上皮和毛细血管间隔增厚，氧气的弥散距离增加；由于肺泡内的渗出，形成透明膜，更加重了氧弥散的障碍；患者呼吸急促，呼吸肌做功增加，氧耗增加等。这些病理生理改变的主要结果是缺氧，而且这种缺氧主要是肺内分流增加，死腔增加，因此单纯吸氧不能改善缺氧，即使纯氧也不能纠正，需要机械通气合并应用呼气末正压。

第七节 急性呼吸窘迫综合征的临床表现及诊断

一、临床表现

患者往往在发病前存在一定诱发因素，如创伤、肺部感染、休克等，在短时间内（一周内）出现呼吸急促，呼吸频率加快（往往大于 25 次 / 分），心率增快往往大于 100 次 / 分，伴随全身缺氧症状，严重者可出现口唇发绀，神志改变，甚至昏迷。患者呼吸急促主要由于缺氧及肺实变导致顺应性下降而致。

肺部听诊可闻及湿啰音，仰卧者双下肺为主。叩诊肺实变征，触觉语颤可有增强。

二、实验室和其他检查

实验室检查除了常规检查外，针对不同的发病因素与危险因素，还需要有针对性的一些检查。病毒感染时可出现中性粒细胞减少或不变，淋巴细胞上升，但流感病毒感染时可出现红细胞、白细胞、血小板的下降；细菌感染时可出现中性粒细胞数上升，CRP 增高，PCT 在细菌感染时也升高。部分患者肺水肿发展迅速时，可导致白蛋白漏出增加，短时间内可造成血白蛋白减低。全身和肺内渗出的增加可导致血细胞比容增高，这往往是全身毛细血管渗出、血容量减少的征象。肝功能可出现肝酶短暂升高，肾功能提示肌酐及尿素氮升高。凝血纤溶可出现异常，D- 二聚体升高。出现多器官功能衰竭时上述指标持续增高或降低。

1. 血气分析　ARDS 早期是单纯缺氧，由于呼吸急促，肺泡通气量增加，出现 CO_2 偏低，呼吸性碱中毒，若缺氧不能纠正，pH 下降，可出现呼碱和代酸；若缺氧继续加重，可出现 CO_2 潴留，提示病情危重，往往患者伴随神志改变。临床测定血气分析需要同时记录吸氧浓度和呼吸机 PEEP 的水平，在无法得到吸空气时的血气分析结果时，可记录氧气流量及是否使用面罩通气等。通过床旁测定吸入纯氧前后动脉血氧分压水平，结合呼出气 CO_2 可以测定肺内分流、肺泡死腔。在 ARDS 的患者，肺内分流往往大于 15%~20%，甚至 30% 以上。由于肺泡死腔与患者预后相关，死腔大者死亡率高。测定这些指标有利于对肺内病理生理的认识。

血气分析是评价 ARDS 严重程度的重要指标。在改变临床操作时，需要及时做血气分析评价临床操作是否恰当。一般更换改变呼吸机参数或改变通气模式，大约 30 分钟后可出现相对稳定的变化，如果有需要可以行血气分析检查。由于血氧饱和度的检测在一定程度上，可以替代动脉血氧分压的监测，呼气末 CO_2 初步替代动脉血 CO_2 水平，但 pH 值目前还不能无创测定，故怀疑酸碱平衡紊乱，往往仍然需要动脉血气分析。

注意事项：严重缺氧时动脉血颜色亦发黑，有时候不易分清动脉血与静脉血，尽量采取桡动脉采血（动脉搏动易触及，较浅表，创伤小）。

2. 影像　X 线或胸部断层扫描 CT 可以判断肺水肿的分布和程度。肺水肿主要有两种类型，毛细血管静水压增高导致的压力性肺水肿，和毛细血管通透性增高导致的渗出性肺水肿。压力

性肺水肿主要见于左心衰，而渗出性肺水肿主要指的是 ARDS。压力性肺水肿早期为间质水肿，可出现 Kerley-A、B、C 线，以 Kerley B 线为特征，表现为与双下胸膜垂直的短线（肺叶间隔膜水肿），重者出现肺泡水肿，典型 X 线表现为以肺门为主的蝶翼状，可同时见心脏扩大影。ARDS 患者往往没有心影增大，肺水肿典型的表现为双侧弥漫性斑片状浸润影伴毛玻璃影，外带多受累，CT 上出现不均质性，早期间质水肿非重力依赖性分布，后期肺泡水肿往往出现重力依赖性分布（图 10-4）。表现为仰卧位的患者下肺背段损伤较上肺为重，进行机械通气的时候由于气体的特性，上肺膨胀程度较下肺为好。严重 ARDS 患者出现 X 线上的"白肺"征象，表现为弥漫性的双肺透亮度降低，CT 上表现为弥漫性实变，肺实变早期可见支气管充气征。

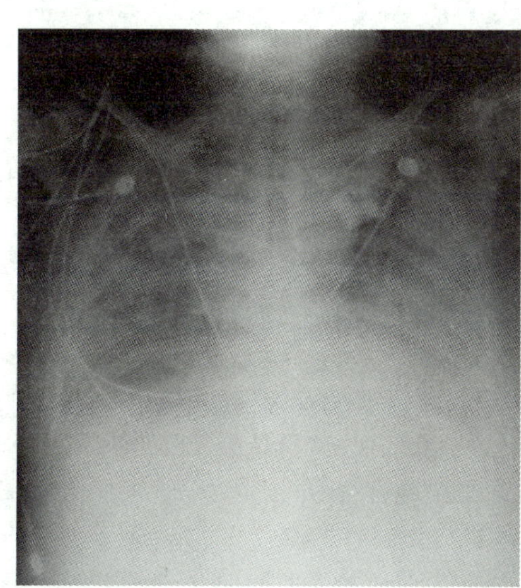

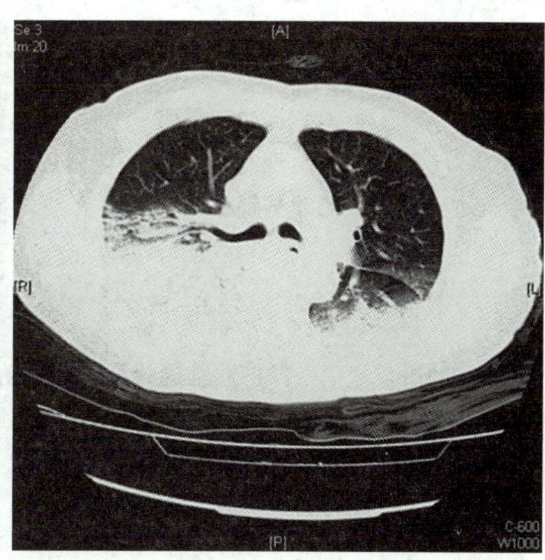

图 10-4　ARDS 胸部 X 线和 CT 表现

右心导管检查，可有助于区分肺水肿类型，在危重患者可进行右心导管检查，测定肺动脉楔压和中心静脉压，指导补液。

经胸壁的超声检查目前也用于肺水肿的诊断及危重程度评估。超声由于无创，操作简单，床旁实施，反复多次，及对肺水肿较好的分辨，目前在某些医学中心用于 ARDS 肺水肿的评估。

三、诊断和鉴别诊断

ARDS 的诊断在典型阶段并不困难，根据其定义，存在危险因素，在短时间内出现呼吸急促，有缺氧表现，X 线或 CT 提示肺内弥散存在的渗出性改变，氧合指数 $PaO_2/F_iO_2<300$（机械通气时 PEEP 至少 $5cmH_2O$），排除左心衰等其他压力性肺水肿，即可以诊断。根据氧合指数可进一步分为轻中重三级（表 10-3）。

ARDS 诊治的关键是早期诊断，早期干预。根据前述的 ARDS 发病危险因素，在临床上需要对这些高危患者进行密切随访，一旦出现 ARDS 的倾向，及时进行吸氧，机械通气等干预。呼吸频率加快和氧合功能进行性下降，是提示 ARDS 发生发展的简单但可靠的指标。

鉴别诊断包括下列情况：

1. **左心衰**　往往有高血压和冠心病史，平卧位有胸闷气急，活动后加重，往往端坐呼吸。X 线提示肺门为主的渗出性改变，合并心脏扩大征象。实验室检查 BNP 明显升高，如有条件做右心导管，可见肺毛细血管楔压大于 18mmHg。治疗强心利尿扩血管往往短期内可以缓解上述症状。

2. **重症社区获得性肺炎**　患者可以出现呼吸急促，影像学上有肺部的实变，血气分析有缺

氧表现，氧合指数可以低于 250。而且重症肺炎诱发 ARDS 很常见。诊断标准：主要指标①需要有创机械通气；②脓毒性休克需要升压药物。次要标准：①呼吸频率大于等于 30 次 / 分；②PaO_2/F_iO_2 比值小于等于 250；③多叶渗出；④意识不清；⑤尿毒症（BUN 大于等于 20mg/dl）；⑥白细胞（WBC 计数，小于 4000 个细胞 /mm^3）；⑦血小板减少（platelet count，小于 100 000cells/mm^3）；⑧低体温（core temperature，小于 36°C）；⑨低血压需要补液。符合社区获得性肺炎诊断，主要指标符合一条，或次要指标符合三条即可诊断重症肺炎（2007ATS/IDSA 标准）。

3. 高原性肺水肿 有高原旅游或短期居住史，一般到达高原地区 2~3 天内发病，出现头痛、头晕、乏力、呼吸困难，重者可出现咳粉红色泡沫痰。由于高原肺水肿发病机制与 ARDS 不同，吸氧或转低海拔地区可快速缓解。

4. 其他类型的肺水肿 如尿毒症患者、复张性肺水肿、神经性肺水肿等，均有特殊的诱因，结合病史诊断较为容易。

5. 间质性肺病急性加重 诱因往往上呼吸道感染，部分诱因不清楚。临床表现为咳嗽，活动后气急，严重时坐位出现呼吸急促等缺氧症状。有间质性肺病病史，短期内出现症状恶化，HRCT 提示在间质改变的基础上出现渗出性改变等。

第八节 急性呼吸窘迫综合征的治疗

ARDS 的治疗原则是保护性肺通气改善氧合功能及对症支持治疗为主。具体包括支持治疗，包括氧疗，机械通气，补液量，营养，镇静和镇痛，血糖控制，输血的限制，白蛋白的使用，激素的使用，抗生素的使用等。根据其不同的发展阶段，采取的措施有所不同。

治疗要点如下：

1. 早期预防和干预 患者存在 ARDS 危险因素时（肺部感染、创伤、误吸、休克、胰腺炎、输血等），需要警惕发生 ARDS 的可能性，密切观察呼吸频率和氧饱和度的变化。对存在危险因素的患者，尽早进行原发病的诊治，减少不必要的操作，减少额外的创伤和感染机会。在气管插管的患者，积极预防呼吸机相关肺炎的发生，包括抬高床头，口腔护理，规范的清洁措施预防交叉感染等。

2. 出现 ARDS 的早期症状 如呼吸频率加快超过 25 次 / 分，氧饱和度持续下降，尽早行胸部影像学检查或床旁片，明确肺内的病理变化，并同时给予氧疗；经面罩或鼻导管吸氧浓度低于 60%，一般考虑高浓度吸氧需要建立人工气道。早期高浓度吸氧保证氧饱和度的快速上升，纠正缺氧，一旦稳定后要逐步降低吸氧浓度，维持氧分压 60mmHg 以上即可。尽量保持吸氧浓度 50% 以下。

机械通气往往是 ARDS 治疗的关键，何时应用有创通气仍然有争论，但一旦临床诊断 ARDS 即有插管指征，之前可以采用无创通气改善氧合。机械通气的目的是正压加 PEEP 使肺泡处于开放状态改善氧合，减少患者呼吸肌做功，减少氧耗。目前提倡小潮气量通气及应用 PEEP，从 8ml/kg 起，逐步降至 6ml/kg，调整 F_iO_2、PEEP，呼吸频率和潮气量，维持 PEEP 5~15cmH_2O，尽量减少 F_iO_2。呼吸机参数的调节需要根据肺水肿程度和肺的顺应性及时进行调整。通气模式早期主张控制通气、定压、定容或双水平压力正压通气或 SIMV+PSV 等。近年来有主张俯卧位通气改善通气血流比例失调，但由于需要特殊的设备和较大的护理工作量，目前只有少数临床医学中心在实施，尚难在大多数医院推广。在保持 100% 吸氧浓度及较高 PEEP 时仍然不能维持氧分压 >60mmHg，可以考虑体外膜肺（ECMO）替代。ECMO 在危重 ARDS 患者可迅速改善氧合，同时完全或部分替代肺的功能，把机械通气的参数下调，让损伤的肺脏“休息”。在吸纯氧，PEEP 高达 20cmH_2O 以上，还不能短时间内改善氧合时，P/F 比值小于 100 超过 24 小时，需要应用体外膜氧合器，甚至加用血透和血滤的装置，在改善氧合的同时滤过炎症因子，减少血容量。

Note

但ECMO使用的时机需要灵活掌握。一般情况下ECMO用于终末期ARDS的治疗,但临床发现疗效有限,虽然可以短时间内改善缺氧的状况,但对死亡率没有明显影响,而且费用昂贵。有限的临床使用发现早期应用ECMO预后较好,但如前言,早期使用的机会并不常见。目前ECMO用于ARDS治疗能否有效降低死亡率还存在争议,但可延长生存时间。目前ARDS治疗多采用V-V模式。

心源性肺水肿、肺栓塞急性呼衰,以往列为机械通气禁忌证,现为良好的适应证,尤无创通气。合理正压机械通气能改善肺水肿和换气功能,降低心脏前后负荷,增加心排血量,舒张期心室充盈量下降,改善冠状动脉血供。一般患者神志清,尚能较好配合面罩机械通气氧疗($PSV15\sim20cmH_2O$、$PEEP5\sim10cmH_2O$、$F_iO_2 50\%$),并在强心利尿配合下,数小时后可取得较好疗效。高原性肺水肿机械通气氧疗,尤为快速有效。

肺间质纤维化疾病急性呼衰　因肺P-V曲线是低顺应性和弥散所致的缺氧,并发肺部感染性加重。给予低V_T、较快呼吸频率、高氧浓度的机械辅助通气,可改善症状,延长生命,因原发病难治,预后不良(图10-5)。

注意吸气压力叠加在PEEP之上,在吸气末暂停气道内压力回落,可测得吸气平台压,在呼气末暂停,可以计算内源性PEEP的数值(ΔP)。

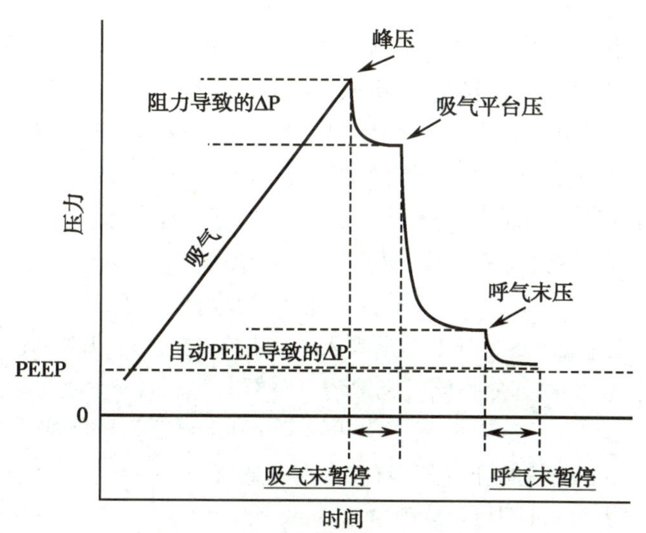

图10-5　正压通气容量控制通气模式下呼吸道压力的变化

3. 补液　在保证体循环血压稳定情况下,补液负平衡有利病情改善缺氧和病情恢复,原则上晶状体补液为主。尽管补充胶体存在一定争议,适当补充白蛋白并用呋塞米(速尿)可改善肺水肿。有条件维持中心静脉压小于$4cmH_2O$,建议入水量少于出水量500ml。

4. 营养　ARDS患者代谢较快,耗氧量增加,提供适当营养可以改善上述状况。尽量使用半卧位胃肠道营养,减少静脉营养副作用。营养过剩无益,适当补充低容量可减少并发症产生,并减少CO_2产生。先前认为的经脉给予不饱和脂肪酸并不能有效肺损伤。

5. 血糖　建议血糖控制在7.7~10mmol/L。危重病患者高血糖预后较差,太低的血糖控制阈值容易导致低血糖。

6. 镇静和镇痛　适当镇痛和镇静可以减少机械通气人机对抗,减少氧耗,对患者总体是有益的;但过度使用有很多并发症,包括呼吸道分泌物引流受影响,容易出现院内感染等。镇静可采用丙泊酚持续静脉滴注[0.3~0.4mg/(kg·小时)],该药起效快,镇静水平易于调节及撤离后患者苏醒快等特点。肌松剂可采用氯化琥珀酰胆碱(静脉注射或肌内注射,1mg/kg),维库溴胺,罗库溴胺等。后两者建议负荷剂量后持续静脉滴注。注意肌松剂与氨基糖苷类药物及激素联合使用药物副作用增强。

7. 激素的使用　目前对于ARDS使用激素没有明确的定论。一般认为在ARDS发生两周内使用激素(1mg/kg,甲强龙),若炎症渗出控制不佳可加至2mg/kg,不宜用大剂量激素。流感导致的肺损伤早期不建议使用激素,晚期纤维化时亦不主张使用。合并脓毒性休克患者血压不稳定,同时有大量炎症因子释放,有激素使用的指征。

8. 静脉血栓　长期卧床、机械通气、激素使用、凝血纤溶紊乱可导致深静脉血栓的形成。ARDS的预防性抗凝治疗还未得到公认,但需要提高警惕,可应用低分子量肝素皮下注射预防,

一般是按照公斤体重每12小时应用低分子量肝素。一旦形成血栓，根据部位，阻塞范围和严重程度分别给予抗凝或溶栓治疗。ARDS患者由于血管内皮损伤和缺氧，长期卧床，可以合并深静脉血栓，但由于D-二聚体在严重炎症反应及内皮损伤时刻显著升高，因此特异性不强，需要密切观察患者的体征变化，如下肢的水肿。

9. 胃肠道溃疡 缺氧、应激、激素的使用增加了胃肠道溃疡的发生。建议预防性使用胃黏膜保护剂和抗酸，制酸药物。在使用激素（尤其静脉大剂量）的同时给予制酸药物可减少或预防胃肠道出血。临床上要注意随访粪便隐血及观察胃内容物的性状（插胃管）。

10. 抗生素使用 遵照危重病学会、ATS/IDSA等的指南用药，基本原则是参考药敏、当地流行病学，先广谱再根据病情换窄谱抗生素降阶梯治疗。呼吸机相关肺炎常见致病菌是革兰阴性细菌为主，包括铜绿假单胞、鲍曼不动杆菌、肺炎克雷白杆菌，大肠埃希菌等。这些指南中，对抗生素的使用需要了解所覆盖的病原菌种类，作用机制，给药剂量和间隔时间，药物副作用，及药物之间的相互作用。例如临床在应用华法林的同时，如果同时应用磺胺类药物可以增强抗凝作用；使用广谱抗生素影响维生素K的吸收，再用华法林时往往会导致抗凝作用增强。一些抗生素常见的副作用也需要牢记，如氟喹诺酮类不建议用于18岁以下患者以免影响软骨发育；氟喹诺酮类药物对神经系统的刺激作用；头孢哌酮/舒巴坦对有抗凝活性；碳青霉烯类抗生素在杀灭细菌的同时可以诱导内毒素释放；万古霉素对肾功能的影响；磺胺类药物服用后要尽量多喝水以防尿路结石形成；氨基糖苷类抗生素的耳毒和肾毒性等。

11. 其他治疗方法 ARDS的病理生理变化提示通气血流比例失调是氧合功能异常的主要原因，因此有人提出吸入一氧化氮（NO）可以选择性扩张通气较好部位的肺血管来改善肺损伤，虽然部分临床研究提示可短暂改善氧合，但对于死亡率没有显著的影响，目前并不推荐用于ARDS的治疗，只用于小儿的重症肺动脉高压和呼吸窘迫综合征的治疗。

其他的通气策略，包括高频通气、抗凝治疗、抗感染治疗、液体通气等不同通气模式尚未有明确的证据可以降低ARDS的死亡率。

（宋元林）

思考题

1. 呼吸衰竭的定义。
2. 慢性呼衰的诊断及治疗原则。

参考文献

1. Verkman AS, Song Y, Thiagarajah JR. Role of airway surface liquid and submucosal glands in cystic fibrosis lung disease. Am J Physiol Cell Physiol, 2003; 284(1): C2-15

2. Cooper CB. The connection between chronic obstructive pulmonary disease symptoms and hyperinflation and its impact on exercise and function. Am J Med, 2006; 119(10 Suppl 1): 21-31

3. Stoller JK, Panos RJ, Krachman S, et al.Long-term Oxygen Treatment Trial Research Group. Oxygen therapy for patients with COPD: current evidence and the long-term oxygen treatment trial. Chest, 2010, 138(1): 179-187

4. Köhnlein T, Windisch W, Köhler D, et al. Non-invasive positive pressure ventilation for the treatment of severe stable chronic obstructive pulmonary disease: a prospective, multicentre, randomised, controlled clinical trial. Lancet Respir Med, 2014, pii: S2213-2600(14)70153-5

5. Keenan SP, Sinuff T, Burns KE, et al. Canadian Critical Care Trials Group/Canadian Critical Care Society Noninvasive Ventilation Guidelines Group. Clinical practice guidelines for the use of noninvasive positive-pressure ventilation and noninvasive continuous positive airway pressure in the

acute care setting. CMAJ, 2011, 183(3): E195-214

6. Del Sorbo L, Cypel M, Fan E. Extracorporeal life support for adults with severe acute respiratory failure. Lancet Respir Med, 2014, 2(2): 154-164

7. 中华医学会呼吸病分会慢性阻塞性肺病疾病组．慢性阻塞性肺病诊治指南(2013 年修订版). 中国医学前沿杂志, 2014 年第 6 卷第 2 期; PP67-80

8. Ashbaugh DG, Bigelow DB, Petty TL, et al. Acute respiratory distress in adults. Lancet, 1967, 2: 319-323

9. Ware L, Matthay MA. Medical progress: the acute respiratory distress syndrome. N Eng J Med, 2000, 342: 1332-1349

10. Song Y, Lynch SV, Flanagan J, et al. Increased plasminogen activator inhibitor-1 concentrations in bronchoalveolar lavage fluids are associated with increased mortality in a cohort of patients with Pseudomonas aeruginosa. Anesthesiology, 2007, 106(2): 252-261

11. Ware LB, Matthay MA, Parsons PE, et al. Pathogenetic and prognostic significance of altered coagulation and fibrinolysis in acute lung injury/acute respiratory distress syndrome. Crit Care Med, 2007, 35: 1821-1828

12. The Acute Respiratory Distress Syndrome Network. Ventilation with lower tidal volumes as compared with traditional tidal volumes for acute lung injury and the acute respiratory distress syndrome. N Engl J Med, 2000, 342: 1301-1308

13. Kajstura J, Rota M, Hall SR, et al. Evidence for human lung stem cells. N Engl J Med, 2011, 364(19): 1795-1806

第十一章 肺动脉高压

第一节 概 述

肺动脉高压(pulmonary hypertension,PH)是由已知或未知原因引起肺动脉内压力异常升高的疾病或病理生理综合征,存在肺循环障碍与右心高负荷,可导致右心衰竭甚至死亡。PH既可来源于肺血管自身病变,也可继发于其他心肺疾患,病因广泛,患病率高。不管源于何种病因,PH常呈进行性发展,严重影响患者生活质量和预后。PH在临床常见,是严重危害人民健康的医疗保健问题。随着人们对其致病原因、病理和病理生理学认识的深入,对PH的诊断和治疗也取得了显著进步。

第二节 肺动脉高压的概念和临床分类

肺动脉高压的诊断标准:在海平面、静息状态下,平均肺动脉压(mean pulmonary artery pressure,mPAP)≥25mmHg(1mmHg=0.133kPa)。右心导管检查为测定肺动脉压力的参比指标("金指标"),是临床诊断肺动脉高压的确诊依据。对于PAH,除了上述标准外,尚需满足肺毛细血管嵌顿压(pulmonary capillary wedge pressure,PCWP)或左心室舒张末压≤15mmHg,肺血管阻力(pulmonary vascular resistance,PVR)>3Wood单位[1wood单位=79.993dyn/(s·cm^{-5})-1]。当缺乏右心导管检查资料时,多普勒超声心动图估测三尖瓣峰值流速>3.4m/s或肺动脉收缩压>50mmHg的患者亦可确诊为PH。随着人们对其发病机制、病理和病理生理、流行病学以及治疗学等方面研究的深入,有关肺动脉高压的分类和名词也在不断更新。近十余年来,关于肺动脉高压的较为权威的分类包括分别于1998年在法国依云、2003年在意大利威尼斯、2008年在美国Dana Point、2013年在法国的Nice召开的世界卫生组织(WHO)第2、3、4、5次肺动脉高压会议修订的分类。

多年来,我国一直将"肺动脉高压"作为"pulmonary hypertension",的标准医学名词。其字义即指肺动脉压力增高。该名词早已被广泛接受和使用,且是经过国家自然科学名词审定委员会审定的国家标准科学名词,并无不妥。"pulmonary arterial hypertension"属于分类中的第一大类,即直接引起肺动脉血管本身结构异常的一类肺动脉高压,"动脉性肺动脉高压"体现了疾病的性质、发病原因和(或)病理特点,能够比较恰当地反映新分类的实质。特发性肺动脉高压(idiopathic pulmonary arterial hypertension,IPAH)是指原因不明的PAH,过去被称为原发性肺动脉高压(primary pulmonary hypertension,PPH)。在病理上主要表现为"致丛性肺动脉病(plexogenic pulmonary arteriopathy)",即由动脉中层肥厚、向心或偏心性内膜增生及丛状损害和坏死性动脉炎等构成的疾病。

2013年在法国Nice召开的第五次肺动脉高压会议对PH的分类再次进行修订,根据这一分类,PH包括动脉性肺动脉高压(pulmonary arterial hypertension,PAH)、左心疾病相关肺动脉高压、肺部疾病和(或)低氧相关肺动脉高压、慢性血栓栓塞性肺动脉高压(chronic thromboembolic pulmonary hypertension,CTEPH)及其他肺动脉高压5大类(表11-1)。

表 11-1　肺动脉高压的分类

1. 动脉性肺动脉高压
1.1. 特发性肺动脉高压
1.2. 可遗传性肺动脉高压
1.2.1. $BMPR_2$ 相关
1.2.2. ALK_1、endoglin、$SMAD_9$、CAV_1、$KCNK_3$ 相关
1.2.3. 未知因素
1.3. 药物和毒物所致肺动脉高压
1.4. 疾病相关性肺动脉高压
1.4.1. 结缔组织疾病
1.4.2. HIV 感染
1.4.3. 门脉高压
1.4.4. 先天性心脏病
1.4.5. 血吸虫病
1′. 肺静脉闭塞病和(或)肺毛细血管瘤样增生症
1″. 新生儿持续性肺动脉高压
2. 左心疾病相关性肺动脉高压
2.1. 左室收缩功能不全
2.2. 左室舒张功能不全
2.3. 心脏瓣膜病
2.4. 先天性或获得性左室流出道或流入道阻塞及先天性心肌病
3. 肺部疾病和(或)低氧相关性肺动脉高压
3.1. 慢性阻塞性肺疾病
3.2. 间质性肺疾病
3.3. 其他限制性与阻塞性通气障碍并存的肺部疾病
3.4. 睡眠呼吸障碍
3.5. 肺泡低通气综合征
3.6. 长期居住高原环境
3.7. 肺发育异常
4. 慢性血栓栓塞性肺动脉高压
5. 多种未明机制所致肺动脉高压
5.1. 血液系统疾病：慢性溶血性贫血，骨髓增生异常，脾切除
5.2. 系统性疾病：结节病，肺朗格汉斯组织细胞增多症，淋巴管平滑肌瘤病
5.3. 代谢性疾病：糖原贮积症，高雪病，甲状腺疾病
5.4. 其他：肿瘤压迫，纤维化性纵隔炎，慢性肾功能不全，节段性肺动脉高压

第三节　肺动脉高压的病因和流行病学

关于 PAH 流行病学，迄今没有确切的资料，国外现有的数据主要来源于多中心登记注册研究或大规模临床试验，国内流行病学资料更是匮乏，数据仅局限于某家医院 PAH 住院构成比。1998 年全美住院患者的统计资料显示，IPAH 发病率为 30~50/ 百万。各种结缔组织病 PAH 发生率不同，系统性硬化症 PAH 的发生率 16% 左右。先天性体 - 肺分流疾病 PAH 的发生率约为 13%，门脉高压 PAH 的发生率约为 2.0%~5.0%，人类免疫缺陷病毒(HIV)感染 PAH 的发生率为

Note

0.5%，镰状细胞病 PAH 的发生率约为 20%~40%。

欧洲的注册研究表明，成人 PAH 的年发病率为 2.4/100 万。PAH 患者中 39.2% 为 IPAH，15.3% 与结缔组织疾病相关，11.3% 与先天性心脏病相关，10.4% 与门静脉高压相关，9.5% 与食欲抑制剂相关，6.2% 与 HIV 感染相关。苏格兰对其肺血管病中心的 PAH 患者的住院数据进行统计，发现 PAH 患病率为 52‰，通过“金标准”诊断程序明确的 PAH 发病率为 25‰。美国和欧洲普通人群中发病率约为(2~3)/100 万，大约每年有 300~1000 名患者。非选择性尸检中检出率为 0.08‰~1.3‰。目前我国尚无发病率的确切统计资料。IPAH 可发生于任何年龄，多见于育龄妇女，平均患病年龄为 36 岁。

IPAH 患者的平均生存期较短，多数 IPAH 患者在出现症状后 2 年左右才明确诊断，而诊断后的自然病程平均不超过 3 年。根据 1987 年美国国立卫生院（NIH）的统计，IPAH 平均生存期仅为 2.8 年，1 年、3 年和 5 年生存率分别为 68%、48% 和 34%。近年来，随着针对肺动脉高压不同发病环节的治疗药物出现，IPAH 的预后显著改善。法国的一个统计资料提示 IPAH 的 1 年生存率为 88%。

遗传学研究发现 BMPRⅡ基因突变是许多家族性和特发性 PAH 的发病基础。目前已发现 46 种 BMPR-Ⅱ基因突变类型，其中 60% 的 BMPR-Ⅱ基因突变可提前中止转录过程，携带 BMPR-Ⅱ基因突变人群中仅有 15%~20% 可发生 PAH，因此 BMPR-Ⅱ在 PAH 发病中的作用有待进一步研究。由于 IPAH 女性的发病率较高，许多患者体内可发现独特的白细胞抗原表型和自身免疫性抗体，用免疫抑制剂治疗后 IPAH 病情好转等，提示免疫因素也可能在 IPAH 的发病机制中起重要作用。

第四节 病　理

各种 PAH 病理学改变相似，但这些病变在肺血管床中的分布和所占比例不同。

一、肺动脉病变

主要见于 IPAH、FPAH 和 APAH。主要组织病理学改变包括中膜增生肥厚、内膜增生、外膜增厚以及丛样病变（complex lesions）。由于肌性动脉中膜内的平滑肌纤维肥厚、增生以及结缔组织基质和弹力纤维增多，肺泡前和泡内肺动脉中膜截面积增加，表现为中膜增厚；内膜增生细胞可呈现成纤维细胞、肌成纤维细胞、平滑肌细胞特征，并表现为向心层状、非向心或向心性非层状增厚；外膜增厚较难判断，见于多数 PAH 患者；丛样病变是指局灶性内皮过度分化增生，并伴有肌成纤维细胞、平滑肌细胞、细胞外基质的增生；动脉炎以动脉壁炎细胞浸润和纤维素样坏死为特征可能与丛样病变有关。

二、肺静脉病变

主要见于肺静脉闭塞症。特征表现在以下几个方面：不同直径的肺静脉和肺小静脉出现弥漫性、不同程度的闭塞，可为完全性闭塞或偏心性层状阻塞；肺泡巨噬细胞、Ⅱ型肺泡上皮细胞的胞质及细胞间质中含铁血黄素沉积；毛细血管扩张、突出变形，肺小动脉出现中膜肥厚和内膜纤维化；肺小叶间隔常出现渗出，进一步发展可出现肺间质纤维化。丛样病变和纤维素样动脉炎的改变不见于闭塞性肺静脉病。

三、肺微血管病变

也称肺毛细血管瘤。是一种罕见的病理情况。主要表现在以下几个方面：以肺内毛细血管局限性增殖为特征，呈全小叶和部分小叶分布；异常增生的毛细血管可穿过动静脉壁，侵犯肌

层，引起管腔狭窄；病变区域可见巨噬细胞和Ⅱ型肺上皮细胞含铁血黄素沉积；肺动脉也可出现明显的肌层肥厚和内膜增生。

第五节　病理生理和发病机制

PAH 的发生是一个多种因素参与的过程，涉及多种细胞和生物化学路径。肺血管阻力升高的机制包括：血管收缩、肺血管壁闭塞性重塑、炎症反应和血栓形成。PAH 不同发病机制之间的相互作用并不清楚，还有待进一步研究，以便确定引发 PAH 的最先触发点和最好的治疗靶点。

肺血管收缩：在 PAH 发生早期起主要作用，主要与以下几个因素有关：肺血管平滑肌细胞 K^+ 通道表达或功能异常；血管扩张剂和抗增殖物如血管活性肠肽的血浆水平降低；血管内皮功能异常时缩血管物质血栓素 A_2（TXA_2）和内皮素 -1（endothelin-1，ET-1）生成增多，而舒血管物质一氧化氮（NO）和前列环素生成减少。

肺血管重塑：PAH 随病情进展，出现内皮细胞、平滑肌细胞、成纤维细胞等过度分化增生，并累及血管壁各层，导致闭塞性病变；血管壁外膜细胞外基质产物如胶原、弹力蛋白、纤维结合素以及粘胶素增多；血管生成素 -1（angiopoietin-1）是肺血管发育的关键细胞因子，PAH 患者其浓度增高，且与病情成正相关。

炎症反应：炎性细胞和血小板在 PAH 的发生中具有重要作用。炎症细胞在 PAH 的病变部位广泛存在，并且伴有促炎症介质明显升高。另外，观察到血小板中的缩血管物质 5- 羟色胺（5-HT）的代谢途径在 PAH 时也发生了改变。

原位血栓形成：研究证实 PAH 存在凝血状态异常，在弹性动脉和微循环血管中常可见血栓。在 IPAH 患者反映凝血酶活性的纤维蛋白肽 A 水平以及 TXA_2 浓度均升高。

遗传机制：家族研究发现 FPAH 存在 $BMPR_2$ 基因突变，但此突变和 PAH 发生之间的确切关系仍不明确。$BMPR_2$ 突变者中仅有 20% 发病，显然还有其他因素参与发病。与 PAH 相关的其他基因多态性包括 5- 羟色胺转运体基因、一氧化氮合酶（ec-NOS）基因、氨甲酰合成酶基因等，或任何能够破坏肺血管细胞生长调控的刺激。此外，在家族性或非家族性遗传性出血性毛细血管扩张症的 PAH 患者发现有 TGF-βv 受体、激活素受体样激酶 -1（activin-receptor-like kinase 1，ALK-1）和内皮因子（endoglin，与内皮细胞增殖相关的抗原，调节组织修复和血管生成，被认为是一种 TGF-β 受体突变。

血管收缩，血管重塑，原位血栓形成导致了肺血管阻力增加，钾通道表达和功能异常以及内皮功能不全与过度的肺血管收缩有关，并且导致了血管舒张因子的缺乏，从而导致肺血管收缩和重塑，PAH 形成。PAH 患者体内可能存在血管舒张因子和收缩因子的失衡、生长抑制因子和促有丝分裂因子的失衡以及抗栓和促凝因素的失衡。

第六节　临床表现和诊断

PAH 临床表现缺乏特异性，诊断难度较大。而病理、病因识别技术的提高促进了 PAH 的临床诊断。肺动脉高压的诊断应包括以下四个方面：结合临床表现和危险因素识别可疑的肺动脉高压的患者；对高危或疑诊患者行血流动力学检查，明确是否存在肺动脉高压；对证实肺动脉高压患者进行病因学分析和临床归类；对肺动脉高压进行临床评估和功能评价。

一、结合临床表现和危险因素，进行初步检查识别可疑的肺动脉高压的患者

（一）临床表现

临床上无基础心肺疾病的人出现呼吸困难，或出现不能单纯用心肺疾病来解释的呼吸

困难，都应考虑到PAH的可能。严重病例会于静息状态下出现症状。出现右心衰竭时可表现为下肢水肿、腹胀、厌食等；相关疾病的某些症状如结缔组织病的各种皮疹、红斑、关节肿痛等。

IPAH早期通常无症状，仅在剧烈活动时感到不适；随着肺动脉压力的升高，可逐渐出现全身症状。大多数IPAH患者以活动后呼吸困难为首发症状，与心排血量减少、肺通气与血流比例失调等因素有关。由于右心后负荷增加、耗氧量增多及冠状动脉供血减少等可以引起心肌缺血并导致胸痛，常于活动或情绪激动时发生。由于心排血量减少，脑组织供血突然减少导致头晕或晕厥，常在活动时出现，有时休息时也可以发生。咯血少见，往往提示预后不佳，咯血量通常较少，有时也可因大咯血而死亡。

其他症状还包括疲乏、无力，10%的患者出现雷诺现象，增粗的肺动脉压迫喉返神经引起声音嘶哑等（Ortner综合征）。

IPAH的体征与肺动脉高压和右心室负荷增加有关。常见体征包括左侧胸骨旁抬举感、肺动脉瓣第二心音（P_2）亢进、分裂，剑突下心音增强；胸骨左缘第二肋间收缩期喷射性杂音，肺动脉明显扩张时，可出现肺动脉瓣关闭不全的舒张早期反流性杂音，即Graham-Steel杂音；右室扩张时，胸骨左缘第四肋间闻及三尖瓣全收缩期反流性杂音，吸气时增强。右心衰竭的患者可见颈静脉充盈、肝脏肿大、外周水肿、腹水以及肢端发冷。可出现中心型发绀。肺部听诊往往正常。

（二）常规检查

1. 心电图 右心室肥厚或负荷过重、以及右心房扩大改变可作为支持肺动脉高压的诊断依据，但心电图对诊断PH的敏感性和特异性均不高，不能仅凭心电图正常就排除PH。

2. 胸部X线 多可发现异常，包括肺门动脉扩张伴远端外围分支纤细（“截断”征）、右心房室扩大。还可排除中、重度肺部疾病以及左心疾病所致肺静脉高压。胸片正常不能排除轻度的左心疾病所致或肺静脉闭塞性PH。

3. 动脉血气分析 动脉血氧分压（PaO_2）通常正常或稍低于正常值，动脉血二氧化碳分压（$PaCO_2$）常因过度通气而降低。

二、对高危或疑诊患者行血流动力学检查，明确是否存在肺动脉高压

（一）超声心动图

经胸多普勒超声心动图（Transthoracic Doppler-echocardiography，TTE）是一项无创筛查方法。可以较清晰的显示心脏各腔室结构变化、各瓣膜运动变化以及大血管内血流频谱变化，间接推断肺循环压力的变化。超声心动图能够间接定量测定肺动脉压。常用方法包括：三尖瓣反流压差法，通过伯努利方程（4v2，v表示三尖瓣反流峰速）计算收缩期右心房室压差，加上右房压即等于肺动脉收缩压；右室射血间期法，运用右室射血前期、右室射血时间、血流加速时间、血流减速时间等参数，通过建立的回归方程式估测肺动脉压。肺动脉压力增高引起的某些间接征象，包括右心室肥大、肺动脉内径增宽和膨胀性下降、三尖瓣和肺动脉瓣反流等有助于诊断。

超声心动图有助于鉴别诊断和病情评估，可发现左、右心室直径和功能，三尖瓣、肺动脉瓣和二尖瓣的异常，右心空射血分数和左心室充盈情况，下腔静脉直径以及心包积液等，还能够直接判断心脏瓣膜和左室舒缩功能，明确是否存在PVH的因素；TTE有助于左心瓣膜性心脏病和心肌病所致肺静脉高压以及先天性体—肺分流性心脏病的确诊；明确分流性先天性心脏病，有助于先天性心脏病的诊断。声学造影有助于卵圆孔开放或小的静脉窦型房间隔缺损的诊断。而经食管超声可用于小的房间隔缺损的诊断和缺损大小的确定。

(二) 右心漂浮导管检查

右心漂浮导管测压是目前临床测定肺动脉压力最为准确的方法,也是评价各种无创性测压方法准确性的"金标准"。除准确测定肺动脉压力外,其在PAH诊断中的作用还包括:①测定肺动脉楔压,提示诊断肺静脉性PAH;②测定心腔内血氧含量,有助于诊断先天性分流性心脏病。如无右心导管资料不能诊断PAH,指南建议,所有拟诊肺动脉高压者均需行右心导管检查以明确诊断、明确病情严重程度及指导治疗。

右心导管可用于证实PAH的存在,评价血流动力学受损的程度、测试肺血管反应性。右心导管检查时应测定的项目包括:心率、右房压、肺动脉压(收缩压、舒张压、平均压)、肺毛细血管嵌楔压(PCWP)、心排血量(用温度稀释法,但有先天性体-肺循环分流时应采用Fick法)、血压、肺血管阻力(PVR)和体循环阻力、动脉及混合静脉血氧饱和度(如存在体如循环分流,静脉血标本应取上腔静脉血)。PAH的判定标准:静息mPAP>25mmHg,或运动时mPAP>30mmHg,并且PCWP≤15mmHg,PVR>3mmHg/(L·min)(Wood单位)。

三、对证实肺动脉高压患者进行病因学分析和临床归类

不同类型PAH治疗原则不同,因此,当明确PAH后还应作出分类诊断。一方面,应仔细询问病史,如有无减肥药物服用史、有无肝脏或心脏基础疾病、结缔组织疾病、血栓危险因素等相应病史;另一方面,各型PAH具有相应不同的临床特点,需要仔细鉴别。如不能明确,应进行相应辅助检查以助于进一步分类诊断:

(一) 血液学检查

血常规、血生化应作为常规检查;血清学检查某些自身抗体如抗Scl-70抗体、抗RNP抗体、抗核抗体(包括抗ds-DNA抗体、抗Sm抗体等)以及类风湿因子,对于诊断结缔组织病相关性PAH意义较大,抗核抗体滴度有意义升高和(或)有可疑CTD临床征象的患者都应进一步行血清学检查;肝功能与肝炎病毒标记物、甲状腺功能、HIV抗体的检查也可提示门脉高压、甲状腺疾病及HIV感染相关性PAH的可能;抗磷脂抗体检查,即狼疮抗凝物和抗心磷脂抗体等有助于筛查有无易栓症。右室负荷过重的PAH患者脑钠肽(BNP)升高,且与右心功能不全严重程度及病死率相关,PAH患者治疗前和治疗后肌钙蛋白升高提示预后不佳。神经内分泌激素,如去甲肾上腺素和ET-1血浆水平与生存率相关。

(二) 肺功能测定

PAH患者一般呈轻度限制性通气障碍和弥散功能障碍,无气道阻塞,CO肺弥散量(DL_{CO})通常是降低的,占预期值的40%~80%;如表现为阻塞性通气功能障碍或严重限制性通气功能障碍,提示存在慢性阻塞性肺病(COPD),间质性肺病(ILD)等诊断提供帮助,多为低氧性PH。

(三) 多导睡眠监测

对伴有打鼾的PAH患者应行多导睡眠监测,以诊断睡眠呼吸障碍引起的低氧性PAH。

(四) 肺通气灌注扫描

如果肺通气灌注扫描表现为不同程度的肺段或肺叶灌注缺损,提示存在诊断慢性血栓栓塞性肺动脉高压(CTEPH),而其他类型的PAH无此表现。PAH患者肺通气/灌注显像结果可完全正常。鉴别CTEPH与IPAH的敏感性和特异性分别高达90%~100%和94%~100%。需注意,肺静脉闭塞症同样可见通气/灌注不匹配现象,因此,需要进一步检查。

(五) CT检查

包括普通CT、高分辨CT以及CT肺动脉造影,根据不同的临床情况选用。HRCT能发现间质性肺病、肺气肿,以及淋巴结疾病、胸膜阴影、胸腔积液。当出现双侧小叶间隔线增厚,小叶中心边界不清的小结节状模糊影,常提示肺毛细血管瘤。对肺实质性疾病(如COPD、弥漫性间质性肺疾病)的诊断意义重大,此外对肿瘤、纤维纵隔炎等引起的PH也有较高的诊断价值。如肺

灌注显像提示段或亚段肺灌注缺损，而通气正常，即通气与灌注不匹配，应选择行 CT 肺动脉造影（CTPA）检查，为判定 CTEPH 的存在及病变程度提供依据。

（六）肺动脉造影和磁共振成像

经 CTPA 仍不能明确诊断的患者，应行肺动脉造影检查。肺动脉造影应作为 CTEPH 的常规检查，用以判定 CTEPH 患者能否进行肺动脉血栓内膜剥脱术，磁共振成像技术在 PAH 患者的应用呈增加趋势，可用来评价心肺循环病理改变和功能状态，但目前尚不成熟。

四、对肺动脉高压患者进行病情严重程度的评估和动能评价

PAH 尤其是 PAH 严重度的评估对治疗方案的选择以及预后判断具有重要意义，评估主要从以下几个方面：

（一）肺动脉压力

一般根据静息状态下肺动脉平均压将 PAH 分为三级，轻度：26~35mmHg；中度：36~45mmHg；重度：>45mmHg，此为 PAH 的血流动力学分级。

（二）靶器官损害

主要指右心结构和功能的改变。肺动脉压力的增加，右心后负荷加大，出现代偿性右心室肥厚；随病情进展，肺动脉压进一步增加，右心失代偿出现形态学改变即右房和右室扩大；最终出现右心衰竭。有无靶器官损害以及损害程度与 PAH 患者预后关系密切，超声心动图及右心导管检查有助于右心功能的判断。

（三）功能分级

参照纽约心脏学会（NYHA）心功能分级标准，即Ⅰ级：体力活动不受限，日常活动不引起过度的呼吸困难、乏力、胸痛或晕厥；Ⅱ级：体力活动轻度受限，休息时无症状，日常活动即可引起呼吸困难、乏力、胸痛或晕厥；Ⅲ级：体力活动明显受限，休息时无症状，轻于日常活动即可引起上述症状；Ⅳ级：不能从事任何体力活动，休息时亦有呼吸困难、乏力等症状以及右心衰竭体征，任何体力活动后加重。

（四）运动耐量

运动试验能够客观评估患者的运动耐量，对于判定病情严重程度和治疗效果有重要意义。常用检查包括 6- 分钟步行试验（6-min walk test，6-MWT）和心肺运动试验。

6-MWT 是评价 PAH 患者活动能力的客观指标，简单易行且经济，结果与 NYHA 分级负相关，并能预测 IPAH 患者的预后。6-MWT 通常与 Borg 评分共同评估劳力性呼吸困难的程度。针对 IPAH 的研究表明 6-MWT 结果与肺血管阻力显著相关，对 IPAH 预后的判断具有重要意义。

心肺运动试验是在进行标准运动试验的同时对患者的通气和肺气体交换进行监测，用以提供其他的病理生理信息。PAH 患者峰值氧耗、最大做功、无氧阈及峰值氧脉搏降低；而代表无效通气的 VE/VCO_2 斜率增加。峰值氧耗与患者的预后相关。CPET 不受主观因素的影响，对患者的功能状态评价更为客观。但是，CPET 技术复杂，其结果的准确性与操作者的经验有关，并非所有 PAH 患者能够完成此项试验。目前，此项试验更多地用于临床研究，尚未普及。

（五）生物标记物

生物标记物是评估和监测 PAH 患者的右心室功能和评价预后的无创方法。脑钠肽（brain natriuretic peptide，BNP）由心肌细胞感受到室壁张力的改变后释放，其前体 NT-proBNP 半衰期长，稳定性强，血浆 BNP/NT-proBNP 水平可反映右心室功能受损的严重程度，可用于监测疗效和估测预后。血浆 NT-proBNP 水平升高提示预后差。血浆肌钙蛋白 T 和 I 升高是心肌受损的特殊标记物，肌钙蛋白 T 升高是肺动脉高压患者预后不良的独立预测因子。血清尿酸是外周组织缺

血损伤的氧化代谢标记物。高尿酸水平预示 IPAH 患者生存期短。

第七节　治　　疗

不同类型 PAH 治疗原则不尽相同,正确认识引起 PAH 的相关疾病,并针对相关疾病进行积极治疗,是治疗疾病相关性 PAH 的首要措施。例如:结缔组织病相关 PAH 应首先使用激素和免疫抑制剂的治疗;药物或毒物所致 PAH 应首先停止使用药物或接触毒物。对于直接影响肺血管功能或结构的 PAH,治疗上以纠正或逆转肺血管改变为主;对于严重的 PAH,可以考虑介入或手术治疗。

一、一般治疗

(一) 活动和旅行

适当调整日常活动,可提高生活质量,减少症状。体力活动强度不应过强。避免在餐后、气温过高及过低情况下进行活动。低氧能够加重 PAH 患者肺血管收缩,尽量避免到海拔 1500 米到 2000 米的低压低氧区。尽量避免飞机旅行,如必须乘坐时应吸氧。

(二) 预防感染

PAH 易发生肺部感染,肺炎占总死亡原因的 7%,因此应及早诊断、积极治疗。推荐使用流感和肺炎球菌疫苗。采用静脉导管持续给予前列环素的患者,若出现持续发热,应警惕导管相关感染。

(三) 避孕、绝经期后激素替代治疗

怀孕和分娩会使患者病情恶化。育龄期妇女应采取适宜方法避孕。若怀孕应及时终止妊娠。若采用激素药物避孕,应考虑到对凝血功能的影响。绝经期妇女能否应采用激素替代治疗,尚不明确。

(四) 降低血液黏度

PAH 患者长期处于低氧血症患者(如存在右向左分流)往往出现红细胞增多症,红细胞比积升高。当患者出现头痛,注意力不集中等症状,伴有红细胞比积超过 65% 时,可考虑放血疗法以降低血液黏度,增加血液向组织释放氧的能力。

(五) 抗凝治疗

PAH 患者容易发生肺动脉原位血栓形成,加重 PAH,需要抗凝治疗。常用口服抗凝剂华法林,一般认为国际化标准比值 INR 目标值为 1.5~2.5。但对于门脉高压相关性肺动脉高压患者,由于消化道出血几率增加,应慎用抗凝药物。影响抗凝剂药效或增加胃肠道出血风险的药物应避免使用。

(六) 氧疗

对于各型 PAH 患者,低氧均是加重肺循环压力的一个重要因素,一般认为应给予氧疗以使动脉血氧饱和度达到 90% 以上。

(七) 纠正心衰治疗

利尿剂可消除水肿,减少血容量,减轻右心负荷,改善患者症状,对于存在右心功能不全的患者尤为适用,但应避免过快,以免引起低血压、电解质紊乱及肾功能不全;存在右心功能不全的患者可以小剂量应用洋地黄类药物,但应注意密切监测血药浓度;多巴胺、多巴酚丁胺能够增强心肌收缩,增加肾血流量,增大剂量尚能够维持血压,在晚期 PAH 患者适当应用有利于改善症状;血管紧张素转换酶抑制剂和 β- 受体阻滞剂对于 PAH 的疗效还没有得到证实。

(八) 心理治疗

IPAH 患者发病年龄较早(年龄中位数为 40 岁),因体力活动受限、生活方式打乱,且常受到一些不良预后信息的影响,所以许多患者存在不同程度的焦虑和(或)抑郁。应为患者提供足够信息,与家属配合治疗。必要时建议患者接受心理医师的治疗。

二、药物治疗

各型 PAH 均存在不同程度的肺血管功能或结构性改变。这些血管改变在 IPAH 表现更为明显,近年来,针对 PAH 肺血管功能和结构改变的药物治疗取得了较大进展,常用治疗药物如下:

(一) 钙通道阻滞剂(calcium channel blockers,CCB)

CCBs 通过抑制钙离子进入肺血管平滑肌细胞,扩张肺动脉,降低肺血管阻力,可明显降低静息及运动状态下肺动脉压力和阻力。推荐的钙通道阻滞剂包括地尔硫䓬(diltiazem)、氨氯地平(amlodipine)和长效硝苯地平(nifedipine)。

应避免使用有明显负性肌力作用的药物如维拉帕米,而且应从小剂量开始,逐渐加量,直至达到耐受剂量。目前常用的地尔硫䓬 30mg,tid 始,最大可加量至(240~720)mg/d;氨氯地平 2.5mg,qd 始,最大可加量至 10mg,qd;长效硝苯地平从 5~10mg,qd 始,最大可加量至(120~240)mg/d。在加量过程中应密切观察药物的副作用。

钙通道阻滞剂的主要副作用包括低血压、通气 - 灌注不匹配、心脏抑制作用;偶有头痛、面红、心悸等不良反应。目前已明确,仅有少数患者经长期服用 CCB 使生存率得到改善。这部分患者有两个特点,即急性血管反应试验阳性;对长期 CCB 治疗能持续保持反应。

(二) 前列环素类药物(prostanoids)

前列环素可能通过以下机制起作用:松弛血管平滑肌、抑制血小板聚集、修复内皮细胞、抑制细胞迁移、增殖而逆转肺血管的重塑、改善肺部对 ET-1 的清除能力、增加肌肉收缩力、增强外周骨骼肌的氧利用、改善运动时的血流动力学情况。前列环素类似物包括静脉用依前列醇、口服贝前列素、吸入依洛前列素等。

依前列醇(epoprostenol):半衰期短(在循环中仅 3~5 分钟),需持续中心静脉泵入,治疗可以从 2~4ng/(kg·min)开始,根据不良反应的情况逐渐加量至目标剂量,最初 2~4 周的剂量为 10~15ng/(kg·min),为达到最佳疗效应继续加量,理想剂量为 20~40ng/(kg·min)。部分患者可能因突然停药而出现 PAH 反弹,使病情恶化甚至死亡,因此应避免突然停药。适用于各种类型的 PAH,包括 IPAH、结缔组织疾病所致 PAH、体 - 肺分流的先天性心脏病所致 PAH、以及门脉高压、Gaucher's 病、HIV 感染等所致 PAH。

曲前列环素(treprostinil):是一种三苯环的前列环素类似物,室温下仍保持稳定,可以采用皮下注射。不良反应与依前列醇类似,皮下注射部位的疼痛常限制剂量增加。

贝前列环素钠(beraprost sodium):是第一个化学性质稳定,口服具有活性的前列环素类似物。空腹吸收迅速,口服后 30 分钟血药浓度达峰值,单剂口服的半衰期为 35~40 分钟。

伊洛前列环素(iloprost):在我国已批准上市。伊洛前列素性质较稳定,通过吸入方式给药可选择性作用于肺血管,其血浆半衰期为 20~25 分钟,作用时间较短,药物吸入 30~60 分钟后,血流动力学效应基本消失,因此每天需要吸入 6~9 次,初始吸入剂量从 2.5μg 开始(吸入装置中口含器所提供的剂量),根据患者的耐受性可增加到 5μg。不良反应有潮热、头疼、血压降低等。推荐吸入伊洛前列素用于 WHO 功能分级Ⅲ或Ⅳ级的 PAH 患者,围术期 PH 危象的预防和治疗。目前国内的临床实践中已经将其作为急性血管反应试验的药物选择。

(三) 内皮素 -1 受体拮抗剂(endothelin-1 antagonists)

ET-1 是强血管收缩剂,并能刺激肺血管平滑肌细胞增殖。ET-1 有 A 和 B 两种受体,激活

ETA 受体使血管收缩，血管平滑肌细胞增殖；激活 ETB 受体则能促进血管扩张和一氧化氮释放。波生坦（bosentan）是最早合成的具有口服活性的内皮素 -1 受体拮抗剂，同时阻滞 ETA 受体和 ETB 受体。目前在国内已经批准上市。常用初始剂量为 62.5mg bid。4 周后增量至 125mg bid 或 250mg bid，至少服药 16 周。波生坦的量效关系不明显，但其肝功能损害却与剂量成正比。除肝功损害外，其不良反应还包括贫血、致畸、睾丸萎缩、男性不育、液体滞留和下肢水肿等。

安立生坦（ambrisentan）是一种高选择性内皮素受体拮抗剂，对内皮素 A（ETA）受体有高度亲和性，起效快，疗效显著且安全性高，不容易引起肝功能异常，同时药物之间相互作用小。目前已推荐用于 NYHAII-Ⅲ级的 PAH 患者，应用方便，口服 5~10mg，每天一次。安立生坦在第一大类肺动脉高压患者中的治疗效果已有很多报道。在 ARIES-3 研究中，入选 224 名肺动脉高压患者（第一大类、第三大类、第四大类、第五大类）接受安立生坦治疗 48 周，（5mg/ 次 / 天共 24 周，然后将剂量加至 10mg/ 天）。此项亚组分析首次详细阐述了与第一大类肺动脉高压（PAH）相比，第四大类肺动脉高压（CTEPH）对安立生坦的治疗反应。研究利用治疗 48 周时患者基线资料的改善，作为疗效与安全性评价的指标。结果发现 CTEPH 患者对安立生坦治疗有很好的耐受性，并且安立生坦可以显著提高患者的活动耐力，及改善患者呼吸困难症状。

（四）磷酸二酯酶抑制剂 -5（phosphodiesterase-5，PDE-5）

PDE-5 抑制剂可抑制肺血管环磷酸鸟苷（cyclic guanosine monophosphate，cGMP）的降解，使血管平滑肌细胞松弛，抑制细胞增殖，从而降低肺动脉压力、改善血管重构。代表药物有西地那非（sildenafil）、伐地那非（vardenafil）和他达那非（tadanafil）。

西地那非主要用于 WHO 功能Ⅱ、Ⅲ级的 PAH 患者，研究显示其对 IPAH、结缔组织病和先天性心脏病相关性 PAH 以及 CTEPH 具有良好的疗效。西地那非口服生物利用度为 40%，半衰期 4 小时，高脂肪饮食降低西地那非的吸收率，建议在餐前 30~60 分钟服用。目前主要是口服制剂，推荐剂量为 20mg，一天三次。主要副作用为头痛、恶心、低血压、面部潮红、鼻出血、消化不良和背痛等，但大多能耐受。

伐地那非对肺循环的选择性小。长期服用伐地那非可改善 PAH 患者血流动力学，降低 PVR/SVR 比例和血浆 BNP 水平。口服伐地那非可快速有效舒张肺血管，改善肺血流动力学指标，达峰浓度时间为 40~45 分钟，推荐剂量为 5mg 一天一次，根据治疗反应，2~4 周后可改为 5mg 一天 2 次。常见副作用为面部潮红、头痛、头晕视觉异常等。

他达拉非主要用于 WHO 功能Ⅱ-Ⅲ级的 PAH 患者。研究显示应用他达拉非 40mg qd 治疗 16 周，可提高患者的 6MWD、心功能和生活质量，降低 mPAP 和 PVR，改善临床恶化时间和恶化发生率，减少住院时间。他达拉非吸收迅速，达峰浓度时间 75~90 分钟，半衰期 17.5 小时，为长效 PDE-5 抑制剂，推荐剂量为 40mg qd。副作用有头痛、腹泻、颜面潮红和肌痛。

（五）一氧化氮（nitric oxide，NO）与 L- 精氨酸（L-arginine）

NO 是一种血管内皮舒张因子，吸入 NO 可激活肺血管平滑肌细胞内鸟苷酸环化酶，使细胞内环磷酸鸟苷水平增高，游离钙浓度降低，从而选择性扩张肺血管。L- 精氨酸为 NO 的前体物质，口服或注射 L- 精氨酸可促进 NO 合成。吸入 NO 或应用 L- 精氨酸，均能不同程度降低肺动脉压。NO 的长期应用价值尚无充分证据。

（六）可溶性鸟苷酸环化酶激动剂

可溶性鸟苷酸环化酶（sGC）激动剂——Riociguat 是一种新型的 PAH 口服 PAH 治疗药物，主要通过增强 sGC 对 NO 的敏感性或直接激活 sGC 而起作用，导致血管扩张和抑制血管重构。前期研究发现在 WHO 功能分级Ⅱ-Ⅲ级的 PAH 或 CTEPH 患者中，应用 Riociguat 治疗 12 周，显著降低患者的 PVR，增加 6-MWD。目前更大规模评估 Riociguat 在 CTEPH 及 IPAH 中有效性和

安全性的随机、双盲、安慰剂对照的Ⅲ期临床研究（PATIENT-1 及 CHEST-1）研究结果已经发表，证实了其在 PAH 和 CTEPH 中的治疗效果。

三、急性血管扩张试验（acute vasodilator testing）与药物策略选择

PAH 病变早期，血管平滑肌收缩经常存在，对药物治疗反应较好；晚期血管内膜和中层纤维化及血栓形成等限制了血管扩张，对治疗反应不佳，甚至出现矛盾反应。急性血管扩张试验的首要目标就是筛选出可能对口服钙通道拮抗剂治疗有效的患者，并通过试验选择进一步治疗方案。不应根据经验应用 CCB，以免加重患者病情。如 IPAH 患者病情不稳定或合并严重右心功能衰竭，而无法接受钙通道拮抗剂治疗时，则不必进行血管扩张试验。肺静脉高压、低氧性 PAH、栓塞性 PAH 以及其他类型 PAH 由于治疗原则不同，无需进行试验；对于合并严重右心衰竭或病情不稳定，而无法接受钙通道阻滞剂治疗者，也不必进行试验。

（一）试验药物和方法

①一氧化氮吸入：10~20ppm；②静脉应用依前列醇：初始 2ng/(kg·min) 持续静滴，以后每 10~15min 增加 2ng/(kg·min)，一般不超过 12ng/(kg·min)；③静脉应用腺苷：初始 50μg/(kg·min)，每 2min 增加 50μg/(kg·min)，最大不超过 500μg/(kg·min)。用药过程中应用右心导管每 10~15min 监测一次血流动力学指标，当发生下列任何一种情况时中止试验：①肺动脉压下降达到目标值；②体循环收缩压下降 30% 或低于 85mmHg；③心率增加超过 40%；④心率低于 65 次 / 分并出现低血压症状；⑤发生不可耐受的头痛、头晕、恶心等不良反应；⑥血管扩张剂已用至最大剂量。

（二）判断标准

血管扩张试验阳性标准为 mPAP 下降≥10mmHg，且 mPAP 下降到≤40mmHg，同时心排血量增加或保持不变。一般而言，仅有 10%~15% 的 IPAH 患者可达到此标准。有学者认为，采用心脏超声自身对照的方法，在排除操作误差的情况下，也可进行治疗前后的疗效判断，但尚待研究证实。有研究表明急性反应越敏感的患者，预示钙通道拮抗剂长期有效的可能性越大。

急性血管反应试验阳性患者，选择长期应用 CCBs，其生存率能明显提高。目前主张小剂量开始，逐渐加大剂量，心功能不全患者慎用。对于 CCBs 疗效判定，目前尚无统一的标准，多数资料建议 CCBs 治疗过程中监测血流动力学变化，如治疗 12~16 周后，PAH 功能分级达到或维持Ⅰ或Ⅱ级，血流动力学接近正常者为有效，否则应改用其他药物治疗。

急性血管反应性试验阴性及 CCBs 疗效不佳者，治疗上根据 PAH 功能分级的不同而不同：急性血管反应性试验阴性，而 PAH 功能分级为Ⅰ级或Ⅱ级者，可口服非选择性 ET-1 受体拮抗剂波生坦治疗，能阻止甚至逆转肺血管重塑及右室肥厚。

PAH 功能Ⅲ级或Ⅳ级患者的治疗药物，包括前列环素类药物及内皮素受体拮抗剂。急性血管反应性试验阴性患者，长期应用前列环素类药物仍然有效。内皮素受体拮抗剂，也适用于 PAH 功能分级Ⅲ级或Ⅳ级的患者，能明显改善血流动力学，改善其功能分级。

以上治疗效果不佳者，可考虑选择磷酸二酯酶 -5 抑制剂，西地那非能降低 PAH 患者平均肺动脉压和肺血管阻力，但它对体循环血流动力学也产生一定影响，ACCP 建议对于其他药物治疗无效的 PAH 患者可考虑应用西地那非。

四、联合用药

恰当的联合用药可增加疗效，减少药物剂量，减轻毒副作用。西地那非能增强 NO 吸入的降压疗效，并能防止 NO 突然停用时的肺血管收缩；西地那非联合吸入依洛前列素较两者单用时，肺血管阻力降低更为显著。长期静脉应用依前列醇效果不佳者，加用西地那非后血流动力学明

显改善。一般认为重度PAH单一用药病情无明显改善、持续恶化或者加量过程中出现副作用时，可考虑联合用药。

五、介入及手术治疗

介入及手术治疗均建议在有经验的医疗中心实施，以降低操作风险。

（一）房间隔球囊造口术

尽管右向左分流使体动脉血氧饱和度下降，但心房之间的分流可增加体循环血流量，结果氧运输增加。因此，房间隔缺损存在对严重PAH者可能有益。此外，心房水平分流能缓解右心房、室压力，减轻右心衰竭的症状和体征。适应证：晚期NYHA功能Ⅲ、Ⅳ级，反复出现晕厥和(或)右心衰竭者；肺移植术前过渡，或其他治疗无效者。

（二）肺移植或心肺联合移植

肺和心肺移植术后3年和5年存活率分别为55%和45%。目前更多实施双肺移植；对于艾森门格综合征以及终末期心力衰竭患者，应考虑施行心肺联合移植，对某些复杂缺损以及某些室间隔缺损的患者，心肺联合移植存活率更高。肺移植或心肺联合移植适应证：晚期NYHA功能Ⅲ、Ⅳ级，经现有治疗病情无改善的患者。

第八节　前景与展望

近年来，PAH的分子遗传学，病理学和病理生理学及相对应而制订的的WHO新分类的取得了明显的认识，新的治疗手段对改善预后产生了积极的影响。应该说，国内外的系列研究已经为PAH的防治带来了新的希望。我们应该重视和加强包括PAH在内的肺循环疾病的基础与临床研究，提高临床医师的认识与认知，正确认识和把握PAH的研究现状，充分了解和跟踪PAH发展趋势，加强国内的协作研究和国际间的交流与合作，为肺动脉高压的防治事业作出积极贡献。

（翟振国）

思考题

1. 肺动脉高压的概念。
2. 肺动脉高压的临床分类。
3. 肺动脉高压的治疗。

参考文献

1. Simonneau G, Gatzoulis MA, Adatia I, et al. updated classification of pulmonary hypertension. J Am Coll Cardiol, 2013, 62(25s):34-41

2. Hoeper MM, Bogaard HJ, Condliffe R, et al. Definitions and Diagnosis of Pulmonary Hypertension. J Am Coll Cardiol, 2013, 62(25s):42-50

3. 王辰，谢万木，程显声．应当规范“Pulmonary Hypertension”及其相关术语的中文译名．中华医学杂志，2010，90(21):1443-1445

4. Kim NH, Delcroix M, Jenkins DP, et al. Chronic thromboembolic pulmonary hypertension. J Am Coll Cardiol, 2013, 62(25 Suppl):D92-99

5. Gomberg-Maitland M, Bull TM, Saggar R, et al. New trial designs and potential therapies for pulmonary artery hypertension. J Am Coll Cardiol, 2013, 62(25 Suppl):D82-91

6. McLaughlin VV, Gaine SP, Howard LS, et al. Treatment goals of pulmonary hypertension. J

Am Coll Cardiol,2013,62(25 Suppl):D73-81

7. Galiè N,Corris PA,Frost A,et al. Updated treatment algorithm of pulmonary arterial hypertension. J Am Coll Cardiol,2013,62(25 Suppl):D60-72

8. Galiè N,Simonneau G. The Fifth World Symposium on Pulmonary Hypertension. J Am Coll Cardiol,2013,62(25 Suppl):D1-3

9. Galiè N,Manes A. New treatment strategies for pulmonary arterial hypertension:hopes or hypes? J Am Coll Cardiol,2013,62(12):1101-1102

第十二章　肺血栓栓塞症

第一节　概　　述

肺栓塞(pulmonary embolism,PE)是各种栓子阻塞肺动脉系统,引起相应临床表现的一组疾病或临床综合征,包括血栓栓塞、脂肪栓塞、羊水栓塞、空气栓塞等,其中血栓是最常见的栓塞类型,称为肺血栓栓塞症(pulmonary thromboembolism,PTE),通常所称的肺栓塞即指肺血栓栓塞症。引起 PTE 的血栓主要来源于深静脉血栓形成(deep venous thrombosis,DVT)。PTE 与 DVT 是同一疾病在不同发病阶段、不同部位的两种表现形式,两者合称为静脉血栓栓塞症(venous thromboembolism,VTE)。PTE 与 DVT 在临床实践中无法完全划分,不同高危人群中存在动态的发病过程,其发展进程是连续的,初期由 DVT 开始,最后导致 PTE 发生。80%~90% 的 PTE 来源于下肢的 DVT,而约 50% 的近端 DVT 容易并发 PTE。鉴于 DVT 和 PTE 在发病上的一致性,二者在病因和发病机制、病理和病理生理、影像学诊断策略、治疗目标和方案、预防原则和策略等诸多方面均相一致,相关的基础和临床研究也将 DVT 和 PTE 作为一种疾病整体而考虑,这就是近年来很多学者所提及的“VTE 观”。“VTE 观”对治疗和预防策略的选择有着至关重要的影响。认识这一点对于正确理解 PTE-DVT 的病理生理学改变、对于临床诊治及预防均具有重要意义。

第二节　流行病学与危险因素

一、流行病学

在欧美国家,VTE 发病率和病死率均很高。美国以往估计数字是每年有 600 000 例 VTE 发生,并且随着人口的高龄化其发病率增加。15 岁及 15 岁以上人群中 DVT 的年发病率为 0.61‰,60 岁以上人群中更呈迅速增加(每增加 10 岁危险性增加近一倍)。在美国社区人群中,每年每 10 000 人中大约有 7.1 人罹患此病。男性、非裔美国人的 VTE 发生率较高,而且随着年龄的增高而增加。未诊治的 PTE 患者,病死率高达 20%~30%,而且复发性 VTE 的发生率亦显著增加。有研究显示,美国致死性和非致死症状性 VTE 的发生例数每年超过 90 万,其中有 29.64 万例死亡,23.60 万例 PTE 和 37.64 万例症状性 DVT。在致死性病例中,漏诊率高达 60%,只有 7% 的患者得到诊断和治疗。在欧盟 6 个主要的国家,症状性 VTE 的发生例数每年超过 100 万,其中有 37.01 万例死亡、29.59 万例 PTE 和 46.5 万例有记录的症状性 DVT。VITAE 研究结果显示,每年因 VTE 死亡的例数比因乳腺癌、前列腺癌、艾滋病和交通事故死亡的总和还要多。在这些死亡病例中,大约有 27 473 例(7%)在临死前能够被诊断;126 145 例(34%)表现为突发致死性 PTE,而 217 394 例(59%)直到死亡前,仍未得到及时准确的诊断。VTE 相关死亡病例中大约有四分之三是医院获得性 VTE,而有效的预防能够显著地降低 VTE 的发生率。

在亚洲,DVT 曾经一度被认为是少见病,并认为遗传因素和生活习惯可能是导致亚洲人群 DVT 少见的主要原因。但事实并非如此,Cheuk BL 等对香港地区皇家玛丽医院的调查分析发现 DVT 和 PTE 的年发病率分别为 17.1/10 万人群和 3.9/10 万人群,而在 65 岁以上人群这一数字可

以上升到81.1/10万人群和18.6/10万人群。近年来新加坡、日本等国家均报道VTE的发生率呈现显著上升趋势。某些特殊人群如骨科、脑卒中的DVT发生率也出现了和西方人群相类似的结论，在一项来自亚洲7个国家和地区的19个中心的骨科大手术后的DVT调查中，DVT的发生率为41.0%，而近端DVT的发生率为10.2%。

过去VTE在中国一直都被认为是少见疾病，但进入21世纪后的十余年来，我国在VTE领域取得长足进步，在流行病学与防治研究方面跃居亚洲领先水平。首先，国内VTE诊断病例数迅速增加。仅以北京朝阳医院为例，1996年前诊断PTE(3~8)例/年、DVT(2~7)例/年，而1999年后PTE与DVT的诊断例数显著增加，近5年来每年PTE的收治例数均达到200例以上。针对全国肺栓塞协作组单位所作肺栓塞发病及诊治情况的调查发现，各医院诊断病例数近年呈10~30倍增加，肺栓塞住院构成比由增加近10倍，住院病死率从1997年的25%的病死率下降到2008年的8.7%。

在特定人群的流行病学资料方面，国内对脑卒中患者DVT发病情况调查发现DVT总体发生率为21.7%，其中缺血性脑卒中重度偏瘫患者DVT发生率为40%。在骨科住院患者调查中，DVT总体发生率为25.5%~50%。在重症监护治疗病房(ICU)、慢性阻塞性肺疾病(COPD)、肺癌、老年内科住院患者以及妇科大手术患者中进行了VTE的流行病学调查。调查结果表明，在中国人群中，ICU、COPD、肺癌、老年内科住院患者VTE的发生率分别为27%，9.7%，11.5和9.7%，这些数据表明，PTE在我国绝非低发，而应是比较多发。这种数字的急剧变化绝不是由于疾病本身的发生率增加了，主要是由于临床医生提高了对PTE和DVT的诊断意识和诊治水平，降低了漏诊率和误诊率。由此可见，过去之所以“少见”，是因为存在着严重的漏诊和误诊，而病死率的下降应该说与重视程度的提高和规范诊治有关。因此，在我国VTE已经不再被认为是罕见病或少见病。VTE在亚洲国家(包括中国)的发生情况已经开始受到国际上相关领域学者的关注。

二、危险因素

VTE的危险因素为任何可以导致静脉血液淤滞、静脉系统内皮损伤和血液高凝状态的因素，包括遗传性和获得性两类。

(一) 遗传性危险因素

由遗传变异引起，常以反复发生的VTE为主要临床表现。如40岁以下的年轻患者无明显诱因或反复发生VTE，或呈家族性发病倾向，应注意做相关遗传学即易栓症的检查。不同人群中遗传性易栓症的流行情况不同。西方人群主要的遗传性危险因素，包括V因子Leiden突变导致活化蛋白C抵抗、凝血酶原基因突变、抗凝血酶Ⅲ缺乏、蛋白C缺乏及蛋白S缺乏等。目前有研究证实β_2-肾上腺素受体基因及脂蛋白脂酶基因的多态性，有可能成为VTE的高危因素。欧美许多研究提示凝血酶原基因G20210A的存在可以使VTE的危险性增加2~3倍。我国研究发现该突变与国人PTE的发生无关。国内还有学者探讨了PAI-1基因启动子4G/5G多态性与VTE的关系，研究结果显示PTE患者的PAI-1基因启动子4G等位基因频率及4G/4G基因型频率均明显高于对照组，提示4G纯合子个体可能具有较高的VTE易患倾向。对于高度怀疑具有易栓症的患者，应该进行血液高凝状态评估，以指导临床治疗。首先检测几种常见的易栓标记物，如V因子Leiden突变、凝血酶原基因突变、抗磷脂抗体及同型半胱氨酸。如果首次评价结果为阴性，可疑的血液高凝状态持续存在，则进一步评估有无抗凝血酶Ⅲ缺乏、蛋白C缺乏及蛋白S缺乏等。

(二) 获得性危险因素

VTE的获得性危险因素是指后天获得的易发生VTE的各种病理或病理生理学改变，比遗传性危险因素更为常见。已明确的危险因素包括高龄、吸烟、肥胖、VTE个人史或家族史及近期外科手术、创伤或住院治疗。存在下列危险因素者应列为高危人群：大的普通外科手术、髋、膝

关节的矫形手术、泌尿外科手术、妇科手术、神经外科手术、严重创伤、脊髓损伤等，ICU 病房的危重患者，急性心肌梗死、心肺功能衰竭、缺血性脑卒中以及严重的肺部疾病患者，恶性肿瘤等。最近有研究发现急性感染性疾病，与社区 VTE 的发病危险性增加有关。长途旅行的身体制动可能会导致凝血激活，增加发生 VTE 的危险性。安装永久性起搏器、心内除颤导线及长期中心静脉置管，是导致上肢 DVT 发生率增加的原因。上述危险因素可以单独存在，也可同时存在，协同作用。年龄是 VTE 发生的独立危险因素，随着年龄的增长，VTE 的发病率逐渐增高。

对于存在危险因素，特别是同时存在多种危险因素的患者，应该加强预防和识别 DVT 和 PTE 的意识。对 VTE 患者，即使积极地应用较完备的技术手段寻找危险因素，临床上仍有相当比例的病例不能明确危险因素，称为特发性 VTE，但是应该注意其中部分 VTE 患者存在隐匿性危险因素，如恶性肿瘤等。恶性肿瘤与 VTE 发病之间的关系已得到证实，隐匿的恶性肿瘤与 DVT 及 PTE 的发病增加有关。在 VTE 诊断后的几年中恶性肿瘤的近期诊出率显著增加。

第三节　病理生理学

一、DVT 的病理生理学

DVT 的发生由血管内皮损伤、血流淤滞、血液高凝状态等几种病理生理状态共同造成。DVT 最好发于下肢深静脉，也可发生在上肢静脉及盆腔静脉。

静脉血栓多起源于小腿深静脉的静脉瓣，并可向上延伸到腘静脉上端到下肢近端髂静脉段，甚或延伸至下腔静脉。各种危险因素导致静脉血管内皮损伤的同时，伴有功能损害并引起一系列分子水平的改变；血流缓慢可使静脉瓣局部产生缺氧，引起内膜损伤，白细胞黏附、凝血因子积聚以及抗凝因子消耗；凝血机制异常通过内源性和组织因子途径激活一系列酶原，引发凝血过程。DVT 既可单一部位发生，亦可多部位发生。DVT 多发生于下肢深静脉，随着影像学技术的提高，盆腔静脉丛血栓的发现率较前增加。颈内和锁骨下静脉内插入、留置导管和静脉内化疗使来源于上腔静脉径路的血栓亦较以前有增多趋势。右心腔来源的血栓所占比例较小。

二、PTE 的病理生理学

DVT 血栓脱落后阻塞肺动脉及其分支可导致 PTE。栓子可以来源于下腔静脉径路、上腔静脉径路或右心腔。PTE 多发栓塞较单独栓塞常见，右侧多于左侧，下肺多于上肺，发生 PTE 后有可能在栓塞局部继发血栓形成，而进一步参与发病过程。大部分 PTE 的栓子来源于下肢深静脉及盆腔静脉。血栓在这些静脉形成，并通过下腔静脉和右心到达肺动脉分支，并引起血流动力学改变和气体交换异常。PTE 发生后，栓子阻塞肺动脉及其分支达一定程度，一方面通过机械阻塞作用直接影响呼吸及心血管的功能；另一方面，通过心脏和肺的反射效应以及神经体液因素和栓塞后的炎症反应等，导致多种功能和代谢变化。栓子大小、患者的心肺储备功能及代偿性神经体液因素决定了 PTE 的血流动力学变化。

（一）循环系统效应

急性 PTE 发生后，栓子阻塞肺动脉及其分支达一定程度，通过机械阻塞作用、低氧血症、肺血管活性物质的释放导致肺血管收缩，肺血管阻力（pulmonary vascular resistance，PVR）增加，肺动脉高压；右室后负荷增高，右室壁张力增高，右室扩大，收缩力下降、三尖瓣反流，可引起右心功能不全；右心扩大致室间隔左移，使左室功能受损，导致心排血量下降，进而可引起体循环低血压或休克，甚至会出现心搏骤停；主动脉内低血压和右房压升高，使冠脉灌注压下降，心肌血流减少，特别是右心室内膜下心肌处于低灌注状态。右心室后负荷增加也可导致室壁张力增加，并通过增加心肌需氧量和减少供氧量导致心肌缺血。

(二)呼吸系统效应

栓塞部位肺血流减少,肺泡死腔量增大;肺内血流重新分布,通气血流比例失调;右房压升高可引起未闭合的卵圆孔开放,产生心内右向左分流;神经体液因素引起支气管痉挛;栓塞部位肺泡表面活性物质分泌减少;毛细血管通透性增高,间质和肺泡内液体增多或出血;肺泡萎陷,呼吸面积减小;肺顺应性下降,肺体积缩小并可出现肺不张;如累及胸膜,可出现胸腔积液。以上因素共同作用导致呼吸功能不全,最常见的气体交换障碍是低氧血症(动脉血氧分压降低)和肺泡-动脉氧分压差变大;也可因代偿性过度通气导致低碳酸血症和呼吸性碱中毒。大面积 PTE 可导致肺脏的解剖死腔和生理死腔增大,每分钟通气量下降,甚至出现高碳酸血症。由于肺组织同时接受肺动脉、支气管动脉和肺泡内气体三重氧供,故肺动脉阻塞时较少出现肺梗死。如存在基础心肺疾病或病情严重影响到肺组织的多重氧供,则可能导致肺梗死。

栓塞所致病情的严重程度取决于以上机制的综合和相互作用。栓子的大小和数量、多个栓子的递次栓塞间隔时间、是否同时存在其他心肺疾病、个体反应的差异及血栓溶解的快慢对发病过程有重要影响。

三、血栓后综合征和慢性血栓栓塞性肺动脉高压

(一)血栓形成后综合征

VTE 最常见的表现是下肢 DVT,DVT 后期血栓机化,常遗留静脉瓣功能不全,出现浅静脉曲张、皮肤溃疡、肿胀、色素沉着等表现,称为血栓形成后综合征(post-thrombotic syndrome,PTS),可能会导致终生的肢体疼痛和水肿。PTS 的发生主要涉及两个因素:静脉回流障碍和瓣膜功能不全。对 DVT 进行早期处理从而避免并发症(如 PTS)的发生是非常重要的。

(二)慢性血栓栓塞性肺动脉高压

PTE 发生后,大部分患者的血栓在 30 天之内完全溶解,血流动力学及气体交换功能恢复正常;在少部分患者,血栓不能溶解或不能完全溶解,残留附壁血栓,血栓逐渐机化,并发生肺动脉内膜慢性炎症和增厚,从而发展为慢性 PTE;另外,DVT 多次脱落反复栓塞肺动脉(即复发性 VTE)亦为慢性 PTE 形成的一个主要原因。肺动脉血栓机化的同时伴随不同程度的血管重塑现象,导致肺血管的结构发生变化,肺小动脉内膜粥样硬化,原位血栓形成等,使肺动脉血流逐渐减少,管腔狭窄或闭塞,会导致 PVR 和肺动脉压力(pulmonary artery pressure,PAP)的逐步升高,形成肺动脉高压,即慢性血栓栓塞性肺动脉高压(chronic thromboembolic pulmonary hypertension,CTEPH)。多种影响因素如低氧血症,血管活性物质(包括内源性血管收缩因子和炎性细胞因子)的释放可以加重这一过程,使 PVR 进一步升高,右心后负荷进一步加重,最终可致右心衰竭。大面积 PTE、复发性 VTE、特发性 PTE,以及年轻时发生 PTE 均可增加 CTEPH 发生的风险,因此有人认为在急性 PTE 和 CTEPH 之间存在某种可能的联系。临床上应该重视 DVT、PTE 的早期识别与治疗,加强随访,监测 PTS 和 CTEPH 的发生。

第四节 临床表现和诊断

PTE 的临床表现可以从无症状或症状轻微到血流动力学不稳定,甚或发生猝死,而且呼吸困难、胸痛、咯血等也非特异,加上 PTE 常继发于某些基础疾病,其症状往往重叠、混杂于基础疾病的临床表现中,不易甄别。提高对 PTE-DVT 的认知和意识,规范诊断程序,是防止漏诊和误诊、实现准确诊断并节省资源的关键。2001 年中华医学会呼吸病学分会制定的《肺血栓栓塞症的诊断与治疗指南(草案)》中提出将 PTE 的诊断分为临床疑似诊断(疑诊)、确定诊断(确诊)和危险因素的诊断(求因)3 个步骤。

Note

一、疑诊——根据临床情况疑诊 PTE

（一）临床表现

国家“十五”科技攻关课题“肺栓塞规范化诊治方法研究”纳入的国内 516 例 PTE 患者的临床资料分析结果显示：PTE 的症状包括呼吸困难及气促，占 89%，是最常见的症状，尤以活动后明显；胸痛也常见，表现胸膜炎性胸痛（45%）或心绞痛样疼痛（30%）；晕厥占 13%，可为 PTE 的唯一或首发症状；咳嗽（56%）；咯血（26%），常为小量咯血，大咯血少见；烦躁不安、惊恐甚至濒死感（15%）；心悸（33%）；发热占 24%，多为低热，少数患者可有中度以上的发热（11%）。PTE 体征包括呼吸急促，呼吸频率大于 20 次 / 分，占 52%，这是最常见且具有临床意义的体征；心动过速，心率大于 100 次 / 分，占 28%；发绀（35%）；颈静脉充盈或搏动（20%）；肺部可闻及哮鸣音（9%）和（或）细湿啰音（25%），偶可闻及血管杂音；胸腔积液的相应体征（24%）；肺动脉瓣区第二音亢进（$P_2>A_2$）或分裂（42%），三尖瓣区收缩期杂音。重者可出现血压下降甚至休克。传统上作为肺栓塞诊断标准的所谓“肺梗死三联症”——胸痛、咯血、呼吸困难，临床上实际不过 30%，国人资料显示出现此三联症者仅为 20%。

在注意 PTE 的相关症状和体征并考虑 PTE 诊断的同时，要注意发现是否存在 DVT，特别是下肢 DVT。下肢 DVT 主要表现为患肢肿胀、周径增粗、疼痛或压痛、浅静脉扩张、皮肤色素沉着、行走后患肢易疲劳或肿胀加重。约半数或以上的下肢 DVT 无自觉症状和体征。

（二）临床可能性评估

PTE 的临床表现多样，无特异性，所以任何单独一项临床特征对 PTE 诊断的预测价值都很小。然而，循证医学研究证实基于危险因素、临床表现及体格检查评分对 PTE 和 DVT 发生进行的临床可能性评估对 VTE 的诊断具有非常重要的价值。在多种临床可能性评估预测标准中，Wells 评分标准是最常用的评估 PTE 及 DVT 发生可能性的方法（表 12-1、表 12-2），已被广泛用于对疑似 PTE 患者进行临床试验前评估。然而，经验丰富的临床医师根据经验得出的 PTE 诊断与客观临床概率评估结果基本一致，因此客观临床概率评估，更适合经验不甚丰富的医师使用。

表 12-1　肺血栓栓塞症的 Wells 临床可能性评估标准

临床特征	评分
肺栓塞或深静脉血栓形成病史	+1.5
心率大于 100 次 / 分	+1.5
近期手术或制动	+1.5
深静脉血栓形成的临床表现	+3
存在其他诊断的可能性很小	+3
咯血	+1
肿瘤	+1

注：PTE 临床可能性—低度 0~1 分；中度 2~6 分；高度≥7 分。

表 12-2　深静脉血栓形成的 Wells 临床可能性评估标准

临床特征	评分
活动性肿瘤（治疗前 6 个月内，化疗或姑息性治疗）	1
下肢瘫痪、轻瘫或近期石膏固定	1
近期卧床超过 3 天或近 12 周内经历了全身或局部麻醉的大手术	1
沿深静脉分布区的局限性触痛	1
整个下肢肿胀	1
患侧小腿肿胀，周径较无症状侧差值 >3mm（测量髌骨粗隆以下 10mm 处）	1

续表

临床特征	评分
局限于患侧下肢的凹陷性水肿	1
浅表侧支静脉形成(非曲张性)	1
存在产生类 DVT 症状的其他疾病	-2

注:临床可能性:低度≤0分;中度1~2分;高度≥3分。对于双侧下肢均有症状的患者,应选症状较严重侧进行评估。

(三) 辅助检查

对于存在 PTE-DVT 危险因素的患者当临床不能除外 PTE 时,下面一些常规检查结果可以对疑似 PTE 的临床可能性评估提供更加客观的判断。

1. 心电图 大多数病例表现有非特异性的心电图异常。较为多见的表现包括 V_1-V_4 的 T 波改变和 ST 段异常;部分病例可出现 $S_IQ_{III}T_{III}$ 征(即Ⅰ导 S 波加深,Ⅲ导出现 Q/q 波及 T 波倒置);其他心电图改变包括完全或不完全右束支传导阻滞;肺型 P 波;电轴右偏,顺钟向转位等。心电图改变多在发病后即刻开始出现,以后随病程的发展演变而呈动态变化。观察到心电图的动态改变较之静态异常对于提示 PTE 具有更大意义。

2. 血气分析 常表现为低氧血症,低碳酸血症,肺泡 - 动脉血氧分压差[$P_{(A-a)}O_2$]增大。部分患者的血气结果可以正常。

3. X 线胸片 多有异常表现,但缺乏特异性。可表现为区域性肺血管纹理变细、稀疏或消失,肺野透亮度增加;肺野局部浸润性阴影;尖端指向肺门的楔形阴影;肺不张或膨胀不全;右下肺动脉干增宽或伴截断征;肺动脉段膨隆以及右心室扩大征;患侧横膈抬高;少至中量胸腔积液征等。仅凭 X 线胸片不能确诊或排除 PTE,但在提供疑似 PTE 线索和除外其他疾病方面,X 线胸片具有重要作用。

4. 超声检查 多普勒血管超声检查(DVUS)和超声心动图(UCG)可以在危重症患者床旁进行并迅速得到结果,可以作为疑诊 VTE 的首选检查项目。

DVUS 显示静脉腔内强弱不等的实性回声、静脉不能被压陷或静脉腔内无血流信号为急性 DVT 的特定征象和诊断依据,据此,对有症状的下肢近端 DVT 的诊断敏感性在 95% 以上,对无症状的下肢近端或远端 DVT 的诊断敏感性较低(分别为 62% 和 48%)。DVUS 具有无创、价廉和可重复的特点,已经成为 DVT 的首选诊断手段。DVUS 发现下肢近端 DVT 结合 PTE 的临床可能性评估结果对 PTE 的诊断具有非常重要的价值。

UCG 对于提示 PTE 诊断和排除其他心血管疾病、进行危险分层具有重要价值。对于严重的 PTE 病例,UCG 可以发现反映右心室功能障碍(right ventricular dysfunction,RVD)的一些表现,即右室壁局部运动幅度降低;右心室和(或)右心房扩大;三尖瓣反流速度增快;下腔静脉扩张,吸气时不萎陷等。另还可见室间隔左移和运动异常;近端肺动脉扩张;估测的肺动脉压力增高等。这些征象说明肺动脉高压、右室高负荷和急性肺源性心脏病,提示或高度怀疑 PTE,但尚不能作为 PTE 的确定诊断标准。超声心动图为划分次大面积 PTE 的依据。检查时应同时注意右心室壁的厚度,如果增厚,提示慢性肺源性心脏病,对于明确该病例存在慢性栓塞过程有重要意义。若在右房或右室发现血栓及肺动脉高压征,同时患者临床表现符合 PTE,可以作出诊断。超声检查偶可因发现肺动脉近端的血栓而确定诊断。

(四) D- 二聚体测定

D- 二聚体(D-Dimer)是交联纤维蛋白在纤溶系统作用下产生的可溶性降解产物,为一个特异性的纤溶过程标记物。通常采用酶联免疫吸附法(ELISA)测定,D- 二聚体界值为 500μg/L。在血栓栓塞时因血栓纤维蛋白溶解使其血中浓度升高,诊断 PTE 的敏感性达 92%~100%。然而,由于手术、肿瘤、炎症、感染、组织坏死等情况也可使 D- 二聚体升高,因此,D- 二聚体升高对 PTE

诊断的特异性不强，应用 ELISA 方法测定 D- 二聚体行 DVT 或 PTE 诊断，其特异性从 40% 到 50% 不等。

临床可能性评估呈低度结合 D- 二聚体检测阴性可能可以基本排除肺栓塞，不需要再作进一步检查，从而减少对临床可能性小的患者行进一步的影像学检查。但是，D- 二聚体测定对那些临床高度可能性的患者的意义不大，因为即使 D- 二聚体阴性仍有 15% 的疑诊患者不能除外 PTE。D- 二聚体结果阳性或临床中度或高度可能性的患者需要做进一步检查。由于会存在静脉穿刺点局部血栓形成及卧床所致的静脉淤滞，因此患者住院时间越长，D- 二聚体的价值就变得越小（假阳性增加）。

二、确诊——对疑诊 PTE 合理安排确诊检查

PTE 的确诊手段包括核素肺通气与灌注显像、CT 肺动脉造影，及 MRI 肺动脉造影或直接肺动脉造影检查，检查措施的选择有赖于各医院的具体情况和阅片者的经验，必要时需将多种确诊措施结合起来进行。值得强调的是影像学技术程序的规范程度和阅片医师的专业技术水平，对结果判读有很大的影响。

（一）核素肺通气 / 灌注（V/Q）显像

典型征象是肺段分布的肺灌注缺损，并与通气显像不匹配。一般可将 V/Q 显像结果分为三类：①高度可能，其征象为至少一个或更多叶段的局部灌注缺损，而该部位通气良好或 X 线胸片无异常；②正常或接近正常；③非诊断性异常，其征象介于高度可能与正常之间。若 V/Q 显像结果呈高度可能，对 PTE 诊断的特异性为 96% 基本具有确定诊断价值，除非临床可能性极低；V/Q 显像结果正常或接近正常结合临床低度可能性被确证肺栓塞的可能性小于 5%，可基本除外 PTE。而非诊断性异常结果则往往需要进行其他检查以确诊。对不能进行 CTPA 或对造影剂过敏患者可进行核素肺通气 / 灌注显像，对不能进行通气显像时可以进行单纯灌注显像，但需要结合 X 线胸片进行评估。V/Q 对周围性肺动脉的血栓或 CTEPH 的诊断比较有优势。

（二）CT 肺动脉造影（computed tomographic pulmonary arteriography，CTPA）和（或）CT 静脉造影（CT venography，CTV）

CTPA/CTV 与其他影像学比较，其最主要的优点在于不仅可以直接观察到栓子，而且可以观察到血管的形态和外周的变化，再加上具有无创性和高度精确性的特点，目前已经成为疑诊 PTE/DVT 患者的第一线影像学诊断工具。PTE 的直接征象为肺动脉内的低密度充盈缺损，部分或完全包围在不透光的血流之间（轨道征），或者呈完全充盈缺损，远端血管不显影（敏感性为 53%~89%，特异性为 78%~100%）；间接征象包括肺野楔形密度增高影，条带状的高密度区或盘状肺不张，中心肺动脉扩张及远端血管分支减少或消失等。CT 对亚段 PTE 的诊断价值有限。CT 扫描还可以同时显示肺及肺外的其他胸部疾患。

（三）磁共振成像肺动脉造影（MRPA）

对段以上肺动脉内栓子诊断的敏感性和特异性均较高，避免了注射碘造影剂的缺点，与肺血管造影相比，患者更易于接受。适用于碘造影剂过敏的患者。

（四）肺动脉造影（pulmonary arteriography，PA）

PA 可以清楚显示 PTE 的直接征象，如肺血管内造影剂充盈缺损，伴或不伴轨道征的血流阻断；间接征象如肺动脉内造影剂流动缓慢，局部低灌注，静脉回流延迟等。传统上被公认为 PTE 诊断的参比方法，诊断 PTE 的敏感性为 98%，特异性为 95%~98%。肺动脉造影是一种有创性检查，发生致命性或严重并发症的可能性分别为 0.1% 和 1.5%，因此有严格的应用指征，再加上较高的技术要求，在一定程度上限制了它的应用。 肺动脉造影在 PTE 诊断中的“金标准”地位已经受到了近年来迅速发展的 CTPA 等无创确诊检查技术的挑战。目前，肺动脉造影仅在经无创

检查不能确诊或拟行急性 PTE 介入治疗或 CTEPH 手术治疗时，为获得准确的解剖定位和血流动力学数据而进行。

三、求因——寻找 PTE 的成因和危险因素

对任何疑诊 PTE 患者，即应同时运用超声检查、核素或 X 线静脉造影、MRI、CTV 等手段积极明确是否并存 DVT。若并存，需对两者的发病联系作出评价。

无论单独或同时存在 PTE 与 DVT，均应针对该患者的情况进行临床评估并安排相关检查以尽可能地发现其危险因素，包括获得性和遗传性危险因素的寻找，前者包括临床相关的危险因素、生活习惯和工作性质等，后者主要是指易栓症指标的检测，并据以采取相应的预防或治疗措施。

四、PTE-DVT 诊断中的相关问题

（一）PTE-DVT 的临床分型

1. 急性 PTE 为便于临床上对不同严重程度的急性 PTE 采取相应的治疗，将急性 PTE 作以下临床分型：

（1）高危（大面积）PTE：临床上以休克和低血压为主要表现，即体循环动脉收缩压 <90mmHg，或较基础值下降幅度≥40mmHg，持续 15 分钟以上。须除外新发生的心律失常、低血容量或感染中毒症所致的血压下降。此型患者病情变化快，预后差，临床病死率 >15%，需要积极予以治疗。

（2）中危（次大面积）PTE：血流动力学稳定，但存在右心功能不全和（或）心肌损伤。右心功能不全的诊断标准：超声心动图提示存在 RVD 和（或）临床上出现右心功能不全的表现。此型患者可能出现病情恶化，临床病死率为 3%~15%，故需密切监测病情变化。

（3）低危（非大面积）PTE：血流动力学稳定，且不存在右心功能不全和心肌损伤。临床病死率 <1%。

2. 慢性血栓栓塞性肺动脉高压（CTEPH） 单发或复发的 PTE 都可导致慢性血栓栓塞性肺动脉高压。即使被证实存在肺动脉内的血栓栓塞，也不一定是急性 PTE，因其中部分病例（约占 1%~5%）可能为 CTEPH 或 CTEPH 的急性加重。此时需仔细询问病史，注意追溯该患者有无呈进行性发展的慢性肺动脉高压的相关表现，如进行性的呼吸困难、双下肢水肿、反复晕厥、胸痛和发绀、低氧血症，并需除外慢性阻塞性肺疾病、特发性肺动脉高压、间质性肺疾病和结缔组织疾病等。在 CTEPH 病例中常可发现 DVT 的存在。慢性肺动脉血栓栓塞的影像征象包括：肺动脉内偏心分布、有钙化倾向的团块状物，贴近血管壁；部分叶或段的肺动脉呈截断现象；肺动脉管径不规则。右心导管检查示静息肺动脉平均压 >25mmHg，活动后肺动脉平均压 >30mmHg；肺血管阻力（PVR）>300（$dyn^{-1}\cdot sec^{-1}\cdot cm^{-5}$）。心电图提示右心室肥厚。超声心动图检查证实肺动脉收缩压 >30mmHg，舒张压 >15mmHg，平均肺动脉压 >20mmHg，右心室壁增厚，符合慢性肺源性心脏病的诊断标准。

3. DVT 包括大块 DVT、下肢近端 DVT、单纯小腿 DVT 和上肢 DVT。

（1）大块 DVT：多表现为下肢近端血栓形成并延续至盆静脉。如果早期不行溶栓或栓子摘除术治疗，可能会导致严重的慢性静脉供血不足。

（2）下肢近端 DVT：最常见的 DVT 类型，位于腘静脉内或以上部位，主要指髂股静脉、浅表股静脉、股深静脉、腘静脉处的血栓形成。

（3）单纯小腿 DVT：临床症状不明显，经常通过单纯小腿的下肢超声发现。

（4）上肢 DVT：上肢 DVT 大都发生在锁骨下静脉、颈内静脉、腋静脉，多由中心静脉导管、起搏器、除颤仪导线等异物长期滞留引起。

(二) PTE 的危险性预测

对 PTE 进行危险性评估并确定高危患者是急性 PTE 治疗的关键部分。危险性评估依赖于以下几方面的综合判断。

1. 临床表现　病史及体格检查为危险度分层提供了重要线索。预示死亡危险性增加的显著临床特征,包括充血性心脏衰竭、慢性肺疾病、癌症、收缩压≤100mmHg、年龄大于 70 岁、心率超过 100 次 / 分钟。

2. 心脏生物标记物　心肌肌钙蛋白和脑钠素(BNP)已成为急性 PTE 患者危险度分层的重要评价指标。心脏生物学标记物升高与右心室功能不全相关,而右心室功能不全是早期死亡的独立预测指标。右心室负荷过大导致心肌微小梗死,从而引起心肌释放肌钙蛋白增加,而右心室剪切力增加导致心肌细胞增生,BNP 分泌增加。心肌肌钙蛋白和 BNP 阴性可以确定为低危 PTE,其院内死亡的阴性预测值介于 97% 至 100% 之间。

3. 胸部 CT　胸部 CT 不仅可用于诊断 PTE,也可用于评估急性 PTE 患者有无右心室扩张或右心功能不全。CT 重建四腔图显示的右心室扩大,是急性 PTE 患者 30 天死亡的独立预测指标。

4. 超声心动图　超声心动图可用于急性 PTE 患者的危险度分层评估。血压正常且超声心动图示右心功能不全的急性 PTE 患者发生体循环低血压、心源性休克、死亡的危险性增加,而无右心功能不全表现的 PTE 多呈现良性过程。

(三) PTE-DVT 诊断过程中的“灰区”问题

所谓 PTE 诊断的“灰区”(gray zone),即临床上高度怀疑 PTE,但由于病情较重难以行相关检查,或是由于单位条件限制不能进行相关检查而缺乏确诊依据,或是根据已有的检查措施不能提供确切的诊断依据。对此类患者在诊断观念上宜“宁信其有,勿信其无”。在能比较充分地排除其他可能的诊断,且无显著出血风险的前提下,可给予抗凝治疗。对于个别已影响血流动力学,对生命构成威胁的严重且高度考虑 PTE 的病例,甚至可以进行溶栓治疗,以免延误病情,但在临床上需要与患者或其家属交代清楚,并在知情同意书上签字后,方可进行。

五、鉴别诊断

在进行 PTE 诊断的时候,应该与以下情况进行甄别:急性冠脉综合征、慢性阻塞性肺疾病急性加重、主动脉破裂、肺炎、急性支气管炎、失代偿性心脏衰竭、肺动脉高压、心包疾病、胸内恶性肿瘤、肌肉及骨骼疼痛、气胸、焦虑及导致肋胸膜不适的肝胆脾疾病等。

在进行 DVT 诊断的时候,应该与以下几种情况进行鉴别:无血栓形成的静脉炎、浅表血栓性静脉炎、无急性血栓的静脉供血不足、肌肉或软组织损伤、血肿、蜂窝织炎、淋巴管炎、淋巴水肿、继发于充血性心脏衰竭的外周性水肿、肝脏疾病、肾衰竭、肾病综合征等。

第五节　治　　疗

一、支持治疗

对高度疑诊或确诊 PTE 的患者,应进行严密监护,监测呼吸、心率、血压、静脉压、心电图及动脉血气的变化。传统上推荐 DVT 患者卧床休息,配合抗凝治疗,以避免栓子脱落造成 PTE。虽然近来有人提出不需要严格卧床,但尚存在争议。除了一般护理和监测外,呼吸和循环支持治疗对所有疑诊 PTE 的患者都十分重要。

二、抗凝治疗

抗凝治疗为 PTE 和 DVT 的基本治疗方法。一旦临床疑诊 PTE 或 DVT,只要无抗凝的禁忌

证，即应开始有效的抗凝治疗。抗凝治疗可有效抑制血栓的进一步形成，同时使栓子在内源性纤溶系统的作用下部分或全部溶解。如果抗凝不充分则可能导致血栓栓塞复发，抗凝过量则可能会导致出血风险增加，因此，规范抗凝治疗的用药和治疗过程非常重要。常用抗凝药物包括普通肝素（unfractionated heparin，UFH）、低分子肝素（low molecular weight heparin，LMWH）和华法林（warfarin）。抗血小板药物的抗凝作用不能满足 PTE 或 DVT 的抗凝要求。抗凝的禁忌证包括活动性出血、凝血功能障碍、未予控制的严重高血压等。对于确诊的 PTE 病例，大部分禁忌证属相对禁忌证。

（一）肝素类抗凝药物

1. 普通肝素 普通肝素（肝素）3000~5000IU 或按 80IU/kg 静注，继之以 18IU/（kg·h）持续静滴。在开始治疗后的最初 24 小时内每 4~6 小时测定部分凝血活酶时间（APTT），根据 APTT 调整剂量（表 12-3），尽快使 APTT 达到并维持于正常值的 1.5~2.5 倍。达稳定治疗水平后，改为每天测定 APTT 一次。普通肝素亦可用皮下注射方式给药。一般先予静注负荷量 3000~5000IU，然后按 250IU/kg 剂量每 12 小时皮下注射一次。调节注射剂量，使皮下注射后 6~8 小时的 APTT 达到治疗水平。

表 12-3 根据 APTT 监测结果调整静脉肝素用量的方法

APTT	初始剂量及调整剂量	下次 APTT 测定的间隔时间（h）
治疗前测基础 APTT	初始剂量：80IU/kg 静推，然后按 18IU/（kg·h）静滴	4~6
APTT<35s（<1.2 倍正常值）	予 80IU/kg 静推，然后增加静滴剂量 4IU/（kg·h）	6
APTT35~45s（1.2~1.5 倍正常值）	予 40IU/kg 静推，然后增加静滴剂量 2IU/（kg·h）	6
APTT46~70s（1.5~2.3 倍正常值）	无需调整剂量	6
APTT71~90s（2.3~3.0 倍正常值）	减少静滴剂量 2IU/（kg·h）	6
APTT>90s（>3 倍正常值）	停药 1h，然后减少剂量 3IU/（kg·h）后恢复静滴	6

2. 低分子肝素 低分子肝素是从普通肝素中提取的，分子量在 3~7kD。由于低分子肝素与细胞、血小板和蛋白的相互作用减少，而更多地与抗凝血酶结合，所以其血浆半衰期延长，发挥作用的时间延长。低分子肝素必须根据体重给药，具体剂量和用法见表 12-4。由于分子量低于 5.6kD 的肝素失去了抗Ⅱa 活性，使用 LMWH 时不能依靠监测 APTT 来调整剂量，而应该监测血浆抗Ⅹa 因子活性（plasma anti-Ⅹa activity）。鉴于低分子肝素有良好的量 - 效特点，对于大多数患者按体重给药是有效的，因此通常情况下不需要监测。但是对于过度肥胖者或孕妇宜监测血浆抗 Xa 因子活性并据以调整剂量。低分子肝素由肾脏代谢，当存在肾功能不全，特别肌酐清除率低于 30ml/min 时应慎用之。若应用，需减量并监测血浆抗Ⅹa 因子活性。

表 12-4 各种低分子肝素的用法

低分子肝素	商品名	剂量与用法
依诺肝素 Enoxaparin 钠	克赛	1mg/kg，皮下注射，q12h 或 1.5mg/（kg·d），皮下注射，qd，单日用量不超过 180mg。
那曲肝素 Nadroparin 钙	速碧林	86anti-Ⅹa IU/kg，皮下注射，q12h×10d。或 171 anti-Ⅹa IU/kg，皮下注射，qd，单次用量不超过 17，100IU。
达肝素 Dalteparin	法安明	100 anti-Ⅹa IU/kg，皮下注射，bid 或 200anti-Ⅹa IU/kg，皮下注射，qd，单次剂量不超过 18 000IU。

3. 肝素与低分子肝素治疗的风险效益比较 低分子肝素与普通肝素的抗凝作用相仿，治疗血栓栓塞症的效果相当。国家“十五”科技攻关课题“肺栓塞规范化诊治方法研究”关于非大面积（不含次大面积）PTE 患者抗凝治疗的多中心随机对照前瞻性临床研究结果，证实普通肝素与低分子肝素对非大面积 PTE 的疗效相当，有效率均达到 85% 以上；对于 2 个月内的非大面积 PTE 患者使用抗凝治疗，均可以收到良好的治疗效果。普通肝素与低分子肝素治疗所致出血的发生率相当，前者为 9.84%，后者为 10.61%，多表现为皮肤、胃肠道的出血及镜下血尿等轻至中度出血，大出血的发生率极低。普通肝素治疗组 130 例中 3 例出现血小板减低，均在抗凝治疗第 10 天发现，停药 3 天后血小板恢复正常；低分子肝素治疗组 140 例中无一例出现血小板减低。普通肝素治疗似乎较低分子肝素治疗易出现血小板减低，但没有构成统计学差异。使用普通肝素其药品花费明显低于低分子肝素，但注射费以及相关的血液检查费用明显升高，但是总体费用仍然是普通肝素低于低分子肝素。尽管如此，按公斤体重应用的低分子肝素具有较好的量效关系，通常不需要监测和剂量调整，应用方便，甚至可以实行门诊治疗。低分子肝素在 DVT 的治疗中，特别是在减少病死率及降低治疗中的出血风险方面优于普通肝素。因此在一定更程度上，低分子肝素较普通肝素可能更具有优势。建议肝素或低分子肝素须至少应用 5 天，直到临床情况平稳。对大面积 PTE 或髂股静脉血栓，约需用至 10 天或更长。

4. 肝素诱导的血小板减少症 肝素应用过程中可能会出现肝素诱导的血小板减少症（heparin-induced thrombocytopenia，HIT）。HIT 由肝素依赖性抗血小板 IgG 抗体对抗肝素 - 血小板因子 4 复合物而引起。HIT 多发生在最初使用肝素后的 4 至 14 天内，如果患者以往曾使用肝素，HIT 发生的时间可能提前。HIT 必须与肝素应用早期的一过性血小板计数减少相鉴别，后者即使在持续肝素治疗的情况下，也能够在 3 天内恢复正常。当血小板计数减少超过基数的 50%，或在使用任何肝素制剂（包括肝素输注）的情况下出现新的血栓栓塞时，应考虑为真正 HIT 并中断所有形式的肝素治疗。

为了警惕 HIT 的发生，在使用肝素的第 3~5 天必须复查血小板计数。若较长时间使用肝素，尚应在第 7~10 天和 14 天复查。若出现血小板迅速或持续降低达 30% 以上，或血小板计数 $<100\times10^9/L$，应停用肝素。一般在停用肝素后 10 天内血小板开始逐渐恢复。低分子肝素治疗也能导致 HIT 或血小板减少，但发生率明显低于普通肝素，当发生 HIT 后，LMWHs 可与 IgG 抗体发生交叉反应从而加重血小板减少症及血栓形成。因此，如果疗程长于 7 天时，也需每隔 2~3 天检查血小板计数。

当发生 HIT 或有血小板减少时，可以选用阿加曲班或重组水蛭素进行抗凝治疗，直到血小板数升至 $100\ 000/mm^3$ 时再予华法林治疗。不能单独使用华法林进行抗凝治疗，因为它能加重促凝状态并导致肢体坏疽。输注血小板应列为禁忌。

（二）华法林

在肝素开始应用后的第 1~3 天加用口服抗凝剂华法林，初始剂量为 3.0~5.0mg。由于华法林需要数天才能发挥全部作用，因此与肝素需至少重叠应用 4~5 天，当连续两天测定的国际标准化比率（INR）达到 2.5（2.0~3.0）时，或凝血酶原时间（PT）延长至正常值的 1.5~2.5 倍时，方可停止使用肝素，单独口服华法林治疗。应根据 INR 或 PT 调节华法林的剂量。在达到治疗水平前，应每日测定 INR，其后 2 周每周监测 2~3 次，以后根据 INR 的稳定情况每周监测 1 次或更少。若行长期治疗，约每 4 周测定 INR 并调整华法林剂量 1 次。

抗凝治疗的持续时间因人而异。一般口服华法林的疗程至少为 3~6 个月。对于短暂危险因素造成的 VTE 患者，3 或 6 个月的治疗在 VTE 复发风险方面相差不多，因此对于危险因素短期可以消除的病例，例如服雌激素或临时制动，抗凝治疗的疗程可能为 3 个月即可。对于特发性 VTE（包括复发性 VTE）患者，延长抗凝治疗从 3 个月到 12 个月甚至 4 年不等，使得 VTE 复发的风险从 95% 降低到 64%，因此在治疗时间的选择方面，临床医生应根据获益、危害性及患

者的倾向性等因素综合而定，需至少给予6个月的抗凝治疗。延长抗凝治疗的获益匪浅，但在长期治疗中，抗凝治疗的风险-效益比可能会发生变化。对复发性VTE，延长抗凝治疗（>12个月或无限期）较6个月的治疗有较低的复发率，因此对于复发性VTE、并发肺心病或危险因素长期存在者，抗凝治疗应该持续12个月或以上，甚至终生抗凝。妊娠的前3个月和最后6周禁用华法林，可用肝素或低分子肝素治疗。产后和哺乳期妇女可以服用华法林进行抗凝治疗。

华法林的主要并发症是出血。因为华法林是通过竞争性拮抗维生素K，抑制凝血酶原和Ⅶ、Ⅸ、Ⅹ等依赖维生素K的凝血因子的合成而起抗凝作用，所以华法林所致出血可以用维生素K拮抗。在口服抗凝药轻度过量但无活动性出血的情况下，应停服华法林并连续监测INR直至达治疗范围。对口服抗凝药重度过量的病例，应给予2.5mg维生素K口服，使INR迅速恢复至治疗范围，但是如果是伴有活动性出血的重度过量患者，应使用新鲜冷冻血浆或重组因子Ⅶa加以逆转。华法林有可能引起血管性紫癜，导致皮肤坏死，多发生于治疗的前几周。

（三）磺达肝癸钠（Fondaparinux sodium）

是一种小分子的合成戊糖，是凝血因子Ⅹa抑制剂的代表药物。通过和抗凝血酶特异结合，介导对因子Ⅹa的抑制作用，并选择性增强抗凝血酶灭活Ⅹa的速率。在有症状的DVT患者中，磺达肝癸钠的治疗效果及安全性不差于依诺肝素。在有症状但血流动力学稳定的PTE患者中，磺达肝癸钠的治疗效果及安全性与普通肝素的静脉用药相当。磺达肝癸钠不引起HIT。已被FDA推荐用于VTE（包括DVT和PTE）的初级治疗。磺达肝癸钠皮下注射，每日一次，剂量固定：体重不足50公斤的患者用量5mg，50~100公斤的患者用量7.5mg，超过100公斤的患者用量10mg，不需进行凝固实验并随之调整剂量。由于其通过肾脏排泄，因此禁用于严重肾功能不全的患者。

（四）特殊人群的抗凝问题

对于有合并症的PE患者：如合并肿瘤的PE患者，建议应用LMWH，优于VKA。对于有严重肾功能不全（肌酐清除率<30ml/min）并接受LMWH治疗的患者，建议降低用药剂量。若对磺达肝癸钠及LMWH的应用受到限制，也可以考虑应用UFH，如果担心皮下注射吸收不完全、或计划溶栓的肺栓塞患者，初始治疗时建议优先选择静脉应用UFH。对于不合并肿瘤的PE患者，建议长期应用VKA，若不应用VKA，建议长期应用LMWH，优于达比加群或利伐沙班。

妊娠妇女的抗凝管理进行了如下推荐：①急性VTE的妊娠妇女推荐使用LMWH而不是UFH来预防和治疗VTE；②因VTE接受抗凝治疗后怀孕，推荐在怀孕前期、中期、后期以及临产前使用LMWH，抗凝治疗至少持续到产后6周（总治疗时间至少3个月）；③对于符合抗磷脂抗体（APLA）综合征的妊娠妇女，推荐产前应用预防剂量或者中等剂量的UFH，或者预防量的LMWH加小剂量阿司匹林；④对于有易栓倾向且无既往VTE病史妊娠妇女的血栓预防，产前使用预防剂量或中等剂量的LMWH，产后给予为期6周的预防剂量或中等剂量的LMWH或VKA。

新生儿和儿童抗栓治疗的证据仍较薄弱，应根据特定科室和特定的临床情况，应用恰当的药物作用范围和监测条件，由有治疗血栓栓塞经验的儿科血液病医生来实施。

（五）新型抗凝药物

新型抗凝药物因其应用方便、起效快、无需监测和剂量调节、不受食物及代谢机制影响、具有很好的生物利用度、耐受性良好等优点，近年来备受关注。其代表药物包括直接凝血酶抑制剂以及直接Ⅹa因子抑制剂。新型抗凝药物在某些特定人群，如肾功能不全、妊娠、儿童等的疗效和安全性有待评价。

1. 达比加群 属非肽类凝血酶抑制剂。口服后经胃肠道迅速吸收，体外、体内试验和临床各项研究均提示具有良好的疗效及药动学特性。和华法林、依诺肝素比较，达比加群降低了病死率，但是增加了急性心肌梗死的发生率。用法：15mg，每日2次，连续3周，改为20mg，一天一次。

2. 利伐沙班　可选择性抑制Xa因子，延长凝血时间，减少凝血酶生成。口服，起效迅速，固定剂量，使用更方便，与其他常用药物相互作用小。其疗效和安全性结果不受年龄、性别、体重、是否伴随肿瘤或肾功能的影响。用法：15mg，每日2次，连续3周，改为20mg，一天一次。

3. 阿哌沙班　是一种小分子的、高效的可逆性的Xa因子抑制剂。半衰期12小时，有极高的生物利用度，食物不影响其吸收，通过肾脏和胆汁清除。用法：10mg，每日2次，连续1周，改为5mg，一天2次。

4. 爱多沙班　半衰期较短，为5小时。对FXa的选择性较凝血酶大10 000倍。口服，迅速起效，血浆达到峰值浓度的时间为1~2小时，并可持续24小时。其血浆浓度与抗凝强度呈直线相关性。

5. 依达肝素（idraparinux）　是一种长效Xa因子抑制剂，每周1次给药。目前推荐在初期UFH/LMWH抗凝治疗1周后，使用固定剂量，皮下注射，每周1次。

在加强对现有抗凝药物认识的基础上，更加安全、方便、有效的新型抗凝药物正在不断地被开发利用，相信临床抗凝治疗水平会进一步提高。

三、溶栓治疗

溶栓治疗可迅速溶解部分或全部血栓，恢复肺组织再灌注，减小肺动脉阻力，降低肺动脉压，改善右室功能，减少严重PTE患者的病死率和复发率。

（一）溶栓治疗的指征

溶栓治疗主要适用于大面积PTE病例，即出现因栓塞所致休克和（或）低血压的病例。对于次大面积PTE，即血压正常但超声心动图显示右室运动功能减退，或临床上出现右心功能不全表现的病例，若无禁忌证可以进行溶栓，但存在争议；对于血压和右室运动功能均正常的病例，不推荐进行溶栓。对于DVT，目前不推荐常规使用静脉溶栓治疗。对于大块髂、股静脉血栓形成患者，有继发静脉闭塞形成肢体坏疽的危险，在无溶栓禁忌证时可考虑溶栓治疗。

（二）溶栓治疗的时机

溶栓的时间窗一般定为14天以内，但若近期有新发PTE征象可适当延长。溶栓应尽可能在PTE确诊的前提下慎重进行。对有明确溶栓指征的病例宜尽早开始溶栓。

（三）溶栓治疗的禁忌证

溶栓治疗的绝对禁忌证有活动性内出血和近期自发性颅内出血。相对禁忌证有：2周内的大手术、分娩、脏器活检，或不能以压迫止血部位的血管穿刺；2个月内的缺血性脑卒中；10天内的胃肠道出血；15天内的严重创伤；1个月内的神经外科或眼科手术；难于控制的重度高血压(收缩压 >180mmHg，舒张压 >110mmHg)；近期曾行心肺复苏；血小板计数低于 100×10^9/L；妊娠；感染性心内膜炎；严重肝、肾功能不全；糖尿病出血性视网膜病变等。对于致命性大面积PTE，上述绝对禁忌证亦应被视为相对禁忌证。

（四）溶栓治疗方案

常用的溶栓药物有尿激酶（UK）、链激酶（SK）和重组组织型纤溶酶原激活剂（rt-PA）。三者的溶栓效果相仿。急性PTE患者应用溶栓药物，尽量短时间静脉输入（如2小时输入），优于长时间输入（如24小时输入）。国内在过去十年中进行了系列的溶栓治疗研究：①确定了rt-PA和尿激酶2小时的溶栓方案。对rt-PA50mg及100mg溶栓剂量进行分层分析，发现使用50mg rt-PA均与100mg组的临床疗效相似，而出血的不良反应有降低的趋势，且在低体重组出现显著性差异，提出了将rt-PA溶栓剂量由100mg修定为50mg的新溶栓方案。②对重组链激酶的溶栓治疗方案进行了探索，采用重组链激酶150万单位静脉点滴2小时的溶栓方案，与尿激酶2小时溶栓方案进行随机对照研究，入组患者84例。统计资料表明，重组链激酶2小时治疗方案的疗效与安全性均与尿激酶2小时治疗方案相符，患者症状改善优于尿激酶。

结合国内外循证医学证据，推荐以下方案供参考使用：尿激酶：20 000IU/kg持续静滴2小时；另可考虑12小时溶栓方案：负荷量4400IU/kg，静注10分钟，随后以2200IU/(kg·h)持续静滴12小时。链激酶：负荷量250 000IU，静注30分钟，随后以100 000IU/h持续静滴24小时。链激酶具有抗原性，故用药前需肌注苯海拉明或地塞米松，以防止过敏反应。rt-PA：50mg持续静滴2小时。瑞替普酶在某些国家已经开始应用，用法是10IU负荷量静推，30分钟后重复10IU。

（五）溶栓治疗的并发症与注意事项

溶栓治疗的主要并发症为出血。最严重的是颅内出血，发生率约1%~2%，发生者近半数死亡。用药前应充分评估出血的危险性，必要时应配血，做好输血准备。溶栓前宜留置外周静脉套管针，以方便溶栓中取血监测，避免反复穿刺血管。

溶栓治疗结束后，应每2~4小时测定一次PT或APTT，当其水平降至正常值的2倍时，即应启动规范的肝素抗凝治疗。溶栓后应注意对临床及相关辅助检查情况进行动态观察，评估溶栓疗效。

链激酶具有抗原性，易引起过敏反应，临床较少应用。需要强调的是在使用尿激酶、链激酶溶栓时，勿同时使用肝素治疗，但是在以rt-PA溶栓期间是否须停用肝素无特殊要求。

四、手术与介入治疗

（一）血栓摘除术

血栓摘除术的风险大，病死率高，需要较高的技术条件，仅适用于经积极的内科治疗无效的紧急情况，如致命性肺动脉主干或主要分支堵塞的大面积PTE，或有溶栓禁忌证者；大面积髂、股静脉血栓形成患者，存在继发静脉闭塞后发生肢体坏疽的危险。

（二）导管碎解和抽吸血栓

用导管碎解和抽吸肺动脉内巨大血栓，同时还可进行局部小剂量溶栓。适应证为肺动脉主干或主要分支的大面积PTE，并存在以下情况者：溶栓和抗凝治疗禁忌；经溶栓或积极的内科治疗无效；缺乏手术条件。对于DVT而言，导管介入溶栓疗法适用于大面积髂、股静脉血栓，存在继发静脉闭塞后发生肢体坏疽的危险者。

（三）腔静脉滤器的应用

为防止下肢深静脉大块血栓再次脱落阻塞肺动脉，可考虑放置下腔静脉滤器。适用于：下肢近端静脉血栓，而抗凝治疗禁忌或有出血并发症；经充分抗凝而仍反复发生PTE；伴血流动力学变化的大面积PTE；近端大块血栓溶栓治疗前；伴有肺动脉高压的慢性反复性PTE；行肺动脉血栓切除术或肺动脉血栓内膜剥脱术的病例。

来自法国的多中心随机临床对照研究结果显示：放置永久性下腔静脉滤器8年后，肺栓塞的累计发生率较对照组显著降低(6.2%vs12.1%)，但却增加了DVT的发生(35.7% vs27.5%)，且对患者存活率没有影响，由此提示永久性下腔静脉滤器对一些有PTE高危因素的患者可能有益，但是在普通DVT患者中不做推荐。

置入滤器后如无禁忌证，宜长期口服华法林抗凝，定期复查有无滤器上血栓形成。对于上肢DVT病例，还可考虑应用上腔静脉滤器。

五、CTEPH的治疗

（一）肺动脉血栓内膜剥脱术

若阻塞部位处于手术可及的肺动脉近端，且肺动脉平均压>30mmHg，肺血管阻力(PVR)>300($dyn^{-1}·sec^{-1}·cm^{-5}$)，超声心动图发现右心室肥厚，可考虑行肺动脉血栓内膜剥脱术(pulmonary thromboendarterectomy)。血栓栓塞阻塞的位置和程度是决定手术可行性的主要因素。Jamieson等建议的手术适应证是：①平均肺动脉压在30mmHg以上、肺血管阻力300($dyne^{-1}·sec^{-1}·cm^{-5}$)

以上;②血栓位于手术可以到达的部位;③没有严重合并症等。对于具有冠状动脉粥样硬化性疾病高危因素的患者(年龄大于50岁),在手术前应进行冠状动脉造影,在进行肺动脉血栓内膜剥脱术的同时,可进行冠状动脉旁路移植手术。

CTEPH的手术治疗需要多个学科的通力协作,包括心胸外科、呼吸科、重症监护病房、麻醉科和放射科等。术后最常见的并发症是出血、再灌注肺水肿和持续性肺动脉高压,严密的术后监护至关重要。

术后要求长期口服华法林抗凝治疗,以防止肺动脉血栓再形成和抑制肺动脉高压进一步发展。根据INR调整剂量,保持INR为2.0~3.0。对于存在抗磷脂抗体和其他易栓症患者,通常推荐目标为INR为2.5~3.5。除非有足够的证据排除下肢DVT,手术前均应常规安装下腔静脉滤器。

(二)药物治疗

对于肺血管阻力超过临界值且不适合手术的患者,慢性远端血管栓塞性肺动脉高压手术不可及的患者,使用新的降肺动脉压药物如前列环素类药物(如伊洛前列素等)、内皮素受体拮抗剂(如波生坦、安立生坦等)、磷酸二酯酶抑制剂(如西地那非、他达拉非等)等能够不同程度降低CTEPH肺血管阻力和提高患者运动耐力。如果药物治疗无效,可考虑进行肺移植。

第六节　静脉血栓栓塞症的预防

大多数住院患者尤其是重症、老年、经受大型手术、或存在慢性基础疾病的患者都有一种或多种VTE的危险因素,这些危险因素通常合并存在。VTE是住院患者中最常见的严重并发症。有研究显示住院患者中DVT的发生率在长期卧床患者为10%~20%,普通外科手术患者为15%~40%,神经外科手术患者为15%~40%,休克患者为20%~50%,胫骨骨折患者为20%~70%,髋部与膝盖手术患者为40%~60%,大创伤患者为40%~70%,脊髓损伤患者为60%~80%,综合ICU患者为10%~80%。接近10%的院内死亡由PTE所致。术后30天内死亡并接受尸检的患者中,PTE的发生率为32%,29%的患者以PTE为致死原因。在另一项包括51 645名住院患者的研究中,急性PTE的发生率为1%,而且急性PTE所致的死亡占所有死亡的37%。

VTE的很多危险因素与日常生活以及临床诊治工作密切相关。与此同时VTE的发生和发展又容易被临床医师及患者本人忽视,因此,提高认识、早期识别危险因素,确立高危人群并及时实施预防是防止VTE发生的关键。在实施VTE的预防策略时,既要考虑危险因素本身的致栓危险以及多种危险因素的交互作用,也要根据患者的具体情况权衡VTE再发与抗凝治疗的风险,确定个体化的预防方案。

一、健康教育

对一般人群进行健康教育,鼓励减肥和适当活动,避免不良嗜好如戒酒、戒烟,积极控制基础疾病如维持稳定的血压水平等,提高群体预防意识。

二、早期下床活动

鼓励早期下床活动是VTE最基本的预防方法。早期下床困难的患者,可以抬高下肢或进行按摩,主动或被动地进行腿部关节运动。

三、机械预防

机械预防方法包括梯度弹力加压袜(graduated compression stockings,GCS)、间歇充气压缩泵(intermittent pneumatic compression,IPC)、静脉足泵(venous foot pumps,VFPs)等。其最大优势是

没有出血并发症,因此可用于具有高度出血风险的患者,或作为抗凝药物为基础的辅助预防手段。在实行机械预防时,临床医师要根据患者的情况选择大小适当的装置,加强对患者的指导和护理,确保这些装置不会阻碍患者活动,同时确保患者能够正确使用装置以达到最佳的依从性。

四、药物预防

包括使用低剂量肝素(low-dose unfractionated heparin,LDUH;5000U bid 或 tid)、剂量调节皮下注射肝素(adjusted-dose subcutaneous heparin)、低分子肝素、口服抗凝剂华法林及新型的抗凝药物如 Fondaparinux 等。

在实施药物预防时,应结合患者的具体情况包括危险因素、既往 VTE 病史、年龄、肾功能、出血危险性等,选择适当的药物、剂量和预防治疗的延续时间,实行个体化目标管理。阿司匹林和其他抗血小板药物对减少动脉粥样硬化性疾病患者,或高危人群的主要血栓事件非常有效。有证据显示抗血小板药物对具有 VTE 风险的住院患者也具有保护作用。但是阿司匹林能够显著增加大出血事件的发生率,尤其是和其他抗血栓药物联合应用时,因此不建议单独使用阿司匹林作为任何患者预防 VTE 的方案。

(翟振国)

思考题

1. 肺血栓栓塞症的概念。
2. 肺血栓栓塞症的临床表现。
3. 肺血栓栓塞症的诊断方法。
4. 肺血栓栓塞症的治疗。

参考文献

1. Yang Y,Liang L,Zhai Z,et al.Investigators for National Cooperative Project for Prevention and Treatment of PTE-DVT. Pulmonary embolism incidence and fatality trends in Chinese hospitals from 1997 to 2008:a multicenter registration study. PLoS One,2011,6(11):e26861

2. Sostman HD,Jablonski KA,Woodard PK,et al. Factors in the technical quality of gadolinium enhanced magnetic resonance angiography for pulmonary embolism in PIOPED Ⅲ. Int J Cardiovasc Imaging,2012 Feb,28(2):303-312

3. Kim NH,Delcroix M,Jenkins DP,et al. Chronic thromboembolic pulmonary hypertension. J Am Coll Cardiol,2013 Dec 24,62(25 Suppl):D92-99

4. Kearon C,Akl EA,Comerota AJ,et al. Antithrombotic therapy for VTE disease: Antithrombotic Therapy and Prevention of Thrombosis,9th ed:American College of Chest Physicians Evidence-Based Clinical Practice Guidelines.Chest,2012 Feb,141(2 Suppl):e419S-494S

5. Schulman S. New oral anticoagulant agents-general features and outcomes in subsets of patients. Thromb Haemost,2014 Jan 23,111(3)

6. Wang C,Zhai Z,Yang Y,et al. China Venous Thromboembolism (VTE) Study Group. Efficacy and safety of low dose recombinant tissue-type plasminogen activator for the treatment of acute pulmonary thromboembolism:a randomized,multicenter,controlled trial. Chest,2010 Feb,137(2):254-262

7. Goldhaber SZ. Venous thromboembolism:epidemiology and magnitude of the problem. Best Pract Res Clin Haematol,2012,25;235-242

8. Li Y, Zhai Z, Wu Y, et al. Improvement of right ventricular dysfunction after pulmonary endarterectomy in patients with chronic thromboembolic pulmonary hypertension: utility of echocardiography to demonstrate restoration of the right ventricle during 2-year follow-up. Thromb Res, 2013, 131: 196-201

9. 王辰，翟振国，杨媛华．全面推进我国肺血栓栓塞症的防治网络体系建设．中华医学杂志，2012, 92: 1801-1803

10. Wang C, Zhai Z, Shen Y. Challenges facing venous thromboembolism in China: more public awareness and research needed. Chinese Medical Journal, 2010, 123 (4): 387-389

第十三章 肺 结 核

第一节 概 述

肺结核是由结核分枝杆菌(以下简称结核菌)引起的、可累及全身各个脏器的慢性传染性疾病。由于肺脏的解剖学特点,它是最易受侵犯的部位,因此肺结核(pulmonary tuberculosis)是最常见的结核病,其临床特点为低热、盗汗、乏力、消瘦等结核中毒症状和慢性咳嗽、咳痰及痰中带血等呼吸道症状。病理改变以结核结节、干酪样坏死及空洞形成为特征。由于其病理改变不同,临床表现复杂,缺乏特异性,因此应提高对本病的认识。在 20 世纪 80 年代中期以后,结核病出现了全球恶化趋势。其原因一方面在于多重耐药结核分枝杆菌感染的增多,贫穷、人口增长及人类免疫缺陷病毒(HIV)感染流行的客观因素的影响,以及因政府缺乏对结核病流行回升的警惕性和结核病控制复杂性的客观认识,放松了对结核病控制工作的投入和管理等主观因素,致使世界卫生组织(WHO)于 1993 年发布结核病处于"全球紧急状态"的警示。

我国是世界上结核疫情最严重的国家之一。我国的结核病,新中国成立以来在大力开展防治工作的情况下使流行趋势有所下降,但目前全国结核菌感染者近 3.3 亿,现有肺结核患者 590 余万,每年因结核病死亡的人数每年高达 25 万,各地区疫情控制不平衡,仍是全球结核病流行严重的国家之一。当前,结核病仍是一个十分突出的公共卫生问题,是全国十大死亡原因之一,因此结核病的控制工作还面临严峻的挑战。

第二节 结核病的流行病学

结核病被列为我国重大传染病之一,是严重危害人民群众健康的呼吸道传染病。根据世界卫生组织的统计,我国是全球 22 个结核病流行严重的国家之一,同时也是全球 27 个耐多药结核病流行严重的国家之一。目前我国结核病年发患者数约为 130 万,占全球发病的 14.3%,位居全球第 2 位。近年来,我国先后出台了一系列肺结核免费诊治和防治激励政策,保证了患者发现和治疗管理工作质量。2005 年以来,全国以县为单位的现代结核病控制策略覆盖率始终保持在 100%。2001—2010 年,全国共发现和治疗肺结核患者 828 万例。其中,传染性肺结核患者 450 万例,其治愈率达到 90% 以上。有调查显示,与 2000 年相比,全国肺结核患病率继续呈现下降趋势。15 岁及以上人群肺结核的患病率由 2000 年的 466/10 万降至 2010 年的 459/10 万,其中传染性肺结核患病率下降尤为明显,由 2000 年的 169/10 万下降到 66/10 万,十年降幅约为 61%,年递降率约为 9%。

然而,我国结核病防治工作中存在的一些问题。一是肺结核疫情地区间差异显著。西部地区传染性肺结核患病率约为中部地区的 1.7 倍和东部地区的 2.4 倍;农村地区患病率约为城镇地区的 1.6 倍。二是肺结核患者耐多药率为 6.8%,与其他国家相比仍十分严重。三是肺结核患者中有症状者就诊比例仅为 47%,患者重视程度不够。四是已经发现的患者规则服药率仅为 59%,服药依从性有待提高。五是公众结核病防治知识知晓率仅为 57%,需要全社会共同参与结核病防治健康教育工作。结核病是一种慢性传染病,其发病规律和流行特点决定了,在今后

Note

相当长的时期内其危害将持续存在。当前,我国结核病疫情形势依然严峻,防治工作仍面临诸多挑战。耐多药结核病的危害日益凸显,结核病、艾滋病病毒双重感染的防治工作亟待拓展,流动人口结核病患者治疗管理难度加大,现行防治服务体系和防治能力还不能完全满足新形势下防治工作的需求。我国结核病防治工作仍然任重而道远,需要长期不懈的努力。

第三节 病因和发病机制

一、病因

(一) 结核菌

1882 年德国科学家 Robert Koch 发现了结核病的致病菌为结核分枝杆菌,为现代结核病的控制奠定了基础。结核分枝杆菌在分类学上属于原核生物界、厚壁菌门、放线菌纲、放线菌目、分枝杆菌科、分枝杆菌属。

结核分枝杆菌是结核病的致病菌,其生长缓慢,在改良的罗氏培养基上需培养 4~6 周,才能繁殖成明显的菌落。镜下呈细长稍弯的杆菌,涂片染色具有抗酸性。此菌为需氧菌,对外界抵抗力较强,在阴冷潮湿处能生存 5 个月以上,但在烈日下暴晒 2 小时,5%~12% 来苏接触 2~12 小时,70% 酒精接触 2 分钟,或煮沸 1 分钟,均能被杀灭。痰吐在纸上直接烧掉是最简单的灭菌方法。

结核分枝杆菌复合群包括人型、牛型、非洲型和田鼠型。人类肺结核的致病菌 90% 以上为人型结核分枝杆菌,少数为牛型和非洲型分枝杆菌。结核菌菌体含有①类脂质:可引起单核细胞、上皮样细胞和淋巴细胞浸润而形成结核结节;②蛋白质:可引起过敏反应及中性粒细胞和大单核细胞浸润;③多糖类:能引起某些免疫反应(如凝集反应)。

结核病灶中的结核菌依其生长速度的不同分为:A 群,生长代谢旺盛,不断繁殖的结核菌,其特点为致病力强,传染性大,是引起结核病传染的重要菌群,采用抗结核的杀菌剂可杀灭此类细菌,异烟肼效果最佳,其次为链霉素、利福平;B 群,在巨噬细胞内的酸性环境中能够生存,但生长缓慢,吡嗪酰胺的杀菌效果较好;C 群,存在于干酪样坏死灶内,偶尔繁殖的细菌,只对少数药物敏感,常为日后复发的根源;D 群,指病灶中无致病能力、无传染性、对人体无害的处于休眠状态的细菌。一般可逐渐被巨噬细胞吞噬杀死或自然死亡,很少引起疾病的复发。

结核分枝杆菌的生物学特性表现为:

1. 形态与染色 典型的结核分枝杆菌是细长稍弯曲,两端圆形的杆菌,大小约(0.3~0.6μm)×(1~4μm),单个排列,或偶呈串状,呈蜿蜒样同轴向平行索状生长,似有分枝生长倾向。在不同生长环境中,结核分枝杆菌可以改变代谢途径,呈现多种形态,以适应环境。牛分枝杆菌则比较粗短,临床样本中常见呈串珠状颗粒存在,也可呈为 T、V、Y 字形以及丝状、秋状、棒状等多种形态。分枝杆菌属的细菌细胞壁脂质含量较高,约占干重的 60%,特别是有大量分枝菌酸(mycolic acid)包围在肽聚糖层的外面,可影响染料的穿入。分枝杆菌一般用齐尼(Ziehl- Neelsen)抗酸染色法,以 5% 苯酚复红加温染色后可以染上,但用 3% 盐酸乙醇不易脱色。若再加用亚甲蓝复染,则分枝杆菌呈红色,而其他细菌和背景中的物质为蓝色。

近年发现结核分枝杆菌在细胞壁外尚有一层荚膜。一般因制片时遭受破坏而不易被观察到。若在制备电镜标本固定前用明胶处理,可防止荚膜脱水收缩。在电镜下可看到菌体外有一层较厚的透明区,即荚膜,荚膜对结核分枝杆菌有一定的保护作用。

结核分枝杆菌在体内外经青霉素、环丝氨酸或溶菌酶诱导可影响细胞壁中肽聚糖的合成,异烟肼影响分枝菌酸的合成,巨噬细胞吞噬结核分枝杆菌后溶菌酶的作用可破坏肽聚糖,均可导致其变为 L 型,呈颗粒状或丝状。异烟肼影响分枝菌酸的合成,可变为抗酸染色阴性。这种

形态多形染色多变在肺内外结核感染标本中常能见到。临床结核性冷脓肿和痰标本中甚至还可见有非抗酸性革兰阳性颗粒,过去称为 Much 颗粒。该颗粒在体内或细胞培养中能返回为抗酸性杆菌,故亦为 L 型。

2. 培养特性 专性需氧。最适温度为 37℃。结核分枝杆菌细胞壁的脂质含量较高,影响营养物质的吸收,故生长缓慢。在一般培养基中每分裂 1 代需时 18~24 小时,营养丰富时只需 5 小时。初次分离需要营养丰富的培养基。常用的有罗氏(Lowenstein-Jensen)固体培养基,内含蛋黄、甘油、马铃薯、无机盐和孔雀绿等。孔雀绿可抑制杂菌生长,便于分离和长期培养。蛋黄含脂质生长因子,能刺激生长。根据接种菌多少,一般 2~4 周可见菌落生长。菌落呈颗粒、结节或花菜状,乳白色或米黄色,不透明。在液体培养基中可能由于接触营养面积大,细菌生长较为迅速,一般 1~2 周即可生长。临床标本检查液体培养比固体培养的阳性率高数倍。

3. 生化反应 结核分枝杆菌不发酵糖类。与牛分枝杆菌的区别在于结核分枝杆菌可合成烟酸和还原硝酸盐,而牛分枝杆菌不能。热触酶试验对区别结核分枝杆菌与非结核分枝杆菌有重要意义。结核分枝杆菌大多数触酶试验阳性,而热触酶试验阴性;而大多数非结核分枝杆菌两种试验均阳性。

4. 抵抗力 结核分枝杆菌细胞壁中含有脂质,故对乙醇敏感,在 70% 乙醇中 2 分钟死亡。此外,脂质可防止菌体水分丢失,故对干燥的抵抗力特别强。黏附在尘埃上保持传染性 8~10 天,在干燥痰内可存活 6~8 月。并且,结核分枝杆菌对湿热敏感,在液体中加热 62~63℃,15 分钟或煮沸即被杀死。此外,结核分枝杆菌对紫外线敏感,直接日光照射数小时可被杀死,可用于结核患者衣服、书籍等的消毒。结核分枝杆菌的抵抗力与环境中有机物的存在有密切关系,如痰液可增强结核分枝杆菌的抵抗力。大多数消毒剂可使痰中的蛋白质凝固,包在细菌周围,使细菌不易被杀死。5% 苯酚在无痰时 30 分钟可杀死结核分枝杆菌,有痰时则需要 24 小时。结核分枝杆菌对酸(3% HCl 或 6% H_2SO_4)或碱(4% NaOH)有抵抗力,15 分钟内不受影响。可在分离培养时,用于处理有杂菌污染的标本和消化标本中的黏稠物质。结核分枝杆菌对 1：13 000 孔雀绿有抵抗力,加在培养基中可抑制杂菌生长。结核分枝杆菌对链霉素、异烟肼、利福平、环丝氨酸、乙胺丁醇、卡那霉素、对氨基水杨酸等敏感,但长期用药容易出现耐药性,而吡嗪酰胺的耐药性 <5%。

5. 变异性 结核分枝杆菌可发生形态、菌落、毒力、免疫原性和耐药性等变异。卡介苗(BCG)就是 Calmette 和 Guerin 2 人(1908)将牛结核分枝杆菌在含甘油、胆汁、马铃薯的培养基中经 13 年 230 次传代而获得的减毒活疫苗株,现广泛用于预防接种。

6. 顽固性 因结核分枝杆菌体内含有大量类脂质,占结核菌干重的 40%,细胞壁内含量最多,因其富脂外壁的疏水性之故,一般的消毒剂难以渗入,对外界条件有异常大的抵抗力,使通常的灭菌方法易失败,15% 硫酸或 15% 氢氧化钠溶液处理 30 分钟,可杀死一般的病原菌,但不能杀死结核分枝杆菌。在阴暗潮湿的地方可生存数月,在阳光暴晒下能生存数小时,在 -7℃以下可生存 4~5 年。但在沸水中(100℃)数分钟可死亡,因此,煮沸消毒是最有效最经济的方法。醇脂性溶剂—酒精能渗入其酯层而发挥奇效,用 75% 酒精 2 分钟便可将它杀死。

7. 条件性 结核菌在含氧 40%~50% 并有 5%~10%CO_2 和温度为 36 ± 5℃,合适 pH 值为 6.8~7.2 的条件下生长旺盛,并且在一般的培养基上结核分枝杆菌是不生长的,它必须在含有血清、卵黄、马铃薯、甘油以及某些无机盐类的特殊培养基上才能生长。所以结核菌最易侵犯氧气充足、血流、营养丰富的肺脏以及骨骼的两端。结核分枝杆菌无论在什么环境中的存在,都已显示出,它是细菌家族中最优秀的菌种之一。

8. 懒惰性 结核分枝杆菌生长缓慢,无运动能力,性情懒惰,其最快分裂增殖速度为 18 小时一代,明显慢于大多数细菌几分钟或几十分钟便繁殖一代,如大肠埃希菌约需 20 分钟便可繁殖一代,10 小时后,一个大肠埃希菌繁殖 10 亿个以上,可是一个结核分枝杆菌 18 个小时才繁殖

2个。可别小看或轻视结核分枝杆菌带有这种欺骗性形似疲惫的懒惰行为，大量科学家在实验室或医务人员，在临床与它进行长期斗争的实践一再证明，我们与它斗争的手段还没有提高到一个高水平上来。

9. 结核分枝杆菌易产生耐药性 在固体培养基中对常用的含异烟肼、链霉素、利福平能生长的结核分枝杆菌为耐药菌。耐药菌株毒力有所减弱。异烟肼可影响细胞壁中分枝菌酸的合成，诱导结核分枝杆菌成为L型，这可能是耐异烟肼的一种原因。药物敏感试验表明对异烟肼耐药，而对利福平和链霉素大多仍敏感，故目前治疗多主张异烟肼和利福平或吡嗪酰胺联合用药，以减少耐药性的产生，增强疗效。临床上耐异烟肼菌株致病性也有所减弱。实验证明豚鼠感染结核分枝杆菌常于6周内死亡，且肝内见有粟粒性病灶；而感染L型后往往要百余天才死亡，病灶缺乏典型结核结节病变。但L型有回复的特性，未经彻底治疗可导致复发。

近年来世界各地结核分枝杆菌的多耐菌株逐渐增多，甚至引起暴发流行。结核分枝杆菌的耐药可由自发突变产生(原发性耐药)，或由用药不当经突变选择产生(继发性耐药)。但多耐的产生主要可能由于后者。在结核菌的繁殖过程中其染色体上的基因突变，出现极少数的天然耐药菌，此种耐药也称为原始耐药，其耐药往往见于未使用过抗结核药的患者。当治疗时使用单一的抗结核药时，大量的敏感菌可被杀死，但天然耐药菌能逃避药物的作用而存活，并且还可继续繁殖，最终造成病灶中敏感菌被天然耐药菌所取代，抗结核治疗失败。继发性耐药是指由于结核菌与抗结核药物接触后，某些结核菌发生诱导变异，逐渐适应在有药环境中继续生存、繁殖。多因长期不合理用药，经淘汰或诱导机制出现的耐药。接受治疗患者中很多治疗效果不佳常与继发性耐药菌的出现有关。近年来继发性耐药菌逐渐增多，给结核病的治疗和预防带来了很大的困难。因此，加强对初治患者的管理，避免单一用药、剂量不足、用药不规则、疗程不够等因素，向患者宣传治疗的重要性，坚持诱导化疗，尽量减少耐药结核菌的出现，结核病的化疗才会取得满意的效果。耐药基因在染色体上，针对不同药物的耐药基因不相连接，所以联合用药治疗有效。对异烟肼耐药与katG基因丢失有关。易感株有该基因，耐药株无。而利福平主要作用于RNA多聚酶，编码该酶的基因(rpoB)突变会引起对利福平耐药。1999年国内报道7株耐利福平株全部为其rpoB基因发生突变，敏感株则没有这种突变发生。结核菌侵入人体后是否患病，取决于入侵结核菌的数量、毒力与人体免疫、变态反应的高低，并决定感染后结核病的发生、发展与转归。

(二) 感染途径

结核病在人群中传播需要三个因素：

1. 传染源 结核病的传染源主要是继发型肺结核的患者。排菌的肺结核患者(尤其是痰涂片阳性，未经治疗者)是重要的传染源。因而痰里查出结核分枝杆菌的患者才有传染性，才是传染源。传染性的大小取决于痰内菌量的多少。直接涂片法查出结核分枝杆菌者属于大量排菌，直接涂片法检查阴性而仅培养出结核分枝杆菌者属于微量排菌。

2. 传播途径 结核分枝杆菌主要通过咳嗽、喷嚏、大笑、大声谈话等方式把含有结核分枝杆菌的微滴排到空气中而传播。当排菌的肺结核患者咳嗽、打喷嚏时形成含有结核菌的微滴或吐痰将细菌排出，细菌可在大气中存活一定时间，健康人吸入后可造成感染。传染的次要途径是经消化道进入体内，如进食被结核菌污染的食物。其他感染途径，如通过皮肤、泌尿生殖道，则很少见。感染结核菌后，如果细菌多、毒力强、同时被感染机体营养不良、免疫力低下则易患肺结核；反之，菌量少、毒力弱、被感染机体抵抗力强，结核菌可被人体免疫防御系统监视并杀灭，而不易患病。

3. 易感人群 影响机体对结核分枝杆菌自然抵抗力的因素除遗传因素外，还包括生活贫困、居住拥挤、营养不良等社会因素。婴幼儿细胞免疫系统不完善，老年人、HIV感染者、免疫抑制剂使用者、慢性疾病患者等免疫力低下，都是结核病的易感人群。

4. 影响传染性的因素 传染性的大小取决于患者排出结核分枝杆菌量的多少、空间含结核分枝杆菌微滴的密度及通风情况、接触的密切程度和时间长短以及个体免疫力的状况。通风换气减少空间微滴的密度，是减少肺结核传播的有效措施。当然，减少空间微滴数量最根本的方法是治愈结核病患者。

5. 化学治疗对结核病传染性的影响 接受化学治疗后肺结核患者痰中的结核分枝杆菌呈对数减少，化学治疗前痰涂阳患者的细菌负荷为106~107/ml，化学治疗 2 周后即减少至原有菌量的 5%，4 周减少至原有菌量的 0.25%。接受化学治疗后，痰内结核分枝杆菌不但数量减少，活力也减弱或丧失。结核病传染源中危害最严重的是那些未被发现或未给予治疗管理或治疗不合理的涂片阳性患者。

综上，结核菌主要通过呼吸道传播。排菌的肺结核患者（尤其是痰涂片阳性，未经治疗者）是最重要的传染源。

二、发病机制

当机体接触结核分枝杆菌后，发病与否由细菌及宿主两方面因素决定。

首先是细菌的数量及毒力。虽然人体吸入多少结核分枝杆菌可以引起感染尚未知晓，但是在通气流通不佳的环境中，接触排菌量大的患者增加感染机会是不争的事实；细菌的毒力即致病力，结核分枝杆菌的致病力与某些菌体成分有关，如索状因子、脂阿拉伯甘露糖、磷脂、侵袭性蛋白、纤维结合素、溶血素、热休克蛋白、超氧化物歧化酶、分枝菌酸等。不同菌株其致病力不同，多次传代可导致毒力降低乃至无毒，卡介苗和无毒结核分枝菌株 H37Ra 就分别是牛型结核分枝杆菌和有毒株 H37Rv 经过多次培养而获得的无毒株，而毒力有所下降的菌株通过动物接种可恢复其毒力。

其次是宿主清除和限制感染结核分枝杆菌的能力。宿主接触到结核分枝杆菌后，首先宿主的各种防御反射起到清除结核分枝杆菌的作用。如由呼吸道进入的结核分枝杆菌到达上呼吸道时，可为鼻、咽喉、气管、支气管的黏液捕捉，并为纤毛运动形成的喷嚏、咳嗽、咳痰等动作清除掉；又如从消化道进入的细菌与唾液、食物等混合，到达胃部时大部分可为胃液和酶消灭，部分经肠道排出体外。即使宿主受到结核分枝杆菌的感染后，结核菌素皮肤试验呈阳性，其一生中结核病的发病机会仅为 10%。

目前结核病的发病机制还不是十分清楚，但可能影响结核病发病和发展的因素有以下几个方面：

（一）细胞介导的免疫和超敏反应

宿主抗结核免疫主要通过 T 细胞介导的巨噬细胞的细胞免疫反应，$CD4^+$ 淋巴细胞在抗结核病免疫防御方面起着主导作用。实验证明去除了 $CD4^+$ 细胞的小鼠，难以抵御牛结核分枝杆菌的感染。而临床上 HIV 阳性的患者，随着 $CD4^+$ 细胞数的下降，其罹患结核病的风险、疾病的严重程度、肺外结核的发病率进行性增高。发挥免疫保护作用的主要是 Th_1 类细胞因子，该类细胞因子可促进巨噬细胞吞噬结核分枝杆菌的杀菌和抑菌，也参与结核感染的早期炎性反应和肉芽肿的形成过程。Th_2 类细胞因子包括 IL-4、IL-10 等，可以抑制宿主的免疫保护作用，并且导致免疫病理损伤。$CD8^+$ 细胞介导的免疫保护作用也可与 $CD4^+$ 细胞协同介导免疫保护作用。除上述细胞外，NKT 细胞、CD_1 限制的 T 细胞以及 B 细胞等，也参与抑制结核分枝杆菌的作用以及肉芽肿的形成。但是感染的 Mtb 较多或其毒力较强或机体抗 Mtb 免疫力差时，结核肉芽肿不能有效形成，就会引起活动性结核病。

（二）单核细胞因子在调节控制 T 细胞活性和靶细胞溶解方面起重要作用

单核细胞因子包括 IL-1、IL-6、IL-10、IL-12、TNF-α 及转化生长因子（TGF-β）。被激活的巨噬细胞代谢增加，吞噬、消化、分泌和处理抗原能力均增加，并产生大量活性氧代谢产物，各种蛋白分解酶活化，增加其杀菌的能力。

(三) 肿瘤坏死因子 -α(TNF-α)和白介素 -1β(IL-1β)

在结核病免疫中具有“双刃剑”的作用,一方面在肉芽肿形成、维持中以及防治潜伏结核活化中具有重要作用,另一方面病变局部的因子水平升高会导致严重的免疫病理损伤,全身因子水平的升高还可能引发结核病的发热、消瘦、盗汗等症状。

(四) 人体的反应性

1. 免疫力 人体对结核分枝杆菌的免疫力有两种:

(1) 非特异性免疫力:是指人体对结核菌的自然免疫力,为先天性,无特异性,对任何感染均有抵抗能力,但抗病能力较弱。

(2) 特异性免疫力:是接种卡介苗或经过结核菌感染后所获得的免疫力,为后天性,具有特异性,其抗病能力较非特异性免疫力强。但二者对防止结核病的保护作用都是相对的。由于受免疫力的影响,对免疫力强的人,感染后不易发展为结核病;而对于老年人、糖尿病、艾滋病、长期使用免疫抑制剂或严重营养不良等引起免疫状态低下的患者,易患肺结核。生活贫困、居住条件差、以及营养不良是经济落后社会中人群结核病高发的原因。越来越多的证据表明,除病原体、环境和社会经济等因素外,宿主遗传因素在结核病的发生发展中扮演着重要角色,个体对结核病易感性或抗性的差异与宿主某些基因相关。现已筛选出多种人的结核病相关候选基因,例如三类 *HLA* 基因区多态性与结核病易感性的关系在国内外均有报道,以Ⅱ类基因为多;在非洲和亚洲人群中的研究表明人类 $SLC_{11}A_1$ 基因多态性与结核病易感性相关。所以,并非所有传染源接触者都可能被感染,被感染者也并不一定都发病。

结核病的免疫主要是细胞免疫,当入侵的结核菌被吞噬细胞吞噬后,随之将信息传递给淋巴细胞,使之致敏。当结核菌再次与致敏的T淋巴细胞相遇时,T淋巴细胞释放一系列淋巴因子,如巨噬细胞移动抑制因子、趋化因子、巨噬细胞激活因子等,使巨噬细胞聚集在细菌周围,吞噬并杀灭细菌形成类上皮细胞及朗汉斯巨细胞,最终形成结核结节,使病变局限,并趋于好转、治愈。因此,结核病的细胞免疫表现在,淋巴细胞的致敏和吞噬细胞作用的加强。

2. 变态反应 结核菌侵入人体后 4~8 周,机体对结核菌及其代谢产物所发生的敏感反应称为变态反应,属于Ⅳ型(迟发型)变态反应。变态反应同样以 T 淋巴细胞介导、以巨噬细胞为效应细胞,但它是另一亚群 T 淋巴细胞释放炎性介质、皮肤反应因子及淋巴细胞毒素等,使局部组织出现渗出性炎症甚至干酪样坏死,病理表现为病灶恶化、浸润、进展,空洞形成。临床表现为发热、乏力及食欲减退等全身症状,还可出现多发性关节炎、皮肤结节性红斑及疱疹性结膜炎等结核病变态反应的表现。

结核菌不像许多细菌有内毒素、外毒素,不存在能防止吞噬作用的荚膜,以及与致病能力相关联的细胞外侵袭性酶类。其毒力基础不十分清楚,可能与其菌体的成分有关。其他类脂质如硫脂质也与结核菌的毒力有关,它不仅增加了索状因子的毒性,且抑制溶酶体—吞噬体的融合,促进结核菌在巨噬细胞内的生长繁殖。磷脂能够刺激机体内单核细胞的增殖、类上皮细胞分化、朗汉斯巨细胞的形成。蜡质 D 是分枝菌酸阿糖阗乳聚糖和粘肽相结合的复合物,具有佐剂活性,刺激机体能产生免疫球蛋白,对结核性干酪病灶的液化、坏死、溶解和空洞的形成起重要作用。除了以上类脂质成分外,多糖类物质是结核菌细胞中的重要组成物质,多糖类物质在和其他物质共存的条件下才能发挥对机体的生物学活性效应。多糖是结核菌菌体完全抗原的重要组成成分,具有佐剂活性作用,能对机体引起嗜中性多核白细胞的化学性趋向反应。结核菌的菌体蛋白是以结合形式存在于菌细胞内,是完全抗原,参与机体对结核菌素的反应。

3. 初感染与再感染 将同等量的结核菌接种给两组豚鼠,一组在接种前六周已接种过小量的结核菌,另一组从未接触过结核菌。结果前一组豚鼠迅速出现局部炎性反应,红肿、溃烂及坏死,局部淋巴结受累,但坏死灶迅速愈合,病灶无全身播散,这说明豚鼠对结核菌具有免疫力;而

后一组局部反应于两周后才出现，逐渐形成溃疡，经久不愈，同时细菌大量繁殖，经淋巴和血液循环播散到全身，易于死亡，这说明豚鼠对结核菌无免疫力。这种机体对结核菌再感染与初感染不同反应的现象称为科赫（Koch）现象。

人体对结核菌的反应性表现在免疫与变态反应两个方面，二者常同时存在，但亦不尽平行，这与机体复杂的内外环境、药物的影响以及感染的菌量及毒力等因素有关。从机制来分析，二者虽均与淋巴细胞的致敏有关，但亚群不同；从表面情况看免疫对人体有保护作用，变态反应导致局部组织的破坏，但二者均对细菌不利。

总之，结核病的发生、发展的机制目前还不分明，它取决于感染结核分枝杆菌的数量、毒力、宿主的保护性免疫反应与病理性免疫反应间的平衡，以及宿主的遗传因素所决定的自然免疫保护作用。各种因素互相制约，一旦失衡，便可导致结核病发病、进展及恶化。

第四节　结核病的病理表现

一、结核病的基本病理变化

（一）渗出性病变

发生在结核病的早期、机体免疫力低下，菌量多，毒力强或变态反应较强时，为浆液性和浆液纤维素性炎症，表现为组织的充血、水肿和白细胞浸润，但很快被巨噬细胞所取代，在巨噬细胞和渗出液内易查见结核分枝杆菌。病情好转时，渗出性病变可以完全消散吸收，不留痕迹或转为以增生为主或以坏死为主的病变。

（二）增生性病变

增生为主的病变发生在菌量较少，毒力较低或人体免疫反应较强时，形成类上皮细胞（为大单核细胞吞噬结核菌后，形态变为大而扁平的细胞）聚集成团，中央可有多核巨细胞（朗汉斯巨细胞），外周有淋巴细胞聚集的典型结核结节的特征。当有较强的变态反应时，结核结节中便可出现干酪样坏死。

（三）变质性病变

常发生在渗出或增生性病变的基础上。当人体抵抗力降低或菌量过多，变态反应过于强烈时，上述渗出性病变和结核结节连同原有的组织结构一起坏死。这是一种彻底的组织凝固性坏死。大体标本的坏死区呈灰白略带黄色，质松而脆，状似干酪，故名干酪样坏死。干酪样坏死灶中大多含有一定量的结核菌。有时坏死灶可发生软化和液化，随着液化，结核菌大量繁殖，进一步促进液化的发生。液化虽有利于干酪样坏死物的排出，但更严重的是造成结核菌在体内蔓延扩散，是结核病恶化进展的原因。

上述三种病变可同时存在于一个病灶中，但往往以一种病变为主，而且可以相互转变。

二、结核病的转归

结核菌侵入人体后，在机体免疫力、变态反应及细菌的致病力几种因素的较量中，人体抵抗力处于优势，结核病变部位可吸收、缩小、纤维化、钙化等，反之，病灶则扩散、增多、溶解、干酪样坏死及空洞形成，造成全身播散，其播散的途径有：

1. 支气管播散　肺内结核菌经支气管播散到其他肺叶。
2. 经淋巴管播散　细菌被细胞吞噬进入淋巴道，引起淋巴结结核。
3. 血行播散　肺内、外干酪性结核病灶液化破溃到血管，引起血行播散。
4. 直接播散　肺结核病灶向邻近肺组织或胸膜直接蔓延。

第五节 结核病的分类及各型特点

一、根据2002年卫生部颁布的肺结核分型标准，共分为五类

(一) 原发型肺结核

含原发综合征及胸内淋巴结结核。多见于少年儿童，无症状或症状轻微，多有结核病家庭接触史，结核菌素试验多为强阳性，X线胸片表现为哑铃型阴影，即原发病灶、引流淋巴管炎和肿大的肺门淋巴结，形成典型的原发综合征。原发病灶一般吸收较快，可不留任何痕迹。若X线胸片只有肺门淋巴结肿大，则诊断为胸内淋巴结结核。

(二) 血行播散型肺结核

含急性血行播散型肺结核（急性粟粒性肺结核）及亚急性、慢性血行播散型肺结核。急性粟粒性肺结核多见于婴幼儿和青少年，特别是营养不良、患传染病和长期应用免疫抑制剂导致抵抗力明显下降的婴幼儿，多同时伴有原发型肺结核。成人也可发生急性粟粒性肺结核，可由病变中和淋巴结内的结核分枝杆菌侵入血管所致。起病急，持续高热，中毒症状严重，约一半以上的婴幼儿和成人合并结核性脑膜炎。虽然病变侵及两肺，但极少有呼吸困难。全身浅表淋巴结肿大，肝和脾大，有时可发现皮肤淡红色粟粒疹及颈项强直等脑膜刺激征，眼底检查约三分之一的患者可发现脉络膜结核结节。部分患者结核菌素试验阴性，随病情好转可转为阳性。X线胸片和CT检查开始为肺纹理重，在症状出现两周左右可发现由肺尖至肺底呈大小、密度和分布三均匀的粟粒状结节阴影，结节直径2mm左右。慢性血行播散型肺结核多无明显中毒症状。

(三) 继发型肺结核

多发生在成人，病程长，易反复。肺内病变多为含有大量结核分枝杆菌的早期渗出性病变，易进展，多发生干酪样坏死、液化、空洞形成和支气管播散；同时又多出现病变周围纤维组织增生，使病变局限化和瘢痕形成。病变轻重多寡相差悬殊，活动性渗出病变、干酪样病变和愈合性病变共存。因此，继发型肺结核X线表现特点为多态性，好发在上叶尖后段和下叶背段。痰结核分枝杆菌检查常为阳性。继发型肺结核含浸润性肺结核、纤维空洞性肺结核和干酪样肺炎等。临床特点如下：

1. 浸润性肺结核 浸润渗出性结核病变和纤维干酪增殖病变，多发生在肺尖和锁骨下，影像学检查表现为小片状或斑点状阴影，可融合和形成空洞。渗出性病变易吸收，向纤维干酪增殖病变吸收很慢，可长期无改变。

2. 空洞性肺结核 空洞形态不一。多由干酪渗出病变溶解形成洞壁不明显的、多个空腔的虫蚀样空洞；伴有周围浸润病变的新鲜的薄壁空洞，当引流支气管壁出现炎症半堵塞时，因活瓣形成，而出现壁薄的、可迅速扩大和缩小的张力性空洞，以及肺结核球干酪样坏死物质排出后形成的干酪溶解性空洞。空洞性肺结核多有支气管播散病变，临床症状较多，发热、咳嗽、咳痰和咯血等。空洞性肺结核患者痰中经常排菌。应用有效的化学治疗后，出现空洞不闭合，但长期多次查痰阴性，空洞壁由纤维组织或上皮细胞覆盖，诊断为“净化空洞”。但有些患者空洞还残留一些干酪组织，长期多次查痰阴性，临床上诊断为“开放菌阴综合征”，仍需随访。

3. 结核球 多由干酪样病变吸收和周边纤维膜包裹或干酪空洞阻塞性愈合而形成。结核球内有钙化灶或液化坏死形成空洞，同时80%以上结核球有卫星灶，可作为诊断和鉴别诊断的参考。

4. 干酪样肺炎 多发生在机体免疫力和体质衰弱，又受到大量结核分枝杆菌感染的患者，或有淋巴结支气管瘘，淋巴结中的大量干酪样物质经支气管进入肺内而发生。大叶性干酪样肺炎X线呈大叶性密度均匀磨玻璃状阴影，逐渐出现溶解区，呈虫蚀样空洞，可出现播散病灶，痰

中能查出结核分枝杆菌。小叶性干酪样肺炎的症状和体征都比大叶性干酪样肺炎轻,X 线呈小叶斑片播散病灶,多发生在双肺中下部。

5. 纤维空洞性肺结核 纤维空洞性肺结核的特点是病程长,反复进展恶化,肺组织破坏重,肺功能严重受损,双侧或单侧出现纤维厚壁空洞和广泛的纤维增生,造成肺门抬高和肺纹理呈垂柳样,患侧肺组织收缩,纵隔向患侧移位,常见胸膜粘连和代偿性肺气肿,结核分枝杆菌长期检查阳性且常耐药。在结核病控制和临床上均为一直难以攻克的问题,关键在最初治疗中给予合理化学治疗,以预防纤维空洞性肺结核的发生。

(四) 结核性胸膜炎

临床上已排除其他原因引起的胸膜炎。包括结核性干性胸膜炎、结核性渗出性胸膜炎、结核性脓胸。

(五) 其他肺外结核

其他肺外结核按部位及脏器命名,如骨关节结核、结核性脑膜炎、肾结核、肠结核等。

二、根据治疗经过,将肺结核分为初治肺结核病及复治肺结核

(一) 初治肺结核的定义

1. 尚未开始抗结核治疗的患者。
2. 正进行标准化疗方案用药而未满疗程的患者。
3. 不规则化疗未满 1 个月的患者。

有上述情况之一者为初治肺结核。

(二) 复治肺结核的定义

1. 初治失败的患者。
2. 规则用药满疗程后痰菌又复阳的患者。
3. 不规律化疗超过 1 个月的患者。
4. 慢性排菌患者。

有以上情况之一者为复治肺结核。

三、根据是否排菌将结核病分为菌阴肺结核及菌阳肺结核

(一) 菌阳肺结核包括涂阳肺结核和仅培养肺结核

涂阳肺结核:凡符合下列三项之一者为涂阳肺结核。

1. 2 份痰标本直接涂片抗酸杆菌镜检阳性。
2. 1 份痰标本直接涂片抗酸杆菌镜检阳性,加肺部影像学检查符合活动性肺结核影像学表现。
3. 1 份痰标本直接涂片抗酸杆菌镜检阳性,加 1 份痰标本结核分枝杆菌培养阳性。

仅培养肺结核:同时符合下列两项者为仅培养肺结核病例。

1. 痰涂片阴性。
2. 肺部影像学检查符合活动性肺结核影像学表现,加 1 份痰标本结核分枝杆菌培养阳性。

(二) 菌阴肺结核

中华医学会结核病学分会 2001 年颁布的《肺结核诊断和防治指南》对菌阴肺结核的定义为:三次痰涂片及一次培养阴性的肺结核,其诊断标准为:

1. 典型肺结核临床症状和胸部 X 线表现。
2. 抗结核治疗有效。
3. 临床可排除其他非结核性肺部疾患。
4. PPD(5IU)强阳性;血清抗结核抗体阳性。

5. 痰结核分枝杆菌 PCR⁺ 探针检测呈阳性。
6. 肺外组织病理证实结核病变。
7. 纤维支气管镜灌洗液(BALF)检出抗酸分枝杆菌。
8. 支气管或肺部组织病理证实结核病变。

具备 1~6 中 3 项或 7、8 条中任何一项可确诊。

四、根据所感染结核分枝杆菌对药物的敏感性将结核病分为敏感肺结核和耐药肺结核

(一) 敏感肺结核

所感染的结核分枝杆菌在体外试验中被证实对所有抗结核药物均敏感。

(二) 耐药结核病

所感染的结核分枝杆菌被体外试验证实,对一种或几种抗结核药物耐药的现象,根据耐药种类不同,将耐药结核分为:

1. **单耐药结核病** 指抗结核患者感染的结核分枝杆菌在体外试验被证实,对一种抗结核药物耐药。

2. **多耐药结核病** 指结核患者感染的结核分枝杆菌在体外试验被证实,对不包括同时对耐异烟肼、利福平的一种以上的抗结核药物耐药。

3. **耐多药结核病** 指结核患者感染的结核分枝杆菌在体外被证实,至少对异烟肼和利福平耐药。

4. **广泛耐药结核病** 指结核病患者感染的结核分枝杆菌在体外被证实,除至少同时对异烟肼、利福平耐药外,还对任何氟喹诺酮类抗生素产生耐药,以及三种二线抗结核注射药物(卷曲霉素、卡那霉素和阿米卡星)中至少一种耐药。

第六节 肺结核的诊断

肺结核的诊断主要依据病史及临床表现,胸部影像学检查,痰结核分枝杆菌的检查,而结核的免疫学检查、纤维支气管镜检查以及肺组织活检等方法,可以协助肺结核的诊断和鉴别诊断,对于多种方法都不能诊断的肺部疾病,可以在密切观察下进行诊断性治疗。

一、临床表现

肺结核的症状和体征与疾病的分型、病期有一定的关系,所以临床表现多样化,典型表现常呈慢性经过,长期咳嗽、咳痰,有时咯血,伴有低热、盗汗、消瘦等全身中毒症状。有时患者无症状,仅于健康查体或就诊其他疾病时偶然发现。少数因突然咯血就诊被确诊为肺结核。重者则可出现高热、甚至发展为败血症或呼吸衰竭。

(一) 全身中毒症状

1. **发热** 发热是结核病最常见的症状,特点是体温逐渐升高,而且发热的持续时间较长,多达数周以上,呈不规则热,常呈低度或中等度发热,体温 37~38℃之间,病变急剧进展或全身播散时可呈弛张性高热,发热多见于午后,至次日晨自行退热,任何形式的发热均预示着疾病的活动。发热的原因是由于结核分枝杆菌的毒素及其代谢产物刺激中枢神经系统,造成大脑皮层功能失调,从而引起一系列的自主神经功能紊乱。

2. **盗汗** 盗汗是结核病患者的中毒症状之一。临床医师在询问病史时,应注意区分盗汗和出汗。盗汗是指患者熟睡时出汗,觉醒后汗止,常发生于体质虚弱的患者。其原因是由于结核分枝杆菌的毒素及其代谢产物刺激中枢神经系统,导致自主神经系统功能紊乱的结果。轻度盗汗在

入睡后仅表现头、颈部或腋窝部出汗；较重者胸背和手心、足心等处也出汗。严重者全身皆出汗。

3. 疲乏无力 约有 50% 的结核病患者表现为疲乏无力。虽然该症状非结核病所特有的症状，但长期疲乏无力，排除工作、生活劳累等因素外，应敦促患者及时就医，进行结核病筛查。

4. 体重减轻 轻型肺结核患者由于长期食欲缺乏以及发热消耗等致体重下降；重者由于长期厌食、发热等慢性消耗，以致极度消瘦，呈现恶病质状态。

5. 血液系统异常 结核病患者血常规检查可正常或有轻度白细胞增多、淋巴细胞比例较高及轻度贫血；少数患者可有类白血病反应，或白细胞减少、单核细胞或嗜酸性粒细胞增多，有时还可出现全血细胞减少，提示骨髓抑制，罕见继发性骨髓纤维化。

6. 内分泌功能紊乱 由于结核分枝杆菌代谢产物的作用，可导致内分泌功能紊乱，表现最为突出的是女性月经失调和闭经。

7. 结核超敏感综合征 由机体对结核分枝杆菌产生变态反应引起，类似风湿热，包括结核性风湿性关节炎、疱疹性结膜角膜炎及结节性红斑。发生频率为 10%~20%，青年女性患者多见。结节性红斑或环形红斑，多见于下肢颈前或踝关节附近，常表现为多发性、易于融合、周围组织水肿等特点。

(二) 呼吸系统症状

1. 咳嗽和咳痰 一般呈慢性咳嗽、咳痰，多为干咳或咳少量白色黏液痰。当继发感染时痰呈黏液性或黏液脓性，合并慢性支气管炎时，白色黏液痰量可增加。

2. 咯血 是肺结核病的一个较常见的症状，约 1/3~1/2 患者有不同程度的咯血。咯血量以痰中带血到大咯血不等，甚至危及生命。结核炎性病灶中的毛细血管扩张常引起痰中带血；小血管损伤或来自空洞的血管瘤破裂，多引起中等量以上的咯血；有时硬结钙化的结核病灶，可因机械性损伤血管或合并支气管扩张而发生咯血。咯血的症状与咯血的量有关，但更重要的是与气道的通畅有关。对于大咯血的患者，要高度警惕血凝块阻塞大气道引起的窒息，此时患者表现为咯血停止、出汗、烦躁不安、神色紧张、挣扎坐起、胸闷、气短、发绀，应立即进行抢救。大咯血有时也可导致失血性休克。

3. 胸痛 当肺结核炎性病灶累及壁层胸膜时，相应部位的胸壁有针刺样疼痛。随深呼吸和咳嗽其胸痛加剧。

4. 胸闷、气短 结核病引起严重毒血症及高热可出现呼吸频率加快。慢性重症肺结核时，呼吸功能减退，可出现进行性呼吸困难，甚至呼吸衰竭。并发气胸或大量胸腔积液时，则有急性出现的呼吸困难，其呼吸困难的程度与胸水，气胸出现的速度、气液量的多少有关。

(三) 体征

肺结核患者多呈无力型，营养不良；重症者可出现呼吸困难，多为混合型呼吸困难，可伴有发绀；高热者呈热病容。大部分患者呈扁平胸，当病灶小或位于肺组织深部，多无异常体征。若病变范围较大，患侧胸部呼吸运动减弱，叩诊呈浊音，听诊有时呼吸音减低，或为支气管肺泡呼吸音。因肺结核好发生在上叶的尖后段和下叶背段，故锁骨上下、肩胛间区叩诊略浊，咳嗽后闻及湿啰音，对诊断有参考意义。当肺部病变发生广泛纤维化或胸膜增厚粘连时，则患侧胸廓下陷，肋间隙变窄，气管移向患侧，叩诊浊音，而对侧可有代偿性肺气肿征。结核性胸膜炎可出现胸腔结核的相应体征。少数患者可以有类似风湿热样表现，多见于青少年女性，常累及四肢大关节在受累关节附近可见结节性红斑，间歇出现，称为结核性风湿热。

二、影像学诊断

(一) 胸部 X 线检查

胸部 X 线检查是早期发现肺结核，并对病灶部位、性质、范围以及治疗效果进行判断的重要检查方法。目前，在临床上有相当一部分肺结核是依据胸部 X 线来诊断的，因此，在诊断肺结核

的同时，一定要排除其他肺部疾病，特别是注意与肺部肿瘤的鉴别，避免和减少误诊。常见的X线检查方法有透视、胸片、断层、特殊体位摄片（如前弓位有利于肺尖的暴露）。

肺结核的常见X线表现有：

1. 纤维钙化的硬结病灶 斑点、条索、结节状，密度较高、边缘清晰。

2. 浸润性病灶 呈云雾状、密度较淡，边缘模糊等。

3. 干酪性病灶 病灶密度较高，浓度不一。

4. 空洞 为环形透亮区，有薄壁、厚壁等空洞。肺结核的好发部位多见于双肺上野、锁骨上下、其次为下叶背段、下叶后段，且有多种不同性质的病灶混合存在肺内的迹象。渗出性、增殖并渗出性、干酪性病灶、空洞，或动态观察好转和恶化均属于活动性病灶，是化疗的对象；而斑块、条索、硬结钙化、结节性病灶，经动态观察稳定不变的属于非活动性病灶。胸部CT检查对于发现微小或隐蔽病灶，如纵隔病变、肺脏被心脏掩盖的部分等，了解病变范围及组成，对诊断均有帮助。

(1) 原发综合征：典型的病变表现为哑铃状双极现象，一端为肺内原发灶，另一端为同侧肺门和纵隔肿大的淋巴结，中间为发炎的淋巴管。肺部原发结核病灶一般为单个，开始时呈现软性、均匀一致、边界比较明确的浸润改变，如果病变再行扩大，则可累及整个肺叶。淋巴管炎为一条或数条自病灶向肺门延伸的条索状阴影。同侧肺门和纵隔肿大的淋巴结，边缘光整或呈分叶状。肿大淋巴结压迫支气管使之狭窄阻塞时，则在肺门附近呈基底向肺门、尖端向肺边缘的三角形阴影。这种肺段或肺叶不张多见于右肺中叶，有时在右上叶前段发生（图13-1）。

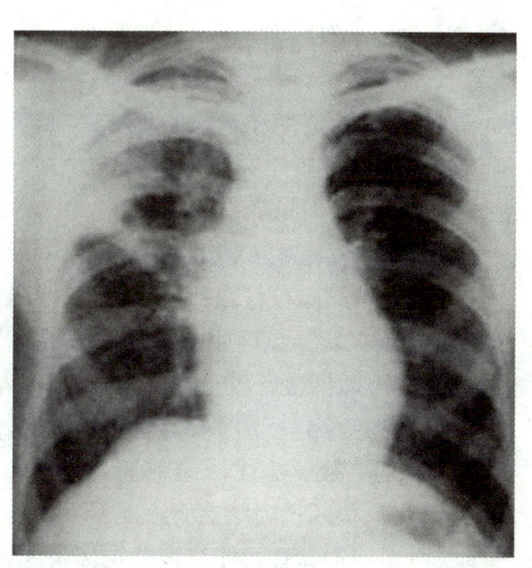

图13-1 原发综合征

(2) 血行播散型肺结核：表现为两肺广泛均匀分布的密度和大小相近的粟粒状阴影，即所谓"三均匀"X线征。亚急性和慢性血行播散性肺结核的粟粒状阴影则分布不均匀，新旧不等，密度和大小不一。

(3) 继发型肺结核：病灶多发生在肺上叶尖后段、肺下叶背段，病变可局限也可多肺段侵犯，X线影像可呈多形态表现（即同时呈现渗出、增殖、纤维和干酪性病变），也可伴有钙化。可伴有支气管播散灶和胸腔积液、胸膜增厚与粘连。易合并空洞，典型的结核空洞表现为薄壁空腔影，内壁光整，有时有液平，可见引流支气管；不典型的结核空洞可分无壁、张力、干酪厚壁或椭圆形，其周围可以没有或有多少不等的周围炎和纤维性变。干酪性肺炎病变往往限于一个肺段或一个肺叶。初期病变呈毛玻璃样、弥漫性的炎性阴影，其密度较一般肺炎的单纯渗出性阴影更高。在大块炎性阴影中隐约可见密度高的干酪性病灶。病变溶解后，可在浓密的炎性阴影中出现形态不一、大小不等的透明区。小叶性干酪性肺炎的溶解则不明显。呈球形病灶时（结核球）直径多在3cm以内，周围可有卫星灶，内侧端可有引流支气管征，病变吸收慢（一个月以内变化较小）。晚期肺结核可见蜂窝肺、毁损肺，常表现为两肺或一侧肺的广泛纤维性变、厚壁纤维空洞和沿支气管播散灶，可发生由大量纤维组织和肺气肿所致的胸廓畸形、纵隔移位、膈肌下降、垂位心、垂柳状肺纹和胸膜增厚等种种不同影像。

（二）胸部CT扫描对X线胸片有补充性诊断价值

肺结核的胸部CT表现可归纳为"三多三少"，即多形态、多部位、多钙化和少肿块、少堆聚、少增强。胸部CT扫描可发现胸内隐匿部位病变，包括气管、支气管内的病变；早期发现肺内粟

粒阴影；诊断有困难的肿块阴影、空洞、孤立结节和浸润阴影和鉴别诊断；了解肺门、纵隔淋巴结肿大情况，鉴别纵隔淋巴结结核与肿瘤；少量胸腔积液、包裹积液、叶间积液和其他胸膜病变的检出；囊肿与实体肿块的鉴别等。

（三）其他影像学检查

胸部 MRI 扫描对肺结核的诊断价值不如胸部 CT，但可作为 X 线和胸部 CT 扫描的补充，例如用于观察合并支气管结核时，气管狭窄的范围和程度。此外，有报道称放射性核素扫描对诊断肺结核有一定的价值，但由于目前缺乏对结核病灶特异性的显像剂，此法诊断结核准确性并不高，需和其他诊断技术联合应用。

三、细菌学诊断

（一）痰涂片法

标本涂片抗酸染色法是应用最长久、最广泛、最为简单的检测结核分枝杆菌的方法。具有简便、快速、价廉、特异性高等优点，对结核病早期诊断起着重要作用。但痰标本直接涂片的阳性检出率不高，一般在 30%~40%，痰液中菌量必须多于 5×10^6/L 才能检出，并且与痰标本的质量、检测者的技术和责任心等有关。浓缩集菌抗酸染色能提高检测的敏感度，敏感度可达 60%~70%。抗酸染色法简单易行，节约时间，但敏感度不高，并且无法区分结核分枝杆菌和非结核分枝杆菌，不能区别死菌与活菌。

（二）痰结核分枝杆菌培养法

培养法结核分枝杆菌检出率高于涂片法，传统培养法采用固体培养基其中改良罗氏培养基（L-J）应用最广泛，同时可以进行菌种的初步鉴定，是结核病诊断的"金标准"，但需 4~6 周才能出结果，加上药敏试验还需 4 周，费时太长，影响临床及时诊断应用。

（三）聚合酶链反应（PCR）和其他核酸体外扩增技术

PCR 是一种根据 DNA 复制原理设计的体外 DNA 或 RNA 扩增方法，自 1989 年引入结核病的诊断以来，很快成为结核病诊断领域中备受关注的焦点。经过数年的努力，方法不断完善，已成为灵敏、特异、快速检测结核分枝杆菌的方法。PCR 的技术操作并不复杂，但要求较高的实验条件和技术质量控制。

四、免疫学诊断

免疫学检查标本来源方便、简便、快速、灵敏、特异，目前已成为结核病重要的辅助检查手段。

（一）体液免疫诊断

体液免疫诊断是通过检测体液免疫功能进行疾病的诊断，它包括体液中抗体、抗原和各种可溶性免疫分子的检测。

1. 抗结核抗体的检测 抗体存在于各种体液标本中，如血液、胸液、脑脊液、腹腔积液、关节腔积液等，由于血清是主要的检测样品，因此又称为血清学试验。分枝杆菌蛋白质、糖脂等具有抗原性的大分子物质，均可刺激机体产生相应的抗体，20 世纪 70 年代由于体液免疫反应放大技术的进步，采用酶联免疫法（ELISA）检测患者血清中的结核特异性抗体，已成为结核病常用的辅助诊断手段之一，尤其是对于菌阴肺结核、肺外结核、小儿结核病的诊断与鉴别诊断具有重要意义。近十几年来胶体金和膜反应技术的发展，金标斑点免疫渗滤试验、斑点免疫层析试验检测抗原抗体反应，已成为无需特殊仪器的快速诊断技术。由于结核病患者免疫功能不同，而导致对结核分枝杆菌抗原识别的差异，此外结核病患者对抗原的识别存在阶段特异性，目前的研究也已表明任何一个单一的抗原检测试剂盒，都无法检测出所有结核病患者血清中的抗结核抗体，结核病患者的抗体反应，是针对许多结核分枝杆菌抗原的。因此，单一抗原检测阴性并不能说明结核病患者缺乏抗体反应，而是缺乏合适的检测试剂。从结核分枝杆菌培养滤液中提纯蛋

白抗原，较烦琐、费时。近年来国内外学者应用基因工程技术克隆、表达结核分枝杆菌基因，简便地获得了大量结核分枝杆菌重组蛋白抗原，其成分单纯、性质稳定，筛选多个纯化的结核病特异性抗原组成联合抗原，是目前血清学诊断的研究方向，这不仅增加结核病血清学诊断的灵敏度和特异度，而且具有较好的稳定性，易于标准化。

2. 结核特异性抗原的检测　结核分枝杆菌在生长早期、中期可分泌释放一组蛋白（分泌性蛋白质）于菌体外，而在细菌对数生长的晚期细菌死亡后释放出胞质蛋白。因此，检测体液标本中结核抗原，可作为结核分枝杆菌存在的直接证据。结核分枝杆菌是胞内寄生菌，通过检测巨噬细胞或单个核细胞内的结核抗原，可提高检测的灵敏度和特异性。

随着质谱仪的发展和蛋白质组学研究的深入，产生了蛋白质指纹图谱的诊断新技术，该技术是通过质谱分析不同疾病血清中循环蛋白的差异，以特异性差异蛋白作为诊断标志物来诊断疾病。2006 年 Agranoff 等首次研究了结核患者血清的蛋白指纹图谱，采用表面加强激光解吸电离飞行时间质谱（SELDI-TOF-MS）分析 179 份活动性结核患者组和 170 份非结核对照组血清蛋白质组，检测具有潜在诊断价值的生物标记物，结果显示诊断结核病的灵敏度为 93.5%，特异性为 94.9%，并不受 HIV 状态的影响。吴雪琼等比较 129 例活动性肺结核血清和 135 例对照血清蛋白指纹图谱，发现了 50 个差异蛋白峰（$P<0.01$），选择 3 个蛋白峰（5643、4486、4360m/z）建立诊断模型，诊断活动性肺结核的灵敏度为 96.9%，特异性为 97.8%。通过气相色谱与质谱技术，测定体液标本中结核分枝杆菌特有的菌体结构成分硬脂酸，可辅助诊断结核病尤其是结核性脑膜炎。

3. 循环免疫复合物　结核分枝杆菌抗原与相应的抗体相结合形成免疫复合物，是机体排除抗原的一种保护性反应，它与机体的免疫功能密切相关，可作为评价机体免疫功能的有效指标。在正常情况下形成的免疫复合物，能被机体的免疫系统所清除。在结核病患者血清、脑脊液等体液中均可形成循环免疫复合物（CIC），血清中 CIC 检测的阳性率可达 77.3%，与患者痰菌是否阳性无明显相关性。此外，肺结核患者血清中 IgM 激活 C_1q 类双特异性循环免疫复合物（IgM/C_1q-TCIC）的水平明显高于肺癌、肺炎和健康人对照组，而且活动性肺结核组明显高于非活动性肺结核组。由此可见，体液标本中 CIC 的测定有助于结核病的辅助诊断。

4. α-1- 酸性糖蛋白　α-1- 酸性糖蛋白（AGP），是一个主要的急性期蛋白，在感染时由肝脏产生，通过分析血清等体液标本中 AGP 浓度，有助于炎症与肿瘤的鉴别诊断，如在结核性胸液中 AGP 显著高于癌性胸液，但结核病及其他感染性疾病血清中总 AGP 浓度均显著增高，难于鉴别。然而 AGP2，3，4 触角的寡糖与它的糖基化部分结合的部位，存在微观不均一性，结核病患者血清中 AGP 糖基化程度显著低于非结核炎症患者，通过糖基化差异分析鉴别诊断的灵敏度为 86%、特异性为 93%。

5. 血清透明质酸　血清透明质酸（HA）是一种大分子葡萄胺多糖，广泛存在于细胞外基质中，主要来源于肺间质细胞，肺间质细胞尤其是成纤维细胞可合成 HA。通过放射免疫分析法，测定肺结核病患者血清中 HA 含量的研究显示，浸润型和慢性纤维空洞性肺结核患者显著升高，病变广泛组 HA 含量显著高于病变局限组，而非活动性肺结核与对照组之间差异无统计学意义。

（二）细胞免疫诊断

细胞免疫检测是通过检测细胞免疫功能进行疾病的诊断，它包括 T 细胞的数量、功能及其产物如细胞因子等的检测。

1. 皮肤试验　结核菌素（包括旧结核菌素（OT）、纯蛋白衍化物（PPD））皮肤试验是最常用且最简便的一种结核菌感染诊断方法，但由于结核菌素中含有许多分枝杆菌（包括致病性分枝杆菌、环境中非致病性分枝杆菌和卡介苗）共同的抗原，结核菌素皮肤试验阳性并不能鉴别，是因为结核分枝杆菌复合群感染，还是接触环境中非结核分枝杆菌或卡介苗接种后造成的致敏，

只能根据机体的反应强弱辅助诊断。因此,结核菌素皮试诊断结核病的特异性差,并不能真正反映人群中结核菌感染的实际状况。目前国内外学者研究纯化抗原、合成多肽和重组蛋白等皮肤变态反应原,筛选致病性结核分枝杆菌表达而卡介苗不表达的、诱导皮肤迟发型超敏反应的特异性抗原(如 $ESAT_6$、CFP_{10} 等),以期建立新的结核皮肤诊断试剂。目前重组 38kD 蛋白变态反应原已获得我国的临床批号,但该变态反应并不能鉴别结核感染者和 BCG 接种者。

结核菌素是从生长过结核菌的液体培养基中提炼出来的结核菌的代谢产物,主要含有结核蛋白。临床上有旧结核菌素(OT)和结素的纯蛋白衍化物(PPD)。由于后者不产生非特异性反应,目前已被广泛应用。OT 是用 1∶2000 的稀释液 0.1ml(5IU),在左前臂屈侧作皮内注射,经 48~72 小时测量皮肤硬结直径,小于 5mm 为阴性,5~9mm 为弱阳性,10~19mm 为阳性反应,20mm 以上或局部发生水疱与坏死者为强阳性反应。PPD0.1ml(5IU),仍作皮内注射,72 小时观察硬结,直径 >5mm 为阳性,临床诊断常采用 5IU,如无反应,可在一周后,再用 5IU(产生结素增强效应),如仍为阴性,可排除结核感染。

结核菌素试验阳性反应仅表示结核感染,并不一定患病。我国城市成年居民的结核感染率在 60% 以上,故用 5IU 结核菌素进行检查,其一般阳性结果意义不大。但如用高稀释度(1IU)作皮试呈强阳性者,常提示体内有活动性结核灶。结核菌素试验对婴幼儿的诊断价值比成年人大,3 岁以下强阳性反应者,应视为有新近感染的活动性结核病,需给予治疗。

2. T 细胞亚群分析 结核病患者存在明显细胞免疫功能紊乱,其外周血 $CD3^+$、$CD4^+$T 淋巴细胞下降,尤其是耐多药结核病下降更明显;$CD4^+$T 淋巴细胞、$CD8^+$T 淋巴细胞增高,而且再次感染时可出现明显的记忆效应;$CD4^+$ /$CD8^+$ 比值降低,同时伴有 T 细胞活化功能障碍,尤其是活动性结核病更为显著;但结核性胸腔积液和脑脊液中淋巴细胞比例、$CD4^+$T 淋巴细胞显著升高。分析 T 细胞亚群的变化对于病情监控、疗效判定和预后判断都具有重要意义,可指导临床采取相应措施,提高患者的细胞免疫功能,加速结核菌的清除,使病情缓解或治愈,并有助于结核性和癌性胸液的鉴别。

3. T 淋巴细胞增殖试验 结核分枝杆菌特异的蛋白抗原或合成多肽(如 $ESAT_6$、CFP_{10} 等)可刺激结核菌感染的人和牛外周血单个核细胞(PBMC)产生增殖反应和大量的 γ 干扰素(IFN-γ),而卡介苗接种的健康人对该抗原反应水平低,其特异性显著高于结核分枝杆菌抗原和培养滤液。结核病在疾病发展的不同阶段,T 淋巴细胞识别的结核抗原也不尽相同。因此,通过酶联免疫斑点试验(ELISPOT)检测分泌 IFN-γ 的外周血 T 淋巴细胞,建立新的灵敏度高、特异性强诊断结核菌感染、辅助诊断结核病的方法。

4. IGRA- 细胞因子检测 活动性肺结核、结核性胸膜炎、结核性脑膜炎患者血液中或局部肺组织、胸膜组织、脑膜组织的T淋巴细胞、单核细胞或巨噬细胞在结核分枝杆菌抗原的激活下,释放可溶性 IL-2 受体(sIL-2R)和膜 IL-2 受体(mIL-2R)、IL-8、IL-18、TNF-α 和 IFN-γ 的水平不同,与正常人或非结核性疾病差异有统计学意义。因此,采用双抗体夹心 ELISA 检测其在血清、胸腔积液、脑积液中的水平,对结核病具有辅助诊断和鉴别诊断价值,对抗结核疗效和病情转归的评价具有一定的临床意义。

5. T 淋巴细胞核仁区酸性非组蛋白表达的测定 结核病患者及肺炎患者 T 淋巴细胞核仁区酸性非组蛋白的表达,显著高于肺癌患者。通过测定 T 淋巴细胞核仁区酸性非组蛋白的表达,有助于肺结核与肺部肿瘤的鉴别诊断。

6. 红细胞免疫功能测定 红细胞 CR_1 具有黏附 C_{3b}、C_{4b} 能力,其强弱的测定可作为估价红细胞免疫黏附功能强弱的指标之一。测定结核患者红细胞免疫黏附能力和红细胞免疫黏附促进因子,结果二者均明显低于正常人,结核病患者红细胞免疫促进因子下降,可能是其红细胞免疫黏附功能降低的重要原因之一。红细胞免疫功能测定,可成为分析结核患者免疫功能状态的一个新指标,为结核患者的免疫治疗、判断预后提供依据。

Note

7. 酶学诊断 腺苷脱氨酶(ADA)与细胞免疫反应相关,ADA 及其同工酶在结核性胸腔积液、腹腔积液、脑积液、唾液中与血清中的比值显著高于其他疾病;溶菌酶在结核病细胞免疫中起着重要作用,溶菌酶活性在结核性胸腔积液和腹腔积液与血清中的比值也显著高于其他疾病。因此,ADA 及其同工酶的检测、溶菌酶活性的测定,有助于各种结核病的诊断和鉴别诊断。近年来又陆续报道了一些其他酶类的诊断应用价值,如乳酸脱氢酶、胆碱酯酶、淀粉酶及其同工酶、丙酮酸激酶、血管紧张素转化酶的检测。

尽管目前对结核病免疫机制做了大量的研究,建立了一些新的结核病免疫诊断方法,部分方法已在临床初步应用,但这些方法大多数为辅助诊断方法,还需不断地发展、完善,仍有许多问题值得进一步地研究。

五、纤维支气管镜检查

纤维支气管镜检查是呼吸系统疾病的重要检查手段,是诊断气管、支气管结核的重要方法。

1. 有助于肺结核、支气管结核、肺癌的鉴别诊断,纤维支气管镜刷检活检可以显著提高结核分枝杆菌及细胞学的阳性检出率。

2. 可直接观察到支气管内的病变情况,明确气管、支气管结核的临床分期,并进行镜下治疗。

3. 明确肺不张的原因,通过镜下吸痰等治疗措施使肺复张。

4. 协助判断咯血原因及部位,通过镜下治疗达到止血目的。

六、活体组织检查

1. 经皮肺穿刺术 对于靠近胸壁的周围性病变,在 B 超或 CT 引导下进行经皮肺穿,获取活组织进行组织病理学和细菌学检查,是一项提高疑难肺结核诊断率的有效手段。

2. 胸膜穿刺活检术 胸膜活检方法一般为经胸壁针刺活检,国外最常用为 Cope 与 Abrams 穿刺针,国内有医疗工作者采用改良的 Cope 穿刺针取得了较好效果。最近有不少医疗工作者应用 Tru-cut 和 Vacc-cut 细针进行胸膜活检。肺结核合并结核性胸膜炎时,此项检查有助于确诊。

3. 其他 如浅表淋巴结活检、开胸肺活检等。活检可为诊断不明的肺部疾病提供可靠地细菌学及组织学诊断依据。

七、诊断性治疗

临床对高度怀疑结核病又无结核病诊断确切依据的患者,必要时可行抗结核药物试验治疗,试验性治疗期间应注意:

1. 密切观察患者病情的动态变化,包括体温、症状、体征及影像学变化,每 2~4 周行胸片或胸部 CT 检查。

2. 抗结核药物尽量避免选用具有广谱抗菌作用的药物,如氨基糖苷类、利福类、氟喹诺酮类。

3. 应该联合应用抗结核药物,避免耐药结核病的产生。

4. 注意观察抗结核药物的不良反应,每 2~4 周复查肝肾功能及血常规。

第七节 肺结核的鉴别诊断

肺结核的临床表现和胸部 X 线表现可酷似任何肺部疾病,容易误诊。因此,必须详细搜集临床、实验室和辅助检查资料,进行综合分析,并根据需要可采取侵袭性诊断措施,必要时允许进行有限期的动态观察,以资鉴别。

一、肺炎

细菌性肺炎常有发热、咳嗽、胸痛和肺内大片炎性病灶，需与干酪性肺炎相鉴别。其特点：常见于身体健康的中青年，起病急骤，呈稽留热，可有口唇疱疹，咳铁锈色痰，痰培养肺炎球菌等病原菌阳性，痰中无结核菌，在有效抗生素治疗下，一般在 3 周左右肺部炎症完全消失。干酪性肺炎多见于有结核中毒症状，慢性咳嗽、咳痰的基础上，胸部 X 线可见病灶多在双肺上叶，以右上叶多见，大片密度增高的渗出病灶，密度不均，可有虫蚀样空洞，周围可见卫星病灶，痰中易找到结核菌，抗结核治疗有效。对于可引起肺部淡薄渗出性病灶的支原体肺炎、过敏性肺炎等也应与早期浸润型肺结核相鉴别。支原体肺炎常出现乏力、低热、肌痛，约半数患者无症状，X 线可呈肺部多种形态的渗出性病灶，以肺下野多见，可在 3~4 周自行消散，约 2/3 患者冷凝集试验阳性。过敏性肺炎的肺部浸润性阴影呈游走性，血嗜酸性粒细胞升高有助诊断。而浸润型肺结核可有轻度的咳嗽、咳痰或无症状或仅以咯血为首发症状而就诊，其 X 线特征多见双肺上叶尖后段，呈云雾状、片絮、边界模糊不清的浸润性病灶。

二、肺癌

肺癌的临床表现形式多样化，是常见的易与肺结核相混淆的疾病之一。肺癌多发生在 40 岁以上男性，有长期重度吸烟史，无全身中毒症状，可出现刺激性咳嗽，持续和间断性痰中带血，明显胸痛和进行性消瘦。行纤支镜检、痰结核菌检查、胸部 CT 等可鉴别。中央型肺癌应与肺门淋巴结结核相鉴别，其 X 线特点为肺门附近肿块阴影，边界常不规则，有分叶、毛刺。周围型肺癌多呈球形病灶或分叶状块影，有切迹或毛刺，如发生癌性空洞，其特点为壁较厚，内壁凹凸不平，成偏心性，易侵犯胸膜而引起胸水，应与结核球相鉴别。细支气管肺泡癌呈两肺大小不等的结节状播散病灶，边界清楚，密度较高，随病情进展病灶逐渐增大，应与血行播散性肺结核鉴别。

三、非结核分枝杆菌肺病

非结核分枝杆菌与结核分枝杆菌同属于抗酸杆菌，其引起肺部感染的症状及影像表现极其相似，但其经常规抗结核治疗无效，与耐药结核病很难鉴别，其影像学特征为空洞发生率较高，约 80%，空洞为多发性，壁较薄，直径多较大（>4cm），纵隔、肺门淋巴结无肿大，其与肺结核病最终鉴别依据是细菌培养及菌型鉴定。

四、肺脓肿

肺脓肿引起的空洞常需与浸润型肺结核并空洞时相鉴别。患者有高热，呈弛张热型，在病程的 10~14 天剧咳后出现大量脓臭痰是其特征，胸部 X 线病变多见于下叶背段及后段，可见周围环绕着浓密渗出性病灶的向心性空洞，内壁光滑，病灶周围边界不清，抗生素治疗有效。而浸润型肺结核并空洞继发感染时，一般无明显的急性起病过程，全身中毒症状不明显，多为黏液痰或黏液脓性痰，病灶多见于双肺上叶，周围有卫星病灶，痰结核菌阳性等可资鉴别。

五、慢性支气管炎

慢性支气管炎患者的慢性咳嗽、咳痰、气短等症状酷似慢性纤维空洞性肺结核。但前者 X 线检查仅表现肺纹理增多、增粗、紊乱，痰中可培养出一般革兰阳性菌和阴性菌，无结核菌。而慢性纤维空洞性肺结核除了上述慢性咳嗽、咳痰、气短等症状外，可出现咯血、消瘦、低热。胸部 X 线可见双肺上野体积缩小，密度不均、肺门上抬、胸膜肥厚、厚壁空洞等结核病灶，且痰结核菌检出率高。

六、支气管扩张

支气管扩张的特点是慢性咳嗽、大量脓痰和反复咯血，需与肺结核空洞相鉴别。但支气管扩张胸部 X 线平片多无异常发现，或仅见双肺下野肺纹理增粗或典型的蜂窝状、卷发状阴影，痰结核菌阴性，胸部 CT 和支气管造影检查可以确诊。而肺结核空洞痰结核菌阳性率高，胸部 X 线有其特征性改变有利鉴别。

七、其他发热性疾病

如伤寒、败血症、白血病、纵隔淋巴瘤等应与结核病相鉴别。特别是在急性血行播散性肺结核的早期，肺部的粟粒样病灶小而密度淡薄，胸透不易发现，易于混淆，应高度重视，早期诊断。如伤寒早期时应注意和血行播散性肺结核鉴别，其特点为稽留高热，相对缓脉，玫瑰疹，血清伤寒凝集试验阳性，血、粪伤寒杆菌培养阳性；纵隔淋巴瘤和结节病应注意与肺门淋巴结结核鉴别。淋巴瘤患者可有发热，常有浅表淋巴结肿大，有时肝脾肿大，活组织检查可确诊；结节病肺门淋巴结肿大多为双侧对称性，不发热，结核菌素试验弱阳性，血管紧张素转换酶活性测定阳性，活组织检查有助确诊。

八、并发症

肺结核的并发症常见的是肺结核空洞并发肺气肿，可引起自发性气胸，亦可导致肺源性心脏病，心功能不全和呼吸功能不全。肺部干酪性病灶破溃到胸膜腔，可引起脓气胸。渗出性结核性胸膜炎如治疗不当或治疗不及时，形成干酪样病灶，最终形成结核性脓胸。肺结核病灶的纤维化，可造成支气管的扭曲变形，引起支气管扩张而咯血。

第八节　肺结核的化学治疗

自 1944 年链霉素问世后，结核病的治疗进入了化学治疗（简称化疗）时代，随着异烟肼、吡嗪酰胺、利福平等药物的上市，在联合治疗原则下，新发肺结核的治愈率达到 95% 以上，化学治疗成为治愈结核病、控制传染源的最重要手段。

一、常用抗结核药物

（一）异烟肼（isoniazid，INH，H）

1. 药理作用及作用机制　对结核分枝杆菌具有强大的杀菌作用，是全效杀菌药。对结核分枝杆菌的最低抑菌浓度（MIC）为（0.02~0.05）μg/ml，可杀灭细胞内或细胞外的结核分枝杆菌。但单药应用易产生耐药性。异烟肼口服后几乎完全吸收，生物利用度达 90%，口服 300mg 的剂量，1~2 小时达高峰浓度，服药后 24 小时口服量的 50%~70% 从尿中排出，1% 由粪便中排出。药物可分布到全身组织和体液，可透过血 - 脑脊液屏障进入蛛网膜下腔，并可进入胸膜腔、腹膜腔、心包腔、关节腔等。因此是各器官系统，各类型结核病和结核病预防治疗的首选药物。适用于初治、复治的各型肺结核病及各种肺外结核，是结核性脑膜炎的必选药物。

2. 不良反应　常见的有末梢神经炎、中枢神经系统障碍、肝损害、变态反应及其他少见的不良反应。

3. 用法及用量　成人口服一次 0.3g，每日 1 次顿服。采用间歇疗法时按体重计算服药量：大于或等于 50kg 者 0.6g，小于 50kg 者 0.5g，两日或三日 1 次顿服或分 3 次服用。急性粟粒性肺结核、结核性脑膜炎适当增加剂量，每日 0.4~0.6g。静脉滴注：一日 0.3~0.6g 稀释后滴注。雾化吸入：0.1~0.2g 溶于 10~20ml 生理盐水中。

(二) 利福平(rifampicin,RFP,R)

1. 药理作用及作用机制 具有广谱抗菌作用,对结核分枝杆菌、非结核分枝杆菌、麻风分枝杆菌等均有杀菌作用,单药应用易迅速产生耐药,对结核分枝杆菌和其他分枝杆菌的最低抑菌浓度(MIC)为0.39~1.56μg/ml,最低杀菌浓度(MBC)为0.78~3.125μg/ml,对细胞内、细胞外、任何生长环境、生长状态的结核分枝杆菌均有杀菌作用,是一种完全杀菌药。口服后迅速而较完全地吸收,口服600mg的剂量,2小时达高峰血药浓度,10%~20%从尿中排出,60%由粪便中排出,少量从泪液、汗液、痰液、唾液排出。药物分布至全身脏器和体液,依次以肝、胆、肾和肺浓度最高,亦可分布到胸膜腔、腹膜腔、心包腔、关节腔、空洞、房水和胎儿循环中,脑脊液中较少,但脑膜炎时渗入增加。可用于各类型初、复治肺结核、肺外结核病和各种非结核分枝杆菌病的治疗,亦可用于骨关节结核和淋巴结伴有瘘管者的局部用药。

2. 不良反应 肝毒性、变态反应、类流感样综合征、胃肠道症状、类赫氏反应,偶致胎儿畸形。

3. 用法及用量 成人体重大于或等于55kg,每日600mg;小于55kg,每日450mg,空腹顿服,每日1次。

(三) 利福喷丁(rifapentine,RFT,L)

1. 药理作用及作用机制 为利福类药物的衍生物,具有广谱抗菌作用,抗菌谱同利福平。其抗结核活性比利福平强2~10倍,对结核分枝杆菌的MIC为0.195~0.39μg/ml,比利福平低2~8倍,MBC为(0.195~0.78)μg/ml,比利福平低4~6倍,具有长效强杀菌作用,对各种生长状态和各种生长环境的结核分枝杆菌均有杀灭作用,是全效杀菌药。在骨皮质和网状结构中的药物浓度较利福平高,对骨关节结核有疗效。

2. 不良反应 肝毒性发生率低于利福平,多数患者的肝损害呈可逆变化,表现为一过性转氨酶升高,肝大,少数患者可出现轻度粒细胞或血小板减少。少见过敏反应及胃肠道反应。

3. 用法及用量 成人600mg每周1次或450mg每周2次,顿服。

(四) 吡嗪酰胺(pyrazinamide,PZA,Z)

1. 药理作用及作用机制 对人型结核分枝杆菌有较好的抗菌作用,对其他非结核分枝杆菌不敏感,其在酸性环境中有较强的杀菌作用,在pH5.5时杀菌作用最强,在体内的抑菌浓度12.5μg/ml,达50μg/ml时可杀灭结核分枝杆菌。广泛分布于全身各组织,并可透过血-脑屏障,5小时后脑脊液的浓度与血药浓度相近。口服后吸收迅速,经肾排出,尿中浓度较高。可用于治疗各系统、各类型的结核病,常与异烟肼、利福平联合用于初治结核病的强化期,起到协同杀菌作用,是短程化疗的主要用药之一,亦是除异烟肼以外治疗结核性脑膜炎的必选药物。

2. 不良反应 肝毒性、胃肠道反应、痛风样关节炎、过敏反应,偶可引起溃疡病发作、低色素贫血及溶血反应。

3. 用法及用量 成人口服一次:0.25~0.5g,每日3次。

(五) 乙胺丁醇(ethambutol,EMB,E)

1. 药理作用及作用机制 仅对各种生长繁殖状态的结核分枝杆菌有抑菌作用,对静止状态的细菌几无影响。最低抑菌浓度5μg/ml,抑菌活性在pH 6.8~7.2时最高,与其他抗结核药物联合应用可延缓其耐药的产生。不易透过血-脑屏障,但脑膜炎时脑脊液中的含量约为血药浓度的15%~40%,可达到足够治疗的浓度。70%由尿中排出,10%~20%经粪便排出。用于各型肺结核和肺外结核。

2. 不良反应 视神经损害、末梢神经炎、过敏反应、胃肠道反应。

3. 用法及用量 成人体重大于或等于55kg,每日1.0g;小于55kg者,0.75g每日1次顿服。采用间歇疗法时1.0g,1次顿服,每周2~3次。

(六) 链霉素(streptomycin,S)

1. 药理作用及作用机制 为氨基糖苷类的广谱抗生素,具有较强的抗结核分枝杆菌的作用。因仅对吞噬细胞外碱性条件下的结核分枝杆菌具有杀菌作用,故为半效杀菌药。可渗入胸膜腔、腹膜腔、心包腔、关节腔等体液中,但难以透过血-脑屏障。主要用于治疗各系统各类型结核病,采用短程化疗时多用于强化期。

2. 不良反应 对第Ⅷ脑神经的毒性作用、肾毒性、神经肌肉阻滞、过敏反应。

3. 用法及用量 成人0.75g每日1次,疗程2个月。60岁以上老人用量酌减,0.5g每日1次或0.75g隔日1次。

(七) 卡那霉素(kanamycin,Km)

1. 药理作用及作用机制 对结核分枝杆菌有较强的抑菌作用,但不如链霉素。除铜绿假单胞菌外对革兰阳性菌,如大肠埃希菌、克雷伯杆菌、变形杆菌、沙门菌和耐青霉素的金葡萄球菌等亦有抑菌作用。对非结核分枝杆菌和其他细菌、病毒无作用。在结核病治疗中,主要作为对链霉素耐药病例治疗方案的配伍用药。其抑菌作用机制是与结核分枝杆菌30S亚单位核糖体结合,干扰蛋白质的合成,阻止细菌生长。肌注0.5g,1小时达血液高峰浓度,可维持12小时;并可渗入胸膜腔、腹膜腔、心包腔;不易透过血-脑屏障,虽然脑膜炎时可进入蛛网膜下腔,但脑脊液含量不能达到有效浓度。半衰期为2.5小时,用药后24小时内由尿中排出。肾功能正常时体内无蓄积,当肾功能减退时其排出量明显减少。

2. 常见不良反应

(1) 第Ⅷ对脑神经的毒性:对听神经的毒性大于链霉素,而对前庭神经损害较链霉素轻。

(2) 肾毒性:主要损害肾小管引起蛋白尿,严重者出现管型尿、血尿及肾功能减退。在氨基糖苷类药物中,卡那霉素的肾毒性最大。

(3) 神经肌肉阻滞:主要表现箭毒样反应,引起面部、口唇麻木,严重者偶有心肌抑制和呼吸衰竭。

(4) 过敏反应:同链霉素,但较少发生过敏性休克。

3. 用法及用量 成人结核病,常规用量0.75g,肌内注射,每日1次,疗程2个月。老年患者用量酌减0.5g,每日1次,或0.75g,肌内注射,隔日1次。

(八) 阿米卡星(amikacin,Am)

1. 药理作用及作用机制 为氨基糖苷类广谱抗生素,具有较强的抗结核分枝杆菌作用,对非结核分枝杆菌亦有良好的抗菌作用。对大肠埃希菌、克雷伯杆菌、沙雷菌、不动杆菌等均有抗菌作用。抗结核治疗主要用于对链霉素耐药者的治疗,其作用机制同卡那霉素。静脉滴注7.5mg/kg后,1.5小时达血液高峰浓度,维持12小时,可广泛分布于组织和体液中,可进入胸、腹膜腔,但不能透过血-脑屏障。24小时内94%~98%的药物由尿中排出,肾功能障碍者排出量显著减少。

2. 常见不良反应 同卡那霉素。

3. 用法及用量 常规用量0.4g/d,肌内注射,不能耐受注射部位疼痛者亦可静脉滴注,每日1次,疗程2~6个月,老年人酌减。WHO推荐用于耐多药结核病治疗剂量为0.5~1.0g/d。

(九) 卷曲霉素(capreomycin,Cm)

1. 药理作用和作用机制 是多肽类药物,对结核分枝杆菌和部分非结核分枝杆菌,如堪萨斯分枝杆菌具有抑菌作用。但作用不及链霉素,而略强于卡那霉素。对结核分枝杆菌的最低抑菌浓度为3.13~6.25μg/ml,卷曲霉素易产生耐药性,并且与卡那霉素有单项交叉耐药作用;故需注意用药顺序。作用机制同氨基糖苷类抗生素。肌内注射后1~2小时达血液高峰浓度,迅速分布到全身组织和体液中,并可进入胸膜腔、腹膜腔,但不能透过血-脑屏障,可通过胎盘进入胎儿循环,大部分药物从肾脏排出。

2. 常见不良反应 ①卷曲霉素可致电解质紊乱，造成低血钾、低血钠、低血钙等，严重者出现抽搐，昏迷。②其他毒性反应同氨基糖苷类药物。但对听觉神经的损害程度低于链霉素，而肾毒性较链霉素多见并较严重，亦有神经肌肉传导阻滞作用。

3. 用法与用量 常规用量 0.75g，肌内注射，每日 1 次，疗程 2~6 个月。

(十) 氟喹诺酮类

1. 药理作用和作用机制 包括氧氟沙星（ofloxacin，Ofx）、左氧氟沙星（levofloxacin，Lfx）及莫西沙星（moxifloxacin，Mfx）等，为广谱抗菌药，主要作用于细菌的拓扑异构酶，对细胞内及细胞外的人型结核分枝杆菌，和除鸟分枝杆菌复合群以外的其他非结核分枝杆菌，有不同程度的杀菌和抑菌作用，抗结核效力依次为氧氟沙星 < 左氧氟沙星 < 莫西沙星 = 加替沙星，氟喹诺酮类因其与异烟肼、利福平等药物作用位点不同，因此被 WHO 推荐作为治疗耐多药结核病的核心药物，也是治疗非结核分枝杆菌病的首选药物，临床上也应用于不能耐受一线药物的初治结核病患者。氟喹诺酮类单独应用极易产生耐药，故不推荐用于可疑结核病患者确诊前的抗感染治疗。由于加替沙星影响糖代谢，在有些国家已经退市，但由于其高效的抗结核作用，及相对低廉的价格，故在发展中国家仍在使用，但需要密切监测血糖。

2. 不良反应 中枢神经系统损害，表现为头痛、头晕、失眠，重者出现幻觉甚至诱发癫痫发作，其他不良反应还包括过敏反应和光敏反应，胃肠道反应，肝肾毒性，血液系统毒性和骨关节损害，18 岁以下禁用。

3. 用法及用量 氧氟沙星 600mg/d，左氧氟沙星 600mg/d，莫西沙星 400mg/d，加替沙星 400m/d；WHO 推荐用于耐多药结核病治疗剂量为氧氟沙星 800~1000mg/d，左氧氟沙星 750~1000mg/d。

(十一) 对氨基水杨酸钠（sodium para-aminosalicylate，PAS，P）

1. 药理作用及作用机制 对结核分枝杆菌有选择性的抑制作用，仅作用于细胞外的结核分枝杆菌。可分布于全身组织器官和体液，药物浓度依次为肾、肝、肺，并可渗入到干酪病灶中，其浓度近似于血药浓度，也能分布到胸膜腔、腹膜腔，但不易渗入细胞内和通过血 - 脑屏障。但当脑膜有炎性改变时，血 - 脑屏障通透性增加，PAS 在脑脊液中的浓度可达血药浓度的 30%~50%，故可用于治疗结核性脑膜炎。PAS 与其他抗结核药物联合应用治疗各种类型的结核病，但不做首选药。

2. 常见不良反应 胃肠道反应，过敏反应，肝、肾功能 损害等。

3. 用法及用量 静脉滴注 4~12g/d，用生理盐水或 5% 葡萄糖稀释成 3%~4% 浓度，避光下 2~3 小时滴完，新鲜配制，变色不能用。

(十二) 丙硫异烟胺（protionamide，Pto）

1. 药理作用及作用机制 是异烟肼的衍生物，对结核分枝杆菌和某些非结核分枝杆菌有较强的抑菌作用，能迅速而广泛地分布至各组织和体液中，组织中的浓度与血药浓度相近，并可透过血 - 脑屏障进入蛛网膜下腔，达到有效浓度。亦可进入胸膜腔和干酪病灶中。治疗各类型的结核病，多用于复治、耐药病例或用于不能耐受其他药物治疗者。亦用于非结核分枝杆菌病的治疗。

2. 不良反应 胃肠道反应、肝功能损害、少数有糙皮病表现、多发性神经炎、偶有体位性低血压、内分泌紊乱；亦引起烟酰胺的代谢紊乱，营养不良、糖尿病和酗酒者需慎用，长期服用者需定期检测肝功能；慢性肝病、精神障碍，孕妇和 12 岁以下儿童禁用。

3. 用法及用量 成人一日 0.3~0.6g，分 3 次服用，WHO 推荐用于治疗耐多药结核病的剂量为 0.5~1.0g/d。

(十三) 固定剂量复合剂

固定剂量复合剂是将两种以上的抗结核药物，按固定剂量组合成一种药，其中每种药物的

生物利用度不能低于相对应的单药，进入体内后其溶解度较好，可使每一药物成分均达到有效血药浓度，其中利福平的生物利用度决定着复合剂的质量。目前在我国有多种固定剂量复合剂在临床应用：异烟肼、利福平、吡嗪酰胺、乙胺丁醇复合片剂；异烟肼、利福平、吡嗪酰胺复合片剂；以及异烟拼、利福平复合片剂。固定剂量复合剂具有许多优点，如高疗效低毒性；避免单药治疗从而防止和减少耐药的发生；防止用错药和用错剂量，简化化疗方案，提高患者服药的依从性，便于执行 DOTS 等，但如果患者对复合剂中的某一种成分不能适应或过敏则不能选用该复合剂。

常见不良反应：与组成复合剂的异烟肼、利福平、吡嗪酰胺、乙胺丁醇散装药相同，有极个别患者对复合剂中的赋形剂过敏，即服用异烟肼、利福平、吡嗪酰胺散装制剂时无过敏，但服用相同成分的复合剂时出现过敏反应。

（十四）板式组合药

将每次顿服的多种抗结核药的片剂或胶囊，按规定方案和一定剂量压在同一片铝泡眼上，患者每次服药将组合板上的各种药片全部服下即为组合药，组成成分、药理作用及不良反应与单独包装时完全相同，优势是防止患者漏服、错服药物，保证联合用药。

二、抗结核化学治疗的细菌学基础及原则

（一）Mitchson 提出的菌群学说

20 世纪中叶 Mitchson 提出的菌群学说，为现代结核病短程化学疗法提供了细菌学依据。他将宿主体内的结核分枝杆菌按生长代谢速度分为 A、B、C、D 四群。A 菌群为快速生长菌群，代谢旺盛，多存在于巨噬细胞以外的空洞或干酪病灶中，多数抗结核药物对其有效，其中异烟肼的作用最强，利福平次之；B 菌群为存在于巨噬细胞内酸性环境中生长缓慢的菌群，吡嗪酰胺对该菌群最敏感，发挥作用最强；C 菌群为大部分时间处于休眠状态，仅有短暂突发性旺盛生长的菌群，利福平对该菌群的作用最佳；D 菌群为完全休眠菌。研究证明，不同代谢菌群之间可以互相转化，A 菌群可以转化为 B 或 C 菌群，B 或 C 菌群也可以转化为 A 菌群，互相转化的机制各不相同。根据 Mitchson 的菌群学说；为达到尽最大可能消灭病灶内的结核分枝杆菌，合理的化疗方案所包括的药物，应能杀灭所有生长代谢状态的结核分枝杆菌。基于自身的特性，各种抗结核药物对不同菌群有着不同的作用。快速生长菌群在化疗的最初 2 周内可大部分或全部被杀死。6 个月的短程化疗余下的 4~5 个月以上的时间是用来杀灭 B 群和 C 群。利福平和吡嗪酰胺，是针对在酸性环境下缓慢生长的 B 菌群的有效药物，此菌群一般可在 1~2 个月内的强化期内被消灭。利福平是唯一对突发代谢的 C 群有效的药物。

（二）结核分枝杆菌的寄存部位又可以把结核分枝杆菌分为两群

1. 细胞外菌群　生长在空洞腔内、结核结节以及在液化和干酪灶中，此菌群使痰集菌或涂片阳性，化疗后痰菌阴转并不代表细胞内菌群也被消灭，只是药物消灭细胞外菌群的标志，耐药菌总是存在于细胞外菌群中，早期化疗失败也主要由此群引起。结核分枝杆菌在细胞外迅速增殖的时机，除吡嗪酰胺外的大多数抗结核药物，均可发挥有效抗菌作用。

2. 细胞内菌群　此菌群数量较少，细菌繁殖慢，处于细胞内的酸性低氧环境中，痰集菌或涂片常显示为阴性，只有少部分药物能渗入细胞内酸性环境中发挥作用。此部分细胞内菌群为化疗后痰菌复阳与结核病复发的病原菌。异烟肼、利福平等对细胞内外菌群均有杀灭作用，链霉素只对细胞外碱性环境中的菌群有杀灭作用，吡嗪酰胺只对细胞内酸性环境中的菌群有杀菌作用，因此化疗方案中必须以异烟肼、利福平、吡嗪酰胺联合才能起到同时杀灭细胞内及细胞外的菌群，从而彻底消灭病灶内结核分枝杆菌、减少复发的概率，达到治愈结核病。

（三）抗结核药物的渗透能力

抗结核药物分子大小不同，其渗透力也不相同，其所渗入的生物膜不同，疗效也不相同。异

烟肼、吡嗪酰胺能渗入各种生物膜，如血 - 脑屏障、组织细胞膜、巨噬细胞膜，其中的浓度与血中的浓度接近，故对细胞内外的结核分枝杆菌均有杀灭作用。链霉素不能渗入细胞内，对细胞内细菌无杀灭作用。异烟肼、吡嗪酰胺、丙硫异烟胺、环丝氨酸等能自由通过血 - 脑屏障，更能通过炎症性的血 - 脑屏障，具有杀菌作用，是结核性脑膜炎的首选药物，而链霉素、利福平与乙胺丁醇只能部分通过存在炎性反应的血 - 脑屏障。

(四) 抗结核药物浓度与抑菌和杀菌的关系

结核病灶中的药物浓度与耐药菌的数量呈反比，药物浓度不同，其治疗效果也不同，只有在服用常规剂量抗结核药物后，其血药浓度能达到试管内最小抑菌浓度（MIC）至少 10 倍或以上，才能起到杀菌作用，在 10 倍以下只能起到抑菌作用，抗结核药按作用浓度分为杀菌药与抑菌药，杀菌药又分为全杀菌药与半杀菌药。

1. 全杀菌药 此类药物有异烟肼、利福平、利福喷丁以及利福布丁等，此类药物对细胞内外，酸性环境以及碱性环境中的结核分枝杆菌均有杀灭作用，为全杀菌药。

2. 半杀菌药 包括链霉素、卡那霉素以及吡嗪酰胺。链霉素只在细胞外、碱性环境中其浓度可以达到 MIC 的 10 倍以上，对结核分枝杆菌有杀灭作用，而对细胞内、酸性环境中的结核分枝杆菌没有作用；卡那霉素与链霉素相同；而吡嗪酰胺只在细胞内、酸性环境中其浓度可达到 MIC 的 10 倍以上，有杀灭结核分枝杆菌的作用。故将链霉素与吡嗪酰胺联合应用，其作用相当于一个全杀菌药。杀菌药在化疗中起主要作用，尤其是短程化疗方案中必须应用杀菌药，且要达到两个或两个以上。

3. 抑菌药 除杀菌药外均为抑菌药，这类药在细胞内外的药物浓度只能达到 MIC 的 10 倍以下，其在化疗中起辅助作用，只能延缓杀菌药物耐药性的产生。包括对氨基水杨酸钠、丙硫异烟胺、乙胺丁醇等。

因此，在短程化疗方案中要求必须包括两种杀菌药物即异烟肼和利福平，吡嗪酰胺和链霉素联合应用，可以确保在酸、碱两种环境中均有可发挥杀菌作用的药物。

(五) 结核分枝杆菌的延缓生长期

结核分枝杆菌与抗结核药物接触后，当除去药物后，并不能立即恢复生长，需经过一段时间调整后才能再度生长，从撤除药物至细菌重新生长的时间即为延缓生长期，利用结核分枝杆菌的这一特性，可以设计出间歇给药的化疗方案，便于督导管理及减少药物不良反应。

(六) 结核分枝杆菌的耐药性

遗传学的研究表明结核分枝杆菌的耐药性是基因突变的结果，结核分枝杆菌在复制过程中，每个碱基突变频率在 10^{-10} 左右，和其他细菌相当。但是，由于结核分枝杆菌缺乏碱基错配修复机制，使得在复制过程中出现的错配突变得到更多的固定，导致高耐药频率的现象。但是这种突变在自然条件下发生的概率非常低，其中结核分枝杆菌针对异烟肼和利福平发生突变的概率分别是 10^{-6} 和 10^{-8}，在两药联合应用时发生多耐药性突变的概率为 10^{-14}，因此，自然条件下出现多耐药性的情况几乎是不可能的。但在治疗过程中如单用一种药物或药物联合不当，致使病灶菌群中大量敏感菌被杀死，而少量自然耐药变异菌仍存活，并不断繁殖，最终完全替代敏感菌，而成为病灶中的优势菌群。在临床上表现为短期好转或治愈后病情再次恶化，成为难以治愈的耐药结核病。因此在结核病的化疗方案中包含两种以上敏感药物，是有效预防耐药结核病产生的重要措施。

综上所述，结核病化学治疗不但要达到临床治愈，还要达到生物学治愈的目的。

1978 年，我国在总结国内外成功的化疗经验的基础上；结合结核分枝杆菌的代谢特点及抗结核药物的作用特点，制订了结核病化疗的基本原则，即“早期、联合、适量、规律、全程”的五项原则。①早期：即是指发现和确诊结核病后立即开始抗结核治疗，此时病灶以炎性渗出为主，病灶局部药物浓度高，此时药物主要杀灭活跃生长的 A 菌群；②联合：指根据病情及抗结

核药物的作用特点，联合应用至少两种以上敏感的抗结核药物，以增强和确保疗效，减少耐药菌的产生；③适量：指根据不同病情及不同个体规定不同给药剂量，发挥最大杀菌以及抑菌作用，同时使用合适的剂量减少药物不良反应的产生；④规律：即有规律的坚持治疗，不可随意更改方案或无故随意停药；⑤全程：指患者必须按照方案所定的时间坚持治疗，尽可能杀死缓慢生长的B菌群以及C菌群，减少复发的机会。一般而言，感染了敏感菌株的初治结核病患者按早期、联用、适量、规律和全程的原则规范治疗，治愈率可达95%，大大减少了复发的比率。

三、常用抗结核治疗方案及剂量

根据结核病化学治疗原则，为规范结核病治疗，便于各级结核病防治机构执行国家免费结核病治疗政策，卫生部疾病预防控制局、卫生部医政司、中国疾病预防控制中心编写了《中国结核病防治规划实施工作指南(2008版)》，制订了结核病标准化学治疗方案，标准治疗方案适用于一般肺结核患者，在具体实施化疗的过程中，临床医生需根据患者的具体病情，遵循化疗原则，调整治疗方案，制定出适宜的治疗方案，以达到治愈的目的。

(一) 初治活动性肺结核化疗方案

新涂阳和新涂阴肺结核患者可选用以下方案治疗(药名前数字代表月份，药名下数字代表每周服药次数)：

1. 2H3R3Z3E3/4H3R3

强化期：异烟肼、利福平、吡嗪酰胺、乙胺丁醇，隔日1次，共2个月，用药30次。

继续期：异烟肼、利福平，隔日1次，共4个月，用药60次。

全疗程共计90次。

2. 2HRZE/4HR

强化期：异烟肼、利福平、吡嗪酰胺、乙胺丁醇，每日1次，共2个月，用药60次。

继续期：异烟肼、利福平，每日1次，共4个月，用药120次。

全疗程共计180次。

(二) 复治涂阳肺结核化疗方案

1. 2H3R3Z3E3S3/6H3R3E3

强化期：异烟肼、利福平、吡嗪酰胺、链霉素、乙胺丁醇，隔日1次，共2个月，用药30次。

继续期：异烟肼、利福平、乙胺丁醇隔日1次，共6个月，用药90次。

全疗程共计120次。

2. 2HRZES/6HRE

强化期：异烟肼、利福平、吡嗪酰胺、乙胺丁醇、链霉素，每日1次，共2个月，用药60次。

继续期：异烟肼、利福平、乙胺丁醇，每日1次，共6个月，用药180次。

全疗程共计240次。

对于治疗无效的病例应及时分析失败原因，及时送检痰结核分枝杆菌药敏试验，明确是否为耐药结核病，根据药敏结果及临床治疗效果调整化疗方案。

四、耐药结核病的治疗

WHO将抗结核药物分为五组，方便在制订耐药结核病化疗方案时选择药物。

第一组：一线口服抗结核药物，包括异烟肼、利福平、吡嗪酰胺、乙胺丁醇、利福布丁。

第二组：注射用抗结核药物，包括链霉素、卡那霉素、阿米卡星、卷曲霉素。

第三组：氟喹诺酮类药物，包括氧氟沙星、左氧氟沙星、莫西沙星、加替沙星。

第四组：二线口服抑菌药物，乙硫异烟胺、丙硫异烟胺、环丝氨酸、特立齐酮、对氨基水杨

酸钠。

第五组：疗效不确切未被推荐用于常规治疗的药物，克拉霉素、阿莫西林与克拉维酸钾、氯法齐明、亚胺培南、利奈唑胺、

大剂量异烟肼[16~20mg/(kg·d)]。

中国防痨协会根据WHO的《耐药结核病规划管理指南》制订了我国的《耐药结核病化学治疗指南》，指南制定了针对耐药结核病的化疗原则：

1. 化疗方案中至少选择4种以上有效药物组成方案。治疗耐多药结核病药物品种可达5种以上。应以二线注射剂（卡那霉素、阿米卡星、卷曲霉素）和氟喹诺酮（氧氟沙星、左氧氟沙星、莫西沙星）各一种为核心，配以2~3种口服二线尚敏感的一线药物组成方案。目前我国推行的耐多药结核病治疗方案：

6Lfx，Am，Pto，PAS，PZA/18 Lfx，Pto，PAS，PZA

2. 未获药敏结果前，应根据患者的既往用药史，选择未曾应用的或估计敏感的药物组成方案，待获得药敏结果后再以药敏结果为依据调整方案。

3. 方案中须包括一种敏感的注射剂，耐药结核病至少连续应用3个月，耐多药和广泛耐药结核病分别至少连续应用6~12个月。

4. 在1~4组抗结核药物不足以组成有效的耐药结核病化疗方案时，可考虑选择第5组药物，组成有效的治疗方案。

5. 单耐药和多耐药结核病总疗程9~18个月（注射期3个月，继续期6~15个月）耐多药和广泛耐药结核病需要24个月以上（注射期6个月，继续期18~24个月）。

6. 耐药结核病治疗分两个阶段，第1阶段为注射期，第2阶段为非注射期。

7. 全程采用每日用药法，为减少二线口服药物的胃肠道反应，提高患者的可接受性，可采用一日量分次服用法，长时间使用注射剂或在药物毒性增加的情况下，可考虑采用每周3次的间歇疗法。

8. 实施全程督导下化学治疗管理（DOT）。

五、特殊人群的抗结核治疗

（一）老年结核患者群的化疗

老年人因年龄大，机体各脏器功能衰退，药代动力学和药效学都发生相应变化，药物不良反应发生率高，对药物的耐受性差、接受治疗顺应性差；另外老年结核病患者的合并症多，同时服用的药物种类多，用药过程中要注意药物间的相互作用，治疗上应采取相应措施。

首先老年人肾血流量、肾小球滤过率、肾小管的分泌功能的降低，均可能影响药物在体内的消除，增加药物的不良反应。因此要根据肾功能、肌酐清除率调整用药剂量或延长用药间隔时间。一般说，氨基糖苷类药物不宜采用，需要时可酌情减量。对有肾功能减退（肌酐清除率<30ml/min）和接受血液透析者，美国胸科协会、美国疾病控制预防中心及美国感染病学会2003年建议吡嗪酰胺、乙胺丁醇、左氧氟沙星应隔日使用，为了提高药物的峰值浓度，隔日用药优于药物减量。另外老年人肝血流量减少，肝药酶活性降低，药物的生物转化与合成反应降低，药物灭活减少，而且，老年人血浆蛋白合成减少，降低了药物的蛋白结合率都使游离部分增多，药物不良反应增加。不少老年肺结核患者常有较多并存症及并发症，因此，既要注意到其耐受性及不良反应，又要考虑到药物间的相互作用。利福平是肝药酶的强诱导剂，可加速在肝内代谢药物的灭活：包括抗凝剂、磺脲类降糖药、苯妥英钠、强心苷、普萘洛尔、维拉帕米、糖皮质激素、茶碱、西咪替丁等。异烟肼可增加苯妥英钠的血药浓度，还可增加香豆素类抗凝药、降压药及三环抗抑郁药的作用。

老年患者推荐的化疗方案：

1. 初治病例 可采用 2HRZE/4HR 或 2HRZ/4HR 或 9HRE 方案，还可以利福喷丁（L）代替利福平（R）、以对氨基水杨酸异烟肼（D）代替异烟肼（H），以左氧氟沙星代替吡嗪酰胺（Z）。

2. 复治病例 根据复发产生的原因而选择不同的治疗方案。对于未完成标准初治方案者，可采用初治方案治疗，严格督导用药。但对于反复治疗的慢性患者（可能为耐药患者），应该在药敏结果指导下制订新的化疗方案，新方案中应该包括 2 种或以上敏感药物（如无药敏结果，新方案中应该包括）2 种或以上既往未用过的新药，或应用较短时间的药物。

3. 耐多药（MDR-TB）病例 对于有明确药敏结果的 MDR-TB 患者可根据既往用药史及药敏结果选用至少含 3~4 种未用过的敏感药物的 4 至 5 药联用方案，方案中可能包括卷曲霉素、阿米卡星、丙硫异烟胺及三代氟喹诺酮类药物。具体药物的选择要根据患者的肝肾功能情况决定，用药期间严密监测药物不良反应。疗程常需 18~21 个月。

（二）妊娠妇女的结核病化疗

从优生优育及保护妇女健康的角度出发，活动性结核病患者和正在接受抗结核药物治疗，及停药后不满两年的育龄妇女，应该采取可靠的避孕措施避免妊娠。对于妊娠妇女的化疗药物选择，既要尽可能避免造成胎儿畸形，又要保证孕妇得到有效的抗结核治疗，避免妊娠中或产后结核病进一步恶化。在妊娠期间发现的结核病者，尤其是在妊娠中后期发现的结核病患者，一般可不必终止妊娠，应给予适当的抗结核治疗，尽快控制结核病病情，并密切监测药物不良反应。

1. 产程中及产后处理 结核病患者在临产时应住院待产，以保证孕妇充分休息及保持良好的心态。产程中，有人认为第二产程延长对产后肺结核控制不利，可导致结核病的恶化，故主张对病情较重者或产程延长者，应予以手术助产来结束分娩，在胎儿娩出后要即刻复查胸片等，观察生产后结核的变化，在产后的一年内要密切监测结核病的病情。根据病情需要，可在产后加强抗结核治疗（比如选用妊娠期不能用的药物）。

2. 抗结核药物的应用 妊娠前 3 个月，抗结核药物对胎儿有高度致畸作用，应特别注意药物的选择。

我国防痨协会 1993 提出妊娠结核病治疗原则：

（1）怀孕 3 个月内不应使用利福平。

（2）避免使用氨基糖苷类。

（3）避免使用磺胺类药物。

（4）禁用喹诺酮类药物。

3. 中断妊娠的指征

（1）重症活动性结核病：如急性血行播散性结核病，慢性排菌的纤维空洞性肺结核和毁损肺。

（2）合并肺外结核，病情较重。

（3）耐多药结核病。

（4）结核病伴有慢性基础病如糖尿病、肾病、肾功能不全、肝病和心脏病等不能耐受妊娠者。

（5）严重妊娠反应，影响抗结核药物吸收致结核病恶化。

（6）肺结核反复咯血。

（7）艾滋病并发结核病。

对存在以上情况的结核病患者应该劝告其采取避孕措施，一旦妊娠，应于妊娠 3 个月内中止妊娠，以避免逾期需采用引产或剖宫术而导致严重并发症、增加病死率及出血、感染等危险。除以上条件外妊娠期患结核病可继续妊娠，但是必须经过结核病院医生和妇产科医生共同评估，在有效抗结核治疗的情况下方可继续保留妊娠。患者在妊娠及产后应密切配合监测，监测应该包括结核病、药物不良反应及胎儿（新生儿）生长发育状况，以保证母亲得到有效的抗结核

治疗，同时胎儿健康发育。

（三）儿童结核病的治疗

对于儿童结核病的治疗原则同成人结核病一样，仍然遵循早期、联合、适量、规律和全程的原则，但是由于儿童生理特点及机体各器官系统功能尚未完全发育成熟，在治疗方面又有其特殊性。

1. 药物选择 抗结核药物异烟肼、利福平、吡嗪酰胺、乙胺丁醇、丙硫异烟胺和链霉素等药物均可使用。但是应注意链霉素对第Ⅷ对脑神经有损害作用，因此年幼儿童不能正确表达听力变化者应避免使用，如确需使用，则需在脑干测听监视下使用；乙胺丁醇有视神经的损害，须注意监测视力视野，如年幼儿童不能正确表达视力改变者亦应避免使用。喹诺酮类药物因可能影响骨髓发育，因此在儿童中忌用。

2. 药物剂量 儿童抗结核药物的剂量均需根据千克体重计算，由于儿童体重变化较快，应该随时根据体重变化，调整剂量，治疗过程中需密切监测肝、肾功能的变化。

（四）糖尿病合并结核病者的化疗

糖尿病患者由于胰岛素相对或绝对不足，血糖升高，导致患者糖、脂肪、蛋白质代谢紊乱，巨噬细胞和白细胞的吞噬功能受到抑制，机体内环境有利于结核分枝杆菌的生长，而不利于结核病变组织的修复，因此糖尿病合并结核病者，临床表现为病情较重，病变进展迅速，并以干酪渗出性为主，而纤维增殖型病变较少。因此保证糖尿病合并结核病治疗成功的关键，一方面强有力的化学治疗，另一方面要控制血糖，纠正机体代谢紊乱。

1. 结核病的治疗方案 糖尿病合并肺结核主张应用包括异烟肼、利福平、吡嗪酰胺和链霉素的强化治疗；其中吡嗪酰胺由于在酸性环境中的杀菌能力较强；特别适用于肺结核合并糖尿病者，如无严重不良反应，应该尽量在治疗方案中保留；当存在糖尿病血管神经病变时，应慎用氨基糖苷类药物和EMB，避免加重肾脏和视网膜病变，在血糖控制良好的情况下，抗结核治疗的疗程与标准治疗方案相同，但当血糖控制不理想时，应适当延长结核病治疗时间。

2. 糖尿病的治疗

（1）饮食治疗：是糖尿病治疗的基本措施，其热量供给以能维持理想体重为宜。活动性肺结核、有结核中毒症状及消瘦者摄入的热量需酌情增加，同时蛋白质的摄入也应有所增加。

（2）运动疗法：适用于2型糖尿病肥胖者血糖较高者和稳定期的1型糖尿病，当合并活动性肺结核时，应根据两病的病情而定，一般在活动性结核病的早期，当结核感染中毒症状较重、咯血等情况存在时，应注意休息，而在抗结核治疗的巩固期患者的临床症状显著改善以后，可适当增加运动量。

3. 药物治疗 包括口服降糖药和胰岛素。

在患有活动性肺结核时，由于存在结核中毒症状，增加了机体对胰岛素的需求量，可使隐性糖尿病发展为临床糖尿病，或加重原有糖尿病，诱发糖尿病酮症酸中毒等急性并发症，一些抗结核药物可能会影响糖代谢或加速口服降糖药的灭活；一些抗结核药物会引起肝功能或肾功能的损伤，而口服降糖药也会有类似的不良反应。因此在肺结核合并糖尿病时，建议首选胰岛素降糖治疗，尽快使血糖趋于正常，纠正代谢紊乱，以利于结核病的痊愈。

六、肺结核化学治疗过程中的监测

在肺结核治疗过程中，需要对治疗的有效性及安全性进行监测，以及时调整抗结核治疗方案，保证取得化疗的成功。

（一）抗结核治疗有效性检测指标

1. 临床症状 观察抗结核治疗后结核中毒症状好转、消失情况，一般情况下；患者接受抗结核治疗后，最早表现为结核中毒症状好转消失；体温恢复正常，乏力、盗汗消失，食欲改善，体重

增加。

2. 影像学评价 病灶改变评判标准：①显著吸收：病灶吸收≥1/2 原病灶；②吸收：病灶吸收<1/2 原病灶；③不变：病灶无明显变化；④恶化：病灶扩大或播散。空洞临床评判标准：①闭合：闭合或阻塞闭合；②缩小：空洞缩小≥原空洞直径 1/2；③不变：空洞缩小或增大 < 原空洞直径 1/2；④增大：空洞增大 > 原空洞直径 1/2。

3. 细菌学监测指标 痰涂片及痰结核分枝杆菌培养，是肺结核治疗过程中重要的有效性监测指标，当连续两个月痰结核分枝杆菌培养阴性，则判断为痰结核分枝杆菌阴转，治疗有效；传染性消失。

（二）抗结核治疗安全性监测指标

1. 临床症状 体温、皮疹、食欲、精神状态、听力、视力改变等。

2. 实验室检查指标 血、尿常规，肝、肾功能，为常规监测指标，需在服用抗结核药物前、服药后每四周进行常规检查，如出现症状则随时进行相应检查，根据抗结核治疗方案所选用药物及出现的不良反应临床表现，进行相应化验检查，如方案中包括卷曲霉素，则应该监测电解质；出现甲状腺功能低下症状，则应行甲状腺功能检查。

七、对症治疗

（一）结核中毒症状

肺结核患者结核中毒症状，在强有力的化疗后，均可较迅速控制，如结核中毒症状较重，急性粟粒性肺结核及结核性渗出性胸膜炎时，有明显中毒症状，可用泼尼松或氢化泼尼松 5 毫克 / 次，3~4 次 / 天，可使中毒症状减轻，但必须在有效的化疗控制下使用。

（二）咯血

咯血患者应卧床休息，取患侧卧位，患侧可置冰袋，患者要安静，情绪紧张者可给予地西泮。剧咳者可给予喷托维林（咳必清）等，必要时可用可待因。并嘱咐患者轻轻把血咯出，严密监护，防止大咯血而窒息。

垂体后叶素止血作用确切，主要是收缩血管达到间接止血作用。10U 肌内注射，亦可 5~10U 稀释于 20~40ml 葡萄糖或生理盐水中，缓慢静注，也可静滴，其副作用有恶心、面色苍白、心悸、头痛及腹痛，有便意。高血压、冠心病及孕妇忌用。其他的止血药有普鲁卡因、酚妥拉明、巴曲酶（立止血）等。大咯血治疗不止者，可行支气管动脉栓塞术，或经支气管镜确定出血部位后，用稀释的肾上腺素海绵压迫或填塞于出血部位等，必要时在明确出血部位的情况下行肺段、叶切除。大咯血可引起窒息，直接危及生命，一旦发现窒息先兆立即抢救。立即给患者取头低脚高位，轻拍背部，以便血块排出，并尽快取出或吸出口腔、鼻咽腔的积血或血块，气管插管既可吸出积血，保持呼吸道通畅，又可防止血液进入健侧。

八、外科治疗

随化疗的进展，极少病灶采用外科手术治疗。空洞局限于一侧肺或两侧不超过两个肺叶，经内科规范化疗一年以上，空洞不闭合，痰菌持续阳性；一侧或一叶毁损肺；持续大咯血，生命受威胁等均可考虑手术治疗。

第九节 肺结核的预防

一、控制和消灭传染源

控制和消灭传染源是肺结核预防的中心环节。排菌的肺结核患者是主要传染源，治疗和管

理这些患者是肺结核预防成功与否的关键。

(一) 早期发现，彻底治疗患者

应在人群中，特别是在易感人群中进行定期健康查体，胸部X线检查，以早期发现患者，使控制及消灭传染源成为可能。对因症状就诊的可疑肺结核患者应及时进行痰结核菌涂片，胸部X线检查，一经诊断，就应给予正规合理治疗，定期随访，使疾病彻底治愈，有助于消灭传染源，切断播途径及改善疫情。

(二) 化学药物预防

开放性肺结核患者家庭中结素试验阳性且与患者密切接触的成员，结素试验新近转为阳性的儿童，以及患非活动性结核病，而正在接受长期大剂量皮质激素或免疫抑制剂者，可服用异烟肼（每日5mg/kg）半年至一年，以预防发生结核病。为了早期发现药物引起的肝功能损害，在服药期间宜定期复查肝功能。

(三) 管理患者，切断传染途径，建立和健全各级防结核病组织，是防治结核病工作的关键环节

抓紧对结核病的流行情况、防治规划、宣传教育工作，使人民群众对结核病的传染途径、临床表现等有一定认识，提高全民的预防意识。组织专业人员对肺结核患者进行登记，掌握病情，加强管理。定期随访，动态观察病情变化，监督化疗方案的切实执行，加强消毒隔离，卫生教育，防止传染他人。正如世界卫生组织指出的那样“结核病控制工作，是一项最符合成本效益原则的公共卫生干预活动（DOTS）”，只要正确实施以“短程督导化疗”为主的一系列结核病控制措施，就能有效地控制其流行。

二、卡介苗接种

卡介苗（BCG）是活的无毒力牛型结核菌疫苗。接种卡介苗可使人体产生对结核菌的获得性免疫力，提高其对结核病的抗病能力。接种对象是未受感染的人，主要是新生儿、儿童和青少年。已受结核菌感染的人（结素试验阳性）不必接种，否则有时会产生某种程度的反应（Koch现象）。

卡介苗并不能预防感染，但能减轻感染后的发病和病情。新生儿和婴幼儿接种卡介苗后，比没有接种过的同龄人群结核病发病率减少80%左右，其保护力可维持5~10年。卡介苗的免疫是“活菌免疫”。接种后，随活菌在人体内逐渐减少，免疫力也随之减低，故隔数年后对结素反应阴性者还须复种。复种对象为城市中7岁，农村中7岁及12岁儿童。卡介苗的免疫效果是肯定的，但也是相对的。初种和复种后均应进行结素阳转检测，阴性者复种。

（杨 岚）

思考题

1. 肺结核的感染途径。
2. 肺结核的诊断及鉴别诊断。
3. 肺结核的化学治疗。

参考文献

1. 钟南山，刘又宁．呼吸病学．第2版．北京：人民卫生出版社，2012

2. 卫生部疾病预防局．卫生部医政司．中国疾病预防控制中心．中国结核病防治规划实施工作指南．北京：中国协和医科大学出版社，2008

3. 肖和平．耐药结核病化学治疗指南．北京：人民卫生出版社，2010

4. 中国防痨协会基础专业委员会．结核病诊断实验室检验规程．北京：中国教育文化出版

社,2006

5. 陈灏珠,林果为. 实用内科学. 第 13 版. 北京:人民卫生出版社,2010

6. Falzon D, Jaramilo E, Schunemann HJ, et al. WHO guidelines for the programmatic management of drug-resistant tuberculosis. Euro Respir J, 2011, 38(3): 516-528

第十四章　原发性支气管肺癌

原发性支气管肺癌(简称肺癌)是起源于支气管黏膜、腺体或肺泡上皮的肺部恶性肿瘤。过去的半个世纪,无论在发达国家还是发展中国家,均已成为常见肿瘤的首位,并成为导致死亡恶性肿瘤的首位病因。肺癌的病因和发病机制仍不十分清楚,吸烟和大气污染仍是肺癌最主要的危险因素。

一、肺癌的流行病学、病因和发病机制

(一) 流行病学

根据世界卫生组织(WHO)定期公布的资料显示,肺癌的发病率和死亡率在世界各国均呈明显上升的趋势。据统计,2008 年,全球有 1 600 000 新发肺癌病例,大约 1 380 000 人死于肺癌。在许多发达国家肺癌是最常见的恶性肿瘤之一,自 20 世纪 60 年代起成为导致男性死亡的最重要的恶性肿瘤;到了 90 年代,在女性中其所导致的死亡与乳腺癌相当。近年来,在一些发达国家男性肺癌的患病率开始下降,反映出吸烟下降所带来的影响;在大多数欧洲国家和美国,女性肺癌患病率达到了平台。然而女性肺癌的死亡率已接近男性。在欧洲 2012 年女性肺癌的预计增加 7%。

在美国,每年有将近 220 000 例新发肺癌病例被确诊,约 160 000 人死于该疾病。多年来,肺癌一直是男性癌症死亡的首要原因,并于 1985 年超越乳腺癌成为导致女性死亡的首位癌症。美国得克萨斯州在 1944 年至 1966 年进行了连续 23 年的严密对照研究,观察了 56 个相邻县和 3 个主要民族的癌症发病率,涉及约 400 万人口,占全州总人口的 1/3 左右。由于资料的来源详实可靠,比较全面准确的反映了不同城市、工业区、大海港、农庄、以及不同纬度地区,不同气候带(从温带到热带亚热带),不同的遗传因素,性别年龄等诸多因素,是一份难能可贵的科学资料,该研究资料作为发达国家癌症发病研究的缩影及范例。该研究结果显示在美国得克萨斯州 6 个不同地区的男性肺癌标准化发病率总计为 47.6/10 万,其中白人为 53.6/10 万,有色人种为 48.9/10 万,西班牙后裔者为 10.3/10 万。白人和有色人种的男性与女性的肺癌发病率之比接近 6 比 1,而西班牙裔男性与女性的肺癌发病率之比约为 3 比 1,显示出种族之间有明显的差异。在得克萨斯州 Paso 和 Laredo 地区,西班牙裔女性的肺癌发病率几乎 2 倍于白种人女性,而同一地区的西班牙裔男性的肺癌发病率则明显低于白种男性,约为 1∶2。

来自中国肿瘤登记年报的数据显示,肺癌在我国连续十年占据恶性肿瘤发病的首位。2013 年年报称,中国恶性肿瘤发病率第一位的是肺癌,每年的新发病患者约为 60 万人。肺癌总发病率为 51.71/10 万,其中男性为 68.36/10 万,占所有恶性肿瘤的第一位,女性为 34.56/10 万。在死亡顺位中,肺癌成为所有癌症患者死亡的首要病因,在男性和女性均如此,占癌症总死亡数的 25.77%。据全国肿瘤防治研究办公室公布的调查资料显示;我国肺癌的死亡率由 70 年代的 7.09/10 万上升到 90 年代初的 17.54/10 万,增加了近 1 倍半;而江苏省近 20 年来肺癌的死亡率上升了 3.67 倍;在抽样调查的 74 个城市里,肺癌的死亡率占各种恶性肿瘤死亡率的第一位。上海市从 1960 年至 1976 年间肺癌的发病率从 5.25/10 万增长到 30.7/10 万,上升达 6 倍。北京地区和近郊区主要恶性肿瘤调整死亡率趋势预测中,肺癌 1992 年分别为 33.7/10 万及 37.6/10 万,

到2001年将上升到43.1/10万及64.5/10万，远远超过食管癌、胃癌、肝癌及乳腺癌等主要的常见恶性肿瘤而位居首位，且差距仍在继续扩大。类似情况也出现在上海、广州、天津等各大中心城市和一些老工业区，如鞍山、个旧等。

（二）病因学

肺癌与其他肿瘤相比，其病因研究是相对明确的一种肿瘤。吸烟是迄今为止与肺癌关系最为密切的病因之一，据估计约85%的肺癌与吸烟有关。其他一些危险因素包括职业暴露也已经明确。此外遗传因素亦可能参与其中，而既往肺实质瘢痕可能与瘢痕癌有关。

1. 吸烟 吸烟是肺癌发生的独立的最重要的危险因素，吸烟史的持续时间，每日的吸烟量、吸入深度以及每支烟吸入烟雾的量均与患肺癌的风险相关。一个粗略但简单的评估吸烟量的方法是用包年来表示，即每日吸烟的包数乘以吸烟的年数。

虽然吸烟与肺癌之间存在着无可辩驳的关联证据，但香烟中可能致癌的具体成分仍不十分明确。香烟的烟雾有气相和颗粒相，在这两相中均发现了潜在的致癌物质。包括亚硝胺、苯并芘和其他多环芳烃碳氢化合物。滤嘴可能使这些物质的含量有所下降，但并不能消除香烟的潜在致癌作用。

吸烟所致的肺癌常常需要多年的烟雾暴露，然而在较少烟雾暴露发生真实的癌变之前的支气管上皮，已经存在明确的组织学异常改变。这些改变包括支气管上皮纤毛的脱失、上皮细胞增生以及核异常。而这些改变可能正是病理学上的癌前改变。如果停止吸烟，许多这些癌前病变是可逆的。流行病学研究已经表明，戒烟以后罹患肺癌的风险会逐渐下降，但即使是经过10~15年，也不会完全下降到非吸烟者的水平。在许多情况下，导致或诱发细胞的恶性转化在患者停止吸烟前就已经发生，肿瘤的发生以及出现临床症状就只是时间问题。

同样的数据还显示，非吸烟的配偶患肺癌风险增加与二手烟暴露有关。虽然与主动吸烟相比，吸入二手烟罹患肺癌的风险较小，但它可能与非吸烟者肺癌的发生有关。为了避免二手烟致癌的风险，在商用飞机、餐厅和办公室等公共场所已经立法禁止吸烟。

2. 职业因素 一些潜在的环境危险因素已被确定，其中大部分与职业暴露有关。目前研究较多的环境或职业有关的致癌物质是石棉。它是一种纤维状硅酸盐，因其在耐火性和保温方面的作用曾经被广泛使用。从事造船业者、建筑工人以及那些绝缘性材料制作者可能存在石棉的暴露史。

石棉的职业暴露最有可能导致肺部的恶性肿瘤，也可能发生其他肿瘤，尤其是胸膜间皮瘤。对于那些有石棉暴露史同时又吸烟者，肺癌的发生风险会非常高。这两种危险因素的共存所导致的风险增加效应常常不是相加而是相乘的结果。具体来说，石棉暴露可以增加2~5倍的肺癌发生风险，单纯吸烟可以使肺癌风险增加10倍。如果两者共存，即有石棉暴露史同时吸烟，与非吸烟无石棉暴露史者相比，则可使肺癌发生风险增加20~50倍。

一些其他类型的职业暴露可能也与肺癌的发生有关，如砷（如使用农药、玻璃、颜料和涂料）、电离辐射（尤其是铀矿工），卤代醚类和多环芳族烃（石油、煤焦油等）。

3. 遗传因素 同样是重度吸烟者，有些发生了肺癌有些却没有发生，目前尚无法解释这种现象。遗传因素可能会使一些个体在暴露于致癌物质后，发生肿瘤的风险显著的增加。支持这一假说的依据，是在排除了其他一些干扰因素后发现，肺癌患者的一代亲属罹患肺癌的风险增加。

候选的遗传因素中，主要包括细胞色素P450系统中特定的酶。这些酶可能使香烟烟雾中的一些成分转化为强烈的致癌物质，酶的活性和表达的增加很大程度上决定了，香烟烟雾吸入后肺癌发生风险的增加。例如，芳烃羟化酶可以使碳氢化合物转化为致癌物。这个酶是由吸烟诱导产生的，而酶的产生又与肺癌的风险增加有关。

其他尚未确定的遗传因素可能会影响人群对环境中致癌物的易感性，如果这样的因素最终

被确认,则有可能使通过避免易感个体暴露于环境致癌物质,或对那些处于高度风险的人群,靶向的进行积极筛查以预防肺癌的发生成为可能。

4. 肺实质瘢痕 肺内的瘢痕组织可以成为未来发生肺癌的部位,即所谓的瘢痕癌。瘢痕可以是局部的(例如源于陈旧性结核或其他感染),或弥漫性(例如肺纤维化,无论是特发性或与特定原因相关联)。最常见的肺瘢痕癌为腺癌,通常最常见的亚型为细支气管肺泡癌。虽然在瘢痕或其附近发生的癌容易考虑到瘢痕癌,但肺腺癌中也可发生癌肿内部的纤维化改变。此时常常无法明确肿瘤的发生是在瘢痕发生之前或之后。

5. 其他因素 一些非专业媒体对此表现出了极大的兴趣,他们宣布接触氡气是引发肺癌的一个危险因素。氡气是镭 226(一种铀 -238 的衰变产物)的衰变产物。如果居室建在有高镭含量的土地上,氡气就会释放到周围环境中,而人们就会暴露在这个已知的致癌物质中。虽然在一些家庭环境中,发现了超出可接受范围的高浓度氡气,并且因此引发了人们对肺癌危险的广泛关注,和对居室周围环境进行广泛测试的兴趣,但是对暴露于氡气所造成的总体致癌风险目前仍不确定。一些极端的估计认为氡是引起肺癌的第二个最重要的因素,在美国每年因氡气引起的肺癌死亡人数可达 20 000 人。然而,这些推测氡气带来的风险大小还没有被普遍接受。

一些证据表明,饮食因素可能影响肺癌发生的风险。一些研究显示 β- 胡萝卜素,一种维生素 A 的维生素原形式,其摄入量及血清水平较低与肺癌的风险增加有关。然而,有关这一问题的数据仍存在争议。与吸烟导致的肺癌风险增加相比,低饮食摄入 β- 胡萝卜素的作用轻微。三个大型随机试验并未能证明 α- 生育酚、β- 胡萝卜素,或类视黄醇的对降低肺癌风险的保护作用。甚至在有些试验中额外的补充可能还会增加肺癌的发病率。

此外,人类免疫缺陷病毒(HIV)感染者似乎增加患肺癌的风险,与此相关的最可能的原因是抗反转录病毒的治疗降低了该类人群的死亡率。接受胸部放射治疗(例如,乳腺癌或霍奇金淋巴瘤患者)肺癌风险增加。在发展中国家,尤其是女性,居家小环境的污染,包括长期接触燃烧木柴的烟雾,可能与肺癌的发生有关。

(三) 肺癌发病机制

肺癌的发病机制并未完全阐明。多年来人们对于各种类型的肺癌中癌细胞的起源(组织发生)以及阐明和这些细胞恶性转化有关的基因变化产生了极大的兴趣。学者们认为不同病理类型的肺癌与不同的细胞来源有关。当暴露于致癌刺激时,先前分化良好的正常细胞,可发生去分化和无限制增长。然而,在某种程度上基于对细胞异质性(即在单个肿瘤中多于一个细胞类型)的共同的发现,目前认为许多(如果不是所有的话)类型的肺癌来自于未分化的前体细胞或干细胞。在此细胞恶性转化的过程中,细胞沿着一个或者多个特定的途径进行分化,从而最终决定了肿瘤的组织学特性,也就是说它的(一个或多个)细胞类型。

在很大一部分肺癌患者中都存在着控制或调节细胞生长的蛋白质编码基因的改变。这些基因的改变可能在肺癌的发病中起着重要作用。目前已确定有两类癌基因:原癌基因(编码促进生长因子)和肿瘤抑癌基因(编码对细胞增殖有抑制作用的因子)。原癌基因的一对等位基因上的一个基因发生突变,即可导致某种具有细胞生长促进作用的蛋白质生成,并可引起显著的临床表现。与此相反,对于肿瘤抑制基因来说,必须一对等位基因上的两个同时发生改变,才能引起其编码产物的缺失,并导致临床上细胞生长的加快和恶性转化。

肺癌中常见且特异的原癌基因的改变包括 *RAS*、*EGFR*、HER_2 和显性癌基因中 BCL_2 家族基因的突变。各种隐性抑癌基因的突变也已确定,包括视网膜母细胞瘤(RB)和 *p53* 基因。此外,在肺癌中还发现了染色体 3P(3 号染色体短臂)遗传物质的丧失,这种丧失可能涉及一种或多种肿瘤抑制基因的缺失。一项非常有趣的实验研究发现,香烟中的苯并芘的代谢物,作为一种致癌物质,可以导致在肺癌中最常见的 *p53* 基因的突变。

二、病理和分类

"支气管癌"与"肺癌"经常互换使用，表明肺癌源自支气管或支气管结构。许多甚至是大多数的肺癌都起源于呼吸道，但发生于肺周边的其他肿瘤不一定起源于气道。值得注意的是，传统肺癌的病理分类方案，仅仅是依靠样本染色的显微镜学检查，而目前免疫组化和基因分析在鉴定肺恶性肿瘤的过程中，发挥了越来越大的作用。按解剖学部位分类和按组织学分类及其特点：

（一）按组织病理学分类

大多数肺癌可归类于四种病理类型之一：①鳞状细胞癌；②小细胞癌；③腺癌；④大细胞癌。在每个类别中又有几个亚类。值得注意的是，近 24% 的肺癌被认为是"其他非小细胞"的肿瘤，其中包括一些未分化的恶性肿瘤，不能进行进一步的亚型分类，以及一些比较罕见的变种。

根据各型肺癌的分化程度和形态特征，目前将肺癌分为两大类，即小细胞肺癌和非小细胞肺癌，后者包括鳞癌、腺癌、大细胞癌。

将小细胞肺癌与所有其他的细胞类型（称为"非小细胞癌"）区分开非常重要，因为小细胞癌具有早期临床和亚临床转移的倾向，所以，与其他所有类型的肺癌相比，鉴定出小细胞癌可以影响其临床的治疗选择。近年来，亦越来越重视从其他非小细胞癌中区分出腺癌和鳞状细胞癌，因为这两种癌症对某些药物的反应与其他非小细胞癌不同，如表皮生长因子受体酪氨酸激酶抑制剂。

四大类肺癌的每个类型的发生都与吸烟有关，但吸烟和各细胞类型之间关联不同，统计学表明与吸烟关联性最强的是鳞状细胞癌和小细胞癌，几乎全部发生在吸烟人群。吸烟也增加了腺癌和大细胞癌的患病风险，但这两种细胞类型的肿瘤也可以发生在非吸烟人群。

1. 鳞状细胞癌　以前，鳞状细胞癌是最常见的病理类型，但目前鳞状细胞癌只占全部支气管癌患者的大约 20%。这些恶性肿瘤起源于支气管壁的上皮层，其中可见一系列渐进的组织学异常，这种改变通常是由于慢性或反复的吸烟引起的上皮细胞损伤所致。

最初的表现为鳞状上皮化生，化生发生在正常支气管柱状上皮细胞被鳞状上皮细胞所取代。随着时间的推移，这些鳞状细胞外观上变得越来越不典型，直到在局部有一非常局限的癌症发生（即原位癌）。最终，肿瘤超出支气管黏膜并且具有侵略性。到此阶段，肿瘤常可产生临床症状，或经 X 线检查发现就诊引起临床重视。在某些情况下，在早期原位癌阶段即可检测到癌细胞的存在，常见于细胞学检查的痰液标本中检查到肿瘤细胞，或者是由于其他原因做支气管镜检查时，发现严重异常的支气管黏膜，进行局部黏膜活检发现肿瘤细胞。

鳞状细胞癌具有较为特异的组织学特征而易于作出诊断。鳞癌细胞大，呈多形性，有角化倾向，细胞间桥多见，常呈鳞状上皮样排列。电镜见癌细胞间有桥粒连接，张力微丝附着（见文末彩图 14-1）。有时偶见鳞癌和腺癌混合存在称混合型肺癌（鳞腺癌），也有其他混合型。

鳞状细胞癌往往发生于相对较大的气道或近端气道，最常见于亚段、段或肺叶水平。当肿瘤腔内生长时可引起气道阻塞。常导致阻塞远端肺组织萎陷（变为肺不张），并可能发生阻塞性肺炎。有时在肿瘤包块内可发展成一个空腔；这种空腔在鳞状细胞癌比其他类型的支气管癌更为常见。

鳞状细胞癌扩散到呼吸道以外的部位通常包括：①直接侵及到肺实质或其他邻近结构；②侵及淋巴管并扩散至肺门和纵隔淋巴结。一般来讲这些肿瘤大都保持在胸廓内，临床问题大都是由于胸腔内并发症，而并不是由于远处转移所引起。在 5 年生存率方面，鳞状细胞癌患者的整体预后比其他细胞类型的肺癌要好。

鳞状细胞癌的特征：①常起源于中央气道；②可引起气道阻塞，导致远端肺组织不张或肺炎；③可形成空洞；④胸腔内扩展多于远位转移。

2. 小细胞未分化癌(简称)小细胞癌 小细胞癌约占全部肺癌的14%，以前认为有更严重的亚型，其中最重要的是燕麦细胞癌。自1999年以来，肺癌的分类不再将燕麦细胞癌作为亚型进行独立的分型。

和鳞状细胞癌一样，小细胞肺癌常常起源于支气管壁内，更常见于近端气道水平。小细胞肺癌的起源尚存在争议。古老的学说认为，小细胞肺癌起源于具有神经内分泌功能的上皮细胞，称之为库尔切契茨基或K细胞。这些细胞具有产生多肽的能力，被认为是APUD细胞(如具有摄取氨基酸前体和脱羧的能力)的一种类型。新近的理论认为，小细胞肺癌和其他类型的肺癌一样，均起源于其多能干细胞。最终的细胞类型取决于自这种前体细胞分化的类型和水平。分子及染色体的研究显示，超过90%的小细胞癌存在3号染色体短臂(3P)的缺失。

小细胞肺癌患者年龄较轻，多在40~50岁左右，有吸烟史。是肺癌中恶性程度最高的一种。小细胞肺癌其恶性细胞表现为小而深染的细胞，细胞质稀疏。肿瘤的局部生长常常伴有黏膜下浸润(见文末彩图14-2)，但肿瘤会很快侵犯淋巴管和黏膜下血管。在疾病的早期就可以伴有肺门、纵隔淋巴结的受累和增大，融合成团块，并常常成为影像学检查最主要的表现。癌细胞生长快，侵袭力强，远处转移早，其快速的播散，可使远位转移部位成为常见的早期并发症的部位，患者呼吸道症状可隐匿，病变可侵及脑、肝、骨(和骨髓)以及肾上腺。正是这种早期转移倾向，使得小细胞肺癌在所有四种主要的支气管肺癌中预后最差。对放疗和化疗比较敏感。

小细胞肺癌的特征：①常发生于中央气道；②常可产生多肽类激素；③肺门、纵隔淋巴结受累；④早期远位转移。

3. 腺癌 腺癌已经超过鳞癌成为所有肺癌中最常见的类型，约占所有肺癌的39%。

由于大多数腺癌发生在肺的外周部位，很难将其起源于支气管壁相关联。目前认为，这些肿瘤可能起源于细支气管或肺泡壁水平，腺癌有时可发生在肺组织瘢痕部位，这些瘢痕可以是局限的或是弥漫性纤维化病变的一部分。腺癌是非吸烟患者中，最常发生的肺癌细胞类型。非吸烟者中约18%的患者诊断为腺癌，与之相比诊断鳞癌和小细胞肺癌的患者分别不足2%和1%。已有关于人类乳头状病毒与肺腺癌相关的假说，但并未得出肯定的结论。

腺癌的特征表现为形成腺体的倾向，且在多数病例中伴随黏液产生。当恶性细胞沿本就存在的肺泡壁生长和扩散，他们看起来就像是以肺泡壁作为其生长框架，此种肿瘤被进一步定义为肺泡细胞癌亚型。值得注意的是，2011年国际肺癌研究协会、美国胸科协会和欧洲呼吸病协会发表的联合声明建议，取消这一特异性术语。

腺癌：女性多见，与吸烟关系不大。典型的腺癌细胞，呈腺体样或乳头状结构，细胞大小比较一致，圆形或椭圆形，胞质丰富，常含有黏液、核大、染色深、常有核仁、核膜比较清楚(见文末彩图14-3)。

细支气管肺泡癌属腺癌的一个亚型，占肺癌的2%~5%，发病年龄较轻，与吸烟关系不大，大体形态可分为单个结节型、多发结节型和弥漫型，单个结节型中部分病灶生长极缓慢，弥漫型可侵及一侧肺或双侧肺野。典型的癌细胞多为分化好的柱状细胞，沿支气管和肺泡壁表面蔓延，不侵犯或破坏肺的结构，肺泡内常有黏液样物沉积。

腺癌常见的表现为肺外周的结节或肿块。偶然肿瘤起源于相对比较大的支气管，可由于局部支气管阻塞的并发症而出现比较显著的临床表现，而与鳞癌表现相似。支气管肺泡癌亚型可有以下几种表现：①结节或肿块；②类似于肺炎的局部浸润；③播散的肺实质病变。虽然腺癌可以局部扩展至局部肺或者胸膜，它也有一个肺门及纵隔淋巴结转移及远处转移的倾向。像小细胞肺癌一样，它可以扩展至肝、骨、中枢神经系统和肾上腺。然而，与小细胞肺癌相比，腺癌在就诊时更多呈现局部病变，尤其是表现为外周肺组织的实质性包块。腺癌的自然病程和生存率介于鳞癌和小细胞肺癌之间。

腺癌的特征：①常表现为肺外周实质性结节；②可以起源于陈旧的肺组织瘢痕；③当表现为肺外周结节时，病变常局限；④可扩展至肺门、纵隔淋巴结和其他远离部位。

4. 大细胞未分化癌（大细胞癌） 大细胞肺癌约占所有肺癌的约3%。它是一种显微镜下最难以描述的肿瘤。因为这些肿瘤的表现常常缺乏特异性，因而无法根据特异性表现将其归类于其他三种细胞类型之一。

大细胞癌镜下表现为大的多边形细胞聚集，细胞较大，但大小不一，常呈多角形或不规则形，呈实性巢状排列，常见大片出血性坏死；癌细胞核大，核仁明显，核分裂象常见，胞质丰富，可分巨细胞型和透明细胞型（见文末彩图14-4）。巨细胞型癌细胞团周围常有多核巨细胞和炎性细胞浸润。透明细胞型易误认为转移性肾腺癌。

大细胞癌可发生在肺门附近或肺边缘的支气管，其行为比较类似于腺癌，他们常常表现为肺外周的肿块，多比腺癌更大。以其播散的倾向和预后来说，其自然病程亦类似于腺癌。转移较小细胞未分化癌晚，手术切除机会较多。

（二）按解剖学部位分类

1. 中央型肺癌 发生在段支气管以上至主支气管的肺癌称为中央型肺癌，约占3/4，以鳞状上皮细胞癌和小细胞未分化癌较多见。

2. 周围型肺癌 发生在段支气管以下的肺癌称为周围型肺癌，约占1/4，以腺癌较为多见。

根据肺癌的分类我们可以更好的判断肿瘤的恶性程度，制订科学合理的治疗方法，并对患者应用针对性较强的药物改善症状。目前临床上治疗肺癌的药物繁多，但具体到不同类型的肺癌时可针对性地选择，这样才能达到更好的治疗效果，明显的改善患者的生活质量。

三、临床表现

肺癌被认为始于一个单一的恶性细胞，在肿瘤出现明显的临床症状以前经历了漫长的时间，癌细胞重复分裂，其数量呈指数增加。在此前临床阶段，估计大约需要30多次的细胞分裂，才能使肿瘤直径达到1厘米左右。这个过程很可能需要许多年，而在此期间，患者和医生都并不知道肿瘤的存在。一般来说，疑诊肺癌常常是由于患者出现了各种各样的症状，或者影像学检查（胸部X线或电脑断层CT）有所发现。

肺癌的临床表现多种多样，主要包括：由原发肿瘤引起的症状、肿瘤局部扩展引和远处转移引起的症状和体征、以及肺外表现。此外有5%~15%的患者无症状，这类患者一般在常规体检（如胸部影像学检查）时发现。对于存在高危因素，出现咳嗽、咯血、胸痛及发热患者应进行筛查，还应注意患者体重的变化。

（一）由原发肿瘤引起的症状和体征

1. 咳嗽 一般为刺激性干咳：常为早期症状，多无痰或少痰。出现高调金属音性咳嗽或刺激性呛咳者，常表明肿瘤已经引起支气管狭窄，但患者多未就诊。咳嗽、咳大量黏液痰者，应考虑到细支气管-肺泡细胞癌的可能。

2. 咯血 多见于中央型肺癌。多数患者为痰中带血、血痰，出血多由于肿瘤向管腔内生长，局部组织少量坏死所致。而大咯血多由于肿瘤表面糜烂严重或侵蚀大血管所致，此时出血多凶猛，出血不易止。

3. 气短、喘鸣 气短和（或）喘鸣的出现，可见于以下几种情况：肿瘤已经引起支气管狭窄（听诊时可发现局限或单侧哮鸣音）；肿瘤转移至肺门淋巴结，使肿大的淋巴结压迫主支气管或隆突；肿瘤转移至胸膜引起胸腔积液，或转移至心包引起心包积液。

4. 发热 多数肿瘤患者的发热是由于肿瘤所致的阻塞性肺炎引起，抗生素治疗常常效果不佳。此外，肿瘤组织本身的快速增长也可引起的癌性发热，这种发热多为低热。

5. 体重下降 常由于肿瘤所致的消耗和胃肠功能紊乱所致。

(二)肿瘤局部扩展及远位转移引起的症状和体征

1. 胸痛 近半数患者有模糊或难以描述的胸痛或钝痛,亦有部分患者可出现定位准确、剧烈的持续疼痛。常由于肿瘤细胞侵犯、压迫胸膜,或阻塞性炎症波及部分胸膜或胸壁引起,或肿瘤转移至胸壁组织、胸部骨性结构引起。胸部不规则的钝痛或隐痛,且呼吸、咳嗽时加重,应考虑肿瘤细胞侵犯至近胸膜部位。肋骨、脊柱疼痛及伴有压痛点,与呼吸、咳嗽无关,多考虑肋骨、脊柱受癌细胞侵犯或转移。胸痛沿肋间神经分布区分布者,多为肋间神经受癌细胞侵犯所致。此外,患者上肢内侧放射的火灼样疼痛,尤以夜间为甚者,多考虑肿瘤压迫臂丛神经造成。

2. 声音嘶哑 主要由于癌肿直接压迫或转移致纵隔淋巴结,并压迫喉返神经(多见左侧神经)引起。可以为部分患者的首发表现。肿瘤还可压迫侵犯膈神经,导致各级运动障碍,患者因此出现呼吸困难症状。

3. 吞咽困难 多由于病变累及或压迫食管所致,需要特别注意的是,当患者出现吞咽苦难并伴难治的肺炎时,应考虑癌性气管-食管瘘的发生。

4. 胸腔积液 约 10% 的患者有不同程度的胸腔积液,通常提示肿瘤转移累及胸膜或肺淋巴回流受阻。

5. 上腔静脉阻塞综合征 患者常主诉领口进行性变紧,感头痛及头晕,颜面、颈部及上肢水肿,查体时见头面部水肿、颈部肿胀,前胸壁淤血及静脉曲张。由于肿瘤侵犯上腔静脉周围,导致上腔静脉回流受阻,包括上腔静脉附近肿大的转移性淋巴结压迫,或右上肺的原发性肺癌侵犯,以及腔静脉内癌栓阻塞。

6. Horner 综合征 表现为一侧眼睑下垂、瞳孔缩小、眼球内陷,同侧额部与胸壁少汗或无汗。常见于肺尖部肺癌(或称肺上沟瘤、Pancoast 瘤),由于肿瘤压迫颈部交感神经节所致(同侧病变引起同侧体征)。

7. 转移至中枢神经系统 引起颅内压增高,如头痛,恶心,呕吐,精神状态异常。少许患者表现为癫痫发作、偏瘫、小脑功能障碍,或定向力和语言障碍。此外还可有脑病、小脑皮质变性、外周神经病变、肌无力及精神症状。

8. 转移至骨骼 发生率非常高,且最常见为脊柱转移,可压迫椎管引起局部压迫和受阻症状。骨转移还可引起剧烈的骨痛和病理性骨折。大多为溶骨性病变,少数为成骨性。

9. 转移至腹部 部分小细胞肺癌可转移到胰腺,表现为胰腺炎症状或阻塞性黄疸。其他细胞类型的肺癌也可转移到胃肠道、肾上腺和腹膜后淋巴结,多无临床症状,依靠 CT、MRI 或 PET 作出诊断。

10. 转移至淋巴结 锁骨上淋巴结是肺癌转移的常见部位,可毫无症状。典型者多位于前斜角肌区,固定且坚硬,逐渐增大、增多,可以融合,多不伴有疼痛。

(三)肺部肿瘤的肺外表现

指肺癌非转移性胸外表现或称之为副癌综合征(paraneoplastic syndrome)。肺癌副综合征往往易被忽略,在肺癌中发生率较高。是由于癌细胞产生的某些特殊激素、抗原、酶或代谢产物而引起的临床表现,与肺癌所致的直接侵蚀、转移、阻塞压迫无关。这类症状和体征表现于胸廓以外各脏器,当肺癌被切除或有效治疗后,症状可缓解,肺癌复发时再现。

肿瘤能够产生激素的原因尚不清楚。在正常非恶性细胞,一些特定激素的遗传信息编码存在但并不表达。在细胞恶性转化的过程中,细胞可能经历了一个基因调控失调的过程,在正常情况下编码产生激素的遗传物质静止不活动,细胞的恶性转化,可能使之重新恢复了表达并发挥产生该种激素的能力。

有一些副癌综合征不能归因于某种已知的激素,其发生机制存在不同的学说。包括各种各样的神经系统综合征(其中有些可能与自身免疫抗体的产生有关)、软组织及指端杵状变和肥大性骨关节病等骨性表现。

副癌综合征可表现为以下几方面：

1. 肥大性肺性骨关节病　常见于肺癌，也见于局限性胸膜间皮瘤和肺转移癌(胸腺、子宫、前列腺转移)。多侵犯上、下肢长骨远端，表现为骨质的增殖、肥大，发生杵状指(趾)和肥大性骨关节病(见文末彩图 14-5)。

2. 异位促性腺激素分泌异常　合并异位促性腺激素的肺癌较少见，大部分是大细胞肺癌，主要为男性轻度乳房发育和增生性骨关节病。

3. 分泌促肾上腺皮质激素样物　小细胞肺癌或支气管类癌，是引起库欣综合征的最常见细胞类型，很多患者在瘤组织中甚至血中可测到促肾上腺皮质激素(ACTH)增高。

4. 分泌抗利尿激素不适当综合征　抗利尿激素不当分泌可引起厌食，恶心，呕吐等水中毒症状，还可伴有逐渐加重的神经系统并发症。其特征是稀释性低钠血症(血清钠 <135mmol/L)，低血浆渗透压(渗透压 <280mOsm/kg)。

5. 神经肌肉综合征　包括小脑皮质变性、脊髓小脑变性、周围神经病变、重症肌无力和肌病等。发生原因不明确。这些症状与肿瘤的部位和有无转移无关。它可以发生于肿瘤出现前数年，也可与肿瘤同时发生；在手术切除后尚可发生，或原有的症状无改变。可发生于各型肺癌，但多见于小细胞未分化癌。

6. 高钙血症　可由骨转移或肿瘤分泌过多，甲状旁腺素相关蛋白引起，常见于鳞癌。患者表现为嗜睡、厌食、恶心、呕吐、体重减轻及精神变化。切除肿瘤后血钙水平可恢复正常，血钙再次升高应考虑肿瘤复发可能。

7. 类癌综合征　类癌综合征的典型特征是皮肤、心血管、胃肠道和呼吸功能异常。主要表现为面部、上肢躯干的潮红或水肿，胃肠蠕动增强、腹泻、心动过速、喘息、瘙痒和感觉异常。这些阵发性症状和体征与肿瘤释放不同的血管活性物质有关，除了 5- 羟色胺外，还包括缓激肽、血管舒缓素和儿茶酚胺。

此外，还可有黑色棘皮症及皮肌炎、掌跖皮肤过度角化症、硬皮症，以及栓塞性静脉炎、非细菌性栓塞性心内膜炎、血小板减少性紫癜、毛细血管病性渗血性贫血等肺外表现。

四、实验室和特殊检查

(一) 血液生化检查

对于原发性肺癌，无特异性血液生化检查。肺癌患者血液碱性磷酸酶，或血钙升高考虑骨转移的可能，血液碱性磷酸酶、天冬氨酸氨基转移酶、乳酸脱氢酶或胆红素升高考虑肝转移可能。

(二) 肿瘤标志物检查

1. CEA　30%~70% 肺癌患者血清中有异常高水平的 CEA，但主要见于较晚期肺癌患者。目前血清中 CEA 的检查主要用于，估计肺癌预后以及对治疗过程的监测。

2. NSE　是小细胞肺癌首选标志物，用于小细胞肺癌的诊断和监测治疗反应，根据检测方法和使用试剂的不同，参考值不同。

3. $CYFRA_{21}$-1　是非小细胞肺癌的首选标记物，对肺鳞癌诊断的敏感性可达 60%，根据检测方法和使用试剂的不同，参考值不同。

(三) 影像学检查

1. 胸部 X 线检查　应包括胸部正位和侧位片。在基层医院，胸部正侧位片仍是肺癌初诊时最基本和首选的影像诊断方法。一旦诊断或疑诊肺癌，即行胸部 CT 检查。

(1) 中央型肺癌 X 线直接征象：多为一侧肺门部的团片状阴影，边缘大多毛糙，有时呈分叶状表现，或为单侧性不规则的肺门部肿块，这是肿瘤与转移性肺门或纵隔淋巴结融合而成的表现。肿块中心可发生坏死而形成偏心性空洞，内壁凹凸不平，可见多发壁结节。在体层摄片或

支气管造影时，可见到支气管壁不规则增厚、狭窄、中断或腔内充盈缺损，视支气管阻塞的不同程度可见鼠尾状、杯口状等显像。

(2) 中央型肺癌X线间接征象：中央型肺癌也可与阻塞性肺气肿、肺不张或阻塞性肺炎并存。右肺上叶肺癌、肺门肿块与肺不张连在一起，形成所谓反“S”形的典型肺癌X线征象(图14-6)。阻塞性肺不张、阻塞性肺炎、局限性肺气肿，皆为肿瘤将支气管完全阻塞或部分阻塞引起的间接征象(图14-7、图14-8)。

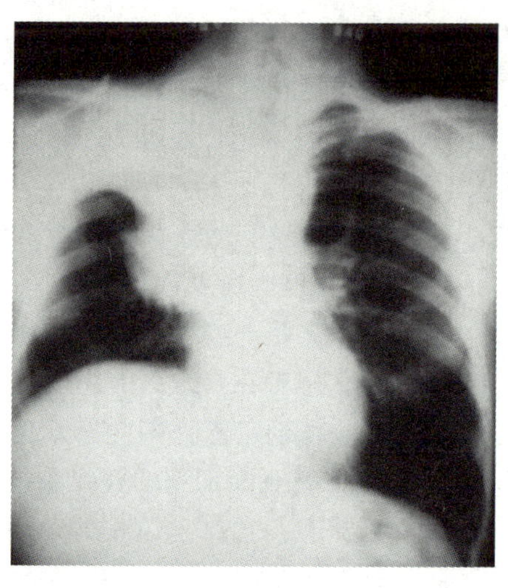

图14-6 中央型肺癌的倒“S”征象

注：右肺上叶中心型肺癌，肺门肿块与肺不张连在一起，下缘呈反“S”状，右侧膈顶因肺不张明显抬高

中央型肺癌发展至晚期侵犯邻近器官并向淋巴转移时，患者的胸部X线可见有肺门淋巴结肿大，纵隔块状影，气管向健侧移位。隆突下淋巴结肿大，可压迫左右主支气管，使气管分叉角度变钝，并造成食管中段局部受压等。压迫膈神经引起膈麻痹，可出现膈肌高位和矛盾运动。侵犯纵隔胸膜或心包时，可引起胸腔积液或心包积液等晚期征象。

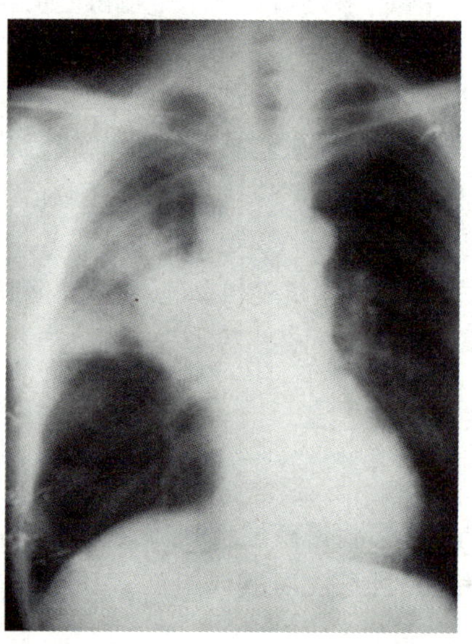

图14-7 右肺门肿块并远端肺野阻塞性肺炎

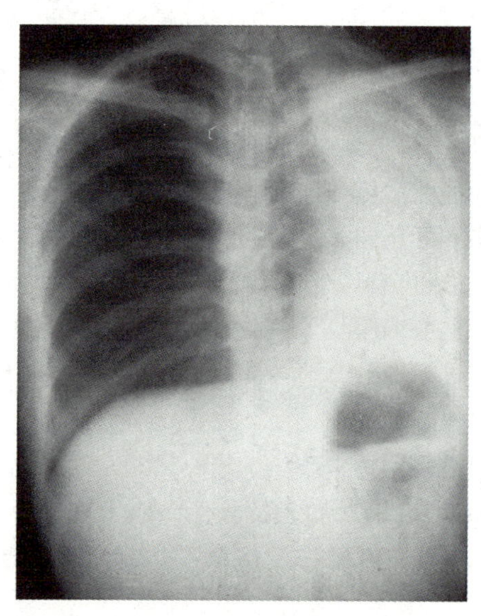

图14-8 中央型肺癌间接征象

注：左主支气管管腔内肿瘤致左全肺不张

(3) 周围型肺癌X线征象：周围型肺癌是指发生于肺段以下支气管，直到细小支气管的肺癌。早期X线检查常呈现出局限性小斑片状阴影，边缘不清，密度较低，易误诊为炎症或结核。随着肿瘤的进一步增大，周围型肺癌X检查呈边缘毛糙、直径约0.5~1cm的密度较高的小结节状阴影。肿瘤增大至直径为2~3cm后，则呈类圆形肿块，密度增高，边界清楚，可表现为分叶状，有脐样切迹或短细毛刺影。如果周围型肺癌患者的肿瘤向肺门淋巴结蔓延，还可通过X线检查观察到其间的引流淋巴管增粗呈条索状，或肺门淋巴结肿大。如果周围型肺癌患者发生癌性空洞，则其X线检查的特点为洞壁较厚，内壁不规则，凹凸不平，易侵犯胸膜，引起胸腔积液，也易侵犯肋骨，引起骨质破坏。此外，如肺癌经支气管播散后，胸片可呈现出类似支气管肺炎的斑片状阴影，早期为小结节或小片状阴影，病变增大呈分叶状肿块；边缘毛糙或有短细毛刺(图14-9)。

Note

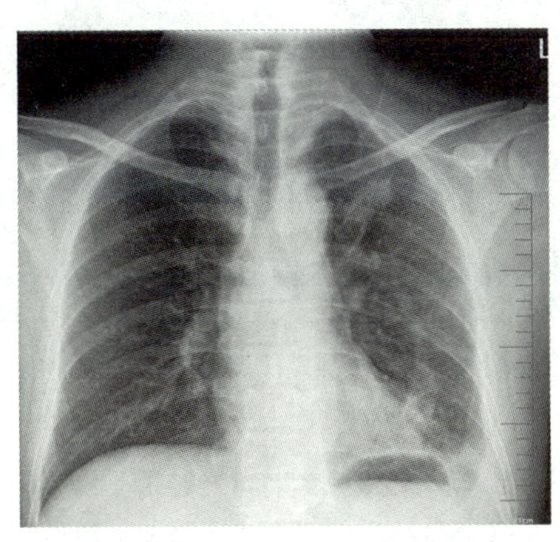

图 14-9　周围性肺癌 X 线征象
注：表现为不规则肿块，边缘见毛刺及分叶

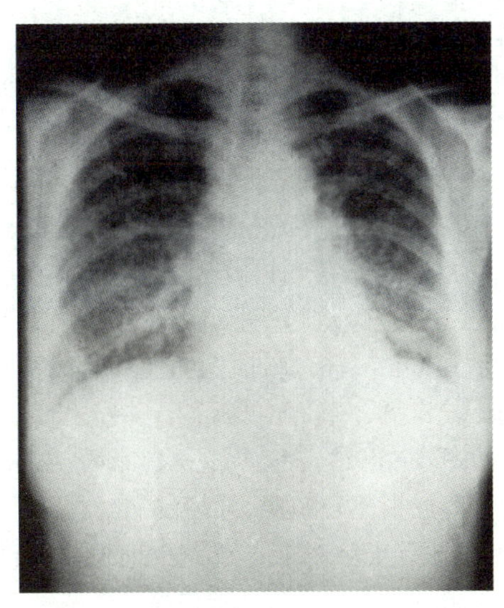

图 14-10　细支气管肺泡癌 X 线征象
注：表现为弥漫性结节状或斑片状病灶，边界不清楚

细支气管肺泡癌的 X 线表现：早期可呈现孤立结节或肺炎样浸润影；晚期可见弥漫性结节状或斑片状病灶，边界不清楚（图 14-10），可融合成大片状致密影。

2. CT 检查　胸部 CT 是肺癌的最常用和最重要的检查方法，用于肺癌的诊断与鉴别诊断、分期及治疗后随诊。有条件的医院在肺癌患者行胸部 CT 扫描时，范围应包括肾上腺。应尽量采用增强扫描，尤其是肺中心型病变的患者。另外 CT 是显示脑转移瘤的基本检查方法，有临床症状者或进展期患者应行脑 CT 扫描，并尽可能采用增强扫描。

(1) 中央型肺癌 CT 表现常表现为：

1) 支气管腔内异常：多数中央型肺癌早期向腔内发展，以鳞癌最常见。在 CT 图像上表现为支气管壁内缘凹凸不平或结节状突起，管壁外缘正常。此种改变在那些与扫描平面平行的支气管（如两侧上叶支气管、右中叶及所属肺段支气管等）显示较好。病变继续发展可形成软组织肿块突入管腔内，引起支气管不同程度狭窄或梗阻。多数腔内肿块呈宽基底，与其周围的支气管分界不清。有些肿瘤周围管壁浸润性增厚。在与扫描平面平行的支气管，这种改变可直接显示。位于垂直走行或斜行的支气管肿瘤，通常只能显示管腔偏心性狭窄或完全梗阻。

2) 支气管壁增厚：常见有不规则和均匀一致性增厚两种，多见于腺癌和小细胞癌。管壁呈均匀性增厚的支气管内缘和外缘均较完整，管腔内径大致正常或轻度狭窄。依病变支气管与扫描平面的关系，呈厚壁管状或厚壁圆形、椭圆形阴影，累及的范围在不同病例差别较大。腺癌通常累及的范围较广，有时可同时累及相邻的不同肺叶或肺段支气管，但管壁增厚程度很轻。形成此种表现的病理基础为，癌组织向管壁深层浸润并沿支气管长轴发展。

3) 管壁肿块：表现为以支气管壁为长轴的软组织密度肿块，大小不等，多呈菱形，局部支气管腔不同程度狭窄，但很少有完全性梗阻。

4) 管壁周围肿块：轮廓不规则或分叶状，环绕支气管或偏于支气管的一侧，管腔狭窄或完全梗阻。肿块与周围肺组织或肺门、纵隔结构之间分界不清，CT 值在软组织范围内，多数密度均匀。瘤内坏死、空洞及钙化比较少见。

5) 侵犯纵隔结构：中央型肺癌穿破支气管壁向周围浸润，常直接侵犯心脏、大血管、食管、椎体等结构，表现为瘤体与纵隔结构之间的脂肪界面消失，瘤体直接与纵隔相连或包绕，浸润纵隔结构。有些病例可见食管、大血管等结构移位，变形或在纵隔内形成较大肿块。利用 CT 确定肿瘤与纵隔的接触面需用薄层扫描技术，以减少平均容积效应的影响。在观察肿瘤与血管的关系

时，需行动态增强扫描(图 14-11)，平扫对术前评价肿瘤的可切除性价值有限。主动脉的肿瘤浸润多见于左侧肺癌，或继发于肺癌的淋巴结转移，前者主要累及主动脉根部内侧和降主动脉前壁，右侧肺癌侵犯主动脉壁多同时有上腔静脉、心包、右心房等广泛浸润。主动脉受侵犯 CT 表现为主动脉壁外的脂肪层消失、管腔狭窄变形及腔内充盈缺损。上腔静脉的肿瘤浸润比较常见，多来自右肺上叶肺癌的直接侵犯，及纵隔淋巴结转移灶的浸润，后者更常见。由于静脉壁比较薄弱，肿瘤浸润时常使血管受压移位，管腔狭窄变形或完全梗阻。少数肿瘤呈息肉样或肿块状向上腔静脉内生长，甚至累及右心房。当管腔变形或脂肪层消失超过管周的一半以上时，即可明确诊断肿瘤浸润腔静脉。肺门部肺癌沿肺静脉浸润也较常见，有时侵入心包和左心房，轻者仅侵及左心房肌层，重者可呈息肉样向左心房腔内生长，CT 增强扫描显示肺静脉狭窄或腔内充盈缺损。肿瘤侵入左心房内表现为息肉状或肿块样充盈缺损，或肺内肿块与左心房充盈缺损相连。亦有少数肿瘤先侵入肺静脉腔内，然后沿肺静脉伸入到左心房，CT 增强扫描表现为肺静脉癌与心房内充盈缺损相连。肺门或纵隔淋巴结转移亦可侵犯肺静脉和左心房，CT 表现与直接侵犯相似。

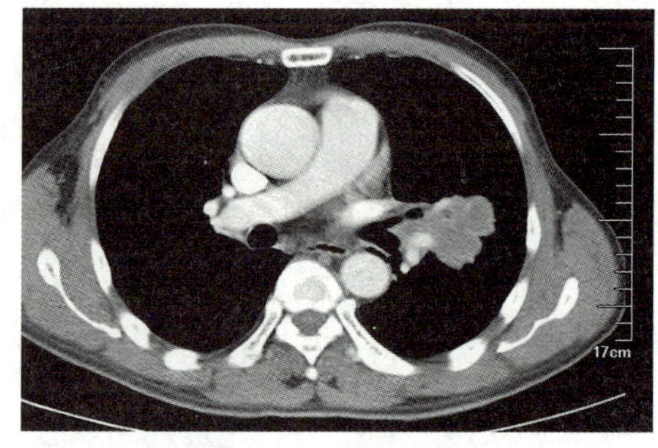

图 14-11 CT 增强扫描图
注：肿块呈不均匀的强化，相应支气管狭窄、截断

(2) 周围型肺癌：系指发生于肺段以下支气管直到细小支气管的肺癌。临床症状出现较晚。周围型肺癌是指起自三级支气管以下，呼吸性细支气管以上的肺癌。周围型肺癌的基本影像表现为肺内的结节(直径≤3cm)和肿块(直径 >3cm)。在肺癌的综合影像诊断中，CT 是主要的检查方法。多层螺旋 CT 的进展提高了≤3cm 肺癌检出和鉴别诊断的能力。

CT 扫描的方法包括 CT 平扫和增强扫描，其中 CT 平扫是诊断肺癌的基本检查方法。

(3) CT 平扫病变的密度：

1) 实性密度和磨玻璃密度：<3cm 的周围型肺癌可分为实性密度、单纯磨玻璃密度、磨玻璃和实性的混合密度。实性密度肺癌比血管的密度高，瘤体遮盖了血管影像；磨玻璃密度肺癌比血管的密度低，肿瘤内可见血管影像。由于低剂量螺旋 CT 的开展，磨玻璃密度肺癌检出的例数明显增多。磨玻璃密度的肺癌主要是细支气管肺泡癌。

2) 空气支气管征和空泡征：多见于 <2cm 的肺癌。空气支气管征为肺癌瘤体内含气的支气管影，有的病例支气管走行纡曲，管壁僵直，伴或不伴狭窄旧。空泡征为数 mm 的圆形含气影，为肿瘤内残存的气体或含气支气管的断面影。

3) 空洞：空洞在肺癌的发生率约为 2%~16%。肺癌空洞的洞壁厚薄不均，外缘呈分叶状，常有毛刺，空洞内壁凹凸不平(图 14-12)。

(4) 肿瘤的轮廓与边缘：分叶及毛刺是诊断肺癌最重要的征象。

1) 分叶征：肺癌分叶征约占 80%。分叶的深浅程度不一。有的肿瘤在常规横轴位像无分叶表现，采用多平面重建在某个方向重建图像，可清楚显示分叶。血管及支气管往往在分叶间的凹陷处与肿瘤相连，此征对肺癌的诊断具有较高的特异性(95.2%)。

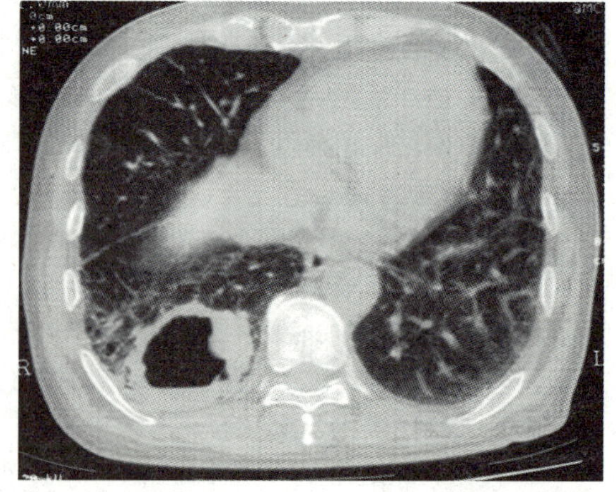

图 14-12 周围型肺癌 CT 表现
注：为不规则肿块，边缘分叶，毛刺，其内可见厚壁偏心不规则空洞，内壁可见壁结节形成

2）毛刺：肺癌具有毛刺者占 70% 以上，毛刺的长短不一，从肿瘤的边缘向周围呈放射状伸延。细小的毛刺使肿瘤边缘毛糙；有的毛刺较粗，或为棘状突起表现。

3）肿瘤周围的征象：

① 胸膜凹陷征：胸膜凹陷征表现为结节与胸膜之间的线条状及三角形影像。有的胸膜凹陷的线条状影与肿瘤分叶之间相连。

② 血管和支气管的改变：肿瘤周围的肺动脉和肺静脉血管与肿瘤连接，称为集束征。与肿瘤相连的支气管可发生管壁增厚、管腔狭窄和阻塞。

4）转移征象：肺癌胸部转移可引起肺内多发结节、肺门和纵隔淋巴结肿大、胸腔积液、胸膜结节、心包积液、肋骨破坏和胸壁肿块等。也可发生胸部以外的转移。

CT 增强扫描检查用于肺癌与良性结节病变，如结核球的鉴别。注射造影剂后 CT 值的增加值 <15.0HU 者属于良性病变，可除外肺癌的诊断。肿瘤强化较明显。由于有的良性病变也可有明显强化，肺癌发生坏死之处不强化，因此在鉴别诊断时须结合其他征象。

(5) 生长速度：肺癌动态观察体积逐渐增大。多层 CT 容积测量可计算肺癌的体积。实性密度肺癌的体积增长 1 倍的时间，即倍增时间大约为 3~6 个月，若其大小在两年内保持不变则肺癌的可能性很小。但磨玻璃密度肺癌，如细支气管肺泡癌，倍增时间可长达 (813 ± 375) 天，其大小在两年后可能无明显变化。肿瘤的增长不仅表现为体积增大，也可为病变密度的增加。

3. MRI 检查　与 CT 相比，MRI 检查在明确肿瘤与纵隔结构、血管关系及颅内转移方面具有优越性，而在发现小病灶（直径 <5mm）上则不如 CT 敏感，不作为常规检查手段。（图 14-13）。

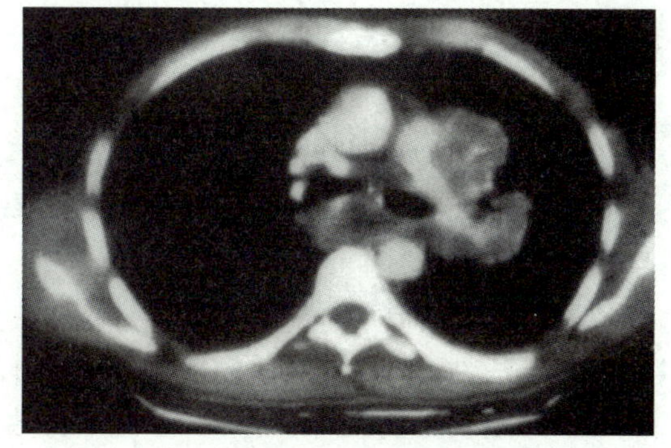

图 14-13　肺癌的 MRI 检查
注：见肿瘤浸润致左肺动脉受累

4. 超声检查　主要用于发现腹部重要器官及腹腔、腹膜后淋巴结有无转移，也用于颈部淋巴结的检查。对于贴邻胸壁的肺内病变或胸壁病变，可鉴别其囊实性及进行超声引导下穿刺活检；超声还常用于胸水抽取定位。

5. 骨扫描　对肺癌骨转移检出的敏感性较高，但有一定的假阳性率。可用于以下情况：肺癌的术前检查，伴有局部症状的患者。

6. 正电子发射计算机体层扫描（PET-CT）　对鉴别肺部孤立结节是否为恶性具有较高的敏感性和特异性。对纵隔淋巴结和远隔转移检出率高，有利于肿瘤分期。但当结节小于 7mm 时假阴性率高。对颅内转移的诊断没有 CT 和 MRI 高。

（四）组织细胞学检查

1. 痰细胞学检查　目前肺癌简单方便的无创诊断方法，连续涂片检查可提高阳性率约达 60%，是可疑肺癌病例的常规诊断方法。两次涂片阳性可作为确诊依据。

2. 支气管镜检查　肺癌诊断中最重要的手段之一，对于肺癌的定性定位诊断和手术方案的选择有重要的作用。对拟行手术治疗的患者为必需的常规检查项目。

凡有以下情况都可进行纤支镜检查：①原因不明的咳嗽、间歇性血丝痰及胸痛，临床怀疑肺癌者；②脑部 X 线检查发现有不明原因肿块；③原因不明肺不张，一侧肺门增大；④难以解释的哮喘、声带或膈肌麻痹；⑤原因未明的胸腔积液；⑥年龄较大，同一部位反复发生肺炎者。肺癌在纤维支气管镜检查下能见肿瘤直接征象，如见新生物，管壁浸润者，约占 50%~70%（见文末彩图 14-14）。仅见间接征象者，约为 25%~35%。检查者在观察各个叶、段支气管后，要在病变或表现异常部位取活检和（或）刷检。若见肿物伴浸润病变者，活检阳性率可达 90% 以上，刷检阳性率一般多为 70%~80%。呈管壁浸润型者，刷检更重要，因刷检取样的面积大，易得阳性；两者结合可提

高诊断阳性率。对周围性病变及弥漫性肺部病变，可采用经气管镜肺活检术（TBLB）获取诊断。

经支气管镜穿刺活检检查（TBNA），利于治疗前分期，对技术要求较高，风险较大。此外对特殊病变，如早期黏膜改变还可结合荧光成像、窄带成像等技术辅助诊断。

支气管镜检查常见并发症有：

1）气管痉挛甚至窒息：操作者在检查过程中要随时注意患者情况，一旦有此征象，要退出纤支镜，必要时给予支气管扩张剂。

2）出血：活检后有时可有明显出血，可用0.01%（万分之一）肾上腺素溶液或巴曲酶(立止血）滴入止血，大出血者要注意预防窒息，要及时清除支气管内积血，必要时需气管插管排除积血。

3）气胸：周围型肺癌，行纤支镜活检，伤及脏层胸膜可能出现气胸，但一般仅为少量气胸，注意休息及观察便可。

4）心搏骤停：年迈、原有心脏病（如冠心病、高血压心脏病等），在气管镜检查中，血氧降低，可能出现心律失常或心搏骤停，最好在检查中给氧及监测血氧饱和度。

3. 其他 如经皮肺穿刺活检、胸腔镜活检、纵隔镜活检、胸水细胞学检查等，在有适应证的情况下，可根据现有条件分别采用以协助诊断。

CT引导下肺穿刺活检是肺癌的重要诊断技术，有条件的医院可将其用于难以定性的肺内病变的诊断，以及临床诊断肺癌需经细胞学、组织学证实而其他方法又难以取材的病例。

五、诊断和鉴别诊断

（一）临床诊断

根据临床症状、体征及影像学检查，符合下列之一者可作为临床诊断：

1. 胸部X线检查发现肺部孤立性结节或肿物，有分叶或毛刺。

2. 肺癌高危人群，有咳嗽或痰血，胸部X线检查发现局限性病变，经积极抗炎或抗结核治疗（2~4周）无效或病变增大者。

3. 节段性肺炎在2~3月内发展成为肺叶不张，或肺叶不张短期内发展成为全肺不张。

4. 短期内出现无其他原因的一侧增长性血性胸水，或一侧多量血性胸水同时伴肺不张者或胸膜结节状改变者。

5. 明显咳嗽、气促，胸片显示双肺粟粒样或弥漫性病变，可排除粟粒型肺结核、肺转移瘤、肺霉菌病者。

6. 胸片发现肺部肿物，伴有肺门或纵隔淋巴结肿大，并出现上腔静脉阻塞、喉返神经麻痹等症状，或伴有远处转移表现者。

（二）确诊

经细胞学或组织病理学检查可确诊为肺癌。

1. 肺部病变可疑为肺癌，经过痰细胞学检查、支气管镜检查、胸水细胞学检查、胸腔镜、纵隔镜活检或开胸活检组织学检查可明确诊断。痰细胞学检查阳性者建议除外鼻腔、口腔、鼻咽、喉、食管等处的恶性肿瘤。

2. 肺部病变可疑为肺癌，肺外病变经活检或细胞学检查明确诊断者。

（三）鉴别诊断

1. 肺结核

(1) 结核球易与周围型肺癌混淆。结核球多见于青年，一般病程较长，发展缓慢。病变常位于上叶尖后段或下叶背段。X线片上块影密度不均匀，可见到稀疏透光区和钙化点，肺内常有散在性结核灶。

(2) 粟粒性肺结核易与弥漫型细支气管肺泡癌混淆。粟粒性结核常见于青年，全身毒性症状明显，抗结核药物治疗可改善症状，病灶逐渐吸收。

(3) 肺门淋巴结核在X线片上可能误诊为中心型肺癌。肺门淋巴结结核多见于青少年，常有结核感染症状，很少咯血。应当注意，肺癌可以与肺结核合并存在。应结合临床症状，X线片、痰细胞学及支气管镜检，早期明确诊断，以免延误治疗。

2. 肺部炎症

(1) 支气管肺炎：早期肺癌引起的阻塞性肺炎，易被误诊为支气管肺炎。支气管肺炎发病较急，感染症状比较重，全身感染症状明显。X线片上表现为边界模糊的片状或斑点状阴影，密度不均匀，且不局限于一个肺段或肺叶。经抗感染治疗后症状迅速消失，肺部病变吸收也较快。

(2) 肺脓肿：肺癌中央部分坏死液化形成空洞时，X线片上表现易与肺脓肿混淆。肺脓肿在急性期有明显感染症状，痰量较多、呈脓性，X线片上空洞壁较薄，内壁光滑，常有液平面，脓肿周围的肺组织常有浸润，胸膜有炎性变。

3. 肺部其他肿瘤

(1) 肺部良性肿瘤：如错构瘤、纤维瘤、软骨瘤等，有时需与周围型肺癌鉴别。一般肺部良性肿瘤病程较长，生长缓慢，临床大多没有症状。X线片上呈现为类圆形块影，密度均匀，可有钙化点。轮廓整齐，多无分叶。

(2) 支气管腺瘤：是一种低度恶性的肿瘤。发病年龄比肺癌轻，女性多见。临床表现与肺癌相似，有刺激性咳嗽、反复咯血，X线表现可有阻塞性肺炎，或有段或叶的局限性肺不张，断层片可见管腔内软组织影，纤维支气管镜可发现表面光滑的肿瘤。

4. 纵隔淋巴肉瘤　可与中心型肺癌混淆。纵隔淋巴肉瘤生长迅速，临床常有发热和其他部位的表浅淋巴结肿大，X线片上表现为两侧气管旁和肺门淋巴结影增大。对放射治疗敏感，小剂量照射后即可见到块影缩小。

六、肺癌的临床分期

(一) 肺癌TNM分期中T、N、M的定义

1. 原发肿瘤(T)

(1) T_X 原发肿瘤不能评估，或痰、支气管冲洗液找到癌细胞但影像学或支气管镜没有可见的肿瘤。

(2) T_0 没有原发肿瘤的证据。

(3) Tis 原位癌。

(4) T_1 肿瘤最大径≤3cm，周围被肺或脏层胸膜所包绕，支气管镜下肿瘤侵犯没有超出叶支气管(即没有累及主支气管)。①T_{1a} 肿瘤最大径≤2cm；②T_{1b} 肿瘤最大径 >2cm 但≤3cm。

(5) T_2 肿瘤大小或范围符合以下任何一项：肿瘤最大径 >3cm 但≤7cm；累及主支气管，但距隆突≥2cm；累及脏层胸膜；扩展到肺门的肺不张或阻塞性肺炎，但不累及全肺。①T_{2a} 肿瘤最大径 >3cm 但≤5cm；②T_{2b} 肿瘤最大径 >5cm 但≤7cm。

(6) T_3 肿瘤最大径 >7cm 或任何大小的肿瘤已直接侵犯了下述结构之一者：胸壁(包括肺上沟瘤)、膈肌、纵隔胸膜、心包；或肿瘤位于距隆突 2cm 以内的主支气管，但尚未累及隆突；或全肺的肺不张或阻塞性肺炎；同一肺叶内出现一个或多个病灶。

(7) T_4 任何大小的肿瘤已直接侵犯了下述结构之一者：纵隔、心脏、大血管、气管、食管、椎体、隆突；同侧肺不同肺叶内出现一个或多个病灶。

2. 区域淋巴结(N)

(1) N_X 区域淋巴结不能评估。

(2) N_0 无区域淋巴结转移。

(3) N_1 转移至同侧支气管旁淋巴结和(或)同侧肺门淋巴结，和肺内淋巴结，包括原发肿瘤直接侵犯。

(4) N_2 转移至同侧纵隔和(或)隆突下淋巴结。

(5) N_3 转移至对侧纵隔、对侧肺门淋巴结、同侧或对侧斜角肌或锁骨上淋巴结。

3. 远处转移(M)

(1) M_X 远处转移不能评估。

(2) M_0 无远处转移。

(3) M_1 有远处转移。①M_{1a} 对侧肺肺叶内出现一个或多个病灶;出现胸膜结节或恶性胸腔积液、心包积液;②M_{1b} 远处转移。

注意:

1. 任何大小的非常见的表浅播散的肿瘤,只要其浸润成分局限于支气管壁,即使临近主支气管,也定义为 T_{1a}。

2. 大多数肺癌患者的胸腔积液(以及心包积液)由肿瘤引起。但是有极少数患者的胸腔积液(心包积液)多次细胞学病理学检查肿瘤细胞均呈阴性,且积液为非血性液,亦非渗出液。如综合考虑这些因素并结合临床确定积液与肿瘤无关时,积液将不作为分期依据,患者应归类为 M_0。

(二) 肺癌临床分期与国际 TNM 分期关系(表 14-1)

表 14-1 肺癌临床分期与国际 TNM 分期关系表

隐匿期	T_X	N_0	M_0
0 期	Tis	N_0	M_0
ⅠA 期	T_{1a}	N_0	M_0
	T_{1b}	N_0	M_0
ⅠB 期	T_{2a}	N_0	M_0
ⅡA 期	T_{2b}	N_0	M_0
	T_{1a}	N_1	M_0
	T_{1b}	N_1	M_0
	T_{2a}	N_1	M_0
ⅡB 期	T_{2b}	N_1	M_0
	T_3	N_0	M_0
ⅢA 期	T_{1a}	N_2	M_0
	T_{1b}	N_2	M_0
	T_{2a}	N_2	M_0
	T_{2b}	N_2	M_0
	T_3	N_1	M_0
	T_3	N_2	M_0
	T_4	N_0	M_0
	T_4	N_1	M_0
ⅢB 期	T_{1a}	N_3	M_0
	T_{1b}	N_3	M_0
	T_{2a}	N_3	M_0
	T_{2b}	N_3	M_0
	T_3	N_3	M_0
	T_4	N_2	M_0
	T_4	N_3	M_0
Ⅳ期	任何 T	任何 N	M_{1a}
	任何 T	任何 N	M_{1b}

(三) 小细胞肺癌分期

目前国际指南推荐小细胞肺癌的分期采用以上的TNM分期与既往美国退伍军人医疗中心分期相结合的方式，分为：

局限期：被定义为病变局限于同侧半胸，Ⅰ~Ⅲ阶段(任何T，任何NM_0)可以安全采用根治性(definitive)放射治疗，除外T_3~T_4期因肺内多发结节或肿瘤体积过大而无法纳入1个放射野。

广泛期：被定义为超过同侧半胸，包括恶性胸腔或心包积液或者血行转移，Ⅳ期(任何T，任何N、M_{1a}与M_b)或T_3~T_4肺内多发结节；或者瘤体与结节体积过大而不能够纳入到1个放射野计划中完成。

七、肺癌的治疗原则、手术治疗、化疗、放疗、介入性治疗、生物缓解调节剂治疗、靶向治疗的适应证、禁忌证和临床应用

治疗原则：临床上应采取综合治疗的原则。即根据患者的机体状况，肿瘤的细胞学、病理学类型，侵犯范围(临床分期)和发展趋向，有计划地、合理地应用现有的治疗手段，以期最大幅度地根治、控制肿瘤，提高治愈率，改善患者的生活质量。对拟行放、化疗的患者，应做ECOG评分(表14-2)。

表14-2　体力状况ECOG评分

级别	体力状况
0	活动能力完全正常，与起病前活动能力无任何差异
1	能自由走动及从事轻体力活动，包括一般家务或办公室工作，但不能从事较重的体力活动
2	能自由走动及生活自理，但已丧失工作能力，日间不少于一半时间可以起床活动
3	生活仅能部分自理，日间一半以上时间卧床或坐轮椅
4	卧床不起，生活不能自理

在过去30多年里，各种恶性肿瘤的治疗已经取得明显进展，但是肺癌患者的愈后进展却不明显，肺癌五年生存率仅有令人沮丧的14%。目前肺癌的治疗仍以手术治疗、放射治疗和化学治疗为主。在过去10到15年，有些更积极的治疗方法已被临床使用，特别是一些治疗方式的组合。但对于特定患者，临床医生常不确定什么时候给予什么方式的治疗能给患者带来最大的效果。肿瘤的发展阶段、癌细胞类型和遗传学特性，是确定其治疗手段的主要因素。

手术仍然是目前治疗早期支气管肺癌的首选方法。肺癌患者的总5年生存率小于15%。但对病灶比较局限而且能够耐受手术治疗的患者，5年存活率接近50%。但当肿瘤已扩散至胸膜(在胸膜积液中发现的恶性细胞)、对侧纵隔淋巴结时，通常认为已无法手术切除。当肿瘤已扩散至患者同侧纵隔淋巴结或胸壁时，手术效果通常也不佳。对于那些手术效果不佳或者无法手术的患者，人们在试图研究确定最佳的治疗方案。目前，手术结合放疗或化疗仍是值得期待的治疗方式。最后，如果癌细胞转移到远处组织或器官时，手术肯定不是合适的治疗方式。

癌细胞类型是选择治疗方案需要考虑的一个重要因素。由于小细胞肺癌早期转移的临床特点，所以当小细胞肺癌被诊断的时候很可能已经出现转移，所以一般不考虑手术治疗，除非有确凿证据表明某特异的小细胞肿瘤，是一孤立结节并没有远处扩散。小细胞癌更常见的表现是有一中心肿块并伴随广泛转移，此时已不适合手术治疗，而化疗(结合或不结合放疗)被认为是主要的治疗方式。

当按照治疗标准非小细胞肿瘤不适应手术治疗时，临床医生所面临的选择有：不治疗、放疗、或化疗。最后的选择往往是高度个体化的，不仅取决于特定肿瘤的性质，同时也受医生和患

者的主观因素影响。

传统化疗采用以细胞毒性药物铂类为基础的治疗方案。最近，在肿瘤细胞中检测突变的表皮生长因子受体（EGFR），对此类患者给予表皮生长因子受体酪氨酸激酶抑制剂，如厄洛替尼或吉非替尼，结果取得了成功的疗效，我们称之为靶向治疗。因为对这些治疗的反应，通常仅限于含有某些EGFR突变的肿瘤，现在对非小细胞肺癌，尤其是肺腺癌患者的分子遗传学分型开展的越来越多，更多的靶向治疗药物进入了临床研究阶段并争取早日为患者带来获益。

在某些情况下，早期进行放射治疗可使肿瘤缩小，延缓局部并发症。但在大多数情况下，早期往往不采用放疗，一直持续到某些并发症发生，比如出血或气道阻塞。这时给予放疗可作为姑息治疗或减小肿瘤大小的手段以暂时减轻这些并发症。不幸的是，这些姑息治疗并不是根治性治疗，不能改变患者的预后。

其他姑息治疗包括对气管部分，或完全阻塞或肿瘤压迫气道的患者建立一个通畅气道。治疗方法包括通过支气管镜使用激光、冷冻、电烧灼等减少支气管内肿瘤的大小并重新构建一个有效气道。其他替代或可结合使用的治疗手段，包括放置气管内支架以保持呼吸道通畅。

（一）手术治疗

1. 手术治疗原则 在任一非急诊手术治疗前，应根据诊断要求完成必要的影像学等辅助检查，并对肺癌进行c-TNM分期，以便于制订全面、合理和个体化的治疗方案。

(1) 应由以胸外科手术为主要专业的外科医师，来决定手术切除的可能性和制订手术方案。尽量做到肿瘤和区域淋巴结的完全性切除，同时尽量保留有功能的肺组织。如身体状况允许，则行肺叶切除或全肺切除术。如患者的肿瘤能手术切除且无肿瘤学及胸部手术原则的限制，可以选择电视辅助胸腔镜外科手术（VATS），但其对设备条件要求高，技术难度及风险大，对有需要的患者应转上级医院进行手术。如身体状况不允许，则可以行局限性切除，如肺段切除（首选）或楔形切除，此时亦可选择VATS术式。

(2) 肺癌完全性切除手术，应常规进行肺门和纵隔各组淋巴结（N_1和N_2淋巴结）切除并标明位置送病理学检查，最少对3个纵隔引流区（N_2站）的淋巴结进行取样或行淋巴结清扫。如肿瘤的解剖位置合适且能够保证切缘阴性，尽可能行保留更多肺功能的袖状肺叶切除术，它优于全肺切除术。如肿瘤侵及心包外肺动脉临床上定义为T_2，鼓励技术成熟的医院开展肺动脉成形术，以免于全肺切除。对侵犯隆突部位肿瘤，可行全肺切除及隆突切除成形，或重建术的病例应转上级医院进行手术。

(3) 对肺癌完全性切除术后复发或孤立性肺转移者，排除远处转移情况下，可行余肺切除或病肺切除。Ⅰ期和Ⅱ期的患者，如经胸外科医生评估认为不能手术，则可改行根治性放疗和（或）全身化疗。

2. 手术适应证

(1) Ⅰ、Ⅱ期和部分ⅢA期（$T_3N_1M_0$；$T_{1\sim2}N_2M_0$可完全性切除的）非小细胞肺癌和部分小细胞肺癌（$T_{1\sim2}N_{0\sim1}M_0$）。

(2) 经新辅助治疗（化疗或化疗加放疗）后有效的N_2非小细胞肺癌。

(3) 部分ⅢB期非小细胞肺癌（$T_4N_{0\sim2}M_0$）如能局部完全切除肿瘤者，包括侵犯上腔静脉、其他毗邻大血管、心房、隆突等。

(4) 部分Ⅳ期非小细胞肺癌，有单发脑或肾上腺转移者。

(5) 临床高度怀疑肺癌，经各种检查无法定性诊断，临床判断可完全性切除者，可考虑手术探查。

3. 手术禁忌证

(1) 绝大部分诊断明确的Ⅳ期、大部分ⅢB期和部分ⅢA期非小细胞肺癌，及分期晚于

$T_{1\sim2}N_{0\sim1}M_0$ 期小细胞肺癌患者。

(2) 心肺功能差或合并其他重要器官系统严重疾病，不能耐受手术者。

4. 小细胞肺癌的外科手术原则

(1) 小细胞肺癌患者中，I 期比例少于 5%。

(2) 临床分期超出 $T_{1\sim2}N_0$ 的患者不能从手术中获益。

(3) 临床分期为 I 期（$T_{1\sim2}N_0$）的 SCLC，并经过标准分期评估（包括胸部和上腹部 CT、全身骨 ECT、脑影像检查甚至 PET）后可考虑手术切除，但需注意以下几个方面：①术前所有患者均应做纵隔镜或其他外科手段纵隔分期，以排除潜在的纵隔淋巴结转移，其中也包括内镜分期方法；②患者接受完全手术切除（最好为一侧肺叶切除术，和双侧纵隔淋巴结清扫术或取样）应于术后进行化疗，无淋巴结转移的患者应单纯化疗，有淋巴结转移的患者，应在术后进行同步化疗及纵隔放疗；③由于预防性全脑放射治疗（PCI）能在达到完全，或部分缓解的这部分患者延长其 PFS 和 OS，因此推荐根治性切除术后的患者，接受完辅助化疗后行 PCI，不推荐体力状态较差或有神经功能认知障碍的患者行 PCI。

（二）放射治疗

肺癌放疗包括根治性放疗、同步放化疗、姑息性放疗、术前和术后放疗等。

1. 总原则　放疗对小细胞肺癌最佳，鳞癌次之，腺癌最差。除此以外肺癌对放疗的敏感性还受肺癌大小，分化程度，癌体细胞构成比等因素影响。

(1) 放疗作为有效或姑息性治疗的一部分，在小细胞肺癌的任何阶段都具有潜在作用。放射肿瘤学作为多学科的评估或多学科讨论的一部分，应在决定治疗方案之前早期明确告知患者。

(2) 除急诊情况外，应在治疗前完成必要的辅助检查和全面的治疗计划。

(3) 对心肺疾患等原因不能手术患者，如果一般状况和预期寿命允许，放疗应以治愈为目的。

(4) 接受根治性放疗或化放疗的患者，应尽量避免因为暂时和可处理的毒性反应，而中断治疗或减少剂量。这些毒性反应包括 3 度食管炎、血液学毒性等。应在毒性出现前对患者进解释。

(5) 对于可能治愈的患者，治疗休息期间也应予以细心的监测和积极的支持治疗。

(6) 术后放疗设计应参考患者手术病理报告和手术记录。

2. 肺癌放疗的分类

(1) 根治性放疗：对不能手术的 I 期和 II 期 NSCLC 放疗，可能达到根治的目的。

(2) 同步放化疗：主要应用于局限期小细胞肺癌。

(3) 姑息性放疗：主要用于晚期肿瘤患者，目的减轻患者痛苦，延长生命，提高生活质量，适用于照射范围不能全部包括肿瘤范围，或照射剂量难以达到根治剂量的肺癌患者，如上腔静脉综合征，肺癌脑转移灶。

(4) 术前后术后放疗：术前放疗有助于缩小原发病灶，降低病期，增加根治性手术机会；术后放疗有助于清除微小残余灶。

3. 小细胞肺癌的放疗原则

(1) 局限期：

1) 时间：相比序贯放化疗，同步放化疗为标准治疗。放疗应在化疗的第 1~2 个周期（I 类）尽早介入。从任何治疗开始至放疗结束的时间越短，则越可能改善生存时间。

2) 目标定义：放疗的靶区体积应根据预先 PET-CT 和 CT 扫描，在放疗计划中的获得。PET-CT 检查最好在治疗前的四周，或不超过八周的时间内完成。在理想情况下，PET 或 CT 应在治疗开始时获得。

3）既往，临床上健侧纵隔淋巴结已被列入放疗靶区，而健侧锁骨上淋巴结未列入。选择性淋巴结照射（ENI）的共识正在演变。一些更近期的回顾或前瞻性研究发现，删除 ENI 导致孤立淋巴结的复发几率很低（0%~11%，最多 <5%），特别是结合 PET 分期与靶区规划（1.7%~3%），选择性淋巴结照射（ENI）已经在当前的前瞻性临床试验删除。

4）患者在放疗前先化疗，大体肿瘤体积（GTV）：可以被限制在诱导化疗后的肿瘤大小，以避免过度的毒性。最初累及的淋巴结区域（但不是整个化疗前的肿瘤体积）应被覆盖。

5）剂量和计划：对于局限期小细胞肺癌，放疗最佳剂量及计划表尚未建立。三周 45Gy（1.5Gy，bid）优于（Ⅰ类）五周 45Gy（1.8Gy，qd）。

6）在 BID 超分割治疗情况下，当中应至少间隔 6 小时，以保证正常组织的修复。如果每天放疗一次，应使用 60~70Gy 的高剂量。五周内提高到 61.2Gy 的方法，能显著提高局部控制率。

（2）广泛期：胸部放疗可能更有利于那些对化疗有反应的小细胞肺癌广泛期的患者。研究表明胸部放疗耐受良好，减少胸部症状的复发，在部分患者可提高长期生存率。

（3）预防性全脑放疗（PCI）：

1）无论局限期或广泛期，凡在初始治疗中有良好疗效的患者，预防性脑照射（PCI）均能够降低脑转移，并提高总生存期。

2）预防性全脑放疗推荐剂量为全脑 25Gy 分割为 10 次，每日 1 次；或 30Gy 分割为 10~15 次，每日 1 次；或者 24Gy 分割为 8 次，每日 1 次。

3）神经认知功能：年龄的增长和高剂量，是慢性神经毒性发展最重要的预测因素。应避免在预防性全脑放疗（PCI）中使用同步化疗和高剂量放疗（>30Gy）。

4）在初始治疗不良反应缓解后，方可施行预防性全脑放射，对于 PS 评分差或者神经认知功能受损的患者，不建议预防性全脑放射。

（4）脑转移：

1）脑转移应进行全脑放疗（WBRT），而不是仅仅立体定向放射治疗（SRT/SRS），因为这些患者往往有多处中枢神经系统转移。预防性全脑放疗后出现脑转移的患者，可谨慎选择患者进行再次全脑放疗。SRS 也可以考虑，特别是在从最初诊断经过较长时间才发生脑转移的患者，并且没有其他颅外疾病。

2）推荐全脑放疗剂量为 30Gy。

4. 治疗效果 放射治疗的疗效评价，参照 WHO 实体瘤疗效评价标准或 RECIST 疗效评价标准（表 14-3、表 14-4）。

表 14-3 WHO 实体瘤疗效评价标准

可测量病灶
完全缓解（CR）：所有可见病变完全消失并至少维持 4 周以上
部分缓解（PR）：肿瘤病灶的最大径及其最大垂直径的乘积减少 50% 以上，维持 4 周以上
稳定（SD）：肿瘤病灶两径乘积缩小 <50%，或增大 <25%，无新病灶出现
病变进展（PD）：肿瘤病灶两径乘积增大 >25%，或出现新病灶
可评价、不可测量病灶
CR：所有病灶消失
PR：肿瘤总量估计减少≥50%
SD：病灶无明显变化，估计肿瘤减小 <50%，或增大 <25%，无新病灶
PD：原有病灶估计增大≥25%，或出现新病灶

表 14-4　RECIST 疗效评价标准

目标病灶的评价
CR:所有目标病灶消失
PR:基线病灶长径总和缩小≥30%
PD:基线病灶长径总和增加≥20% 或出现新病灶
SD:基线病灶长径总和有缩小,但未达 PR 或有增加但未达 PD
非目标病灶的评价
CR:所有非目标病灶消失和肿瘤标志物水平正常
SD:一个或多个非目标病灶和(或)肿瘤标志物高于正常持续存在
PD:出现一个或多个新病灶和(或)存在非目标病灶进展

5. 防护　采用常规的放疗技术,应注意对肺、心脏和脊髓的保护,以避免对它们的严重放射性损伤。急性放射性肺损伤参照 RTOG 分级标准(表 14-5)。

表 14-5　RTOG 急性放射损伤分级标准

器官组织	0	1 级	2 级	3 级	4 级
皮肤	无变化	滤泡样暗红色斑、脱发、干性脱皮、出汗减少	触痛性或鲜色红斑、片装湿性脱皮、中度水肿	皮肤皱褶以外部位的融合的湿性脱皮;凹陷性水肿	溃疡、出血、坏死
黏膜	无变化	充血、可有轻度疼痛,无需止痛药	片装黏膜炎、或有炎性血清血液分泌物、或有中度疼痛,需止痛药	融合的纤维性黏膜炎、可伴重度疼痛,需麻醉药	溃疡、出血、坏死
眼	无变化	轻度黏膜炎,有或无巩膜出血;泪液增多	轻度黏膜炎或不伴角膜炎,需激素和(或)抗生素治疗;干眼,需用人工泪液;虹膜炎,畏光	严重角膜炎伴角膜溃疡,视敏度或视野有客观性的减退,急性青光眼,全眼球炎	失明(同侧或对侧的)
耳	无变化	轻度外耳炎伴红斑、瘙痒、继发干性脱皮,不需要药疗,听力图与疗前比无变化	中度外耳炎(需外用药物治疗)、浆液性中耳炎,仅测试时出现听觉减退	严重外耳炎,伴溢液或湿性脱皮;有症状的听觉减退,与药物无关	耳聋
唾液腺	无变化	轻度口干、唾液稍稠、可有味觉的轻度变化如金属味,这些变化不会引起进食行为的改变,如进食时需要量的增加	轻度到完全口干、唾液变黏变稠,味觉发生明显改变	完全口干	急性唾液腺坏死
咽和食管	无变化	轻度吞咽困难或吞咽疼痛,需麻醉性止痛药,需进流食	持续的声嘶但能发声,牵涉性耳痛、咽喉痛、片装纤维性渗出或轻度喉水肿,无需麻醉剂;咳嗽,需阵咳药	讲话声音低微,牵涉性耳痛、咽喉痛,需麻醉剂;融合的纤维性渗出,明显的喉水肿	明显的呼吸困难、喘鸣、咯血、气管切开或需要插管

Note

续表

器官组织	0	1 级	2 级	3 级	4 级
上消化道	无变化	厌食伴体重比疗前下降≤5%，恶心，无需止吐药；腹部不适，无需抗副交感神经药或止痛药	厌食伴体重比疗前下降≤5%，恶心和（或）呕吐，需要止吐药；腹部不适，需止痛药	厌食伴体重比疗前下降≥5%，需鼻胃管或肠胃外支持；恶心和（或）呕吐需插管或肠胃外支持，腹痛，用药后仍较重；呕血或黑粪，腹部膨胀，平片示肠管扩张	肠梗阻，亚急性或急性梗阻，胃肠道出血需输血；腹痛需置管减压或肠扭转
下消化道包括盆腔	无变化	大便次数增多或大便习惯改变，无需用药；直肠不适，无需止痛治疗	腹泻，需要抗副交感神经药（如止吐宁）；黏液分泌增多，无需卫生垫；直肠或腹部疼痛，需止痛药	腹泻，需肠胃外支持；重度黏液或血性分泌物增多，需卫生垫；腹部膨胀平片示肠管扩张	急性或亚急性肠梗阻、瘘或穿孔；胃肠道出血需输血；腹痛或里急后重，需置管减压，或肠扭转
肺	无变化	轻度干咳或劳累时呼吸困难	持续咳嗽需麻醉性止咳药；稍活动即呼吸困难，但休息时无呼吸困难	重度咳嗽，对麻醉性止咳药无效，或休息时呼吸困难；临床或影像有急性放射性肺炎的证据；间断吸氧或有可能需要类固醇治疗	严重呼吸功能不全；持续吸氧或辅助通气治疗
生殖泌尿道	无变化	排尿频率或夜尿为疗前的 2 倍；排尿困难、尿急，无需用药	排尿困难或夜尿少于每小时 1 次，排尿困难、尿急、膀胱痉挛，需局部用麻醉剂（如非那吡啶）	尿频伴尿急和夜尿，每小时 1 次或更频；排尿困难，盆腔痛或膀胱痉挛，需定时、频繁地给予麻醉剂；肉眼血尿伴或不伴血块	血尿需输血；急性膀胱梗阻，非继发于血块、溃疡或坏死
心脏	无变化	无症状但有客观的心电图变化证据；或心包异常，无其他心脏病证据	有症状，伴心电图改变和影像学上充血性心力衰竭的表现，或心包疾病；无需特殊治疗	充血性心力衰竭，心绞痛，心包疾病，可能需抗癫痫的药物	充血性心力衰竭，心绞痛，心包疾病，心律失常，对非手术治疗无效
中枢神经系统	无变化	功能完全正常（如能工作），有轻微的神经体征，无需用药	出现神经体征，需家庭照顾、可能需护士帮助；包括类固醇的用药、可能需抗癫痫的药物	有神经体征，需住院治疗	严重的神经损害，包括瘫痪、昏迷或癫痫发作，即使用药仍每周 >3 次 / 需住院治疗
血液学					
白细胞 ×1000	≥4.0	3.0~<4.0	2.0~<3.0	1.0~<2.0	<1.0
血小板 ×1000	>100	75~<100	50~<75	25~<50	<25 或自发性出血
中性粒细胞 ×1000	≥1.9	1.5~<1.9	1.0~<1.5	0.5~<1.0	<0.5 或败血症
血红蛋白 GM%	>11	11~9.5	<9.5~7.5	<7.5~5.0	—
血沉 %	≥32	28~<32	<28	需输浓红细胞	—

Note

6. 最大限度地抑制肿瘤的长并且降低治疗的毒性　现代放射治疗学的严谨的组成部分包括准确的模拟，精确的靶区定位，适形放疗计划和确保放疗计划准确地进行。最低标准为基于CT的3D适形放疗。应该使用多个放疗野，按计划每天应用。当需要给予足够的肿瘤剂量的同时，考虑正常组织的剂量限制，使用更先进的技术是合理的。这种技术包括（但不局限于）4DCT并且（或）PET-CT模拟。

（三）化学治疗

肺癌化疗分为姑息性化疗、新辅助化疗（术前）、辅助化疗（术后）、局部化疗和增敏的化疗。

1. 治疗原则

（1）必须掌握临床适应证：

1）化疗主要应用于ECOG评分0~2分的患者，对小细胞肺癌ECOG评分3~4分的患者，要分析导致体能状况评分差的原因，如果由肿瘤本身导致，则可适当放宽化疗适应证，如果由于患者基础情况差导致，这类患者的治疗以支持治疗为主。

2）化疗是所有小细胞肺癌患者都适用的一种主要方法。对于那些成功行外科切除术的患者，推荐行辅助化疗。

3）对于体力状态评分为0分或1分患者的一线治疗，可推荐以铂类为基础的细胞毒性药物的两药联用。对铂类治疗有禁忌的患者，可采用非铂类细胞毒性两药联合。对于体力状态评分为2分的患者，单一细胞毒性药物即可。对于疾病进展或经过4个周期的治疗，仍对治疗无反应的患者，应停止一线细胞毒性化疗。即使在6个周期后患者对治疗仍有反应，亦应停止两药细胞毒性化疗。

（2）必须强调治疗方案的规范化和个体化。

2. 肺癌化疗分类

（1）姑息性化疗：晚期NSCLC患者占到确诊肺癌患者总数的80%，应引起临床重视。姑息化疗主要是缓解症状、减轻疼痛，提高患者的生活质量，延长其寿命。

（2）新辅助化疗（术前）（neoadjuvant chemotherapy，NCT）：NCT也称为诱导化疗（induction chemotherapy），指恶性肿瘤患者在实施局部治疗（手术或放疗）前先接受全身化疗，且被列为进展期NSCLC的标准治疗手段。目前主要用于ⅢA期患者，也可用于较早期（Ⅰ期和Ⅱ期）NSCLC患者。NCT的临床价值为：①可消除微小转移灶及减少耐药发生的作用；同时可降低肿瘤细胞的活力，减少术后复发和远处转移，提高生存率。②可控制并缩小病灶，降低病期，增加根治性手术切除机会。③根据肿瘤术前化疗的治疗效果和术后病理学上的变化，判断肺癌对化疗药物的敏感性，有利于指导术后辅助化疗方案的修订。④对因各种因素导致手术延迟的患者起到控制肿瘤、治疗肿瘤的作用。

（3）辅助化疗（术后）：NSCLC完全切除术后辅助化疗的主要目的，是清除微小转移灶或残存灶，减少复发的机会，改善远期生存结果。目前研究认为，临床ⅠA期患者不做化疗，ⅠB期并不完全适用，ⅡB~ⅢA期术后应做辅助化疗。

（4）局部化疗：化放疗联合应用有益于延长局部晚期NSCLC患者生存期的观点已获得大多数学者认同。研究表明，局部晚期NSCLC患者疗效比较，同步化放疗优于序贯化放疗，序贯化放疗优于单纯化疗和单纯放疗。同步化放疗是治疗局部晚期非小细胞肺癌的标准方案。

3. 治疗效果　化学治疗的疗效评价参照WHO实体瘤疗效评价标准或RECIST疗效评价标准（表14-3、14-4）。

4. 常用方案

（1）非小细胞肺癌：

1）除新辅助化疗及辅助化疗外，全身化疗主要应用于晚期、不可治愈肺癌，含顺铂的化疗方案优于最佳支持治疗，可延长中位生存6~12周，1年生存率提高1倍。

2) 适用于 ECOG:0~2 分的晚期或复发的 NSCLC 患者。

3) 选两药联合方案(含铂类药物)。

4) 对于 ECOG 评分为 2 或老年患者,单药治疗或含铂的联合(一般状况好的)治疗是合理的选择。

5) 全身化疗不适用于 ECOG 评分为 3 或 4 的患者。

6) 对于局部晚期 NSCLC,化放疗优于单用放疗,且同步化放疗似乎优于序贯化放疗。

7) 顺铂或卡铂与以下任何一种药物联合都是有效的:紫杉醇、多西他赛、吉西他滨、长春瑞滨。

4~6 个周期,如 NVB+DDP(去甲长春花碱与顺铂),PTX+CBP(紫杉醇与卡铂),DDP+GEM(顺铂与吉西他滨),DDP+TXT(顺铂与多西紫杉醇)等。

已广泛应用的一线化疗方案及给药计划:

① 顺铂 75mg/m^2,d1(或总量分 3 天给予)+ 长春瑞滨 25~30mg/m^2,d1、8,每 28 天重复,共化疗 4 周期。

② 顺铂 75~80mg/m^2,d1+ 长春瑞滨 25~30mg/m^2,d1+8,每 21 天重复,共化疗 4 周期。

③ 顺铂 100mg/m^2,d1+ 依托泊苷 100mg/m^2,d1~3,每 28 天重复,共化疗 4 周期。

④ 顺铂 80mg/m^2,d1、22、43、64+ 长春花碱 4mg/m^2,d1、8、15、22、d43 以后每 2 周 1 次,每 21 天重复,共化疗 4 周期。

存在其他合并症或不能耐受顺铂的患者的化疗方案及给药计划:

① 吉西他滨 1000mg/m^2,d1、8、15+ 卡铂 AUC5,d1,每 28 天重复,共化疗 4 周期。

② 紫杉醇 200mg/m^2,d1+ 卡铂 AUC6,d1,每 21 天重复。

③ 多西他赛 75mg/m^2,d1+ 卡铂 AUC6,每 21 天重复。

④ 吉西他滨 1000mg/m^2,d1、8。

⑤ 多西他赛 85mg/m^2,d8,每 21 天重复,共化疗 8 周期。

在一线治疗期间或之后疾病进展的患者,培美曲塞、单药多烯紫杉醇可作为二线药物。

(2) 小细胞肺癌:一线化疗方案:常用 EP 方案(依托泊苷与顺铂,VP-16/DDP),EC 方案(依托泊苷与卡铂,VP-16/CBP)等。

1) 局限期(最多 4~6 个周期):

① 顺铂 60mg/m^2,d1+ 依托泊苷 120mg/m^2,d1、2、3。

② 顺铂 60mg/m^2,d1+ 依托泊苷 100mg/m^2,d1、2、3。

③ 卡铂 AUC5~6,d1+ 依托泊苷 100mg/m^2,d1、2、3。

2) 广泛期(最多 4~6 个周期):

① 顺铂 75mg/m^2,d1+ 依托泊苷 100mg/m^2,d1、2、3。

② 顺铂 80mg/m^2,d1+ 依托泊苷 80mg/m^2,d1、2、3。

③ 顺铂 25mg/m^2,d1,2,3+ 依托泊苷 100mg/m^2,d1、2、3。

④ 卡铂 AUC5~6,d1+ 依托泊苷 100mg/m^2,d1、2、3。

⑤ 顺铂 60mg/m^2,d1+ 伊立替康 60mg/m^2,d1、8、15。

⑥ 顺铂 30mg/m^2+ 伊立替康 65mg/m^2,d1、8,q3w。

⑦ 卡铂 AUC5,d1+ 伊立替康 50mg/m^2,d1、8、15。

小细胞肺癌复发的治疗:对于小细胞肺癌复发的患者,后续治疗针对复发的早晚选择方案有所不同。对于 2~3 月内复发,ECOG 评分为 0~2 分的患者,可选用紫杉醇、多西他赛、托泊替康、伊立替康、替莫唑胺(75mg/m^2,d1~21)、吉西他滨、异环磷酰胺;对于出现在 2~3 月以后到 6 月内复发的患者,可选用托泊替康口服或静脉使用、紫杉醇、多西他赛、吉西他滨、长春瑞滨、口服依托泊苷、替莫唑胺、环磷酰胺 + 多柔比星 + 长春新碱(CAV 方案);6 月后复发,可选用初始治疗,

即重新开始治疗。对 PS 评分差的患者，考虑剂量下调。

5. 肺癌分期治疗模式

(1) 非小细胞肺癌：

1) Ⅰ期($T_{1\sim2}N_0M_0$)：首选手术治疗。手术方式为肺叶或全肺切除加肺门及纵隔淋巴结清扫术。如心肺功能差，可行局限性肺切除术。对于不愿手术者，可行单独放射治疗。完全性切除的ⅠA 期肺癌，术后不行辅助放疗或化疗，对于ⅠB 期肺癌，辅助化疗仍有争议，目前不建议行术后辅助化疗。

2) Ⅱ期($T_{1\sim2}N_1M_0$、$T_3N_0M_0$)：

N_1Ⅱ期肺癌，首选手术治疗。完全性切除 N_1Ⅱ期肺癌，建议行术后辅助化疗，除临床试验外，无须辅助放疗。

T_3Ⅱ期肺癌，包括侵犯胸壁、膈肌、壁层心包，侵犯主支气管近隆突不足 2cm 和 Pancoast 瘤。除 Pancoast 瘤为术前同步放化疗加手术外，均为首选手术治疗。完全性切除 T_3Ⅱ期肺癌，建议行术后辅助化疗，除临床试验外，无须辅助放疗。

3) Ⅲ期：分为ⅢA 期和ⅢB 期，包括已有同侧纵隔淋巴结转移(N_2)，或侵犯纵隔重要结构(T_4)，或有对侧纵隔，或锁骨上淋巴结转移(N_3)的肺癌。

$T_3N_1M_0$：治疗原则同 T_3Ⅱ期非小细胞肺癌。

可切除的 N_2 局部晚期非小细胞肺癌：目前的治疗为新辅助化疗加手术治疗，或手术治疗加辅助化疗。

$T_4N_{0\sim1}$：可切除者选择手术治疗加辅助化疗，术后病理报告有肿瘤残留者，应给予局部根治剂量放疗；或新辅助治疗(化疗、放疗或放化疗)加手术治疗。不可切除者的治疗为含铂方案的化疗加放射治疗。

不可切除的局部晚期非小细胞肺癌：目前治疗方案为含铂方案的化疗加放射治疗联合。

4) Ⅳ期：以化疗为主要手段，治疗目的为延长生命，提高生活质量。

单发转移灶(脑或肾上腺)，而肺部病变为可切除的非小细胞肺癌患者，脑或肾上腺病变可手术切除，肺部原发病变按分期治疗原则进行。

(2) 小细胞肺癌：

1) 局限期：分期为 $T_{1\sim2}N_{0\sim1}M_0$ 的治疗模式为手术治疗加术后化疗，亦可采用术前辅助化疗加手术治疗模式。不适于手术的局限期小细胞肺癌和功能状态好 PS(0~2)的患者，推荐行化疗和同步胸部放射治疗，考虑化疗和放疗联合的治疗模式。大多数局限期小细胞肺癌和功能状态好 PS(0~2)的患者，推荐行化疗和同步胸部放射治疗。

完全缓解的局限期小细胞肺癌，推荐预防性脑照射。

2) 广泛期：以全身化疗为主，不推荐预防性脑照射。

(四) 介入性治疗

1. 治疗原则 目前肺癌有手术条件的患者仍首选手术治疗，但对于确实不能手术但无远处转移者，则可选介入治疗，对不能耐受全身化疗患者也可改用介入治疗，但接受介入治疗者应无严重的心、肺及肝、肾功能障碍。

2. 介入治疗的分类

(1) 血管内介入治疗：肺癌的肿瘤组织主要由支气管动脉供血，根据这一循环特点，人们提出了经支气管动脉灌注化疗药物，以提高局部的药物浓度，更有效地杀灭癌细胞，并且减少和减轻全身不良反应。经支气管动脉给药与静脉给药比较，进入肿瘤组织的药物浓度可以高达 8~48 倍。而化学药物浓度每增加 1 倍，杀灭肿瘤细胞的数量即增加 10 倍，且呈对数关系递增。另外，经支气管动脉给予的药物，不经过全身血液循环直接进入肿瘤组织，仅极少量与血浆蛋白结合而绝大部分为游离药物，更进一步提高药物的疗效。

1）经支气管动脉灌注化疗（bronchial artery infusion，BAI）：BAI 是把肿瘤器官作为靶器官，经病变靶血管将抗癌药物直接注入瘤体内，保持瘤体内血液药物高浓度，有效杀伤肿瘤细胞，而机体其他重要器官内药物浓度低或仅有轻微升高。随着血液循环的进行，瘤体内的部分药物逐渐进入血液中，循环药物可再次进入瘤体内发挥二次抗癌作用，双重杀伤肿瘤细胞组织，达到局部治疗和全身治疗相结合的效果。

适用于中晚期肺癌，或因其他原因不能手术或不愿手术的肺癌患者，或外科手术未能全部切除肿瘤者。另外，外科手术前行 BAI 可使肿瘤缩小，有效地降低肺癌的分期，提高手术切除率及降低术后复发率。肺内多发转移性肿瘤，虽不属于支气管肺癌，但采用 BAI 仍可以获得很好疗效。对造影剂过敏、严重凝血机制障碍或严重心、肺、肝和肾功能不全者禁忌进行此项治疗。

药物选择：选用丝裂霉素 C、阿霉素、顺铂、卡铂、氟尿嘧啶脱氧核苷、长春瑞宾、羟基喜树碱等，常选择 2~3 种联合使用。

2）支气管动脉化疗栓塞术（bronchial artery embolization，BAE）：BAE 的目的是：治疗各种原因引起的支气管动脉损害所造成的咯血；阻断胸部肿瘤的血供；治疗胸壁窦道的出血。BAE 的原理是应用吸收性明胶海绵颗粒、碘油、PVA 颗粒等栓塞材料阻塞供应肿瘤的靶血管，阻止肿瘤组织的生长，同时延长化疗药物与肿瘤组织的接触时间，从而更大程度地使肿瘤细胞缺血坏死。常选用吸收性明胶海绵或 Ivalon 颗粒（>500μm），也可用不锈钢圈。肺癌化疗栓塞尚可用载药微球。

（2）非血管内介入治疗：

1）支气管镜介入治疗：是在支气管镜引导下，于瘤体中央及周边多点注射敏感化疗药物，对中晚期中央型肺癌，尤其是管内型及管壁浸润型者，可提高局部药物浓度，杀灭肿瘤细胞，达到姑息治疗效果，对失去手术机会且出现气道阻塞等并发症患者效果明显。同时，可经支气管镜下行高频电凝术、氩等离子凝固术等介入治疗方法，能完全或部分消除瘤体，减轻肿瘤负荷，缓解患者症状，且创伤小、并发症及不良反应少，是临床治疗晚期肺癌伴气道阻塞的有效方法，值得进一步推广。

2）经皮肺穿刺介入治疗：经皮肺穿刺治疗肺部恶性肿瘤的方法，主要包括瘤体内药物注射、植入放射性粒子行组织间近距离放疗、射频消融以及氩氦刀等，主要适用于高龄或基础疾病多、心肺等重要脏器功能减退，而不适合外科手术的胸部肿瘤，手术无法切除的胸部肿瘤，以及不愿意接受手术者。

3）^{125}I 放射性粒子植入：^{125}I 粒子植入是恶性肿瘤的一种新型微创靶向治疗技术，临床上已广泛用于多种恶性肿瘤的治疗并取得肯定疗效。

（五）生物缓解调节剂治疗

肺癌生物治疗是一种利用细胞生物学与分子生物学手段调节机体免疫系统功能或肿瘤生长，从而达到抑瘤目的的治疗方法，是继手术、放疗、化疗模式之后新兴的治疗手段，它具有常规治疗方法无可比拟的优势，并显示出良好的临床应用前景。其主要包括细胞免疫治疗、靶向治疗、基因药物治疗以及细胞因子治疗等。主要作用机制有：①增强或恢复机体的抗瘤免疫效应机制；②作用于肿瘤微环境，降低肿瘤生长、侵袭及转移能力；③与传统治疗联合，降低放化疗不良反应、打破放化疗抗性的同时激发机体的抗肿瘤免疫效应，发挥协同治疗效果。根据作用机制的不同，肿瘤生物治疗主要分为两大类：主动免疫治疗与被动免疫治疗。

1. 肺癌的主动免疫治疗 主要包括肿瘤疫苗治疗，其以治疗性疫苗为主。一般而言，肿瘤疫苗通过激发机体产生肿瘤抗原特异性免疫反应，增强机体对某种抗原的免疫应答能力，从而达到抑制、清除肿瘤的目的。目前，用于肺癌治疗的疫苗主要包括树突状细胞（dendritic cell，DC）疫苗，相关肿瘤抗原疫苗（mRNA/DNA、蛋白、肽），失活的自体或同种异体肿瘤细胞疫苗和病毒

Note

疫苗。

2. 肺癌的被动免疫治疗 被动免疫治疗又称过继性免疫治疗，主要通过回输具有特异性或非特异性抗瘤活性的生物活性物质，而在患者体内直接发挥抗肿瘤效应。越来越多的证据表明，过继性免疫治疗可减少恶性肿瘤的复发率和转移率。肺癌的过继性免疫治疗，主要包括过继性细胞免疫治疗与分子靶向治疗。

（六）靶向治疗

近年来在NSCLC的治疗上，化疗的地位虽然没有发生根本动摇，但其疗效已达到一个平台，毒性及不良反应也限制了临床应用。靶向治疗因其可靠的疗效且毒性和不良反应轻，已成为最受关注和最有前途的治疗手段之一。

1. 驱动基因检测

（1）表皮生长因子受体（epidermal growth factor receptor，EGFR）基因突变：大量研究结果表明，EGFR基因突变状态是EGFR酪氨酸激酶抑制剂（EGFR-TKI）治疗晚期NSCLC最重要的疗效预测因子。突变通常发生于外显子18~21，其中19外显子缺失及21外显子L858R点突变是最常见的对EGFR-TKI治疗敏感的突变（EGFR敏感突变）。

多项研究结果证实，在非选择性中国NSCLC患者中，EGFR总突变率约为30%，腺癌患者突变率约为50%，不吸烟腺癌可高达60%~70%，而鳞癌患者仍有约10%的EGFR敏感突变率，因此，需要提高临床医生常规进行EGFR基因突变检测的意识。

肿瘤部位的手术切除标本、组织活检标本和细胞学标本都可用于EGFR基因突变的检测。无论采用哪种标本，均应保证标本含有至少200~400个肿瘤细胞。血液标本用于EGFR基因突变检测的方法尚不成熟，敏感度不如组织标本，建议暂不作为常规检测项目。检测标本需要由有经验的病理科医生负责质量控制。

目前EGFR基因突变的检测方法很多，包括直接测序法、基于实时荧光定量聚合酶链反应（PCR）基础上的方法，如蝎形探针扩增阻滞突变系统法（scorpion amplification refractory mutation system scorpion，ARMS）、片段长度分析及变性高效液相色谱技术等，各有优缺点，目前对于哪种方法更具优势尚未达成共识。

DNA直接测序法应用广泛，可检测已知的突变和未知的突变，但对标本的肿瘤细胞含量要求较高，一般要求标本中肿瘤细胞的比例在50%以上，至少不低于30%。基于实时荧光定量PCR基础上的方法（如ARMS法）较直接测序法更加敏感，可检测样品中1.0%~0.1%的突变基因，更适合用于肿瘤细胞含量较少的小标本检测。

ARMS方法操作简单，是目前临床上较常用的方法之一，但只能检测已知的突变，且标本需进行预处理，检测费用较高。

（2）间变性淋巴瘤激酶（ALK）融合基因：*ALK*融合基因是新发现的NSCLC驱动基因，其中棘皮动物微管相关类蛋白4（*EML4*）基因与ALK的融合（EML4-ALK）为最常见类型。*ALK*融合基因主要出现在不吸烟或少吸烟的肺腺癌患者，且通常与EGFR基因突变不同时存在于同一患者。

NSCLC患者中*ALK*融合基因的发生率约为5%，而在*EGFR*、*KRAS*、HER_2或*TP53*等基因无突变的NSCLC患者中，*ALK*融合基因阳性率达25%；我国EGFR和KRAS均为野生型的腺癌患者中*ALK*融合基因的阳性率高达30%~42%。目前检测*ALK*融合基因的常用方法，主要有荧光原位杂交技术（FISH）、基于PCR扩增基础上的技术和免疫组织化学方法（IHC）。

FISH目前仍是确定*ALK*融合基因的参照标准方法，但价格昂贵，操作规范要求较高，尚不适用于ALK阳性患者的筛查。实时荧光定量PCR操作简便，敏感度高，但需要特定的试剂盒和仪器，目前已经有获得我国食品药品监督管理局（CFDA）批准用于临床检测的实时荧光定量PCR商业化试剂盒。

IHC简便易行、价格便宜、操作方法成熟。目前具有高亲和力的D5F3（cellsignaling）和5A4

(Abeam)抗体特异度和敏感度分别达到了 100% 和 95%~99%。Ventana ALK 融合蛋白 IHC 诊断试剂盒,在不影响特异度的前提下,进一步提高了敏感度,与 FISH 结果的吻合率达到 98.8%,可重复性达 99.7%,已经获 CFDA 批准用于诊断 ALK 阳性的 NSCLC 患者。

实验室检测时,应根据组织标本类型和实验室条件选择合适的检测技术,标本的质量控制应由有经验的病理科医生负责,当怀疑一种技术的可靠性时,可以采用另一种技术加以验证。

(3) *ROS-1* 融合基因:*ROS-1* 是另一种酪氨酸激酶受体基因的融合形式,是新近发现的 NSCLC 驱动基因,*CD74-ROS-1* 为其常见类型,在 NSCLC 患者中的发生率约为 1%,年轻、不吸烟或轻度吸烟的肺腺癌患者中发生率更高,并且常与其他驱动基因无重叠。

ROS-1 融合基因与 *ALK* 融合基因的临床特征非常相似,提示这两种突变亚型可能有着共同的致病机制。用于检测 *ROS-1* 融合基因的方法有多种,但目前最常用的检测方法是 FISH 法。

2. EGFR-TKI

(1) 一线治疗:对于 EGFR 基因敏感突变的晚期 NSCLC 患者,推荐一线使用 EGFR-TKI(许多国家已批准吉非替尼和厄洛替尼为一线治疗药物,但我国只批准了吉非替尼,美国和我国台湾省已批准阿法替尼为一线治疗药物)。

对于EGFR基因敏感突变的晚期NSCLC患者,可考虑一线化疗联合间插厄洛替尼6个周期,然后采用厄洛替尼维持治疗。

(2) 维持治疗:对于一线化疗获得疾病控制(PR/CR/SD)的晚期 NSCLC 患者,可考虑吉非替尼或厄洛替尼维持治疗。

(3) 二线及后续治疗:EGFR-TKI(吉非替尼、厄洛替尼或埃克替尼)可用于晚期 NSCLC 患者的二线或三线治疗,而对于 EGFR 基因敏感突变的患者则优先推荐 EGFR-TKI;EGFR 野生型的患者不建议优先推荐 EGFR-TKI 二线治疗。

(4) 老年及功能状态评分低患者的治疗:老年(70 岁以上)肺癌患者由于器官功能较差和合并症的存在,常难以接受含铂的双药化疗,而 EGFR-TKI 因为耐受性良好,可以考虑一线使用。

对于 EGFR 基因敏感突变的老年患者,推荐使用 EGFR-TKI(吉非替尼或厄罗替尼)治疗。

对于老年或不能耐受化疗、EGFR 突变状态未明的 NSCLC 患者,由于中国患者 EGFR 基因突变率较高,且没有其他有效的治疗方式,可试用 EGFR-TKI(吉非替尼或厄洛替尼)治疗,并密切观察疗效和毒性及不良反应。

(5) EGFR-TKI 耐药后的治疗:一线接受 EGFR-TKI 治疗的 EGFR 基因敏感突变的 NSCLC 患者,通常会在 9~10 个月后出现疾病进展,提示出现继发性 EGFR-TKI 耐药。

对于缓慢进展的患者,建议继续使用原来的 EGFR-TKI 治疗或 EGFR-TKI 联合化疗;对于快速进展的患者,推荐停用 EGFR-TKI,改用化疗;于局部进展且原有病灶控制良好的患者,建议继续使用 EGFR-TKI 并联合局部治疗。

3. *ALK* 和 *ROS-1* 融合基因抑制剂　对于 *ALK* 及 *ROS-1* 融合基因阳性的晚期 NSCLC 患者,推荐使用克唑替尼治疗。

4. 血管生成抑制剂　对于功能状态评分 0~1 分的晚期非鳞 NSCLC 患者,在没有明显咯血和肿瘤侵犯大血管的情况下,推荐在一线化疗(卡铂与紫杉醇或顺铂与吉西他滨)基础上联合贝伐单抗(贝伐单抗在我国暂无肺癌适应证,但预计不久能获得 CFDA 批准);对于晚期 NSCLC 患者,可采用长春瑞滨与顺铂联合重组人血管内皮抑制素。

以下情况不推荐使用贝伐单抗:①鳞癌或以鳞癌为主的混合型肺癌;②肿瘤侵犯大血管;③有咯血史(1 次咯血 >2.5ml);④不可控制的原发性高血压等心血管疾病。

八、随访

对于新发肺癌患者应建立完整病案和相关资料档案,治疗后定期随访和进行相应检查。治

疗后头两年每3个月1次,两年后每6个月1次,直到5年,以后每年1次。

(石志红)

思考题

1. 肺癌的细胞学分类。
2. 肺癌的临床分期。
3. 肺癌的治疗原则。

参考文献

1. Anthony J,Alberg,PhD,et. al.Diagnosis and management of lung cancer. 3RD ED:ACCP Guidelines. CHEST,2013,5;supplement.

2. J. Vansteen kiste,D. De Ruysscher,W. E. E. Eberhardt,et,al.on behalf of the ESMO Guidelines Working Group. Early and locally advanced non-small-cell lung cancer(NSCLC): ESMO Clinical Practice Guidelines for diagnosis,treatment and follow-up. Annals of On cology 2013 (Supplement 6):vi89-vi98.

3. M. Früh,D. De Ruysscher,S. Popat,et,al. Small-cell Cancer(SCLC):ESMO Clinical Practice Guidelines for diagnosis,treatment and follow-up. On behalf of the ESMO Guidelines Working Group. Annals of On cology 24(Supplement 6):vi99-vi105,2013.

4. S. Peters,A.A. Adjei,C. Gridelli,et. al. Metastatic non-small-cell lung cancer(NSCLC): ESMO Clinical Practice Guidelines for diagnosis,treatment and follow-up. Felip on behalf of the ESMO Guidelines Working Group. Annals of Oncology 23(Supplement 7):vii56-vii64,2012.

第十五章 间质性肺疾病

第一节 间质性肺疾病的概念和分类

一、概述

间质性肺疾病(interstitial lung disease,ILD):也称弥漫性实质性肺疾病(diffuse parenchymal lung disease,DPLD),指主要累及肺间质、肺泡和(或)细支气管的一组肺部弥漫性疾病。累及范围几乎包括所有肺部组织,但除外细支气管以上的各级支气管。ILD 并不是一种独立的疾病,它包括 200 多个病种。尽管各种疾病临床表现、实验室和病理改变有各自的特点,然而它们具有一些共同的临床、呼吸病理生理和胸部影像学特征。病程多进展缓慢,表现为渐进性劳力性呼吸困难、限制性通气功能障碍伴弥散功能降低、低氧血症和影像学上的双肺弥漫性病变。组织学上表现为不同程度的肺纤维化、炎性病变伴或不伴肺实质肉芽肿或继发性血管病变,最终发展为弥漫性肺纤维化和蜂窝肺,导致呼吸衰竭而死亡。

二、间质性肺疾病的概念

间质性肺疾病由于多年来在概念上的不断变化,多种称谓同时存在。如对于两肺多发分布的网状和小结节性病灶,曾被称为“间质性肺疾病(ILD)”、“弥漫性肺疾病(diffuse lung disease/disorders,DLD)”、“肺间质纤维化”,亦或“间质性肺炎”等。诸如此类的称谓之间似乎有所区别,但又很相似,互相交叉、相互包涵,把已十分复杂的疾病在概念上变得非常模糊。针对这种现状,参考近年来国际、国内对此类疾病研究的进展,将一些容易混淆的重要概念进行全面梳理和归纳:

1. 肺实质与肺间质　肺实质在解剖学上是指各级支气管和肺泡结构。肺间质则是指肺泡间、终末气道上皮以外的支持组织,包括血管、神经和淋巴组织。

2. 弥漫性肺疾病(DLD)　指在肺部影像学或病理学上,以两肺广泛分布的多发性病变为特点的疾病。包括所有肺实质和肺间质性疾病,主要强调病灶的广泛分布。

3. 间质性肺疾病(ILD)　指主要累及肺间质、肺泡和(或)细支气管的一组肺部弥漫性疾病,是 DLD 的主要类型。ILD 累及范围包括所有肺部组织,但除外细支气管以上的各级支气管。因此,ILD 与 DLD 的区别主要是病变的组织结构定位不包括细支气管以上的各级支气管。其病因复杂,涉及面广,主要的分类如表 15-1 所示。

4. 特发性间质性肺炎(idiopathic interstitial pneumonias,IIPs)　是一组原因不明的 ILD,经过多次修订,2013 年 ATS/ERS 又提出了一个临床实用的 IIP 最新国际分类如表 15-2 所示,作为对 2011 年国际共识的补充。主要的更新是在 2011 年国际共识的基础上新增了一组“无法分类的 IIP”,把那些暂时无法确定 IIP 具体类型的特发性间质性肺炎归类于此,另外增加了“特发性胸膜肺纤维弹性组织增生”的新类型。

5. 特发性肺纤维化(idiopathic pulmonary fibrosis,IPF)　也称隐源性致纤维化性肺泡炎(CFA),特指肺组织病理学上表现为寻常型间质性肺炎(usual interstitial pneumonia,UIP)的 IIP,是 IIP 中的主要类型。

表 15-1　间质性肺炎(ILD)的临床分类

主要类型		涉及病因
已知原因	职业或环境	无机粉尘:二氧化硅、石棉、滑石、铍、煤、铝、铁等引起的肺尘埃沉着病;有机粉尘吸入导致的外源性过敏性肺泡炎(霉草尘、蘑菇肺、蔗尘、饲鸽肺等)
	药物	抗肿瘤药物(博来霉素、甲氨蝶呤等);心血管药物(胺碘酮等);抗癫痫药(苯妥英钠等);其他药物(呋喃妥因、口服避孕药、口服降糖药等)引起的 ILD
	治疗诱发	放射线照射、氧中毒等治疗因素导致的 ILD
	各种感染	结核、病毒、细菌、真菌、肺孢子菌、寄生虫等感染引起的 ILD
	恶性肿瘤	癌性淋巴管炎、肺泡细胞癌、转移性肺癌等引起的 ILD
	慢性肺淤血	慢性心脏病所致的肺淤血、急性左心衰导致的肺水肿等也表现为 ILD
	其他	慢性肾功能不全、移植排斥反应等引起的 ILD
未知原因	IIPs	参见表 15-2
	其他	结缔组织病相关的 ILD(connective tissue diseases-interstitial lung diseases,CTD-ILD):类风湿性关节炎、系统性硬化症、系统性红斑狼疮、多发性肌炎或皮肌炎、干燥综合征、混合性结缔组织病、强直性脊柱炎等
		结节病(sarcoidosis)
		弥漫性泛细支气管炎(diffuse panbronchiolitis,DPB)
		肺血管病相关的 ILD Wegener 肉芽肿或 Churg-Strauss 综合征、坏死性结节样肉芽肿病、肺朗格汉斯组织细胞增生症(pulmonary Langerhans'cell histiocytosis,PLCH)等
		淋巴细胞增殖性疾病相关的 ILD:淋巴瘤样肉芽肿等
		肺泡填充性疾病:肺泡蛋白沉积症(pulmonary alveolar proteinosis,PAP)、肺泡微石症、肺含铁血黄素沉积症、肺出血—肾炎综合征等
		肺淋巴管平滑肌瘤病(pulmonary lymphangioleiomyomatosis,PLAM)
		急性呼吸窘迫综合征(ARDS)

表 15-2　特发性间质性肺炎(IIPs)分类

类别	分型
主要的 IIP 类型	特发性肺纤维化(idiopathic pulmonary fibrosis,IPF)
	特发性非特异性间质性肺炎(idiopathic nonspecific interstitial pneumonia,NSIP)
	呼吸性细支气管炎伴间质性肺病(Respiratory bronchiolitis and interstitial lung disease,RBILD)
	脱屑性间质性肺炎(desquamative interstitial pneumonia,DIP)
	隐源性机化性肺炎(cryptogenic organizing pneumonia,COP)
	急性间质性肺炎(acute interstitial pneumonia,AIP)
少见的 IIP 类型	特发性淋巴细胞性间质性肺炎(idiopathic lymphoid interstitial pneumonia,LIP)
	特发性胸膜肺纤维弹性组织增生(idiopathic pleuropulmonary fibroelastosis)
无法分类的 IIP	包括:临床影像或者病理资料不足、临床影像或者病理资料提供的信息不一致等情况

第二节 肺间质疾病的发病机制及病理改变

一、病因与发病机制

ILD确切的发病机制尚未完全阐明，且不同的ILD类型其发病机制有着显著的差别。但它们的发病机制和病理变化也有许多共同之处，即肺间质、肺泡、肺小血管或末梢气道存在不同程度的炎症，在反复的炎症损伤和修复过程中最终导致肺纤维化的形成。ILD的演变过程可分为以下三个阶段：启动、进展和终末阶段。

1. 启动阶段 启动ILD的致病因子通常是各种生物、物理和化学因素。生物因素包括各种病原体毒素和(或)抗原的吸入，可导致急性肺损伤(ALI)，严重时导致急性呼吸窘迫综合征(ARDS)、外源性过敏性肺泡炎(EAA)等。物理因素包括各种无机粉尘的吸入可导致职业性肺尘埃沉着病、放射线照射可导致放射性肺炎等。化学因素包括各种有毒有害化学气体和试剂的吸入，可导致肺损伤。而引起特发性肺纤维化(IPF)和结节病等ILD的病因尚不清楚。

2. 进展阶段 肺组织一旦暴露和接触了致病因子，则产生一系列复杂的炎症反应，导致肺组织损伤，首先表现为肺泡炎症，这是多数ILD发病的中心环节。随着炎症及免疫细胞的活化，一方面释放氧自由基等毒性物质，直接损伤Ⅰ型肺泡上皮细胞和毛细血管内皮细胞；另一方面释放蛋白酶等直接损伤间质、胶原组织和基底膜等。同时还释放各种炎性细胞因子，形成复杂的炎症因子网络。已发现的重要炎症因子包括单核因子(monokines)、白介素-1(IL-1)、白介素-2(IL-2)、白介素-8(IL-8)、血小板衍化生长因子(platelet-derived growth factor，PDGF)、纤维连接蛋白(fibronectin，FN)、胰岛素样生长因子-1(insulin-like growth factor，IGF-1)、间叶生长因子(mesenchymal growth factor，MGF)、转化生长因子-β(transforming growth factor，TGF-β)及γ-干扰素(INF-γ)等。这些炎症因子在不同的ILD类型和疾病的不同阶段起着不同的作用，有些使得炎症反应不断加剧，有些则起着损伤修复的作用。虽然，这些细胞因子在ILD发病中的生物活性及作用尚未完全阐明，但它们反馈性作用于各种炎性细胞、免疫细胞，对肺泡炎症反应发挥着或放大、或减弱的重要调节作用。有些肺泡炎症迅速发展最后导致呼吸功能衰竭；有些则经机体不断的修复，肺泡及小气道的结构可得以重建和恢复正常；另外还有些则因为过度的修复导致肺组织瘢痕化，进入终末阶段。

3. 终末阶段 部分肺泡炎症广泛而严重，造成肺组织结构破坏；机体的修复功能启动后大量成纤维细胞聚集和增殖，胶原组织增生、沉积，不断的破坏和修复循环往复，最后有两种结局：一种是肺组织破坏严重，超出机体的修复能力，最终死于急性肺损伤；另一种是肺组织过度修复、肺泡壁增厚、瘢痕化，最终导致肺纤维化。

在这个“致病因子-肺泡炎-纤维化”的发病机制推测中，什么因素决定各种致病因子将导致何种最终结局？目前尚不清楚，但都是在个体特有的遗传背景基础上，与环境损伤因素相互作用的结果。

二、病理

间质性肺疾病是以间质增生、炎症细胞浸润为主要病理改变的一组异质性疾病，种类繁多，组织学改变虽无特异性，但也有一定的共性，多表现为不同程度的肺纤维化、炎性病变伴或不伴肺实质肉芽肿或继发性血管病变。主要的病理变化及其相对应的临床ILD类型列举如下：

(一) 纤维组织增生为主的病变

病理表现为肺间质纤维组织增生、间质胶原化、肺组织结构破坏和蜂窝肺形成。相对应的临床类型包括：特发性肺纤维化(IPF)、结缔组织病相关的ILD(CTD-ILD)、慢性药物性肺损伤、职业性肺尘埃沉着病、慢性过敏性肺炎、放射性肺炎等。

(二) 弥漫性炎症细胞浸润为主的病变

病理表现为肺泡间隔、小气道周围大量炎症细胞浸润，通常没有肺泡结构的破坏和重建。常见于以下临床类型：各种感染及感染后病变、富细胞型非特异性间质性肺炎、淋巴细胞性间质性肺炎、CTD-ILD、急性肺损伤、亚急性过敏性肺炎、药物毒性和吸入性肺炎等。

(三) 肺泡腔和小气道充填为主的病变

主要的病理表现为小气道和肺泡腔内有各种物质的充填，包括吸入性粉尘、细胞、组织成分、钙化、肉芽组织等。常见于以下临床类型：肺泡蛋白沉着症(PAP)、急性间质性肺炎(AIP)、脱屑性间质性肺炎(DIP)、机化性肺炎(OP)、急性纤维素性机化性肺炎(AFOP)、巨细胞性肺炎、肺含铁血黄素沉着症、肺泡微石症等。

(四) 小气道病变为主的疾病

小气道病变因常常累及肺间质而表现为ILD，主要病理变化是炎症、纤维化及肉芽肿。常见的临床类型包括：弥漫性泛细支气管炎(DPB)、RBILD、气道中心性肺纤维化(ACIP)、闭塞性细支气管炎、结节病、铍肺、吸烟相关的呼吸性细支气管炎等。

(五) 血管病变为主的疾病

病理表现为肺血管的炎症、血管壁增厚、机化等。临床常见的类型包括：各种CTD-ILD、韦格纳肉芽肿、巨细胞动脉炎、结节性多动脉炎等。

(六) 肉芽肿性病变

病理表现为炎症细胞、上皮样组织细胞、纤维(母)细胞，伴或不伴多核巨细胞形成的结节。临床常见类型包括：各种感染所致的肉芽肿病变(结核、真菌、寄生虫、病毒等感染)、结节病、各种CTD-ILD、韦格纳肉芽肿、铍肺、过敏性肺炎等。

第三节　间质性肺疾病的诊断方法

弥漫性间质性肺疾病的诊断是一个动态的过程，必须由临床、影像和病理科医生密切合作，即“临床-影像-病理(clinical-radiologic-pathologic diagnosis，CRP)诊断”，并需在长期随访过程中对诊断结果进行不断的修正。其中病理组织学诊断是基础，CRP诊断是最准确、最接近真实的诊断。

ILD的诊断包括两个步骤：第一，要确定是否ILD：ILD诊断的第一个线索往往来自于患者影像学资料，特别是高分辨力CT(HRCT)表现为弥漫分布的两肺多发的病变就应考虑为ILD；第二，要确定ILD的类型：这是一个非常复杂的系统工程，需通过详细的询问病史、全面的体格检查、胸部HRCT、肺功能和动脉血气、肺泡灌洗液(BALF)检查、病理检查、以及其他多方面辅助检查。按照以下鉴别诊断思路(图15-1)进行全面的分析，从而得出准确的诊断。首先要除外已知原因；接着在原因未明的ILD中进一步筛查那些具有独立诊断标准的疾病；然后再从IIPs中将IPF甄别出来；最后在Non-IPF中将各种类型的IIPs区分开。

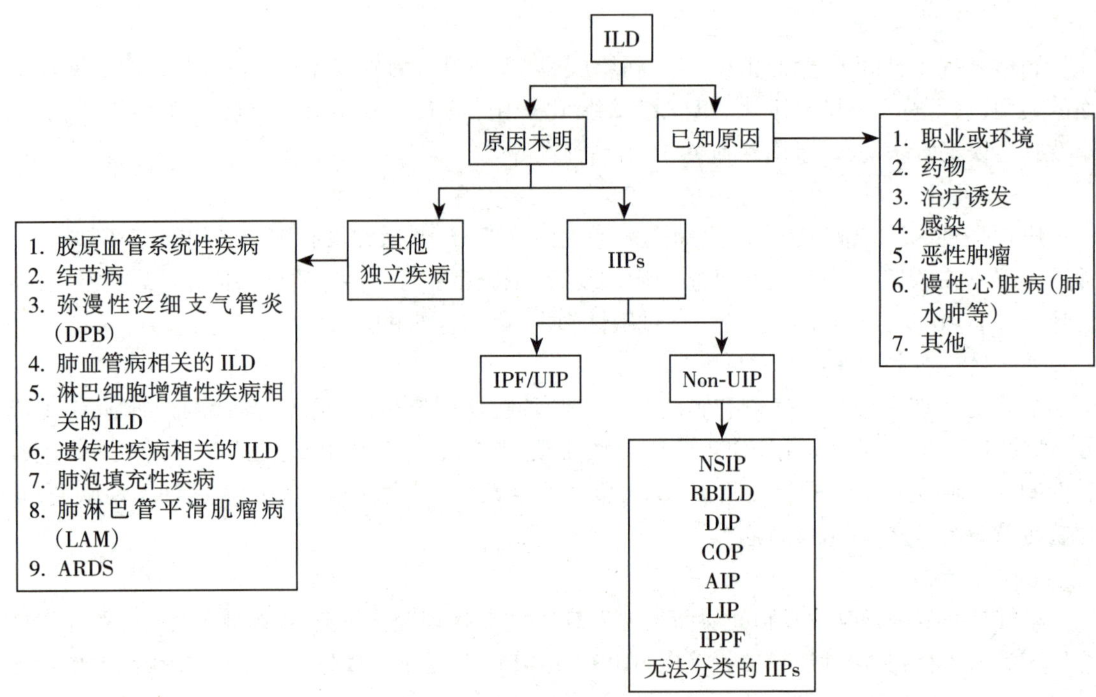

图 15-1 间质性肺疾病的鉴别诊断分析思路

注:ILD:间质性肺疾病(interstitial lung disease);ARDS:急性呼吸窘迫综合征(acute respiratory distress syndrome);IIPs:特发性间质性肺炎(idiopathic interstitial pneumonias);IPF:特发性肺纤维化(idiopathic pulmonary fibrosis);UIP:寻常型间质性肺炎(usual interstitial pneumonia);NSIP:特发性非特异性间质性肺炎(idiopathic nonspecific interstitial pneumonia,NSIP);RBILD:呼吸性细支气管炎伴间质性肺病(respiratory bronchiolitis and interstitial lung disease);DIP:脱屑性间质性肺炎(desquamative interstitial pneumonia);COP:隐源性机化性肺炎(cryptogenic organizing pneumonia);AIP:急性间质性肺炎(acute interstitial pneumonia);LIP:特发性淋巴细胞性间质性肺炎(idiopathic lymphoid interstitial pneumonia);IPPF:特发性胸膜肺纤维弹性组织增生(idiopathic pleuropulmonary fibroelastosis)

第四节 特发性肺纤维化

一、概念

特发性肺纤维化(idiopathic pulmonary fibrosis,IPF)是一种原因不明的,局限于肺部的慢性、进行性、纤维化性间质性肺炎的一种特殊形式:是 ILD 的主要类型。主要发生于老年人,组织学和(或)影像学表现为寻常型间质性肺炎(usual interstitial pneumonia,UIP)。目前 IPF 的概念特指 UIP,因此常以 IPF/UIP 这种方式来表达。

二、流行病学

目前虽仍无大规模的 IPF 流行病学调查研究,但 IPF 发病率呈现明显的增长趋势。一项基于美国新墨西哥州伯纳利欧县人口的研究:IPF 年发病率估计为男性 10.7/10 万,女性 7.4/10 万。英国研究报道:IPF 年发病率为 4.6 /10 万,从 1991 年到 2003 年,IPF 发病率估计增长率为每年 11%,此增加与人口老龄化或轻症患者确诊率增加无关。第三项来自美国一个大的健康计划研究资料,IPF 估计发病率 6.8~16.3 /10 万。另有研究估计 IPF 发病率占总人口的 2~29/10 万。不同研究数据之间如此之大差别的原因,可能与以往缺乏统一的 IPF 界定、各项研究的设计以及人群的不同有关。近年一项来自美国大样本健康计划资料的分析,估计 IPF 发病率在(14.0~42.7)/

Note

10万之间。IPF发病率尚难以确定是否与地理、国家、文化或种族等多种因素的影响有关。

三、病因与发病机制

目前IPF的病因和发病机制尚不十分清楚，有些相关因素的研究简述如下。

（一）特发性肺纤维化的病因及潜在的相关发病因素

1. 吸烟 每年超过20包危险性明显增加。

2. 环境暴露 包括金属粉尘、木屑、务农、养鸟、护发剂、石粉接触、牲畜接触、植物和动物粉尘接触等。

3. 微生物因素 包括病毒感染，其中以EB病毒和肝炎病毒研究报道较多。其他还有巨细胞病毒，人类疱疹病毒等。其他微生物感染包括非典型病原体、各种细菌、真菌等与IPF的关系尚不清楚。

4. 胃—食道反流 多数IPF患者临床缺乏胃—食道反流症状，因此容易被忽略。

5. 遗传因素 新指南强调目前尚无相关的遗传学检测可用于区分家族性或散发性IPF；遗传因素和环境因素之间的相互作用需要投入更多的研究。

(1) 家族性IPF：占所有患者的比例<5%。他们发病可能较早，基因型不同与患者的地理分布可能有关。芬兰的一组病例研究提示，在染色体4q31上发现一个功能不明的$ELMOD_2$基因，分析可能是家族性IPF的易感基因。有研究提示IPF与染色体14连锁。多个研究强烈提示SP-C基因突变与家族性IIP有关，但未发现与散发病例的关联性。罕见的编码SP-A2蛋白的基因突变与家族性肺纤维化和肺癌相关。近期若干报道证明人类端粒酶反转录酶（hTERT）或人类端粒酶RNA发生的遗传变异与家族性肺纤维化有关（15%），但也发生于某些散发病例（3%），这些遗传学的变化引起端粒变短，最终导致细胞凋亡（包括肺泡上皮细胞）。

(2) 散发性IPF：至今没有任何遗传因素被一致认为与散发性IPF有关。有报道发现散发性病例，有多种编码细胞因子的基因多态性发生变化，包括，IL-1a，TNF-a，淋巴毒素a，IL-4，IL-6，IL-8，IL-10和IL-12，α1-抗胰蛋白酶和血管紧张素转化酶，TGF-b1，凝血因子，SP-A和B，免疫调节因子（补体受体-1，NOD2/CARD15），MMP-1等。其中许多与IPF的进展相关，但这些发现在后续的研究中均未得到证实。HLA-Ⅰ和Ⅱ类抗原等位基因单一表型在IPF患者中呈偏态分布，有种族差异。墨西哥最近的资料提示了MHC-I与IPF相关。

综上所述，IPF的发病是在一定遗传背景的基础上，受环境因素的影响，两者相互作用的结果。

（二）特发性肺纤维化的发病机制

1. 经典的发病机制认为IPF发病包括三个主要环节

(1) 肺泡免疫和炎症反应：肺泡巨噬细胞聚集、释放中性粒细胞趋化因子等细胞因子，使中性粒细胞向肺泡聚集、释放炎性介质，引起炎症反应。此阶段的治疗以抗炎为主。

(2) 肺实质损伤：中性粒细胞等炎性细胞释放蛋白酶类、毒性氧化物质等，破坏肺泡结构，造成肺实质损伤。此阶段的治疗以抗炎、抗损伤为主，同时予以抗纤维化治疗。

(3) 受损肺泡修复（纤维化）：在肺损伤的同时，肺泡巨噬细胞释放的间质细胞生长因子等刺激成纤维细胞增殖、活化，生成大量胶原纤维沉积，启动了损伤的修复过程。此阶段的治疗以抗纤维化为主，终末期肺移植。

2. 新的发病机制解释 认为肺泡上皮受损后可直接导致肺纤维化，伴或不伴肺泡炎症。这一解释导致了IPF治疗理念的变化，亦即IPF的起始治疗应该是抗纤维化，伴有炎症时可适当予以抗感染治疗。

四、病理改变

IPF的病理改变呈现寻常型间质性肺炎（UIP）的组织学特征（见文末彩图15-2），是IPF的

基本组织学表现。其特点为："分布不均、轻重不一、新老并存"。低倍镜下表现为斑片状不均匀分布的正常肺组织、间质炎症、纤维化和蜂窝样改变。这种变化在周边胸膜下的肺实质最严重。间质炎症呈片状分布，包括肺泡间隔淋巴细胞和浆细胞浸润，伴有肺泡Ⅱ型细胞增生。在纤维化区域主要由致密的胶原组织构成，也散在分布有增殖的成纤维细胞（所谓的"成纤维细胞灶"）。蜂窝肺部分主要由囊性纤维气腔构成，常常内衬以细支气管上皮，并充满黏液。在纤维化和蜂窝肺部位常可见平滑肌细胞增生。急性加重期组织学表现为弥漫性肺泡损伤，少数表现为机化性肺炎（远离纤维化最重的区域）。

五、临床表现

UIP/IPF 只发生于成人，典型的出现在 50 岁以后。常发病隐袭，逐渐出现干咳和气促。气促常更明显，多数进行性加重。干咳呈阵发性，镇咳药疗效不佳。80% 的患者可闻及"爆裂音"（"velcro" 啰音）。此啰音性质干燥、密集、高调，犹如尼龙袖带拉开时发出的声音，或者类似于在耳边捻搓头发所发出的声音（捻发音），其产生的原理是闭合的肺泡在吸气时，被气流冲击突然张开时所引起的声波震动，因此在吸气相出现，吸气末更明显、肺底部和两侧腋下为主。25%~50% 的患者有杵状指。晚期可出现发绀、肺心病等。不发生肺外受累。可出现体重下降、不适、疲劳。发热罕见，如出现发热，常提示其他诊断。

IPF 急性加重（acute exacerbation of IPF，AE-IPF）是导致 IPF 患者死亡的主要原因。其死亡率高达 50%~80%。AE-IPF 的病因和发生机制尚不清楚。目前 ATS/ERS 国际共识的诊断标准包括以下几个方面：①1 月内发生无法解释的呼吸困难加重；②低氧血症加重或气体交换功能严重受损；③新出现的肺泡浸润影；④无法用感染、肺栓塞、气胸或心脏衰竭等解释。此标准主要强调 AE-IPF 需要排除其他已知的因素，但其中感染因素是最难以排除的，尤其是那些潜在的病毒感染，并没有作为常规检查在临床实施，因此对这个诊断标准目前仍有争议。AE-IPF 可以出现在病程的任何时间，偶然也可能是 IPF 的首发表现。有报道胸部手术和肺泡灌洗操作可导致 AE-IPF 的发生。

六、实验室和特殊检查

（一）实验室和血清学检查

常规实验室检查对疑及 UIP/IPF 患者的诊断无帮助，但可除外其他原因所致的弥漫性肺疾病。可出现血沉增快、高丙球蛋白血症、乳酸脱氢酶（LDH）升高、血清血管紧张素转换酶（SACE）、或某些抗体，如中性粒细胞胞浆抗体，但均无诊断价值。

（二）胸部 X 线

UIP/IPF 患者出现症状时，几乎均有胸部 X 线片的异常。其特征性表现为两肺底部的、周边的、胸膜下的网状阴影。这种阴影常为双侧的、不对称的、常伴肺容积的减少。融合阴影、胸膜和淋巴结受累较少见（图 15-3）。但胸片正常并不能排除肺活检有微小异常的 UIP 患者，应进一步行高分辨力 CT（HRCT）检查。

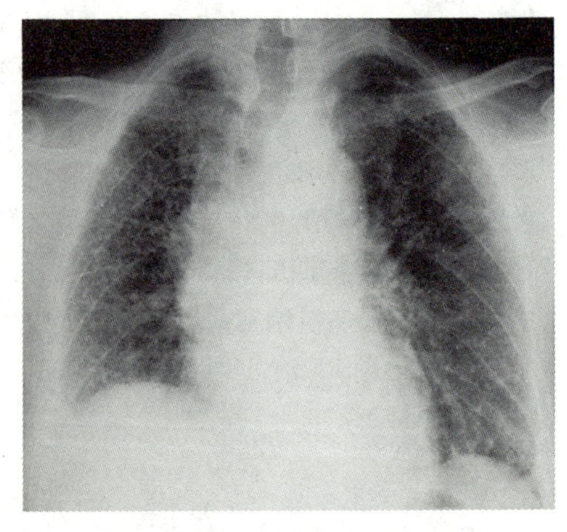
图 15-3 特发性肺纤维化胸片

（三）胸部 HRCT

HRCT 可以发现胸片正常的 IPF。在 HRCT 上，UIP/IPF 的特征性表现为分布于两肺周边、基底部和胸膜下的网状阴影，在受累严重的区域，常有牵引性支气管扩张和细支气管扩张，和（或）胸膜下的蜂窝

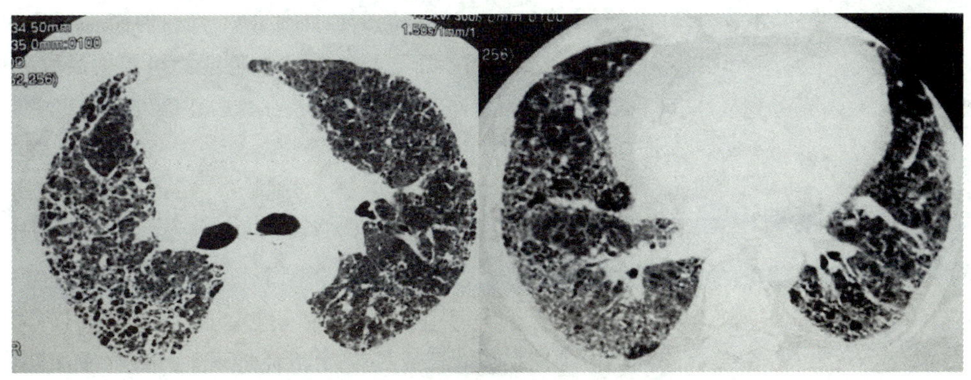

图 15-4　特发性肺纤维化 HRCT

样改变，毛玻璃影有限（图 15-4）。有经验的医生通过 HRCT 诊断 UIP 的正确性约为 90%，还有约 1/3 的 UIP 仅靠 HRCT 则可能被漏诊。HRCT 的主要作用是将典型的 UIP 与非 UIP 区分开来，可作为 IPF 早期筛查的手段之一。

HRCT 的鉴别诊断涉及面很广，如结缔组织疾病（尤其是硬皮病和类风湿性关节炎）和石棉肺，在 CT 表现上常与 UIP/IPF 相似，石棉肺者如有肺实质内的纤维条带和胸膜斑块出现，则易于与 UIP/IPF 鉴别。亚急性或慢性过敏性肺炎可出现与 UIP/IPF 相似的网状阴影或蜂窝肺，但缺乏 UIP/IPF 两肺基底部为主的特点。结节病或慢性 COP 也有类似 UIP/IPF 的 CT 表现。CT 上表现为广泛的毛玻璃阴影（≥30% 的肺受累）应考虑其他诊断，尤其是 DIP。具有相似的毛玻璃影，但并不以基底部和周边为主，则应考虑呼吸性细支气管炎伴间质性肺病（RBILD）、过敏性肺炎、COP 或非特异性间质性肺炎（NSIP）。如果以小叶中央结节、中上肺野为主，缺乏蜂窝肺改变，则倾向于过敏性肺炎而非 UIP/IPF。需要强调的是，CT 特征必须结合临床来全面评价。

HRCT 对确定疾病的活动性非常重要。毛玻璃阴影的出现与肺组织炎性渗出有关。网状条索影、牵引性支气管扩张和蜂窝肺提示肺纤维化。有些 UIP/IPF 患者的 HRCT 上出现毛玻璃影，可能与感染等因素导致的肺泡炎症有关。

（四）肺功能和动脉血气分析

UIP/IPF 典型的肺功能改变，为限制性通气障碍和弥散功能障碍，如肺总量（TLC）、功能残气量（FRC）和残气量（RV）在所有 UIP/IPF 患者的病程进展中都会有下降。弥散功能受损，一氧化氮弥散量（DLco）下降，且多早于肺容积的缩小，是相对敏感的检查方法之一，可用于 IPF 的早期筛查。静息时 IPF 患者动脉血气可能正常或有低氧血症、呼吸性碱中毒等，在用力后明显加重，因此运动时的气体交换是监测临床过程的敏感参数。

（五）支气管肺泡灌洗（BAL）

BAL 在 UIP/IPF 诊断中，主要起到排除其他疾病的作用，为一些特殊疾病的诊断提供依据，如恶性肿瘤、感染、嗜酸性粒细胞性肺炎、肺组织细胞增生症、肺尘埃沉着病等。此外，肺泡灌洗液（BALF）中炎症细胞类型对鉴别 IIP 的病理类型有一定帮助。70%~90% 的 UIP/IPF 患者，BAL 中中性粒细胞 >5%；40%~60% 的患者 EOS>5%；10%~20% 的患者淋巴细胞升高。但这种变化也可发生于其他纤维化性肺疾病，缺乏特异性。

BALF 中中性粒细胞增多，说明纤维性病变的可能性增大，见于 UIP/IPF、类风湿性疾病导致的纤维性肺泡炎、石棉肺、慢性过敏性肺炎、纤维化性结节病等许多 ILD 类型。BAL 中淋巴细胞增加，更多地提示 NSIP、肉芽肿疾病或药物所致的肺疾病。

（六）肺活检

肺活检是 IIP 确诊的重要手段，但具有典型临床和影像学特点的 UIP/IPF 不一定都需要肺

活检。一方面是有经验的医师可以通过临床和影像学特点了识别 IPF,另一方面肺活检对患者造成的损伤很大,有些甚至可能造成病情急性加重。开胸或经胸腔镜肺活检可提供最好的标本,可将 UIP(图 15-2)与其他 ILDs 区别开。DIP、RBILD、NSIP、LIP、AIP、COP 等 IIP 类型的确诊均需肺活检证实。

七、诊断与鉴别诊断

(一) 特发性肺纤维化的诊断标准

UIP 原本是病理学诊断名词,指 IPF 患者病理组织学的特征性变化。2011 年 IPF 指南首次提出 UIP 这个 IPF 的病理学诊断,在 HRCT 上也具有一定的特征性,因此提出 HRCT 可作为 IPF/UIP 的独立诊断手段,而不再强调病理活检的必要性。由此使 IPF 的诊断标准大大简化。有经验的医生利用 HRCT 诊断 IPF/UIP 的准确性可达到 90%~100%,因此新指南提出具备 UIP 典型 HRCT 表现者不必行病理活检,废除了 2000 ATS/ERS 共识中提出的主要和次要诊断标准。

1. IPF 诊断条件

(1) 排除其他间质性肺疾病(ILD)(例如,家庭或职业环境暴露相关 ILD,结缔组织疾病相关 ILD,和药物毒性相关 ILD)。

(2) 高分辨率 CT(HRCT)表现为 UIP 者,不建议行外科肺活检。

(3) 不典型者(可能、疑似诊断者)需接受肺活检。

2. IPF 诊断分级 主要根据 HRCT 表现将 IPF 诊断分为三级(表 15-3)。

表 15-3 IPF 的 HRCT 诊断分级

第一级:UIP(符合以下四项)	第二级:UIP 可能(符合以下三项)	第三级:不符合 UIP(具备以下七项中任何一项)
病灶以胸膜下,基底部为主	病灶以胸膜下,基底部为主	病灶以中上肺为主
异常网状影	异常网状影	病灶以支气管周围为主
蜂窝肺伴或不伴牵张性支气管扩张		广泛的毛玻璃影程度超过网状影
缺少第三级中任何一项(不符合 UIP 条件)	缺少第三级中任何一项(不符合 UIP 条件)	多量的小结节(两侧分布,上肺占优势)
		囊状病变(两侧多发,远离蜂窝肺区域)
		弥漫性马赛克征、气体陷闭(两侧分布,3 叶以上或更多肺叶受累)
		支气管肺段、叶实变

3. IPF 诊断中的注意事项

(1) IPF 诊断的正确性,随着肺科临床专家、影像学专家和有 ILD 诊断经验的病理学专家,进行多学科讨论后逐渐增加。

(2) 年轻的患者,尤其是女性,结缔组织病相关的临床和血清学阳性表现,会随着病情发展逐渐显现,而在起病初可能尚未出现,这些患者(50 岁以下)应高度怀疑结缔组织病。

(3) IPF 患者大多数不需要进行经纤维支气管镜肺活检(TBLB)和 BAL 检查,少数不典型的患者行 TBLB 和 BAL 检查的目的,主要是排除其他疾病,对 UIP 的诊断帮助不大。

(4) 即便患者缺乏相关临床表现,也应常规进行结缔组织病血清学检查,并且应该在随访过程中经常复查,一旦发现异常则应更改诊断。

(5) 关于多学科专家讨论(multidisciplinary discussion,MDD):许多机构不可能做到正规的 MDD,但至少应进行口头交流。

（二）鉴别诊断

IPF 的诊断需要排除其他类型的 ILD，按照图 15-1 所示的 ILD 鉴别诊断分析思路全面分析，利用各项检查手段，逐一排查，方能确定最后诊断。IPF 与 IIPs 其他类型的鉴别要点简述如下。

1. 脱屑型间质性肺炎（DIP）　DIP 并不多见，占 ILDs 的 3% 以下。与吸烟密切相关，多 40~50 岁发病。大多数患者呈亚急性起病(数周到数月)，表现为气促和咳嗽。胸片和 CT 显示为中、下叶的弥漫性毛玻璃影和网状影，20% 的患者胸片无异常。肺活检显示为均匀弥漫分布的肺泡腔内大量巨噬细胞聚集。这种变化在呼吸性细支气管周围更为明显，很少有纤维化。

2. 呼吸性细支气管炎伴间质性肺病（RBILD）　RBILD 也是发生在吸烟者的一种 IIP 类型。临床表现与其他 IIP 相似。影像学特点为沿气道走向分布的斑片状、条索状、网状和结节状阴影，而肺容积多正常。肺功能常表现为阻塞与限制性通气障碍混合存在，残气量可增加，弥散功能下降。肺活检示呼吸性细支气管腔内，以及周围的肺泡腔内有大量着色深的巨噬细胞。低倍镜下，病灶呈片状分布，沿着细支气管中心分布。在呼吸性细支气管，肺泡管和细支气管周围的肺泡腔内，有成簇的棕灰色的巨噬细胞，伴有片状的黏膜下和细支气管周围的淋巴细胞和组织细胞浸润。

3. 非特异性间质性肺炎（NSIP）　NSIP 临床表现与 UIP/IPF 相似。胸片示两下肺网状影，呈斑片状分布。HRCT 显示两侧对称的毛玻璃影或气腔实变。主要的组织学改变为肺间质均匀的炎症或纤维化改变。其病变在受累部分是均匀的，但在整个进展过程中呈片状分布于未受累肺区域。

4. 急性间质性肺炎（Hamman-Rich 综合征，AIP）　AIP 是一种急性起病、暴发性的肺损伤。症状在几天致数周内出现，以往多健康。临床表现为发热、咳嗽、气促。胸片示两侧弥漫性大片渗出性病灶。CT 示两侧片状、对称性毛玻璃影，以胸膜下多见，与 ARDS 相似。多数患者有中－重度低氧血症，常发展至呼吸衰竭，病死率高达 70% 作用。AIP 的诊断要求：①ARDS 的临床症状；②弥漫性肺泡损伤（DAD）的病理表现。AIP 肺活检与 DAD 一致，包括渗出期、增殖期、和（或）纤维化期。典型者病变呈弥漫分布，肺泡腔内可见透明膜形成，但不同区域严重性有所不同。

5. COP/iBOOP　是一种原因不明的临床病理综合征。本病通常发生于 50~60 岁的成人，男女发病相似。约 3/4 的患者在 2 个月内出现症状，表现似流感：如咳嗽、发热、不适、疲劳、体重下降等。常有 velcro 啰音。肺功能变化以限制性通气障碍最常见。休息和活动后出现低氧血症。胸片表现为两肺弥漫分布的肺泡阴影，肺容积正常。HRCT 呈片状的气腔实变、毛玻璃影、小结节影和支气管壁增厚或扩张。影像学变化特点为“五多一少”：多发病灶、多种形态、多迁移性、多复发性、多双肺受累；蜂窝肺少见。组织学特征为：小气道和肺泡管内过多的肉芽组织增殖（增殖性细支气管炎），伴周围肺泡的慢性炎症。肺泡腔内肉芽组织呈芽生状，由疏松的结缔组织将成纤维细胞包埋而构成，可通过肺泡孔从一个肺泡扩展到邻近的肺泡，形成典型的“蝴蝶影”。

6. 淋巴细胞性间质性肺炎（LIP）　LIP 是 IIP 中的少见类型。以肺组织内单纯的淋巴细胞－浆细胞浸润为主要病理特点。此外，肺泡腔内可发现淋巴细胞，沿着淋巴道分布可见淋巴样细胞聚集。这种淋巴细胞聚集也可出现在血管中心部位。胸片与 HRCT 的特征性变化为小叶中心性小结节影，毛玻璃影，间质和支气管肺泡壁增厚，薄壁小囊腔。多数患者与某种异常蛋白血症形成有关（单克隆或呈多克隆丙球蛋白病），或与 Sjogren’s 综合征（原发的或继发的）有关，或与 AIDs 有关。

7. 特发性胸膜肺纤维弹性组织增生（IPPF）　这也是 IIP 种的少见类型。影像学特点为上叶为主的胸膜斑块和邻近肺组织的网状、斑片影，而下叶胸膜和邻近肺组织相对正常。病理学特点则表现为下叶胸膜增厚和胸膜下的纤维化、增厚胸膜下的弹性纤维增生。

综上所述，IPF是具有明显特征的IIPs中的特殊类型，其典型的特征总结如下：①起病隐袭、发病年龄50岁以上，男性多见；②主要的临床症状是刺激性干咳和活动后气促；③主要体征是杵状指、发绀、两肺底velcro啰音；④典型的影像学改变是两肺底为主的网状影、蜂窝肺，靠近胸膜，肺容积往往缩小；⑤典型的肺功能变化是限制性通气障碍、弥散功能障碍；⑥典型的动脉血气变化是低氧血症和低二氧化碳血症。掌握了这些特点，就能比较清晰的识别IPF并与其他IIPs类型区别开来。

八、特发性肺纤维化的治疗

IPF目前尚无肯定有效的药物治疗。2011年ATS、ERS、JRS、ALAT发布的新指南中推荐IPF采取的措施仅有长期氧疗和肺移植。将大多数治疗措施改为不同强度的推荐意见（表15-4）。此后新的研究证据陆续发布，表15-4中弱不推荐的治疗措施中，包括糖皮质激素+N-乙酰半胱氨酸+硫唑嘌呤、单用N-乙酰半胱氨酸和抗凝药物，都被大型的国际多中心临床研究结果所否定。而吡非尼酮则经过三个大宗的国际多中心临床研究，证实了其治疗IPF的有效性和安全性，已被欧洲一些国家的IPF诊治指南推荐使用。

表15-4 2011年ATS、ERS、JRS、ALAT特发性肺纤维化治疗推荐意见

	强	弱	备注
推荐	长期氧疗肺移植	肺康复训练(适用于多数IPF患者，但少数患者并不适用)	大多数急性加重的IPF患者，应使用皮质激素，但少数患者不适用 无症状的食道反流，大多数应该治疗，少数可不予治疗
不推荐	糖皮质激素、秋水仙碱、环孢素A、糖皮质激素+免疫抑制剂、干扰素(IFN)-γ1b、波生坦、依那西普	糖皮质激素+N-乙酰半胱氨酸+硫唑嘌呤、单用N-乙酰半胱氨酸、抗凝药物、吡非尼酮、机械通气(上述措施少数患者可尝试使用)	大多数IPF患者合并的肺高压不应治疗，少数人可治疗

(一) 药物治疗

1. N-乙酰半胱氨酸(NAC) 研究证明IPF患者体内谷胱甘肽不足。NAC是谷胱甘肽的前体，在体内转化为谷胱甘肽后，可增强患者抗氧化能力，防止IPF患者因氧自由基所致的肺泡上皮损伤，对IPF有一定的辅助治疗作用。2004年欧洲7国进行的多中心、双盲、对照临床研究(IFIGENIA)，观察了187例患者，用NAC(600mg，每天3次)联合泼尼松+硫唑嘌呤三药联用，与泼尼松+硫唑嘌呤两药联用者相比，可以减缓IPF患者的维生素C和DLco下降速度，起到一定的辅助治疗作用。但在2012年新英格兰杂志上发表的*PANTHER-IPF*研究结果，发现糖皮质激素+N-乙酰半胱氨酸(NAC)+硫唑嘌呤三药联合治疗组，较安慰剂组明显增加死亡和住院的风险，提前终止了这项临床试验。但缺乏单用N-乙酰半胱氨酸(NAC)与安慰剂比较的研究。2014年还是在新英格兰杂志上公布了*PANTHER-IPF*研究中单用NAC与安慰剂进行比较的结果，NAC组133例，安慰剂组131例，结果显示经60周治疗观察，患者用力肺活量减退、死亡率和急性加重两组间差别均无统计学意义，提示NAC并不能使IPF患者获益。但该试验病例数有限，还需要更大样本的研究来证实其疗效。

2. 吡非尼酮(pirfenidone) 动物实验表明，吡非尼酮可改善博来霉素导致的大鼠肺纤维化；抑制TGF-β诱导的胶原纤维沉积；抑制血小板衍化生长因子(PDGF)的促有丝分裂作用。在体外可抑制致纤维化细胞因子对人肺成纤维细胞的刺激作用。近年的三项国际多中心临床Ⅲ期试验表明，与安慰剂组相比，吡非尼酮组都可减缓疾病进展，改善肺功能、运动耐力及生存时间。吡非尼酮是目前唯一有IPF适应证的药物，已在30多个国家获批用于治疗IPF。

3. 酪氨酸激酶受体拮抗剂—尼达尼布(nintedanib)　是一种口服的酪氨酸激酶抑制剂，一种针对 PDGF、FGF 和 VEGF 受体的三重激酶抑制剂。动物实验显示其可以减轻博来霉素大鼠模型肺纤维化的发展，并可以减少 TGF-β 诱导的成纤维细胞向肌成纤维细胞的转化。2014 年最新发表的 INPULSIS-1 和 INPULSIS-2 的研究结果表明，nintedanib 组用力肺活量(FVC)的 1 年下降率较安慰剂组显著减少、生活质量有所提高，认为 nintedanib 可使 IPF 患者获益。

(二) IPF 急性加重的治疗

IPF 病程中常发生急性加重，目前常采用糖皮质激素冲击或联合免疫抑制剂治疗，但尚缺乏循证医学证据。其他治疗同 ARDS(略)。

(三) 其他辅助治疗

建议 IPF 患者戒烟，预防流感、疱疹、肺炎。鼓励患者尽可能进行肺康复训练，尤其是锻炼深呼吸，应可延缓肺容积缩小和肺功能减退。静息状态下存在明显的低氧血症(PaO_2<55mmHg)患者应进行长期氧疗。如存在肺部感染、肺栓塞和胃食管反流病等并发症或者伴随疾病，应积极对症支持治疗。

(四) 肺移植

肺移植是目前 IPF 最有效的治疗方法，主要用于终末期肺纤维化患者。5 年生存率达到 60% 以上。但由于供体有限很难满足大量患者的需求(略)。

九、特发性肺纤维化的预后

IPF 预后很差，诊断后中位生存期仅 2~3 年。死亡的主要原因是病情的急性加重。将来的研究方向除了开发有效的抗纤维化药物，还需探索新的防治方法，包括干细胞移植、免疫调节、基因治疗、人工肺等。目的是提高患者生存质量，延长生存期。

第五节　肉芽肿性疾病

肉芽肿性疾病是一组由多种不同病因构成的以肉芽肿性病变为共同病理特征的疾病总称。肉芽肿是指巨噬细胞及其演化的细胞(如上皮样细胞、多核巨细胞)聚集和增生所形成的境界清楚的结节状病灶，是一种特殊类型的慢性增生性炎症，肺部是最常受累的器官。肉芽肿性肺疾病并不是一种独立的疾病，可以引起肉芽肿性肺疾病的病因很多，许多肺部疾病在病理学上均可表现为肉芽肿性改变(表 15-5)，通常将其分为两大类，即感染性肉芽肿病和非感染性肉芽肿病，前者最常见的是分枝杆菌和真菌感染，后者最常见的是结节病。本节将重点介绍结节病。

表 15-5　肉芽肿型肺疾病的常见病因

病因分类	常见疾病
感染性肉芽肿性疾病	结核病、非结核分枝杆菌病、组织胞浆菌病、隐球菌病、球孢子菌病、肺孢子菌病、曲霉病、恶丝虫病、蛔虫病、包虫病等
非感染性肉芽肿性疾病	结节病、过敏性肺炎、硅沉着病、铍肺、韦格纳肉芽肿、变应性血管炎性肉芽肿、淋巴瘤样肉芽肿病、坏死性结节性肉芽肿病、支气管中心性肉芽肿病、朗格汉斯组织细胞增多症、类风湿性结节、吸入性肺炎、异物性肉芽肿等

一、结节病的定义

结节病(sarcoidosis)是一种原因不明的以非干酪样坏死性肉芽肿为病理特征的系统性肉芽肿性疾病。可累及全身所有器官，主要侵犯肺和胸内淋巴结，其次是皮肤和眼部。

二、流行病学

结节病缺乏确切的流行病学资料，其发病呈世界性分布，寒冷地区多于热带地区，欧美人发病多于亚洲和非洲，黑人多于白人，呈现出明显的地域和种族差异。任何年龄均可发病，50 岁以下多见，发病高峰在 20~39 岁，女性发病略高于男性。

三、病因和发病机制

结节病的病因和发病机制目前尚不十分清楚，主要涉及以下几个方面：

(一) 遗传因素

结节病可能为一种多基因遗传病。目前公认，白细胞组织相容性抗原（HLA）中的 HLA-A_1、HLA-B_8、HLA-DR_3 与结节病的发病密切相关。美国 Teistein 报道，美国结节病患者中约 10% 有家族遗传史。而且单卵双胎患结节病的几率较双卵双胎高得多。

(二) 环境与职业因素

日本报道，寒冷的北海道结节病的发病率高。美国东南部地区结节病的发病率高。有人报告，结节病易于在冬－春季节发病。金属铝、锆、铍，滑石粉、松树花粉、黏土等也可能与本病的发生有关。

(三) 感染因素

某些病毒、螺旋体、丙酸痤疮杆菌（Propionibacterium acnes）、结核分枝杆菌、非结核分枝杆菌和支原体属等均有可能诱发本病。但本病对激素治疗反应良好，说明感染在结节病的发病中并非持续存在，否则会造成感染的扩散。因此，目前尚无法确认感染因素和结节病之间的因果关系。

(四) 免疫学因素

Th_1/Th_2 失衡可能与结节病的发病有关。在大多数病例，病变局部的辅助 T 细胞以 Th_1（CD_4^+）细胞为主；只有极少数病例以 Th_2（CD_8^+）细胞为主。有人认为，T 淋巴细胞受体（TCR）的质或量的异常与结节病的发生有关。

四、病理

结节病特征性的病理改变是边界清楚的、细胞间连接紧密地、无干酪样坏死的、上皮细胞性肉芽肿。典型的表现：中央部分是多核巨细胞、类上皮细胞和少数淋巴细胞（多为 CD_4^+），类上皮细胞可融合成朗汉斯巨细胞，巨细胞浆中易找见星状小体或苏曼氏小体。周围为淋巴细胞浸润（多为 CD_8^+），无干酪样坏死。结节外围有淋巴细胞及纤维组织，逐渐形成纤维组织包绕的完整结节（见文末彩图 15-5）。结节特点：与肺组织分界清楚、单个孤立于肺间隔内，或三五个、十几个成群分布于血管旁、支气管旁，互不融合。最终可自行消散或者导致纤维化。

五、临床表现

除了呼吸系统受累外，全身多器官均可有受累表现。临床过程表现多样，与起病的急缓和器官受累的不同以及肉芽肿的活动性有关。还与种族、地区和性别有关。少数患者急性起病，具有双侧肺门淋巴结肿大、关节炎和结节性红斑三联症，伴有发热、不适和肌肉痛，可诊断为 Löfgren 综合征，即急性结节病。80% 以上患者 1 年内可自然缓解，预后良好。多数患者起病缓慢，近半数的结节病患者无临床症状而由体检发现。

(一) 全身非特异性症状

约 1/3 的患者有发低热、体重减轻、乏力、盗汗等不适。

(二) 器官受累表现

结节病是一种全身系统性疾病,可累及多个器官。

1. 胸内结节病　约 90% 的患者有胸部浸润。主要是纵隔和肺门淋巴结受累,还可累及肺部和气道(包括喉、气管和支气管),导致气道阻塞和支气管扩张,还可引起胸腔积液、乳糜胸、气胸、胸膜肥厚及钙化等。主要症状有:干咳、气促、胸闷、胸痛等。

2. 皮肤　约 25% 的结节病患者有皮肤损害。结节性红斑提示为急性结节病、冻疮样狼疮往往代表处于慢性阶段;其他还有斑丘疹、色素沉着、皮下结节或鱼鳞样皮肤改变等。

3. 眼　约 11%~83% 的结节病患者有眼部损害。常见有葡萄膜炎、结膜滤泡、泪腺肿大、泪囊炎、角膜结膜炎及视网膜炎等。

4. 心脏　约 5% 结节病患者有心脏浸润。临床表现为心功能不全、心电图或心脏 B 超检查结果异常,以及核素心肌成像缺损等。如果患者已经确定有结节病,同时存在心律失常、心电图异常应考虑为结节病累及心脏。

5. 神经系统　约近 10% 的结节病患者有神经损害。常见为面神经麻痹、下丘脑及垂体损伤。头颅 CT 和 MRI 有助于诊断。

6. 淋巴系统　约 1/3 患者可在颈部、腋窝或腹股沟等处,触及肿大的淋巴结;部分患者出现脾大。

7. 肝脏　肝活检证实,约 50%~80% 的结节病患者有肝脏浸润。表现为肝功能异常、肝脏 B 超或 CT 可见结节影。B 超引导下或腹腔镜下肝活检,有助于本病的诊断。

8. 肌肉与关节　约 25%~39% 的患者有关节痛。受累关节多为膝、踝、肘、腕及手足小关节,但罕见变形性关节炎。女性患者常见慢性肌痛。

9. 内分泌系统　约 2%~10% 的患者有高钙血症;尿钙为正常人的 3 倍。少数患者可有垂体及下丘脑浸润引起的尿崩症、甲减或甲亢,肾上腺功能减退等。

10. 肾脏　肾衰竭多因高钙血症和肾脏钙质沉着引起;肾结节病临床表现与肿瘤相似;结节病引起的间质性肾炎罕见。

六、辅助检查

(一) 影像学检查

异常胸部 X 线表现常是结节病首发表现,约 90% 以上患者表现为双侧肺门及纵隔对称性淋巴结肿大(图 15-6 中 A,C),可伴肺内网状、结节状或斑片状阴影(图 15-6 中 B,D)。临床上通常根据后前位 X 线胸片结合 CT 对结节病进行分期(表 15-6)。

表 15-6　胸部结节病分期

分期	X 线表现
Ⅰ	X 线表现双侧肺门淋巴结肿大,无肺部浸润影
Ⅱ	双侧肺门淋巴结肿大,伴有肺部网状、结节状或片状阴影
Ⅲ	肺部网状、结节状或片状阴影,无双侧肺门淋巴结肿大
Ⅳ	肺纤维化,蜂窝肺,肺大疱,肺气肿

以上各期在病程中并非顺序出现。普通 X 线胸片对结节病的诊断正确率仅为 50%。胸部 CT 扫描可提高 X 线检测的敏感性,清晰显示淋巴结和肺部受累情况,特别是高分辨力 CT 对肺实质结节病的诊断更具诊断价值,特征性 CT 表现为沿支气管血管束、小叶间隔、叶间裂分布的微小结节,可融合成团。病变多侵犯上叶,肺底部相对正常。可见气管前、气管旁、主动脉旁和隆突下区的淋巴结肿大。

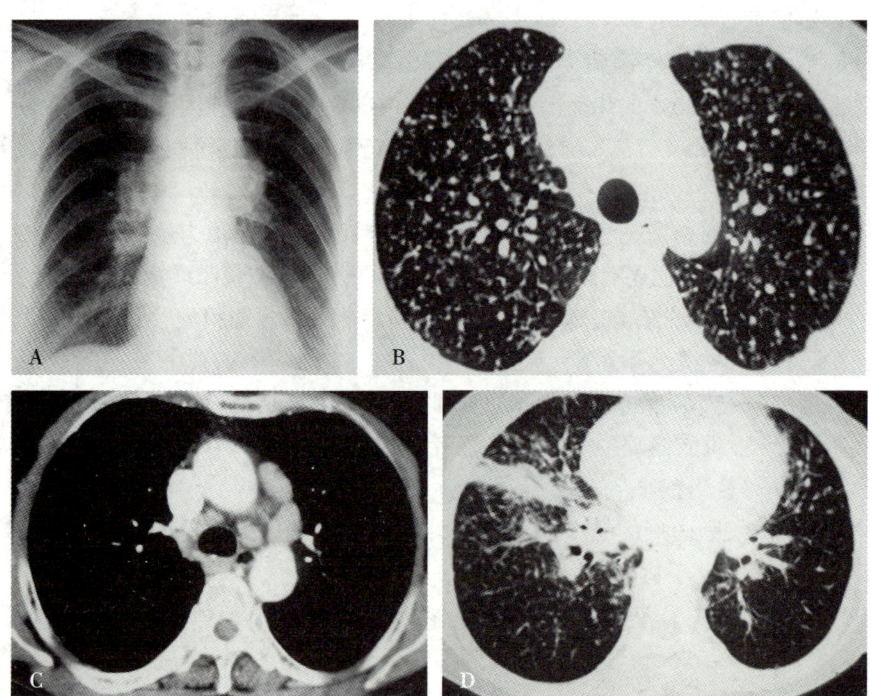

图 15-6 结节病的胸部影像学表现

(二) 纤维支气管镜与支气管肺泡灌洗

支气管镜下可见因隆突下淋巴结肿大所致的气管隆突增宽，部分病例可见支气管黏膜有弥漫性小结节，或呈铺路石样改变。支气管肺泡灌洗液（BALF）中淋巴细胞增加，CD_4^+/CD_8^+ 比值增加（>3.5）。

(三) 肺功能检查

早期肺功能可完全正常。随着疾病进展可引起限制性通气功能障碍，肺活量及肺总量减低，弥散功能减退。Ⅰ期结节病患者中约 20% 有肺功能异常，Ⅱ期和Ⅲ期结节病患者中 40%~70% 肺功能异常。

(四) 核素肺扫描

^{67}Ga 能被活化的巨噬细胞和淋巴细胞摄取，常显示双侧肿大的肺门淋巴结和纵隔淋巴结（“λ 征”）；腮腺、唾液腺和泪腺等受累时有 ^{67}Ga 沉积，呈现“熊猫脸”（图 15-7），可协助诊断，但无特异性。近年来多用 ^{18} 氟脱氧葡萄糖正电子发射断层扫描（^{18}F-FDG-PET）代替 ^{67}Ga 扫描，帮助判断结节病器官受累程度和活动性，但诊断特异性同样不高。

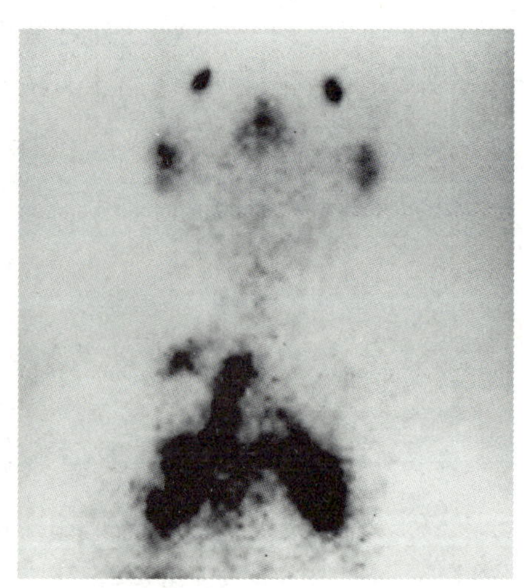

图 15-7 ^{67}Ga 核素扫描

(五) 血液学检查

血常规检查可无明显改变，活动进展期可有白细胞减少、贫血、血沉增快。部分患者钙代谢障碍引起高血钙、高尿钙，甚至肾结石、肾功能障碍。血清可溶性白介素 -2 受体（sIL-2R）可升高。血管紧张素Ⅰ转化酶（ACE）由结节病肉芽肿组织内类上皮细胞产生，血清 ACE 水平反映体内肉芽肿负荷增加，可以辅助判断疾病活动性，但缺乏足够的敏感性和特异性，不能作为诊断指标。

（六）结核菌素试验

约 2/3 患者对 PPD 5TU 结核菌素的皮肤试验，呈弱阳性或无反应，一定程度上可助鉴别结节病和结核病。但由于我国属于结核分枝杆菌感染高发地区，此项结果的诊断意义有限。

（七）组织学检查

所有结节病患者应尽量取得病理学证据，支气管黏膜活检、经支气管肺活检（TBLB）、经支气管淋巴结针吸活检（TBNA）和经支气管超声纵隔淋巴结活检（E-BUS）是目前较为简便、安全的活检方法，可有助于诊断。当支气管镜检查不能明确诊断时，可考虑纵隔镜、胸腔镜组织活检或开胸肺活检，以及受累器官的病理活检如皮肤病灶、浅表淋巴结等，但不建议结节性红斑的活检。

七、诊断

结节病诊断基本依据：①临床表现和胸部影像学表现与结节病相符合；②病理学证实非干酪性类上皮细胞肉芽肿改变；③除外其他肉芽肿性疾病。虽然结节病的确诊有赖于病理学检查，但非干酪性类上皮细胞肉芽肿并非结节病所特有，有许多疾病需要排除（表 15-5），其诊断仍为排他性诊断。因此必须依据临床表现、胸部影像学、血清生化检查、免疫学指标、BALF 以及核素扫描等检查结果进行综合判断。

诊断建立以后，还需要判断疾病的严重程度和器官受累情况及疾病活动性。活动性判断缺乏严格标准，通常认为疾病活动有以下几方面指标：

1. 临床表现　发热、呼吸系统症状。

2. 肺外表现　如葡萄膜炎、结节性红斑、狼疮样冻疮、多关节痛、心脏症状、面神经麻痹、脾大、淋巴结肿大、唾液腺和腮腺肿大等。

3. 影像学表现　肺部病灶进展、HRCT 上出现毛玻璃影、67Ga 扫描阳性、骨囊肿、脑部 MRI 或 CT 异常。

4. 生物学检测指标　血沉增快、SACE 增高、高钙血症、肺功能损害、CD_4/CD_8 增高、EKG 异常、肝功能异常、血液系统异常等。

八、鉴别诊断

结节病的诊断主要是排他性诊断，必须与诸多肉芽肿性疾病相鉴别，主要的鉴别诊断包括以下几种疾病：

（一）肺门及纵隔淋巴结结核

多见于青少年，常有发热、盗汗、消瘦、乏力等结核中毒症状，结核纯蛋白衍生物（PPD）试验常呈阳性，血沉多增快。胸片上多为单侧或双侧不对称性肺门淋巴结肿大，边缘模糊，胸部 CT 表现主要累及肺门或气管旁，隆突下少见。病理组织活检找到抗酸杆菌和干酪样坏死，是典型结核病的诊断依据，但抗酸杆菌菌阴性同时不伴有干酪样坏死的增殖性结核与结节病鉴别非常困难。近年我国学者研发了两种新方法，用于结节病与菌阴结核病的鉴别诊断：

1. 利用实时定量 PCR 对病理标本中的结核分枝杆菌 DNA 进行定量分析，用 ROC 曲线确定最佳的鉴别诊断 cutoff 值（1.14×10^3 拷贝 /ml），其鉴别诊断的灵敏度达 96.8%，特异度达 98.1%。弥补了病理形态学鉴别诊断的不足。

2. 建立临床 - 影像 - 病理等资料的综合评分系统，鉴别诊断结节病和菌阴结核病。先利用典型的结节病和结核病病例建立了四套评分系统（表 15-7），然后用此评分系统前瞻性用于拟诊结节病的新病例进行验证，这四套评分组合对两种疾病鉴别诊断的敏感性分别为 91.78%、97.26%、94.52%、98.63%；特异性分别 87.72%、98.25%、96.49%、98.25%，是临床鉴别两种疾病的另一种有效方法。目前已开发应用软件，使用者可根据所掌握的患者资料，选择其

表 15-7 结节病与结核病鉴别诊断评分系统

评分系统	结节病			结核病		
	中位数	分值范围	鉴别分值	中位数	分值范围	鉴别分值
临床 - 影像	15	6~18	≥9	3	−1~13	<9
临床 - 影像 - 核素	24	11~29	≥17	7	−1~17	<17
临床 - 影像 - 病理	26	12~32	≥18	6	0~24	<18
临床 - 影像 - 核素 - 病理	32	17~39	≥22	7	0~24	<22

中的一种或多种评分系统进行鉴别诊断，具有操作简便、结果可靠、患者信息电子化储存的优点。

上述两种方法，主要适用于那些虽然获得了病理资料，但仍无法确诊为结节病或菌阴结核病的患者。上述两种方法联合应用可使诊断正确率进一步提高。尤其适用于亚洲结核病高发国家两种疾病的鉴别诊断。

(二) 淋巴瘤

常有全身乏力、消瘦、周期性发热、胸痛和上腔静脉阻塞综合征等表现，可发生白血病、中枢神经受累等。胸片及 CT 表现：肺门肿大明显，多不对称，以气管旁淋巴结受累为主；轮廓清楚呈波浪状；密度均匀、多有融合、无钙化；常侵犯肺与胸膜，75% 病例出现胸腔积液；淋巴结融合时，上纵隔可向两侧显著增宽。

(三) 肺门转移癌

肺癌和肺外肿瘤转移至肺门淋巴结，可有相应的症状和体征。主要的诊断依据是找到癌细胞。

(四) 其他肉芽肿性疾病

职业性肺尘埃沉着病，包括铍肺、硅沉着病等、真菌感染、外源性变应性肺泡炎等需结合病史、职业暴露史、病原学检查等一系列临床资料及相关检查以助鉴别。

许多种疾病都可引起纵隔淋巴结肿大，表 15-8 列举几种主要疾病的影像学特点帮助鉴别诊断。

表 15-8 几种常见原因的纵隔淋巴结肿大影像学鉴别要点

	大小	密度	边界	钙化	融合	对称性
结节病	较为一致	均匀	清晰	少	少	对称
结核病	不一	不均	欠清	多	多	不对称
淋巴瘤	巨大	均匀	清晰	少	多	不对称
肺癌	不一	不均	欠清	少	多	不对称
肺尘埃沉着病	较小	不均	清晰	蛋壳样钙化	少	对称

九、治疗

由于部分患者病变可自行缓解，其治疗指征目前仍存争议。一般认为无症状和肺功能正常的 I 期患者一般不需治疗。仅在出现以下情况时可考虑治疗：有全身或呼吸系统症状；同时或单独存在肺外结节病；进展的胸内结节（表现为肺功能进行性下降）。糖皮质激素为目前治疗的首选药物。关于激素治疗的剂量和疗程有许多不同的看法。通常起始剂量泼尼松 40mg/d，有效后逐步减量。总疗程至少 1 年。有研究认为对于病情较重的患者，早期较大

剂量的激素(甲强龙 1~5mg/kg)静脉用药 1~2 周,然后改为口服逐渐减量,维持至少 2 年以上,并保持随访。在结节病停止或中断治疗的 1 月至 1 年内容易复发,据报道结节病复发率在 13%~75%。一旦发现复发迹象,及时加量或重新使用激素治疗仍然有效。长期应用糖皮质激素者,应严密观察激素的不良反应。吸入激素仅用于气道高反应或持续咳嗽患者,一般不推荐单独应用。

对于激素耐药、不能耐受激素不良反应的患者,可单用或小剂量联合其他免疫抑制剂如甲氨蝶呤、硫唑嘌呤,甚至英夫利昔单抗(infliximab)。对少数晚期和出现心肺功能衰竭的患者,可进行心肺移植。

十、预后

结节病总体预后良好,2/3 患者可自行缓解,约 10%~30% 呈慢性进行性发展、多脏器功能损害、肺广泛纤维化等预后较差。部分患者药物减量或停药后复发。病死率约 1%~5%,心、肺和中枢神经系统受累是主要致死原因。

(李惠萍)

思考题

1. 弥漫性肺疾病与间质性肺疾病的相关性。
2. 临床上如何识别特发性肺纤维化。
3. 特发性间质性肺炎分类变化。
4. IPF 临床诊治面临的主要困难。
5. 结节病的诊断与鉴别诊断要点。

参考文献

1. Goldman L, Schafer AI. Goldman's cecil medicine, 24th ed. philadelphia: Saunders, 2011, 582-586
2. 陈灏珠,林果为,王吉耀. 实用内科学. 第 14 版. 北京:人民卫生出版社,2013
3. 葛均波,徐永健. 内科学. 第 8 版. 北京:人民卫生出版社,2013
4. Travis WD, Costabel U, Hansell DM, et al. An Official American Thoracic Society/European Respiratory Society Statement: Update of the International Multidisciplinary Classification of the Idiopathic Interstitial Pneumonias. Am J Respir Crit Care Med, 2013, 188(6): 733-748
5. ATS/ERS/JRS/ALAT Committee on Idiopathic Pulmonary Fibrosis. An Official ATS/ERS/JRS/ALAT Statement: Idiopathic Pulmonary Fibrosis: Evidence-based Guidelines for Diagnosis and Management. Am J Respir Crit Care Med, 2011, 183: 788-824
6. The Idiopathic Pulmonary Fibrosis Clinical Research Network. Prednisone, Azathioprine, and N-Acetylcysteine for Pulmonary Fibrosis. N Engl J Med, 2012, 366: 1968-1977
7. Idiopathic Pulmonary Fibrosis Clinical Research Network, Martinez FJ, de Andrade JA, et al. Randomized trial of acetylcysteine in idiopathic pulmonary fibrosis. N Engl J Med, 2014 May 29, 370(22): 2093-2101
8. King TE Jr, Bradford WZ, Castro-Bernardini S, et al. A phase 3 trial of pirfenidone in patients with idiopathic pulmonary fibrosis. N Engl J Med, 2014 May 29, 370(22): 2083-2092
9. Richeldi L, du Bois RM, Raghu G, et al. Efficacy and safety of nintedanib in idiopathic pulmonary fibrosis. N Engl J Med, 2014 May 29, 370(22): 2071-2082
10. Iannuzzi MC, Fontana JR. Sarcoidosis: clinical presentation, immunopathogenesis, and therapeutics. JAMA, 2011 Jan 26, 305(4): 391-399

11. Baughman RP, Culver DA, Judson MA. A concise review of pulmonary sarcoidosis. Am J Respir Crit Care Med, 2011 Mar 1, 183(5): 573-581

12. Zhou Y, Li HP, Li QH, et al. Differentiation of sarcoidosis from tuberculosis using real-time PCR assay for the detection and quantification of Mycobacterium tuberculosis. Sarcoidosis vasculitis and diffuse lung diseases, 2008, 25: 93-99

13. Qiu-hong Li, Hui-ping Li, Yue-ping Shen, et al.Baughman. A Multi-parameter Scoring System for Distinguishing Sarcoidosis from Sputum Negative Tuberculosis. Sarcoidosis Vasculitis and Diffuse Lung Diseases, 2012, 29; 11-18

第十六章　胸 膜 疾 病

第一节　胸 腔 积 液

一、概述

胸膜腔是位于肺和胸壁之间的一个潜在的腔隙。在正常情况下脏层胸膜和壁层胸膜表面上有一层很薄的液体，在呼吸运动时起润滑作用。胸膜腔和其中的液体并非处于静止状态，在每一次呼吸周期中，胸膜腔形状和压力均有很大变化，使胸腔内液体持续滤出和吸收，并处于动态平衡。任何因素使胸膜腔内液体形成过快或吸收过缓，即产生胸腔积液（pleural effusion，简称胸水）。

二、病因与发病机制

（一）胸膜毛细血管内静水压增高

胸膜毛细血管静水压增高是形成胸腔积液的重要因素。如充血性心力衰竭、缩窄性心包炎等疾病，可使体循环和（或）肺循环的静水压增加，胸腔液体渗出增多，形成胸腔积液。单纯体循环静脉压增高，如上腔静脉或奇静脉阻塞时，壁层胸膜液体渗出量超过脏层胸膜回吸收的能力，可产生胸腔积液。此类胸腔积液多属漏出液。

（二）胸膜通透性增加

胸膜炎症（结核、肺炎累及胸膜），结缔组织疾病（系统性红斑狼疮等），胸膜肿瘤（恶性肿瘤胸膜转移、间皮瘤），肺栓塞膈下炎症性疾病（膈下脓肿、肝脓肿、急性胰腺炎）等累及胸膜，均可使胸膜毛细血管通透性增加，毛细血管内皮细胞、蛋白及液体等大量渗入胸膜腔；胸液中蛋白质含量升高、胸液胶体渗透压升高，进一步促进胸腔液增多。此类胸腔积液为渗出液。

（三）胸膜毛细血管内胶体渗透压降低

肾病综合征、低蛋白血症、肝硬化、急性肾小球肾炎和黏液性水肿等疾病均存在血浆白蛋白减少，血浆胶体渗透压降低，壁层胸膜毛细血管液体渗出增加，而脏层胸膜毛细血管液体胶体渗透压同样下降，因此脏层胸膜再吸收减少。最终引起胸腔积液增多，此类胸腔积液为漏出液。

（四）壁层胸膜淋巴回流障碍

壁层胸膜淋巴回流，在胸液再吸出中起重要作用，特别是蛋白质再吸入。癌性淋巴管阻塞，先天性发育异常致淋巴管引流异常，外伤所致淋巴回流受阻等，均可引起富含蛋白的胸腔渗出液。

（五）损伤性胸腔积液

外伤（如食管破裂、胸导管破裂）或疾病（如胸主动脉瘤破裂）等原因，胸腔内出现血性、脓性（感染）、乳糜性胸腔积液，属渗出液。

（六）医源性

因医学检查和治疗导致的胸腔积液，可为漏出液或渗出液。

三、临床表现

(一) 症状

1. 呼吸困难 是最常见的症状，与胸廓顺应性下降，患侧膈肌受压，纵隔移位，肺容量下降刺激神经反射等有关。程度与病因、患者一般状况及胸腔积液量等有所差别。

2. 咳嗽 多为干咳。

3. 胸痛 胸部隐痛，随呼吸运动、咳嗽等加重，当胸水量的增加时胸痛可减轻或缓解；恶性胸腔积液，出现肿瘤转移时胸痛加剧。

4. 发热 结核性或癌性患者可有不同程度的发热，多为中低度热。

(二) 体征

与积液量有关。少量积液时，可无明显体征，或可触及胸膜摩擦感及闻及胸膜摩擦音。中至大量积液时，患侧胸廓饱满，触觉语颤减弱，局部叩诊浊音，呼吸音减低或消失。可伴有气管、纵隔向健侧移位。肺外疾病如胰腺炎和类风湿关节炎等，引起的胸腔积液多有原发病的体征。

四、实验室和特殊检查

1. 胸腔穿刺和胸水检查 疑为渗出液必须作胸腔穿刺，如有漏出液病因则避免胸腔穿刺。不能确定时也应做胸腔穿刺抽液检查。

(1) 外观：漏出液透明清亮，静置不凝固，比重 <1.016~1.018。渗出液多呈草黄色，稍混浊，易有凝块，比重 >1.018。血性胸水呈洗肉水样或静脉血样，多见于肿瘤、结核和肺栓塞。乳状胸水多为乳糜胸。巧克力色胸水，考虑阿米巴肝脓肿破溃入胸腔的可能。黑色胸水，可能为曲霉感染。黄绿色胸水见于类风湿关节炎。厌氧菌感染胸水常有臭味。

(2) 细胞：胸膜炎症时，胸水中可见各种炎症细胞及增生与退化的间皮细胞。漏出液细胞数常少于 100×10^6/L，以淋巴细胞和间皮细胞为主。渗出液的白细胞常超过 500×10^6/L。脓胸时白细胞多达 $10\,000\times10^6$/L 以上。中性粒细胞增多时，提示为急性炎症；淋巴细胞为主则多为结核性或肿瘤性；寄生虫感染或结缔组织病时，嗜酸性粒细胞常增多。胸水中红细胞超过 5×10^9/L 时，胸水可呈淡红色。红细胞超过 100×10^9/L 时应考虑创伤、肿瘤或肺梗死。恶性胸水中约有 40%~90% 可查到恶性肿瘤细胞，反复多次检查可提高检出率。

(3) pH 和葡萄糖：正常胸水 pH 接近 7.6。pH 降低可见于脓胸、食管破裂、类风湿性积液，结核性和恶性积液也可见 pH 降低。漏出液与大多数渗出液中葡萄糖含量正常；而脓胸、类风湿关节炎、系统性红斑狼疮、结核和恶性胸腔积液中含量可 <3.3mmol/L。若胸膜病变范围较广，使葡萄糖及酸性代谢物难以透过胸膜，胸水中葡萄糖和 pH 均较低。

(4) 病原体：胸水涂片查找细菌及培养，有助于病原诊断。结核性胸膜炎胸水沉淀后作结核菌培养，阳性率仅 20%，巧克力色胸水应镜检阿米巴滋养体。

(5) 蛋白质：渗出液的蛋白含量较高(>30g/L)，胸水 / 血清比值大于 0.5。漏出液蛋白含量较低(<30g/L)，以清蛋白为主，黏蛋白试验(Rivalta 试验)阴性。

(6) 类脂：胸水中查到大量脂质，多见于胸导管破裂。

(7) 酶：渗出液中乳酸脱氢酶(LDH)含量增高，大于 200U/L，且胸水 / 血清 LDH 比值大于 0.6。LDH>500U/L 常提示为恶性肿瘤或胸水已并发细菌感染。胸水淀粉酶升高可见于急性胰腺炎、恶性肿瘤等。腺苷脱氨酶(ADA)在淋巴细胞内含量较高。结核性胸膜炎时，因细胞免疫受刺激，淋巴细胞明显增多，故胸水中 ADA 多高于 45U/L。其诊断结核性胸膜炎的敏感度较高。HIV 合并结核患者 ADA 不升高。

(8) 免疫学检查：结核性胸膜炎胸水 r 干扰素多大于 200pg/ml。系统性红斑狼疮及类风湿关节炎引起的胸腔积液中补体 C_3、C_4 成分降低，且免疫复合物的含量增高。系统性红斑狼疮胸水

中抗核抗体滴度可达 1∶160 以上。

(9) 肿瘤标志物：癌胚抗原(CEA)在恶性胸水中早期即可升高，且比血清更显著。若胸水 CEA>20ug/L 或胸水 / 血清 CEA>1，常提示为恶性胸水，其敏感性 40%~60%，特异性 70%~88%。胸水端粒酶测定与 CEA 相比，其敏感性和特异性均大于 90%。近年来还开展许多肿瘤标志物检测，如糖链肿瘤相关抗原、细胞角蛋白 19 片段、神经元特异烯醇酶等，可作为鉴别诊断的参考。联合检测多种标志物，可提高阳性检出率。

2. X 线检查　X 线表现与积液量和是否有包裹或粘连有关。极小量的游离性胸腔积液，胸部 X 线仅见肋膈角变钝；积液量增多时显示有向外侧、向上的弧形上缘的积液影(图 16-1)。平卧时积液散开，使整个肺野透亮度降低。大量积液时患侧胸部出现致密影，气管和纵隔推向健侧。积液时常遮盖肺内原发病灶，故复查胸片应在抽液后，可发现肺部肿瘤或其他病变。包裹性积液不随体位改变而变动，边缘光滑饱满，多局限于叶间或肺与膈之间。肺底积液可仅有膈肌升高或形状的改变。CT 检查可显示少量的胸腔积液、肺内病变、胸膜间皮瘤、胸内转移性肿瘤、纵隔和气管旁淋巴结等病变，有助于病因诊断。CT 扫描诊断胸腔积液的准确性，在于能正确鉴别支气管肺癌的胸膜侵犯或广泛转移，良性或恶性胸膜增厚，对恶性胸腔积液的病因诊断、肺癌分期与选择治疗方案至关重要。

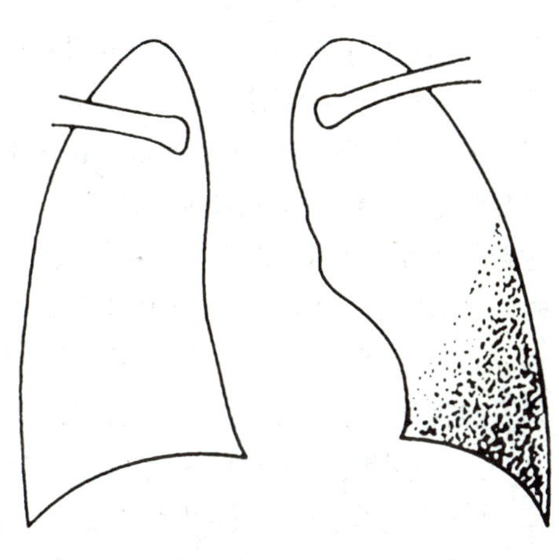

图 16-1　积液影

3. 超声检查　超声探测胸腔积液的灵敏度高，定位准确。临床用于估计胸腔积液的深度和积液量，协助胸腔穿刺定位。在 B 超引导下胸腔穿刺用于包裹性和少量的胸腔积液。

4. 胸膜活检　经皮闭式胸膜活检对胸腔积液病因诊断有重要意义，可发现肿瘤、结核和其他胸膜病变。胸膜针刺活检具有简单、易行、损伤性较小的优点，阳性诊断率为 40%~94%。CT 或 B 超引导下活检可提高成功率。脓胸或有出血倾向者，不宜作胸膜活检。

5. 内科胸腔镜或开胸活检　对上述检查不能确诊者，必要时可经内科胸腔镜或剖胸直视下活检。由于胸膜转移性肿瘤绝大部分在脏层胸膜，故此项检查有积极的意义。内科胸腔镜检查对恶性胸腔积液的病因诊断率可达 70%~100%，通过内科胸腔镜检查能全面检查胸膜腔，观察病变形态特征、分布范围及邻近器官受累情况，可在直视下多处活检。临床上有少数胸腔积液的病因，虽经上述诸种检查仍难以确定，如无特殊禁忌，可考虑剖胸探查。

6. 支气管镜检查　有咯血或疑有气道阻塞者可行此项检查。

五、诊断与鉴别诊断

胸腔积液的诊断和鉴别诊断分 3 个步骤。

(一) 确定有无胸腔积液

中量以上的胸腔积液，症状和体征均较明显，诊断不难。少量积液(0.3L)仅表现肋膈角变钝，有时易与胸膜粘连混淆，可行患侧卧位胸片或 X 线透视下观察。B 超、CT 等检查可确定有无胸腔积液。

(二) 区别漏出液和渗出液

诊断性胸腔穿刺可区别积液的性质。但有些积液难以确切地划入漏出液或渗出液，多为恶性胸腔积液，系由于多种机制参与积液的形成。

(三) 寻找胸腔积液的病因

漏出液常见病因是充血性心力衰竭，多为双侧胸腔积液，积液量右侧多于左侧。强烈利尿

可引起假性渗出液。肝硬化时胸腔积液多伴有腹水。肾病综合征胸腔积液多为双侧，可表现为肺底积液。低蛋白血症的胸腔积液多伴有全身水肿。腹膜透析胸腔积液类似于腹透液，葡萄糖高，蛋白质 <1.0g/L。如不符合以上特点，或伴有发热、胸痛等症状应行诊断性胸腔穿刺。

在我国渗出液最常见的病因为结核性胸膜炎，多见于青壮年，胸痛（积液增多后胸痛减轻或消失，但出现气急），并常伴有干咳、潮热、盗汗、消瘦等结核中毒症状，胸水检查以淋巴细胞为主，间皮细胞 <5%，蛋白质多大于 40g/L，ADA 及 γ 干扰素增高，沉渣找结核分枝杆菌或培养可呈阳性，但阳性率仅约 20%。胸膜活检阳性率达 60%~80%，PPD 皮试强阳性。老年患者可无发热，结核菌素试验亦常阴性，应予注意。

类肺炎性胸腔积液（parapneumonic effusions）系指肺炎、肺脓肿和支气管扩张感染引起的胸腔积液，如积液呈脓性则称脓胸。患者多有发热、咳嗽、咳痰、胸痛等症状，血白细胞升高，中性粒细胞增加伴核左移。先有肺实质的浸润影，或肺脓肿和支气管扩张的表现，然后出现胸腔积液，积液量一般不多。胸水呈草黄色甚或脓性，白细胞明显升高，以中性粒细胞为主，葡萄糖和 pH 降低，诊断不难。脓胸系胸腔内致病菌感染造成积脓，多与未能有效控制肺部感染，致病菌直接侵袭入胸腔有关，常见细菌为金黄色葡萄球菌、肺炎链球菌、化脓性链球菌以及大肠埃希菌、肺炎克雷伯杆菌和假单胞菌等，且多合并厌氧菌感染，少数可由结核分枝杆菌或真菌、放线菌、诺卡菌等所致。急性脓胸常表现为高热、胸痛等；慢性脓胸有胸膜增厚、胸廓塌陷、慢性消耗和杵状指（趾）等。胸水呈脓性、黏稠；涂片革兰染色找到细菌或脓液细菌培养阳性。

恶性肿瘤侵犯胸膜引起恶性胸腔积液，常由肺癌、乳腺癌和淋巴瘤直接侵犯或转移至胸膜所致，其他部位肿瘤包括胃肠道和泌尿生殖系统。以中老年人多见，有胸部钝痛、咳血丝痰和消瘦等症状，胸水多呈血性、量大、增长迅速，CEA>20μg/L，LDH>500U/L，胸水脱落细胞检查、胸膜活检、胸部影像学、纤维支气管镜及胸腔镜等检查，有助于进一步诊断和鉴别。疑为其他器官肿瘤需进行相应检查。

六、治疗

胸腔积液为胸部或全身疾病的一部分，病因治疗尤为重要。

（一）结核性胸膜炎

1. 一般治疗 包括休息、营养支持和对症治疗。

2. 抽液治疗 由于结核性胸膜炎胸水蛋白含量高，容易引起胸膜粘连，原则上应尽快抽尽胸腔内积液或行细管引流。可解除肺及心、血管受压，改善呼吸，减少肺功能受损。抽液可减轻结核中毒症状，体温下降，有助于使被压迫的肺迅速复张。大量胸水者每周抽液 2~3 次，直至胸水完全消失。首次抽液不要超过 800ml，以后每次抽液量不应超过 1000ml，过快、过多抽液可使胸腔压力骤降，发生复张后肺水肿或循环障碍。可出现剧咳、气促、咳大量泡沫状痰，双肺满布湿啰音，PaO_2 下降，X 线显示肺水肿征。可按急性左心衰处理。若抽液时患者发生头晕、冷汗、心悸、面色苍白、脉细等，应考虑“胸膜反应”，需立即停止抽液，使患者平卧，监测血压，防止休克，必要时皮下注射 0.1% 肾上腺素 0.5ml。一般情况下，抽胸水后，没必要胸腔内注入抗结核药物，但可注入链激酶等防止胸膜粘连。

3. 抗结核治疗。

4. 糖皮质激素应用 疗效不肯定。如全身毒性症状严重、大量胸水，在抗结核药物治疗的同时，可尝试加用泼尼松 30mg/d，分 3 次口服。待体温正常、全身毒性症状减轻、胸水量明显减少时，即应逐渐减量以致停用。一般疗程约 4~6 周。

（二）类肺炎性胸腔积液和脓胸

前者一般积液量少，经有效的抗生素治疗后可吸收，积液多者应胸腔穿刺抽液，必要时插管引流。

脓胸治疗原则是控制感染、引流胸腔积液及促使肺复张,恢复肺功能。抗菌药物要足量,体温恢复正常后再持续用药2周以上,防止脓胸复发,急性期联合抗厌氧菌的药物,全身及胸腔内给药。引流是脓胸最基本的治疗方法,反复抽脓或闭式引流。可用2%碳酸氢钠或生理盐水反复冲洗胸腔,然后注入适量链激酶,使脓液变稀便于引流。少数脓胸可采用胸腔闭式引流。对有支气管胸膜瘘者不宜冲洗胸腔,以免引起细菌播散和(或)窒息。慢性脓胸应改进原有的脓腔引流,也可考虑外科手术治疗。此外,支持治疗亦相当重要,应给予高能量、高蛋白及富含维生素的食物,纠正水电解质紊乱及维持酸碱平衡。

(三)恶性胸腔积液

包括原发恶性肿瘤和胸腔积液的治疗。胸腔积液为晚期恶性肿瘤常见并发症,其胸水生长迅速,常因大量积液的压迫引起严重呼吸困难,甚至导致死亡。需反复胸腔穿刺抽液,但反复抽液可使蛋白丢失太多,效果不理想。可选择化学性胸膜固定术,在抽吸胸水或胸腔闭式引流后,胸腔内注入博来霉素、顺铂、丝裂霉素等抗肿瘤药物,或胸膜粘连剂,如滑石粉等,可减缓胸水的产生。也可胸腔内注入生物免疫调节剂,如短小棒状杆菌疫苗、白介素-2、干扰素、淋巴因子激活的杀伤细胞、肿瘤浸润性淋巴细胞等,可抑制恶性肿瘤细胞、增强淋巴细胞局部浸润及活性,并使胸膜粘连。此外,可胸腔内插管持续引流,目前多选用细管引流,具有创伤小、易固定、效果好、可随时胸腔内注入药物等优点。对插管引流后肺仍不复张者,可行胸–腹腔分流术或胸膜切除术。对于部分小细胞肺癌所致胸腔积液,全身化疗有一定疗效,纵隔淋巴结有转移者可行局部放射治疗。

第二节 气 胸

一、概述

胸膜腔是不含气体的密闭的潜在性腔隙。当气体进入胸膜腔造成积气状态时,称为气胸(pneumothorax)。气胸可分成自发性、外伤性和医源性三类。自发性气胸又可分成原发性和继发性,前者发生在无基础肺疾病的健康人,后者常发生在慢性阻塞性肺疾病(COPD)等有基础肺疾病的患者。外伤性气胸系胸壁的直接或间接损伤引起,医源性气胸由诊断和治疗操作所致。气胸是常见的内科急症,男性多于女性,原发性气胸的发病率男性为(18~28)/10万人口,女性为(1.2~6)/10万人口。发生气胸后,胸膜腔内负压可变成正压,致使静脉回心血流受阻,产生程度不同的心、肺功能障碍。本节主要叙述自发性气胸。

二、病因和发病机制

正常情况下胸膜腔内没有气体,胸腔内出现气体仅在以下三种情况下发生:①肺泡与胸腔之间产生破口,气体从肺泡进入胸腔直到压力差消失或破口闭合;②胸壁创伤产生与胸腔的交通;③胸腔内有产气的微生物。临床上主要见于前两种情况。气胸时失去了负压对肺的牵引作用,甚至因正压对肺产生压迫,使肺失去膨胀能力,表现为肺容积缩小、肺活量减低、最大通气量降低的限制性通气功能障碍。由于肺容积缩小,初期血流量并不减少,产生通气/血流比例下降,导致动静脉分流,出现低氧血症。大量气胸时,由于失去负压吸引静脉血回心,甚至胸膜腔内正压对血管和心脏的压迫,使心脏充盈减少,心搏出量降低,引起心率加快、血压降低,甚至休克。张力性气胸可引起纵隔移位,致循环障碍,甚或窒息死亡。

原发性自发性气胸多见于瘦高体型的男性青壮年,常规X线检查肺部无显著病变,但可有胸膜下肺大疱,多在肺尖部,此种胸膜下肺大疱的原因尚不清楚,与吸烟、身高和小气道炎症可能有关,也可能与非特异性炎症瘢痕或弹性纤维先天性发育不良有关。

继发性自发性气胸多见于有基础肺部病变者，由于病变引起细支气管不完全阻塞，形成肺大疱破裂。如肺结核、COPD、肺癌、肺脓肿、肺尘埃沉着症及淋巴管平滑肌瘤病等。月经性气胸仅在月经来潮前后24~72小时内发生，病理机制尚不清楚，可能是胸膜上有异位子宫内膜破裂所致。妊娠期气胸可因每次妊娠而发生，可能跟激素变化和胸廓顺应性改变有关。

脏层胸膜破裂或胸膜粘连带撕裂，如其中的血管破裂可形成自发性血气胸。航空、潜水作业而无适当防护措施时，从高压环境突然进入低压环境，以及机械通气压力过高时，均可发生气胸。抬举重物用力过猛，剧咳，屏气，甚至大笑等，可能是促使气胸发生的诱因。

三、临床类型

根据脏层胸膜破裂情况不同及其发生后对胸腔内压力的影响，自发性气胸通常分为以下三种类型：

(一) 闭合性(单纯性)气胸

胸膜破裂口较小，随肺萎缩而闭合，空气不再继续进入胸膜腔。胸膜腔内压接近或略超过大气压。如抽气后压力下降而不复升，表明其破裂口不再漏气。

(二) 交通性(开放性)气胸

破裂口较大或因两层胸膜间有粘连或牵拉，使破口持续开放，吸气与呼气时空气自由进出胸膜腔。胸膜腔内压在0cmH_2O上下波动；抽气后可呈负压，但观察数分钟，压力又复升至抽气前水平。

(三) 张力性(高压性)气胸

破裂口呈单向活瓣或活塞作用，吸气时胸廓扩大，胸膜腔内压变小，空气进入胸膜腔；呼气时胸膜腔内压升高，压迫活瓣使之关闭，致使胸膜腔内空气越积越多，内压持续升高，使肺脏受压，纵隔向健侧移位，影响心脏血液回流。此型气胸胸膜腔内压测定常超过10cmH_2O，甚至高达20cmH_2O，抽气后胸膜腔内压可下降，但又迅速复升，对机体呼吸循环功能的影响最大，必须紧急抢救处理。

四、临床表现

气胸症状的轻重与有无肺基础疾病及肺功能状态、气胸发生的速度、胸膜腔内积气量及其压力大小等因素有关。若原已存在严重肺功能减退，即使气胸量小，也可有明显的呼吸困难；年轻人即使肺压缩80%以上，有的症状亦可以很轻。

(一) 症状

起病前部分患者可能有持重物、屏气、剧烈体力活动等诱因，但多数患者在正常活动或安静休息时发生，偶有在睡眠中发病者。大多数起病急骤，患者突感一侧胸部针刺样或刀割样痛，持续时间短暂，继之胸闷和呼吸困难，可伴有刺激性咳嗽，系气体刺激胸膜所致。少数患者可发生双侧气胸，以呼吸困难为突出表现。积气量大或原已有较严重的慢性肺疾病者，呼吸困难明显。患者不能平卧，如果侧卧，则被迫使气胸侧在上，以减轻呼吸困难。

张力性气胸时胸膜腔内压骤然升高，肺被压缩，纵隔移位，迅速出现严重呼吸循环障碍；患者表情紧张、胸闷、挣扎坐起、烦躁不安、发绀、冷汗、脉速、虚脱、心律失常，甚至发生意识不清、呼吸衰竭。

(二) 体征

取决于积气量的多少和是否伴有胸腔积液。少量气胸体征不明显，尤其在肺气肿患者更难确定，听诊呼吸音减弱。大量气胸时，气管向健侧移位，患侧胸部隆起，呼吸运动与触觉语颤减弱，叩诊呈过清音或鼓音，心或肝浊音界缩小或消失，听诊呼吸音减弱或消失。左侧少量气胸或纵隔气肿时，有时可在左心缘处听到与心跳一致的气泡破裂音，称Hamman征。液气胸时，胸内

有振水声。血气胸如失血量过多，可使血压下降，甚至发生失血性休克。

为了便于临床观察和处理，根据临床表现把自发性气胸分成稳定型和不稳定型，稳定型，呼吸频率 <24 次 / 分；心率 60~120 次 / 分；血压正常；呼吸室内空气时 SaO_2>90%；两次呼吸间说话成句。否则为不稳定型。

五、影像学检查

X 线胸片检查是诊断气胸的重要方法，可显示肺受压程度，肺内病变情况以及有无胸膜粘连、胸腔积液及纵隔移位等。气胸的典型 X 线表现为外凸弧形的细线条形阴影，称为气胸线，线外透亮度增高，无肺纹理，线内为压缩的肺组织。大量气胸时，肺脏向肺门回缩，呈圆球形阴影。大量气胸或张力性气胸常显示纵隔及心脏移向健侧。合并纵隔气肿在纵隔旁和心缘旁可见透光带。

肺结核或肺部慢性炎症使胸膜多处粘连，发生气胸时，多呈局限性包裹，有时气胸互相通连。合并胸腔积液时，显示气液平面，透视下变动体位可见液面亦随之移动。局限性气胸在后前位胸片易遗漏，侧位胸片可协助诊断，或在 X 线透视下转动体位可发现气胸。

CT 表现为胸膜腔内出现极低密度的气体影，伴有肺组织不同程度的萎缩改变。CT 对于小量气胸、局限性气胸，以及肺大疱与气胸的鉴别比 X 线胸片更敏感和准确。

气胸容量的多少可依据 X 线胸片判断。侧胸壁至肺边缘的距离为 1cm 时，约占单侧胸腔容量的 25% 左右，2cm 时约 50%。故从侧胸壁与肺边缘的距离≥2cm 为大量气胸，<2cm 为小量气胸。

六、诊断和鉴别诊断

根据临床症状、体征及影像学表现，气胸的诊断通常并不困难。X 线或 CT 显示气胸线是确诊依据，若病情十分危重无法搬动作 X 线检查时，应当机立断在患侧胸腔体征最明显处试验穿刺，如抽出气体，可证实气胸的诊断。

自发性气胸尤其是老年人和原有心、肺慢性疾病基础者，临床表现酷似其他心、肺急症，必须认真鉴别。

(一) 支气管哮喘与慢性阻塞性肺疾病

两者均有不同程度的气促及呼吸困难，体征亦与自发性气胸相似，但支气管哮喘患者常有反复哮喘阵发性发作史，COPD 患者的呼吸困难多呈长期缓慢进行性加重。当哮喘及 COPD 患者突发严重呼吸困难、冷汗、烦躁，支气管舒张剂、抗感染药物等治疗效果不好，且症状加剧，应考虑并发气胸的可能，X 线检查有助鉴别。

(二) 急性心肌梗死

患者亦有突然胸痛、胸闷，甚至呼吸困难、休克等临床表现，但常有高血压、冠状动脉粥样硬化性心脏病史。体征、心电图、X 线检查、血清酶学检查有助于诊断。

(三) 肺血栓栓塞症

大面积肺栓塞也可突发起病，呼吸困难，胸痛，烦躁不安，惊恐甚或濒死感，临床上酷似自发性气胸。但患者可有咯血、低热和晕厥，并常有下肢或盆腔血栓性静脉炎、骨折、手术后、脑卒中、心房颤动等病史，或发生于长期卧床的老年患者。体检、胸部 X 线检查可鉴别。

(四) 肺大疱

位于肺周边的肺大疱，尤其是巨型肺大疱易被误认为气胸。肺大疱通常起病缓慢，呼吸困难并不严重，而气胸症状多突然发生。影像学上，肺大疱气腔呈圆形或卵圆形，疱内有细小的条纹理，为肺小叶或血管的残遗物。肺大疱向周围膨胀，将肺压向肺尖区、肋膈角及心膈角。而气胸则呈胸外侧的透光带，其中无肺纹理可见。从不同角度作胸部透视，可见肺大疱为圆形透光

区，在大疱的边缘看不到发丝状气胸线，肺大疱内压力与大气压相仿，抽气后，大疱容积无明显改变。如误对肺大疱抽气测压，甚易引起气胸，须认真鉴别。

（五）其他

消化性溃疡穿孔、胸膜炎、肺癌、膈疝等，偶可有急起的胸痛、上腹痛及气促等，亦应注意与自发性气胸鉴别。

七、治疗

自发性气胸的治疗目的是促进患侧肺复张、消除病因及减少复发。治疗具体措施有保守治疗、胸腔减压、经胸腔镜手术或开胸手术等。应根据气胸的类型与病因、发生频次、肺压缩程度、病情状态及有无并发症等适当选择。部分轻症者可经保守治疗治愈，但多数需作胸腔减压以助患肺复张，少数患者（约 10%~20%）需手术治疗。

影响肺复张的因素包括患者年龄、基础肺疾病、气胸类型、肺萎陷时间长短以及治疗措施等。老年人肺复张时间通常较长；交通性气胸较闭合性气胸需时长；有基础肺疾病、肺萎陷时间长者肺复张时间亦长；单纯卧床休息肺复张时间，显然较胸腔闭式引流或胸腔穿刺抽气为长。有支气管胸膜瘘、脏层胸膜增厚、支气管阻塞者，均可妨碍肺复张，并易导致慢性持续性气胸。

（一）保守治疗

主要适用于稳定型小量气胸，首次发生症状较轻的闭合性气胸。应严格卧床休息，酌情予镇静、镇痛等药物。高浓度吸氧可加快胸腔内气体的吸收。保守治疗需密切监测病情改变，尤其在气胸发生后 24~48 小时内。如患者年龄偏大，并有肺基础疾病如 COPD，原则上不主张采取保守治疗。

此外，不可忽视肺基础疾病的治疗。如明确因肺结核并发气胸，应予抗结核药物；由肺部肿瘤所致气胸者，可先作胸腔闭式引流，待明确肿瘤的病理学类型及有无转移等情况后，再进一步作针对性治疗。COPD 合并气胸者应注意积极控制肺部感染，解除气道痉挛等。

（二）排气疗法

1. 胸腔穿刺抽气　适用于小量气胸，呼吸困难较轻，心肺功能尚好的闭合性气胸患者。通常选择患侧胸部锁骨中线第 2 肋间为穿刺点，局限性气胸则要选择相应的穿刺部位。一次抽气量不宜超过 1000ml，每日或隔日抽气 1 次。张力性气胸病情危急，应迅速解除胸腔内正压以避免发生严重并发症，紧急时亦需立即胸腔穿刺排气，无其他抽气设备时，为了抢救患者生命，可用粗针头迅速刺入胸膜腔以达到暂时减压的目的。亦可用粗注射针头，在其尾部扎上橡皮指套，指套末端剪一小裂缝，插入胸腔做临时排气，高压气体从小裂缝排出，待胸腔内压减至负压时，套囊即行塌陷，小裂缝关闭，外界空气即不能进入胸膜腔。

2. 胸腔闭式引流　适用于不稳定型气胸，呼吸困难明显、肺压缩程度较重，交通性或张力性气胸，反复发生气胸的患者。无论其气胸容量多少，均应尽早行胸腔闭式引流。插管部位一般多取锁骨中线外侧第 2 肋间，或腋前线第 4~5 肋间，如为局限性气胸或需引流胸腔积液，则应根据 X 线胸片或在 X 线透视下选择适当部位进行插管排气引流。插管前，在选定部位先用气胸箱测压以了解气胸类型，然后在局麻下沿肋骨上缘平行作 1.5~2cm 皮肤切口，用套管针穿刺进入胸膜腔，拔去针芯，通过套管将灭菌胶管插入胸腔。亦可在切开皮肤后，经钝性分离肋间组织达胸膜，再穿破胸膜将导管直接送入胸膜腔。一般选用胸腔引流专用硅胶管，或外科胸腔引流管。16-22F 导管适用于大多数患者，如有支气管胸膜瘘或机械通气的患者，应选择 24-28F 的大导管。导管固定后，另端可连接 Heimhch 单向活瓣，或置于水封瓶的水面下 1~2cm，使胸膜腔内压力保持在 1~2cmH_2O 以下，插管成功则导管持续逸出气泡，呼吸困难迅速缓解，压缩的肺可在几小时至数天内复张。对肺压缩严重，时间较长的患者，插管后应夹住引流管分次引流，避免胸腔内压力骤降产生肺复张后肺水肿。如未见气泡逸出 1~2 天，患者气急症状消失，经透视或摄片见肺

Note

已全部复张时，可以拔除导管。有时虽未见气泡冒出水面，但患者症状缓解不明显，应考虑为导管不通畅，或部分滑出胸膜腔，需及时更换导管或作其他处理（图 16-2）。

原发性自发性气胸经导管引流后，即可使肺完全复张；继发性者常因气胸分隔，单导管引流效果不佳，有时需在患侧胸腔插入多根导管。两侧同时发生气胸者，可在双侧胸腔作插管引流。若经水封瓶引流后未能使胸膜破口愈合，肺持久不能复张，可在引流管加用负压吸引装置。可用低负压可调节吸引机，如吸引机形成负压过大，可用调压瓶调节，一般负压为 -10~-20cmH_2O，如果负压超过设置值，则空气由压力调节管进入调压瓶，因此胸腔所承受的吸引负压不会超过设置值，可避免过大的负压吸引对肺的损伤。

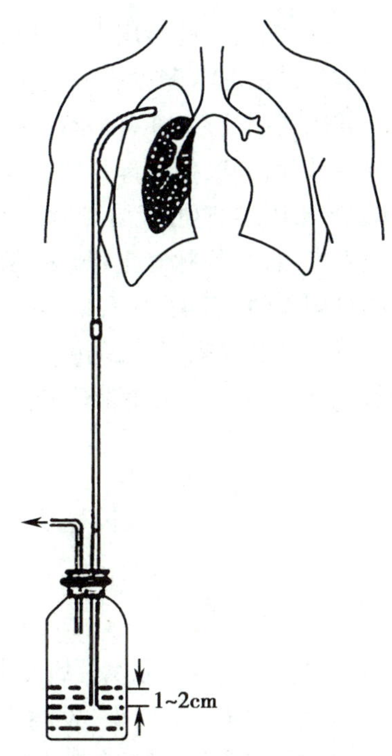

图 16-2 胸腔闭式引流图

闭式负压吸引宜连续开动吸引机，如经 12 小时后肺仍未复张，应查找原因。如无气泡冒出，表示肺已复张，停止负压吸引，观察 2~3 天，经透视或胸片证实气胸未再复发后，即可拔除引流管，用凡士林纱布覆盖手术切口。

水封瓶应放在低于患者胸部的地方（如患者床下），以免瓶内的水反流进入胸腔。应用各式插管引流排气过程中，应注意严格消毒，防止发生感染。

3. 化学性胸膜固定术 由于气胸复发率高，为了预防复发，可胸腔内注入硬化剂，产生无菌性胸膜炎症，使脏层和壁层胸膜粘连从而消灭胸膜腔间隙。主要适应于不宜手术或拒绝手术的下列患者：①持续性或复发性气胸；②双侧气胸；③合并肺大疱；④肺功能不全，不能耐受手术者。常用硬化剂有多西环素、滑石粉等，用生理盐水 60~100ml 稀释后经胸腔导管注入，夹管 1~2 小时后引流；或经胸腔镜直视下喷洒粉剂。胸腔注入硬化剂前，尽可能使肺完全复张。为避免药物引起的局部剧痛，先注入适量利多卡因，让患者转动体位，充分麻醉胸膜，15~20 分钟后注入硬化剂。若一次无效，可重复注药。观察 1~3 天，经 X 线透视或摄片证实气胸已吸收，可拔除引流管。此法成功率高，主要不良反应为胸痛，发热，滑石粉可引起急性呼吸窘迫综合征，应用时应予注意。

4. 手术治疗 手术治疗成功率高，复发率低。主要适应于长期气胸、血气胸、双侧气胸、复发性气胸、张力性气胸引流失败者、胸膜增厚致肺膨胀不全或影像学有多发性肺大疱者。

胸腔镜直视下粘连带烙断术促使破口关闭；对肺大疱或破裂口喷涂纤维蛋白胶或医用 ZT 胶；或用 Nd-YAG 激光或二氧化碳激光烧灼 <20mm 的肺大疱。电视辅助胸腔镜手术（VATS）可行肺大疱结扎、肺段或肺叶切除，具有微创、安全等优点。

开胸手术如无禁忌，亦可考虑开胸修补破口，肺大疱结扎，手术过程中用纱布擦拭胸腔上部壁层胸膜，有助于促进术后胸膜粘连。若肺内原有明显病变，可考虑将肺叶或肺段切除。

5. 并发症及其处理

(1) 脓气胸由金黄色葡萄球菌、肺炎克雷伯杆菌、铜绿假单胞菌、结核分枝杆菌以及多种厌氧菌引起的坏死性肺炎、肺脓肿以及干酪样肺炎可并发脓气胸，也可因胸穿或肋间插管引流所致。病情多危重，常有支气管胸膜瘘形成。脓液中可查到病原菌。除积极使用抗生素外，应插管引流，胸腔内生理盐水冲洗，必要时尚应根据具体情况考虑手术。

(2) 血气胸自发性气胸伴有胸膜腔内出血，常与胸膜粘连带内血管断裂有关，肺完全复张后，出血多能自行停止，若继续出血不止，除抽气排液及适当输血外，应考虑开胸结扎出血的血管。

(3) 纵隔气肿与皮下气肿由于肺泡破裂逸出的气体入肺间质，形成间质性肺气肿。肺间质内的气体沿血管鞘可进入纵隔，甚至进入胸部或腹部皮下组织，导致皮下气肿。张力性气胸抽气或闭式引流后，亦可沿针孔或切口出现胸壁皮下气肿，或全身皮下气肿及纵隔气肿。大多数患者并无症状，但颈部可因皮下积气而变粗。气体积聚在纵隔间隙可压迫纵隔大血管，出现干咳、呼吸困难、呕吐及胸骨后疼痛，并向双肩或双臂放射。疼痛常因呼吸运动及吞咽动作而加剧。患者发绀、颈静脉怒张、脉速、低血压、心浊音界缩小或消失、心音遥远、心尖部可听到清晰的与心跳同步的“卡嗒”声（Hamman 征）。X 线检查于纵隔旁或心缘旁（主要为左心缘）可见透明带。皮下气肿及纵隔气肿，随胸腔内气体排出减压而自行吸收。吸入浓度较高的氧，可增加纵隔内氧浓度，有利于气肿消散。若纵隔气肿张力过高影响呼吸及循环，可作胸骨上窝切开排气。

第三节 胸膜间皮瘤

一、概述

胸膜间皮瘤是原发性胸膜肿瘤，较为少见，约占胸膜肿瘤的 5%，胸膜间皮瘤的年发病率为 2.2 例 / 每百万人口，国外发病率为 0.07%~0.11%，我国发病率约为 0.04%。

在胚胎发育时期，来源于中胚层的侧板迅速发育分裂为两层，一层与外胚层结合，形成体壁胸膜，一层与内胚层结合，形成脏层胸膜，两层胸膜之间为胸膜腔，胸膜表面覆盖的细胞为间皮细胞。胸膜是兼有三种胚层来源的组织，因此，胸膜原发肿瘤细胞的形态复杂多样，它既可以分化为上皮样细胞形态，也可以纤维细胞样形态。间皮瘤可以有纤维细胞如纤维瘤成分，也可有上皮样细胞形成腺体或乳头状囊性结构，或两者兼而有之。

目前胸膜间皮瘤尚无统一的分型标准。一般根据肿瘤的生长方式和大体形态将其分为局限型和弥漫型两种，一般认为，局限型来源于胸膜下组织，多为良性，而弥漫型胸膜间皮瘤几乎均为恶性。

二、局限型胸膜间皮瘤

局限型胸膜间皮瘤常呈孤立的肿块，手术切除预后良好。

(一) 病理

局限型胸膜间皮瘤常起自脏层胸膜或叶间胸膜，多为圆形或椭圆形实质肿块或结节，表面光滑，呈分叶状，有包膜。结节或肿块生长缓慢，质地坚韧。瘤体与胸膜接触面宽，凸向胸膜腔；少数有蒂与胸膜连接，可随体位变动而移动。肿瘤切面呈黄色、灰黄色或淡红色。

显微镜下一般分为三型，即纤维型，上皮型和混合型，其中纤维型多见，主要由梭形细胞和胶原纤维交织而成；上皮型罕见，主要由单层立方上皮构成；混合型较少见，为单层立方上皮细胞排列于间质面上构成裂隙图像，也可呈乳头状突起，但表层为单层立方上皮，细胞无异形，乳头中心为纤维结缔组织。

局限型中有 13%~25% 为恶性间皮瘤，可累及胸壁、肺、心包和纵隔，可有淋巴结转移。

(二) 临床表现

可发生在任何年龄，40~50 岁多见，男性多于女性。一般无症状，仅在胸部 X 线检查时发现。肿块长大时可有压迫症状，可有胸部轻微钝痛、干咳、活动时气短及乏力等。少有肥大性骨关节病和杵状指。

(三) 胸部 X 线表现

呈孤立的均匀一致的球状块影，边缘清楚，偶有分叶。常位于肺的周边部，极少有胸腔积液。肿块巨大时可占据一侧胸腔，将气管、纵隔、心脏推向健侧。若发生在叶间胸膜，则肿块长轴与

叶间裂走行一致。

(四) 诊断和鉴别诊断

临床和 X 线表现无特异性,容易被误诊为包裹性胸腔积液、结核球、肺癌、胸壁和纵隔肿瘤等。在 B 超或 CT 引导下经皮穿刺活检,或胸腔镜直视下活检可明确诊断。

(五) 治疗和预后

外科手术切除是唯一的治疗手段,即便是病理检查为良性胸膜间皮瘤也应手术治疗,手术切除务求彻底,并及早实施,因本病虽然为良性肿瘤,但具有潜在恶性或低度恶性,可以复发或转移。多数患者手术切除可以治愈,如手术后复发,仍可再次手术,预后良好。

三、弥漫型恶性胸膜间皮瘤

弥漫型恶性胸膜间皮瘤(diffuse malignant pleural mesothelioma DMPM)是起源于间皮细胞的原发性胸膜肿瘤。随着工业的发展,特别是石棉的广泛应用,发病率有逐年上升的趋势。本病病变广泛,恶性程度高,诊断困难,治疗上也缺乏有效措施,故预后差,病死率高。因此愈来愈引起人们的广泛重视。

(一) 发病情况

DMPM 发病率为 0.1~15.8 例 / 百万人口,男性为 0.5~32.9 例 / 百万人口,女性为 0.03~8.9 例 / 百万人口。统计资料表明,直接从事石棉工业工人间皮瘤发生率为 2%~13%,其家属为 1%,住在石棉开采或加工厂矿附近居民,间皮瘤发生率也高于普通人群。接触石棉粉尘后发生 DMPM 的潜伏期通常需要 20 年以上,有的长达 50 年,平均 32 年,因此,本病发病年龄为 50~70 岁,偶尔有儿童和青年人患病。

(二) 病因和发病机制

1960 年 Wagner 等报道了 33 例 DMPM,其中 32 例有石棉接触史,首次提出了间皮瘤和接触石棉粉尘有关。Silikoff 等前瞻性研究了 17 800 例长期接触石棉的工人中,8% 死于 DMPM。DMPM 患者 50%~92% 有石棉接触史,某些患者经活检或尸检发现,肺和胸膜内含有石棉纤维和石棉小体。动物实验中发现吸入或胸腔内注入石棉纤维可诱发 DMPM。经流行病学调查,临床观察、病理和矿物学及试验研究证实,石棉纤维是 DMPM 最主要的病因。

石棉诱发 DMPM 的机制尚不清楚,通常认为接触石棉量越大,时间越长,患 DMPM 的机会越多。但有资料证明约 10%~28% 的病例发生 DMPM 与石棉无关,可能与胸膜瘢痕、慢性炎症、病毒感染、放射线、铍、镍,有机、无机化合物及遗传有关。

(三) 病理

DMPM 常起自壁层胸膜和横膈胸膜,为多发结节,呈葡萄状或菜花状,黄白色或暗红色,无蒂,沿胸膜生长,厚度不等,边缘不清,质地坚韧;如起源于脏层胸膜,则累及部分或全肺,使肺脏萎陷。胸膜腔有少量血性或黄色渗出液。病变主要侵犯胸壁、横膈、肺、心包及纵隔。尸检时胸内淋巴结转移达 67%,血源播散达 33%~67%,常转移到对侧肺脏、肝、肾、肾上腺、脑和骨等。

显微镜下一般分为三型:上皮型多见,肿瘤细胞呈单层立方或扁平上皮,细胞大、胞质多、嗜酸性;核大而圆,位于中央,核不规则,呈泡状,有 1~2 个核仁。细胞异形,分化程度低,核分裂象多。癌细胞排列成乳头状、片状或假腺泡结构。肉瘤型组织结构多样,有类似纤维肉瘤,平滑肌肉瘤,恶性纤维组织细胞瘤或多形细胞肉瘤,少数有骨和软骨化生。混合型由上述两型瘤组织混合存在,同一切片不同区域,部分瘤细胞呈小片、实体或裂隙管样排列,部分呈肉瘤样结构,两者互相交杂,构成肿瘤的复杂多样性。在国外的组织分型中,上皮型占 60.6%,混合型占 27.3%,肉瘤型占 12.1%。

电镜下显示瘤细胞胞质内和细胞间形成许多腔隙,表面有无数细长微绒毛,密集成刷状。

细胞间桥粒大,瘤细胞之间有桥粒连接或紧密连接。有界间张力丝和核周张力丝。瘤细胞多形,大小不等,核大不规则,细胞内含糖原颗粒,但缺乏细胞器。可见到上皮样和纤维样细胞过度现象,细胞间胶原纤维存在。

Butchart 等对 DMPM 提出病理分期(表 16-1),可比较准确地记录病变范围,制订合理的治疗方案,评价治疗效果,判断预后。

表 16-1 DMPM 病理分期

分期	描述
Ⅰ期	肿瘤局限在壁层胸膜“囊内”,即仅累及同侧胸膜、肺、心包及横膈
Ⅱ期	肿瘤侵犯胸壁成纵隔结构,即食管、心脏、胸内淋巴结
Ⅲ期	肿瘤穿过横膈界及腹膜,转移至对侧胸膜和胸外淋巴结
Ⅳ期	远处血路转移

(四) 临床表现

发病年龄多在 50 岁以上,男女比例为(2~10) :1。起病较隐匿,常在 X 检查时被发现。主要表现为持续胸痛和呼吸困难,胸痛可逐渐加重,可伴有干咳、乏力、体重减轻,少数有咯血和不规则发热。

绝大多数伴有胸腔积液,且多为大量胸腔积液,胸液多为血性,也可呈黄色渗出液,胸液中有大量间皮细胞或大量增生的间皮细胞,常常找不到肿瘤细胞,此因为肿瘤细胞脱落后失去其特性,而难以与增生的间皮细胞相鉴别。

(五) 诊断和鉴别诊断

中老年人,有石棉等接触史,持续胸痛伴呼吸困难,应高度怀疑 DMPM;若影像学上有胸膜不规则增厚,呈锯齿样或花边样改变,叶间裂不规则增厚及突向胸腔内的肿块,则更提示本病。CT 检查能显示病变范围和程度及胸内脏器受累的情况,是目前确定手术可行性最可靠的诊断方法。

本病确诊依靠病理组织学检查。胸水脱落细胞检查肯定间皮瘤者仅为 0%~22%,经皮针刺胸膜活检阳性率差别较大,从 6% 到 85.7% 不等。胸腔镜检查是诊断间皮瘤的最佳手段,检查过程中可以窥视整个胸膜腔,直接观察到肿瘤的形态特征、大小、分布及邻近脏器受侵犯的情况,且可在直视下多部位活检,取到足够的组织标本,故诊断率高。

临床上本病应与结核性胸膜炎、包裹性胸腔积液、周围型肺癌、胸膜转移癌等鉴别。根据临床表现、影像学检查、胸液细胞学及胸膜活检病理检查,约 98% 以上的病例可以明确诊断。但由于 DMPM 病理复杂,有时需要做免疫组织化学染色。

(六) 治疗

1. 外科治疗 既往以手术为该病的主要治疗,强调胸膜、心包膜、横膈胸膜广泛剥离切除。Worn 报道 248 例 DMPM 中,186 例行姑息性手术,62 例行根治性切除,术后 2 年和 5 年生存率分别为 34%、9% 及 37%、10%。而根治性手术死亡率高,文献报道达 9.1%~31%,并且无论切除范围多大,均不是治愈性的,目前已较少采用。

2. 放射治疗 有一定疗效,主要是减轻疼痛,不能解除呼吸困难和延长生命。胸腔内置入放射性核素金 ^{198}、磷 ^{32} 等可延缓胸水生长和减轻胸痛。但由于放射防护困难,价格昂贵,取材不便,目前也较少应用。

3. 化疗 有肯定治疗作用,既往认为蒽环类化疗药是最有效的一类化疗药,其次是顺氨氯铂(DDP)、丝裂霉素、环磷酰胺、甲氨蝶呤、氟尿嘧啶等。各种以阿霉素为主的联合化疗方案,总有效率为 20%~44%。

培美曲塞(pemetrexed,Alimta,力比泰)是一种多靶点抗代谢的细胞毒药物,它毒副作用较

轻，作为叶酸拮抗剂，可抑制胸苷酸合成酶（Ts）、二氢叶酸还原酶（DHFR）、和甘氨酸核糖核酸甲酰基转移酶（GARFT）等叶酸依赖性酶，通过干扰胸腺嘧啶核苷和嘌呤核苷的生物合成，达到抗肿瘤的目的。2004 年 2 月 5 日 FDA 首先批准培美曲塞作为“孤儿药”与顺铂联合治疗 DMPM。同年培美曲塞也被 FDA 批准为非小细胞肺癌的二线治疗。培美曲塞投入临床后，大大提高了 DMPM 的治疗效果，DMPM 缓解率得到提高，生存期明显延长，但目前尚缺少更多大样本、多中心的临床研究资料。

4. 免疫治疗 由于生物免疫制剂对机体刺激小，无骨髓抑制和消化道反应等，近年来广泛应用。常用药物有以下几种：

（1）白细胞介素 -2（interleukin-2，IL-2）：胸腔内单独灌注 IL-2 或 IL-2 配合其他化疗药物胸腔内灌注治疗是近年来采用的一种治疗方法，常用剂量在 100 万 ~500 万单位不等，使用时用生理盐水 50ml 溶入，缓慢注入胸腔，每周 1~2 次。能有效抑制胸水生长，IL-2 主要不良反应为发热，对血象及肝肾功能无明显影响。

（2）干扰素（interferon，INF）：采用 INF 胸腔内灌注也是近年来采用的有效方法之一，配合全身化疗，胸腔注射 IFN-a_2b，600 万 u/ 次，每周 2 次，共 2 周，有效率为 64.29%。

（3）肿瘤浸润淋巴细胞（tumor infiltrating lymphocyte，TIL）和淋巴因子激活的杀伤细胞（lymphokine activated killer，LAK）。

（4）短小棒状杆菌（Corynebacterium parvum，CP）：CP 是厌氧的革兰阳性杆菌，其表面的类脂质有显著的免疫刺激作用，促使恶性胸腔积液中的淋巴细胞 DNA 合成，释放单核细胞活化因子，激活吞噬细胞，增强其对肿瘤细胞的杀伤作用。胸腔内注入 CP，通过刺激胸膜组织中大量的巨噬细胞，产生化学性反应而使胸腔快速粘连，即引起化学性胸膜炎，使胸膜纤维化，粘连，最大限度地减少和阻止胸液的渗出，其治疗胸水的有效率达 84%~90%。

（5）假单胞菌菌苗（pseudomonas bacterial vaccing，PVI）：PVI 是由一株新假单胞菌制成的死菌苗，富含脂多糖类物质，具有广泛的生物活性，对免疫系统有促进作用，还可诱导机体产生 INF 及肿瘤坏死因子等，总有效率为 82.7%。

（6）胞必佳（nocadia rubra cell wall skeleton，N-CWS）：N-CWS 是红色诺卡氏菌细胞壁骨架的冻干剂型，它能抑制癌细胞，增强巨噬细胞、淋巴细胞和自然杀伤(natural killer，NK）细胞的活性，还能诱导机体产生 INF、LAK 细胞和肿瘤坏死因子，并参与抗癌作用。每周 1 次，使用 1~3 次后，总有效率（CR+PR）为 88.9%。

生物免疫制剂最大的副作用是发热，也有少数患者出现过敏反应和胸痛，经对症处理后可缓解。

（七）预后

DMPM 是一种高度恶性肿瘤，预后差。文献报道本病中位生存期自症状出现后 8~14 个月，绝大多数 1 年内死亡，5 年生存率 <5%。一般认为上皮型，I 期、年龄 <60 岁，一般状况良好的女性接受治疗者生存期较长；而肉瘤型，晚期（Ⅲ、Ⅳ期）、年龄 >65 岁，有石棉接触史，有胸痛和体重减轻者预后差。

总之，加强对石棉工业的管理，控制环境污染，注意个人劳动防护，可降低本病的发生率。

（孙忠民）

思考题

1. 胸腔积液的临床表现及体征。
2. 渗出液及漏出液的鉴别。
3. 气胸的临床类型有哪些。
4. 胸膜间皮瘤的诊断及鉴别状态。

参考文献

1. Ingrid Du Rand, Nick Maskel. British Thoracic Society pleural disease guideline. Thorax. 2010, 65(2): 1-3
2. 胡成平. 胸膜疾病. 西安:第四军医大学出版社, 2008 年
3. 施焕中. 胸膜疾病手册. 北京:人民卫生出版社, 2009 年
4. 崔有斌, 雷跃昌. 胸膜疾病外科诊断治疗学. 天津:天津科技翻译出版公司, 2008 年
5. 朱钟鸣, 孙耕耘. 恶性胸腔积液治疗指南摘要. 临床肺科杂志, 2002, 7(4): 49-52
6. 郝建. 现代胸膜疾病. 北京:学苑出版社, 2013 年
7. 孙忠民, 曹美菊, 陈小燕, 等. 胸膜间皮瘤的诊治. 癌症, 1993, 12(2): 171-172
8. Lamote K, Baas P, van Meerbeeck JP. Fibulin-3 as a biomarker for pleural mesothelioma. N Engl J Med, 2013, 10; 368(2): 189-190
9. Vogelzang NJ. Chemotherapy for malignant pleural mesothelioma. Lancet, 2008, 371(9625): 1640-1642
10. Manning DM. Respiratory rate and diagnosis of pleural effusion. JAMA, 2009, 301(19): 1989-1990
11. Surgery for mesothelioma? The debate continues. Lancet Oncology, 2011, 12(8): 713-714
12. DePew ZS, Maldonado F. The role of interventional therapy for pleural diseases. Expert Rev Respir Med, 2014, 8(4): 465-477
13. Na MJ. Diagnostic tools of pleural effusion. Tuberc Respir Dis (Seoul), 2014, 76(5): 199-210
14. Rishikesh K, Kini U, Shenoy N, et al. Shet A Malignant pleural mesothelioma. J Assoc Physicians India, 2013, 61(8): 576-579
15. Azoulay E. Pleural effusions in the intensive care unit. Current Opinion in Pulmonary Medicine, 2003, 9(4): 292-297
16. Lichtenstein D, Hulot JS, Rabiller A, et al. Feasibility and safety of ultra sound aided thoracentesis in mechanical ventilation patients. Intensive Care Med, 1999, 25(9): 955-958
17. Farthoukh M, Azoulay E, Galliot R, et al. Clinically documented pleural effusions in medical ICU patients: how useful is routine thoracentesis? Chest, 2002, 121(1): 178-184

第十七章　阻塞性睡眠呼吸暂停低通气综合征

第一节　概　　述

阻塞性睡眠呼吸暂停低通气综合征(obstructive sleep apnea hypopnea syndrome,OSAHS)是常见的睡眠呼吸障碍,表现为睡眠中出现频繁打鼾、呼吸暂停,从而导致睡眠片断、睡眠质量下降、白天嗜睡。直到 20 世纪末,人们才认识到,OSAHS 可以引起多系统受累甚至出现严重的并发症,并影响工作质量和导致交通事故发生率增高。19 世纪中叶,英国著名作家狄更斯曾在书中描述了一个肥胖的男孩,有着响亮的鼾声,且白天嗜睡。这是 Pickwickian 综合征的典型表现。1918 年 Sir William Osler 首次发现肥胖和 Pickwickian 综合征的相关关系。1956 年 Burwell 等发现了 Pickwickian 综合征与肺泡低通气相关。直到 1965 年,Gastaut 等才发现呼吸暂停是由于上气道阻塞引起。1976 年,Guilleminault 等首次将上述的现象命名为睡眠呼吸暂停综合征和阻塞性睡眠呼吸暂停低通气综合征,并提出睡眠中气道阻塞不仅仅存在于肥胖的患者中。

普通人群中 OSAHS 的发病率不清,取决于人群、诊断方法和 OSAHS 的诊断阈值。美国 30 岁至 60 岁的患者中,男性的 OSAHS 的发病率是 4%~9%,女性 OSAHS 的发病率是 2%~4%。我国普通人群 OSAHS 发病率大约在 3%~4% 之间。

第二节　发病机制和危险因素

OSAHS 的发病机制包括解剖因素和神经调节因素。上气道是一个非常复杂的结构,有着许多不同的生理功能,包括发声、呼吸、吞咽功能。上气道从鼻中隔后壁至喉部,骨性结构少,分为四个解剖学区域:鼻咽腔(鼻孔和硬腭之间);腭后(硬腭和软腭尾部边缘);舌后部(软腭尾部边缘至会厌根部之间);下咽部(舌根部至喉部)。

一、解剖因素

气道开放由其生理特点和神经机制决定。上气道缺乏骨性结构的支撑,易于塌陷,其原因在于:颌面部周围组织和软组织结构产生的腔外组织压力和吸气产生的负压。而咽部扩张肌可帮助维持上气道开放。

各种影像技术,包括头影测量(cephalometric)、鼻咽镜、荧光镜、声反射、CT、MRI 和光学相干断层成像术等,证实 OSAHS 患者上气道软组织增多;清醒时上气道内径比正常人小。有呼吸暂停的患者舌体较正常人增大,软腭较正常人长。习惯性打鼾者比正常人的咽腔狭窄,而且与肥胖无关。男性 OSAHS 患者的上气道随着长度增加,发生气道塌陷的风险增高。正常上气道的水平径的轴线是以横轴为主的,但呼吸暂停患者,横轴缩小,导致前后径相对增加。有人假设这种形态的改变导致上气道肌群肌力减小,从而导致呼吸暂停患者更容易发生睡眠中气道关闭。

气道横轴的狭窄，提示气道周围的软组织结构（咽部侧壁和咽旁脂肪垫的侧面）可能在调节气道面积中发挥重要的作用。咽旁脂肪垫的增大，可以解释呼吸暂停患者中肥胖相关的气道狭窄。咽侧壁厚度的增加，可以解释呼吸暂停时气道的狭窄。咽旁脂肪垫、舌以及颏下区域下颌骨下方的脂肪沉积可能在减小上气道内径中发挥重要的作用。另外，软组织异常同样也可以导致上气道狭窄，包括舌体增大，软腭和咽侧壁容积的增加。

其他重要的导致呼吸暂停患者上气道狭窄和软组织增加的因素包括遗传因素、性别、咽部扩张肌功能障碍、软组织水肿（继发于打鼾、呼吸暂停相关的损伤）、气道组织特点（表面张力）、血管灌注和体位（平卧或侧卧）。

颅面部形态也可影响上气道。如下颌后缩和舌骨－下颌骨水平距离缩小都与呼吸暂停相关。

二、神经调节

无论是正常人还是呼吸暂停的患者，睡眠中，由于上气道扩张肌力下降导致经咽部压力的变化本身，有着使气道塌陷的倾向。MRI 的结果表明，正常人睡眠时，上气道发生狭窄。这些肌肉的神经控制机制复杂，包括许多神经递质（血清素、去甲肾上腺素，甲状腺释放激素，和酪氨酸）。目前研究最广泛的上气道肌肉是颏舌肌。颏舌肌的活性主要与以下三个神经机制相关：①咽部机械性感受器感知气道负压后，通过增加舌下神经放电刺激颏舌肌；②颏舌肌激活在膈肌激活之前，由于呼吸控制中枢的作用产生气道腔内负压，即咽部肌肉活性随着呼吸中枢驱动的增强而减弱；③调节觉醒的神经机制对颏舌肌的活性有增强的作用。

总之，气道负压、呼吸中枢的影响和觉醒的作用共同调节咽部肌肉活性。在非快速眼动睡眠期，在吸气时，局部机械感受器反馈环路活性减弱，导致气道扩张肌肉活性减弱；而在快速眼动睡眠期睡眠时，气道扩张肌肉活性可能进一步受到抑制。

三、病理生理

阻塞性事件中持续的呼吸努力产生胸腔内压力增大，导致左室充盈下降。而间歇低氧与活性氧、氧化应激和炎症状态有关。呼吸暂停、低氧血症、高碳酸和觉醒导致交感神经兴奋，从而增加外周阻力和心脏刺激，导致血压增高和心率加快。呼吸暂停引起觉醒可以引起睡眠变浅甚至觉醒。低氧导致的化学刺激和对抗气道受阻的呼吸刺激可能是导致觉醒的主要原因。如果刺激化学感受系统的作用减小，或者是摄入酒精或镇静药物，使觉醒机制受损，可能导致呼吸暂停延长。

四、危险因素

流行病学研究表明，OSAHS 在男性的发生率是女性的 2 倍，可能与激素水平有关。绝经后女性也是 OSAHS 的高危因素。男性和绝经后女性比较，OSAHS 的发生率相似。OSAHS 发生率的性别差异可能与脂肪分布有关。男性更多地表现为中心性肥胖，包括颈部，因此增加上气道的狭窄和闭合。

OSAHS 与肥胖相关。研究表明肥胖可促进 OSAHS 的发展，体重增加可以加重疾病。OSAHS 同样也可发生在非肥胖的患者中。在非肥胖的患者中，颅面结构如下颌后缩、小颌畸形以及硬腭的狭窄是呼吸暂停的主要危险因素。相对于白人，亚洲人有着更短的上颌骨和下颌骨，更小的面部前后径和更低的 BMI。

对于儿童来说，扁桃体和腺样体肥大是重要的危险因素。

鼻腔异常，包括鼻中隔偏曲和过敏性鼻炎，也可增加呼吸暂停的风险。

年龄在 OSAHS 的发生中作用复杂。流行病学研究表明，随着年龄的增长，OSAHS 的发生率

更高，高峰期在50~60岁之间。

遗传因素在睡眠呼吸暂停中发挥作用，可能与遗传因素导致的颅面部结构改变、上气道结构增大（舌体、软腭和咽侧壁）、局部脂肪分布改变有关。在染色体水平上，有一些疾病（Treacher-Collins 综合征，Down 综合征，Apert 综合征和 Pirre-Robbin 综合征）与颅面部和上气道软组织结构异常有关，增加睡眠呼吸暂停的发生。

内分泌疾病同样可以出现呼吸暂停。甲状腺功能低下，特别是黏液水肿，影响肌肉功能，并导致通气反应迟钝，可增加阻塞性呼吸暂停和中枢性呼吸暂停的发生率。甲状腺功能低下可导致巨舌，使睡眠呼吸暂停的发生率增高。在肢端肥大症的患者中，OSAHS 的发生率增高，且更严重，可能与舌体增大，导致上气道阻塞有关。

酒精、镇静药、安眠药都可能加重 OSAHS。

第三节 临 床 表 现

症状典型的阻塞性睡眠呼吸暂停患者，包括白天和夜间的症状。

睡眠中上气道阻塞常可导致患者憋气、出汗或者乏力。夜间多尿，部分是阻塞性睡眠呼吸暂停引起，而夜尿很可能和出现在阻塞性睡眠呼吸暂停事件期间的胸膜腔负压增大有关，这些事件牵拉右心房壁，从而增加心房钠尿肽产生。夜间窒息感和呼吸困难大约占了30%。

配偶常常诉说患者有习惯性的打鼾且鼾声很大；有目击到的睡眠呼吸暂停和窒息，出现在呼吸暂停的末期。

白天嗜睡是睡眠呼吸暂停患者的主诉。睡眠呼吸暂停的患者感觉白天疲倦和乏力，严重的患者，甚至在不合时宜的很快地入睡，如面对面谈话、打电话或者吃饭时。患者的嗜睡和睡眠呼吸暂停的严重程度直接相关。反复出现的呼吸暂停事件，导致呼吸暂停的患者有严重的睡眠片断，导致慢波睡眠和快速眼动睡眠减少，正常睡眠结构被破坏，引起白天嗜睡。晨起头痛常常提示为高碳酸血症。

阻塞性睡眠呼吸暂停也可导致认知功能受损。注意力不集中、记忆力下降都可能影响工作能力。由于害怕困倦和入睡，可能导致患者社交受限。睡眠呼吸暂停患者可能易激惹，有抑郁症状和性格改变。性功能障碍也常见，男性常见性欲减低或者勃起障碍。

严重的 OSAHS 患者可能出现高血压、心律失常、肺动脉高压、水肿和红细胞增多，部分患者可能发展为肺动脉高压和右心衰，这些患者大多数合并肥胖低通气综合征，而轻度的睡眠呼吸暂停患者不会出现持续的肺动脉高压。

第四节 睡眠呼吸暂停综合征的并发症

OSAHS 可对神经认知功能及心血管系统产生影响（图17-1）。

一、OSAHS 对神经认知的影响

睡眠呼吸暂停引起的白天嗜睡和睡眠片断化，导致认知功能减退，包括注意力和警觉性、学习和记忆功能、执行功能等，从而导致生活质量下降。睡眠呼吸暂停相关的白天嗜睡可增加交通意外发生的风险。

二、OSAHS 对心血管的影响

OSAHS 与心血管疾病密切相关。睡眠呼吸暂停导致反复间歇低氧、反复觉醒和胸腔压力的变化，从而导致交感兴奋、氧化应激、炎症、血管内皮功能损伤、代谢失调以及对心脏和血管的机

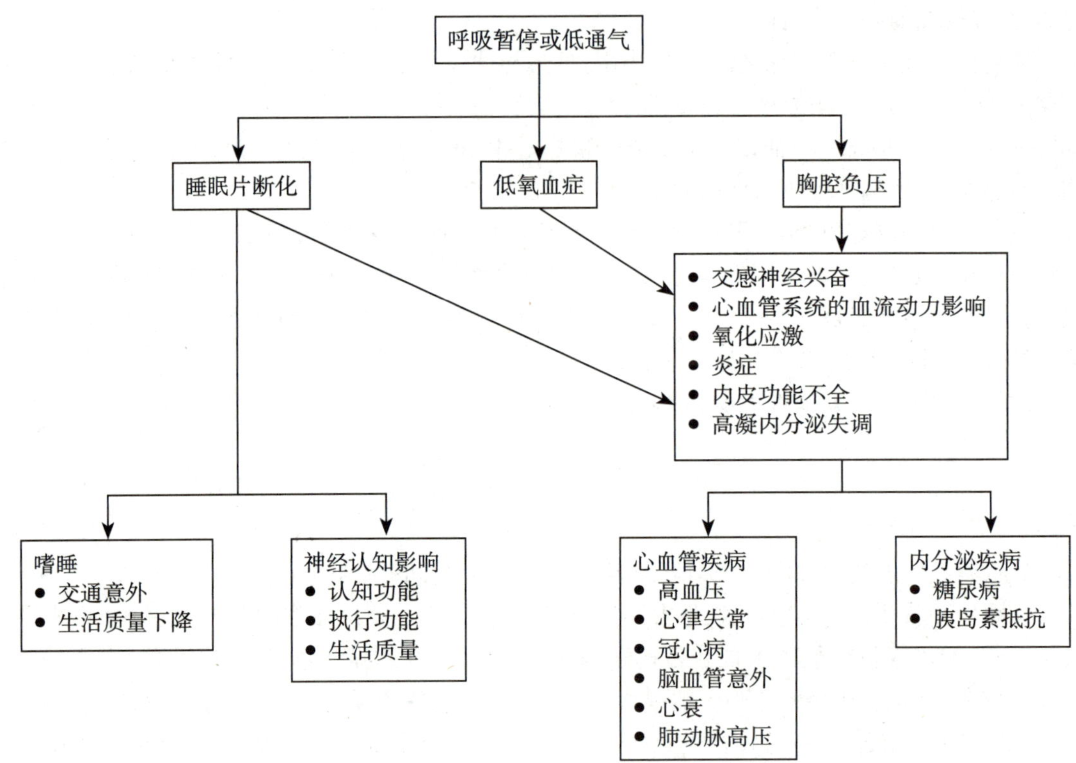

图 17-1 OSAHS 可对神经认知功能及心血管系统产生影响

械性的影响等一系列的生理过程，从而促进心血管疾病的形成。

（一）高血压

系统性高血压是与 OSAHS 关系最密切的心血管疾病之一。动物试验证实了间歇低氧可以引起高血压。美国睡眠心脏健康研究发现 AHI>30 次 / 小时的 OSAHS 患者中高血压的发生率是 AHI<1.5 次 / 小时的人群的 1.37 倍。在难治性高血压患者中，睡眠呼吸暂停的发生率增高。有研究表明，在那些服用至少三种降压药物的患者中，OSAHS 占了 83%，他们的平均 AHI 是 25 次 / 小时。

（二）其他心血管疾病

有证据表明，未治疗的重度的 OSAHS 患者比未治疗的轻中度 OSAHS、健康人、单纯打鼾者，有着更高地致死的和非致死的心血管事件，这些事件包括心肌梗死、急性冠脉综合征和脑卒中。OSAHS 与夜间心律失常有关，心房纤颤、非持续性室性心动过速、室性早搏等发生率明显增高。心衰患者常常伴有睡眠呼吸障碍。

三、内分泌疾病

虽然 OSAHS 与代谢综合征之间的关系不清楚，但两者有着共同的病理生理机制，并且与代谢综合征有着共同的主要的代谢的异常，如中心性肥胖、高血压、胰岛素抵抗和血脂异常。2 型糖尿病与睡眠呼吸暂停有关。

第五节 诊断和鉴别诊断

阻塞性睡眠呼吸暂停综合征的诊断并不困难。症状典型，而且主要的危险因素相对明显。

一、病史和体格检查

应询问有关打鼾和白天嗜睡的病史，包括打鼾、目击呼吸暂停、喘息或窒息发作、不能解

释的嗜睡、夜尿增多、晨起头痛、睡眠片断化或失眠、注意力和记忆力的下降等。此外，需要评估 OSAHS 的相关合并症，包括高血压、卒中、心肌梗死、肺心病、白天警觉性下降导致的交通事故。

体格检查可能发现：颈围增加、肥胖、狭窄的口咽部（扁桃体增生、软腭、腭垂和舌体肥大，以及侧壁扁桃体周围狭窄）、颅面部异常（下颌后缩、小下颌、硬腭狭窄和牙齿咬合不正）。

体格检查也应包括呼吸系统、心血管系统和神经系统的评估；导致 OSAHS 的其他疾病或 OSAHS 的并发症。

二、实验室检查

多导睡眠图（Polysomnography，PSG）：PSG 是目前诊断 OSAHS 的"金标准"。标准的 PSG 其监测指标包括脑电（EEG）、眼动（EOG）、肌电（EMG）、心电（ECG）、口鼻气流、呼吸努力、动脉血氧饱和度和胫前肌电等，可判断患者的夜间睡眠结构，呼吸暂停或低通气和缺氧的严重程度等。

其他检查包括家庭便携式监测设备，监测指标可能仅包含口鼻气流和（或）血氧饱和度等指标，用于疑诊 OSAHS 患者的初步诊断。

三、嗜睡的评估

OSAHS 常存在白天嗜睡，需要对其嗜睡程度进行临床评估，包括主观评估和客观评估。

（一）主观评估

包括斯坦福嗜睡量表（Stanford sleepiness scale，SSS）和 Epworth 嗜睡量表（Epworth sleepiness scale，ESS）。常用的 ESS 评分是一个睡眠问卷，对 8 种不同情景下的嗜睡倾向进行自我评估。计分结果，无（0 分）、轻度（1 分）、中度（2 分）、高度（3 分）。10 分以上为异常。睡眠呼吸暂停的患者 ESS 评分增高，提示患者易于入睡。

（二）客观评估

包括多次小睡潜伏时间试验（multiple sleep latency test，MSLT）和醒觉维持试验（maintenance of wakefulness test，MWT）。其中 MSLT 为生理性嗜睡的指标，通过一系列小睡来客观评价白天嗜睡程度的方法。正常成年人的睡眠潜伏期为 10~20 分钟。如果平均睡眠潜伏期少于 5 分钟则为病理性嗜睡，5~10 分钟为中度嗜睡，>10 分钟为正常。MSLT 并不常规用于评估和诊断 OSAS，但如果患者经过积极治疗仍然有过度嗜睡，需要进一步评估有无发作性睡病的可能时，需要行 MSLT 来鉴别。

四、OSAHS 的诊断

呼吸暂停低通气指数（apnea hypopnea index，AHI）为每小时发生的呼吸暂停加上低通气的次数，是评价 OSAHS 患者严重程度的主要指标。呼吸暂停定义为口鼻气流完全停止，持续 10 秒以上；低通气定义为口鼻气流下降大于，或者等于基线的 30% 并持续至少 10s 以上，伴有 4% 氧减；或者下降大于或者等于基线的 50% 并且持续至少 10s 以上，伴有 3% 氧减事件与觉醒相关。呼吸暂停事件分为阻塞性、中枢性和混合性事件。AHI 大于 5 次 / 小时，同时伴有白天或夜间症状即可诊断 OSAHS。

严重程度：AHI≥5 次 / 小时为轻度；AHI≥15 次 / 小时，且 <30 次 / 小时为中度；AHI≥30 次 / 小时为重度。

五、鉴别诊断

（一）单纯鼾症

表现为不同程度的睡眠打鼾，但是无白天嗜睡、疲乏等症状，夜间睡眠监测，AHI 小于 5 次 /

小时。

(二) 肥胖低通气综合征(OHS)

有病态肥胖及高碳酸血症导致的白天症状,如慢性疲劳、晨起头痛、充血性心力衰竭。实验室检查表现为红细胞增多,清醒时的高碳酸血症($PaCO_2$ 大于 45mmHg),清醒时和睡眠时的低氧血症(SaO_2<90%),睡眠时 $PaCO_2$ 较清醒时增加 10mmHg 以上。90% 的肥胖低通气综合征患者都伴有 OSAHS。

(三) 中枢性呼吸暂停综合征(CSA)

中枢性呼吸暂停综合征比阻塞性呼吸暂停综合征少见,夜间 PSG 表现为口鼻气流和胸腹运动的消失。中枢性呼吸暂停最常见于心衰、卒中。CSA 的患者常常有睡眠片断,而且与 OSAHS 同样有着白天嗜睡的症状。PSG 是鉴别 CSA 与 OSAHS 的主要方法。

(四) 上气道阻力综合征

上气道阻力综合征(UARS)是睡眠中上气道气流受限导致胸腔负压增加,从而出现觉醒。觉醒导致睡眠片断化和白天嗜睡。临床表现为不同程度的打鼾,有白天嗜睡和慢性疲劳表现,上气道阻力增高,无创通气治疗有效,AHI 小于 5 次 / 小时是它与 OSAHS 的主要鉴别要点。

(五) 发作性睡病

多在青少年起病,临床表现为难以控制的白天嗜睡、发作性猝倒、睡眠瘫痪和睡眠幻觉,多次潜伏小睡试验(MSLT)表现为异常的快速眼动睡眠。但是该病也易与 OSAHS 合并。鉴别诊断时需要注意询问发病年龄、主要症状和 PSG 结果,临床上要注意避免漏诊。

第六节 治　　疗

OSAHS 是慢性疾病,需要长期的、多学科综合治疗。OSAHS 的治疗包括教育、一般治疗和特异性治疗。

一、教育

教育的内容包括发病机制、危险因素、自然史、并发症和治疗的建议。

二、一般治疗措施

(一) 避免酒精、镇静剂和安眠药

酒精和苯二氮䓬类药物可以减小上气道肌张力,增加睡眠呼吸暂停和打鼾的严重程度。安眠药和催眠药物也可抑制觉醒,从而延长呼吸暂停的时间,导致更严重的氧减。

(二) 减轻体重

在所有超重的 OSAHS 的患者中,都应建议减轻体重。减轻体重可以减小增大的上气道软组织,如舌体和软腭导致的上气道腔外压力。

(三) 药物治疗

包括抗抑郁药物、呼吸兴奋剂、中枢神经系统兴奋剂和激素等,无明确作用。

(四) 氧疗

氧疗在睡眠呼吸暂停的治疗中作用有限。虽然通过氧疗可以减轻夜间低氧,但是会导致觉醒延迟,延长呼吸暂停的时间,从而加重夜间睡眠片断化。

三、特异的治疗措施

(一) 体位治疗

体位依赖性的睡眠呼吸暂停,平卧位时 AHI 高,而侧卧位 AHI 减小。对于这类患者,可以

鼓励患者侧卧位睡眠，从而减轻症状。

(二) 持续气道正压治疗(CPAP)

1981 年 Sullivan 首次应用 CPAP 治疗 OSAHS。CPAP 对气道的作用相当于在气道中置入充气的夹板，以避免出现睡眠中出现的气道塌陷，从而减少 AHI。CPAP 是一种无创的治疗措施，可以减少呼吸暂停和低通气事件，并减轻白天嗜睡症状，改善 OSAHS 的神经精神症状。持续气道正压治疗(CPAP)是目前轻、中、重度 OSAHS 主要的治疗方法，并且应该作为所有 OSAHS 患者的治疗选择。

(三) 口腔矫治器

口腔矫正器的适应证是原发性打鼾，或者已经控制体重的，不适合手术的轻中度的 OSAHS 患者。严重的 OSAHS 患者应用口腔矫正器成功率低，应该选择 CPAP。应用口腔矫正器的患者，建议进行 PSG 检查和口腔科随诊。

(四) OSAHS 的外科治疗

当存在解剖上的异常，如扁桃体肥大，可以考虑手术治疗。上气道结构复杂，包括许多软组织和骨性结构，不仅具有通气功能，还有发声和吞咽功能。改变气道结构，可能影响上述功能。因此，确定 OSAHS 手术适应证和手术方法至关重要。

目前的手术方法包括鼻部手术(鼻中隔成形术、鼻窦手术等)、扁桃体切除术伴或不伴腺样体切除术、悬雍垂软腭咽成形术(UPPP)、激光辅助的悬雍垂软腭咽成形术(LAUP)、射频消融术、舌成形术、颏舌肌和舌骨前移术(GAHM)、上颌骨前移切开术、气管切开术等。

(肖　毅)

思考题

1. 阻塞性睡眠呼吸暂停低通气综合征的概念。
2. 阻塞性睡眠呼吸暂停低通气综合征的临床表现。

参考文献

1. Alfred P.Fishman, et al.Fishman's Pulmonary Disease and Disorders. 4th ed. United States: McGraw-Hill Medical, 2008, 1697-1726

2. Sleep-related breathing disorders in adults: recommendations for syndrome definition and measurement techniques in clinical research. The Report of an American Academy of Sleep Medicine Task Force .Sleep, 1999, 22: 667-689

3. Chung F, Yegneswaran B, Liao P, et al. STOP questionnaire: a tool to screen patients for obstructive sleep apnea . Anesthesiology, 2008, 108(5): 812-821

4. Iber C, Ancoli-Israel S, Chesson A, et al. The American Academy of Sleep Medicine (AASM)Manual for the Scoring of Sleep and Associated Events: Rules, Terminology and Technical Specifications. 2007, American Academy of Sleep Medicine, USA

5. Epstein LJ, Kristo D, Strollo PJ Jr, et al. Adult Obstructive Sleep Apnea Task Force of the American Academy of Sleep Medicine. Clinical guideline for the evaluation, management and long-term care of obstructive sleep apnea in adults. J Clin Sleep Med, 2009, 5(3): 263-276

6. Mokhlesi B, Gozal D. Update in sleep medicine 2010. Am J Respir Crit Care Med, 2011; 183(11): 1472-1476

第十八章　职业因素肺疾病

第一节　总　　论

一、职业和环境所致肺疾病的分类及名称

职业和环境暴露因素，在许多肺部疾病中起到重要作用。然而，对某一特定肺疾病又常难以准确评估这些因素的作用。一般认为，尚未被认知或被报道的职业性肺疾病种类非常庞大。广义的职业性肺疾病(occupational lung diseases)可根据临床表现分类(表 18-1)。尽管肺尘埃沉着病(pneumoconiosis)是最为常见职业性肺疾病，但在发展中国家，职业性气道疾病更为常见，但多未纳入法定职业病范畴。

表 18-1　职业性肺疾病分类

主要疾病种类	代表性致病因素
气道疾病	
职业性哮喘	
致敏	二异氰酸盐、酐类、木屑
	动物类抗原、乳胶
刺激诱发，RADS	刺激性气体、吸烟
棉肺尘埃沉着病	棉尘
谷类粉尘反应	谷物
慢性支气管炎和 COPD	矿物性粉尘、煤尘、烟尘、粉尘
急性吸入性损伤	
中毒性肺炎	刺激性气体、金属
金属烟尘热	金属氧化物：锌、铜
聚合物烟雾热	塑料
烟雾吸入	燃烧物
过敏性反应(外源性变应性肺泡炎)	细菌、真菌、动物蛋白
感染性疾病	结核分枝杆菌、病毒、细菌
肺尘埃沉着病	石棉、二氧化硅、煤、铍、钴
恶性肿瘤	
鼻窦癌	木尘
肺癌	石棉、氡
间皮瘤	石棉

RADS：反应性气道功能障碍综合征

传统意义上，将在职业活动、特别是生产过程中，因长期吸入有害粉尘，引起以广泛肺纤维化为主要病变的疾病，统称肺尘埃沉着病。肺尘埃沉着病是我国一种法定职业病。属职业性肺尘埃沉着病的病种较多，按粉尘的化学性质可将其分为无机肺尘埃沉着病和有机尘病肺两大类。无机肺尘埃沉着病中常见的有硅沉着病、煤工肺尘埃沉着病、石棉肺等。有机肺尘埃沉着病是因吸入各种有机尘埃，最常见的是由霉菌的代谢产物或动物性蛋白质引起的肺尘埃沉着病，如农民肺、蔗肺尘埃沉着病、蘑菇肺、麦芽肺和饲禽者肺等。我国2009年颁发的《职业病名单》中将硅沉着病、煤工肺尘埃沉着病、石墨肺尘埃沉着病、炭黑肺尘埃沉着病、石棉肺、滑石肺尘埃沉着病、水泥肺尘埃沉着病、云母肺尘埃沉着病、陶工肺尘埃沉着病、铝肺尘埃沉着病、电焊工肺尘埃沉着病、铸工肺尘埃沉着病等12种肺尘埃沉着病规定为我国法定职业病。

我国肺尘埃沉着病病例数约占所有职业病总数的75%~80%，截至2009年底，累计发生的肺尘埃沉着病病例已超过60万，病死率超过20%。本章重点介绍无机肺尘埃沉着病中的硅沉着病。

二、肺尘埃沉着病的病因及发病机制

引起肺尘埃沉着病的主要原因是直径 <10μm（特别是 <2μm）、可抵达小气道的吸入性粉尘。很多生产过程可以产生粉尘，特别是在下述生产岗位，如防护措施缺乏或不当，即可引起肺尘埃沉着病：①矿产开采：各种金属和非金属矿、煤矿的开采、爆破、运输、加工等过程；②石料生产：石料的开采、破碎、筛选；③建筑材料（如水泥、耐火材料）的生产和运输；④隧道开凿、工程爆破；⑤机械制造业中的铸造、翻砂、电焊等；⑥陶瓷、玉器、建材的加工等。一般情况下，肺尘埃沉着病的发生与粉尘在肺内的续集量密切相关，粉尘浓度越高，暴露时间越长，对人体的危害越严重。

肺尘埃沉着病是尘粒在肺部引起的病变，其发生过程十分复杂，涉及多种细胞和生物活性物质，表现为炎症反应，免疫反应，细胞和组织的结构损伤与修复，胶原增生与纤维化形成，是多种因素相互作用的结果，反应多呈进行性。

（一）炎症细胞的作用

肺泡巨噬细胞（pulmonary alveolar macrophage，PAM）在肺尘埃沉着病发病机制中发挥关键性作用。当粉尘进入并滞留在终末细支气管和肺泡时，刺激多形核细胞和巨噬细胞向该部位趋化，产生的炎症介质又进一步吸引大量巨噬细胞聚集、活化并吞噬尘粒；活化的巨噬细胞释放多种生物活性因子和大量活性氧（ROS），直接损伤肺泡上皮细胞和毛细血管内皮细胞。巨噬细胞吞噬尘粒（特别是矽尘）后可发生坏死崩解，引起巨噬细胞性肺泡炎，逸出的尘粒又可被其他的巨噬细胞吞噬，这种反复发生的细胞毒性作用和细胞死亡过程不断重复，使肺内炎症在呼吸性细支气管、肺泡、小叶间隔、血管和支气管周围、胸膜下和淋巴组织内持续，逐渐形成粉尘灶（尘斑或尘结节），进而发展为尘细胞肉芽肿。上述肺组织炎症破坏和不完全性修复进行性发展，最终形成肺组织纤维化。

除巨噬细胞外，肺泡上皮细胞、成纤维细胞、结缔组织细胞和中性粒细胞及其产生的炎症介质，在肺尘埃沉着病的发生中均发挥重要作用。

（二）尘粒的理化性质

尘粒的大小、形状和表面特性不仅影响粒子在呼吸道内的动力学特性，也影响粒子的化学和生物学效应。尘粒与生物体主要在粒子表面发生化学和物理作用，因此粒子分散度越小，单位重量的固体物质粉碎成的颗粒越小，总表面积就越大，其反应性也越高。尘粒越新鲜，其表面活性自由基含量愈高；尘粒越细，因其表面积大，可吸附更多在肺内产生的氧自由基，是肺组织发生更严重的脂质过氧化损伤，加速肺内成纤维细胞增生和纤维化。

(三) 免疫反应

早在 1953 年，英国人 Caplan 发现肺尘埃沉着病煤矿工人合并有类风湿关节炎者，可表现有特殊肺病阴影(单发或多发的圆形或椭圆形致密影)，称之为“卡普兰综合征”。随后陆续发现吸入多种无机粉尘(硅酸盐、铁、铝等)也可产生该综合征。1979 年 Wagner 等报告，类风湿因子(RF)阳性的卡普兰综合征，其人类白细胞相关抗原(human leukocyte antigen，HLA)BW_{45} 阳性率明显高于对照组。尘结节的形成不仅有巨噬细胞和中性粒细胞参与，B 淋巴细胞也被激活并参与诱发纤维化过程。肺尘埃沉着病病灶中的巨噬细胞表达的 HLA 具有抗原递呈功能，可使共同培养的 T 淋巴细胞活化。硅沉着病患者血清中的免疫球蛋白(IgG、IgM)增高，抗肺自身抗体、抗核抗体和类风湿因子的检出率较高。提示机体的免疫功能异常，在肺尘埃沉着病的发生机制中发挥重要作用。

有关引起肺尘埃沉着病的具体抗原物质尚未被提取。在硅沉着病的研究中，有学者提出引起硅沉着病的抗原可能有：①矽尘作为半抗原与机体蛋白质结合构成复合抗原；②矽尘表面吸附的 γ- 球蛋白转化为自身抗原；③矽尘导致巨噬细胞崩解后释放出自身抗原，较多的研究表明后者的可能性最大。

(四) 遗传易感性

近期研究显示，TNF-a-238 位点的变异与硅沉着病的严重程度有显著的关联。TNF-a-308 和 IL-1RA +2018 位点的变异可使硅沉着病发生风险明显提高，TNF-a 启动子区 238，308 和 376 位点的多态性与南非矿工的重度硅沉着病有关。法国的一项研究，将煤矿工人分别暴露于煤矿粉尘和香烟烟雾下，结果显示，TNF-a-308 的单核苷酸多态性，与高职业暴露工人体内的红细胞谷胱甘肽过氧化物酶的活性有关，而淋巴毒素 -αNcoI 位点的多态性与煤工肺尘埃沉着病在矿工中的流行，以及该群矿工患者血液内过氧化氢酶的活性较低有关。故对遗传多态性和环境因素的深入研究，将是确定肺尘埃沉着病高危人群，及预防和治疗肺尘埃沉着病的关键。

三、肺尘埃沉着病的病理改变

(一) 肺尘埃沉着病肺大体表现

根据我国《肺尘埃沉着病病理诊断标准》(GBZ25-2002)，肺尘埃沉着病病理类型分为结节型、弥漫纤维化型和尘斑型。

1. 结节型　主要发生在接触矽尘或以矽尘为主的混合尘的工种。肉眼下肺尘埃沉着病结节呈类圆型，境界清楚，色灰黑。其显微镜下可表现为三种：①以胶原纤维为核心的矽结节；②胶原纤维与粉尘相间的混合性尘结节；③矽结节或混合性尘结节与结核病灶混合形成的矽结核结节。

2. 弥漫性纤维化型　主要发生在石棉肺和其他硅酸盐肺。主要表现为肺广泛的纤维化。其显微镜下为呼吸性细支气管、肺泡、小叶间隔、小支气管和小血管周围、胸膜下区弥漫性胶原纤维增生。

3. 尘斑型　以接触煤尘和金属粉尘的工种多见。肺外观呈灰黑色，以粉尘纤维灶(尘斑)和灶周肺气肿为特点。脏层胸膜表面尘斑可聚合成大小不等的黑色斑片。

(二) 肺尘埃沉着病肺脏病理学特点

肺尘埃沉着病的基本病理改变相似，显微镜下表现为：①巨噬细胞性肺泡炎；②肺淋巴结粉尘沉积；③尘细胞性肉芽肿：粉尘和含粉尘的巨噬细胞(尘细胞)在呼吸性细支气管、肺泡、小叶间隔、小支气管和小血管周围、胸膜下区聚集形成粉尘灶，称为“尘斑”或“尘细胞性肉芽肿”；④尘性纤维化：为肺尘埃沉着病晚期表现，肺泡结构严重破坏，被胶原纤维替代，形成以结节为主的肺纤维化或弥漫性肺纤维化。

Note

四、临床表现

肺尘埃沉着病的临床表现无特殊性。

(一) 咳嗽、咳痰

肺尘埃沉着病早期，咳嗽并不明显，可无痰或少量灰色稀薄痰。随着病程进展，因广泛肺纤维化，常合并慢性支气管炎和反复的肺部感染，咳嗽逐渐加重，与季节和气候密切相关；痰量增加，常为黄色黏痰。

(二) 胸痛

因肺组织纤维化牵拉胸膜，常有胸痛。多为局限性隐痛，或胀痛、针刺样痛。胸痛与肺尘埃沉着病严重程度无明显相关。

(三) 呼吸困难

为肺尘埃沉着病后期常见表现。因肺组织纤维化程度加重，肺弥散面积减少、通气 / 血流比例失调，导致低氧血症，使呼吸困难逐渐加重。合并肺动脉高压或反复的肺部感染可明显加重呼吸困难的程度。

(四) 咯血

可表现为痰中血丝，主要因支气管慢性炎症引起气道黏膜血管损伤所致。当大块纤维化病灶溶解破裂损伤血管，或合并肺结核时，偶可出现大咯血。

(五) 其他

随着病程进展，可出现乏力、消瘦、消化功能不良等症状。后期可出现右心功能不全或呼吸衰竭的相应表现。

五、影像学表现

(一) X 线胸片

2009 年我国颁布的《肺尘埃沉着病国家诊断标准》(GBZ70-2009) 有关肺尘埃沉着病的 X 线胸片检查仍采用高电压(高千伏)摄影，相对于目前临床上已普遍使用的数字 X 线摄影(CR/DR)，在技术上明显滞后。

1. 阴影的种类

(1) 小阴影：指肺野内直径或宽度不超过 10mm 的阴影。

1) 小阴影形态和大小：小阴影的形态可分为圆形和不规则形两类，按其大小各分为三种。圆形小阴影以字母 p(直径最大不超过 1.5mm)、q(直径大于 1. 5mm，不超过 3mm)、r(直径大于 3mm，不超过 10mm)表示。不规则形小阴影以字母 s(宽度最大不超过 1. 5mm)、t(宽度大于 1.5mm，不超过 3mm)、u(宽度大于 3mm，不超过 10mm)表示。

2) 小阴影密集度：指一定范围内小阴影的数量。将肺尖至膈顶的垂直距离等分为三，用等分点的水平线把每侧肺野各分为上、中、下三个肺区。读片时应首先判定各肺区的密集度，然后确定全肺的总体密集度。密集度可简单地划分为四级：0、1、2、3 级。0 级：无小阴影或甚少，不足 1 级的下限；1 级：有一定量的小阴影；2 级：有多量的小阴影；3 级：有很多量的小阴影。小阴影密集度是一个连续的由少到多的渐变过程，为客观地反映这种改变，在四大级的基础上再把每级划分为三小级，即 0/-，0/0，0/1；1/0，1/1，1/2；2/1，2/2，2/3；3/2，3/3，3/+，目的在于提供更多的信息，更细致地反映病变情况，进行流行病学研究和医学监护。

3) 小阴影分布范围及总体密集度判定方法：①判定肺区密集度要求小阴影分布至少占该区面积的三分之二；②小阴影分布范围是指出现有 1 级密集度(含 1 级)以下的小阴影的肺区数；③总体密集度是指全肺内密集度最高肺区的密集度。

(2) 大阴影：指肺野内直径或宽度大于 10mm 的阴影。

(3) 小阴影聚集:指局部小阴影明显增多聚集,但尚未形成大阴影。

(4) 胸膜斑:长期接触石棉粉尘可引起胸膜改变,如弥漫性胸膜增厚、局限性胸膜斑。胸膜斑系指除肺尖部和肋膈角区以外的厚度大于5mm的局限性胸膜增厚,或局限性钙化胸膜斑块。接触石棉粉尘,胸片表现有总体密集度1级的小阴影,分布范围达到1个肺区或小阴影密集度达到0/1,分布范围至少达到2个肺区,如出现胸膜斑,可诊断为石棉肺(asbestosis)一期;胸片表现有总体密集度1级的小阴影,分布范围超过4个肺区,或有总体密集度2级的小阴影,分布范围达到4个肺区者,如胸膜斑已累及部分心缘或膈面,可诊断为石棉肺二期;胸片表现有总体密集度3级的小阴影,分布范围超过4个肺区者,如单个或两侧多个胸膜斑长度之和超过单侧胸壁长度的二分之一,或累及心缘使其部分显示蓬乱,可诊断为石棉肺三期。

2. 合并其他改变　肺尘埃沉着病X线胸片如合并其他肺部疾病的相应改变,需在诊断描述中采用附加变符号表示:如bu肺大疱(bullae)、ca肺癌和胸膜间皮瘤(cancer)、cn小阴影钙化(calcification)、cp肺心病(cor pulmonale)、cv空洞(cavity)、ef胸腔积液(effusion)、em肺气肿(emphysema)、es淋巴结蛋壳样钙化(egg-shell calcification)、ho蜂窝肺(honeycomb lung)、pc胸膜钙化(pleural calcification)、pt胸膜增厚(pleural thickening)、px气胸(pneumothorax)、rp类风湿性肺尘埃沉着病(rheumatoid pneumoconiosis)、tb活动性肺结核(tuberculosis)。

(二) 胸部CT

我国尚无CT诊断肺尘埃沉着病的标准,肺尘埃沉着病一直以高千伏X线胸片作为分类标准。在高千伏X线胸片上大阴影和胸膜斑容易辨认,但对小阴影的形态、密度及分布范围的判断存在困难,不利于对早期肺尘埃沉着病的诊断,而肺尘埃沉着病的早期发现又尤为重要。因此CT诊断可作为X线胸片诊断的重要补充。对有明确粉尘接触史的病例,当怀疑有肺尘埃沉着病而X线检查阴性时,应该行胸部CT扫描,可清晰的判断出肺尘埃沉着病的病变程度,范围及并发症,结合病史可提高临床诊断率。

六、诊断与鉴别诊断

(一) 诊断

根据可靠的生产性粉尘接触史,以X射线后前位胸片表现为主要依据,结合现场职业卫生学、肺尘埃沉着病流行病学调查资料和健康监护资料,参考临床表现和实验室检查,排除其他肺部类似疾病后,对照肺尘埃沉着病诊断标准片小阴影总体密集度至少达到1级,分布范围至少达到2个肺区,方可作出肺尘埃沉着病的诊断。根据我国肺尘埃沉着病诊断标准,肺尘埃沉着病的诊断分级如下:

1. 观察对象　粉尘作业人员健康检查,发现X线胸片有不能确定的肺尘埃沉着病样影像学改变,其性质和程度需要在一定期限内进行动态观察者。我国尚未将本期病情纳入法定职业病范畴。

2. 一期肺尘埃沉着病　有总体密集度1级的小阴影,分布范围至少达到2个肺区。

3. 二期肺尘埃沉着病　有总体密集度2级的小阴影,分布范围超过4个肺区;或有总体密集度3级的小阴影,分布范围达到4个肺区。

4. 三期肺尘埃沉着病　有下列三种表现之一者:有大阴影出现,其长径不小于20mm,短径不小于10mm;有总体密集度3级的小阴影,分布范围超过4个肺区并有小阴影聚集;有总体密集度3级的小阴影,分布范围超过4个肺区并有大阴影。

(二) 鉴别诊断

1. 血行播散型肺结核(hematogenous disseminated pulmonary tuberculosis)　急性血行播散型肺结核(粟粒性肺结核)影像学,表现为肺部弥漫性对称性分布的1~3mm大小的粟粒样结节,通常伴有高热和呼吸困难,需与一、二期肺尘埃沉着病鉴别,后者一般无高热。亚急性或

慢性血行播散型肺结核影像学，表现为两肺广泛分布的大小不一、密度不等的结节状阴影，多数临床症状轻微，可有咳嗽、低热，或缺少临床症状，需与三期肺尘埃沉着病鉴别。前者影像学上大小不等的结节病灶很少发生融合。

2. 特发性肺纤维化（idiopathic pulmonary fibrosis，IPF）　该病病因不明，通常隐匿起病，以进行性活动后气促为主要表现，多数有杵状指和发绀，肺病听诊闻及高音调的细湿啰音（velcro 啰音）。多数患者病情进展较快，部分病例病程可长达 10 年以上。胸部 X 线和 CT 早期表现为两肺弥漫性分布（以两中下肺野及肺外周为主）的网状、结节网状阴影，后期表现为蜂窝状阴影。通常不会出现肺尘埃沉着病的大阴影。病理以典型的寻常型间质性肺炎（usual interstitial pneumonia，UIP）为其特点，无尘细胞性肉芽肿。

3. 肺癌（lung cancer）　肺癌在肺尘埃沉着病中的重要性不仅是鉴别诊断，更重要的是粉尘接触可引起肺癌，且矽尘也被认为是人类致癌物。肺尘埃沉着病和肺癌的鉴别诊断除临床症状外，主要是 X 线胸片上大阴影的鉴别。根据肿瘤的发生部位，肺癌可分为中央型、周围型和弥漫型。典型中央型肺癌的 X 线表现为向肺内突出的肺门肿块，可合并阻塞性肺炎和肺不张。周围型主要表现为肺内结节或肿块，多呈类圆形，边缘呈分叶状，有细小的毛刺，肿块内很少有钙化。弥漫型多见于支气管肺泡细胞癌，在两肺形成广泛的结节性或浸润性病变。结节的大小多在 1~5mm，密度均匀，轮廓清楚，有融合倾向。其在两肺内的分布常不对称和不均匀，在一部分肺内病变较密集，当融合时病灶内有支气管空气征。肺癌合并胸腔积液多见，而肺尘埃沉着病的融合病灶无支气管充气征，一般很少合并胸腔积液。支气管镜下发现支气管管腔狭窄或新生物、血清肿瘤标志物（如癌胚抗原等）升高、痰或胸腔积液的脱落细胞检查等有助于二者鉴别。

4. 结节病（sarcoidosis）　为原因不明的多系统非干酪样肉芽肿性疾病，可累及肺、肝脏、眼、皮肤和全身淋巴结，其中以累及肺最为多见。胸部影像学表现为两侧肺门对称性肿块和肺内网状、结节网状阴影。结节病抗原皮内试验(Kveim test)阳性、血清血管紧张素转化酶活性升高、体表肿大的淋巴结或肺组织活检可以确诊。

5. 肺含铁血黄素沉着症（pulmonary hemosiderosis）　特发性肺含铁血黄素沉着症多见于儿童，偶见于成人，是一种原因尚不明疾病，其病变特征为肺泡毛细血管出血，血红蛋白分解后以含铁血黄素形式沉着在肺泡间质，最后导致肺纤维化。成人肺含铁血黄素沉着症，则多见于风湿性心脏病二尖瓣狭窄，反复出现心力衰竭的患者，因肺毛细血管反复扩张、破裂出血，导致含铁血黄素沉着于肺组织。肺部影像学表现为两肺均匀分布的细点网状或粟粒状影，以肺中内带显著，心影呈梨形样改变。

6. 肺泡微石症（pulmonary alveolar microlithiasis）　为肺部罕见病，多数患者无症状，常在体检时发现，存在临床表现和 X 线不一致现象。少数患者有呼吸困难、发绀、咯血和杵状指，甚至出现呼吸衰竭、右心功能不全。胸部影像学主要表现为两肺弥漫分布的细小砂粒样阴影、密度高、边缘锐利。晚期可有胸膜钙化。支气管肺泡灌洗在高倍镜下可见大量磷酸钙盐结晶。

7. 肺放线菌病（pulmonary actinomycosis）　是由放线菌引起的肺部慢性化脓性感染，病变以多发性脓肿和窦道形成、分泌物含有硫黄颗粒脓液为特征，易形成肺纤维化。多为缓慢起病，开始有低热、咳嗽，咳少量黏液痰。随着病变的进展，肺部形成多发性脓肿时，则症状加重。可出现高热、剧咳、大量黏液脓性痰、且痰中带血或大咯血，伴乏力、盗汗、贫血及体重减轻。病变累及胸膜可引起剧烈胸痛。胸部 X 线表现为斑片状阴影或肺实变，其间有多个小透光区，亦可表现为团块状阴影。若经血行播散，则表现为肺内粟粒性病变。晚期有肺纤维化、胸膜增厚。

七、治疗

肺尘埃沉着病治疗原则包括：患者应及时脱离粉尘作业，并根据病情需要进行综合治疗，积

极预防和治疗肺结核及其他并发症，减轻临床症状、延缓病情进展、延长患者寿命、提高生活质量。

迄今为止，尚无对肺尘埃沉着病具有特效的药物和疗法。目前临床上应用较多的化学制剂药物有克矽平、磷酸哌喹或羟基磷酸哌喹、粉防己碱、柠檬酸铝等，但上述药物均未获得我国食品和药品监督管理局（SFDA）认可。其他治疗药物尚有抗氧化药物和中药制剂矽肺宁等。

（一）药物治疗

1. 克矽平（polyvinylpyridine oxidum，聚2-乙烯吡啶氮氧化合物，简称P204） 是一种高分子氮氧化合物，分子结构中具有带负电性很强的氧原子，可和矽尘形成氢键进而吸附矽尘，使矽尘致纤维化作用降低。用法：主要为雾化吸入，用4%克矽平水溶液，每次5~10ml，吸入时间约30分钟，每日1次。或用4%克矽平4ml肌内注射，每周2~3次。一般3个月为1疗程，疗程间隔1~2个月，连续应用2~4个疗程，或视病程而定。

2. 哌喹类 常用为磷酸哌喹（piperaquine phosphate，抗矽14号）或羟基磷酸哌喹（hydroxypiperaquine phosphate，抗矽1号）。这类药物以往主要用于防治疟疾，后发现其对肺巨噬细胞有保护作用，并可抑制胶原蛋白合成，已在临床上试用于肺尘埃沉着病防治。磷酸哌喹半衰期约为10天，预防量0.5g/次，10~15天口服1次。治疗量每次0.5~0.75g，每周1次，半年为1疗程；间歇1月后，可进行第二疗程。总疗程约3~5年。羟基磷酸哌喹半衰期3.5天，每周2次，每次0.25~0.5g，连服6~9个月为一疗程，间歇1~2个月后进行下一疗程，可连续用药2~4个疗程。磷酸哌喹的毒副作用主要为少数患者出现口干、面唇麻木、头昏、嗜睡等反应，多在数小时内消失部分患者出现血清转氨酶轻度升高，不影响用药。部分患者在用药期间，可出现结核病变恶化，故硅沉着病合并肺结核者慎用磷酸哌喹。大剂量磷酸羟基哌喹的慢性毒性的主要靶器官为肝和眼，给药期间应对肝功能和视觉定期监测。

3. 粉防己碱（tetrandrine，汉防己甲素） 为从汉防己科植物中提取的一种双苄基异喹啉类生物碱。其主要药理机制为抑制肺巨噬细胞分泌超氧离子、过氧化氢及致纤维化因子等，从而抑制成纤维细胞合成前胶原，阻止其交联聚合成胶原。对已形成的矽结节病灶中的胶原，可促进其降解。用法：每天200~300mg，分2~3次口服，每周6天，6个月为1个疗程，间歇3月后进行下一疗程，共4个疗程。主要不良反应为食欲缺乏、恶心、腹胀、腹泻，一般在用药2~3天后出现消化道症状，半个月左右可减轻或消失。少数情况下有皮肤瘙痒、色素沉着和肝功能异常等。如治疗后出现肝肿大和肝功能异常时，应施行保肝疗法并暂时停止治疗，密切观察。

4. 柠檬酸铝（aluminum citrate） 可在二氧化矽尘粒表面形成难以溶解的硅酸铝，阻断二氧化矽与吞噬细胞膜上阳离子基团结合，从而降低其毒性。用法：40mg肌注，每周2次。6个月为1疗程，间歇1~2个月后进行下一疗程，共4~8个疗程。

5. 抗氧化药物 肺尘埃沉着病的主要病理改变是肺纤维化。氧化应激反应在肺纤维化形成的过程中发挥重要作用。抗氧化药物，如N-乙酰半胱氨酸、谷胱甘肽、吡非尼酮（pirfenidone）等，对肺尘埃沉着病的肺纤维化是否具有治疗效果，尚待进一步确定。

（二）大容量全肺灌洗（whole-lung lavage，WLL）

大容量全肺肺灌洗术可将肺尘埃沉着病患者滞留于肺泡的粉尘，游离的二氧化硅，以及吞噬上述物质的肺泡内巨噬细胞排出体外，改善肺功能，是一种较为有效的治疗方法。

患者采用静脉复合麻醉，植入双腔支气管导管。用纤维支气管镜确定到位，并确认双肺隔离满意，一侧连接呼吸机纯氧通气，一侧肺反复灌洗。灌洗液选用37℃生理盐水，每次灌入1000ml，然后自然引流。一般一侧肺灌洗10~12次，直至灌洗流出液清亮为止。平均手术时间约4.5~7小时。

禁忌证包括：①合并肺大疱；②低血压；③低血容量未纠正之前；④心包积液或填塞；⑤未经胸腔闭式引流处置的支气管胸膜瘘；⑥三期肺尘埃沉着病。

(三) 讨论自体骨髓间充质干细胞移植

近年来，由于再生医学的快速发展，许多学者对骨髓间充质干细胞（bone marrow-derived mesenchymal stem cells.BMSCs）治疗肺纤维化的科学性、有效性、安全性进行了实验研究。国内刘薇薇等对确诊的 10 例硅沉着病患者开创性进行了自体骨髓间充质干细胞（BMSCs）移植治疗临床研究。显示 BMSCs 移植治疗对硅沉着病患者临床症状改善有一定效果，可使小结节阴影缩小，治疗远期效果还有待观察。

(四) 合并症和并发症治疗

肺尘埃沉着病通常合并慢性阻塞性肺疾病肺疾病（60%~70%）、肺结核（10%~21%）、肺癌等。随着疾病的进展，常继发反复的肺部感染、肺动脉高压、右心功能衰竭和呼吸衰竭。这些合并症和并发症严重影响患者的生活质量并增加患者死亡率，应给以相应的积极对症治疗。

八、预防和劳动能力鉴定

(一) 肺尘埃沉着病的预防策略

肺尘埃沉着病是由于长时间暴露于粉尘，而导致的一类慢性的致残的不可逆性疾病。肺尘埃沉着病的预防是一项多学科的工作，需要工业卫生医师、临床医师、企业工程师、执法机构和科学工作者的共同参与、合作与努力。只有在相关法律完备的基础上，在企业工程师设计出科学的生产工艺及防尘设施，在科学工作者确定了科学的粉尘检测标准及肺尘埃沉着病诊断标准，工业卫生医师准确监测了现场环境并及时发现肺尘埃沉着病患者，临床医师有效治疗肺尘埃沉着病患者的条件下，我们才能最大限度地控制肺尘埃沉着病的发生及发展。

具体措施包括：

1. 粉尘控制　包括：①改进生产工艺，降低粉尘的产生和扩散；②完善通风除尘设施；③加强个人防护，戴防护口罩或防护面罩。

2. 劳动现场监测

3. 健康监护和筛选　对粉尘作业者的定期医学检查，包括定期 X 线胸片和肺功能检查。

(二) 劳动能力鉴定

肺尘埃沉着病确诊后，应对肺尘埃沉着病患者的劳动能力进行鉴定，作为其补偿和安置的依据。根据国家标准《职工工伤与职业病致残程度鉴定》（GB/T16180—2006），肺尘埃沉着病致残程度可按病情轻重分为十级，伤残七级至十级为部分丧失劳动能力，五级至六级为大部分丧失劳动能力，一级至四级为全部丧失劳动能力。劳动能力的鉴定主要依据患者肺部损伤严重程度、肺代偿功能的级别进行判断，包括肺尘埃沉着病的期别、肺功能损伤程度以及有无活动性肺结核等合并症进行综合评定。

第二节　硅 沉 着 病

硅沉着病（silicosis）是最常见的一种肺尘埃沉着病，是由于长期吸入游离的二氧化硅（silicon dioxide）粉尘（矽尘）引起的以肺部弥漫性纤维化病变为主的全身性疾病。严重者影响呼吸功能，丧失劳动能力，最终导致呼吸衰竭和右心功能衰竭。我国 2002 年的流行病学资料显示，硅沉着病约占肺尘埃沉着病总发病数的 43%。

一、病因及发病机制

硅沉着病因为二氧化硅（硅石），游离的二氧化硅结晶以石英、燧石、方石英、鳞石英等形式存在。石英在自然界中分布最广，约 95% 矿石中含有不同比例的石英。石英含有 97% 以上的游离二氧化硅，故硅沉着病主要发生在从事接触二氧化硅粉尘的工作者，如矿山开采、隧道开凿、

开山筑路、建筑工程、石英或宝石研磨筛选、建筑石材制作、铸件清砂、喷砂、石刻等专业的从业者。

硅沉着病的发病和进展取决于矽尘的暴露量和暴露时间。生产环境空气中的矽尘浓度越高，吸入矽尘量越多，硅沉着病发病率就越高，发病也越快。我国金华市2012年调查资料显示，接触粉尘工龄小于5年、5~9年和10~14年患者分别占患者总数的36.8%、35.9%和13.7%。有资料显示，在短期内暴露于高浓度矽尘，即使脱离接触，也可能在若干年后出现晚发性硅沉着病。

以肺泡巨噬细胞为主的炎症反应和免疫反应在硅沉着病的发病机制中发挥至关重要的作用，具体机制见在本章第一节。

二、病理改变

硅沉着病的基本病理改变是矽结节的形成和弥漫性肺纤维化。硅沉着病大体病理标本显示：肺体积增大，表面呈灰黑色，质坚韧，肺组织内可见广泛矽结节和弥漫性肺间质纤维化。显微镜下，早期结节由吞噬矽尘的巨噬细胞聚集而成，围绕胶原中心呈星状，细胞间有网状纤维增生。随病程进展，结节主要由成纤维细胞、纤维细胞和胶原纤维构成，中心的胶原呈明显的漩涡状，其周围的炎症细胞减少。最后，胶原纤维发生玻璃样变，呈同心圆状排列，在玻璃样变的结节周围可有新的纤维组织包绕。矽结节直径为0.3~1.5mm，小结节可发生融合，形成大块纤维化或结节空洞。肺实质（包括细支气管和小血管）广泛破坏，代之以广泛的胶原纤维增生。胸膜可因纤维组织弥漫性增生而广泛增厚。

肺门淋巴结是硅沉着病最早出现病理改变的部位，在X线胸片尚未发现矽结节前，大体标本已可见肺门淋巴结肿大、粘连，组织学亦表现为矽结节形成和纤维化。在肺内出现典型的矽结节和肺广泛纤维化时，肺门淋巴结的病理改变更为严重，其内或周围出现明显钙化，在X线胸片上表现为具有一定特征性的肺门淋巴结"蛋壳样钙化"。

急性硅沉着病（acute silicosis）是硅沉着病中的一种较少见类型，主要因大量吸入高浓度、颗粒极细的游离二氧化硅引起，常见于喷砂作业。发病机制可能为过高浓度的二氧化硅刺激了Ⅱ型肺泡上皮细胞，导致其异常增生，分泌过多的肺泡表面活性物质，肺泡巨噬细胞功能严重受损，其清除肺泡表面活性物质能力降低，导致肺泡腔内过多脂蛋白沉积。肉眼下肺表面呈灰色实变，肺内矽结节并不多。显微镜下肺泡内充满泡沫状渗出物，可见PAS染色阳性的颗粒样脂蛋白物质、多量的巨噬细胞和胆固醇裂隙。肺组织呈广泛的间质纤维化和Ⅱ型肺泡上皮细胞增殖。

三、临床表现

硅沉着病的临床表现有三种形式：急性、慢性和介于二者间的加速性，与矽尘浓度、矽尘含量和接触时间相关。临床上以慢性硅沉着病最为常见。硅沉着病进展通常缓慢，一期进展到三期约需10~20年，但如出现矽结节大量融合或大块纤维化时，疾病进展则加快。晚期如并发肺结核、肺部感染、COPD或气胸时，病情加剧，进展加速。

（一）症状

硅沉着病早期，症状常轻微，通常仅表现为乏力、食欲减退、头晕、头痛、失眠、心悸等。随病情进展，呼吸系统症状逐渐明显。

1. 呼吸困难　为最早出现的呼吸系统症状，呈进行性加重。呼吸困难程度与病变分期和进展快慢有关，病变广泛和进展快者，呼吸困难更为明显。

2. 胸痛　主要因胸膜纤维化增厚和粘连引起。多为阵发性的刺痛或胀痛，胸痛的性质和部位均不固定，常在劳动后加重。如胸痛突然加重并伴有气急，则可能为并发自发性气胸。

3. 咳嗽、咳痰 多为呼吸道慢性炎症引起，合并 COPD 时，咳嗽和咳痰更为明显。如继发呼吸道或肺部感染，症状加重并可有脓性痰。

4. 咯血 少数患者可有痰血。大咯血罕见，仅见于大块纤维化病灶溶解破裂损伤血管，或合并肺结核时。

(二) 体征

硅沉着病早期常无特殊体征。三期硅沉着病出现大块纤维化时，使肺组织收缩，可有气管移位和叩诊浊音。如伴有 COPD 时可出现桶状胸、叩诊过清音、杵状指、听诊干湿啰音等。晚期并发肺心病时可有发绀、颈静脉怒张、下肢水肿等右心功能不全表现。

四 实验室检查

(一) X 线检查

接触矽尘量较高的患者，常以圆形或类圆形小阴影为主，早期出现在两侧中下肺野的中内带，后逐渐向上肺野扩展。接触矽尘量低或为混合性粉尘患者，多以圆形或不规则小阴影为主。小阴影可融合成块状大阴影，大阴影一般多见于两上肺野外带，开始时轮廓不清，逐渐发展成为致密且轮廓清楚的团块影，典型表现为与肋骨垂直的具有跨肺叶特点的“八字形”，其外缘肺透亮的较高(为包绕的肺气肿带)。肺门阴影增大，有时可见具有特征性的“蛋壳样钙化”。胸膜可有增厚、粘连或钙化。

(二) 肺功能检查

早期硅沉着病患者肺功能损伤不明显，晚期可出现限制性通气功能障碍和弥散功能障碍。

(三) 血气分析

早期、无并发症的患者，少数可有轻度低氧血症。随病情进展，PaO_2 逐步下降，并发Ⅱ型呼吸衰竭时，$PaCO_2$ 升高。

五、诊断与鉴别诊断

我国颁布的《肺尘埃沉着病诊断标准》(GBZ70—2009)，可作为硅沉着病诊断和分期的主要依据。硅沉着病的诊断原则和其他肺尘埃沉着病相同，即必须具有可靠的二氧化硅粉尘接触史，结合 X 线胸片表现特点，并排除其他原因引起的类似疾病，综合分析后作出诊断。在诊断过程中要注意以下事项：①保证 X 线胸片的技术质量；②集体讨论后诊断；③与标准进行对照，作出最终判断。鉴别诊断参见本章第一节相关内容。

六、预防和治疗

硅沉着病可以预防但难以治愈。因此，控制和减少硅沉着病的关键在于预防。预防的关键点在于降低工作环境的粉尘。对硅沉着病患者应采取综合性措施，包括脱离粉尘作业，使用抑制肺纤维化作用的药物(如克矽平、磷酸哌喹、粉防己碱、柠檬酸铝和抗氧化剂等)，肺泡灌洗术，防治呼吸道感染和其他并发症。

(郭雪君)

思考题

1. 肺尘埃沉着病的临床表现。
2. 肺尘埃沉着病的诊断及鉴别诊断。

参考文献

1. Fishman AP. Fishman's Pulmonary Diseases and Disorders. 4th ed. New York: The McGraw-

Hill Companies, Inc. 2008

2. 钟南山,刘又宁. 呼吸病学. 第2版. 北京:人民卫生出版社,2012

3. 王翔. CT在肺尘埃沉着病诊断中的应用. 职业卫生与病伤,2012;27(5):310

4. 张小明,齐兵杨. 双肺同期大容量肺灌洗术治疗煤工肺尘埃沉着病. 职业卫生与疾病,2012;27(6):385-386

5. 罗进斌,陈爽,何晓庆. 肺尘埃沉着病发病接尘工龄调查. 浙江预防医学,2012;24(3):47-55

6. 陈玲珍,刘薇薇,陈嘉榆,等. 自体骨髓间充质干细胞治疗矽肺的观察. 中华劳动卫生职业病杂志,2011;29(10):751-755

第十九章 纵 隔 疾 病

第一节 概 述

一、纵隔

纵隔位于胸骨之后，胸椎之前，上界为胸廓上口，下界为膈肌，界于两肺之间；胸腔正中偏左，上窄下宽，前短后长，是左右纵隔胸膜之间的组织器官和结缔组织的总称。正常情况下，纵隔位置较固定，一侧发生大量气胸或胸腔积液时，纵隔向健侧移位；一侧发生肺不张时，纵隔可能向患侧移位。

二、纵隔的分区及内容

为协助判断纵隔疾病的来源和性质并对其进行定位，将纵隔进行分区。纵隔分区多采用四分法，通常以胸骨角平面（平对第 4 胸椎体下缘）为界，将纵隔分为上纵隔和下纵隔两部分。下纵隔再以心包为界分为前、中、后三部分，即胸骨与心包前面之间的为前纵隔；心包、心以及与其相连大血管根部所占据的为中纵隔；心包后面与脊柱胸段之间的为后纵隔。上纵隔内主要含有胸腺、头臂静脉、上腔静脉、主动脉弓及其分支、迷走神经、膈神经、喉返神经、食管胸部、气管胸部及胸导管和淋巴结等。前纵隔内有胸腺下部、少量淋巴结和疏松结缔组织。中纵隔为纵隔下部最宽阔的部分，其内有心包、心和心相连的大血管（升主动脉、肺动脉干及其分支、上腔静脉、左和右肺静脉）、膈神经、奇静脉弓等。后纵隔内有主支气管、食管胸部、胸主动脉、胸导管、奇静脉和半奇静脉、迷走神经、胸交感干、淋巴结等。

三、纵隔疾病概述

纵隔疾病多表现为肿物性病变，包括实体性肿物、囊性肿物、脂肪性肿物、淋巴结增大。实体性肿物中最常见的为胸腺瘤、胸内甲状腺肿、恶性淋巴瘤以及神经源性肿瘤；囊性肿物包括支气管囊肿及心包囊肿；脂肪性肿物包括畸胎瘤和脂肪瘤。此外，其他纵隔疾病还包括纵隔炎症、纵隔气肿、纵隔血肿和主动脉瘤等。

纵隔组织结构复杂，各种组织细胞异常增生均可发展为良性或恶性肿瘤。部分纵隔疾病有其好发部位，好发于上纵隔的疾病包括胸骨后异位甲状腺、甲状腺肿瘤；好发于前纵隔的疾病包括胸腺肿瘤、畸胎瘤、囊性淋巴管瘤；好发于中纵隔的常见疾病包括恶性淋巴瘤、支气管囊肿、淋巴结结核、心包囊肿；好发于后纵隔的疾病包括神经源性肿瘤和食管病变。本章将分别叙述临床常见的纵隔疾病。

第二节 胸 腺 瘤

一、概述

胸腺胚胎期来源于第 3、4 鳃弓，至胸腺下降于胸腔内，约 75% 位于前纵隔，20% 位于前上

或上纵隔，有时也可见于颈部和胸内(肺门和肺内)。胸腺是免疫系统的一级淋巴样器官，产生调节免疫性淋巴细胞与骨髓调节的淋巴细胞共同参与机体的免疫反应。

胸腺瘤是一种常见的纵隔原发性肿瘤，最多见于前上纵隔，也有少数生长于其他部位的异位胸腺瘤。年发病率约 0.17/10 万，任何年龄均好发，可 8 个月 ~90 岁不等，平均年龄 53 岁，男女发病率大致相等。胸腺瘤一般生长较缓慢，以膨胀性生长为主，对其他器官的影响主要是直接侵犯，远处转移和浆膜腔播散较少，主要见于恶性程度较高者。

二、病理

胸腺瘤的组织分型方法，目前多采用 2004 年 WHO 发表的方案。这一方案首先根据肿瘤细胞的形态，将胸腺瘤分为 A(纺锤或椭圆形细胞及细胞核)、B(树突状或上皮样细胞)两型；B 型又根据淋巴细胞与具有异型性的上皮细胞数目的比例，及上皮细胞异型性的程度分为 B_1、B_2、B_3 型；将同时具有 A 型和 B_1 型(偶为 B_2 型)的肿瘤定为 AB 型；具有明显恶性肿瘤细胞形态特点的肿瘤定为 C 型，即胸腺癌；同时具有以上不同组织分型成分的肿瘤为复合型胸腺瘤。该方案反映了肿瘤细胞异型性从低到高演化的过程。A 型肿瘤细胞没有异型性，B 型的肿瘤细胞开始出现异型性，并随着分型的升高异型性升高，到 B_3 型时即具备了某些恶性肿瘤细胞的形态学特点，而 C 型则是明显的恶性肿瘤细胞。A 型和 AB 型预后较好，C 型最差。

三、临床表现

约 1/3 至半数患者可无任何临床表现，因其他原因行胸部影像学检查时发现，其余患者可见局部症状，或出现与胸腺有关的全身疾病的表现。胸腺瘤的局部症状由肿瘤压迫或侵犯邻近的纵隔结构所致，可表现为咳嗽、气短、吞咽困难、声音嘶哑等，可继发呼吸道感染。重症肌无力是胸腺瘤最常见合并的全身性疾病，是一种自身免疫性疾病，病变累及神经肌肉接头，目前普遍认为胸腺是引起自身免疫反应的始动部位，约 35% 的胸腺瘤患者伴有重症肌无力，而重症肌无力患者中约 15% 伴有胸腺瘤。部分患者合并低丙种球蛋白血症，除 IgA 和 IgG 水平降低外，可出现细胞免疫功能下降，此类患者可反复发生严重感染。其他与胸腺瘤有关的全身性疾病包括系统性红斑狼疮、类风湿病、多发性肌炎、甲状腺功能亢进症、克罗恩病、溃疡性结肠炎、干燥综合征、再生障碍性贫血等。

四、检查及分期

(一) 检查

胸部 X 线检查显示：胸腺瘤多位于上纵隔，较多见于心底部与升主动脉交界处，肿块呈圆形或卵圆形，边界光滑，或有分叶，可向纵隔的一侧或两侧凸出，肿块较大者可推挤心脏和大血管向后移位。胸腺瘤一般密度均匀，少数可见点状钙化或囊壁钙化。恶性胸腺瘤向心包侵袭可引起心包积液，胸膜转移者可见胸膜多发结节状阴影。普通胸部 X 线片无明显阳性发现的可疑患者，需进一步行胸部 CT 检查，胸部 CT 检查有助于发现胸部 X 线片检查不易发现的胸腺瘤，并能够进一步明确其大小、位置、范围、有无周围组织器官侵犯等情况。为鉴别侵袭性胸腺瘤和非侵袭性胸腺瘤提供了重要的依据，对肿瘤侵犯胸膜、肺、心包等亦有较高的诊断价值。胸腺瘤在胸部 CT 检查时显示，大部分胸腺瘤位于上纵隔大血管前间隙内，表现为圆形或类圆形肿块阴影，非侵袭性胸腺瘤具有完整的包膜，边缘清晰、密度均匀；侵袭性胸腺瘤表现为边缘不整，轮廓毛糙不规则，分叶现象明显，并与周围组织界限不清，肿瘤后方与大血管之间的脂肪层消失，侵犯心包及上腔静脉可造成邻近胸膜不规则增厚以及胸腔和心包积液。而 MRI 检查多用于进一步明确肿瘤与大血管的关系。

（二）分期

2004年世界卫生组织发表了胸腺瘤的TNM分期，目前多采用该分期方法，需结合影像学改变、手术所见及显微镜所见综合判定（表19-1）。WHO胸腺瘤TNM分期中，$T_1N_0M_0$属于Ⅰ期；$T_2N_0M_0$属于Ⅱ期；$T_1N_1M_0$、$T_2N_1M_0$、$T_3N_0M_0$、$T_3N_1M_0$均属于Ⅲ期；T_4任何NM_0、任何TN_2（或N_3）M_0、任何T任何NM_1均属于Ⅳ期。

表19-1 WHO发表的胸腺瘤TNM分期（2004年）

T_1	包膜完整
T_2	肿瘤浸润包膜外结缔组织
T_3	肿瘤浸润邻近组织器官，如心包、纵隔胸膜、胸壁、大血管及肺
T_4	肿瘤广泛侵犯胸膜和（或）心包
N_0	无淋巴结转移
N_1	前纵隔淋巴结转移
N_2	N_1^+胸内淋巴结转移
N_3	前斜角肌或锁骨上淋巴结转移
M_0	无远处转移
M_1	有远处转移

五、治疗

手术切除是胸腺瘤的首选治疗方法，即便各项检查结果提示为良性胸腺瘤，也可能随着肿瘤的不断生长压迫邻近器官而产生症状，因此，一旦发现胸腺瘤，无论良、恶性，只要患者能够耐受手术，均应积极进行手术治疗。手术除可切除肿瘤外，尚能提供病理学检查标本以获得准确的病理学诊断，以指导制订进一步的治疗方案。由于胸腺瘤的生物学行为较胸腔的其他恶性肿瘤进展缓慢，所以，部分分期相对较晚的恶性胸腺瘤，也可以有机会被成功地手术切除，并结合放、化疗而获得较好的治疗效果。良性胸腺瘤手术切除后一般无需放射治疗；恶性胸腺瘤一般容易局部复发，但较少远处转移，对于侵犯包膜以外的组织器官（如心包、胸膜、肺、无名静脉）的胸腺瘤，应当尽可能实施手术切除，尚应进行放疗或化疗。目前认为：Ⅰ期患者不建议进行术后放疗；Ⅱ期及以上患者，无论是否完全切除，仍建议采用术后放疗。在对胸腺瘤的化疗中，CAP方案（环磷酰胺＋阿霉素＋顺铂）和EP方案（足叶乙苷＋顺铂）是两个有效的联合化疗方案。

胸腺瘤首次手术是否能够完全切除对预后非常重要，是影响预后的重要因素，所以，首次手术应尽可能最大限度完全切除肿瘤及胸腺，以及受侵的胸膜、肺组织、心包等，清扫前纵隔脂肪组织。手术进胸后首先应探明肿瘤是否有外侵情况，尤其注意与心包、无名静脉、锁骨下静脉及膈神经等的关系。如果肿瘤已侵犯心包，应尽早切开心包，这样可以进一步确切地了解肿块与主动脉壁和心肌的关系，而且可以初步估计心包内、外上腔静脉受累的程度。从心包内处理可以尽可能地切除干净受侵犯的心包，但要注意动作轻柔，保护好心肌和大血管，以防止循环意外发生。手术中应尽可能保护好膈神经，避免意外损伤。如果发现一侧膈神经已经受侵，判断患者能耐受一侧膈神经切除对呼吸的影响，且又能行根治性切除则可切除一侧膈神经；但是双侧膈神经损伤会严重影响呼吸功能，所以，术中应尽量避免，若胸腺瘤已经侵犯到双侧膈神经，则只能行肿瘤姑息性切除。当肿瘤侵犯上腔静脉或无名静脉时，则可行静脉成形术或置换术；当肿瘤侵犯到肺叶边缘时，可以用切割缝合器切除受侵犯的肺组织，只有当肿瘤侵犯到肺门或者肺叶内转移时，才考虑行肺叶切除术。对于无法切除的部分残留组织，应用银夹标记出位置和范围，以利于术后准确定位补充放疗。由于胸腺的解剖和胚胎学特点，有存在异位胸腺、迷走胸腺组织的可能，因此，即使是包膜完整的较小胸腺瘤，也应完全切除胸腺，并清扫前纵隔脂肪组

织，最大限度地防止术后肿瘤复发和提高远期疗效。

经胸骨正中切口行胸腺瘤切除术，是胸腺瘤的标准手术方式。随着微创外科观念的推广和技术的逐渐发展成熟，胸腔镜下胸腺瘤手术已经普遍应用。选取适合病例行胸腔镜下胸腺瘤手术，在完整切除率、死亡率、并发症发生率、远期疗效等方面，均与传统手术入路比较差异无统计学意义。胸腔镜下手术已被接受为安全有效的胸腺瘤手术术式，并且在胸腺瘤手术中所占比例，有逐年增加的趋势。

胸腺瘤术后的辅助放射治疗已得到充分肯定，可以有效地减少术后肿瘤复发，减缓晚期肿瘤的发展，延长患者生存期。对于Ⅰ期患者中肿瘤较大和粘连者，虽然已经行根治性切除术，也建议术后行辅助放疗治疗。而对于Ⅱ期以上的胸腺瘤患者，应常规行术后辅助放射治疗，特别是部分手术中肿瘤有残留的患者，可以通过术后辅助放疗杀灭残留的肿瘤细胞和胸腺组织，大大降低肿瘤的复发率、显著延长患者的生存期。

第三节　胸内甲状腺肿

一、概述

胸内甲状腺肿是指肿大的甲状腺部分，或全部位于胸廓入口以下，及肿大的甲状腺原发于纵隔内，占纵隔肿瘤的 5%~7%。胸内甲状腺肿一般为良性肿块，最多见的为结节性甲状腺肿，多发于 40~50 岁的人群，女性较多见，约为男性的 3~4 倍。少数为甲状腺炎、甲状腺腺瘤或甲状腺癌。大多数纵隔内甲状腺肿为继发性，是颈部甲状腺肿在胸骨下的直接延伸，在胸廓开口附近，有一个小的峡部将颈部和胸内两处的甲状腺肿连接起来，或为颈部结节性甲状腺肿的下极向下滑行到上纵隔内，一般位于气管前的上纵隔内，也有少数位于气管、头臂静脉和头臂动脉或锁骨下动脉之后。1% 为原发性，纵隔内甲状腺肿与颈部甲状腺完全无联系，其起源于纵隔的异位甲状腺组织，与颈部甲状腺无关联，血供来源于纵隔血管。

50% 的纵隔内甲状腺肿患者没有自觉症状，仅于其他原因行胸部 X 线检查时偶然发现。临床症状多由于肿块压迫周围器官引起，如压迫气管、食管、血管、胸膜及神经，症状的轻重与肿块的大小、部位有关。常见症状包括呼吸困难（常于颈部活动时加重）、咳嗽、声音嘶哑、胸骨后疼痛等，偶见上腔静脉阻塞现象。体检可发现患者做吞咽动作时，肿物上下移动，听诊可闻及吸气或呼气期喘鸣音。偶见位于气管后的肿物引起吞咽困难。少数患者可见甲状腺功能亢进的表现，极个别患者甚至出现甲状腺功能亢进危象。

二、检查

胸部 X 线检查见纵隔内边缘清楚、密度均匀的圆形或卵圆形肿块影，边界光滑或呈分叶状。典型者位于上纵隔前部，可使气管向后移位。肿块内常见钙化。有认为肿块上端宽大与颈根部软组织影连续；肿块上缘轮廓影消失，紧靠颈根部软组织影；气管受压自颈部开始，向下延续至上纵隔；以上三点提示肿块呈颈纵隔连续征象，可作为纵隔内甲状腺肿块的诊断依据。胸部 CT 检查具有重要价值，CT 可显示肿物和气管、大血管的关系以及气管、血管受压、移位的情况。下述征象提示纵隔内甲状腺肿块：①肿块与颈部甲状腺相连；②肿块内有局部钙化灶；③肿块内的 CT 值相对较高，一般比邻近肌肉组织高 15HU；④应用碘造影剂静脉注射后肿块密度明显增高，且持续时间较长。对于异位迷走的甲状腺肿块，根据胸部 X 线检查难以作出诊断。

放射性核素 ^{131}I 检查，对于明确纵隔内甲状腺肿块的性质很有帮助，但应注意常有假阴性的发生。对临床怀疑纵隔内甲状腺肿块，而 ^{131}I 放射性核素扫描检查未能发现阳性征象者，胸部 CT 检查可能会有帮助。

三、治疗

由于胸内甲状腺肿的位置特殊，易压迫周围的组织器官，引起压迫症状并影响器官功能，而且可继发甲亢和恶变，因此纵隔内甲状腺肿块一般应积极争取手术，既可切除肿块，避免对纵隔内重要脏器的压迫，又可获得明确的病理学诊断。但对于无临床症状，手术耐受性较差，且根据其他资料判断胸内肿块为恶性病变的可能性较小者，可暂缓手术治疗，但应严密随访观察。

对胸内甲状腺肿较大、压迫症状重者，合并气管、食管狭窄和上腔静脉综合征者，术前肿物的评估和手术路径的选择非常重要。螺旋 CT、MRI 和三维成像重建，是明确肿物及其与周围脏器关系最重要的检查，对提前做好麻醉评估、手术径路选择，了解术中的解剖结构均有帮助。术前精心准备是预防并发症的重要措施。对气管受压、呼吸困难严重的患者，在术前呼吸道治疗时应警惕 CO_2 潴留。对上腔静脉综合征患者，由于术前颜面和上胸部水肿、静脉曲张，增加手术出血危险，可酌情脱水治疗。对压迫食管合并吞咽困难者，常有消瘦、脱水、电解质紊乱的情况，术前应以纠正。

切口选择应根据肿物位置、其与压迫脏器的关系，及如何暴露清楚来选择。颈部低领式切口径路适合于，对坠入胸骨后的甲状腺肿位置离胸骨切迹近者。颈部低领式切口加胸部正中切口，劈开胸骨适合坠入型胸内甲状腺肿较大，坠入平面在主动脉上附近或到弓下，或肿瘤与气管、食管和上腔静脉紧密的患者，该切口暴露清楚，但创伤相应较大。单纯经胸切口仅适用于胸内异位甲状腺肿。术中应注意沿甲状腺包膜游离，并避免损伤喉返神经和甲状旁腺。

第四节 纵隔畸胎瘤

一、概述

畸胎瘤是指含有所在部位正常时，所没有的多种形态组织的肿瘤，属于生殖细胞肿瘤，这些组织通常起源于外胚层、中胚层和内胚层中的两种甚至三种胚层。畸胎瘤常见于身体的中线部位，纵隔尤其是前纵隔是最常见的部位之一，97% 的畸胎瘤位于前纵隔，纵隔畸胎瘤是临床常见的纵隔原发性肿瘤，发生率约占原发性纵隔肿瘤的 21.5%，常见于 20~40 岁之间，男女发病率相近。

畸胎瘤的来源目前认为是，来自个体发育初期的卵黄囊向泌尿生殖嵴移动过程中，被遗留下来的全能干细胞。畸胎瘤的病理组织结构复杂多样，按其组成组织的成熟度，分为成熟畸胎瘤和未成熟畸胎瘤，前者多为良性囊性型，后者多为恶性实体型。成熟畸胎瘤又分为囊性和实性两种。囊性成熟畸胎瘤又称为皮样囊肿，为薄壁单房或多房囊肿，镜下初见外胚层组织外还可见中胚层和内胚层组织。皮样囊肿发生恶变者不多见，约占 10%。实性成熟畸胎瘤为实性肿块，镜下可见源自所有胚层的各种组织成分，内以内胚层源性上皮成分居多，而外胚层源性皮肤和神经组织等较囊性者少见，组织的成熟程度介于良性囊性畸胎瘤和恶性未成熟畸胎瘤之间。未成熟畸胎瘤由未分化成熟的组织组成，以实体性者居多，其原始上皮细胞多排列成腺癌形象，一般不见由外胚层衍生的神经组织、皮肤或牙齿等。

二、临床表现

畸胎瘤的临床表现依其成熟度不同而异，成熟畸胎瘤多呈良性经过。50%~70% 的纵隔畸胎瘤为良性，良性畸胎瘤多见于儿童或青年人，在儿童发病率无明显性别差异。儿童期发生的畸胎瘤几乎均为良性，仅 1% 为恶性。患者可无临床症状，仅偶然于因其他原因行胸部 X 线检查时被发现。肿瘤逐渐增大压迫纵隔结构，导致胸痛、胸闷、咳嗽、吞咽困难等临床症状。少数

患者可因支气管受压发生阻塞性肺炎或肺不张。偶有肿瘤侵蚀支气管，可见咳出毛发或皮脂样物，此时仅凭该临床表现，即可较有把握地诊断为胸内囊性畸胎瘤。囊性畸胎瘤偶可破溃入纵隔引起纵隔炎，破溃入胸膜腔并继发感染而引起脓胸，破溃入心包可引起心包炎或心脏压塞。囊肿继发感染时，临床症状可明显加重。

未成熟畸胎瘤多为恶性，男性较多，肿瘤生长快，呈浸润性生长，常见上腔静脉阻塞综合征，临床表现为消瘦、干咳、声音嘶哑、呼吸困难，可见膈神经麻痹，肿瘤侵犯心包可致血性心包积液，侵犯胸膜可见血性胸腔积液。少数患者肿瘤可向远处转移到肝脏、骨骼等，引起相应症状。

纵隔畸胎瘤的临床表现不典型，易被误诊为肺内肿块、肺脓肿、胸腔积液等，只有当肿瘤破入支气管咳出或体表肿块破溃流出皮脂、毛发样物质时，方具有诊断价值，因此临床诊断主要来自影像学检查。

三、检查

胸部X线检查见大多数畸胎瘤位于前纵隔，临近心脏和大血管起始部。良性肿瘤呈圆形或卵圆形，轮廓光滑，而恶性肿瘤多呈分叶状。皮样囊肿的周边可见钙化，由于胸腺癌也可见钙化，故该X线征象对于二者的鉴别诊断并无帮助。少数患者可于瘤体内见成熟骨骼和牙齿影像，据此即能较可靠地诊断为成熟畸胎瘤。肿块增大速度较快多为恶性畸胎瘤的征象，但需注意成熟畸胎瘤，也可因瘤体内出血导致瘤体较快增大。胸部CT检查诊断纵隔畸胎瘤的价值明显高于常规X线检查，它可以更清晰准确地显示肿块的部位、大小、外周轮廓、有无钙化、有无骨骼结构或牙齿等。由于瘤体含多种成分，因此在CT上呈现出内部结构混杂；瘤体内多种腺体具有分泌功能，所分泌的消化酶具有侵蚀性，瘤体内容易出现囊性改变，瘤体周围容易发生无菌性炎症，与周围组织粘连。CT上常可见到肿块呈厚壁改变，及与周围组织界限不清。出现肺炎、肺不张、胸腔积液、心包积液、纵隔炎等并发症时，X线检查可见相应的改变。

四、治疗

由于纵隔畸胎瘤术前确定良恶性比较困难，且有发生感染、破溃、压迫邻近器官、出血和恶变的可能，因此不论肿瘤大小和性质良恶，一经诊断均应早期手术治疗，力争彻底切除。一般切除困难时，可分期手术。对恶性畸胎瘤可于术后辅以放疗和化疗。

切口选择应根据畸胎瘤的部位特点，因人而定。一般应靠近肿瘤，便于肿瘤的暴露，并且要兼顾生理干扰、美容、便于延长切口等。较小的肿瘤可根据位置，选择部分胸骨劈开切口或前外侧切口；对于瘤体巨大并呈双侧侵袭、伴肺或血管侵袭粘连的情况，应取正中胸骨切口，并加单或双侧前外侧切口，这样可以充分显露，视野开阔，并兼顾左右胸腔。对于瘤体巨大或粘连广泛的肿瘤，宜选择后外侧切口。

畸胎瘤的内胚组织产生消化酶，常引起周围组织的炎症、糜烂，使之与周围组织界限不清，甚至穿破周围组织器官，游离时易造成大出血及重要器官的损伤。对于瘤体包膜完整者，应顺包膜周围逐步分离。对于瘤体与周围脏器粘连紧密或有浸润、穿破，难以完整切除的实体瘤，可先行分块切除，改善视野，再尽可能地切除被侵及的邻近脏器组织。对于浸润、甚至包绕重要血管的，也应先行瘤体部分切除，再仔细分离血管，以免引起大出血；对肿瘤组织与大血管粘连紧密或浸润严重者，可考虑行人工血管置换术。对于较大囊性瘤，表面张力较高时，只要瘤体不与大血管交通，可先行穿刺吸出囊液，以缩小瘤体便于分离。肿瘤外侵心包时可行心包部分切除，外侵肺时可行肺楔形切除术或肺叶切除术。

纵隔良性畸胎瘤直径≤6cm，包膜完整，与周围组织粘连不重，无感染及外穿入其他组织器官时，可行电视胸腔镜手术治疗。但恶性纵隔畸胎瘤不适合此手术。该手术最大优点是，避免了传统开胸手术给患者带来的神经肌肉损伤，减轻了术后切口疼痛和并发症的发生。

第五节 纵隔神经源性肿瘤

一、概述

神经源性肿瘤在纵隔肿瘤中非常常见，约占全部纵隔肿瘤的20%，是后纵隔中最常见的肿瘤，绝大多数(90%以上)的纵隔神经源性肿瘤位于后纵隔脊柱旁沟内，占后纵隔肿瘤的75%~95%；极少数神经源性肿瘤发生于前纵隔，多来源于迷走神经、膈神经等。

二、病理

纵隔神经源性肿瘤病理组织学类型较多，起源于外周神经的有神经鞘瘤、神经纤维瘤和神经源性肉瘤，起源于交感神经节的有神经节细胞瘤、神经节母细胞瘤和神经母细胞瘤。其中神经鞘瘤、神经纤维瘤、神经节细胞瘤均为良性肿瘤，神经节母细胞瘤为中间型肿瘤，神经源性肉瘤和神经母细胞瘤为恶性肿瘤。国内报道83.6%的成人纵隔神经源性肿瘤为神经鞘瘤，可发生于任何年龄，以青年人的发病率最高，良性肿瘤的发病率远远高于恶性肿瘤。儿童纵隔神经源性肿瘤多来源于交感神经，大多为恶性。

三、临床表现

纵隔神经源性肿瘤约58%无临床症状，仅于因其他原因行胸部X线检查时偶尔发现，临床上也无阳性的体征。部分患者可以有轻度的胸部不适、刺激性咳嗽、胸闷气短、或胸痛和肩背疼痛，或沿肋间神经走向出现疼痛等症状。肿瘤较大时，患者可以伴有邻近的组织或器官受压迫症状，如压迫食管致进食下咽困难，压迫气管支气管致咳嗽和呼吸困难；或出现喉返神经麻痹等。极少数肿瘤可向邻近的椎体或肋骨挤压生长，呈哑铃型，压迫脊髓、脊神经及交感神经，致肢体麻木或同侧Horner综合征，严重时出现大小便失禁，甚至不完全截瘫。

四、检查

各类纵隔神经源性肿瘤的X线检查、CT或MRI检查比较相似，表现为纵隔内光滑、边界清楚、密度均匀一致的圆形或类圆形的阴影，多位于后纵隔脊柱旁或椎旁沟内。部分肿瘤可有钙化(神经鞘瘤、神经节细胞瘤和神经母细胞瘤)和囊性变(主要是神经鞘瘤)。完全囊性变的神经鞘瘤，临床上容易误诊为纵隔囊肿。哑铃型肿瘤CT或MRI检查，可以发现肿瘤位于椎管内、外，以及扩大的椎间孔。

五、治疗

纵隔神经源性肿瘤，仅凭临床表现和X线检查结果，较难推断其病理学类型，也不易判断其良恶性，例如根据椎体受侵蚀或出现喉返神经麻痹、Horner综合征等，并不能肯定为恶性肿瘤，而且，与纵隔内其他肿块也很难鉴别。因此，对于发现纵隔占位性病变疑为纵隔神经源性肿瘤者，应积极争取手术切除。延迟治疗可能导致肿瘤恶变，或向椎间孔内生长，为以后的治疗带来困难。为了延长生存期需要完全切除，甚至扩大切除周围的侵犯器官。详细的手术前检查，可以为术者选择最为理想的手术入路和手术方式提供重要的依据。对于较小的位于椎旁沟的肿瘤，选用背部胸椎旁倒"T"形小切口，也可以在电视胸腔镜辅助下小切口完成肿瘤的切除。但对于手术前怀疑为恶性，或有脊髓、脊神经及交感神经链压迫症状，或肿瘤最大直径大于6cm时，电视胸腔镜手术被视为禁忌。对于哑铃型肿瘤，必须扩大椎间孔在硬膜外完全切除肿瘤，如果肿瘤侵入硬脊膜甚至蛛网膜，则应打开硬脊膜或蛛网膜，将位于硬脊膜下腔或蛛网膜下腔的肿

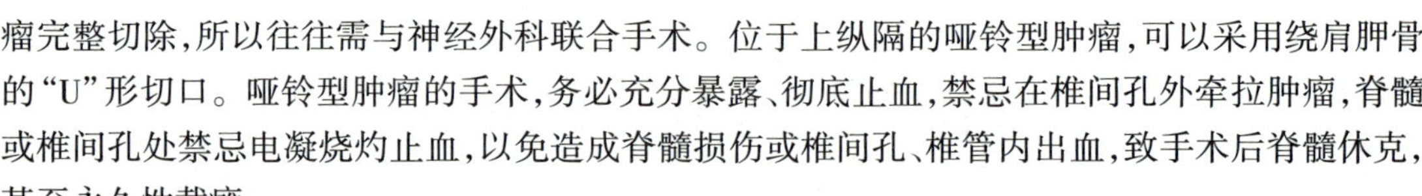

瘤完整切除，所以往往需与神经外科联合手术。位于上纵隔的哑铃型肿瘤，可以采用绕肩胛骨的"U"形切口。哑铃型肿瘤的手术，务必充分暴露、彻底止血，禁忌在椎间孔外牵拉肿瘤，脊髓或椎间孔处禁忌电凝烧灼止血，以免造成脊髓损伤或椎间孔、椎管内出血，致手术后脊髓休克，甚至永久性截瘫。

六、预后

纵隔良性神经源性肿瘤预后良好，复发的几率相对较小。恶性肿瘤预后较差，以神经母细胞瘤的恶性度最高，生长很快，预后最差，放疗对其比较敏感，但患者往往为儿童，所以放疗剂量不宜过大。

第六节 纵 隔 炎

纵隔炎可分为急性和慢性两种。急性纵隔炎是累及纵隔内结缔组织和(或)纵隔内脏器的严重感染，多与心脏手术、食管穿孔或颈部下行性感染有关，常可浸润胸膜间隙并包绕纵隔内脏器。由于纵隔内为重要的大血管及心脏，且相对密闭，不易引流，因此急性纵隔炎进展迅猛，病死率高。后者多起病隐匿，病理改变可表现为以肉芽肿性病变为主者，或以纤维化病变为主者，临床主要表现食管、腔静脉及纵隔内其他脏器狭窄，或梗阻所致的症状和体征。

一、急性纵隔炎

(一) 急性纵隔炎常见的病因

1. 继发于纵隔及其邻近脏器损伤或感染　食管疾患是最常见的原因，如食管癌手术后发生吻合口漏、食管异物致食管穿孔、食管镜检查误伤食管致穿孔、食管扩张治疗等过程中损伤食管致穿孔、严重呕吐致食管损伤、剧烈咳嗽致食管破裂、食管癌坏死形成溃疡、放射治疗后食管壁坏死、气管切开后放置的气管内管压迫致气管食管瘘等，均可使含有大量细菌的消化道或呼吸道液体进入纵隔，导致纵隔急性化脓性感染。气管插管或支气管镜检查损伤气管壁，形成瘘管或气管术后吻合口漏亦可引起本病。随着心脏外科手术的普遍开展，胸骨正中切口术后感染导致纵隔炎的病例日渐增多。其他如纵隔淋巴结、心包等部位的化脓性感染亦可蔓延至纵隔。纵隔邻近脏器，如肺和胸膜化脓性感染科扩散至纵隔，腹膜后的化脓性感染及膈下脓肿，亦可累及纵隔。

2. 下行性感染　颈深部筋膜间隙与纵隔是相通的，因此，口腔和颈部的化脓性感染可向下蔓延至纵隔导致本病，牙龈脓肿等口腔疾患所致的急性纵隔炎，常为需氧菌与厌氧菌的混合性感染。

3. 血行感染　脓毒败血症患者，细菌(多为金黄色葡萄球菌)由身体其他部位经血行到达纵隔而致病。纵隔内除各种脏器外为疏松的结缔组织，感染一旦发生则迅速蔓延，易于累及邻近脏器，纵隔脓肿形成后亦可破入胸膜腔、食管、支气管等邻近组织。

(二) 临床表现

本病起病急骤，有高热、寒战、胸骨后疼痛，可放射至颈部、耳后或整个胸部和两侧肩胛之间，严重者发生感染中毒性休克。继发于食管疾患者，常有吞咽不适或疼痛，疼痛部位与食管破裂部位有关，如破裂在食管上端，疼痛可在颈部和上胸部，可有皮下气肿，如食管破裂在下端，疼痛可在上腹部；下行性急性纵隔炎常伴有原发感染灶的症状，如咽痛或牙龈肿痛等。急性纵隔炎如发展为纵隔脓肿，病情急重凶险，死亡率高。纵隔脓肿形成可压迫大气道，出现咳嗽、呼吸困难、发绀、心动过速等症状。感染向下蔓延时，可有上腹痛。体检多呈急性病容，呼吸急促，胸骨有压痛，纵隔浊音界扩大，纵隔有积气者可于颈部触及皮下气肿，发生脓胸或脓气胸者，可查

Note

出胸腔积液或积气体征；还可因纵隔结构受压出现气管移位、颈静脉怒张等症状。血常规见白细胞总数及中性粒细胞比例均明显升高。

(三) 检查和诊断

X线胸片见两侧纵隔阴影增宽，一般以两上纵隔明显，因炎症累及周围胸膜，致使两侧轮廓较模糊。侧位胸片见胸骨后密度增高，气管和主动脉弓轮廓模糊。形成纵隔脓肿者见软组织影向纵隔的一侧凸出，可压迫气管或食管使其移位，其内可见液平。纵隔气肿、颈部皮下气肿亦较常见。尚可见胸腔积液和积气的征象，左侧较多。对怀疑原发并为食管疾患者行食管碘油或有机碘油造影，可证实食管穿孔、食管气管瘘、食管胸膜瘘等病变。CT扫描和磁共振成像对于明确纵隔脓肿的部位，及确定引流治疗方案有帮助。

结合食管病变、内镜检查、口腔或咽部脓肿等相关病史，临床症状和体征以及相应的X线胸片改变，一般即可作出临床诊断。

(四) 治疗及预后

急性纵隔炎的病死率高达40%~50%，治疗的成功取决于早期诊断、及早的抗感染治疗和及时的外科引流，可将死亡率降至20%~25%。治疗原则为清除病因，尽快引流，控制感染，营养支持。治疗方法包括内科治疗和外科治疗。外科治疗应针对原发病进行相应处理，纵隔外伤气管破裂者，可行气管修补术；食管破裂或术后吻合口漏者，可行食管修补术，禁食补液及胃肠减压；纵隔引流十分必要；用含稀释的抗生素的生理盐水局部灌洗治疗等。内科治疗应早期依经验性用药原则，选用大剂量广谱抗生素，对于继发于口腔和颈部脓肿的下行性感染者，应注意抗生素兼顾需氧菌和厌氧菌；对于血行感染者应重点选用抗金黄色葡萄球菌的药物，病原菌明确后可参考体外药敏试验结果选药。加强支持疗法，对于因食管穿孔或食管瘘需禁食者，可经完全胃肠外营养疗法补足所需的各种营养成分。积极纠正休克，纠正缺氧。

二、慢性纵隔炎

(一) 病因

本病病因尚不清楚，已知多种感染与其相关，包括结核分枝杆菌、非结核分枝杆菌、真菌、土壤丝菌和放线菌等微生物感染。此外，结节病、外伤性纵隔出血、药物中毒等可能与部分病例有关。有认为自身免疫可能参与了本病的发生。亦有报道认为胸外放射治疗可引起本病。尚有部分患者病因完全不明，称为特发性纵隔纤维化。

本病进展缓慢，病理变化主要为肉芽肿样改变和纤维化样改变，有认为纤维化是由长期慢性肉芽肿演变而来。病变在纵隔内形成片状或团块状结构，好发于前中纵隔的上中部。主要侵犯上腔静脉、无名静脉或奇静脉致发生狭窄或梗阻，其他器官如大的肺血管或食管、气管、支气管亦可受累。少数患者可同时发生颈部纤维化和腹膜后纤维化。

(二) 临床表现

慢性纵隔炎病程隐匿，早期在肉芽肿性纵隔炎时，大多无明显症状，随病变缓慢加重，发展到纵隔纤维化后，逐渐出现纵隔内器官粘连，或压迫的相应表现。由于静脉壁薄易受压迫，常出现上腔静脉阻塞综合征：头面部、颈部及上肢水肿；颈静脉充盈；胸壁静脉扩张，血液由上而下流动形成侧支循环，食管静脉因侧支循环而曲张并破裂出血。有时突然发生脑水肿症状。随着侧支循环的逐步建立，症状可代偿性缓解，有随诊数十年仍生存者。病变压迫食管可产生吞咽不适甚至吞咽困难。气管和支气管受压可产生咳嗽，严重时可出现呼吸困难。压迫肺血管可致肺血管淤血、咯血、肺动脉高压、肺小动脉血栓形成等。喉返神经受压可出现声音嘶哑，膈神经受压可引起膈肌麻痹。

(三) 检查及诊断

X线胸片可无异常发现，也可见纵隔阴影增宽，纵隔内肿块状阴影凸出于肺野内，或仅见纵

隔胸膜增厚，或见纵隔轮廓因纤维化性病变而显得僵硬平直，病变区内可见钙化阴影。静脉血管造影可显示上腔静脉阻塞等改变，尚可显示侧支循环血管。食管钡餐透视检查可见食管受压移位或狭窄。胸部CT检查有较大诊断价值，可见前上纵隔增宽，纵隔胸膜平直或向一侧凸出，边界不清，纵隔胸膜肥厚，尚可见纵隔内肿块影。气管、支气管、肺血管、肺静脉等的受压表现亦可在CT显示。

本病的诊断除依赖临床表现和影像学改变外，纵隔组织活检（开胸活检或经纵隔镜活检）有重要价值。鉴别诊断需考虑其他可以引起上腔静脉阻塞的疾病。

（四）治疗

慢性纵隔炎的治疗比较困难，现有疗法效果不肯定。对于慢性纵隔炎发病与真菌或结核分枝杆菌感染有关者，抗真菌治疗或抗结核治疗是否有效尚无明确定论。治疗的目的在于减轻和控制症状。大多数慢性纵隔炎进展缓慢，且在病程中随着受压迫血管侧支循环的建立，症状有自然缓解的倾向。对于纵隔内病变较局限者，可手术切除肉芽肿组织以缓解血管、食管的压迫症状。上腔静脉阻塞严重者，可手术建立人工侧支循环，也有试行血管内导管扩张或放置支架者。有试用糖皮质激素治疗者，但争议较大。

第七节 纵隔气肿

纵隔气肿，指各种原因导致外界气体进入纵隔，在纵隔结缔组织间隙内聚积，以致纵隔内重要脏器，如大血管、气管、食管、心脏等被气体所包绕，可引起皮下气肿，甚至颜面部的肿胀。胸部X线检查方便快捷，能够早期发现或怀疑纵隔气肿的存在。多见于新生儿和婴幼儿，文献报道发病率0.04%~1%不等，成人亦不少见。成人男性发病多于女性。

一、病因和发病机制

（一）病因

1. 自发性纵隔气肿 常由于某原因引起声门紧闭或吸气后屏气，以及支气管平滑肌收缩等，使气道和肺泡内内压骤然升高造成肺泡破裂，可见于剧烈咳嗽、严重哮喘、分娩、拔牙、举重、马拉松赛跑、癫痫发作等原因，尤其在原有慢性肺疾病如慢阻肺、肺大疱、肺间质病变等患者更易发生，因肺周围组织压力高于纵隔，故肺泡破裂后气体沿肺血管周围鞘膜等间质至纵隔发纵隔气肿。

2. 创伤性纵隔气肿 常见于胸部创伤使肺、食道、气管破裂，偶见于剧烈呕吐致食道自发性破裂，因食道上、中段有其他器官组织结构支持，而下段则缺乏支持，故易发生在下段包括食管和气管损伤。

3. 医源性纵隔气肿 各种注气造影，内镜检查引起食管或气管破裂；在治疗呼吸窘迫综合征时，应用呼气末正压呼吸，所用的压力过高易引起肺脏气压伤，发生自发性气胸和（或）纵隔气肿；颈部手术，如甲状腺切除术或扁桃体切除术，有时气体可沿颈深筋膜间隙进入纵隔；气管切开术，若皮肤切口太小，气管切口过大，空气逸出而发生纵隔气肿。

（二）发病机制

根据纵隔内气体的来源部位，可将纵隔气肿的发病机制归纳为以下几类：

1. 肺泡壁破裂所致的纵隔气肿 肺泡壁因肺泡内压急剧上升或因其他疾病而发生损伤破裂，即可导致气体由肺泡内进入肺间质，形成间质性肺气肿；气体再沿肺血管周围鞘膜进入纵隔。常因同时有脏层胸膜损伤，而合并自发性气胸，但亦可见仅有纵隔气肿者。常见原因如用力剧咳或吸气后用力屏气致肺泡内压剧增，哮喘急性发作时气流严重受限致肺泡内压剧增，机械通气使用不当致气道压过高，张力性气胸时过高的胸腔内压，亦可使邻近肺组织肺泡内压剧

Note

增致肺泡破裂,金黄色葡萄球菌肺炎等疾病致肺泡壁破坏,闭合性胸部外伤致肺泡损伤等。

2. 纵隔内气道破裂所致的纵隔气肿 最常见于胸外伤患者,亦有少数气管肿瘤并发纵隔气肿的报道;纤维支气管镜检查,可因操作过程中患者剧咳或用力憋气,导致肺泡壁破裂而发生纵隔气肿,亦可因活检时损伤气道壁,而使气体由气道破口进入纵隔。

3. 食管破裂所致的纵隔气肿 包括剧烈呕吐致食管破裂,食管外伤,内镜检查损伤食管,食管痉挛阻塞而致近端破裂,异物损伤食管,食管癌肿瘤组织坏死,食管手术后瘘等。

4. 颈部气体进入纵隔 气管切开术后,甲状腺手术后,扁桃体手术后等,空气自颈部创口进入皮下组织聚积,沿颈部深筋膜间隙可进入纵隔内。

5. 腹腔气体进入纵隔 胃肠穿孔、人工气腹术等,腹腔内气体可沿膈肌主动脉裂孔和食管裂孔周围的疏松结缔组织进入纵隔。

二、临床表现

(一) 症状

纵隔气肿的症状轻重不一,主要与纵隔气肿发生的速度、纵隔积气量多少、是否合并张力性气胸等因素有关。轻者可无明显不适,或感觉一过性胸骨下疼痛和胸闷;典型的临床表现为纵隔气肿三联症:胸痛、呼吸困难和颈部皮下气肿。自发性纵隔气肿多为良性,一般不会产生循环呼吸紊乱。创伤性的则取决于创伤情况,少量积气者可完全无症状。如有张力性气胸和持续出血则症状严重,可有胸闷不适,咽部梗阻感,胸骨后疼痛并向两侧肩部和上肢放射。纵隔气肿压力过大时,可压迫胸内大血管,阻碍回心血量,出现严重呼吸困难,烦躁不安,意识模糊甚至昏迷,发绀明显,若不及时抢救可很快危及生命。继发纵隔炎、脓胸则有高热、寒战、呼吸困难、甚至休克。

按临床症状可分为张力性纵隔气肿,及非张力性纵隔气肿。一般来说张力性纵隔气肿病情发展快,气肿可迅速扩散到颈部、面部、胸部;重者可达腹部、腰部及四肢皮下组织。非张力性纵隔气肿一般发展慢,皮下积气仅存在于颈部及上胸部皮下组织,经皮下排气后一般不再发展,呼吸困难症状较轻。

(二) 体征

体格检查可发现颈部皮下气肿,严重者皮下气肿可蔓延至面部、胸部、上肢,甚至蔓延至腹部和下肢。皮肤黏膜发绀,呼吸困难。病情严重者血压下降,脉搏频数。颈静脉怒张。心尖搏动不能触及,心浊音界缩小或消失,心音遥远,约半数患者可于心前区闻及与心搏一致的咔嗒声,以左侧卧位较为清晰。

三、检查

胸部 X 线检查对明确纵隔气肿的诊断,具有决定性的意义。胸片需要采取后前位和侧位,仅后前位片时,约有 50% 的异常阴影不能显示,侧位胸片甚至较后前位,更能清楚显示出异常征象。于后前位胸片上可见纵隔胸膜向两侧移位,形成与纵隔轮廓平行的高密度线状阴影,其内侧与纵隔轮廓间为含气体的透亮影,通常在上纵隔和纵隔左缘明显,上述征象应与正常存在的纵隔旁狭窄的透亮带(由视觉误差所显示的 Mach 带)相区别,其鉴别点在于 Mach 带的外侧并无高密度的胸膜影。此外,部分患者尚可在胸主动脉旁,或肺动脉旁发现含气透亮带。婴儿当纵隔内气体量较多时,可显示胸腺轮廓。纵隔气肿在侧位胸片上表现为胸骨后有一增宽的透亮度增高区域,将纵隔胸膜推移向后呈线条状阴影,心脏及升主动脉前缘与胸骨间距离增大。胸部 CT 因不受器官重叠的影响,对纵隔气肿显示较清楚,尤其是当纵隔内积气量较小时,较后前位胸片易于识别。X 线检查尚可清晰地显示,同时存在的气胸以及下颈部和胸部皮下气肿。

四、诊断

本病诊断一般不难，常有诱发纵隔气肿的有关疾病病史，及呼吸困难和胸骨后疼痛等症状。若有颈部和胸部皮下气肿、颈静脉充盈等体征，应高度怀疑本病。胸部X线检查发现纵隔两侧透亮带可肯定诊断。严重患者出现急性心功能不全症状时，应与心肌梗死相鉴别。心包内气体与心包外纵隔气肿，可以变动体位来鉴别，心包内气体在横卧时积于侧方，后前位胸片心包内积气于心根部可见心包返折的穹窿，心包外纵隔气肿气体在上纵隔两侧比较明显。

五、治疗

纵隔气肿的治疗包括休息、止痛、吸氧、抗生素以及针对病因治疗。按病情轻重酌情予以适当治疗，病情较轻者可卧床休息、预防或控制感染和对症治疗，必要时行胸骨上窝粗针穿刺排气减压以促进恢复，气体在1~2周内可自行吸收。对积气量大，压力高，致使纵隔内器官受压出现呼吸循环障碍者，可经胸骨上切口行排气减压术；伴有大量皮下气肿者，可行多部位针刺排气或小切口排气；酌情使用抗生素预防或控制感染。同时应依据病因进行治疗，如控制哮喘发作以缓解气流受限，对外伤所致气道损伤应及早行手术治疗；对气管切开术后并发的纵隔气肿，应立即拆除皮肤和皮下组织缝线，使气体可外逸；对合并气胸的纵隔气肿患者，应尽早施行胸腔闭式引流术，多数患者随着胸腔内压力下降，纵隔气肿的程度亦可明显减轻。

（孙忠民）

思考题

1. 纵隔的分区及内容。
2. 胸腺瘤的分期及治疗。

参考文献

1. 钟南山，刘又宁．呼吸病学．北京：人民卫生出版社，2012
2. 李清泉，杨炯．肺脏疾病鉴别诊断学．北京：科学出版社，2003
3. 艾则麦提·如斯旦木，王永清．胸腺瘤的分期进展．中国肺癌杂志，2011，14(2)：170-172
4. 吴开良，蒋国梁．胸腺瘤的治疗现状与争议．中华肿瘤杂志，2012，3(5)：321-324
5. 庄翔，王朝晖，李强．伴合并症的胸内甲状腺肿的围手术期处理．中华内分泌外科杂志，2011，5(2)：137-138
6. Bohanes T, Neoral C. Acute mediastinitis. Rozhl Chir, 2011, 90(11): 604-611
7. Cirino LM, Elias FM, Almeida JL. Descending mediastinitis: a review. Sao Paulo Med J, 2006, 124(5): 285-290
8. Sonu Sahni, Sameer Verma, Jinette Grullon, et al. Spontaneous pneumomediastinum: Time for consensus. N Am J Med Sci, 2013, 5(8): 460-464

Note

第二十章　胸部损伤

第一节　概　述

创伤是现代社会中一个突出的问题，而胸部损伤无论在平时或战时，其发生率与危害程度都在创伤中占据十分重要的地位。和平环境下，胸部伤约占全身各种创伤的10%~25%。胸部损伤的原因主要有四大类：①交通事故：占胸外伤的55%，交通伤中35%~40%有胸部损伤；②在犯罪率高的城市，刀刺伤几乎占胸部胸穿透伤的3/4；③工伤；④坠落伤（占15%）。胸部损伤可累及胸壁软组织、胸廓骨性结构、胸膜和胸内重要脏器，如心脏、大血管、肺、气管、支气管、食管和胸导管，但只有10%~15%严重胸部损伤患者需作急诊开胸手术，85%~90%的患者只需保守行胸膜腔闭式引流。胸部损伤病情变化快，严重者可引起呼吸及循环功能障碍，如不及时有效处置，患者可迅速死亡。了解各种胸部损伤的发病机制，善于快速和准确地识别，并以最简单的方法进行及时有效的治疗，可大大减少死亡率。

一、分类

根据损伤暴力性质不同，胸部损伤（chest trauma or thoracic trauma）分为钝性伤和穿透伤。钝性胸部损伤（blunt thoracic trauma）由减速性、挤压性、撞击性或冲击性暴力所致，损伤机制复杂，多有肋骨骨折或胸骨骨折，常合并其他部位损伤，伤后早期容易误诊或漏诊；器官组织损伤以钝挫伤与挫裂伤为多见，心、肺组织广泛钝挫伤后继发的组织水肿常导致急性呼吸窘迫综合征、心力衰竭和心律失常，钝性伤患者多数不需要开胸手术治疗。穿透性胸部损伤(penetrating thoracic trauma)由火器、刃器或锐器致伤，损伤机制较清楚，损伤范围直接与伤道有关，早期诊断较容易；器官组织裂伤所致的进行性出血是导致患者死亡的主要原因，相当一部分穿透性胸部损伤患者，需要开胸手术治疗。

此外根据损伤是否造成胸膜腔与外界沟通，可分为开放伤（open injuries）和闭合伤（closed injuries）。

二、伤情评估

及时、正确地认识最直接威胁患者生命的紧急情况与损伤部位至关重要。病史询问的重点为损伤暴力、受伤时间、伤后临床表现和处置情况。体格检查应注意生命体征、呼吸道通畅情况，胸部伤口位置及外出血量，胸廓是否对称、稳定，胸部呼吸音及心音情况，是否存在皮下气肿、颈静脉怒张和气管移位等。结合病史与体格检查，估计损伤部位和伤情进展速度。大出血和通气功能障碍引起的缺氧是引起胸部创伤患者急性死亡的两大主要因素。胸部损伤的早期诊断的主要目的是及时检出12种严重胸外伤，包括6种即刻致死性胸外伤（呼吸道阻塞、连枷胸、开放性气胸、张力性气胸、大出血、急性心脏压塞）和6种隐匿致死性胸外伤（主动脉破裂、膈肌破裂、食管破裂、支气管破裂或撕裂、肺挫伤和心肌挫伤）。

三、紧急处理

包括入院前急救处理及入院后急诊处理两部分。

(一) 院前急救处理

目的是明确和抢救治疗即刻致死性创伤,为进一步转送奠定基础。包括基本生命支持与严重胸部损伤的紧急处理。基本生命支持的原则为:维持呼吸通畅、给氧,控制外出血、补充血容量,镇痛、固定长骨骨折、保护脊柱(尤其是颈椎),并迅速转运。威胁生命的严重胸外伤,需在现场施行特殊急救处理:张力性气胸需放置具有单向活瓣作用的胸腔穿刺针,或闭式胸腔引流;开放性气胸需迅速包扎和封闭胸部吸吮伤口,安置上述穿刺针或引流管;对大面积胸壁软化的连枷胸有呼吸困难者,予以人工辅助呼吸。

(二) 院内急诊处理

判断伤者心肺功能是否恶化或趋平稳,对初步诊断进一步确认,同时要警惕体检难以发现,但却有着潜在致命危险的 6 种损伤。穿透性胸部损伤伴重度休克,动脉收缩压 <80mmHg,或呈濒死状态且高度怀疑心脏压塞者,应施行最紧急的急诊室开胸手术(emergency room thoracotomy),方能争取挽救生命的时机。有下列情况时应行急症开胸探查手术:①胸膜腔内进行性出血;②心脏大血管损伤;③严重肺裂伤或气管、支气管损伤;④食管破裂;⑤胸腹联合伤;⑥胸壁大块缺损;⑦胸内存留较大的异物。

第二节 肋骨骨折

在胸部损伤中,肋骨骨折最为常见。暴力直接作用于肋骨,可使肋骨向内弯曲折断;前后挤压暴力可使肋骨腋段向外弯曲折断。第 1~3 肋骨粗、短,且有锁骨、肩胛骨保护,不易发生骨折;一旦骨折说明致伤暴力巨大,常合并锁骨骨折、肩胛骨骨折和颈部、腋部血管神经损伤。第 4~7 肋骨长而薄,最易折断。第 8~10 肋前端肋软骨形成肋弓与胸骨相连,第 11~12 肋前端游离,弹性较大,均不易骨折;若发生骨折,应警惕腹内脏器和膈肌同时受损伤。多根、多处肋骨骨折(rib fracture)将使局部胸壁失去完整肋骨支撑而软化,出现反常呼吸运动,即吸气时软化区胸壁内陷,呼气时外突,又称为连枷胸(flail chest)(图 20-1)。儿童及青年肋骨富有弹性,不易发生骨折。因此,儿童及青年胸外伤,有时有内脏损伤而未发生骨折。若发生骨折,说明暴力强烈,更应注意有无胸内脏器损伤。老年人肋骨骨质疏松,容易发生骨折。已有恶性肿瘤转移灶的肋骨,也容易发生病理性骨折。

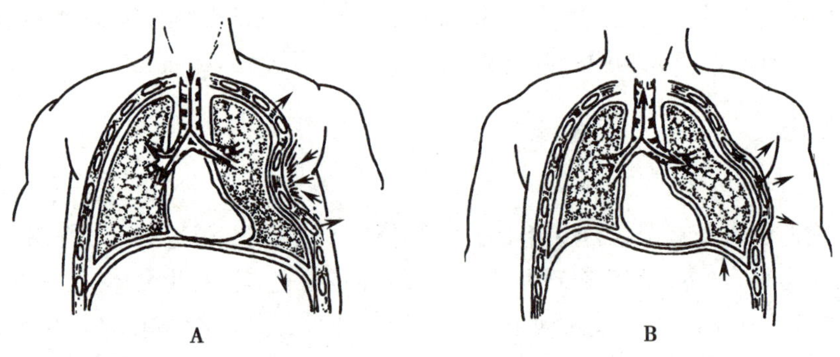

图 20-1 胸壁软化区的反常呼吸运动
A. 吸气;B. 呼气

一、临床表现

肋骨骨折断端可刺激肋间神经产生明显胸痛,在深呼吸、咳嗽或转动体位时加剧。胸痛使呼吸变浅、咳嗽无力,呼吸道分泌物增多、潴留,易致肺不张和肺部感染。胸壁可有畸形,局部明显压痛,时有骨摩擦音,前后挤压胸部可使局部疼痛加重,有助于与软组织挫伤相鉴别。骨折断

端向内移位可刺破胸膜、肋间血管和肺组织，产生血胸、气胸、皮下气肿或咯血。伤后晚期，骨折断端移位可能造成迟发性血胸或血气胸。连枷胸呼吸时，两侧胸腔压力不均衡使纵隔左右移动，称为纵隔扑动(mediastinal flutter)。连枷胸常伴有广泛肺挫伤，挫伤区域的肺间质或肺泡水肿，可导致氧弥散障碍，出现肺换气障碍所致的低氧血症。胸部X线照片可显示肋骨骨折断裂线和断端错位，但不能显示前胸肋软骨骨折。

二、治疗

处理原则为有效控制疼痛、胸部物理治疗和早期活动。

有效镇痛能增加钝性胸部损伤患者的肺活量、潮气量、功能残气量、肺顺应性和血氧分压，降低气道阻力和连枷段胸壁的反常活动。一般肋骨骨折可采用口服或肌肉内注射镇痛剂，多根多处肋骨骨折，则需要持久有效的镇痛效果。方法包括硬膜外镇痛(epidural analgesia)、静脉镇痛、肋间神经阻滞和胸膜腔内镇痛(interpleural analgesia)。理想的镇痛能够有效改善肺功能，降低肺部并发症，减少机械通气，避免肋骨固定手术，缩短ICU停留和住院时间，促进早日下床活动并降低相关治疗费用。

(一) 闭合性单处肋骨骨折

骨折两端因有上、下完整的肋骨和肋间肌支撑，较少有肋骨断端错位、活动和重叠。处理上主要是解除疼痛。采用多头胸带或弹性胸带固定胸廓，能减少肋骨断端活动、减轻疼痛，但限制了呼吸运动。可采用肋间神经阻滞和骨折处封闭，并鼓励患者咳嗽、排痰，以减少呼吸系统并发症。

(二) 闭合性多根多处肋骨骨折

若胸壁软化范围小，除止痛外尚需局部固定。胸壁反常呼吸运动的局部处理有：①包扎固定法；②牵引固定法；③内固定法。对于大块胸壁软化者，应注重呼吸管理。咳嗽无力、呼吸道分泌物潴留者，应实施纤支镜吸痰和肺部物理治疗，呼吸功能障碍者须气管插管机械通气，正压通气能改善气体交换，并对浮动胸壁有“内固定”作用。长期胸壁浮动且不能脱离呼吸机者，可施行手术固定肋骨。因其他手术指征需要开胸手术时，也可同时实行肋骨内固定术。

(三) 开放性肋骨骨折

胸壁伤口需彻底清创，选用上述方法固定肋骨断端。

第三节 气 胸

胸膜腔内积气称为气胸(pneumothorax)。多由于肺组织、气管、支气管、食管破裂，空气逸入胸膜腔，或因胸壁伤口穿破胸膜，外界空气进入胸膜腔所致。根据胸膜腔压力情况，气胸可以分为闭合性气胸、开放性气胸和张力性气胸三类。游离胸膜腔内积气都位于不同体位时的胸腔上部。当胸膜腔因炎症、手术等原因发生粘连，胸腔积气则会局限于某些区域出现局限性气胸。

一、闭合性气胸(closed pneumothorax)

多由肋骨骨折断端刺破肺表面，空气漏入胸膜腔引起。根据胸膜腔内积气的量与速度，患者轻者可无明显症状，重者有呼吸困难。体检可能发现伤侧胸廓饱满，呼吸活动度降低，气管向健侧移位，伤侧胸部叩诊呈鼓音，呼吸音降低。胸部X线检查，可显示不同程度的胸膜腔积气和肺萎陷，伴有胸腔积液时可见液平面。

气胸发生缓慢且积气量少的患者，不需要特殊处理，胸腔内的积气一般可在1~2周内自行吸收。大量气胸需进行胸膜腔穿刺，或行胸腔闭式引流术，排除积气，促使肺尽早膨胀。

二、开放性气胸(open pneumothorax)

开放性气胸时,外界空气随呼吸经胸壁缺损处自由进出胸膜腔。呼吸困难的严重程度与胸壁缺损的大小密切相关,胸壁缺损较大时,胸内压与大气压相等,使得伤侧肺萎陷。同时,由于伤侧胸内压显著高于健侧,纵隔向健侧移位,使健侧肺扩张也明显受限。呼气、吸气时,两侧胸膜腔压力出现周期性不均等变化,吸气时纵隔移向健侧,呼气时又移向伤侧。这种纵隔扑动和移位会影响腔静脉回心血流,引起循环障碍(图 20-2)。

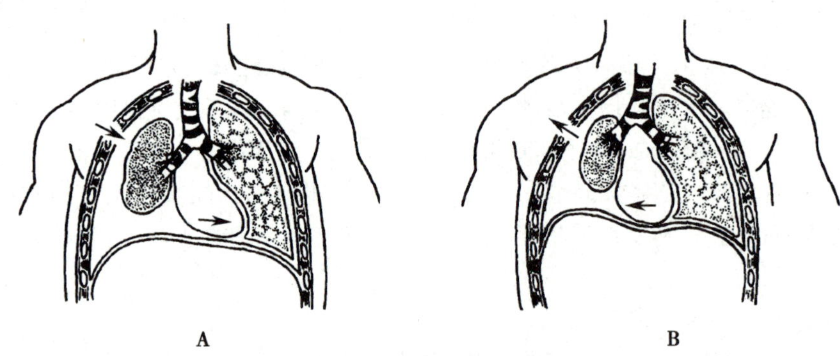

图 20-2 开放性气胸的纵隔扑动
注:A. 吸气;B. 呼气

(一) 临床表现

主要为明显呼吸困难、鼻翼扇动、口唇发绀、颈静脉怒张。伤侧胸壁有随气体进出胸腔发出吸吮样声音的伤口,称为吸吮伤口(sucking wound)。气管向健侧移位,伤侧胸部叩诊鼓音,呼吸音消失,严重者伴有休克。胸部 X 线片显示伤侧胸腔大量积气,肺萎陷,纵隔移向健侧。

(二) 急救处理要点

将开放性气胸立即变为闭合性气胸,迅速转送。使用无菌敷料或清洁器材制作不透气敷料和压迫物,在伤员用力呼气末封盖吸吮伤口,并加压包扎。转运途中如伤员呼吸困难加重,应在呼气时开放密闭敷料,排出高压气体后再封闭伤口。

(三) 医院的急诊处理

给氧,补充血容量,纠正休克;清创、缝合胸壁伤口,并做闭式胸腔引流;给予抗生素,鼓励患者咳嗽排痰,预防感染;如疑有胸腔内脏器严重损伤或进行性出血,应开胸探查。

(四) 闭式胸腔引流术

适应证:①中量、大量气胸,开放性气胸,张力性气胸;②胸腔穿刺术治疗下肺无法复张者;③需使用机械通气或人工通气的气胸或血气胸者;④拔除胸腔引流管后气胸或血胸复发者;⑤剖胸手术。操作方法:根据临床诊断确定插管的部位,切口一般可选择腋前线第 4、5 肋间,此处位于由背阔肌前缘、胸大肌外侧缘、经乳头的水平线所构成的“安全三角”内,肌肉相对少;也可选择腋中线第 6、7 肋间,此处可作为日后做进一步胸腔镜探查手术的观察孔。取半卧位,消毒后在胸壁全层做局部浸润麻醉,切开皮肤,钝性分离肌层,经肋骨上缘置入带侧孔的胸腔引流管。引流管的最后一个侧孔应深入胸腔内 2~3cm,尖端尽可能放到胸顶。引流管外接闭式引流装置。术后经常挤压引流管以保持管腔通畅,定时记录引流液量。

三、张力性气胸(tension pneumothorax)

气管、支气管或肺损伤处形成活瓣,气体随每次吸气进入胸膜腔并积累增多,导致胸膜腔压力高于大气压,又称为高压性气胸。伤侧肺严重萎陷,纵隔显著向健侧移位,健侧肺受压,导致腔静脉回流障碍。由于胸内压高于大气压,使气体经支气管、气管周围疏松结缔组织或壁层胸

膜裂伤处，进入纵隔或胸壁软组织，形成纵隔气肿（mediastinal emphysema）或面、颈、胸部的皮下气肿（subcut aneous emphysema）。

（一）临床表现

气胸患者表现为严重或极度呼吸困难、烦躁、意识障碍、大汗淋漓、发绀。气管明显移向健侧，颈静脉怒张，多有皮下气肿。伤侧胸部饱满，叩诊呈鼓音；听诊呼吸音消失。胸部X线检查显示胸腔严重积气，肺完全萎陷、纵隔移位，并有纵隔气肿和皮下气肿征象。胸腔穿刺时高压气体可将针芯向外推移。不少患者有脉搏细快、血压降低等循环障碍表现。

（二）治疗

张力性气胸是可迅速致死的危急重症。院前或院内急救需迅速使用粗针头穿刺胸膜腔减压，在紧急时可在针柄部外接剪有小口的柔软塑料袋、气球或避孕套等，使胸腔内高压气体易于排出，而外界空气不能进入胸腔。进一步处理应安置闭式胸腔引流，使用抗生素预防感染。闭式引流装置的排气孔外接可调节恒定负压的吸引装置，可加快气体排出，促使肺复张。待漏气停止24小时后，X线检查证实肺已复张，方可拔除胸腔引流管。持续漏气而肺难以复张时，需考虑开胸手术探查或电视胸腔镜手术探查。

第四节 血　　胸

胸膜腔积血称为血胸（hemothorax），与气胸同时存在称为血气胸（hemo-pneumothorax）。胸腔内任何组织结构损伤出血均可导致血胸。体循环动脉、心脏或肺门部大血管损伤，可导致大量血胸，其压迫伤侧肺，推移纵隔挤压健侧肺，影响肺扩张及呼吸功能。由于血容量丢失，胸腔负压减少和纵隔推移所致腔静脉扭曲，阻碍静脉血回流，都会影响循环功能。当胸腔内迅速积聚大量血液，超过肺、心包和膈肌运动所起的去纤维蛋白作用时，胸腔内积血发生凝固，形成凝固性血胸（coagulating hemothorax）。凝血块机化后形成纤维板，限制肺与胸廓活动，损害呼吸功能。血液是良好的培养基，经伤口或肺破裂口侵入的细菌，会在积血中迅速滋生繁殖，引起感染性血胸（infective hemothorax），最终导致脓血胸（pyohemothorax）。持续大量出血所致胸膜腔积血称为进行性血胸（progressive hemothorax）。受伤一段时间后，因活动致肋骨骨折处的断端移位，刺破肋间血管或血管破裂处，血凝块脱落而出现的胸腔内积血，称为迟发性血胸（delayed hemothorax）。

一、临床表现

与出血量、速度和个人体质有关。由于血胸造成的病理生理改变，主要是血容量降低和胸腔内压迫，因此直接由血胸造成的临床症状也和这两点相关。一般而言，成人血胸量≤0.5L为少量血胸；0.5~1.0L为中量血胸；>1.0L为大量血胸。伤员会出现不同程度的神志淡漠、面色苍白、脉搏细速、血压下降、尿量减少和末梢血管充盈不良等，低血容量性休克表现；并有呼吸急促，肋间隙饱满，气管向健侧移位，伤侧叩诊浊音和呼吸音减低等表现。立位胸部X线片可发现200ml以上的血胸，但卧位时胸腔积血≥1000ml也易被忽略。B超、CT对血胸诊断很有帮助。胸膜腔穿刺抽出不凝固的血可明确诊断。进行性血胸的诊断：①持续脉搏加快、血压降低，经补充血容量血压仍不稳定；②闭式胸腔引流量每小时超过200ml，持续3小时；③血红蛋白量、红细胞计数和血细胞比容进行性降低，引流胸腔积血的血红蛋白量和红细胞计数与周围血相接近。感染性血胸的诊断：①有畏寒、高热等感染的全身表现；②抽出胸腔积血1ml，加入5ml蒸馏水，无感染呈淡红色透明状，出现混浊或絮状物提示感染；③胸腔积血无感染时红细胞白细胞计数比例应与周围血相似，即500：1，感染时白细胞计数明显增加，比例达100：1；④积血涂片和细菌培养发现致病菌。当闭式胸腔引流量减少，而体格检查和影像学检查发现血胸仍存在，应考虑凝固

性血胸。

二、治疗

非进行性血胸可根据积血量多少,采用胸腔穿刺或闭式胸腔引流术治疗。原则上应及时排出积血,促使肺复张,改善呼吸功能,并使用抗生素预防感染。由于血胸持续存在会增加发生凝固性血胸或感染性血胸的可能性,因此闭式胸腔引流术的指征应放宽。进行性血胸应及时开胸探查手术。凝固性血胸应尽早手术,清除血块,剥除胸膜表面血凝块机化而形成的包膜。感染性血胸应保证胸腔引流通畅,排尽积血积脓;若无明显效果或肺复张不良,应尽早手术清除感染性积血,剥离脓性纤维膜。近年来电视胸腔镜已用于凝固性血胸、感染性血胸的处理,具有手术创伤小、疗效确切、术后患者恢复快等优点。

第五节 肺损伤

根据损伤的组织学特点,肺损伤包括肺裂伤、肺挫伤和肺爆震(冲击)伤。

肺裂伤常见于胸部撞击伤、挤压伤、锐器或火器伤,当暴力伤及肺组织、支气管或血管,造成撕裂导致出血或漏气,形成血气胸,而脏层胸膜完整则多形成肺内血肿。症状典型者常有胸痛,呼吸困难和咯血等症状,严重者由于失血和低氧血症可发生休克。部分患者体格检查时,可闻及呼吸音减弱或细湿啰音。肺裂伤所致血气胸的诊断与处理如前所述。肺内血肿大多在胸部X线检查时发现,表现为肺内圆形或椭圆形、边缘清楚、密度增高的团块状阴影,常在2周至数月自行吸收。

肺挫伤大多为钝性暴力所致,在肺组织钝挫性损伤后炎症反应中,毛细血管通透性增加,炎症细胞聚集和炎症介质释放,使损伤区域发生充血、水肿,大面积肺间质和肺泡水肿则引起换气障碍,导致低氧血症。肺挫伤患者表现为呼吸困难、咯血、血性泡沫痰及肺部啰音,重者出现低氧血症或并发ARDS,常伴有连枷胸。X线胸片出现斑片状浸润影,一般伤后24~48小时变得更明显,CT检查准确率较高。治疗原则:①及时处理合并伤;②保持呼吸道通畅;③氧气吸入;④限量晶状体液输入;⑤给予肾上腺皮质激素;⑥低氧血症者使用机械通气支持。

肺爆震伤由爆炸产生的高压气浪或水波浪冲击胸部,撞击肺组织导致肺挫伤,冲击波作用于小支气管及肺泡,引起肺泡破裂出血,肺出血是肺爆震伤的主要病变。损伤后的炎症反应引起间质和肺泡的水肿、渗出,导致通气血流失衡和低氧血症。肺爆震伤轻者仅有短暂的胸痛、胸闷、咳嗽及血丝痰,严重者可出现呼吸困难、发绀、咳血性泡沫痰等,脑气栓者可有神经症状。查体除肺部啰音外,可有肺实变体征和血气胸体征。X线表现为肺纹理增粗、斑片状阴影以致大片致密影。肺爆震伤的救治在于维护呼吸和循环功能,包括保持呼吸道通畅、给氧以及输血、补液、抗休克等治疗。对于迅速发生肺水肿者,应立即行气管插管或气管切开,行呼吸机正压辅助呼吸,应用足量的抗生素预防感染。对合并其他器官损伤进行相应的处理。

第六节 气管与主支气管损伤

钝性气管、主支气管损伤的可能机制为:①胸部受压时骤然用力屏气,气管和主支气管内压力骤增引发破裂;②胸部前后方向挤压使两肺移向侧方,气管分叉处强力牵拉导致主支气管起始部破裂;③减速和旋转产生的剪切力作用于肺门附近主支气管,产生破裂;④头颈部猛力后仰,气管过伸使胸廓入口处气管断裂。穿透性气管、支气管损伤直接与伤道或弹道路径有关,穿透性颈部气管伤,常伴有甲状腺、大血管与食管损伤,胸内气管、主支气管损伤常伴有食管和血管损伤。气管插管、气管切开、内镜检查和异物摘取,都可能引起气管或主支气管损伤。

一、主支气管损伤

主支气管损伤(major bronchial injury)多发生在距隆突2~3cm的主支气管。左主支气管较长,损伤机会较多。纵隔内主支气管断裂而纵隔胸膜完整时,表现为严重纵隔与皮下气肿;胸腔内主支气管断裂或纵隔胸膜破损时,则表现为张力性气胸。完全断裂的主支气管,可借助于黏膜回缩、血凝块和增生肉芽而封闭残端,导致远端肺完全不张,由于细菌不能经支气管进入远端肺,因而较少继发感染。部分断裂的残端可因纤维组织增生,导致管腔瘢痕狭窄和肺膨胀不全,细菌进入引流不畅的支气管内,容易继发感染,甚至导致支气管扩张与肺纤维化。

(一)临床表现

表现为咳嗽、咯血、呼吸困难、纵隔气肿和皮下气肿、张力性气胸或张力性血气胸。具备以下情况之一者应怀疑存在主支气管损伤:①胸部损伤存在严重纵隔气肿和皮下气肿;②张力性气胸;③安置闭式胸腔引流后持续漏气且肺不能复张;④胸部X线正位片显示肺不张,肺尖降至主支气管平面以下,侧位片发现气体聚积在颈深筋膜下方。纤维支气管镜检查,有助于确定诊断和判断损伤部位。

(二)治疗

首先应保持呼吸道通畅、纠正休克和缓解张力性气胸。应尽早开胸探查,行支气管修补成形手术。早期手术有助于肺复张、防止支气管狭窄,而且手术操作较容易。晚期手术患者都存在肺不张,能否保留肺的关键在于远端肺能否复张,对于不能复张的肺应做肺叶切除或全肺切除。手术并发症为气管、支气管再狭窄,支气管胸膜瘘和脓胸。

二、气管损伤

颈前部钝性暴力可导致喉气管分离、气管破裂或断裂,也可引起多个气管软骨环破坏,致气管软化而发生窒息。胸骨骨折断端向后移位可刺伤胸内气管段。最常见的穿透性损伤是刎颈引起气管部分断裂或完全断裂。气管损伤(tracheal injury)常合并颈椎、甲状腺、食管和颈部大血管损伤。

(一)临床表现

钝性气管损伤的临床表现为咳嗽、喘鸣、呼吸困难、发音改变、咯血、颈部皮下气肿或纵隔气肿。有的患者伴有胸骨骨折。穿透性气管损伤可发现颈胸部的伤道和弹道,伤口处常可有气体随呼吸逸出。患者常有咯血、颈部皮下气肿和纵隔气肿。

(二)治疗

应紧急行气管插管,阻止血液与分泌物流入远端气管,保持呼吸道通畅。气管横断或喉气管分离时,远端气管可能回缩入胸腔,需紧急做颈部低位横切口,切开气管旁筋膜,手指探查后用组织钳夹住远断端,插入气管导管。气管插管困难时可插入纤维支气管镜,再引入气管插管。麻醉插管时以及彻底清除呼吸道分泌物之前,忌用肌肉松弛剂。修补吻合时如有气管壁严重挫伤,可切除2~4个气管环,再做吻合手术。

第七节 心 脏 损 伤

心脏损伤(cardiac injury)按损伤部位和程度可分为:心肌挫伤、心脏破裂、室间隔破裂、瓣膜撕裂、腱索乳头肌断裂。按损伤性质可分为钝性心脏损伤与穿透性心脏损伤。

一、钝性心脏损伤

钝性心脏损伤(blunt cardiac injury)多由胸前区撞击、减速、挤压、高处坠落、冲击等暴力所致,心脏在等容收缩期遭受钝性暴力打击最易致伤,其严重程度与钝性暴力的撞击速度、质量、

作用时间、心脏舒缩时相和心脏受力面积有关。轻者多为无症状的心肌挫伤,重者甚至为心脏破裂。钝性心脏破裂伤员绝大多数死于事故现场,极少数可以通过有效的现场急救而成功地送达医院。临床上最常见的是心肌挫伤,轻者仅引起心外膜至心内膜下心肌出血、少量心肌纤维断裂;重者可发生心肌广泛挫伤、大面积心肌出血坏死,甚至心内结构,如瓣膜、腱索和室间隔等损伤。心肌挫伤后修复可能遗留瘢痕,甚至日后发生室壁瘤。严重心肌挫伤的致死原因多为严重心律失常或心力衰竭。

(一) 临床表现及诊断

窦性心动过速和早搏是轻度心肌挫伤的主要表现。中度、重度挫伤可出现胸痛、心悸、气促,甚至心绞痛等。患者可能存在胸前壁软组织损伤和胸骨骨折。心肌挫伤(myocardial contusion)的诊断主要依赖临床医师的警惕性与辅助检查。常用的辅助检查为:①心电图:可存在 ST 段抬高、T 波低平或倒置,房性、室性期前收缩或心动过速等心律失常,但以上心电图改变均不特异,心电图正常也不除外心肌挫伤的可能性。②超声心动图:可见局部心壁变薄,搏动减弱和节段性室壁运动异常,射血分数下降,有时可探到心包腔内有积液征象。食管超声心动图可减少胸部损伤时,经胸探头检查的痛苦,还能提高心肌挫伤的检出率。③心肌酶学检测:传统的检测为磷酸肌酸激酶及其同工酶(CK、CK-MB)和乳酸脱氢酶及其同工酶(LDH、LDH_1、LDH_2)的活性测定。近年来已采用单克隆抗体微粒子化学发光,或电化学法检查磷酸肌酸激酶同工酶(CK-MB-mass)的质量测定和心肌肌钙蛋白(cardiac troponin,cTn)I 或 T(cTnI or cTnT)测定。前者的准确性优于同工酶活性测定,后者仅存在于心房和心室肌内,不会因骨骼肌损伤影响检测值,特异性更高。

(二) 治疗

主要为休息、严密监护、吸氧、镇痛等。临床特殊治疗主要针对可能致死的并发症,如心律失常和心力衰竭。这些严重并发症一般在伤后早期出现,但也有迟发者。心肌挫伤后是否会发生严重并发症常难以预测,如果患者的血流动力学不稳定、心电图异常或上述心肌标记物异常,应转入 ICU 监护治疗。

二、穿透性心脏损伤

穿透性心脏损伤(penetrating cardiac injury)多由火器、刃器或锐器致伤。火器导致的心脏贯通伤时,多数伤员死于受伤现场,低射速火器伤常致非贯通伤,异物留存于心脏也较常见。窄而短刃的锐器致伤多为非贯通伤,常能送达医院救治。近年来心导管所致的医源穿透性心脏损伤有所增多。穿透性心脏损伤好发的部位依次为右心室、左心室、右心房和左心房;此外,还可导致房间隔、室间隔和瓣膜装置损伤。

(一) 临床表现及诊断

其病理生理及临床表现,取决于心包、心脏损伤程度和心包引流情况。致伤物和致伤动能较小时,心包与心脏裂口较小,心包裂口易被血凝块阻塞而引流不畅,导致心脏压塞。表现为静脉压升高、颈静脉怒张,心音遥远、心搏微弱,脉压小、动脉压降低的贝克三联症(Beck's triad)。迅速解除心脏压塞并控制心脏出血,可以成功地挽救患者的生命。致伤物和致伤动能较大时,心包和心脏裂口较大,心包裂口不易被血凝块阻塞,大部分出血流入胸腔,导致失血性休克。即使解除心脏压塞,控制出血,也难迅速纠正失血性休克,抢救困难。少数患者由于伤后院前时间短,就诊早期生命体征尚平稳,仅有胸部损伤史与胸部心脏投影区较小的伤口,易延误诊断和抢救时机。

诊断要点:①胸部伤口位于心脏体表投影区域或其附近;②伤后时间短;③贝克三联症或失血性休克和大量血胸的体征。穿透性心脏损伤的病情进展迅速,依赖胸部 X 线、心电图、超声波、超声心动图,甚至心包穿刺术明确诊断都是耗时、准确性不高的方法。对于伤后时间短、生命体

Note

征尚平稳、不能排除心脏损伤者，应在具备全身麻醉手术条件的手术室，在局麻下扩探伤道以明确诊断，避免延误抢救的最佳时机。

（二）治疗

已有心脏压塞或失血性休克者，应立即在急诊室施行开胸手术。在气管插管全身麻醉下，切开心包缓解心脏压塞，控制出血，迅速补充血容量。大量失血者需回收胸腔内积血，经大口径输液通道回输。情况稳定后，采用无损伤带针缝线加垫修补心脏裂口。心脏介入诊治过程中发生的医源性心脏损伤，多为导管尖端戳伤。因其口径较小，发现后应立即终止操作、拔除心导管，给予鱼精蛋白中和肝素抗凝作用，进行心包穿刺抽吸积血，多能获得成功，避免开胸手术。

穿透性心脏损伤经抢救存活者，应注意心脏内有无残留的异物及其他病变，如创伤性室间隔缺损、瓣膜损伤、创伤性室壁瘤、心律失常、假性动脉瘤或反复发作的心包炎等。应重视对出院后的患者进行随访，及时发现心脏内的残余病变，作出相应的处理。

第八节 膈肌损伤

根据致伤暴力不同，膈肌损伤（diaphragmatic injury）可分为穿透性膈肌损伤或钝性膈肌损伤。穿透性膈肌损伤多由火器或刃器致伤，伤道的深度和方向直接与受累的胸腹脏器有关，伤情进展迅速，多伴有失血性休克。钝性膈肌损伤的致伤暴力大，损伤机制复杂，常伴有多部位损伤，膈肌损伤往往被其他重要脏器损伤的表现所掩盖而漏诊，伤情进展较慢，甚至数年后发生膈疝才被发现。

一、穿透性膈肌损伤

下胸部或上腹部穿透性损伤都可累及膈肌，造成穿透性膈肌损伤（penetrating diaphragmatic injury）。穿透性暴力同时伤及胸部、腹部内脏和膈肌，致伤物入口位于胸部，称为胸腹联合伤（thoracoabdominal injuries，thoraco-abdomino-associated injury）；致伤物入口位于腹部，称为腹胸联合伤（abdominothoracic injuries）。受损胸部脏器多为肺与心脏，受损腹部脏器右侧多为肝、左侧常为脾，其他依次为胃、结肠、小肠等。火器伤动能大、穿透力强、多造成贯通伤，甚至造成穹隆状膈肌多处贯通伤；刃器则多导致非贯通伤。穿透性暴力所致单纯膈肌损伤较为少见。胸腹联合伤或腹胸联合伤，除了躯体伤口处大量外出血、失血性休克等临床表现外，一般多同时存在血胸、血气胸、心包积血，腹腔积血、积气和空腔脏器穿孔所致的腹膜炎体征。床旁 B 超检查可快速、准确地判断胸腹腔积血情况。胸腔穿刺术和腹腔穿刺术是判断胸腹腔积血简单而有效的措施。胸腹部 X 线检查和 CT 检查，虽然有助于明确金属异物存留、血气胸、腹内脏器疝入胸腔、膈下游离气体和腹腔积血，但检查需耗费时间和搬动患者，伤情危重者需慎重选择。

穿透性膈肌损伤应急症手术治疗。首先处理胸部吸吮伤口和张力性气胸，输血补液纠正休克，并迅速手术。根据伤情与临床表现选择经胸切口或经腹切口，控制胸腹腔内出血，仔细探查胸腹腔器官，并对损伤的器官与膈肌予以修补。

二、钝性膈肌损伤

钝性膈肌损伤（blunt diaphragmatic injury）多由于膈肌附着的胸廓下部骤然变形，和胸腹腔之间压力梯度骤增引起膈肌破裂。交通事故和高处坠落是导致钝性膈肌损伤最常见的原因，随着汽车速度增加与安全带的使用，钝性膈肌损伤日益多见。约 90% 的钝性膈肌损伤发生在左侧，可能与位于右上腹的肝减缓暴力作用，和座椅安全带的作用方向有关。钝性损伤所致膈肌裂口较大，有时达 10cm 以上，常位于膈肌中心腱和膈肌周边附着处。腹内脏器很容易通过膈肌裂口疝入胸腔，常见疝入胸腔的腹内脏器依次为胃、脾、结肠、小肠和肝。严重钝性暴力不但可致膈

肌损伤，还常导致胸腹腔内脏器挫裂伤，并常伴有颅脑、脊柱、骨盆和四肢等多部位伤。血气胸和疝入胸腔的腹腔脏器引起肺受压和纵隔移位，导致呼吸困难、伤侧胸部呼吸音降低，叩诊呈浊音或鼓音等。疝入胸腔的腹内脏器发生嵌顿与绞窄，可出现腹痛、呕吐、腹胀和腹膜刺激征等消化道梗阻或腹膜炎表现。值得注意的是，膈肌破裂后初期可能不易诊断，临床体征和胸部X线检查结果均缺乏特异性，常被漏诊或误诊为血气胸、肺炎、肺不张等疾病。CT检查有助于诊断。由于进入肠道的气体和造影剂，可将疝入肠袢的部分梗阻转变为完全梗阻，故禁行肠道气钡双重造影检查。膈疝患者应慎做胸腔穿刺或闭式胸腔引流术，因为可能伤及疝入胸腔的腹内脏器。怀疑创伤性膈疝者，禁用充气的军用抗休克裤，以免增加腹内压。

一旦高度怀疑或确诊为创伤性膈破裂或膈疝，而其他脏器合并伤已稳定者，应尽早进行膈肌修补术，以纠正呼吸循环功能障碍，预防胃肠道梗阻、嵌顿和绞窄等严重并发症。视具体伤情选择经胸手术径路或经腹手术径路。无论选择何种手术径路，外科医师均应准备两种不同径路的手术野，以备改善术中显露之需。仔细探查胸腹腔内脏器，并予以相应处理。使用不吸收缝线修补膈肌裂口，清除胸腹腔内积液，并置闭式胸腔引流。

第九节 创伤性窒息

创伤性窒息（traumatic asphyxia）是钝性暴力作用于胸部所致的上半身广泛皮肤、黏膜的末梢毛细血管淤血及出血性损害。当胸部与上腹部受到暴力挤压时，患者声门紧闭，胸内压骤然剧增，右心房血液经无静脉瓣的上腔静脉系统逆流，造成末梢静脉及毛细血管过度充盈扩张并破裂出血。

临床表现为面、颈、上胸部皮肤出现针尖大小的紫蓝色瘀点和瘀斑，以面部与眼眶部位明显。口腔、球结膜、鼻腔黏膜瘀斑，甚至出血。肺组织出血导致呼吸困难。视网膜或视神经出血，可产生暂时性或永久性视力障碍。鼓膜破裂可致外耳道出血、耳鸣，甚至听力障碍。伤后多数患者有暂时性意识障碍、烦躁不安、头昏、谵妄，甚至四肢痉挛性抽搐，瞳孔可扩大或极度缩小，上述表现可能与脑内轻微点状出血和脑水肿有关。若有颅内静脉破裂，患者可发生昏迷，甚至死亡。创伤性窒息所致的出血点及瘀斑，一般经2~3周后自行吸收消退。一般患者，需在严密观察下进行对症处理，有脑水肿者应进行脱水治疗；伤员取半坐位，鼓励咳嗽、排痰，保持呼吸道通畅。有合并伤者应针对具体伤情给予积极治疗。患者的预后主要取决于承受压力大小、持续时间长短和有无其他合并伤，单纯创伤性窒息患者预后多较好。

（王 俊）

思考题

1. 胸部损伤的分类。
2. 气胸的分类及处理。

参考文献

1. 吴孟超，吴在德，吴肇汉．外科学．第8版．北京：人民卫生出版社，2013

2. Larry R.Kaiser，Irving L.Kron，Thomas L.Spray Mastery of Cardiothoracic Surgery Second Edition，2010

第二十一章 肺 移 植

第一节 概 论

当人体的脏器丧失功能或患有致命疾病的时候，用一个功能好的脏器替代，使之重新获得健康，是人类自古以来的一种美好愿望。器官移植是现代外科的发展方向之一，对于呼吸系统而言，目前关注最多的器官移植是肺移植。肺移植在20世纪80年代初获得成功，经过30多年的发展，肺移植逐渐被认可为治疗终末期肺疾病的有效方式。

大约在60年前，学者们就已经开始了肺移植的动物研究探索。1950年5月美国纽约州Buffalo大学医学院Andre A. Juvenell等人进行了犬右肺自体移植（autograft lung transplantation）手术，即切下实验犬的右肺后又再进行原位移植（reimplantation），手术获得成功。同年，法国的Metras也进行了动物同种异体肺移植（homograft lung transplantation）获得成功，他在血管吻合技术上进行了改进，首次采用左房袖吻合替代肺静脉吻合。此后10年间，肺移植的探索基本上集中在动物实验研究，采用的移植方式或是自体肺移植，或是同种异体肺移植，这些探索对肺移植的病理生理改变，免疫抑制处理等肺移植基础问题进行了技术准备。

人类历史上的首次肺移植手术开展于20世纪的60年代。1963年6月11日美国密西西比大学医学中心James D. Hardy等完成了首例人类肺移植手术，患者术后18天死于肾衰竭。此后许多国家的不同医学中心相继开展了临床肺移植手术。至20世纪80年代初，全世界共行肺移植40余例，其中1例生存逾半年而另1例生存10个月，其余病例或因感染、排斥、肺水肿以及支气管吻合口等并发症，或者需要再次手术切除移植肺，或者在术后数小时或数周内死亡，均未成功。

1983年，Cooper领导的加拿大多伦多总医院肺移植组，完成了人类历史上首次成功的临床肺移植手术。他们为一名58岁的特发性肺纤维化男性患者施行了同种异体单肺移植手术，该患者手术后存活了6.5年。多伦多肺移植组的成功是因为他们解决了几个困扰肺移植的技术问题。此前，肺移植手术后的抗排斥药物依靠大剂量的皮质醇激素，这种抗排斥方式会促使支气管吻合口裂开，从而导致患者最终死亡，多伦多移植组证明采用带蒂大网膜包裹支气管吻合口的手段，可以有效降低支气管吻合口的裂开。其次，环孢素在80年代引入临床，环孢素具有强大的免疫抑制作用，且不会影响支气管吻合口的愈合，同时可以有效地降低皮质醇激素的用量。最后，多伦多移植组的成功，还在于他们选择了合适的病例，特发性肺纤维化的肺血流灌注和肺通气特点，非常适合进行单肺移植手术。

1986年多伦多肺移植组发表了他们的研究结果，在多伦多肺移植组工作的鼓舞下，临床肺移植在全球范围内又再呈现出星火燎原的势头。1989年法国的Herve Mal等人为2例肺气肿患者施行了同种异体单肺移植手术，患者术后一般情况良好，手术获得成功。此前，人们担心由于肺气肿患者的肺通气和肺血流灌注的特点，若单肺移植将导致术后的通气/灌注失衡，Herve Mal等人的工作消除了肺气肿不适合单肺移植的疑虑，从而大大拓宽了单肺移植适应证。1990年多伦多肺移植组将单肺移植用于治疗Eisenmenger综合征，华盛顿大学肺移植组将单肺移植用于治疗原发性肺动脉高压，均获得成功。现在，单肺移植的适应证越来越广。

在双肺移植方面，1986 年多伦多肺移植组实施了整体双肺移植手术（enblock double-lung transplantation）获得成功。整体双肺移植手术需要体外循环，手术技术相对复杂，手术后并发症特别是气道吻合口的并发症很高。1989 年，华盛顿大学肺移植组发展出了序贯式双侧肺移植手术（sequential bilateral lung transplantation），这种手术方式相当于左右两侧先后进行单肺移植手术，这样先移植的一侧肺可以马上发挥功能，除了肺动脉高压和循环不稳定的患者，绝大部分患者可以不需要使用体外循环，简化了手术操作，手术后的并发症发生率也明显下降。目前序贯式双肺移植手术是双肺移植的标准手术方式。1990 年，美国洛杉矶儿科医院的 Starnes 完成了世界上首例活体供体肺叶移植。这种手术方式是供体缺乏情况下的产物，它需要两位活体供者分别提供一个左下肺叶和右下肺叶，受者接受双侧肺叶移植。

经过 30 多年的发展，随着供体肺保存技术、移植的手术技术、围术期管理技术、免疫抑制方案、并发症的预防和处理等技术的不断提高，肺移植的手术效果也越来越好，目前在西方国家肺移植已经是治疗终末期肺疾病的有效方式，年手术量已经超过 3000 例（见文末彩图 21-1），困扰肺移植应用的主要问题已经转为供体不足。

我国肺移植的发展起步并不晚。1979 年北京结核病研究所为 2 例肺结核患者行肺移植，但因急性排斥及感染无法控制，分别于术后 7 天及 12 天把移植肺切除，手术未能获得成功。北京安贞医院在 1995 年 2 月年为一结节病肺纤维化的患者进行了左单肺移植，术后存活 5 年 11 个月，这是我国首例获得长期存活的单肺移植。该患者后因慢性排斥反应，死于肝肾衰竭。1998 年 1 月，北京安贞医院再为一原发性肺动脉高压、三尖瓣严重关闭不全伴反流的患者，进行了双肺移植，也获得成功，这是我国首例获得长期存活的双肺移植．该患者术后存活 4 年 3 个月，因慢性排斥反应，死于肺性脑病。在这段时期，北京安贞医院完成的肺移植例数最多，并获得了长期存活的效果，为我国的肺移植发展作出很大贡献。但在整个 20 世纪 90 年代，虽然先后有多家医院进行了临床肺移植手术，但再无其他患者获得长期存活，肺移植手术陷入低潮期。

2002 年之后，我国又迎来了肺移植发展的高潮期。除北京外，上海、广东和江苏相继开展肺移植获得成功。目前全国至少有 20 多家医院，开展了临床肺移植手术，其中成功开展肺移植例数较多的地区有无锡、广州、上海和北京。我国许多肺移植中心相继成立了，包括胸外科、呼吸科、麻醉科、ICU 监护、理疗医师和护理等组成的肺移植团队、围术期的管理更加科学、使我国肺移植的术后存活率较前有了较大的提高。在肺移植受者的选择上、目前我国主要是以肺气肿、肺纤维化及双侧支气管扩张为主。值得注意的是，目前我国不少患者直到病情发展至需要呼吸机依赖，才要求接受肺移植，这些患者手术后的并发症发生率和死亡率都要更高。2007 年，我国卫生部进行了临床肺移植手术准入资格的认证工作，使肺移植工作能够有序开展。

第二节 肺移植的适应证及禁忌证

经过内科充分治疗无效的终末期慢性肺疾病，可考虑接受肺移植手术。

接受肺移植手术的患者期望实现两个目标。第一个目标是要延长患者的生命，第二个目标是要提高患者的生存质量。肺移植对于受体来说，并非真正的治愈手段，而是改善患者症状的方法。从这个意义而言，如果能够提高受体手术后的生存质量，即使生存时间的改善不明显，也可以考虑进行肺移植手术。但是如果在供体整体缺乏的大环境下，单纯从改善生活质量的角度而进行肺移植手术还不现实。

可以实施肺移植手术的终末期肺疾病种类繁多，参见表 21-1。在这些疾病中，常见的疾病是肺气肿(包括慢性阻塞性肺病所致及 α1- 抗胰蛋白酶缺乏症所致)、肺纤维化、肺感染性疾病(肺囊性纤维及支气管扩张等)以及肺动脉高压(原发性或继发性)。

表 21-1 1995—2012 年期间接受肺移植的终末期肺疾病

疾病	单肺移植（n=14 197）	双肺移植（n=23 384）	合计（n=37 581）
非 α1- 抗胰蛋白酶缺乏的肺气肿	6312（44.5%）	6290（26.9%）	12 602（33.5%）
α1- 抗胰蛋白酶缺乏的肺气肿	753（5.3%）	1429（6.1%）	2182（5.8%）
间质性肺疾病	4872（34.3.9%）	4.32（17.2%）	8904（23.7%）
肺囊性纤维化	229（1.6%）	6002（25.7%）	6231（16.6%）
原发性肺动脉高压	87（0.6%）	1073（4.6%）	1383（3.7%）
肺结节病	265（1.9%）	689（2.9%）	954（2.5%）
支气管扩张	59（0.4%）	956（4.1%）	1015（2.7%）
肺淋巴管肌瘤病	136（1.0%）	255（1.1%）	391（1.0%）
先天性心脏病	56（0.4%）	269（1.2%）	325（0.9%）
再移植			
闭塞性细支气管炎	276（1.9%）	292（1.2%）	568（1.5%）
非闭塞性细支气管炎	182（1.3%）	220（0.9%）	402（1.1%）
闭塞性细支气管炎（非再植）	98（0.7%）	298（1.3%）	396（1.1%）
结缔组织病	156（1.1%）	332（1.4%）	488（1.3%）
恶性肿瘤	7（0.0%）	29（0.1%）	36（0.1%）
其他	146（1.0%）	398（1.7%）	544（1.4%）

并非所有的终末期肺疾病患者都能够接受肺移植手术。肺移植的绝对禁忌证和相对禁忌证见表 21-2 和表 21-3。

表 21-2 肺移植的绝对禁忌证

- 2 年内曾罹患恶性肿瘤（皮肤鳞状细胞癌及基底细胞癌除外）属绝对禁忌证。若患者 5 年前曾罹患恶性肿瘤但已治愈，且 5 年内未曾复发，则仍允许接受肺移植。局限型的支气管肺泡癌是否可以接受肺移植手术仍存在争议
- 无法治疗的重要脏器（如心脏、肝脏、肾脏等）的严重功能障碍
- 无法治愈的慢性肺外感染性疾病，包括慢性活动性乙型肝炎、丙型肝炎、艾滋病等
- 严重的胸壁或脊柱畸形
- 对治疗及随访的依从性差
- 不能治疗的心理或精神疾患，患者无法配合治疗
- 最近 6 个月内仍有药物依赖史，如酗酒、吸毒、香烟等

表 21-3 肺移植的相对禁忌证

- 年龄：双肺移植 >65 岁，单肺移植 >70 岁
- 一般状况不稳定，如休克，需要机械辅助通气或体外膜肺支持等
- 严重受限的功能状态，康复的潜力小
- 高度耐药或高致病性细菌、真菌或分枝杆菌感染
- 严重肥胖，体重指数（body mass index，BMI）>30kg/m^2，或严重营养不良，BMI<17kg/m^2
- 严重或有症状的骨质疏松
- 机械辅助通气，肝功能不全，肾功能不全，左心室功能不全等
- 其他尚未造成脏器终末期损害的疾病，如糖尿病、高血压、消化性溃疡、胃食管反流、冠心病等，应在移植前得到有效控制
- 胸外科手术史
- 正在接受大剂量激素治疗（泼尼松 >20mg/d）

终末期肺疾病患者的病情到了何种程度需要接受肺移植手术，以下将以最常见的四种情况，即肺气肿、肺纤维化、肺感染性疾病以及肺动脉高压为例进行叙述。

一、肺气肿

目前全世界因为终末期肺疾病，要行肺移植的患者中，肺气肿是例数最多的，占需要做肺移植的患者三分之一以上。由于供体的缺乏，患者的状况达到接受肺移植的标准后，并非能够立即接受手术，而是需要进入等候期直至等到合适的供体。有的患者可以顺利等到合适的供体，有的患者则可能在等候期病情恶化而死亡。于是可以对那些状况严重，但尚未达到肺移植标准的患者进行肺移植评估，作为肺移植的后备受者登记备案，当等候期过去后，这些备案患者的肺功能也刚好继续恶化到可以接受肺移植的程度，从而增加这些患者获得供体的机会。肺气肿患者主要参考 BODE 指数（body mass index，airflow obstruction，dyspnea，and exercise capacity index，BODE index）以决定何时实施手术。表 21-4 列举了肺气肿患者接受肺移植的指征。

表 21-4 肺气肿患者接受肺移植的适应证

■ 备案指征
BODE 指数 >5
■ 手术指征
患者的 BODE 指数介于 7~10 之间，或者有以下情况之一：
因为急性二氧化碳潴留（PCO_2>50mmHg）导致病情恶化需要入院
已经接受了氧疗，但仍出现肺动脉高压和（或）肺原性心脏病，
FEV_1<20% 及 DL_{CO}<20% 或均质性肺气肿

二、肺纤维化疾病

既往认为终末期肺纤维化患者最适合于单肺移植，因为受者本身留下的肺的顺应性差，血管阻力高，这样就使通气和血流二者，都优先地转向移植的肺脏，而且纤维化的患者通常无慢性肺部感染，保留受者一侧肺脏无诱发感染的风险。该类患者应尽早考虑备案手术，因为疾病到后期一旦进展则往往很快死亡，没有足够的时间找到合适的供体。

并非所有的肺纤维化疾病都需要进行肺移植手术。最常见的是特发性间质性肺炎（idiopathic interstitial pneumonia，IIP）所导致的肺纤维化。依照其病理亚型，又以普通型间质性肺炎（usual interstitial pneumonia，UIP）和非特异性间质性肺炎（nonspecific interstitial pneumonia，NSIP）为常见。表 21-5 列举了肺纤维化疾病患者接受肺移植的指征。

表 21-5 肺纤维化疾病接受肺移植的适应证

■ 备案指征
组织学或影像学诊断为 UIP
组织学诊断为纤维性 NSIP
■ 手术指征
组织学或影像学诊断为 UIP，并且有以下之一
DL_{CO}< 预计值的 39%
在 6 个月的观察期内，FVC 的下降值超过 10%
6 分钟步行试验期间血氧饱和度小于 88%
高分辨率 CT 显示肺呈现蜂窝状改变（纤维化评分 >2）
组织学诊断为 NSIP，并且有以下之一
DL_{CO}< 预计值的 35%
在 6 个月观察期内，FVC 的下降值超过 10% 或 DL_{CO} 的下降值超过 15%

Note

三、肺感染性疾病

肺感染性疾病需要进行肺移植者，在不同国家的构成人群是不同的。肺囊性纤维化在欧美国家，是所有感染性疾病中最常见的，这种疾病在白人当中更为多见，是白人中一种常见的遗传性疾病。对于我国，肺囊性纤维化者罕见，临床中经常遇到的是双肺支气管扩张的患者。肺感染性疾病患者到了晚期（FVE_1<30%），往往病况会在短期内恶化，所以一旦达到标准后应尽早考虑备案手术。表 21-6 列举了肺感染性疾病患者接受肺移植的指征。

表 21-6 肺感染性疾病患者接受肺移植的适应证

■ 备案指征
FEV_1 < 预计值的 30% 或下降迅速，特别是年轻女性患者
肺病加重，需要入住 ICU
病情反复加重，需要抗生素治疗
出现持续性和（或）复发性气胸
反复咯血，进行介入手术治疗效果不佳
■ 手术指征
呼吸衰竭
二氧化碳潴留
出现肺动脉高压

四、原发或继发性肺动脉高压

原发或继发性肺动脉高压为其主要适应证之一。以往多认为肺动脉高压所引起的肺血管疾病，只有心肺移植才能治疗，因为肺动脉高压往往使右心后负荷增加而导致心衰，许多肺移植中心早期的经验发现其并发症及死亡率非常高。实验表明减轻后负荷后，右心室恢复是可逆的。1990 年 Frames 开展了单肺移植治疗 Eisenmenger's 综合征，多伦多组用单肺移植治疗肺纤维化伴肺动脉高压时，尽管右心室功能差，单肺移植后，肺血管阻力降低，心功能有明显改善。这足以说明单肺移植治疗肺血管疾病是可行的。其他的一些移植中心也做了同样的工作，证实单肺移植后心肺功能有改善。随着单肺移植相继在许多中心取得成功，使肺移植进入一个新天地，部分地取代心肺联合移植治疗原发或继发性肺动脉高压。

目前只有少部分肺血管疾病，以及先天性心脏病合并瓣膜功能不全伴艾森曼格综合征或伴有严重心衰的，仍需心肺联合移植。因为原发或继发性肺动脉高压的患者数量较多，而且，肺动脉高压患者的病情发展，可以急转直下出现猝死，所以，该类患者往往被列为优先移植的受体。表 21-7 列举了肺动脉高压患者接受肺移植的指征。

表 21-7 肺动脉高压患者接受肺移植的适应证

■ 备案指征
NYHA 功能为Ⅲ级或Ⅳ级
病情进展迅速
■ 手术指征
积极药物治疗后，持续 NYHA 功能为Ⅲ级或Ⅳ级
6 分钟步行试验距离 <350 米或呈下降趋势
使用静脉 Epoprostenal 或类似药物治疗失败
心脏指数小于 2L/(min·m^2)
右心房压力超过 15mmHg

五、其他

如双肺弥漫性的肺泡细胞癌,肺淋巴管肌瘤病、部分硅沉着病、肺含铁血黄素变性等单纯肺部的疾病,也可以考虑做单肺或双肺移植。

第三节 手术及围术期处理

一、供体评估

供体不足是目前限制肺移植更大规模开展的主要障碍。根据器官供者来源的不同,可以分为死亡供者(deceased donor)和活体供者(living donor)两大类。根据心脏是否停止跳动,死亡供者又可以分 HBD(heart-beating-donor)和 NHBD(non-heart-beating donor)两类。前者因为仍存在血液循环,故而提供的供体器官通常没有热缺血过程,而后者提供的供体器官,通常存在热缺血过程。目前国际上采用的供体肺绝大多数来自脑死亡,但仍维持血液循环的供体,活体捐献者及 NHBD 供体均很少。我国也正在大力推动器官捐赠事业。以下叙述的是 HBD 供肺选择标准。

理想的供体肺(ideal donor)选择标准如表 21-8 所示:

表 21-8 理想的供体肺选择标准

年龄小于 55 岁	纤维支气管镜检查没有脓性分泌物
吸烟史小于 20 包 / 年	气管插管时间小于 48 小时
胸部 X 线检查肺野清晰,肺听诊无干湿啰音	无心肺手术史
FiO_2=1、PEEP=5cmH_2O 时,PaO_2>300mmHg	胸廓大小应尽量与受体相近
无误吸或败血症	ABO 血型完全相同
没有胸部创伤或肺挫伤	ABC 型肝炎、HIV 均应阴性

理想的供体肺标准最初是由加拿大多伦多肺移植组,根据其临床经验而总结的,20 多年来作为唯一公认的标准沿用至今。此标准是基于临床经验的总结,而非严格和科学的实验依据,它可以保证供体肺的质量,但此标准又近于苛刻,在供体肺紧缺日益矛盾的大环境下,许多学者尝试突破此标准的限制,以期扩大供体库,这些供者相对应的被称为"边缘供者"(marginal donor)或"延伸供者"(extended donor)。目前,胸部 X 线检查无持久的双肺浸润、纤维支气管镜检查没有脓性分泌物、无误吸或败血症这些标准仍必须坚持,而供体的年龄、吸烟史等则可适当放宽。

脑死亡的供者通常都已经气管插管并机械辅助通气,长时间气管插管和机械通气有导致呼吸机相关肺炎和肺损伤的风险。一般气管插管的时间要小于 2 天。不过在实际工作中,单纯把气管插管通气时间作为评判标准并不准确,要根据呼吸机的具体使用情况,结合胸片表现、氧合能力、纤支镜检查的情况、痰液标本的情况等综合判断,才能最后决定供体肺的取舍。

二、手术

肺移植手术总的来说分为两个环节,一是供体肺的获取与保存,二是供体肺的植入。

(一) 获取供体肺

供体肺通常是整体心肺大块(en bloc)取获,亦可先心后肺。取获方法主要是系统降温法(systemic cooling 或 core cooling),现在一般多采用经肺动脉灌洗冷保护液,从而对供体肺实施降温冷保存。其具体步骤为:①供体肝素化,平卧位,胸骨正中切口开胸;②切开心包暴露心

Note

脏各主要血管，在肺动脉主干上插管，并做荷包缝合固定；③切开左心耳，开始经肺动脉灌洗供体肺（图 21-2）；④灌洗完拔除肺动脉插管，开始切取器官。

获取供体肺之后，还需要进行进一步的修剪，以便供体肺适于移植手术。通常会将供体肺裁剪成左右两个单侧肺（图 21-3），以备序贯式双侧肺移植或者分别给两个受者实施单肺移植。一侧肺的肺动脉于近其第一分支处断离，第一分支可作为肺动脉吻合时的定位标志。肺静脉并不逐一断离，而是连同部分左心房壁一并切除，形成心房袖（atrium sleeve）。静脉系统吻合时供肺的心房袖与受体的左心房直接吻合，简化的吻合技术，术后出现静脉血栓的机会大大减少。主支气管则在近上叶支气管 2~3 个软管环处断离。

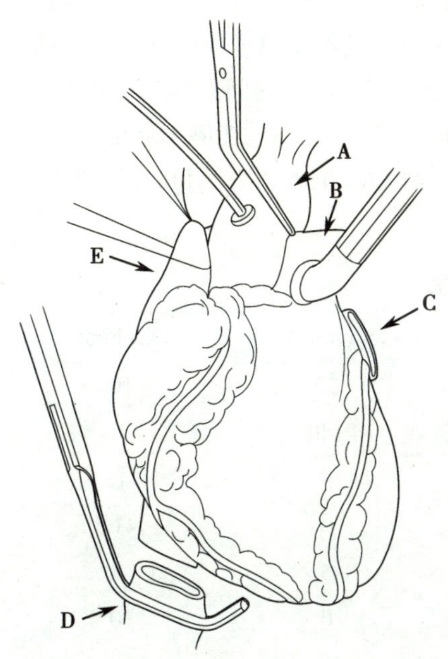

图 21-2 经肺动脉顺行灌注

注：A. 主动脉（已插灌注管，其远端阻断，获取供体心脏时采用）；B. 肺动脉（已插灌注管）；C. 左心耳（已剪开）；D. 下腔静脉（已剪开）；E. 上腔静脉（已结扎）

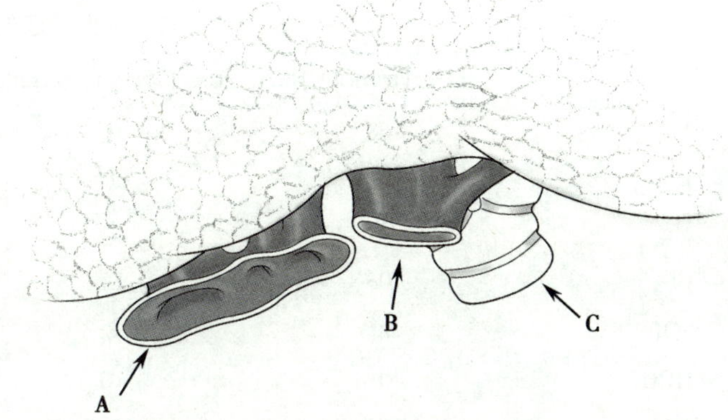

图 21-3 已裁剪的供体肺

注：A. 心房袖；B. 肺动脉；C. 主支气管

保护供体肺是临床肺移植最重要的环节之一，在整个获取供体肺的过程中都需要以此为中心。供体肺的热缺血时间、保存温度、保护液的类型、是否肝素化、肺的膨胀程度、灌注压力等等，都可以影响供体肺的保护效果。供体肝素化后用冷灌注液通过肺动脉行顺行灌注（antegrade perfusion），同时在通气状态下将供体肺浸在低温肺保护液中，是目前临床中最常使用的肺保护技术。经肺动脉行顺行灌注技术方法简便，目前临床中使用最多。但是由于肺的血液供应来源于两个系统，即肺循环的动脉系统和体循环的支气管动脉系统，所以，只是经过肺动脉行顺行灌注，不能使保护液在供体肺中充分均匀分布。于是有学者提出使用经左心房的逆行灌注（retrograde perfusion）方法，以期保护液可以同时涵盖动脉系统和支气管动脉系统，从而使保护液在供体肺中分布更为充分。

肺保护液也是供体肺保护效果好坏的重要因素。根据钾离子浓度的不同，肺保护液通常分为细胞内液型和细胞外液型两种。细胞内液型肺保护液为高钾保护液，EC 液（Euro-Collins solution）与 UW 液（the University of Wisconsin solution）是细胞内液型肺保护液的代表，改良 EC 液是常用的肺保护液之一。细胞外液型肺保护液为低钾保护液，低钾右旋糖酐液（low-potassium dextran solution，LPD solution）和 Celsior 液是细胞外液型灌注液的代表。在肺移植的发展过程中，

临床中首先大规模采用的是细胞内液型保护液。在临床中，这类液体可以安全保存 HBD 供肺 6~8 小时。但细胞内液型保护液所含的高浓度钾离子，可以导致血管内皮损伤及肺血管收缩灌注液分布不均匀，因而不利于肺保护。有学者在灌注同时使用前列腺素 E 扩张肺动脉，认为可以很好地弥补这一不足。而细胞外液型保护液，如 LPD 液的钾离子浓度低，对血管内皮损伤及肺血管收缩灌注液分布的影响小，被认为更有利于肺保护。目前临床中最常使用的是细胞外液型肺保护液。

供体肺的缺血时间是临床中影响取舍供体肺的重要因素。对于临床医师而言，其最直接的问题就是供体肺能够可靠地保存多长时间。肺本身可以贮藏一部分空气，这种结构使得肺更耐受热缺血。肺耐受热缺血的时间，可以受到诸多因素的影响，如热缺血前是否肝素化，肺是否处于膨胀状态，热缺血的温度等。在临床实践中，肺的热缺血时间尽量不要超过 30 分钟。供体肺可靠的保护时间上限迄今尚不清楚，传统的观点认为肺的安全可靠的缺血时间大约为 6~8 小时。在动物实验中，供体肺的可靠保存时间，则大大超过这个时限，比如 LPD 液就能够可靠地保存动物供体肺长达 24 小时。LPD 液也是目前临床中最常采用的肺保护液。下表列举了 LPD 液、EC 液、UW 液及 Celsior 液的组成成分（表 21-9）。

表 21-9 常用肺保护液的配方

	LPD（mmol/L）	Euro-Collins（mmol/L）	UW（mmol/L）	Celsior
Na^+	168	10	20	100
K^+	4	113	140	15
Mg^{2+}	2	2	5	13
Cl^-	103	15	0	41.5
SO_4^{2-}	2	2	5	0
HCO_3^-	0	10	0	0
PO_4^{3-}	36.7	57.5	25	0
Ca^{2+}	0	0	0	0.26
羟乙基淀粉	0	0	50（g/L）	0
右旋糖酐 -40	2（%）	0	0	0
葡萄糖	0	3.5（g/L）	0	0
乳糖钾盐	0	0	100	80
棉子糖	0	0	30	0
别嘌醇	0	0	1	0
谷胱甘肽	0	0	3	3
腺苷	0	0	5	0
谷氨酸	0	0	0	20
组氨酸	0	0	0	30
甘露醇	0	0	0	60

在临床应用中，尽管目前的肺保护技术已经有了很大的提高，临床医师还是不会刻意挑战肺保护时间的上限，所以在大部分文献报道中，供体肺的缺血时间也仍大致在 6 小时左右。但随着临床肺移植应用规模的逐渐扩大，在一些回顾性的文献中报道，采用心脏停跳供体进行的序贯式双肺移植，其后移植肺的平均缺血时间超过了 7 个小时，其中缺血时间最长者达到了 12 小时，而采用脑死亡供体进行的序贯式双肺移植中，其后移植肺的平均缺血时间超过 6 个半小时，其中缺血时间最长者接近 14 小时。

(二) 植入供体肺

准备接受肺移植手术的患者,其一般情况都是差的。麻醉前评估的重点是全身状况、肺功能与氧供需状况和心功能状况,特别是要判断患者术中是否可以耐受单侧肺通气、右心功能能否耐受可能的肺动脉压升高、移植后可能的呼吸动力学变化,和移植预后进行合理预测,决策术中氧供需方案,并对可能出现的问题作出相应的应对预案。

麻醉中的监测包括心电、桡动脉有创血压、SpO_2、体温、尿量、呼末 CO_2,并置入漂浮导管连续监测中心静脉压、肺动脉压、SvO_2 和心排血量,监测呼吸动力学,麻醉全程据需要随时取血样测定指标。虽然目前肺移植多不需要,但手术前必须做好常规体外循环或体外膜肺(ECMO)的准备。

麻醉时采用双腔支气管导管气管插管,并确保导管位置正常、有效分隔双肺。若患者无法耐受单肺通气,或者阻断肺动脉后患者无法耐受,则需要采用体外循环或 ECMO。循环管理也是肺移植麻醉的重要内容,循环管理的目标为血动力学稳定、合理的循环容量与质量。一般以"量出为入"略负平衡原则补液,胶体较晶状体好,但不宜容量过欠。当阻断肺动脉及恢复供体肺灌注时,是可能引起剧烈的循环波动的两个节点,应加强监测。当供体肺恢复灌注及通气的时候,注意不要使供体肺快速复张,以避免供体肺水肿。

在供体肺的植入之前,先要将受体的病肺切除,然后再将移植肺植入。

手术采用健侧卧位,术侧后外侧切口,从腋后线至近乳头线水平,第 5 或 6 肋上缘入胸。心包连接肺动静脉的周围完全打开,完全解剖肺动脉并游离到第一分支以下,并将此作为吻合标记,保证足够的长度,以备修剪。主支气管应游离至上叶支气管开口处,解剖时应注意保留受体主支气管周围的组织,避免损伤血液供应而影响吻合口的愈合。用血管钳钳夹右肺上下静脉根部的左房,在肺上下静脉之间切开左房,形成左心房袖。一些受体的右肺静脉距房间沟较近,钳夹左房时应特别小心勿钳夹或损伤对侧肺静脉。仔细探查供体受体的肺动脉及左房袖,并修整使二者匹配(图 21-4)。实施双肺移植手术时,也可以采用横断胸骨的蛤式切口(shell incision)。

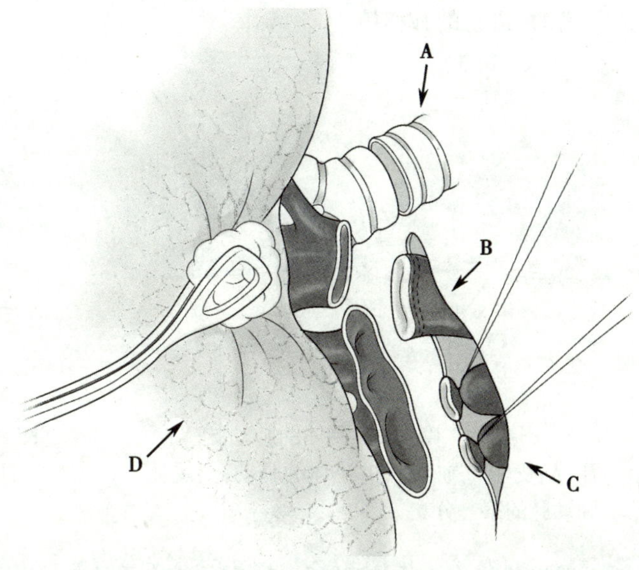

图 21-4 受体的病肺切除后

注:A. 受体的主支气管;B. 受体的肺动脉;C. 受体的肺静脉;D. 供体肺

之后,将供肺用湿冷血垫包裹放入胸腔进行吻合。通常吻合顺序是支气管—肺动脉—左心房袖。主支气管先吻合供—受体的膜部(图 21-5),再吻合软骨环部(图 21-6)。吻合的针法可以采用连续缝合法,也可以采用"8"字或褥式间断缝合法,所采用的缝合线,若连续缝合可以采用 3-0 prolene 线或 4-0 prolene 线,而采用间断缝合的时候,多采用 4-0 单乔线。吻合完毕后再用支气管周围组织包埋吻合口。供-

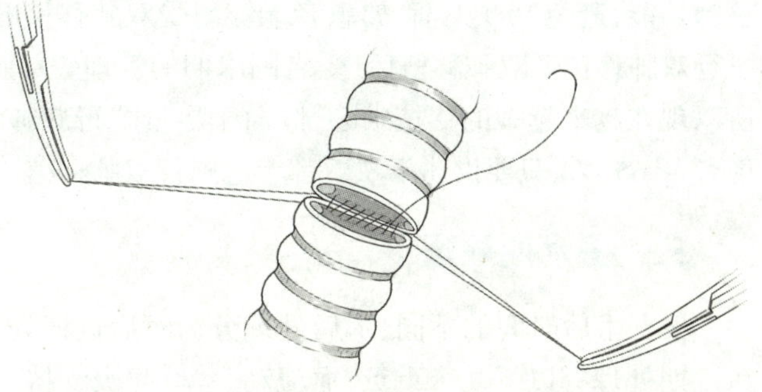

图 21-5 用 4-0 Prolene 线连续缝合支气管的膜部

受体肺动脉则用 4-0 prolene 线连续吻合(图 21-7)。供 - 受体心房袖也用 4-0 prolene 线或 3-0 prolene 线连续吻合(图 21-8)。

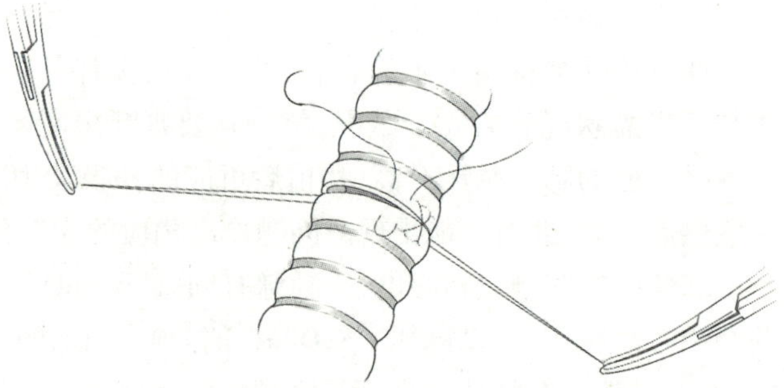

图 21-6 "8"字缝合法结合水平褥式缝合法间断缝合,进行供 - 受体支气管的端端吻合

从手术方式而言,肺移植可以分为单侧肺移植(single lung transplantation,SLT)、双侧肺移植(double lung transplantation,DLT)、心肺联合移植(combined heart-lung transplantation)和肺叶移植(lobar lung transplantation)。单侧肺移植和双侧肺移植是目前最为常见的肺移植方式。双侧肺移植可分为整块双侧肺移植(en-bloc double lung transplantation)和双侧单肺序贯式肺移植(bilateral sequential lung transplantation,BSLT)。整块双侧肺移植是将在体外循环下,从气管处切下双侧肺组织,再把健康肺移植上去,现在很少应用这种方法进行双肺移植。双侧单肺序贯式肺移植,实际上是先后进行了两侧的单肺移植,其好处是可以立即利用先移植的供体肺发挥功能,使得绝大部分病例可以不使用体外循环,简化了手术技术,并避免了体外循环带来的并发症,目前的双侧肺移植基本上都采用这种形式。肺叶移植通常是活体供体提供肺给受者时,进行的肺移植,或者是成人供体提供肺给儿童受者时,进行的肺移植。

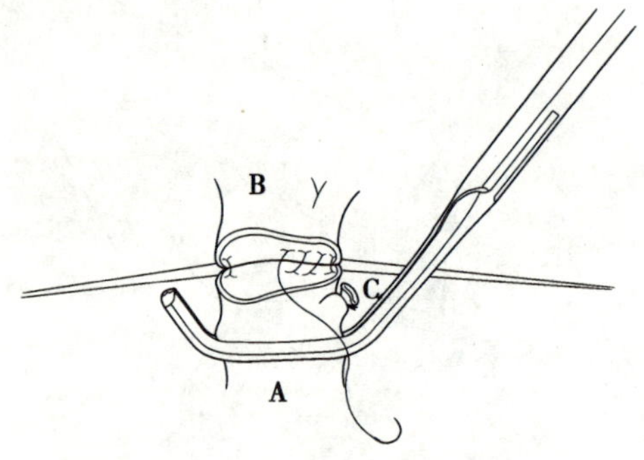

图 21-7 吻合供 - 受体的肺动脉
注:A:受体的肺动脉;B:供体的肺动;C:受体肺动脉的第一分支

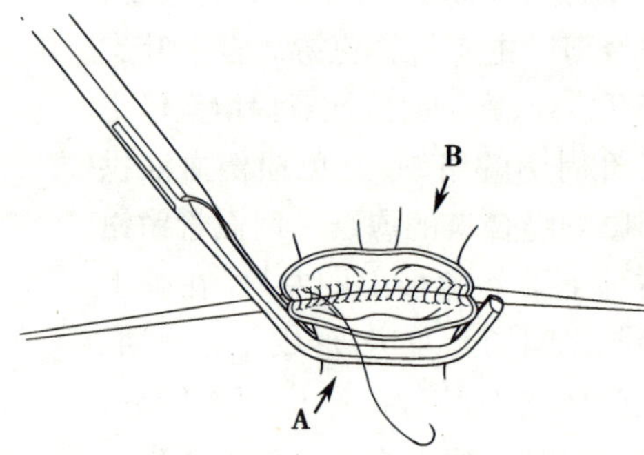

图 21-8 吻合供 - 受体的左心房袖与左心房
注:A:受体的左心房;B:供体的左心房袖

选择单肺移植还是双肺移植,需要综合受体的疾病特点和自身特点才能确定。从原则上讲,凡心功能良好,或移植后心功能可以恢复的各种晚期肺病,无论先天的还是后天的,无论肺实质病或是肺血管病,只要不合并肺部感染,均可行单肺移植。感染性疾病需要进行双肺移植,或者有些疾病虽可行单肺移植,但由于单肺移植后肺功能储备力较差,而双肺移植能最大限度地改善肺功能,避免 V/Q 失衡,如患者能够耐受双肺移植的手术打击,同时又能得到合适的供体,则可行双肺移植。双肺移植后,受者围术期的管理较单肺移植简单,其远期生存效果也更好一些,所以现在越来越多的移植中心,倾向于尽量施行双肺移植。目前,对于感染性疾病以及年轻的患者(< 65 岁),只要供体不缺乏都考虑施行双肺移植。

三、围术期处理

根据术后时间的不同,术后处理分为术后近期处理(<30 天)和术后远期处理(>30 天)。术后近期处理有以下几个重点:血流动力学、呼吸支持、免疫抑制治疗、预防感染以及并发症的监测。以下着重介绍术后近期处理。

(一) 血流动力学的管理

肺移植手术后需要进行有创血流动力学监测,通过动态监测血流动力学的稳定性及时作出相应调整。通过右心 Swan-Ganz 导管监测肺楔嵌压、心排血量的变化;经桡动脉穿刺测平均动脉压及采动脉血测血气。Swan-Ganz 导管法是经典的测量心排血量的方法,目前也可采用 PICCO 导管法进行监测。PICCO 技术由经肺热稀释技术和动脉脉搏轮廓分析技术组成,用于更有效的进行血流动力学的监测,使大多数的患者不必使用肺动脉漂浮导管。连续心电监测有助于及时发现心律失常,尤其注意术后易发生的快速房颤或房扑。术后还应注意引流量的变化,由于手术中需要切开心包,术后要注意观察有无发生心脏压塞。

由于移植肺的缺血再灌注损伤,术后肺毛细血管通透性会增加,体液易于转移到肺间质,术后 24 小时内普遍发生不同程度的肺水肿,肺组织间隙中的水渗出 - 重吸收将存在数日。此期间只要血流动力学稳定,略负平衡量输液是非常重要的,特别是手术后的头 48 小时内应尽量保持液体的负平衡。在液体负平衡的同时,可以使用血管活性药物来维持适度的平均动脉压力,保证重要脏器和支气管吻合口的血流灌注。通常在手术后的24~48小时内需要使用血管活性药物。术后早期可以使用利尿剂来协助实现液体负平衡,但要严密监视血清肌酐及尿素氮,以免出现肾功能损害。此外环孢素和他克莫司均可造成肾功能损害,术后避免使用肾毒性抗生素,以防加重肾功能损伤。

(二) 呼吸支持

肺移植手术后,患者需要带着麻醉单腔气管插管返回 ICU,待患者病情稳定后再按正规程序评估脱机和拔除气管插管。呼吸机使用应遵循下述两条原则:①气道最大压力应维持在最低的可能界限;②吸入氧浓度应维持在最低可能界限,以避免高浓度氧对肺的毒性作用。为了避免损伤支气管吻合口,手术后的气道峰压不宜超过 $35cmH_2O$。为了控制气道峰压,手术后的通气多采用压力控制模式,给氧浓度控制在可以维持满意的血氧饱和度 95%~97% 即可,尽量避免高浓度给氧。对于肺气肿单肺移植患者,考虑到保留的自体肺可以发生过度膨胀,进而纵隔偏移压迫移植肺,此时设定的 PEEP 一般不要超过 $3cmH_2O$。

肺移植术后患者一旦稳定,就可以评估患者状况,启动呼吸机脱机流程。在拔去气管插管前应常规进行纤维支气管镜检查,充分清除气道分泌物。

下表是可以准备尝试脱机的指标(表 21-10):

表 21-10 肺移植术后患者准备尝试脱机的指标

■ 基础状况好转
■ 氧合状况尚可:氧合指数(PaO_2/FiO_2)>200,FiO_2<0.4~0.5,所需 PEEP<5~8cmH_2O,pH>7.25
■ 血流动力学稳定:无急性心肌缺血,临床无显著的低血压(即不需要或低剂量升压药物治疗)
■ 能够开始吸气做功

在脱机之前进行严密观察下的自主呼吸试验(spontaneous breathing trial,SBT),能够为临床医师判断肺移植患者是否可以成功脱机提供更有用的依据。大部分不能耐受撤机的患者,通常在脱机后的早期就出现症状,即无法通过 SBT 的"筛查期"。如果患者能够耐受 30~120 分钟的 SBT,则应尽快考虑永久性脱机。下表是评价 SBT 耐受情况的一些指标(表 21-11):

(三) 免疫抑制

目前肺移植手术后,需要终生服用免疫抑制剂。免疫抑制剂是双刃剑,一方面免疫抑制不足会增减移植肺功能丧失的风险,另一方面免疫抑制过度,则会增加术后感染的风险。术后药物调整应找寻到有效的免疫抑制,适当的免疫维持平衡点。目前世界上各肺移植中心,还没有统一的术后免疫抑制治疗方案,但都采用多种药物联合应用,目的在于有效控制排斥反应的情况下,尽量减少单一用药剂量,以降低免疫抑制药物的毒副作用。

表 21-11 SBT 耐受评价指标

提示 SBT 耐受成功的客观指标

- 血气分析可接受：SaO_2>90%，PaO_2>60mmHg，pH>7.32，$PaCO_2$ 增加 mmHg
- 血流动力学稳定：心率 <120 次 / 分，心率变化不超过 20%；90mmHg < 收缩压 < 180mmHg，血压变化不超过 20%，不需要升压药
- 呼吸模式稳定，如呼吸频率 <35 次 / 分，呼吸频率变化不超过 50%

提示 SBT 耐受失败的主观评价

- 精神状态变化：嗜睡、昏迷、兴奋、焦虑
- 出现不适或者不适加重
- 出汗
- 呼吸做功增加的征象：动用辅助呼吸机，胸腹反常呼吸运动

免疫抑制治疗可以分为引导治疗（induction therapy）和维持治疗（maintenance treatment）两个阶段。引导治疗的理论基础是在移植后的头几周，排斥反应风险最高的时候使用最强效的免疫抑制药物，产生深度的 T 细胞清除效果，预防手术后近期排斥反应的发生。引导治疗常用的药物有：多克隆抗淋巴细胞抗体（Anti-lymphocyte globulins/Anti-thymocyte globulins，ALG/ ATG），市售产品有 Thymoglobulin、Atgam、Nashville 等；单克隆抗 CD_3 抗体（monoclonal anti- CD_3 antibody），市售产品有 Orthoclone OKT_3；单克隆抗 CD_{52} 抗体（monoclonal anti-CD_{52} antibody），市售产品有 Campath-1H；抗白介素 -2 受体单克隆抗体（anti-interleukin 2 receptor monoclonal antibody），市售产品有 Zenapax 和 Simulect。对肺移植患者是否应用引导治疗，目前还存在争议。

维持治疗最常用的是三联药物方案。早期采用的三联免疫抑制治疗方案多为 环孢素 A（Ciclosporin A，CsA）+ 硫唑嘌呤（Azathioprine，AZA）+ 类固醇激素（corticosteroids）。目前越来越多的中心采用：他克莫司（Tacrolimus，Tac，FK506）+ 霉酚酸酯（mycophenolate mofetil，MMF）+ 类固醇激素的三联方案。不同的医疗机构，维持治疗所使用的药物种类、剂量及治疗时间会存在一些差别，如表 21-12 所示：

表 21-12 Stanford 大学与 Washington 大学 Barnes-Jewish 医院的免疫抑制方案

Stanford 大学的免疫抑制方案

- 环孢素

  肺移植后第 1 天开始口服 25mg bid，在手术后 4~6 天达到治疗水平，然后根据治疗目标逐渐减量至 2~5mg/（kg·d），分 2 次口服；或以每天口服剂量的 1/3 连续静脉注射。

  治疗目标水平（血清药物浓度）：

  □ 0~3 个月：175~200ng/ml

  □ 3~6 个月：150~175ng/ml

  □ 6~12 个月：125~150ng/ml

  □ >12 个月：125~150ng/ml，或根据肾功能、淋巴增殖行疾病、排异病史、药物相互作用等调整至更低

- 硫唑嘌呤

  麻醉诱导后静注 4mg/kg，术后第 1 天开始 2mg/（kg·d）静脉注射或口服，逐渐减量，保证白细胞计数 >4.0×10^9/L

- 类固醇激素

  甲泼尼龙：手术中植入移植肺后静脉注射 500mg，之后静脉注射 125mg/q8h×3 次。第 15 天开始分 2 次口服泼尼松 0.6mg/（kg·d），4~6 周内减量至 0.2mg/（kg·d）

续表

Washington 大学 Barnes-Jewish 医院的免疫抑制方案
■ 环孢素
肺移植后第 24~48 小时内开始口服,调整剂量达到目标水平(全血 TDx 检测):
□ 0~6 个月:25~350ng/ml
□ 6~12 个月:200~300ng/ml
□ >12 个月:200~250ng/ml
■ 硫唑嘌呤
开始剂量为 2mg/(kg·d)静脉注射或口服,若白细胞计数 $<3.5\times10^9$/L 则需要调整
■ 类固醇激素
甲泼尼龙:手术中植入移植肺后静脉注射 500mg,术后每天 2 次静脉注射 0.5mg/kg,共 3 天。继甲泼尼龙后口服泼尼松 3 个月 0.5mg/(kg·d),此后逐渐减量,至 6 个月减量至 15mg/kg,1 年时隔天 15mg

在维持治疗中,应当注意:①给药途径、剂量和血药浓度监测;②药物急慢性毒副作用的监测和处理;③药物间的相互作用。

(四) 预防感染

对于肺移植术后患者而言,感染始终是挥之不去的终生风险,是肺移植术后常见的并发症,也是死亡的主要原因之一。与其他实体器官移植不同,肺是与外界相通的脏器,故而移植后感染的风险最大。从病原学上看,细菌感染最为常见,其次是真菌感染,病毒感染,原虫感染及其他感染。

术后预防感染主要从两方面处理:物理治疗预防和药物治疗预防。

物理治疗预防的重点在于达到通畅有效的引流效果,包括胸管引流和排痰。有效排痰是预防肺部感染的关键之一。术后鼓励患者咳嗽咯痰,定时拍背,有效清除呼吸道分泌物。如果患者自行排痰不佳,可根据呼吸道分泌物量的多少,行纤支镜吸痰 1~2 次 / 天,以后逐渐减少到 2 天 1 次,直至患者可以自行有效排痰为止。

药物预防需要针对细菌、真菌和病毒感染。

围术期常规应用抗生素预防细菌感染。肺移植术后早期的细菌性肺炎常见,其病原菌主要是革兰染色阴性菌(G^-),如假单孢菌属,克雷伯杆菌、流感嗜血杆菌等,而革兰染色阳性菌(G^+)则以金黄色葡萄球菌最为多见。术后具体使用的抗生素,可根据术前受体痰培养的结果选择。手术当天,还需要取供体及受体气管内分泌物进行培养,再根据其培养结果,决定是否调整选用敏感的抗生素。本中心一般选用哌拉西林与他唑巴坦 + 万古霉素的二联方案。此外,术后各种有创检查尽早拔除,7~14 内天拔除闭式引流管及导尿管,拔出气管插管 24 小时后,撤除动脉测压管及漂浮导管。术后所有静脉及动脉插管处,应每日消毒一次并更换敷料。术后定期行痰、血以及尿的细菌及真菌培养。

真菌感染在术后近期亦常见,侵袭性真菌感染预后差。从病原菌学上曲菌感染最为常见,其次是假丝酵母菌。曲菌易于定殖在支气管吻合口处的坏死物或缝线等异物上,此时常常没有症状,只是在例行纤维支气管镜检查的时候发现。曲菌感染可发展为侵袭性肺炎,或侵蚀血管而造成致命性大出血。假丝酵母菌通常在气道定殖。真菌的预防性治疗,包括吸入性抗真菌治疗和全身性抗真菌治疗。吸入性抗真菌治疗多选用两性霉素 B,最常用的疗程为 4 周。全身性抗真菌治疗最常选用的药物为氟康唑、伊曲康唑或伏立康唑。唑类药物对免疫抑制剂的代谢会产生明显干扰,需要注意调整药物以达到预期的血药浓度。亦有学者选用卡泊芬净预防真菌感染,因其对免疫抑制剂的代谢影响小,利于维持免疫抑制剂血药浓度的稳定。

肺移植术后病毒感染以巨细胞病毒(CMV)感染最受关注。预防受体术后 CMV 感染,需要尽可能采用血清阴性供体和血清阴性受体配对移植。针对术后近期 CMV 感染尚无统一的预防方案,文献中推荐的方案见表 21-13:

表 21-13 CMV 感染预防方案

CMV 血清型	建议方案
供体阴性(D^-)及受体阴性(R^-)	不做预防,但要求不使用 CMV 血清学阳性的血制品
供体阳性(D^+)或受体阳性(R^+)	术后予以更昔洛韦治疗,具体如下: 更昔洛韦 5mg/kg,iv bid×2w+ 更昔洛韦 6mg/kg,iv qd×3w+ 更昔洛韦 1g,po qd 维持到术后 3 月

使用更昔洛韦治疗应注意患者肾功能及白细胞的变化。白细胞下降小于 $<3\times10^9$/L 的时候,需要停药并进行升白细胞治疗。

(五) 并发症的监测

1. 手术相关的并发症 接受肺移植的患者均为终末期肺疾病患者,肺与胸壁粘连常见,若术中使用体外循环,则术后出血易于发生。术后应注意观察胸管引流物量和性状的变化,使用止血药物,输新鲜血,纠正凝血机制障碍,经积极处理后,若活动性出血无控制迹象则需要再开胸止血。

其他与手术相关的并发症,还包括吻合后的肺动脉和左心房袖的狭窄,手术中伤及喉返神经、膈神经及迷走神经等。由于喉返神经与膈神经与患者术后,呼吸及咳嗽功能密切相关,术中要注意保护,以免造成患者术后排痰能力减弱而引致感染。

2. 原发性移植肺功能障碍 原发性移植肺功能障碍(primary graft dysfunction,PGD)一般指肺移植后 72 小时之内,无手术技术问题,肺部感染等明确继发因素的情况下,移植肺所表现出来的急性肺损伤(acute lung injury,ALI)功能障碍,包括肺移植术后 72 小时内出现严重的低氧血症、肺水肿和胸部 X 线检查发现渗出性肺部浸润表现等。过去对 PGD 认识上的不统一,对于 PGD 的定义也有不同的标准和描述,PGD 也被称作严重的缺血 - 再灌注损伤(ischemia-reperfusion injury)、早期移植肺功能丧失(primary graft failure,PGF)、肺再植入反应(pulmonary re-implantation response)、再植入性水肿(re-implantation edema)等。

目前对 PGD 的准确界定还有难度。严格意义上讲,每个受者在肺移植后都会有不同程度的 PGD。对 PGD 的研究主要考虑以下几个方面:发生时间、动脉血氧分压(PaO_2)/ 吸入氧浓度(FiO_2)、胸部 X 线表现等,但要排除感染或排斥等原因。下表是 PGD 严重程度的分级情况(表 21-14)。

表 21-14 PGD 分级标准

分级	PaO_2 / FiO_2	与肺水肿一致的胸片浸润
0	> 300	无
1	> 300	有
2	200~300	有
3	< 200	有

注:(1)胸片无浸润改变者,即使 PaO_2 / FiO_2 < 300,也为 0 级;(2)鼻导管吸氧或 FiO_2 <0.3 者,根据胸片分级为 0 或 1 级;(3)需要体外膜肺支持者,或机械通气下 FiO_2>0.5 且吸入 NO 的移植 48 小时之后者,应定为 3 级。

肺移植术后 PGD 处理与 ARDS 处理有许多相似之处,但目前仍缺乏系统性、特异性评价 PGD 治疗方案效果的临床研究,也没有绝对统一的治疗方案。PGD 治疗的原则主要包括:在保证重要脏器和支气管吻合口灌注良好的前提下,限制液体的过量输入;机械通气支持呼吸功能

的改善;循环支持维护血流动力学稳定等。

(1) 液体管理:发生 PGD 时,移植肺的毛细血管漏出性增高,故液体管理应十分小心。应注意出入液体的总量,输入液体中晶状体液—胶体液的比例。可在限制液体总量的同时与小剂量升压药相结合,并可考虑联合使用肺血管扩张剂。应注意保证血红蛋白和凝血状态良好,临床实践中通常维持血细胞比容在 25%~30%,凝血障碍必要时可通过输注新鲜冷冻血浆来改善。

(2) 机械通气的管理:PGD 时机械通气的管理与 ARDS 基本相同。目前多主张采取保护性机械通气策略,给予小潮气量(6~8ml/kg)限制肺的过度膨胀,结合一定的呼气末正压通气(PEEP)保证小气道的开放,同时给予较低的平台压(≤30cmH$_2$O)和较高的呼吸频率,采取容量控制模式。在此基础上又发展出压力控制模式,目前已成为治疗 PGD 的推荐通气模式。此外,对 ARDS 的辅助性呼吸管理方法还有俯卧位呼吸、允许性高碳酸血症、反比呼吸、高频通气等。肺气肿行单肺移植受者发生 PGD 可能需要单独的机械通气模式,因为移植肺与自体肺对机械通气的要求明显不同,可采用双腔气管插管,双侧肺分别给予不同通气模式。

(3) 药物处理:一氧化氮(NO)可使肺血管扩张,维持肺毛细血管的完整性,防止白细胞的黏附及血小板的积聚,从而在维持肺循环稳定方面具有重要作用。对于严重 PGD 早期的低氧血症和肺动脉压升高情况,给予 NO 吸入,可能使病情稳定,减少使用体外膜氧合(ECMO)或二次移植的可能。前列地尔(PGE_1)可以诱导抗炎性细胞因子的产生,促进 Th_1 型细胞因子向 Th_2 型细胞因子转换,并具有防止中性粒细胞黏附、血小板积聚及毛细血管渗出的作用,已被许多中心用于供肺的保护及术后减轻缺血—再灌注损伤方面,对 PGD 的预防和治疗具有一定的作用。

肺移植后,如果 PGD 严重且对传统治疗无反应,可以考虑进行体外膜肺(ECMO)治疗,以最大可能挽救患者的生命。Virginia 大学肺移植组采用新的氧合指数(OI= 平均气道压 ×FiO_2/PaO_2)作为使用 ECMO 的参考指标。OI≥30 被认为需要较多的干预治疗,特别是 ECMO。ECMO 也可导致多种并发症,包括出血、心脏压塞、肾衰竭、败血症、脑卒中及血管并发症等。严重的 PGD 也可考虑再次施行肺移植,但此时手术风险高,术后的存活率低。

3. 排斥反应 器官排斥是肺移植术后患者终生需要面对的风险。虽然免疫抑制药物已经有了很大的发展,取得显著的成绩,推动了移植事业的向前发展,但排斥反应仍是肺移植术后的一大难关。免疫排斥活动早期较强烈,以后逐渐减弱,但以目前的医疗水平,绝大部分患者终生都无法获得免疫耐受,故需要终生服用免疫抑制剂。器官排斥反应可以分为超急性排斥反应、急性排斥反应和慢性排斥反应。超急性排斥反应是由于受体血清中预先存有抗供体组织抗体,抗体与肺血管内皮组织表面抗原结合,激活补体,迅速形成血管内血栓,导致移植失败。这些原已存在的抗体可来源于多次输血,妊娠,以前有过移植或病毒感染。通过血型配型,检查受体血中有无抗供体白细胞、血小板等组织抗原抗体,以及筛选供体等方法,超急性排斥反应已经非常少见。对于肺移植来说,更为重要的是急性排斥反应和慢性排斥反应。

绝大多数肺移植患者术后,至少会经历一次急性排斥反应。急性排斥反应经治疗可逆转,很少导致死亡。急性排斥反应的诊断,理论上应从临床、组织学或免疫学等方面综合考虑,但尚未发现特异性及敏感性均好的免疫学方法,来监测排斥反应,所以主要依靠还是临床和组织学标准。急性排斥反应多发生在肺移植术后早期,最早可在术后 4 天出现,术后第 1 个月发生率最高,3 个月以后发生率逐渐减少,1 年以后则发生的机会低但风险依然存在,须长期监测排斥反应。

急性排斥临床表现为感觉不适、疲劳、发热、胸闷气急、胸痛或胸片有浸润阴影、胸水等。典型的患者白细胞中等升高、动脉血氧分压(PaO_2)下降。正常肺移植术后受者的肺功能迅速改善,病情稳定后肺功能变化很少,通常不超过 5%,当 FVC 和(或)FEV_1 下降超过 10%,需要考虑有无发生排斥反应。胸片和胸部 CT 对肺移植急性排斥反应的诊断作用有限,急性排斥时其所见均无特异性,与肺再植反应、感染等症状均很相似,两者也可同时存在。胸部 CT 对肺移植急性排

Note

斥反应诊断的敏感性为35%、正确率为53%。若胸片有改变，其可早于症状的出现和肺功能的改变，肺门周围常出现间质浸润阴影，若发现肺磨玻璃样变则有较高的敏感性。表21-15是国际心肺移植协会(ISHLT)对急性排斥反应的组织学分级。

表21-15 国际心肺移植协会(ISHLT)的急性排斥反应组织学分级

分级		病理表现
A_0	无排斥	没有明显异常
A_1	最轻度	血管周围少量单核细胞浸润，低倍镜下浸润不明显，主要围绕小静脉，2~3个细胞的厚度
A_2	轻度	低倍镜下容易辨认，小静脉和小动脉周围较多单核细胞浸润
A_3	中度	小静脉和小动脉周围丰富的单核细胞浸润，从血管周围间隙延伸到肺泡间隔和肺泡腔，通常可见血管内膜炎，肺泡巨噬细胞和肺泡上皮细胞增生。
A_4	重度	血管周围，肺间质和肺泡腔内单核细胞浸润，肺泡细胞被破坏，伴有肺泡间坏死细胞、巨噬细胞、透明膜、出血和中性粒细胞，肺泡破坏和坏死性血管炎

一旦诊断移植肺急性排斥反应，即应予以大剂量激素冲击治疗。大剂量激素是目前处理移植肺急性排斥反应应用最广泛的方案，对90%以上患者有效。一般用甲泼尼龙500~1000mg静脉滴注，连续2~3天，然后改为泼尼松口服，迅速减量，10天左右减至维持量。过长时间、过大剂量激素治疗将导致严重并发症。一般建议大剂量激素治疗以2~3天为宜，通常不超过5天。若排斥仍未见明显缓解，可改用ALG /ATG或OKT_3或达昔单抗治疗，否则将导致移植脏器功能不可逆的损伤。ALG/ATG与OKT_3疗效相似，术后用ALG者，此时可沿用，但多选OKT_3。为防过敏应同时给予泼尼松和抗组胺药。激素或生物制剂治疗期间，环孢素剂量应减少50%，以避免肾毒性。对于部分使用环孢素的患者，改用他克莫司可逆转已发生的急性排斥。美国芝加哥大学移植中心将他克莫司血药浓度分为6度，以便于监测和指导治疗表21-16。

表21-16 他克莫司血药浓度分级

分级	血药浓度(ng/ml)	分级	血药浓度(ng/ml)
1度	4~7	4度	15~20
2度	8~10	5度	20~30
3度	10~15	6度	30~40

他克莫司诱导治疗血药浓度4度时，若排斥发生，则立即加量5%~25%，使血药浓度上升1度。如仍不能逆转，则升到6度。一旦排斥得到控制(活检组织学证实)，则保持现有血药浓度至少2周，然后每个月降1度，每次药物减量5%~15%，最终降至1度并维持。

慢性排斥是移植后远期最主要的并发症，也是影响肺移植患者长期生存率的主要原因。慢性排斥多发生在手术后的9~15个月，前3个月发生者少见，其病死率约为25%。肺移植术后的慢性排斥反应主要表现为闭塞性细支气管炎(bronchiolitis obliterans，BO)，其病理特征为终末或呼吸性细支气管的慢性炎症和纤维增厚、管腔狭窄。BO是病理诊断，需要通过纤维支气管镜穿刺活检，或者胸腔镜肺活检获得适当的组织样本，在临床中难以常规实施。肺移植术后的慢性排斥更常用的临床诊断是闭塞性细支气管炎综合征(bronchiolitis obliterans syndrome，BOS)，即肺移植术后不能用急性排斥、感染以及吻合口并发症来解释的肺功能下降。

肺移植术后慢性排斥的临床表现，是无明显诱因的进行性呼吸困难，呼吸功能检查不如从前，ECT见肺灌注及通气减退，最后致低氧血症。胸片见肺纹理减少，肺体积缩小，高分辨CT上多见有支气管扩张及继发支气管感染。BOS的诊断首先需要确立肺移植术后的肺功能基线值，此基线值一般是术后每3~6周监测肺功能，取两次最佳值所得的平均值。肺功能检查前要避免

使用支气管扩张剂。表 21-17 列举 BOS 的不同分级情况。

表 21-17　BOS 的分级

BOS 级别	FEV_1 及 $FEV_{25\sim75}$ 所占基线比例(%)	BOS 级别	FEV_1 及 $FEV_{25\sim75}$ 所占基线比例(%)
BOS 0	$FEV_1>90$，$FEV_{25\sim75}>75$	BOS 2	$51<FEV_1<65$
BOS 0-p	$81<FEV_1<90$ 或 $FEV_{25\sim75}<75$	BOS 3	$FEV_1<50$
BOS 1	$66<FEV_1<80$		

多种因素可以影响 BOS，根据其程度，可以分为高危因素、危险因素和可疑因素（表 21-18）。

表 21-18　BOS 的影响因素

高危因素	危险因素	可疑因素
急性排斥	药物依从性不良	受体的其他合并疾病
CMV 肺炎	CMV 感染	HLA 不匹配
淋巴细胞性气管、支气管炎	细菌、真菌、呼吸道病毒感染	某些细胞因子受体的基因型
	老年供体	胃 - 食管反流引起的误吸
	供体缺血时间较长	
	针对供体的特异性抗体活性	

目前对慢性排斥尚无特殊有效的处理措施。针对危险因素进行早期干预是防治慢性排斥反应的重要方面，包括维持适度的免疫抑制、感染防治等。将环孢素改为他克莫司，在一部分患者身上可以减缓 BOS 患者肺功能下降的速度。大剂量的激素冲击、使用 ATG 或者全淋巴照射及大环内酯类抗生素等，免疫抑制治疗效果尚不确定。慢性排斥过程较慢，有时可维持数年。如 BOS 发展至终末期可以考虑进行再次肺移植。

4. 感染并发症　从病原学上看，细菌感染最为常见，其次是真菌感染，病毒感染，原虫感染及其他感染。

肺移植手术后细菌感染的高发期是术后 4 周~4 个月。在术后早期，移植肺的感染需要与移植肺功能障碍鉴别，以后则需要与急性排斥反应相鉴别。痰培养是检出感染细菌最常用的方法，而纤支镜下支气管肺泡灌洗（bronchoalveolar lavage，BAL）和纤支镜下经支气管肺活检，对于判断感染以及鉴别病原体的价值更高。

在临床中，若无法找到排斥的证据，诊断移植肺的感染有以下原则：

(1) 当患者出现咳嗽咳痰、呼吸困难或发热时，或者影像学诊断肺部出现浸润阴影时，通过刷检或者 BAL 获取的病原体，是常见的肺部感染的病原体，则可认为患者是由该病原体引起的肺部感染。

(2) 若反复培养均为表皮葡萄球菌且无其他致病病原体，可以认为表皮葡萄球菌是肺部感染的病原体而非污染菌。

(3) 如果通过 BAL 培养获得的菌种于同时期该患者的血培养结果一致，则可认为该菌就是感染的病原体。

(4) 如果培养获得的是口腔中常见的定植菌，如草绿色链球菌等，一般并无多大的诊断价值。

(5) 如果患者并无临床症状，胸片也没有明显的感染征象，但是刷检或者 BAL 中培养取得铜绿假单胞菌，或者嗜麦芽窄食单胞菌，则通常可为呼吸道的定植菌，但针对该类定植菌的药敏检测，对今后临床抗感染用药有很重要的指导意义。

术后具体使用的抗生素，可根据术前细菌培养的结果选择。手术当天，还需要取供体及受

体气管内分泌物进行培养，再根据其培养结果调整，选用敏感的抗生素。在临床中，不同中心根据自身情况有各自的抗生素经验用药方案（表 21-19）。

表 21-19 国内外不同移植中心的抗生素经验用药

移植中心	抗生素经验用药	注意事项
多伦多总医院	头孢他啶	抗生素在获得病原体及其药敏结果后需及时调整
Henry Ford 医学中心	万古霉素 + 头孢他啶或环丙沙星	
Duke 大学	万古霉素 + 头孢他啶	
Pittsburgh 大学	头孢唑啉 + 氨曲南	
上海市肺科医院	头孢哌酮与舒巴坦钠	
广州呼吸疾病研究所	万古霉素 + 哌拉西林与他唑巴坦	

术后移植肺真菌感染多为条件致病性真菌所致，以曲菌感染最为常见，其次是假丝酵母菌。术后曲霉菌感染的高峰期是术后的 10 天~2 月。其临床上可无明显症状，或表现为持续发热，胸痛，咳嗽，喘鸣，咯棕色痰。胸片可表现为支气管肺炎，伴多处片状浸润或弥散性浸润，大小和位置易变，有的尚可形成空洞，有的可造成吻合口裂开。曲霉菌感染的临床特异性差，需要结合实验室检查和病理检查方可确诊。肺移植术后预防曲霉菌感染，可采用伊曲康唑 200mg/d，若患者的血药浓度小于 0.5μg/ml，则伊曲康唑用量可增大到 400mg/d。对于已经诊断为曲霉菌感染的病例，治疗剂量为 400~800mg/d。与此同时，可应用两性霉素 B 雾化吸入，用量为 0.2mg/kg，q8h。一般用药时间为 3 个月。

肺移植术后病毒感染以巨细胞病毒（CMV）感染最为常见，其他病毒亦可导致感染，包括单纯疱疹病毒（herpes simplex virus，HSV），EB 病毒（Epstein-Barr virus，EBV），乙型肝炎病毒（hepatitis B virus，HBV），呼吸道合胞病毒（respiratory syncytial virus，RSV）等。CMV 感染常见于术后 4~12 周，表现为发热、软弱无力、肌肉关节痛、骨髓抑制等症状。重者出现呼吸困难、缺氧及呼吸功能衰竭，易发展为急性呼吸窘迫综合征（ARDS）。CMV 肺炎的突出特点：临床症状与体征的不均一性。临床症状出现早，表现重，严重者有呼吸困难及缺氧表现，但肺部体征出现很晚，治疗后病变的消退也较缓慢。肺移植术后，不明原因发热超过 38.5℃，白细胞计数小于 $4\times10^9/L$ 或血小板计数小于 $150\times10^9/L$，应高度怀疑 CMV 感染，其公认的诊断标准是任何体液或组织标本中分离出 CMV 或检出病毒蛋白或核酸。治疗上可选用阿昔洛韦、更昔洛韦、缬更昔洛韦等，病情严重者可加用免疫球蛋白。

肺移植术后发生原虫感染很少见，主要是卡氏肺囊虫（pneumocystis carinii，PC）。肺移植术后的卡氏肺囊虫肺炎（pneumocystis carinii pneumonia，PCP）的高发期在手术后的 3~6 个月。其起病隐匿，进展迅速，多数患者以咳嗽为首发症状，呈干咳而痰少。X 线检查可见双侧肺弥漫性颗粒状阴影，自肺门向周围伸展，呈毛玻璃样，伴支气管充气象，以后变成致密索条状，间杂有不规则片块状影。可伴纵隔气肿及气胸。确诊 PCP 有利于病原学检测，标本可选用痰液，BAL 灌洗液，支气管刷检物以及肺组织活检物等。治疗 PCP 最常用的药物是甲氧苄啶 - 磺胺甲氧异噁唑（TMP-SMZ，复方新诺明），服用期间应注意监测肝肾功能及血常规。

5. 支气管吻合口并发症 支气管的滋养血管是支气管动脉，在进行肺移植的时候，虽然实施了支气管吻合，但支气管动脉并不吻合，因此吻合口是存在缺血风险的，易于出现气道并发症。在肺移植早期，支气管吻合口裂开是肺移植手术失败的主要原因之一。此后，几方面的技术改进克服了此难题，包括：环孢素在移植领域的应用，取代了早期单纯依赖激素的免疫抑制方案；吻合口以带蒂大网膜包绕，改善血供；早期双肺移植采用整块移植方式，其吻合口在气管处，供体的支气管长而易于缺血，手术方式改为序贯式双肺移植后，吻合口在支气管处，供体的支气管长度缩短从而改善了血供。根据支气管镜下所见，支气管吻合口并发症大致分为狭窄、支气

Note

管塌陷、肉芽肿、裂开和吻合口感染几类。其中以吻合口裂开最为严重，但现在已经少见，目前支气管吻合口最常见的并发症是吻合口狭窄。

发生支气管吻合口狭窄时，患者的临床表现为不同程度的呼吸困难，活动后气促，胸闷，慢性咳嗽，体征上可有喘鸣音。肺功能下降，胸片可见有肺部感染，或远端肺萎陷、肺不张等。支气管镜检查可以明确诊断。

支气管吻合口狭窄的治疗手段有激光烧灼，球囊导管扩张，硬气管镜金属探条扩张，放置支架，腔内放射治疗，乃至手术等。不同手段适用于不同情况。对于吻合口肉芽肿增生导致的狭窄，多用激光烧灼。软骨部的局限狭窄可行扩张。扩张需要反复进行，如长期扩张无效，或维持时间不长，要考虑放置支架。对于吻合口纤维素性和肉芽性狭窄常放置硅胶支架，而骨软化性狭窄，则可考虑用记忆合金。腔内放射治疗可以抑制吻合口处的瘢痕增生，有报道效果良好。若这些方法效果均不好，可考虑再次手术切除狭窄段支气管。

6. 其他并发症　与移植手术特点相关联的并发症还有组织新生性并发症，如移植术后淋巴增殖病（post-transplant lymphoproliferative disease）及其他恶性肿瘤（皮肤癌、肺癌等），长期服用免疫抑制剂引发的神经系统并发症，消化系统并发症以及肾功能损害等。

四、术后效果

国际心肺移植协会报道的1994—2011年期间所有肺移植患者Kaplan-Meier生存率见文末彩图21-9。总的中位生存时间是5.6年。而对于那些生存超过1年的受者，其中位生存时间是7.9年。手术3月、1年、3年、5年和10年的生存率分别是88%、79%、64%、53%和31%。术后1年的死亡率最高，之后略有下降。

受者年龄对肺移植术后的生存率也会产生影响。这种影响在术后3个月内并不大，但是1年后即可出现显著差异(见文末彩图21-10)。18~34岁组和35~49岁组之间的生存率差异不大，但是两者的生存率显著高于高年龄组。

不同受者的原发疾病，其肺移植术后的生存率也有差异。术后早期的生存率与原发疾病无关，但长期随访研究发现（见文末彩图21-11）：原发性肺动脉高血压患者的围术期死亡率最高，1年生存率最低，但10年生存率上升为平均水平；COPD患者1年生存率最高，随后生存率逐步下降，10年生存率下降到最低。

（何建行）

思考题

1. 肺移植的适应证。
2. 肺移植的禁忌证。
3. 手术及围术期处理。

参考文献

1. 丁嘉安，姜格宁主编．肺移植．上海：上海科学技术出版社，2008

2. Benfield JR，Wain JC. The history of lung transplantation. Chest Surg Clin N Am，2000，10(1)：189-199

3. Hardy JD，Webb WR，Dalton Jr，et al. Lung homotransplantation in man. JAMA，1963，186：1065-1074

4. Toronto Lung Transplant Group. Unilateral lung transplantation for pulmonary fibrosis. N Engl J Med，1986，314(18)：1140-1145

5. Mal H，Andreassian B，Pamela F，et al. Unilateral lung transplantation in end-stage pulmonary

emphysema. Am Rev Respir Dis, 1989, 140(3): 797-802

6. Dark JH, Patterson GA, Al-Jilaihawi AN, et al. Experimental en bloc double-lung transplantation. Ann Thorac Surg, 1986, 42(4): 394-398

7. Starnes VA, Barr ML, Cohen RG. Lobar transplantation. Indications, technique, and outcome. J Thorac Cardiovasc Surg, 1994, 108(3): 403-410

8. 辛育龄,蔡廉甫,胡启邦,等.人体肺移植1例报告.中华外科杂志,1979,17:323

9. 辛育龄,蔡廉甫,赵志文,等.第2例人体肺移植的临床报告.中华器官移植杂志,1981,2:4

10. 陈玉平,张志泰,韩玲,等.肺移植治疗肺纤维化1例报告.中华外科杂志,1996,34(1): 25-28

11. 陈玉平,周其文,胡燕生,等.双肺移植治疗终末期原发肺动脉高压.中华胸心血管外科杂志,1998,14:321

12. Yusen RD, Christie JD, Edwards LB, et al. The Registry of the International Society for Heart and Lung Transplantation: Thirtieth Adult Lung and Heart-Lung Transplant Report—2013; focus theme: age. J Heart Lung Transplant, 2013 Oct; 32(10): 965-978

13. Orens JB, Estenne M, Arcasoy S, et al. International guidelines for the selection of lung transplant candidates: 2006 update—a consensus report from the Pulmonary Scientific Council of the International Society for Heart and Lung Transplantation. J Heart Lung Transplant, 2006, 25(7): 745-755

14. Erasmus ME, Verschuuren EA, Nijkamp DM, et al. Lung transplantation from nonheparinized category Ⅲ non-heart-beating donors. A single-centre report. Transplantation, 2010, 89(4): 452-457

15. William A, Baumgartner, Edward Kasper, et al. Heart and lung transplantation. 2nd ed. Philadelphia: W.B.SAUNDERS, 2002

16. Pierson RN 3rd. Lung transplantation: current status and challenge. Transplantation, 2006, 81(12): 1609-1615

第二十二章　呼吸危重医学概论与器官功能支持技术

随着现代医疗的发展，开展重大手术治疗水平、疑难病的诊断能力和生命支持治疗水平的提高，随之而来的是危重症患者的增加。与此临床需求相适应，危重症医学得到较快的发展。在大型的教学医院，针对危重症患者的业务工作已经占总体业务量的5%~10%，危重症医学的重要性不言而喻。

第一节　SIRS、MODS的概念

全身炎症反应综合征（systemic inflammatory response syndrome，SIRS）是指任何致病因素（感染或非感染因素）作用于机体，引起各种炎症介质过量释放和炎症细胞过度激活，而产生的一种病理生理状态，并且相应具备以下两项或两项以上的体征：①体温 >38℃或 <36℃；②心率 >90次/分；③呼吸频率 >20次/分或动脉血二氧化碳分压（$PaCO_2$）<32mmHg（1mmHg=0.1133kPa）；④外周血白细胞计数 >12×10^9/L或 <4×10^9/L，或未成熟粒细胞 >10%。

SIRS的提出，主要是基于对发病机制认识的深入。致病因素导致机体的损伤，是通过炎症反应所产生的炎症细胞因子风暴。致病因素不一定是感染，可以是创伤、手术、物理或化学因素等。因此，探索多种炎症标志物作为疾病严重程度评估的客观指标，探索炎症调控的治疗方法，成为疾病和器官损伤研究的重要研究领域。

脓毒症（sepsis）是指由感染引起的全身炎症反应综合征，临床上证实有细菌存在或有高度可疑感染灶。

按脓毒症严重程度可分脓毒症、严重脓毒症（severe sepsis）和脓毒性休克（septic shock）。严重脓毒症，是指脓毒症伴有器官功能障碍、组织灌注不良或低血压。脓毒性休克，是指严重脓毒症给予足量的液体复苏后，仍然伴有无法纠正的持续性低血压，也被认为是严重脓毒症的一种特殊类型。

多器官功能障碍综合征（multiple organ dysfunction syndrome，MODS）指机体遭受严重创伤、休克、感染及外科大手术等急性损害24小时后，同时或序贯出现2个或2个以上的系统或器官功能障碍或衰竭，即急性损伤患者多个器官功能改变，不能维持内环境稳定的临床综合征。

第二节　SIRS、MODS的发病机制及病理生理

一、发病机制

SIRS和MODS的发病机制是复杂和多方面的，包括致病因子的直接作用，机体的免疫和炎症反应，并发症和器官功能损害后的系列病理生理学变化，肾上腺皮质功能，个体易感性等众多的因素。许多因素的确切作用仍然不清楚，有待进一步深入探索。

从发病的模式的角度来说，可以分成 3 种模型：①直接损伤模型：严重的损伤直接导致机体器官功能损害为主，例如严重烧伤、重大创伤等；②二次损伤模型：致病因子导致的直接损害相对较轻或逐渐发展，机体的炎症反应和异常的免疫反应是主要的发病机制；③三重损伤模型：也称作持续损伤模型，是指在二次损伤模型的基础上，损伤因素持续存在或出现并发症（例如合并呼吸机相关性肺炎等）导致 SIRS 和 MODS 持续和进展。

从致病机制来说，包括：①炎症反应与抗炎反应的失衡；②氧化与抗氧化的失衡；③器官功能紊乱导致的异常增加的炎症反应；④其他多种因素。

（一）炎症反应与抗炎反应的失衡

SIRS 与代偿性抗炎反应综合征（compensatory anti-inflammatory response syndrome，CARS）平衡失控理论最早在 1996 年由 Bone 等提出，认为致病因子作用于机体，首先在局部产生促炎介质和抗炎介质。如炎症加重则两种介质均可进入血液循环，导致 SIRS 与 CARS。当 SIRS 与 CARS 两者平衡，则机体能维持稳态；如 SIRS>CARS，即 SIRS 占优势时，导致 SIRS 相关的表现；如 CARS>SIRS，即 CARS 占优势时，可导致免疫功能抑制。SIRS 与 CARS 的平衡与相互作用，影响着机体对损伤的反应、修复和多器官功能障碍综合征的发生与发展。

1. 异常炎症反应　致病因子导致的机体炎症反应，是 SIRS 和 MODS 的核心环节。致病因子可以是感染（如细菌、病毒等）和非感染（如创伤等）的病因，都可以活化炎症细胞。炎症反应是机体对致病因子的正常反应，也是损伤后修复的启动过程。较轻的炎症反应通常以局部损伤为主。然而，当活化的炎症细胞超出一定的程度，其释放的炎症因子又募集炎症细胞，进而引起自我放大的级联炎症反应和炎症因子风暴，产生和释放大量的炎症介质、氧自由基、溶酶体、黏附分子（adhesion molecule，AM）和激活凝血和纤溶过程等。这些异常增高的促炎介质进入血液循环，成为 SIRS 持续和增强的重要机制，也是随后出现 MODS 的基础。这种异常的炎症因子风暴，与疾病的严重程度和病死率相关。对炎症介质的监测有可能成为此类疾病的评估和监测的生物标志物。

参与 SIRS 发病的炎症细胞主要包括血液中的各种白细胞、血小板、组织中的单核 - 巨噬细胞和血管内皮细胞等。

(1) 单核 - 巨噬细胞（monocyte-macrophages，MΦ）：MΦ 活化后产生的促炎介质主要有 TNF、IFN、IL-1、IL-6、IL-8、PAF、TXA_2、LTB_4、溶酶体酶（弹性蛋白酶、胶原酶和组织蛋白酶）、活性氧（超氧阴离子自由基、羟自由基和过氧化氢）和组织因子等。

(2) 中性粒细胞(polymorphonuclear leukocytes，PMN)：活化的 PMN 产生促炎介质如溶酶体酶、活性氧、LTB_4、LTC_4、LTD_4、TNF、PAF，表达黏附分子如 β_2 整合素。

(3) 内皮细胞：活化的内皮细胞主要表达 TNF、NO、PAF、组织因子和 E 选择素、P 选择素等。

(4) 血小板：活化的血小板主要释放 PF_3、PF_4、ADP、TXA_2 和 P 选择素。

2. 代偿性抗炎反应综合征（CARS）　在 SIRS 发展过程的同时，体内也产生许多内源性抗炎物质，如 IL-4、IL-10、IL-13 等。这些抗炎介质抑制巨噬细胞产生细胞因子，有利于调控炎症介质，使炎症介质不至于过度生成，是机体对炎症反应的自限过程，有助于炎症控制，维持机体稳态。然而，过量的抗炎介质产生可抑制免疫功能，并增加感染的易感性。主要的抗炎介质有：可溶性 TNF 受体、IL-1 受体拮抗剂、IL-4、IL-10、IL-13、PGE_2、PGI_2、脂氧素、NO 和膜联蛋白 -1 等。

（二）氧化与抗氧化的失衡

SIRS 发病过程中伴有过氧化物和自由基的过量产生。其相关机制主要包括 3 方面：①氧输送不足导致组织细胞直接的缺血或缺氧性损害；②缺血再灌注促发自由基大量释放；③白细胞与内皮细胞的相互作用导致一氧化氮（NO）等产生。过氧化物和自由基参与炎症反应过程，同时对线粒体等细胞内代谢有抑制作用，加重 SIRS、导致组织和器官损伤，最终发生 MODS。

（三）器官功能紊乱导致的异常增加的炎症反应

SIRS 和 MODS 发病过程中，伴有多个器官或系统功能异常和内环境的紊乱，造成继发的打击（损伤）。尽管全身多个器官系统都会受到 SIRS 的影响，并参与 SIRS 的发病过程，其中肠道和肺部的炎症被认为尤其重要。

1. 肠道功能紊乱与炎症　MODS 的肠道动力学说是由 Meakins 和 Marshall 提出的。肠道是机体最大的细菌和毒素库，当肠道黏膜屏障功能受损时，肠道内的细菌和毒素，可通过肠黏膜进入肠黏膜淋巴系统和毛细血管，最后进入肝脏和体循环，激活肝脏 Kupffer 细胞、淋巴系统的淋巴细胞及循环中的单核细胞，引起大量炎症介质的释放，最终导致 SIRS 和 MODS。因此，肠道是炎症细胞激活、炎症介质释放的重要场地之一，也是炎症反应的进一步加重的机制之一。

2. 肺损伤与炎症　这一认识是近年来对 MODS 发病机制认识的重大进展之一。主要包括 3 方面：①肺是炎症细胞激活和聚集的重要场所：肺泡面积达 50~100m^2，巨大的毛细血管床内含有大量中性粒细胞。发生急性肺损伤时，大量中性粒细胞、肺泡巨噬细胞等炎症细胞在肺内聚集激活，释放大量炎症介质，介导组织损伤。②肺结构细胞可释放炎症介质：肺泡上皮细胞、毛细血管内皮细胞和间质细胞受到损伤时，也能参与炎症反应。肺泡Ⅰ型和Ⅱ型上皮细胞受到过度牵张时，释放大量的 TNF-α、IL-8 等，炎症细胞因子导致或加重肺损伤。③肺部炎症介质的溢出：肺部炎症介质大量释放时，可以通过溢出效应进入血液循环，介导和参与 SIRS 和 MODS 的发生发展。

（四）其他多种因素

随着研究的深入，发现参与 SIRS 发病的相关因素和途径不断增加，包括免疫调控的异常、凝血功能紊乱、微循环异常、内环境紊乱、代谢异常、线粒体功能下降、肾上腺皮质功能相对不全和个体基因易感性等。

二、病理生理

SIRS 和 MODS 的病理生理学异常是多方面的，几乎涉及全身所有的系统和器官。这些器官功能的异常和内环境的紊乱，又反过来影响 SIRS 和 MODS 的发生与发展。因此，其病理生理学异常与发病机制是密不可分的。

（一）免疫功能异常

在 SIRS 和 MODS 发病过程中，炎症介质和细胞因子的变化复杂、多样和动态变化。其确切的变化和相互作用目前尚未阐明。例如：研究发现，白细胞对脂多糖（LPS）的反应功能持续下降，B 细胞、树突状细胞和 CD_4^+T 细胞凋亡增加等，导致免疫功能低下，容易继发感染。

（二）内环境的紊乱和代谢功能障碍

炎症介质和细胞因子的异常增加、氧化应激的增强、线粒体的功能障碍和代谢异常、乳酸等代谢产物增加和酸中毒、液体和电解质的失衡等，均导致内环境的紊乱。如果出现器官功能障碍，将会导致代谢产物的进一步堆积，加重内环境的紊乱。

（三）血管内皮损伤和微循环障碍

在 SIRS 和 MODS 发病过程中，众多的因素均可以导致血管内皮损伤和微循环和障碍。例如白细胞释放的介质、细菌的毒素等。损伤后的内皮细胞又可以释放细胞因子和促凝因子等，使血管内皮通透性增加和容易形成微血栓。这些因素均参与微循环障碍，和继发器官功能损害的发病过程。

（四）多器官功能障碍

多器官功能损害，甚至衰竭是在 SIRS 发展到严重程度的标志之一。几乎全身的器官或系统都可以受累。常见的器官功能障碍有循环系统（如休克等）、肾功能、肝功能、凝血功能、呼吸功能、肌肉功能和胃肠道功能等，从而形成相应的病理生理学变化和临床表现。

第三节 主要的诊断方法

SIRS 和 MODS 的评估和诊断，主要依据临床表现和辅助检查综合评估。在确立诊断后，尚需评估其严重程度，以协助判断预后。

一、病史询问要点

SIRS 和 MODS 均是在诱发因素的基础上发生，询问病史时需要重视下列问题。

1. 诱发因素　诱发因素多数是急性的病因，包括感染性和非感染性。常见的原发病包括：感染、重大手术、创伤、窒息、中毒、低氧血症、低灌注损伤等，其中以感染最为常见。感染的部位可来源于呼吸道、泌尿道、消化道、腹腔、中枢神经系统、血流、皮肤软组织等。寻找和评估诱发因素的重要性在于，SIRS 的严重程度与诱发因素有一定的相关性。诱发因素得到有效控制，是防治 SIRS 的重要环节。

2. 疾病的发展和治疗过程　SIRS 通常是急性的经过。在诱发因素的作用下，经过数小时或数天后出现，与 ARDS 发病的时间规律相似。SIRS 通常不是突发的（如窒息、肺动脉栓塞症、急性冠脉综合征等），也不是慢性的（如慢性阻塞性肺疾病、慢性肾功能不全等）。这些突发的或慢性的疾病，以局部器官功能损害为主，全身炎症相对较轻。

二、临床症状

SIRS 和 MODS 的临床表现是复杂和多样性的，包括诱发因素或基础疾病的表现、SIRS 的表现和器官功能损害的表现等。

1. 诱发因素的表现　不同的诱发因素有不同的表现，需要认真评估。如肺炎患者，常有发热、咳嗽、咳痰、呼吸困难等表现。

2. SIRS 相关的表现　包括体温变化（>38℃或 <36℃）、一般状态的变化（疲劳、乏力、食欲缺乏等）、循环的变化（心率 >90 次 / 分、低血压等）、呼吸的变化（呼吸急促、频率 >20 次 / 分，或过度通气等）、液体平衡的变化（脱水或水肿等）和神志的变化等。

3. 器官功能的变化　不同器官受累将会出现相应的变化，需要特别重视器官功能损害的早期表现。例如，尿量减少对肾功能损害的提示作用；呼吸加快或肺氧合功能下降对 ARDS 的提示作用等。

三、重要的体征

SIRS 本身没有特异性的体征。除诱发因素或基础病相应的体征外，出现器官功能损害时，将会出现相应的体征。

四、辅助检查

SIRS 和 MODS 相关的检查，包括有炎症反应相关的检查、感染相关的检查、器官功能损害相关的检查等。

（一）实验室检查

1. 血液检查

（1）血常规：SIRS 时，可有中性粒细胞数及比例增加，并可出现中毒颗粒、幼稚细胞、贫血、血小板降低等。

（2）血糖：SIRS 对代谢，尤其是糖代谢有明显影响。既往无糖尿病的患者，SIRS 也可以通过神经 - 内分泌系统发生应激紊乱，和全身炎性介质过度释放的机制，导致机体能量代谢异常，出

现高血糖等代谢紊乱。有糖尿病基础的患者重症感染时，常出现血糖的异常增高。血糖的异常升高可以引起机体多种细胞因子的增加，是导致危重症患者出现多脏器功能不全的不利因素之一。有临床研究结果显示，血糖波动或血糖的变异性可能影响疾病的预后。此外，SIRS患者也有可能发生低血糖，尤其是在同时使用镇静药物的患者中不易识别。因此，危重症患者的救治过程中建议监测和控制血糖水平（控制目标：6.0~10.0mmol/L）。

(3) 血液生化指标：监测肝功能（如转氨酶、胆红素等）、肾功能（尿素氮、血肌酐等）和电解质等指标，是评估MODS和水电解质平衡的重要检测。动脉血乳酸的动态检测，是评估无氧代谢和组织灌注情况的敏感指标，有助于预测MODS的发生、病情评估和预后判断。

(4) 凝血功能：常用指标有凝血酶原时间（PT）、活化部分凝血活酶时间（APTT）、D-二聚体、纤维蛋白原等指标，有助于监测凝血功能变化、早识别DIC的发生，也是严重肝功能损害的评估指标之一。

(5) 血气分析：动脉血气分析（ABGs）是客观评价患者的肺通气与氧合功能、代谢、肾脏功能和酸碱平衡状况的重要指标，尤其是合并呼吸衰竭的危重症患者。血气分析对ARDS的诊断和严重程度的评估具有重要意义。

此外，也可以在右心房或肺动脉取血进行混合静脉血气分析（正常的混合静脉血PO_2为35~45mmHg，SvO_2为65%~75%），可以用来反映整体的组织灌注和氧供应与利用的情况，并可用于指导脓毒症休克患者液体复苏的治疗。

2. 感染的病原学诊断　感染是常见的诱发因素或并发症(继发感染是SIRS的第三次打击)，因此，评估感染的部位和病原体十分重要，需要对可能存在感染的部位和标本进行详细的病原学分析。

(1) 痰液检查：呼吸系统是常见的感染部位，痰液检查是诊断肺部感染病原体的重要手段。

1) 痰液的采集方法：常用的痰液的采集方法可以是口吐痰、诱导痰。对于呼吸道病毒或非典型病原体的检测，还可以采用咽漱液或咽拭子采集标本。气管插管或切开的患者，可以采用气道分泌物吸引、气管镜下深部痰液吸引，或防污染毛刷或灌洗采集痰液。

2) 检测的范畴：最常用的是细菌学检测。还可以根据临床需要检测真菌、结核分枝杆菌、非结核分枝杆菌、病毒和非典型病原体等。

3) 检测的方法：首先需要对痰液标本进行质控。痰涂片在低倍镜视野下上皮细胞 <10个，白细胞 >25个，或上皮细胞/白细胞 <1∶2.5是评判为合格痰标本的标准。检测方法包括：①直接痰检：高质量的痰标本涂片染色或湿片直接光镜检查，可粗略评估细菌的数量、优势菌是革兰阴性杆菌还是阳性球菌，是否有真菌等，为临床治疗决策提供参考。部分病原体（如抗酸杆菌、放线菌、诺卡菌、卡氏肺孢子菌、寄生虫等）可以是确诊依据。②培养和药物敏感试验：是最常用的方法，其敏感性高于涂片，而且能够做菌种鉴定和药物敏感试验。细菌定量培养可作为感染病原体评估的参考（菌落计数超过下列标准提示是感染菌：常规痰培养 $>10^7$cfu/ml，下呼吸道吸引痰 $>10^5$cfu/ml，支气管肺泡灌洗液 $\geq 10^4$cfu/ml，或毛刷标本 $\geq 10^3$cfu/ml）。③其他的检查方法：PCR技术检测呼吸道病毒、支原体、衣原体、细菌相关的基因等，逐渐用于临床诊疗。

(2) 血培养：对持续发热的患者应该及时进行血培养，是血流感染的主要诊断依据。血培养的结果与局部器官标本培养的结果一致时，提示局部器官是感染的来源。

(3) 胸腔积液：有胸腔积液并考虑有感染可能者，应该及时进行胸液培养，对感染病原体的判断具有重要的意义。

(4) 其他特殊病原体的检测：免疫缺陷患者经常发生机会性感染，需要与病原学专家合作，检测少见的病原体。例如血PCR方法检测巨细胞病毒（CMV）和EB病毒，特殊染色涂片检测卡氏肺孢子菌（PCP）等。

(5) 病原体相关的抗原和抗体检测：近年来，随着技术的进步，通过免疫技术检测痰、血及尿中病原体相关的抗原和抗体，逐渐用于临床感染病原体的检测。目前抗原的测定主要用于非典

型肺炎的诊断，包括军团菌、支原体、衣原体及病毒等。尿液肺炎军团菌和肺炎球菌的抗原的检测，已经成为临床常用的检测，其特异性为90%。恢复期（感染2~4周后）血浆抗体检测，是新发呼吸道病毒感染的后期诊断的确诊方法。

3. 炎症介质和生物学标记物 SIRS中存在众多的炎症介质和细胞因子的变化，但其变化规律和临床意义尚未完全清楚。目前检测的生物学标记物的意义，主要是提示感染的病原体、协助严重程度与治疗反应的评估。常用的检测指标如下：

(1) 降钙素原（PCT）：生理状态下，PCT由甲状腺C细胞产生，经蛋白酶水解后，裂解成降钙素而具有激素活性。感染导致的脓毒症和MODS时，肝脏中的巨噬细胞、单核细胞，肺与肠道组织的淋巴细胞和神经内分泌细胞，均能合成及分泌PCT。健康人血清PCT水平极低（<0.05ng/ml），但在发生严重细菌感染时，其血清水平会明显升高。以PCT>0.5ng/ml作为判断折点，有助于鉴别细菌与非细菌感染，或非感染性疾病导致的SIRS。

(2) C反应蛋白（CRP）：是一种急性时相蛋白，属于非特异性的炎症指标。尽管其特异性不高，但容易获得，也有助于综合的判断。

(3) 可溶性髓系细胞触发受体-1（sTREM-1）：是新近发现的炎症指标，选择性表达于中性粒细胞、CD_{14}^{+}单核-巨噬细胞上，研究表明可用于细菌或真菌所致的肺部感染的识别。

(4) SIRS早期患者血中细胞因子TNF-α、IL-β、IL-6的测定可用于提示早期MODS。然而，对于危重症患者，单一的指标对病情的诊断价值有限，已有学者提出联用如CRP、PCT、sTREM-1、中性粒细胞计数等，多个指标的模型以协助临床判断。

（二）影像学检查

由于SIRS和MODS可以涉及多个器官，容易出现休克和DIC等并发症，所以需要进行系统的多器官功能监测。除了上述的实验室检测指标外，影像学评估也是重要的检测方法。

1. X线 是肺部病变评估的重要和常用的检查手段。可以用于胸部、腹部或其他特殊病变部位的检查，也可以用于判断气管插管及气管切开导管、深静脉导管、PICC导管、胸腔引流管等导管的位置等。对于难以耐受搬动的危重症患者，可以在床边摄片。

2. CT或MRI CT或MRI扫描技术，极大地提高了影像学评估组织结构和病变的能力，其敏感性和准确性等方面，明显优于普通X线影像学检查。结合影像增强剂的应用，还可以评估血管的形态和血流量，间接评估炎症的程度等。然而，CT和MRI的设备昂贵、需要搬动患者、耗时长和检查费用贵等特点，限制了其临床普及应用。

3. 超声 超声检查无创、廉价、方便床旁检查等特点，使其成为危重症患者的重要影像学检查手段，常用于评估肝、肾等实质性器官的形态大小、液性病变（如脓腔、胸腔积液量、腹腔积液等）和心脏形态与功能等。随着超声技术的不断进步（目前常用B型超声，分辨率不断提高），有探索应用床旁超声用于肺水肿、肺复张的评估和推算肺动脉嵌顿压（PCWP）等。

（三）其他特殊的检查

由于SIRS和MODS病情的复杂性，多种诊疗技术都用于危重症患者的检测，包括多种的心血管导管技术用于血流动力学监测、心功能评价和指导液体平衡等；支气管镜检查协助气管管理、获取下呼吸道分泌物和肺活检等。随着现代医疗技术的不断进步，越来越多的先进诊疗技术，用于危重症患者的评估和救治，提高了危重症患者的救治能力和存活率。

五、诊断标准及严重程度评估

（一）SIRS和sepsis的诊断标准

SIRS的诊断需具备以下两项或两项以上的体征：①体温>38℃或<36℃；②心率>90次/分；③呼吸频率>20次/分或动脉血二氧化碳分压（$PaCO_2$）<32mmHg；④外周血白细胞计数>12×10⁹/L或<4×10⁹/L，或未成熟粒细胞>10%。

脓毒症(sepsis)是感染(包括确诊或疑似)引起的SIRS(表22-1)。严重脓毒症(severe sepsis)指出现一个或多个器官功能障碍的脓毒症(表22-2)。脓毒性休克(septic shock)指脓毒症患者经充分液体复苏后,动脉收缩压仍<90mmHg或较患者基础血压下降>40mmHg持续1小时以上,或者需要血管活性药维持收缩压≥90mmHg(或平均动脉压≥70mmHg)。

表22-1 脓毒症的诊断标准

确诊或疑诊的感染合并下列情况:
一般指标 　发热(>38.3℃) 　低体温(核心温度<36℃) 　心率>90次/min或多于两个标准差以上的正常年龄值 　呼吸急促 　神志改变 　显著的水肿或液体正平衡(>20ml/kg超过24h) 　无糖尿病的高血糖(血糖>140mg/dl或7.7mmol/L)
炎症指标 　白细胞增多(白细胞计数>12×10^9/L) 　白细胞减少症(WBC计数<4×10^9/L) 　白细胞计数大于10%幼稚细胞 　血浆C-反应蛋白超过高于正常的值两个标准差 　血浆降钙素原高于正常值两个以上的标准差
血流动力学指标 　低血压(成人SBP<90mmHg,MAP<70mmHg,或SBP下降>40mmHg或低于同龄正常水平两个标准差
脏器功能衰竭指标 　动脉低氧血症(PaO_2/FiO_2<300) 　急性少尿[尽管有足够的液体复苏,尿量<0.5ml/(kg·h),至少2个小时] 　肌酐升高>0.5mg/dl或44.2μmol/L 　凝血功能异常(INR>1.5或APTT>60s) 　肠梗阻(肠鸣音缺乏) 　血小板减少(血小板计数<100×10^9/L) 　高胆红素血症(血清总胆红素>4mg/dl或70μmol/L)
组织灌注指标 　高乳酸血症(>1mmol/L) 　毛细血管再充盈量减少或花斑纹

WBC=白细胞;SBP=收缩压;MAP=平均脉压;INR=国际标准化比值;APTT=活化部分凝血活酶时间。

儿童人群脓毒症的诊断标准,是炎症的症状和体征与与感染相关的高或低体温(肛温>38.5℃或<35℃)、心动过速(在低温的患者可能会缺失),并至少有以下一项器官功能障碍的表现:精神状态改变,低氧血症,血乳酸水平增加或洪脉。

表22-2 严重脓毒症的诊断标准

严重脓毒症定义:脓毒症相关的组织灌注不足或器官功能障碍(任意以下一条均被认为与感染相关)
败血症引起的低血压 　乳酸超过实验室正常上限
尽管有足够的液体复苏,尿量<0.5ml/(kg·h),超过2小时
非感染性肺炎,PaO_2/FiO_2<250
有感染性肺炎,PaO_2/FiO_2<200
肌酐>2.0mg/dl(176.8μmol/L)
胆红素>2mg/dl(34.2μmol/L)
血小板计数<100×10^9/L,凝血功能障碍[国际标准化比值(INR)>1.5]

(二) MODS 的诊断和病情严重程度评估

MODS 指大于一个器官出现功能障碍,并需要干预才能维持器官功能稳定。目前 MODS 诊断尚未达成一致标准,以下诊断标准可供参考:

1. 1997 年修正的 Fry-MODS 诊断标准见表 22-3。

表 22-3 多器官功能障碍综合征诊断标准

系统或器官	诊断标准
循环系统	收缩压 <90mmHg,并持续 1 小时以上,或需要药物支持才能使循环稳定
呼吸系统	急性起病,PaO_2/FiO_2≤26.7kPa(200mmHg)(无论有否应用 PEEP),胸片示双侧肺浸润,肺动脉嵌顿压(PCWP)≤18mmHg 或无左房压力升高的证据
肾脏	血肌酐 >177.3μmol/L,伴少尿或无尿,或需要血液净化治疗
肝脏	血胆红素 >35mmol/L,并伴转氨酶升高,大于正常值 2 倍以上,或已出现肝性脑病
胃肠	上消化道出血,24 小时出血量超过 400ml,或胃肠蠕动消失不能耐受食物,或出现消化道坏死或穿孔
血液	血小板 <50×10^9/L 或降低 25%,或出现 DIC
代谢	不能为机体提供所需能量,糖耐量降低,需要用胰岛素;或出现骨骼肌萎缩、无力等现象
中枢神经系统	GCS 评分 <7 分

2. Knaus 提出的多器官功能衰竭诊断标准见表 22-4。

表 22-4 Knaus 多器官功能衰竭诊断标准

系统或器官	诊断标准
循环系统(符合一项或以上)	心率≤54 次 /min;平均动脉压≤49mmHg;室性心动过速和(或)室颤;动脉血 PH≤7.24,伴 $PaCO_2$≤6.5kPa(49mmHg)
呼吸系统(符合一项或以上)	呼吸频率≤5 次 /min 或≥49 次 /min;$PaCO_2$≥6.7kPa(50mmHg);$AaDO_2$≥350mmHg;需呼吸机支持≥72h
肾脏(符合一项或以上)	尿量≤479ml/24h 或≤159ml/8h;血尿素氮≥36mmol/L;血肌酐≥310μmol/L
血液(符合一项或以上)	白细胞≤1×10^9/L;血小板≤20×10^9/L;血细胞比容≤20%
中枢神经系统	GCS 评分≤6 分(无镇静情况下)

备注:患者若在 24 小时内符合一项以上,当日即可诊断。

关于 MODS 患者病情严重程度评估,及预后判定目前常用的评分系统,主要有序贯器官功能衰竭评分(sequential organ failure assessment,SOFA)(表 22-5)、Brusssels 评分等。其中 SOFA 评分应用最为广泛,其最初来源于 1994 年欧洲重症医学协会感染学组,根据感染相关的 MODS 患者制订的评分系统,即所谓的全身感染相关性器官功能衰竭评分(sepsis-related organ failure assessment,SOFA)。随着临床应用的普及和患者数量的增加,发现对非感染 MODS 患者也具有较好的应用价值。SOFA 评分包括神经、循环、呼吸、肾脏、肝脏和血液 6 个器官系统,每个系统 1~4 分,总分 0~24 分,跟 APACHEⅡ评分一样,计算时选取当日内最差情况评分。

(三) ARDS 的诊断和病情严重程度评估

随着对 ARDS 认识的逐渐加深,ARDS 的定义也不断被修改。2012 年发表的柏林定义(表 22-6)基于 4 个多中心、4188 例 ARDS 患者的系统回顾,根据氧合情况(PaO_2/FiO_2)将 ARDS

表 22-5　SOFA 评分表格

SOFA 评分变量	1	2	3	4
PaO_2/FiO_2	<400	<300	<200	<100
血小板(10^9/L)	101~150	51~100	21~50	<21
胆红素(μmol/L)	20~32	33~101	102~204	>204
低血压(mmHg)	MAP<70	多巴胺≤5μg/(kg·min)或使用多巴酚丁胺(无论剂量如何)	多巴胺>5μg/(kg·min)或肾上腺素≤0.1μg/(kg·min)或去甲肾上腺素≤0.1μg/(kg·min)	多巴胺>15μg/(kg·min)或肾上腺素>0.1μg/(kg·min)或去甲肾上腺素>0.1μg/(kg·min)
GCS 评分	13~14	10~12	6~9	<6
肌酐(或尿量)μmol/L	110~170	171~299	300~440(<500ml/d)	>440(<200ml/d)

备注：MAP= 平均动脉压

表 22-6　ARDS 诊断标准

指标	数值
起病时间	从已知临床损害、新发或呼吸系统症状加重至符合诊断标准时间，≤7 天
胸部影像学	双侧浸润影，不能用积液、肺段或叶不张或结节来完全解释
肺水肿原因	呼吸衰竭不能完全用心力衰竭或液体过度负荷来解释；如无相关危险因素，需行客观检查(如超声心动图)以排除静水压增高型肺水肿
氧合情况 #	轻度△：PEEP 或 CPAP≥5cmH_2O 时，200mmHg<PaO_2/FiO_2≤300mmHg； 中度：PEEP≥5cmH_2O 时，100mmHg<PaO_2/FiO_2≤200mmHg； 重度：PEEP≥5cmH_2O 时，PaO_2/FiO_2≤100mmHg

如果海拔超过 1000m，PaO_2/FiO_2 值需用公式校正，校正后 PaO_2/FiO_2=PaO_2/FiO_2×(当地大气压 /760)；△轻度 ARDS 组，可用无创通气时输送的持续气道正压；CPAP：持续气道正压；FiO_2：吸入氧分数；PEEP：呼气末正压；1mmHg=0.133kPa；1cmH_2O=0.098kPa

分为轻度、重度和重度，发现 ARDS 病死率轻、中、重度分别为 27%、32%、45%。该分类方法可更好地预测机械通气时间和病死率，并为选择治疗 ARDS 的特殊的方法，如应用神经肌肉阻滞剂、俯卧位通气、高频振荡通气(HFO)、体外二氧化碳移除($ECCO_2R$)及体外膜氧合(ECMO)等提供参考。

第四节　常用器官功能支持技术

一、呼吸支持

呼吸支持技术是指当患者由于各种原因发生呼吸衰竭(急性或慢性)，通过各种手段维持患者的通气和氧合功能的技术。这里主要包括连接装置(人工气道)的建立和具体的呼吸支持方式。

(一) 人工气道的建立和管理

保证呼吸道通畅，维持正常通气是危重患者抢救时，必须首先解决的任务，是保证机体气体交换和氧供应基础。

1. 人工气道的种类　人工气道主要包括喉罩，气管插管和气管套管(图 22-1)。

2. 人工气道的置入方式　人工气道的置入方式，包括喉罩放置术、经口气管插管术、经鼻气管插管术、气管切开术。

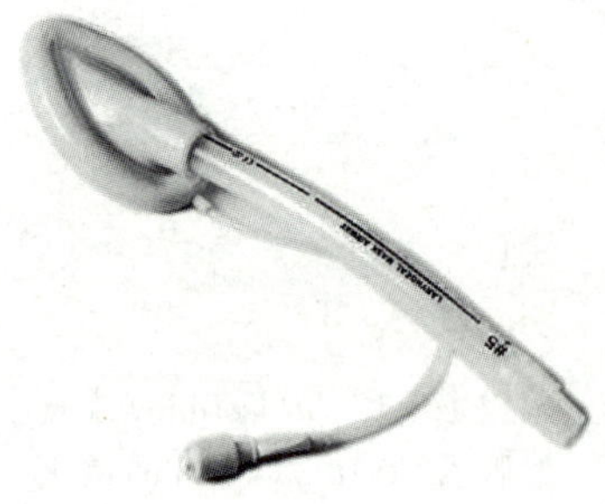
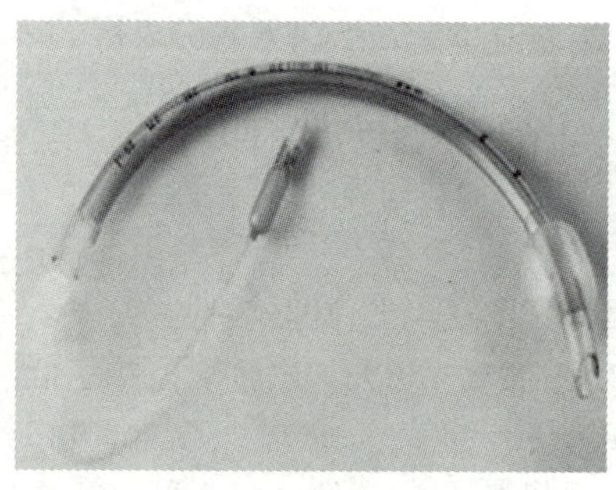
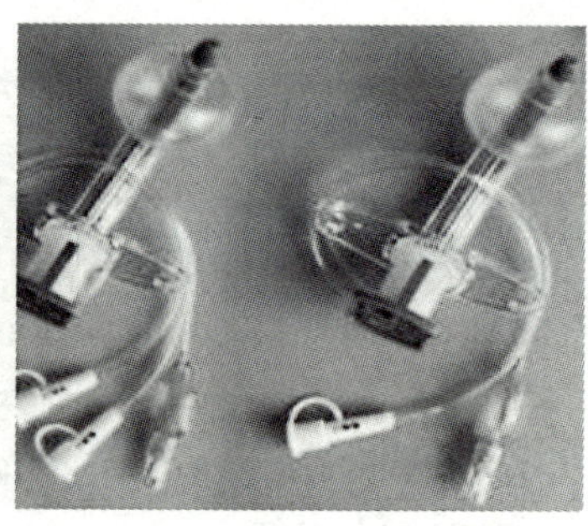

图 22-1 喉罩、气管插管、气管套管

(1) 喉罩放置术:喉罩是一种特殊型的人工气道,在其通气管的前端衔接一个特殊设计的罩,其大小恰好能盖住喉头,故有喉罩通气管之称。其放置操作简易,无喉镜插入和显露声门,不通过声门(避免了机械刺激声门),减少了气管插管相关的并发症,如喉头水肿、声带损伤、肺不张、肺炎等。但喉罩只能用于镇静麻醉状态的患者,清醒时难以耐受。此外,其密闭性相对较差,正压通气时容易出现漏气,特别是吸气压力 >25cmH_2O 时。

喉罩置入的方法有:

1) 盲探法:较常用有两方法:①常规法:头轻度后仰,操作者左手牵引下颌以展宽口腔间隙,右手持喉罩,罩口朝向下颌,沿舌正中线贴咽后壁向下置入,直至不能再推进为止;②逆转法:置入方法与常规法基本相同,只是先将喉罩口朝向硬腭置入口腔至咽喉底部后,轻巧旋转 180°(喉罩口对向喉头)后,再继续往下推置喉罩,直至不能再推进为止(图 22-2)。

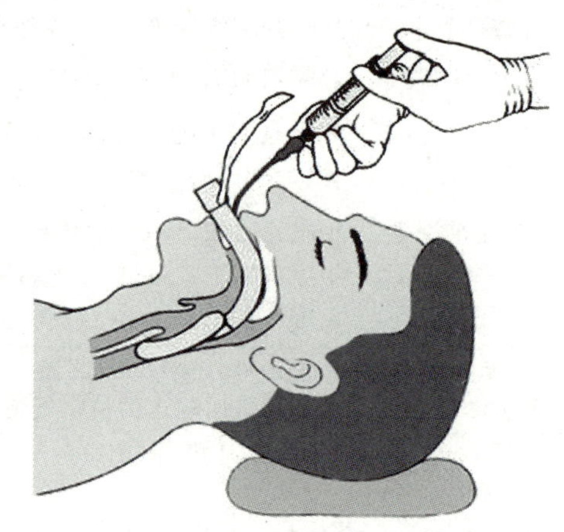

图 22-2 喉罩置入

2) 喉罩置入的最佳位置与评估:最佳位置是指喉罩进入咽喉腔,罩的下端进入食道的入口并将其封闭,罩的上端紧贴会厌腹面的底部,罩内的通气口对住声门。将罩周围的套囊充气后,即可在喉头部形成闭圈,从而保证了通气效果。成人喉罩平均置入深度无统一规定,一般以插入时前端遇到明显阻力感为标准。小于 10 岁的患儿置入喉罩的平均深度 = 10cm+0.3× 年龄(岁)。

鉴定喉罩位置评估,可以采用显微镜观察和临床观察两种方法:①纤维光导喉镜进入喉罩内进行观察,评判标准是:1 级(仅看见会厌);2 级(可见会厌和声门);3 级(可见会厌,即部分罩口已被会厌覆盖);4 级(看不见声门,或会厌向下折叠)。2 级是最理想的位置。②喉罩连接正压通气,位置理想状态时,可以观察到胸廓呼吸运动正常,听诊两侧呼吸音是否对称和清晰;听诊颈前区是否有漏气杂音和呼吸机通气参数在正常范围。

(2) 经口气管插管术:经口气管插管术应用喉镜明视声门下施行气管内插管。具体步骤如下(图 22-3):

1) 术前准备:准备好直接喉镜、气管插管、吸痰管、气囊充气用注射器、简易人工呼吸气囊和呼吸机。并对上述器械的完好性进行检查。

2) 体位准备:患者取平卧位,肩部垫高 10cm 左右,头后仰。

3) 操作流程:术者站在患者的头端,根据临床需要给予镇静,必要时联合应用肌松剂。经口插入弯型喉镜,以喉镜前部用力将舌根上提,这样可使口、咽和喉部接近在一条直线上,从而显露声门。然后在直视下将气管导管送入通过声门,置管深度成人一般以套囊完全通过声门后,再往前推进 1~2cm 即可,平均总置入长度约为 22cm(从门齿算起)。置入气管导管后马上退出

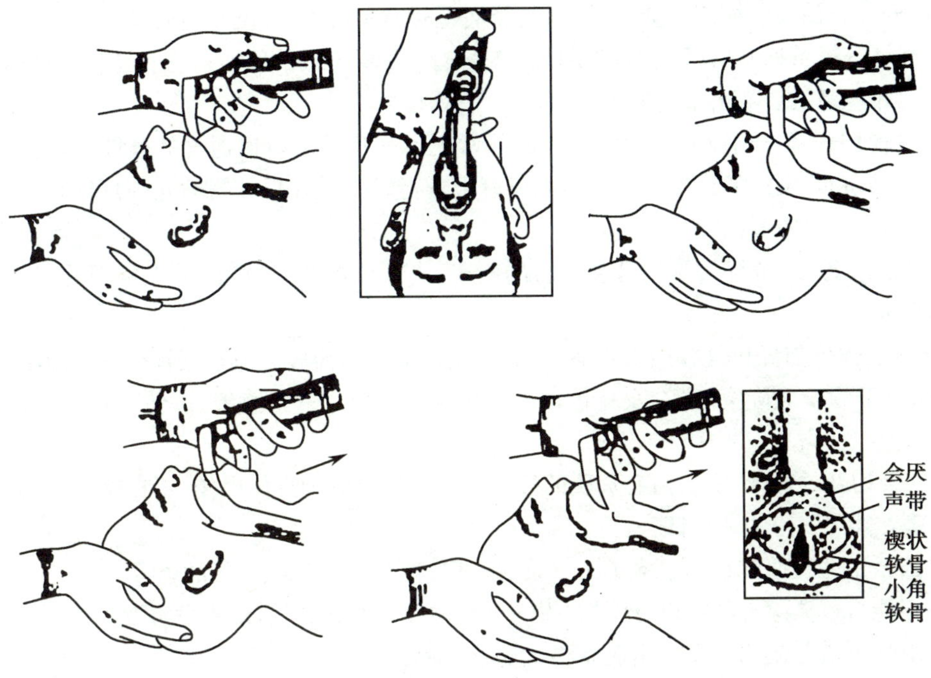

图 22-3　经口气管插管术

喉镜，塞入牙垫，给气囊注入适量的气体，然后导管连接简易呼吸气囊，或呼吸机进行机械通气。通过视诊和听诊证实气管导管确实进入了气管和位置合适，然后给予固定。确诊气管导管在气管内的方法如下：①听诊腋窝和剑突上的肺呼吸音，双侧肺对称一致；②观察胸廓起伏活动，双侧应均匀一致；③监测呼出气的 CO_2 浓度显示典型的吸气和呼气的曲线；④纤维支气管镜检查或 X 线胸片确定导管尖端位置（理想位置是管尖距离隆突 3~4cm）。

4）注意事项：使用弯型喉镜显露声门，必须掌握循序渐进、逐步深入的原则，以看清楚下列三个解剖标志为准则：第一标志为悬雍垂；第二标志为会厌的游离边缘；第三标志为双侧杓状软骨突的间隙。看到第三标志后，上提喉镜，即可看到声门裂隙。若未能暴露第三标志或声门，可左手将颈背部上抬，使头部进一步后伸，或请助手在喉结部位向下作适当按压，往往有助于看到第三标志及声门。弯型喉镜片的着力点应该在喉镜片的前端，用力的方法是"上提"喉镜，切忌以上门齿作为喉镜片的着力点，用"撬"的力量去显露声门，否则极易造成门齿脱落损伤。如果使用导管芯辅助气管导管送入，在导管斜口进入声门 1cm 时，要及时抽出。此外，病床的适当高度有利于操作。

(3) 经鼻气管插管术：经鼻气管插管的方法有经验盲插法、特殊引导钳辅助插管或纤维支气管镜引导气管插管，以后者为最常用。因此以纤维支气管镜引导经鼻气管插管为例阐述。具体步骤如下：

1）术前准备：一般的准备与经口气管插管相似，同时需要准备好纤维支气管镜、无菌液体石蜡。将无菌气管插管套于纤维支气管镜外，气管插管以及纤维支气管镜下端均以无菌液体石蜡润滑。选择比较通畅的一侧鼻腔，滴入或喷入利多卡因局部麻醉，然后给予麻黄碱收缩鼻黏膜。如果临床情况允许，反复进行 3 次，每次间隔 1~2 分钟，使鼻腔通畅，易于进行插管。

2）具体操作：患者取平卧位，按照常规操作方法将纤维支气管镜插入气管。当纤支镜接近隆突上方时，将气管插管沿纤支镜插入气管。插管末端距离隆突约 3~4cm。退出纤维支气管镜，其他操作参照经口气管插管。

3）注意事项：经鼻气管插管最常见的并发症是鼻窦炎和鼻黏膜损伤出血，避免在有出血倾向、鼻腔损伤鼻窦炎，或畸形患者中选择应用。选择比较通畅的一侧鼻腔进行插管。充分的鼻

腔局部麻醉和鼻黏膜收缩剂的应用，置入气管插管时避免暴力，轻度左右转动有助于顺利置入。此外，经鼻气管插管通常管径较细（常用 7~7.5 号管），需要细致的气道护理和经鼻气管插管专用的吸痰管，才能降低痰液堵塞的发生率。

(4) 气管切开术：气管切开术耗时较长，通常先行气管插管机械通气的条件下进行，以减少手术中的低氧和并发症的发生。一般可在局麻下进行，特殊情况（如婴幼儿等）可以在全身麻醉下进行。具体步骤如下：

1) 术前准备：准备好气管切开包，选择好与患者匹配的气管套管（成人常用的气管套管是 8~8.5 号管）。

2) 体位：体位与经口气管插管相似，目的是使颈部尽量伸展。由于气管有一定的活动度，手术时须保持下颌骨颏隆突、喉结及胸骨颈静脉切迹三点位于一条直线，以使气管保持在正中矢状位上。

3) 气管切开的操作：需要由有资质的外科或耳鼻喉科医师具体操作（不在这里叙述）。

3. 建立人工气道的适应证

(1) 因严重低氧血症和（或）高 CO_2 血症，或其他原因需要机械通气的患者。

(2) 不能自行清除上呼吸道分泌物、胃内反流物和出血，随时有误吸危险者。

(3) 下呼吸道分泌物过多或出血需要反复吸引者。

(4) 上呼吸道损伤、狭窄、阻塞、气道食管漏等影响正常通气者。

(5) 因诊断和治疗需要，需要反复进行气道内操作者。

(6) 患者自主呼吸突然停止，需要紧急建立人工气道行机械通气者。

(7) 外科手术和麻醉，如需要长时间麻醉的手术、低温麻醉及控制性低血压手术，部分口腔内手术预防血性分泌物阻塞气道，特殊体位的手术等。

(8) 各种人工气道各有其优缺点，临床医师应根据患者病情，决定具体人工气道的种类。

4. 人工气道的管理 需要注意的是：①建立人工气道需注意人工气道的定位、固定；②停留人工气道的患者应注意避免非计划内拔管；③停留人工气道可能出现的近期或远期的各种并发症，如吸入性肺炎、声带损伤、气管损伤、心律失常，以及呼吸机相关性肺炎等，需注意防治；④人工气道的拔除需循序渐进。

（二）呼吸支持技术

1. 氧疗 氧疗是通过增加吸入氧浓度，从而提高肺泡内氧分压，提高动脉血氧分压和血氧饱和度，增加可利用氧的方法。合理的氧疗使体内可利用氧明显增加，并可减少呼吸做功，降低缺氧性肺动脉高压，减轻右心负荷。

(1) 氧疗的适应证：临床上无明确的氧疗标准，一般认为动脉血氧分压（PaO_2）<60mmHg、动脉血氧饱和度（SaO_2）<90% 提示组织缺氧，需要进行氧疗。

1) 不伴二氧化碳潴留的低氧血症：此类患者的主要问题为氧合功能障碍，而通气功能基本正常。可予较高浓度吸氧（≥35%），使 PaO_2 提高到 60mmHg 或 SaO_2 达到 90% 以上。

2) 伴二氧化碳潴留的低氧血症：此类患者主要问题是通气功能障碍，常见于慢性阻塞性肺疾病患者。对于这类患者的氧疗原则是限制性吸氧，通常调节吸入氧浓度使在 PaO_2 在 60~65mmHg 或 SaO_2 在 90%~93% 之间即可。

(2) 氧疗方法：常用的氧疗方法为双腔鼻管、鼻导管、鼻塞、面罩等。对于伴有二氧化碳潴留的患者不适宜使用面罩氧疗，因面罩容易出现重复呼吸，不利于二氧化碳的排出。

(3) 氧疗的不良反应：合理使用氧疗不良反应少见。伴二氧化碳潴留的低氧血症患者，过高的吸入氧浓度有可能降低呼吸中枢驱动，而导致通气量进一步下降，出现昏迷（所谓 CO_2 麻醉）。长时间吸入过高浓度的氧气（>60% 以上）有可能出现氧中毒，导致早产儿视网膜病、吸收性肺不张等。

2. 无创辅助通气

(1) 应用指征　目前无创辅助通气应用于多种疾病引起的呼吸衰竭，包括：COPD 急性发作期、心源性肺水肿、手术后呼吸衰竭等。其主要的特点是无需气管插管或切开，可以用于呼吸衰竭的早期治疗。也可应用于辅助撤机、应急救治、辅助医疗操作、康复治疗等(表 22-7)。

表 22-7　无创通气治疗急性呼吸衰竭的应用指征（没有禁忌证前提下）

动脉血气	临床表现
急性或慢性呼衰急性加重(最常用): $PaCO_2$>45mmHg pH<7.35	中 - 重度气促 呼吸增快(阻塞性患者 >24 次 / 分；限制性患者 >30 次 / 分)
低氧性呼吸衰竭(慎重选用): PaO_2/FiO_2<200mmHg	呼吸做功增加的体征(辅助呼吸肌肉动用，腹部反常呼吸等)

(2) 禁忌证：对于有绝对禁忌证的患者，应该避免使用无创辅助通气，在有比较好监护条件和经验丰富的单位，在严密观察的前提下，可以应用于相对禁忌证的患者。

1) 绝对禁忌证：①心跳呼吸停止；②自主呼吸微弱、昏迷；③误吸可能性高；④合并其他器官功能衰竭(血流动力学不稳定、消化道大出血或穿孔，严重脑部疾病等)；⑤面部创伤、术后、畸形；⑥不合作。

2) 相对禁忌证：①气道分泌物多、排痰障碍；②严重感染；③极度紧张；④严重低氧血症(PaO_2<45mmHg)，严重酸中毒(pH<7.20)；⑤近期上腹部手术后(尤其是需要严格胃肠减压者)；⑥严重肥胖；⑦上气道机械性阻塞。

(3) 无创通气的方法：可用于临床的无创通气方法包括：胸外负压通气、无创正压通气、腹部按压通气。目前临床上常用的是无创正压通气，已成为治疗早期和慢性呼吸衰竭的重要手段。

常用连接呼吸机和患者的方式包括接口器、鼻罩和面罩等(图 22-4)。①接口器的连接简便，死腔小，但需要患者用力咬住，而且压力高时唇周和鼻孔会漏气。通常仅可用于清醒的患者，睡眠过程中不适宜应用。目前亦有按患者的唇齿形状做的个人专用接口器，可增加密封性和舒适性。②鼻罩是很受重视的连接方式。目前常用的自封式硅胶鼻罩，连接简便舒适，耐受性好；通常死腔量为 60ml 左右；而且不干扰经口的咳嗽、吐痰或讲话。然而，多数患者入睡后无法保持口腔的密闭而漏气，影响通气效果。③全面罩将口鼻罩住，避免了张口漏气的问题。应用方便舒适，密封性良好，辅助通气效果较好。但死腔较大(100ml 左右)而且干扰患者的讲话或吐痰，耐受性不如鼻罩好，亦有可能增加胃胀气和误吸的机会。对于神志清晰能较好配合的患者首选鼻罩，对于比较严重的呼吸衰竭者多数需要面罩通气。

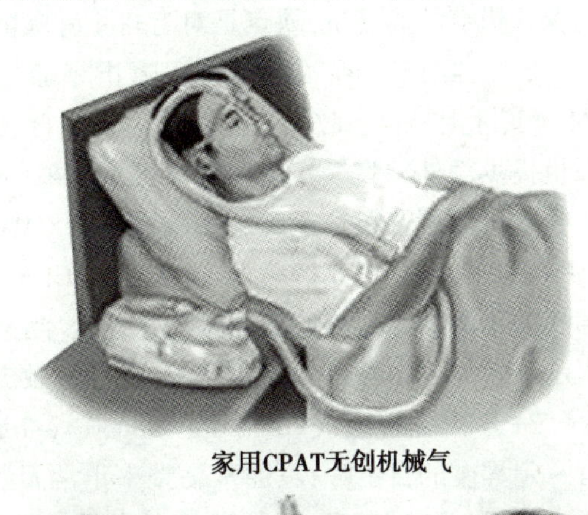

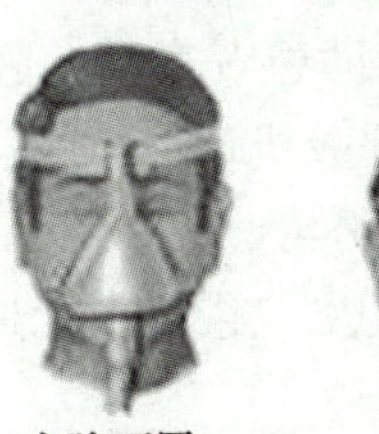

图 22-4　无创机械通气示意图和常用面罩

(4) 通气模式：可用于有创正压通气的所有模式，几乎均可用于无创通气(表 22-8)。无创通气通常为辅助通气，所以，宜选用辅助通气模式。在辅助通气过程中，同步触发的灵敏度对通气效果影响很大。要选用同步性能好的呼吸机和通气模式，流量(flow)触发优于压力触发。专门为无创通气设计的呼吸机，在同步触发、漏气补偿和压力上升时间等方面，优于有创的

表 22-8 无创与有创正压通气的区别

	无创	有创		无创	有创
连接方法	罩或接口器	插管或切开	清除分泌物	困难	容易
死腔	增大	减小	密封紧固性	较差	好
OSA	有	无	同步触发	较差	较好

呼吸机，而且其体积小、便携、使用方便，适用于医院或家庭。目前最常用的通气模式是压力支持 +PEEP。无创专用的单管道呼吸机的缺点，是管道内存在一定的重复呼吸。所以，用于严重 CO_2 潴留（$PaCO_2$>70mmHg）的患者时，宜加用非重复呼吸阈或采用双流向的面罩。

(5) 无创辅助通气的优点：①减少气管插管及其合并症；②减少病者的痛苦（不适）；③无需用镇静剂；④正常吞咽、进食；⑤能讲话；⑥生理性咳嗽；⑦保留上气道加温、湿化和过滤功能；⑧可以使用不同的通气模式、间歇使用、容易脱机。

(6) 无创辅助通气的不良反应：主要包括胃胀气、误吸、罩压迫、口咽干燥、鼻梁皮肤损伤、漏气、排痰障碍、恐惧等。

3. 有创辅助通气（机械通气） 呼吸机通过人工气道与患者连接，产生正压达到辅助患者呼吸的作用，可以起到改善通气、改善氧合功能和减少呼吸做功的作用。

(1) 机械通气的通气模式：

1) 辅助 - 控制通气（assist-control ventilation，A/C）：辅助 - 控制通气通常是采用容量控制通气（controlled mechanical ventilation，CMV），呼吸机按照预定呼吸频率、吸气流量、潮气量、呼吸时比给予通气（控制通气）。当存在患者触发呼吸机送气时，呼吸频率和呼气时间有一定的变化（同步控制通气），但每次吸气的流量、容量和吸气时间，不受患者的呼吸努力和疾病的变化影响。该模式主要适用于有严重的呼吸抑制，或患者呼吸微弱或充分镇静与肌肉松弛状态的患者。优点是保证稳定的通气量，缺点是对有自主呼吸的患者易产生人机对抗。

2) 间隙指令通气与同步间隙指令通气：间隙指令通气（intermittent mandatory ventilation，IMV）实际上是自主呼吸与控制呼吸的结合。在预设的控制通气的基础上，允许患者吸气触发呼吸机提供额外的吸气。现代呼吸机多数采用指令通气可与患者自主呼吸同步的方法（SIMV），以改善人机协调。指令通气的参数设置与 CMV 相似，患者触发的额外呼吸，可以是压力支持通气（SIMV+PSV，常用）或持续气道内正压（CPAP）。通过调节 SIMV 的频率来调整控制通气与辅助通气的比例，从而调节患者的呼吸做功。当患者可以耐受低水平的 SIMV 次数（<4~8 次 / 分）时，提示患者的自主呼吸能力恢复，可以考虑撤机。

3) 压力支持通气（pressure support ventilation，PSV）：PSV 是一种部分支持通气方式，在患者有一定程度的自主呼吸（通常是频率正常而潮气量低）的情况下使用。患者吸气时，呼吸机提供预定的吸气正压辅助，以帮助患者克服气道阻力和扩张肺脏，减少吸气肌用力，并增加潮气量。PSV 通气时患者吸气触发呼吸机送气，呼吸机所给予预设的恒定送气压力，而吸气流量、潮气量和吸气时间，由患者的吸气努力、PSV 水平和呼吸系统的阻抗共同决定。PSV 最大的优点是人机同步性好，患者感觉较舒适。主要的缺点是通气量保障性低，不适合用于呼吸微弱和不稳定的患者。

4) 其他通气模式：现代机械通气的通气模式众多，也可以多种模式混合应用。常用的通气模式还有压力控制（pressure control ventilation，PCV），压力调节容积控制通气（pressure regulated volume control ventilation，PRVC）、容量支持通气（volume support ventilation，VSV）、高频振荡通气等。

(2)（有创）机械通气的适应证：有创通气是呼吸心搏骤停（心肺复苏治疗）、严重呼吸衰竭、窒息或自主呼吸微弱、严重低氧血症等临床情况救治的重要措施。具体的应用指征请参照人工气

道建立的指征。

(3) 机械通气的禁忌证：常见的禁忌证包括气胸、大咯血、肺大疱等。因为患者已不能维持自主呼吸，或自主呼吸无法满足身体所需，有创机械通气属于生命支持治疗，所以其禁忌证都是相对的，关键在于要及时地发现和有效地处理这些禁忌证。

(4) 机械通气的并发症：在专业性的ICU中，机械通气的并发症不多见，但如果缺乏有资质的专业团队，呼吸机的并发症时有发生，甚至会导致患者死亡。规范化的培训、建立专业团队和规范使用与监护流程，是减少机械通气并发症的关键。

1) 与人工气道相关的并发症：人工气道本身的并发症包括有：①置入气管导管或套管过程中的气道损伤；②气管导管或套管置入过深，进入单侧主支气管导致单侧肺通气和对侧肺不张；③套管与气管成角导致的阻塞；④气囊破裂导致的漏气；⑤气囊压力过高导致的气管和(或)食道损伤；⑥插管或套管移位导致的阻塞或漏气；⑦吸入性肺炎；⑧管道痰液堵塞；⑨气管插管或套管脱出或患者自行拔管等。

2) 与呼吸机相关的并发症：呼吸机故障、呼吸机管道液体或分泌物积聚、管道漏气、通气参数设置不合理导致的通气不足，或过度通气导致的气压伤(气胸、纵隔气肿、肺间质积气、皮下气肿)等。

二、体外膜式氧合

体外膜式氧合(extracorporeal membrane oxygenation，ECMO)是体外生命支持(extracorporeal life support，ECLS)技术的一种，通过驱动泵将静脉血从体内引至体外，经膜式氧合器(简称膜肺)进行气体交换之后，再将氧合后的血液回输入体内。根据ECMO支持的方式不同，可以完全或部分替代心和(或)肺功能，并使心肺得以充分休息，从而为原发病的诊治提供时间和条件。

(一) ECMO模式

根据血液引出和回输的方式，ECMO可分为三种模式：静脉-静脉ECMO(VV-ECMO)、静脉-动脉ECMO(VA-ECMO)和动脉-静脉ECMO(AV-ECMO)。

1. 静脉-静脉ECMO(VV-ECMO)　血液从患者静脉引出体外，经过膜肺氧合后，动脉血回输到患者静脉系统中。成人通常使用股静脉-颈内静脉分别作为引血端和回血端，在儿童还可以使用双腔导管(仅在中心静脉放置一条双腔导管，就可以完成引血和回血)。VV-ECMO仅提供气体交换功能(呼吸支持的作用)，没有循环支持的作用。膜肺与患者自身肺脏为串联关系，整个体循环的血液驱动仍以心脏为动力。因此，VV-ECMO常用于严重呼吸衰竭。VV-ECMO通过纠正严重的低氧血症，解除严重缺氧对心肌的抑制作用，对改善心功能和稳定循环也有一定的辅助作用。VV-ECMO相对容易建立，并发症较VA-ECMO相对较少，在危重症患者的救治中比较常用。

2. 静脉-动脉ECMO(VA-ECMO)　血液从患者静脉引出体外，经过膜肺氧合后，将氧合后的血液加压回输到患者动脉系统中。常用的引血端在股静脉或颈内静脉，回血端在股动脉、颈动脉、腋动脉等。VA-ECMO与传统的体外循环支持模式相似，其膜肺和泵形成一个与患者自身肺和心脏相并联的人工心肺系统，对患者的呼吸和循环均有支持作用。因此，VA-ECMO通常用于心脏功能支持。在行VA-ECMO支持的患者中，如肺功能严重障碍，且ECMO回血端位于股动脉时，由于回流左心的血液氧含量较低，因而接受自身心脏泵血供应的上半身(冠状动脉、颅内血管及上肢血管供血区)器官存在缺氧的潜在危险，对于这种情况可以考虑把回血端置于主动脉近端(如颈动脉、腋动脉)，可规避以上风险。

3. 动脉-静脉ECMO(AV-ECMO)　AV-ECMO一般以动脉-静脉之间的压力差作为驱动动力，没有泵提供动力(所谓无泵ECMO)。由于没有外力驱动，AV-ECMO所提供的血流量通常较低(1L/min左右)，临床上主要用于二氧化碳清除。如AECOPD、ARDS患者在实施肺保护通气

策略过程中，辅助减轻高碳酸血症等。

(二) ECMO 支持的适应证以及禁忌证

体外生命支持组织(extracorporeal life support organization，ELSO)提出了不同情况 ECMO 支持的指征以及禁忌证，并把其写进指南供参考。

1. 成人呼吸衰竭

(1) 适应证：

1) 各种原因(原发性或继发性)导致的严重低氧性呼吸衰竭，当预计死亡风险大于权衡考虑 ECMO 的应用。具体应用的参考指征如下：①考虑应用指征：预计死亡率 >50%，同时 FiO_2>90% 情况下 PaO_2/FiO_2<150 和(或)Murray 评分 2~3 分；②推荐应用指征：预计死亡率 >80% 参考指标，同时 FiO_2>90% 情况下 PaO_2/FiO_2<100 和(或)Murray 评分 3~4 分，经过 6 小时积极治疗仍无改善。

2) 高水平机械通气情况下(平台压 >30cmH_2O)仍存在严重的二氧化碳潴留。

3) 等待肺移植患者，常规机械通气无法维持合适的氧供应，采用 ECMO 作为过渡支持。

4) 其他无法维持足够的气体交换或循环的情况。例如，严重的交通性气胸、急性大面积肺栓塞、急性大气道梗阻等，在无法马上解除病因情况下，给予过渡支持。

(2) 禁忌证：ECMO 的应用应该权衡患者的基础疾病、治疗的风险和潜在的获益。有下列的情况列为相对禁忌证：①有应用肝素的绝对禁忌或相对禁忌，如严重凝血功能障碍，合并有近期颅内出血，对肝素过敏，具有肝素诱导的血小板减少症(heparin-induced thrombocytopenia，HIT)等。②ECMO 前高水平机械通气支持(FiO_2>90% 和(或)或平台压 >30cmH_2O)7 天以上提示病情危重，ECMO 的成功率低。③严重的免疫抑制(中性粒细胞绝对值 <0.4×10^9/L)。④不可逆或终末期疾病，或其他脏器严重功能障碍。例如，严重的中枢神经系统损伤或晚期肿瘤。

2. 成人循环衰竭

(1) 适应证：①在血管内容量充足的情况下，仍然由于低心排血量而导致组织低灌注。②在经过补液、正性肌力药物和血管收缩药物治疗，以及恰当的主动脉内球囊反搏支持情况下，仍然持续性休克。③一些心脏疾病的支持治疗：急性心肌梗死、急性心肌炎、围产期心肌病、慢性心衰失代偿期。④等待心脏移植患者的过渡治疗。

(2) 禁忌证：不可逆的心脏疾病，且为非心脏移植或行心室辅助的对象；慢性器官功能衰竭(肺气肿、肝硬化、肾衰竭)；无有效组织灌注的心肺复苏时间过长。相对禁忌证：存在抗凝治疗的禁忌证，年龄过大，过度肥胖。

3. 急诊心肺复苏

(1) 适应证：美国心脏病协会(AHA)心肺复苏指南推荐，在病因可能容易恢复的心搏骤停患者使用 ECMO 辅助心肺复苏。

(2) 禁忌证：无效的心肺复苏超过 5~30 分钟(自主循环未能恢复)。

三、循环支持

血流动力学不稳定或休克的病因，包括心源性、血容量性和感染性的病因。相关的内容请参照其他章节。心功能衰竭的治疗和循环支持，在心血管病相关的内容中阐述。本节重点阐述感染性休克的循环支持治疗。

严重感染或感染性休克是多器官功能障碍综合征(MODS)的常见病因，救治原则是在休克未纠正以前，着重治疗休克，同时治疗感染；在休克纠正后，则应着重治疗感染。感染性休克的存在有效循环血量减少，是一种以血流分布异常导致的组织灌注不足为特征的综合征。治疗休克的重点是恢复灌注和对组织提供足够的氧，其最终目标是防止多器官功能障碍综合征的发生和发展。早期液体复苏以补充血容量，是纠正休克引起的组织低灌注和缺氧的关键。在充分容量复苏的前提下，需应用血管活性药物，以维持脏器的灌注压。综合的治疗措施包括

及时有效控制感染、纠正酸碱平衡失调、改善微循环、控制血糖、器官功能保护与支持、合理选择应用糖皮质激素等。上诉的各项治疗措施的有序配合应用称为“感染性休克的集束化治疗”。

(一) 集束化治疗方案

2012 年国际严重脓毒症及感染性休克的治疗指南修订了集束化治疗方案，强调复苏的时效性，将复苏集束化方案分成两部分(表 22-9)。

表 22-9　拯救脓毒症患者行动的集束化治疗

需在 3 小时内完成的项目
1. 检测血乳酸水平。
2. 应用抗生素之前留取血培养。
3. 使用广谱抗生素治疗。
4. 低血压或血乳酸≥4.0mmol/L 时，按 30ml/kg 给予晶状体液进行液体复苏。
需在 6 小时内完成的项目
5. 应用血管活性药物(对早期液体复苏无效的低血压)维持 MAP≥65mmHg。
6. 当经过容量复苏后，仍持续性低血压(即感染性休克)或早期血乳酸≥4.0mmol/L 时：
① 监测中心静脉压(CVP)；
② 监测中心静脉血氧饱和度($ScvO_2$)。
7. 如果早期血乳酸水平升高，应重复进行测量。
液体复苏目标： CVP≥8mmHg，$ScvO_2$≥70% 及血乳酸水平恢复正常。

(二) 早期液体复苏

严重感染血流动力学改变的基础，是外周血管收缩舒张功能异常，从而导致血流分布异常，在感染发生的早期，由于血管的扩张和毛细血管通透性改变，出现循环系统的低容量状态，严重者出现感染性休克，即表现为经过初期补液试验后，仍持续低血压或血乳酸浓度≥4.0mmol/L。对于感染性休克的病人，早期液体复苏有助于改善感染性休克患者的预后，是维持循环稳定的最好的治疗方法。液体复苏的初期目标是保证足够的组织灌注。指南推荐一旦临床诊断感染性休克，应尽快积极进行液体复苏，6 小时内达到复苏目标：①中心静脉压(CVP)8~12mmHg；②平均动脉压≥65mmHg；③尿量≥0.5ml/(kg·h)；④$ScvO_2$ 或 SvO_2 大于 65%~70%。若液体复苏后 CVP 达 8~12mmHg，而 $ScvO_2$ 或 SvO_2 仍未达到 70%，需输注浓缩红细胞使血细胞比容达到 30% 以上，或输注多巴酚丁胺以达到复苏目标。

前负荷的评估：中心静脉压(central venous pressure，CVP)和肺动脉楔压(pulmonary artery occlusion pressure，PAOP)通常被认为是判断右心和左心前负荷的重要指标，它们判断的基本依据是：CVP≈RAP≈RVP≈REDV，PAOP≈LAP≈LVP≈LEDV(RAP 右心房压，RVP 右心室压，REDV 右心室舒张末期容积，LAP 左房压，LVP 左室压，LEDV 左室舒张末期容积)。在循环稳定，胸腔内压力没有明显变化的情况下，可以从 CVP、PAOP 数值或变化趋势判断 REDV 或 LEDV 的水平。但对于严重肺部感染和机械通气的患者，内源性呼气末正压(auto-PEEP)的存在和机械通气过程中呼气末正压(PEEP)的使用，都会影响 CVP 和 PAOP，而且 PEEP 的改变与 CVP 和 PAOP 变化没有明确的线性关系，对于这些患者使用 CVP 和 PAOP 来反映前负荷水平应当非常谨慎。对于患者前负荷评估有困难的患者，可以考虑参考更多的容量指标，如经肺热稀释法衍生的全心舒张末期容积(global end diastolic volume，GEDV)、胸腔内血容积(intra-thoracic blood volume，

ITBV）等。也可以对患者进行容量反应性的评估，如补液试验、被动抬腿试验，对接受机械通气、心律整齐、镇静肌松的患者，可以参考每搏输出量变异率（SVV）、脉搏压力变异率（PPV）等指标。

对脓毒症所致组织灌注不足和疑似血容量不足的患者，可采用早期液体冲击疗法，最少按30ml/kg给予晶状体液（部分患者可能需要加快补液速度及增加晶状体液量）；根据动态及静态变量指标持续使用液体冲击疗法，直至患者血流动力学得到改善。然而，肺部感染时由于肺血管内皮细胞通透性增加，大量液体复苏时容易导致肺水肿，加重呼吸衰竭，影响预后。液体复苏时需要严密监测患者的反应（动态和静态指标）。当患者心脏充盈压（CVP或肺动脉嵌压）增高，而血流动力学无改善时，应减慢补液速度。避免过度的补液导致液体过负荷，出现肺水肿，降低患者的存活率（所谓限制性液体复苏策略）。

关于液体复苏的液体种类的选择，晶状体液、人工胶体液及天然胶体液各有优缺点，需要合理选择应用。晶状体液的分布容积比胶体液大，为达到同样的复苏效果，可能需要更多的晶状体，从而导致水肿。多项临床多中心研究的结果显示，人工胶体液与晶状体液相比，尽管输注的液体总量稍有下降，两组之间的总死亡率没有差异，但增加了急性肾损伤的风险。目前的主流观点是，感染性休克的液体复苏治疗，推荐使用晶状体液进行初期液体复苏，对需要持续应用大量晶状体液维持平均动脉压的患者，可加用天然胶体液（如白蛋白等）。

（三）血管活性药物

感染性休克在早期液体复苏的原则是在合适的液体复苏的基础上，可以考虑使用血管活性药物和（或）正性肌力药物，以提高组织器官的灌注压。常用的药物有：去甲肾上腺素、多巴胺、肾上腺素、多巴酚丁胺和血管加压素等。

去甲肾上腺素具有兴奋α和β受体的双重效应。多巴胺可作用于多巴胺、α和β受体。去甲肾上腺素和多巴胺都是感染性休克的一线用药。多巴胺通过提高每搏输出量和心率，可提高患者MAP并提高心排血量，而去甲肾上腺素使血管收缩而升高平均动脉压，与多巴胺相比，其对心率和每搏输出量的影响较小，在逆转脓毒症休克患者的低血压治疗中，去甲肾上腺素可能比多巴胺更有效、安全。2012年SSC指南推荐，去甲肾上腺素作为纠正感染性休克低血压时首选的血管加压药（在建立中心静脉通路后尽快给药）。多巴胺可能对心肌收缩功能低下的患者更为有效，在出现心动过速风险低、绝对或相对缓脉的患者中可以首选多巴胺。

肾上腺素具有强烈的α和β受体的双重兴奋效应，其较强的β受体兴奋效应可以增加心脏做功，但增加氧输送能力的同时，也显著增加氧消耗。当需要使用较大量的血管活性药物，来维持适当的血压时，应选用肾上腺素替代去甲肾上腺或两者联合应用。

多巴酚丁胺具有强烈的β_1、β_2受体和中度的α受体兴奋作用，其β_1受体的正性肌力作用，可以使心脏指数增加。多巴酚丁胺既可以增加氧输送能力，同时也增加（特别是心肌的）氧消耗。在以下两种情况可以使用多巴酚丁胺或将其与血管加压药合用：①心室充盈压升高且心排血量较低，及存在心肌功能障碍；②尽管达到足够的血管内容量和足够的平均动脉压，但仍持续出现组织灌注不足。

血管加压素通过强力收缩扩张的血管，提高外周血管阻力而改善血流的分布。血管加压素（0.03U/min）可与去甲肾上腺素合用，以提高平均动脉压至目标水平，减少去甲肾上腺素的用量，但不适宜作为首选的血管加压药。

去氧肾上腺素主要兴奋α受体，是人工合成拟肾上腺素药，升压作用比去甲肾上腺素弱而持久，不推荐作为常规的用药，仅用于下列情况的替代或联合治疗：①应用去甲肾上腺素引起的严重心律失常；②持续的高心排血量和低血压；③当强心药或血管升压药与血管加压素联合应用，未能达到目标的MAP时，联合应用去氧肾上腺素进行抢救治疗。

（四）其余治疗措施

1. 纠正酸碱平衡失调　酸性内环境可降低心肌收缩力和周围血管对儿茶酚胺的敏感性，

从而降低液体复苏及血管活性药物的效果，因此感染性休克时，应注意纠正酸中毒。纠正酸中毒的基础治疗是改善组织灌注，可适时适量给予碱性药物。不提倡早期使用碱性药物是因为根据血红蛋白氧合解离曲线的规律，酸性环境有利于氧与血红蛋白解离，增加组织水平的氧供应。酸碱平衡的处理原则是“宁酸勿碱”和注意碱性药物使用后，导致的呼吸中枢驱动下调，在高碳酸呼吸衰竭的患者中，有可能加重二氧化碳潴留。

2. 糖皮质激素的使用　糖皮质激素用于治疗严重感染及感染性休克一直存在争议，不宜常规使用。感染性休克患者可能存在，相对的肾上腺素皮质功能不全，使机体对血管活性药物的敏感性下降。因此，在血管活性药物治疗不敏感的感染性休克患者（经过积极液体复苏和血管活性药物治疗超过60分钟，仍有低血压）可考虑静脉使用氢化可的松。建议用量是氢化可的松200mg/天，持续输注不超过3~5天。当患者不再需要升压药物时停用。

（五）机械辅助支持

当严重感染或感染性休克患者出现心肌抑制，心脏收缩功能下降，合并心源性休克的同时，应考虑使用机械辅助支持，如主动脉内球囊反搏、甚至体外膜肺支持。主动脉内球囊反搏，可以通过心脏舒张期主动脉内置入的球囊充气，达到提高舒张期主动脉内压力，增加平均动脉压而使心脏等重要脏器的灌注得到一定程度的改善。而体外膜肺（VA-ECMO模式）相当于给患者并联了一套“人工心脏和肺”，对患者呼吸和循环提供支持，改善患者组织灌注和供氧。

四、肾脏替代治疗

肾脏替代治疗（renal replacement therapy，RRT）是利用血液净化技术清除溶质，以替代受损肾功能的治疗方法。通过清除代谢产物、维持水电解质与酸碱平衡，稳定内环境，对其他器官脏器功能也起到间接的保护作用。1977年Kramer医生首先将持续动静脉血液滤过应用于临床，随着技术不断发展，近年来，连续肾脏替代治疗（continuous renal replacement therapy，CRRT）已经得到广泛应用，成为危重症患者救治的重要治疗手段之一。

（一）RRT的原理及模式

基本模式有三类，即血液透析（hemodialysis，HD）、血液滤过（hemofiltration，HF）和血液透析滤过（hemodiafiltration，HDF）。HD主要通过弥散机制清除物质，小分子物质清除效率较高；HDF可通过弥散和对流两种机制清除溶质。新研发的滤过膜还有吸附清除的功能。因此，HDF对中分子物质（包括内毒素、药物、毒物、炎症介质等）的清除效率优于透析。

常用的治疗模式包括：

1. 持续静（动）-静脉血液滤过[continuous venous（arterio）-venous hemofiltration，CV（A）VH]。
2. 持续静（动）-静脉血液透析[continuous venous（arterio）-venous hemodialysis，CV（A）VHD]。
3. 持续静(动)-静脉血液透析滤过[continuous venous(arterio)-venous hemodiafiltration，CV(A)VHDF]。
4. 持续静-静脉高通量透析（continuous veno-venous high-flux dialysis，CVVHFD）。
5. 缓慢持续超滤（slow continuous ultra filtration，SCUF）。
6. 血浆置换（plasma exchange，PEX）。
7. 血浆吸附灌流（plasma absorption and perfusion，PAP）。

（二）CRRT的特点

1. 对血流动力学的影响　与普通间断透析相比，CRRT治疗时对血流动力学影响相对较小，容易维持稳定的平均动脉压和有效肾灌注。

2. 对水、电解质、酸碱平衡及氮质血症的控制　CRRT可以有效而平稳地保持重症患者水、电解质、酸碱的平衡及氮质水平。

3. 对颅内压的影响　严重神经创伤、神经外科手术及急性肝功能衰竭的患者，在脑水肿伴

发急性肾衰竭时，普通血液透析使尿毒症患者血液中尿素氮等小分子物质被很快清除，血浆渗透压降低，血管外组织、细胞内的尿素氮等尚未清除，渗透压高于血浆，水分从血浆向组织、细胞内转移，容易发生失衡综合征，加重脑水肿的程度；而 CRRT 有利于维持颅内压的稳定和脑血流灌注。

（三）肾脏替代治疗的主要操作流程

1. 血管通路的建立 静脉通路一般选择中心静脉置管而不是动静脉瘘。置管部位可选择股静脉、锁骨下静脉或颈内静脉。股静脉置管的优点是穿刺方便、技术要求低，压迫止血效果好，血肿发生率低，且其导管相关感染的发生率与颈内静脉置管相似，因此 ICU 患者中首选股静脉置管。颈内静脉导管对患者活动限制少，容易压迫止血，是血透中心患者静脉置管的首选；其缺点是导管相关感染发生率相对较高。锁骨下静脉导管的优点，是导管相关感染的风险较低，但缺点是易受锁骨压迫而导致管腔狭窄，因此血栓形成风险较其他部位的导管高；而且一旦出血，其压迫止血法效果差、出血并发症较多，因此 CRRT 应尽可能避免锁骨下静脉置管。

2. 置换液配制及原则 ①无致热原；②电解质浓度应保持在生理水平；③缓冲系统可采用碳酸氢盐、乳酸盐或柠檬酸盐，重症患者 RRT 的置换液首选碳酸氢盐配方；④置换液或透析液的渗透压，要保持在生理范围内，一般不采用低渗或高渗配方。

3. 滤器的选择 合成膜具有高通量、筛漏系数高、生物相容性良好的优点，是目前重症患者 CRRT 治疗中应用最多的膜材料。

4. 置换液输注方式有两种 前稀释（置换液和动脉端血液混合后再进入滤器）和后稀释（置换液和经滤器净化过的血液混合后回流到体内）。一般认为前稀释方式滤器寿命较长，而净化血液的效率较低。

5. 抗凝 无出血风险的重症患者行 CRRT 时，可采用全身抗凝；对高出血风险的患者，如存在活动性出血、血小板 $<60\times10^9$/L、INR>2、APTT>60s 或 24h 内曾发生出血者在接受 CRRT 治疗时，应首先考虑局部抗凝。如无相关技术和条件时可采取无抗凝剂方法（表 22-10）。

表 22-10 抗凝药物与方法比较

抗凝方法	优点	不足	功效	监测指标
肝素	抗凝效果好，价格低	出血、血小板减少症	良好	APTT/ACT
低分子肝素	易操作	出血	良好	抗 Xa 活性
局部肝素化 + 鱼精蛋白中和	减少出血	滤器寿命较低	一般	APTT/ACT
柠檬酸	出血危险性小，滤器寿命较长	代谢失调，需特殊透析液	良好	APTT/ACT，钙离子
前列腺环素	降低出血危险	低血压	不足	血栓弹力图
水蛭素、阿加曲班等	HIT 患者的抗凝	出血	良好	APTT/ACT
无抗凝，定时盐水冲洗	无出血危险	滤器寿命较低	不足	

（四）肾脏替代治疗时药物的调整

由于大多数药物的分子量约为 500~1500kDa，CRRT 治疗对其有一定的清除能力，因此在进行 CRRT 治疗时，要适当调整药物的用量。抗生素是重症患者治疗中最常用的药物。接受 CRRT 治疗的重症患者，其药代动力学非常复杂，多种因素影响清除率，而根据这些参数推荐一个统一的抗生素治疗剂量也非常困难。CRRT 时药物调整的原则是：表观分布容积（Vd）和蛋白结合率低，肾脏清除率高的、特别是亲水性的药物，更易被 CRRT 清除。高通量血滤会增加药物清除，而低蛋白血症和（或）脓毒症，可能造成给药剂量不足。

（五）肾脏替代治疗在危重症患者中应用

ICU 采用 CRRT 的目的主要有两大类，一是重症患者并发肾功能损害；二是无严重肾功能损害或非肾脏疾病，主要用于稳定内环境、器官功能不全支持、免疫调节等。

1. 急性肾衰竭治疗指征包括　①非梗阻性少尿（UO<200ml/12h）、无尿（UO<50ml/12h）；②重度代谢性酸中毒（pH<7.1）；③氮质血症（BUN>30mmol/L）；④药物应用过量且可被透析清除；⑤高钾血症（K^+>6.5mmol/L）或血钾迅速升高；⑥怀疑与尿毒症有关的心内膜炎、脑病、神经系统病变或肌病；⑦严重的钠离子紊乱（血 Na^+>160mmol/L 或 <115mmol/L）；⑧临床上对利尿剂无反应的水肿（尤其是肺水肿）；⑨无法控制的高热（直肠温 >39.5℃）；⑩病理性凝血障碍需要大量血制品。符合上述标准中任何 1 项，即考虑 CRRT 治疗，而符合 2 项时推荐尽快进行 CRRT 治疗。多数文献认为早期行 CRRT 治疗可能是有益的。

2. 在非肾衰竭中的应用　CRRT 在非肾衰竭患者中的应用的目的包括清除中毒药物、维持内环境的稳定等。是否能够清除过多的炎症介质，改善 SIRS 是目前研究探索的热点问题。由于目前尚未有应用的指征或规范，故不在本节中详述。

（六）肾脏替代治疗的并发症及处理

1. CRRT 可有下述 4 大类并发症

（1）抗凝相关并发症：如出血（胃肠道、穿刺点、尿道）和肝素相关性血小板减少症（HIT）。

（2）血管导管相关并发症：如全身感染、栓塞、动静脉漏、心律失常、气胸、疼痛、管路脱开、血管撕裂等。

（3）体外管路相关并发症：如膜反应：缓激肽释放、恶心、过敏反应；气体栓塞。

（4）治疗相关并发症：如低温、贫血、低血容量、低血压；酸碱、电解质异常：低磷血症、低钾血症、酸中毒、碱中毒；代谢：脂质；药物相关：药物动力学改变等。

2. 常见并发症处理原则

（1）低血压：是血液透析模式下的常见并发症，血液滤过时少见。低血压的发生与有效循环血量低，及膜相关的缓激肽激活、补体系统激活有关；另外过敏反应也是导致低血压之一。评估有效循环血量，必要时补液；采用生物相容性高的滤器或透析器。血透开始采取低血流速率，也是预防低血压的方法之一。

（2）导管相关感染：管道连接、取样、置换液和血滤器更换，是外源性污染的主要原因，必须严格无菌操作。密切监测、及时发现、良好穿刺技术及拔除导管后的有效压迫是降低和防止该并发症的关键。

（3）血小板减少：RRT 可引起血小板降低。血流速度越快，血小板黏附越少，因此对血小板降低的患者采用高血流量，可以降低血小板的黏附。补充血小板也是主要方法之一。对于肝素相关性血小板减少症（HIT）患者，停止肝素和低分子肝素，选用其他抗凝剂如阿加曲班或柠檬酸抗凝。

第五节　危重患者的急救和治疗原则

一、危重患者病情严重程度评估

危重患者疾病严重程度评分，是根据患者的一些主要症状、体征和生理参数等加权或赋值，量化地客观反映危重患者疾病的严重程度。急性生理学与慢性健康状况评分系统Ⅱ（acute physiology and chronic health evaluation Ⅱ，APACHE Ⅱ）、简明急性生理学评分系统Ⅱ（simplified acute physiology score Ⅱ，SAPS Ⅱ）和序贯器官衰竭评分（sequential organ failure assessment，SOFA）评分系统，是目前广泛应用的评分系统，常用于重症医学科住院患者的病情严重程度、预后和医

疗质量评估。

(一) APACHE Ⅱ评分系统

APACHE Ⅱ评分系统由急性生理学评分(APS)、年龄和患病前的慢性健康状况(CPS)三部分组成,总分0~71分。其中APS包括12项参数:体温、平均动脉压、心率、呼吸频率、氧合情况、动脉血pH、血钠、血钾、血肌酐、血细胞比容、白细胞和格拉斯哥昏迷(GCS)评分,均为入ICU后第一个24小时内最差的分值,每项分值0分~4分,总分值0分~60分。年龄分值0分~6分,CPS为2分~5分。APACHE Ⅱ评分系统还包含了计算每位患者死亡危险性的公式,可求出群体患者的预计病死率。APACHE Ⅱ分值越高,病情越重,预后越差,对危重患者的病情及预后的评估,有重要的应用价值。

(二) SAPS Ⅱ评分系统

SAPSⅡ评分系统来源于APACHE评分,由17项变量(生理学变量12项、年龄、住院类型及3种慢性疾病——获得性免疫缺陷综合征(AIDS)、转移癌和血液系统肿瘤)构成,每项变量分值不等,最低0分,最高26分,总分0~163分。生理学变量取患者入住ICU后第一个24小时内的最差值,缺项视为正常。SAPS Ⅱ总分越高,表示病情越重,预后越差。

(三) SOFA评分系统

SOFA评分系统亦采用24小时内相关指标最差值进行计算获得评分,包含6个系统或脏器的功能评估标准:呼吸系统(氧合指数)、肾脏(血清肌酐浓度)、肝功能(血清胆红素浓度)、血液系统(血小板计数)、神经系统(GCS评分)和心血管系统(平均动脉压以及血管活性药物的应用)。SOFA评分是对多器官功能障碍严重程度的描述,对于危重患者的器官功能、该病的发生及严重程度具有评估能力。

二、常见危重患者重症医学科诊疗原则

(一) 休克

1. 休克的定义 休克是指各种原因导致组织灌注不足、细胞代谢紊乱和器官功能受损的临床综合征。

2. 休克的分类 根据休克的血流动力学特点休克可分为:

(1) 低血容量性休克:其基本机制为循环血容量的丢失,如失血性休克。

(2) 心源性休克:其基本机制为心脏泵功能衰竭,如急性大面积心肌梗死所致休克。

(3) 分布性休克:其基本机制为血管收缩舒张调节功能异常,血容量重新分布导致相对性循环血容量不足,组织低灌注。

(4) 梗阻性休克:梗阻性休克(obstructive shock)其基本机制为血流受到机械性阻塞,心排血量减少,组织低灌注,如肺血栓栓塞症、心包缩窄或填塞所致休克。

3. 休克的诊断与评估 休克患者的早期复苏非常重要,所以应及时发现休克。凡遇到严重损伤、大出血、重度感染、心脏病史等患者,应考虑到有并发休克的可能,应密切观察病情变化;对于有出汗、心率加快、脉压小、急性精神状态改变、少尿等症状者,应疑有休克。应该注意的是,休克代偿期血压可正常。

4. 休克的治疗原则 治疗休克的重点是恢复组织灌注和对组织提供足够的氧,以防止或尽量减少终末器官的损伤。其治疗原则包括:①持续生命体征监测(心电、呼吸、血压、血氧饱和度监测);②吸氧,保持呼吸道通畅,必要时进行机械通气;③尽快建立静脉通路;④积极处理原发病因;⑤调整容量状态;⑥使用血管活性药物和(或)强心药物,维持血压,保障灌注;⑦观察尿量、血乳酸等灌注指标并保障组织灌注水平。

(二) 急性呼吸衰竭

1. 急性呼吸衰竭的定义 呼吸衰竭是多种不同的基础疾病,最终导致严重的肺通气和(或)

换气功能功能障碍，呼吸功能失代偿的综合征。急性呼吸衰竭是指基础疾病在数分钟至数天内发生，发展到导致呼吸衰竭的程度，机体代偿不足，动脉血气 pH 值下降明显。其动脉血气的诊断标准是：在海平面、静息状态、呼吸空气条件下，动脉血氧分压（PaO_2）<60mmHg，伴或不伴二氧化碳分压（$PaCO_2$）>50mmHg，并排除心内解剖分流和原发于心排血量降低等因素。

2. 急性呼吸衰竭的分类

(1) 根据动脉血气异常分类：根据动脉血气异常的特点分为Ⅰ型呼吸衰竭（PaO_2<60mmHg，$PaCO_2$ 降低或正常）和Ⅱ型呼吸衰竭（PaO_2<60mmHg，同时伴有 $PaCO_2$>50mmHg）。Ⅰ型呼吸衰竭常见于导致肺气体交换功能障碍的疾病，如严重肺部感染性疾病、弥散性间质性肺疾病、急性肺栓塞等。Ⅱ型呼吸衰竭常见于导致肺泡通气不足的疾病，如 COPD、重症哮喘急性发作、神经肌肉病变等。

(2) 按照发病机制分类：依据发病过程中肺通气量是否降低，而分为通气功能障碍性呼吸衰竭（呼吸泵衰竭）和换气功能障碍性呼吸衰竭（肺衰竭）。呼吸泵衰竭见于神经系统、神经肌肉组织、胸廓和气道疾病，肺通气量下降，多数表现为Ⅱ型呼吸衰竭。肺衰竭常见于肺组织和肺血管病变，肺通气量正常或增加，多数表现为Ⅰ型呼吸衰竭。

3. 急性呼吸衰竭的诊断和评估　对于有可以导致呼吸衰竭的基础疾病患者，当出现呼吸困难和（或）低氧血症，及 CO_2 潴留相应的临床表现时，应该及时进行动脉血气分析检查，可以明确诊断。除了本身的诊断和评估外，还需要对基础疾病进行评估。根据临床表现和基础疾病的特点，选择应用肺功能、胸部影像学、实验室检验和纤维支气管镜等检查。

4. 急性呼吸衰竭的的治疗原则　①氧疗；②保持气道通畅；③积极寻找和评估病因，给予针对病因的治疗；④持续监测生命体征；⑤有指征者及时给予机械通气治疗（无创或有创机械通气）；⑥防治并发症、器官功能保护。

（三）急性左心衰竭

1. 急性左心衰竭的定义　急性左心衰竭指急性发作或加重的左心功能异常，所致的心肌收缩力明显降低、心脏负荷加重，造成急性心排血量骤降、肺循环压力突然升高、周围循环阻力增加，引起肺循环充血而出现急性肺淤血、肺水肿并可伴组织器官灌注不足和心源性休克的临床综合征。

2. 急性左心衰竭分级　急性左心衰竭病情严重程度分级有不同的方法（表 22-11）。Killip 法适用于基础病因为急性心肌梗死的患者；Forrester 法多用于心脏监护室、重症监护室及有血流动力学监测条件的场合；临床程度分级则适用于一般的门诊和住院患者。

表 22-11　急性左心衰竭严重程度分级

Killip 法		Forrester 法			临床程度分级	
分级	症状与体征	PCWP（mmHg）	CI[ml/(s·m²)]	组织灌注状态	皮肤	肺部啰音
Ⅰ级	无心衰	≤18	>36.7	无肺淤血，无组织灌注不良	干、暖	无
Ⅱ级	有心衰，两肺中下部有湿啰音，占肺野下1/2，可闻及奔马律，X 线胸片有肺淤血	>18	>36.7	有肺淤血	湿、暖	有
Ⅲ级	严重心衰，有肺水肿，细湿啰音遍布两肺（超过肺野下 1/2）	<18	≤36.7	无肺淤血，有组织灌注不良	干、冷	无或有
Ⅳ级	心源性休克、低血压（收缩压≤90mmHg），发绀、出汗、少尿	>18	≤36.7	有肺淤血，有组织灌注不良	湿、冷	有

3. 急性左心衰竭的诊断与评估 结合患者基础心脏病史、心衰临床表现、心电图改变、胸部X线检查改变、血气分析异常、超声心动图对可疑的急性左心衰竭患者作出初步诊断；并结合其他疾病以及BNP或pro-BNP水平明确诊断以及评估心衰分级、严重程度和确定病因。

4. 急性左心衰竭的治疗原则 急性左心衰竭的治疗原则包括：①评估心脏功能及容量状态；②查找导致心脏功能衰竭原因；③积极去除诱发因素；④积极调整容量状态，如利尿剂无效时，可考虑应用无创通气或CRRT治疗；⑤降低后负荷；⑥必要时强心治疗；⑦有指征时进行有创机械通气治疗。

（四）急性肾衰竭

1. 急性肾衰竭的定义 急性肾衰竭（ARF）是由多种病因引起的肾小球滤过率，在短期（数小时至数周）内急剧地进行性下降而出现的临床综合征。主要表现为肾小球滤过率下降引起的氮质血症；肾小管功能障碍导致的水、电解质紊乱及酸碱平衡失调，尿量减少是ARF的标志。

2. 急性肾衰竭的分类 一般根据解剖部位和发病环节将其分为肾前性、肾性、肾后性三大类。

（1）肾前性氮质血症是急性肾衰竭最常见类型，由肾脏血流灌注不足所致。

（2）肾性因素根据损伤部位分为肾小管、间质、血管和肾小球损伤，以缺血或肾毒性物质导致的急性肾小管坏死（ATN）为最常见病因。

（3）肾后性因素特征为急性尿路梗阻，梗阻可发生在从肾盂至尿道的任一水平。

3. 急性肾衰竭的早期诊断评估 结合患者既往病史、体格检查及B超、血、尿检查结果初步作出急性肾衰竭诊断，同时评价尿路情况以排除尿路梗阻并评估患者容量状态和心脏功能状态。如考虑肾小球、肾血管疾病，应做相应的血液学或超声等检查。根据急性肾衰竭病因，确定初步治疗方案。

4. 急性肾衰竭的治疗原则 急性肾衰竭治疗原则是快速识别和纠正可逆因素，防止肾脏进一步受损，维持水、电解质平衡。包括：①评估肾功能。②评估导致肾衰竭的原因并给予相应的治疗。③根据急性肾衰竭病因，确定初步治疗方案。④尽可能避免进一步损害肾功能的因素，包括药物。⑤出现以下情况时可考虑进行肾脏替代治疗：①高血容量性心功能不全，急性肺水肿；②严重酸碱及电解质紊乱（严重代谢性酸中毒、高钾血症、高钠血症、低钠血症等）；③尿毒症性脑病、心包炎；④药物中毒，尤其是多种药物的复合中毒。

（五）急性肝衰竭

1. 急性肝衰竭的定义 肝衰竭是指多种因素引起的严重肝脏损害，导致其合成、解毒、排泄和生物转化等功能，发生严重障碍或失代偿，出现以凝血机制障碍和黄疸、肝性脑病、腹水等为主要表现的一组临床综合征。

2. 急性肝衰竭的分类 根据病理组织学特征和病情发展速度，急性肝衰竭可分为三类（表22-12）：

表22-12 急性肝衰竭的分类

分类	特点
急性肝衰竭	急性起病，无基础肝病史，2周以内出现以Ⅱ度以上肝性脑病为特征的肝衰竭临床表现
亚急性肝衰竭	起病较急，无基础肝病史，2~26周出现肝功能衰竭的临床表现
慢加急性（亚急性）肝衰竭	在慢性肝病基础上，出现急性（通常在4周内）肝功能失代偿的临床表现

Note

3. 急性肝衰竭的诊断评估　急性肝衰竭：急性起病，2周内出现Ⅱ度及以上肝性脑病（按Ⅳ度分类法划分）并有以下表现者：①极度乏力，有明显厌食、腹胀、恶心、呕吐等严重消化道症状；②短期内黄疸进行性加深；③出血倾向明显，血浆凝血酶原活动度（PTA）≤40%（或INR≥1.5），且排除其他原因；④肝脏进行性缩小。

4. 急性肝衰竭的治疗原则　急性肝衰竭的治疗原则包括：①评估肝功能。②查找肝功能衰竭原因并给予相应的处理。③尽可能避免可导致肝损伤的因素，包括药物。④注意维持合适的凝血功能。⑤注意并发症的防治。⑥必要时进行人工肝等支持治疗。

（六）弥散性血管内凝血（disseminated intravascular coagulation，DIC）

1. DIC的定义　DIC是在许多疾病基础上，致病因素损伤微血管体系，导致凝血活化，全身微血管血栓形成、凝血因子大量消耗并继发纤溶亢进，引起以出血及微循环衰竭为特征的临床综合征。

2. 分类及分期

(1) 根据血管内凝血发病快慢和病程长短，可分为3型：①急性型：突发性起病，一般持续数小时或数天；病情凶险，可呈暴发型；出血倾向严重，常伴有休克。②亚急性型：急性起病，在数天或数周内发病；进展较缓慢。③慢性型：起病缓慢，病程可达数月或数年；高凝期明显，出血不重，可仅有瘀点或瘀斑。

(2) 根据血液凝固性、出血和纤溶的情况，DIC可分3期：①高凝血期：仅在抽血时凝固性增高，多见慢性型，也可见于亚急性型，急性型不明显。②消耗性低凝血期：由于血浆凝血因子和血小板大量被消耗，血液凝固性降低，出血症状明显。③继发性纤溶期：由于血管内凝血，纤溶系统被激活，造成继发性纤维蛋白溶解，出血症状更明显。

3. 诊断　DIC必须存在基础疾病，结合临床表现和实验室检查，才能作出正确诊断。由于DIC是一个复杂和动态的病理变化过程，不能仅依靠单一的实验室检测指标及一次检查结果得出结论，需强调综合分析和动态监测。一般诊断标准包括：

(1) 临床表现：

1) 存在易引起DIC的基础疾病。

2) 有下列两项以上临床表现：①多发性出血倾向；②不易用原发病解释的微循环衰竭或休克；③多发性微血管栓塞的症状、体征；④抗凝治疗有效。

(2) 实验检查指标：同时有下列3项以上异常：①PLT<100×10^9/L或进行性下降。②血浆纤维蛋白原含量<1.5g/L或进行性下降，或>4.0g/L。③血浆FDP>20mg/L，或D-二聚体水平升高或阳性，或3P试验阳性。④PT缩短或延长3s以上，或APTT缩短或延长10s以上。

4. 治疗　目前的观点认为，终止DIC病理过程的最关键的治疗措施，是治疗原发病。但多数情况下，相应的治疗、尤其是纠正凝血功能紊乱是缓解疾病的重要措施。DIC的治疗原则为：①监测血小板、纤维蛋白原、PT、APTT水平。②积极去除引起DIC的病因，改善微循环。③适量输注血小板、新鲜冰冻血浆、冷沉淀、纤维蛋白原、凝血酶原复合物纠正凝血功能。④权衡出血与凝血因子消耗的风险，考虑低剂量的肝素抗凝治疗。⑤注意监测有无新发消化道出血、脑出血等，及时给予针对性治疗。

三、危重患者的监测

危重患者的监测包括呼吸功能、循环功能、肾脏功能、凝血功能、消化功能、中枢神经系统功能等监测，其中呼吸功能、循环功能监测最常用。

（一）呼吸功能监测

1. 临床观察　包括呼吸频率、呼吸节律和幅度的变化、胸腹式呼吸运动的情况，唇甲有否发绀、神志和意识状况，以及胸部体格检查和胸片情况等。

2. 通气功能监测 常用指标有潮气量(VT)、呼吸频率(f)、每分钟通气量(VE)、肺泡通气量(VA)、最大通气量(MMV)、用力肺活量(FVC)、动脉血二氧化碳分压($PaCO_2$)、呼气末二氧化碳分压($PetCO_2$)。

3. 肺换气功能监测 常用指标有动脉血氧分压(PaO_2)、动脉血氧饱和度(SaO_2)、外周脉搏氧饱和度(SpO_2)、氧合指数(PaO_2/FiO_2,或称 OI)、肺泡-动脉血氧分压差($A\text{-}aDO_2$)、死腔率(VD/VT)、分流率(Qs/Qt)。

4. 机械通气的监测 常用指标有平台压(Pplat)、气道峰压(PIP)、平均气道压(Pmean)、呼气末正压(PEEP)、内源性 PEEP(PEEPi)、呼吸系统顺应性、肺顺应性、胸壁顺应性、气道阻力(Raw)、最大吸气压(PImax)、最大跨膈压(Pdimax)。

(二) 循环功能监测

包括临床指标、心电监测、无创及有创的血流动力学监测。

1. 临床指标 包括皮肤黏膜颜色、毛细血管充盈时间、脉搏强度、颈静脉充盈、每小时尿量、意识状态、动脉血 pH、乳酸等。

2. 心电监测 包括心电监护及心电图,监测患者的心率和心律,目的在于及时发现和处理危及生命的心律失常、急性心肌缺血、心肌梗死等。

3. 血流动力血监测 常用指标包括:①体循环的监测参数:心率、血压、中心静脉压(CVP)与心排血量(CO)和体循环阻力(SVR)等。②肺循环监测参数:肺动脉压(PAP)、肺动脉嵌压(PAWP)和肺循环阻力(PVR)等。③氧动力学与代谢监测参数:氧输送(DO_2)、氧消耗(VO_2)、血乳酸、混合静脉血氧饱和度(SvO_2)或中心静脉血氧饱和度($ScvO_2$)。

有创血流动力学监测需要放置血管导管,包括动脉导管、中心静脉导管、右心导管,临床上要密切观察相关的并发症,包括出血、感染、血栓栓塞、空气栓塞、心律失常、气胸、血胸等。

(陈荣昌)

思考题

1. SIRS、MODS 的概念。
2. 常用器官功能支持技术。
3. 危重患者的急救和治疗原则。

参考文献

1. 赵鹏飞,付小萌,王超,等,多器官功能障碍综合征诊断标准及评分系统现状.临床和实验医学杂志,2013,12(8):630-636
2. Baue AE. MOF/MODS/AND SIRS: What is in a acronym? SHOCK, 2006, 26(5): 438-449
3. Iskander KN, Osuchowski MF, Stearns-Kurosawa DJ, et al. Sepsis: Multiple Abnormalities, Heterogeneous Responses, and Evolving Understanding. Physiol Rev, Jul 2013, 93(3): 1247-1288
4. Singer M. Biomarkers in sepsis. Curr Opin Pulm Med, 2013, 19: 305-309
5. Ekbal NJ, Dyson A, Black C, et al. Monitoring Tissue Perfusion, Oxygenation, and Metabolism in Critically Ill Patients. CHEST, 2013, 143(6): 1799-1808
6. Barbasa CSV I'solab AM Caser EB. What is the future of acute respiratory distress syndrome after the Berlin definition? Curr Opin Crit Care, 2014, 20: 10-16
7. Osterbur K, Kuroki MK and DeClue A. Multiple Organ Dysfunction Syndrome in Humans and Animals. J Vet Intern Med, 2014; 28: 1141-1151

8. 林兴盛，石松菁．MODS 循环功能障碍液体复苏治疗进展．创伤与急诊电子杂志，2013，1（2）：1-3

9. Kress John P and Hall JB. Principles of critical care medicine. In：HARRISON'S Pulmonary and Critical Care Medicine. Ed.Loscalzo J. McGrawHill，New York，2010，pp：246-276

中英文名词对照索引

B

病毒性肺炎　viral pneumonia　160

C

传染性典型肺炎　infectious atypical pneumonia　161

D

单侧肺移植　single lung transplantation, SLT　410
动脉血气　arterial blood gas, ABG　35
多器官功能障碍综合征　multiple organ dysfunction syndrome, MODS　421

F

肺癌　lung cancer　373
肺尘埃沉着病　pneumoconiosis　368
肺动脉高压　pulmonary hypertension, PH　240
肺放线菌病　pulmonary actinomycosis　373
肺含铁血黄素沉着症　pulmonary hemosiderosis　373
肺结核　pulmonary tuberculosis　270
肺量计检查　spirometry　51
肺脓肿　lung abscess　173
肺泡巨噬细胞　pulmonary alveolar macrophage, PAM　369
肺泡微石症　pulmonary alveolar microlithiasis　373
肺曲霉病　pulmonary aspergillosis　166
肺栓塞　pulmonary embolism, PE　253
肺血栓栓塞症　pulmonary thromboembolism, PTE　253
肺炎　pneumonia　149
肺炎链球菌肺炎　streptococcus pneumonia　153
肺炎支原体　mycoplasma pneumoniae, MP　157
肺炎支原体肺炎　mycoplasmal pneumonia　157
肺叶移植　lobar lung transplantation　410
肺隐球菌病　pulmonary cryptococcosis　168

G

膈肌损伤　diaphragmatic injury　399
硅沉着病　silicosis　375
过度换气综合征　hyperventilation syndrome　7

H

呼吸机相关性肺炎　ventilator associated pneumonia, VAP　150
呼吸衰竭　respiratory failure, RF　220
呼吸暂停低通气指数　apnea hypopnea index, AHI　365

J

急性肺损伤　acute lung injury, ALI　220
急性硅沉着病　acute silicosis　376
急性呼吸窘迫综合征　acute respiratory distress syndrome, ARDS　220
急性气管 - 支气管炎　acute tracheobronchitis　146
急性上呼吸道感染　acute upper respiratory tract infection, AURTI　141
间质性肺疾病　interstitial lung disease, ILD　328
结节病　sarcoidosis　339, 373
经支气管肺活检术　transbronchial lung biopsy, TBLB　60
巨细胞病毒　cytomegalovirus, CMV　164
聚合酶链反应　polymerase chain reaction, PCR　144

K

咳嗽　cough　1
咳嗽变异性哮喘　cough variant asthma, CVA　204

L

流行性感冒　influenza　143

M

慢性肺源性心脏病　chronic pulmonary heart disease　190
弥漫型恶性胸膜间皮瘤　diffuse malignant pleural mesothelioma DMPM　357
弥散性血管内凝血　disseminated intravascular coagulation, DIC　445

N

脓毒症 sepsis 421

P

庞提阿克热 pontiac fever 160
葡萄球菌肺炎 staphylococcal pneumonia 154

Q

气胸 pneumothorax 351
全身炎症反应综合征 systemic inflammatory response syndrome, SIRS 421

R

人肺孢子菌肺炎 pneumocystis pneumonia, PCP 169

S

社区获得性肺炎 community acquired pneumonia, CAP 149
深静脉血栓形成 deep venous thrombosis, DVT 253
肾脏替代治疗 renal replacement therapy, RRT 439
石棉肺 asbestosis 372
双侧肺移植 double lung transplantation, DLT 410

T

特发性肺纤维化 idiopathic pulmonary fibrosis, IPF 328, 332, 373
特发性间质性肺炎 idiopathic interstitial pneumonias, IIPs 328
体外膜式氧合 extracorporeal membrane oxygenation, ECMO 435

W

卫生保健相关性肺炎 healthcare associated pneumonia, HCAP 150

X

心肺联合移植 combined heart-lung transplantation 410
胸部损伤 chest trauma or thoracic trauma 391
胸闷变异性哮喘 chest tightness variant asthma, CTVA 204
胸腔积液 pleural effusion 47, 347
血气胸 hemo-pneumothorax 395
血行播散型肺结核 hematogenous disseminated pulmonary tuberculosis 372
血胸 hemothorax 395

Y

严重急性呼吸综合征 severe acute respiratory syndrome, SARS 161
医院获得性肺炎 hospital acquired pneumonia, HAP 150
异体肺移植 homograft lung transplantation 401
隐匿性哮喘 potential asthma 204

Z

支气管-肺假丝酵母菌病 broncho-pulmonary candidiasis 166
支气管肺泡灌洗术 bronchial alveolar lavage, BAL 61
支气管扩张症 bronchiectasis 177
支气管哮喘 bronchial asthma 199
职业性肺疾病 occupational lung diseases 368
纵隔扑动 mediastinal flutter 393
阻塞性睡眠呼吸暂停低通气综合征 obstructive sleep apnea hypopnea syndrome, OSAHS 361

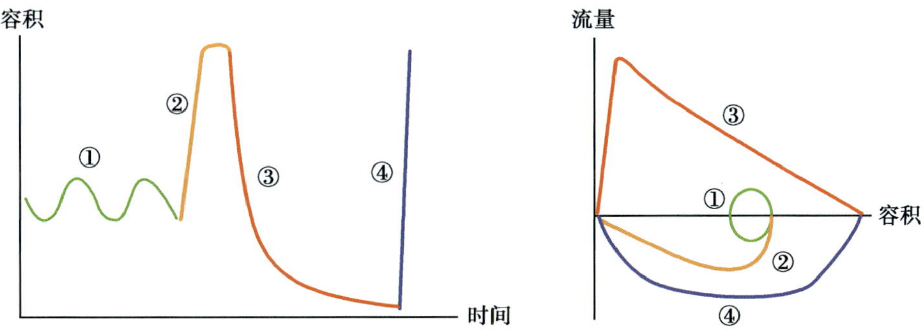

彩图 2-3　肺量计检查的呼吸动作

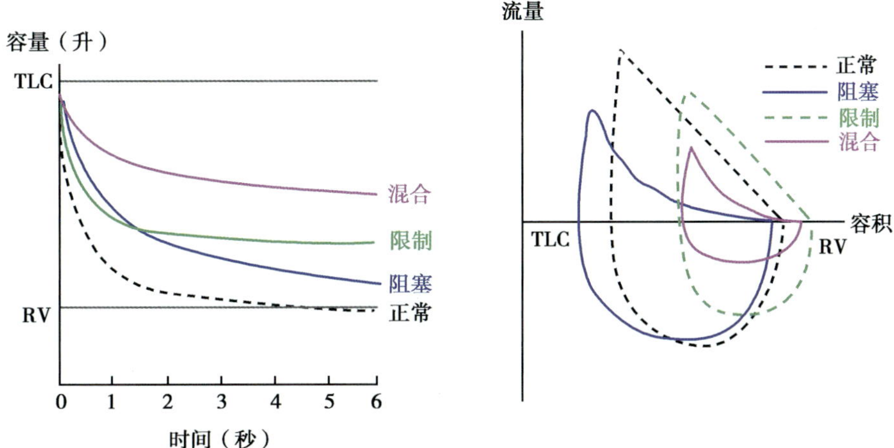

彩图 2-4　各种类型肺通气功能障碍的时间 - 容积曲线和流量 - 容积曲线

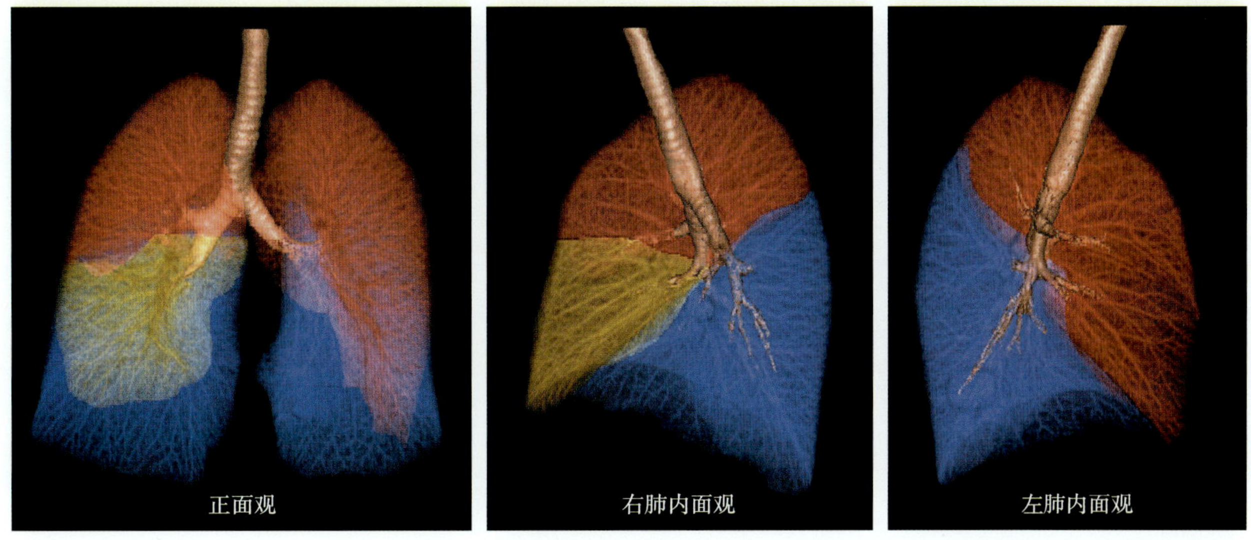

彩图 3-8　肺叶 VR 像

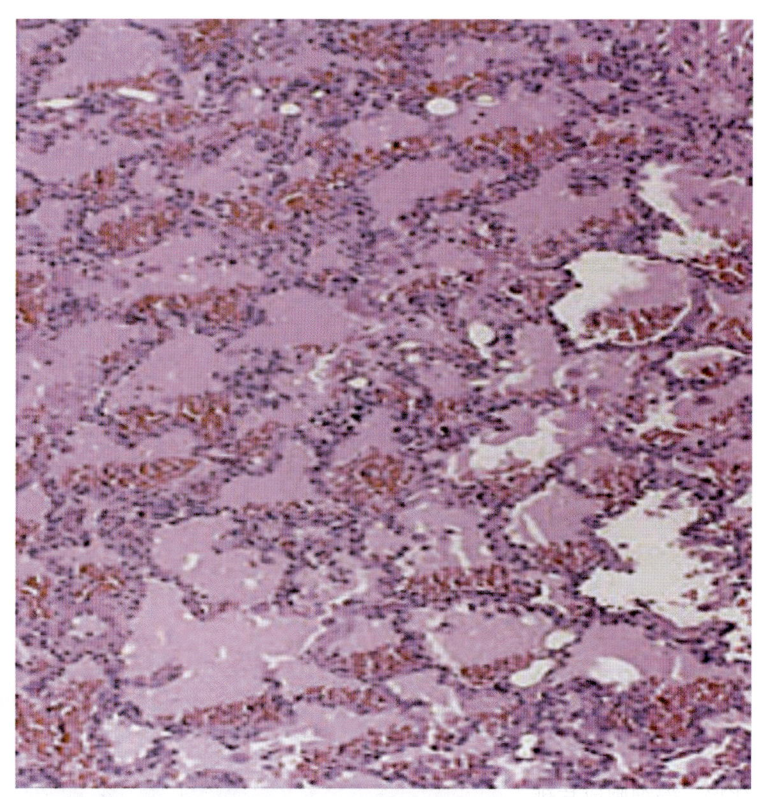

彩图 10-2　为典型 ARDS 病理改变
注：可见肺间隔增厚，肺泡内存在透明膜样物质

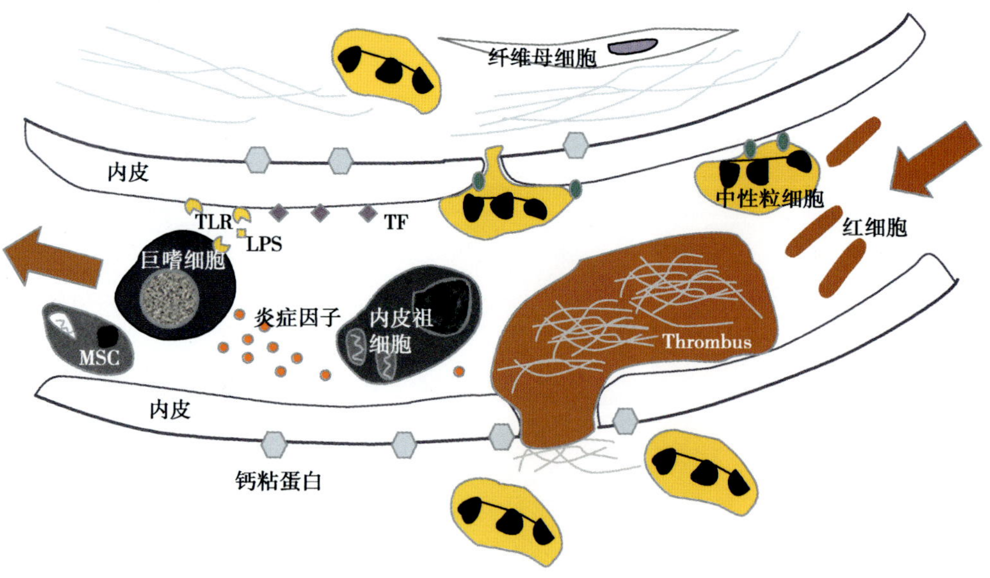

彩图 10-3　ARDS 时肺血管内皮损伤的机制

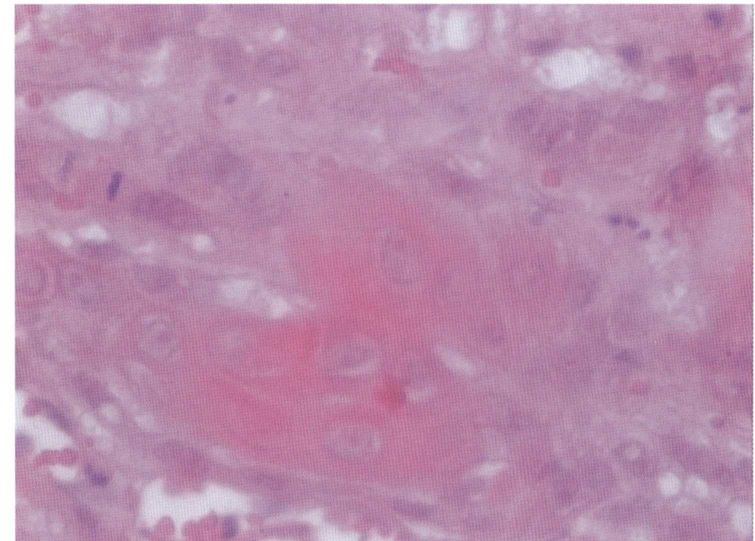

彩图 14-1 鳞状细胞癌
注:HE×400 鳞状细胞癌。癌细胞紧密相嵌状排列,可见细胞间桥

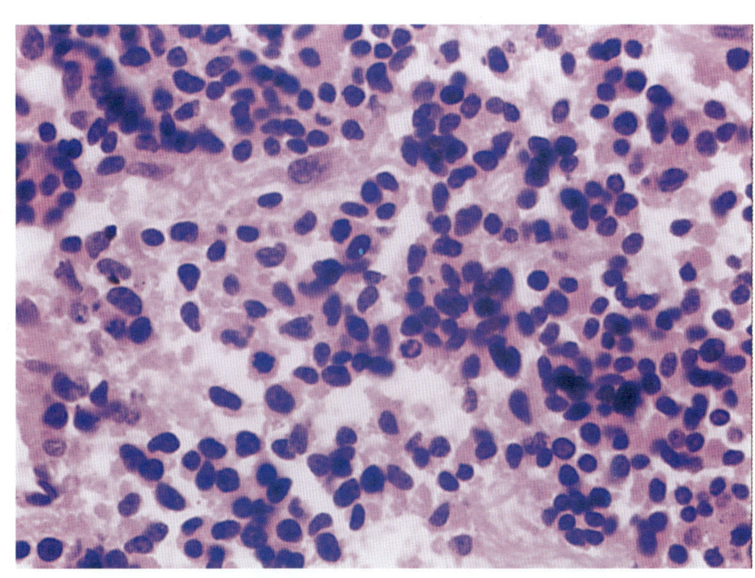

彩图 14-2 小细胞癌
注:HE×400 小细胞未分化癌。癌细胞成片排列,体积小,核深染,呈圆或卵圆形

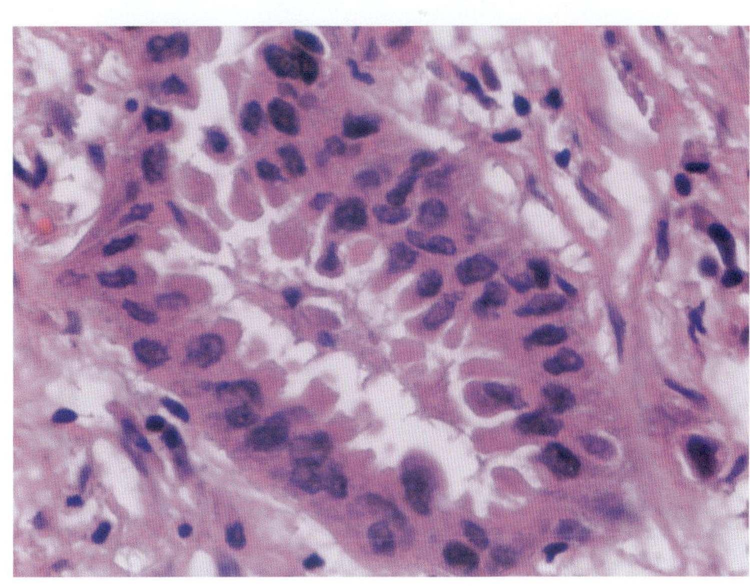

彩图 14-3 腺癌
注:HE×400 腺癌。癌细胞呈立方状或柱状,核深染,可见嗜酸性核仁

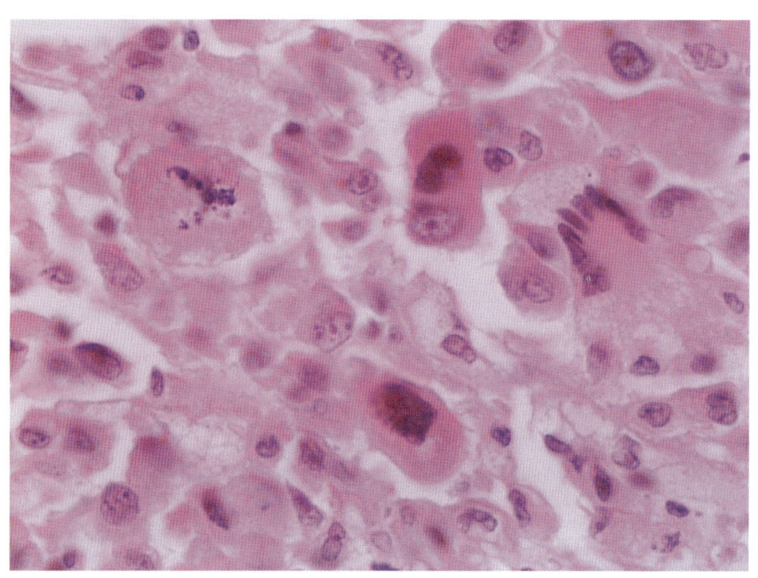

彩图 14-4　大细胞癌

注:HE×400 大细胞未分化癌。癌细胞体积大,大小不一,核异型性明显

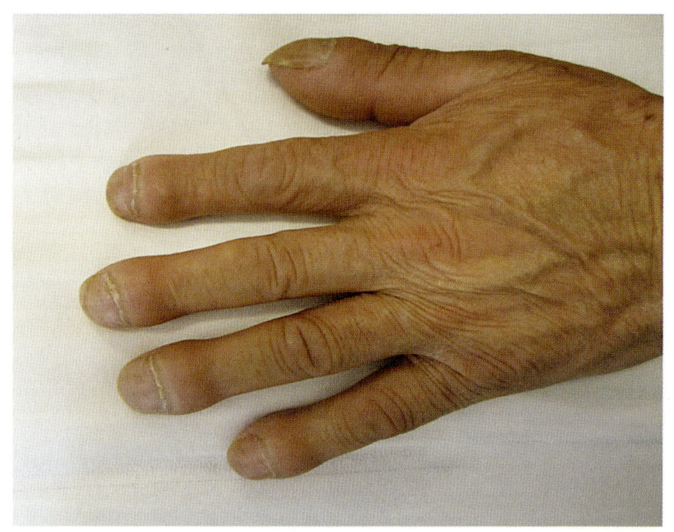

彩图 14-5　杵状指

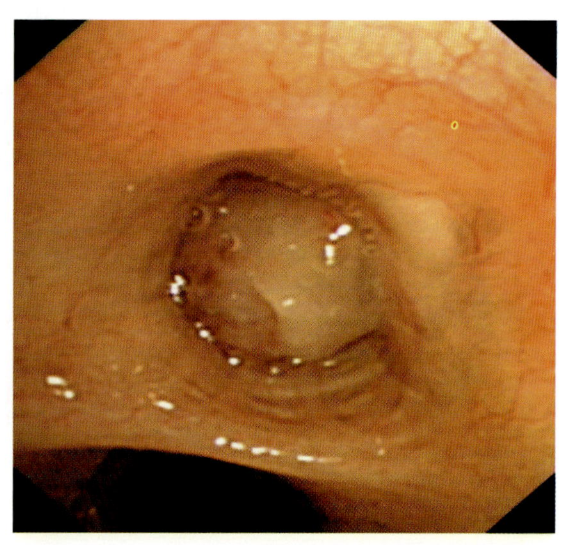

彩图 14-14　气管镜下肿瘤直接征象,管腔内肿物

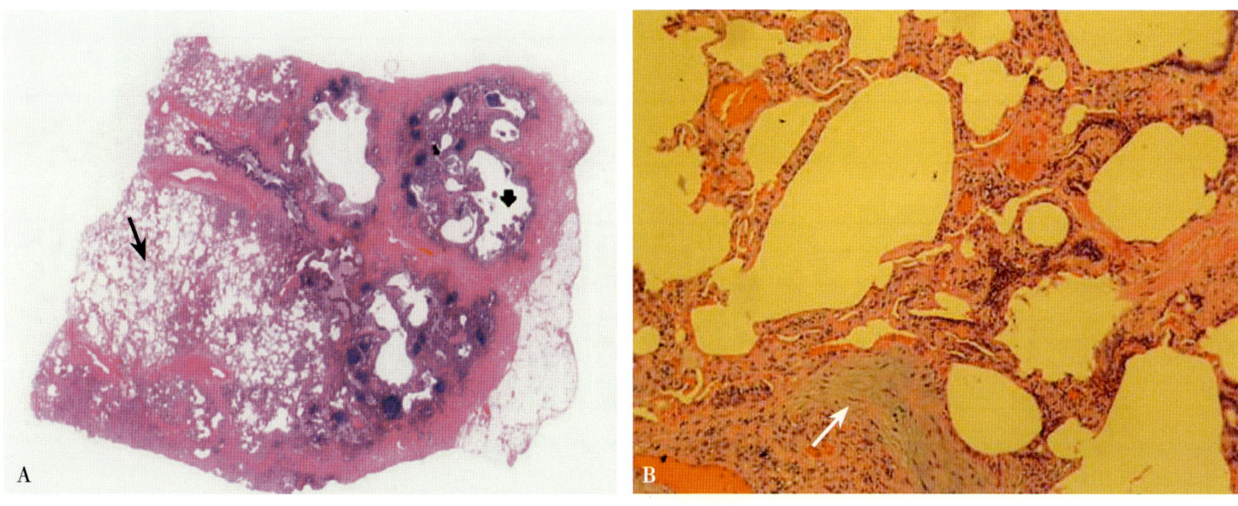

彩图 15-2 寻常型间质性肺炎(UIP)的组织学特征
注:图 A:低倍镜下见蜂窝肺,病变分布不均;图 B:高倍镜下白色箭头示成纤维细胞灶

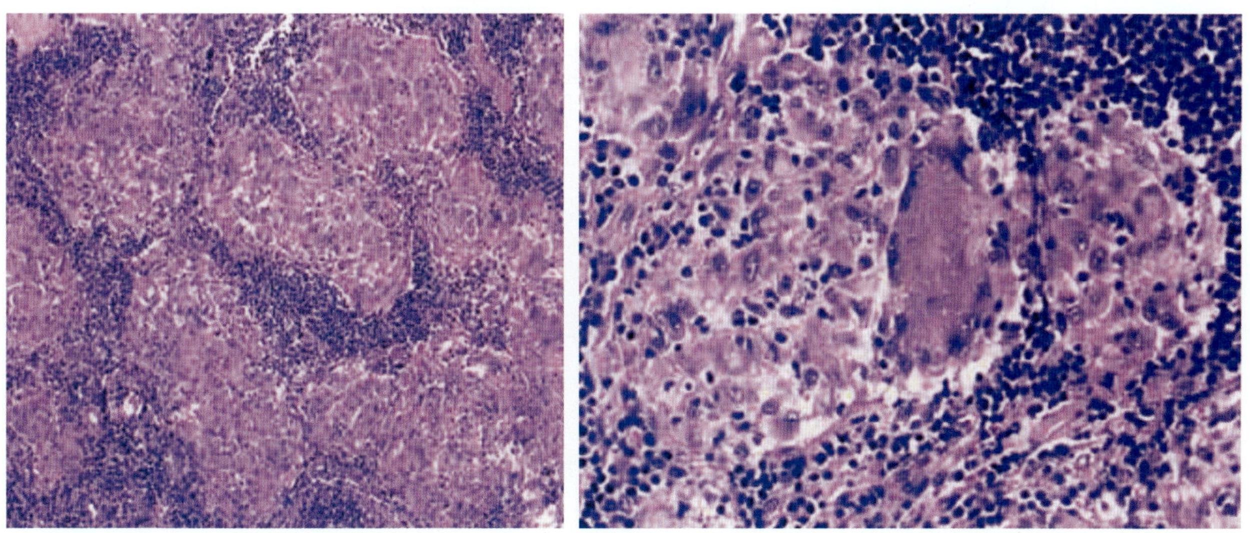

彩图 15-5 结节病肉芽肿的典型病理表现

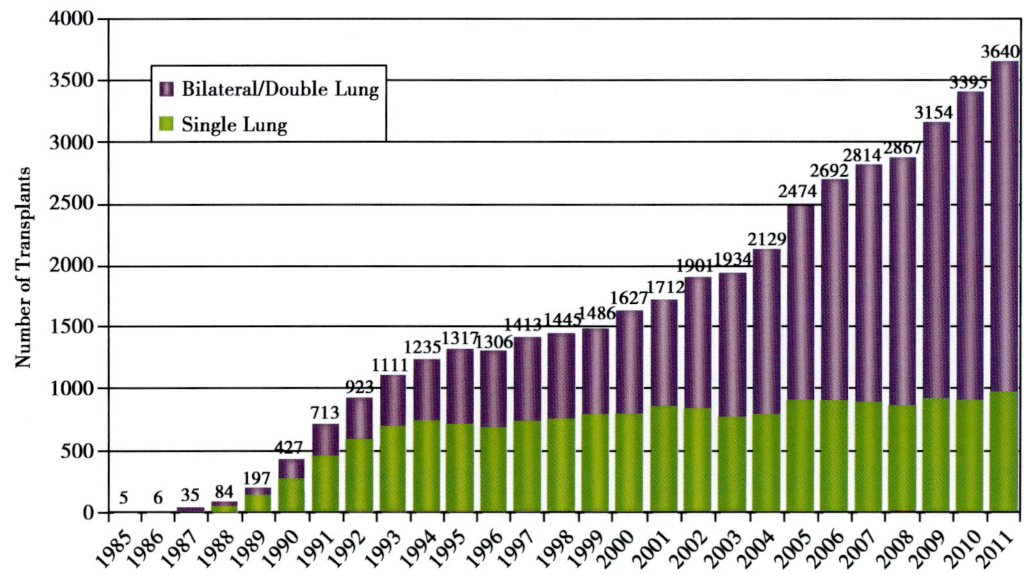

彩图 21-1　不同年份的全球肺移植手术量

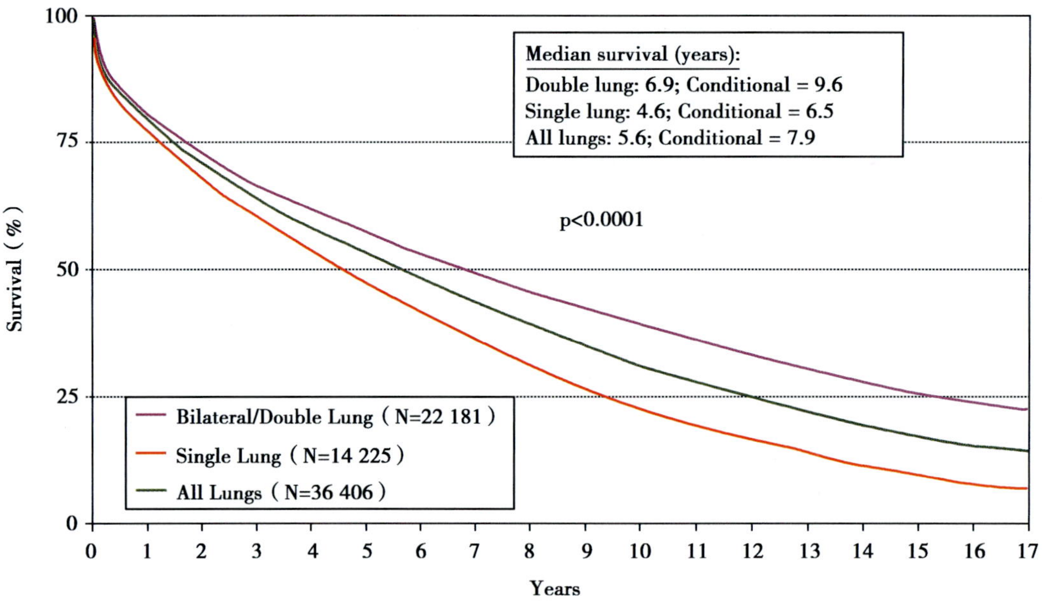

彩图 21-9　1994 年至 2011 年不同术式肺移植的 Kaplan-Meier 生存率

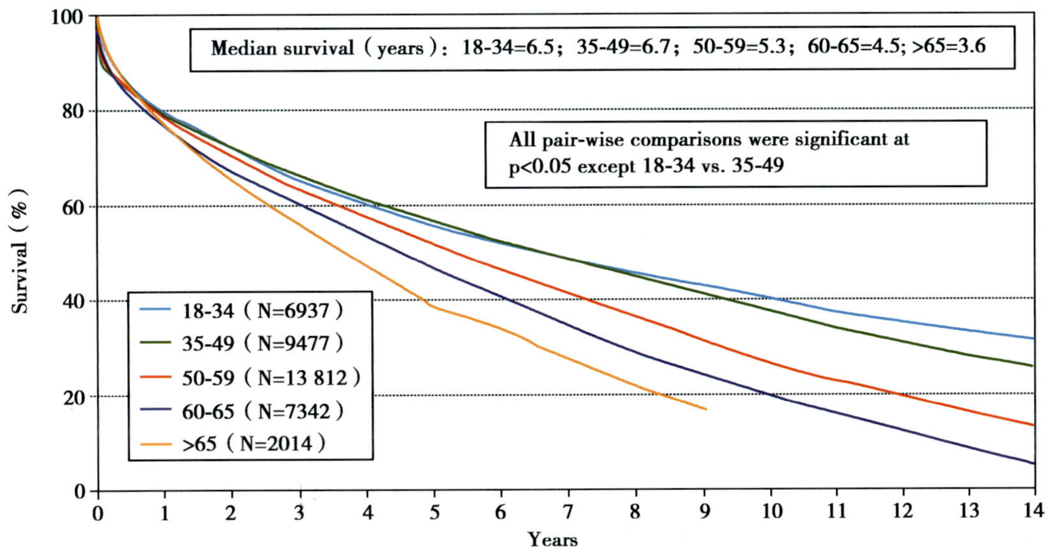

彩图 21-10　1990 年至 2011 年不同年龄组肺移植术后的 Kaplan-Meier 生存率

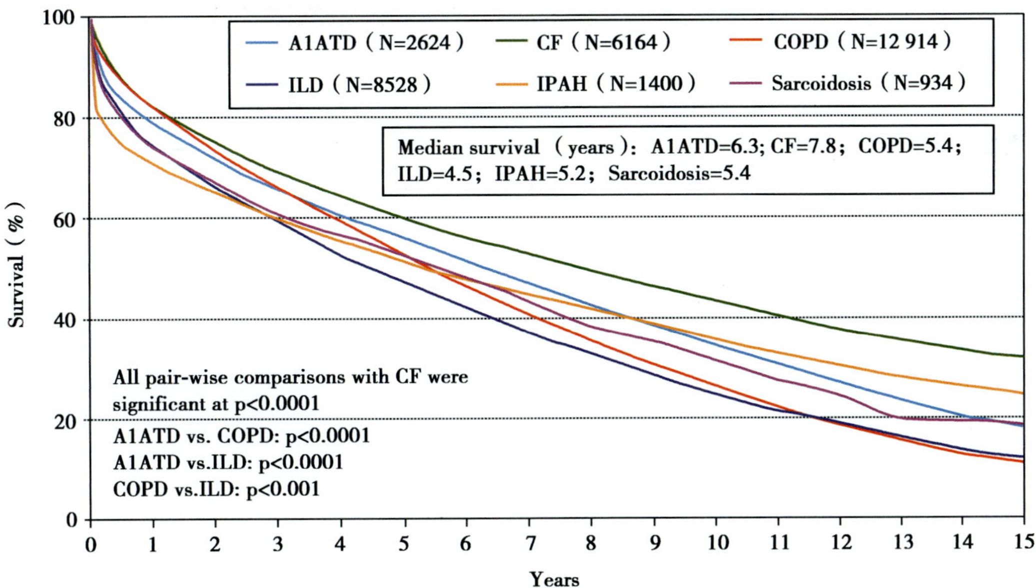

彩图 21-11　1990 年至 2011 年不同原发疾病肺移植术后的 Kaplan-Meier 生存率